Wege der Germanistik in transku

Jahrbuch
für
Internationale Germanistik

Wege der Germanistik in transkultureller Perspektive

Akten des XIV. Kongresses der Internationalen Vereinigung
für Germanistik (IVG) (Bd. 7)

Hrsg. Laura Auteri, Natascia Barrale, Arianna Di Bella, Sabine Hoffmann

BEIHEFTE
Band 7

PETER LANG

Bibliografische Information der Deutschen Nationalbibliothek
Die Deutsche Nationalbibliothek verzeichnet diese Publikation
in der Deutschen Nationalbibliografie; detaillierte bibliografische
Daten sind im Internet über http://dnb.d-nb.de abrufbar.

In Verbindung mit der Internationalen
Vereinigung für Germanistik

ISBN - 978-3-0343-3661-1 (Print)
ISBN - 978-3-0343-4579-8 (eBook)
ISBN - 978-3-0343-4580-4 (ePub)
DOI - 10.3726/b19960

Peter Lang Group AG, Internationaler Verlag der Wissenschaften, Bern 2022
bern@peterlang.com, www.peterlang.com

Inhaltsverzeichnis

Konstruktionen des Orients in der Literatur des Mittelalters

Kongruenzen romanisch-, französisch-deutschen und deutsch-jiddischen Kulturtransfers in Chansons de geste, Romanen und Erzählungen

Mehrsprachige Texte in der „deutschsprachigen" Literatur

Jiddische Sprache und Literatur in Geschichte, Gegenwart und Zukunft

Konstruktionen des Orients in der Literatur des Mittelalters

Herausgegeben von Julia Zimmermann, Claudia Händl, Beate Kellner

Konstruktionen des Orients in der Literatur des Mittelalters. Eine Einführung

1. Konstruktionen des Orients[1]

In gegenwärtigen ebenso wie in vergangenen (geo-)politischen Debatten sind Fragen danach, was und wie der Orient ist oder wo dieser überhaupt beginnt bzw. wieder aufhört, häufig substantiell verzerrt und diskursiv kaum einholbar, auf jeden Fall aber ausgesprochen strittig. Die Diskussion dieser Fragen hat in den kulturtheoretisch orientierten Geisteswissenschaften spätestens seit Edward Saids wirkmächtiger Studie *Orientalism* (1978) und den darauf fußenden sog. *Postcolonial Studies* erheblich an Fahrt aufgenommen.[2] Saids teils widersprüchliche und in der Wissenschaftsgemeinschaft teils heftigen Widerspruch auslösende programmatische Ausführungen sind geprägt von Foucaults Diskursanalyse und dessen Überlegungen zur Korrelation von Wissen und Macht (vgl. hierzu Brands/Schnepel/Schönig 2011: 7–13). Auch wenn Saids Kulturbegriff in diesem Zusammenhang alles andere als eindeutig ist (hierzu Kramer 2011: 29–41), so hat er doch auf den Konnex zwischen inter- bzw. transkulturellen Begegnungen, Phänomenen und Kontaktzonen und den Mechanismus von asymmetrischen Identitätskonstruktionen und Kulturimperialismus hingewiesen (vgl. auch Plotke 2019: 115). Westliche Orientvorstellungen scheinen dabei im positiven ebenso wie im negativen Sinne als diskursive Praktiken eines „Othering" auf, das seine Grundlage in spezifischen Imaginationen und stereotypen Vorstellungswelten hat.

Die seit knapp 40 Jahren anhaltende Kritik an Saids polemischer Schrift, alles Aufdecken von Widersprüchlichkeiten, alle wissenschaftlichen Reibungen an seinen Überlegungen zu Alterität und Macht, alle Erkenntnis von der

---

1 Unsere Freundin und geschätzte Kollegin Seraina Plotke wirkte maßgeblich an dem ursprünglichen Konzept der Sektion mit – ihrem Gedenken sei dieser Beitrag gewidmet.

2 Für das wissenschaftliche Paradigma der *Postcolonial Studies* grundlegende Texte sind etwa Said 1978; Spivak 1988; Bhabha 1994; einen Einblick in die vielfältigen Forschungsansätze bieten u. a. Göttschke/Dunker/Dürbeck 2017; den produktiven Umgang mit Said innerhalb der Geisteswissenschaften zeigen die Beiträge in Brands/Schnepel/Schönig 2011; zur Erfolgsgeschichte von Saids *Orientalism* siehe ebd. auch Schäbler 2011: 279–302. Im deutschsprachigen Bereich liegt für die Literaturwissenschaft mit Polaschegg 2005 ein Standardwerk der Said-Rezeption vor; in der Geschichtswissenschaft setzen sich u. a. zwei Beiträge von Osterhammel (1997a und 1997b) mit *Orientalism* auseinander.

Dynamik des Orientalismus- bzw. Okzidentalismus-Begriffes[3] zeugen freilich nicht allein von der unablässigen Produktivität kritischer Auseinandersetzung mit Said, sondern vor allem von der Signifikanz der grundlegenden Fragestellung: Sind Bedeutung und Verwendung des Begriffs „Orient" nicht schon von vornherein „orientalistisch" (im Sinne Saids) und solchermaßen eine Konstruktion?

Vor diesem Hintergrund ist die titelgebende Frage unserer Sektion nach „Konstruktionen des Orients in der Literatur des Mittelalters" bereits insofern heikel, als die Orientrezeption der Vormoderne in historischer Differenzierung sicherlich in anderer Weise konturiert ist als die mit dem Begriff des „Orientalismus" verbundenen Präsuppositionen der vergangenen Jahrzehnte. Gleichwohl ist auch der Orient der Vormoderne „von seiner Bezeichnung her eine ‚europäische' ‚Perspektivierung' (Plotke 2019: 115), deren Analyse zuallererst ein christlich-abendländisches Selbstverständnis freilegt. Da vormoderne Vorstellungen vom Orient abhängig sind von Standpunkt und Wissen des Betrachters und seiner Einbindung in divergierende geschichtliche, geopolitische, soziokulturelle, religiöse, geographische, heilsgeschichtliche, ethische u. a. Diskurse, ist dieses Selbstverständnis in sich aber keineswegs einhellig. Gerade der Literatur mit ihren Möglichkeiten der fiktionalen Darstellung bietet sich ein breiterer Spielraum im produktiven Umgang mit imaginären Entwürfen, da sie „von unmittelbaren referentiellen Funktionen entlastet" ist und deshalb „Wissensformationen, Kulturmuster, Normen und Leitbilder aus anderen Redeordnungen" übernehmen (Kellner 2009a: 177; vgl. auch Müller 2004: 306) und in neue Sinnformationen übertragen kann. Obwohl der Orient auch in mittelalterlicher Zeit kein fiktiver Raum ist und insbesondere die Tradition der patristischen Geographie ihn als realen Bestandteil der Welt ausweist, bietet er sich der Literatur dennoch als ein „Spielraum des Erzählens" an (Stock 2002: 294), in dem durch die Setzung verschiedener Gegen- oder Außenmarkierungen immer wieder vor allem das „Eigene" reflektiert werden kann (vgl. ebd.). Infolgedessen lässt sich im Blick auf die Literatur der Vormoderne im Grunde kaum von Konstruktionen des (einen) Orients sprechen, vielmehr geben sich unterschiedliche Orientkonzeptionen im diskursiven Nebeneinander, teilweise sogar in Überblendung zu erkennen.

---

3   Der Beitrag von Schnepel 2011 zeigt u. a. am Beispiel des Bauchtanzes auf, in welchem Maß „orientalistische Vorstellungen des Westens über den Orient von Orientalen" (S. 23) etwa als Auto-Orientalisierungen aufgenommen wurden, und er verweist solchermaßen auf das dynamische Potential der Begrifflichkeiten, bei dem ein Hin und Her von Austauschbeziehungen weitere Ausprägungen bestimmbar machen (Fremd-Orientalisierung des Orients, Fremd-Okzidentalisierung des Okzidents, Auto-Okzidentalisierung des Okzidents usw.).

Eine Besonderheit stellt dabei der Umstand dar, dass der abendländischen Christenheit durchaus nicht nur – einem dualistischen Weltverständnis entsprechend – ein morgenländisches „Heidentum" gegenübergestellt ist. In Bezug auf ältere griechische, lateinische und alttestamentliche Traditionen dient der Orient-Begriff zunächst der groben Zuordnung zu einer Himmelsrichtung. Die *plaga orientalis* findet sich im diffusen Irgendwo einer Weltgegend östlich von Israel bzw. Juda. Entsprechend zeigt auch die Verwendung des mhd. Begriffes *ôrient*, der in den Quellen übrigens auffallend selten genannt wird, kaum das Interesse einer mittelalterlich-europäischen Literatur an einem „realen" Orient; Angaben zur geographischen Lage oder zur Topographie eines orientalischen Landes bleiben häufig im Ungewissen. Und so genügt – um nur wenige Beispiele zu nennen – etwa in Wolframs *Willehalm* die Aussage Gyburgs, ihr heidnischer Vater werde weitere Hilfstruppen *von Orient* (Wh. 94,11) zum Kampf gegen die Christen rekrutieren; im *Marienleben* Wernhers des Schweizers reicht als Hinweis auf die Herkunft der Heiligen Drei Könige die Angabe *von Orient dem landen* (V. 3377) und in der heilgeschichtlichen Dichtung *Die Erlösung* darf der allmächtige Gott selbstverständlich über die ganze Welt, *obene von orient / biz niden an den occident* (V. 6250 f.) herrschen. Wenn zum Ende des *Jüngeren Titurel* schließlich der Gral in eigentümlicher Selbstbestimmtheit beschließt, *gen orient* (Str. 6052,2) zu migrieren, weiß auch hier allein der versierte Rezipient, dass damit das indische Reich des Priesterkönigs Johannes gemeint ist. Abseits solch konkreter, aber zugleich unkonturiert verbleibender *ôrient*-Benennungen erweisen sich mittelalterliche Bilder und Vorstellungen vom Orient freilich als vielschichtiger und im Blick auf topographische Verortungen (sofern sie denn in den Texten vorgenommen werden) als durchaus beweglich.

Mit dem morgenländischen Schisma ist dem weströmischen Reich zunächst ein oströmisches Reich, ist der abendländischen Christenheit ein christlicher Orient zur Seite gestellt. In der Vorstellungswelt des abendländischen Christentums ist dieser Orient aus der Vagheit einer östlichen Weltgegend gleichsam in die unmittelbare Nachbarschaft des Westens gerückt und steht konkret für das Byzantinische Reich bzw. für die Ostkirche. Der byzantinische Orient ist folglich ein christliches, in der östlichen Peripherie der eigenen Welt gelegenes Herrschaftsgebiet, das allerdings in Konkurrenz zum christlichen Okzident, insbesondere zum Papst und zum westlichen Kaisertum, steht (vgl. Plotke 2019: 115 f.) und dessen Ränder sich in den mittelalterlichen Jahrhunderten aufgrund von Eroberungen, Expansionen, Kreuzzügen u. a. immer wieder verschoben haben (hierzu Suttner 1993: 838 f.).

Neben diesem geographisch-politischen Orientverständnis entwickelt sich mit dem Erstarken des Islams und dem Aufkommen der Kreuzzüge ein weiteres, in sich durchaus heterogenes Orientbild, das im Wesentlichen durch die religiöse Differenz zum Christentum geprägt ist. Dieser „Kreuzzugsorient"

(Szklenar 1966: 177) ist – je nach historischer Momentaufnahme – ebenfalls durch fließende bzw. sich kontinuierlich verschiebende Grenzen charakterisiert. So konnte zeitweise sogar das maurische Spanien Teil dieses Orients sein. Gerade zu Letzterem wie auch zur Levante bestand aus europäischer Sicht über Jahrhunderte durchaus nicht nur ein Verhältnis der kriegerischen Auseinandersetzung, sondern auch des regen wirtschaftlichen und kulturellen Austauschs, insbesondere im wissenschaftlichen Bereich (hierzu u. a. Jankrift 2007).

Neben dem byzantinischen und dem – im weitesten Sinne – muslimischen Orient existieren in der mittelalterlichen Literatur darüber hinaus die auf antike Wissenstraditionen zurückzuführenden Vorstellungen von einem sog. „Mirabilienorient" (zum Begriff siehe Quenstedt 2018: 297). Gemeint ist damit eine Weltgegend, die im (sehr) fernen Osten der Erzählwelten und damit in größtmöglicher, aber immerhin erreichbarer Distanz zur westlichen Eigenwelt loziert wird, die einer meist als *India* bezeichneten Region zugerechnet ist, deren Beschreibungen mit Tatsachenwissen oder Realitätserfahrung „wenig, wenn nicht gar nichts zu tun" haben (Kugler 1990: 110), und die als Vorstellungsraum des Wunderbaren fungiert. Dieses Wunderland ist auffallend ambivalent: Neben toposhaft überbordender Fruchtbarkeit und immensem Reichtum an natürlichen und übernatürlichen Ressourcen ist *India* auch Herkunftsland bzw. Aufenthaltsort monströser Völker, Wunder- und Fabelwesen (ausführlich hierzu u. a. Simek 2015), die zumindest topographisch als das ganz „Andere" markiert sind und vielfach als Bedrohung wahrgenommen werden. In symbiotischer Verkopplung von literarisch tradiertem Bildungswissen und christlich-heilsgeschichtlichen Weltbildern werden der Reichtum und die Fruchtbarkeit des Mirabilienorients mit dessen Nähe zum Irdischen Paradies begründet. Dieses ist im noch östlicheren, dem Menschen allerdings unzugänglichen Osten lokalisiert und markiert vor allem in mittelalterlichen Wissenstexten christlicher Lehre einen weiteren eigenständigen orientalischen Sonderraum.[4]

Zahlreiche Erzähltexte des 12. und 13. Jahrhunderts siedeln auf einem oder mehreren der angeführten orientalischen Gebiete ihre Handlungsschauplätze teilweise oder gar mehrheitlich an. Die Literatur tritt damit in ein implizites kulturelles Dialogverhältnis zu historischen Ereignissen, narrativen Konstellationen oder diskursiven Wissensformationen. Die Texte verhandeln die kulturellen Beziehungen zwischen Europa und dem (jeweiligen) Orient, indem sie

---

4   Traditionsbildend für die mittelalterlichen Paradiesvorstellungen sind die *Etymologien* Isidors von Sevilla, die nicht nur die Topik der Beschreibung des Paradieses – u. a. in den enzyklopädischen Schriften und *imago mundi*-Texten der Folgezeit – begründen, sondern auch die geographische Lage im Orient bestätigen: *Paradisus est locus in orientis partibus constitutus* (Isidor, *Etymologiae* (L) XIV, III,2). Vgl. ausführlicher hierzu Unzeitig 2018: 331–340.

an bestimmten Machtkonfigurationen und Handlungsmustern (Brautwerbung, Eroberungsfeldzug, Kreuzzug, Entdeckungsreise, Vision etc.) verschiedene Relationsverhältnisse durchspielen und die unterschiedlichen kulturellen Positionen in Beziehung zueinander jeweils neu definieren. Zuweilen überblenden sich dabei freilich verschiedene Orientvorstellungen. Angeführt sei nur ein Beispiel: Die mittelalterlichen *Mappae mundi*, in denen alles, was sich östlich des heilsgeschichtlichen Weltzentrums Jerusalem befindet, dem „Orient" zugezählt ist, verorten (in ihrer traditionellen Dreiteilung der Welt in die Kontinente Europa, Afrika und Asien) die besagten Wundervölker nicht im paradiesnahen Indien, sondern am südlichen Rand Afrikas.[5] Entsprechend können diese Wundervölker auch in literarischen Texten auftauchen, die kriegerische Begegnungen zwischen Christen und Nicht-Christen etwa im Kontext der Kreuzzugsthematik schildern. Im *Rolandslied*, in Wolframs *Willehalm* oder im *Jüngeren Titurel* treten etwa diverse Wundervölker im Verbund mit heidnischen Heerscharen als Gegner der christlichen Streiter in Erscheinung. Sie sind damit – in den Texten gänzlich unhinterfragt – in einen anderen Orient („Kreuzzugsorient") eingebunden als in den, der gemeinhin als ihre Heimstatt oder ihr Herkunftsland gilt („Mirabilienorient").

Wichtiger als Formen der Verwischung des mittelalterlichen Orientbildes in der Überblendung divergierender Imaginationen scheint schließlich die Beobachtung, dass eine Vielzahl der literarischen Darstellungen ihre Orientschilderungen auffallend unorientalisch gestaltet, ja teilweise scheinen sie den Orient in der Unaufgeregtheit, wenn nicht gar Nebensächlichkeit seiner narrativen Präsentation gleichsam zum Verschwinden zu bringen. Offenkundig geht es in diesem weniger deskriptiven als semiotischen Modus der Darstellung lediglich darum, den Orient als bloße Chiffre eines „Anderen" zu kennzeichnen. Der Protagonist einer Erzählung hat sich den Herausforderungen dieses „Anderen" zu stellen, herausgefordert und geprüft werden dabei aber eben immer auch die „vorher etablierten und weithin gültigen Sinnmodell[e]" (Stock 2002: 293) des „Eigenen". Den Orienterzählungen kommt damit eine bedeutende Funktion im Rahmen narrativ vermittelter Sinnstiftung zu.

2. Konstruktionen des Heidnischen

Eng an die Frage nach den vielfältigen Konstruktionen des Orients ist auch die nach den unterschiedlichen Vorstellungen von den Bewohnern des Orients,

---

5 Diese ‚Verschiebung' trägt wohl dem Umstand Rechnung, dass Indien im mittelalterlichen Weltbild in unmittelbarer Nachbarschaft zu Äthiopien liegt bzw. Äthiopien sogar ein Teil Indiens sein kann; hierzu Noltze 1995: 88 f.

in der Forschung gemeinhin verstanden als die muslimischen *heiden*, gekoppelt.[6] Auch diese Vorstellungen sind davon abhängig, in welchem Diskurs sie verankert sind. In den Auseinandersetzungen mit literarischen Darstellungen des Heidnischen als Antithese zum Christlichen konzentrierte sich die Mediävistik bislang vor allem auf zwei favorisierte Themen- bzw. Textfelder (hierzu und zum Folgenden bereits Seidl/Zimmermann 2011: 337–349). Beide werden sicherlich nicht zufällig dem Bereich der *Chansons de geste* zugerechnet, die, aufgeladen durch die Kreuzzugsthematik, den Glaubenskampf zwischen Christen und Heiden prägnant vor Augen führen: Unter dem Aspekt kategorialer Unversöhnbarkeit von religiösen Differenzen steht dabei zum einen die afrz. *Chanson de Roland* bzw. deren mhd. Adaptation, das *Rolandslied* des Pfaffen Konrad, im Blickpunkt (hierzu und zum Folgenden siehe insb. Seidl 2009: 46 f. sowie Strohschneider 2012: 395–401). Das hier entworfene Heidenbild, das fast ausnahmslos auf Muslime bzw. Sarazenen abzielt, ist deutlich als negatives Gegenbild zum Christen entworfen: Heiden sind hässlich, untreu, verräterisch, dumm, feige, intrigant, bar jeder Würde und überhaupt des Teufels; die Christen sind hingegen schön, tapfer und mit allen erdenklichen ritterlichen, ethischen und christlichen Tugenden ausgestattet (hierzu u. a. Koselleck 1989: 240). Das Gegensatzpaar von Christen und Heiden ist damit nicht zuletzt in der Vertextung durch einen auktorialen Erzähler Ausdruck einer maximalen begrifflichen Wertasymmetrie (vgl. Strohschneider 2012: 398). Dieses Erzählen vom Kampf zwischen Gut und Böse, zwischen Schwarz und Weiß, gilt in seiner grundsätzlichen Unvereinbarkeit von Christen und Heiden als ein maßgebliches Charakteristikum der Geschichten um den Tod Rolands und dessen Rache durch Karl den Großen.

Für das zweite favorisierte Themen- bzw. Textfeld ist mit dem Stichwort der sog. „religiösen Toleranz" jene Forschungsdebatte angesprochen, die ihren Fokus vor allem auf Wolframs *Willehalm*-Fragment gerichtet hat. Der *Willehalm* ist sowohl durch formale und inhaltliche Korrespondenzen als auch durch die Kreuzzugsmotivik eng an das *Rolandslied* gebunden. Nach den

---

6   Einen dezidierten forschungsgeschichtlichen Überblick zur Heidenthematik in der Mediävistik bietet die Einleitung zu dem von Knaeble/Wagner herausgegebenen Sammelband (2015: 9–26). Als umfassende und pejorative Bezeichnungen für alles Nicht- und Außerchristliche kommt den Begriffen ‚Heide'/‚Heidentum' eine adäquate Ordnungsfunktion lediglich in dem theologischen Bereich zu, der sie selbst hervorgebracht hat. Trotz der unbestrittenen religionsgeschichtlichen, religionsphänomenologischen und religionssoziologischen Signifikanz des Themas beginnen die Schwierigkeiten mit der Benennung dieses Problems aber erst, und zwar – so stellt bereits Gensichen 1985: 591 fest – gleich in doppelter Hinsicht: Zum einen mangelt es an einheitlichen oder normative biblischen Aussagen zum Thema, zum anderen hat auch die Missionstheologie im Lauf der Geschichte Sachverhalte geschaffen, die eine unbefangene Verwendung der Begriffe ‚Heide'/,Heidentum'/ ‚heidnisch' unmöglich machen.

Interpretationsangeboten des im gesamten Text präsenten *Willehalm*-Erzählers scheint das Verhältnis von Heiden und Christen zwar nach wie vor so gestaltet, dass Gott auf der Seite der Christen ist, während die heidnischen Götzen und Abgötter keinerlei Wirkung gegen die göttliche Allmacht haben (vgl. Bumke [8]2004: 336 f.). Auch das Heil ist klar verteilt: Den christlichen Streitern ist der Himmel gewiss, den Heiden allein die Hölle. Und dennoch sind Christen und Heiden hinsichtlich gesellschaftlicher Wert- und ethischer Moralvorstellungen nebeneinandergestellt; konkrete ritterliche Wertbegriffe oder der Minnegedanke sind von beiden Seiten in hohem Maß anerkannt. Durch diese Darstellungsweise scheint die vermeintlich konstitutive, binäre Opposition von „guten" Christen und „bösen" Heiden, die auch Reinhard Koselleck (1989: 240 f.) explizit anhand des *Rolandsliedes* als (wert-)asymmetrische aufzeigt, in Wolframs *Willehalm* insofern aufgeweicht, als kategoriale Gegenüberstellungen und Hervorhebungen von religiösen Differenzen im Verlauf der Dichtung zunehmend geringer werden, stellenweise sogar in die Idee der Anerkennung des Anderen münden. Diese Form der Anerkennung wurde in der germanistischen Forschung – gerade vor der Negativfolie des *Rolandslieds* – als Konzept einer sog. „religiösen Toleranz" verstanden. Auf eine „tolerantere" Sichtweise zielende Lesarten des *Willehalm* laufen freilich Gefahr, die religiöse Semantik der Dichtung zu überdehnen und „die Komplexität der literarischen Kommunikation im Blick auf theologische und ideologische Aussagen des Textes zu unterschneiden, indem etwa Figurenrede mit der Erzählerperspektive kurzgeschlossen wird oder indem Einzelaussagen zur Botschaft des Gesamttextes hypostasiert werden" (Bulang/Kellner 2009: 126).

Die Tatsache, dass die Darstellungsweise des *Rolandslieds* ebenso wie die des *Willehalm* immer wieder als Ausgangspunkte eines Vergleichs zur Heidenthematik in anderen literarischen Texten dienen, spricht dafür, dass sich mit *Rolandslied* und *Willehalm* nicht die Normalfälle narrativer Auseinandersetzung mit dem Heidnischen zu erkennen geben, sondern dass die beiden Texte vielmehr zwei Extrempositionen markieren. Die mittelalterliche Literatur bietet zwischen diesen beiden Positionen und abseits der hier nur angerissenen Forschungsdebatten indes deutlich vielfältigere Darstellungsmöglichkeiten, verschiedene, durchaus auch widersprüchliche Haltungen und Meinungen nebeneinanderzustellen, ohne dass diese mit einer vorgegebenen ideologischen Vernunft in eine zusammenhängende Harmonie gebracht werden müssen. Nicht vergessen werden darf also, dass dort, wo strikt kategoriale wissenschaftliche Beschreibungsverfahren heuristisch Eindeutigkeit suggerieren, viele mittelalterliche Texte diese gerade konterkarieren.

Anstelle von zum Teil apodiktisch anmutenden Zuschreibungen erscheint es deshalb vielversprechender, semantische Verschiebungen dessen zu hinterfragen, was in den verschiedenen Texten und Quellen gemeinhin mit dem Begriff „Heiden" resp. „Heidentum" zum Ausdruck gebracht werden soll.

Beispiele für diese Verschiebungen oder auch Nuancen im Umgang mit dem Heidnischen reichen etwa von der zum Teil radikalen Ablehnung des als heidnisch deklarierten antiken Wissens im theologischen Schrifttum des frühen Mittelalters, über die (durchaus auch auf sprachlicher Ebene manifestierte) vorwiegend gewaltsame Auseinandersetzung mit dem Islam zur Zeit der Kreuzzüge oder die panischen Abwehrbemühungen angesichts des Mongolensturms im 13. Jahrhundert bis hin zu dem, was in der älteren Forschung unter der Bildlichkeit des „edlen Heiden" gemeinhin als eine zumindest differenziertere, in der jüngeren Forschung unter dem Stichwort der „Hybridität" als eine vor allem literarisierte Sichtweise auf das Heidentum (so etwa bei Kellner 2009b) beschrieben wird. Allein die hier nur schlaglichtartig angeführte Reihung unterschiedlicher, teils sogar widersprüchlicher Facetten des „Heidnischen" gibt klar zu erkennen, dass sich jeder Schematismus im Grunde von vornherein verbietet und dass die Begrifflichkeit vor allem vor dem Hintergrund der mit ihr verbundenen Sinnbildungsprozesse im Blick auf den oder die „Heiden", das „Heidentum" oder das „Heidnische" jeweils neu ansetzen muss. Für die Frage, wie Heiden und Heidnisches in der Literatur des Mittelalters wahrgenommen und gedeutet werden, sollten kulturelle Semantiken und epistemologische Konstellationen im Mittelpunkt stehen. Deren Analyse ermöglicht Rückschlüsse auf das in der Literatur vermittelte Wissen über Heiden und Heidnisches, auf Wahrnehmungs- und Deutungsmuster sowohl des „Anderen" als auch des „Eigenen", auf Bewertungen, kognitive Muster und Stereotypen, aber eben auch auf Abweichungen der Darstellung.

3. Zum mhd. heiden-*Begriff*

Da die literaturwissenschaftlichen Auseinandersetzungen mit dem mhd. *heiden*-Begriff – wie erwähnt – vorrangig auf eine Differenzierung von Christen und den muslimischen Andersgläubigen des „Kreuzzugorients" abzielen, seien abschließend noch einige Bemerkungen zur Semantik des Begriffsfeldes in der mhd. Literatur angeführt. Für die kreuzzugs- und mirabilienorientalischen *heiden* scheint diese Auseinandersetzung auf den ersten Blick unproblematisch: Auf religiös-temporaler Abgrenzungsebene wird der „Heide" als Gegner des Christen recht einhellig als mhd. *heiden*[7] oder sogar konkret als

---

7   Der Artikel im Mittelhochdeutschen Wörterbuch von Benecke/Müller/Zarncke 1854, Bd. I: 648 führt mit Verweis auf lat. *sarracenus, paganus, gentilis* für mhd. *heiden* als Interpretamente lediglich: „Heide, überhaupt Nichtchrist, insbesondere Mahomedaner, ursprünglich *agrestis*, also zu *heide*" an. Noch spärlicher verweist Lexer 1872, Bd. I: 1207 entsprechend auf „Heide, Sarazen".

Sarrazîn[8] ausgewiesen, wenn er in den Texten nicht ohnehin durch spezifische Länder- oder Völkernamen (z. B. *der Babilone, der von Zazamanc, der von Marroch, der Gaylotte* etc.) der kreuzzugsorientalischen Welt zugeordnet ist. Ganz so einfach, wie es zunächst anmutet, ist es mit dem Heidenbegriff in den mhd. Texten dann aber doch nicht immer getan, und so mag es sicherlich erstaunen, wenn etwa in Konrads von Würzburg *Partonopier und Meliur*-Fragment eine Schlacht zwischen Christen und Heiden stattfindet, bei der auf heidnischer Seite u. a. die Könige von *Norwegen* und *Tenemarke* als Repräsentanten der feindlichen *Sarrazîne* aufgezählt sind.[9] In einem innerheidnischen Konflikt, in den Wolframs *Parzival* etwa seinen Helden Gahmuret geraten lässt, scheint die binäre Opposition von „guten" Christen und „bösen" Heiden sogar aufgelöst bzw. in eine (an den geläufigen wertasymmetrischen Zuschreibungen orientierte) Gegenüberstellung von „guten" Heiden und „schlechten" Heiden verschoben zu sein. Diese Verschiebung lässt sich indes nicht allein am *heiden*-Begriff ausmachen, der für beide Gruppen gleichermaßen verwendet wird, sondern allein an der semantischen Füllung seines wertenden Gehalts.

Ähnlich verhält es sich mit den narrativen Zuordnungen der orientalischen Wundervölker, die indes weniger durch ihre Religiosität denn vielmehr durch Hinweise auf ihre körperlichen Deformationen gezeichnet sind. Als Indizien ihrer frappanten „Andersheit" scheinen diese Hinweise zur abgrenzenden Konturierung des „Eigenen" offenbar zu genügen, denn es finden sich in den Erzählungen auffallend selten Anmerkungen oder gar Kommentare zu ihrem „Heidentum".[10]

Fragt man schließlich vor dem Hintergrund des Koselleck'schen Konzepts asymmetrischer Gegenbegriffe, wer beispielsweise in Erzählungen, die auf vorchristliche Zeiten rekurrieren (z. B. die Antikenromane), als *heiden* apostrophiert wird, so zeigt sich die eigentliche Problematik des mhd. Begriffs noch deutlicher. Kosellecks Überlegungen zielen bekanntlich nicht nur auf den „Heiden" als Gegenbegriff zum „Christen" auf religiös-temporaler Abgrenzungsebene, sondern (insbesondere im Blick auf die vorchristliche Zeit) auch auf den „Barbaren" als asymmetrischem Gegenbegriff zum „Griechen"/„Hellenen" auf politisch-territorialer Abgrenzungsebene. Weil es im Mittelhochdeutschen bis

---

8 Für mhd. *Sarrazîn* führt wiederum Lexer 1876, Bd. II: 612 die Interpretamente „Heide, Morgenländer, Sarazene (aus fz. *Sarrasin*, mlat. *Sarracenus* vom arab. *Scharakyn*)" an; Benecke/Müller/Zarncke 1863, Bd. II: 59a bieten für das mhd. Lemma entsprechend nhd. „Sarazene, Muhamedaner".

9 Hierzu siehe auch den Beitrag von Eva Bauer in dieser Sektion.

10 Prominentes Beispiel hierfür ist etwa die Cundrîe-Figur in Wolframs *Parzival* oder im *Jüngeren Titurel*, deren Hässlichkeit und Deformiertheit narrativ ausgebreitet und mit ihrer Herkunft aus dem Orient begründet wird, zu der aber Angaben, ob sie eine Heidin ist, ausgespart sind; hierzu Zimmermann 2007.

zum 14. Jahrhundert keine adäquate Entsprechung für lat. *barbarus* gibt, fallen die im modernen Sprachgebrauch semantisch zu differenzierenden Begriffe „Barbar" und „Heide" in terminologischer, aber nicht zwangsläufig auch semantischer Doppelbesetzung zusammen:[11] Mhd. *heiden* kann folglich gleichermaßen für lat. *paganus, gentilis* oder eben *barbarus* stehen. Entsprechend erscheint das mhd. Wort *heiden* (auch in den auf die zeitgenössische Gegenwart bezogenen Kommentaren und Exkursen der Antikenromane) nicht allein als asymmetrischer Gegenbegriff zum Christen, sondern es dient innerhalb der erzählten Welten vor allem als anachronistisches Äquivalent zum Barbaren-Begriff oder zumindest als Bezeichnung für den vorchristlichen Heiden. Auf begrifflich-sprachlicher Ebene hat man es insofern mit einer Gleichzeitigkeit des Ungleichzeitigen zu tun, als historisch verschiedene Erfahrungsräume (Antike/Christentum) im mhd. *heiden*-Begriff zusammenfließen.

Diese semantische Doppel- bzw. Mehrfachbelegung des mhd. *Heiden*-Begriffes kann in der narrativen Umsetzung zuweilen zu überraschenden Überblendungen führen. So kulminiert etwa im *Alexanderroman* Ulrichs von Etzenbach das feindliche Zusammentreffen eines Persers (*barbarus*) mit einem Makedonen (*paganus*/vorchristlicher Heide) in der paradoxen Gegenüberstellung von *heiden* und *heiden*.[12] An anderer Stelle sind die persischen Feinde Alexanders sogar als *Sarrazîne* bezeichnet, ebenso anachronistisch werden *Sarrazîne* etwa in Konrads von Würzburg *Trojanerkrieg*-Fragment einerseits als Verbündete der Trojaner genannt, andererseits tritt aber auch der pro-griechische König Protheselaus als hochgeborener *Sarrazîn* im Schlachtgeschehen auf.[13] In der geistlichen Dichtung *Die Erlösung* ist schließlich sogar der neutestamentliche und gemeinhin den *juden* zugerechnete Tetrarch Herodes als *der ungetrûwe Sarrazîn* (V. 3650) entlarvt.

Die hier nur kursorisch aufgezeigte Spannbreite der mhd. *heiden*-Terminologie zeugt nicht allein von deren Instabilität und Unschärfe, sondern zugleich auch von der offenkundigen Skalierbarkeit ihres wertasymmetrischen Gehalts: Die Begriffskonnotationen sind vor der Folie der eingangs als „Extrempositionen" markierten Texte wie des *Rolandslieds* oder des *Willehalms*

---

11 Der mhd. *heiden*-Begriff unterscheidet auch nicht zwischen dem „Heiden aus Schicksal" (*gentilis*) und dem „Heiden aus Schuld" (*paganus*). Dass diese Differenzierung auch im Lateinischen nur bedingt ihre Gültigkeit hat, erläutert die Studie von Zech 2012: 18–22.

12 In der Szene, in der sich Mazeus, Satrap und Heerführer des Darius, und Alexanders Heerführer Eumenidus im Zweikampf gegenüberstehen, schiebt sich Ulrich angesichts der auf beiden Seiten vorbildhaften Kampfleistungen mit der gleichsam egalisierenden Frage ein: *wie sol ich den heiden und den heiden gescheiden* [...]? (Ulrich von Etzenbach, *Alexander*, V. 11881 f.). Im wohl durchaus beabsichtigten Spiel mit der semantischen Doppeldeutigkeit des *heiden*-Begriffs dürfte mit dem einen der antike *barbarus*, mit dem anderen der vorchristliche Heide (*paganus*) angesprochen sein.

13 Vgl. Konrad von Würzburg, *Trojanerkrieg*, V. 24838 und V. 25366.

zumindest deutlich vielfältiger und können in ihrer Verwendung gerade nicht immer eindeutig voneinander geschieden werden. Außerhalb von semantisch festen Kategorien verschmelzen sie vielmehr zu einer kaum überschaubaren Gemengelage. Aus den komplexen Bedeutungsüberlagerungen lassen sich manchmal allenfalls vage religiöse, territoriale, temporale, kulturelle u. a. Beschreibungsebenen dessen abstrahieren, was das „Heidnische" jeweils ausmachen kann: Nach welchen Argumentationsstrukturen die jeweiligen Gegenpositionen konzipiert sind, kann nur im Einzelfall hinterfragt werden, und selbst dann können sich noch Widersprüche und Inkongruenzen zeigen, die ihre Grundlage in der funktionalen Beweglichkeit der Begriffssemantik haben. Die sich in ihrem semantischen Gehalt oft überblendenden Abgrenzungsebenen können, sie müssen aber folglich nicht zwingend eine wertmäßige Differenzierung zwischen Heiden und dem jeweils dazu in Opposition Gesetzten enthalten, die pejorativ das Böse und Verwerfliche auf der Seite des Heidnischen, das Gute und Nützliche zugunsten des Gegenüberliegenden (Christlichen, Griechischen, Vorbildlichen etc.) verbucht.

Julia Zimmermann

Bibliographie

Quellen

Albrechts (von Scharfenberg) *Jüngerer Titurel*. Hg. von Werner Wolf und Kurt Nyholm. 4 Bde. Berlin 1955–1992 (Deutsche Texte des Mittelalters 45, 55/61, 73, 77).
Die Erlösung. Hg. von Karl Bartsch. Mit einer Auswahl geistlicher Dichtungen. Quedlinburg/Leipzig 1858 (Bibliothek der gesamten deutschen National-Literatur 37) (Nachdruck Amsterdam 1966).
Pfaffe Konrad: *Das Rolandslied*. Mittelhochdeutsch/Neuhochdeutsch. Hg., übersetzt und kommentiert von Dieter Kartschoke. Stuttgart 1993.
Konrad von Würzburg: *Partonopier und Meliur*. Aus dem Nachlasse von Franz Pfeiffer hg. von Karl Bartsch. Mit einem Nachwort von Rainer Gruenter; in Verbindung mit Bruno Jöhnk, Raimund Kemper und Hans-Christian Wunderlich. Berlin 1970 [Photomechan. Nachdr. der Ausg. 1871].
Konrad von Würzburg, *Trojanerkrieg* und die anonym überlieferte Fortsetzung. Kritische Ausgabe hg. von Heinz Thoelen und Bianca Häberlein. Wiesbaden 2015 (Wissensliteratur im Mittelalter 51).
Ulrich von Eschenbach [= Etzenbach]: *Alexander*. Hg. von Wendelin Toischer. Tübingen 1888 (Bibliothek des Litterarischen Vereins in Stuttgart 183).
Wernher der Schweizer: *Marienleben*. Hg. von Max Päpke, zu Ende geführt von Arthur Hübner. Dublin/Zürich ²1967 (Deutsche Texte des Mittelalters XXVII).

Wolfram von Eschenbach: *Parzival*. Nach der Ausgabe Karl Lachmanns revidiert und kommentiert von Eberhard Nellmann. Übertragen von Dieter Kühn. 2 Bde. Frankfurt a. M. ⁴2015 (DKV TB 7) [= Pz].

Wolfram von Eschenbach: *Willehalm*. Hg. von Joachim Heinzle. Frankfurt a. M. 2009 (DKV TB 39) [= Wh].

Forschung

Bhabha, Homi K.: The Location of Culture. London 1994. Dt. Übersetzung von Michael Schiffmann und Jürgen Freudl: Die Verortung der Kultur. Tübingen 2000.

Brands, Gunnar, Burkhard Schnepel und Hanne Schönig (Hg.): Orient – Orientalistik – Orientalismus. Geschichte und Aktualität einer Debatte. Bielefeld 2011 (Postcolonial Studies 5).

Bulang, Tobias und Beate Kellner: Wolframs *Willehalm*: Poetische Verfahren als Reflexion des Heidenkriegs. In: Literarische und religiöse Kommunikation in Mittelalter und Früher Neuzeit. DFG-Symposion 2006. Hg. von Peter Strohschneider. Berlin/New York 2009, 124–160.

Bumke, Joachim: Wolfram von Eschenbach. 8., völlig neu bearbeitete Auflage. Stuttgart 2004.

Foucault, Michel: Archäologie des Wissens. Frankfurt am Main 1981.

Gensichen, Hans-Werner: Art. ‚Heidentum I'. In: Theologische Realenzyklopädie. Bd. 14. Berlin 1985, 590–601.

Göttschke, Dirk, Axel Dunker und Gabriele Dürbeck (Hg.): Handbuch Postkolonialismus und Literatur. Stuttgart 2017.

Jankrift, Kay Peter: Europa und der Orient im Mittelalter. Darmstadt 2007.

Kellner, Beate (2009a): *ein maere wil i'u niuwen*. Spielräume der Fiktionalität in Wolframs von Eschenbach Parzival. In: Fiktion und Fiktionalität in den Literaturen des Mittelalters. Jan-Dirk Müller zum 65. Geburtstag. Hg. von Ursula Peters und Rainer Warning. Paderborn 2009, 175–203.

Kellner, Beate (2009b): Wahrnehmung und Deutung des Heidnischen in Wolframs von Eschenbach Parzival. In: Wechselseitige Wahrnehmung der Religionen im Spätmittelalter und in der Frühen Neuzeit. Bericht über Kolloquien der Kommission zur Erforschung der Kultur des Spätmittelalters 2004 und 2005. Hg. von Ludger Grenzmann, Thomas Haye, Nikolaus Henkel u. a. Berlin 2009 (Abhandlungen der Akademie der Wissenschaften zu Göttingen. Philologisch-Historische Klasse. Dritte Folge, Band XXX), 23–50.

Knaeble, Susanne und Silvan Wagner: Gott und die *heiden*. Mittelalterliche Funktionen und Semantiken der Heiden. Berlin 2015 (Bayreuther Forum Transit. Kulturwissenschaftliche Religionsstudien 13).

Koselleck, Reinhard: Zur historisch-politischen Semantik asymmetrischer Gegenbegriffe. In: Ders.: Vergangene Zukunft. Zur Semantik geschichtlicher Zeiten. Frankfurt am Main 1989 (Suhrkamp Wissenschaft 757), 211–259.

Kramer, Fritz W.: Der Kulturbegriff Edward Saids. In: Orient – Orientalistik – Orientalismus. Geschichte und Aktualität einer Debatte. Hg. von Gunnar Brands, Burkhard Schnepel und Hanne Schönig. Bielefeld 2011 (Postcolonial Studies 5), 29–41.

Kugler, Hartmut: Zur literarischen Geographie des fernen Ostens im *Parzival* und *Jüngeren Titurel*. In: *Ja muz ich sunder riuwe sein*. Festschrift für Karl Stackmann zum 15. Februar 1990. Hg. von Wolfgang Dinkelacker. Göttingen 1990, 107–147.

Lexer, Matthias: Mittelhochdeutsches Handwörterbuch. Zugleich als Supplement und alphabetischer Index zum mittelhochdeutschen Wörterbuche von Benecke-Müller-Zarncke. 3 Bde. Leipzig 1872–1878.

Mittelhochdeutsches Wörterbuch. Mit Benutzung des Nachlasses von Georg Friedrich Benecke ausgearbeitet von Wilhelm Müller und Friedrich Zarncke. 3 Bde. Leipzig 1854–1866.

Müller, Jan-Dirk: Literarische und andere Spiele. Zum Fiktionalitätsproblem in vormoderner Literatur. In: Poetica 36 (2004), 281–311.

Noltze, Holger: Gahmurets Orientfahrt: Kommentar zum ersten Buch von Wolframs *Parzival* (4,27–58,26). Würzburg 1995 (Würzburger Beiträge zur deutschen Philologie 13).

Osterhammel, Jürgen (1997a): Edward W. Said und die ‚Orientalismus'-Debatte. Ein Rückblick. In: Asien Afrika Lateinamerika 25 (1997), 597–607.

Osterhammel, Jürgen (1997b): Wissen als Macht: Deutungen interkulturellen Nichtverstehens bei Tzvetan Todorov und Edward Said. In: ‚Barbaren' und ‚Weiße Teufel'. Kulturkonflikte und Imperialismus in Asien vom 18. bis zum 20. Jahrhundert. Hg. von Eva-Maria Auch und Stig Förster. Paderborn 1997, 145–169.

Plotke, Seraina: Der Orient als Imaginationsraum. Konstruktionen kultureller Identität in den spätmittelalterlichen Erzählversionen von *Pontus und Sidonia*. In: Romania und Germania. Kulturelle und literarische Austauschprozesse in Spätmittelalter und Früher Neuzeit. Hg. von Bernd Bastert und Sieglinde Hartmann. Wiesbaden 2019 (Jahrbuch der Oswald von Wolkenstein-Gesellschaft 22 (2018/2019)), 115–128.

Polaschegg, Andrea: Der andere Orientalismus: Regeln deutsch-morgenländischer Imagination im 19. Jahrhundert. Berlin 2005.

Quenstedt, Falk: Art. ‚Indien, Mirabilienorient'. In: Literarische Orte in deutschsprachigen Erzählungen des Mittelalters. Ein Handbuch. Hg. von Tilo Renz, Monika Hanauska und Mathias Herweg, Berlin/Boston 2018, 297–315.

Said, Edward W.: Orientalism. London 1978. Dt. Übersetzung von Hans Günther Holl: Orientalismus. Frankfurt 2009.

Schäbler, Birgit: Riding the Turns: Edward Saids Buch *Orientalism* als Erfolgsgeschichte. In: Orient – Orientalistik – Orientalismus. Geschichte und Aktualität einer Debatte. Hg. von Gunnar Brands, Burkhard Schnepel und Hanne Schönig. Bielefeld 2011 (Postcolonial Studies 5), 279–302.

Schnepel, Burkhard: Verschlungene Wege in den Orient und zurück. Ein Prolog. In: Orient – Orientalistik – Orientalismus. Geschichte und Aktualität einer Debatte. Hg. von Gunnar Brands, Burkhard Schnepel und Hanne Schönig. Bielefeld 2011 (Postcolonial Studies 5), 15–28.

Seidl, Stephanie: Narrative Ungleichheiten. Heiden und Christen, Helden und Heilige in der *Chanson de Roland* und im *Rolandslied* des Pfaffen Konrad. In: Heiden und Christen im Mittelalter: Integration oder Desintegration? Hg. von Uta Goerlitz und Wolfgang Haubrichs. In: Zeitschrift für Literaturwissenschaft und Linguistik 156 (2009) (= LiLi Themenheft), 46–64.

Seidl, Stephanie und Julia Zimmermann: Jenseits des Kategorischen. Konzeptionen des Heidnischen in volkssprachigen literarischen und chronikalischen Texten des 13. Jahrhunderts. In: Integration und Desintegration der Kulturen im europäischen Mittelalter. Hg. von Michael Borgolte u. a. Berlin 2011 (Europa im Mittelalter 18), 325–381.

Simek, Rudolf: Monster im Mittelalter. Die phantastische Welt der Wundervölker und Fabelwesen . Köln/Weimar/Wien 2015.

Spivak, Gayatri Chakravorti: Can the Subaltern Speak? In: Marxism and the Interpretation of Culture. Hg. von Cary Nelson und Lawrence Grossberg. Urbana 1988, 271–313.

Stock, Markus: Kombinationssinn. Narrative Strukturexperimente im *Straßburger Alexander*, im *Herzog Ernst B* und im *König Rother*. Tübingen 2002 (Münchener Texte und Untersuchungen zur deutschen Literatur des Mittelalters 123).

Strohschneider, Peter: Kreuzzugslegitimität – Schonungsgebot – Selbstreflexivität. Über die Begegnung mit den fremden Heiden im *Willehalm* Wolframs von Eschenbach. In: Die Begegnung mit dem Islamischen Kulturraum in Geschichte und Gegenwart. Hg. von Stefan Krimm und Dieter Zerlin. München 1992 (Acta Hohenschwangau 1991), 23–42.

Strohschneider, Peter: Fremde in der Vormoderne. Über Negierbarkeitsverluste und Unbekanntheitsgewinne. In: Alterität als Leitkonzept für historisches Interpretieren. Hg. von Anja Becker und Jan Mohr. Berlin 2012 (Deutsche Literatur. Studien und Quellen 8), 387–416.

Suttner, Ernst Christoph: Art. ‚Morgenländisches Schisma'. In: Lexikon des Mittelalters, Bd. 6 (1993), 838–839.

Szklenar, Hans: Studien zum Bild des Orients in vorhöfischen Epen. Göttingen 1966 (Palaestra 243).

Unzeitig, Monika: Art. ‚Irdisches Paradies'. In: Literarische Orte in deutschsprachigen Erzählungen des Mittelalters. Ein Handbuch. Hg. von Tilo Renz, Monika Hanauska und Mathias Herweg, Berlin/Boston 2018, 331–340.

Zech, Kerstin: Heidenvorstellung und Heidendarstellung. Begrifflichkeit und ihre Deutung im Kontext von Bedas *Historia Ecclesiastica*. In: Die Wahrnehmung anderer Religionen im Frühen Mittelalter: terminologische Probleme und methodische Ansätze. Hg. von Anna Aurast und Hans-Werner Goetz. Berlin 2012 (Hamburger geisteswissenschaftliche Studien zu Religion und Gesellschaft 1), 15–46.

Zimmermann, Julia: Hässlichkeit als Konstitutionsbedingung des Fremden und Heidnischen? Zur Figur der Cundrîe in Wolframs von Eschenbach *Parzival* und in Albrechts *Jüngerem Titurel*. In: Spannungsfelder des Religiösen in der Literatur des Mittelalters und der Frühen Neuzeit. Hg. von Beate Kellner, Judith Klinger und Gerhard Wolf. Bielefeld 2007 (Mitteilungen des Deutschen Germanistenverbandes 54, Heft 2/2007), 202–222.

Königsgräber in Ost und West. Konstruktion und Transformation heidnischer und christlicher Begräbnisriten bei Wolfram von Eschenbach

Magdalena Butz (München)

Abstract: Für die Werke Wolframs von Eschenbach wurde mehrfach gezeigt, dass Christliches und Heidnisches hier nicht dichotomisch zu fassen, sondern auf vielfache und komplexe Weise miteinander verschränkt sind. Der Beitrag lotet aus, inwieweit die bezüglich familiären Bindungen, Höfischheit und Minnerittertum betonte kulturelle Hybridität auch für den Umgang mit den im Glaubenskampf Gefallenen feststellbar ist. Im Zentrum stehen ein intertextueller Verweis des Erzählers auf die Bestattung des Gahmuret im *Parzival* sowie die Matribleiz-Szene am Ende des *Willehalm*. Dabei wird herausgearbeitet, wo Wolfram christlichen und heidnischen Umgang mit Gefallenen überblendet und welche Funktionen diese Verschränkungen auf Figurenebene einnehmen.

Keywords: *Willehalm*, *Parzival*, Wolfram von Eschenbach, Begräbnisriten, *memoria*, Orienterfahrung

Wolframs *Willehalm* steht zwar in der Tradition der *Chansons de geste* um Karl den Großen und dessen Sohn Ludwig den Frommen.[1] Der darin erzählte Reichskampf der Christen gegen die „Heiden" geht aber nicht in den relativ simplen, unreflektierten Dichotomien von christlich/heidnisch, Märtyrer/Verdammte oder getauft/ungetauft auf, wie wir sie etwa in der *Bataille d'Aliscans* oder im *Rolandslied* finden. Im Gegenteil: Dass solche binären Codierungen hier zu kurz greifen, zeigt sich deutlich an der „ambivalente[n] Mehrschichtigkeit der Heidendarstellung" (Strohschneider 1992: 28), in der Fremdes mit Eigenem verschränkt wird und der Fremde sich in seiner Vorbildlichkeit dem eigenen Selbst annähert. Wenn auch die als polytheistisch dargestellte Religion der Heiden fremd – und nach Meinung der Christen „falsch" – ist, so weisen die Figurenzeichnungen der Feinde jenseits des Glaubens doch deutliche Parallelen zu denjenigen der Christen auf. Die Gegner sind ebenso vorbildliche Minneritter, ihr Herrschaftsverband ist analog strukturiert, die familiären Bindungen und Konflikte der Christen spiegeln sich in denjenigen der

---

1   Die breite Forschung zu Wolframs Werken kann in diesem Rahmen unmöglich dokumentiert werden. Die folgenden Literaturangaben verstehen sich daher nur als exemplarische Verweise.

Heiden – und auch die Kampfesmotivationen beider Parteien sind nahezu kongruent: Christen wie Heiden kämpfen auf vorbildliche Weise sowohl für ihren Glauben als auch für die *minne*. Indem nun aber „die Fremden Feinde und Vorbilder zugleich sind, führt man nicht nur gegen die Anderen, sondern gewissermaßen auch gegen sich selbst Krieg" (Strohschneider 1992: 31). Gegen sich selbst kämpfen die Christen auch aufgrund der vielfachen verwandtschaftlichen Gefüge und genealogischen Verflechtungen, die durch Blutsverwandtschaft und Verschwägerung, durch die religiöse Verwandtschaft der Getauften, eventuell sogar durch eine universale Geschöpflichkeitsverwandtschaft entstanden sind (vgl. Kiening 1991: 190–205; Strohschneider 1992; Bulang/Kellner 2009). Die Selbstverständlichkeit des Glaubenskrieges wird damit fraglich, denn „[w]as auf der Ebene religiöser Zugehörigkeiten als adäquate Handlung erscheint, kann im Horizont der Sippenbindung oder der Minne in Aporien führen" (Bulang/Kellner 2009: 124).

Entsprechend ambivalent gestaltet sich auch das Verhältnis zum Töten und Bestatten des Anderen. Welche Handlungs- und Deutungsmöglichkeiten im Umgang mit dem Leichnam im *Willehalm* vorgeführt werden, ist Gegenstand dieses Beitrags. Dabei soll herausgearbeitet werden, wo Wolfram christlichen und heidnischen Umgang mit Gefallenen überblendet und welche Funktionen diese Verschränkungen auf Figurenebene einnehmen. Im Zentrum der Überlegungen steht, inwieweit die bezüglich des Ritter- und Minneethos vielfach betonte kulturelle Hybridität auch für den Umgang mit den Gefallenen feststellbar ist – oder ob sich hier nicht doch ein Dualismus von Gläubigen und Ungläubigen Bahn bricht.

1. Gahmurets Bestattung im Orient

In der ersten Schlacht wird Vivianz' Märtyrertod stellvertretend für alle auf Alischanz gefallenen Gottesstreiter vorgeführt. Nach dem Ableben seines Neffen überlegt Willehalm, wie er mit Vivianz verfahren soll (Wh 71,1–19): Den Leichnam zurückzulassen ist insofern problematisch, als er damit Aasfressern oder der Leichenschändung durch die Heiden ausgesetzt ist. Andererseits kann Vivianz nur gerächt werden, wenn Willehalm sicher heimkehrt und Hilfe holt. Willehalm entscheidet sich schließlich gegen den Leichentransport und lässt seinen Neffen unbestattet zurück (Wh 71,21), um sich besser gegen weitere Angriffe verteidigen zu können. Unmittelbar danach sieht er sich erneut zum Kampf gezwungen, unter anderem gegen Akarin, von dem es heißt, er sei aus *des bâruckes geslehte, / der mit kristenlîchem rehte / Gahmureten ze Baldac / bestatte* (Wh 73,21–24). Ein Nachfahre dessen also, der einst den christlichen Helden so würdig bestattet hatte, ist jetzt Mitursache für die Nichtbestattung des Vivianz. Von Gahmurets Begräbnis aber weiß der Erzähler noch weitere Details zu berichten:

> [...] *dâ von man sprechen mac:*
> *welhe bivilde er im erkôs,*
> *dâ er den lîp durh in verlôs;*
> *wie sprach sîn eppitafium*
> *(daz was ze jâmers siten vrum);*
> *wie was gehêrt sîn sarkes stat,*
> *alsô der bâruc selbe bat,*
> *von smareit und von rubîn*[...]

(Wh 73,24–74,1)

Die hier geschilderte Bestattung Gahmurets stellt eine „Kontrastparallele" (Fischer 2011: 137) zur Nichtbestattung des Vivianz dar, denn während Ersterer von einem Heiden nach *kristenlîchem rehte* prunkvoll beigesetzt wurde, wird Letzterem nicht einmal eine einfache Notbestattung zuteil. Damit ist Vivianz (vorerst) aber auch die Möglichkeit verwehrt, sich einen dauerhaften Platz im Gedächtnis der Menschen zu sichern: Kein Epitaphium nennt seine Abkunft oder erinnert an seine Heldentaten, kein Grab kann von den Hinterbliebenen aufgesucht werden. Ganz anders verhält es sich mit Gahmurets Grabstätte, *dâ von man sprechen mac*: Erst in der Möglichkeit, davon zu erzählen, kann Totengedenken stattfinden – wie der Erzähler deutlich zeigt, indem er über die Textgrenzen des *Parzival* hinaus von Gahmurets Grab erzählt und sein Andenken lebendig hält.

Im *Parzival* selbst ist es der Meisterknappe Tampanis, der Herzeloyde von diesem Begräbnis berichtet (Pz 105,1–108,28): Während seiner Orientreise sei Gahmuret für seinen Dienstherrn, den Baruch von Bagdad, in die Schlacht gezogen. Durch gegnerische List sei der Held tödlich verwundet worden und nach dem Ablegen der Beichte verstorben. Daraufhin sei Gahmuret nach Bagdad überführt und bestattet worden:

> *diu kost den bâruc ringe wac.*
> *mit golde wart gehêret,*
> *grôz rîcheit dran gekêret*
> *mit edelem gesteine,*
> *dâ inne lît der reine.*
> *gebalsemt wart sîn junger rê.*
> *vor jâmer wart vil liuten wê.*
> *ein tiwer rubîn ist der stein*
> *ob sîme grabe, dâ durch er schein.*

uns wart gevolget hie mite:
ein kriuze nâch der marter site,
als uns Kristes tôt lôste,
liez man stôzen im ze trôste,
ze scherm der sêle, überz grap.
der bâruc die koste gap:
ez was ein tiwer smârât.
wir tâtens âne der heiden rât:
ir orden kan niht kriuzes phlegn,
als Kristes tôt uns liez den segn.

(Pz 106,30–107,18)

Tampanis schildert hier ein kostspieliges Begräbnis in der Hauptstadt Bagdad. Die Gestaltung des Grabes wird vom Baruch vorgenommen, während für die Herstellung des Kreuzes ausschließlich die Christen verantwortlich sind. Der heidnische Prunk des Grabmals wird mit dem Kreuz verbunden, das die Erlösung durch die Passion Christi symbolisiert und deshalb *ze scherm der sêle* angebracht wird. Beachtenswert ist dabei, dass der Baruch die Anbringung des christlichen Symbols nicht nur akzeptiert, sondern sogar seine Herstellungskosten übernimmt.

In Zusammenschau mit dem am Grab angebrachten Epitaph (Pz 107,29–108,28; vgl. dazu Haubrichs 1996; Hartmann 2006) wird deutlich, worauf diese aufwendige Inszenierung abzielt: auf das Ausstellen des exemplarischen idealen Ritters. Es nennt Namen, Stand, Herkunft und Todesart des Helden, betont seinen unübertroffenen Ruhm und lässt sich zudem als eine Art Tugend- und Verhaltenslehre für künftige Ritter lesen. Höfisches Verhalten, Minnerittertum und Kampfeskraft, also die Christen und Heiden verbindenden Elemente, gerinnen in der Figur Gahmurets zum Ideal – und können im von Christen und Heiden gemeinsam hergestellten „hybriden" Grabmal von Angehörigen beider Gruppen bewundert werden. Bagdad, der Herrschaftssitz des Baruch, in dem, wie Kellner (2009: 28 f.) gezeigt hat, selbst wiederum Christliches mit Islamischem verschränkt ist, scheint der ideale Ort, um den die gemeinsamen Ideale verkörpernden Helden zu bestatten. Am Schnittpunkt beider Gruppen, denen Gahmuret auf je verschiedene Weise verbunden ist, kann sein Totengedenken stattfinden.

Durch die Verwendung eines Schau-Sarkophags ist der ideale Held für alle sichtbar, die ihm nachstreben wollen: Die durchsichtige Rubinplatte auf dem Grab hat neben der Schmückung die zusätzliche Funktion, den Blick auf den darin liegenden Körper des Toten freizugeben, dessen *junger rê* dem Auge des Betrachters präsentiert wird. Durch die Einbalsamierung desselben ist diese Jugend zudem konserviert. Dabei fällt auf, dass die Beschaffenheit dieses Grabmals und die Ausstellung des Leichnams eine deutliche Nähe zur Bestattung von Heiligen und Reliquien aufweisen (vgl. Haubrichs 1996: 146–153). Allerdings lässt sich dem Text nicht entnehmen, dass Gahmuret ein Märtyrer ist, auch wenn er im Kampf gegen Heiden fällt: Anders als die Gottesstreiter im *Willehalm* kämpft er nicht für den christlichen Glauben, sondern hilft vielmehr seinem heidnischen Dienstherrn, dessen Land gegen feindliche Übergriffe zu verteidigen. Der Glaubensaspekt scheint dabei nahezu ausgeblendet zu sein. Im Vordergrund steht die Verpflichtung, dem Freund und Herrn treu zur Seite zu stehen (vgl. Hartmann 2004: 122).

Entsprechend verehren die Christen den Verstorbenen gerade nicht als einen Märtyrer: So vorbildlich Gahmuret auch war, so ist er doch abhängig von der Taufe und dem Erlösungswillen Gottes. Zwar trägt *diu manlîche triwe sîn* zu seinem himmlischen Heil bei, wirksam ist dies aber erst in Verbindung mit der *riwic pîchte*, dem Freisein von allem *valsch* (Pz 107,25–28), mit *touf* und mit der *kristen ê* (Pz 108,21). Von den Heiden weiß Tampanis hingegen zu berichten: *ez betent heiden sunder spot / an in als an ir werden got, / niht durch des kriuzes êre / noch durch des toufes lêre, / der zem urteillîchen ende / uns lœsen sol gebende* (Pz 107,19–24). Die Heiden verehren Gahmuret regelrecht und erheben ihn zum Gott, sind jedoch blind gegenüber der christlichen Offenbarung. Am gemeinsamen Bewundern und Erinnern des Helden zeigen sich daher nicht nur die geteilten Ideale von Christen und Heiden, sondern zugleich auch ihre radikale Differenz: der Glaube.

Die im *Willehalm* gemeinsam mit Akarin, über den die Verbindung zu Gahmurets Begräbnis im *Parzival* narrativ hergestellt wurde, angreifenden Könige finden fast alle den Tod durch Willehalms Hand. Ihren Leichnamen widmet sich der zweite Teil dieses Beitrags.

2. Behandlung heidnischer Gefallener im Willehalm

Am Morgen nach der für die Christen siegreichen zweiten Schlacht auf Alischanz lenkt der Erzähler den Blick auf die Opfer des Glaubenskampfes. Die Christen bergen ihre Gefallenen und separieren die einfachen Soldaten von denjenigen höheren Ranges. Während Erstere vor Ort bestattet werden, lässt man die *edelen* aufbahren, um sie in ihre Heimat zu überführen (Wh 451,1–14). Die Christen behandeln die Leichen mit *balsem* und teuren Pflastern, die voller *arômâte* und *amber* sind, wodurch die Leiber, wie der Erzähler explizit macht, konserviert würden und ihre dauerhafte Unverweslichkeit garantiert würde (Wh 451,11–30). Damit sind die Erinnerung an die Toten für viele Generationen von Nachfahren und der Erhalt ihrer Körper bis zur leiblichen

Auferstehung am Jüngsten Tag sichergestellt. Nachdem die Einbalsamierung der Toten abgeschlossen ist, wendet sich der Markgraf an den gefangenen Heidenkönig Matribleiz, den er mit Giburg verwandt weiß und um ihretwillen ehren will (Wh 461,23–29). Ihm befiehlt Willehalm:

> *swaz hie künege lige erslagen,*
>
> *daz ir die suochet ûz dem wal*
>
> *und rehte nennet über al*
>
> *beide ir namen und ir lant.*
>
> *die sol man heben al zehant*
>
> *schône von der erden,*
>
> *daz si iht ze teile werden*
>
> *deheime wolf, deheime raben.*
>
> *wir sulen si werdeclîcher haben*
>
> *durh die, diu von in ist erborn.*
>
> *swaz Gîburge mâge ist hie verlorn,*
>
> *die sol man arômâten,*
>
> *mit balsem wol berâten*
>
> *und bâren küneclîche,*
>
> *als ob in sîme rîche*
>
> *dâ heime ieslîcher waere tôt.*
>
> (Wh 462,16–463,1)

Die Leichname der Heiden sollen gerade nicht, wie etwa im *Rolandslied*, den Aasfressern zum Opfer fallen, sondern ihnen soll eine ähnliche Behandlung zuteilwerden wie den gefallenen Christen: Trennung nach sozialem Status, Einbalsamierung, Aufbahrung und, wie Willehalm kurz darauf anordnet, Heimtransport und Bestattung nach Art ihrer Religion im Heidenland (Wh 465,17–20). Was der Markgraf hier befiehlt, ist ein Umgang mit dem Leichnam nach heidnischer Landessitte, als wären sie *dâ heime* gestorben – und dennoch sind die Parallelen zum christlichen Umgang mit den Toten der zweiten Schlacht kaum zu übersehen. Willehalm begründet sein Ansinnen mit einer Entdeckung, die er am Ende der Schlacht in einem prächtigen Preimerun im heidnischen Lager gemacht hatte:

> *ich vant drî und zweinzec bâre,*
>
> *alsô manegen tôten künec dâ ligen*
>
> *gekroent. ir namen sint unverswigen:*
>
> *ze ende ieslîcher bâre drum*

hât ir eppitafium
an breiten tavelen, die sint golt.
ich geloube im wol, er waere in holt,
swer die koste durh si gap.
dar an was ieslîch buochstap
mit edelen steinen verwieret,
al die bâre wol gezieret.
man liset dâ kuntlîche
ir namen und ir rîche,
wannen ieslîcher was erborn
und wie er hât den lîp verlorn.

(Wh 464,16–30)

Was Willehalm in diesem Zelt beobachtet, ist trotz aller Differenzen ein weiteres Moment der Ähnlichkeit zwischen Heiden und Christen: Beiden ist nicht nur die Behandlung ihrer Gefallenen durch Balsamierung und Aufbahrung gemein, sondern auch das dieser zugrundeliegende Bedürfnis, die Toten zu ehren und ihr Andenken zu sichern. Gerade in den kostspieligen Epitaphien gehen Wertschätzung der Gefallenen und Memorialfunktion in eins: Die wesentlichen Informationen über die Toten werden mithilfe kostbarer Materialien verewigt und somit für die Hinterbliebenen lesbar und erinnerbar (vgl. dazu Fischer 2011: 138 f.).

Die Anwesenheit eines Priesters *ûz der heiden ê* (Wh 464,11), der den Preimerun bewacht, verweist überdies auf den heidnisch-religiösen Rahmen, in welchen die Totenfürsorge eingebettet ist. Der Markgraf erkennt das der prunkvollen Aufbahrung zugrundeliegende Bedürfnis, die Toten zu ehren (Wh 464,22 f.), und erfährt vom Heidenpriester, dass Terramer diese Behandlung der Könige angeordnet hatte (Wh 465,5). Willehalm stellt das Zelt unter seinen Schutz und verhindert dessen Plünderung (Wh 465,6–9). Er respektiert die darin liegenden Toten und bedauert, durch sein Eintreten ihre Ruhe gestört zu haben (Wh 465,1). Jetzt, da der Kampf um die Leitdifferenz zwischen Christen und Heiden gewonnen ist, kann den Ähnlichkeiten zwischen beiden Parteien, der beiderseitigen Wertschätzung und Ehrung der Toten, Raum gegeben werden, einer Ähnlichkeit, die es ermöglicht, einen *re-entry* von Differenzen auszublenden – oder sogar zuzugestehen: Indem Willehalm den Heiden gestattet, ihre Gefallenen so zu behandeln, respektiert er zugleich die Pflege der Toten durch einen heidnischen Priester sowie die Begräbnisriten nach heidnischer Sitte (vgl. Fischer 2011: 138). Den gefangenen Heiden erlaubt der Markgraf deshalb nicht nur, auch ihre weiteren Toten zu bergen, er stellt zudem alles bereit, was für deren Konservierung und Transport vonnöten ist. Durch diese Zugeständnisse ermöglicht er die unversehrte Überführung der Toten *von der toufbaeren erden* in ihre heidnische Heimat, wo man sie *schône nâch ir ê* (Wh 465,18 f.) bestatten soll – denn erst unter ihresgleichen ist die Möglichkeit einer angemessenen Beisetzung und einer entsprechenden Gemeinschaft der Lebenden mit den Toten gegeben, erst dort kann sich die Memorialfunktion der Epitaphien voll entfalten. Wie sehr Willehalm darum bemüht ist, die *memoria* der gefallenen Heidenkönige in deren Heimat zu sichern, zeigt sich besonders auch an seiner Anweisung, *beide ir namen und ir lant* (Wh 462,19) feststellen zu lassen.

Auf einen ersten Blick lässt sich Willehalms großzügiges Handeln als Reflex auf Giburgs Rede im Fürstenrat lesen, in der diese die Christen aufgefordert hatte: *schônet der gotes hantgetât* (Wh 306,28). Denn tatsächlich lässt Willehalm nun, da er die Schlacht gewonnen hat, die gefangenen Heiden nicht töten, sondern schenkt ihnen die Freiheit und setzt sich überdies für eine *schône*, eine anständige und wertschätzende Behandlung ihrer Gefallenen ein (Wh 462,21; 465,19).[2] Willehalms Verhalten darf jedoch nicht als Ausdruck einer in der möglichen „Gotteskindschaft" oder prinzipiellen „Erlösungschance" der Heiden gründenden „Toleranzidee" missdeutet werden, die Giburgs Rede in der Forschung bisweilen unterstellt und unreflektiert auf Willehalms Handeln übertragen wurde.[3] Was Willehalm nach eigener Aussage dazu bewegt, diesen Heiden eine *schône* Beisetzung zu ermöglichen, sind sein Wissen um die Ähnlichkeit und den sozialen Stand der Heidenkönige sowie seine Liebe zu Giburg. Er wendet sich mit seinem Ansinnen gezielt an einen noch lebenden Verwandten Giburgs, bittet, die toten Verwandten Giburgs ehrenvoll zu behandeln, und sendet diese Toten schließlich zu Giburgs Vater. Diesem lässt er die folgende Botschaft überbringen: *ich êre dermit et sînen art, / des mir ze kurzewîle wart / an mînen arm ein süezez teil* (Wh 466,19–21). Er erinnert Terramer daran, dass sie einander nun über die Person der Giburg unweigerlich verwandtschaftlich verbunden sind. Willehalm selbst kommt der dadurch entstandenen Verpflichtung jetzt nach und ehrt den *art* seines Schwiegervaters. Zudem erklärt der Markgraf sich zum ergebenen Diener Terramers – aber nur, solange die Grenzen des jeweils anderen nicht überschritten werden:

> *swaz ir künege vindet dâ,*
> *die bringet Terramêre,*

---

2 Mhd. *schônen* kann neben „schonen", „Rücksicht nehmen auf" auch „*schône* behandeln" meinen, also u. a. in der Bedeutung „auf anständige/geziemende/richtige/freundliche Weise behandeln" auftreten (vgl. Lexer 1876: II,768 f.; Lofmark 1989: 410 f.).

3 Die Deutung der Rede Giburgs im Fürstenrat ist in der Forschung stark umstritten. Zusammenfassend und kritisch gegenüber älteren Positionen Przybilski (2004); Bulang/Kellner (2009: 151–154); Gebert (2021).

der die grôzen überkêre
tet âne mîne schulde,
des genâde und des hulde
ich gerne gediende, getorst ich's biten,
swie er gebüte, wan mit den siten,
daz ich den hoehsten got verküre
und daz ich mînen touf verlüre
und wider gaebe mîn klârez wîp.
vür wâr ich liez ê manegen lîp
verhouwen, als ist hie geschehen.

(Wh 466, 4–15)

Sollte Terramer ein weiteres Mal versuchen, den Glauben der Christen, ihren *touf* und den *hoehsten got* anzugreifen oder Giburg zurückzufordern, würde Willehalm erneut in einen Krieg eintreten. In dieser Botschaft an den Heidenkönig werden noch einmal die zentralen Fragen enggeführt, die in den kriegerischen Auseinandersetzungen auf Alischanz und in den Reflexionen der Figuren wie auch des Erzählers verhandelt werden: *minne, sippe, touf* und *got* gepaart mit dem Einsatz des *lîbes* für einen oder mehrere dieser Werte. Das Spannungsfeld von Kreuzzugsideologie und Verwandtschaft wird hier erneut aufgerufen. Zugleich aber hierarchisiert Willehalm diese Werte und verdeutlicht einmal mehr, dass er die Wahrung seines christlichen Glaubens und seiner Ehe mit Giburg höher bewertet als religionsübergreifende Gemeinsamkeiten und verwandtschaftliche Bindungen – höher auch als das eigene Leben und das seiner Männer: Für den Schutz von *minne* und *touf* wäre er bereit, *manegen lîp verhouwen* zu lassen.

3. Fazit

Wolfram von Eschenbach führt im *Willehalm* mittels paradigmatischer Variation ein breites Spektrum von Momenten des Bestattens im Spannungsfeld von Kreuzzugsideologie, Verwandtschaft, Rache, gegenseitiger Bewunderung und gemeinsamen Idealen vor. Vivianz stirbt den idealen Märtyrertod im Kampf um den christlichen Glauben. Seine Nichtbestattung ist aus christlicher Sicht jedoch problematisch, was durch den kontrastierenden intertextuellen Verweis auf Gahmurets Bestattung im *Parzival* besonders hervorgehoben wird. Der Vater des Parzival wurde von Christen und Heiden gemeinsam ehrenvoll bestattet, wobei die ideale *ritterschaft* des Verstorbenen durch den an ein Ganzkörperreliquiar angelehnten Sarg sichtbar wird. Auf diese Weise kann

Gahmuret von Angehörigen beider Religionen betrauert, erinnert und zum Vorbild genommen werden. Gerade in dieser gemeinschaftsstiftenden religionsübergreifenden Verehrung des Toten zeigt sich jedoch erneut eine radikale Differenz zwischen Christen und Heiden: Während Erstere das Grab mit einem christlichen Kreuz versehen, das Gahmurets Seele im Jenseits schützen soll und damit auf die Abhängigkeit des Menschen von der göttlichen Gnade verweist, beten die Heiden Gahmuret selbst als einen Gott an, verkennen dabei jedoch den – aus christlicher Sicht – wahren und einzigen Gott.

Auch an der Bestattung der Gefallenen nach der zweiten Schlacht im *Willehalm* zeigt sich das Bedürfnis der christlichen wie heidnischen Hinterbliebenen, ihre Toten zu ehren und ihre *memoria* zu sichern. Neu und im Kontext der Kreuzzugsepik überraschend ist hier jedoch die *schône* Behandlung der heidnischen Toten, für deren *memoria*, Konservierung und sichere Überführung in die Heimat ausgerechnet durch einen Christen gesorgt wird. Mag dieses Verhalten vor dem Hintergrund der gewonnenen Schlacht, der Anerkennung von Gemeinsamkeiten und der verwandtschaftlichen Beziehungen auch angebracht erscheinen, so sind der Schonung und Ehrung des Feindes dennoch Grenzen gesetzt: Sie sind nur dort möglich, wo keine Gefahr für das Christentum droht.

Bibliografie

Quellen

Wolfram von Eschenbach: *Parzival*. Nach der Ausgabe Karl Lachmanns revidiert und kommentiert von Eberhard Nellmann. Übertragen von Dieter Kühn. 2 Bde. Frankfurt a. M. [4]2015 (DKV TB 7) [= Pz].
Wolfram von Eschenbach: *Willehalm*. Hg. von Joachim Heinzle. Frankfurt a. M. 2009 (DKV TB 39) [= Wh].

Forschung

Bulang, Tobias und Beate Kellner: Wolframs *Willehalm*: Poetische Verfahren als Reflexion des Heidenkriegs. In: Literarische und religiöse Kommunikation in Mittelalter und Früher Neuzeit. DFG-Symposion 2006. Hg. von Peter Strohschneider. Berlin/New York 2009, 124–160.
Fischer, Hubertus: Tod unter Heiden. Gahmuret und Vivianz. In: Gott und Tod. Tod und Sterben in der höfischen Kultur des Mittelalters. Hg. von Susanne Knaeble, Silvan Wagner und Viola Wittmann. Berlin 2011 (bayreuther forum Transit 10), 135–147.
Gebert, Bent: Agon – Faszination – Dialog. Religionsgespräche im *Willehalm* Wolframs von Eschenbach und in der *Arabel* Ulrichs von dem Türlin. In: Vielfalt des

Religiösen. Mittelalterliche Literatur im postsäkularen Kontext. Hg. von Susanne Bernhard und Bent Gebert. Berlin/Boston 2021 (LTG 22), 275–312.

Hartmann, Heiko: Gahmurets Epitaph (Pz. 107,29 ff.). In: ABäG 61 (2006), 127–149.

Hartmann, Heiko: Gahmurets *sper* und *bluot*. Zu Parzival 111,30ff. In: ZfdPh 123 (2004), 118–125.

Haubrichs, Wolfgang: Memoria und Transfiguration. Die Erzählung des Meisterknappen vom Tode Gahmurets (*Parzival*, 105,1–108,30). In: Erzählungen in Erzählungen. Phänomene der Narration in Mittelalter und Früher Neuzeit. Hg. von Harald Haferland und Michael Mecklenburg. München 1996 (FGDL 19), 125–154.

Kellner, Beate: Wahrnehmung und Deutung des Heidnischen in Wolframs von Eschenbach *Parzival*. In: Wechselseitige Wahrnehmung der Religionen im Spätmittelalter und in der Frühen Neuzeit. I. Konzeptionelle Grundfragen und Fallstudien (Heiden, Barbaren, Juden). Hg. von Ludger Grenzmann, Thomas Haye, Nikolaus Henkel und Thomas Kaufmann. Berlin/New York 2009 (AAG N. F. 4), 23–50.

Kiening, Christian: Reflexion – Narration. Wege zum *Willehalm* Wolframs von Eschenbach. Tübingen 1991 (Hermaea N. F. 63).

Lexer, Matthias: Mittelhochdeutsches Handwörterbuch. Zugleich als Supplement und alphabetischer Index zum mittelhochdeutschen Wörterbuche von Benecke-Müller-Zarncke. 3 Bde. Bd. II. Leipzig 1876.

Lofmark, Carl: Das Problem des Unglaubens im *Willehalm*. In: Studien zu Wolfram von Eschenbach. Festschrift für Werner Schröder zum 75. Geburtstag. Hg. von Kurt Gärtner und Joachim Heinzle. Tübingen 1989, 399–413.

Przybilski, Martin: Giburgs Bitten. Politik und Verwandtschaft. In: ZfdA 133 (2004), 49–60.

Strohschneider, Peter: Kreuzzugslegitimität – Schonungsgebot – Selbstreflexivität. Über die Begegnung mit den fremden Heiden im *Willehalm* Wolframs von Eschenbach. In: Die Begegnung mit dem Islamischen Kulturraum in Geschichte und Gegenwart. Acta Hohenschwangau 1991. Hg. von Stefan Krimm und Dieter Zerlin. München 1992, 23–42.

Fürstenlob im Horizont des Orients. Zu Tannhäusers V. Leich
Der künic von Marroch

Alexandra Urban (München)

Abstract: Der Beitrag untersucht die Konstruktion und Funktion des Länder- bzw. Herrscherkatalogs für das Fürstenlob in Tannhäusers V. Leich *Der künic von Marroch.* Der breit angelegte Katalog versammelt Länder und Herrscher des Orients und Okzidents, die einerseits zeitgenössisch-geographisches Wissen repräsentieren sowie andererseits auf die literarische Tradition der Wolfram-Epik verweisen. Anhand der intertextuellen Verweise auf Wolframs von Eschenbach *Parzival* und *Willehalm* entwirft das Ich ein positives Orient- bzw. Heidenbild. Indem das Fürstenlob auf Herzog Otto II. von Wittelsbach und Friedrich II. von Babenberg vor diesem Horizont perspektiviert wird, erfahren die *milte* und Tapferkeit der beiden Herrscher, so die These, ihre Steigerung. Legitimiert wird das Lob durch die Inszenierung des Ich als fahrender, weltgewandter und in weltpolitischen Fragen versierter Dichter.

Keywords: Tannhäuser, Leich, Wolfram-Rezeption, Fürstenlob, Länder-/Herrscherkatalog, Orientbild

1. Der Leich als Rezeptionszeugnis der Wolfram-Epik und „Gattungsexperiment"

Literarische Konstruktionen des Orients spielen in der Gattung der mittelhochdeutschen Lyrik bekanntlich eine untergeordnete Rolle, da das Aufeinandertreffen von Kulturen und das Verhältnis zwischen Abendland und Morgenland im 12. und 13. Jahrhundert überwiegend in epischen Texten geschildert und ausgelotet werden. In dieser Hinsicht stellt der in der „Großen Heidelberger Liederhandschrift" C unter der Autorsigle *Tanhuser* überlieferte V. Leich *Der künic von Marroch*[1] eine Besonderheit dar. Indem der Text jedoch auch als Rezeptionszeugnis in der Tradition der Wolfram-Epik gilt, ist die Thematik des Orients im Leich durchaus von Kontinuität geprägt, wobei die Konstruktion des Orientbilds gattungsspezifisch variiert und funktionalisiert wird. Der Text verbindet eine Fürstenklage und ein Fürstenlob mit einer katalogartigen Aufzählung von Ländern und Herrschern des Orients und Okzidents und endet in einer ausgelassenen Tanzszenerie. Mit dem Lob bzw.

---

[1] Zitate und Stellenangaben folgen der Kieler Online-Edition von Steinmetz (Hg.) 2019.

der Klage auf Friedrich II. von Babenberg und Herzog Otto II. von Wittelsbach[2] integriert der Dichter eine Thematik in die Form des Leichs, die konventionell in der Gattung der Sangspruchdichtung behandelt wird (vgl. Brunner et al. 2019: 375). Damit stellt der Text ein Gattungsexperiment dar, das für das Œuvre des Tannhäusers gleichwohl charakteristisch ist.[3] Dass das Fürstenlob im V. Leich als Fluchtpunkt des Katalogs präsentiert wird, erweist sich innerhalb seines Corpus wiederum als singulär. Vor diesem Hintergrund möchte der Beitrag ausloten, welche Möglichkeiten der Leich – die bevorzugte Gattung des Dichters[4] – gegenüber der Sangspruchdichtung für die Behandlung der Fürstenpreisthematik bietet und welche Funktion dem Herrscher- bzw. Länderkatalog dabei zukommt.

2. Zur Konstruktion des Orients: Der Länder- bzw. Herrscherkatalog

2.1 Position, Aufbau, literarischer Horizont

Der aus 34 Versikeln bestehende V. Leich lässt sich inhaltlich in zwei Hauptabschnitte teilen. Versikel 1–17 präsentieren die katalogartige Aufzählung geographischer Ländernamen sowie verschiedener zeitgenössischer und fiktiv-literarischer Herrscher. Dieser als Geographie-Teil bezeichnete Abschnitt mündet in Versikel 16 und 17 in die bereits erwähnte Klage um Herzog Friedrich II. bzw. in das Lob auf Herzog Otto II. von Wittelsbach. Der zweite Abschnitt, der Tanz-Teil (18–34), der in Versikel 18 durch die Selbstanrede des Ich eingeleitet wird, beinhaltet das Lob der Dame und den Aufruf zum Tanz. Auffällig ist jedoch, dass auch hier weitere fiktiv-literarische Herrscher erwähnt werden (vgl. etwa Versikel 20–21, 23), die einen Rückbezug zum ersten Teil herstellen. Formal lässt sich der Leich vier unterschiedlichen Bauformen (A, B, C, D) zuordnen.[5] Auch wenn alle Bauformen bereits im ersten

---

2   Aufgrund der Adressierung lässt sich der Leich mit einiger Sicherheit auf die Jahre 1247–1253 datieren. Vgl. Leppin 1980: 57.

3   Vgl. etwa auch Leichs I, in dem der Dichter Fürstenpreis mit Minne- und Tanzthematik verbindet, oder die Leichs II und III, in denen der Motivbestand der Minnekanzone mit pastourellenhaften Elementen verknüpft wird. Vgl. Brunner et al. 2019: 376.

4   C überliefert sechs Leichs, sieben Minnelieder und zwölf Sangspruchstrophen in drei Tönen. Damit liegt der Schwerpunkt seines Werkes unverkennbar auf der Leichdichtung, die über die Hälfte des überlieferten Corpus ausmacht.

5   Vgl. hierzu die Übersicht bei Schiwek 2017: 87, wobei A nicht aus meist sieben-, sondern meist sechshebigen Versen besteht.

Teil etabliert werden, dominieren im Geographie-Teil die Bauformen A und B, während im zweiten Teil C und D vorherrschen. Auffällig ist auch, dass die Bauformen durch Variation im Verlauf des Leichs, insbesondere ab Versikel 25, vereinfacht werden, was inhaltlich mit dem Eintreten der Tanzszenerie korrespondiert. Eine Melodie zum Leich ist nicht überliefert.

Im Zentrum der Analyse steht der Geographie-Teil des Leichs, der vielschichtig aufgebaut ist. Zum einen speist sich die Aufzählung der Länder- und Herrschernamen aus Bezugnahmen auf den literarischen Horizont des höfischen Romans und der Heldenepik, und zwar insbesondere aus Wolframs von Eschenbach *Parzival*[6] und *Willehalm*[7]. Zum anderen beziehen sich die Angaben der Länder und Herrscher auf die realhistorische Wirklichkeit, die das Ich entsprechend seiner Inszenierung entweder vom Hörensagen oder durch eigenes Erfahrungswissen kennt. Damit spannt der Katalog einen weiten Bogen von den Ländern Nordafrikas und der afrikanischen Küste bis hin zu den Herrschaftsgebieten im Fernen Osten, zum Heiligen Land, nach Kleinasien, den europäischen Mittelmeerländern und den Staaten des Westens und Ostens (vgl. Siebert 1934: 159). Anhand Versikel 1–3 sowie 12 und 13, die mithilfe intertextueller Verweise auf Wolframs *Willehalm* und *Parzival* Länder- und Herrschernamen des Nahen und Fernen Ostens präsentieren, möchte ich die Charakterisierung der heidnischen Herrschaftsgebiete und Regenten sowie ihre Funktionalisierung für die Herrscherklage bzw. das Fürstenlob im Folgenden herausarbeiten.

2.2 „Orientbild"

2.2.1 Reichtum und Macht

Der Leich setzt unvermittelt mit der Nennung des Königs von Marokko und der Beschreibung seines Herrschaftsbereichs ein. Dadurch, dass der König goldene Berge am Kaukasus (*ze Goucasals*) im Überfluss besitze (I,1–2), wird Marokko einerseits als mythisches, fernab gelegenes Königreich charakterisiert (vgl. Schiwek 2017: 89) sowie andererseits hinsichtlich seines Reichtums akzentuiert, wenn man die goldenen Berge metaphorisch im Sinne von „Berge aus Gold" liest. Dieser Aspekt wird im nächsten Vers konkretisiert, wenn das Ich davon berichtet, dass es trotz des Reichtums bzw. der Macht des Königs nie dorthin gekommen sei (I,3). Den Berberkönig (*den von Barbarîe*) habe es hingen sehr *wol*[8] gesehen (I,4).

---

6 Stellenangaben im Folgenden nach Lachmann/Nellmann (Hg.) ⁶2018.

7 Zitiert im Folgenden nach Heinzle (Hg.) 2009.

8 Ich folge hier mit Schiwek dem Wortlaut der Handschrift C. Siebert 1934: 99, konjiziert – wohl in Analogie zum dritten Vers – zu *nie*, was semantisch zwar reibungsloser, inhaltlich aber keineswegs zwingend ist.

Mit dem König von Marokko und dem Berberkönig werden zwei Herrscher genannt, die auch im *Willehalm* im Rahmen eines Herrscherkatalogs vor
Beginn der zweiten Schlacht auf Alischanz aufgezählt werden (Wh 356,12–
357,3). Darin wird berichtet, dass die Heidenkönige ihren Anführer Terramer
mit kostbarem Rüstungsschmuck und edlen Waffen beschenken. Der Berberkönig bringt ihm einen Panzerkragen, während ihn der König von Marokko,
der den Beinamen Akkarin erhält, mit einem Köcher aus Rubin und einem
starken Bogen ausstattet (ebd.). Damit wird mit der Nennung der beiden
Könige sowohl im *Willehalm* als auch in Tannhäusers Leich die Vorstellung
von Reichtum und Macht der heidnischen Könige evoziert. Auch wenn diese
Auffassung einem gängigen Topos der mittelalterlichen Weltanschauung des
Orients entspricht (vgl. etwa Kunitzsch 1985: 118), ist die Charakterisierung
der Heidenkönige in ihrem Reichtum in Tannhäusers Leich, wie zu zeigen sein
wird, keineswegs nur topisch zu erklären. Dadurch, dass sich das Reich des
Königs von Marokko im Leich bis zum Kaukasus erstreckt, werden darüber
hinaus die große Ausdehnung des Herrschaftsgebiets und die weitreichende
Macht des Königs hervorgehoben. Da der Kaukasus im *Willehalm* als Herrschaftsgebiet Terramers bezeichnet wird, ist freilich nicht auszuschließen, dass
der König von Marokko im Leich mit Terramer selbst assoziiert wurde. Unabhängig davon wird der Kaukasus in Wolframs Epos aber ganz allgemein mit
Reichtum und Gold in Verbindung gebracht (Wh 80,22 f.).

Im ersten Teil des zweiten Versikels werden mit dem König von Persien
(*dem von Persîân*, II,1) und dem Herrscher von Indien (*der von Indîân*, II,2)
zwei weitere Heidenfürsten genannt, die hinsichtlich ihrer unvorstellbaren
Macht charakterisiert werden. Dass es sich bei der Nennung der beiden Könige
um einen intertextuellen Verweis auf den *Willehalm* handelt, ist aufgrund der
nur sehr allgemein gehaltenen Beschreibung keineswegs zwingend, doch ist
auch in Wolframs Epos von Arofel als König von Persien (Wh 78,16–18) und
einem König, der sein Heer aus Indien in die Schlacht führt (Gorhant), die
Rede (Wh 41,15 f.).

Nachdem in den ersten beiden Versikeln Herrscher- bzw. Ländernamen
präsentiert werden, die auch im *Willehalm* eine Rolle spielen, eröffnet sich in
Versikel 3 der Blick auf Wolframs erstes großes Epos, den *Parzival*, indem
der Pilat von Zazamanc genannt wird, von dem die Babylonier berichten, wie
guot er sei (III,1–2). Auch wenn unklar bleibt, ob hier auf einen fiktiven oder
historischen Herrscher angespielt wird, dürfte die literarische Parallele zum
Parzival beim Hören des Namens Assoziationen geweckt haben. Im ersten
Buch wird Zazamanc als Herrschaftsgebiet der heidnischen Königin Belakane
eingeführt, in deren Dienst Gahmuret tritt (Pz 1,16). Dieser hatte im Orient
zuvor für den Kalifen von Bagdad gekämpft (Pz 1,13–14), der in Tannhäusers Leich ebenfalls genannt wird (III,4). Bemerkenswert und damit auch für
die Bewertung der Heidenfürsten in Tannhäusers Leich entscheidend ist, dass

der Einzug Gahmurets in den Orient im *Parzival* durchweg positiv geschildert wird. Dabei wird insbesondere die außergewöhnliche Pracht des Reichs des Baruc von Baldac, der im Westen als oberster Herrscher des Orients bekannt ist, hervorgehoben (vgl. Kunitzsch 1985: 116; Dallapiazza 2009: 103).

Die Beispiele sollten verdeutlichen, dass Wolfram sowohl im *Willehalm* als auch im *Parzival* ein Orientbild entwirft, das in sich zwar keinesfalls geschlossen und durchaus von Ambivalenzen durchzogen ist, aber in der Tendenz doch überwiegend positiv gezeichnet ist. Auch wenn manche Details realistisch erscheinen können und sich manches auf einen zeitgeschichtlichen Hintergrund beziehen lässt (vgl. Kunitzsch 1985: 115), schildert Wolfram einen überwiegend frei erfundenen, märchenhaften Orient, der sich durch unermesslichen Reichtum und exotische Pracht auszeichnet (vgl. Dallapiazza 2009: 103). In ebendieser Tradition ist Tannhäusers Leich zu beleuchten.

2.2.2 Kampfethos

Die heidnischen Fürsten und Länder werden im Leich nicht nur aufgrund ihres Reichtums und ihrer Macht, sondern auch wegen ihres Kampfethos positiv dargestellt. Mit der Nennung des Königs von Latrize und des Sultans von Sitrican, den die Heiden beklagen, werden im zweiten Versikel die Tapferkeit der heidnischen Fürsten im Kampf und das Leid der Anhänger nach ihrem Tod hervorgehoben (II,3–4). Auch diese Darstellung steht ganz in der Tradition Wolframs, in der die Heiden als Ritter, Helden und Kämpfer gezeichnet und besonders im Hinblick auf ihr Kampfethos positiv bewertet werden. Damit stellt Wolframs Orientwurf innerhalb der ideologischen Haltung zur Zeit der Kreuzzüge bekanntlich eine Ausnahme dar (vgl. Dallapiazza 2005: 108–109; ders. 2009: 103). Während für den Letztgenannten in der Forschung keine Vorlage bzw. Bedeutung plausibel gemacht werden konnte, dürfte der König von Latrize mit einiger Sicherheit wiederum aus dem *Willehalm* bekannt gewesen sein. Darin wird König Teserciz im zweiten Buch als *künege von Latriset* eingeführt, der als Minneritter im Zweikampf gegen Willehalm fällt und vom Erzähler nach seinem Tod beklagt wird, was sein großes Ansehen verdeutlicht (Wh 87,9–88,11). Dass die Kämpfe zwischen Christen und Heiden auf beiden Seiten zu großem Leid führen, wird in Versikel 12 und 13 thematisiert, die wiederum einen direkten Bezug zum *Willehalm* herstellen. Terramer, so heißt es in Versikel 12, führte sein Heer mit *gewalde* nach Orange, was den Kriegern von Champagne großes Leid verursachte, da sie junge und alte Kämpfer verloren. In Versikel 13, der mit Oravil erneut auf den heidnischen König Arofel und die erste Schlacht auf Alischanz verweist, wird die Schuld am Tod vieler Franzosen (*manic Wâleis*, XIII,2) auf der Wiese *ze Turnis* (ebd.) nun explizit den beiden Heidenfürsten zugeschrieben. Mit dem Verweis auf die Schlacht bei Orange und den leidbringenden Tod der im Kampf gefallenen Könige Arofel und Tesereiz werden die Heidenfürsten nicht nur aufgrund ihres Reichtums, sondern auch hinsichtlich ihrer Stärke im Kampf und ihres leidauslösenden Tods charakterisiert. Dass die Schuld dabei den Heiden zugeschrieben wird, impliziert keine grundsätzlich negative Bewertung der heidnischen Fürsten, sondern spiegelt lediglich die westlich-christliche Perspektive des Sprecher-Ich.

3. Funktion des Katalogs für das Fürstenlob und die Inszenierung der Ich-Rolle

In Versikel 16 formuliert der Dichter nun ein direktes Lob auf den von *Oesterrîche* (XVI,2), hinter dem sich, wie bereits erwähnt, Herzog Friedrich II. von Babenberg verbirgt. Ihn, so der Sprecher, könne er nicht vergessen. Er sei ein kühner Held (*helt vermezzen*, XVI,3) gewesen, bei dem er sich aufgehalten habe (*bî dem was ich gesezzen*, XVI,4). Der letzte Vers, der auch metrisch hervorgehoben ist, indem er die Bauform C um einen reimenden Vers erweitert (vgl. Schiwek 2017: 87, 94), verdeutlicht das enge Verhältnis des Dichters zum Herrscher. Auch wenn aus dem Vers in der Inszenierung des Leichs nicht zwingend auf eine biographische Realität zu schließen ist, geht die Forschung davon aus, dass der Tannhäuser bis zu Friedrichs Tod im Jahr 1246 mehrere Jahre am Hof des Babenbergers verbracht habe (vgl. Leppin 1980: 59). Da das Lob durchgehend in der Vergangenheit formuliert ist, lässt sich der Versikel als Klage um den verstorbenen Herrscher verstehen.[9]

Den Schluss- bzw. Höhepunkt des Länder- und Herrscherkatalogs bildet Versikel 17 mit dem Lob des Dichters auf Herzog Otto II. von Wittelsbach. Der aus *Peierlant* (XVII,1), wie das Ich den Fürsten benennt, kann sich mit Königen ganz und gar gleichstellen. Niemals habe es einen so freigiebigen, mächtigen und lobenswerten Fürsten gesehen. Aus diesem Grund wolle er sich ohne Wankelmut bei ihm aufhalten, wie der Dichter im nächsten Versikel (XVIII,1) zu erkennen gibt. Ob dies auf eine historische Begebenheit referiert, ob also der Tannhäuser tatsächlich Aufnahme an Ottos Hof gefunden hat, muss offen bleiben, doch wäre es denkbar, dass er sich mit seinem Leich bei dem Wittelsbacher für eine Anstellung empfohlen hat, wie die abschließenden Ausführungen verdeutlichen sollen.

In den Versikeln 1–3 sowie 12 und 13 präsentiert das Dichter-Ich sein umfassendes Wissen über die Herrscher und Länder Afrikas sowie des Fernen

---

9   In Lied XIX formuliert der Tannhäuser ebenfalls eine Klage auf den verstorbenen Friedrich II. von Babenberg. Vgl. Leppin 1980: 61.

und Nahen Ostens. Obwohl seine Kenntnisse des Orients überwiegend auf literarische Quellen wie Wolframs *Parzival* und *Willehalm* zurückzugehen scheinen, inszeniert das Sprecher-Ich eine „zeitgemäße Erlebnisschicht", die neben die höfisch-epische Zeit- und Raumstruktur tritt (Lang 1936: 19). Konstruiert wird diese persönlich erlebte Erfahrungsschicht durch die zahlreichen Formulierungen wie *des hære ich jehen* (I,2) oder *den habe ich wol gesehen* (I,4). Im weiteren Verlauf des Katalogs verstärkt sich die subjektive Inszenierung der Erfahrungen zudem dadurch, dass das Ich im fünften Versikel davon berichtet, in Armenien kaum mit dem Leben davongekommen (*wie kûme ich dâ genas*, V,2) und nur unfreiwillig (*sunder danc*, V,3) in die Türkei gelangt zu sein.

Auffällig ist dabei, dass das Sprecher-Ich seinen Wissensstand bzw. seine Erfahrungen stark differenziert wiedergibt: Während es einige Herrscher- bzw. Ländernamen nur vom Hörensagen kennt (so z. B. den König von Marokko, I,1), behauptet es von anderen, sie selbst gesehen zu haben (z. B. den Berberkönig, I,4) oder sie gut zu kennen (Pilat von Zazamanc, III,1). Anstatt die Angaben biographisch zu deuten, ist es wichtig zu betonen, dass die inszenierte Reiseroute als literarische Strategie zu verstehen ist, mithilfe derer der Sprecher seine Kenntnisse durch die starke Differenzierung zu beglaubigen versucht. In Versikel 11 beansprucht er sogar die Objektivität seines Wissens, indem er in den letzten beiden Versen dazu auffordert, selbst nach Spanien zu fahren, um sich von der Wahrheit zu überzeugen (vgl. Paule 1994: 188). Dadurch, dass er nicht nur verschiedenste Länder sowie Herrscher aufzählt, sondern auch zu politischen Ereignissen wie der Auseinandersetzung zwischen Kaiser und Papst oder dem Vordringen des Königs von Böhmen (VIII) Stellung nimmt sowie über wissenschaftliche, religiöse und klimatische Begebenheiten (XIV; XV) informiert ist, inszeniert er sich als weltgewandter und in Bezug auf weltpolitische Angelegenheiten versierter Dichter (vgl. Paule 1994: 189–190).

Indem der Tannhäuser das Fürstenlob in die Gattung des Leichs verlagert und in den Länder- bzw. Herrscherkatalog integriert, bietet sich ihm die Möglichkeit, so möchte ich pointieren, das Herrscherlob gegenüber der Darstellung im Sangspruch zu variieren bzw. zu steigern. Die Aufzählung mächtiger Fürsten und ihrer Herrschaftsgebiete dient als Folie – und zwar gerade nicht als Negativfolie –, vor der sich das Lob auf die beiden Herzöge entfalten kann. Insbesondere durch die Einbindung orientalischer Länder und Regenten, die vor allem hinsichtlich ihres Reichtums charakterisiert werden, erfahren die *milte* und Reichweite von Ottos Macht ihre Steigerung. Und auch die Klage über den verstorbenen Herzog von Österreich lässt sich vor dem Horizont der im Kampf gefallenen heidnischen Fürsten im Herrscherkatalog profilieren. Die Heidenkönige werden entsprechend der *Willehalm*-Tradition für ihre außerordentliche Tapferkeit im Kampf verehrt und nach ihrem Tod vorbildhaft beklagt. Bedenkt man, dass auch der Herzog von Österreich den Tod in der Schlacht an der Leitha gegen die Ungarn gefunden hatte, wird deutlich, dass die Darstellung der

Heidenfürsten auch auf die Fürstenklage bezogen ist.[10] Zugleich ermöglicht der breit angelegte Katalog, für den die lyrische Großform des Leichs Platz bietet, dem Sprecher, seine Kompetenz und seine Welterfahrenheit zu etablieren. Die Wahrheit seiner Kenntnisse versucht er dabei mithilfe unterschiedlicher Floskeln zu beglaubigen. Gleichzeitig stellt sich der Tannhäuser anhand der zahlreichen intertextuellen Verweise in eine literarische Tradition, mithilfe derer er seine Rolle als Sänger konstituiert.

4. Fazit

In seinem V. Leich präsentiert das Sprecher-Ich einen breit angelegten Herrscher- bzw. Länderkatalog, der anhand intertextueller Verweise auf die Wolfram-Epik auch Herrscher und Länder des Fernen bzw. Nahen Ostens aufzählt. Diese werden einerseits hinsichtlich ihres unermesslichen Reichtums und ihrer Macht und andererseits hinsichtlich ihrer Fähigkeiten im Kampf und ihres leidauslösenden Tods charakterisiert. Diese Stilisierung ist funktional auf das Herrscherlob bzw. die Herrscherklage bezogen. Indem die Fürstenpreisstrophen den Fluchtpunkt des Leichs darstellen, erfahren die *milte* und Tapferkeit Ottos bzw. Friedrichs vor dem Hintergrund des Katalogs ihre Steigerung. Der Sprecher inszeniert sich dabei ganz in der Rolle des Fahrenden, der weit herumgekommen ist und über Welterfahrenheit und weltpolitische Kenntnisse verfügt. Dies wiederum legitimiert ihn, den verschiedensten Herrschern Werte zuzuschreiben oder sie ihnen abzusprechen und ihnen zugleich *lob* und *schelte* zuzuteilen (vgl. Paule 1994: 190). Dass der Dichter nicht nur die Rolle des Fahrenden einnimmt, sondern über weitere Register wie das des Minnesängers bzw. des Tanzmeisters verfügt und weitere literarische Traditionen wie z. B. die Artus- und Rolandsepik oder den Neidhart'schen Minnesang souverän anzuspielen weiß, wird insbesondere im zweiten Teil des Leichs deutlich. Im Hinblick auf die pragmatische Funktion ließe sich der Leich damit nicht zuletzt als „Bewerbungsschreiben" des Dichters für eine Anstellung am Hofe Ottos deuten (vgl. hierzu auch Leppin 1980: 44, 80), indem er performativ vorführt, über welch großen literarischen Horizont und über wie viele Gattungsregister er verfügt.

---

10 Im Gegensatz zu Leppin lese ich nicht erst die Nennung Vivanz' (XX,1) als Anspielung auf den Tod Friedrichs, sondern bereits die Charakterisierung der im Kampf gefallenen Heidenfürsten. Leppins Deutung, dass anhand der *Willehalm*-Verweise im gesamten Leich ein „Grundton der Klage" zu vernehmen sei und eine *memento-mori*-Lehre für Otto eingespielt werde, scheint mir insbesondere im Hinblick auf den Tanz-Teil zu forciert. Vgl. Leppin 1980: 67, 71, 74–76. Vgl. zur Kritik auch Paule 1994: 199.

Bibliographie

Quellen

Die Dichtungen des Tannhäusers. Kieler Online-Edition. Hg. von Ralf-Henning Steinmetz, unter Mitarbeit von Elisabeth Axnick und Leevke Schiwek, übersetzt von Elisabeth Axnick, Leevke Schiwek und Ralf-Henning Steinmetz. Kiel 2019.

Wolfram von Eschenbach: *Parzival*. Nach der Ausgabe Karl Lachmanns revidiert und kommentiert von Eberhard Nellmann. Übertragen von Dieter Kühn. 2 Bde. Frankfurt a. M. ⁶2018 (DKV TB 7).

Wolfram von Eschenbach: *Willehalm*. Hg. von Joachim Heinzle. Frankfurt a. M. 2009 (DKV TB 39).

Forschung

Brunner, Horst, Dorothea Klein und Leevke Schiwek: Der Tannhäuser. In: Sangspruch/ Spruchsang. Ein Handbuch. Hg. von Dorothea Klein, Jens Haustein und Horst Brunner. Berlin/Boston 2019, 375–379.

Dallapiazza, Michael: Der Orient im Werk Wolframs von Eschenbach. In: Deutsche Kultur und Islam am Mittelmeer. Akten der Tagung, Palermo, 13.–15. November 2003. Hg. von Laura Auteri und Margherita Cottone. Göppingen 2005 (GAG 725), 107–119.

Dallapiazza, Michael: Wolfram von Eschenbach: *Parzival*. Berlin 2009 (Klassiker-Lektüren 12).

Kunitzsch, Paul: Der Orient bei Wolfram von Eschenbach – Phantasie und Wirklichkeit. In: Orientalische Kultur und europäisches Mittelalter. Hg. von Albert Zimmermann und Ingrid Craemer-Ruegenberg. Berlin/New York 1985 (Miscellanea mediaevalia 17), 112–122.

Lang, Margarete: Tannhäuser. Leipzig 1936 (Von deutscher Poeterey. Forschungen und Darstellungen aus dem Gesamtgebiete der deutschen Philologie 17).

Leppin, Renata: Studien zur Lyrik des 13. Jahrhunderts. Göppingen 1980 (GAG 306).

Paule, Gabriela: *Der Tanhûser*. Organisationsprinzipien der Werküberlieferung in der Manessischen Handschrift. Stuttgart 1994.

Schiwek, Leevke Mareike: Die Dichtungen des Tannhäusers. Kommentar auf Grundlage der Kieler Online-Edition. Kiel 2017 (Dissertation zur Erlangung des Doktorgrads).

Siebert, Johannes: Der Dichter Tannhäuser. Leben – Gedichte – Sage. Halle (Saale) 1934.

Monster und Fabelwesen des Orients im *Herzog Ernst*

Concetta Giliberto (Palermo)

Abstract: In der deutschen Literatur des 12. Jahrhunderts sticht eine Gruppe von Texten hervor, welche die frühe Germanistik als „Spielmannsepen" bezeichnete und die durch eine Vermischung heroischer, historischer, legendarischer, fabulöser und höfischer Züge charakterisiert sind. In diesen Erzählungen sind Märchen- und Sagenmotive (Brautwerbung, Entführung, Verkleidung) mit Lust am Exotischen (Orientabenteuer) und oft sogar mit burlesken Zügen kombiniert. Zu dieser Textgruppe gehört der Versroman *Herzog Ernst* (ca. 1180), der unter anderem die Erzählung einer abenteuerlichen Reise seines Helden in einen fabelhaften, von Wundervölkern und monströsen Kreaturen bewohnten Orient enthält. Im vorliegenden Beitrag soll untersucht werden, in welchem Maß das Epos und insbesondere die Kranichmenschen-Episode zur Gestaltung des Orientbildes in der deutschen mittelalterlichen Literatur beiträgt.

Keywords: *Herzog Ernst*, Fabelwesen, monströse Völker, Wunder, Orientdarstellung

1. Einleitung

Der Versroman *Herzog Ernst*, den die frühe Germanistik als „Spielmannsepos" bezeichnete, wurde vermutlich um 1180 von einem mittelfränkischen Dichter verfasst. Die breite Überlieferung des *Herzog Ernst* zeugt von der außerordentlichen Popularität, der sich das Werk vom Mittelalter bis zur Schwelle zur Neuzeit erfreute.[1] Neun Fassungen – sechs deutsche (A, B, D, F, G und Kl) und drei lateinische (C, E und Erf.) – sind zwischen dem 12. und 15. Jahrhundert überliefert. Die älteste Fassung (= A) ist nur durch eine Reihe von Bruchstücken bekannt. Als Ganzes ist das Gedicht in einer Fassung des frühen 13. Jahrhunderts erhalten, der sogenannten Fassung B (Behr 1979).[2]

---

1 Der *Herzog Ernst* wurde erstmals von Karl Simrock (1845) herausgegeben, die erste kritische Ausgabe wurde von Karl Bartsch (1869) veröffentlicht. Weitere Ausgaben des Werkes wurden von Bernhard Sowinski (1970) und Hans-Friedrich Rosenfeld (1991) besorgt. Die jüngste Ausgabe (mit einer Übersetzung ins Neuhochdeutsche) ist die von Mathias Herweg (2019), der alle Zitate des Werkes in diesem Aufsatz entnommen sind.

2 Im Jahre 1817 nahm Ludwig Uhland in seinem Trauerspiel *Ernst, Herzog von Schwaben* den Stoff wieder auf, und im 20. Jahrhundert verarbeitete Peter Hacks das Thema in seiner Komödie *Das Volksbuch vom Herzog Ernst oder Der Held und sein Gefolge* (1956). Es existiert sogar eine Adaption des *Herzog Ernst* als Zeichentrickfilm, der von Lutz Dammbeck 1993 produziert wurde (Gebhardt 2008: 345–370; Schul 2014: 499–511).

Im Hintergrund der Erzählung stehen zwei geschichtliche Ereignisse: die Rebellion Liudolfs gegen seinen Vater Otto den Großen (953–954) und die Empörung Ernsts II. von Schwaben gegen seinen Stiefvater Kaiser Konrad II. (1025–1030). Doch handelt der *Herzog Ernst* nicht nur von der Auseinandersetzung zwischen der kaiserlichen Macht und den Reichsfürsten; die Dichtung bietet auch eine Beschreibung der Abenteuer ihres Helden in einem fabulösen Orient, die auf eine Vielzahl an Quellen wie etwa die Reise des heiligen Brendan, die Abenteuer von Sindbad dem Seefahrer und die Erzählungen *Tausendundeine Nacht* zurückgeht. Insbesondere die Schilderungen der *monstra*, also der Fabelwesen und Wundervölker des Orients, wie auch die Darstellungen der *miracula* des Morgenlandes verleihen diesem Epos einen besonderen Reiz. Eine Untersuchung des Wunderbaren im *Herzog Ernst*, insbesondere der sogenannten Grippia-Episode, soll den Beitrag dieses Epos zur Konstruktion des Orientbildes in der deutschsprachigen Literatur des Mittelalters erhellen.

2. Synopse des Romans

Der Beginn der Erzählung spielt in Bayern. Der vaterlose Herzog Ernst verkörpert das ritterliche Ideal und wird schon im Prolog als *guoter kneht* (V. 3) und vorbildliche Herrscherpersönlichkeit bezeichnet. Seine Mutter, die verwitwete Herzogin Adelheit, heiratet Kaiser Otto; Ernst wird von seinem Stiefvater wie ein Sohn behandelt und steigt zu seinem wichtigsten Ratgeber und Mitregenten auf. Leider zieht Ernst durch seinen Aufstieg den Neid des Pfalzgrafen Heinrich, des Neffen des Kaisers, auf sich. Heinrich schmiedet eine Intrige und verleumdet Ernst bei Kaiser Otto. Schließlich bricht ein Konflikt aus, Ernst tötet den Pfalzgrafen, der ihn verleumdet, und versucht sogar den Kaiser zu töten, aber ohne Erfolg. Nach einem langen und beschwerlichen Krieg entscheidet sich Ernst, mit seinem Gefolge ins Heilige Land zum Kreuzzug aufzubrechen. Ein Seesturm treibt ihn und seine Gefährten an die Küste eines unbekannten Landes und damit in die Wunderwelt des Orients. Zunächst kommen sie nach Grippia, wo menschenähnliche Wesen mit Kranichköpfen wohnen. Im Lauf der weiteren Reise prallt ihr Schiff gegen den Magnetberg, die Überlebenden werden von Riesenvögeln (Greifen) weggetragen. Danach erreichen sie das Land der Einäugigen (Arimaspi) und sehen sich gezwungen, gegen eine Reihe von Wunderwesen zu kämpfen: Platthüeve, Langohren, Riesen (Stein 1997; Auteri 2004; Del Zotto 2015). Sechs Jahre lang verweilen Ernst und seine Gefährten im Land Arimaspi, dann kehren sie über Babylon und Jerusalem nach Bayern zurück. Dort bitten sie den Kaiser um Verzeihung, die ihnen gewährt wird, und schließlich bekommt Ernst sein Land zurück.

3. Die monströsen Völker

Der anonyme Autor des *Herzog Ernst* stellt eine Auswahl monströser Völker dar, die aus antiken und mittelalterlichen Quellen bekannt sind, und bietet eine eigene Interpretation dieser Völker. Die erste Etappe der Orientreise führt Ernst und seine Gefährten zunächst in das Land Grippia.

Die Arimaspi oder Einsterne sind ein legendäres Volk, das in griechischen und lateinischen Quellen (einschließlich der *Naturalis historia* von Plinius dem Älteren) erwähnt wird und angeblich in einem Gebiet im Nordosten Griechenlands wohnen soll. Sie haben die Besonderheit, ein einziges Auge in der Mitte der Stirn zu haben, und werden deshalb auch *Monoculi* genannt. Sie gehören zu den mythischen Völkern der Zyklopen. Entgegen der klassischen Tradition haben die Arimaspi im *Herzog Ernst* einen freundlichen Charakter und sind keine Menschenfresser wie etwa die Zyklopen der *Odyssee*:

> *die liute wâren wunderlîch,*
>
> *die daz lant heten besezzen.*
>
> *sie wâren vil vermezzen*
>
> *des mugen wir niht gelougen.*
>
> *sie heten niht wan ein ouge*
>
> *vorne an dem hirne.* (V. 4514–4519)

Die Leute des Landes waren wundersam. Sie waren sehr kühn, das können wir nicht leugnen. Sie hatten nur ein Auge in der Mitte der Stirn.

Die Arimaspi werden auch im *Lucidarius* namentlich erwähnt, einem in Form eines Dialogs zwischen einem Lehrer (dem „Magister") und einem Schüler (dem „Discipulus") gestalteten Prosawerk, das Themen des theologischen und naturwissenschaftlichen Wissens (Astronomie, Kosmographie, Ethnographie, Medizin) behandelt (Gottschall 1992; Gottschall/Steer 1994). Da im *Lucidarius* nichts von bösartigem Benehmen oder von Menschenfressern berichtet wird, ist es höchst wahrscheinlich, dass der *Herzog Ernst*-Dichter von dieser Quelle zu seiner Vorstellung eines einäugigen, aber höfischen und freundlichen Volkes inspiriert wurde (Hamdan 2004: 53).

Die Platthüeve, auch Schattenfüßler, Einbeiner oder Skiapoden (Σκιάποδες, aus dem griechischen σκιά „Schatten" und πούς „Fuß") genannt, sind mythologische Wesen von menschlicher Gestalt, die nur ein Bein und einen riesigen Fuß besitzen. Nach griechischen Quellen (z. B. bei Alkman, aber auch bei Herodot) handelt es sich bei diesen Wesen um sagenumwobene Einwohner Indiens. Auch Ktesias von Knidos und Plinius der Ältere (*Naturalis historia* VII,2) erwähnen die Skiapoden in ihren Werken.[3] Gemäß der enzyklo-pädischen Tradition der Spätantike wie auch der mittelalterlichen Fabelwesen-kataloge benutzen die Skiapoden ihren eigenen Fuß, um sich von der Sonne abzuschirmen. Die Platthüeve im *Herzog Ernst* verfügen dagegen über zwei Schwanenfüße, mit denen sie sich vor Regen und Sturm schützen. Vermutlich hat der *Herzog Ernst*-Dichter ein südländisches Bild an die Wetterverhältnisse Nordeuropas angepasst, indem die „Schattenfüßler" des deutschen Epos ihre sonderbaren Füße gegen Unwetter und nicht gegen Sonnenhitze verwenden (Sowinski 1970: 392; Szklenar 1966: 167; Gerhardt 1977: 38).

Die Langohren (oder Panotii, aus dem griechischen πᾶν und οὖς, d.h. „ganz Ohren") sind anthropomorphe Monster, deren Ohren groß genug sind, um den Boden zu berühren, und es heißt von ihnen, sie würden sie beim Schlafen als Bett und Decke benutzen. Da sie sehr schüchtern sind, so einige Quellen, entfalten sie, wenn sich jemand nähert, ihre Ohren als Flügel und fliegen vor der Gefahr davon.[4] Die Panotii, die im *Herzog Ernst* als Feinde und Gegner der Arimaspi auftreten, kämpfen gegen Ernst und werden von ihm besiegt.

Nach dem Krieg gegen die Panotii erfährt Herzog Ernst, dass das Nach-barvolk der Pygmäen von Prechamî von den Kranichen verfolgt wird. Daher bietet er sich an, ihnen zu helfen, ihre Feinde zu vernichten. In den klassischen Quellen werden die Pygmäen als legendäres Zwergenvolk beschrieben, das südlich von Ägypten oder Indien lebt und ständig gegen die Kraniche kämpft, die ihre Felder verwüsten.[5] Der Verfasser des *Herzog Ernst* hat die Erzählung

---

3   Skiapoden erscheinen in Aristophanes' Komödie *Die Vögel* (414 v. Chr.). In der Spätantike erwähnt sie Augustinus von Hippo in Buch XVI von *De civitate Dei* und behauptet, er sei sich der Existenz solcher Kreaturen nicht sicher. Im Mittelalter werden sie in verschiedenen Geschichtswerken, Naturgeschichten und Bestiarien, die besonders reich an monströsen und außergewöhnlichen Wesen sind, behandelt. In den *Etymologiae* des Isidor von Sevilla (XI,iii,23: Lindsay 1911) lesen wir: *Sciopodum gens fertur in Aethiopia singulis cruribus et celeritate mirabili: quos inde* σκιόποδας *Graeci vocant, eo quod per aestum in terra resu-pini iacentes pedum suorum magnitudine adumbrentur.* Die Hereford-Karte, die zwischen 1276 und 1283 angefertigt wurde, zeigt einen Skiapoden auf einer Seite der Welt, ebenso wie die von Beatus von Liébana gezeichnete Weltkarte.

4   Die langohrigen *Panotii* kommen in verschiedenen Quellen des klassischen Altertums und der Spätantike vor, und zwar in den Werken von Skylax, Megasthenes, Ktesias von Kni-dos, Plinius und Isidor. Sie werden jedoch nicht von Augustinus in sein Werk *De civitate Dei* – wo „er die Monster als unvermeidliche oder sogar gewollte Teile der Schönheit von Gottes Schöpfung ansah" (Simek 2015: 38) – aufgenommen, was ihre Verbreitung in der mittelalterlichen Teratologie einschränkt.

5   Die Pygmäen tauchen schon in Homers *Ilias* (III,3–7) auf, wo wir einen flüchtigen Hinweis auf ihren Streit mit den Kranichen finden. Die „Geranomachie", d.h. der Kranichkampf, wird zu einem weit verbreiteten Thema in der griechischen, etruskischen und römischen figurativen Kunst. Die Pygmäen werden außerdem von Plinius (*Naturalis historia* X, 58),

vom Kampf zwischen Pygmäen und Kranichen um die Ernte als Erster in die mittelhochdeutsche Literatur eingeführt (vgl. Habiger-Tuczay 1999: 635). Die letzten Fabelwesen, denen Ernst begegnet, sind die Riesen von Cânânê, ein wildes Volk, das als Kanaan bezeichnet wird.[6] Die Riesen der *Herzog Ernst*-Dichtung haben mit jenen der germanischen Tradition nichts zu tun: Sie sind als ein kriegerisches Volk dargestellt, das den König von Arimaspi in große Bedrängnis bringt, aber am Ende von Ernst nicht so sehr mit roher Gewalt wie mit List überwunden wird.

4. Grippia und die Kranichmenschen

Die Grippia-Episode, eine der umfangreichsten des ganzen Werks, ist besonders charakteristisch für die Darstellung des Ostens in der *Herzog Ernst*-Dichtung. Die Stadt Grippia (*ein vil hêrlichêz lant*) wird als einzige Stadt in der Dichtung ausführlicher beschrieben, wobei der Erzähler jedoch „nicht das Bild einer bestimmten orientalischen Stadt heraufbeschwören will, sondern gewissermaßen die orientalische Stadt überhaupt entwirft, wie er sie sich vorstellt" (Szklenar 1966: 156 f.). Als Ernst und seine Gefährten diese aus der Ferne erblicken, trauen sie ihren Augen kaum. Sie sind von der märchenhaften Schönheit und der exotischen Pracht der Stadt beeindruckt: Die Gebäude ragen glänzend empor, Wehrmauern und Türme sind mit Gold, Silber und glitzernden Edelsteinen bedeckt. Die Stadt erstrahlt in prunkvollem Reichtum, in strahlenden Farben und überwältigendem Glanz:

> *die helde wurden gewar*
>
> *daz in trôst wolde nâhen.*
>
> *sie sâhen in allen gâhen*
>
> *ein vil hêrlichêz lant.*
>
> *daz was Grippîâ genant.*
>
> *des wurden sie dô vil frô.*
>
> [...]
>
> *dô gesâhen sie an den stunden*

Isidor (*Etymologiae* XI,iii,26) und Ovid (*Metamorphosen* VI,90–92) erwähnt. Vgl. hierzu auch Hennig 1932 und Blamires 1979: 59.

6   Der Name Cânânê, der sich sowohl auf das Volk als auch auf das Land bezieht, ist ein klarer biblischer Hinweis. Tatsächlich erwähnt das Alte Testament oft Figuren von Hünen, z.B. in Gen VI,4, Num XIII,33 und Dtn III,11, vgl. Blamires 1979: 57, Habiger-Tuczay 1999: 645 und Herweg 2019: 523.

ein hêrlichê burc stân,

diu was alle umbevân

mit einer guoten miure.

diu was harte tiure

von edelen marmelsteine,

die wâren algemeine

gel, grüene und weitîn,

daz sie niht schœner mohte sîn,

swarz rôt und wîze.

dâ mite was sie ze flîze

geschâchzabelt und gefieret,

[...]

lûter lieht als ein glas.

[...]

ouch wâren die zinnen

beide ûzen unde innen

meisterlîch gezieret,

mit golde wol gevieret

und mit edelen gestein,

beide grôz unde klein,

allez meisterlîch geworht. (V. 2202–2239)

Die Helden erkannten, dass ihnen Rettung nahte; sie sahen, dass sie auf ein herrliches Land zusegelten. Es hieß Grippia. Darüber wurden sie sehr froh. [...] Vor sich sahen sie eine herrliche Stadt, die lückenlos von einem starken Mauerring umgeben war. Dieser hätte nicht stattlicher sein können: Er war äußerst kostbar aus edlem Marmor erbaut, der in seinem Farbenspiel gelb, grün und blau, schwarz, rot und weiß glänzte. Der Marmor war sorgfältig in Schachbrettmuster gefügt, [...] rein und klar wie Glas. [...] Auch die Zinnen waren außen und innen meisterhaft verziert und mit kleinen und großen Goldstücken und Edelsteinen trefflich gemustert. Alles war meisterhaft gearbeitet.

Und gleich danach folgt der erste Hinweis auf die Bevölkerung der Stadt:

wunderlîche liute

die bûweten die veste,

der schîn vil verre gleste. (V. 2248–2250)

Ein wundersames Volk bewohnte diese Festung, deren Glanz so weit erstrahlte.

Der Erzähler greift auf das konventionelle Repertoire der Orientdarstellung zurück, indem er mit Nachdruck den Reichtum, die wertvollen Materialien wie Edelsteine, Gold, Elfenbein und Seide und die üppige Farbenpracht schildert. Seltsamerweise erweist sich die Stadt als völlig menschenleer und unbeaufsichtigt. Die Schar kann problemlos eintreten, denn die Tore stehen weit offen und sind – fast provokativ – unbewacht (*diu burctor wâren ûf getân*, V. 2311). Ernst und seine Gefährten, erschöpft und hungrig von der langen Reise und dem Sturm, machen sich auf die Suche nach Proviant, bis sie einen prächtigen Palast erreichen. Dort finden sie einen Saal mit reich gedeckten Tischen mit allerlei Lebensmitteln. Sie setzen sich und essen, bis sie satt sind:

> *dô sâhen sie innerthalben stân,*
>
> *die edelen jungelinge,*
>
> *al umbe ze ringe*
>
> *manigen tisch vil wünneclîch,*
>
> *dar ûf phelle unde golt rîch,*
>
> *vil spæhe dâ ze den orten*
>
> *genât mit edelen borten.*
>
> [...]
>
> *sie sâhen ûf ieclîchem tische*
>
> *fleisch, brôt unde vische,*
>
> *môraz, met, clârêt und wîn,*
>
> *daz beste, daz iergen kunde sîn,*
>
> *dar zuo wilt unde zam.*
>
> [...]
>
> *köphe und näphe goltrôt,*
>
> *die schüzzel von silber wol getân.* (V. 2376–2395)

Dann sahen die jungen Edlen im Innern des Hofes viele schöne Tische in Kreisform zusammengestellt. Auf ihnen lagen goldbesetzte Decken, die an den Rändern sorgfältig mit edlen Borten abgenäht waren. [...] Auf jedem Tisch sahen sie Fleisch, Brot und Fische, Maulbeer-, Honig-, Gewürzwein und Wein, alles vom Besten, das es irgend gab, dazu Fleisch von wildem und zahmem Tier. [...] Die Becher und Schalen waren aus rotem Gold, die Schüsseln kunstvoll aus Silber gefertigt.

Es handelt sich um eine traumhafte, surreale Situation, die an Märchenmotive zu erinnern scheint: Man denke an das Grimm'sche Märchen *Schneewittchen*, in welchem die Heldin in das Häuschen der sieben Zwerge eintritt und von den Speisen isst, die auf dem Tisch stehen. Ein weiterer eigentümlich märchenhafter Zug ist die (scheinbar) vollkommene Verlassenheit der Stadt, die „in übertreibend unwirklicher Weise wörtlich genommen wird" (Sklenar 1966: 173).[7] Das Thema des Wunderbaren gewinnt auf diese Weise stärker an Bedeutung. Die Darstellung Grippias dient im Allgemeinen dazu, „dem Publikum ein Märchenland vorzustellen, in dem dann ein wunderbares Volk angesiedelt und der Herzog in ein gefährliches Abenteuer verstrickt werden kann" (ebd.: 162).

Nachdem sich die Helden erfrischt und Proviant für die Fortsetzung der Reise besorgt haben, begeben sie sich zum Schiff mit der Absicht, wieder den Seeweg zu nehmen. Doch möchte Ernst mit seinem Freund und Vasallen Graf Wetzel noch eine zweite Besichtigung der Stadt unternehmen. Im Laufe dieser Episode begegnen die beiden Helden den Bewohnern und die Handlung nimmt eine tragische Wendung. Der Erzähler bietet eine weitere Beschreibung des Landes Grippia und seiner architektonischen und technischen Wunder. Beim Stadtrundgang betrachten Ernst und Wetzel die kunstvoll gebauten Mauern, die Marmorstraßen, die kostbaren Gebäude, den prunkvollen, mit Gold und Smaragden bedeckten Königspalast.[8] Im Palast entdecken sie eine reich mit Edelsteinen verzierte und luxuriös eingerichtete Kemenate, deren Beschreibung viel Platz eingeräumt wird (V. 2570–2644). Danach finden sie einen wunderschönen Zederngarten, in dem sich eine großartige Badeanlage mit warmer und kalter Quelle befindet, die auch zur Reinigung der Straßen und Gassen der ganzen Stadt genutzt wird (auch die Schilderung dieser Konstruktion ist besonders lang und detailliert, V. 2650–2698). Die Abwesenheit der Bewohner nutzend, nehmen die beiden Gefährten ein Bad im Badehaus und ruhen dann in der schönen Kemenate.[9]

Allem Anschein nach spricht die Beschreibung von Grippia für ein intelligentes und gebildetes Volk, das sich durch höfische Sitten und guten Geschmack auszeichnet. Grippia wird als „hochzivilisierter Raum" (Klein 2014: 254) geschildert, wobei sich die Zivilisation insbesondere in dem

---

7   Das Motiv der verlassenen Stadt, das auch in den Erzählungen der *Tausendundeine Nacht*-Sammlung auftaucht, zeichnet sich aus durch den Kontrast zwischen der Anziehungskraft eines scheinbar leeren Ortes voller Schätze und dem Gefühl der Beunruhigung aufgrund der Abwesenheit seiner Bewohner, vgl. Sklenar 1966: 173 u. Anm. 37.

8   Hier bietet sich ein interessanter Vergleich mit Konrads von Würzburg Versroman *Partonopier und Meliur* an. Nachdem Partonopier das Schiff verlassen hat, geht er in der Stadt herum, deren Türme und Mauern *von golde und von lâsûre* (V. 807–808; Bartsch 1871: 15) sind und wo Intarsien aus rotem und weißem Marmor so präzise gestaltet sind, dass sie wie ein Schachbrett aussehen (*schâchzabelspil*, V. 815), vgl. Leonardi (2002: 79–80).

9   Das Ruhemotiv (V. 2750 ff.) ist auch in Grimms Märchen zu finden, vor allem im Märchen *Schneewittchen*. Während Schneewittchen jedoch im Schlaf von den Zwergen überrumpelt wird, werden die Helden bei helllichtem Tage von den Grippianern ertappt, vgl. Sklenar 1966: 173.

raffinierten Wassersystem niederschlägt. Schließlich treten plötzlich die Grippianer auf (ab V. 2817). Diese seltsamen Kreaturen – anthropomorph, jedoch mit tierischen Zügen – werden als ambivalent dargestellt. Ihre Ankunft wird durch einen schrecklichen Lärm, ein unheimliches, unerträgliches Kreischen, angekündigt:

> *Dô sie daz wunder gar gesâhen,*
>
> *dô hôrten sie* [Ernst und Wetzel] *in allen gâhen*
>
> *eine wunderlîche stimme*
>
> *starc unde grimme*
>
> *vor der bürge an dem gevilde,*
>
> *ob ez kraniche wilde*
>
> *bevangen hæten über al,*
>
> *alsô ungefüegen schal,*
>
> *alse ie man vernam.*
>
> *vil lûte unde vreissam*
>
> *was dâ ir gesprehte.* (V. 2817–2827)

Während sie das Wunderwerk eingehend bestaunten, hörten sie plötzlich ein merkwürdiges, lautes und furchterregendes Geschrei vom Anger vor der Stadt. Es war ein so abstoßender, unerhörter Lärm, als wenn wilde Kraniche den ganzen Anger bevölkerten. Mächtig und schrecklich erhob sich da ihr Geschrei.

Die Bewohner Grippias werden als „Kranichmenschen" oder „Kranichschnäbler" bezeichnet: Sie sind mit Kranichköpfen und -hälsen ausgestattet, abgesehen davon aber von menschlicher Gestalt. Gewahr werden die Ritter:

> *einer seltsænen schar*
>
> *von mannen und von wîben.*
>
> *die wâren an ir lîben,*
>
> *sie wæren junc oder alt,*
>
> *schœne unde wol gestalt*
>
> *an füezen und an henden,*
>
> *und in allen enden*
>
> *schœne liute und hêrlîch –*
>
> *wan hals und houbet was gelîch*
>
> *als den kranichen getân.* (V. 2850–2859)

[Sie bemerkten] eine seltsame Schar von Männern und Frauen. Jung wie Alt hatten schöne, wohlgeformte Körper. Füße und Hände und alle anderen Gliedmaßen waren die schöner, edler Menschen – doch am Hals und am Haupt sahen sie Kranichen gleich.

Die Darstellung dieser Fabelwesen zeichnet sich durch den krassen Widerspruch zwischen menschlichen und tierischen Zügen aus, die beide bewusst übertrieben sind.[10] Die Grippianer werden als adlig gekennzeichnet: Sie haben schöne Körper, sie tragen farbenprächtige und modische Kleider aus feinen Stoffen, und ihre Haltung ist elegant und höfisch:

> die sâhen sie tragen an
>
> zwô vil rîcher hemde
>
> von sîden vil fremde,
>
> wol bleich und genât.
>
> zwêne rocke tribelât
>
> die herren truogen dar obe.
>
> die kleider stuonden wol ze lobe;
>
> ir beider hosen ûz gesniten,
>
> zehouwen wol nâch hübschen siten,
>
> dar über manic goldrât.
>
> dâ durch schein diu lînwat
>
> wîzer danne dehein snê.
>
> in wâren dar über gespannen ê
>
> zwên guldîne sporn. (V. 2998–3011)

Die trugen, wie sie erkannten, zwei kostbare Hemden, aus exotischer Seide strahlend weiß und gut genäht. Darüber trugen die Herren zwei Seidenröcke. Die Kleidung musste man loben. Beider Hosen waren nach höfischer Mode geschnitten und geschlitzt. Die Schlitze waren mit Goldschnüren durchzogen, durch die das Leinengewand weißer als Schnee hindurchleuchtete. Darüber waren zwei goldene Sporen befestigt.

Zusammenfassend lässt sich festhalten, dass der Erzähler den Grippianern einen ritterlichen, höfischen und vornehmen Charakter zuschreibt.

---

10 In diesem Sinne kann eine Parallele zu den in Indien wohnenden Kynokephalen gezogen werden. Zur Etymologie des Namens Grippia und zur möglichen Verbindung des Volkes der Kranichmenschen mit Greifen vgl. Szklenar 1966: 153 u. Anm. 2. Kranichschnäbler sind nur aus spätmittelalterlichen Quellen bekannt, wie den *Gesta Romanorum* aus dem 14. Jahrhundert, vgl. Lecouteux 1978 und Lecouteux 1981. Es ist wahrscheinlich der Popularität des *Herzog Ernst* zu verdanken, wenn die Kranichmenschen irgendwann auf den *Mappae mundi* vorkommen, und zwar auf der Hereford-Karte, vgl. Strickland 2010: 10.

Der König von Grippia sticht besonders hervor, da sein Kopf dem eines Schwans gleicht (*als ein swan was im gestalt | der hals und ouch daz houbet*, V. 3086–3087). Die Weiße des Schwans symbolisiert Schönheit und Adel, so dass die Gestalt des Königs das positive Bild der Herrschaft darstellen soll (Klein 2014: 281). Es sollte jedoch nicht vergessen werden, dass in mittelalterlichen Bestiarien der Schwan auch als Sinnbild von Heuchelei und Betrug erscheint (Biedermann/Riemann 1989: 392–393). Und tatsächlich, sobald die Grippianer die Szene betreten, wird die andere Natur dieser monströsen Wesen offensichtlich. Sie sind gerade aus Indien zurückgekehrt, wo sie eine wunderschöne Prinzessin entführt haben, die nun gezwungen wird, den König von Grippia zu heiraten. Das Bankett, bei dem sich Ernsts Männer erfrischt haben, war für das Hochzeitsfest vorgesehen. Der Höhepunkt der Bestialität der Grippianer wird in der blutigen Episode dargestellt, in der zwölf Kraniche (die Vasallen des Königs) die Prinzessin mit ihren Schnäbeln durchbohren und so ihren Tod verursachen (*mit den snebeln sie sie stâchen | allenthalben durch den lîp*, V. 3426–3427).

Die ganze Episode des Aufenthalts in Grippia ist paradigmatisch für die Dichotomie dieser kontrastreichen, keineswegs monolithischen Darstellung des Ostens. Die Stadt Grippia wird als prächtiger Ort beschrieben, und insbesondere die Schilderung des Zederngartens und des Wassersystems erinnert an den *locus amoenus*-Topos. Trotzdem ist diese exotisch reizende und verführerische Stadt – die als paradiesischer Ort gelten kann – von gefährlichen und gewaltsamen Monstern bewohnt.

Auch die Grippianer sind teils positiv, teils negativ konnotiert. Sie sind Wesen mit wohlgestalteten, schönen Körpern und Kenner der höfischen Sitten, aber gleichzeitig brutal und mit einem lächerlichen und schrecklichen Kranichkopf versehen. Vielleicht ist die mehrdeutige Darstellung der Kranichmenschen im *Herzog Ernst* von der widersprüchlichen Symbolik des Kranichs beeinflusst worden, dem in alten Überlieferungen sowohl positive als auch negative Eigenschaften zugeschrieben werden. Zum Beispiel wurden sie oft in Verbindung mit Hochzeiten, aber auch mit Krieg und Tod eingesetzt.[11]

Basierend auf den bisherigen Überlegungen kann man davon ausgehen, dass die vielseitige Darstellung von Grippia und seinen Bewohnern, den Kranichschnäblern, zur Konstruktion eines komplexen und vielschichtigen Ostens beiträgt, in dem sich das traditionelle Bild eines idyllischen und angenehmen Ortes mit dem einer grotesken, beängstigenden und bedrohlichen Dimension verbindet.

11　„As a class, all large long-necked fowl, particularly those equipped with large beaks and long legs, such as the pelican, the *onocratalus*, the crane, and the stork, seem to have been considered generically perverse or sinful during the Middle Ages" (Janson 1952: 184). Vgl. auch Mewes et al. 2003.

Bibliographie

Quellen

Der deutsche *Lucidarius*. Hg. von Dagmar Gottschall und Georg Steer. Bd. I. Kritischer Text nach den Handschriften. Tübingen 1994 (Texte und Textgeschichte 35).

Hacks, Peter: *Das Volksbuch vom Herzog Ernst oder Der Held und sein Gefolge* (Stück in einem Vorspiel und drei Abteilungen). In: Peter Hacks, Stücke. Leipzig 1978 (RUB 348).

Herzog Ernst. Ein mittelalterliches Abenteuerbuch, in der mittelhochdeutschen Fassung B nach der Ausgabe von Karl Bartsch mit den Bruchstücken der Fassung A. Hg. und übersetzt von Bernhard Sowinski. Stuttgart 1970 (RUB 8352).

Herzog Ernst. Hg. von Karl Bartsch. Wien 1869. Online unter: https://archive.org/deta ils/herzogernst00bartuoft [letzter Zugriff 28.11.2021].

Herzog Ernst. Mittelhochdeutsch/Neuhochdeutsch. In der Fassung B mit den Fragmenten der Fassungen A, B und Kl nach der Leithandschrift. Hg., übersetzt und kommentiert von Mathias Herweg. Mit Herzog Adelger (aus der *Kaiserchronik*). Ditzingen 2019 (RUB 19606).

Isidori Hispalensis episcopi etymologiarum sive originum libri XX. Hg. von W. M. Lindsay, 2 Bde. Oxford 1911.

Konrads von Würzburg *Partonopier und Meliur. Turnei von Nantheiz, Sant Nicolaus, Lieder und Sprüche.* Aus dem Nachlasse von Franz Pfeiffer und Franz Roth hg. von Karl Bartsch. Wien 1871 [repr. Berlin 1970].

Die deutschen Volksbücher; gesammelt und in ihrer ursprünglichen Echtheit wiederhergestellt. Hg. von Karl Simrock. Bd. 3. Frankfurt am Main 1845, 269–360. Online unter: https://archive.org/details/diedeutschenvolk03simruoft/page/269/ mode/1up?view=theater [letzter Zugriff 28.11.2021].

Uhland, Ludwig: *Ernst, Herzog von Schwaben.* Trauerspiel in fünf Aufzügen. Erstdruck Heidelberg 1818.

Ulrich von Etzenbach: *Herzog Ernst D.* Hg. von Hans-Friedrich Rosenfeld. Tübingen 1991 (Altdeutsche Textbibliothek 104).

Forschung

Auteri, Laura: Mostri amici nel Medioevo tedesco: gli esempi dello *Herzog Ernst* (c. 1180) e del *Parzival* (1200/10) di Wolfram von Eschenbach. In: *Fabelwesen, mostri e portenti nell'immaginario occidentale: Medioevo germanico e altro.* Hg. von Carmela Rizzo. Alessandria 2004 (Bibliotheca germanica. Studi e testi 15), 85–104.

Behr, Hans-Joachim: *Herzog Ernst.* Eine Übersicht über die verschiedenen Textfassungen und deren Überlieferung. Göppingen 1979 (Göppinger Beiträge zur Textgeschichte 62).

Biedermann, Hans und Gerhard Riemann: Knaurs Lexikon der Symbole. München 1989.

Blamires, David: *Herzog Ernst* and the Otherworld Voyage. A Comparative Study. Manchester 1979.

Del Zotto, Carla: L'*Herzog Ernst* e la tradizione dei *Mirabilia*. In: Il fantastico nel Medioevo di area germanica. Atti del XXXI Convegno dell'Associazione Italiana di Filologia Germanica (Bari, 25–27 maggio 2011). Hg. von Lucia Sinisi. Bari 2015, 113–133.

Gebhardt, Michael: *Herzog Ernst* – fern von Hollywood. Anmerkungen zu Lutz Dammbecks Animationsfilm. In: Literatur im Film: Beispiele einer Medienbeziehung. Hg. von Stefan Neuhaus. Würzburg 2008, 345–370.

Gerhardt, Christoph: Die Skiapoden in den *Herzog Ernst*-Dichtungen. In: Literaturwissenschaftliches Jahrbuch 18 (1977), 13–88.

Gottschall, Dagmar: Das *Elucidarium* des Honorius Augustodunensis. Untersuchungen zu seiner Überlieferungs- und Rezeptionsgeschichte im deutschsprachigen Raum mit Ausgabe der niederdeutschen Übersetzung. Tübingen 1992 (Texte und Textgeschichte 33).

Habiger-Tuczay, Christa: Zwerge und Riesen. In: Dämonen, Monster, Fabelwesen, Mittelalter-Mythen. Hg. von Ulrich Müller und Werner Wunderlich. Bd. 2. St. Gallen 1999, 635–658.

Hamdan, Nadia: Die Orientdarstellung im *Herzog Ernst B*. Düsseldorf 2004.

Hennig, R.: Der kulturhistorische Hintergrund der Geschichte vom Kampf zwischen Pygmäen und Kranichen. In: Rheinisches Museum für Philologie N.F. 81/1 (1932), 20–24.

Janson, Horst W.: Apes and Ape Lore in the Middle Ages and the Renaissance. London 1952.

Klein, Mareike: Die Farben der Herrschaft. Imagination, Semantik und Poetologie in heldenepischen Texten des deutschen Mittelalters. Berlin 2014.

Lecouteux, Claude: A propos d'un épisode de *Herzog Ernst*. La Rencontre des Hommes-Grues. In: Études Germaniques 33 (1978), 1–15.

Lecouteux, Claude: Die Kranichschnäbler der *Herzog-Ernst*-Dichtung: Eine mögliche Quelle. In: Euphorion. Zeitschrift für Literaturgeschichte 75 (1981), 100–102.

Leonardi, Simona: Il colore blu nel tedesco medievale. ata. *blâo*, atm. *blâ*. In: Annali – Istituto Universitario Orientale. Sezione Germanica n.s X/1 (2002), 47–79.

Mewes, Wolfgang, Günter Nowald und Hartwig Prange: Kraniche – Mythen. Forschung. Fakten. Karlsruhe 2003.

Schul, Susanne: Das Eigene in der Fremde (er)finden: Ein fantastisches Wieder- und Weitererzählen im mittelhochdeutschen *Herzog Ernst* und in Lutz Dammbecks Animationsfilm. In: Übergänge und Entgrenzungen in der Fantastik. Hg. von Christine Lötscher, Petra Schrackmann, Ingrid Tomkowiak und Aleta-Amirée von Holzen. Zürich/Berlin 2014, 499–511.

Simek, Rudolf: Monster im Mittelalter. Köln u. a. 2015.

Stein, Alexandra: Die Wundervölker des *Herzog Ernst (B)*. Zum Problem körpergebundener Authentizität im Medium der Schrift. In: Fremdes wahrnehmen – fremdes Wahrnehmen. Studien zur Geschichte der Wahrnehmung und zur Begegnung von Kulturen in Mittelalter und früher Neuzeit. Hg. von Wolfgang Harms, Alexandra Stein und Stephen Jaeger. Stuttgart/Leipzig 1997, 21–48.

Strickland, Debra H.: The sartorial monsters of *Herzog Ernst*. Different Visions. In: A Journal of New Perspectives on Medieval Art 2 (2010), 1–35.

Szklenar, Hans: Studien zum Bild des Orients in vorhöfischen deutschen Epen. Göttingen 1966 (Palaestra 243) Hg. von Hans Neumann, Ulrich Pretzel, Ernst Theodor Sehrt, Walther Killy und Albrecht Schöne.

Arraz und Azagouc – Ackers und Babilonie
Heroische Kompensation der materiellen Unterlegenheit gegenüber den Heiden

Walter Kofler (Vorchdorf)

Abstract: In der (Spielmanns- und) Heldenepik scheitern auffällig viele konventionelle Kriegszüge in den Orient. Erfolgreich sind hingegen Heerführer, die sich einer List bedienen und dabei menschliche, dämonische oder göttliche Hilfe erhalten. Erfolgreich sind aber auch jene Helden, die notgedrungen oder aus freien Stücken als Einzelkämpfer oder Anführer eines kleinen Trupps in den Heidenkampf ziehen. Anhand dieser unterschiedlichen Rollen versucht der Beitrag, die Funktion des Orients für die (spielmännisch-)heroische Epik zu bestimmen.

Keywords: Brautwerbung, Heiden, Heldendichtung, Kreuzzüge, Orient, Spielmannsdichtung

Die berühmt-berüchtigten „Schneiderstrophen" im *Nibelungenlied*[1] – Kriemhilt und 30 ihrer Hofdamen fertigen eigenhändig 48 Gewänder an (vgl. Nib. B: 341–373) – sind primär einem Umstand geschuldet: dem orientalischen Luxus auf Islant. Königin Brünhilt und ihr Hofstaat verfügen über Stoffe aus Lybia (Nib. B: 427,3) sowie Seide aus Azagouc (Nib. B: 437,2) und Ninnive (Nib. B: 847,1). Um sich als Freier[2] nicht von vornherein zu diskreditieren, muss der Burgonden-König Gunther, Kriemhilts Bruder, einen noch größeren Aufwand bei der Auswahl seiner Garderobe betreiben: Aus India kommen Edelsteine (Nib. B: 401,1), aus Arabi Gold (Nib. B: 364,1), Stoffe (Nib. B: 573,3) und Seide (Nib. B: 360,1); überdies liefern Zazamanc (Nib. B: 360,2), Marroch und Lybia (beide Nib. B: 362,1) Seide.

Der Austausch von Luxusgütern verläuft aber auch in die entgegengesetzte Richtung: Goldschmiede aus Engellant (*Münchner Oswald* – Osw. M: 2133–2310) sowie Kaufleute mit Stoffen und Gewändern aus Kerlingen (*Ortnit* – Ort. A: 253–259) werden im Orient gerne willkommen geheißen,

---

1 Die verwendeten Textausgaben sind im Literaturverzeichnis vermerkt. Zitate folgen möglichst der Leithandschrift und erscheinen ohne Interpunktion, sind aber (abgesehen von dem 1512 im Druck erschienenen *Orendel*) leicht normalisiert.

2 „Freier" meint in diesem Zusammenhang den Fürsten, der selbst die Frau erringen will. Dagegen ist der Brautwerber im engeren Sinne der Helfer des Freiers. – Vgl. Kofler 1996: 9, 16.

und die heidnischen[3] Hunnen (*Hiunen*) importieren Bettzeug (*kolter*) aus Arraz (Nib. B: 1822,1). Aus Arraz stammt auch Rudolf, Sohn des Grafen von Flandern, für den im Auftrag seiner Mutter *megede und wip* kostbare Gewänder anfertigen (*Graf Rudolf* – Rud.: Bl. A^v,28). Damit soll verhindert werden, dass sich Rudolf am Hof König Gilots von Jerusalem durch ärmliches Auftreten blamiert. Immerhin vergleicht Gilot seine Hofhaltung mit jener des Kaisers (vgl. Rud.: Bl. D^v,27–γ^r,7).

Der friedliche Konnex zwischen West und Ost täuscht jedoch: Die Goldschmiede und Kaufleute entpuppen sich letztlich als verdeckte Freier, die eine heidnische Königstochter entführen wollen. Selbst der goldene Hirsch, den der heidnische König für ein mechanisches Kunstwerk der englischen Goldschmiede hält (vgl. Osw. M: 2400–2403), stellt sich als Fake heraus: Das Tier ist bloß mit einer Decke behängt worden, Klauen und Geweih haben einen Goldüberzug erhalten. Und Rudolfs prächtig inszenierte Reise nach Jerusalem ist ein Kreuzzug gegen die Heiden. – Dies sind ein paar „Orient"-Aspekte, wie sie uns die Texte der deutschen (Spielmanns- und) Heldendichtung[4] liefern.

Während nun auf dem Gebiet der Luxusgüter – mehr schlecht als recht – eine Ebenbürtigkeit beider Welten suggeriert wird, gelten die Heiden – rein formal gesehen – den Christen als militärisch überlegen. Da ist zum einen die Uneinnehmbarkeit ihrer Städte auf konventionellem Wege (vgl. Kofler 1996: 46–52) – was bei einer offensiven Kriegsführung der Christen zum Problem wird. Hinzu kommt die Truppenstärke ihrer Heere, die ins schier Unermessliche reicht. Dieser Aspekt ist vor allem bei Angriffen der Heiden auf die christlichen Länder und Städte von Relevanz.

Ein spezifisches Orientbild wird in den Epen nicht entwickelt. Vielmehr zählt einzig die Unterscheidung zwischen *kristen, juden* und *heiden*. „Heidnische" Stereotype werden beispielsweise auch auf osteuropäische Herrschaftsverbände angewandt: König Belian residiert in einer marmornen Burg mit hundert Türmen, glaubt an den Gott Machmet und hat eine zauberkundige Tochter (vgl. *Wolfdietrich* – Wol. D: 1060–1301). Seine Residenz Büden wird aber *zûn wilden Rissen* (Wol. D: 1060,3) – also im „unzivilisierten" Russland – lokalisiert. Wenn ich mich im Folgenden lediglich auf Handlungsstränge beziehe, die im „realen" Orient verortet sind, hat dies pragmatische Gründe.

Die Texte vermitteln in der Regel ein weitgehend schematisches Bild der geografischen und politischen Verhältnisse im Orient: Den christlichen

---

3   Die Begriffe „Heide" und „heidnisch" werden gemäß dem mhd. Sprachgebrauch für Personen bzw. Herrschaftsverbände benutzt, die nicht *kristen, juden* oder *ketzer* sind.

4   Für die text- und motivgeschichtlich zusammenhängende Gruppe der nichthöfischen Epen mit germanischer oder deutscher Kernfabel gibt es bislang keine bessere Gesamtbezeichnung. Man könnte sie aber auch unter dem Begriff „Heldendichtung" subsumieren. – Zu den Zusammenhängen vgl. etwa Bräuer 1970; Hoffmann 1974; Tisdell 1978.

Ländern Kriechenlant, Jerusalem und Morlant steht eine Gruppe amorpher heidnischer Herrschaftsverbände gegenüber – teils mit Fantasienamen belegt, teils mit Babilonie (Ägypten) oder Sürie identifiziert. Im *Herzog Ernst* existiert neben dem realen, nahen Orient zudem ein ferner Orient, der von fantastischen Hybridwesen bewohnt wird. Auffällig sind die Angaben im *Ortnit*: Es fehlen die christlichen Stützpunkte im Orient; vielmehr werden Jerusalem und Suders (Sūr/Tyros) dem heidnischen Herrschaftsverband zugerechnet (vgl. Ort. A: 13 f.). Es gibt aber auch relativ realitätsnahe Schilderungen: So wird beispielsweise die Stadt Ackers (Akko), die von 1104 bis 1291 fast durchgängig in christlicher Hand war,[5] im *Orendel* als wichtige Hafenstadt geschildert, wo der Held nach dem Verlust Jerusalems anlandet (vgl. Ore. D: 121,4–8), und im *Wolfdietrich* wird sie als Sitz der Deutschherren genannt (vgl. Wol. D: 943).

Die Beziehung zwischen christlichem Okzident und heidnischem Orient ist in den Texten der deutschen (Spielmanns- und) Heldendichtung primär kriegerisch geprägt. Ein friedlicher Wechsel zwischen den beiden Machtblöcken ist vornehmlich Kaufleuten, Pilgern und Boten möglich. Daher ist unter christlichen Heerführern auch die Kaufmanns- und Pilgerlist so beliebt (vgl. Kofler 1996: 46–52). Aber auch „echte" Kaufleute und Pilger agieren mitunter zum Nachteil des Gastlands, indem sie für Fluchtmöglichkeiten sorgen oder als Spione tätig werden.[6] Boten werden ohnehin fast nur für militärische Zwecke eingesetzt (Überbringung von Kriegserklärungen). In einer Situation latenter Kriegsgefahr bzw. labiler Friedensphasen kommt es nicht nur zu Auseinandersetzungen zwischen den lokalen Mächten, vielmehr greifen auch Helden aus dem christlichen Westen militärisch im Orient ein – sei es in eigener Sache oder als Helfer für die Glaubensbrüder im Osten. Dabei muss die materielle Unterlegenheit durch List und außergewöhnliche Leistungen des Helden kompensiert werden, will er erfolgreich sein.

Im Großen und Ganzen lassen sich drei Typen von Helden unterscheiden, die im Heidenkampf tätig werden – wobei die Grenzen mitunter fließend sind bzw. der Status des Helden sich verändern kann:

1. Der Freier
2. Der Kreuzfahrer
3. Der vereinzelte Held

---

5   Lediglich zwischen 1187 und 1191 stand Akko vorübergehend unter sarazenischer Kontrolle.

6   Ernst verlässt mit Hilfe christlicher Kaufleute das Land Arimaspi (vgl. Ern. B: 5333–5444). Ein Pilger erzählt Orendel von der Gefangenschaft Königin Brides in Munteval (vgl. Ore. D: 123,13–125,14).

Im Folgenden soll die Funktion der unterschiedlichen Helden-Rollen für die einzelnen Texte erörtert werden – insbesondere mit Blick auf die „Nützlichkeit" ihrer Strategien für die christliche Streitpartei.

1. Der Freier

Die Braut(er)werbung[7] gehört – neben der Vertreibung – zu den typischen Handlungstreibern innerhalb der (Spielmanns- und) Heldendichtung: In zahlreichen Varianten wird die Thematik immer wieder abgehandelt (vgl. etwa Frings/Braun 1947; Schmid-Cadalbert 1985; Kohnen 2014). Das Schema bot sich auch insofern für eine Lokalisierung im Orient an, als durch den Glaubensunterschied die notorische Feindseligkeit des Brautvaters sowie die absolute Ebenbürtigkeit der Braut noch extra betont werden konnten.[8]

König Oswalt von Engellant möchte Bouge, die Tochter des heidnischen Königs Aron, für sich gewinnen. Eine offizielle Werbung ist unmöglich, da der Heidenkönig alle Werbungsboten töten lässt; eine offene Militäraktion ebenso, weil Arons Residenzstadt uneinnehmbar ist:

> *er hat ein purk vest und gůt*
>
> *die ist vor schanden wol behůt*
>
> *daz cristen und haiden*
>
> *all dew welt wär dein aigen*
>
> *und hietest dich da mit fur dew purk erhaben*
>
> *du mochtest ir nimmer geschaden*
>
> *du mŭst da vor ligen dreissig jar*
>
> *Oswalt daz sag ich dir fur war*
>
> *dannoch wurst nicht innen pald*
>
> *wie die junkfraw sei gestalt.* (Osw. M: 333–342)

---

7   „Brauterwerbung" steht als Überbegriff für alle Arten der Gewinnung einer Frau: für die offizielle Brautwerbung (mit Unterrichtung des Brautvaters) ebenso wie für die verdeckte Brautwerbung (ohne Wissen des Brautvaters und mit Zustimmung der Braut) sowie die gewaltsame Entführung der Frau (gegen den Willen von Brautvater und Braut). Vgl. Frings/ Braun 1947: 10 f.

8   Die Werbung um die Tochter eines heidnischen Herrschers wird u. a. damit begründet, dass alle christlichen Fürsten dem Freier dem Stand nach unterlegen seien (vgl. Ort. A: 10; Osw. M: 168–182).

Daher schickt Oswalt einen sprechenden Raben zu Bouge, die in die Werbung einwilligt. Nach dessen Rückkehr segelt Oswalt zwar mit 72.000 Mann los, landet aber an einer versteckten Stelle und zieht mit 100 Mann und zwölf Goldschmieden vor die Stadt. Mit Gottes Hilfe flieht die Königstochter heimlich, und Aron verfolgt mit einer unterlegenen Zahl an Kriegern – 30.000 – die Christen auf dem Meer. Er stellt sie auf einer Insel, wo sie gerade Rast machen. Im Kampf verliert Aron alle Männer, Oswalt keinen einzigen.

Die gesamte Aktion – vom Werbungsbeschluss bis zur glücklichen Heimkehr – wird von einer ganzen Reihe von Helfern unterstützt: Neben den Gefolgsleuten sind dies ein Engel, der Pilger Warmunt, der sprechende Rabe, die Königstochter Bouge, ein Einsiedler und schließlich Gott und die Gottesmutter Maria. Der Erfolg ist absolut: Der heidnische Gegner wird besiegt und getauft.

Zwar führt auch die Braut(er)werbungsaktion König Ortnits von Lamparten um die namenlose Tochter des Heidenkönigs Machorel zunächst zu einem scheinbaren Erfolg, endet aber letztlich in einem Fiasko für die christliche Partei. Ortnit gelingt mittels der Kaufmannslist die Anlandung in Suders und die überraschende Eroberung der Stadt; die Residenzstadt Muntabur bleibt jedoch uneinnehmbar. Der Zwerg Alberich – der leibliche Vater des Helden – bringt mit List und Drohungen die Königstochter dazu, aus der Stadt zu fliehen. Allerdings hat Ortnit bei dieser Aktion 29.000 seiner 30.000 Mann verloren. Machorel, der ursprünglich 40.000 Mann aufgeboten hat, wagt es nicht mehr, dieses Restheer zu verfolgen (vgl. Ort. A: 479–481). Ortnits Ehe bleibt kinderlos. Schließlich kommt er ruhmlos um, als ihn im Schlaf Drachen überraschen, die Machorel nach Lamparten bringen ließ. Das Land versinkt im Chaos.

Über weite Strecken wirkt die *Ortnit*-Handlung wie ein Gegenentwurf zum *Oswald*, mit dem der Text etliche motivische Gemeinsamkeiten teilt.[9] Vor allem fällt auf, dass Ortnit den Rat seiner Gefolgsleute zurückweist und ihre Teilnahme an der kriegerischen Aktion ablehnt. Ebenso setzt er sich mehrfach über Ratschläge seiner Mutter und seines Oheims Ilias hinweg und befolgt stattdessen die Anweisungen Alberichs und der Heidenprinzessin. Schließlich fehlt dem Helden eine entscheidende Komponente: die Hilfe durch Gott.

9   Zu Details vgl. Curschmann 1964; Schmid-Cadalbert 1985; Kofler 1996: 52–82; Kofler 2003.

2. Der Kreuzfahrer

Einen an seinen Ansprüchen gescheiterten Helden präsentiert auch das fragmentarische Epos *Graf Rudolf*, das vermutlich auf einer verlorenen *Chanson de geste* basiert. Aufgewühlt durch den Aufruf des Papstes, das Heilige Grab zu befreien (vgl. Rud.: Bl. B^r, 24 f.), entschließt sich der Held zu einem Kreuzzug. Kurz nach Rudolfs Ankunft in Jerusalem erfährt König Gilot, dass sich sein heidnischer Gegenspieler, König Halap, in der Stadt (Aschkelon) Scalun aufhält. Rudolf setzt sich vehement für eine Belagerung der Stadt ein. Bei einem Ausfall der Heiden verliert er alle Männer, da er im Kampf zu weit vordringt. – Damit ist Rudolfs Karriere als Anführer eines Kreuzheers beendet. Später wechselt er die Seiten und tritt in die Dienste König Halaps.

Die realistische, desillusionierende Darstellung eines Kreuzzugs mag der französischen Quelle geschuldet sein, dennoch stellt sich die Frage, warum der Stoff auch in Deutschland rezipiert wurde. Dabei muss man berücksichtigen, dass alle Kreuzzüge, die in der deutschen (Spielmanns- und) Heldendichtung erwähnt werden, in ihrer geplanten Form scheitern. Der „Klassiker" darunter ist das Scheitern der Kreuzfahrerschiffe an den Naturgewalten:

Die Kreuzfahrt von Herzog Ernst von Beiern (vgl. Ern. B: 2108–4334) endet am Magnetberg, wo ein Großteil des Heers durch Hunger umkommt. Durch eine List können sich Ernst und weitere sechs Mann retten. – Damit ist auch Ernsts Karriere als Anführer eines Kreuzheers vorläufig beendet.

Orendel, der Sohn König Ougels von Trier, kommt mit seinen 72 Schiffen bis in Sichtweite von Jerusalem und bittet Gott um eine gute Anlandung. Doch ein Sturm bricht los und die Schiffe versinken. Einzig Orendel kann sich an Land retten, wo er von dem christlichen Fischer Ise gefunden wird, der ihn als Knecht für sich arbeiten lässt (vgl. Ore. D: 19,1–35,14).

In der *Kudrun* werden gleich drei verhinderte Kreuzfahrtkontingente erwähnt: Zunächst scheitert *ein grosses gotes heer* (Kud. 85,2) an der Küste der Greifeninsel, auf der der irische Königssohn Hagen und drei Königstöchter festsitzen. Dann landet der Graf von Garadie, der das Kreuz genommen hat, auf der Insel und wird von Hagen gezwungen, ihn und die Königstöchter nach Irlant zu bringen (vgl. Kud. 108–137). Und schließlich wird die Rast am Strand von Selant einem zweiten anonymen Kreuzheer zum Verhängnis: König Hetel von Hegelingen lässt die Schiffe konfiszieren und zwingt 500 Kreuzritter zur Teilnahme an der Verfolgung der entführten Königstochter Kudrun (vgl. Kud. 838–933). – Moralisch noch verwerflicher ist schließlich der vorgetäuschte Kreuzzugsplan König Ermenrichs in *Dietrichs Flucht* (vgl. Flu. 2605–2653): Er dient einzig dazu, den verhassten Neffen (Dietrich von Bern) in eine tödliche Falle zu locken.

Abgesehen von Rudolf und den beiden anonymen Kreuzheeren verfolgen die genannten Kreuzfahrer mit der Kreuznahme einen Zusatzzweck: Orendel möchte um die Königin von Jerusalem werben, und Ernst und der Graf von Garadie wurden zur Flucht aus ihrem Land gezwungen. So unternimmt Ernst den Kreuzzug in der Reichsacht. Wir haben es hier also großteils mit Hybrid-Kreuzzügen zu tun, die überdies alle ihren Zweck verfehlen.

3. Der vereinzelte Held

Angesichts dieser weitgehenden Erfolglosigkeit der christlichen Unternehmungen gegen die Heiden möchte man meinen, die Autoren und Redaktoren der (spielmännisch-)heroischen Epik hätten insgesamt eine resignative Sicht der Dinge. Doch weit gefehlt! Die „Superwaffe" ist der vereinzelte Held, der in Chuck-Norris-Manier unter den Gegnern „aufräumt". In dieser Rolle treffen wir Ernst und Orendel nach ihren gescheiterten Kreuzzügen wieder. Zu ihnen gesellt sich noch Wolfdietrich, der exilierte König von Kriechenlant und kurzzeitige Mitregent in Alt-Troye: Er tritt seine bewaffnete Pilgerfahrt von Anfang an als Einzelkämpfer an.

Ernst, den es in den fernen Orient verschlagen hat (vgl. Ern. B: 2132–5332), findet seine „Mission", als Kaufleute aus Morlant von der Bedrohung ihres Landes durch den König von Babilonie berichten und ihn mitnehmen. Sein Einsatz für die Glaubensbrüder entspringt nicht zuletzt der Lust nach kämpferischer Betätigung:

im were des auch zu mute

sit er urleuges da funde

das er etliche stunde

by dem konige da belybe

bisz er der wile eyn zijt vertribe

das er zu Jherusalem mochte komen. (Ern. B: 5394–5399)

Im Kampf gegen den König von Babilonie ist Ernst ganz in seinem Element: Gemeinsam mit dem Riesen, den er aus dem fernen Orient mitgenommen hat, schlägt er die Heiden *als das vihe nyder* (Ern. B: 5581). Er verwundet den heidnischen König und nimmt ihn gefangen. Nach dem Friedensschluss eskortiert ihn der König nach Babilonie und bis vor Jerusalem. Mit neuen Männern ausgestattet, absolviert Ernst dort noch ein paar Schaukämpfe als Kreuzfahrer, bevor er nach Deutschland zurückkehren kann.

Bei Orendels Kämpfen ist die Tatsache interessant, dass er die Einfälle der Heiden geradezu provoziert. Als in Jerusalem ein Turnier stattfindet, borgt sich der namenlose Fischersknecht von einem heidnischen König Pferd und

Ausrüstung und tötet dessen Bruder sowie zahlreiche weitere Turnierteilneh-
mer, die scharenweise auf ihn eindringen. Königin Bride macht ihm deshalb
Vorhaltungen:

> *Ir hand mir erschlagen meine[ ] man*
> *Die mir des hayligen grabes solten gehůtet han*
> *Do sprach der grawe rock*
> *Nain ich fraw das waysz got*
> *Ich erschlůg heüt kainen cristen man*
> *Für war ich euch das sagen kan*
> *Wissend ewer haydenische knecht*
> *Die thůnd mir sicher gar vnrecht*
> *Vnd schonet ich eüer nit daran*
> *Es můst euch allen an das leben gan.* (Ore. D: 59,9–60,2)

In der Folge besteht Orendel eine Serie aberwitziger Kämpfe gegen Riesen und
heidnische Massenheere – zunächst als Einzelkämpfer, später mit Hilfe der
kampferprobten Bride. Erst als er sich als Königssohn zu erkennen gibt, wird
er von den Tempelherren als König anerkannt und militärisch unterstützt. –
Auch als König bleibt Orendel in zahlreiche Auseinandersetzungen mit den
Heiden verwickelt. Als Jerusalem in seiner Abwesenheit durch Verrat an die
Heiden fällt, startet Orendel von Ackers aus die Rückeroberung der Stadt.

Wolfdietrich trifft in Ackers ein, nachdem die Deutschherren schon 1.100
Mann verloren haben und ein erneuter Angriff der Heiden bevorsteht (vgl. Wol.
D: 937–976). Er macht den Brüdern Mut:

> *Und wer ir uf der erden untz an daz kleber mer*
> *mit viertzig heilden werden so wer ich in ein her.* (Wol. D: 950,1 f.)

Mit den 40 Mann und seinem Begleiter Wernher (einem getauften Heiden) reitet Wolfdietrich dem 100.000 Mann starken Heer des Sultans entgegen, macht
18.000 Heiden nieder und ertränkt die übrigen im Meer. Dann zieht er weiter.

Vor Jerusalem, das von König Merzian belagert wird, kämpft Wolfdietrich drei Tage lang gegen 100.000 Heiden (vgl. Wol. D: 977–1059). Er tötet
Hundertschaften von ihnen, verliert aber Wernher im Kampf. Als er bis zum
Zelt des Königs vordringt, stürzt sein Pferd und Wolfdietrich wird gefangen
genommen. Ein Heide befreit ihn aus Mitleid, und Wolfdietrich beginnt erneut
den Kampf. Schließlich eilen ihm 500 Ordensritter aus der belagerten Stadt zu
Hilfe. Mit 15 Mann kann der Heidenkönig gerade noch entkommen; die siegreichen Christen verlieren 200 Mann.

4. Zusammenfassung

Die „heroische" Bilanz fällt durchwachsen aus: Offensive Kriegsgründe aus christlicher Sicht sind die Erringung einer ebenbürtigen Ehepartnerin und die Befreiung bzw. Verteidigung des Heiligen Grabs. Während Oswalt mit seiner Brautwerbung sowohl eine ebenbürtige Frau erringt als auch den Schwiegervater zur Taufe bewegt, führt Ortnit seine Herrschaft zu einem blamablen und katastrophalen Ende. Ernst und Wolfdietrich bringen den Christen im Osten effektive Hilfe, während Rudolf und Orendel eher zur Destabilisierung des Königreichs Jerusalem beitragen. Gerade der *Orendel* zeigt eine nicht enden wollende Abfolge von Erfolgen und Rückschlägen – vermutlich haben die Menschen in Europa die Vorgänge im Orient auch so empfunden.

Bibliographie

Quellen

Der Münchner Oswald. Mit einem Anhang: Die ostschwäbische Prosabearbeitung des 15. Jahrhunderts. Hg. von Michael Curschmann. Tübingen 1974 (ATB 76).
Die *Nibelungen*-Werkstatt. Synopse der vollständigen Handschriften. Hg. von Walter Kofler unter Benutzung der Vorarbeiten von Hermann Reichert, Peter Göhler, Roswitha Pritz und Margarete Springeth. Vorchdorf 2013. Online unter: https://www.univie.ac.at/nibelungenwerkstatt/ [letzter Zugriff: 11.02.2022].
Dietrichs Flucht. Textgeschichtliche Ausgabe. Hg. von Elisabeth Lienert und Gertrud Beck. Tübingen 2003 (TSMH 1).
Graf Rudolf. Hg. von Peter F. Ganz. Berlin 1964 (PhStQ 19).
Kudrun. Die Handschrift. Hg. von Franz H. Bäuml. Berlin 1969.
Orendel (Der graue Rock). Versfassung. Hg. von Ludwig Denecke. Stuttgart 1972 (SM 111).
Ortnit und Wolfdietrich A. Hg. von Walter Kofler. Stuttgart 2009.
Ortnit und Wolfdietrich D. Kritischer Text nach Ms. Carm. 2 der Stadt- und Universitätsbibliothek Frankfurt am Main. Hg. von Walter Kofler. Stuttgart 2001.
Weber, Cornelia: Untersuchung und überlieferungskritische Edition des *Herzog Ernst* B mit einem Abdruck der Fragmente von Fassung A. Göppingen 1994 (GAG 611).

Forschung

Bräuer, Rolf: Literatursoziologie und epische Struktur der deutschen Spielmanns- und Heldendichtung. Zur Frage der Verfasser, des Publikums und der typologischen Struktur des *Nibelungenliedes*, der *Kudrun*, des *Ortnit-Wolfdietrich*, des *Buches von Bern*, des *Herzog Ernst*, des *König Rother*, des *Orendel*, des *Salman und Morolf*, des *St.-Oswald-Epos*, des *Dukus Horant* und der *Tristan*-Dichtungen.

Berlin 1970 (Veröffentlichungen des Instituts für deutsche Sprache und Literatur 48, Reihe C: Beiträge zur Literaturwissenschaft).

Curschmann, Michael: Der *Münchener Oswald* und die deutsche spielmännische Epik. Mit einem Exkurs zur Kultgeschichte und Dichtungstradition. München 1964 (MTU 6).

Frings, Theodor und Max Braun: Brautwerbung. 1. Teil. Leipzig 1947 (Berichte über die Verhandlungen der Sächsischen Akademie der Wissenschaften zu Leipzig. Philologisch-historische Klasse 96).

Hoffmann, Werner: Mittelhochdeutsche Heldendichtung. Berlin 1974 (GG 14).

Kofler, Walter: Der Held im Heidenkrieg und Exil. Zwei Beiträge zur deutschen Spielmanns- und Heldendichtung. Göppingen 1996 (GAG 625).

Kofler, Walter: Die Macht und ihr Preis. Überlegungen zu Ortnîts Scheitern. In: Mittelhochdeutsche Heldendichtung ausserhalb des Nibelungen- und Dietrichkreises (*Kudrun, Ortnit, Waltharius, Wolfdietriche*). 7. Pöchlarner Heldenliedgespräch. Hg. von Klaus Zatloukal. Wien 2003 (PhilGerm 25), 135–150.

Kohnen, Rabea: Die Braut des Königs. Zur interreligiösen Dynamik der mittelhochdeutschen Brautwerbungserzählungen. Berlin/Boston 2014 (Hermaea N. F. 133).

Schmid-Cadalbert, Christian: Der *Ortnit* AW als Brautwerbungsdichtung. Ein Beitrag zum Verständnis mittelhochdeutscher Schemaliteratur. Bern 1985 (BiblGerm 28).

Tisdell, Marie-Elisabeth: Studien zur Erzählweise einiger mittelhochdeutscher Dichtungen. Bern u. a. 1978 (EHS, Reihe 1: Deutsche Sprache und Literatur 217).

Heiden, Christen – Dämonen? Zur *triuwe* in Konrads von Würzburg *Partonopier und Meliur*

Eva Bauer (München)

Abstract: Der Beitrag untersucht das Verhältnis von Christen und Heiden in Konrads von Würzburg *Partonopier und Meliur*. Es lässt sich beobachten, dass Konrad, in der Nachfolge Wolframs von Eschenbach, nicht nur Oppositionen (Christen *versus* Heiden) verschiebt (Christen *versus* Dämonen), sondern auch die ohnehin nicht mehr starren Dichotomien weiter aufbricht. Dabei wird deutlich, dass weniger die Konfession als das Verhalten einer Figur, genauer ihre *triuwe* oder *untriuwe*, über ihre jeweilige Werthaftigkeit entscheidet.

Keywords: Konrad von Würzburg, Heiden, Christen, Dämonen, *triuwe/untriuwe*

1. Hinführung

Der späthöfische Roman *Partonopier und Meliur*, neben dem *Trojanerkrieg* Konrads von Würzburg zweites unvollendetes Versepos, handelt von der Minne zwischen dem französischen Grafen Partonopier und der byzantinischen Kaiserin Meliur. Letztere verfügt neben enormem Reichtum und großer Macht auch über nigromantische Fähigkeiten, die sie in Konstantinopel erlernt hat. Mit ihnen gelingt es ihr, den noch unerfahrenen Knappen Partonopier aus dem Ardenner Wald heimlich in ihr Reich Schiefdeire zu holen. Vor aller Augen verborgen verbringt Partonopier die Nächte mit seiner Geliebten Meliur, die Tage aber mit *birsen, beizen unde jagen* (V. 1993). Was sich zunächst nach einem beinahe idealen höfischen Sein anhört, hat einen Haken: Partonopier darf Meliur nicht sehen. Sie und mit ihr sämtliche Bewohner Schiefdeires sind durch die Zauberkünste Meliurs unsichtbar und müssen es so lange bleiben, bis Partonopier alt genug ist, um von Meliur zum Ritter geschlagen und damit zu ihrem Ehemann gemacht zu werden. Unter Androhung der Todesstrafe ist es Partonopier verboten, Meliur anzusehen – dass dieses Verbot notwendig zu Problemen führt, ist nicht nur handlungsschematisch absehbar (vgl. u. a. Dimpel 2015: 63 f.). Partonopier bricht Meliurs Tabu, der Rest des Romans verhandelt, um es verkürzt zu sagen, Partonopiers *riuwe* und seinen Weg zurück zu Meliur.

Sieht man einmal von dieser Rahmenhandlung ab, fällt auf, dass Partonopier nicht nur auf eine erstaunlich große Zahl an *heiden* (zum Begriff vgl. Knaeble/Wagner 2015: 9–26) trifft, sondern dass diesen auch eine ungewöhnliche

Bedeutung zukommt. In der Forschung wurde vor allem der große Kampf gegen Ende des Textes untersucht, in dem *heiden* und *kristen* bunt durcheinandergemischt um die Hand Meliurs kämpfen, wobei der eigentliche Fokus auf dem seriellen Kampf zwischen Partonopier und dem heidnischen *soldân* von Persien, Floridanz (V. 13531), liegt. Von bester Gesinnung, schön und mutig, stellt dieser eine echte Konkurrenz für Partonopier dar; einziges Manko ist sein Heidentum. – Hier lässt sich womöglich ein kleiner Seitenhieb auf Wolfram von Eschenbach erkennen: Der Sultan würde zum Christentum konvertieren, könnte er damit Meliurs Hand erringen. Dies wird jedoch von Arnold von Malbriun, der zum Turnier um Meliurs Hand geraten hatte (V. 18878 f.), scharf verurteilt: Der *soldân* würde seinen Glauben nur aus Gründen der Habgier und für den Erwerb der Frau, nicht aber aus Minne zu Gott ablegen und das auch nur so lange, bis er sein Ziel erreicht habe (V. 16952–16971). Feirefiz und seine Mutter Belakane winken hier wohl im Hintergrund.[1] – Schließlich trägt aber doch Partonopier, weniger im Kampf als in einem Schönheitswettbewerb, den Sieg über den prächtig herausgeputzten Sultan davon, da er ohne standesgemäße Kleidung, rostig und verschwitzt vom Kampf noch immer wie *ein engel unde ein mensche niht* (V. 17279) wirkt.

In der Forschung wurde wiederholt betont, wie positiv, „open-minded" (Classen 2002: 239), vielleicht sogar „tolerant" Konrads Heidendarstellung vor allem innerhalb dieses Wettkampfes sei (vgl. u. a. Classen 2006; Sabel 2003: 296–305). Dagegen wurde insbesondere für Wolframs *Willehalm* die Problematik eines solchen, womöglich gar modern verstandenen Toleranzgedankens herausgestellt (vgl. u. a. Bulang/Kellner 2009; Schlechtweg-Jahn 2015). Doch auch abgesehen von solchen Diskussionen lässt sich in Konrads *Partonopier* eine – zumindest auf den ersten Blick – äußerst positive Darstellung der *heiden* beobachten. Wie in den Werken Wolframs von Eschenbach, in deren Tradition der *Partonopier* steht und zu denen sich wiederholt Parallelen ziehen lassen (vgl. auch Classen 2013: 474, Anm. 44), scheinen absolute Dichotomien wie böse Heiden *versus* gute Christen aufgelöst zu sein. Im Folgenden sollen diese Überlegungen ausgehend von den beiden Heimatbesuchen Partonopiers zu Beginn des Textes weiterverfolgt werden, was in diesem Format weniger detailliert geschehen kann, als es der breit angelegte, vielschichtige Text verdienen würde.

---

1 Classen 2006: 208 nennt es „a direct analogy to the figure of Feirefiz in Wolfram's *Parzival*."

2. Der erste Heimatbesuch

Nachdem Partonopier ein Jahr (V. 2712) bei Meliur in Schiefdeire verbracht hat, meldet sich das Heimweh. Er bittet Meliur um *urloup*, den diese ihm auch gewährt. Zugleich informiert sie ihn über den Tod seines Vaters und seines Oheims und setzt ihn davon in Kenntnis, dass Kärlingen mit Krieg überzogen wird. Partonopier eilt nach Hause und kann mit Hilfe der von Meliur großzügig gewährten Mittel nicht nur sein eigenes Land befreien, sondern auch seinem Cousin, dem neuen und noch sehr jungen König[2] von Frankreich, zu Hilfe kommen. Dieser wird von *heiden* bedroht – genannt werden unter anderen die Könige von Norwegen, Dänemark und Grönland (V. 3322–3329) –, deren Anführer ein *Sarrazîne* (V. 3307) ist:

> *er was geheizen Sornagiur*
>
> *und was vil schœne und ellenthaft.*
>
> *er hete manheit unde kraft*
>
> *an herzen unde an lîbe.*
>
> [...]
>
> *an werken unde an worten*
>
> *was er nâch wunsche vollekomen.*
>
> *hœt er den touf an sich genomen*
>
> *und die kristenlichen ê,*
>
> *sô wære an im kein breste mê*
>
> *gewesen noch kein wandel.* (V. 3332–3349)

Sornagiur wird als schön, tapfer, höfisch, mit einem Wort: vollkommen beschrieben – oder doch beinahe, denn einen Makel hat der Heidenfürst: Er ist eben ein Heide.[3] Würde er sich taufen lassen und nach den christlichen Geboten leben, könnte an ihm kein Mangel mehr gefunden werden. Mit einer ähnlichen Wendung stellt König Clarin am Ende des Turnierkampfes um Meliurs Hand den *soldân* vor:[4]

---

2 *er was ein kint noch unde ein knabe / des lîbes und der jâre* (V. 3304 f.) – eine Bemerkung, die insofern auffällt, als Partonopier zu diesem Zeitpunkt selbst erst 14 Jahre zählen kann.

3 Bemerkenswert ist die große Ähnlichkeit zwischen Partonopier und Sornagiur; siehe auch die tabellarische Gegenüberstellung bei Sabel 2003: 298.

4 Zu berücksichtigen ist allerdings, dass Sornagiurs Bewertung durch den Erzähler erfolgt, über den Sultan aber eine Figur urteilt.

> *wan daz er in dem brunnen*
> *des toufes niht gereinet ist*
> *und daz er niht erkennet Krist,*
> *son ist kein wandel mêr an im.* (V. 16758–16761)

Diese Darstellung ist typisch für die *heiden* in Konrads *Partonopier*: Sie sind schön, höfisch und mutig. Differenzieren muss man allerdings zwischen den einzelnen Heidenkämpfern und der Heidenschaft als solcher. Denn während sich einzelne Heiden – Sornagiur, Appatris oder besonders die konvertierten *heiden* Fursin/Anselm und Gaudin – durch ihr *edelez* oder gar *getriuwez* Verhalten auszeichnen,[5] wird die Heidenschaft an sich mit Attributen wie *vil arg* (V. 3316), *veige* (V. 3472) oder *übel* (V. 3504) belegt. Die Bedrohung, das Konfliktpotential, das von der Heidenschaft ausgeht, wird im Kampf gegen Sornagiur jedoch weniger auf ihren Status als Heiden als vielmehr auf ihre anfängliche Übermacht zurückgeführt. Im Kampf um Meliur hingegen wird die positive Darstellung einzelner Heiden immer wieder subtil unterlaufen, indem beispielsweise auf die Notwendigkeit verwiesen wird, *heiden* und *kristen* in zwei gemischte Heere zu teilen, um einen Glaubenskrieg zu verhindern (V. 14054–14079).

Anders als etwa in den Werken Wolframs setzt sich Konrad jedoch deutlich weniger explizit mit dem Unterschied Heiden – Christen auseinander. Es gibt keine Thematisierung ihres Glaubens, wenige explizit auf das Heidnische gemünzte Abwertungen, ja selbst Konversionen gehen unspektakulär über die Bühne und werden nur im Hinblick auf ihre sozialen Konsequenzen problematisiert. Während die Konversion und der neue Glaube den ehemaligen *heiden* scheinbar keine Probleme bereiten, geraten sie in finanzielle und zwischenmenschliche Not, da sie, nur bedingt in die christliche Gemeinschaft integriert, doch nicht mehr zu ihren heidnischen Angehörigen und gesellschaftlichen Positionen zurückkehren können (siehe auch Helmschrott 2019: 129). Die Taufe erscheint damit zwar als ein für das Seelenheil notwendiger Akt, zumindest im Diesseits lässt ihre seligmachende Wirkung jedoch noch auf sich warten. Diese Kritik, so es denn überhaupt eine ist, erschöpft sich allerdings in Andeutungen, denn das Seelenheil der Heiden, Konvertierten und selbst der Christen klingt allenfalls am Rande gelegentlich an.[6] Das Heidentum und der Kontakt zu Heiden jedenfalls scheinen das christliche Selbstverständnis

---

5   Beispielsweise heißt es von Sornagiur: *daz ie sô reinen muot gelas / an sich ein ungetoufter man, / daz ist ein wunder, des ich kan / vergezzen harte kûme* (V. 6456–6459).

6   So will Partonopier sein Gewissen nicht damit belasten, dass er Fursin an der Konversion zum Christentum gehindert hätte, indem er nicht auf seine Bedingungen eingeht (V. 10157–10164). Vgl. auch Dimpel 2015: 65.

oder gar ihr Seelenheil nicht zu tangieren; und obwohl eine Konversion der *heiden* grundsätzlich wünschenswert bleibt, stehen missionarische Ziele nicht im Fokus.

3. Der zweite Heimatbesuch

Wenn auch das Heidentum selbst zumindest keine unmittelbare Gefahr für die Christen und ihr Seelenheil darzustellen scheint, so bedeutet es jedoch nicht, dass diese Dimension in Konrads *Partonopier* völlig ausgeblendet wäre. Partonopiers Mutter Lucrete nämlich fürchtet um das Seelenheil (vgl. auch Dimpel 2015: 64 f.) ihres Sohnes, da dieser vermeintlich in die Fänge einer Teufelin – Meliur – geraten ist:

> *Ir angest was daz aller meist,*
>
> *daz ez wære ein übel geist,*
>
> *der ir sun mit zouber trüge*
>
> *und in mit wîbes bilde züge*
>
> *an sîne valsche minne.* (V. 7467–7471)

Lucrete versucht daher mit List und einem Minnetrank ihren Sohn aus Meliurs Fängen zu befreien. Nachdem ihre Ränke während Partonopiers erstem Heimataufenthalt erfolglos geblieben sind, zieht sie beim zweiten Heimatbesuch den Bischof von Paris hinzu. In einer längeren Rede stellt dieser Partonopier vor, was derjenigen Seele in der Hölle blüht, an der *der tiufel sînen teil* gewonnen hat (V. 7578): *ir bitterlichen arbeit / kein marter übergiudet* (V. 7604 f.). Eindringlich fordert er ihn zur Beichte auf, wobei er jedoch nicht auf eine vollständige Beichte abhebt, sondern vielmehr auf das Bekenntnis einer bestimmten „Sünde":[7]

> *hab iuwer iht geschimphet*
>
> *mit sîner goukelwîse,*
>
> *daz ruochent mir nu lîse*
>
> *entsliezen und engründen.* (V. 7638–7641)

---

7   *swer in den houbetsünden / verscheidet âne riuwe, / der muoz ûf mîne triuwe / lîden iemer gotes zorn / und êweclîche sîn verlorn* (V. 7642–7646).

Demgemäß deutet Partonopier zwar an, dass er *der sünden vil begangen hât* (V. 7671), bekennt dann aber nur die *græste* (V. 7674), nämlich sein Verhältnis zu einem *ungesihtic wîp* (V. 7687):

> *an êre, an leben unde an lîp*
> *vil dicke si mir daz gebôt,*
> *daz ich durch keiner slahte nôt*
> *si beschouwen solte,*
> *ê si mir selber wolte*
> *erlouben mit dem munde doch,*
> *daz ich ir bilde sæhe noch.*
> *Sus habe ich lange zît vertân,*
> *daz ich ir niht beschouwet hân.* (V. 7688–7696)

Die Vorstellungen des Bischofs haben Partonopiers eigene *angest*, die er zu Beginn seiner Liaison mit Meliur hegte, wieder wachgerüttelt, so dass seine größte Furcht nun ist, dass ihn *betrogen habe ein geist, | ald ungehiures eteswaz* (V. 7697–7699). Der Bischof, erfreut über seinen Erfolg, rät Partonopier, mit eigenen Augen zu überprüfen, ob es sich bei Meliur um eine Frau oder einen Teufel handelt, also zum Tabubruch. Das immer schon erwartbare Unheil nimmt seinen Lauf.[8]

Von den bisherigen Ausführungen lassen sich folgende Überlegungen ableiten: In Wolfram'scher Tradition (vgl. u. a. Kellner 2009: 27) geht es in Konrads *Partonopier* nicht um eine absolute Dichotomie von guten Christen und bösen Heiden, vielmehr werden beide Parteien mitunter ambivalent gezeichnet. Und auch die Opposition Christen – Heiden an sich scheint im *Partonopier* nicht mehr das zu sein, was problematisch ist. Zwar werden die Konfliktpotentiale subtil präsent gehalten, wirkliche Bedeutung erlangen sie im Handlungsverlauf jedoch nicht.

Stattdessen scheint eine andere Bedrohung in den Vordergrund zu rücken: das Dämonische.[9] Konnte beispielsweise in der *Chanson de Roland* auch das Teuflisch-Dämonische den Heiden selbst zugeschrieben werden, ist dies in Konrads *Partonopier* gerade nicht der Fall (vgl. schon Haug 1989: 78 f.). Vielmehr gerät ausgerechnet Partonopiers eigene Geliebte in Verdacht: Durch die Unsichtbarkeit Meliurs und ihres gesamten Hofstaates sowie ihr striktes

---

8 Dimpel 2015: 64–67 sieht die ganze Passage als Gegenstück zur *triuwe*-Demonstration Sornagiurs: „Partonopier ignoriert [. . .] Sornagiurs Vorbild, als er das Sehtabu bricht" (67).

9 Bereits Haug 1989: 79 erkannte „eine neue Qualität des Bösen: es erscheint unter der Kategorie des Unheimlichen." Classen 2002: 244 konstatiert: „Konrad has uncovered a new attitude towards the occult arts and necromancy".

Verbot für Partonopier, sie vor der Zeit sehen zu wollen, umgibt sie beinahe automatisch der Geruch des Nigromantisch-Übernatürlichen.[10] Mindestens für moderne Rezipienten ist überdies das Mahrtenehe-Schema aufgerufen, bei dem ein Mensch eine Beziehung mit einem Dämon eingeht (vgl. u. a. Müller 2007: 283; Zimmermann/Runow 2017: 175 f.). Die Sorge der Mutter um das (Seelen-)Heil ihres Sohnes scheint somit berechtigt. Allerdings wird in Konrads *Partonopier* diese Erwartungshaltung von der ersten Begegnung zwischen Partonopier und Meliur an unterlaufen: Nicht nur gibt sich Meliur selbst durch ihre Anrufung der Gottesmutter Maria – *ei frouwe sante Marje* (V. 1321) – als Christin zu erkennen, auch der Erzähler beruhigt die Rezipienten, während Partonopier zitternd vor Angst im Bett liegt, dass gerade kein Dämon, sondern *ein mensche zuo der bettestat* (V. 1229) geschlichen käme.

Damit aber wird deutlich, dass in der Gegenüberstellung von Christlichem[11] und Dämonischem keine neue Dichotomie nach dem Muster Heiden – Christen aufgestellt werden soll. Es handelt sich im *Partonopier* Konrads von Würzburg nicht einfach nur um eine Oppositionsverschiebung. Ursprüngliche Gegensätze wie eben das Heidnische und das Christliche bleiben vielmehr erhalten, auch wenn sie zumindest vordergründig an Konfliktpotential zu verlieren scheinen. Darüber hinaus werden weitere Oppositionsmodelle wie das Christliche *versus* das Dämonische eingeführt und durchgespielt, wobei sich auf Basis der Diskrepanz zwischen dem Wissen des Erzählers, der Figuren und der Rezipienten unterschiedlichste Kombinationsmöglichkeiten ergeben, die die in der Nachfolge Wolframs ohnehin nicht mehr starren Dichotomien weiter aufbrechen.

4. triuwe

Wie sehr im *Partonopier* mit den einstmals starren Zuschreibungen gespielt wird, lässt sich abschließend nochmals eindrucksvoll am Beispiel der *triuwe* pointieren: Während sich einzelne Heiden – Sornagiur, Fursin/Anselm oder Gaudin – durch ihre enorme und unverbrüchliche *triuwe* auszeichnen (vgl. auch Dimpel 2015: 65–67), wird diese auf christlicher Seite wiederholt

---

10   So bekennt Meliur selbst: *nigrômancîen ich begreif | für manegen list besunder* (V. 8096 f.), wobei es sich bei „Magischem" im *Partonopier* um eine „erlernbare Kunst" handelt (Schulz 2008: 421, Anm. 196).

11   Dass das Teuflisch-Dämonische womöglich keine auf das Christentum beschränkte Bedrohung darstellt, könnte sich aus der Angst der Heiden vor Partonopier ableiten lassen, die sich in seiner Bezeichnung als *tiuvel* (V. 4282; 4465) ausdrückt. Dies ist insofern bemerkenswert, als der frisch aus dem Reich der „Teufelin" Meliur zurückgekehrte Partonopier nun selbst als „Teufel" bezeichnet wird. Eine nähere Untersuchung wäre lohnenswert.

zum Problem: Nicht nur der offensichtliche Tabu- und damit *triuwe*-Bruch Partonopiers gegen Meliur,[12] sondern auch gegen Fursin ist hier zu nennen; wegen ihrer zwar gut gemeinten, aber letztlich doch falschen Ränke sehen sich Lucrete[13] wie auch der Klerus mit unterschwelliger Kritik konfrontiert. So wird das Verhalten des Bischofs gegenüber Partonopier vom Erzähler als *hindergrîfen* (V. 7539) bezeichnet und bringt Partonopier, da es ihn zum *triuwe*-Bruch verleitet, letztlich erst in die Krise.[14] Die Kriegserklärung des *soldân* hingegen, die im Anschluss an den Wettkampf um Meliur von der Forschung stets als *ungetriuwe* eingestuft wurde, scheint bei genauer Lektüre zu schwanken zwischen Rache für seine Niederlage – konkret dafür, dass Meliur ihn zurückgewiesen habe – und Rettungsaktion für die vermeintlich gegen ihren Willen mit Partonopier verheiratete Geliebte.[15] Das Verhalten des Sultans wird dabei weniger als *ungetriuwe*, denn als von der Minne zu Meliur verblendet ausgestellt:

> *nu was der soldân alsô laz*
> *an witzen unde an sinne*
> *durch Meliûren minne*
> [...].
> *der heiden edel unde wert*
> *was ergouchet als ein kint.*
> *diu liebe machte in alsô blint,*
> *daz er dô niht erkande*
> *den schaden maneger hande,*
> *der im zerstôrte sînen prîs.* (V. 19338–19349)

Wie Lucrete ist damit auch der *soldân* nicht eindimensional als *getriuwe* oder *ungetriuwe* bewertbar, beide Figuren bleiben vielmehr ambig.[16]

---

12 Zu den (divergenten) Bedeutungen von *triuwe* im Hinblick auf das Eherecht vgl. Schulz 2005: 55–116.

13 Lucretes Verhalten wurde in der Forschung immer wieder als widersprüchlich oder zumindest schwierig bezeichnet (vgl. u. a. Eming 1999).

14 Vgl. zu schlechten Ratgebern (mit Bezug auf den *Parzival*) auch Dimpel 2015: 67.

15 Hatte der Sultan Meliurs Rede nach dem Turnier als genau das erkannt, was sie war, nämlich falsch (*versprochen*, V. 17353), so scheint er sie nun für bare Münze zu nehmen (vgl. V. 17344–17362; V. 19188–19272).

16 Wie Schulz 2005: 88 feststellt, ist eine „allgemeine Botschaft des Texts, daß [...] *untriuwe* stets Katastrophen gebiert". Geht man von einer solchen Voraussetzung aus, ist es umso wichtiger, Wertungen wie *getriuwe* bzw. *ungetriuwe* nicht vorschnell vorzunehmen, sondern umfassend zu reflektieren.

5. Fazit

Konrads *Partonopier* verschiebt damit nicht nur Oppositionen und unterläuft Erwartungshaltungen, sondern auch die Werthaftigkeit der einzelnen Figuren wird ein Stück weit verlagert: Was sie auszeichnet, ist nicht mehr allein ihre religiöse Ausrichtung, sondern ihr eigenes *getriuwes* oder eben *ungetriuwes* Verhalten. Gerade darauf aber lässt sich der eingangs festgestellte, erstaunlich positive Eindruck von den *heiden* in Konrads *Partonopier* zurückführen: Das Spiel mit alten und neuen Oppositionen, Erwartungshaltungen und Wertigkeitsverschiebungen erzeugt eine vordergründige Annäherung von Christen und Heiden, ohne dabei die trennenden Grenzen von Heidentum und Christentum tatsächlich zu tangieren oder gar zu nivellieren.

Bibliographie

Quellen

Konrad von Würzburg: *Partonopier und Meliur*. Aus dem Nachlasse von Franz Pfeiffer hg. von Karl Bartsch. Mit einem Nachwort von Rainer Gruenter; in Verbindung mit Bruno Jöhnk, Raimund Kemper und Hans-Christian Wunderlich. Berlin 1970 [Photomechan. Nachdr. der Ausg. 1871].

Forschung

Bulang, Tobias und Beate Kellner: Wolframs *Willehalm*: Poetische Verfahren als Reflexion des Heidenkriegs. In: Literarische und religiöse Kommunikation in Mittelalter und Früher Neuzeit. DFG-Symposion 2006. Hg. von Peter Strohschneider. Berlin/New York 2009, 124–160.

Classen, Albrecht: Foreigners in Konrad von Würzburg's *Partonopier und Meliur*. In: Meeting the Foreign in the Middle Ages. Hg. von dems. New York/London 2002, 237–254.

Classen, Albrecht: Toleration and Tolerance in the Middle Ages? The Good Heathens as Fellow Beings in the World of *Reinfried von Braunschweig*, Konrad von Würzburg's *Partonopier und Meliur*, and *Die Heideninne*. In: ABäG 61 (2006), 183–223.

Classen, Albrecht: The Encounter with the Foreign in Medieval and Early Modern German Literature: Fictionality as a Springboard for Non-Xenophobic Approaches in the Middle Ages. *Herzog Ernst*, Wolfram von Eschenbach, Konrad von Würzburg, *Die Heidin*, and *Fortunatus*. In: East meets West in the Middle Ages and Early Modern Times. Transcultural Experiences in the Premodern World. Hg. von dems. Berlin/Boston 2013, 457–487.

Dimpel, Friedrich Michael: Wertungsübertragungen und korrelative Sinnstiftung im *Herzog Ernst B* und im *Partonopier*. In: DVjs 89 (2015), 41–69.

Eming, Jutta: Partonopiers Mutter. In: Schwierige Frauen – schwierige Männer in der Literatur des Mittelalters. Hg. von Alois M. Haas und Ingrid Kasten. Bern u. a. 1999, 53–70.

Haug, Walter: Der Teufel und das Böse im mittelalterlichen Roman. In: Strukturen als Schlüssel zur Welt. Kleine Schriften zur Erzählliteratur des Mittelalters. Hg. von dems. Tübingen 1989, 67–85.

Helmschrott, Stefanie: Migranten in der Erzähldichtung des deutschen Mittelalters. [Diss. Masch. 2019]. Online unter: https://opus.bibliothek.uni-augsburg.de/opus4/50037 [letzter Zugriff: 18.10.2021].

Kellner, Beate: Wahrnehmung und Deutung des Heidnischen in Wolframs von Eschenbach *Parzival*. In: Wechselseitige Wahrnehmung der Religionen im Spätmittelalter und in der Frühen Neuzeit. Bd. 1: Konzeptionelle Grundfragen und Fallstudien (Heiden, Barbaren, Juden). Hg. von Ludger Grenzmann, Thomas Haye, Nikolaus Henkel und Thomas Kaufmann. Berlin/New York 2009 (Abhandlungen der Akademie der Wissenschaften zu Göttingen 4,1), 23–50.

Knaeble, Susanne und Silvan Wagner: Gott und die *heiden* – Einleitung. In: Gott und die *heiden*. Mittelalterliche Funktionen und Semantiken der Heiden. Hg. von dens. Berlin 2015 (Bayreuther Forum Transit. Kulturwissenschaftliche Religionsstudien 13), 9–26.

Müller, Jan-Dirk: Höfische Kompromisse. Acht Kapitel zur höfischen Epik. Tübingen 2007.

Runow, Holger und Julia Zimmermann: Von unsichtbarer Schönheit und der Beschreibung des Unbeschreiblichen in Konrads von Würzburg *Partonopier und Meliur*. In: Übertragung – Bedeutungspraxis und ‚Bildlichkeit‘ in Literatur und Kunst des Mittelalters. Hg. von Franziska Wenzel und Pia Selmayr. Wiesbaden 2017 (Imagines medii aevi 39), 175–194.

Sabel, Barbara: Toleranzdenken in mittelhochdeutscher Literatur. Wiesbaden 2003 (Imagines medii aevi 14).

Schlechtweg-Jahn, Ralf: Die *heiden* als Machtdisposition in mittelalterlichen Texten. Überlegungen zu Petrus Venerabilis, Wilhelm von Tyrus und Wolfram von Eschenbach. In: Gott und die *heiden*. Mittelalterliche Funktionen und Semantiken der Heiden. Hg. von Susanne Knaeble und Silvan Wagner. Berlin 2015 (Bayreuther Forum Transit. Kulturwissenschaftliche Religionsstudien 13), 101–130.

Schulz, Armin: Schwieriges Erkennen. Personenidentifizierung in der mittelhochdeutschen Epik. Tübingen 2008 (MTU 135).

Schulz, Monika: Eherechtsdiskurse. Studien zu *König Rother*, *Partonopier und Meliur*, *Arabel*, *Der guote Gêrhart*, *Der Ring*. Heidelberg 2005 (Beiträge zur älteren Literaturgeschichte).

Das Orient- und Heidenbild im altfranzösischen *Cassidorus*

Abdoulaye Samaké (Bamako/Lausanne/Saarbrücken)

Abstract: The present study aims at investigating the representation of the East and the Pagans in the Old French romance *Cassidorus*. Taking into consideration three Pagan characters, namely Edipus, Erga and Helcana, the analysis will highlight the positive connotation of both the East and the Pagans in the romance. Moreover, the characterization of Pagan figures as opposed to Christians is discussed, paying particular attention to the representation of their cultural and religious differences.

Keywords: Pagans, East, Christians, West, polygamy, monogamy

Einleitung

Die Begegnung der orientalischen und okzidentalischen Kulturen stellt eines der beliebtesten Themen in der europäischen mittelalterlichen (Kreuzzugs-) Literatur dar. In früheren Texten wie zum Beispiel dem mittelhochdeutschen *Rolandslied* (vgl. V. 2673–2692; 3465; 3765) begegnet den Rezipierenden ein negatives Bild der Andersgläubigen (Heiden). Der altfranzösische *Cassidorus*, dem meine Aufmerksamkeit im vorliegenden Beitrag gelten wird, legt indes einen besonderen Akzent auf die kulturellen Begegnungen zwischen dem Orient und dem Okzident. Dieser Roman, der sowohl in der romanischen als auch in der germanistischen mediävistischen Forschung bislang kaum eingehend untersucht worden ist,[1] bietet – im Gegensatz zum altfranzösischen und mittelhochdeutschen *Rolandslied* oder zu Wolframs *Parzival* und *Willehalm* – ein besonders vielschichtiges und positiveres Orient- bzw. Heidenbild.

Mit Blick auf eine heidnische Familie – Edipus, Erga und Helcana – soll das Orient- und Heidenbild, welches der Roman entwirft, exemplarisch aufgezeigt und beleuchtet werden. Dabei wendet sich der Beitrag den Kernfragen zu, wie sich das positive Heidenbild erklären lässt, wie sich Heiden und Christen in ihrer Charakterisierung und Wertung unterscheiden und wodurch sich die heidnische kulturelle und religiöse Identität von der christlichen abhebt. Es

---

1 Zu nennen ist (als einzige Monografie) die Dissertation von Mary B. Speer 1971. Neben dieser Studie befassen sich einige Artikel, Buchkapitel und -besprechungen mit dem *Cassidorus*. Einschlägig sind Bossuat 1946; Palermo 1960; Carman 1967; Speer 1974, Speer 1978 und neuerdings Samaké 2020a: 87–103; 2020b sowie 2021b: 57–76, v.a. 68–72.

wird aufzuzeigen sein, dass die zu analysierenden heidnischen Figuren eine transnationale, transkulturelle und transreligiöse Identität besitzen.

Über den Cassidorus*: Überlieferung und Inhalt*

Der *Cassidorus* ist der dritte Romanzyklus in der Fortsetzung des *Roman des Sept Sages de Rome*. Er wird auf den Zeitraum zwischen 1263 und 1297 datiert, ist in sieben Handschriften (vgl. Palermo 1963: XXXIV–LV) überliefert und handelt von einem eponymen Protagonisten, der Nachkomme von Caton ist – einem der sieben weisen Meister im *Roman des Sept Sages de Rome*.

Cassidorus, der junge, gerade mal 18-jährige Kaiser von Griechenland, erfährt von einem bewaffneten Krieg zwischen dem Kalifen von Bagdad und dem Sultan von Babylon. Daraufhin beschließt er, dem Kalifen von Bagdad, dem Unrecht getan wird, zu Hilfe zu kommen. Auf dieser Grundlage unternimmt Cassidorus eine lange Reise in den Orient; er verhilft dem unterdrückten Kalifen zum Sieg gegen den Sultan. Während dieser ersten Orientreise begegnet Cassidorus in Jerusalem dem heidnischen Fürsten Edipus, der seine Lieblingsfrau Erga und die gemeinsame Tochter Helcana in einem Turm gefangen hält. Beide, Mutter (*dame*) und Tochter (*pucele*), verlieben sich in den fremden Ritter, der sich später für die *pucele* entscheiden wird (vgl. *Cassidorus* I, 86, 26–29).

Mit einem Eheversprechen verabschiedet Cassidorus sich und kehrt nach Konstantinopel zurück. Nach langer Zeit träumt er drei Nächte lang von einer schönen jungen Dame, in die er sich verliebt. Am nächsten Morgen beschließt er, sich auf die Suche nach der unbekannten Traumgestalt zu begeben, doch wird er von seinen Fürsten mit Geschichten lehrhaften Charakters aufgehalten. Nach jeder Erzählung der Fürsten erscheint Helcana dem Kaiser im Traum und erzählt eine Gegengeschichte. Erst nach zwölf Tagen kann Cassidorus aufbrechen; er macht nach einer abenteuerreichen Reise durch den Orient seine Traumfrau Helcana in Bethsaida ausfindig, bittet Edipus um ihre Hand und kehrt mit ihr nach Konstantinopel zurück. In der Brautnacht wird Helcanus, dem der vierte Romanzyklus gewidmet ist, gezeugt (vgl. *Cassidorus* I, 271, 24–28). Von der Zeugung des Nachwuchses erfährt weder der Protagonist noch seine heidnische Braut.

Alsbald verlässt Cassidorus Helcana, um seiner Cousine Fastige, der römischen Kaiserin, zu Hilfe zu kommen. Kurze Zeit später wird Helcana von den griechischen Fürsten zu Unrecht des Ehebruchs bezichtigt und aufgrund einer Intrige zum Tode verurteilt (vgl. *Cassidorus* I, 297 f.). Es gelingt der Heidin (mit ihrem inzwischen geborenen Sohn), der verhängten Todesstrafe zu entkommen, indem sie ihren Tod vortäuscht und in den Wald von Vulgus flieht.

Dort wird ihr Sohn von einem Engel entführt (*Cassidorus* II, 335 f.). Daraufhin sucht Helcana einen Einsiedler, Idoine, in Vulgus auf. Sie verkleidet sich als Mann und lebt zusammen mit Idoine als Einsiedler Helcanor. Als Edipus vom vermeintlichen Tod seiner Tochter erfährt, kommt er mit seinem Kriegsheer nach Konstantinopel und belagert die Stadt. Später kommt die Intrige der griechischen Fürsten zu Tage; sie werden zum Tod verurteilt.

Das Orient- und Heidenbild

Will man über den Orient und die Heiden in einem altfranzösischen Roman sprechen, ist es unerlässlich, vorher zu erläutern, was im französischen Mittelalter darunter zu verstehen war.[2] Die „mittelalterlichen Autoren definieren Heidentum selten genauer, sondern verwenden die einschlägigen Begriffe eher unreflektiert, aber doch im Sinne einer in ihren Augen offenbar eindeutig religiösen Kennzeichnung" (Goetz 2013: 34). Daher soll der Begriff *Sarasin*, welcher im *Cassidorus* überwiegend zum Einsatz kommt, mittels altfranzösischer Wörterbücher konturiert werden.

Der Begriff *Sarasin* wurde ab dem 12. Jahrhundert in der französischen Sprache als allgemeine Bezeichnung für das aus dem Orient Stammende und die aus dem Orient stammenden Volksstämme wie zum Beispiel Araber und Türken verwendet (vgl. Greimas 1969). Das altfranzösische Wort *Sarasin* – aus dem spätlateinischen *sarracenus* entlehnt – bedeutet „pays des Sarasins, Orient" (vgl. Godefroy 1892: 315). Demnach ist das Wort doppeldeutig angelegt und steht sowohl für das Land der Heiden (Orient, Morgenland) als auch für die Heiden (Orientalen, Morgenländer) selbst. Unter Berücksichtigung dieser Doppeldeutigkeit soll nun mit Blick auf die Aufenthalte von Cassidorus im Morgenland das Orient- bzw. Heidenbild nachgezeichnet werden.

Cassidorus reist zu Beginn des Romans (im Gegensatz zu den klassischen Texten) nicht mit dem Ziel in den Orient, die Heiden gewaltsam zum Christentum zu bekehren. Seine Reise zielt vielmehr darauf ab, die Ungerechtigkeit bzw. das Böse zu bekämpfen. Zudem ist Cassidorus von der orientalischen Kultur fasziniert, was sich zeigt, wenn ihm später (nach seinem Aufenthalt in Bagdad) im Gespräch mit Edipus bei der Ankunft in Bethsaida die folgenden Worte in den Mund gelegt werden: *Pour moi, ains ne ving en cest pays pour el que pour veoir la manière des gens, si en ai tant apris que bien m'en plaist* [Für mich aber bin ich nur in dieses Land gekommen, um die Lebensart der

---

2   Für die Begrifflichkeit im deutschsprachigen Mittelalter aus geschichts- und literaturwissenschaftlicher Sicht siehe Aurast/Goetz 2012: 3–13; Goetz 2013: 31–58 sowie Knaeble/ Wagner 2014: 9–11.

Menschen kennenzulernen, von der ich so viel gehört habe, dass sie mir gut gefällt] (*Cassidorus* I, 20, 25–27).[3]

Demnach erhofft sich der Protagonist durch einen näheren Kontakt, seine Faszination für die fremde Kultur auszuleben. Durch seine Begeisterung wird bereits am Anfang des Romans ein positives Orient- und Heidenbild entworfen, welches den gesamten Text hindurch hervorgehoben wird. Denn Cassidorus wird sowohl in Bagdad als auch in Bethsaida unabhängig von seiner Religionszugehörigkeit und entsprechend den westlichen höfischen Normen mit großer Ehrerbietung empfangen (vgl. *Cassidorus* I, 11, 27–29). Dadurch unterstreicht der Text die morgenländische Gastfreundlichkeit. Als der Sultan dem Kalifen den Krieg erklärt, äußert Cassidorus gegenüber dem Kalifen einen Wunsch: *Cassydorus s'en est venus au caliphe, et li a prié que le face chevalier. Li caliphes en fut moult liez et li a fait ce que a chevalier appartient. Il li a baillié x. mil chevaliers sarrazins esleüz* [Cassidorus kam auf den Kalifen zu und bat ihn darum, ihn zum Ritter zu schlagen. Der Kalif freute sich sehr darüber und gab ihm das, was einem Ritter gebührt. Er vertraute ihm 10.000 glorreiche heidnische Ritter an] (*Cassidorus* I, 11 f.). Im weiteren Handlungsverlauf gelingt es dem griechischen Kaiser, Frieden zwischen den beiden verfeindeten heidnischen Herrschern zu stiften (vgl. *Cassidorus* I, 13, 11 f.).

Interessant an dieser Stelle ist vor allem der Ritterschlag des Protagonisten in Bagdad, welcher weder von der Erzählinstanz noch von den Figuren problematisiert wird. Mit der Übernahme der heidnischen Division durch Cassidorus, der aller Wahrscheinlichkeit nach dem christlichen Glauben angehört,[4] hebt der Text die religiösen Differenzen auf. Es lässt sich zu Recht die Frage stellen, welche Bedeutung der religiösen Differenz beigemessen wird und ob es überhaupt religiöse Unterschiede gibt. Diese und weitere Fragen werden im Laufe der Untersuchung wiederaufgegriffen und ausführlich diskutiert. Neben der positiven Orientdarstellung präsentiert der *Cassidorus* auch ein durchaus

---

3   Die Übersetzung dieser und aller nachfolgenden Textstellen aus dem *Cassidorus* stammt von mir.

4   Zieht man den Erzählerkommentar über die Weigerung des Helden zu Beginn des Romans in Betracht, eine Frau zu ehelichen, *quar trop amoit virginité* [weil er der Keuschheit zu sehr zugetan war], so liegt der Verdacht nahe, dass Cassidorus Anhänger der christlichen Religion ist, in der die Keuschheit einen besonderen Platz einnimmt. Der Roman bleibt zwar in religiösen Belangen vage, wie von Speer 1974: 484 aufgezeigt wird. In den Fortsetzungsromanen lassen sich jedoch deutlichere Hinweise finden, die belegen, dass Cassidorus eine christliche Figur ist. Genannt seien die Erzählerkommentare in *Helcanus* (136, 16–24) und *Pelyarmenus*: *il le couvint mourir* [...] *comme une martyre* [Es geschah, dass er [...] wie ein Märtyrer starb] (London, British Library, Harley MS 4903, fol. 134 v [siehe http://www.bl.uk/manuscripts/Viewer.aspx?ref=harley_ms_4903_fs001ar], letzter Zugriff: 30.12.2021, Übers. A.S.).

positives Heidenbild und geht dabei sowohl auf physische als auch auf kulturelle Merkmale ein.

Als der sechste griechische Fürst Cassidorus an seiner zweiten Orientreise zu hindern versucht, gibt sich der griechische Fürst als Bote des Lapsus, eines heidnischen Herrschers aus Tiberias, aus:

> *Il s'est mis desconneüs, quar il s'estoit mis en guise de **Tartarim**, et avoit une **barbe si grande** qu'ele li avenoit sus l'arçon de la selle, et ert tout aussi vermeille comme le bec d'une choue. Maintenant vit Cassidorus, et est venus encontre lui* [...]. *Quand Cassydorus l'entent, si l'a esgardé, et vit que il n'estoit pas du paÿs, si en ot grant merveille comment il l'ot si tost reconneü* [...].

Er [der griechische Fürst] hatte sich als Tatar verkleidet und hatte solch einen langen Bart, dass dieser bis auf den Sattel herabfiel; er [der Bart] war so rot wie der Schnabel einer Dohle. Nun sah [er] Cassidorus und kam auf ihn zu [...]. Als Cassidorus ihn hörte, schaute er ihn an und stellte fest, dass er nicht aus dem Land war. Er [Cassidorus] war sehr erstaunt darüber, dass er [der Tatar] ihn [Cassidorus] erkannte (*Cassidorus* I, 155, 12–16 [Hervorh. A.S.]).

Zunächst ist darauf zu verweisen, dass diese Handlung in Konstantinopel spielt. Die Lokalisierung der angeblichen Heimat des Boten in Tiberias (Orient) ist ein deutliches Zeichen dafür, dass es sich um einen Heiden handelt, obgleich der Text die Bezeichnung *Tartarim* verwendet. Vor dem Hintergrund, dass die *Tartarei* im Mittelalter als Heimat der Tataren galt und besonders als Bezeichnung für Zentralasien (Orient) üblich war (vgl. De Roy/Mulon 1992: 470 f.), darf der Begriff *Tartarim* mit der allgemeinen Bezeichnung *Sarasin* (Orient, Heide) gleichgesetzt werden.

Es gelingt dem Fürsten, Cassidorus durch seinen außergewöhnlich langen (falschen) Bart[5] zu täuschen. Es ist nicht verwunderlich, dass der Kaiser davon ausgeht, der Bote sei nicht aus Konstantinopel bzw. Griechenland, sondern aus dem Orient. Die Heiden bzw. Morgenländer unterscheiden sich von den Abendländern nicht nur durch physische Merkmale – welche sich der griechische Fürst in der dargestellten Szene zu Nutze macht, um den Kaiser zu täuschen –, sondern auch durch ihre eigene, heidnische Sprache, welche auch Cassidorus beherrscht (vgl. *Cassidorus* I, 145, 27).[6] Über die physischen Merkmale und die Sprache hinaus werden heidnische Figuren im Text generell positiv dargestellt. Dies ist zum Beispiel der Fall beim heidnischen Fürsten Edipus. In der Beschreibung dieser Figur heißt es: *Iluec avoit un prince sarrazin qui*

---

5   Die Textstelle erinnert an das lange Haar des heidnischen Königs Zernubele im mittelhochdeutschen *Rolandslied* (vgl. V. 2696).

6   Es geht aus dem Text nicht explizit hervor, wo und unter welchen Umständen Cassidorus die heidnische Sprache erlernt hat (vgl. *Cassidorus* I, 145, 28).

moult estoit sages et tres bons chevaliers [Es gab einen heidnischen Fürsten, der ein weiser und sehr guter Ritter war] (*Cassidorus* I, 14, 11–13). Der Heide wird mit Weisheit und ritterlicher Tapferkeit ausgestattet. Allerdings hebt die Erzählinstanz hervor: *Et avoit Edipus pluseurs femmes* [Und Edipus hatte viele Frauen] (*Cassidorus* I, 15, 1 f.). Edipus tritt nicht nur als polygamer Heide auf, sondern auch als eifersüchtiger Ehemann und Vater, weil er seine Lieblingsfrau Erga und die gemeinsame Tochter Helcana in einem Turm festhält.

In der angesprochenen Szene wird den Rezipierenden nahegelegt, dass sich Edipus (wie die meisten Figuren aus dem Orient) durch Polygamie und übertriebene Eifersucht auszeichnet. In der Figurenzeichnung werden solchermaßen gängige Heidenklischees bedient. Angesichts des strikt monogamen Lebensprinzips im Christentum bzw. im vom Christentum geprägten Okzident scheint es sich auf den ersten Blick bei Edipus, Erga und Helcana folglich um nicht-christliche Figuren zu handeln. Betrachtet man jedoch den gesamten Text näher, so wird ersichtlich, dass der Text ein viel komplexeres Heiden- und Christenbild entwirft. Wenn Robert Bossuat (1946: 65) Edipus dennoch als „musulman polygame" bezeichnet, übersieht er die Vielschichtigkeit des Heidenbildes im *Cassidorus*.

Edipus fungiert zwar als polygamer Herrscher,[7] er ist aber nicht der einzige: Auch Cassidorus tritt im weiteren Handlungsverlauf zeitweise als bigamischer Kaiser auf. Denn er wird nach dem vermeintlichen Tod Helcanas aus machtpolitischen Interessen von seinen Fürsten gedrängt, seine Cousine Fastige zu ehelichen. Nach seiner Vermählung mit dieser findet Cassidorus heraus, dass Helcana doch noch lebt; er holt sie aus dem Exil zurück und führt auf diese Weise eine (temporäre) bigamische Beziehung mit Helcana und Fastige (vgl. *Cassidorus* II, 509–520): *Cassidorus se retrouve [ainsi] bigame malgré lui* (Van Coolput-Storms 2017: o. S.). Der Text zielt durch Helcanas vorgetäuschten Tod darauf ab, die (ungewollte) Bigamie von Cassidorus zu rechtfertigen: Die zweite Ehe mit Fastige ist erst nach Helcanas fingiertem Tod zustande gekommen. Damit wird die zweite Ehe bzw. die sukzessive Polygamie[8] gerechtfertigt.

Vor dem Hintergrund, dass sukzessive und simultane Polygamie genauso wie Bigamie gegen „den chr[istlichen] Grundsatz der Monogamie" (Güthoff 1999: 402) verstoßen, wirft die Rückkehr der totgeglaubten ersten Ehefrau (Helcana) eine kirchenrechtlich umstrittene Frage auf, welche von der

---

7   Duby 1999: 267 bezeichnet in seiner geschichtswissenschaftlichen Studie das Frankreich des 12. Jahrhunderts als eine polygame Gesellschaft. Zur Thematik der Polygamie im mittelalterlichen Europa aus einer geschichtswissenschaftlichen Perspektive siehe ferner Rüdiger 2015, insbesondere 295–349.

8   Die Begriffe „sukzessive" und „simultane" Polygamie übernehme ich an dieser Stelle von Güthoff 1999: 402.

Erzählinstanz anhand der Figur der römischen Kaiserin erörtert wird. Fastige wendet sich mit den folgenden Worten an Cassidorus:

> [...] *et ore couvient il que je me departe de si noble compaignie, comme vous povez savoir et entendre, et m'a Diex donné tel grace qu'il me fait connoistre et entendre que je n'ai a vous nul droit despuis qu'il est ainsi que Diex vous a resuscitee celle a qui vous estiez donnee, sanz autre compaignie avoir* [...].

> [...] Von nun an ist es angebracht, dass ich mich von einer so edlen Gesellschaft trenne, wie Ihr es wissen und hören könnt; außerdem hat mir Gott solch eine Gnade gewährt, dass Er mich wissen und hören ließ, dass ich auf Euch keinen (Rechts-)Anspruch habe, seitdem Gott Euch diejenige wieder auferstehen ließ, [mit] der Ihr gegeben [verheiratet] wart, ohne irgendeine weitere Gesellschaft [...] (*Cassidorus* II, 510, 8–14).

In dieser Rede tritt der Erzähler hinter seine Figur zurück und problematisiert indirekt die Vielehe. Die Polygamie wird demnach als von der christlichen Norm abweichend dargestellt. Kirchenrechtlich bietet sich folgende Lösung an: „Bei P[olygamie] eines Getauften ist v[on] der Gültigkeit der ersten Eheschließung u[nd] der Ungültigkeit der folgenden auszugehen" (Güthoff 1999: 402). Vor diesem Hintergrund lässt sich der Entschluss von Fastige nachvollziehen.[9]

Betrachtet man jedoch die Episode genauer, so scheint Cassidorus die temporäre bigamische Beziehung zu genießen, da er während jeder Mahlzeit zwischen seinen beiden Frauen sitzt (vgl. *Cassidorus* II, 672, 1–3) und Fastige nur ungern verlieren würde, wie er es in einem Gespräch mit beiden Frauen zum Ausdruck bringt: *Dame, se vous ma volenté faisiez, ja ainsi ne vou en iriez; ainçois deveriés avecques nous demourer, comme cele que je doi garder, et ma dame qui ci est le voudra volentiers* [Dame, würdet Ihr meinem Willen nachkommen wollen, so werdet Ihr nicht weggehen; also solltet Ihr mit uns zusammenbleiben als diejenige, die ich behalten soll; und meine Dame, die hier ist, wird damit einverstanden sein] (*Cassidorus* II, 665, 20–23). Trotz dieser Wunschäußerung des Kaisers profiliert sich der Text gegen die Vielehe in einer vermutlich vom Christentum geprägten fiktionalen westlichen Gesellschaft. Fastige schlägt Cassidorus den Wunsch ab, weil sie – will man

---

9 Carman 1967: 217 verweist auf die Ähnlichkeit zwischen dieser Szene im *Cassidorus* und dem *Eliduc* von Marie de France. Die beiden Texte unterscheiden sich jedoch dadurch, dass bei Marie de France Guilliadon, die zweite Frau des Protagonisten, textintern stirbt und mittels einer Zauberblume zum Leben erweckt wird (vgl. *Eliduc*, V. 1030–1056), während es sich beim *Cassidorus* um einen vorgetäuschten Tod handelt (vgl. *Cassidorus* I, 302–305). Der Autor des *Cassidorus* bedient sich zahlreicher Stoffe und Motive aus früheren (literarischen) Texten und stellt somit seine Kenntnisse der mittelalterlichen Literatur unter Beweis (vgl. Palermo 1963: LI).

Mary Speer folgen – zu stolz ist, um sich in einem Haushalt mit dem zweiten Platz zufrieden zu geben, in dem Helcana offensichtlich den ersten innehat (vgl. Speer 1974: 487).

Abgesehen von Cassidorus sind die Figuren aus dem Okzident allesamt monogam. Polygamie wird an einigen Stellen sogar explizit per Gesetz verboten. Dies ist zum Beispiel der Fall in der Binnenerzählung, die von der Erb- bzw. Kinderlosigkeit eines griechischen Adligen namens Vaspiour handelt:

> *Cilz avoit eü femme; de celle femme li estoit demouree une gentilz damoisele a fille. Or estoit la coustume tele a celui temps que li auquant estoient serf, et cil qui serf estoient ne pooient que une femme avoir en toutes leurs vies; et, se il hoir masle n'avoit de sa char, la terre demouroit au seigneur de qui on les tenoit.*

Er [Vaspiour] hatte eine Frau, von der eine edle junge Dame geboren wurde. Allerdings war es Brauch zu dieser Zeit, dass manche [Menschen] Vasallen waren. Derjenige, der Vasall war, durfte in seinem ganzen Leben nur eine Frau haben; und wenn er keinen männlichen Erben zeugen konnte, verblieb das Land im Besitz des Lehnsherrn [nach dem Tod des Vasallen] (*Cassidorus* II, 627, 2–7).

In dieser Geschichte, deren Handlung in Griechenland angesiedelt ist, herrscht ein strenges Mehreheverbot; weder simultane noch sukzessive Polygamie ist gestattet. Durch dieses Gesetz wird jeder Vasall

> persönlich verantwortlich gemacht für die Sicherung seiner eigenen Herrschaft durch die Geburt eines männlichen Erben. Wenn das Schicksal einen Herrscher trifft, sodass er seiner Reproduktionspflicht [in der Monogamie] nicht nachkommen kann, so sollte er auch sein Schicksal akzeptieren. Vaspiour, der mit seinem Schicksal unzufrieden ist, ergreift eine dubiose Ersatzmaßnahme bzw. -strategie [nämlich Inzest], um die Normen zu umgehen (Samaké 2021b: 362).

Im Gegensatz zur abendländischen zeichnet sich die fiktionale heidnische Gesellschaft durch simultane und sukzessive Polygamie aus. Erstere wird vor allem praktiziert, wenn heidnische Adlige von Kinderlosigkeit betroffen sind und sie in der Polygamie eine Ersatzstrategie zum Kinderglück sehen. So heiratet in einer Binnenerzählung ein indischer König 21 Frauen zeitgleich, damit er seine Thronfolge durch einen rechtmäßigen Erben sichern kann. Dennoch geht sein Kinderwunsch nicht in Erfüllung und er wird am Ende von der 21. Frau vergiftet (vgl. *Cassidorus* I, 139, 1–3). Eine weitere Binnenerzählung handelt von der sukzessiven Polygamie[10] eines indischen Herrschers (vgl. *Cassidorus* I,

---

10 Der Text schweigt sich darüber aus, ob der indische König mit den zwei Frauen simultan verheiratet war oder ob die zweite Ehe erst nach dem Tod der ersten zustande kam (vgl. *Cassidorus* I, 117, 1–13). Aus diesem Grund kann sowohl von sukzessiver als auch von simultaner Polygamie ausgegangen werden.

117, 1–7). Darin wird die aus der Polygamie resultierende Rivalität zwischen zwei Brüdern thematisiert. In beiden Geschichten wird Polygamie in jeder Form abwertend dargestellt.

Mit Blick auf die Abwertung von orientalischen Figuren und orientalischen Normen sowie unter Berücksichtigung des strengen christlichen Monogamieprinzips könnte man ferner davon ausgehen, dass der heidnische Fürst Edipus in der Rahmenerzählung des *Cassidorus* eine nicht-christliche Figur ist. Im weiteren Handlungsverlauf lassen sich aber Hinweise darauf finden, dass Edipus und seine Familie bereits dem christlichen Glauben angehören könnten. Der erste Hinweis zeigt sich etwa in der Szene des Tempelbesuchs von Edipus (zusammen mit Cassidorus), ohne dass dabei die Konversion des Heiden zum Christentum thematisiert wird (*Cassidorus* II, 513, 17–20). Die Vermutung liegt nahe, dass hier ein christlicher Tempel gemeint ist, da die Szene in Konstantinopel spielt und außerdem Cassidorus, der Tempelgefährte von Edipus, im gesamten Text als christlicher Herrscher aufzufassen ist. Aus diesem Grund könnte Edipus als eine transkulturelle und transreligiöse Figur wahrgenommen werden. Eine Dialogszene zwischen Cassidorus und Edipus unmittelbar nach dem Tempelbesuch spricht für diesen Interpretationsansatz, wenn Edipus sagt: *Par Dieu, sire* [...], *bien dites, et je d'autre part en sui joianz* [Bei Gott, gut gesagt, Herr [...], und ich bin andererseits glücklich darüber] (*Cassidorus* II, 513, 30 f.). Anders als zum Beispiel im *Willehalm* Wolframs, in dem Götter wie Mahmet, Tervagant, Apollo oder auch Kahun (vgl. *Willehalm* 9, 8; 11, 16; 17, 20 f.; 449, 23 f.) genannt werden, die von den Heiden angebetet werden, handelt es sich bei Edipus' Schwur im Namen Gottes im *Cassidorus* sehr wahrscheinlich um den Christengott. Es fällt insofern schwer, die Glaubenszugehörigkeit der Heiden im *Cassidorus* lediglich an der Polygamie festzumachen, welche vielmehr als ein kulturelles Phänomen in diesem Text verstanden werden sollte.[11]

Das zeigt sich unter anderem auch an der Figur der Erga. Im Gegensatz zur römischen Kaiserin scheint die Heidin Erga kein Problem mit der Polygamie von Edipus zu haben, weil sie ohnehin seine Lieblingsfrau ist. Dass Erga dennoch christliche Werte vertritt, geht besonders aus einer Rede in der

---

11 Dass Polygamie als ein kulturelles Phänomen betrachtet werden kann, zeigt sich anhand von Rollo, dem Gründervater der Normandie im *Roman de Rou*. Erwähnenswert ist, dass Rollo bei Wace als Heide dargestellt wird. Als er zum Christentum konvertiert, heiratet er die französische Königstochter Gille (Gisela), mit der er keinen Erben zeugen kann. In seiner Verzweiflung greift Rollo auf die Polygamie zurück und heiratet Poppa von Bayeux, seine frühere Geliebte vor seiner Konversion. Aus der Ehe mit Poppa geht Guillaume Longue Epée hervor, der nach dem Tod von Rollo die Herrschaft in der Normandie übernimmt (vgl. *Roman de Rou*, V. 1341–2049).

Dame-Pucele-Debatte hervor,[12] in der Erga sagt, *que par la vertu des bones paroles du **saint mariage**, qui fu establis par **nostre Sauveeur**, que miex vaut dame que pucele* [dass bei der Tugend der guten Worte der heiligen Ehe, welche von unserem Erlöser eingeführt worden ist, die Dame besser als die Jungfrau ist] (*Cassidorus* I, 36, 9–11 [Hervorh. A.S.]). Ergas Argumentation in dieser Rede, die sehr wahrscheinlich auf Gen 1,28 („Seid fruchtbar und vermehrt euch, bevölkert die Erde [. . .]"[13]) anspielt, ist für meine Untersuchung an dieser Stelle weniger relevant.

Von größter Bedeutung sind dagegen zwei Ausdrücke: *saint mariage* und *nostre Sauveeur*. Es ist nicht zu verkennen, dass die Ehe in der christlichen Religion (vor allem in der römisch-katholischen Kirche) als Sakrament gilt. Demnach könnte *saint mariage* als eine direkte Anspielung auf das Ehesakrament im Christentum wahrgenommen werden. Durch die Verwendung des Possessivpronomens *nostre* und dadurch, dass Jesus im Christentum als *Sauveur* (Erlöser der Menschheit) gilt, wird explizit auf die Zugehörigkeit von Erga und ihrer Tochter Helcana (ihrer Gesprächspartnerin) zur christlichen Religion verwiesen. Die beiden Begriffe *saint mariage* und *nostre Sauveeur* sind somit deutliche Indikatoren dafür, dass Edipus, Erga und Helcana als eine transkulturelle, transnationale und nicht zuletzt transreligiöse Familie aus dem Orient betrachtet werden können.

Unterzieht man die Figur Helcana einer näheren Untersuchung, lassen sich deutliche Anzeichen finden, welche für ihre Zugehörigkeit zur christlichen Religion sprechen. Zunächst ist ihre im Text nicht problematisierte Vermählung mit dem griechischen Kaiser zu nennen.[14] Die Taufe ist bei der Vermählung zwischen Heiden und Christen in literarischen Texten des europäischen Mittelalters von besonderer Bedeutung. Anders als in vielen mittelalterlichen Texten (vgl. zum Beispiel den Roman *Kanor* [36–40], Wolframs *Parzival* [56 f.; 812–818] und *Willehalm* [9, 13–20]) wird im *Cassidorus* die Taufe nicht

---

12 Die *Dame-Pucele*-Debatte ist ein Streitgespräch zwischen Erga und Helcana darüber, ob eine verheiratete Frau liebenswerter sei als eine ledige junge Dame, nachdem sich Mutter und Tochter beide in Cassidorus verliebt haben. Mehr dazu bei Bossuat 1946 und Speer 1978.

13 https://www.uibk.ac.at/theol/leseraum/bibel/gen1.html (letzter Zugriff: 30.10.2021).

14 Cassidorus ist an dieser Stelle vergleichbar mit Wilhelm im mittelhochdeutschen Minne- und Âventiureroman *Wilhelm von Österreich*: Genauso wie Cassidorus reist auch Wilhelm auf der Grundlage eines Liebestraums in den Orient und muss viele Âventiuren bestehen. „Tous les efforts de Wilhelm, depuis son songe amoureux, visent uniquement à être en couple avec Aglie" (Samaké 2021a). Als Wilhelm schließlich Aglie ehelichen soll, problematisiert er vor dem Vollzug der Ehe ihren heidnischen Glauben und bittet sie, die Taufe anzunehmen (vgl. *Wilhelm von Österreich*, V. 1590–1592). Im altfranzösischen *Cassidorus* hingegen fehlt solch eine Infragestellung des Glaubens, dem die Heidin Helcana angehört. Dies gibt Anlass zur Annahme, dass Helcana bereits getauft ist.

thematisiert, weder von der Erzählinstanz noch von den Figuren. Cassidorus äußert im Gespräch mit Edipus lediglich einen Wunsch: *Sire, je veil repairier en mon paÿs, et en veul mener Helcana, et de vos barons une partie, quar je le veul faire par le los de mes hommes a l'usage de ma terre* [Herr, ich will in mein Land zurückkehren, und ich will Helcana mitnehmen, und einen Teil von Euren Baronen, denn ich will es [die Eheschließung] tun mit der Zustimmung meiner Gefolgsleute [Fürsten] nach dem Brauch meiner Heimat] (*Cassidorus* I, 271, 2–5). Aus dieser Rede geht ein kultureller Unterschied zwischen der Heimat von Cassidorus (Okzident) und der Heimat seiner Braut (Orient) im Hinblick auf Eheschließungen hervor. Die Tatsache, dass die griechischen Fürsten der Vermählung zustimmen, könnte darauf hindeuten, dass es keine religiöse Differenz zwischen Cassidorus und Helcana gibt, weil Helcana als christliche Figur fungiert.

Ein weiteres Indiz für Helcanas Zugehörigkeit zum Christentum zeigt sich in ihrem ersten Gebet, welches sie spricht, als sie und ihr neugeborener Sohn von Melsius getötet werden sollen: *Aides, Diex qui moi creas! [...] sauve ma vie et mon enfant!* [Hilfe, Gott, der mich erschaffen hat! [...] Rette mein Leben und mein Kind!] (*Cassidorus* I, 301, 17–19). Die Bezugnahme auf Gott als Schöpfer des Menschen steht in Analogie zu Gen 1,27.[15] Demnach handelt es sich um den Gott der Christen. Das Gebet wird erhört: Melsius fällt in Ohnmacht, Helcana und Helcanus werden gerettet und können fliehen.

Als Helcana nach der Entführung ihres Sohnes Idoine aufsucht, verheißt ihr der Einsiedler das himmlische Paradies (vgl. *Cassidorus* II, 337, 8–12), welches nach christlicher Auffassung den gläubigen Christen vorbehalten ist. Aus dem Text geht lediglich hervor, dass Helcana die Beichte ablegt und ihre unwissentlich begangenen Sünden bereut. Daraufhin erscheint ihr ein Engel und tröstet sie mit den folgenden Worten: *Dieu te mande que tu ne t'esmaies de riens. Fais ci endroit ta penitance par le conseil Ydoine. Au chief de vij. anz venra ci a toi cilz qui ton desirrier acomplira* [Gott befiehlt dir, dich vor nichts zu fürchten. Tue hier an diesem Ort auf Idoines Rat deine Buße. Binnen sieben Jahren wird derjenige zu dir kommen, der deinen Wunsch erfüllen wird] (*Cassidorus* II, 338, 2–5). Helcana vertraut auf das göttliche Gebot und beschließt, beim Einsiedler zu bleiben, um Buße zu tun. Sie wird von Idoine als Mann verkleidet und als Helcanor bezeichnet. Von dieser Crossdressing-Szene an bis zur Familienzusammenführung mit Vater, Ehemann und Sohn im späteren Handlungsverlauf wird Helcana ausschließlich mit dem Personalpronomen *il* [er] bezeichnet (vgl. Szkilnik 1998: 67).

Die gesamte Waldepisode ist in einen christlichen Kontext eingebettet, welcher nahelegt, dass Helcana der christlichen Religion angehört: Beichte,

---

15 https://www.uibk.ac.at/theol/leseraum/bibel/gen1.html (letzter Zugriff: 30.10.2021).

Reue, Buße, göttliche Vision, stille Gebete, Versöhnung. Des Weiteren vollbringt die Heidin in ihrer männlichen Rolle als Helcanor zahlreiche Wunder,[16] bei denen eine Analogie zu den Wundertaten Christi besteht. Es ist daher nicht verwunderlich, dass Helcana/Helcanor textintern als Heilige(r) wahrgenommen wird (vgl. *Cassidorus* II, 349, 17; 351, 9; 355, 16 f.). Da in der römisch-katholischen Kirche nur bestimmte christliche Menschen beispielsweise durch ihr frommes Verhalten und Wundertaten den Status der Heiligkeit erreichen, weist auch das darauf hin, dass Helcana im *Cassidorus* eine transreligiöse und transkulturelle Figur ist.[17]

Fazit

Das Hauptziel des vorliegenden Beitrags bestand in der Untersuchung von Konstruktionen des Orients und der Heiden im altfranzösischen *Cassidorus*. Der Fokus der Analyse lag auf drei heidnischen Figuren, Edipus, Erga und Helcana, und ging den Fragen nach, wie sich das ausgesprochen positive Heidenbild erklären lässt, wie sich Heiden und Christen in ihrer Darstellung und Wertung unterscheiden und wodurch sich die heidnische kulturelle wie auch religiöse Identität von der christlichen unterscheidet.

Aus der Untersuchung hat sich ergeben, dass das positive Orient- und Heidenbild im *Cassidorus* mit der Zugehörigkeit der analysierten Figuren zur christlichen Religion zusammenhängt. Aus diesem Grund werden der Ritterschlag des christlichen Protagonisten im Orient (durch einen heidnischen Herrscher) und seine Ehe mit der Heidin Helcana (ohne Thematisierung der Taufe) nicht problematisiert.

Bei der Analyse der Figuren wurde aus dem Beitrag ersichtlich, dass heidnische Figuren generell positiv aufgewertet werden. Allerdings konnte bei ihnen eine vom Christlichen abweichende Norm festgestellt werden: die Polygamie. Es ließ sich aus der Anrufung Gottes durch Edipus, seinem Tempeldienst mit Cassidorus und der Rede von Erga in der *Dame-Pucele*-Debatte erschließen, dass es sich bei diesen Figuren der Rahmenerzählung um hybride Figuren handelt. Vor dem Hintergrund, dass Edipus, Erga und Helcana sowohl christliche als auch heidnische Werte vertreten, wurde aufgezeigt, dass

---

16 Beispiele dafür sind unter anderem die Heilung des Idoine (vgl. *Cassidorus* II, 349, 11–26) sowie des Polus (vgl. 353 f.), Helcanas Überleben auf der wilden Insel Vianne durch göttliche Nahrung sowie ihr Strafwunder (vgl. 383–394).

17 Nach der Waldepisode kehrt Helcana als Tochter, Ehefrau, Mutter, Kaiserin und Beraterin zurück. Interessant wäre zwar eine Untersuchung der Genderverhältnisse vor, in und nach der Waldepisode, dies würde allerdings den Rahmen des vorliegenden Beitrags sprengen.

die Polygamie vielmehr als ein kulturelles Phänomen im Text aufzufassen ist. Diese Argumentation fußt auf der jeweiligen Haltung von Helcana und Fastige gegenüber der ungewollten Bigamie von Cassidorus: Während die römische Kaiserin die bigamische Beziehung kategorisch ablehnt und sich später von Cassidorus trennt, scheint die heidnische Figur Helcana, die in der Waldepisode durch weibliches Crossdressing als christliche(r) Heilige(r) dargestellt wird, Verständnis dafür zu haben.

Bibliographie

Quellen

Pelyarmenus. London, British Library, Harley MS 4903, fol. 16r–134v.

Le Roman de Cassidorus. Hg. von Joseph Palermo. Bd. 1–2. Paris 1963–1964 (Société des Anciens Textes Français 83,1; 83,2).

Marie de France: *Eliduc*. In: *Poésies de Marie de France*. Hg. von B. de Roquefort. Bd. 1. Paris 1832, 400–485.

Le Roman de Helcanus. Édition critique d'un texte en prose du XIIIe siècle par Henri Niedzielski. Genf 1966 (Textes Littéraires Français 121).

Le Roman de Kanor. Hg. von Meradith Tilbury McMunn. Connecticut 1978.

Der Pfaffe Konrad: Das *Rolandslied*. Mittelhochdeutsch/Neuhochdeutsch. Hg., übers. und komm. von Dieter Kartschoke. Stuttgart 1996 (RUB 2745).

Wace: *Roman de Rou et des Ducs de Normandie*. Hg. von Frédéric Fluquet. Rouen 1827.

Wolfram von Eschenbach: *Parzival*. Text und Übersetzung. Mittelhochdeutscher Text nach der sechsten Ausgabe von Karl Lachmann. Übers. von Peter Knecht. Berlin/ New York 2003.

Wolfram von Eschenbach. *Willehalm*. Text und Übersetzung. Hg. von Joachim Heinzle. Frankfurt am Main 2009 (Deutscher Klassiker Verlag im Taschenbuch 39).

Johann von Würzburg: *Wilhelm von Österreich*. Aus der Gothaer Handschrift. Hg. von Ernst Regel. Berlin 1906 (Deutsche Texte des Mittelalters 3).

Forschung

Aurast, Anna und Hans-Werner Goetz: Einleitung. In: Die Wahrnehmung anderer Religionen im früheren Mittelalter. Terminologische Probleme und methodische Ansätze. Hg. von dens. Münster 2012, 3–13 (Hamburger geisteswissenschaftliche Studien zur Religion und Gesellschaft 1).

Bossuat, Robert: Un débat d'amour dans le *Roman de Cassidorus*. In: Études romanes dédiées à Mario Roques par ses amis, collègues et élèves de France. Paris 1946, 63–75 (Société de Publications Romanes et Françaises 25).

Carman, Justice Neale: New Light on *Le Roman de Cassidorus*. In: Romance Philology 21, 2 (1967), 212–222.

Van Coolput-Storms, Colette: Désir, frustration, désespoir : les objets peuvent-ils tenir leurs promesses ? In: Memini 22–23 (2017), o. S. (https://journals.openedition. org/memini/970, Zugriff: 07.09.2022).

Duby, Georges: Frauen im 12. Jahrhundert. Bd. 1–3. Frankfurt am Main 1999 (Fischer Taschenbuch. Forum Wissenschaft 14437).

Goetz, Hans-Werner: Die Wahrnehmung anderer Religionen im Mittelalter und christlich-abendländisches Selbstverständnis im frühen und hohen Mittelalter (5.–12. Jahrhundert). Bd. 1. Berlin 2013.

Knaeble, Susanne und Silvan Wagner: Gott und die *heiden* – Einleitung. In: Gott und die *heiden*. Mittelalterliche Funktionen und Semantiken des Heiden (bayreuther forum Transit 13). Hg. von dens. Münster 2014, 9–26.

Palermo, Joseph: Les limites du *Roman de Cassidorus* : l'apport entre les manuscrits de Bruxelles. In: Romance Philology 14, 1 (1960), 22–27.

Rüdiger, Jan: Der König und seine Frauen. Polygynie und politische Kultur in Europa [9.–13. Jahrhundert]. Berlin/Boston 2015 (Europa im Mittelalter 21).

Samaké, Abdoulaye: Liebesträume in der deutsch-, französisch- und italienischsprachigen Erzählliteratur des 12. bis 15. Jahrhunderts. Paderborn 2020 (Traum – Wissen – Erzählen 6) [= Samaké 2020a].

Samaké, Abdoulaye: Morgen- und abendländische, höfische und unhöfische Esskulturen in der altfranzösischen Epik. In: African Journal of Literature and Humanities 1, 4 (2020), 198–210 [= Samaké 2020b].

Samaké, Abdoulaye: Le songe amoureux dans le *Wilhelm von Österreich* de Johann von Würzburg. In: Akofena 3, 3 (2021), 29–42 [= Samaké 2021a].

Samaké, Abdoulaye: Erfolgreiche und verhängnisvolle Strategien zum Wunschkind. In: Das Mittelalter 26, 2 (2021), 347–366 [= Samaké 2021b].

Speer, Mary B.: The *Dame-Pucelle* debate in the *Roman de Cassidorus*. In: Studies on the Seven Sages of Rome and Other Essays Dedicated to the Memory of Jean Misrahi. Hg. von Henri Niedzielski, Hans R. Runte und William Lee Hendrickson. Honolulu 1978, 155–172.

Speer, Mary B.: Cassidorus: The Fallen Hero. In: Romance Philology 27, 4 (1974), 479–487.

Speer, Mary B.: The *Roman de Cassidorus*. Narrative Tradition and Innovation in a 13th Century Cyclical Prose Romance. Princeton 1971.

Szkilnik, Michelle: The Grammar of the Sexes in Medieval French Romance. In: Gender Transgressions: Crossing the Normative Barrier in Old French Literature. Hg. von Karen J. Taylor. New York 1998, 61–88 (Garland Reference Library of the Humanities 2064).

Wörterbücher/Lexika

Dictionnaire de l'ancien français jusqu'au milieu du XIVe siècle. Hg. von A.-J. Greimas. Paris 1969.

Dictionnaire de l'ancienne langue française et de tous ses dialectes du IXe au XVe siècle. Hg. von Frédéric Godefroy. Bd. 7. Remembrant – Traior. Paris 1892.

Dictionnaire des noms de lieux. Hg. von Louis De Roy und Marianne Mulon. Paris 1992.

Güthoff, Elmar: Art. Polygamie. V. Kirchenrechtlich. In: Lexikon für Theologie und Kirche. Begr. von Michael Buchberger. Hg. von Walter Kasper. Bd. 8. Pearson bis Samuel. Freiburg im Breisgau u. a. 1999, Sp. 402.

Der Orient als „Gegenraum": Heterotopien in Johann Hartliebs *Alexanderroman*

Susanne Knaeble (Bayreuth)

Abstract: In der Literatur des späten Mittelalters sind divergente Orientkonzepte identifizierbar, die einerseits in einem Spannungsverhältnis zueinander stehen, andererseits aber gerade in ihrer Heterogenität eine vielschichtige Sinnproduktion für die Rezipierenden erlauben. Dieser Aspekt erzählter Orientkonstruktion wird in diesem Beitrag mit der Frage nach der Funktionalisierung einer literarischen „Heterotopie" in der Dindimus-Episode von Johannes Hartliebs *Alexanderroman* adressiert.

Keywords: Alexanderroman, Johannes Hartlieb, Foucaults Heterotopien, Literatur als Gegenraum, Rezeptionsästhetik

1. Hartliebs Dindimus-Episode als „Heterotopie"

Der Alexanderstoff weist bereits im Mittelalter eine enorme Popularität auf, doch seine Rezeption erreicht ihren Höhepunkt nach Ausweis der Forschung erst im 15. Jahrhundert (vgl. Pawis 1991: 40). Als exzeptionell an Hartliebs Text erscheint, dass er gerade nicht auf den mittelalterlichen deutschsprachigen Alexanderromanen aufbaut, sondern als eine erneut eigenständige Bearbeitung der *Historia Alexandri Magni* gilt: In der Vorrede gibt der Verfasser an, er habe das Werk nach dem „wahren Text" geschaffen, wobei er explizit die Eigenleistung seiner Tätigkeit hervorhebt, die nicht eine „bloße" Übersetzung der lateinischen Vorlage sei (39–47). In seinem Anspruch, Wahrhaftigkeit zu vermitteln, lässt der Text eigenen Gestaltungswillen erkennen, was die Frage nach der Literarizität provoziert.

Zu den wenigen, die Fragen nach den Erzähltechniken in Hartliebs *Alexander* gestellt haben, zählt Werner Röcke, der den Text als einen „literarischen Diskurs über die möglichen Formen des Wunders und des Wunderbaren" liest (Röcke 1996: 24). Darüber hinaus wurde Hartliebs Orientwurf von Hans-Jürgen Bachorski und Ralf Schlechtweg-Jahn (Bachorski 1996; Schlechtweg-Jahn 2006) aus dialogischer Perspektive als ein Ort der Reflexion von Herrschaftsentwürfen und Machtkommunikation beschrieben. Hieran anschließend soll im Folgenden gezeigt werden, dass in Hartliebs Fassung der „Orient" als ein „Gegenraum" für die anthropologische Frage danach, was den Menschen zum Streben nach Macht antreibt, gelesen werden kann. Zwar ist die

Diskussion geläufiger Machtkonfigurationen und bekannter Wissensbestände bereits in den mittelalterlichen Alexanderdichtungen grundsätzliches Thema der Orientbeschreibungen, doch gewinnt sie bei Hartlieb im Zeichen frühhumanistischer Paradigmen (vgl. Ehlert 1987: 178) neue Schärfe. Die Konfrontation Alexanders mit Dindimus,[1] dem König der Brahmanen, avanciert zu einem philosophischen Disput über das menschliche Streben an sich: Alexanders unermüdliche Neugier treibt ihn an den Rand der Welt, bis ihm eines Tages die Nachricht von einem Volk zu Ohren kommt, das von vollkommener Tugend und Ehre bestimmt sei. Er erfährt, dass dieses Volk Brahmanen genannt werde und ihr König Dindimus heiße (4508–4511). Der Text expliziert, dass Alexander sich entschließt, Dindimus in einem Brief nicht nur zur fremdartigen Lebensführung der Brahmanen zu befragen, sondern auch um Auskunft über ihre *khunst phylozophya* (4525) und eine *vnderweysung der weyßhaitt* (4527) zu bitten. Dieser antwortet ihm ebenfalls in einem Brief, in dem er eine ganz eigene und für Alexander fremdartige Definition einer aus Kontemplation und Diätetik gewonnenen Weisheit vorstellt.

In der Forschung wurde die Gesellschaftsdarstellung der Brahmanen häufig als eine „paradiesische Utopie" gelesen; beispielhaft sei hier auf Werner Röcke verwiesen, der die Darstellung der Brahmanen etwa als einen für die zeitgenössischen Rezipierenden in der Vergangenheit liegenden utopischen Urzustand der Menschheit respektive als eine „Utopie des einfachen Lebens" interpretiert: „Insbesondere in Wunschbildern dieser Art von einer Gesellschaft des friedlichen Miteinanders und des Gemeineigentums, das jegliche Rivalität und jeglichen Neid ausschließt, liegt die Deutung dieser Form von Fremde als ‚Resonanzboden des Eigenen' auf der Hand" (Röcke 1996: 32). Fraglich erscheint allerdings die Annahme, ob das Leben der Brahmanen überhaupt als ein „verloren gegangenes Glück" und erstrebenswerter Urzustand im Text dargestellt ist oder ob der Gesellschaftsentwurf nicht doch vielmehr auf einem heilsgeschichtlichen Konzept gründet. Den Begriff der „literarischen Utopie" löst Röcke damit aus seiner Bindung an Thomas Morus, der als Begründer der Gattung gilt. In Anlehnung an Hans Robert Jauss versteht er den Dindimus-Teil in Hartliebs *Alexander* als „Idealreich" und „Entwurf einer idealen Gesellschaft", „die bislang nur am Rande der Welt, in einem höchst vagen ‚Nirgendland' Indiens, gedacht werden kann" (ebd.: 34). Röcke dehnt den Utopie-Begriff damit sehr weit aus, indem er das im Text reflektierte eschatologische Konzept als „Vorläufer der literarischen Utopie" zu kennzeichnen sucht, während in Morus' *Utopia* das ideale Gemeinwesen gerade nicht im Rahmen der christlichen Heilsordnung realisiert ist. Hartliebs *Alexander* reflektiert in seiner Darstellung der Brahmanen allerdings insofern einen deutlichen Bezug

---

1   Zu den Vorlagen für diese Episode vgl. Stackmann 1997: insb. 345–348.

zur Heilsgeschichte, als ihre Lebensweise auf die *imitatio Christi* ausgerichtet und dergestalt von der „Utopie" zu unterscheiden ist; ihr spezifischer Ort ist vielmehr auf eschatologischer Basis „in und außerhalb" der Welt angesiedelt.[2] Anstatt von einem „utopischen Entwurf" zu sprechen, schlage ich, um dem literarischen Angebot von Hartliebs Orientntwurf mit angemessener Offenheit zu begegnen, daher einen Anschluss an Michel Foucaults Überlegungen zu „Heterotopien" vor.[3] Diese unterlaufen nach Foucault die gänzliche Unbestimmtheit der Utopie, die als ein „Ort des Nirgendwo" in Erscheinung tritt: „Utopien" sollten nach Foucault nämlich als „Bezeichnung nur Dingen vorbehalten" sein, „die tatsächlich keinen Ort haben" (Foucault 2019: 11). Dem stellt er die Heterotopien als „die vollkommen anderen Räume" (ebd.) gegenüber, und zwar als „Orte, die sich allen anderen widersetzen und sie in gewisser Weise sogar auslöschen, ersetzen, neutralisieren oder reinigen sollen. Es sind gleichsam Gegenräume" (ebd.: 10). Spezifisch für diese „Gegenräume" ist dabei, dass sie anders als die „Utopien" sowohl außer- als auch innerhalb der Gesellschaft verortet sind; hierfür nennt Foucault auch konkret die Literatur als Beispiel. Als ein solcher „Gegenraum" soll der Orientntwurf in der Dindimus-Episode von Hartliebs *Alexander* näher beleuchtet werden.[4]

2. Dindimus' Kritik

Dindimus kontrastiert Alexanders Eroberungsdrang, seine Anhäufung von Reichtümern und seine Ruhelosigkeit mit der Weisheit als Grundlage von Herrschaft. Alexander beschreibt er als beständig Strebenden und kritisiert dessen Herrschaftshandeln, indem er ihm eine Form des „In-sich-gekehrt-Seins" gegenüberstellt.[5] Er nennt Alexander zu rastlos und getrieben, um die Weisheit der Brahmanen überhaupt verstehen zu können, und argumentiert, dass Alexanders Gemüt nicht für die Kontemplation geschaffen sei, weil es *so gar weytt schwayffende vnd vmbfaren* (4570 f.) sei. Nach Dindimus schließen

---

2 Der Begriff der Utopie lässt sich somit nur anachronistisch zur zeitgenössischen Vorstellungswelt anwenden, wenn man nämlich die heilsgeschichtliche Verwirklichung als „Utopie" liest.

3 Wie häufig in den Ausführungen Foucaults handelt es sich hierbei allerdings nicht um einen terminologisch klar umrissenen Begriff, sondern vielmehr um eine anregende Überlegung, durch die historisch und soziokulturell gewachsene Denkgewohnheiten in Frage stellt werden können.

4 Hierbei sei auf die Überlegungen Warnings zur ästhetischen Erfahrung hingewiesen, in denen er Foucaults Konzept der Heterotopien für literarische Topographien fruchtbar gemacht hat (Warning 2009).

5 Die Ausführungen basieren auf Knaeble 2019: 305–318.

strategisches Herrschaftshandeln und tiefsinnige Kontemplation einander aus, weshalb er die Weisheit auch nicht den Fürsten vorbehalten sieht, sondern sie vielmehr allen gleichermaßen zugänglich sein solle (4583–4585). Seine Vorstellung von Weisheit ist dementsprechend an Transparenz geknüpft, verbietet Geheimhaltung und erfordert Rechtfertigung. Das hieraus resultierende Herrschaftsverständnis differiert somit radikal von demjenigen Alexanders, für den strategisches Handeln sowie der gezielte Einsatz von Informationen, Geheimhaltung und insbesondere auch Manipulation die Grundlage bilden (vgl. Schlechtweg-Jahn 2006: 281 f.). Dindimus argumentiert, dass langfristig gesehen nur eine auf Transparenz gründende Herrschaftsausübung Bestand haben könne. Nur diese Form könne Kontinuität und dauerhaften Erfolg gewährleisten. Hierdurch ist eine alternative Form des Herrschaftshandelns perspektiviert, die, mit Blick auf den zerstörerischen Krieg seiner Nachfolger und den Zerfall seines Reiches, Alexanders „Getriebensein" deutlich in ein negatives Licht rückt. Das Volk der Brahmanen zeichne sich hingegen durch Bescheidenheit aus, Eroberungsdrang oder gar den Willen zur Macht kenne es nicht. Dindimus führt aus, dass die Brahmanen, um diese duldsame Lebensperspektive zu erlangen, den Neid durch radikalen Verzicht bekämpfen würden (4636–4654). Der Kern seiner Lehren zur Lebensführung konzentriert sich auf die individuelle Selbstbeherrschung sowohl des Geistes als auch des Leibes.

Der Gegensatz zu Alexanders Machthandeln ist evident: Einerseits ist Alexander als Herrscher durch die Angst vor dem eigenen Tod getrieben, andererseits ist es sein Eroberungsdrang, der ihn am deutlichsten von den Brahmanen unterscheidet. Dindimus beschimpft Alexander deshalb als *hawffer vnd samler alles vbels vnd poßer syttenn* (2773), weil er mit Zerstörung über Städte und Länder hergefallen sei. Alexanders unbändigen Willen, die Welt zu unterwerfen, vergleicht er mit einem nicht zu sättigenden Hunger. Sein größter Fehler liege allerdings im herrschaftlichen Streben an sich, da es grundsätzlich Unterwerfung und den Verlust von Freiheit bedeute: *Du hast gar viel freyer lewtt prachtt in diennstparigkaitt* (4784 f.). Deshalb tritt Dindimus ihm mit einer Philosophie entgegen, die das Begehren von Macht und den Zwang zu überwinden sucht; und gerade weil Alexander ein geschickter Stratege und Planer sei, bietet Dindimus ihm eine Lebensphilosophie der „gezielten Nutzlosigkeit" an: *Weyßhaitt der pragmannen ist dier so vnnucz, als ainem vngehorsamenn erczney* (4794 f.). Für Dindimus steht letztlich Alexanders Handeln im Gesamten in fundamentalem Widerspruch zur Lebensphilosophie der Brahmanen.

3. Der Orient in der Dindimus-Episode als literarischer „Gegenraum"

Der Text schafft durch das Erzählen von einem „alternativen Gesellschafts-entwurf" im Orient einen von Alexanders Herrschaftsraum abgegrenzten Raum für die kritische Reflexion von Herrschaftshandeln – oder konkret einen „heterotopischen Ort" für ein basales Nachdenken über Machthandeln. Dabei spielt es für die Funktion dieses „Gegenraums" keine Rolle, dass die darge-stellte Gesellschaft vermutlich gar nicht überlebensfähig wäre bzw. dass die im Zentrum stehende Selbstbezüglichkeit des Einzelnen und die damit ver-knüpfte Askese sogar eine Art „gesellschaftslosen Raum" erzeugen. Zentrum des Gegenraums ist die Reflexion des Strebens nach Herrschaft an sich, und das heißt hier: die deutliche Benennung der negativen Effekte von Alexanders Streben nach Macht. Die Funktion der Dindimus-Episode bei Hartlieb liegt somit in einer Perspektivierung von Alexanders Herrschaftshandeln begrün-det, denn keine andere Figur des Textes kann Alexander so unproblematisch kritisieren, da sie alle an Herrschaftskommunikation partizipieren. Mit dem „Orient" der Brahmanen ist im Text somit ein funktionaler „Gegenraum" vor-gestellt, der aufgrund seiner eigenen „Gesellschaftslosigkeit" ungeschminkte Kritik erlaubt.

Auf der Basis eines dialogischen Erzählens erzeugt der Text eine mul-tiperspektivisch angelegte Diskussion, in deren Zentrum die Frage nach der Motivation von menschlichem Handeln schlechthin steht. So nimmt auch die Alexanderfigur den „philosophischen Spielball" auf und antwortet Dindimus mit dem nicht weniger schwerwiegenden Vorwurf der Hybris. Alexander deckt, wenngleich recht sophistisch, überdies auch Widersprüche in Dindimus' Argu-mentation auf, indem er konstatiert, dass die Natur den Menschen den Willen zur Herrschaft gegeben habe, den Brahmanen es aber offenbar möglich sei, ihn zu überwinden. Das widerspreche folgerichtig der Natur des Menschen, also könnten die Brahmanen nach ihrem Selbstverständnis gar keine Menschen sein, sondern sie müssten sich für Götter halten. Alexanders Argumentationslo-gik zielt dabei darauf, dass der Beobachterstandpunkt, den die Brahmanen ein-zunehmen suchen, eigentlich ein paradoxer ist: Ihre Lebensführung ziele auf Herrschaftsfreiheit, wobei der Wille zur Herrschaft dem Menschen zugleich naturgemäß zu eigen sei. Die „paradoxale Beobachtung der Welt"[6] ist, zumin-dest im abendländisch-christlichen Weltbild, aber letztendlich nur dem einen göttlichen Beobachter vorbehalten. Dies scheint mir eine Erklärung dafür zu bieten, weshalb Alexander die Brahmanen wiederum selbst als Gottesläste-rer (veindt der gotter, 2896) bezeichnet – und so wundert es auch nicht, dass

---

6   Zugrunde liegt der Begriff „Gott als Kontingenzformel" nach Niklas Luhmann (Luh-mann 2002).

die weitere Diskussion der Sinnfrage im Zeichen der Religion geführt wird. Dindimus weist dabei den Vorwurf, die Brahmanen würden sich als gottgleich erachten, entschieden zurück, indem er mit der *imitatio Dei* und der Gottesfreundschaft argumentiert, welche er als Nacheiferung Gottes durch Selbstbeherrschung näher bestimmt (4981–4926): Ihre asketische Lebensauffassung mache die Brahmanen eben nicht zu Gott, sie seien vielmehr die *nachuolger gottes vnd wierdt gottes frewndt* (2924). Der Effekt der Unterscheidung von gottnahen und gottfernen Menschen in ihrem philosophischen Disput ist, dass nun Alexander als derjenige erscheint, der der *hochfartt* (2927) erlegen ist und der Gott und seine Heiligkeit verschmäht. Dindimus klagt an dieser Stelle konsequenterweise zugleich Alexanders fehlende Dankbarkeit gegenüber Gott für seine Erfolge ein.

Letztlich erklärt Dindimus den Herrschaftsraum der Brahmanen spezifisch als „Gegenraum" zu Alexanders Reich, indem er das Streitgespräch auf die grundsätzliche Handlungsmotivation des Menschen und den „freien Willen" zuspitzt. Er argumentiert, dass das Leben der Brahmanen auf Gott und seinen *fride[n]* ausgerichtet sei, wohingegen Alexander von seinem Eroberungsdrang getrieben sei, der ihn keinen *fride[n]*, sondern nur *streytt* finden lasse: *Wier haben gott, des mangelst du. Wier haben in liebe, so erczuernest du in vnd betruebst in. Wier habenn die menschen lieb, so tottest du sy vnd berawbest sy. Wier haben lieb fride, so hast du lieb kryeg vnd streytt* (5020–5023).

Dindimus setzt der durch Gott zugewiesenen Lebenshaltung der Brahmanen Alexanders ungezähmten Willen zur Herrschaft entgegen, wobei er dessen *will* als verantwortlich dafür erklärt, dass er weder Rast noch Ruhe finde. Er markiert damit eine Entscheidungsfreiheit, wonach dieses Getriebensein oder der Friede dem Menschen eben nicht angeborene „Natur" sei, sondern der Mensch sich aufgrund des freien Willens für diese oder jene Lebensweise zu entscheiden habe. Er selbst habe die Entscheidung für diese Lebensphilosophie bewusst getroffen und sie stehe auch Alexander offen: *Ich pin weyßer nichtt geboren, ich pin erst nach der gepuerdt weys worden. Daz solttest du auch thuen, ob du wildt* (5131 f.). Dindimus fordert Alexander hierdurch auf, sich der Lebensphilosophie der Brahmanen zu unterwerfen und in asketischer Selbstbeherrschung zu leben. Die kontemplative Lebensweise der Brahmanen entpuppt sich schließlich als ein auf das Jenseits ausgerichtetes Leben im Diesseits, das mit dem auf die Immanenz ausgerichteten Leben des Herrschers Alexander schlicht nicht kompatibel ist. Der Transzendenzbezug der philosophischen Lehre des Dindimus ist allerdings dafür verantwortlich, dass Alexander ihr gar nicht folgen kann: Sein Handeln ist an die Immanenz gebunden, er hat Verpflichtungen gegenüber seinen Gefolgsleuten und trägt Verantwortung für diese.

Bemerkenswert erscheint an diesem Gesprächsschluss allerdings, dass Alexander sich Dindimus' Lehre wider dessen ursprüngliche Annahme dennoch zu Nutze machen kann. In der philosophischen Auseinandersetzung mit Dindimus hat Alexander nämlich eine Erkenntnis gewonnen. Diese stellt eine Art Ethik dar, die auf den Willen zum guten Handeln ausgerichtet ist, und zwar vor dem Hintergrund eines Wissens darüber, dass Herrschaftshandeln grundsätzlich nichts Gutes zu bewirken vermag. Alexander hat hierdurch zu einer neuen, reflektierten Lebenshaltung gefunden:

> *„O Dindime, ich ways vnd erkenn, daz alle wortt, die du mier gesagtt hast, war vnd gerechtt seyn, wann ich verstee, daz du von der gotthaitt gelaytt pist zu ainem guettem willen* [...]. *Nun danck ich dier deiner großen weyßhaitt, die du mitt mier getayltt hast,wann du hast mich gar wol berichtt in allen dingen vnd nämleich mein synne vnd wuettendt gemuett in* **ain klaynne stylle vnd ainmuettigkaytt** *geprachtt, daz ich dier des nichtt voldancken kan oder mag. Wann gelawb mier, daz ich mich in vil sachen nach deiner guetten vnd gerechtten lere richtten vnd schicken will* [...]. *Auch so wil ich sameln mein gemuett vnd daz in ainen pezzern willen laytten vnd keren, dann ich piss her gethann hab"* (5275–5307, Hervorhebung S.K.).

Alexander formuliert die Erkenntnis, dass sein Streben nach Herrschaft viel Leid für ihn und andere bedeutet habe und sein Leben als Herrscher durch unermüdliche Vorsorge und Planung bestimmt sei, was ihn rast- und ruhelos gemacht habe. Dass er Dindimus' Haltung jedoch intellektuell nachvollziehen könne, dafür dankt er ihm. Er gibt sogar zu erkennen, dass sie ihm in seinem ständig strebenden Gemüt sogar *ain klaynne stylle vnd ainmuettigkaytt* (5300 f.) gewähre. Dieses kurze Innehalten in seinem Getriebensein wird ihm durch seine neu erworbene Haltung möglich. Obwohl also Dindimus' Lehre keineswegs handlungsleitend für ihn sein kann, erhellt die kritische Reflexion und das Aufzeigen von Alternativen zumindest Alexanders Gemüt.

Das Besondere daran ist, dass damit nicht die Bewertung von Handlung an sich im Vordergrund steht, sondern als weiteres Kriterium die Haltung bzw. die Einstellung zum eigenen Handeln hinzutritt. Markiert ist hierdurch die Verantwortung, die mit der Entscheidungsfreiheit und der Möglichkeit selbsttätiger Lebensgestaltung einhergeht. In der narrativen Darstellung sticht dabei hervor, dass den Rezipierenden ein Einblick in das, was die Figur im Innersten bewegt, sie antreibt und motiviert, geboten wird. Handlungszwang ist hiernach nichts, was entweder von außen aufoktroyiert oder aber nur selbst auferlegt ist. Handlungszwang entspricht vielmehr der Macht des Diskurses im Foucault'-schen Sinn, wonach Gesellschaft auf Regeln aufbaut, die grundsätzlich Macht auf das Individuum ausüben. Solange der Einzelne Teil von Gesellschaft ist, bleibt Heterogenität zugegen, und darauf baut Herrschaft auf. Dem Diskurs ist in der Gesellschaft nicht zu entkommen, aber man kann sich zu ihm auch als Individuum verhalten, das bedeutet: eine Haltung einnehmen. Diese Haltung – der „gute Wille" – ändert zwar nichts unmittelbar an den Verhältnissen, aber der hierdurch gewonnene Raum für Reflexionen mag eventuell die eine oder andere Entscheidung beeinflussen.

Für die Rezipierenden besteht in dieser Diskussion der Motivations- und Sinnfrage menschlichen Handelns schließlich ein Angebot: Aus dem philosophischen Disput lässt sich ableiten, dass es notwendig ist, Alternativen der Lebensführung zu durchdenken, auch wenn dies nicht unbedingt zu einer grundlegenden Änderung führt – oder auch gar nicht führen kann. Die Auseinandersetzung mit Alternativen erscheint als zwingend, weil nur dann auch eine selbstverantwortete und freie Entscheidung getroffen werden kann, wenn sie vor dem Hintergrund anderer Möglichkeiten erfolgt. Somit sind auch die Grenzen der Entscheidungsfreiheit zu reflektieren – und die *ain klaynne stylle vnd ainmuettigkaytt* eröffnet den notwendigen Raum für die Distanzierung und Reflexion. Genau an diesem Punkt kommt die Bedeutung von Literatur ins Spiel. Der Umstand, dass der gesamte philosophische Disput zwischen Alexander und Dindimus als Briefwechsel erfolgt, kann als selbstreferentieller Hinweis darauf gedeutet werden, dass der Gegenraum „Orient", wie er in Hartliebs *Alexanderroman* entfaltet ist, letztlich ein literarisierter ist: Die „Heterotopie" ist die Literatur selbst. Als „Gegenraum" ist sie sowohl außer- als auch innerhalb der Gesellschaft verortet und erlaubt Einblicke in alternative Lebensentwürfe, an welchen die Rezipierenden teilhaben oder von denen sie sich auch distanzieren können. Der Text proklamiert mit dieser Orientkonzeption, dass Literaturrezeption zwar keinen unmittelbaren Einfluss auf die persönliche Lebensführung hat, doch sie es gerade als „Heterotopie" schafft, Raum für die *klaynne stylle vnd ainmuettigkaytt* der Reflexion zu gewähren, die notwendig ist, um überhaupt „Haltung" einnehmen zu können.

Bibliographie

Quellen

Johann Hartliebs *Alexander*. Hg. von Reinhard Pawis. München/Zürich 1991 (MTU 97).

Forschung

Bachorski, Hans-Jürgen: Briefe, Träume, Zeichen. Erzählperspektivierung in Johann Hartliebs *Alexander*. In: Erzählungen in Erzählungen. Phänomene der Narration in Mittelalter und Früher Neuzeit. Hg. von Harald Haferland und Michael Mecklenburg. München 1996, 371–391.

Ehlert, Trude: Die Aufwertung der theoretischen Neugierde. Johann Hartliebs *Alexander* zwischen theoretischer Legitimation und rationaler Selbstbehauptung. In: Saeculum 38 (1987), 178–192.

Foucault, Michel: Die Heterotopien. Der utopische Körper. Zwei Radiovorträge. Übers. von Michael Bischoff. Mit einem Nachwort von Daniel Defert. Frankfurt am Main ⁴2019.

Knaeble, Susanne: Zukunftsvorstellungen in frühen deutschsprachigen Prosaromanen. Berlin/Boston 2019 (Literatur – Theorie – Geschichte 15).

Luhmann, Niklas: Die Religion der Gesellschaft. Frankfurt am Main 2002.

Röcke, Werner: Die nackten Weisen der fremden Welt. Bilder einer utopischen Gesellschaft in Hartliebs *Alexander*-Roman. In: ZfG NF 6 (1996), 21–34.

Schlechtweg-Jahn, Ralf: Macht und Gewalt im deutschsprachigen Alexanderroman. Trier 2006 (Literatur – Imagination – Realität 37).

Stackmann, Karl: Die Gymnosophisten-Episode in deutschen Alexander-Erzählungen des Mittelalters. In: Kleine Schriften Teilband 1. Hg. von dems. Göttingen 1997, 331–354.

Warning, Rainer: Heterotopien als Räume ästhetischer Erfahrung. Paderborn/München 2009.

Faustus als Verführer. Zur Orientpassage in der *Historia von D. Johann Fausten*

Alexander Rudolph (München)

Abstract: Auf ihren Reisen durch Asien und Europa im 26. Kapitel der *Historia* kommen Faustus und Mephistopheles nach Konstantinopel und spielen dem Sultan einen Streich, indem sie sich als der Prophet Mohammed ausgeben. Die Schwankhandlung weist mehrere Parallelen zu der zuvor geschilderten Verspottung des Papstes in Rom auf. Der Beitrag legt zum einen dar, inwiefern sich darin eine gegenüber mittelalterlichen Darstellungen gewandelte Perspektivierung des Orients äußert. Zum anderen argumentiert er, dass die Verhöhnung des Sultans auch eine Verführung der Rezipierenden impliziert: Der Text provoziert, im Verlachen der Andersgläubigen gleichsam an der Hoffart der Protagonisten zu partizipieren, da die Mittel ihres Spotts ebenso sündhaft zu bewerten sind wie das Verhalten, das sie demaskieren.

Keywords: Literatur der Frühen Neuzeit, Faustbuch, Fauststoff, Orientdarstellung, Alterität, Rezeptionsästhetik

In der deutschsprachigen Literatur des 16. Jahrhunderts modifiziert sich die Perspektivierung des Orients. Diente sie mittelalterlichen Texten in der Gegenüberstellung von Christen und Heiden zentral zur Aushandlung religiöser Differenzen, so verschieben sich diese infolge der Reformation: Die Feinde des Christentums sind aus reformatorischer Sicht nicht mehr primär im Äußeren, sondern auch im Innern der Gesellschaft zu suchen. So gelten Luther das osmanische Reich und die Türken, die 1453 Konstantinopel eingenommen haben und nach der Eroberung von Ungarn 1529 vor Wien geschlagen wurden, zwar als Feindbild, doch nicht in größerem Maße als die Juden und die päpstliche Kirche. Das hat zum einen zur Folge, dass der Papst in Rom und der türkische Sultan in ihrer jeweiligen Abwertung nachgerade parallelisiert werden können.[1] Zum anderen erweist sich in religiöser Hinsicht die Auseinandersetzung mit

---

1 Vgl. prägnant bspw. Luther, Tischreden, Bd. 3, 1914, Nr. 3104b., 173,3–8: *Was die Form in der Religion betrifft, da ist unter dem Papst und Türken kein Unterscheid oder Aenderung denn in Ceremonien. Ursach: dieser, der Türk, hält mosaische Ceremonien; jener aber, der Papst, hält christliche. Doch verfälschen sie beide ihre Ceremonien. Und gleich wie der Türk Moses Baden und Waschen zureißt und beschmeist, also verunreiniget der Papst den rechten Brauch der Tauf und des Sacraments des Altars, unsers Herrn Jesu Christi wahren Leibs und Bluts.*

den Muslimen gegenüber derjenigen zwischen den Konfessionen als sekundär. Daraus resultiert auch, dass Orientdarstellungen in der Literatur eine sichtlich geringere Rolle als zur Zeit der Kreuzzüge spielen und sich eher in Reiseberichte verlagern (vgl. Auteri 2005: 142).

Ein prägnantes Beispiel für die ambivalente Perspektivierung des Orients in der Literatur des 16. Jahrhunderts ist die 1587 in Frankfurt erschienene *Historia von D. Johann Fausten*.[2] Die *Historia* ist der erste und überaus erfolgreiche Druck des Fauststoffs, und in ihr gilt der Theologe und Geheimwissenschaftler Faustus als Negativexempel der lutheranischen Rechtfertigungslehre. Drucker der *Historia* war der strenge Lutheraner Johann Spieß, der hauptsächlich lutheranische Traktatliteratur herausgab.[3] Der Orient kommt in der *Historia* nur an einer Stelle vor: Nachdem Faustus' sündhafte *curiositas*[4] bei seinen Disputationen mit Mephistopheles enttäuscht worden ist, versucht er im zweiten Teil auf anderem Weg zu Antworten über die letzten Dinge zu gelangen, und zwar über den Weg der – wortwörtlichen – *erfarung*: Faustus und der Geist fahren in die Hölle und ins Gestirn, sie bereisen Europa und Asien. Auf die tatenlose Verzweiflung des Teufelspaktlers folgt hier eine Rastlosigkeit, deren Movens die *concupiscentia oculorum* und die *concupiscentia carnis*, Augen- und Fleischeslust, sind, die freilich auch nicht zur Erkenntnis führen.

Geschildert wird die Reise durch Europa und Asien im längeren 26. Kapitel. Sie folgt keiner zweckmäßigen Route, führt etwa von Trier über Paris nach Mainz und von dort aus weiter nach Neapel. Das wird zum einen dadurch möglich, dass *sich Mephistophiles zu einem Pferde verkehret vvnd veränderte*, das jedoch *flügel wie ein Dromedari* hatte (60,8 f.). Das dämonische Vehikel steht damit bildlich wie symbolisch für die Hoffart, die dem Dromedar in der mittelalterlichen Naturkunde zugeschrieben wurde (vgl. Müller 1990: 1402). Zum anderen ist die Route der Quelle des Textes geschuldet: Die Reiseschilderung richtet sich, teils im Wortlaut, nach Schedels Weltchronik, die die Städte nicht geographisch, sondern nach Rang und Alter anordnet (vgl. ebd.).

In die verknappten Darstellungen der Städte und ihrer Sehenswürdigkeiten, die durchweg oberflächlich bleiben, sind zwei Schwänke eingespeist: Der erste spielt in Rom, der zweite in Konstantinopel, beide dienen der Verhöhnung von Feinden der Christenheit und sie sind paradigmatisch aufeinander bezogen. In Rom beobachtet Faustus *vbermut / stoltz / Hochmut / Vermessenheit / fressen / sauffen / Hurerey / Ehebruch / vnnd alles Gottloses Wesen deß Bapsts vnd seines Geschmeiß* (62,10–12). Er spielt ihm unsichtbar einen Streich und

---

2   Im Folgenden zitiert nach der Ausgabe Füssel/Kreutzer (Hg.) 2006.
3   Das Faustbuch ist die einzige *Historia*, die Spieß druckte. Vgl. zur Einordnung Müller 1990: 1326–1347; Müller 2012.
4   Vgl. zur *curiositas* im Faustbuch mit begriffsgeschichtlicher Einordnung und weiterführender Literatur Münkler 2010.

beraubt ihn seiner opulenten Speisen und Getränke, um sie selbst zu verzehren (62,16–36). Pointe ist hier, dass Faustus einerseits die Sündhaftigkeit des Papstes bloßstellt und damit beim Publikum Sympathien ernten kann, dies andererseits aber als jemand tut, der sich gleichwertiger Sünden schuldig macht. Er demaskiert als Gottloser die Gottlosen und provoziert dadurch ein Gelächter, das ambivalent zu bewerten ist: Wenngleich der Hohn aus lutherischer Perspektive die Richtigen trifft, speist sich das Verlachen des Papstes gleichsam daraus, das dämonische Treiben zumindest hinsichtlich seiner Wirkung gutzuheißen. Neben frommer Abscheu evoziert der Text eine prekäre Sympathie für die Aktionen des Schwankhelden, und dieses ambivalente Rezeptionsangebot kennzeichnet auch die darauf folgende Orientpassage.

Nach Reisen durch zahlreiche weitere Städte kommen Faustus und Mephistopheles gegen Ende des Kapitels nach Konstantinopel. Die Passage beginnt wie folgt:

> *Von diesem Bühel / darob D. Faustus etliche Tag geruhet / begibt er sich wider in die höhe / gen Orient zu / vnd reiset für vil Königreich / Stätt vnd Landschafften / wandelte also auch auff dem Meer etliche Tage / da er nichts dann Himmel vnd Wasser sahe / vnd kame in Thraciam oder Griechenlandt / gen Constantinopel / die jetzundt der Türck Teucros nennet / allda der Türckische Keyser Hoff helt / vnd vollbracht daselbst viel Abenthewr / wie hernach etlich erzehlt werden / so er dem Türckischen Keyser Solimanno zugefügt. Constantinopel hat jren Namen von dem grossen Keyser Constantino. Diese Statt ist mit weiten Zinnen / Thürnen vnd Gebäwen auffgericht vnd geziert / daß mans wol new Rom mag nennen / vnd fleußt neben an beyden orten das Meer. Dise Statt hat 11. Pforten / 3. Königliche Häuser oder wonungen. D. Faustus besahe etliche tage deß Türckischen Keysers macht / gewalt / Pracht vnd Hofhaltung / vnd auff einen Abend / als der Türckische Keyser vber der Tafel saß vnd asse / macht jm D. Faustus ein Affenspiel vnd Abenthewr / denn in deß Türckischen Keysers Saal herumb giengen grosse Fewerstromen / daß ein jeglicher zulieff zu leschen / in dem hub es an zu Donnern vnd Blitzen. Er verzaubert auch den Türckischen Keyser so sehr / daß er weder auffstehen oder man jn von dannen tragen kondt. Jn dem wurde der Saal so hell / als wann die Sonnen darinnen wohnete / Vnd D. Fausti Geist tratt in gestalt / zierd vnd geschmuck eins Bapsts für den Keyser / vnd spricht: Gegrüsset seystu Keyser / der je so gewürdiget / daß ich dein Mahomet vor dir erscheine. Mit solchen kurtzen Worten verschwandt er. Der Keyser fiel nach dieser Bezauberung auff die Knie nider / rüfft also seinen Mahomet an / lobt vnd preißt jn / daß er jn so gewürdiget / vnd vor jm erschienen were. (68,14–69,10)*

Unter Sultan Suleiman steht das türkische Reich auf dem Höhepunkt seiner Macht, und die Stadt seines Herrschaftssitzes wird als so prächtig beschrieben, dass Faustus sie tagelang betrachten kann. Die Bemerkung, man könne sie *wol new Rom* nennen, betont das Imperiale, genauso wie sie es verdächtig erscheinen lässt, da der paradigmatische Bezug zur lasterhaften Papstresidenz sogleich hergestellt ist. Faustus veranstaltet ein *Affenspiel*, also eine Verblendung und Verballhornung des Potentaten, und verfährt damit genauso wie Mephistopheles zuvor mit ihm, als er ihm bei ihrer Höllenfahrt ebenfalls *ein Affenspiel macht* (52,24 f.), sodass alles, was Faustus zu sehen bekam, sich als Schein und Trug entlarvte. Statt Erkenntnisgewinn steht dem Protagonisten nur die Option offen, die dämonischen Ressourcen, denen er selbst ausgesetzt ist, gegen andere zur Anwendung zu bringen. Er aktiviert sie für eine Schwankhandlung, die den Sultan der Lächerlichkeit preisgibt. Faustus veranstaltet ein Feuerspektakel, versetzt den Sultan in eine Körperstarre, und *Fausti Geist* – also Mephistopheles und nicht Faustus, wie die Forschung behauptet hat (Auteri 2005: 155) – tritt in *zierd vnd geschmuck eins Bapsts* auf. Er gibt sich, in lockerer Allusion an die Verkündigungsszene, als Mohammed aus und verschwindet wieder, worauf der Sultan auf die Knie fällt und den vermeintlichen Propheten lobpreist. Durch die visuelle Engführung Mohammeds mit dem Papst entlarvt die Verblendung den Sultan als ohnehin schon Verblendeten. Die Komik bezieht sich daraus, dass der Andersgläubige durch das Blendwerk unschwer dazu zu bringen ist, etwas weiteres Unrichtiges zu glauben. Dabei gilt das Interesse weniger seiner Religion, seiner Andersartigkeit oder seiner Charakterisierung als vielmehr der Pointe, den Mächtigen als machtlos darzustellen, mit der Nennung der Papst-Gestalt indirekt erneut den Katholizismus zu verhöhnen und den Sultan in parallelisierender Art und Weise als weiteres Negativexempel nicht-rechtschaffenen Glaubens dem Verlachen preiszugeben. Dies steigert sich in der darauffolgenden Szene noch:

Morgen am andern Tage fuhr D. Faustus in deß Keysers schloß ein / darinnen er seine Weiber vnd Hurn hat / vnd niemand daselbst jnnen wandeln darff / als verschnittene Knaben / so dem Frawenzimmer auffwarten. Dieses Schloß verzauberte er mit einem solchen dicken Nebel / daß man nichts sehen kundte. D. Faustus / wie auch vor sein Geist / namen solche gestalt vnd wesen an / vnd gab sich vor den Mahomet auß / wonet also 6. tag in diesem Schloß / so war der Nebel so lang da / als lang er da wonete. Wie auch der Türck dißmal sein volck vermanet / diese Zeit mit viel Ceremonien zubegehen. D. Faustus der assz / tranck / war gutes muts / hatt seinen Wollust / vnd nach dem er solchs vollbracht / fuhre er im Ornat vnd Ziede eines Bapsts in die Höhe / daß jhn männiglich sehen kondte. Als nun D. Faustus widerumb hinweg / vnd der Nebel vergangen war / hat sich der Türck in das Schloß verfüget / seine Weiber gefordert / vnnd gefragt / wer allda gewesen were / daß das schloß so lang mit einem Nebel vmbgeben gewest / Sie berichten jn / es were der Gott Mahomet gewest / vnd wie er zu Nacht die vnd die gefordert / sie beschlaffen / vnnd gesaget: Es würde auß seinem Samen ein groß Volck vnd streitbare Helden entspringen. Der Türck nam solchs für ein groß Geschenck an / daß er jm seine Weiber beschlaffen / fraget auch hierauff die Weiber / ob er auch eine gute Prob / als er sie beschlaffen / bewiesen? Ob es Menschlicher weise were zugangen? Ja antworten sie / es were also zugangen / er hett sie geliebet / gehälset vnd were mit dem Werck wol gestaffiert / sie wolten solches alle Tage annemmen / Zu deme / so were er nackendt bey jnen geschlaffen / vnd in gestalt eines Mannsbilds / allein sein Sprach hetten sie nit verstehen können. Die Priester beredten den Türcken / er solte es nit glauben / daß es der Mahomet were / sonder ein gespånst. Die Weiber aber sagten: Es seye ein gespånst oder nit / er hette sich freundtlich zu jnen gehalten / vnd zu Nacht einmal oder sechs / vnd je mehr sein Prob meisterlich bewiesen / vnd were in summa wol gestaffiert / etc. Solchs machte dem Türckischen Keyser viel nachdenckens / daß er in grossem zweiffel stunde. (69,11–70,10)

Auch im zweiten, obszönen Streich sind die Mittel der Verhöhnung ebenso sündhaft wie die Sündhaftigkeit, die sie bloßstellen. Der Harem als Sinnbild muslimischer Polygamie markiert zwar theoretisch die Alterität des türkischen Hofes, ist aber auf einer Ebene mit der zuvor gebrandmarkten römischen *Hurerey* anzusiedeln. Er dient erneut nur als Anlass dazu, zur Schau zu stellen, dass alle, die nicht rechten Glaubens sind, sich als korrumpierbar erweisen. Auf die Epiphanie als Prophet folgt das Verhüllen des Harem-Schlosses, und in so komischer wie paradoxer Verdopplung geben sich Faustus und Mephistopheles nun beide als Mohammed aus. Sie vermögen die Frauen ebenso zu täuschen wie den Herrscher und sechs Tage, also eine Woche minus den Ruhetag, Unzucht zu treiben. Faustus *assz / tranck / war gutes muts* und *hatt seinen Wollust*, macht sich also der *gula* und der *luxuria* schuldig, womit der Text die Todsünden als solche markiert, die den Harem grundsätzlich kennzeichnen. Auf die Spitze getrieben wird die Verhöhnung durch den Bericht über Faustus' Aussage, dass aus seinem *Samen ein groß Volck vnd streitbare Helden entspringen*. Sie stilisiert Faustus in Allusion an die biblische Erzählung von Abraham, aber auch an antike Göttergestalten, als Stammvater (vgl. Müller 1990: 1409), und das Postulat seiner übergroßen Potenz lässt sich als ironisch-obszöner Ausdruck der christlichen Überlegenheit über die Andersgläubigen verstehen.[5] Suleimans Dankbarkeit dafür maximiert seine Verblendung, und erst als seine Neugier, *ob es Menschlicher weise were zugangen*, Bemerkungen zu Faustus' Geschlechtsteil provoziert und die Information zutage fördert, dass die Frauen *allein sein Sprach hetten [...] nit verstehen können*, nährt dies den Zweifel an der Richtigkeit der Propheten-Epiphanie. Zum einen muss den Sultan die Tatsache, dass die Frauen den Propheten nicht verstehen konnten, verwundern, da die Ansprache des Pseudo-Mohammed an ihn selbst keineswegs von Verständnisschwierigkeiten geprägt war (69,5–10; s. o.). Zweitens erntet er die Skepsis der Priester, die ihm einzureden versuchen, dass es sich

---

5   Darüber hinaus lässt sich hier auch eine Parallele zum antisemitischen Erzählmotiv erkennen, in verhöhnender Weise sexuelle Übergriffe christlicher Männer auf jüdische Frauen darzustellen, wie es insb. in der Frühen Neuzeit verschiedentlich begegnet. Vgl. dazu Lembke 2019: 170–178. Ich danke Astrid Lembke herzlich für den Hinweis.

um einen Trug handeln muss. Dies darf als zusätzliche Spitze gegen das päpst-liche Rom gelten, da Selbiges dort gerade nicht stattfand. Schließlich bleibt der Sultan nachdenklich und *in grossem zweiffel* zurück. Faustus' dämonisches Treiben versetzt den Potentaten in genau jenen Zustand, den Mephistopheles in den Unterredungen im ersten Teil der *Historia* auch bei ihm ausgelöst hat.[6]

Zwei Schlüsse lassen sich aus dieser Schwankerzählung am türkischen Hof ziehen. Erstens: Der Orient interessiert im Faustbuch nur insofern, als Konstantinopel als Machtzentrum von Andersgläubigen ebenso dem Spott ausgesetzt werden kann wie das päpstliche Rom. Das 26. Kapitel demonstriert anschaulich, dass aus lutherischer Perspektive die religiöse Leitdifferenz zwischen rechtem und unrechtem Glauben sich so weit verschoben hat, dass es zu einer deutlich anderen Perspektivierung des Orients kommen kann. So ebnet der Text die Unterschiede zwischen Katholizismus und Islam im Hinblick dar-auf ein, dass beide *ex negativo* als Irrglaube von Interesse sind. Beide werden repräsentiert durch Potentaten, die ihre Macht primär dazu gebrauchen, sich ausschweifender Leibeslust und Diesseitsverfallenheit hinzugeben. Bei beiden macht das dämonische Blendwerk ihre ohnehin schon gegebene Verblendung nur noch evidenter. Die Alterität des türkischen Hofes interessiert nur im Sinne einer weiteren Facette unrechten Glaubens und fehlgeleiteter Lebensführung, und die Szenerie an einem Ort, den man *wol new Rom* nennen kann (68,28; s. o.), dient durch ihre paradigmatischen Bezüge der zusätzlichen Diskreditie-rung der päpstlichen Kirche. Sie erweist sich rekursiv nicht nur als vergleichbar mit dem lasterhaften Irrglauben am türkischen Hof, sie überbietet ihn sogar noch, da sich der römische Potentat als Geistlicher verblendet zeigt, während in Konstantinopel die Geistlichen Verdacht schöpfen. Insgesamt schildern die Reisen durch Europa und Asien nicht das Eine und das Andere, sondern sie ver-fahren nach demselben Muster und fördern dieselbe Lasterhaftigkeit zutage.

Zweitens: So einsichtig die Funktion der Komik in den Schwankhand-lungen ist, so intrikat sind ihre Mittel aus rezeptionsästhetischer Perspektive zu bewerten. Indem der Schwank auf das Verlachen der Andersgläubigen zielt, provoziert seine Erzählung die Genugtuung eines Publikums, das sich in der eigenen Rechtgläubigkeit bestätigt sieht. Doch hat die Befriedigung, Feinde des Christentums der Lächerlichkeit preisgegeben zu sehen, eine Kehrseite: Neh-men Rezipierende dieses Angebot des Textes an, partizipieren sie an einem Gefühl der Überlegenheit, das in prekäre Nähe zum Hochmut der Protagonis-ten rückt. Faustus und Mephistopheles sind als Verhöhnende durch dieselbe Sündhaftigkeit gekennzeichnet wie diejenigen, die sie verspotten. Doch statt dass der Text gegenüber seinen Schwankhelden jene fromme Abscheu akti-vieren würde, die die Vorrede des Faustbuchs unmissverständlich als seinen

---

6   Vgl. bspw. Kap. 17: *D. Faustus gieng abermals gantz Melancholisch vom Geist hinweg / wardt gar Verwirret vnd Zweiffelhafftig* (42,15 f.).

Nutzen darlegt, zielt er auf eine Unterhaltsamkeit, bei der man die Verspottung der Andersgläubigen gutheißt, obwohl ihre Mittel unfrommer nicht sein könnten. Die Schwankhandlungen des 26. Kapitels sind in dieser Hinsicht exemplarisch für das ambivalente Rezeptionsangebot der *Historia*: Die Darstellung der Faustus-Figur ist nicht nur dadurch gekennzeichnet, als Negativexempel fehlenden Gottvertrauens zu erscheinen. Vielmehr wohnen ihr immer wieder auch Identifikationsangebote inne, die auf Sympathie und Empathie zielen. So provoziert der todgeweihte Faustus am Ende der *Historia* – obwohl er auch die letzten Angebote, zu Gottvertrauen zurückzufinden, ausschlägt – Mitleid, und der Text setzt hier mitnichten nur darauf, Spott für den Protagonisten und Genugtuung über seinen Niedergang hervorzurufen.[7] Und so können die Schwankhandlungen, die sich im dritten Teil der *Historia* fortsetzen, auf die Sympathie des Publikums setzen, da der Schwankheld Faustus, so Jan-Dirk Müller, zum „Medium einer konfessionell und sozial gefärbten Kritik" wird, die vom Standpunkt „christlich bürgerlicher Wohlanständigkeit" affirmiert werden kann (Müller 1990: 1345). Faustus erfüllt im Verlauf der Erzählung mehr Funktionen, als ein *schrecklich Exempel* (12,20) für gottloses Leben abzugeben, und der Text löst die Spannung nicht auf, dass dieselbe Figur, die zur Abschreckung dienen soll, Sympathien zu wecken vermag. Es muss offenbleiben, inwiefern dies im Sinne eines Verfahrens als Strategie der Erzählung gewertet werden kann oder ob solche ambivalenten Rezeptionsangebote dem Text vielmehr unterlaufen und dem Interesse geschuldet sind, Faustus und die durch ihn Verhöhnten gleichermaßen als Negativexempel darzustellen. Der Umstand, dass in späteren Faust-Erzählungen die Figur zunehmend umgedeutet werden kann, hat womöglich aber nicht zuletzt hierin eine Grundlage.

Der Orientschwank jedenfalls dient der eindimensionalen Vergewisserung, dass die Andersgläubigen Irrgläubige sind, und der Genugtuung darüber, im Verlachen ihre Verhöhnung reproduzieren zu können. Dass das bediente Ressentiment auch das Potenzial hat, selbst jenes Überlegenheitsgefühl und jenen Hochmut walten zu lassen, der es Faustus überhaupt erst ermöglicht, den Sultan zu blamieren, legt seine innere Problematik offen. Wo man dank Faustus über die Verblendung des türkischen Herrschers lacht, lässt man sich auf Rezeptionsseite darauf ein, dass Faustus' Taten Genugtuung evozieren. Die Erzählung der Taten des verführbaren Teufelsbündlers Faustus enthält somit ihrerseits eine Verführung. Im Lachen partizipiert man nicht nur an der Verspottung, sondern potenziell auch an der Hoffart des Protagonisten. Die Darstellung des fernen Orients hat aus dieser Perspektive nicht den Konflikt

---

7   Vgl. konzeptionell zum Aspekt der Empathie im Faustbuch und der „strategische[n] Ambivalenz", dass das Ende von Faustus nicht nur Abscheu, sondern auch Mitleid provoziert, Gerok-Reiter 2011: bes. 12–15, Zitat 15.

religiöser Differenzen zum Gegenstand, sondern provoziert den inneren Konflikt zwischen frommer Rechtschaffenheit und prekärem Hochmut.

Bibliographie

Quellen

D. Martin Luthers Werke. Kritische Gesamtausgabe. Tischreden. Dritter Band: Tischreden aus den dreißiger Jahren. Weimar 1914.
Historia von D. Johann Fausten. Text des Druckes von 1587. Kritische Ausgabe. Mit den Zusatztexten der Wolfenbütteler Handschrift und der zeitgenössischen Drucke. Hg. von Stephan Füssel und Hans Joachim Kreutzer. Ergänzte und bibliographisch aktualisierte Auflage. Stuttgart 2006 (RUB 1516).

Forschung

Auteri, Laura: Bilder von Arabern und Türken im 16. Jahrhundert: *Fortunatus* (1509), *Schöne Magelone* (1527), *Historia von D. Johann Fausten* (1587). In: Deutsche Kultur und Islam am Mittelmeer. Akten der Tagung Palermo, 13.–15. November 2003. Hg. von ders. und Margherita Cottone. Göppingen 2005 (GAG 725), 141–157.
Gerok-Reiter, Annette: Tradition und Transformation. Polyphone Wissensfiguration in der *Historia von D. Johann Fausten.* In: KulturPoetik 11 (2011), 1–20.
Lembke, Astrid: Riskante Nachbarschaften. Konflikte um Religion und Geschlecht bei Caesarius von Heisterbach, Hans Folz, Hans Jakob Christoffel von Grimmelshausen und in Juspa Schammes' *Sefer Mayse Nissim.* In: Gender Studies – Queer Studies – Intersektionalität. Eine Zwischenbilanz aus mediävistischer Perspektive. Hg. von Ingrid Bennewitz, Jutta Eming und Johannes Traulsen. Göttingen 2019 (Berliner Mittelalter- und Frühneuzeitforschung 25), 161–186.
Müller, Jan-Dirk: Faustbuch [Kommentar]. In: Romane des 15. und 16. Jahrhunderts. Nach den Erstdrucken mit sämtlichen Holzschnitten. Hg. von dems. Frankfurt a. M. 1990 (Bibliothek der frühen Neuzeit 1; Bibliothek deutscher Klassiker 54), 1319–1430.
Müller, Jan-Dirk: Art. ‚Faustbuch (*Historia von D. Johann Fausten*)'. In: Verfasserlexikon. Frühe Neuzeit in Deutschland. 1520–1620. Hg. von Wilhelm Kühlmann, dems., Michael Schilling, Johann Anselm Steiger und Friedrich Vollhardt. Bd. 2. Berlin/Boston 2012, 296–305.
Münkler, Marina: *curiositas* als Problem der Grenzziehung zwischen Immanenz und Transzendenz in der *Historia von D. Johann Fausten.* In: Neugier und Tabu. Regeln und Mythen des Wissens. Hg. von Martin Baisch und Elke Koch. Freiburg i. Br. u. a. 2010, 45–69.

Kongruenzen romanisch-, französisch-deutschen und deutsch-jiddischen Kulturtransfers in Chansons de geste, Romanen und Erzählungen

Herausgegeben von Danielle Buschinger, Sieglinde Hartmann, Galina Baeva, Astrid Starck

Einleitende Vorbemerkung

Die Beiträge in dieser Sektion sind bisher wenig beachteten Rezeptionsprozessen im Bereich des Literaturtransfers zwischen dem romanischen Sprachraum und den deutschsprachigen Ländern gewidmet.

Dabei werden neue Beobachtungen zu charakteristischen Beispielen deutscher Adaptationen romanischer- bzw. französischer Erzähl-Vorlagen vorgestellt.

Diesen Themenbereich behandeln die Beiträge von Sieglinde Hartmann Hartmanns von Aue *Gregorius*, von Rosmarie Morewedge zu Gottfrieds von Straßburg *Tristan* sowie von Ronny F. Schulz zu Wolframs *Willehalm*.

Sodann sind bisher kaum beachtete jiddische Bearbeitungen deutscher Texte in den Fokus gerückt worden, die teils aus der Romania teils aus dem deutschen Sprachraum stammen. Dabei rollt Danielle Buschinger die Entstehungsgeschichte des frühneuzeitlichen *Bovo-Bukh* von altfranzösischen Prätexten über italienischen zu deutschen Vorlagen der jiddischen Fassung auf. Des Weiteren analysiert Galina Baeva den deutschen *Fortunatus* in einer jiddischen Überlieferung.

Galina Shapovalova liefert neue Beobachtungen zum Petrarkismus in der deutschen Sonettdichtung des 17. Jahrhunderts, indem sie eine beeindruckende Anzahl barocker Gedichte vorstellt.

Ergänzend dazu beleuchten Beiträge aus der Kunstgeschichte und der Musikwissenschaft Transferprozesse aus der Romania in die Germania.

Für Mediävisten interessant ist die Untersuchung von Irma Trattner zum Kunst- und Kulturtransfer in der Malerei am Beispiel oberitalienischer Marienkrönungen um 1400 im transalpinen Raum.

Zeitlich wie thematisch abschließend stellt Philippe Olivier die bisher selten analysierte Reaktion Richard Wagners auf die französische *Grand Opéra* in den Mittelpunkt seiner Abhandlung über den *Lohengrin*.

Danielle Buschinger, Sieglinde Hartmann

Der deutsche *Fortunatus*: zwischen Übersetzung und Adaptation (am Beispiel einer jiddischen Überlieferung)

Galina Baeva (St. Petersburg)

Abstract: Seit dem Ende des Mittelalters ist das Prosawerk über *Fortunatus* und seine Söhne eines der bekanntesten Volksbücher, das weit über die Grenzen Deutschlands hinaus bekannt ist und zahlreiche Übersetzungen in fremde Sprachen sowie Bearbeitungen und Adaptionen erfahren hat.

Das Anliegen der Erzählung macht „ein System bürgerlicher Didaxe" aus (Manfred Lutz), das auf eine Veränderung des sozialen Umfeldes, den Aufstieg der bürgerlichen Welt und die Ausbildung ihres Selbstverständnisses verweist.

Unter den Übersetzungen des Fortunatus gibt es auch eine aus dem Jahr 1699 stammende jiddische. Es handelt sich eigentlich nicht um eine Übersetzung, sondern um eine Wiedergabe und Adaption des deutschen Textes in hebräischen Buchstaben. Die Adaption betrifft in erster Linie einige Auslassungen und Änderungen von Wörtern und Passagen zu religiösen Anschauungen und Schilderungen (z. B. christliche Riten, Bräuche, Gebete etc.), um den Stoff für jüdisches Publikum anzupassen und dadurch ein lebendiges Interesse am Stoff zu erwecken.

Keywords: Fortunatus, bürgerliche Welt, jiddische Adaptation

1. Einleitung

Die deutsche Prosaerzählung[1] von *Fortunatus* und seinen Söhnen wurde mit etwa zwanzig Ausgaben zu den meistgelesenen „Volksbüchern" seit dem 16. Jahrhunderts gezählt. Das Werk ist vermutlich in der 2. Hälfte des 15. Jahrhunderts, etwa um 1490, von einem bürgerlichen Verfasser geschrieben und erstmals 1509 in Augsburg gedruckt worden[2].

---

1   Auch Prosaroman bzw. Volksbuch genannt. Zum Begriff des Prosaromans vgl. Jan-Dirk Müller: Augsburger Drucke von Prosaromanen im 15. und 16. Jahrhundert, in: Augsburger Buchdruck und Verlagswesen. Von den Anfängen bis zur Gegenwart, hg. von Helmut Gier und Johannes Janota, Wiesbaden 1997, S. 337–352; vgl. auch: Fortunatus. Das Volksbuch von Fortunatus und seinen Söhnen aus dem Jahre 1509, nacherzählt und kommentiert von Wolfgang Spiewok, Greifswald 1997, S. 26–31. Wegen des Gebrauchs und der Wirkungen von Zaubermitteln gilt das Werk in der Literaturgeschichte häufig als Märchen; vgl. Fortunatus. Studienausgabe nach der Editio Princeps von 1509, hg. von H.-G. Roloff, Stuttgart 1996, S. 207.

2   H.-G. Roloff: Fortunatus, in: Lexikon des Mittelalters. Bd. 4. München/Zürich 1989, Sp. 666–667.

In den nachfolgenden Jahren und Jahrhunderten wurde das Buch nicht nur unter dem deutschen Publikum sondern auch weit über die Grenzen hinaus sehr beliebt, wovon zahlreiche Übersetzungen sowie Überlieferungen in fremde Sprachen (Holländisch, Dänisch, Schwedisch, Englisch, Französisch, Italienisch, Ungarisch u. a.), sowie Adaptionen und Bearbeitungen zeugen[3]. Angesichts der Geschichte des überlieferten Stoffes soll angenommen werden, dass es noch andere adaptierte, inzwischen aber verschollene Versionen gegeben hat. Da viele der populären Volksbücher im Laufe der Jahrhunderte auf den Geschmack ihres jüdischen Leserkreises hin geändert wurden, ist es nicht unmöglich, dass auch mit dem *Fortunatus* ähnliches geschah[4].

Obwohl der unbekannte Autor im Roman ältere Quellen verwendet, scheinen aber Grundkonzeption, Aufbau und Handlungsführung bei der Beschreibung der Geschichte einer Familie über einige Generationen seine eigene Leistung zu sein und das Buch von Fortunatus und seinen Söhnen ist damit eines der wenigen original deutschen Werke dieser Gattung. Die neuere Forschung sieht im Fortunatus eine Reflexion der neuen bürgerlich-kaufmännischen Gesellschaft und ihrer immanenten Gefährdung[5]. Die bekannten und verbreiteten Erzählmotive, aus denen die Geschichte zusammengesetzt ist, könnten diese Einschätzung stützen. Doch bestimmt den *Fortunatus* ein deutlicher Grundgedanke. Beispielhaft führt er den Aufstieg und Fall einer bürgerlichen Familie innerhalb des historischen Übergangs der wirtschaftlichen Macht im späten Mittelalter vom Adel zum Bürgertum vor. Das Anliegen des Romans kann vielmehr als didaktisch pädagogisch bestimmt werden: vorbildliches und falsches Verhalten des Bürgers und den rechten (d.h. vernünftigen) Umgang mit Reichtum als Perspektive des sozialen Aufstiegs, des persönlichen Glücks, der Lebenserfahrung und letztlich auch der Weisheit am Beispiel der Geschichte dreier Generationen einer Kaufmannsfamilie zu erläutern. Im *Fortunatus* lässt sich aber auch der Mensch erkennen, der, nach einer treffenden Bemerkung von Hans Rupprich, „durch Zauberei aus den Begrenzungen seiner menschlich-materiell und lokal gebundenen Existenz hinausgeleitet und an die Schranken der möglichen Steigerung des Ich herangeführt wird. Diese Züge des Erzählwerkes weisen voraus auf das *Faustbuch*"[6].

---

3   Fortunatus. Das Volksbuch von Fortunatus und seinen Söhnen aus dem Jahre 1509, nach-erzählt und kommentiert von Wolfgang Spiewok, Greifswald 1997, S. 64.

4   Vgl. Fortunatus. Die Bearbeitung und Umschrift eines spätmittelalterlichen deutschen Prosaromans für jüdisches Publikum, hg. von John A. Howald, in: Quellen und Forschungen zur europäischen Ethnologie, hg. von Dieter Harmening, Bd. 11, Würzburg 1991, S. VIII.

5   H. Kästner: Fortunatus – Peregrinator mundi: Welterfahrung und Selbsterkenntnis im ersten deutschen Prosaroman der Neuzeit, Freiburg 1990, 338 Seiten, Zitat: S. 46.

6   Zitiert nach: Fortunatus. Die Bearbeitung und Umschrift eines spätmittelalterlichen deut-schen Prosaromans für jüdisches Publikum, hg. von John A. Howald, in: Quellen und

2. Die Geschichte des jüdischen Fortunatus

Unter den zahlreichen Übersetzungen von *Fortunatus* ist auch eine „jüdische" von 1699 bekannt. In diesem Fall handelt es sich nicht um eine Übersetzung ins Jiddische, sondern um eine Wiedergabe bzw. eine Nacherzählung des deutschen Textes mit hebräischen Schriftzeichen, was eigentlich die Edition, Transkription und der Kommentar von John A. Howard verdeutlicht[7]. Bei dieser Adaption zum Geschmack des jüdischen Publikums geht es um einige Auslassungen und Änderungen von Wörtern und Passagen, in erster Linie zu religiösen Anschauungen und Schilderungen. All das kennzeichnet diesen *Fortunatus* als eine Adaption für jüdische Leser und damit auch deren Interesse am Stoff.

Die in diesem Beitrag analysierte *Fortunatus*-Erzählung von 1699 ist ein Teil der Oppenheimschen Sammlung, die 1829 von der Bodleian Bibliothek (Oxford, England) für 9 000 Thaler gekauft und somit den Bodleianer *Fortunatus* genannt wurde[8]. Der Druckort wird als Frankfurt vermutlich aus den Lettern identifiziert. Laut eines besonderen Stadtgesetzes durften die Juden in der zweiten Hälfte des 17. Jahrhunderts innerhalb der Stadt keine Druckerpresse besitzen und mussten ihre Bücher entweder außerhalb der Stadt drucken oder innerhalb der Stadt von christlichen Druckern herstellen lassen. In diesem Zusammenhang wäre es möglich, dass der Forscher Steinschneider die im Bodleianer *Fortunatus* benutzten Lettern als einem christlichen Drucker in Frankfurt zugehörig identifizieren konnte[9]. Dass der Bodleian *Fortunatus* keinen der in den deutschen Ausgaben überlieferten Holzschnitte einfügt, entspricht durchaus der Praxis fast aller frühjiddischen Adaptationen deutscher Volksbücher[10].

Der Bodleianer *Fortunatus* hat also keine für die deutschen Ausgaben üblichen Holzschnitte; er besteht aus sechsundfünfzig Blättern in Oktavgröße. Der Text selbst ist in siebenundvierzig Kapitel eingeteilt, was den gleichzeitigen deutschen Ausgaben entspricht. Nach der Einschätzung der Forscher ist der Text sehr sorgfältig gedruckt und das verleiht dieser Ausgabe, im Gegensatz zu den meisten anderen frühjiddischen Drucken, ein sehr hohes Niveau. Auf dem Titelblatt gibt der Herausgeber an, dass seine Bearbeitung die erste sei, die den *Fortunatus* für das jüdische Publikum adaptiert hat. In der Tat ist keine weitere Adaption gefunden. Wenn man dennoch die Angabe des Herausgebers anzweifeln muss, so deshalb, weil sich der *Fortunatus* im 16. und

---

Forschungen zur europäischen Ethnologie, hg. von Dieter Harmening, Bd. 11, Würzburg 1991, S. VII.
7   Ebd.
8   Ebd., S. V.
9   Ebd., S. VI.
10 Ebd.

17. Jahrhundert großer Beliebtheit erfreute: mit der *editio princeps* (Augsburg, 1509, von Johannes Heibler) anfangend, führen P. Heitz und F. Ritter 25 deutsche Editionen für die Zeit noch vor 1699 an, d.h. für eine Zeitspanne von beinahe 200 Jahren vor dem hier bearbeiteten Text.

3. *Textanalyse*

Es ist sehr unwahrscheinlich, dass es sich bei der Vorlage um eine zeitgenössische deutsche Version handelte, die nicht mehr existiert. Die erste Ausgabe mit genau demselben Titel (*Fortunatus mit seinem Seckel*) ist die Ausgabe von Nürnberg aus dem Jahre 1677. Alle früheren Vorlagen hingegen trugen den Titel *Von Fortunato mit seinem Seckel*. Von den zwischen 1677 und 1699 gedruckten Auflagen weist die im Britischen Museum gefundene und 1680 datierte Ausgabe eine enge Verwandtschaft mit dem Bodleianer *Fortunatus* auf und ihre Titel, ausgenommen den Hinweis auf die Holzschnitte, entsprechen völlig einander:

> *Fortunatas mit seinem Seckel und Wünsch-Hütlein / Wie er dasselbige bekommen / und ihn darmit ergangen / in einer überaus lustigen Lebens / // Beschreibung vorgestellt. Jetzo wiederum Mit schönen Figuren gezieret*[11].

Die Sprache und der Inhalt des Bodleianer jüdischen Fortunatus stimmen auch mit der obigen Ausgabe fast wörtlich überein. Gelegentlich stößt man auf Indizien, die anzudeuten scheinen, dass eine kurz vor 1699 verfasste, nun aber verlorengegangene deutsche Ausgabe als unmittelbare Vorlage gedient habe. Arnold Paucker hat vor einigen Jahren postuliert, dass der Text der Bodleian Bibliothek aus einer solchen Vorlage unmittelbar in hebräische Lettern übertragen worden ist[12].

Obwohl das Erzählmaterial adaptiert wurde, um den Interessen eines jüdischen Leserkreises zu dienen, muss doch hervorgehoben werden, dass die Geschichte selbst – eine Mischung von Abenteuern, Reisen und Didaxe – an sich unverändert geblieben ist. Sowohl die Atmosphäre als auch die Hauptcharaktere gehören durchwegs dem christlichen Lebensbereich an. Und hinsichtlich der Sprache kann man sagen, dass sie nur ein in hebräischen Buchstaben wiedergegebenes Deutsch sei. Ab und zu kommen Wörter wie „*mir*", „*nit*" und „*jo*" (statt „*wir*", „*nicht*", oder auch „*niks*" und „*ja*") vor, aber der Bearbeitung

---

11 Hier und im Folgenden werden Belege aus der obenerwähnten Ausgabe von John A. Howald zitiert.

12 Vgl. ebd., S. VI.

fehlt die Konsistenz. Diese Beispiele stellen weiterhin linguistische Züge dar, die auch für andere deutsche Dialekte typisch sind. Vom hebräischen Alphabet und der hebräischen Buchstabierung des Wortes „Jerusalem" abgesehen, verweist die Sprache auf das Deutsch des späten 17. Jahrhunderts[13].

Wie schon gesagt, ist der Text des jiddischen *Fortunatus* also nicht einfach eine Transkribierung aus dem Deutschen: Der Text musste verändert werden, um den Geschmack des angesprochenen jüdischen Publikums nicht zu verletzen. Der Inhalt wurde aber nicht judaisiert. Wörter und Phrasen, die dem Drucker anstößig schienen, wurden einfach ausgelassen oder durch neutrale Wörter und Phrasen ersetzt.

Die wichtigsten vorkommenden Änderungen und Auslassungen betreffen fast ausschließlich den religiösen Bereich, es geht in erster Linie um christliche Riten, Bräuche, Gebete, usw. Im Bodleianer *Fortunatus* werden solche Wörter wie „*Christ*", „*christlich*" und deren wortbildliche Varianten häufig völlig ausgelassen oder vermieden. Z.B. kann man in der Auflage aus 1680 den folgenden Satz lesen: <...> *oder meiner Fürsten einen zu ihm sende / so sind sie den Christen nicht angenehm / auch moechten sie unterwegs gefangen werden* <...> (S. 100, Zeile 10). Im Bodleainer Text wird die gleiche Stelle auf eine andere Weise wiedergegeben und zwar: <...> *odr meinr firstn einn zu im sende so mechtn sie untr wegs gfangen werdn* <...> (Blatt 36a, Zeile 24 f.).

Konsequent werden die Auslassungen solcher Art aber nicht durchgeführt; bereits zwei Zeilen später steht das früher ausgelassene „verbotene" Wort: <...> *der kristn hauptman* <...> (Blatt 36a, Zeile 27) und noch ein Stück weiter wieder: <...> *kristn schif leit* <...> (Blatt 36a, Zeile 30).

Die letzten beiden Beispiele stellen aber die einzigen Belege im adaptierten Fortunatus dar, in denen die Wörter „*Christ*" und/oder „*christlich*" beibehalten worden sind. Eine andere Stelle enthält aber eine Änderung (keine Auslassung), die nicht nur selten vorkommt, sondern möglicherweise auch ein Sonderfall bildet. Im deutschen Text steht geschrieben: <...> *dieweil er alle Christliche Koenigreiche durchzogen* <...> (S. 88, Zeile 25), der Bearbeiter gibt das wie folgt wieder: <...> *die weil er ale teitsche kinigreich durch zogn* <...> (Blatt 32a, Zeile 24). In diesem Zusammenhang entsteht die Frage, ob es hier wirklich „deutsche" (König-) Reiche gemeint werden, oder steht hier *teitsch* in Hinsicht auf die deutschen Juden und ihre Sprache?

In einigen Fällen geht die Säuberung des Textes von christlichen Einzelheiten und Anspielungen sehr weit, besonders dort, wo es sich um längere Passagen mit Gebeten, Segen und Mitteilungen zu christlichen Feiern handelt. So heißt es an einer Stelle des deutschen Textes: *Fortunatus gieng in Sophia Kirche / darinen gar eine schoene Capelle ist die genandt wird zu unser lieber Frauen*

---

13 Vgl. ebd., S. VII.

/ da gab er dem Priester zwen Gulden / dass die eine Predigt thun solten / Gott dem allmaechtigen zu Ehren / und den Lobgesang Te Deum Laudamus / singen. Da die Predigt und Lobgesang vollbracht war / gieng er <...> (S. 60, Zeilen 27 ff.). Diese Stelle erscheint im jiddischen *Fortunatus* wie: <...> *un'ging in die kirchn aus derselbn ging er* <...> (Blatt 22b, Zeile 30)

In der jüdischen Adaption des *Fortunatus* wird auch jede Erwähnung der Trinität, des Heiligen Geistes und aller spezifisch christlichen Lehren getilgt. In der deutschen Auflage von 1680 liest man z. B. von Fortunatus' Geburt: *der ward getauft und geheissen fortunatus* <...> (S. 4, Zeile 30). Im jiddischen Text ist der erste Teil des Satzes ausgelassen und geblieben ist nur der zweite Teil <...> *der ward geheisn fortunatus* <...> (Blatt 2b, Zeile 2 f.).

Das Gleiche geschieht bei der Beschreibung der Geburt von Fortunatus' Söhnen: *Und ward die Frau schwanger / des Fortunatus froh ward / auch jederman mit ihm / und gebahr einen Sohn / ward getauft und Ampedo geheissen / bald darnach war Cassandra wieder schwanger / und gebahr ihren andern Sohn / wurde auch mit Freude getauft / und genandt Andolosia* (S. 88, Zeile 8 ff.) Außer der Erwähnung der Taufe übernimmt der Bodleianer Text diese Stelle fast wörtlich: *un' war die frau schwanger des fortunatus fro war auch idrman mit im un' gbar einn son der ward geheisn ampedo bald dr nach wird sie widr schwagr un' bracht widr einn son der ward geheisn andolosia* (Blatt 32a, Zeile 10 ff.)

Getilgt werden auch Hinweise auf Heilige, gesetzt werden nur die Namen allein ohne die Benennung „Heiliger": *St. Patrizius Fegfeuer* (S. 52, Zeile 6) wird demgemäß zu *patrizius fegfeier* (Blatt 19b, Zeilen 22 und 27). Die Erwähnung von Pilgern wurde vermieden oder völlig verändert: *sechs Wallbrueder* (S. 69, Zeile19) wird zu *seks kaufleite* (Blatt 25b, Zeilen 12 f.).

Die deutsche Version enthält beeinträchtigende Aussagen über solche Christen, die ihren Glauben unter muselmännischer Herrschaft aufgaben. Diese Bemerkungen fehlen in der jüdischen Bearbeitung. Die Messe wird nie erwähnt: <...> *so man Metten laeutet* <...> (S. 14, Zeile 16), wird zum Beispiel zu <...> *so man die kirche lautet* <...> (Blatt 5b Zeile 34). Die einmalige Nennung von Judas wurde nicht übernommen (S. 6, Zeile 23).

Etwa zu Beginn des letzten Drittels wird der Leser bemerken, dass eine längere Textstelle fehlt, und die Auslassung einen deutlichen Bruch in der Erzählung herbeigeführt. Im Bodleianer Text endigt Blatt 39a mit dem Schluss einer Episode *(wie andolosia mit seinm sekel von famagusta weg schid. un' wol gerist an des kinigs von frankreichs hof kam),* doch Blatt 39b fährt nicht mit dem Anfang der in anderen Versionen folgenden Episode fort. Es zeigt sich, dass nicht nur diese erwähnte Episode, sondern auch ein größerer Teil der darauffolgenden ganz fehlt. Oben auf Blatt 39b findet man den Titel: *wie andolosia widr aus schlotland zu dem kinig in england kam un'er in zu gast lud.* Dieser Titel wurde augenscheinlich spontan erfunden, und der Anfang der folgenden

Episode entspricht einem in anderen Auflagen enthaltenen Paragraphenabsatz. Die Beseitigung eines so weitgehenden Erzählkontextes, die Erfindung eines neuen Titels und der unverkennbare Erzählbruch können schwer erklärt werden. Man kann nur vermuten, dass der Bearbeiter den Inhalt der hier ausgelassenen Episode für moralisch anstößig (Andolosia versucht, die sexuelle Gefälligkeit einer verheirateten Frau zu kaufen) gehalten hat, doch andererseits scheute er sich nicht vor Schilderungen anderer unzüchtiger Nebenhandlungen, wie zum Beispiel Fortunatus' gelegentlichen Kontakten mit einer Prostituierten in London. Ferner kann man die zum Teil ausgelassene Episode kaum als schockierend feststellen: sie berichtet über Andolosias Reise nach England.

Zu den besonderen Merkmalen des adaptierten Textes gehören noch die folgenden: die Seitenzählung, das Fehlen mehrerer Lettern sowie die Hinweise auf zwei Bearbeiter. Obwohl die Eintragung der Seitenzahlen gewöhnlich sorgfältig erfolgt, besteht eine Ausnahme: Blätter 15a und 16a sind zwar nummeriert, aber das benutzte Zählsystem ist verwirrend. Die Buchstaben *teth* und *sayin* (9 und 7) erscheinen auf Blatt 15a, nicht die erwarteten *jud heb* (15), und auf Blatt 16a findet man wieder die Zusammensetzung *teth sayin* statt *jud waw* (16). Auf Blatt 21b fehlen, ohne ersichtlichen Grund, die Anfangsbuchstaben der ersten sieben Zeilen. Es ist in diesem Fall nicht auszuschließen, dass zwei Bearbeiter bei der Textumwandlung zusammengearbeitet haben. So erscheinen zu Beginn von Blatt 37a erstmals gewisse orthographische Eigenheiten. Zum Beispiel wird *so* nun mit *sayin waw* statt mit dem früheren *sayin aleph* wiedergegeben; *sekel* erscheint nunmehr als *samech ayin kuph jud lammed* (früher ohne das *jud – sekl);* und *sultan* beginnt mit einem *sayin* statt des üblichen *samech*. Diese Ungenauigkeiten und Diskrepanzen sind aber geringfügig und haben möglicherweise auch keine besondere Bedeutung, doch sind diese Buchstabierungen ab Blatt 37a neu und werden beibehalten. Ein Personenwechsel bei der Textbearbeitung dürfte gegebenenfalls auch bei der oben diskutierten Textauslassung auf den Blättern 39a und 39b eine Rolle spielen[14].

4. Fazit

Obwohl das Material des deutschen *Fortunatus* in der jiddischen Bearbeitung adaptiert wurde, um einen jüdischen Leserkreis anzusprechen, muss hervorgehoben werden, dass die Geschichte selbst an sich unverändert geblieben ist. Sowohl die Atmosphäre als auch die Hauptcharaktere gehören im Großen und Ganzen dem christlichen Lebensbereich an. Was die Sprache der Adaption

---

14 Ebd., S. XIII.

angeht, kann man betonen, dass sie nur ein in hebräischen Buchstaben wiedergegebenes Deutsch darstellt. Trotz des Fehlens einiger kennzeichnenden Merkmale, die jüdische Adaptionen deutscher Volksbücher sonst auszeichnen, enthält der Bodleianer jiddische *Fortunatus* auf diesem Gebiet wiederum sonst nicht belegte Veränderungen.

Transformationsprozesse von altfranzösischen höfischen Romanen und *Chansons de geste* über das Mittelhochdeutsche zu jiddischen Prosaerzählungen in der Frühen Neuzeit

Danielle Buschinger (Amiens)

Abstract: Am Beispiel von der *Historie von dem Kaiser Octaviano* will ich zeigen, dass, wenn man die jiddische Literatur in dem breiten Rahmen der Transfers zwischen zwei Kulturen untersucht, man feststellt, dass sie sich nicht von anderen Literaturen unterscheidet: man stellt dieselben Methoden im Umschreiben von der Vorlage wie bei den Adaptationen von katholischen oder protestantischen Werken durch protestantische oder katholische Autoren fest: Juden, Protestanten oder Katholische Dichter passen sich ihrem Publikum an. Man könnte gar von „literarischer Konfessionalisierung" sprechen. Die ältere jiddische Literatur ist lediglich ein hervorragendes Beispiel von Kulturtransfer.

Keywords: Transformationsprozesse, jiddische Prosaerzählungen, Frühe Neuzeit

Max Weinreich bezeichnet die jiddische Sprache als eine „langue de fusion" shmelts-sprakh (zwei Sprachen verschmelzen zu einem einheitlichen Ganzen). Denn sie hat sich im Kontakt mit umliegenden Sprachen und Dialekten gebildet, mit denen sie zahlreiche gemeinsame Züge und ebenso viele spezifische Unterschiede teilt. Dementsprechend lässt sich die ältere jiddische Literatur als eine „littérature de fusion", als eine *shmelts literatur* bezeichnen, da sie zahlreiche den mittelalterlichen europäischen Literaturen eigene Züge aufweist sowie „jiddische" Charakteristika, die einer Verbindung zu hebräischen Quellen zuzuordnen sind.[1]

Hier vorzustellen sind zwei Beispiele von „Kulturtransfer", die von der sprachlichen Durchlässigkeit zeugen, die zwischen der jüdischen Sprache und den umliegenden Sprachen existiert haben, und die zugleich zeigen, dass die Juden sich nie geweigert haben, sich mit anderen Bevölkerungen zu mischen.[2]

Bei den Beispielen von „älterer jiddischer Literatur" handelt es sich um ein Werk des Elia Levita, *Bovo d'Antona*, und die Adaptation ins Jiddische

---

1   Jean Baumgarten, *Introduction à la littérature yiddish ancienne*. 1993, S. 163.
2   Ebenda.

eines deutschen Prosaromans aus dem 16. Jahrhundert, *Die Historie von dem Kaiser Octaviano.*[3]

1. Elia Levita oder Eliyah Bahûr oder Elye Bokher (Eliyahu ben Asher HaLevi Ashkenazi) und sein Buch von Bovo d'Antona, oder Bovo-Bûk

Elia Levita war ein sehr gebildeter Mann, wie die meisten Juden, die eine jüdische Schule besucht haben und die aschkenasische Kultur ihrer Zeit gut kannten.[4] Er schrieb sein Werk wohl in Italien, wo die meisten Juden Deutschlands im 15. Jahrhunderts infolge der antisemitischen Verfolgungen im Reich Zuflucht gefunden hatten. Im Exil haben die jüdischen Immigranten ihre jiddische Sprache beibehalten, wodurch sie lebendig geblieben ist. Diese aschkenasischen Juden sind historisch bedeutsam, weil sie in Italien die ersten hebräischen Druckereien gegründet haben.

Elia Levita zählt zu den bedeutendsten aschkenasischen Immigranten in Italien, weil er auch ein wichtiger Vertreter der italienischen Renaissance war. Er ist 1469 in Ipsheim bei Neustadt (nicht weit von Nürnberg) geboren; zwischen 1492 und 1495 kam er nach Italien; er starb in Venedig am 5. Januar 1549 und liegt im jüdischen Friedhof Venedigs auf dem Lido begraben.

Elia Levita unterhielt enge Kontakte zu den größten christlichen Gelehrten seiner Zeit. Sebastian Münster übersetzte manche seiner Werke ins Lateinische und veröffentlichte sie zum größten Nutzen der christlichen Hebraisten. Als Grammatiker und Lexikograph verfasste Elia Levita das erste jiddische Wörterbuch, mit lateinischen, hebräischen und deutschen Erläuterungen.[5] Seine bahnbrechende Untersuchung des Jiddischen machte Elia Levita, inzwischen Professor, berühmt. Er pflegte Freundschaften mit Berühmtheiten seiner Zeit, unter anderen mit Papst Leo X.

Elia Levita hat sich, außer in der Wissenschaft, auch als Dichter einen Namen gemacht. Denn er gilt als Autor eines der berühmtesten Werke der jiddischen Literatur der italienischen Renaissance, des Buchs von *Bovo d'Antona* oder des *Bovo-Bûk*. Darin werden die Heldentaten und die Abenteuer des tapferen jüdischen Helden Bovo sowie seine Liebe zu der hübschen Prinzessin

---

3 Ich bedanke mich bei meiner Kollegin und Freundin, Astrid Starck, die bis zu ihrer Pensionierung den einzigen Lehrstuhl für Jiddistik in Frankreich innehatte, für ihre Hinweise und Ratschläge.

4 Lajb Fuks, *Das altjiddische Epos Melokim-Bûk.* I Einleitung und Faksimile der Editio Princeps, Augsburg 1543. Assen, Van Gorcum & comp., 1965, S. 23.

5 Lajb Fuks, *Das altjiddische Epos Melokim-Bûk.* 1965, S. 26, Anm. 3.

Drusania geschildert.[6] Das Werk entstand 1507 in Padua und wurde 1541 in Isny (Allgäu), also in Deutschland beim Drucker Paulus Fagius[7] gedruckt. Der Autor überprüfte selbst seinen Text für den Druck und ließ das Buch mit der Hilfe eines seiner Enkel drucken.[8]

Der jüdische Autor aus Venedig (oder ein Jude aus seinem Bekanntenkreis) verfasste vielleicht ein weiters Werk, das unter dem Titel *Paris un Wiene* bekannt ist.

Für sein Werk *Bovo d'Antona* benutzte Elia allerdings nicht das strophische Versmaß deutscher Heldendichtung. Stattdessen führt er in die jiddische Literatur eine neue Strophenform ein, die sich auf die italienische *ottava rima* stützt,[9] wobei jede Strophe aus acht Versen besteht mit der Reimstellung abababcc, jeder Vers aber (wie im Deutschen) durch vier Hebungen strukturiert ist[10] bei einem Wechsel von weiblichen und männlichen Reimen.[11]

Nicht zuletzt wegen seiner überragenden Verskunst wird Elia Levita der letzte jiddische Troubadour genannt.[12]

2. *Zur Stoffgeschichte des* Bovo d'Antona

Als Ursprung der Tradition ist ein anglo-normannisches Epos, *Bueve de Hantone*, bekannt geworden, das, wie es Jean-Pierre Martin[13] schreibt, wahrscheinlich aus England stammt, auf den ersten Teil beschränkt war und zwischen 1167 und 1175 entstanden ist. Dieser erste Teil wurde im letzten Viertel des 12. Jahrhunderts auf dem französischen Festland bekannt. Nach 1190 entstand der zweite Teil. Schließlich verbreitete sich die Geschichte des Beuve durch ganz Europa, wobei folgende drei Gruppen unterschieden werden:

---

6   Siehe Ruth von Bernuth, *Zwischen Kreuzrittern und Sarazenen*. 2012, S. 415.

7   Jean Baumgarten, *Introduction à la littérature yiddish ancienne*. 1993, S. 163.

8   Claudia Rosenzweig, *Bovo d'Antona*. 2016, S. 80–103. Ruth von Bernuth, *Zwischen Kreuzrittern und Sarazenen*, 2012, S. 412.

9   Siehe Claudia Rosenzweig, *Bovo d'Antona*. 2016, S. 71–80.

10 Jean Baumgarten, *Introduction à la littérature yiddish ancienne*. 1993, S. 219.

11 Claudia Rosenzweig, *Bovo d'Antona*. 2016, S. 54.

12 Gérard E. Weil, *Elie Lévita : Humaniste et massorète (1469–1549)*. Leiden, Brill, 1963, S. 165.

13 *Beuve de Hamptone*. Chanson de geste anglo-normande de la fin du XIIe siècle. Edition bilingue. Publication, traduction, présentation et notes par Jean-Pierre Martin. Paris, Champion, 2014, S. 21.

(1)   Groß-Britannien, Irland, Skandinavien;
(2)   Frankreich, die Niederlande;
(3)   Rumänien, Russland, Italien.

Letztere unterscheiden sich stark von dem anglo-normannischen Zweig. So gilt der italienische *Buovo d'Antona* als ein purer Abenteuerroman. Unter den italienischen Prosafassungen weist Jean Baumgarten[14] auf die des Florentiners Andrea di Barberino (13.–14. Jahrhundert), der unter dem Titel *Reali di Francia* (Die Königlichen Helden aus Frankreich) auch einen Teil enthält, der *Buovo d'Antona* heißt und nach Jean Baumgarten die Quelle des jiddischen *Bovo bukh* ist.

Ruth von Bernuth,[15] ergänzt diese These indem sie die Ansicht vertritt, dass die italienischen Fassungen des *Beuve de Hantone* auf französischen Vorlagen beruhen, die zuerst ins Franco-italienische übersetzt worden sind, sodann ins Venezianische, und erst zum Schluss ins Toskanische. Dabei vermutet diese Forscherin ebenfalls, dass Elia Levita eine toskanische Version des *Beuve de Hantone* als Vorlage gewählt hat. In der Tat, Elia Levita schreibt in der Einleitung der gedruckten Version, dass er das Thema seines *Bovo d'Antona* (1541) aus einem italienischen Buch genommen hat (*ous ainém welsch buch*, v. 29). Nach Claudia Rosenzweig,[16] und Ruth von Bernuth[17] ist diese Vorlage die 1497 bei Caligola de Bazalieri gedruckte Version des *Buovo d'Antona,* der Titel lautet dort *Buovo d'Antona* di Guidone Palladino. Rezunta e revisto.

Der jiddische Versroman fußt also auf einer italienischen Version. Jean-Pierre Martin[18] bemerkt dazu, dass der Titelheld, wie in einer Chanson de geste üblich, ein christlicher Held sei. Was macht der jüdische Autor daraus?

3. Bearbeitungstendenzen und Transfer des christlichen Helden in einen jüdischen Kontext

Bekanntlich sind die Bearbeitungstechniken des *Bovo d'Antona* detailliert in Abhandlungen von Jean Baumgarten,[19] in einer Monographie von Claudia Rosenzweig[20] sowie in einem Aufsatz von Ruth von Bernuth behandelt

---

14   Jean Baumgarten, *Introduction à la littérature yiddish ancienne*. 1993, S. 217.
15   Ruth von Bernuth, *Zwischen Kreuzrittern und Sarazenen*. 2012, S. 412.
16   Claudia Rosenzweig, *Bovo d'Antona*. 2016, S. 29–30 und 138.
17   Ruth von Bernuth, *Zwischen Kreuzrittern und Sarazenen*. 2012, S. 413.
18   *Beuve de Hamptone*. Chanson de geste anglo-normande. 2014, S. 37.
19   Jean Baumgarten, *Introduction à la littérature yiddish ancienne*. 1993, S. 217–228.
20   Claudia Rosenzweig, *Bovo d'Antona*. 2016, S. 103–176.

worden[21]. Ich möchte hier lediglich auf zwei Aspekte hinweisen: die Verwandlung des *Bovo bukh* in einen renaissancehaften Liebesroman sowie auf die literarische Konfessionalisierung der Vorlage.

3.1 Zur Verwandlung des Bovo bukh in einen renaissancehaften Liebesroman

Die Adaption in *ottava rima*[22] ist um die Hälfte kürzer als das Original.[23] Die Hebraismen sind nicht zahlreich. Es gibt einen einzigen Slawismus, jedoch viele Italianismen.

Im Großen und Ganzen bleibt die Rahmenhandlung dieselbe. Der Erzähler wendet sich sehr oft an das Publikum, um seine Aufmerksamkeit zu erregen oder um die Handlung voranzutreiben. Zudem mischt er sich gern in den Lauf der Erzählung ein; er nimmt an der Handlung teil, beeinflusst ihre Entwicklung und erläutert auch seinen eigenen Standpunkt.[24] Interessanterweise kürzt oder tilgt er Kriegsszenen, Schlachtenbeschreibungen und Schilderungen von Zweikämpfen. Aus seiner Sicht seien sie zu lang: 316, 7 „si schlugén sich mit anánder, ich wil öuchs kürzen".

Bezeichnenderweise eliminiert der jüdische Autor den gesamten historischen Kontext und verwandelt das Werk in einen Roman. Er tilgt ebenfalls Elemente des Wunderbaren, des Magischen, des Phantastischen, was typisch für die Ritterliteratur ist: 507,8 „ich mág es nit schreibén, ich hált es vér lúgen", das heißt: ich mag nicht schreiben, was ich für Lügen halte. Darüber hinaus übergeht er ungeschickte oder unlogische Stellen. So verwandelt er seine mittelalterliche Vorlage in einen vollkommenen Roman der Renaissance, in dem Venus bedeutender als Mars ist und die Liebe als einzige Triebfeder der Handlung wirkt.[25] Die Amouren (Liebschaften) von Bovo und Drusania (Druzeine) werden mit großer Sinnlichkeit beschrieben, unter dem Einfluss der italienischen Vorlage, die sich stark von der älteren jiddischen Literatur abhebt, die eher prüde ist, wie es Jean Baumgarten betont:[26] dieser Kritiker meint, der Autor sei von der Erotik und der schlüpfrigen Obszönität zahlreicher höfischen Romane der italienischen Renaissance infiziert.[27]

---

21 Ruth von Bernuth, *Zwischen Kreuzrittern und Sarazenen*. 2012, S. 411–429.
22 Claudia Rosenzweig, *Bovo d'Antona*. 2016, S. 71–80.
23 Claudia Rosenzweig, *Bovo d'Antona*. 2016, S. 119.
24 Jean Baumgarten, *Introduction à la littérature yiddish ancienne*. 1993, S. 219–221.
25 Claudia Rosenzweig, *Bovo d'Antona*. 2016, S. 123.
26 Jean Baumgarten, *Introduction à la littérature yiddish ancienne*. 1993, S. 223.
27 Jean Baumgarten, *Introduction à la littérature yiddish ancienne*. 1993, S. 224.

3.2 Die literarische Konfessionalisierung der Vorlage

Was die jiddische Fassung am stärksten charakterisiert, ist wie viele andere jiddische Adaptationen, die literarische Konfessionalisierung der Vorlage.[28] Der Bearbeiter passt bestimmte, nicht nur religiöse Details einem jüdischen Publikum an.

So werden alle Anspielungen auf die Geschichte des französischen Königshauses, mit der das Leben des Buovo d'Antona durchsetzt ist, eliminiert. Der historische Kontext des italienischen *Buovo* erschien dem Autor wohl nicht interessant genug für ein jüdisches Publikum. Die Loslösung aus der historischen Verankerung lässt sich laut Claudia Rosenzweig auch an anderen jiddischen Bearbeitungen nachweisen, darf mithin als typisch für jiddische Bearbeitungen gelten.[29]

Noch charakteristischer für jiddische Bearbeitungen christlicher Vorlagen ist die konsequente Verwandlung christlicher Riten in jüdische. So wird die Widmung der italienischen Fassung zu einem Loblied auf den transzendenten Gott umgeformt. Auch neutralisiert der Autor jede Anspielung auf die christliche Welt oder ersetzt sie durch ein jüdisches Äquivalent.

Dementsprechend schwört die jüdische Heldin bei „Bore oylem" („le créateur du monde", „beim Schöpfer der Welt") (386,7) und bei ihrer Eigenschaft als Jüdin („as ich ain jüdin bin", 387,1). Infolgedessen sind es nicht die christlichen, sondern die jüdischen Riten, die bei Elia Levita verherrlicht werden. So gestaltet Elia die Taufe der Kinder Bovos und Drusania wie eine feierliche Zeremonie der Beschneidung.

Im Zuge der konfessionellen Transpositionen führt Elia Levita jüdische Ausdrücke oder jüdische Zeitparameter in seine Bearbeitung ein. In der Tat bildet der jüdische Kalender mit den Feiertagen und traditionelle Riten den Rahmen der Geschichte bis zum traditionellen Schluss mit dem formelhaften Hinweis auf den Messias und auf den Wiederaufbau des Tempels in Jerusalem (650). Zur Verankerung seines Narrativs im jüdischen Glauben fügt der Erzähler Verweise auf jüdische Quellen an, z. B. auf Episoden aus der Bibel, König David, König Salomon oder Jonas; zudem vergleicht er Bovo mit Hiob, 505, 3–4. Auch auf die Geschichte der Aschkenasi verweist er.

Besonders aufschlussreich ist, wie Elia die Episode behandelt, worin dem Helden die Möglichkeit eröffnet wird, sich zum Islam zu bekehren. In der italienischen Fassung antwortet Buovo, er wolle lieber sterben, als auf den wahren Gott zu verzichten (181,7–8 „la morto voglio io/ Inanci chio rineghii il vero idio."). Die jiddische Übersetzung gestaltet sich länger und dramatischer: als man ihm den Vorschlag macht, sich zum Islam zu bekehren, antwortet Bovo

---

28 Claudia Rosenzweig, *Bovo d'Antona*. 2016, S. 161.
29 Claudia Rosenzweig, *Bovo d'Antona*. 2016, S. 120.

zunächst nicht, sondern erblasst. Als ihm jedoch der Sultan selbst den Vorschlag macht, legt er ein überwältigendes Bekenntnis zum jüdischen Glauben in zwei Strophen ab, das eine Reihe von jüdischen Grundeinstellungen enthält (246–247).[30] Sein Glaubensbekenntnis beendet der Held endet dann mit diesem Vers: „Ich wil nit gebén ain lebédigén um ain totén.".

Wie es Ruth Bernuth hervorhebt,[31] wird der tote Messias des Christentums dem lebendigen Messias des Judentums entgegengesetzt, das ja tatsächlich immer noch auf den zukünftigen und lebendigen Messias wartet. So richtet sich Bovos Rede nicht so sehr gegen den muslimischen Sultan, sondern gegen das Christentum. Der jüdische Held Bovo lehnt es ab, sich zum Islam zu bekehren, und gleichzeitig lehnt er es ab, einen lebendigen Gott gegen einen toten Gott einzutauschen. So spielen drei Religionen eine Rolle im *Bovobuch,* das Judentum, das Christentum und der Islam, und sie werden miteinander in Zusammenhang gebracht.[32]

Im Vers „Ich wil nit gebén ain lebédigén um ain totén." sieht Claudia Rosenzweig eine Anspielung auf zwei hebräische Chroniken des ersten Kreuzzugs (1096), worin die von Juden erlittenen Verfolgungen zu dieser Zeit (1096) geschildert sind. Eine der Episoden ist derjenigen vergleichbar, die in *Bovo d'Antona* beschrieben ist. Als die Christen einem Juden bei Todesstrafe befehlen zu konvertieren, antwortet jener auf eine ähnliche Weise: „I will not deny a living God for one that is dead" (*Chronicle of Solomon ben Simson*) ein ähnliches Beispiel ist im *Chronicle of Rabbi Eliezer bar Nathan* wiedergegeben: „Heaven forfend that I should deny the Living God for one that is dead". Claudia Rosenzweig vermutet, dass die Aschkenazi wohl auf ihrer Flucht im 15. Jahrhundert Handschriften dieser hebräischen Chroniken mitgenommen hatten, die sie dann abgeschrieben und weitergegeben haben.[33]

Elia Levita versagt es sich auch nicht, eine Satire zur Verspottung von Christen, besonders von Mönchen und Bettelmönchen einzufügen, was in der europäischen Literatur des Mittelalters allerdings ziemlich verbreitet ist, wie es Claudia Rosenzweig zu Recht bemerkt: „This derisive attitude toward monks should therefore be seen from the perspective of the general culture of the period, and not as an exclusively Jewish trait."[34]

Auf diese Weise wandelt Elia Levita eine *Chanson de geste*, die einen christlichen Helden in Szene setzt, in einen Roman um, der für ein jüdisches

---

30 Ruth von Bernuth, *Zwischen Kreuzrittern und Sarazenen.* 2012, S. 425.
31 Ruth von Bernuth, *Zwischen Kreuzrittern und Sarrazenen.* 2012, S. 427.
32 Ruth von Bernuth, *Zwischen Kreuzrittern und Sarrazenen.* 2012, S. 416.
33 Claudia Rosenzweig, *Bovo d'Antona.* 2016, S. 163–175. Claudia Rosenzweig erwähnt eine dritte Chronik (S. 168–170), worin dieselbe Situation anders dargestellt ist.
34 Claudia Rosenzweig, *Bovo d'Antona.* 2016, S. 151.

Publikum bestimmt ist. Ruth von Bernuth,[35] die zu Recht in diesem Werk die Konfrontation von drei Religionen sieht, schließt ihren Aufsatz ab, indem sie betont, dass Elia Levita die Art und Weise darstellt, wie die jüdische Kultur ihre Identität innerhalb anderer Kulturen finden konnte, das heißt: in dem sie die Ideen, Gedanken und Texte annimmt und eintauscht, um sie dann so zu modifizieren, dass sie neu interpretiert werden können.

4. Die yiddische Historie von dem Kaiser Octaviano *im Vergleich zur deutschen Vorlage, dem* Kaiser Octavian

Nun wende ich mich dem *Kaiser Octavian* zu, dessen jiddische Bearbeitung aus dem Jahre 1580 stammt: *Die Historie von dem Kaiser Octaviano.* Der Augsburger Druck von ca. 1568 sowie eine gründliche Untersuchung zur Überlieferung des Werks wurden von Theresia Friderichs-Berg in drei Bänden im Hamburger Buske Verlag veröffentlicht (1981–1990).[36]

4.1 Zur Stoff- und Überlieferungsgeschichte des Kaiser Octavian

Bekanntlich ist der Prosaroman, *Die Historie von dem Kaiser Octavian,* gedruckt in Straßburg im Jahr 1535, eine deutsche Adaptation der französischen Prosaauflösung,[37] die zuerst *Lyon et Florent* betitelt worden ist, sodann im Jahr 1500 unter dem Titel *Florent et Lyon* in Lyon als Druck veröffentlicht worden ist.[38]

---

35   Ruth von Bernuth, *Zwischen Kreuzrittern und Sarazenen.* 2012, S. 429.

36   Theresia Friderichs-Müller, *Die Historie von dem Kaiser Octaviano. Transkription der Fassung des Cod. hebr. monac. 100 mit 18 Federzeichnungen von Isaak bar Juda Reutlingen.* Hamburg, Buske Verlag 1981 (*jidische schtudies* Bd. 1).
Th. Friderichs-Müller, *Faksimile des Drucks Augsburg, Matthäus Francks (c. 1568).* Hamburg 1981 (*jidische schtudies* Bd. 2).
Th. Friderichs-Berg, *Die Historie von dem Kaiser Octaviano.* Überlieferungsgeschichtliche Studien zu den Druckausgaben eines Prosaromans des 16. Jahrhunderts und seiner jiddischen Bearbeitung aus dem Jahre 1580, Hamburg 1990 (*jidische schtudies* Bd. 3), S. 9–13, 184–187; 232–237; 266–269.

37   Noëlle Laborderie, *Florent et Octavien,* Chanson de geste du XIVe siècle. Zwei Bände. Paris, Champion, 1991. – Georges Doutrepont, *Les mises en prose des épopées et des romans chevaleresques du XIVe au XVIe siècle.* Nachdruck Genf, 1969, S. 176–184.

38   Beide Texte (die französische Vorlage als diplomatische Ausgabe) wurden von Xenja von Ertzdorff und Ulrich Seelbach im Jahre 1993 bei Rodopi in Amsterdam ediert. Neuhochdeutsche Übersetzung: *Die deutschen Volksbücher,* gesammelt und in ihrer ursprünglichen Echtheit wiederhergestellt von Karl Simrock. 2 Bände. Frankfurt 1865.

Die französische Prosaauflösung geht auf eine französische Reimfassung in Alexandrinern aus dem 14. Jahrhundert (16000–18576 Verse) zurück, die in drei Handschriften aus dem 15. Jahrhundert überliefert ist und in der französischen Nationalbibliothek in Paris aufbewahrt wird[39]. Die spätmittelalterliche Reimfassung ist eine Bearbeitung einer *Chanson de geste* aus dem 13. Jahrhundert, die in 5371 Achtsilbern abgefasst ist und deren einzige Handschrift gegenwärtig unter dem Titel *Florent et Othevien* in der Bodleian Library, Oxford, liegt.[40]

Dem Stoff nach gehört diese *Chanson de geste* zu dem großen Zyklus der Karlsepen.

In der ersten französischen Fassung wird erzählt, dass die Ehefrau des Kaisers Othevien wegen der Geburt von Zwillingssöhnen, Florent und Othevien, verleumdet wird. Sie flieht mit ihren Söhnen, aber auf der Flucht werden die Kinder von Tieren entführt, der erste von einem Affen, der zweite von einem Löwen. Nach vielen Abenteuern wird Florent in Paris von einem Metzger aufgenommen, während sein Bruder Othevien nach Jerusalem gelangt. Als der Sultan mit seiner sarazenischen Armee gegen Paris zieht, bewährt sich Florent als Ritter und gewinnt die Liebe einer schönen Sarazenin, die er entführt, bevor er gefangen genommen wird, indem er seinem Bruder zu Hilfe eilt; später interveniert auch der junge Othevien, dem sein Löwe auf Schritt und Tritt folgt, und befreit Vater und Bruder. Der Sieg über die Sarazenen wird gefeiert, und Florent heiratet seine schöne Sarazenin, die aus Liebe ihren Vater verleugnet und ihren Göttern abschwört. Zum Schluss ist die Familie wieder vereint.

Dies entspricht im Großen und Ganzen dem ersten Teil der Fassung in Alexandrinern, deren Autor seine Vorlage erweitert hat.[41]

Diese spannende Geschichte hat sich in ganz Europa einer großen Beliebtheit erfreut. Bereits im 14. Jahrhundert wurde die achtsilbige Fassung zweimal ins Mittelenglische übertragen. Dann folgten Übersetzungen ins Deutsche, ins Italienische [eingegliedert in die *Reali di Francia* (Bologna, 1900, S. 176 ff.) und in die *Storie di Fioravanie* (*Il libro delle Storie di Fioravante*, Bologna 1872, S. 444 ff.)], ins Dänische, ins Isländische, ins Niederländische und ins Polnische (*Historja o Cesarzu Otonie*, 1569).

Bei der deutschen Version scheint es allerdings unmöglich zu bestimmen, ob der deutsche Druck auf einen Druck oder eine handschriftliche französische

---

39 Matthieu Marchal, maître de conférences à l'Université du littoral, bereitet eine Ausgabe dieses Textes vor.

40 *Octavian.* Altfranzösischer Roman nach der Oxforder Handschrift Bodl. Hatton 100 zum ersten Mal herausgegeben von Karl Vollmöller. Heilbronn, Henninger 1883 (Altfranzösische Bibliothek, 3).

41 Siehe die Entstehungsgeschichte der Erzählung in Noëlle Laborderie, *Florent et Octavien.* 1991, S. CXXX–CXC.

Vorlage zurückgeht. Denn der Erstdruck der französischen Vorlage ist verlorengegangen und die handschriftliche Überlieferung der französischen Fassung ist kompliziert und lückenhaft.

Was die jiddische Adaptation anbelangt, *Kaiser Oktaviano* (*das mayse der Kaiserin mit tsway zünen*) beziehe ich mich auf die Handschrift der Bayerischen Staatsbibliothek (Cod. Hebr.100), die drei von unseren Jiddischen Bearbeitungen enthält, welche von Aliza Cohen-Mushlin beschrieben worden sind:[42] *Die Historie von dem Kaiser Octaviano* ist auf den Blättern 1 bis 66 aufgezeichnet, enthält allerdings einige Lücken.

Insgesamt sind in dieser Handschrift drei Schreiber zu unterscheiden. Derjenige, der *Die Historie von dem Kaiser Octaviano* aufgezeichnet hat, ist als Yitzhak bar Yuda Reutlingen (Schreiber und Künstler, 1580–1585) identifiziert worden. Die Handschrift stammt aus Tannhausen (im heutigen Baden-Württemberg). Die Sprache ist ein ost-schwäbisches Jiddisch, das in der Nähe von Augsburg bezeugt ist, zwischen Tübingen und Ulm. Der Text der Münchner Handschrift ähnelt teilweise dem des Augsburger Druckes von Mattäus Franck (ca. 1568).

Aufs Ganze gesehen ergibt die Stoffgeschichte eine interessante Abfolge von Bearbeitungen und Übersetzungen: in einem ersten Schritt wurde eine altfranzösische, achtsilbige *Chanson de geste* in einen französischen Roman in Alexandrinern umgearbeitet; sodann wurde dieser Roman in eine Prosafassung umgeformt; schließlich gelangte diese französische Prosafassung nach Deutschland, wo sie ins Deutsche übersetzt wurde; letztere wurde dann zur Vorlage der jiddischen Bearbeitung. Somit ergibt sich eine ungebrochene Texttradition.

4.2 Zu den Bearbeitungstendenzen der jiddischen Historie von dem Kaiser Octaviano

Um die Bearbeitungstendenzen näher zu bestimmen, muss man bei den französischen Fassungen ansetzen.

Das französische Werk dient der Verherrlichung des über die Sarazenen triumphierenden Christentums. Im Sprachgebrauch des Mittelalters werden die Muslime Heiden genannt und mit den Sarazenen, den Bewohnern des Vorderen Orients, identifiziert. Die Handlungen beziehen sich stets auf den historischen Einfall der Araber (= Sarazenen) in Südfrankreich. Den geschichtlichen Tatsachen entsprechend werden die Kämpfe als christliche Ruhmestaten interpretiert, da sie dem Christentum zum Sieg über die Heiden verhalfen. König

---

42 Aliza Cohen-Mushlin, *Selected Hebrew Manucripts from the Bavarian State Library*. Wiesbaden, Harrassowitz 2020.

Dagobert, der im Werk eine wichtige Rolle spielt, hatte zum Sieg gegen die Heiden beigetragen, indem er alle Herrscher der Nachbarländer zur Unterstützung im Kampf gewonnen hatte. Die gesamteuropäische Dimension wird dadurch veranschaulicht, dass der eine Sohn, Othevien junior, am Schluss König von Spanien wird, während Florens als *rex iustus et pacificus* über England herrscht.

Andererseits wird in den frühneuzeitlichen Fassungen das Kreuzzugsmotiv, das von der Vorlage lediglich angedeutet worden ist, verstärkt. Damit soll die Tatsache verdeutlicht werden, dass das Buch nach der Eroberung durch die Türken (im Jahre 1453) geschrieben worden ist. *Kaiser Octavianus* wurde zuerst 1483 veröffentlicht, sodann 1498 in Augsburg bei Johann Schönsperger gedruckt. Der Zeitpunkt legte den Schluss nahe, dass die Heiden im Roman wie in der Wirklichkeit gegen die Christen in den Krieg ziehen, und zwar diesmal in Europa selbst, was dem Roman eine brennende Aktualität verlieh.

Der neue, historische Kontext scheint die Tendenz verstärkt zu haben, die christlichen Elemente in der jiddischen Bearbeitung zu tilgen.[43] Die Geschichte selbst wird judaisiert, „in jüdische Denk- und Rezeptionsmuster eingegliedert"[44], indem beispielsweise Anspielungen auf die „Sainte Vierge Marie" oder auf „Jesu Crist" übergangen werden. Die Welt, in der die Handlung spielt, erscheint auch in anderen Elementen jüdisch eingefärbt. Zum Beispiel tritt Florens, einer der Zwillinge, vorher ein *miles christianus, nun* als frommer Jude auf. Und seine Mutter, des Kaisers Ehegattin, wird als gut bewandert in der jüdischen Tradition dargestellt. So denkt sie, als sie ihr Kind und die Löwin sieht, gleich an Daniel in der Löwengrube.[45] Immer wieder tilgt der jüdische Bearbeiter Stellen, die dazu bestimmt sind, christliche Leser zu erbauen, oder er eliminiert Bräuch, die der jüdischen Religion fremd waren, wie beispielsweise die Pilgerfahrten.

An einer anderen Stelle des jiddischen Textes verpflichtet sich die Heldin Marcebilla dazu, sich nicht wie in der deutschen Fassung zum Christentum zu bekehren, sondern Jüdin zum Judentum zu konvertieren.

Die Schilderung einer weiteren Begebenheit zeigt die Art und Weise, wie der jiddische Bearbeiter die Erzählung umschreibt: „Am Morgen stand er früh auf, ging in den Stall, sattelte das Pferd und betete mit dem *tales* und den *tefilin.*"

---

43 Dabei stütze ich mich auf Theresia Friederichs-Müller, *Die Historie von dem Kaiser Octaviano. Transkription der Fassung des Cod. hebr. monac. 100 mit 18 Federzeichnungen von Isaak bar Juda Reutlingen.* Hamburg, Buske Verlag 1981.

44 Theresia Friederichs-Müller, *Die Historie von dem Kaiser Octaviano.* 1981, S. 12.

45 Dabei soll man auch an die Thematik der Geschichte denken: die verleumdete Frau/ Susanne, die von Daniel gerettet wird.

Im Allgemeinen folgt der Bearbeiter der Rahmenhandlung sehr getreu. Er nimmt nur geringfügige, oberflächliche Änderungen vor, aber er passt manche Details einem jüdischen Publikum an. So gebraucht er hebräische oder arameische Termini, schwächt christliche Elemente ab oder judaisiert sie. Auch schreibt der Erzähler Prologe und Epiloge um, indem er jüdische Werke nachahmt, die immer mit einem Lob auf Gott beginnen und mit messianischen Betrachtungen enden.

Kurz, alle Änderungen, die der jiddische Bearbeiter vornimmt, oder Zusätze, die er macht, dienen dazu, sich die christlichen Heldenepen beziehungsweise Romane anzueignen oder in eine für ein jüdisches Publikum bestimmte Unterhaltungsliteratur umzuwandeln.[46]

Zusammenfassend lässt sich feststellen, dass die vorgestellten Werke eine große Rolle in der Geschichte der älteren jiddischen Literatur spielen. Sowohl das *Bovo bukh* als auch die *Historie von dem Kaiser Octaviano* sind echte literarische Schöpfungen. Die Autoren kennen sich in der mittelhochdeutschen Literatur aus, in der Heldenepik wie in den höfischen Romanen, was sowohl den Inhalt als auch die Form anbelangt; zugleich binden sie ihre Werke in die Tradition hebräischer Texte ein. So wird die jiddische Sprache zum ersten Mal zu anderen Zwecken verwendet als zu theologischen oder pädagogischen Zwecken.

Die daran anschließende Überlieferung von jiddischen „Volksbüchern", genauer gesagt von jiddischen Prosaromanen, zeugt von den engen Beziehungen zwischen der jüdischen und der christlichen Gemeinschaft und von der Rolle der Juden als Bearbeiter, Übersetzer und Vermittler von Themen und Gattungen, die aus den umgebenden Literaturen stammen, in unserem Fall aus der deutschen Literatur. Jüdische Autoren eignen sich fremde Formen und Themen an, die im Mittelalter bei Christen beliebt waren, schreiben sie um und verwandeln sie in eine jüdische Literatur. Diese Aneignungsfähigkeit, die die Grundlagen des Judentums nicht verleugnet, bleibt eines der konstanten Merkmale der älteren jiddischen Literaturen. Die Bedeutung der vorgestellten Texte zeugt von der Fruchtbarkeit des Kulturtransfers zwischen zwei benachbarten Welten, was in der jüdischen Kultur fortan zu beobachten sein wird, wobei an der Zugehörigkeit zur jüdischen Glaubensgemeinschaft stets festgehalten wird.[47].

---

46 Dabei soll man bedenken, dass Christen und Juden aus derselben Quelle schöpfen, aus der Bibel und später aus den Extrabiblischen Schriften: Alt- und Neutestamentliche Apokryphen und Pseudepigraphen.

47 Für diese Ausführungen habe ich mich auf Jean Baumgarten, *Introduction à la littérature yiddisch ancienne*, 1993, S. 197–200, gestützt. Die jiddischen Adaptationen von mittelhochdeutschen Romanen heben sich aber stark vom *Dukus Horant* (Dukus Horant. Hg. von P. F. Ganz, F. Notman, W. Schwarz. Mit einem Exkurs von S. A. Birnbaum. Tübingen 1964, S. 131) ab, einem Werk, das im ausgehenden 13. Jahrhundert geschrieben worden ist. Der jüdische Schreiber gebrauchte nur im Titel, das aus Frankreich eingeführte, jüdische,

Literatur

1. Primärliteratur

Beuve de Hamptone. Chanson de geste anglo-normande de la fin du XIIe siècle. Edition bilingue. Publication, traduction, présentation et notes par Jean-Pierre Martin. Paris, Champion 2014.

Die deutschen Volksbücher, gesammelt und in ihrer ursprünglichen Echtheit wiederhergestellt von Karl Simrock. 2 Bände, Frankfurt 1865.

Theresia Friderichs-Müller, *Die Historie von dem Kaiser Octaviano.* Transkription der Fassung des Cod. hebr. monac. 100 mit 18 Federzeichnungen von Isaak bar Juda Reutlingen. Hamburg, Buske Verlag 1981 (*jidische schtudies* Herausgegeben von Simon Neuberg und Erika Timm. Bd. 1).

Theresia Friderichs-Müller, *Faksimile des Drucks Augsburg, Matthäus Francks (c. 1568).* Hamburg, Buske Verlag 1981 (*jidische schtudies* Herausgegeben von Simon Neuberg und Erika Timm. Bd. 2).

Theresia Friderichs-Berg, *Die Historie von dem Kaiser Octaviano.* Überlieferungsgeschichtliche Studien zu den Druckausgaben eines Prosaromans des 16. Jahrhunderts und seiner jiddischen Bearbeitung aus dem Jahre 1580. Hamburg, Buske Verlag 1990 (*jidische schtudies* Herausgegeben von Simon Neuberg und Erika Timm. Bd. 3).

Noëlle Laborderie, *Florent et Octavien.* Chanson de geste du XIVe siècle. Zwei Bände. Paris, Champion 1991.

Octavian. Altfranzösischer Roman nach der Oxforder Handschrift Bodl. Hatton 100 zum ersten Mal herausgegeben von Karl Vollmöller. Heilbronn, Henninger 1883 (Altfranzösische Bibliothek, 3).

Claudia Rosenzweig, *Bovo d'Antona by Elye Bokher.* A Yiddish Romance. A Critical Edition with Commentary. Leiden / Boston, Brill 2016.

Dukus Horant, Hrsg. von P. F. Ganz, F. Notman, W. Schwarz. Mit einem Exkurs von S. A. Birnbaum. Tübingen, De Gruyter 1964.

---

hebräische *dukus,* während er im Text selbst das mittelhochdeutsche Wort *herzog* benutzte. Er änderte den Reisesegen, wie es die Herausgeber P.F. Ganz, W. Schwarz, F. Norman und S.A. Birnbaum betonen, und dabei benutzte er das hebräische Wort *tiflah* (Folio 61, 3, 4; Folio 61, 3, 1), während er Folio 61, 4, 4 das mhd. Wort *kirche* gebraucht. Außer der hebräischen Schrift, die er benutzt, sind es lediglich drei Zeugnisse jüdischer Kultur, die im gesamten *Dukus Horant* festzustellen sind! Näheres dazu bei Jean Baumgarten, *Introduction à la littérature yiddisch ancienne,* 1993, S. 168–171.

2. Sekundärliteratur

Jean Baumgarten, *Introduction à la littérature yiddish ancienne*. Paris, Les Editions du Cerf 1993.

Ruth von Bernuth, *Zwischen Kreuzrittern und Sarazenen. Der jüdische Held in Elia Levitas Bovo d'Antona*, in: Susanne Friede, Dorothea Kullmann (Hg.), *Das Potenzial des Epos. Die altfranzösische Chanson de geste im europäischen Kontext*, Heidelberg, Winter 2012.

Aliza Cohen-Mushlin, *Selected Hebrew Manucripts from the Bavarian State Library*. Wiesbaden, Harrassowitz 2020.

Georges Doutrepont, *Les mises en prose des épopées et des romans chevaleresques du XIVᵉ au XVIᵉ siècle*. Bruxelles, Palais des Académies 1939 (Académie royale de Belgique. Classe des lettres et des sciences morales et politiques. Mémoires, 2ᵉ s., 40), Nachdruck Genf, Slatkine 1969.

Lajb Fuks, *Das altjiddische Epos Melokim-Bûk*. I Einleitung und Faksimile der Editio Princeps, Augsburg D1543. Assen, Van Gorcum & comp. 1965.

Pio Rajna (Hrsg.), I reali di Francia. [Volume I:] Ricerche intorno ai reali di Francia, seguite dal libro delle storie di Fioravante e dal cantare di Bovo d'Antona. Bologna, Romagnoli 1872.

Pio Rajna (Hrsg.) I reali di Francia: ricerche intorno ai reali di Francia. Band 2,2. Bologna, Romagnoli Dall'Acqua, 1900.

Günther Stemberger, *Geschichte der jüdischen Literatur. Eine Einführung*. München, Verlag C. H. Beck 1977 (= Beck'sche Elementarbücher).

Gérard E. Weil, *Elie Lévita : Humaniste et massorète (1469–1549)*. Leiden, Brill 1963.

Der mittelhochdeutsche *Gregorius*: Transformation der altfranzösischen Legende zur Mythenerzählung bei Hartmann von Aue?

Sieglinde Hartmann (Würzburg)

Abstract: Hartmanns von Aue Adaption und Umformung der altfranzösischen Legendenerzählung *La vie du pape Saint Grégoire ou La Légende du bon pécheur* ist seit über 30 Jahren bis ins Detail einzelner Erzählelemente gut erforscht. Eine Zusammenfassung der Forschungsergebnisse bietet Knapp, Fritz Peter: „Grégoire" / „Gregorius". In: Historische und religiöse Erzählungen. Germania Litteraria Mediaevalis Francigena Band IV. Hg. von Geert H. M. Claassens, F. P. Knapp und Hartmut Kugler. Berlin 2014. Weniger Aufmerksamkeit hat jedoch die Frage gefunden, ob mythische Motive in Hartmanns Verserzählung Eingang gefunden haben und, wenn ja, inwieweit sie dem Geschehen eine zusätzliche mythische Dimension verleihen, die in dem altfranzösischen Prätext kaum erkennbar wird. In der mittelalterlichen Rezeptionsgeschichte wird Hartmanns Hauptfigur erst im 14. Jahrhundert in Analogie zum antiken Ödipus gesetzt. Grund genug, um diesen Aspekt einer (unbewussten?) Anverwandlung mythischer Motive bei Hartmann von Aue genauer zu untersuchen.

Keywords: Legenden, mittelalterliche Inzestsünder, Ödipus-Mythos, Mythenrezeption

Die Neuformung, die Hartmann von Aue von der Lebensgeschichte des mittelalterlichen Inzestsünders namens Gregorius um 1190 geschaffen hat, stellt uns immer noch vor ungelöste Fragen – auch wenn das Verhältnis zu den beiden Fassungen seines altfranzösischen Prätextes, der *Vie du pape Saint Grégoire,* bereits in zahlreichen Details ausgeleuchtet ist.[1]

Entsprechend meinem thematischen Fokus möchte ich mich hier auf Hartmanns Abweichungen in der Behandlung von Motiven beschränken, die sich auf Analogien zu antiken Mythen beziehen.

Bekanntlich lässt sich das Tabuverbrechen des mythischen Heros Ödipus, der unbewusste Inzest mitsamt seiner Sühne, zum Reservoir anthropologischer

---

1 Herlem-Prey, Brigitte: Le „Gregorius" et la „Vie de Saint Grégoire". Détermination de la source de Hartmann von Aue à partir de l'étude comparative intégrale des textes. Göppingen 1979. – Zusammenfassung der Forschung bei Knapp, Fritz Peter: „Grégoire" / „Gregorius". In: Historische und religiöse Erzählungen. Germania Litteraria Mediaevalis Francigena Band IV. Hg. von Geert H. M. Claassens, Fritz Peter Knapp und Hartmut Kugler. Berlin 2014, S. 385–408.

Universalien zählen. Aufgrund der Übertragbarkeit dieses Schicksals in unterschiedlichste Kulturen haben sich aus dieser Kernmotivik zahllose Varianten des Mythos in Raum und Zeit entfaltet.[2]

Dazu zählen auch die „Ödipus-Varianten" des europäischen Mittelalters, wie sie sie Christoph Huber in ihren divergierenden „Stoffmetamorphosen" (S. 181) mit den entsprechend andersartigen Sinngebungen vorgestellt hat.[3] Dabei hat Ch. Huber Hartmanns *Gregorius* als „strukturellen Prototyp" (S. 193) einer mittelalterlich-christlichen Positivierung der negativen Tragik des antiken Mythos gekennzeichnet.

Dass mit Hartmanns Fassung der Gregoriuslegende die unerbittliche Grausamkeit antiker Tragödien überwunden wird, ja, dass sich mit dem „verabscheuungswürdigsten Übeltäter[n] der Menschheitsgeschichte", wie der führende Geschichtsschreiber des 12. Jahrhunderts, Bischof Otto von Freising, König Ödipus noch um 1150 in seiner Weltchronik brandmarkt,[4] eine Metamorphose zu einem der segensreichsten Heilbringer der Menschheit ereignet, das wird kaum mehr in der Forschung bezweifelt.

Diese Interpretation beabsichtige ich hier auch nur zu ergänzen, wenn ich anhand von zwei Mythenmotiven darzulegen versuche, inwieweit diese dem Geschehen eine zusätzliche mythische Dimension verleihen, die in dem altfranzösischen Prätext kaum erkennbar wird.

Dabei beginne ich mit einem Überblick über die Stoffgeschichte, schließe eine Inhaltsangabe des altgriechischen Mythen-Narrativs an, gefolgt von einer Skizze der Handlung in Hartmanns *Gregorius*, um abschließend folgende zwei Mythenmotive zu behandeln:

• Die Aussetzung des Kindes und seine Errettung

sowie

• Das trinitarische Wesen der Mutter im Schlussteil.

---

2 Mythos Ödipus. Texte von Homer bis Pasolini. Hg. Von Nikola Roßbach. Leipzig 2005 (= Reclam Bibliothek Leipzig, Band 2015).

3 Huber, Christoph: Mittelalterliche Ödipus-Varianten. In: Festschrift Walter Haug und Burghart Wachinger. Hg. von Johannes Janota. Band I, Tübingen 1992, S. 165–199. – In der jüngsten Monographie zu Hartmann von Aue und seinen Werken, hrsg. von Cordula Kropik, wird das Thema der mittelalterlichen Ödipus-Variante nicht angeschnitten.

4 Otto Bischof von Freising: Chronik oder Die Geschichte der zwei Staaten. Übersetzt von Adolf Schmidt. Hg. von Walther Lammers. Darmstadt 1972, lateinischer Text Seite 86, Übersetzung S. 87.

1. Zeitliche Verbreitung des Mythos von griechischer Antike bis zum 12.
Jahrhundert – Überblick

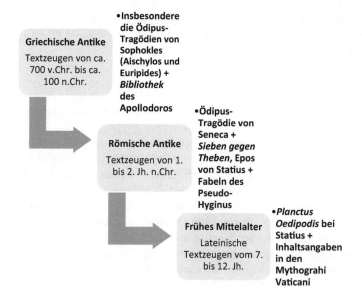

2. Mittelalterliche Ödipus-Varianten vom hohen Mittelalter bis zum
21. Jahrhundert – Überblick

- Altfranzösische Legende *La vie du pape saint Grégoire* mit 7 Textzeugen aus dem 13. Jahrhundert
- Hartmanns von Aue *Gregorius* (ca. 1190) mit 12 mhd. Textzeugen vom 13. bis 15. Jh. sowie lateinische Übersetzungen (4 Textzeugen)
- Neubearbeitungen von Hartmanns *Gregorius* in Volksbüchern, Balladen, Romanen (Th. Mann) sowie in Theater und Film vom 16. bis ins 21. Jh.

Überblickt man die Stoffgeschichte des Ödipus-Mythos, wie sie sich in zeitlicher Raffung von ihrem antiken Ursprung bis in die heutige Zeit entfaltet, so gewinnt Hartmanns *Gregorius* dank seiner ununterbrochenen Rezeption ein Alleinstellungsmerkmal, das diese mittelhochdeutsche Version von allen übrigen abhebt.

Ob Hartmanns Werk diese außerordentliche Langzeitwirkung dank der Wirkkraft zusätzlich eingeschriebener Mythenmotive erlangt hat, müsste sich aber erst erweisen.

Vergegenwärtigen wir uns zunächst die Handlungsfolgen des Mythen-Narrativs aus der griechischen Antike sowie das Geschehen im mittelalterlichen *Gregorius*!

3. Der Ödipus-Mythos der griechischen Antike: Inhaltsskizze

In der sogenannten *Bibliothek* des spätantiken Autors (Pseudo)Apollodoros findet sich ein Narrativ, das der Bedeutung des Begriffs Mythos entspricht, wie er sich nach Walter Burkert in der klassischen Antike verfestigt hatte: der Bericht bietet eine „Erzählung [. . .] von Göttern und Heroen".[5]

Dementsprechend entstammt Ödipus einem von Göttern begünstigten Geschlecht von Heroen, dessen Urahn Kadmos die Stadt Theben und mit Harmonia, einer Tochter der Schönheitsgöttin Aphrodite, ein berühmtes Geschlecht begründet hat. Mit seinem Nachfahren König Laios, dem Vater des Ödipus, wendet sich jedoch das Glück der thebanischen Königsdynastie. Laios erhält den Unglück verheißenden Orakelspruch, keinen Sohn zu zeugen, da dieser sein Mörder sein würde. Laios befolgt das Orakel nicht, setzt aber den Neugeborenen aus – bei Apollodoros im Gebirge, in anderen Quellen auf dem Meer.

Hirten bringen den Ausgesetzten zum kinderlosen Königspaar von Korinth, welches den Findling aufzieht. Als der Jüngling erwachsen ist, wird er von seinen Altersgenossen als Findling geschmäht, erhält aber von seinen Zieheltern keine Auskunft über seine Herkunft. Daher macht sich Ödipus auf zum Orakel nach Delphi, um die Wahrheit über seine Identität zu erfahren. Der delphische Gott Apoll trägt ihm aber einzig auf, nicht in seine Vaterstadt zu ziehen, denn er werde dort seinen Vater töten und seine Mutter heiraten.

So beschließt Ödipus, nicht nach Korinth zurückzukehren, sondern sich nach Theben zu begeben. Auf dem Weg dorthin kommt es zu einem gewaltsamen Zusammenstoß mit dem Wagen seines leiblichen Vaters, König Laios, den Ödipus aber nicht erkennt und im Zorn tötet.

In Theben angekommen, besiegt Ödipus die Sphinx, befreit so die Thebaner von dem Menschen verschlingenden Ungeheuer und erhält zur Belohnung

---

5 Apollodoros: Götter und Helden der Griechen. Griechisch und deutsch. Eingeleitet, herausgegeben und übersetzt von Kai Brodersen. Darmstadt 2004, griech. Text und Übersetzung zum Ödipus-Mythos, Buch 3, S. 48–56, S. 148–151. Begriffsdefinition von Burkert, Walter: Mythos – Begriff, Struktur, Funktionen. In: Ders.: Kleine Schriften IV. Mythica, Ritualia, Religiosa 1. Göttingen 2011, hier: S. 101.

Iokaste, die Königin bzw. Witwe des Laios, zur Frau. So heiratet Ödipus unwissend seine Mutter und zeugt mit ihr die Söhne Polyneikes und Eteokles sowie die Töchter Ismene und Antigone.

Als das Tabu-Verbrechen und der Vatermord schließlich ans Licht kommen, erhängt sich Iokaste und Ödipus sticht sich die Augen aus. Der Geblendete wird aus Theben vertrieben und zieht mit Antigone nach Kolonos in den heiligen Bezirk der Rachegöttinnen. Nach Apollodoros erlangt Ödipus dort den Schutz von König Theseus bevor er stirbt, nach anderen Quellen endet er unerlöst im Hades.

Die Lebensgeschichte des mittelalterlichen Heiligen weicht in einigen Varianten ab, aber die mythische Matrix, wie sie Lord Raglan mit den typischen „Heroic patterns" erstellt hat, bleibt deutlich erkennbar. Die Konvergenzen zwischen dem antiken und dem mittelalterlichen Muster einer Helden- bzw. Heiligenbiographie möchte ich kurz an einer Tabelle veranschaulichen.

4. Universelle Matrix („pattern") von Heroen des Altertums mit 22 gemeinsamen Merkmalen nach FitzRoy Richard Somerset Raglan: The Hero. A Study in Tradition, Myth and Drama. London 1936; Nachdruck Westport 1975, S. 178–180

F. R. Somerset Raglan	Heroic Patterns	Hartmanns *Gregorius*	Der antike Ödipus-Mythos
Abstammung bzw. Eltern	1.The hero's mother is a royal virgin; 2. His father is a king, and 3. often a near relative of his mother, but	**Fürstengeschlecht** Geschwisterpaar, Kinder des Herzogs von Aquitanien	**Königsgeschlecht** König Laios + Königin Jokaste (Epikaste) von Theben
Unheilvolle Vorzeichen vor Geburt		**Einwirkung des Teufels**	*Delphisches Orakel*: **Kind würde Mörder** des Vaters = *Schicksalsfluch*
4. Ungewöhnliche Zeugung	4. The circumstances of his conception are unusual, and 5. He is also reputed to be the son of a god.	**Zeugung im Inzest, aber Mutter:** *reine + tumbe*	**Zeugung in Trunkenheit**
Geburt	6. At birth an attempt is made, usually by his father or his maternal grandfather to kill him, but	Geburt: Im Verborgenen ohne Vater	Vater entführt Neugeborenen
Besondere Kennzeichen des Neugeborenen		**Außerordentliche Schönheit**	Vater durchbohrt Füße mit Nagel = Schwellfuß = Ödipus

F. R. Somerset Raglan	Heroic Patterns	Hartmanns *Gregorius*	Der antike Ödipus-Mythos
7. Aussetzung des Neugeborenen	7. he is spirited away, and	**In Barke auf dem Meer mit Abstammungstafel + kostbarer Ausstattung**	**Im Gebirge Kithairon, Variante: auf dem Meer**
Schicksal der Eltern		Mutter führt Regentschaft in Askese, Vater stirbt auf Pilgerfahrt zum Hl. Grab	Zur Strafe für ein homosexuelles Vergehen des Laios sucht die Sphinx Theben heim
Errettung + Vorzeichen		**Durch Wunder: Gott wirkt als Amme des Säuglings**	Durch Schafhirten
Kindheit + Jugend des Helden	8. Reared by foster-parents in a far country. 9. We are told nothing of his childhood, but	**Bei Pflegeeltern in Armut in Fischerfamilie + als Oblate im Kloster**	**In Reichtum als königlicher Adoptivsohn**
Schauplatz der Kindheit: Erziehung (Jugend)		Fischerfamilie auf namenloser Insel Im Inselkloster: mit 11 Jahren: *grammaticus*, mit 14 Jahren Beherrschung von Theologie + Recht, mit 15 Jahren höfische Sitten und Herrschertugenden	Königsfamilie von Korinth Am Königshof
Entdeckung der ehrlosen Herkunft als Findelkind		Durch Schlagen des Halbbruders sowie durch Zornesausbruch der **Ziehmutter – Ausstoß aus der Familie**	Durch Spott über Unähnlichkeit mit vermeintlichen Eltern
1. Auszug aus dem Pflege-Elternhaus	10. On reaching manhood he returns or goes to his future Kingdom.	als fahrender Ritter, um *êre unde guot* zu gewinnen + Herkunft zu erfahren: **Entscheid im Innern = freier Wille**	**Zum Delphischen Orakel,** um seine Herkunft zu erfahren: **Bescheid von außen = fatum der Götter**
			1. unwissentliche Missetat des Ödipus: Vatermord in Weggabelung zwischen Delphi und Theben
Schauplatz der Heldentat = Heimat		(unerkannte) Heimkehr nach Aquitanien	(unerkannte) Heimkehr nach Theben
Heldentat	11. After a victory over the king and/or a giant, dragon, or wild beast,	**Gregorius befreit Aquitanien vom Belagerer**	**Ödipus befreit Theben vom Unheil der Sphinx**
Belohnung für Heldentat	12. He marries a princess, often the daughter of his predecessor and 13. And becomes king.	**Hand der regierenden Fürstin = Hochzeit mit Mutter = unwissentliche Missetat: „des tiufels wille"**	**Hand der regierenden Fürstin = Hochzeit mit Mutter = 2. unwissentliche Missetat**

F. R. Somerset Raglan	Heroic Patterns	Hartmanns *Gregorius*	Der antike Ödipus-Mythos
Entdeckung des Inzests	14. For a time he reigns uneventfully and 15. Prescribes laws, but 16. Later he loses favour with the gods and/or his subjects, and	Magd entdeckt geheime Bußübungen des Gregorius für seine sündige Abstammung und verrät der Herzogin das Versteck mitsamt der Abstammungstafel	Durch Heimsuchung Thebens von Pest + erneute Befragung des **Delphischen Orakels** + Offenbarung des Sehers Teiresias + Brief aus Korinth bzw. Offenbarung des alten Hirten
Reaktion von Mutter und Sohn		Emotional: Schmerz, Zorn, Reue unter Hinweis auf die Antitypen Judas (= Negativexempel) + David (= Vorbild) Handlung: **Buße**	Emotional: Scham und Verzweiflung;Handlung;**Erhängen (Jokaste)** + **Selbstblendung (Ödipus)**
2. Auszug aus Heimat	17. Is driven from the throne and city, after which	**Als büßender Bettler**	**Als blinder Bettler**
2. Aufnahme bei Fischerehepaar		Gregorius lässt sich trotz Verhöhnung vom Fischer auf einem verlassenen Felsen im Meer mit Beinfesseln aussetzen	
Erlösung		Nach 17 Jahren übermenschlicher Buße Errettung durch Hl. Geist = **innere Wandlung zum Heiligen: lebender Märtyrer + „gottes trût"**	Nach vielen Jahren elenden Bettellebens durch Theseus von Athen
Ende	18. He meets with a mysterious death, 19. Often at the top of a hill, 20. His children, if any do not succeed him." 21. His body is not buried, but nevertheless 22. He has one or more holy sepulchres."	Erwählung zum Papst + **Wiedervereinigung mit Mutter in spiritueller Liebe, gnadenvolle Erlösung aller „guoten sündaere"**	Eingang in die Unterwelt + **gnadenlose Erfüllung des Schicksals**

Zusammenfassend lässt sich festhalten, dass zu den prägenden Stationen des antiken wie mittelalterlichen Heldenlebens Zeugung und Geburt zählen, sodann Aussetzung des Kindes, Erziehung bei Zieheltern, Suche nach Herkunft, Rückkehr in die Heimat, Befreiung der Landesfürstin, der unerkannten

Mutter, Heirat und Inzest mit der Herrscherin, Entdeckung, Bestrafung und Sühne des Inzests.

Nach diesen augenfälligen Parallelen wirkt es umso erstaunlicher, dass der mittelalterliche Erzähler Hartmann von Aue an keiner Stelle auf die Ähnlichkeiten mit dem antiken „Inzestsünder" hinweist. Wenn wir heutige Interpreten diese Analogien hervorheben, so tun wir das unter der stillschweigenden Voraussetzung, damit die langanhaltende Wirkkraft antiker Mythen freizulegen. Vielleicht auch um zu zeigen, wie ein mittelalterlicher Autor antiken Mythenmotiven neue Bedeutungen einschreibt.

Das möchte ich an den beiden zuvor genannten Motiven exemplifizieren.

5. Mythenmotive im Motivkomplex Zeugung, Geburt, Aussetzung und Errettung des Kindes – Analogien zum Mythos von Romulus und Remus sowie zu Siegfried dem Drachentöter

In den altfranzösischen Prätexten stellt der unbekannte Bearbeiter seinen Titelhelden noch in der Vorrede als Inzestsünder vor, der seine Schuld jedoch „durch Buße entsühnte, so daß er später ein heiliger Papst wurde" (Edition Ingrid Kasten, Seite 35).

Im Unterschied zu seiner Vorlage verschweigt Hartmann die Natur der Sündenschuld. Auch weist er nirgends *expressis verbis* auf das selige Ende seines Titelhelden voraus. Stattdessen baut er einen außerordentlich hohen Spannungsbogen auf, sodass die Zuhörer bei jeder Handlungsperipetie gespannt auf den Fortgang warten müssen.

Bei der ersten unheilvollen Wende im Schicksal des Neugeborenen wendet Hartmann einen besonderen Kunstgriff an.

Während im französischen Text nur allgemein vom göttlichen Schutz die Rede ist, wodurch der Säugling die Aussetzung auf dem Meer heil überstehen konnte, verweist Hartmann auf die Errettung des alttestamentlichen Propheten Jonas, den Gott nach drei Tagen aus dem Bauch des Walfisches erlöst hätte. Mit diesem biblischen Beispiel veranschaulicht der deutsche Erzähler, dass die Errettung des Ausgesetzten als Postfiguration eines Ereignisses aus der biblischen Geschichte zu verstehen sei. Dieser Legendenmechanik zufolge wird sich der Titelheld als eine Person der christlichen Heilsgeschichte erweisen. Die typologische Vorausdeutung bleibt jedoch unausgesprochen. Sodann erklärt Hartmann, *wie* das Kind gerettet werden konnte: weil Gott selbst seine Amme war und zwar „so lange bis er es wohlbehalten an Land brachte" (Reclam, Vers 937–938).

Meines Erachtens lässt sich das Einfügen dieses Motivs nur in Analogie zu ähnlichen Ammenmotiven antiker Mythen Alteuropas erklären. Dabei ist an die sagenhaften Begründer Roms, Romulus und Remus, zu denken und im deutschen Sprachraum besonders an Siegfrieds Jugendgeschichte. Beide Mythen erstehen im Hochmittelalter zu neuem Leben. Die Skulptur der „Kapitolinischen Wölfin", worin dargestellt ist, wie sie die Brüder Romulus und Remus säugt, hat die Kunstgeschichte allerdings als eine hochmittelalterliche Neuformung bzw. Fälschung entlarvt.[6] Die beiden Kinder wurden erst im Mittelalter oder in der Renaissance hinzugefügt. Und was den deutschen Sagenheld Siegfried betrifft, so hat der Verfasser des *Nibelungenlieds* zwar die Geschichte von Siegfrieds Geburt und Kindheit als Findling eliminiert. Aber in der altnordischen *Thidrekssaga* ist geschildert, wie das Neugeborene ausgesetzt wird, am Ufer des Meeres von einer Hirschkuh angenommen und 12 Monate lang gesäugt wird.[7]

Beide Tierarten, Wolf und Hirsch, galten in den Kulturen Alteuropas als heilig. Daher sind sie als Epiphanien, das heißt: als irdische Erscheinungsformen von Gottheiten verehrt worden. In die Sprache der Mythendeutung übersetzt, bedeutet das, dass sowohl die legendären Gründer der Stadt Rom als auch der nordeuropäische Heros Sigurd alias Siegfried von einer Gottheit gesäugt und errettet worden sind.

Mythengeschichtlich gesprochen ließe sich das Wiederauftauchen und höchstwahrscheinlich unbewusste Wiederaufgreifen des antiken Ammenmotivs aus der mythischen Potenz erklären, welche dieses Motiv im kollektiven Gedächtnis der Menschheit bewahrt hat. In jedem Fall verleiht das Ammenmotiv Hartmanns *Gregorius* eine zusätzliche mythische Dimension.

6. *Gregorius' Mutter – eine dreifaltige (göttliche) Person (?) – Analogien zu den spätantiken Matronen und spätmittelalterlichen drei Bethen*

Im Unterschied zum altgriechischen Ödipus-Narrativ ist der Mutter des fatalen Helden in den mittelalterlichen Legenden ein merklich größerer Handlungsspielraum eingeräumt. Das gilt insbesondere für Hartmanns „Ödipus-Variante". Hartmann schreibt in das Wesen der Mutter von Anfang an Motive vorbildlicher

---

6 Forscher der Università del Salento haben die Skulptur im Juni 2012 mit Hilfe von Radiokarbon-Untersuchungen analysiert und ihre Ergebnisse im Corriere della Sera veröffentlicht: Dall'Etruria al Medioevo. Con il radiocarbonio la Lupa capitolina è più giovane di 17 secoli. In: Corriere della Sera vom 22. Juni 2012. Demnach muss das Kunstwerk im 11. bis 12. Jahrhundert entstanden sein. Siehe auch: Maria Radnoti-Alföldi, Edilberto Formigli, Johannes Fried: Die römische Wölfin. Ein antikes Monument stürzt von seinem Sockel. Franz Steiner Verlag, Stuttgart 2011.

7 Die Geschichte Thidreks von Bern (= Thidrekssaga). Übertragen von Fine Erichsen. Jena 1924. Nachdruck München 1996, S. 215–217.

religiöser Verhaltensnormen ein. So betont der Erzähler, dass es gegen ihren Willen zu dem fatalen Beischlaf kam. Sodann überträgt er der Mutter die Initiative zur Rettung des Kindes. Um die Inzestsünde zu sühnen, wird die Mutter die Landesherrschaft in strenger Buße und Askese übernehmen.

Auch über die Heirat ihres Erretters hinaus wird ihr Lebenswandel vorbildlich bleiben. Denn so kommentiert der Erzähler ihre Einwilligung in die Ehe: „wande êlîch hîrât / daz ist daz allerbeste leben / daz got der werlde hât gegeben." (V. 2222–2224) = Denn eine rechtmäßig geschlossene Vermählung ist (Grundlage) des allerbesten Lebens, das Gott der Welt gegeben hat.

Als ihr Inzestvergehen schließlich entdeckt wird, fällt die Mutter nicht der Todsünde der Verzweiflung anheim, sondern folgt dem Rat ihres Ehemannes und Sohnes, für ihre Sünde bis zum Ende ihres Lebens Buße zu tun.

An dieser Stelle wird also das antike Motiv des Selbstmords durch eine christliche Form der Sühne ersetzt. Gleichzeitig ist damit das positive Ende, die christliche Erlösung eingeleitet.

Das abschließende Geschehen, die Wiederbegegnung zwischen Mutter und Sohn in Rom, eröffnet der Erzähler durch eine besondere rhetorische Formulierung:

„Sîn muoter, sîn base, sîn wîp / (diu driu heten einen lîp), / dô si in Equitânjam / von dem bâbest vernam . . ." (Vers 3831–3834). Übersetzung: Seine Mutter, seine Vaterschwester, seine Frau (die drei waren eine Person), als sie in Aquitanien von dem Papst hörte . . .

Wie ist diese Formel zu verstehen? Alle Interpreten sind sich in einem Punkt einig: es ist eine „deutliche Anspielung auf die Dreieinigkeit von Gott-Vater, Christus-Sohn und Heiligem Geist" (W. Fritsch-Rößler, S. 304). Aber mit welchem Zweck? „Ein Klerikerscherz", wie V. Mertens meint (S. 875)? Aber was gibt es hier zu scherzen? Ein Hinweis „auf die Aufhebung der Verwandtschaftsstrukturen", wie P. Strohschneider vorschlägt?[8] Schon eher möglich, denn Mutter und Sohn werden ihr Leben in Rom als „zwei ûz erweltiu gotes kint", zwei auserwählte Gotteskinder (Vers 3954) beschließen.

Damit scheint mir jedoch das Sinnpotential der mütterlichen Trinitätsformel nicht voll ausgeschöpft. Denn kraft der Trinitätsformel erscheint die Mutter mit den quasi-göttlichen Eigenschaften einer trinitarischen Muttergottheit ausgestattet. Sie ist vergleichbar einer weiblichen Dreieinigkeit, so wie sie in den

---

8   Strohschneider, Peter: Inzest-Heiligkeit. Krise und Aufhebung der Unterschiede in Hartmanns „Gregorius". In: Geistliches in weltlicher und Weltliches in geistlicher Literatur. Hrsg. von Christoph Huber u. a. Tübingen 2000, S. 105–133.

Rheinprovinzen des antiken Römischen Reiches im Matronenkult verehrt worden ist.[9]

Der Kult dieser so genannten *Matronae Aufaniae,* so der „mit fast 70 Belegen am häufigsten überlieferte" Matronen-Beiname,[10] ist mit über 100 Artefakten aus dem 2. und 3. Jahrhundert belegt und gehört somit zu den populärsten Fruchtbarkeitskulten der Spätantike.[11]

Erstaunlicherweise scheint sich die Verehrung von trinitarischen weiblichen Fruchtbarkeitsgottheiten das gesamte Mittelalter hindurch bis an die Schwelle zum Spätmittelalter am Oberrhein erhalten zu haben. Ein wichtiges Zeugnis dafür liefert Bischof Burchard von Worms († 1025) in seinen Bußbüchern. In einem jener Kapitel, worin er heidnische Bräuche brandmarkt, belegt Bischof Burchard den Sünder, der an die "göttliche Macht' eines häuslichen Fruchtbarkeitsritus für drei *sorores* (= Schwestern) glaubt, die in "antiker Torheit' *parcas* (= Parzen) hießen, mit einer einjährigen Bußstrafe.[12]

In der Fachwelt bleibt umstritten, ob sich in dem beschriebenen Kult ein Weiterleben des antiken Matronenkults dokumentiert. Frappierend wirkt jedenfalls, dass sich in Worms und an anderen Orten des Oberrheins seit dem 14. Jahrhundert ein neuer Matronenkult in einer typisch christlichen

---

9   Siehe: Günther Schauerte: Terrakotten mütterlicher Gottheiten. Formen und Werkstätten rheinischer und gallischer Tonstatuetten der römischen Kaiserzeit. Köln, Rheinland-Verlag GmbH 1985; zum Formtyp der Matronen-Dreiheit, siehe S. 337–340.

10 So in: Matronen und verwandte Gottheiten: Ergebnisse eines Kolloquiums, veranstaltet von der Göttinger Akademie. Redaktion: G. Bauchhenss und G. Neumann. Köln, Rheinlad-Verlag 1987 (Beihefte der Bonner Jahrbücher 44), S. 114.

11 Siehe Katalog in: Günther Schauerte: Terrakotten mütterlicher Gottheiten. Formen und Werkstätten rheinischer und gallischer Tonstatuetten der römischen Kaiserzeit. Köln, Rheinland-Verlag GmbH 1985, Seite 337–340 sowie Abbildungen Tafel 113,114 und 115. Unabhängig davon wird eine trinitarische Matronen-Skulptur im Saalburgmuseum des Kastells Saalburg bei Bad Homburg vor der Höhe aufbewahrt, link: 200910311226MEZ Saalburg-Museum, CIL XIII 11984, Nettersheim.jpg.

12 So der Wortlaut in *Decretorum liber decimus nonus V,* Migne, PL 140 (1880) Sp. 971, worin sich der Bischof in direkter Rede an einen Sünder wendet: „Fecisti ut quedam mulieres in quibusdam temporibus anni facere solent: ut in domo tuo mensam praeparares, et tuos cibos, et potum cum tribus cultellis supra mensem poneres, ut si venissent tres illae sorores, quas antiqua posteritas et antiqua stultitia parcas nominavit, ibi reficerentur, et tulisti divinae pietati potestatem suam, et nomen suum, et diabolu tradidisti, ita, dico, ut crederes illas quas tu dicis esse sorores, tibi posse, aut hic aut in futuro prodesse? Si fecisti, aut consensisti, unum annum per legitimas ferias poeniteas." Dass die drei spätantiken Matronen hier als „Schwestern" (lat. „sorores") bezeichnet werden, bezeugt meines Erachtens eine entscheidende Stufe der Transformation in christliche Heilige, da der Begriff der „Schwestern" bereits zu Burchards Zeiten ein Wesensmerkmal christlicher Heiliger war, die bekanntlich oft die Stelle antiker Gottheiten eingenommen hatten.

Metamorphose ausbreitet – bezeichnenderweise außerhalb der kirchlichen Liturgie.[13] Die antiken Göttinnen erscheinen nun in Gestalt von drei heiligen Jungfrauen, beispielsweise den besonders bekannten drei Heiligen Bethen von Worms: Einbeth, Worbeth und Wilbeth. Heute ist der Dreijungfrauenstein mit der Darstellung der drei Bethen von ca. 1420 allerdings in den Kirchenraum des Wormser Doms integriert.[14]

Zurück zu Hartmanns *Gregorius*! Sieht man in dem trinitarischen Erscheinungsbild der Mutter des Gregorius die Epiphanie einer dreieinigen antiken Muttergottheit, dann erklärt sich tatsächlich, warum die Mutter nach der spirituellen Wiedervereinigung mit ihrem Sohn den Status der Gotteskindschaft, also: der Heiligkeit erlangt hat.

Mythengeschichtlich gesprochen, ließe sich die höchstwahrscheinlich unbewusste Wiederbelebung antiker Vorstellungen von trinitarischen Muttergottheiten als gleichzeitiges Einschreiben einer zukünftigen christlichen Verehrung von Dreiergruppen weiblicher Heiliger deuten. Somit wiese die Trinitätsformel zugleich weit zurück in die Antike und weit voraus in die Zukunft des katholischen Glaubenslebens: eine einzigartige mythische Dimension.

Ingrid Kasten hatte in ihrer Edition der altfranzösischen Legendendichtung als erste darauf hingewiesen, dass die Wirkungsgeschichte der altfranzösischen Gregorius-Legende „Teil der Wirkungsgeschichte eines anderen Stoffs [ist], eines der wirkmächtigsten Stoffe der Weltliteratur: der antiken Fabel von Ödipus" (München 1991, 12).

Ja, das lässt sich ohne weiteres bestätigen. Aber die nachhaltigste Wirkung hat nicht die altfranzösische Version dieser mittelalterlichen „Ödipus-Variante" erzielt, sondern Hartmanns *Gregorius*.

13 Siehe dazu den Beitrag von Matthias Zender: Die Verehrung von drei heiligen Frauen im christlichen Mitteleuropa. In: Matronen und verwandte Gottheiten (wie Fußnote 11), Seite 213–228, hier: Seite 220 sowie Zusammenfassung auf S. 226–27. – Bis heute sind die drei Heiligen nicht in die offizielle kirchliche Heiligenliste aufgenommen.
14 Beschreibung von Rüdiger Fuchs im Katalog der Inschriften zu Worms: DI 29, Worms, Nr. 222 (Rüdiger Fuchs), in: www.inschriften.net, https://nbn-resolving.de/urn:nbn:de:0238-di029mz02k0022200; ob Burchard von Worms mit seiner Ächtung des Kults der drei „Schwestern" bez. drei Parzen Anhänger eines Matronenkults gemeint haben könnte, hält R. Fuchs für nicht beweisbar. Abbildung: https://de.wikipedia.org/wiki/Datei:Worms_Dom_3-Bethen.jpg – zuletzt aufgerufen am 27.08.2022.

Literatur

1. Primärliteratur

Apollodoros: Götter und Helden der Griechen. Griechisch und deutsch. Eingeleitet, herausgegeben und übersetzt von Kai Brodersen. Darmstadt 2004.

Burchard von Worms: *Decretorum liber decimus nonus V*, Migne, PL 140 (1880).

Otto Bischof von Freising: *Chronik oder Die Geschichte der zwei Staaten*. Übersetzt von Adolf Schmidt. Herausgegeben von Walther Lammers. Darmstadt 1972.

Hartmann von Aue. *Gregorius. Der Arme Heinrich. Iwein*. Herausgegeben und übersetzt von Volker Mertens. Frankfurt am Main 2008 (= Deutscher Klassiker Verlag im Taschenbuch, Band 29).

Hartmann von Aue. *Gregorius*. Nach dem Text von Friedrich Neumann neu herausgegeben, übersetzt und kommentiert von Waltraud Fritsch-Rößler. Stuttgart 2011 (Reclams UB 18764).

La vie du pape Saint Grégoire ou La Légende du bon pécheur. Leben des heiligen Papstes Gregorius oder die Legende vom guten Sünder. Text nach der Ausgabe von Hendrik Bastian Sol mit Übersetzung und Vorwort von Ingrid Kasten. München 1991 (= Klassische Texte des romanischen Mittelalters in zweisprachigen Ausgaben 29).

Mythos Ödipus. Texte von Homer bis Pasolini. Hg. von Nikola Roßbach. Leipzig 2005 (= Reclam Bibliothek Leipzig, Band 2015).

Publius Papinius Statius: *Der Kampf um Theben*. Übers. von Otto Schönberger. Würzburg, Steinhausen 1998 (deutsche Übersetzung der *Thebais*). Statius: *Thebaid* (Volume I & II). Hg. und übers. von D. R. Shakleton Bailey. Cambridge (Mass.) 2004 (Lateinisch und englisch).

Die Geschichte Thidreks von Bern (= Thidrekssaga). Übertragen von Fine Erichsen. Jena 1924. Nachdruck München 1996.

2. Sekundärliteratur

Burkert, Walter: Mythos – Begriff, Struktur, Funktionen. In: Ders.: Kleine Schriften IV. Mythica, Ritualia, Religiosa 1. Göttingen 2011.

Fuchs, Rüdiger, DI 29, Worms, Nr. 222 (Rüdiger Fuchs), in: www.inschriften.net, https://nbn-resolving.de/urn:nbn:de:0238-di029mz02k0022200 – zuletzt aufgerufen am 27.08.2022. Gedruckte Version: Die Inschriften der Stadt Worms. Band 29 der Reihe Die Deutschen Inschriften. Gesammelt und bearbeitet von Rüdiger Fuchs. Wiesbaden, Reichert Verlag 1991, Nr. 222.

Herlem-Prey, Brigitte: Le ,Gregorius' et la ,Vie de Saint Grégoire'. Détermination de la source de Hartmann von Aue à partir de l'étude comparative intégrale des textes. Göppingen 1979.

Huber, Christoph: Mittelalterliche Ödipus-Varianten. In: Festschrift Walter Haug und Burghart Wachinger. Hrsg. von Johannes Janota. Band I, Tübingen 1992, S. 165–199.

Knapp, Fritz Peter: ,Grégoire' / ,Gregorius'. In: Historische und religiöse Erzählungen. Germania Litteraria Mediaevalis Francigena Band IV. Hrsg. von Geert H. M. Claassens, Fritz Peter Knapp und Hartmut Kugler. Berlin 2014, S. 385–408.

Kropik, Cordula (Hrsg.): Hartmann von Aue. Eine literaturwissenschaftliche Einführung. Tübingen 2021.

Matronen und verwandte Gottheiten: Ergebnisse eines Kolloquiums, veranstaltet von der Göttinger Akademie. Redaktion: G. Bauchhenss und G. Neumann. Köln, Rheinland-Verlag 1987 (= Beihefte der Bonner Jahrbücher, Band 44).

Radnoti-Alföldi, Maria, Formigli, Edilberto, Fried, Johannes: Die römische Wölfin. Ein antikes Monument stürzt von seinem Sockel. Franz Steiner Verlag, Stuttgart 2011.

Raglan, FitzRoy Richard Somerset: The Hero. A Study in Tradition, Myth and Drama. London 1936; Nachdruck Westport 1975.

Schauerte, Günther: Terrakotten mütterlicher Gottheiten. Formen und Werkstätten rheinischer und gallischer Tonstatuetten der römischen Kaiserzeit. Köln, Rheinland-Verlag GmbH 1985 (= Beihefte der Bonner Jahrbücher, Band 45).

Strohschneider, Peter: Inzest-Heiligkeit. Krise und Aufhebung der Unterschiede in Hartmanns ,Gregorius'. In: Geistliches in weltlicher und Weltliches in geistlicher Literatur. Hrsg. von Christoph Huber u. a. Tübingen 2000, S. 105–133.

Das Bild der Sirene in Gottfrieds *Tristan*, der *Folie Tristan d'Oxford* und im *Reinfried von Braunschweig*

Rosmarie Morewedge (New York)

Abstract: Einleitend wird die Angemessenheit des Kulturtransfers aus der Klassik in die mittelalterliche Kulturlandschaft bestätigt, in der sich Gottfried als Künstler bewegt und über Ovid aber auch aus vielen anderen Quellen seine Be/Umarbeitung von Thomas d'Angeleterre als Läuterung der Worte, Bilder und Ideen im Schmelztigel des Künstlers bewerkstelligt. Aus der Feststellung einer Polarität von Groteske und Ideal sichtbar im Gegensatz der entstellten aesthetisch und moralisch verkehrten Welt der existenzbedrohenden Sirene und des fratzenhafte Narren einerseits und dem Streben nach dem idealisierten höfischen Menschen (in Anlehnung an den Begriff „Muse") andererseits entsteht im *Tristan* eine Beherrschung der stets unterschwelligen Groteske durch aesthetische epistemische bildliche Steigerung, die in der Idealisierung einer höheren Menschenart im „neuen Wunder" oder „neuen Mensch" gipfelt.

Die besondere Verbindung von Magnet(berg) mit der Sirene wird als Kulturtransfer von der *Folie Tristan d'Oxford* zu Gottfrieds Tristan und zum spätmittelalterlichen Roman Reinfried von Braunschweig verfolgt.

Keywords: Sirene, Groteske, Muse, Tristan, Isolde, Helena, Narr, Reinfried

Einleitung

Im *Cligés* statuiert Chrétien de Troyes die mittelalterliche Auffassung des Kulturtransfers von Griechenland nach Rom, und von Rom nach Frankreich[1]. Nach Chrétien, nahm einst Griechenland den Vorrang in Ritterschaft und Wissen ein, wurde darin jedoch von Rom abgelöst; dieser Vorrang wurde dann Frankreich zugesprochen, wo er nach Chrétien seinen Sitz hat.

In Berouls *Tristan,* zum Beispiel, preist König Artus Yseut als die schönste Frau zwischen Camelot und Tudela[2]. In Berouls Roman ist dieser Kulturtransfer von Griechenland über Rom nach Frankreich in Schönheitsvergleich präsent, doch noch nicht so ausgeprägt wie er bei Thomas/Gottfried auftritt;

---

1   Zum Begriff Kulturtransfer, Danielle Buschinger, *Kulturtransfer zwischen Romania und Germania im Hoch und Spätmittelalter: Geburt der Übersetzung, Untersuchungen zur deutschen Literaturgeschichte,* Bd. 153 (Berlin: De Gruyter, 2019). Zum Kulturtransfer bei Gottfried, siehe *„Die Tristan Sage"* 97–118.

2   Béroul, *Le Roman de Tristan Poème du XIIe Siècle*, hrg. Ernest Muret (Paris: Librairie Ancienne, 1962).

gleichwohl greift König Artus auf klassisches Wissen zurück, indem er die Schönheit Yseuts mit der Helenas vergleicht.

In Gottfrieds *Tristan (T)*[3] wird Isolde in ihrer Schönheit im Überbietungstopos als neue Helena und aufgehende Sonne Irlands gefeiert, in einem Rahmen, der auf die Klassik, insbesondere auf Ovids *Heroiden* (XVI, XVII) zurückgeht, wo Ovid die Sonnenmetaphorik durch Paris einführt, der Helena mit der aufgehenden Sonne vergleicht[4]. Gottfried erweitert diesen Vergleich in Bezug auf Isolde[5], zuerst mit Griechenlands Helena, bevor Isolde als neue Sonne Irlands gefeiert wird, die im Westen aufgeht. (T 8266 ff) Nach Manfred Kern gehört Gottfried hier zu Minnesängern, wie Heinrich von Morungen, die ähnlichen Kulturtransfer in einer *translatio amoris* von klassischen Topoi von Ovid aufwiesen, wo die *vrouwe*, zum Beispiel in einem Lied, wie *MF* XVIII „diu vil guote," im Überbietungstopos als Übervenus und Überhelena als neue Sonne gepriesen wird[6]. Als neue Sonne, die im Westen aufgeht, löst Isolde Helena, die Sonne Griechenlands, ab. Kern deutet dies als einen bewußten „innovativen Umgang mit der Tradition"[7]. Meines Erachtens geht es nicht nur um Kulturtransfer, sondern auch um Bearbeitung und Umarbeitung des Mythus in einer Bildepistemik[8], wie ich es im Folgenden zeigen möchte.

Gottfried fängt mit einer Umwertung an: Im Adynaton wird Isolde als neue Helena, die Sonne von Irland, die jetzt im Westen, und nicht im Osten aufgeht (T 8266 ff) beschrieben, aber auch „als niuwes wunder" gepriesen (T 8247, 8082); sogar von König Marks Jägermeister wird sie als Göttin und überirdische Schönheit wahrgenommen.

> Ein man und ein gotinne:
>
> diu ligent an einem bette
>
> und slafen alse inwette.
>
> Der man ist alse ein ander man;
>
> min zwivel ist aber dar an,

---

3 Gottfried von Strassburg, *Tristan und Isold*, hrg. Friedrich Ranke (Dublin: Weidmann, 1967).

4 Ovid, *Heroides and Amores*, Üb. Grant Showerman, Loeb (London: Heinemann, 1914), XVI, 127.

5 Lambertus Okken, *Kommentar zum Tristan-Roman Gottfrieds von Strassburg*, 1. Band (Amsterdam: Rodopi, 1984), 46–51; 375. Ingrid Hahn, *Raum und Landschaft in Gottfrieds Tristan: Ein Beitrag zur Werkdeutung* (München: Eidos Verlag, 1964), 116–118.

6 Manfred Kern, „Von Parisjüngern und neuen Helenen. Anmerkungen zur antiken Mythologie im Minnesang," *Neophilologus* 83(1999), S. 581–584.

7 Kern, S. 578.

8 Hans Blumenberg, *Arbeit am Mythos* (Frankfurt: Suhrkamp, 1984). Gisela Brinker-Gabler, *Lou Andreas-Salomé Bild im Umriss: Eine Lektüre* (Würzburg: Königshausen § Neumann, 2018), S. 17–23.

sin geslafe da bi

daz der ein mensche si:

der ist schoener danne ein feine;

von fleische noch von beine

enkunde nicht gewerden

so schoenes uf der erden (T 17470–17480)

Die Lichtmetaphorik, mit der Gottfried Isolde schon in Irland und Tristan und Isolde später in der Minnegrotte umgibt, (z. B., T 16977–17984; 17582–17589, 17058–17070) geht wohl auf viele Quellen zurück, doch ist sie vermutlich in der religiösen Kulturlandschaft von Abt Suger in St. Denis beheimatet, wohl aber auch in der literarischen romanischen *Tristan* Tradition[9], die in der *Folie Tristan d'Oxford*[10] als ersehnter Licht Palast aus Kristall über den Wolken und als begehrter *locus amoenus* im überirdischen Glanz als gemeinsam (von Tristan und Yseut) erträumter Erinnerungsraum ersteht.

Gottfried von Straßburg, Tristan

Gottfrieds *Tristan* bekundet des Dichters intensive Arbeit an und mit dem Mythus. Mythenrezeption und Mythenproduktion werden von Gottfried durch mythische Bilder erschlossen, wie z.B das der grotesken Sirene, die traditionell bedingt sind, doch von Gottfried durch Kulturtransfer rezipiert, neu konzipiert und gestaltet werden basiert auf Grund eines neuen offenen humanistischen Denkens[11], humanistischen Wissens und neuen Bedeutsamkeiten, die durch Ikone, Bilder, bildliche Sprache, Symbole und Metaphern mit neuer Bedeutung

---

9   Wolfgang Golther, *Tristan und Isolde in der französischen und deutschen Dichtung des Mittelalters und der Neuzeit,* Stoff- und Motivgeschichte der deutschen Literatur 2 (Berlin: De Gruyter, 1929).

10 Friedrich Kittler, Hans Ulrich Gumbrecht, *Isolde als Sirene Tristans Narrheit als Wahrheitsereignis Mit einer Übersetzung der „Folie Tristan" aus dem Altfranzösischen* von Friedrich Kittler (München: Wilhelm Fink), 2012.

11 Karl Bertau, *Deutsche Literatur im europäischen Mittelalter II: 1195–1220* (München: C. H. Beck, 1973), S. 918–965. C. Stephen Jaeger, *Medieval Humanism in Gottfried von Strassburg's Tristan und Isolde* (Heidelberg: Carl Winter, 1977), 38–63, 105–115. Alois Wolf, Erzählkunst des Mittelalters: Komparative Arbeiten zur französischen und deutschen Literatur, hg. Marina Backes, Francis G. Gentry und Eckart Conrad Lutz (Tübingen: Niemeyer, 1999). Alois Wolf, „Humanism in the High Middle Ages: The Case of Gottfried's Tristan," Will Hasty, A Companion to Gottfried von Strassburg's „Tristan" (Rochester: Camden House), S. 23–54.

erstehen und einer neuen Philosophie des Lichts Ausdruck verleihen. An Suger von St. Denis ist hier zu denken, der Gott als Licht definierte, und zwischen Licht, Lumen und Glanz unterschied. An klassische mythische Konzepte, die Gottfried mit Apoll Musagetes und mit Griechenland verbindet, wird erinnert, bevor sie in Neue – oft ambivalente Bilder mit neuer Bedeutsamkeit – umgewandelt werden[12].

Gottfried erkennt Thomas d'Angleterre als den einzigen Dichter von *Tristran*, der das Werk richtig verstanden und gedichtet hat; andere ihm bekannte Vorlagen würdigt er nicht gleichermassen. Ob es schon Thomas war, der Isolde als Sirene und Muse eingeführt und mit magnetischer Anziehungskraft verbunden hat, ist nicht bekannt[13]. In der Übersetzung von Roger Sherman Loomis aus dem Altfranzösischen und der altnordischen Saga von Bruder Robert gibt es keinen Beleg dafür, dass vor Gottfried Sirene und Magnetberg (der zuerst im *Herzog Ernst* erwähnt wurde) mit gekoppelter Anziehungskraft eingeführt werden. Doch dass die Sirene schon ein wichtiger Bestand der Tristan Tradition in der romanischen Literatur ist, wird durch die *Folie Tristan d'Oxford* (FO) bewiesen[14], wo die Sirene als Teil der Tradition sichtbar wird, und als *ordo* zerstörendes Bild auftritt. In ähnlich umstrukturierter Verflechtung wie in Gottfrieds *Tristan* erscheint sie wiederum in *Reinfried von Braunschweig*[15], darauf hinweisend, dass das durch Gottfried übermittelte ein Teil der etablierten Erzähltradition und Rezeptionsgeschichte geworden ist. Diese Umstrukturierung dürfte als eine Art von Kulturtransfer gelten, der die weitere Erzähltradition beeinflusst hat.

Mein spezifisches Anliegen ist es, die Bild-Epistemik der Mythologie zu untersuchen, um aus dem Gottfriedschen Doppelbild von Isolde auf dem Magnetberg als todbringende, groteske Sirene und höchste Muse einerseits und von Tristan als abstossendem groteskem Narren und höfischem Ritter und komplexem Künstler andererseits neue Ideale und Bilder zu gewinnen, die in Gottfrieds narrativem Schmelzofen der Worte, Bilder und Bedeutungen entstehen. Bei der Frage, die ich stelle, wie diese Worte, Bilder und Konzepte zu einander stehen und miteinander verwoben werden, ist zu erinnern, dass das

12 Hans Belting, *Bild-Anthropologie: Entwürfe für eine Bildwissenschaft*. (München: Wilhelm Fink Verlag, 2001).

13 Bartina H. Wind, Hrg. *Thomas, Les Fragments du Roman de Tristan Poème du XIIe Siècle* (Paris: Librairie Minard, 1960). *Gottfried von Strassburg Tristan with the „Tristran" of Thomas*, Übs. A.T. Hatto (Edinburg: Penguin, 1960). *The Romance of Tristram § Ysolt by Thomas of Britain Translated from the Old French and Old Norse*, Roger Sherman Loomis (New York: Columbia University Press, 1951).

14 FO 267–275. Der Magnetstein/ berg wird nicht erwähnt, wohl aber der Stein und Felsblock.

15 *Reinfried von Braunschweig Mittelhochdeutscher Text nach Karl Bartsch* Übs. U. Kom. Elisabeth Martschini, III (Kiel: Solvagus Verlag, 2019).

aus der griechischen/römischen literarischen Tradition gewonnene grauenhafte Schreckensbild der Sirene im Tode gipfelt[16], und einen Teil der Todesmotivik der Tristan Tradition ausmacht, in der Tristan ironisch aber auch enthusiastisch mitspielt, was er nach Brangänes Eröffnung über den Trank bestätigt, wo er mit Ironie den anderen, nämlich den „petite mort" mit einbezieht:

ine weiz, wie jener [der Tod von dem Brangäne spricht als ihrer beider Tod] werden sol:

dirre tot der tuot mir wol.

Solte diu wunnecliche Isot

iemer alsus sin min tot,

so wolte ich gerne werben

umb ein eweclichez sterben. (T 12498–12502)

Im Kontrast zu der von Tristan erwähnten durch Lust eingeführten Todesmotivik, wird grauenhaft, vernichtende aus großem Leid erzeugte Todesmotivik in der FO im Umfeld der Groteske von dem possenreissenden, abstoßenden, grotesken Narren Tantris eingeführt.

Trost das wäre zu gesunden

Oder auch, wenn nicht, zu sterben.

Lieber ein für allmal sterben

Als tag um tag so traurig sein.

Sterben will er eher heute

Als allezeit vor schmerz vergehn.

Leiden ist ein langes sterben.

---

16 Manfred Kern, „Der gefährliche Mythos vom Singen: Musen und Sirenen in der Europäischen Literatur des Mittelalters," *Troianalexandrina*, 5 (2005), S. 125–151. „Sirenengesang vermittelt dasselbe Wissen, das Musen vermitteln – Wissen und Erkenntnis – doch führt er zum Tod. (140) Siehe auch Jacqueline Leclercq-Marx, La Sirène dans la pensée et dans l'art de l'Antiquité et du Moyen Âge : du myth païen au symbole chrétien. (Brussels : Academie Royal, 1997). Elizabeth Eva Leach, „The little Pipe Sings Sweetly," *Music and Letters* 87 (2006, 187–211). Siehe *Odyssee*, XII (184–192). Guillaume, le Clerc, de Normandie, *Le Bestiaire. Das Thierbuch*. Robert Reinsch, Hrg. Altfranzösische Bibliothek, 14. Bd. (Wiesbaden: Dr. Martin Sändig, 1892), 1053–1112. Ähnlich wie die Sphinx, besitzen die Sirenen Weisheit: sie wissen was geschehen ist, was *gegenwärtig* ist, und was die Zukunft bringt. Die Sirene in der Geschichte mit vielen Illustrationen in Christa Sütterlin, „Die Sirene als Bildmotiv zwischen Funktion und Dekoration: Mythenforschung als Bild und Ideengeschichte," Matreier Gespräche, 2000. www.yobodat.at (28.10.21 Stichprobe). Abbildungen: Debra Hassig, *Medieval Bestiaries: Text, Image, Ideology* (Cambridge: Cambridge University Press, 1995), Figures S. 105–115.

Denken bringt den menschen um. (FO 5–13) Fr. Kittler Übersetzung[17]

Der Wettbewerb zwischen Sirenen und den Apollonischen Musen und die Konzepte, die sie (meist allegorisch) vertreten ist ein traditioneller, der durch kulturellen Transfer im Mittelalter verbreitet wurde[18]. Für Gottfried gehörte er zum Erwartungshorizont und zu seiner allegorisierenden Arbeitsmethode, die er auch ironisch in dem Wettbewerb mit Gandin zwischen Harfe und Rotte aufblitzen läßt, wo Tristan als ein Orpheus Typ auftritt, der Isolde durch seine höhere musische Kunstfertigkeit und seine fast zauberhafte Macht, sowohl als auch seine spielmännische Schlagfertigkeit zurück über das Wasser bringt[19].

Zur Groteske, nach Wolfgang Kayser, gehört die fabelhafte, aggressive, sinnlose, monströse, entfremdete, als absurd empfundene verkehrte Welt aus visuell gestalteten Mischwesen, wo Kategorien vermischt werden, die sich der klaren rationalen Sinngebung entziehen und dem Betrachter den Boden verstandesmäßiger Kategorien der Erklärung entziehen[20].

Gottfrieds Bild von Isolde als Sirene erregt vornehmlich dadurch unsere Aufmerksamkeit, dass er die Tradition der altbekannten, monströsen, unheimlichen Sirene als Erwartungshorizont voraussetzt in der Todesmotivik, die er in seiner Beschreibung von Isolde als Sirene mit Magnetstein einführt (T 8087–8090; 8110–8112), wobei er den Blickpunkt aber gleichzeitig auf die Camnenischen Musen richtet, indem er Isolde gleichzeitig als Wunder (T 8080–8082) zur überirdisch erhabenen Muse erhebt, sie mit den aesthetisierten Musen vergleicht und ihr Bildnis umarbeitet im Überbietungstopos mit Helena als neue Sonne, die in Irland aufgeht. Durch diese epistemisch neu beladenen Bilder wird sie zur hehren Muse des Werks. Durch Tristans Unterricht war ihre Kraft

17 Confort lu estot de guarir/ U si ço nun, melz volt murir;/ Melz volt murir a une faîz/ Ke tut dis estre si destraiz,/ E melz volt une faiz murir/Ke tuz tens en peine languir./ Mort es assez k'en dolur vit; /Penser confunt l'ume e ocist[...].
18 Der Wettbewerb von Sirenen und Musen ist auf Sarkophagen aus dem 3. Jh. im Metropolitan Museum of Art abgebildet (NY Purchase, Rogers Fund, 1910.10.14. Marble Pentelic). Gezeigt wird wie Athena, Zeus und Hera den Vorsitz beim Wettkampf zwischen den Sirenen und den Musen einnehmen, bei dem die Sirenen unterliegen. Grab Urnen mit trauernden Sirenen als Seelenbegleiter ins Totenreich erscheinen im 4. Jh. In Kerameikos. Abgebildet im Nationalen Archäologischen Museum, Athen.
19 Hannes Kästner, *Harfe und Schwert Der höfische Spielmann bei Gottfried von Straßburg*, Untersuchungen zur deutschen Literaturgeschichte, Bd. 30 (Tübingen: Max Niemeyer, 1981).
20 Wolfgang Kayser, *Das Groteske Seine Gestaltung in Malerei und Dichtung* (Oldenburg: Gerhard Stalling, 1957). „Die Verzerrung der Elemente, die Mischung der Bereiche in Gleichzeitigkeit von Schönem, Bizarrem, Schaurigem und Eklem, die Verschmelzung zu einem turbulenten Ganzen, die Entfremdung ins Phantastische Traumhafte – alles ist hier in den Begriff des Grotesken eingegangen.", S. 84.

zur Bezauberung der höfischen Gesellschaft ins Unheimliche gesteigert worden, stellt Karl Bertau fest[21]. Durch den Musenvergleich und die Süße des Gesangs zur Harfe wird das Grauen des Publikums vor der Sirene nicht nur übertönt, sondern entkräftet – ohne jedoch gänzlich unterbunden zu werden. Bertau anerkennt Isolt als Gottfrieds Muse und betrachtet ihren Gesang als eine beabsichtigte Allegorie des Werkes.

Der Grundschrecken, der durch die Begegnung mit der grotesken Sirene ausgelöst wird, der im Tod der von ihr verführten Seeleute gipfelt, wird im Tristan epistemisch verarbeitet und umgewandelt durch das Bild der vermenschlichten und vermenschlichenden Kultur bestätigenden Muse einerseits, und durch den Vergleich mit Helena andererseits: Es ist Überbietung durch den Vergleich mit dem Bild der ewig schönen Helena, der Sonne von Mykene, dem Inbegriff der griechischen Schönheit, deren Ankunft in Troja den Tod von den Trojanern verursachte[22].

Wie soll er Anfangen? fragt der Erzähler in seinem Anruf und Bittgebet zum wahren Helikon (T 4865). In seinem Gebet zum Helikon zu Apoll und den Camenen, den neun Sirenen der Ohren, bittet er um einen Tropfen Inspiration für Zunge und Geist. Seine Worte sollen geklärt werden durch den Schmelztigel der Camenen[23].

> diu minen wort muoz er mir lan
> durch den vil liehten tegel gan
> der camenischen sinne
> und muoz mir diu dar inne
> ze vremedem wunder eiten,
> dem wunsche bereiten,
> als golt von Arabe. (T 4888–4895)

Diese Klärung bedeutet meines Erachtens Gottfrieds kreatives epistemisches „Umbildern" und Umschmelzen in das neue geläuterte Bild des Erhabenen[24].

Mit wem soll ich sie vergleichen fragt der Erzähler (T8085) und antwortet mit Überbietungstopoi, nämlich, mit einer der Sirenen, die mit dem Magnetstein Schiffe/Gedanken und Herzen an sich ziehen und das Schiff zum Kentern

---

21 Karl Bertau, II, S. 942.

22 Manfred Kern, „Isolde, Helena und die Sirenen: Gottfried von Straßburg als Mythograph," *Oxford German Studies 29* (2000), S. 1–30.

23 Alex Hardie, „The Camenae in Cult, History and Song," *Classical Antiquity* 35 No. 7 (2016), S. 45–85.

24 Gisela Brinker-Gabler, *Lou Andreas-Salomé Bild im Umriss*, S. 16–21.

bringen. Der Lobpreis ist ambivalent, denn mitten in ihrer reizenden Anzie-
hungsmacht droht der Tod.

> Wem mag ich si gelichen
> Die schoenen, saelderichen
> wan den Syrenen eine,
> die mit dem agesteine
> die kiele ziehent ze sich?
> als zoch Isot, so dunket mich
> vil herzen unde gedanken in,
> die doch vil sicher wanden sin
> von senedem ungemache.... (T 8085–8093)
> diu junge süeze künigin
> also zoch si gedanken in
> uz maneges herzen arken,
> als der agestein die barken

mit der Syrenen sange tuot.

> si sanc in maneges herzen muot
> offenlichen unde tougen
> durch oren und durch ougen. (T 8107–8114)

Der Erzähler preist ihren öffentlichen Gesang und die heimliche Gestaltung
ihrer Schönheit, die allen durch Ohren und Augen drangen und die ihren mag-
netischen Zauber ausmachte, durch den sie in „maneges herze" d.h. in viele
Herze – aber eben nicht in alle Herze drang; das symbiotische Wirkungsgefüge
von der Macht der Sirene und des Magnets tritt hier klar zu Tage. Interessant ist
aber, dass Tristan durch seine intellektuelle und künstlerische Wahrnehmung
dieser Ausübung der Macht davon abgeschottet ist. Er verfällt Isolde bekanntlich erst nach dem Zaubertrank – nicht vorher. Ähnlich wie Odysseus erlebt
und beschreibt er Isoldes außerordentliche Schönheit und Anziehungskraft als
Künstler und intellektuell Wahrnehmender während er noch davor gefeit ist.

Seine Laudatio Isoldes am Hofe Marks gipfelt im Überbietungstopos, in
dem Isolde Helena als Sonne von Irland übertrifft.

> ine geloube niemer me
> daz sunne von Mycene ge;
> ganzlichiu schoene ertagete nie
> ze Criechenlant, sie taget hier.

alle gedanke und alle man

die kapfen niuwan Irlant an:

da nemen ir ougen wunne,

sehen, wie diu niuwe sunne

nach ir morgenrote

Isot nach Isote,

da her von Develine

in elliu herze schine. (T 8273–8284)

Gottfried weiss genau Bescheid über die Gefahr, die von der Sirene ausgeht: Es ist nämlich der Tod, doch verarbeitet er diese Bilder als Mythograph in neue, in denen der Tod seine Schrecken verloren hat. Laut Gottfrieds musischer Arbeit mit Bildern, die ich als eine Art von „Verbildung" oder „Umbildung" beschreiben möchte, kommen diese Bilder in den Schmelztigel der camnenischen Musen, – d.h., in den Schmelztigel seiner Kunst, wo sie geläutert, sublimiert und in feinstes arabisches Gold umgewandelt werden.

La Folie Tristan d'Oxford

Ein Transfer von Motiven von der Sirene und der Verarbeitung des Bildes der umgekehrten, unheimlich grotesken, verkehrten Welt tut sich in der *Folie Tristan d'Oxford* auf, wo der Narr mit seiner Keule uns seinem wilden grotesken Aussenseitertum im Schrecken von Isoldes Wahrnehmung angesiedelt wird; die entfremdete Gestalt vor ihr schreckt sie dermaßen ab, dass sie im entstellten Narren nicht Tantris sieht, sondern ein Schreckbild, ein verzerrtes, grotesk entfremdetes Unwesen, ein Zwitterwesen mit dissonant entfremdeter Stimme, das über das Wissen und die Erkenntnis ihrer intimen Beziehung zu Tristan auf unheimlich beängstigende Weise verfügt, die an Zauberei und Hellseherei denken läßt, doch die in Isolde andererseits trotz ihrer Einsamkeit ekelerregende Erregung der Abstoßung und Befremdung erzeugt. In dieser Erzählung erwähnt der Narr Motive ihrer Beziehung, die nur Isolde bekannt sind, wie z. B. das Motiv von Tantris, dem Spielmann, der heilungsuchend nach Irland kam, der aber auch sein Bild von ihr als Sirene in der FO umgekehrt auf sich und seine Abstammung von einer Sirene bezieht. Die Verbindung von den beiden Sirenen – der Mutter und Isoldens ist unmißverständlich. Dazu verbindet er mit Isolde die gekoppelten Motive des Magnets und der Sirene, die alle Höflinge anzog, doch der Tristan anfänglich widerstand, sich der Gefahr bewußt, die von einer Sirene ausgeht. Gerade dieses Wissen ermächtigte ihn – ähnlich wie es einst Odysseus ermächtigte – die Sirene zu überlisten und seinen Verstand zu gebrauchen um ihrer Macht zu widerstehen, obwohl er dessen ungeachtet nach dem Trank in ihren magischen und tödlichen Bann verfiel; ähnlich, wie die junge Isolde am irischen Hof in Gottfrieds *Tristan* mit der Todesmacht der Sirene und der Macht des Magnets gekoppelt wurde, schlüpfte Tantris in die fratzenhafte Rolle des Hofnarren, um unerkannt Mark zu unterhalten, während er Isolde auf exzentrische skurrile Art in ihre gemeinsamen Erinnerungsräume führte. Aus dem Felsbrocken, (auf dem Tantris in der FO von der Tigerin gefunden und magisch ernährt sein wollte), wird in Gottfrieds Tristan der magische *agetstein*, der Magnetstein. Meines Erachtens spielt Isolde hier in der FO die distanzierte intellektuelle Rolle, die Tristan am irischen Hof später übernimmt in Anspielung auf einen rhetorischem Chiasmus.

Das Todesmotif leitet die Erzählung ein: für Tantris ist das Leben ohne Isolde ein sinnloser Tod, das er als ödes, tägliches Sterben bezeichnet. Aus Liebe zu ihr ist er durch die Trennung von ihr wahnsinnig und tut daher sein inneres Befinden auf absurde entstellende Weise als Narr mit der primitiven Keule kund, der sich das Haar verschnitten (allegorisch kreuzartig an Christus erinnernd), sein Gesicht mit Kräutern geschwärzt, und dazu seine Stimme verstellt hat. Er steckt im Tod der Verzweiflung und in ständiger Todesbereitschaft.

Nach seiner Identität vom König Mark gefragt, spricht er, „er sei der Sohn einer Baleine, einer Walfrau, die als Sirene im Meer schweifte." (267–269) Damit untermauert er das Sirenen Motif in der Tristan Tradition, das Gottfried später mit Isolde verbindet. Ein Vater wird nicht genannt: Ziehmutter, behauptet er, sei ihm eine Tigerin gewesen, die zu weiterer grotesker Verwilderung und Vermischung von Kategorien von Tier und Mensch und gesellschaftlichem Außenseitertum für ihn führte. (268–275)

Ironisch von Mark, „Wunder der Welt" bezeichnet (OF 280 „merveile de munt"), wird dieser in Gottfrieds Werk immer wieder verwendete Ausdruck zum Schlüsselbegriff des Romans (z. B., –4893, 6635, 8080–8082, 8247).

Tantris bietet seine Schwester Mark als fremde Frau an, mit der er anbandeln könnte, wo die Betroffenen (Isolde und Brangäne) und jeder, der das Werk Thomas' kennt, sofort im Bilde ist, in Anbetracht der bekannten intimen Unterschiebung von Brangäne für Isolde in der Hochzeitsnacht, worüber nur Mark ahnungslos ist. Marks angedeutete Unbeständigkeit steht im Kontrast zu seiner Treue zu Isolde, die Tantris bekundet.

Gefragt wohin er Isolde, die er begehrt, führen möchte, stellt er als Phantasie- und Wunschbild ein leuchtendes Glasschloss mit strahlendem Sonnenschein vor, das in den Wolken ragt. In einer Kammer aus Kristall und Tafeleien, in der die Sonne ihren Glanz verbreitet, möchte er mit ihr wohnen und Isolde sein Lebtag lang lieben[25]. (FO 295–300) Dieser unerreichbare *locus*

---

25 Rosann Brusegan, „La folie de Tristan : de la loge du Morrois au palais de verre, „La Légende de Tristan au Moyen Âge," Actes du Colloque des 16 et 17 Janvier 1982, hrg. Danielle Buschinger, Göppinger Arbeiten zur Germanistik (Göppingen: Kümmerle, 1982),

amoenus wird für Gottfried in einer Aesthetik des Bildens zum Umriss[26] für die erleuchtete Minnegrotte, die er umgestaltet in die *fossiure a la gent amant*, in der Tristan und Isolde die Erfüllung ihrer Liebe finden, aber auch feststellen, dass ihnen die höfische Ehre fehlt, die für sie eine Daseinsnotwendigkeit bedeutet.

All seine Enthüllungen, einschließlich seine Namensnennung Tantris, die Mark absurd und verwirrt erscheinen, sind mit tiefer Bedeutung gefüllt, die nur Isolde aus ihrer Erfahrung zugänglich sind und die ausschließlich der Leser versteht, der das Werk von Thomas kennt. Aber Isolde kann sich nicht dazu durchringen, den wilden, unheimlich grotesken, prahlenden, skurrilen Narren als ihren Geliebten anzuerkennen. Indessen Tantris sie an ihre gemeinsamen intimen Erlebnisse erinnert um seine Identität als Tristan durch gemeinsame intime Erinnerungsräume zu beweisen, widersteht sie seinen Enthüllungen – abgeschreckt von dem Bild des verwilderten, skurrilen, karikierten, primitiven Clown in grotesker Maske. In ihrer Wahrnehmung erlebt sie vornehmlich das Grauen der Groteske, die Tantris in Erscheinung, Verhalten und entstellter, fremder Stimme verkörpert. Isolde wahrt dieselbe Distanz zu dem grotesken Tantris in der FO, die Tristan zu der „Sirene" Isolde am Hofe ihres Vaters in Irland wahrt. Erst durch die Vermenschlichung, die durch die Erkennung ihres gemeinsamen Hundes Hudent stattfindet (wie auch in der *Odyssee*), durch ihren Ring, den er ihr gibt, durch seine Wiederaufnahme von seiner natürlichen Stimme, und in seiner Rückkehr zur höfischen Zivilisation kommt es zum Austritt aus der Groteske und der Wiederherstellung von der Realität ihrer Minne.

Eine wichtige abschliessende Frage zu beiden Texten ist, ob das mythisch teils mittelalterlich eingeführte und als ambivalent geschilderte Bild von der grotesken Sirene und der formschönen, inspirierenden „minniclichen" Muse einerseits, sowie das Bild des irren deformierten Narren und idealem Ritter (der Schwert und Harfe ebenso gewandt führt) andererseits ein spezifisch auf die mittelalterlich höfische Erzähltradition zugepasster Mythos bleibt, oder ob er menschlich verallgemeinert auftritt als Polarität, als zusammengehörige Komplementarität, oder gar Auslöscher eines alten und Bahnbrecher eines neuen Bildes, z. B., eines neuen Wunders oder eines neuen Menschens mit ungeahnten Kapazitäten? Steht der im Tristan „gebildete" Mythus von Polarität und Ergänzung von Sirene und Muse, Narr und Ritter ausschliesslich für die Abwandlung und Anwendung und Neudeutung eines klassischen Musters oder ist es ein für die Menschheit als Ganzes geschaffenes Bild, das im Schmelztigel künstlerischer Läuterung sublimiert entsteht? Steht der abgebildete und „gebildete" (aus Bildern epistemisch angedeutete) Vorgang in der FO und in

---

61–68. Jean-Charles Payen, „The Glass Palace in the <u>Folie d'Oxford,</u>" in Tristan and Isolde: A Casebook, Joan Tasker Grimbert, Hrg. (New York: Routledge, 1995), S. 111–124.

26 Brinker-Gabler, Lou Andreas-Salomé, Bild im Umriss. S. 20.

Gottfrieds *Tristan* parallel zu den Bildern Tristans als aussätziger Bettler und komplexer höfischer Ritter und Künstler?[27] Ist die Möglichkeit eines Verfalls in diese für die Öffentlichkeit grotesk abstoßende Daseinsbasis eine gefürchtete menschliche Möglichkeit? Bild Epistemik, z.b., wie die von Belting, könnte hier wegweisend sein. Geht es dem Dichter Gottfried von Strassburg, (den Manfred Kern den Mythographen nennt) um Selbstidentifikation mit der Umfunktionierung eines Mythos, der in seiner Polarität unzulänglich geworden ist? Evoziert er Bilder des Schreckens, um diese, vermenschlicht durch kulturell gebundene Mythen, mit neuer Bedeutung und neuen Andeutungen zu beladen, zu erneuern und „umzubildern"? Gibt es eine Verlagerung des Mythos für „edle Herzen" in einer höfischen Gesellschaft, die einen neuen Humanismus atmet? Viele Fragen kommen dabei auf uns zu.

Bei Gottfried sprechen wir mit Recht über eine totale Umwertung der Bilder. In der Kunstgeschichte existieren die neun Musen gewöhnlich als blasse Allegorien, ohne ihren eigenen Mythos. Gottfried bildet diesen Mythus aus durch Isolde als neues Wunder (T 8247, 8082), der als Göttin in der Öffentlichkeit ein Platz und ein eigener Mythus zuerkannt wird. Gottfried verkörpert Isolde als neue Muse, die die Stimmung des hoch gebildeten Tristans, die des König Marks und die Stimmung der höfischen Gesellschaft erhöht.

Reinfried von Braunschweig [RvB]

Der höfische Roman *Reinfried von Braunschweig, RvB*[28] (Ende des 13. Jh.s) beschreibt die neue Welterfahrung des Kreuzritters Reinfried von Braunschweig im Kontakt mit dem Orient im frühen 13. Jahrhundert. Der christliche Glaube dieses Kreuzitters bestimmt nicht mehr ausschließlich sein Handeln; außerreligiöse Wirklichkeit und Ratio bestimmen allgemeinen im Roman das Denken und das Verhalten der Getauften den andersgläubigen Muslimen und Rassen gegenüber. Ratio, was Sinn macht und praktisch ist, bestimmt Verhalten unter Rittern, die zu derselben höfischen Schicht gehören und denselben Werten verpflichtet sind – dessen ungeachtet, ob es sich dabei um Muslime oder Christen handelt.

Reinfried wird gewährt, was er sich als Abenteuer vorstellt und wünscht: sicheren Zugang zu dem gefürchteten Magnetberg im Meer und eine problemlose Erkundung dieses mythischen Ortes, dessen magnetische Anziehungskraft bisher fast ausnahmslos Menschen und Schiffe in seiner Nähe

---

27 Hannes Kästner, *Harfe und Schwert*, S. 101–106.
28 *Reinfried von Braunschweig Mittelhochdeutscher Text nach Karl Bartsch*, Übersetzt u. Stellenkommentar Elisabeth Martschini, I–III. Kiel: Solivagus Verlag, 2017–2019.

vernichtet hat. Als sich zusätzlich in der Nähe des Magnetbergs die Möglichkeit ergibt eine Sirene zu beobachten, besteht er darauf, der Sirene zu begegnen, deren Macht Seeleute mit ihrem Gesang zu betören, sie umzubringen und ihr Schiff zu zerstören ihm gerade bewiesen worden war. Ähnlich wie in Gottfrieds *Tristan* kommt es zu einer Koppelung von Magnetberg und Sirene. Reinfried geht es darum, ihre Stimme zu hören, ohne dabei umzukommen und sein Schiff zu verlieren – Odysseus – (XII 40–55, 185–192) der sein Abenteuer mit der Sirene durch Verstand und Intelligenz gestaltete, ist dabei sein Vorbild. Erst im Lauf dieser Begegnung wird es Reinfried klar, dass es sich bei dieser Begegnung um einen im Mythus vorprogrammierten Wettkampf zwischen ihm und der Sirene handeln wird, der im Tod gipfelt, zu dem sich Reinfried aber ebenso enthusiastisch bereit erklärt, wie die Sirene bereit ist, ihn entweder mit ihrer Stimme zur Tötung in ihren Bann zu ziehen oder selbst im Fall eines Unterliegens zu sterben.

Reinfried tritt als zweiter rationaler Odysseus auf[29]. Der Vergleich von der Schönheit der Stimme Orpheus und der der Sirene ist dem RvB Dichter ein geläufiger, doch von der Legende der Überwindung der Sirene durch Orpheus, der ihren Gesang aus dem Argonauten Schiff übertönte, scheint der Autor des RvB nicht zu wissen. Reinfried will sich die Gelegenheit nicht entgehen lassen, ein ausgesuchtes Abenteuer zu erleben, nämlich den Gesang der Sirene in der Nähe des Magnetberges auf dem er sich befindet zu hören, zumal er glaubt, durch Einsatz und seine Kontrolle der modernen Technologie, nämlich Geschwindigkeit, der tödlichen Wirkung des Gesangs der Sirene ausweichen zu können. Er erwartet ein abstossendes, verzerrtes, zerstörerisches tödliches Zwitterwesen, das eine permanente Gefahr für die höfische Gesellschaft bedeutet. Er erwartet ein groteskes Monstrum mit einer schönen natürlichen Stimme, aber all seine Erwartungen werden von der Sirene vereitelt durch die Süße ihres Gesangs und die unerwartet ihn blendende, leuchtende, reine Schönheit ihres ihm sichtbaren Oberkörpers, der nur Yrkanes Schönheit, d.h., die Schönheit seiner Frau, gleichkommt. Unerwartet für ihn ist die Gemütserregung, die die wunderbare Stimme der Sirene in ihm auslöst, die ihn innerlich plötzlich zu einer ihm unbekannten Todesbereitschaft in der Nähe der Sirene führt. Ihre Stimme und körperliche Schönheit berücken ihn dermaßen, dass er zu einem zweiten Tristan wird, in seiner absoluten Bereitschaft, den Tod zu erleiden nur um das Dasein/Mitsein mit diesem Bild der höchsten Schönheit und der wunderbarsten außerordentlich schönen Stimme weiterhin zu genießen. Anstatt eines Abenteuers, erlebt Reinfried den Mythus selbst, der seine vorherigen Maßstäbe gänzlich entwertet.

---

29 *Reinfried von Braunschweig*, 22330.

Reinfried versucht, die Sirene im Bild zu erfassen und zu erleben. Ähnlich wie in Gottfrieds *Tristan,* geschieht in seiner Wahrnehmung die Umgestaltung von einem grotesken Zwitterding, einem grotesken Mischwesen, in die schönste höfische Frau, die von ihm mit seiner Frau Yrkane gleichgestellt wird, der schönsten und geistvollsten Frau im Epos. Die reine Yrkane (RvB 22720) ist hier mit Gottfrieds Isolde vergleichbar. In seiner Vorstellung ersteht aus der erwarteten Groteske die Sirene als „reine vrouwe".

> ‚ich trag iemer swaere
>
> Sunder missewende,
>
> daz ich niht nam mîn ende',
>
> sprach er, ‘bi der vil reinen.'
>
> siufzen und weinen
>
> man den ellentrîchen sach. RvB 22670–22675[30]

In Anspielung auf Tristan wird Reinfried meiner Meinung nach zum Narren, indem er den Verstand ausschaltet und seinem Gefühl und seiner Begierde folgt. Als Narr wird er auch vom König von Persien gescholten, wenn er sogar noch nach dem Tod der Sirene bereit ist, für den höchsten erinnerten Genuß mit der Sirene den Tod zu erleiden. Sein Freund, der Perser König, schilt ihn deswegen als unverständig:

> Ob iuch daz leben trûren tuot
>
> dâ bî ist mir wol bekant
>
> daz ir liebes niht enhânt,
>
> ob ich ez tar sprechen.
>
> Phî, went ir triuwe brechen
>
> In iuwers herzen sinne
>
> An minneclîcher minne,. . ..
>
> Iuwer sin ouch sliuzet
>
> In sich arc und lât daz guot.
>
> Phî, tuont hin den boesen muot,
>
> ob iuch ie liebe wart bekant.` RvB 22688–22702 (31)

---

30 „Ich werde unabwendbar/immer darunter leiden, dass ich nicht bei der überaus Reinen mein Ende genommen habe", sagte er. / Seufzen und weinen/ sah man den Furchtlosen. Übersetzung Elisabeth Martschini.

Wie Tantris in der **Folie Tristan** lebt Reinfried willig mit dem aesthetisierten Verlangen nach dem Tod nicht nur während ihres Gesangs sondern auch danach, wo der Gesang ein Teil seiner bleibenden Erinnerung geworden ist – wo er sich „verdacht" hat[31] [32] – oder sich selbst abhandengekommen ist[33] und nicht vernünftig gedacht hat. Der höchste aesthetische Genuß hat das Leben ohne den mythischen Gesang und die Verbindung zum Mythus für ihn plötzlich wertlos gemacht, denn in seiner Wahrnehmung wird seine gesamte vormalige pragmatische Wertskala durch diese mythische Erfahrung in Frage gestellt. Das Schwelgen in der höchst begehrten Schönheit der Musik und in strahlender körperlicher Schönheit der Sirene ist ihm eine Erfahrung und ein Affekt, die alles andere überbieten – vorübergehend sogar die hohe *minne* zu seiner Frau Yrkane.

Griechenland – d.h. Odysseus, setzt nicht mehr den Maßstab für die Begegnung mit dem schreckenauslösenden Mythus der Sirene. Die Fahrt des Odysseus bedeutet dem Kreuzritter Reinfried ein nachvollziehbares Abenteuer der Überlistung der Natur durch die Vernunft und die Technologie. Der erwartete Kitzel von dem Grausen, das er sich durch die Begegnung mit der Sirene verspricht, verliert jeden Sinn und der mögliche Tod, mit dem er rechnen muss, wird durch die Technologie, nämlich durch Geschwindigkeit, verharmlost. Selbst der Tod hat die Macht und den Schrecken für den vernünftigen Menschen verloren, der versteht, dass jeder – früher oder später – sterben muss und daher seine Erfahrungen und Erkenntnisse der Welt so weit wie möglich ausbildet (oder in sich „einbildert"). Neues Denken tut sich kund in der durch Bilder erschlossenen Form des Wissens und Erfahrens. Die schreckliche Bedrohung währt aber nur, solange man an der gefährlichen Gegenüberstellung von Kultur und Natur festhält.

---

31 Übersetzung von Martschini: „Wenn Euch das Leben leid ist,/ erkenne ich daran deutlich/ dass Ihr nichts Liebes habt/ wenn ich es so sagen darf./ Pfui, wenn Ihr in der Gesinnung / Eures Herzens der lieblichen Liebe/ die Treue brechen wollt/ deren Lohn gegenüber allem süßen Treiben in gleicher Weise wie Gift / gegenüber edlem Duftkraut nützt. / Euer Verstand bindet sich auch /an das Böse und lässt das Gute. /Pfui, lasst diesen Blödsinn bleiben, wenn Euch jemals Liebe bekannt wurde."

32 Reinfried trauert, dass er nicht auf dem Meer bei dem süßen Klang geblieben war, Obwohl ihm dort als Lohn/ niht anders waere worden/ denn toedemiger orden, sô stuont sîn sin doch wider dar. RvB 22654–22661.
    Durch den Perser an die Liebe seiner Frau erinnert, fühlt er „ein fiur frisch unde niuwe/ sî in des fürsten herze stiez,/ daz in dâ von niht enlîez /vergezzen der vil klâren [der Sirene]. (Im Herzen des Fürsten entfachte Er ein frisches und neues Feuer, das ihn darüber die Strahlende /nicht vergessen ließ).

33 Wân er hat sich vor verdâht/an die süezen stimme/ daz er tôdes grimme/ hatte gahtet kleine. RvB 22720-23.
    (er hatte davor seine Gedanken/ an die süße Stimme verloren, /so dass er den grimmigen Tod/ gering geachtet hatte.) übersetzt von E. Martschini.

Das Unerwartete, Überraschende als neue existentielle Erkenntnis bedeutet für ihn diese neue Lebens-Daseinsform mit der Wahrnehmung des höchsten aesthetischen Genusses und der Bereitschaft zum Tod, – wobei er den Leser an Gottfrieds *Tristan* aber auch an die *Folie Tristan* erinnert. Für Reinfried geht es in diesem Erlebnis um ein neues Dasein, eine neue Existenzform. Er erwartete ein Abenteuer, Tourismus, einen neuen Höhepunkt, den er abhaken wollte. Stattdessen erlebt er eine ihm fremde existentielle Seinsform, in der er sich selbst als erfahrendes reflektierendes, emotionnelles Individuum wahrnimmt.

Ist der Kulturtransfer des griechischen Mythus, – dem ich hier leider nur sprunghaft und in Kürze anhand des Bildes der Sirene von Griechenland nach Rom, Frankreich und in den Kulturraum der mittelalterlichen höfischen Literatur gefolgt bin, – mit seinem Inhalt, seiner Verbreitung, seinem Einfluss, seiner Rezeption, und seiner Umdeutung übertragbar auf diverse historische und regionale Kulturlandschaften? Oder ist die Thematik an konzeptuelle Voraussetzungen, wie die Gegenüberstellung von Natur und Kultur und die Trennung der Kategorien von Menschen, Tier und anderen Kreaturen gebunden, dessen ungeachtet, dass sie durch groteske Monstren und Mischwesen wie Sirenen hinterfragt werden? Währt die schreckliche Bedrohung noch, wenn man nicht mehr – wie Reinfried – an der gefährlichen Gegenüberstellung von Kultur und Natur festhält?

Ähnlich wie bei Orpheus auf der Reise der Argonauten, führt Reinfrieds zivilisatorische technische Überlegenheit – nämlich die berechenbare Geschwindigkeit, mit der er die Begegnung mit der Sirene kürzt, – zum Sieg über die Sirene und zu ihrem Tod, worüber er eine Zeitlang tiefste Trauer fühlt, doch als spätmittelalterlicher Mensch sich mittels Rationalisierung bald zurechtfindet. Für die Erzähltradition bedeutet dies eigentlich das Ende der Sirenen, aber als Topos haben sie nicht aufgehört zu singen und uns dadurch zu faszinieren: zum Beispiel in T.S Eliot, „The Love Song of J. Alfred Prufrock":

I have heard the mermaids singing, each to each.

I do not think that they will sing to me.

Wagners *Lohengrin*: Ein musiktheatralischer Kulturtransfer. Deutschtum gegen *Grand Opéra* nach französischer Art

Philippe Olivier (Berlin)
Zum Gedenken an André Tubeuf, den französischen Opernhistoriker verstorben am 25. Juli 2021

Abstract: In der ersten Hälfte des 19. Jahrhunderts symbolisierte das Pariser *Grand opéra* die Vollkommenheit eines Aufführungsstiles. Ihre Kongruenz mit der italienischen damaligen Opernpraxis paßte zu einer anderen Sorte internationaler – also französisch-italienisch-deutscher – Kongruenz: die allgemeine Begeisterung für die großen Opernsängerinnen- und Sänger. Zur paneuropäischen Kongruenz gehörten die Werke des jungen Richard Wagner, insbesondere *Lohengrin*. Diese romantische Oper wurde zum Symbol eines romanisch-deutschen Kulturtransfers.

Keywords: Richard Wagner , Lohengrin , Musik Theatralische Kulturtransfer , Frankreich , Grand opéra , Italien , Mittelalter , Kulturtransfer.

Man schrieb den 28. August 1850. In Weimar fand die Uraufführung von Richard Wagners *Lohengrin* unter der Leitung von Franz Liszt statt. 16 Monate vorher – am 16. April 1849 – hatte die Pariser Elite der Uraufführung von Giacomo Meyerbeers *Propheten* beigewohnt. In den folgenden Monaten kassierte Meyerbeer den stattlichen Betrag – in heutiger Währung – von 245.000 € für die Veröffentlichungsrechte seiner frischgebackenen Oper. 1850 wurde *Le Prophète* in zehn deutschen Städten produziert. Damals aß der Flüchtling Richard Wagner, der zunehmend antisemitisch wurde, ein bitteres Exilbrot in der Schweiz. Auf die ehemaligen und aktuellen Erfolge Meyerbeers war er besonders neidisch. Schon 1816 bis 1824 hatte sich der Berliner in Italien opulent etabliert. Auftragswerke von bedeutenden Opernbühnen Italiens – aus Padua, Turin, Mailand und Venedig – hatte er bekommen. Die Uraufführung seiner *Crociata in Egitto* fand am *Teatro La Fenice* der Lagunenstadt statt. Meyerbeer war ein *grand bourgeois*, nicht ein ambitionierter armer Teufel wie Wagner. Anlässlich der revolutionären Aufstände in Dresden hatte Wagner 1848 und 1849 gegen Monarchie und Despotismus mitgekämpft.

Frankreich, das von Österreich besetzte Italien und Deutschland sehnten sich damals nach Demokratie, nach republikanischen Regierungsformen. Der französische König Louis-Philippe wurde entthront und floh nach Großbritannien. In Palermo rebellierte die Bevölkerung. Das herrschende Königliche Haus – die Bourbonen – befahl die Bombardierung der Städte, die ihm gehörten. In Deutschland brodelte die Bürgerstimmung. Den Einfluss fremden

Mächten auf das politische Leben suchte man intensiv einzudämmen. In *Lohengrin* verdammte König Heinrich der Vogler die östlichen Horden, die der künftigen Hegemonie des mittelalterlichen Deutschlands drohten. Andererseits wurde Jeanne d'Arc zweimal in *Le Prophète* gepriesen. Sie hatte Frankreich von den Engländern befreit. Sie galt als nationale Heldin. Waren nicht die letzten 1840er Jahre als *printemps des peuples* – als Frühling der Völker – überall bekannt? Diese sonderliche politische Konstellation hinderte nicht, dass Kulturtransfers sich auf dem künstlerischen Terrain entfalteten. Ein solches Phänomen ereignete sich, wenn verschiedene Komponenten von Meyerbeers *Prophète* in den *Lohengrin* importiert wurden. Auf diesem Inhalt wird mein heutiger Vortrag fußen. Unter diesen Komponenten war die Geisteskrankheit. Bei *Le Prophète* begeht eine Person der Handlung Selbstmord. Ortrud, eine Figur von *Lohengrin*, verliert den Verstand. Diese Fakten informieren uns über die damaligen instabilen politischen Verhältnisse.

In der ersten Hälfte des 19. Jahrhunderts symbolisierte das Pariser Opernhaus – *le grand opéra* – die Vollkommenheit eines Aufführungsstiles. Ihre Kongruenz mit den italienischen Institutionen, die Mailänder *Scala*, das *Teatro San Carlo* in Neapel oder das *Teatro Regio* in Parma, dessen Bellinis *Zaida* 1829 die Geburt war, passten zu einer anderen Sorte internationaler – also französisch-italienisch-deutscher – Kongruenz: die allgemeine Begeisterung für die großen Opernsängerinnen- und Sänger. Zur paneuropäischen Kongruenz gehörten auch prächtige Kostüme und Dekorationen, imponierende Bühneneffekte, die anhand eines hervorragenden Könnens realisiert wurden. Tanzeinlagen, pompöse und effektvolle Musik galten als Bestandteile einer Musiktheatertradition, die ihren Ursprung in der Regierungszeit Ludwigs XIV., des „Sonnenkönigs", hatten, kennzeichneten diese Praxis. Ein internationales Ansehen bekam das Pariser Opernhaus.

Sein Stil wurde zur europaweiten Referenz, u. a. bis nach London, Mailand, Dresden oder Weimar, einer Stadt der deutschen Provinz, die ca. 12.000 Einwohner im Jahr 1850 hatte. Obwohl die technischen Mittel beim Weimarer Hoftheater geringer waren, erreichte die Großherzoglich-sächsische Institution einen Standard, der bei der Pariser *Le Grand Opéra*-Ausstellung 2020 dokumentiert wurde. Die Pariser Opernaufführungen waren ein Magnet geworden, der bei der *Prophète*-Première alle Mitglieder der französischen Nationalversammlung herbeilockte. In der Seine-Metropole existierte ein *Comité de mise en scène*, das aus Fachleuten bestand und das um die spektakulären Bühneneffekte an der *Grand Opéra* Sorge trug.

Zur Selbstverständlichkeit gehörte das Fazit, dass Meyerbeers Einfluss auf Wagner nicht systematisch war. Bei Wagners Musiktheater gibt es keinen „theologischen" Inhalt, wie – z. B. – die Bücherverbrennung in *Le Prophète*. Die Hugenottenkriege und ihre mitteleuropäischen Pendants interessierten nicht den Wahl-Bayreuther. Mit dem 16. Jahrhundert beschäftigt er sich nur dank der *Meistersinger von Nürnberg*. Die romantische Oper *Lohengrin*, deren Handlung im 10. Jahrhundert spielt, zeigt einen triumphierenden Katholizismus, einen Katholizismus von massiver Abhängigkeit vom Geld. Im Gegensatz dazu opfern die Wiedertäufer und Münsteraner ihre Goldmünzen und ihren Schmuck für Jean de Leyde. Später wird das Geld – das Gold – das Hauptthema des *Ring des Nibelungen* sein. Was den Sozialbereich betrifft, gehören *Le Prophète* und *Lohengrins* Hauptprotagonisten nicht derselben Gesellschaftsschicht an. Jean de Leyde ist ein Gastwirt, der zum selbstgewählten König avanciert. Zitat: *„Ich bin der Sohn Gottes!"* Jean de Leyde beruft sich auch auf die Nachfolge König Davids, des alttestamentlichen Herrschers. Seinerseits ist Lohengrin der Sohn Parsifals, des glorreichen Graalkönigs. Der kommende Herzog von Brabant – Gottfried – wird eine andere Generation dieser überragenden Wesen verkörpern. Im Gegensatz zu Jean ist Lohengrin zwischen seiner menschlichen und überirdischen Natur nicht gespalten.

Eine andere Abweichung möchte ich nun ansprechen. Obwohl *Le Prophète* von den Wiedertäufern – also von den Anabaptisten – handelt, einer Minderheit, die von den Katholiken und den Protestanten bei der Belagerung Münsters gemeinsam bekämpft wurde, geht seine Musiksprache teilweise aus der italienisch-französischen Tradition der *opéra-comique* hervor. Ein sehr ernstes Thema und eine Art leichter Musik sind seine Merkmale, die von Hector Berlioz kommentiert wurden. Für den 3. Akt von *Le Prophète* hat Meyerbeer eine 16-minütige Balletteinlage komponiert, eine Einlage, die aus einem Walzer, einem Galopp und einer Quadrille besteht. Bei *Lohengrin* ist ein solcher Kulturtransfer nicht zu finden. Die einzigen Tanzeinlagen in den Werken Richard Wagners sind die Venusbergszene im *Tannhäuser*, der Tanz der Lehrbuben, der ein Bestandteil der *Meistersinger von Nürnberg* ist, sowie die Blumenmädchenepisode im *Parsifal*.

Im von nationalistischen Vorurteilen geprägten neunzehnten Jahrhundert hatte der Kulturtransfer Grenzen, wenn es um Sprachen ging, obwohl Meyerbeer sich Giacomo nennen ließ. Sein bürgerlicher Vorname war Jakob. Die in *Le Prophète* gesungenen Idiome sind Französisch und Latein. Wie Sie es wissen, ist Deutsch die einzige Sprache in Wagners Musikdramen. Außerdem schrieb der geborene Leipziger seine Operntexte selbst. Das galt nicht für Meyerbeer. Er profitierte von der reichen Erfahrung des berühmten Librettisten Eugène Scribe für *Le Prophète*. Der Mitarbeiter dieses letzteren war Émile Deschamps. Eine solche Teamarbeit passte bei Wagner nicht. Wieder ein Limit auf dem Feld des Kulturtransfers! Im Jahr 1850 besuchte Wagner eine Aufführung des *Propheten*. Später behauptete er in seiner Autobiographie *Mein Leben* heuchlerisch: „Nie vermochte ich [...] diesem Werke die geringste Beachtung zu schenken." So ein Widerspruch! Unsere österreichische Kollegin Irma Trattner liefert einen Beitrag zu den Aspekten von Transfer in der Malerei am Beispiel oberitalienischer Marienkrönungen um 1400 im transalpinen Raum. Wenn man gewisse Aspekte von *Le Prophète* mit *Lohengrin* vergleichen würde, würde es besonders unpassend sein.

Was die Musik betrifft, existieren bei Meyerbeer und Wagner verschiedene gemeinsame Nenner. Ihre Orchesterbesetzungen sind – wie bei Donizetti und Rossini – romantischer Natur. Bühnenmusik und Orgelklänge gehören zum Handwerk der vier Komponisten. *Le Prophète* und *Lohengrin* dauern drei Stunden 20 Minuten bzw. drei Stunden 30 Minuten. Die musikalische Struktur zeigt auch gemeinsame Elemente. Wagner benutzt die von Meyerbeer initiierten *motifs conducteurs*, aus denen im *Lohengrin* Leitmotive werden. Deswegen geht es auch – auf diesem Bereich – um Kulturtransfer. Wie bei Meyerbeer sind – bei Wagner – die Hauptprotagonisten ein Tenor, ein Bariton, ein Bass und zwei Soprane. So importiert die Bel Canto-Tradition von Bellini zwei weibliche Typen: ein lyrischer Sopran und eine Art dramatischer Sopran. Im 2. Akt von *Lohengrin* gleicht das von Elsa und Ortrud gesungene große Duett den virtuosen Duetten von Adalgisa und Norma, die Vincenzo Bellini 1831 komponierte, und die Ende Dezember desselben Jahres an der Mailänder Scala erfolgreich uraufgeführt wurde.

Diese typologische Kombinierung eines relativ hohen Soprans und eines dramatischen Soprans findet man auch in *Le Prophète*. Bei Meyerbeer sind der Koloratursopran Berthe und der dramatische Sopran Fidès die Pendants von Norma und Adalgisa, sowie Elsa und Ortrud bei Wagner. Obwohl die berühmte französische Sängerin Pauline Viardot die Partie von Fidès bei *Le Prophète* kreieret hatte, wurde sie von Richard Wagner kontaktiert, um die erste Interpretin von Brangäne – in *Tristan und Isolde* – zu sein. Dafür studierten sie gemeinsam diese Partie in Paris ein. Leider verzichtete später Pauline Viardot auf diese Rolle. Sonst hätte sie eine andere Seite der Kongruenzen romanisch-deutschen und italienisch-deutschen Kulturtransfers verkörpert.

Es kann nicht über Kongruenz argumentiert werden, wenn man jetzt den Skandal erwähnt, der 1998 bei der Premiere einer neuen *Le Prophète*-Produktion an der Wiener Staatsoper ausgelöst wurde. Die Hauptprotagonisten dieser Produktion waren Agnes Baltsa und Plácido Domingo. In der österreichischen Metropole war das Publikum zu konservativ, um die Arbeit Hans Neuenfels', eines Anhängers des Regietheaters, zu loben. Im Gegensatz zum Paris des Jahres 1849 waren die neuen Wiener Bühnenbilder keine Rekonstruktion der niederländischen Malerei, die im 16. Jahrhundert europaweit floriert hatte. In dieser Hinsicht gab es keine Kulturtransfers auf dem Gebiet der bildenden Kunst zwischen Süden und Norden. Die italienische Tradition der Bühnen- und Kulissenmalerei, eine in Deutschland und in Frankreich bekannte Importware, war nicht mehr *à la mode*.

Statt eines Fazits

Um meinen Beitrag abzuschließen: zum ersten Mal in der Welttheater- und Operngeschichte gab die *Le Prophète*-Uraufführung in Paris dem *Comité de mise en scène* die Möglichkeit eine elektrische Beleuchtung zu benutzen. So wurde der Sonnenaufgang im 3. Akt dargestellt. Ein solcher technischer Trick existierte in Weimar nicht, insbesondere im Jahr 1850 bei der *Lohengrin*-Uraufführung. Nachdem die Bayreuther Festspiele 1876 eingeweiht wurden, diente ab 1882 ein Stromerzeuger für szenische Effekte, die von dem Publikum und der Presse als sensationell angesehen wurde. So realisierte Richard Wagner einen anderen romanisch-deutschen Kulturtransfer.

Topographische Transformationen zwischen französischer und deutscher Epik in *Aliscans* und Wolframs von Eschenbach *Willehalm*

Ronny F. Schulz (Kiel)

Abstract: Als Willehalm in Laon ankommt, um den König um Hilfe zu bitten, wartet er unter einem Ölbaum und einer Linde, er trägt nicht wie bei Chrétien (sic!) „einen alten tymit" (*Willehalm* 125, 20), sondern ist in Seide gehüllt. Wolfram nimmt, im Vergleich zum anonymen *Aliscans*, einige Umakzentuierungen vor, die den altfranzösischen Text nicht nur kommentieren, sondern ihn auch für den (mittelhoch)deutschsprachigen Bereich adaptieren. Der Ölbaum, der in höfischen deutschsprachigen Übertragungen meist der Linde weicht (man denke an Eilhart), steht hier problemlos neben dem *olivier* der afrz. Vorlage und Wolframs Erzähler bringt einen für sein deutschsprachiges Publikum bekannten Gewährsmann, Chrétien de Troyes, der bekanntlich nicht der Verfasser der Chanson de geste ist. Besonders stark wirken sich die Veränderungen und Neusetzungen in der Topographie aus. Zu den Orten und überhaupt zur Geographie der Chansons de geste sind seit dem Ausgang des 19. Jahrhunderts eine ganze Reihe an – meist positivistischen – Forschungsarbeiten entstanden (z. B. die neueren Arbeiten von Labbé 1993 und Knott 1999). Im Zuge des *spatial turn* (vgl. Gerok-Reiter/Hammer 2015) wird auch in der literaturwissenschaftlichen Mediävistik wieder stärker der Blick auf literarische Räume und Orte gelenkt. Der Held, so meine heuristische Ausgangsthese, definiert sich über die Orte, die er aufsucht, und er gibt diesen Orten auch selbst eine neue Semantik (indem er z. B. wie Willehalm/Guillaume seinen Schild in Estampes zurücklässt oder die Orte durch Inbesitznahme verändert). Welche neuen Bedeutungen diese Topographie (und das Heldenbild) erfährt, wenn in mittelhochdeutschen Bearbeitungen die Orte der afrz. Chansons de geste transformiert, umbenannt oder einfach eliminiert werden, ist bisher nur defizitär erforscht worden. In meinem Beitrag möchte ich deshalb die an das deutschsprachige Publikum angepasste Topographie anhand von Beispielen herausstellen und die politischen und religiösen Implikationen, welche diese mit sich führt, analysieren. Ein besonderes Augenmerk liegt dabei auf dem Faktum, wie Wolfram zugunsten einer heilsgeschichtlichen aber auch fiktionalen Lesart die für ein französisches Publikum „historischen" Orte umdeutet.

Keywords: französische und deutsche Epik, angepasste Topographie, politis und religiose Implikationen

1. Einleitung

Der vorliegende Beitrag möchte anhand einer Episode aus Wolframs von Eschenbach *Willehalm* die Heldenkonzeption des Protagonisten vor dem Hintergrund seines Bewegungsraumes hinterfragen und dies unter der Perspektive des literarischen Transfers diskutieren. Immerhin lässt sich mittlerweile auch konstatieren, dass die Kenntnis von altfranzösischen Chanson de geste-Stoffen bei den deutschsprachigen Autoren des 13. Jahrhunderts nicht zu unterschätzen ist.[1]

Bisher liegen eine Reihe an Untersuchungen zu französisch-deutschen Literaturbeziehungen, Fremdwahrnehmung und Fragen der Herrschaft und Religion in den Chansons de geste vor, eine wissenschaftliche Beschäftigung mit der Geographie, die bekanntlich mit der realen historischen Geographie korrespondiert, findet sich seit den positivistischen Untersuchungen des 19. Jahrhunderts. Unzählige Nennungen von Ortsnamen, über den so genannten „Orient" bis hin zu den Gebieten des heutigen Frankreichs und Deutschlands bieten sich förmlich zu Diskussionen der literarischen Überformung dieser Topographie an, denn anders als beispielsweise im Artusroman, in dem der unkonkrete Wald, das Feld oder die fremde Burg angesprochen werden, sind diese Topographien und die Bewegungen des Helden theoretisch auf Karten nachvollziehbar. Dennoch ist festzuhalten, dass der Chronotopos dieser Gattung die Realität außer Kraft setzt, wie es unter anderen Cesare Segre für die *Chanson de Roland* konstatiert, in der „eine mythische und symbolische Zeit"[2] dominiert, weshalb die Protagonisten weite Distanzen unter Umständen in kürzester (unrealistischer) Zeit zurücklegen können.

Als heuristische These, auf die ich mich im Folgenden stützte, gehe ich von dem wechselseitigen Verhältnis zwischen Held und Raum aus. So wie der Held Räume schafft, determiniert umgekehrt der Raum auch den Helden. Grundlegend soll zuerst die Heldenfigur als Akteur begriffen werden, die an vielen Orten präsent ist, um das reziproke Verhältnis zwischen dem Held und „seinen" Räumen für die deutschsprachigen Chansons de geste zu definieren. Die ältere Forschung hat zwar bisher den Zusammenhang von Held und Raum nur indirekt bestätigt, mit Aufkommen des Spatial turns gelangen nun jedoch weitere Aspekte ins Blickfeld, die zum Beispiel nach mythischen und fiktiven Räumen, in denen der Held sich bewegt, fragen.

---

1   Thordis Hennings konstatiert u. a. für Wolfram, dass dieser wesentlich mehr Branchen des Guillaume-Zyklus gekannt haben muss, als bisher in der Forschung angenommen wird, vgl. Thordis Hennings: Französische Heldenepik im deutschen Sprachraum: Die Rezeption der Chansons de Geste im 12. und 13. Jahrhundert. Überblick und Fallstudien, Heidelberg 2008, S. 158.

2   Cesare Segre: Vom Chronotopos zum Rolandslied, in: Ders.: Schriften zu Literatur und Theater. Aus dem Italienischen von Käthe Henschelmann. Ausgewählt und mit einem Nachwort versehen von David Nelting, Tübingen 2004, S. 207–218, Zitat: S. 217.

2. Held und Bewegungsraum

Gerade vor dem Hintergrund neuer Erkenntnisse moderner Multilokalitäts-forschung in Ethnologie, Anthropologie und Soziologie kann hier eine neue Perspektive auf die literarische Heldenfigur geworfen werden. „Multilokalität" wird zwar als Kulturtechnik der Moderne betrachtet,[3] ihre einzelnen Elemente begegnen aber auch schon in vormodernen Kulturen. Drei Modelle werden für moderne Lebensformen grundsätzlich konstatiert, das „Pendeln" zwischen zwei oder mehreren Orten, das Wegziehen an einen anderen Ort unter Abtrennung des alten räumlichen Kontextes und das Sich-Etablieren an einem anderen Ort, bei dem einzelne Kontakte zu alten sozialen Kreisen beibehalten werden. Vernetzungen spielen dabei eine besondere Rolle sowie der Wissens- und Erfahrungszuwachs, wie sie Johanna Rolshoven akzentuiert.[4] Dabei betrifft den Erfahrungshorizont in diesem Fall auch vornehmlich die Selbst- und Fremdwahrnehmung: „Thus, cultural mobility is one of the consequences and effects of movement and flexibility. It produces a knowledge of strangeness as a knowledge of socialization and experience. By having the experience of being a stranger while being at home in different places, a polycentricity of lived space is created, and the different "heres' and "theres' overlap."[5] Ein zentrales Problem der Multilokalitätsforschung, ob Orte als mentale Konstruktionen anzusehen oder real geographisch zu verorten sind, das schon Rodman aufwirft,[6] wird in der Anthropologie überwunden, indem Orte als geographische, kulturelle und historische Setzungen zu betrachten sind.

Anthropologische, soziologische und ethnologische Studien liegen für die Multilokalität im Mittelalter nicht vor, auch wenn dieser Umstand wiederholt thematisiert wurde. Offensichtlich bleibt dies aber, gerade in der Geschichtswissenschaft, ein Desiderat, da statistische Erhebungen für das Früh- und Hochmittelalter in der Regel nicht vorliegen. Hinzu kommt, dass eine Untersuchung fiktionaler Werke nach anderen Maßstäbe verlangt als die Interpretation historischer Reiserouten beispielsweise in Chroniken, weshalb sich Konstanten, die sich durch dieses anthropologische Konzept bieten, für eine literaturwissenschaftliche Untersuchung anbieten.

---

3   Johanna Rolshoven spricht von „a practice of life-world contextualization and of a "placing' of the self", Johanna Rolshoven: The Temptations of the Provisional. Multilocality as a Way of Life, in: Ethnologia Europea. Journal of European Ethnology 37/1–2 (2007), S. 17–25, Zitat: S. 18.

4   Vgl. ebd., S. 23.

5   Vgl. ebd.

6   Vgl. Margaret C. Rodman: Empowering Place. Multilocality and Multivocality, in: Setha M. Low und Denise Lawrence-Zúñiga (Hg.): The Anthropology of Space and Place: Locating Culture. 12. Auflage, Malden, Oxford und Carlton 2012, S. 204–223.

Versucht man nun, das Konzept der Multilokalität auf das mittelalterliche Heldenepos zu adaptieren, müssen basale Fragen geklärt werden. Zuerst stellt sich die Frage nach den (sinnträchtigen) Bewegungen des Helden im Raum. Hierbei stellt sich die Frage nach den Zentren, ob es nun ein Zentrum gibt oder auch mehrere. Für das mittelalterliche Heldenkonzept in Chansons de geste wäre dabei zu ergänzen, dass ein Fixpunkt auch ganz wegfallen könnte. Der Held erscheint so als zentrenlos, was ihn gerade für eine herausragende Rolle geeignet machen könnte; sein Ort ist überall und nirgends. Dies korrespondiert unter anderem mit der Tatsache, dass die Heldenfigur sich als Person, die über kein eigenes Lehen verfügt, definieren kann.[7] Hinzu kommt der Aspekt der Erfahrung. Durch die Ortswechsel produzieren Helden Kommunikationsnetzwerke und bringen wichtige Informationen in Erfahrung. Die Bewegung im Raum, man könnte auch von dem „Reisen" sprechen, was jedoch problematisch ist, wenn man bedenkt, dass Kampfhandlungen auf dem Weg thematisiert werden, führt zuweilen zu einem Erkenntnisprozess, der für den Helden Sachverhalte darlegt, die er sich so in seinem alten Umfeld, das heißt seinem alten Wissenskontext, der räumlich gebunden ist, nicht hätte aneignen können. Die Helden profitieren folglich von ihren multilokalen Existenzen.

Kursorisch sollen hier die wichtigen Eckpunkte einer multilokalen Existenz des literarischen Helden in der Chanson de geste präsentiert werden. Dabei wird konstatiert, dass Ortswechsel (1) Erkenntnisgewinne darstellen, (2) die Identität des Helden determinieren und schließlich (3) den Orten neue Bedeutungen zukommen lassen.

Ein gutes Beispiel für (1) die ortswechselbedingte Erkenntnis bietet Rainouart im *Moniage Rainouart*, der erst durch das Reisen, in diesem Fall sogar ein extremer Ortswechsel vom Kloster in Frankreich zu einem Kriegsgeschehen im Sarazenenreich, zur Erkenntnis kommt, dass sein Klosterabt ein Verräter ist.[8]

Über die Erkenntnisprozesse kommt es auch zur Frage nach (2) der Identität des Helden, diese artikuliert sich in erster Linie durch Camouflage oder Rollenwechsel, der sich rein körperlich vollziehen kann durch Einfärben des Gesichts oder Kleiderwechsel, um unerkannt zu bleiben, welcher sich aber auch in sprachlicher Hinsicht äußert, wenn die christlichen Protagonisten zum Beispiel arabisch sprechen. Hier ließe sich Wolframs *Willehalm* heranziehen, der in sarazenischer und sprachlicher Verkleidung – er spricht arabisch – an

---

7   Dies ist der Fall im *Charroi de Nîmes*, der mit der Klage Guillaumes, bei der Lehensverteilung übergangen worden zu sein, einsetzt.

8   Vgl. Ronny F. Schulz: Ecke und Rainouart: Der heidnisch-höfische Riese als Grenzfigur zwischen den Ordnungen, in: Gabriela Atunes, Björn Reich und Carmen Stange (Hg.): (De) formierte Körper 2. Die Wahrnehmung und das Andere im Mittelalter, Göttingen 2014, S. 261–272, bes. S. 265–268.

den Königshof gelangt. Die Ortswechsel führen hier zu Rollenvertauschungen, Willehalms Frau wird temporär zur Kriegerin (in Abwesenheit ihres Mannes), die Identität des Helden lässt sich nur an einer körperlichen Evidenz, seiner Narbe, festmachen. Am Hof reißt er der Königin die Krone herunter, er ist gelöst von sozialen Bindungen, wozu unter anderem Vasallität und Verwandtschaft zählen, da sein Ziel die Hilfe für Orange ist. Die Ortswechsel und seine Anpassungsfähigkeit in ihnen, aber auch sein „aus der Rolle fallen", das bewusst eingesetzt wird, kennzeichnen Willehalm als multilokalen Akteur. Die Flexibilität lässt ihn zu einer wichtigen Handlungsfigur im politischen Geschehen des Frankenreichs werden.

Der Held, so ließe sich zuerst einmal formulieren, schafft sich seine Handlungsräume, die er geschickt vernetzt, Multilokalität ist hier schon als Kulturtechnik aufzufassen. Schließlich wird der Held auch über diese Orte definiert, sodass beispielsweise Roland zum Held von Roncevaux wird. Vergessen werden sollte schließlich auch nicht die Fremdwahrnehmung, die sich durch Grenzüberschreitungen aber auch häufige Ortswechsel zwangsläufig ergibt und durch die multilokal ausgerichteten Helden noch eine weitere Bedeutung erhält. Die Entfremdung der Heldenfigur selbst lässt Alteritätskonzepte, die auf den Unterschied zwischen „fremd" und „eigen" abzielen, neu ausbeleuchten. Die Fragestellung wäre hierbei, inwiefern der Held ein Fremder in den fiktionalen Räumen ist oder ob er durch seine multilokale Konzeption nicht überall zuhause ist, sodass Fremdheit gerade beim Aufeinandertreffen zweier Kulturen zumindest aus der Perspektive der Heldenfigur neu zu werten ist.

Schließlich hängt (3) das Entstehen oder die Gründung neuer Orte, zu denken wäre hier an Aachen im *Karl Meinet*, ebenso mit der Figur des Helden zusammen wie auch die Motivation von Orten mit neuen Bedeutungen und letztlich ihre Integration in bestehende (historische) Raumnetzwerke (Köln–Lüttich–Paris–Aachen), die literarisch zum Teil wieder reaktiviert werden.

Diese Beispiele zeigen hinlänglich, dass Elemente der multilokalen Konzeption von modernen Existenzen auch auf Helden mittelalterliche Texte übertragbar sind, da sie als anthropologische Konstanten gesehen werden können. Mithin zeigt sich die Besonderheit des Helden in seiner Flexibilität und somit Bewegungsfähigkeit, die anderen Figuren in Texten nicht oder nur eingeschränkt zukommt. Wenn Helden darüber hinaus einzelne Orte verbinden, dann gehen damit auch Grenzüberschreitungen einher, beziehungsweise schaffen diese Helden wiederum neue Grenzen und konstituieren den Raum, in dem sie agieren. Wie an Figuren wie beispielsweise Willehalm zu erkennen, ist dieser in permanenter Grenzüberschreitung zu sehen: Als der als Sarazene verkleidete Christ im feindlichen Gebiet, dann wieder als der Fremderscheinende, unerwünschte Gast am Hofe Lois, der dort eigene Gesetzmäßigkeiten aufstellt und sowohl metaphorische als auch physische Grenzüberschreitungen vornimmt. Er ist, modern gesprochen, ein *bordercrosser* par excellence, der sich seinen Raum schafft und diesen dominiert.

3. *Der Weg des Helden nach Laon in* Aliscans *und* Willehalm

Wolframs von Eschenbach *Willehalm* entstand in den 1210er Jahren und stellt die erste deutschsprachige Bearbeitung eines Stoffes aus dem *Guillaume*-Zyklus dar, generell ist es ein frühes Rezeptionszeugnis altfranzösischer Heldenepik im deutschsprachigen Raum, das nach Konrads *Rolandslied* entstanden ist. Willehalm, der enterbt wurde, erringt durch Kriegsgeschick Orange als Herrschaftsbereich und ist mit Giburg, der einstigen Heidenprinzessin Arabel, verheiratet. Giburgs Vater kämpft gegen den neuen Schwiegersohn und es findet eine große Schlacht in Alischanz statt. Der unterlegene Willehalm muss fliehen, seine Frau in Rüstung in Orange zurücklassen, um König Lois in Laon um Hilfe zu bitten. Schließlich gelingt Willehalm die Befreiung seiner Stadt und eine weitere Schlacht auf Alischanz folgt, dann bricht der Text ab.

Seit Joachim Bumkes *Willehalm*-Studie von 1959 gibt es Untersuchungen zu Raumstruktur und Handlungsgeschehen in der Adaptation Wolframs. Besonders hervorzuheben sind die neueren Arbeiten, so Christina Lechtermanns Untersuchung zu Bewegungen auf dem Schlachtfeld und Christina Patz Arbeit zu Willehalms Flucht von Alischanz nach Orange. Lechtermann setzt den Akzent auf die Schilderung von Massenschlachten und ihre Verbindung zur mittelalterlichen Tjost, dem höfischen Turnierkampf, bei Wolfram.[9] Raum wird für Lechtermann primär durch Körper gestaltet. Patz fragt nach den Straßen, die Willehalm auf dem Weg von Alischanz nach Orange nimmt. Sie erkennt, wie Joachim Bumke im Großen eine symmetrische Struktur durch das Aufsuchen von Orten annimmt, auch auf der Mikroebene symmetrische Strukturen.[10]

Der Fokus der folgenden Überlegungen liegt auf Willehalms Aufbruch von Orange und sein Weg zum Königshof in Laon. Zuerst soll dieser Weg hier

---

9   Vgl. Christina Lechtermann: Topography, tide and the (re-)turn of the hero: battleground and combat movement in Wolfram's "Willehalm', in: Markus Stock und Nicola Vöhringer (Hg.): Spatial practices medieval – modern. A selection of papers from a conference on historical conceptions and practices of space, held at the University of Toronto in April 2010, Göttingen 2014, S. 89–122.

10 Vgl. Joachim Bumke: Wolframs Willehalm. Studien zur Epenstruktur und zum Heiligkeitsbegriff der ausgehenden Blütezeit, Heidelberg 1959 (Germanische Bibliothek, Reihe 3), S. 94 und Christina Patz: Flucht von Alischanz. Zur Wahrnehmung und Nutzung von Straßen und Wegen während des Rückzugs Willehalms nach Orange, in: Jahrbuch für Regionalgeschichte 36 (2018), S. 131–150, hier: S. 144.

kurz in *Aliscans* skizziert werden:[11] Guillaume reitet aus der Burg Orange und trifft auf eine Gruppe Andersgläubiger, er reitet nicht auf der Straße, sondern nimmt einen Pfad durch ein Tal. Guillaume erscheint unerkannt, da er wie Ariofle gewandet ist, der angeblich von Valfondée bis hin nach Orange das Land beobachtet,[12] um nach dem Grafen Guillaume zu suchen. Mit Valfondée wird ein Topos der Chanson de geste aufgerufen, im *Girart de Viane*, der vermutlich vor *Aliscans* entstanden ist, wird ein Maucon de Valfondée erwähnt, der Oliviers Schwert Hauteclere zuvor besaß. Mit der Figurenrede und dem bloßen Zitieren der Orte, wird Guillaume mit der Topographie der Chansons de geste verbunden. Zudem verfügt er über ein Wissen, dass die sarazenische Gruppe, auf die er trifft, nicht hat: Ariofle ist tot, weshalb Guillaume nun seine Identität temporär annehmen kann. Guillaume reitet weiter auf seinem Pferd aus Aragon, durchquert Zwischenräume, Wald und Feld, dann die Loire per Schiff, und hat nun ein ungarisches Pferd. In Orléans wird er nach seiner Identität befragt, woraufhin er den fragenden Kastellan tötet. Erst wendet sich Guillaume vor den herannahenden aufgebrachten Stadtbürgern zu einer Abtei, dann verlässt er die Stadt, nachdem er eine ganze Reihe Bürger attackiert hatte und reitet auf Étampes zu, um dann weiter nach Paris, genauer gesagt Saint-Denis, zu gelangen, wo er den König wähnt. Da stellt sich sein Bruder Ernaut in den Weg, beide erkennen sich und Guillaume erfährt, dass Louis in Laon Hoftag hält. Guillaume sitzt auf sein syrisches Ross auf und macht sich auf den Weg, während Ernaut in die Brie-Region reitet.

Auf modernen Routen liegen schon über 800 Kilometer für diesen Weg vor, bedenkt man, dass ein gutes Reitpferd für 100 Kilometer gut zwei Tage oder mehr benötigen kann,[13] dann können schon über zwei Wochen vergehen, bis Guillaume sein Ziel erreicht. Diese lange Strecke erklärt vielleicht auch, warum das Pferd jeweils eine andere Herkunft hat, da es nicht immer Volatile ist, den Guillaume nutzt.

Bei Wolfram dagegen verhält es sich anders mit der Schilderung dieses Weges. Auch hier sitzt Willehalm auf Volatin, als er aus Orange reitet. Er trägt Arofels Rüstung, der als „künec von Persîâ" (Wh 105, 26, „König von Persien")[14] tituliert wird. Auch hier spricht der Held die Sprache der Gegner. Es heißt allerdings, dass Willehalm „gein der Franzoiser lande" (Wh., 105, 30, „in

---

11 Vgl. Aliscans, texte établi par Claude Régnier. Présentation et notes de Jean Subrenat. Traduction revue par Andrée et Jean Subrenat, Paris 2007, S. 198–212, Laisses 55–61.

12 Vgl. Aliscans, ebd., S. 201, 55, V. 2490.

13 Zur Reisegeschwindigkeit vgl. Thomas Szabó: Botenwesen, in: Lexikon des Mittelalters, Bd. 2, München 1983, Sp. 484–487.

14 Hier und im Folgenden wird zitiert aus der Ausgabe: Wolfram von Eschenbach: Willehalm [Wh.], herausgegeben von Joachim Heinzle, Frankfurt am Main 2009. Alle Übertragungen ins Neuhochdeutsche stammen vom Verf. dieses Aufsatzes.

Richtung des Landes der Franzosen") ritt. Orange wird besetzt und Terramer klagt über seinen Onkel Baligan, der von Karl besiegt wurde (vgl. Wh. 108, 12–15). Willehalm hat es in der Zwischenzeit durch das feindliche Heer in Verkleidung geschafft. Wann Willehalm schließlich Orléans erreicht, das weiß der Erzähler angeblich nicht: „ich enhân der zal niht vernomen, / wie maneges tages were komen / ze Orlens der marcrâve unverzaget" (Wh. 112, 3–5 „Ich kann nicht zählen, wie viele Tage vergangen sind, bis der tapfere Markgraf nach Orléans kam"). Nach dem Wegzoll gefragt, äußert der Held, dass er die Straße nahm, die der ganzen Welt zur Verfügung stehe. Im Anschluss an die blutige Auseinandersetzung mit den Stadtbewohnern wendet er sich in Richtung Laons. Obwohl Willehalm schon auf dem Weg nach Laon ist, informiert ihn sein Bruder über den in drei Tagen stattfindenden Hoftag. Auch hier kehrt Willehalm in ein Kloster ein:

> „gein dem âbende er ein klôster vant. / er was den münchen unbekant, / doch pflâgen si sîn schône. / ze Samargône, / in der houbetstat ze Persîâ, / sin schilt wart geworht aldâ: / des buckel was armüete vrî. / Adramahût und Arabî, / die rîchen stet in Môrlant, / sölhe pfelle sint in unbekant, / als sîn wâpenroc mit steinen klâr, / drûf verwieret her und dar, / daz man des tiuwern pfelles mâl / derdurh wol kôs al sunder twâl; / als was ouch drobe daz kursît. / Kristjâns einen alten timît / im hât ze Munlêûn an gelegt: / dâ mit er sîne tumpheit reget, / swer sprichet sô nâch wâne. / er nam dem Persâne / Arofel, der vor im lac tôt, / daz vriundîn vriunde nie gebôt / sô spaeher zimierde vlîz, / wan die der künec Feirafiz / von Sekundillen durh minne enpfie: / diu kost vü–alle koste gie."

(Wh. 125, 5–30, „Als es Abend wurde stieß er auf ein Kloster, die Mönche kannten ihn nicht, aber sie nahmen ihn gut auf. Sein Schild wurde in Samarkand, der Hauptstadt Persiens, geschaffen, der Buckel in der Schildmitte war sehr kostbar. Adramahut und Arabi, die reichen Städte im „Mohrenland", besitzen solche Stoffe nicht, aus denen sein Waffenrock [gemacht wurde], mit strahlenden Steinen, die hier und dort aufgenäht wurden, sodass man die [gewebten?] Muster des kostbaren Stoffes ohne Umstände darunter sehen konnte, genauso war auch der Pelzoberrock. Chrétien hat ihm in Laon einen alten Seidenstoff angelegt, wodurch er seine Unkenntnis beweist. Wer das behauptet, der spricht wie jemand, der nicht bei Verstand ist. Er nahm dem Perser Arofel, der vor ihm tot lag, so kostbar gewirkten Schmuck, dass ihn eine Freundin nie ihrem Freund schenken würde, mit Ausnahme dessen, den Feirefiz von Sekundille durch ihre Minne erhielt: dieser Wert überstieg alles.")

Kurz vor dem Eintreffen in Laon findet die letzte Einkehr im Kloster statt, in dem Willehalm sein Schild zurücklässt. Bei Wolfram wird diese Szene mit Bedeutung aufgeladen. Willehalm erscheint als der doppelt Fremde. Er ist den Mönchen unbekannt und er ist mit prächtigen orientalischen Waffen gerüstet, das heißt mit Schild und Waffenrock. So kostbar sind die Gegenstände, dass der Erzähler hier einen intertextuellen Verweis anstellt und auf seinen *Parzival* rekurriert: Die Heidenkönigin Sekundille, die Berge von Gold hat und Edelsteine wie Sand am Meer, hätte nicht prächtigere Minnegaben ihrem Feirefiz überreichen können. Der Erzähler kritisiert hier seine Quelle, die ihrem Helden nur einen alten Seidenstoff zulegte. Und dies ist, interessanterweise, niemand anderes als Chrétien de Troyes, der hier fälschlicherweise als Verfasser des *Aliscans* ausgegeben wird. Über den kostbaren orientalischen Stoff gelingt am Ort des Klosters die Verbindung der französischen Heldenepik mit dem höfischen Roman. Weniger der Erkenntniszuwachs Willehalms steht durch die topographischen Wechsel im Vordergrund, sondern vielmehr die andere, höfische Konzeption der Figur. Und dennoch haftet dem Helden noch seine „alte" Chanson-de-geste Konzeption an, wenn der Protagonist als ein Fremder, sich auf einem kriegerischen Weg befindender, Held definiert wird.

4. Schluss

Der Held erweist sich sowohl in *Aliscans* als auch im *Willehalm* als grenzüberschreitende Figur, die durch ihre multilokale Verortung (Willehalm/Guillaume ist die einzige Figur, die zwischen Orange, Schlachtfeld und Aufenthalt des königlichen Hofes hin- und herreist) über Kenntnisse verfügt, die ihr einen Vorteil verschafft, wenn sie beispielsweise in Verkleidung durch die feindliche Linie reiten muss. Deutlich wird aber, dass die altfranzösische Chanson de geste den Akzent auf die politische Topographie legt; durch das Zusammentreffen mit seinem Bruder bringt Guillaume erst in Erfahrung, wo der König sich tatsächlich aufhält. Die Einkehr in der Abtei wird nur peripher geschildert, da sie für die politische Handlung unbedeutend scheint. Wolfram macht aus dieser Abtei einen Ort, der noch einmal die Identität des Helden hinterfragen lässt. Willehalm ist unerkannt, doch zeigt er sich in so prächtigem Gewand, dass er als höfischer Adliger zu erkennen ist. Im literarischen Transfer zwischen der französischsprachigen Version und der mittelhochdeutschen Bearbeitung wird aus dem grenzüberschreitenden Helden, der an vielen Orten sein kann und damit seine heldische Exorbitanz unterstreicht, ein Held, der mit den Orten des Orients verbunden wird und zugleich ein Höfling ist, eine Figur schließlich, die viele Rollen annehmen kann, um ihre Ziele zu erreichen.

Petrarkismus in der deutschen Sonettdichtung des 17. Jahrhunderts

Galina Shapovalova (Moskau)

Abstract: Die vorliegende Studie verfolgt das Ziel, die wichtigsten petrarkistischen Bilder **in der deutschen Sonettdichtung des 17. Jahrhunderts** zu verfolgen. Da die Frau in der petrarkistischen Lyrik eine zentrale Rolle spielt, wird das Thema der Frauenschönheit in der Sonettdichtung in den Vordergrund gestellt. Es wird in der Arbeit auf die Sondererscheinung *Petrarkismus* eingegangen. Da sich die Aneignung des Petrarkismus in Deutschland später als in anderen Ländern Süd- und Westeuropas vollzieht, wird hernach der Frage nähergetreten, wann und wie der Petrarkismus in der deutschen Literatur auftaucht und sich verbreitet. In der Motivik, in den Stilzügen, in der visuellen bzw. reflektiven Sprache gehen die deutschen Petrarkisten nicht von Petrarca selbst, sondern von seinen Schülern und Nachahmern aus. In der Folge soll die Darstellung der Frauenschönheit, ihrer einzelnen Züge im deutschen Barock-Sonett behandelt werden.

Keywords: Barockdichtung, Petrarkismus, Nachahmung, Liebesdichtung, deutsches Sonett, Schönheit.

1. Einleitung

In diesem kleinen Beitrag geht es um das Verhältnis zwischen italienischer und deutscher Dichtung. An dem Punkt *Petrarkismus* berühren sich beide scheinbar am engsten. Petrarkismus ist vor allem Liebeslyrik. Den zentralen Baustein in Petrarcas Gedichten bildet die göttliche Schönheit der Geliebten, gleichermaßen aber auch ihre einzelnen Körperteile wie zum Beispiel ihre Augen, Haare oder Hände. Die Schönheit der Frau wird hauptsächlich im Sonett poetisiert. Die Beziehung des Sonetts zum Petrarkismus liegt nach T. Borgstedt auf der Hand.[1] „Es fungiert als Medium der Tradierung kulturell geprägter Konzepte und poetischer Bilder."[2] In diesem Sinne fokussiert die Arbeit das Sonett. Hier wird in knapper Skizze die Praxis der Assimilation petrarkischer Lyrik von den deutschen Sonettdichtern des Barocks verfolgt.

---

1   Borgstedt, S. 289.
2   Evi Zemanek, von https://literaturkritik.de/public/rezension.php?rez_id=12906.

2. Materialgrundlage

Als Materialgrundlage dienen Sonette von deutschen namhaften Dichtern wie Georg Rodolf Weckherlin, Paul Fleming, Andreas Gryphius und Christian Hoffmann von Hoffmannswaldau. Sie vertreten verschiedene Perioden des Zeitalters des Barock. Ihre Sonette zeigen eine eigene und beispielhafte Möglichkeit des Sonetts in ihrer Epoche. Die hier gebotenen Texte folgen (genau, also) in moderner Orthographie den zeitgenössischen Original-Drucken.

3. Petrarkismus

Bereits im 14. Jahrhundert legte Francesco Petrarca mit seinem Gedichtband *Rerum vulgarium fragmenta* (1348–1470), später *Canzoniere* genannt, den Grundbaustein für eine zu dieser Zeit neue Art volkssprachlicher Liebeslyrik. Seine Gedichte ziehen die Motive der melancholischen Klage über die Unerfüllbarkeit der Liebessehnsucht und der unerreichbaren Geliebten durch, die sich bis in die Antike zurückverfolgen lassen.[3] Sie gehören bereits ebenso zur Konvention der vorangegangenen Troubadour-Dichtung und des Minnesangs. Auch die von Petrarca verwendeten Gedichtformen (*ballata, canzone, madrigale, sestine* und *sonetto*) sind ausnahmslos bei seinen italienischen Vorgängern vorhanden. Dennoch erweist sich der *Canzoniere* als etwas Besonderes. Seine Einmaligkeit lag nach D. Alonso darin, dass er die erste geschlossene Sammlung von Liebesgedichten in einer modernen europäischen Sprache darstellte und mit beispielloser Genauigkeit „ein langsames und minuziöses Durchschreiten der verschiedenen Stadien in der Psychologie des Liebenden" zeigte.[4] Für diese schrittweise Selbstanalyse hatte sich das Sonett als die geeignetste Form herausgestellt.[5] Zeugnis dafür ist die Tatsache, dass unter den 366 Gedichten des *Canzoniere* nicht weniger als 317 Sonette sind, die anderen Formen spielen nur eine untergeordnete Rolle. Das italienische Sonett erhält durch Petrarca seine klassische Form und bleibt die vorherrschende Gedichtform der europäischen Renaissancelyrik. Es ist Petrarca gelungen, in den 14 Zeilen des Sonetts jeweils eine spezifische Gemütsstimmung zu prägen, eine bestimmte

---

3 Pyritz, 1963, S. 124 ff.
4 Alonso, S. 109.
5 Vgl. Naumann, S. 81: „Petrarca hat das Sonett in seiner unvergleichlichen Wirkungskraft geistig geschaffen. Er verwendete und prägte es zu jener Form der Betrachtung und dichterischen Meditation, zum Gefäß einer Auseinandersetzung des Dichters mit sich selbst, einer geistigen Form, die allein es erklärt, warum die Nationen und Jahrhunderte der europäischen Lyrik immer wieder auf das Vorbild Petrarcas schauen."

psychologische Konstellation relevant zu gestalten. Durch die Gedichte seines *Canzoniere* hatte er auf die neulateinischen Dichter gewirkt und auch die Vertreter volkssprachlicher Literaturen in Süd- und Westeuropa entscheidend beeinflusst. Das Phänomen dieser Nachfolge ist von der Literaturwissenschaft bekanntlich als *Petrarkismus* bezeichnet und von H. Pyritz als „das zweite große System von internationaler Geltung nach dem Minnesang"[6] beschrieben worden. Das literarische Phänomen des Petrarkismus kann allgemein als die „direkte oder indirekte Nachahmung Petrarcas"[7] definiert werden. Petrarca hat im *Canzoniere* eine komplexe Liebesmetaphorik, vorwiegend zum Lob der Frauenschönheit, entwickelt, die die europäischen Dichter in ihre poetische Liebessprache aufnehmen konnten.

4. Petrarkismus in Deutschland

Die Liebesdichtung des Petrarkismus wurde in Deutschland mit einiger Verspätung erst im 17. Jahrhundert rezipiert. „Zum allergeringsten Teil fand Petrarca Eingang in die deutsche Dichtung des 17. Jahrhunderts durch sein eigenes Werk, fast ausschließlich durch das Medium seiner Nachahmer, des volkssprachlichen Petrarkismus Italiens, Frankreichs, Spaniens, Hollands, und des neulateinischen Petrarkismus Italiens, Frankreichs, Englands, Hollands und Deutschlands selbst."[8] Besonders Frankreich (du Ballays und Ronsards) und Holland (Sekundus, Scaliger, Heinsius und Grotius) spielen eine große Rolle in der Rezeption des deutschen Petrarkismus. „So steht die Liebesdichtung des deutschen 17. Jahrhunderts nicht unter dem Zeichen Petrarcas, sondern unter dem des Petrarkismus."[9] Als „Einfallstor"[10] des Petrarkismus in Deutschland wird in der Literaturgeschichtsschreibung das Werk von Martin Opitz genannt. In seinem lateinischen *Aristarchus sive de contemptu linguae Teutonicae* (1617), wo er zum ersten Mal das Programm „der Nationalisierung der humanistischen Poesie durch Erfindung einer deutschen Kunstdichtung"[11] formuliert und dann systematisch ausgebaut hat, zitiert Opitz die formgetreue Verdeutschung von Petrarcas Sonett des Ernst Schwabe von der Heide, um die Konkurrenzfähigkeit des Deutschen als Literatursprache zu gewährleisten. Als Opitz um 1620 das Sonett *Francisci Petrarchae*, dem Sinn nach „*Ein Sonett*

6 Pyritz, 1963, S. 147.
7 Regn, S. 911.
8 Pyritz 1963, S. 156 f.
9 Ebd., S. 157.
10 Ebd., S. 158.
11 Alewyn, S. 12.

Petrarcas", erstmals ins Deutsche übersetzte, gehörte es längst zu den direkten Vorbildern der europäischen Petrarkisten.[12] „Mit seiner Eindeutschung wollte Opitz sowohl den petrarkistischen Nachholbedarf in Deutschland mildern als auch den neulateinischen Petrarkismus überbieten, um die Akzeptanz des Dichtens in der Muttersprache unter den lateinischen Gelehrten zu verbessern."[13]

Im „*Buch von der Deutschen Poeterey*" (1624) hatte Opitz das Sonett eingebürgert und vier Beispiele folgen lassen. Im deutschen Sprachraum regte nunmehr Opitz durch seine Übertragung deutsche Dichter zu Nachahmungen und Neuschöpfungen an und förderte damit die Verbreitung des Petrarkismus in der deutschen Literatur. Petrarca und Ronsard werden als Vorbilder aufgeführt.

1625 legte Opitz in der Anthologie „*Acht Bücher Deutscher Poematum*" 33 aus fremden Sprachen übernommene Sonette als Musterbeispiele dieser im Deutschen bis dahin kaum gepflegten Gedichtart vor. „Diese Gedichte sind sprachliche Neuschöpfungen von hohem Rang und Beweise dafür, dass die deutsche Sprache durch Opitz eine Geschmeidigkeit erreicht hatte, die dem Italienischen, Französischen und Holländischen an Eleganz und Ausdruckskraft gleichkam. Im Petrarca-Sonett hat der Geist des viel bewunderten italienischen Dichters nunmehr auch im Deutschen adäquaten künstlerischen Ausdruck gefunden."[14] Die Übersetzungen aus dem Französischen, Italienischen, Lateinischen und Spanischen erwiesen sich als unerschöpfliche Quellen für den deutschen Dichter. Vor den deutschen Poeten lag ein europäisches und erprobtes Dichtungssystem, welches sie sich mit Hilfe der opitzianischen Verstheorien aneigneten. Hier eröffnet sich ein sehr weites Feld, die besten Dichter der Zeit konnten auf Petrarcas *Canzoniere* zurückgreifen, mit Leichtigkeit nicht nur die Motive und deren Bilder aus der *Canzoniere* ableiten, bearbeiten und umformen, sondern auch mythologische, astrologische, mittelalterliche, biblische Bilder mit gewandter Rhetorik für ihre Zwecke verwenden.

Vor diesem theoretischen Hintergrund werden im Folgenden die intertextuellen Beziehungen zwischen dem *Canzoniere* Petrarcas und den Sonetten der deutschen Barockdichter dargestellt.

---

12 Keller, S. 314–333.
13 Aurnhammer, S. 193.
14 Maché, S. 128–129.

5. Frauenschönheit

5.1 Äußere Schönheiten

Die Schönheit der Geliebten ist das wichtigste Segment in Petrarcas Gedichten. Die barocke Liebeslyrik in Deutschland, vor allem die in Sonettform, orientiert sich stark an Petrarca. Sie spiegelt das Ideal wider, das in der Zeit der Renaissance entstanden ist, wo unter dem Einfluss platonischer Lehren die Schönheit zum Oberbegriff aller Kunsttheorie wird.[15] In einem besseren Licht stand die Frau seit der Hohen Minne nicht. Ihre Stellung innerhalb des gesellschaftlichen Systems war seit der Renaissance beachtlich gewachsen. Die Frau der Renaissance wurde als Göttin der Schönheit, der Tugend und der Liebe verherrlicht. Im 16. Jahrhundert dagegen wurde nicht nur Schönheit, sondern gleich das ganze Wesen der Frau verachtet. Zu Beginn des 17. Jahrhunderts befand sich die Frau – wenigstens in der hohen Literatur – auf einem Podest der Verherrlichung. Sie wird gelobt, geachtet und geliebt. Die Schönheit wurde wiederum zur ästhetischen Macht, die Frau ist erneut „göttergleich und muss wie eine Göttin verehrt werden."[16]

Von allen begehrten Qualitäten des Zeitalters wie Tugend und Verstand, Majestät und Reichtum, Liebe und Schönheit wird eben der Schönheit Preis zuerkannt. „Diese Vormachtstellung der Schönheit beruht darauf, daß man in Übereinstimmung mit der Liebesauffassung der Renaissance in der Schönheit die sichtbare Manifestation des Göttlichen im Menschen erblickt und ihr damit eine Macht zuschreibt, der gegenüber jeder Widerstand aussichtslos ist. Selbst die Götter verfallen der weiblichen Schönheit, und weder Weisheit noch Tugend haben vor ihr Bestand."[17]

Die Frau ist eigentlich ein übermenschliches Wesen. Die Dichter rühmen grenzenlos ihre Hoheit und Macht, betonen stets ihre göttliche Schönheit. Sie bedienen sich dabei einer prunkhaften Liebessprache und petrarkistischer Stilelemente, die vom Zeitalter zugelassen wurden. Die folgenden Verse (1–6) machen deutlich, wie die Frau auf eine außermenschliche Ebene erhoben und den Göttern gleichgestellt wird:

1. *Ja. Göttin / deren gnad mich könt allein erlaben / (GW, 209: 9)*[18]

---

15 Beckmann, S. 49.
16 Ebd., S. 38.
17 Berent, S. 87; Zemanek 2010, S. 103.
18 In Klammern entspricht die Sigle Seiten- und Zeilennummer oder der Nummerierung (bei Gryphius) der Ausgaben, die als Analysegrundlage benutzt werden: siehe die Quellen. Bei Bedarf werden das Erscheinungsjahr und Bandnummer der Quellen angegeben. In den Beispielen: der einfache Schrägstrich (/) ist das Interpungierungsmittel der Virgel, die doppelten Schrägstriche (//) kennzeichnen jeweils das Vers-/Zeilenende.

2. Wan **götlich** Sie **an macht** und **götlich an gestalt**; (GW, 214: 11)

3. Ihr starcke **Göttinnen** / habt mir den Sinn erhitzt / (PF, 608, XIV: 6)

4. .../ der dich wünscht / du **Göttliche Gestalt**: (PF, 616, XXV: 6)

5. Du bist **des himmels kind** / und führst **des himmels schein** / // Was sag ich Königin? **O göttin**! (CH, B.2, 13: 11–12)

6. Kann ich / **o Göttin**! Nicht dein rein altar berühren / (CH, B.2, 14–15: 2)

Um die ideale Schönheit zu erreichen, ist der Dichter bestrebt, die schönsten Einzelzüge zusammenzustellen.[19] Gemeinsam ist den Texten Petrarcas und der deutschen Sonettdichter, dass sie den Körper der Geliebten nicht vollständig darstellen, sondern fragmentarisch skizzieren.[20] Das Bild der Geliebten, welches Petrarca über mehrere Gedichte hinweg entwirft, bleibt E. Zemanek zufolge so fragmentarisch wie die *Rerum vulgarium fragmenta* selbst. „Beim Lob der einzelnen Gesichts- und Körperpartien der Frau schloss er vielmehr an ein bestehendes Schönheitsideal an. Sein Verdienst wird daher eher in der Reduktion des seinerzeit etablierten umfangreichen Schönheitskatalogs auf einen „kurzen Kanon" gesehen. In den vereinzelten Beschreibungen von Lauras Erscheinung wird ihr Äußeres allein durch Haare, Stirn, Augenbrauen, Augen, Wangen, Mund – all dies aber meist nur in seiner Gesamtheit als Gesicht aufgerufen – sowie Hals, Brust und zu guter Letzt die Füße bestimmt, wobei unter den genannten Körperteilen die Augen und Haare die „dominierenden Komponenten" darstellten und der Fokus damit eindeutig auf dem Kopf liegt.[21] Zur Verbildlichung ziert Petrarca die auserwählten Körperteile mit vielerlei Metaphern, die ihre Eigenschafften, insbesondere ihre Farbigkeit und ihre Glanzeffekte, dem Leser näherbringen. So wird die Haut der Geliebten farblich mit Schnee verglichen, aber auch mit Elfenbein und Milch, die Zähne werden mit Perlen, die Wangen mit Rosen gleichgesetzt. Das Strahlen der Augen schildert der Dichter im Verweis auf Sterne und Diamanten und der Glanz der Haare im Rückgriff auf das Edelmetall Gold.

Auch die Sonette gelten der weiblichen Schönheit nicht nur im Ganzen, sondern auch im Einzelnen. Die Dichter betrachten beseelend die Einzelzüge der körperlichen Schönheit der erdichteten oder wirklichen Geliebten. Immer wieder gibt es Sonette „Auf ihre Augen", „Ihre Haare", „Auf Ihren Mund" usw. Die Dichter setzen den ganzen zeitgenössischen Wortschatz, die üblichen

---

19 Harsdörffer, I, S. 118–120.

20 U. Hennigfeld hat in ihrer Studie zum transkulturellen Petrarkismus gezeigt, dass die „Körperfragmentierung" ein zentrales Merkmal der Frauendarstellung bei Petrarca ist (Ursula Hennigfeld: Der ruinierte Körper. Petrarkistische Sonette in transkultureller Perspektive, Würzburg 2008, S. 51).

21 Zemanek 2010, S. 100–103; vgl. Leopold, S. 61–87.

Stilmitteln ein, um die Schönheit der Frau in allen Details zu preisen. Es war gerade dieser verkürzte Kanon, der durch die sich auf Petrarca berufenden Petrarkisten im 16. und 17. Jahrhundert in ganz Europa verbreitet und schließlich durch sie wieder erweitert wurde.

Alle Motive sind in den Sonetten präsent und wären der Darstellung wert, aber aus Raummangel werden hier nur die Hauptmotive (der Augen, Haare, Hände und des Mundes) besprochen. Die Spannung zwischen der geschlossenen Form des Sonetts und der Fragmentierung des Körpers erweist sich als besonders fruchtbar.

Augen

Auf die Schönheit der Augen und deren Wirkung legen die Sonettdichter einen besonderen Wert. Dabei ergibt sich eine Fülle von rhetorischen Figuren. Die Augenmetaphorik ist durchaus topisch. Die Dichter besingen die Augen der Geliebten und vergleichen sie in hyperbolischer Form mit Göttern, Sternen, Blitzen, dem Himmel, der Sonne und usw., was den Belegen (7–24) zu entnehmen ist. Die Metapher der *Sterne* für die geliebten Augen, die Petrarca schon gebraucht, ist in Belegen (7–9) verabsolutisiert. In (7) wird die Umschreibung der Augen aufs höchste gesteigert: die Metapher verstärken nachdrücklich zwei Worte mit gleicher Bedeutung: *Gestirn* und *Sterne*.

7. O liebliches **gestirn / Stern** / deren **liecht** und **hitz** (GW, 210: 3)

8. Die Seel ist ausser mir / und sucht **den Glantz** allein // **Der Augen** /...// Was kan in meiner Nacht ich als **die Stern** erkennen. (AG, LXIV: 3–5)

9. .../ich kenne sie aus ihrer **augenpracht** / // Die **stralen** lassen sich als neue **sterne** spüren / (CH, B.1,12: 5–6)

Der leuchtende Glanz der Augen wird in (10–11) und ihr Schein in (12) hervorgehoben.

10. da deiner **Augen Glantz** //.../ mich mir **geraubet** gantz. (PF, 644: 4–5)

11. Der hellen **Augen glantz** / ist **flammen** gleich geschätzt / // An welchem jeder sich **verbrent** .../ (AG, XXV: 3–4)

12. Wie meinen geist **belebt** der schönen **augenschein** / (CH, B.2, 12: 13)

Vielfältig wird hohes Wesen der Augen als Lichtquelle beschrieben (13–15):

13. IHr irdne **Sonn'** und **Mon** / ihr **meiner Augen Augen** / // Für mich wil gantz kein **Liecht** / als nur das eure / taugen. (PF, 602, V: 1–5)

14. **das Garn** der **Augen Liecht** / (PF, 630: 13)

15. **Goldt** deiner **Augen= Liecht** / (PF, 642: 1)

In (16) sind „irdne Himmelskerzen" eine Lichtquelle. Die Geliebte wird unter dem Bild der Kerze gesehen. Im Aufflackern des Lichtes spiegeln sich die Wiedersprüche des Herzens der Geliebten:

16. Ihr meine **Sonn'** und **Mohn** / Ihr irdnen **Himmels** = **Kertzen** / // In welchen Lust mit Zier und **Schein** mit **Glantze** schertzen; (PF, 636–637: 6–7)

In Belegen (13) und (15) werden die Augen mit Sonne und Mond verglichen. In diesen Sonnen- und Mondmetaphern leuchtet nach A. Beckmann ein Abglanz des Makrokosmos-Mikrokosmosgedankens auf. [...] Die Geliebte wird in die höchsten Sphären des Daseins erhoben und damit zugleich entrückt, distanziert.[22]

In (17) steht das Bild der Laterne ebenfalls im Bezug zum Lichteffekt der Augen. Im Leben der Hoffnungslosigkeit ersehnt der Liebende die funkelnden Laternen:

17. .../ erscheint /.../ ihr fünckelnden **Laternen**! (PF, 603, V: 11)

Die Angaben über die Augen beziehen sich auch auf die inneren Vorgänge. Dabei greifen die Dichter zum Spiegelbild (18). Die Augen werden als Tor zu Herz oder Seele gedacht (19), an den Augen lassen sich auch Charakterzüge ablesen (20):

18. ihr lichten **Spiegel** ihr / da ich die ganzen Schmerzen // leibhaftig kan besehn von mein und **ihrem Herzen**. (PF, 12: 2–3)

19. Eins deiner **Augen** nur verräth dein gantzes **Hertze**. (PF, 619, XXIX: 10)

20. dir vor der Frömmigkeit den Nahmen anzutragen / // die aus den **Augen** dir mit kluger Einfalt lacht. (PF, 658, XCII: 3–4)

In (21–22) geht es um die Tätigkeit der Augen, die antithetisch beschrieben wird: Die Augen können *strafen* bzw. *herz erlaben*, und sie können *belohnen* oder *versehren*. Den Augen der Geliebten werden hier Attribute zugesprochen, die denen eines absoluten Herrschers oder eines Gottes ähnlich sind:

21. **IHr augen** / die ihr mich mit einem blick und plitz // Scharpf oder süß nach lust **könt strafen** und **belohnen**; (GW, 210: 1–2)

22. **IHr Nymfen** / deren blick mit wunderbarem **schein** // **Kan** unser hertz zugleich **erlaben** und **versehren** / (GW, 273: 1–2)

Die Ausstrahlungskraft der Augen kann dem Liebenden den Sinn verwirren und auch blenden. In (23) kann die Blindheit als Symbol des Selbstvergessens, des Selbstverlustes bewertet werden. Er ist blind vor Liebe:

---

22 Beckmann, S. 40.

23. **Ihr** [Augen] seyd es / die ihr mir die meinen **machet blind** / //. . .// Ihr **Räuber meines Liechts** / (PF, 636–637, LVI: 1–9)

In (24) wirken ihre Augen als „stumme Redner". Der Liebende kann die Abwendung oder Zuneigung in ihren Augen ablesen, ausgesprochen oder verhüllt:

24. **Ihr** [Augen] **stummen Redner** ihr /. . .// Ihr sagt es ohne Zung' / (PF, 637, LVI: 12–14)

Haare

Mit der Darstellung der Haare wird ein Thema aufgegriffen, das im *Canzoniere* wiederholt vorkommt. Die blonde Farbe ist allzeit für die schönste gehalten worden. Die Haarpracht der Geliebten wird metonymisch als Gold charakterisiert, was Belege (25–30) veranschaulichen:

25. Gegen **der haaren strom von purem gold** bewehret / (GW, 207: 7)

26. Von ihrem krausen **gold** umbgaben / Sie auffstehen. (GW, 214: 4)

27. O **Der Lieb liebste garn** / **der schönsten schönste haar** / //. . .// O **goldfluß** blaich und reich / **Goldstriemen** wahr und klar / (GW, 216: 1–5)

28. **Goldt** ist dein treflichs **Haar** / (PF, 642: 1)

29. DAß du ihr **güldnes Haar** noch **güldner** denckst zu machen / (PF, 645, LXIX: 1)

30. Ich sah' ihr Antlitz an / Ihr Häupt/ Ihr **güldnes Haar** / (PF, 650, LXXVII: 11)

Von Petrarca wird auch die doppelte Funktion der Haarbeschreibung übernommen. Neben dem Lobpreis der Haare als einem Teil der überhöhenden Darstellung der Frau steht das Bild der Haare als Metapher für die fesselnde Kraft der Liebe, die den Geliebten erregt. Das Haar wird z.B. zum *„Freyheit strick"* (31), zum *„netz' und . . . seile"* (32–33), kann *verblinden* und *verstricken* (34):

31. O **reiche haar** / zugleich **der Freyheit strick und sold** / (GW, 216: 11)

32. Die wunderschönen **haar** altz **netz'** vnd liebes **seile** / (AG, XXVI: 5)

33. So knüpfet auch kein **sayl** noch **leyn** ein solchen bund / // Als **die zart krause haar** / die meinen **gaist beschweren**; (GW, 205: 5–6)

34. **Solt** . . .//Vnnd ewrer **haaren** schein **verblinden** vnnd **verstricken** / (GW, 273: 13)

Hände

Die Hände werden wie die obigen Körperpartien hyperbolisch und metaphorisch beschrieben. Die Hände werden besonders über die Schönheit ihrer weißen Farbe bewertet. Die Dichter verwenden dabei die topischen Vergleiche: die Hände sind weiß wie Schnee (35–37), wie Alabasterstein (38), sanft wie Elfenbein (39):

35. O **hand** / ab deren **schnee** man mich oft sah **verblaichen** / (GW, 217: 7)

36. In Ewr **schneeweissen Hand** so vnversehns erblast? (AG, XXI: 3)

37. So nur alleine will dem **schnee** der **hände** weichen / (CH, B.2, 13: 3)

38. Ein **alabaster glat die hände** offenbaren: (GW, 208: 8)

39. Du sanfftes **helfenbein** solt fürhin stehts mein schatz / // Und meines lebens **hand** / **band**/ **brand** / **pfand** / **wolstand** bleiben. (GW, 217: 13–14)

Den Wert der Hände erhöht auch ihre Wirkung. Ihre Umarmung hebt den Liebenden aus seiner Traurigkeit und seinen Liebesschmerzen heraus:

40. **Umfang** mich stets also /. . ./ // So wird mich nimmermehr **kein Schmertz** mehr können **quählen**. (PF, 603, VI: 13–14).

Die Hände der Frau, wie in (41), sind als Mittel eingesetzt, ihre Talente zu demonstrieren, wenn sie künstlerisch oder handwerklich tätig sind:

41. IHR schwesterliches Paar der klügsten **Künstlerinnen** / //. . .// habt Dank /. . . für euer **gut gesinnen**. //. . .// Der /euer **weise Fleiß**// /verdienet Euch bey mir für allen Meistern Preis; (PF, 606, X: 1–7)

Mund

Die Beobachtungen bewahrheiten sich bei der Beschreibung des Mundes. Man betrachte nur die hyperbolischen und metaphorischen Anrufe im Sonett von P. Fleming „An ihren Mund, als er sie umfangen hatte". Dort heißt es (42):

42. Du **Wohnhauß meines Geists** / der als zu einer Thür' // itzt ein / itzt aus hier geht; Ihr **güldnen Pforten** Ihr /. . .// Ihr hohen **Lippen** ihr / die ihr so hoch geschwollen //. . .// Ach daß mein gantzer Leib doch nichts als Mund solt' seyn! (PF, 604–605, IIX: 2–14)

Die Geliebte wird mit einem *Wohnhaus* verglichen, ihr Mund durch die Metapher *Ihr güldnen Pforten* veranschaulicht. Durch die Gold-Metapher, die fest in der petrarkistischen Tradition verankert liegt, wird der Mund der Geliebten auch in (43) verbildlicht:

43. **Gold** dein gemalter Mund/ **Gold** deine schönen Wangen/ (PF, 642: 2)

Bei der Schilderung des Mundes ist der Vergleich mit roten Naturdingen üblich. Der mit der Rose ist am häufigsten:

44. Zwar nicht mein aigen laid / sondern / mein **Rosenmund** (GW, 218: 5)

45. du **Rosen** = gleicher **Mund** /... (PF, 622: 12)

46. allhier gesessen bin bey diesem **Rosenmunde** / (PF, 623: 3)

47. Ein **mund** / der **rosen** führt und perlen in sich heget / (CH, B.1, 50: 2)

48. Die rosen krönten ihr die Wangen und den mund / (CH, B.1, 13: 3)

Den Vergleich mit den Kirschen bringt Beleg (49), mit dem Morgenlichte (50):

49. /brach ihm auch diese Kirschen// /die außsehn wie dein Mund/ (PF,654, LXXXIV: 4–5)

50. So liebreich jener **Mund** / der gleicht dem **Morgenlichte**; (AG, LXIII: 4)

Zur Beschreibung der Frauenschönheit verbinden die Dichter wie Petrarca die Gesichtszüge mit Bildbereichen aus der Natur, allen voran mit Edelsteinen. So wird der Mund der Geliebten durch den Vergleich mit Korallen in (51–52) und Rubinen (53–54) verherrlicht:

51. Der rohteste **Coral** / des **schönsten Rubins schein** // Ist ihres **Rosenmunds reichtumb** nicht zu vergleichen: (GW, 206: 3–4)

52. O Ihr **Korallen** Pforten / (PF, 622, XXXIV: 9)

53. Ein lachender **Rubin** auff ihrem **mund** prachtieret / (GW, 208: 10)

54. WEnn dein **rubienen** = **mund** die eitelkeit der erden / (CH, B.1, 14: 1)

Aber der Mund wird zugleich auch in seiner moralischen Gefährlichkeit dargelegt:

55. Was ist Ewr **zarter Mund**? Ein **Köcher voller Pfeile** / // Dadurch manch weiches Hertz wird **biß in Todt verletzt**. (AG, XXV: 1–2)

5.2 Innere Schönheiten

Die petrarkistische Idealdame verkörperte sowohl physische als auch seelische Schönheit. Die äußere Schönheit ist zwar ein Strahl der inneren, innere und äußere Schönheit ergänzen einander in perfekter Harmonie. So wird allmählich – in Deutschland vor allem in der Mitte des 17. Jahrhunderts – der Akzent immer mehr auf die seelische Schönheit gelegt, auf die Tugend.[23] Man hat von der Frauenschönheit verlangt, dass die innere und äußere Vollkommenheit

---

23 Pyritz 1932, S. 50.

übereinstimmen. Nur im Verein mit geistigen und seelischen Vorzügen und der gepriesenen Züchtigkeit erhält die Schönheit ihren wahren Wert. Dieses Motiv ist zentral. Als bestes Anschauungsfeld dieses Phänomens dient die Gattung des Sonetts, wo sich beide Vorzüge in schlüssigen Antithesen entfalten, gemäß der bilateralen Struktur des Alexandriners und dem Wesen des Sonetts.

Die seelische Schönheit der Frau wird in den Tugendbegriffen wie Treue, Keuschheit, Frömmigkeit, Zucht und Ehrbarkeit beschrieben. Die Dichter preisen auch ihre schönen Sitten. Auf die Schönheit und zugleich Tugend wird in (56–58) hingewiesen, diese konträren Begriffe treten im Alexandriner prägnant zusammen:

56. Der **tugend** süsse krafft / der Lieb und **Schönheit** prob / (GW, 204: 9)

57. **Der Schönheit** gantze sum / der **Tugenten** Richtschnur; (GW, 206: 14)

58. Und gegen der **Schönheit** und **tugend** grösserm schatz? (GW, 207: 8)

In (59–60) wird die äußere Schönheit mit rein religiösen Tugenden vereint:

59. An **schönheit** bist du mehr als menschlich anzuschauen. //So **tugendhafft** / so **keusch** / (PF, 660, XCV: 2–3)

60. Dieweil die **Keuschheit** wohnt in einem solchen **Leibe** / // in welchem sind gleich hoch die **Tugend** und die **Zier** / // der **Geist** und die **Gestalt**. (PF, 657, XC: 3–5)

In (61–62) werden die zusammengestellten Komponenten als die begehrenswertesten Qualitäten einer Frau charakterisiert. Die Treue ist allen anderen Gütern vorangestellt.

61. DU treue **Schönheit** du / und auch du schöne **Treue** / // die ihr den zarten Leib und edlen Geist besitzt. (PF, 608, XIV: 1–2)

62. Die zarte **Schönheit** folgt der flucht der schönen Zeit. // Die fäste **Treue** geht den Weg der Ewigkeit. //. . .// wird diese **schöne Treu'** und **treue Schönheit** geben! (PF, 609, XIV: 9–14)

Neben der Schönheit werden in (63–66) auch die Zucht, schöne Sitten, Verstand gelobt:

63. O Jungfrau / sonst zu Nichts als **Tugend** nur gebohren / // in welche **Zier** und **Zucht** zusammen sich verschworen. (PF, 658: 9–10)

64. Die schönste **Schönheit** ist ein **züchtiges Gemüthe**; //. . .// Da ist ein schöner **Leib** / da ist ein schöner **Geist**// / wenn Sie/. . ./den Glantz von wahrer **Schönheit** kriegen. (PF, 657, XC: 9–14)

65. So feurig sind an Witz' / und vom **Verstande** heiß; (PF, 606, X: 2)

66. Ich werde gantz erschröckt: so **trefflich** diß **Gesichte** / // So sittsam jener **Zucht** / so herrlich dieser **Geist** / // Und munterer **Verstand** / (AG, LXIII: 1–3)

Zu den oben angedeuteten kommen in Belegen (66–68) rein weibliche Tugenden wie Freundlichkeit, Zärtlichkeit, Gütigkeit, Trefflichkeit:

67. SO **freundlich** / so **geneigt** / so **gütig** an Geberden / // So **zahrt** / so **tugendhafft** / so **göttlich** um und an / // So **hochbegabt** seyd ihr / Ihr **Gratien der Erden** / // die durch die himmlischen mehr **himmlisch** täglich werden / (PF, 656–657: 1–5)

68. Diß liebliche Gethöne // von so viel **Tugenden** / macht eine Harmoney // Mit solcher **Treflichkeit** in euren dreyen Leibern / (PF, 657, LXXXIX: 10–12)

69. Dein Ansehn . . .// / in welches die Natur die **Treflichkeit** gantz schriebe / // die in der **Seelen** liegt / (PF, 659, XCII: 9–11)

6. Zusammenfassung

Ein Blick auf deutsche Barock-Sonette im Vergleich mit Petrarcas *Canzoniere* zeigt, dass sich die deutschen Barockdichter ebenfalls dem hyperbolischen Frauenlob und der fragmentarischen Darstellung des Körpers der Geliebten widmen. Als prominente Körperteile erweisen sich Augen, Haare, Hände und Mund. Die perfekte Harmonie der inneren und äußeren Schönheit ist das zentrale Motiv der Dichtung.

Petrarca bleibt in den Sonetten deutscher Barockdichter als Prätext vorhanden. Doch sie beschränken sich nicht auf die bloße Nachahmung des literarischen Vorbildes. Die deutschen Dichter handhaben geschickt die im Petrarkismus festgelegte Motive und Bildelemente, greifen auf ein gesamteuropäisches Gedankengut, altbekannte Topoi, ausländische Vorlagen und ihre Themen zurück. Mithin bewegt sich die petrarkistische Lyrik zwischen nationaler Identitätsstiftung und interkulturellem Austausch.

Quellen

D. Paul Flemings Teütsche Poemata, Lübeck 1640. (= PF)

Andreas Gryphius: Gesamtausgabe der deutschsprachigen Werke. Band 1, Tübingen 1963. (= AG)

Erstdruck: Sonnete. Lissa 1637.

Harsdörffer, Georg Philipp: Poetischer Trichter, Die Teutsche Dicht- und Reimkunst, ohne Behuf der lateinischen Sprache, in VI. Stunden einzugiessen / Durch ein Mitglied Der hochlöblichen Fruchtbringenden Gesellschaft, Theil [1]. Nürnberg 1647.

Herrn von Hoffmannswaldau und anderer Deutschen auserlesener und bißher ungedruckter Gedichte, erster, anderer theil, Neukirchs Anthologie. Leipzig 1697. (= CH)

Georg Rodolf Weckherlins Gaistliche und Weltliche Gedichte. Amsterdam, 1641. (= GW)

Georg Rodolf Weckherlins Gaistliche und Weltliche Gedichte. Amsterdam, 1648. (= GW)

Literatur

Alewyn, Richard: Vorbarocker Klassizismus und griechische Tragödie. Analyse der ‚Antigone'-Übersetzung des Martin Opitz [1926]. Darmstadt 1962.

Alonso, Dámaso: Die Dichtung Petrarcas und der Petrarkismus. (Zur Ästhetik und Pluralität). In: Übersetzung und Nachahmung im europäischen Petrarkismus. Studien und Texte, hg. v. L. Keller. Stuttgart 1974, S. 104–154.

Aurnhammer, Achim: Martin Opitz' petrarkistisches Mustersonett *Francisci Petrarchae* (*Canzoniere* 132), seine Vorläufer und Wirkung. In: Übersetzung und Nachahmung im europäischen Petrarkismus. Studien und Texte, hg. v. L. Keller. Stuttgart 1974, S. 189–210.

Beckmann, Adelheid: Motive und Formen der deutschen Lyrik des 17. Jahrhunderts und ihre Entsprechungen in der französischen Lyrik seit Ronsard: ein Beitrag zur vergleichenden Literaturgeschichte. Tübingen 1960.

Berent, Eberhard: Die Auffassung der Liebe bei Opitz und Weckherlin und ihre geschichtlichen Vorstufen. The Hague/Paris 1970. Borgstedt, Thomas: Topik des Sonetts: Gattungstheorie und Gattungsgeschichte. Tübingen 2009.

Hennigfeld, Ursula: Der ruinierte Körper: petrarkistische Sonette in transkultureller Perspektive. Würzburg 2008.

Keller, Luzius (Hg.): Übersetzung und Nachahmung im europäischen Petrarkismus: Studien und Texte. Stuttgart 1974. Leopold, Stephan: Die Erotik der Petrarkisten. Poetik, Körperlichkeit und Subjektivität in romanischer Lyrik früher Neuzeit, München 2009, S. 61–65.

Maché, Ulrich: Die Unbegreiflichkeit der Liebe. Das Petrarca-Sonett von Martin Opitz. In: Gedichte und Interpretationen. Band 1: Renaissance und Bar–k, hg. v. V. Meid. Stuttgart 1982, S. 125–135.

Naumann, Walter: Traum und Tradition in der deutschen Lyrik. Stuttgart/Köln/Berlin/ Mainz 1966, S. 80–96.

Pyritz, Hans: Paul Flemings deutsche Liebeslyrik. Leipzig 1932.

Pyritz, Hans: Paul Flemings Liebeslyrik. Zur Geschichte des Petrarkismus. Göttingen 1963.

Regn, Gerhard: Petrarkismus. In: Historisches Wörterbuch der Rhtorik, B. 6. Hg. von Gert Ueding. Tübingen 2003.

Zemanek, Evi: Das Gesicht im Gedicht. Studien zum poetischen Porträt, Köln/Weimar/ Wien 2010.

Zemanek, Evi: Rezension: Ursula Hennigfeld: Der ruinierte Körper. Petrarkistische Sonette in transkultureller Perspektive, Würzburg 2008. Online: abgerufen 30.10.2021, von https://literaturkritik.de/public/rezension.php?rez_id= 12906, Marburg.

Aspekte von Kunst- und Kulturtransfer in der Malerei am Beispiel oberitalienischer Marienkrönungen um 1400 im transalpinen Raum

Irma Trattner (Salzburg)

Abstract: Im 14. Jahrhundert verbreitete sich in der Malerei über die Toskana bis in den oberitalienischen Raum diese Bildschöpfung, die letztendlich auch in den deutschsprachigen transalpinen Raum ihren Einzug fand. Bezüglich der Fragestellung der stilistischen Provenienz besteht in der Forschung Konsens, dass die Wurzeln vor allem in Oberitalien zu suchen sind; ergänzend ist aber auch auf die toskanische Malerei (z. B. Bernardo Daddi) zu verweisen. Im Vordergrund jedoch stehen primär die im Veneto tätigen Maler, wie Giusto de" Menabuoi, Altichiero da Zevio und Guarentio. Tatsächlich steht speziell eine große Tafel im österreichischen Stams in Tirol zur Debatte, die trotz bestehender Übereinstimmungen bezüglich Bildaufbau und Ikonographie sogar ein gewisses Maß an Eigenständigkeit und Invention präsentiert.

Keywords: Kunst- und Kulturtransfer 14. Jh., Malerei, deutschsprachiger transalpiner Raum

Die Krönung Marias im Himmel bezeichnet in der lateinischen Kirche die Krönung der mit Leib und Seele in den Himmel aufgenommenen Mutter des Herrn. Mit der Vorstellung von der Krönung Marias verbindet sich ihre Anrufung als „Königin", „Himmelskönigin" oder „Königin der Engel". Solche Zusätze (Epitheta) finden seit dem 12. Jahrhundert eine weite Verbreitung in den marianischen Hymnen und Gebeten der Kirche, aber auch in Predigten und in der theologischen Literatur.

Zeitgleich mit der Vorstellung einer Krönung Marias, spielte die „*Marienkrönung*" eine beachtliche Rolle im profanen öffentlichen Raum. Häufig ist sie an prominenter Stelle an Fassaden und im Inneren von Rathäusern und auch in Gerichtssälen angebracht, also an kommunalen Gebäuden, die der Administration, im Besonderen der Rechtspflege dienten und dienen. Handschriften dagegen, die diese Darstellung zeigen, sind oft unterschiedlichen Inhalts. Neben dem Bereich des Rechts ist auch jener der Naturwissenschaft erfasst. Die „*Krönung Mariens*" muss also einen besonderen Stellenwert im geistlichen, und – was zunächst überrascht – auch im weltlichen Leben des Mittelalters besessen haben.[1]

---

1   Vgl. Ingrid Flor, Glaube und Macht. Die Mittelalterliche Bildsymbolik der Trinitarischen Marienkrönung, Schriftenreihe des Instituts für Geschichte, Bd. 16, hrsg. vom Institut für Geschichte der Karl-Franzens-Universität Graz, 2007, S. 1.

Im Hohen Mittelalter (etwa 1150–1500) wird die Krönung Marias nach folgendem Grundtyp dargestellt: Maria sitzt (seltener: steht oder kniet) zur Rechten Christi und wird mit einer prächtigen Krone gekrönt. Entweder wird Maria von Christus oder von Engeln gekrönt, oder sie trägt die Krone bereits auf dem Haupt. Oft wird die Krönungsszene von Engeln begleitet. Christus und Maria erscheinen oft gemeinsam auf einem breiten Thron sitzend.

Die gültige Formulierung fand das Thema in den Tympana der frühgotischen Kathedralen Frankreichs. Als eines der ersten Beispiele gilt das Portal der Kathedrale von Senlis (um 1160/70/85). Die unter dem Tympanon im Türsturz dargestellten Szenen zeigen den Zusammenhang der „Marienkrönung".

Das gehört zu den Anfängen dieses ikonographischen Bildtypus, wozu ein noch früheres Apsismosaik, das in der römischen Basilika Santa Maria in Trastevere, das zu den frühesten und zugleich bedeutendsten Werken der „Marienkrönung", zählt. Bereits um 1140 geschaffen, fesseln seine Pracht und Qualität auch den heutigen Betrachter. Das nebeneinander thronende Paar gilt als Prototyp der häufigsten Form der Krönung Mariens. Erst ab Ende des 14. Jahrhunderts wurden zu der Gestalt Christi auch Darstellungen Gott-Vaters und des Hl. Geistes hinzugefügt, sodass die gesamte Dreifaltigkeit im Bildgeschehen sichtbar wird.

Hierbei stellt sich die Frage, weshalb die „Marienkrönung" eine solche nachhaltige Wirkung entfalten konnte, und warum blieb es im Mittelalter auf die lateinische Kirche beschränkt?

Diese Bildschöpfung hatte sich im 14. Jahrhundert in der Malerei über die Toskana bis in den oberitalienischen Raum verbreitet, die letztendlich auch im deutschsprachigen transalpinen Raum ihren Einzug fand. Bezüglich der Fragestellung der stilistischen Provenienz besteht in der Forschung Konsens, dass die Wurzeln vor allem in Byzanz zu suchen sind, und über den Seeweg nach Italien gelangten. Dieser vorderasiatische Kunsttransfer zeigt sich vermehrt in Oberitalien. Ergänzend ist aber auch auf die toskanische Malerei (z. B. Bernardo Daddi) zu verweisen. Im Vordergrund stehen jedoch in meinen Ausführungen primär die im Veneto tätigen Maler, wie Giusto de' Menabuoi, Altichiero da Zevio und Guarentio. In der Tat steht speziell eine Tafel im österreichischen Stams in Tirol zur Debatte, die trotz bestehender Übereinstimmungen bezüglich Bildaufbau und Ikonographie sogar ein gewisses Maß an Eigenständigkeit präsentiert und nördlich des alpinen Raumes ein einzigartiges Transferdokument vom Süden in den Norden darstellt.[2]

---

2 Trattner, Irma, Die Tafelmalerei von 1260/70 bis ca.1430 in Österreich, S. 531–551, bes. Kat. Nr. 291, Marienkrönung, sog. Grussittafel, in: Brucher, Günter (Hrsg.), Geschichte der Bildenden Kunst in Österreich, Bd. 2: Gotik, München: Prestel 2000.

Kulturtransfer Süd–Nord

Das Gemälde der Stamser „*Marienkrönung*" ist der Mittelteil eines Flügelaltares, dessen Auftraggeber der Wallfahrtsort Stift Stams war. Die Stiftskirche war sowohl Mariae Himmelfahrt und dem hl. Johannes d.T. im Jahre 1284 geweiht worden. Die Verehrung Marias als jungfräuliche Gottesmutter ist in der mittelalterlichen Spiritualität ein beliebtes Thema. Zum einen galt sie als „reine Jungfrau" sowie als „Himmelskönigin", zum anderen war sie der Inbegriff des Ehe- und Familienlebens. Um 1400 war dies ein vertrautes Element im religiösen Leben der abendländischen christlichen Kirche; und zwar gleichermaßen bei Gelehrten, Mönchen, Mystikern, Priestern, Bischöfen und dem Volk.[3] Der Glaube an die schützende Macht Marias entsprach einer Auffassung, die sowohl vom einfachen Volk auch seitens der „Gebildeten" vertreten wurde. Die Vorstellung der Gottesmutter als Königin wurde von Theologen in erbaulichen und homiletischen Schriften stärker als in theologischen Werken entwickelt, den Gedanken der barmherzigen „Mittlerin" vermittelnd. Der Vorstellung von Maria als Königin lag der liturgisch gefeierte Glaube an ihre leibliche Aufnahme in den Himmel zugrunde. Mit derselben herzlichen Innigkeit, die sie Jesus von Anfang entgegenbrachte, wurde sie von ihrem Sohn in den Himmel aufgenommen. So wurde sie sowohl zur Königin des Himmels als auch der Erde von ihrem Sohn gekrönt und erlangte somit in beiden Funktionen mehr und mehr Beachtung und Verehrung.

Die „*Marienkrönung*" in Stams ist eine monumentale Tafel und hat einen leichten spitzbogigen Abschluss, von einem zusätzlich rahmenden Kielbogen überhöht. Daraus resultiert ein breiter friesartiger Doppelrahmen, dessen Scheitel vom Brustbild des segnenden Gottvaters bekrönt wird, und der rechts und links außen Brustbilder der Propheten Jesaja und Jeremias in Rundmedaillons birgt. Sie galten im Mittelalter als Vorboten der Verkündigung. Damit veranschaulicht die Stamser Tafel eine der Vorformen der trinitarischen Marienkrönung nach italienischem Vorbild.[4] Das Gemälde zeigt eine reich ausgestattete Bühne, in der die flankierenden Engel streng symmetrisch und vertikal

---

3   Vgl. Johnson Elizabeth A., in: Geschichte der christlichen Spiritualität, Hochmittelalter und Reformation, Bd. II, Hrsg. von Raijt, Jill, in Verbindung mit McGinn, Bernhard und Meyendorff, Würzburg 1995, S. 400–403.

4   Flor, Ingrid, (wie Anm. 1), S. 121. Vgl. Flor Ingrid, La rappresentazione dell'Incoronazione della Vergine Maria e l'iconografia di „tipo veronese", in: Arte cristiana a cura della Scuola Beato Angelico e dell'Istituto di Storia dell'Arte dell'Università Cattolica, Associata al Centro d'Azione Liturgica e all'Unione della Stampa Periodica, Milano 1999, S. 17–32. Vgl. Verdier, Philippe, Le Couronnement de la Vierge. Les origines et les premiers développements d'un thème iconographique, Montréal–Paris 1980. Siehe auch, Pramstrahler, Marion, Die Ikonographie der Marienkrönung im 15. und frühen 16. Jahrhundert in Südtiroler Flügelaltären. Diplomarbeit, Universität Wien, 2008.

gruppiert sind, während in der unteren Ebene die Heiligen zu etwas freieren Zweier- und Dreiergruppen verteilt sind. Auf dem gotischen Thron sitzt Christus, ein Szepter haltend, im Dreiviertelprofil nach links gewandt. Zu seiner Rechten sitzt Maria, der er gerade die Krone auf das Haupt setzt. In ergebener Haltung, als Mutter vor dem thronenden Sohn, neigt sie sich mit auf der Brust gekreuzten Armen zu ihm. Maria ist in ein weißes, mit goldgelben Sternen und Monden übersätes Kleid gehüllt, während Christus hingegen mit einer kräftigen Farbgewandung dargestellt ist. Neben dem reichen Kolorit zeigt die Bodenfläche, in einem grün-schwarzen Farbton gehalten, wo in symmetrischer Anordnung, in zwei Zonen aufgeteilt, wichtige Heilige stehen. Zu den Füßen des hl. Johannes Evangelista kniet in weißer Kukulle der Abt des Klosters als Stifter, vermutlich Heinrich Grussit. Dies ist ein problematischer Sachverhalt, nachdem die Tafel als „*Grussittafel*" in die Geschichte eingegangen ist und vermutet wurde, dass er die Tafel geschaffen hat. Weniger legendär hingegen ist jene Auffassung, die in Konrad im Tiergarten von Meran, der dem Nekrologium zufolge eine *tabula picta ad publicum altare* geschaffen hat, den Schöpfer der Tafel sieht.[5] Tatsächlich hatte dieser eine angesehene Stellung inne, er dürfte herzoglicher Hofmaler gewesen sein, was die These, ihn als Schöpfer des Stamser Altarblattes erhärtet.

Außer Zweifel steht jedoch, dass der Künstler eher im „Norden" anzusiedeln ist, wiewohl er sich an oberitalienischen Vorbildern – vor allem aus dem paduanischen Kunstkreis – orientiert hat; auch mit toskanischen Anregungen ist zu rechnen. Doch scheint mir die Farbenbuntheit im Vergleich mit toskanischem Kolorit (die sienesische Malerei ausgenommen) eher mit der oberitalienischen Kunstlandschaft in Verbindung zu stehen.

Die Stamser „*Marienkrönung*" (Abbildung 1) verfügt zu jener des Giusto de' Menabuoi, aus dem Jahre 1367 über erstaunliche Analogien. Schon 1906 zog Hans Semper (Semper, 1906, S. 373–420) die Mitteltafel des kleinen Flügelretabels des gebürtigen Florentiners zum Vergleich heran.[6] Diesem Vorbild weitere, aus dem Trecento stammende Marienkrönungen hinzuzufügen, ist ein leichtes. Hierzu ist etwa auf den aus Padua stammenden Guraiento, der ein Paradiesfresko mit einer *Marienkrönung* im Dogenpalast zu Venedig (1365–1367) schuf, besonders zu erwähnen.[7] Der Ort und die Umstände sind so bemerkenswert, dass sie hier doch auch kurz erläutert werden sollten. Denn

---

5 Trattner, Irma, Die Marienkrönungstafel im Zisterzienserstift Stams in Tirol. Ihre Stellung zwischen Süd und Nord, in: Münster, 52/2 (1999), S. 298–310.

6 Semper, Hans, Die Altartafel der Krönung Mariae im Kloster Stams in Tirol und deren kunstgeschichtliche Stellung, in: Zeitschrift des Ferdinandeums für Tirol und Vorarlberg, 3. F, H. 50, Innsbruck 1906, S. 373–420.

7 Guariento war von 1338 bis etwa 1378 tätig. Wir wissen, dass er vom Dogen Marco Cornaro (1365–1367) von Padua nach Venedig berufen wurde, um dort in der Sala del maggior

der Raum ist die *Sala del Maggior Consiglio* (ein etwa 54 x 25 Meter große Saal des großen Rates) im Dogenpalast. Das Fresko befand sich an der Stirnwand der Tribüne: Direkt über dem Thron des Dogen war der mehrgeschossige Thronaufbau mit dem Doppelthron, auf dem Christus die zu seiner Rechten sitzenden Maria krönt, plaziert.[8] Umgeben von den streng gegliederten Engelschören und der *communio omnium sanctorum* führt die Szene das „Himmlische Jerusalem" vor Augen.[9] Das monumentale Fresko wurde 1577 bei einem Brand zerstört. Guraientos Werk im Dogenpalast war bis zu Beginn des 20. Jahrhunderts durch Tintorettos Paradies-Gemälde verdeckt. In den 90-er Jahren wurde das große Fresko durch die Soprindenza restauriert und auf eine große Metallplatte übertragen. Heute können wir das Fresko mit den Sinopien in einem anderen Raum im Dogenpalast betrachten.[10]

Consilio zu malen – ein Auftrag, der seine Überlegenheit über die damals tätigen venezianischen Künstler beweist.

8   Flor, Ingrid, (wie Anm. 1), S. 85.

9   Flor, Ingrid, (wie Anm. 1), S. 85.
    Die Neun Chöre der Engel sind eine auf das Frühmittelalter zurückgehende Einteilung der himmlischen Wesen der christlichen Mythologie in neun Ordnungen. In lateinischer Sprache heißen die Ordnungen: angeli, archangeli, virtutes, potestates, principatus, dominationes, throni, cherubim, seraphim. Im Deutschen werden die Bezeichnungen meist mit Engel, Erzengel, Mächte, Gewalten, Fürsten(tümer), Herrschaften, Throne, Cherubim und Seraphim wiedergegeben. Vgl.: Das vollständige Römische Meßbuch lateinisch und deutsch, Verlag Herder, Freiburg 1956, S. 460, 483 f.

10   Trattner, Irma, (wie Anm. 5), S. 310.

Abb. 1: *Marienkrönung, Gurarentio, (Rekonstruktion), Dogenpalast zu Venedig (1365–1367), Foto: Irma Trattner*

Welche Umstände führten dazu, die im Saal versammelte Hierarchie der Dogenrepublik Venedig in solch außergewöhnlicher Weise mit jener des Himmels zu konfrontieren? Die Beziehung Venedigs zur Jungfrau Maria ging über die einer Kommune zu ihrer Patronin weit hinaus. Venedig wurde mit Maria ideell identifiziert, sodass man *daraus* die sakrale Überhöhung Venedigs herleiten und seine rechtliche Position legitimieren konnte.[11] Sinding-Larsen formulierte es folgendermaßen: *„Born on Annunciation Day and eternally a virgin, the republic Venezia was conceived as an institution of divine origin with a historical mission".*[12] Die ideelle Konzeption Venedigs, seine „Staatsideologie", war religiös fundiert...Die gekrönte Maria in Guarentios Paradies wurde als „an image of the celestial prototype for this Venice"[13] verstanden und der Doge als irdischer Vertreter der himmlischen Herrschaft mit Christus in Parallele gesetzt. Die jährlich am Christi-Himmelfahrtstag-Tag vollzogene symbolische Vermählung des Dogen mit dem Meer ist eines der Zeichen dafür, das zugleich einen marianischen Bezug hat, da Maria als *„stella maris"* gepriesen wurde.

Altichieros (Algheri da Zevio, 1320–1385) *„Marienkrönungsfresko"* in der Capella di San Giorgio in Padua (1382) lässt weitere Schlüsse zu: Hier steht der Thron auf breit ausladenden Marmorstufen fest auf dem Boden. Eigentlich ist dies eine gemalte Architektur, deren hintere Wand im Giebel durch das Rundfenster der Lünette unterbrochen wird. Rechts und links davon steigen von gotischen Doppelbögen getragene und in Giebeln sich zuspitzende Türme auf, die von kleinen Kuppeln auf Tambouren gekrönt sind. Die Seitenschranken des Thrones bestehen aus kleinen Vorbauten, wiederum in gotischen Bogenreihen geöffnet, die vorne mit einer muschelförmigen Rundung überdacht sind. Diese zierlichen Filialen flankieren Wimperge – kurz: man sieht, dass das Ganze ein verzierter Thron-Architektur-Raum ist. In gewohnter Weise sitzen Christus und Maria einander gegenüber. Die Unterkörper der beiden Gestalten verschwinden in der weiten Kleidung fast vollständig. Wie der Thron in seiner ganzen Schwere auf festem Boden ruht, stehen auch hier die ihn umgebenden Engel fest auf den Füßen – in der Höhe umflattern ihn Cherubime und Seraphine. Allerdings sind hier die Engel nicht Kopf an Kopf neben den Thronlehnen gereiht.[14]

In der Stamser Tafel scheint sich der Künstler keine Gedanken gemacht zu haben, wo z. B. die Körper der Engel wirklich situiert sind. Dazu wäre als

---

11 Zit. Nach Flor, Ingrid, (wie Anm. 1), S. 86.

12 Sinding-Larsen, Staale, Christ in the Council Hall. Studies in the religious Iconography in the Venetian Republic, with a contribution by Kuhn A. in: Acta ad archaeologiam et atrium historiam pertinentia V, Roma 1974. Der Überlieferung nach war Venedig am Verkündigungstag des Jahres 421 gegründet worden. Unter den liturgischen Texten von San Marco, ehemals Palastkirche des Dogen, finden sich besondere mariologische Ausformungen. Für Marien-Messen wurde ein spezielles marianisches Gloria eingeführt, an dessen Ende es heisst: *„Tu cum Altissimus Mariam coronans, Jesus Christe, cum Sancto Spiritu in Gloria Dei Patrris",* (zit. Nach Sinding-Larsen, S. 191.).

13 Sinding-Larsen, Staale, (wie Anm. 11), S. 146.

14 Trattner, Irma, (wie Anm. 5.), S. 303.

Vergleich aus toskanischem Gebiet, ein Gemälde aus der Werkstatt Bernardo Daddis anzuführen, wo ebenso in symmetrischer Anordnung dicht übereinander gestaffelte anbetende Engel und Heilige angeordnet sind: Wie bei der Stamser „*Marienkrönung*" flankieren auch bei diesem Altarblatt die Engel den Thron. Ebenso in Kontrast zum raumhaltigen Throngehäuse des Stamser Gemäldes sind die Figuren in mehreren Etagen flächenhaft übereinander gereiht. Die vier Zonen neben den Thronwangen werden dort von musizierenden, koloristisch allerdings ganz anders gemalten Engeln eingenommen. Zählt man die skulpierten Musikanten zwischen den Filialen hinzu, könnte man von einer Anspielung auf die Engelshierarchien sprechen.

Dass der Künstler der Stamser Tafel Kenntnis der besprochenen Werke hatte, kann als gesichert gelten. Die Datierungen der „*Marienkrönung*" aus der Werkstatt Daddis (vermutlich schon um 1340/45 gemalt),[15] Giusto de' Menabuoi Londoner Tafel (1367), Guarientos Paradiesfresko im Dogenplatz zu Venedig, (1365–1367), Altichieros Marienkrönungsfresko in San Giorgio in Padua (1382), sowie Giustos Fresko im Santo (1382), sind sicher ein terminus post quem für die Datierung des Stamser Gemäldes. Beinahe wörtliche Entsprechungen in vielen Details bezeugen den Eindruck, den diese Werke hinterlassen haben müssen.

Wo die Stamser Tafel angefertigt wurde, ist umstritten. Angesichts des historischen Ereignisses, der 1370 vereinbarten Herrschaftsteilung zwischen den Brüdern Albrecht III. und Leopold III. bezüglich des seit 1363 habsburgischen Tirols sind Verbindungen nach Oberitalien insofern in Erwägung zu ziehen, als Herzog Albrechts III. erste Gemahlin, Elisabeth, eine Tochter Kaiser Karls des IV. war, der ein besonderes Nahverhältnis zum Stift Stams hatte und dies auch des Öfteren als Pfalz in Anspruch nahm. Auch Herzog Leopold III. war mit einer berühmten Italienerin, Viridis Visconti von Mailand verheiratet.[16]

Während im habsburgischen Österreich meist die Orden Kunstförderer und Auftraggeber waren – Familienstiftungen waren eher mit Sicherstellungen von Chorkapellen in Ordenskirchen verbunden – waren in Oberitalien die Kunstmäzene im 14. Jahrhundert eher an den Fürstenhöfen zu finden.

Es wäre also nicht verwunderlich, wenn der Künstler des Stamser Werkes, Konrad im Tiergarten, der ja Meraner Hofmaler war, in Oberitalien seine

15 Vgl. Oertel, Robert, Frühe italienische Malerei in Altenburg, Beschreibender Katalog der Gemälde des 13. bis 16. Jahrhunderts im Staatlichen Lindenau-Museum, Berlin 1961, S. 111 f. Nach Oertel war Bernardo Daddi ein florentinischer Maler, der neben Taddeo Gaddi der bekannteste und produktivste Schüler Giottos war. Erstmals wird er als Mitglied der „Arte Medici spezialisti" in Florenz zwischen 1312 und 1320 erwähnt. Neben Fresken und Altarwerken schuf er zahlreiche kleine Andachtsbilder, anfangs in enger Anlehnung an Giotto, später mehr und mehr von der sienesischen Malerei beeinflusst.

16 Schnaase, Carl, Geschichte der bildenden Künste des Mittelalters 2, 1876, VII, S. 422.

Ausbildung erfahren hätte und für das Stift Stams mit diesem Auftrag bestimmt wurde. Der Gedanke, dass er an Giusto de' Menabuois Arbeiten Studien betrieben hat, wäre auch insofern von Bedeutung, als dieser ja in der Werkstatt Taddeo Gaddis (+ 1366)[17] gelernt und seine Ausbildung vorwiegend durch Giovanni da Milano (urkundlich in Florenz und Rom von 1346–1369 genannt) erfahren hatte. Menabuoi hat bis zu Beginn der 50er Jahre in der Hauptstadt der Lombardei, Mailand, gelebt. Er hatte Beziehungen zu Petrarca, der ein Freund des Erzbischofs Giovanni da Visconti war. Von ihm werden Aufenthalte im Veneto und in Padua erwähnt. Und es ist anzunehmen, dass er zu dieser Zeit schon im Hofdienst des Herzogs von Terzago war. Denn das Londoner Täfelchen dürfte Giusto de' Menabuoi für Isotta di Terzago gemalt haben, da auf der Rückseite geschrieben steht: *„Justus pinxit in Mediolano"*.[18] Eine früher datierte Tafel mit einer thronenden Muttergottes trägt die Inschrift: *„Hoc opus fecit fieri domina soror Isotta filia quondam domini Simonis de Tercago MCCCLXIII mensis marci "*. Auch diese fällt in seine lombardische Schaffenszeit.[19]

Hier stellt sich die Frage, ob es unter diesen politischen Konstellationen vielleicht doch zu einer direkten Begegnung des Meraners Konrad im Tiergarten mit Giusto de' Menabuoi gekommen sein könnte? Jedenfalls steht die Stamser *„Marienkrönung"* in der transalpinen Tafelmalerei stilistisch dermaßen isoliert da, dass man glauben könnte, dieses Meisterwerk gehöre nicht nach Stams in Tirol, gäbe es nicht genaue Aufzeichnungen über die Provenienz dieses Gemäldes bzw. deren Standort!

Fazit

Wie schon erwähnt, zeigt die Stamser *„Marienkrönung"* stilistisch wie ikonographisch erhebliche Analogien zur paduanisch-venezianischen Trecento-Tradition. In der Tat wirkt sie auf den ersten Blick hin beinahe wie eine ins

---

17 Arcais, de Francesca, in: La pittura in Italia. Il Duecento e il Trecento, Tomo secondo, Milano 1986, S. 583.

18 Vgl. Semenzato, Camillo, La Capella del Beato Luca e Giusto de' Menabuoi nella Basilika di San'Antonio, Padova, 1988, S. 171–177.

19 Rasmo, Nicolò, Giusto de'Menabuoi e Corrado da Merano, in: Arte lombarda, UNIVERSITÀ DI GENOVA, Studi in onore di Giusta Nicco Fasola, Anno X, Milano 1965, S. 66–68. Hier bezieht sich Rasmo auf einen Beitrag Longhis im Jahre 1928, der nämlich die Tafel mit 1440 datiert und sie als Nachahmung eines Troler Malers bezeichnet, der sich im Veneto aufgehalten hat („anche L'imitatione fattane da un pittore tirolese verso il 1440 conferma che l'opera sia stata dipinta nel Veneto"), vgl. Longhi Roberto, Frammenti di Giusto di Padova, in: Pinacotheca, Studi di Storia dell'Arte, I, Roma, 1928, S. 137–152, bes. S. 151. Siehe dazu auch: Pächt, Otto, Österreichische Tafelmalerei der Gotik, Wien, 1929, S. 40.

Monumentale transportierte Kopie nach Giusto de' Menabuois kleinformatigem Marientriptychon von 1367 (48 x 25 cm; London National Gallery).[20] Bei genauer Betrachtung wird jedoch klar, dass Konrad im Tiergarten nicht nur aus oberitalienischen und toskanischen Quellen geschöpft hat. Denn in manchen Details sind durchaus auch Anklänge einer typisch transalpinen Modifikation erkennbar. So etwa im Throngehäuse, das mit seinen bemerkenswerten bauplastischen Detailreichtum, wie die Fenster- und Maßwerkbildungen sowie krabbenbesetzten Fialen und Wimperge im Vergleich weit über Menabuois bescheideneres Architekturkonzept hinausweist. Ein weiterer gravierender Unterschied besteht darin, dass der Paduaner die sechs unten angeordneten Heiligen – in Übereinstimmung mit den perspektivisch fluchtenden Bodenfliesen – in die Tiefe staffelt, während Konrad im Tiergarten die Heiligengruppe in ein und derselben Raumschicht aneinanderreiht und auf eine Bodenstrukturierung zugunsten eines grünen Wiesengrundes überhaupt verzichtet. Die tiefgreifendsten Differenzen zeigen sich aber in der Koloritauffassung. Tritt in Menabuois *„Marienkrönung"* Farbe unter Einfluss des Lichts durchwegs als „Darstellungswert" bzw. in „luministischer", der Körperplastizität dienlicher Weise in Erscheinung, so manifestiert sich das Kolorit des Stamser Gemäldes vorwiegend in gesättigten Werten mit entsprechenden Einbußen des Körpervolumens. Lediglich der von Grün zu Gelbgrün changierende Mantel des Johannes Evangelista bildet hier eine Ausnahme. Daraus lässt sich folgern, dass hier – im Gegensatz zum entwicklungsgeschichtlich fortgeschrittenem „Luminarismus" – das „Koloristische Prinzip", wie in zahlreichen Werken transalpiner Provenienz, noch immer vorherrschend ist. Das Letztere ist wohl die Hauptursache dafür, dass die Stamser *„Marienkrönung"* einen merkwürdig „kühlen", jedenfalls unatmosphärischen Eindruck vermittelt.[21]

---

20 Vgl. Davies, Martin, The Earlier Italian Schools, in: National Gallery Catalogues, Printed for the Trustees, 8s, NRT, MCMLI, S. 197. Hier beschreibt Davies die das Londoner Mittelbild betreffenden stilistischen Motive und Verbindungen, die Analogien zu den Fresken im Baptisterium zu Padua und zur Marienkrönung im Santo in Padua aufweisen. Weiters thematisiert auch er die Stamser Marienkrönung: „A Tyrolese Coronation of the Virgin at Stams seems to show some compositional connection with No. 701 (Giusto de' Menabuoi) and may possible be derived from it". Hier beruft sich Davies auf Burger-Schmitz Beth, in Deutsche Malerei vom ausgehenden Mittelalter, II, 1917, S. 240, Abb. 288.

21 Strauss, Ernst, Koloritgeschichtliche Untersuchungen zur Malerei seit Giotto und andere Studien, hrsg. von Lorenz Dittmann, München–Berlin 1983, S. 331–341.

Abb. 2 (links): *Marienkrönung, ca. 1390, Konrad im Tiergarten, Marienkrönung, Stiftssammlung Stams in Tirol, Foto: Irma Trattner*

Abb. 3 *(rechts): Giusto de' Menabuoi, 1367, London, National Gallery, Foto: Irma Trattner*

Die ältere Forschung erkennt die Dominanz der oberitalienischen Einflüsse zwar an, besteht jedoch auch auf eine böhmische Maltradition (Oberhammer, 1950, Nr. 21, Stange,1960, 135–136) und eine Entstehungszeit nach 1400, während Rasmo (1965) das Gemälde in die letzten Jahrzehnte des 14. Jahrhunderts argumentiert. Die jüngere Forschung präzisiert diese Datierungshypothese mit „um 1390". Tatsächlich ist für die Stamser Tafel mit Menabuois Londoner *„Marienkrönung"* – Triptychon, wie erwähnt, für diesen Kulturtransfer ein namhaftes Vorbild zu nennen: Trotz bestehender Übereinstimmungen bezüglich Bildaufbau und Ikonografie sind hier jedoch erhebliche Unterschiede feststellbar, und das im Sinne eines gewissen Maßes an Eigenständigkeit. Das Gemälde des Konrad im Tiergarten hebt sich inhaltlich wegen seines monumentalen Formats von Menabuois kleinem Triptychon ab. Zudem unterscheiden sich schon die Kunstwerke grundsätzlich in ihren Funktionen. Weiters sind in der Stamser Tafel Zurückdrängungen räumlicher Werte, eine im Architekturdekor größere Detailfreudigkeit, vor allem aber eine gänzlich unterschiedliche Koloritauffassung festzustellen. Während der oberitalienische Maler bereits eine zukunftsweisende luminaristische Farbgebung mit dem Ergebnis einer intensivierten Figurenplastizität bevorzugt, zeigt Konrad im Tiergarten ein der transalpinen Maltradition folgendes „retardierendes" Interesse an koloristischen Gestaltungsprinzipien, woraus eine entsprechende Reduktion des Körpervolumens zugunsten einer flächenhaften Kompositionsweise resultiert, was dennoch den hohen künstlerischen Stellenwert des Gemäldes nicht mindert.

Mehrsprachige Texte in der „deutschsprachigen" Literatur

Herausgegeben von Barbara Siller, Sandra Vlasta, Áine McMurtry

Einleitung

Mehrsprachige Texte stellen in der Literatur, sowohl in der Gegenwart als auch in der Vergangenheit, kein Randphänomen dar. In der Tat geht die literaturwissenschaftliche Forschung zur Mehrsprachigkeit zunehmend davon aus, dass Literatur prinzipiell mehrsprachig ist und hingegen literarische Einsprachigkeit eine Ausnahmeerscheinung darstellt (Blum-Barth 2021; Gramling 2016). Auch in dem üblicherweise als „deutschsprachige Literatur" bezeichneten Korpus finden sich zahlreiche Beispiele für mehrsprachige Werke, wobei diese nicht ausschließlich jener Literatur zuzurechnen sind, die man unter dem Begriff „Migrationsliteratur" fasst. Sowohl in der Vergangenheit als auch in der jüngsten Gegenwart haben Autor*innen wie Adelbert von Chamisso, Alexander von Humboldt, Charles Sealsfield, Stefan George, Yvan Goll, Ernst Jandl, Jeannette Lander, Yoko Tawada, Herta Müller oder Uljana Wolf aus unterschiedlichen Gründen mehrsprachig geschrieben. Dabei bezieht sich der Begriff Mehrsprachigkeit nicht immer unbedingt auf unterschiedliche Sprachen, sondern schließt auch andere Formen von Sprachlichkeit ein.

So bezeichnet Mikhail M. Bachtin mit dem Begriff Heteroglossie nicht nur das Auftreten verschiedener, voneinander getrennter standardisierter Sprachen, beispielsweise Türkisch und Deutsch, Kroatisch und Deutsch, in Textstrukturen, sondern schließt auch unterschiedliche Sprachvarietäten ein. Beispiele für eine solche Heteroglossie sind die Verwendung des Deutschen und Alemannischen (neben dem Spanischen) bei José F. A. Oliver oder des Deutschen und Plattdeutschen bei Dörte Hansen. Diese umfassender gedachte Form der Mehrsprachigkeit ermöglicht es, den Dialog zwischen den Sprachen und Sprachvarietäten sowie Transferprozesse in Betracht zu ziehen. Der textuelle Sprachenkontakt hat aber auch ganz andere, bedeutsame Wirkungen, beispielsweise lassen sich dadurch, in heteroglotten Momenten, Perspektivenwechsel erzeugen. Eine Distanz zu den Sprachen kann hergestellt werden, spielerische, subversive und komische Momente werden generiert und polyvalente Bedeutungen kreativ genutzt – kurzum, durch die Mehrsprachigkeit entstehen Brüche, die auf Entautomatisierung und Verfremdung von Sprache abzielen und dadurch kritische Funktion haben können. Gleichzeitig rücken mehrsprachige Texte die Materialität der Sprache und die Rolle des Körpers in der Sprachproduktion in den Vordergrund, wobei diese Körperlichkeit ein Element der Unmittelbarkeit hervorruft.

In dem Panel ‚Mehrsprachige Texte in der ‚deutschsprachigen' Literatur'
standen die vielfältigen Phänomene der Mehrsprachigkeit in der deutschsprachigen Literatur im Zentrum. Dabei wurden einerseits theoretische Zugänge zu
mehrsprachiger Literatur diskutiert, sowie die Frage nach der Möglichkeit der
(literaturwissenschaftlichen) Erfassung von Formen und Funktionen literarischer Mehrsprachigkeit. Anhand konkreter Textbeispiele wurde außerdem der
Frage nachgegangen, welche literaturtheoretischen und linguistischen Kriterien ein tieferes Verständnis von mehrsprachiger, dialogischer Literatur ermöglichen, womit sich die Spezifität dieser Literatur genauer beschreiben lässt.

Die Beiträge des Panels waren auf Formen expliziter Mehrsprachigkeit
(vgl. Radaelli 2011) konzentriert, d.h. auf mehrsprachige Texte, auf deren Textoberfläche verschiedene Sprachen sichtbar werden. Formen impliziter Mehrsprachigkeit (wie z. B. das Sprechen über Sprache(n), das Thematisieren von
Übersetzung oder Konstellationen, in denen die Protagonisten zwar in einer
anderen Sprache sprechen, dies auf der Textoberfläche aber nicht explizit abgebildet wird) standen zwar nicht im Zentrum der Diskussion, wurden aber trotzdem mitverhandelt, wie auch die folgenden Beiträge zeigen.

Die hier versammelten Artikel geben einen Einblick in die vielfältigen
Beiträge, die im Rahmen dieses Panels präsentiert und diskutiert wurden. Sie
bilden dessen grundsätzliche Fragestellungen ab, nämlich jene nach theoretischen und methodischen Zugängen (Gunkel und Unterpertinger), nach der
Erfassung spezifischer Formen und Funktionen von literarischer Mehrsprachigkeit (Guldin und Parr) sowie innovativer Fallstudien (Broering, Narayanan,
Nubert und Dascălu-Romiţan).

Katrin Gunkel beleuchtet in ihrem Beitrag die Schnittstellen zwischen
der Philologie und der Linguistik, die ihrer Ansicht nach für die Forschung
der literarischen Mehrsprachigkeit bisher zu wenig fruchtbar gemacht wurden.
Wenngleich sich das in den letzten Jahren zu verändern beginnt, u. a. mit den
Arbeiten von Jochen Bär, Jana-Katharina Mende und Pamela Steen (2015) im
Bereich der „Literaturlinguistik", so verdeutlicht der Beitrag, gibt es hier noch
viel Forschungspotential. Dies zeigt sich beispielsweise am Code-switching,
wo sich die mündliche Form von der schriftlichen oft kaum unterscheidet. Das
Verständnis der Strategien des Code-switchings, die in den unterschiedlichen
Ansätzen der Linguistik von der „soziolinguistische[n] Mehrsprachigkeitsforschung, [über] die kognitiv-psycholinguistische Mehrsprachigkeitsforschung
[bis hin zur] Sprachkontaktforschung" (S. 234) beschrieben werden, kann nicht
nur interessante Einsichten für literarisches Code-switching bieten, sondern
liefert auch Begrifflichkeiten, die durchaus auch für die Philologie nutzbar sein
können. Mehrsprachigkeitsphilologie versteht Gunkel als jene Disziplin, die
sich sowohl von der Linguistik als auch von der Philologie bereichern lässt und
die es versteht, Verknüpfungspunkte zwischen den Disziplinen wahrzunehmen
und herzustellen.

Erika Unterpertinger macht in ihrem Beitrag die Methode der Korpus-analyse für die Untersuchung von Verfahren und Gestaltungsmöglichkeiten in der mehrsprachigen Lyrik in der ‚Literatur Alto Adige-Südtirols" zwischen 1990 und 2017 fruchtbar. Sie berücksichtigt sowohl deutschsprachige, italie-nischsprachige als auch ladinischsprachige Poesie; letztere sieht sie als bisher von der Forschung zu wenig wahrgenommen. Ausgehend von der Annahme, dass sich die Lyrik „seit den Sechzigerjahren von einer stark politischen hin zu einer zwar weiterhin grenzüberschreitenden, aber stärker spielerisch orien-tierten Motivation hin gewandelt" (S. 252) hat, analysiert sie 149 Gedichte auf der Basis der von Elke Sturm-Trigonakis (2007) und Werner Helmich (2016) für die Prosa entwickelten Annotationskategorien. Sie erweitert diese für die Gattung der Lyrik und untersucht u. a. Aspekte wie „Markierung", „Lokalisierung", „Einzelgröße", den „Durchdringungsgrad" und die „Mehr-schriftlichkeit". Dabei zeigt sich die Vielfalt der sprachlichen Verfahren in den Gedichten; diese sind verbunden mit sehr konkreten Funktionen und Zielen. Die Frage der Verständlichkeit und damit verbunden auch die Frage der Anfor-derungen an die Leser*innen stellen sich immer wieder, gerade wenn es um ladinischsprachige Gedichtverse geht. Doch nicht immer muss alles verstanden werden, so Unterpertingers Ansicht, und darüber hinaus gilt für sie: „Lyrik hat im Vergleich zu narrativen Texten mehr Freiheit, Leser*innen vor Unverständ-lichkeit zu stellen und damit zu spielen." (S. 260)

In Rainer Guldins Beitrag wird das Zusammenspiel von Körper- und Raummetaphern der Mehrsprachigkeit in der Herausbildung von Diskursen über Ein- und Mehrsprachigkeit besprochen. Durch die Betrachtung mehr-sprachiger Werke von Herta Müller und Tawada Yōko untersucht Guldin Netz-werke von vielschichtigen Metaphern, die den organischen Zusammenhalt und die Einmaligkeit von Sprachen hinterfragen. Herta Müllers bekannte Metapher einer Frauennase in einem Männergesicht sprenge zum Beispiel „auf subver-sive Art und Weise die Vorstellung einer homogenen in sich geschlossenen Sprache." (S. 284) Bei Tawada Yōko fungiert die Zunge als ein vielfältiger Ort der Sprachvermischung und eine vielschichtige Metapher der Mehrspra-chigkeit. Tawadas Zunge sei „grundsätzlich rebellisch und nicht zu zähmen" (S. 289) und vielfach von Sprachen und Akzenten überschichtet. Guldins Analyse zeigt, wie die Texte Müllers und Tawadas das Dynamische und die kontinuierliche Veränderung unabhängiger Körperteile betonen. Die einzelnen Metaphern tauchen aus dem Textfluss auf, seien aber durch vielfache Bezie-hungen miteinander verbunden. Diese Leseerfahrung reproduziere „die grund-legende Erfahrung von Mehrsprachigkeit, die darin besteht, aus dem scheinbar Disparaten eine neue vielschichtige Wirklichkeit zu konstruieren." (S. 297) Damit stellt Guldin seinen Ansatz in einen klaren Zusammenhang mit dem multilingualen Verständnis von Sprache im Werk von Yasemin Yildiz (2012), als auch mit der *new linguistic dispensation* von Larissa Aronin und Vasilis Politis (2015).

Rolf Parr widmet seinen Beitrag einer bisher meist übersehenen Form der Mehrsprachigkeit, die dann entsteht, wenn sich Texte und englischsprachige Popmusik begegnen. Dem von Jürgen Link und Ursula Link-Heer (1980) entlehnten Begriff „Applikationen" folgend, beleuchtet Parr die unterschiedlichen Einbettungsmechanismen englischer Songzitate in Texte, deren Bedeutung für das Textgewebe sowie die daraus entstehenden Effekte. Die Texte von Klaus Modick bilden die Hauptgrundlage für seine Untersuchung. Parr versteht die Songtexte sowohl als „abrufbare und dabei zugleich aktualisierbare Elemente des kulturellen Gedächtnisses" (S. 301) als auch als eine Erweiterung des „Umfangs und damit [der] Semantik des eigentlichen deutschsprachigen Textes" (S. 301). Spannend ist dabei der Versuch, den Parr unternimmt, alle Zitate aus dem Text zu tilgen, um zu verstehen, welcher Text dann noch zurückbleibt. Der Beitrag geht außerdem der Frage nach, welches Lesepublikum diese mehrstimmigen Texte in all ihrer semantischen Komplexität rezipieren kann und inwiefern die Applikationen bewusst als eine Abgrenzung gegen ältere Generationen eingesetzt werden. Mit dem Blick auf „synästhetische [. . .] Effekte" (S. 306), die durch Text und Musik entstehen, macht Parr eine interessante Feststellung, nämlich dass „Intermedialität [. . .] Hand in Hand mit Mehrsprachigkeit" (S. 306) gehe.

Izabela Broering führt uns mit ihrem Beitrag nach Brasilien, ein Land, das immer wieder Einwanderungswellen nicht zuletzt deutschsprachiger Immigrant*innen erlebt hat. Im Mittelpunkt des Artikels stehen autobiographische Texte von Einwanderern, die zwischen 1840 und 1950 entstanden sind. Es handelt sich um insgesamt vier Tagebücher, in denen die Autor*innen von ihren Erfahrungen und Eindrücken in Brasilien erzählen. Broering interessieren besonders die Sprachwahl in den Texten sowie der Wechsel zwischen den Sprachen, also das Code-Switching. Die Tagebücher zeigen keinen einheitlichen Umgang mit den Sprachen, sondern sind jeweils individuell. Auch die verwendeten Sprachen alternieren zwischen Deutsch und seinen Varietäten (z. B. Plattdeutsch), Portugiesisch, Spanisch, aber auch Russisch, da Immigrant*innen zum Teil aus Osteuropa über Deutschland nach Brasilien auswanderten. Die Mehrsprachigkeit dient dabei einerseits dazu, den mehrsprachigen Alltag der Einwanderer abzubilden. Andererseits zeigt Broering mit ihrer Analyse der Sprachwechsel bei Autor*innen der ersten und zweiten Generation, wie sich die kulturelle Identität verändert, aber vielfältig bleibt.

Nishant K. Narayanan widmet seinen Beitrag den durchaus ambivalenten Sprachpositionierungen in Zafer Şenocaks Werk und verknüpft diese mit fluiden Identitätskonzepten und der räumlichen Vorstellung des *third space* nach Homi Bhabha. Die Auseinandersetzung mit translingualen Positionierungen bildet einen wichtigen Aspekt bei vielen mehrsprachigen AutorInnen, beispielsweise bei Yoko Tawada, Emine Sevgi Özdamar oder José F. A. Oliver, eher selten ist es jedoch der Fall, dass diese Sprachreflexion auch im Kontext von Religion erfolgt. Naranyan zufolge bedeutet Şenocaks Auseinandersetzung mit dem Koran gleichzeitig eine produktive und kreative Auseinandersetzung mit seinen Sprachen: „Der Rückgriff auf Arabisch und Deutsch als Sprachmaterial, um mystische Themen zu erforschen, zeigt Şenocaks Sprachproben, d.h. Sprache an allen Ecken und Kanten zu erforschen." (S. 327). Dadurch entfalten sich dialogische Aushandlungsprozesse zwischen den Sprachen, so wie es Mikhail Bakhtin in seinen Arbeiten dargelegt hat, und dies verdeutlicht der Beitrag anhand der „Sprachgestalten" (S. 331) in Şenocaks Werk *Wir aschmüden Wortklauber (Miniaturen)*. Anhand des Begriffs „Sprachimaginär" von Edouard Glissant verbindet Naranyan die Vielfalt der Sprachen auch ganz konkret mit räumlichen Vorstellungen, nämlich den sprachlichen Landschaften, die das Bewusstsein mehrsprachiger Autor*innen und deren Arbeiten wie im Falle von Zafer Şenocak prägen. Die räumlichen Metaphern werden am Ende des Beitrags durch die Reisesymbolik aufgegriffen, die Şenocak dazu nutzt, auf die „Grenzfluiditäten der Sprachbegriffe" (S. 340) zu verweisen.

Roxana Nubert und Ana-Maria Dascălu-Romiţan setzen sich in ihrem Beitrag mit dem rumänischen mehrsprachigen Autor, Essayist, Kunstkritiker und Übersetzer Oscar Walter Cisek auseinander. Er hat in der ersten Hälfte des 20. Jahrhunderts seine eigenen literarischen Werke auf Deutsch verfasst und daneben als wichtiger Kulturvermittler in mehrere Richtungen gewirkt: Er brachte in Aufsätzen dem rumänischsprachigen Publikum sowohl die deutschsprachige Kultur und Literatur als auch die rumäniendeutsche Kunst näher, übersetzte unter anderem Georg Trakl und Alfred Döblin ins Rumänische, außerdem erläuterte er in auf Deutsch verfassten Aufsätzen die rumänische Kultur und übersetzte rumänische Werke (darunter auch einige seiner eigenen) ins Deutsche. Nubert und Dascălu-Romiţan geben viele Beispiele für die vielfältige Vermittlungsarbeit dieses Autors, die sich auch in einer intensiven Korrespondenz mit rumänischen Schriftstellern und Künstlern zeigte. Cisek wird dabei im Interferenzbereich zweier Kulturen dargestellt, seine Mehrsprachigkeit ist eines der wichtigsten Mittel für seine Tätigkeit. Zudem gibt der Beitrag einen wertvollen Einblick in den Zeitgeist des damaligen Rumäniens.

Neben dem inhaltlichen Einblick repräsentieren die hier versammelten Beiträge im Kleinen auch die sprachliche und institutionelle Vielfalt des Panels. Es gab Teilnehmer*innen aus drei Kontinenten und entsprechend einen sehr mehrsprachigen Teilnehmer*innenkreis. Die bei der IVG in Palermo im Rahmen dieses Panels begonnenen Gespräche werden jedenfalls fortgeführt: nicht zuletzt in einem der nächsten Bände in der Reihe *Literarische Mehrsprachigkeit – Literary Multilingualism*.

Barbara Siller, Sandra Vlasta, Aine McMurtry

Literaturverzeichnis

Aronin, Larissa und Politis, Vasilis (2015). Multilingualism as an Edge. In: Theory and Practice of Second Language Acquisition, 1:1, 27–49.

Bär, Jochen A./Mende, Jana-Katharina/Steen, Pamela (2015). Literaturlinguistik – eine Einführung. In: Dies. (Hrsg.) Literaturlinguistik – philologische Brückenschläge. Frankfurt am Main: Peter Lang, 7–18.

Blum-Barth, Natalia (2021). Poietik der Mehrsprachigkeit. Theorie und Techniken des mehrsprachigen Schreibens. Heidelberg: Universitätsverlag Winter.

Gramling, David (2016). The Invention of Monolingualism. New York: Bloomsbury Academic.

Helmich, Werner (2016). Ästhetik der Mehrsprachigkeit. Zum Sprachwechsel in der neueren romanischen und deutschen Literatur. 1. Aufl. Heidelberg: Universitätsverlag Winter (Studia Romanica, v. 196).

Link, Jürgen/Link-Heer, Ursula (1980). Literatursoziologisches Propädeutikum. München: Fink.

Radaelli, Giulia (2011). Literarische Mehrsprachigkeit. Sprachwechsel bei Elias Canetti und Ingeborg Bachmann. Dissertationsschrift. Berlin: Akademie-Verlag.

Sturm-Trigonakis, Elke (2007). Global Playing in der Literatur. Ein Versuch über die Neue Weltliteratur. Würzburg: Königshausen & Neumann.

Yildiz, Yasemin (2012). Beyond the Mother Tongue. The Postmonolingual Condition. New York: Fordham University Press.

Literarische und nichtliterarische Mehrsprachigkeitsforschung – Überlegungen zur Analyse von mehrsprachigen Texten

Katrin Gunkel (Berlin)

Abstract: Mehrsprachigkeit stellt ein Forschungsgebiet dar, in dem die Erkenntnisse von Sprach- und Literaturwissenschaft wechselseitig füreinander fruchtbar gemacht werden können. Was das für die Analyse mehrsprachiger literarischer Texte bedeutet, zeigt sich bei der Betrachtung von auf der Sprachoberfläche sichtbaren Mehrsprachigkeitsphänomenen. Anhand von Beispielen wird deutlich, inwieweit sich linguistische Konzepte wie Code-Switching und Sprachtransfer auf literarische Texte übertragen lassen und inwieweit die Übergänge zwischen den Phänomenen im linguistischen Sinne und poetischer Sprachinvention verwischt werden. Die Verknüpfung beider Disziplinen ermöglicht es, ein tiefergehendes Verständnis von Mehrsprachigkeitsverfahren, ihren Funktionen und ihren Korrelationen mit anderen (mehrsprachigen) Verfahren zu erhalten.

Keywords: Code-Switching, Sprachtransfer, Sprachwechsel, Sprachmischung, Sprachvielfalt, Sprachdifferenz, Mehrsprachigkeitsphilologie

Sprachwissenschaft und Literaturwissenschaft – seit Jahrzehnten sind die beiden Disziplinen des Fachs Germanistik konzeptionell und zum Teil auch institutionell getrennt (vgl. Bär/Mende/Steen 2015: 7–18). Während das Fach in seinen Anfängen um 1800 diese Trennung nicht kannte, bildeten sich in der zweiten Hälfte des 20. Jahrhunderts die beiden Bereiche deutlich heraus. Die Entwicklung unterschiedlicher „herrschender Forschungsparadigmen" wird in diesem Zusammenhang oft als Ursache angebracht (ebd.: 7). Hervorgehoben wird, dass sich die literaturwissenschaftlichen Methoden und Fragestellungen von denen unterscheiden, die die Sprachwissenschaft verfolge. „Grammatiker sind wie (die meisten) Linguisten in erster Linie an Regelmäßigkeiten interessiert, und der Einzelfall zählt im Zusammenhang statistischer Belege nicht" (Dembeck 2020: 167). Die Linguistik richte sich auf „Gesetze, Formen und Strukturen" (Busse/Teubert 1994: 12) aus. Der Literaturwissenschaftler als Philologe interessiere sich hingegen für Einzelfälle. Während es also der Linguistik insbesondere um das ‚Material' und die Strukturen der Sprache im Ganzen gehe, gehe es der Literaturwissenschaft um die Interpretation einzelner Texte und ihrer Bestandteile, denen Unizität zugeschrieben wird (ebd.). Das sich daraus ergebende Fazit scheint offenkundig: „Mit Sprach- und Literaturwissenschaft stehen sich also zwei unterschiedliche Wissenschaftsauffassungen gegenüber" (Bär/Mende/Steen 2015: 7). In den letzten Jahrzehnten finden sich jedoch ebenso Methoden und Fragestellungen, die sich nicht nach den vorherrschenden Forschungsparadigmen richten. So überwiegen etwa in der Angewandten Linguistik qualitative Studien, die Verhaltensweisen aus der Perspektive der Beforschten nachvollziehen und die im Gegensatz zu quantitativen Studien nicht ein Phänomen beschreiben, erklären und seine Verbreitung ermitteln. Auch in der germanistischen Literaturwissenschaft gibt es Forschungsbereiche, die von werk- und autorzentrierten Fragestellungen abweichen. Beispielhaft zu nennen ist die Rezeptionsästhetik, die die Rolle der Leserschaft und die Medientheorie in den Mittelpunkt rückt. Dass es auch konkrete inhaltliche Anknüpfungspunkte zwischen Sprach- und Literaturwissenschaft gibt, betonte bereits Roman Jakobson und mit ihm der Prager Strukturalistenkreis. Jakobson sprach sich gegen die „hartnäckige Trennung von Linguistik und Poetik" aus (Jakobson 1979: 87), denn „Poesie [sei] Sprache in ihrer ästhetischen Funktion" (Jakobson 1972: 97). Er sah in der Dichtersprache den Status der Sprache schlechthin und in diesem Sinne sei Poesie als Kunst der Ausgangspunkt jeder wissenschaftlichen Analyse über die Grundlagen der Sprache:

> Die in der morphologischen und syntaktischen Struktur der Sprache verborgene Quelle der Poesie, kurz die Poesie der Grammatik und ihr literarisches Produkt, die Grammatik der Poesie, sind den Kritikern selten bekannt, wurden von den Linguisten fast gänzlich übersehen und von schöpferischen Schriftstellern meisterhaft gehandhabt (Jakobson 1979: 116).

Literaturwissenschaftliche Konzepte mit linguistischen Denkansätzen finden sich auch in anderen strukturalistischen Theorien wie Gérard Genettes Narratologie (u. a. 1972, 1994) oder Julia Kristevas Intertextualitätsverständnis (1967). Trotz der angestoßenen Verknüpfungspunkte fanden Sprach- und Literaturwissenschaft in den letzten Jahrzehnten nur bedingt zueinander: „Bis heute neigen germanistische Literaturwissenschaft und germanistische Linguistik dazu, die Fragestellungen und Beschreibungsansätze der jeweils anderen Seite zu ignorieren", heißt es in dem 2015 von Jochen Bär, Jana-Katharina Mende und Pamela Steen herausgegebenen Sammelband „Literaturlinguistik – philologische Brückenschläge", der sich gegen eben diese Trennung richtet (2015: 8). Der Terminus *Literaturlinguistik* sei nicht als Determinativkompositum, sondern als „Klammer-Kopulativkompositum" gemeint, das heißt, er sei „nicht zu verstehen als ‚Linguistik, die sich mit Literatur beschäftigt', sondern soll Literaturwissenschaft und Linguistik als gleichgewichtig erscheinen lassen" (ebd.: 11). Entsprechend des Forschungsansatzes werden in dem Band unterschiedliche thematische Teilbereiche wie Textlinguistik, Gesprächsanalyse oder Diskurssemantik mit Erzähltheorie, Motivanalyse oder Vergleichender Literaturwissenschaft verknüpft. Einer der Beiträge, verfasst vom Literaturwissenschaftler Leonhard Herrmann und dem Sprachwissenschaftler Beat

Siebenhaar, beschäftigt sich mit der Dialektliteratur. Darin zeigen sie auf, dass die Verschriftlichung dialektalen Sprachgebrauchs per se eine Verfremdung darstelle, die der Fiktionalität literarischer Texte ähnlich sei. Sie verbinden eine variationslinguistisch-dialektologische Analyse der dialektalen Formen innerhalb der Texte mit der fiktionalitätstheoretischen Frage nach der Wirklichkeit von Dialekt in Literatur (ebd.: 50). Aufgezeigt werden die Grenzen der literarischen Repräsentierbarkeit und Verschriftlichung von mündlichen Varietäten. Deutlich wird ebenso, dass diese Grenzen literarischer Wirklichkeitsreproduktion in der Dialektliteratur zuweilen bewusst evoziert und inszeniert werden. Zu fruchtbaren Begegnungspunkten zwischen Sprach- und Literaturwissenschaft führt auch ihre Betrachtung der Metaebene, auf der Dialekt- und Literaturreflexionen angestellt werden. Der Beitrag verknüpft die Teilbereiche Dialektliteratur und Dialektologie und ist für den vorliegenden Aufsatz deshalb von Interesse, da er einen Brückenschlag zum Forschungsfeld der Mehrsprachigkeit erlaubt. Er, wie auch der Sammelband, veranschaulichen, wie „literaturwissenschaftliche Fragestellungen aus (zusätzlichen) linguistischen Blickwinkeln eine Bereicherung erfahren: indem sprachliches Wissen [...] explizit mit in die Literaturanalyse einbezogen wird" (ebd. 2015: 15).

Aber auch umgekehrt komme es zu einer fruchtbaren Bereicherung, „allein schon durch die Beschäftigung [der Linguistik] mit literarischen Texten" (ebd.). Eine Referenz auf Eugenio Coseriu, Romanist und Allgemeiner Sprachwissenschaftler, veranschaulicht, warum: Zu Lebzeiten betonte er – ähnlich wie Roman Jakobson –, dass literarische Sprache „nicht eine Modalität des Sprachgebrauchs unter anderen" sei, Literatur sei vielmehr die „volle Entfaltung aller sprachlichen Möglichkeiten", sie müsse „als Sprache schlechthin angesehen werden" (Coseriu 1980: 110, vgl. Bär/Mende/Steen 2015: 15).

Mehrsprachigkeit stellt ein Forschungsgebiet dar, in dem die Erkenntnisse von Sprach- und Literaturwissenschaft wechselseitig füreinander fruchtbar gemacht werden können. Welche Vorteile sich daraus ergeben, wird im Folgenden maßgeblich aus der Perspektive literarischer Mehrsprachigkeitsforschung betrachtet. Gerade für die Analyse von auf der Sprachoberfläche sichtbarer, expliziter Mehrsprachigkeit in literarischen Texten bietet sich die Verbindung von linguistischen Methoden und literaturwissenschaftlichen Fragestellungen an – auch, um ein tiefergehendes Verständnis von den Verfahren, ihren Funktionen und der Korrelation zu anderen Mehrsprachigkeitsphänomenen zu erlangen.

Mehrsprachigkeit in Sprach- und Literaturwissenschaft

In der linguistischen Forschung wird unter Mehrsprachigkeit das Zusammenspiel von mehreren Sprachen oder Varietäten in individuellen und gesellschaftlichen Zusammenhängen verstanden.[1] Beide Ebenen sind in der Regel miteinander verwoben und beeinflussen sich gegenseitig. An diese Definition knüpft die aktuelle literaturwissenschaftliche Forschung weitgehend an (vgl. u. a. Dembeck/Parr 2017, Benteler 2019).[2] In der Linguistik gilt es zudem als erwiesen, so die Sprachwissenschaftlerin Claudia Maria Riehl, eine der führenden Forschungsstimmen zu den Themen Sprachkontakt und Mehrsprachigkeit, dass „im Bereich der Schriftlichkeit ähnliche Prozesse ablaufen können wie in der gesprochenen Sprache" (Riehl 2014: 137, vgl. auch Riehl 2021). Mehrsprachige Phänomene wie Sprachmischung und Sprachwechsel fänden sich gleichfalls in literarischen Texten und das nicht erst in der modernen Literatur, sondern bereits seit der Antike (Riehl 2014: 142). Dass beim Schreiben ähnliche Prozesse wie beim Sprechen ablaufen, bestätigen auch die Beiträge des von Mark Sebba, Shahzad Mahootian und Carla Jonsson herausgegebenen Sammelbandes „Language Mixing and Code-Switching in Writing. Approaches to Mixed-Language Written Discourse" (2012), aber auch Studien wie die von Laura Callahan, die sich in ihrer Monografie „Spanish/English codeswitching in a written corpus" (2004) mit Sprachwechsel in der Latino-Literatur in den Vereinigten Staaten von Amerika beschäftigt.[3] Callahan betrachtet 30 Romane und Kurzgeschichten, die zwischen 1970 und 2000 von insgesamt 24 Autorinnen und Autoren veröffentlicht wurden. Ihre Erkenntnis: Schriftliches Code-Switching folgt größtenteils denselben syntaktischen Mustern wie das gesprochene Gegenstück.[4]

Auch in der literaturwissenschaftlichen Mehrsprachigkeitsforschung geht man von Parallelen aus. Bereits vor Jahrzehnten wurde dafür argumentiert, dass die Ergänzung literaturwissenschaftlicher Fragestellungen um linguistische

---

1   Über diese Definition herrscht in der aktuellen Mehrsprachigkeitsforschung weitgehend Konsens (vgl. Riehl 2014: 9). Daneben gibt es jedoch auch andere definitorische Ansätze (z.B. Busch 2017: 8 f.).

2   Wie in der Sprachwissenschaft finden sich auch in der Literaturwissenschaft weitere definitorische Ansätze, die vom jeweiligen Betrachtungsgegenstand abhängen (vgl. u. a. Radaelli 2011, Schmeling/Schmitz-Emans 2002: 7–35).

3   Weiterführende Betrachtungen bieten die Monografie von Laura Callahan „Spanish/English codeswitching in fiction. A grammatical and discourse function analysis" (2001) und Domnita Dumitrescus Aufsatz „English-Spanish code-switching in literary texts" (2014).

4   Ein interessanter, weil kontraintuitiver Befund ist, dass die literarischen Texte, die mehr Dialoge enthielten, weniger denselben Mustern folgten und somit weniger „authentisch" waren als die Texte, die weniger Dialoge enthielten (für ausführlichere Betrachtungen vgl. Callahan 2004).

Methoden eine Bereicherung für die Analyse literarischer Texte darstellt – zum Beispiel bei der Betrachtung literarisch fingierter Dialoge in erzählenden Texten oder im Drama (vgl. Roche/Schiewer 2017: 114 f.). Gerold Ungeheuer sieht in seinem Aufsatz „Gesprächsanalyse an literarischen Texten" (1980) literarische Texte als die „Projektion der kommunikativen Gesamterfahrung des Autors" (1980: 46) und argumentiert dafür, dass literarische Gespräche wie natürliche untersucht werden können. Etwas später nimmt er in seinem Beitrag eine Differenzierung des Projektionsbegriffs vor, indem er den Aspekt der Poetisierung hervorhebt. Dieser Aspekt stehe jedoch einer linguistischen Analyse nicht entgegen: Literarische Texte seien zwar „unrealistisch", also eine Imitation realen Sprachgebrauchs, aber gerade dieses Merkmal, dieser Unterschied, mache sie für eine „kommunikationswissenschaftliche" Analyse interessant (ebd.: 46 f.). Ähnliche Ansichten vertritt Ernest Hess-Lüttich in seinem Buch „Soziale Interaktion und literarischer Dialog", wenn er schreibt, „daß sich den Grundprinzipien dialogischer Verständigung auch der Autor literarischer Texte unterwirft, dessen fiktive Modellierung des Dialogs in seiner Kommunikationserfahrung gründet" (1985: 9). Auch die jüngere Mehrsprachigkeitsforschung sieht bereichernde Schnittstellen zwischen Sprach- und Literaturwissenschaft, wenn es um die Analyse mehrsprachiger literarischer Texte geht. So konstatiert die Literaturwissenschaftlerin Dagmar Winkler (2010) in ihrem Aufsatz „,Code-Switching" und Mehrsprachigkeit. Erkennbarkeit und Analyse im Text", dass viele mehrsprachige Texte der Autorin Marica Bodrožić den Prozess des linguistischen Code-Switchings ästhetisch abbilden. Auch in dem von Till Dembeck und Rolf Parr 2017 herausgegebenen Handbuch „Literatur und Mehrsprachigkeit" greifen linguistische und literaturwissenschaftliche Parameter Hand in Hand. Es bietet unter anderem Ansatzpunkte zur Betrachtung der spezifischen Sprachlichkeit literarischer Texte an. Sprachwissenschaftliche Methoden können gemäß Till Dembeck auch auf literarische Texte zur literaturwissenschaftlichen Erfassung angewendet werden (2017: 125–166). Er betont allerdings den Unterschied zwischen mündlichen und schriftlich fixierten Phänomenen, die zudem in einem literarischen Kontext stehen:

> Natürlich können diese linguistischen Beschreibungsmodelle einzelne philologische Befunde nicht aus sich heraus erklären. Sie erleichtern es aber, abzuschätzen, inwiefern sich ein Text an den linguistischen Gegebenheiten seines Kontextes bzw. des Kontextes der dargestellten Handlung orientiert, inwiefern seine Mehrsprachigkeit also ‚akkurat" ist (ebd.: 146 f.).

Diese Erkenntnis ermöglicht die Einschätzung, inwiefern die Mehrsprachigkeit der außerliterarischen Realität imitiert oder auch stilisiert wird. Einen sprachwissenschaftlichen Fokus setzt auch Anna Benteler in ihrer Monografie „Sprache im Exil. Mehrsprachigkeit und Übersetzung als literarische Verfahren bei Hilde Domin, Mascha Kaléko und Werner Lansburgh" (2019). Darin nutzt sie

Konzepte mehrsprachiger Praktiken wie Code-Switching, Sprachmischungen oder auch Translingualität aus dem Bereich der linguistischen Mehrsprachigkeitsforschung als Referenzpunkte zur Analyse der Mehrsprachigkeit in den literarischen Texten (ebd., insbes. Kapitel 4).

In beiden Disziplinen herrscht Einigkeit darüber, dass (literarische) Mehrsprachigkeit ein Phänomen darstellt, das Literaturwissenschaft und Linguistik gleichermaßen behandeln und das deshalb zu einer gegenseitigen Bereicherung führen kann. Doch wie sehen diese Schnittstellen und die damit einhergehende Bereicherung für die Analyse mehrsprachiger Texte konkret aus? Um hier mehr Klarheit zu schaffen, ist es zunächst notwendig, die unterschiedlichen Forschungsparadigmen beider Disziplinen genauer zu betrachten. Anhand zweier in der Literatur häufig vorkommender Mehrsprachigkeitspraktiken und ihrer Konzepte – Sprachwechsel und Sprachmischung – können anschließend potenzielle Schnittstellen und der Mehrwert dieser für die Analyse mehrsprachiger literarischer Texte herausgearbeitet werden.

Schnittstellen: Literatur – Linguistik – Mehrsprachigkeit

Gesprochene und geschriebene Sprache unterliegen unterschiedlichen Gesetzmäßigkeiten. Es gibt zwar einen klassischen Sender und Empfänger und dazwischen einen Kanal, aber die Kommunikation läuft anders ab. Die unterschiedlichen Gesetzmäßigkeiten hängen, so Riehl, beispielsweise mit der Anwesenheit bzw. Abwesenheit der Kommunikationspartner im Raum zusammen (2018: 286). Gesprochene und geschriebene Sprache unterliegen aber auch unterschiedlichen Produktionsbedingungen: „Während man im Gesprochenen unmittelbar sprachlich handeln muss, hat man in einer typischen schriftlichen Situation mehr Planzeit" (ebd.), aber auch Korrekturzeit. Auch die Rezeption unterscheidet sich: „Das gesprochene Wort ist flüchtig, kann nur einmal wahrgenommen werden, und ist darüber hinaus nur linear wahrnehmbar. Wenn Äußerungen in geschriebener Form vorliegen, kann man sie wiederholt lesen" (Riehl 2018: 286), Dinge nachschlagen – zum Beispiel unbekannte Wörter. Sicherlich gibt es auch Mischformen, wie Vorträge, die als (medial) mündlich, aber konzeptionell schriftlich zu bestimmen sind. Diese unterschiedlichen Gesetzmäßigkeiten werden auch relevant, wenn es um die Betrachtung von (literarischer) Mehrsprachigkeit geht.

Ihren Anfang nimmt die Mehrsprachigkeitsforschung in der Bilingualismusforschung zu Beginn des 20. Jahrhunderts.[5] Tatsächlich handelt es sich bei

---

5   Eine der ersten Studien stammt von Jules Ronjat (1913). Darin berichtet er von seinem

Mehrsprachigkeit um ein genuin mündliches Phänomen, das es schon immer gegeben hat. Auch in der Literatur hat es Mehrsprachigkeit schon immer gegeben – entsprechend der gelebten Sprachrealität. Das seit der Antike bekannte Figurengedicht, für das nicht nur die Überschreitung der konventionellen Grenzen eines Textes zu den Strukturen eines Bildes hin charakteristisch ist, sondern auch die Überschreitung von Sprachgrenzen zwischen dem Lateinischen und dem Griechischen, ist beispielhaft (vgl. Ulrich 2004: 50). Die systematische Untersuchung von Mehrsprachigkeit in literarischen Texten nimmt erst Mitte des 20. Jahrhunderts ihren Anfang.[6] Die ersten analytischen Betrachtungen finden ihren Ausgangspunkt in der Dichtung. In den 30er Jahren des 19. Jahrhunderts leistet Friedrich Wilhelm Genthe mit seiner Monografie zur „Geschichte der Macaronischen Poesie" (1829), die er um eine „Sammlung der vorzüglichsten Denkmale" makkaronischer Dichtung ergänzt, „Pionierarbeit" (Schmitz-Emans 2004: 20). Genthe etabliert einen der ersten Termini für mehrsprachige Literatur, die er jedoch auf das Scherzhafte, Komische reduziert. Lange Zeit überwiegt die Ansicht, multilinguale Texte als scherzhaftes Randphänomen zu betrachten.[7] Alfred Liede ist eine der ersten Forschungsstimmen, die davon abrückt. Sein zweibändiges Werk „Dichtung als Spiel. Studien zur Unsinnspoesie an den Grenzen der Sprache" (1963) thematisiert zwar ebenso ludische Formen der mehrsprachigen Dichtung. Liede betont allerdings eine gewisse Ernsthaftigkeit dahinter und stellt sprachpolitische Funktionen heraus. Die makkaronische Poesie betrachtet er als eine Reaktion auf die puristische Sprachpolitik der (italienischen) Humanisten (Liede 1963: 210 ff.). Er sieht darin eine Parodie des humanistischen Gelehrtenlateins (ebd.). In den folgenden Jahrzehnten wird Mehrsprachigkeit in der Regel auf einen Kontext außerhalb des Textes zurückgeführt. Im Mittelpunkt stehen die Mehrsprachigkeit der Autorinnen und Autoren oder literarische Diskurse, die als besonders anfällig für Mehrsprachigkeit galten, so zum Beispiel die Migrationsliteratur oder die Exilliteratur.[8] Erst in den letzten Jahren rückt die Betrachtung der konkreten Sprachlichkeit als Interpretationselement stärker in den Blick der Forschung.

Auch in der Sprachwissenschaft haben sich seit Beginn des 20. Jahrhunderts unterschiedliche Forschungsrichtungen ausgeprägt, die sich mit verschiedenen

---

deutsch-französisch bilingual aufwachsendem Sohn vor dem Eintritt in eine französischsprachige Schule. Werner Leopold (1939–1949) schreibt ein vierbändiges Werk, in dem er den bilingualen Spracherwerb seiner deutsch-englisch bilingual aufwachsenden Tochter Hildegard detailliert beschreibt.

6   Siehe u. a. die Arbeiten von Alfred Liede (1963), Theodor W. Elwert (1973), Leonard Forster (1974), Simone Hein-Khatib (1998) und Monika Schmitz-Emans (1997).

7   Weiterführende Betrachtungen vgl. Gunkel (2020: 28–34).

8   Zu nennen sind hier beispielhaft die Arbeiten von Simone Hein-Khatib (1998), Boris Previšić (2014) oder Georg Kremnitz (2015).

Aspekten der Mehrsprachigkeit beschäftigen. Drei zentrale sind: die sozio-linguistische Mehrsprachigkeitsforschung, die kognitiv-psycholinguistische Mehrsprachigkeitsforschung und die Sprachkontaktforschung. Gegenstand soziolinguistischer Untersuchungen ist einerseits die soziale, politische und kulturelle Bedeutung sprachlicher Systeme und der Variationen des Sprach-gebrauchs sowie andererseits die kulturell und gesellschaftlich bedingten Einflüsse auf die Sprache. Psycholinguistische Untersuchungen fokussieren vorrangig das mehrsprachige Verhalten und Erleben eines Individuums – vom Spracherwerb über das Sprachwissen bis hin zur Sprachverarbeitung. Sprach-kontakt bezeichnet das Aufeinandertreffen von zwei oder mehreren Ein-zelsprachen oder sprachlichen Varietäten entweder auf kollektiver Ebene (Sprechergemeinschaft) oder auf individueller Ebene (einzelne Sprachbenut-zer) (Riehl 2013: 390). Betrachtet man die Sprachkontaktphänomene beim Individuum, und darauf liegt im Folgenden der Fokus, geht man einerseits von Sprachtransfer-Prozessen aus (ebd.). In der Linguistik wird darunter die Ver-mischung von zwei oder mehr Sprachen auf unterschiedlichen sprachlichen Ebenen (Syntax, Semantik, Morphologie, Phonologie etc.) innerhalb dersel-ben kommunikativen Interaktion verstanden (ebd.: 385). Daneben gibt es noch ein weiteres markantes Sprachphänomen mit Sprecherbezug: Code-Switching. Code-Switching bezeichnet den „Wechsel zwischen zwei (oder mehr) Spra-chen oder Varietäten innerhalb ein und derselben kommunikativen Interaktion" (ebd.).[9] Die verwendeten Sprachen werden dabei nicht verändert. Der Wechsel kann sowohl einzelne Wörter als auch Phrasen, Sätze oder ganze Abschnitte betreffen (ebd.).

Ein zentraler Teil der linguistischen Mehrspachigkeitsforschung ist die Untersuchung der grammatischen Bestimmungen und Strukturen von Transfer- und Code-Switching-Prozessen. Die grammatischen Regelmäßig-keiten des Sprachwechsels umfassen unter anderem die Erkenntnis, dass der Wechsel meist an Satzgrenzen, nach einem Teilsatz oder nach einem bestimm-ten Wort erfolgt. Dementsprechend wird zwischen intersententiellem Code-Switching, von Satz zu Satz, und intrasententiellem Code-Switching, innerhalb eines Satzes, unterschieden (Riehl 2014: 33). Wie das zweite der folgenden Beispiele zeigt, kann es auch in einem literarischen Text zum Code-Switching kommen.

---

9   Über diese Definition herrscht in der Linguistik weitgehend Einigkeit. Sie beinhaltet außer-dem eine Unterscheidung zwischen Sprachwechsel und Entlehnung; Letzteres verstanden als konventionalisierte Übernahmen aus einer anderen Sprache. Aber auch hierzu gibt es andere Ansichten, z.B. bei Carol Myers-Scotton (2002).

Beispiel 1 (realsprachlich)
Sprecher: Wenn ich so gestresst von der Arbeit komme, gehe ich in meinen Garten und **well look after my flowers**. Ähm... Ich kümmere mich um meine Blumen. Gieße sie und ziehe Unkraut.

Beispiel 2 (literarisch)
Richtig ist, dass Weiße ebenso betroffen sind von den Fragen, die mit Rassismus zusammenhängen. [...] [W]ährend der besserwisserische Kompetenztonfall des amerikanischen Idioms an den falschen Stellen mit Vorschlaghämmern hantiert, können sich andererseits von unschuldig tuenden Fragen und passiven Zuhörerangeboten Betroffene verarscht und alleingelassen vorkommen. **How to be a good ally** muss ich von Fall zu Fall entscheiden, durch Haltung und Taten mehr als durch Worte (Cotten 2017: 142, Hervorhebung Katrin Gunkel).

In beiden Beispielen kommt es zu einem intrasententiellen *Sprachwechsel* bzw. *Code-Switching*. Das erste, mündliche Beispiel stammt von einem englischen Auswanderer in Deutschland und entstand im Kontext einer Frage nach dem Befinden. In der linguistischen Mehrsprachigkeitsforschung geht man davon aus, dass die Wechsel in eine andere Sprache bestimmte Bedeutungen haben. Die eingebettete englische Einheit hängt beim ersten Beispiel mit der Mehrsprachigkeit des Äußernden zusammen und ist psycholinguistisch motiviert. Psychologisch motiviertes Code-Switching wird auch als nicht-funktionales Code-Switching bezeichnet. Der Wechsel erfolgt bei Sprechern unbewusst. Es steckt also keine intendierte kommunikative Funktion dahinter. Beispielhaft sind Äußerungen, in denen es nach dem Code-Switching zur Selbstkorrektur kommt, wie es beim ersten Beispiel der Fall ist. Auslöser für nicht-funktionales Code-Switching können sogenannte „triggerwords" (dt. ‚Auslösewörter') sein, mit denen ein vollständiger Wechsel in eine andere Sprache einhergehen kann. Triggerwords sind beispielsweise bilinguale Homophone, lexikalische Übernahmen oder Eigennamen, die den Übergang in eine andere Sprache erleichtern (Riehl 2014: 29). Auslöser können aber auch strukturelle Ähnlichkeiten zwischen Sprachen sein.

Psychologisch motiviertes Code-Switching kann in literarischen Texten ebenso vorkommen. Da das Schreiben eines literarischen Textes jedoch selten ein unbewusster Prozess ist, handelt es sich in der Regel um eine Nachahmung. Das ist beim zweiten Beispiel der Fall, in dem Fragen und die Haltung zum Thema Rassismus erläutert werden. Es stammt aus dem literarischen, autobiografisch geprägten Essayband „Fast dumm. Essays von on the road" (2017) der deutsch-amerikanischen Autorin Ann Cotten. Ann Cotten wurde in den Vereinigten Staaten von Amerika geboren, ist in Wien aufgewachsen und lebt nun dort sowie in Berlin. Die Essays entstanden unter anderem auf einer ausgedehnten Amerika-Reise. Der Sprachwechsel des Beispiels hängt mit der Mehrsprachigkeit der Autorin zusammen, die auf die Figur mit dem Namen *Ann Cotten* übertragen wird. Die Mehrsprachigkeit hat damit die poetische Funktion einer realistischen Charakterzeichnung der handelnden Figur und es wird eine psycholinguistisch motivierte Sprachverwendung suggeriert. Der Sprachwechsel zeigt die Zugehörigkeit zum Land sowie zur Sprache an.

Erfolgt das Code-Switching aus pragmatischen Gründen, spricht man von funktionalem Code-Switching. Die möglichen Funktionen können von der Verständnissicherung über Bevorzugung/Vermeidung bestimmter Wörter oder Anspielungen auf einen gemeinsamen kulturellen oder sozialen Hintergrund bis hin zu einer poetischen oder expressiven Absicht reichen. Letztere lässt sich in beiden Beispielen ausmachen: Die Sprachwechsel hängen mit der jeweiligen Gefühlswelt zusammen. In seinem Garten fühlt sich der Sprecher von Beispiel 1 ebenso wohl wie in der englischen Sprache, was mit einem Erinnerungsvorgang an seine Heimat zusammenhängt. Eine expressive Funktion lässt sich auch beim zweiten, literarischen Beispiel ausmachen. Linguistische Untersuchungen haben ergeben, dass ein Wechsel dann häufig erfolgt, wenn persönliche Werte und Einstellungen ausgedrückt werden (vgl. Appel/Muysken 1987: 119, Riehl 2014: 25–28). Wie zuvor, steht bei dem literarischen Beispiel auch die dargestellte expressive Funktion in einem poetischen Kontext und dient der Charakterisierung der Figur. Die Annahme liegt jedoch nahe, dass sich darin Ann Cottens Haltung spiegelt.

Zum funktionalen Sprachwechsel kann es auch aufgrund von „äußeren Faktoren" (Riehl 2014: 25) kommen. Dazu zählt zum Beispiel die Situation:

> Ein situativer Sprachwechsel erfolgt als Konsequenz einer neuen Situation, die sich zum Beispiel durch den Wechsel des Gesprächspartners, des Themas oder des Ortes ergeben kann. Eine solche Situation kann im literarischen Text imitiert und damit als Ursache für einen Sprachwechsel angegeben werden. Sie kann jedoch ebenso die Schriftstellerin oder den Schriftsteller betreffen, wenn diese/ dieser beispielsweise während des Schreibprozesses in ein anderes Land reist und die Erfahrungen der anderen Sprache und Kultur in den Text einfließen lässt (Gunkel 2020: 53).

Der Sprachwechsel ist in beiden Beispielen auch situativ motiviert. Beim ersten Beispiel hängt er mit dem Wechsel des Themas vom stressigen Arbeitsalltag hin zur entspannten Gartenarbeit in der Freizeit zusammen. Das Besondere am literarischen Beispiel ist, dass der Sprachwechsel auch im Zusammenhang mit der Reise und der Sprachkontaktsituation der Autorin steht. Das Beispiel stammt aus einem Essay, in dem Ann Cotten ihre Erlebnisse und Gedanken während eines Aufenthalts in Kansas City und Detroit darstellt. Diese englischsprachige Umgebung wird in der fiktiven Welt imitiert und beeinflusst die deutschsprachige Figur. So heißt es früher im Essay: „Main Street entlang, *feeling corn-fed-up*, cruisend wie ein *Studebaker Convertible*, an der Videothek vorbei, mehreren verschiedenen Drive-in-Burgerbuden, Tankstellen. *Organic Food*, [...]" (Cotten 2017: 133).

Beim literarischen Beispiel kommt mit der Verwendung der englischen Sprache noch eine andere Funktion hinzu, eine gesellschaftspolitische. Ann Cottens Essays entstehen im Rahmen einer Amerika-Reise kurz nach der Wahl von Donald Trump zum 45. Präsidenten der Vereinigten Staaten von Amerika. „Was er nicht ertragen kann, kann er nicht kapieren" lautet der Klappentext des Buches und darin lässt sich die Schreibhaltung der Autorin erkennen: Es geht weniger um die „objektive Auflistung der Realität" (ebd.: 9), es geht um Eindrücke und deren Reflektion: „Beim Anflug auf New York hatte ich mehrere Aufgaben im Kopf. Eine von ihnen war, herauszufinden, was es mit dem Trump-Problem wirklich auf sich hat" (ebd. 82). Um zu „kapieren", wie Donald Trump, der als „Oger-Muppet"[10] (ebd.: 11) bezeichnet wird, amerikanischer Präsident werden konnte, muss das Land an den Stellen „ertragen" werden, an denen er gewählt wurde. Beschrieben wird ein Land voller Konflikte, sozialer Klüfte und innerer Verwerfungen.[11] Das Thema Rassismus ist hierfür ein Beispiel.

Dass es Parallelen zwischen Sprach- und Literaturwissenschaft gibt, zeigen auch die folgenden Beispiele zur *Sprachmischung* bzw. zum *Sprachtransfer*. Während es beim Code-Switching zum Übergang von einer Sprache in die andere kommt und beide Sprachen unverändert bleiben, wird beim Sprachtransfer etwas von einer Sprache in eine andere übernommen und in deren System eingegliedert (Riehl 2014: 35). Den Ausgangspunkt der grammatischen Analyse bildet die sogenannte Einfluss-Sprache. Nach ihrem grammatischen System wird die andere Sprache verändert. Werden die sprachlichen Elemente in die Zielsprache integriert, kommt es zur Entwicklung einer Zwischensprache. Das ist beispielsweise bei Pidginsprachen der Fall. Die vereinfachten Sprachbildungen weisen kein vollständig ausgebautes Sprachsystem auf. Sie verfügen über einen begrenzten Wortschatz, eine einfache Grammatik und dienen dazu, die Kommunikation zwischen verschiedensprachigen Personen zu ermöglichen (Riehl 2013: 398). Solche Zwischensprachen finden sich ebenso in der Literatur. Man denke an die Makkaronische Poesie, die die Morphologie zweier Sprachen miteinander kombiniert. Die folgenden zwei Beispiele weisen klassische Transferprozesse auf:

---

10 Das deutsche Wort *Oger* (von frz. *ogre*, über eine ältere Form zu lt. *Orcus* [‚Gott der Unterwelt‘]) bezeichnet ein „Menschen fressendes Ungeheuer (im Märchen)" („Digitales Wörterbuch der deutschen Sprache", https://www.dwds.de/wb/Oger [Stand: 13/08/2022]) und das englische Wort *muppet* steht für ‚Dödel‘.

11 https://www.starfruit-publications.de/buecher/ann-cotten/ (Stand: 21/09/2021).

Beispiel 3 (realsprachlich)
Sprecher A: Wo warst du gerade gewesen?
Sprecher B: Ich war gerade am Bahnhof, als es **fing an schrecklich zu regnen**.

- engl. *'when it started to rain heavily'*

Beispiel 4 (literarisch)
Die Leute [in Los Angeles] sind so cool. Wieder packt mich die Sehnsucht danach, mich irgendwann irgendwo richtig zu integrieren. Vertraut zu werden. Man muss ja nicht alles als Problem **framen** Ann (Cotten 2017: 154, Hervorhebung Katrin Gunkel).

- engl. *'to frame'*, dt. *'rahmen, entwerfen'*

Transfererscheinungen können unterschiedliche Ebenen der Sprache betreffen und finden sich sowohl im mündlichen wie im schriftlichen, literarischen Sprachbereich. Im ersten Beispiel, bei dem es sich um mündliche Äußerungen handelt, kommt es zu einer Generalisierung der Verbzweitstellung für Haupt- und Nebensatz. Die Äußerung stammt von einem deutschen Auswanderer in Amerika und erfolgte im Rahmen eines Alltagsgesprächs. Das zweite Beispiel, in dem ein englisches Verb deutsch konjugiert wird, stammt erneut aus dem Essayband „Fast dumm" (2017) der Autorin Ann Cotten.

Betrachtet man die Funktionen von Sprachtransfer lassen sich ähnliche Befunde wie beim Code-Switching ausmachen. Es kann zur bewussten Mischung aus funktionalen Gründen kommen, zum Beispiel aus diskursstrategischen Gründen, um die Zugehörigkeit zu einer Gruppe, Kultur oder auch Sprache anzuzeigen. Ebenso kann die Mischung unbewusst erfolgen und psychologisch motiviert sein. Letzteres trifft auf das realsprachliche Beispiel zu, bei dem die Sprachmischung auf interne Prozesse der Sprachproduktion, also auf die Mehrsprachigkeit des sich Äußernden zurückzuführen ist. Die Mehrsprachigkeit von Ann Cotten, so lässt sich annehmen, beeinflusst ebenso ihre Textproduktion. Dem literarischen Beispiel können zudem, neben einer realistischen Charakterzeichnung der Figur *Ann Cotten*, deren Sehnsucht dargestellt wird, sowie der literarischen Aufarbeitung der Reise, weitere poetisch-ästhetische Funktionen zugesprochen werden wie Klangästhetik oder ein mit dem Wort „framen" einhergehender Aufmerksamkeits- und auch (falls unbekannt) Verfremdungseffekt. Zwar ist die deutsche Konjugation des englischen Verbs per se nichts Neues, aber es sind Sprachgestaltungen wie diese, die neue sprachliche Strukturen hervorbringen, aufgreifen oder auch stärken können. In diesem Sinne sind sie auch für die Sprachwissenschaft von Interesse.[12]

Zwischen grammatischer Regelmäßigkeit und poetischer Sprachinvention

Ähnliche Formen, ähnliche Funktionen – die eine Hälfte der vier angeführten Beispiele ist realsprachlich/mündlich, die andere literarisch/schriftlich und sie alle zeigen die Gemeinsamkeiten zwischen den sprachwissenschaftlichen und den literarischen Phänomenen der Mehrsprachigkeit. Als Vergleichspunkt zur genaueren Betrachtung von Sprachdifferenzen in literarischen Texten werden in der Literaturwissenschaft zunehmend realsprachliche Phänomene und linguistische Termini und Parameter herangezogen – insbesondere die des Code-Switchings und Sprachtransfers. Ebenso wie die Parallelen werden auch die Unterschiede hervorgehoben. Auslöser bei Sprechern, wie Situationsgebundenheit oder Spontanität, oder Funktionen wie Wortfindungsschwierigkeiten werden nur als bedingt auf literarische Texte anwendbar angesehen. Ähnliches gilt für grammatische Regelmäßigkeiten. Entscheidend ist der Unterschied zwischen mündlichen und schriftlich fixierten Phänomenen, die zudem in einem literarischen Kontext stehen. Diese Differenz zeigten auch die vier Beispiele auf. Welche Schlussfolgerungen lassen sich daraus für die Analyse mehrsprachiger Literatur ziehen? Natürlich lässt sich mit linguistischen Begrifflichkeiten und Beschreibungsmodellen arbeiten, um zum Beispiel zu analysieren, wie Prozesse wie Sprachtransfer oder Code-Switching in literarischen Darstellungen funktionieren (vgl. Dembeck 2020: 168). Doch die Analyse steht unter anderen Vorzeichen. Es gilt, unterschiedliche Aspekte zu berücksichtigen: Die aus pragmatischen Gründen gesetzten Begrifflichkeiten und schematischen Modelle der Linguistik müssen in Anbetracht der Beweglichkeit der Sprache und des Sprachwandels ihre Grenzen haben und zunächst für provisorisch gehalten werden. Es liegt in der Natur der Begrifflichkeiten und Konzepte, Gegenstände und Sachverhalte zu vereinfachen und zu vereinheitlichen. Bereits eine klare Differenzierung von Sprachwechsel und Sprachmischung lässt sich nicht immer vornehmen, da die Phänomene so vielgestaltig ausfallen können. Schon Wilhelm von Humboldt unterschied in Bezug auf die Sprache zwischen *ergon* und *energeia*, also dem systematischen Aspekt von Sprache, ihrer Orientierung an Regeln einerseits und ihrem kreativen Potenzial, die Regeln überschreitenden und den Sprachwandel antreibenden Gebrauch andererseits: „Die Sprache, in ihrem wirklichen Wesen aufgefaßt, ist etwas

---

12 Eine ähnliche Ansicht vertreten Anna Benteler (2019: 166), aber auch René Appel und Pieter Muysken (1987: 119).

beständig und in jedem Augenblicke Vorübergehendes. Selbst ihre Erhaltung durch die Schrift ist immer nur eine unvollständige, mumienartige Aufbewahrung [...]. Sie selbst ist kein Werk (*Ergon*), sondern eine Tätigkeit (*Energeia*)" (Humboldt 1836: 41). Insbesondere mehrsprachige Texte zeichnen sich meist gerade dadurch aus, das kreative Potenzial von Sprache auszuschöpfen. Sie arbeiten mit der Beweglichkeit der Sprache, potenzieren sie gleichsam. Es handelt sich um Merkmale, die Literatur grundsätzlich kennzeichnen:

> Man muss davon ausgehen, dass sich im konkreten, stets singulären Sprachgebrauch und zumal in der Literatur, die ja in besonderer Weise auf die Originalität ihrer Ausdrucksmittel bedacht ist, immer schon eine beständige Veränderung dessen vollzieht, was man als Sprachsystem [bzw. Sprachnorm] bezeichnet (Dembeck 2020: 166).

Neben dem Unterschied zwischen schriftlicher und gesprochener Sprache sind es vor allem poetische Vorzeichen, die bei der Betrachtung von literarischen Texten in den Mittelpunkt rücken. Die Alltagssprache wird in der Literatur imitiert, reproduziert, ist jedoch mit ihr nicht identisch. Literarische mehrsprachige Phänomene weisen unterschiedliche Formen der Stilisierung und Ästhetisierung der außerliterarischen Realität auf. Maßgeblich sind die eigenen literarischen Gesetzmäßigkeiten, die für den jeweiligen Text entworfen werden. Ernst Jandl ist mit seiner besonderen Art des mehrsprachigen, avantgardistischen Gedichts ein prägnantes Beispiel, das zugleich zeigt, inwieweit die Übergänge zwischen den Phänomenen im linguistischen Sinne und poetischer Sprachinvention verwischt werden können. In seinem Gedicht „calypso" (1957) verbindet er deutsche (nach Wiener Bauart) und pidgin-englische Bestandteile zu einer Poesie, die zahlreiche mehrsprachige Verfahren – auch Sprachmischung und Sprachwechsel – kombiniert:

calypso

ich was not yet

in brasilien

nach brasilien

wulld ich laik du go

wer de wimen

arr so ander

so quait ander

denn anderwo

ich was not yet

in brasilien

nach brasilien
wulld ich laik du go

als ich anderschdehn
mange lanquidsch
will ich anderschdehn
auch lanquidsch in rioo

ich was not yet
in brasilien
nach brasilien
wulld ich laik du go

wenn de senden
mi across de meer
wai mi not senden wer
ich wulld laik du go

yes yes de senden
mi across de meer
wer ich was not yet
ich laik du go sehr

ich was not yet
in brasilien
nach brasilien
wulld ich laik du go (Jandl 1985: 96)

Das Gedicht handelt von der Sehnsucht nach einem fernen, fremden Land und der Kenntnis vieler fremder Sprachen. Jandl, der selbst als Übersetzer gearbeitet hat, macht sich hier den paradox anmutenden Tatbestand zunutze, dass die Distanz zwischen einander benachbarten Sprachen wie dem Deutschen und dem Englischen gerade wegen klanglicher und semantischer Ähnlichkeiten letztlich drastischer deutlich werden mag als zwischen Sprachen völlig unterschiedlichen Charakters. Und so überzeichnet er die semantischen und klanglichen Ähnlichkeiten zweier Sprachsysteme, insbesondere mittels des mehrsprachigen Verfahrens der Oberflächenübersetzung[13], bei der Laute einer Sprache (in diesem Fall des Englischen) durch eine andere (das Deutsche) imitiert werden.

---

13 Weiterführende Betrachtungen zum Thema bieten die Arbeiten von Eckhard Schumacher (2014) und Dirk Weissmann (2014).

Das Prinzip zeigt sich in Verszeilen wie: „wulld ich laik du go" (engl. ‚would I like to go", V. 4). Jandl rückt eine sinnbezogene Übersetzungsebene in den Hintergrund und entscheidet sich vielmehr für eine homophone Übertragung. „[W]ulld" (engl. ‚would"), „laik" (engl. ‚like") und „wimen" (engl. ‚women" [Pl.], V. 5) sind Beispiele für die Anwendung der phonetisch-phonologischen Ausspracheregeln des Deutschen auf das Englische: Die Wörter sind auf Deutsch geschrieben, werden allerdings englisch ausgesprochen. Beispiele für eine Oberflächenübersetzung finden sich auch in den Worten „denn" (V. 8) und „de" (V. 5) anstelle von „then" und „the" bzw. „they" (V. 21 o. 25). Jandl stellt hier die Herausforderung für viele Lerner des Englischen dar, das englische „th" auszusprechen. Neben Code-Switchings (u. a. V. 1, 4 o. 22) gibt es weitere mehrsprachige Sprachspiele: Wortbildungselemente aus dem Deutschen verraten, „wo vermeintlich englische Wörter durch ähnlich klingende deutsche ersetzt wurden, so etwa das deutsche Flexionsmorphem ‚-en' in der Verbform ‚senden', welche die 3. Person Plural meint und eigentlich ‚sent' heißen müsste" (Uhrmacher 2007: 125) (V. 21). Auch auf syntaktischer Ebene kommt es zum Sprachtransfer. Ein einschlägiges Beispiel sind die Verszeilen „als ich anderschdehn / mange lanquidsch", wo die englische Verb-Zweit-Stellung im Nebensatz ins Deutsche übernommen wird. (V. 13 f.)

Jandls Gedicht handelt auf den ersten Blick von den Sprachschwierigkeiten menschlicher Artikulation, der Sehnsucht nach fremden Orten, thematisiert aber auch die Verschiedenheit der Sprachen und übergeht sie gleichzeitig. Es ist weniger ein leichtes Sprachspiel, das sich aus der ungewohnten Sprachverwendung ergibt: Jandls mehrsprachige Sprachkunst wird zu einer Spielart des Komischen, die er dazu nutzt, um mit dem „Fundament der Sprache" selbst zu experimentieren, um so den Blick auf die Sprache zu verändern (Uhrmacher 2007: 10). Fremdsprachliche Elemente klingen in vertrauten Wörtern an und umgekehrt. Dadurch entdeckt er „das Fremde im Vertrauten selbst [und] weckt das Befremden gerade in der scheinbar so harmlosen Alltagsrede" (Schmitz-Emans 1997: 162). Ein zentrales Element des Textes ist seine Klanglichkeit, die sich aus der Komposition unterschiedlicher Mehrsprachigkeitsverfahren und ihren Auswirkungen auf den rhythmischen Versbau, der metrischen Struktur und dem Klang ergibt. „Calypso" ist eines jener Gedichte, die Jandl für den musikalischen Vortrag anlegt. Er entdeckt den sich aus der Mehrsprachigkeit ergebenden Laut in der Sprache als autonomes Element, aus dem er Poesie entstehen lässt, die aus ihrem Klang heraus lebt. Es zeigt sich, dass Sprachvielfalt nicht nur unterschiedliche Ebenen der Textstruktur beeinflusst, sondern auch klangliche oder ästhetische Strategien. Insbesondere bei literarischen Texten gilt es, das Zusammenspiel dieser unterschiedlichen Ebenen genauer zu betrachten.

„[D]ie rache / der sprache / ist das gedicht" – so lautet das Motto von Ernst Jandls Gedichtband „peter und die kuh" (1996). Für Jandl stellt Dichtung die Manifestation sprachlicher Freiheit dar. Seine Texte bringen fest gefügte Ordnungen durcheinander, bringen neue sprachliche Strukturen hervor. Sie verändern den Blick auf die Sprache und ermöglichen auf diese Weise neue Perspektiven, die auch aus linguistischer Sicht relevant sein können. Die Betrachtung, wie sprachwissenschaftliche Untersuchungen von Mehrsprachigkeit durch literaturwissenschaftliche Ansätze gewinnen, ist ein lohnendes Unterfangen, dem in der Mehrsprachigkeitsforschung bisher nicht ausreichend nachgegangen wurde. Allein die poetische Funktion von Sprache findet sich auch im realsprachlichen Sprachgebrauch und lässt sich nicht immer auf das Prinzip des Sprachwitzes bzw. -spiels reduzieren. Eine in diesem Kontext und vor dem Hintergrund der angestellten Analysen interessante wie zu diskutierende Fragestellung ist, ob die Befruchtung zwischen Sprach- und Literaturwissenschaft überwiegend in eine Richtung stattfindet. Dies genauer zu betrachten, würde den Rahmen der vorliegenden Arbeit überschreiten. An dieser Stelle kann jedoch festgehalten werden, dass Sprachwissenschaftler sich dafür interessieren sollten, wie Literatur Sprache gestaltet, beeinflusst. Das Besondere an literarischen Texten ist, dass es sich um sprachliche Werke handelt, die über das Alltägliche hinausgehen. Die sprachlichen Eigenschaften erzeugen ästhetische. Sprachwissenschaftler sollten sich deshalb auch dafür interessieren, wie Texte, einer „ihrer" Forschungsgegenstände, von der Literaturwissenschaft und anderen Disziplinen aus in den Blick genommen werden. Gleiches gilt auch umgekehrt: Literarische Texte bestehen aus sprachlichen Strukturen, mit deren System, Verwendung und „Funktionieren" es sich zu befassen gilt. Von Interesse ist das unter der Textoberfläche Liegende wie auch die Textoberfläche selbst – und das betrifft nicht nur mehrsprachige Texte. Beide Disziplinen stärker aufeinander zu beziehen ist ein herausfordernder wie produktiver Weg, der ein anderes, besseres Verständnis dessen ermöglicht, was Literatur auszeichnet und menschliche Sprache ist bzw. kann.

Philologie und Mehrsprachigkeit: Neue Perspektiven

Mit Blick auf das Gedicht von Ernst Jandl und die Beispiele aus Ann Cottens Essayband liegt auf der Hand, dass sprachwissenschaftliche Begriffe und Konzepte, die sich zudem maßgeblich auf mündliche Sprachformen beziehen, nur bedingt auf schriftliche, literarische Formen passen, die ohnehin weniger in ihrer Kommunikationsfunktion als in ihrer ästhetischen Qualität zu betrachten sind. Autorinnen und Autoren entwerfen meist ihre eigenen (Spiel-)Regeln, die oftmals bewusst von linguistischen Standards und Regeln abweichen. Nur zu bekannt sind die mehrsprachigen Texte von Yoko Tawada oder Uljana Wolf. Während sich die deutsch-japanische Autorin Yoko Tawada beispielsweise in ihrem Gedichtband „Abenteuer der deutschen Grammatik" (2010) dem wohl schwierigsten Part der deutschen Sprache widmet, der Grammatik, in der sie auf Abenteuerjagd geht, spielt Uljana Wolf in ihrem Gedichtband „falsche freunde" (2009) mit einem linguistischen Phänomen: falschen Freunden. Hierbei handelt es sich um Wortpaare in zwei verschiedenen Sprachen, die gleich geschrieben werden oder phonetisch übereinstimmen, aber unterschiedliche Bedeutung haben, zum Beispiel *Gift* (dt. ‚schädliche Flüssigkeit') und *gift* (engl. ‚Geschenk').[14]

Die Frage nach dem Zusammenhang zwischen Mehrsprachigkeit und literarischer Kreativität hat in den vergangenen Jahren ein innovatives literaturwissenschaftliches Forschungsgebiet hervorgebracht, das interdisziplinär arbeitet und neue Forschungsschwerpunkte gesetzt hat. Als Vergleichspunkt zur genaueren Betrachtung von Sprachdifferenzen in literarischen Texten werden in der Literaturwissenschaft zunehmend realsprachliche Phänomene und linguistische Termini und Parameter herangezogen – entsprechend der Prämisse, dass die Verknüpfung von nicht-literarischen und literarischen Ansätzen deshalb so interessant ist, weil sie neue Perspektiven eröffnet. Literaturwissenschaftler können zur Untersuchung der konkreten Sprachlichkeit auf das zurückgreifen, was Linguisten bei der Erforschung von Mehrsprachigkeit tun, um die Ebene der sprachlichen Strukturen (Wortschatz, syntaktische Strukturen, morphologische Marker etc.) und deren Funktion und kulturpolitischen Einsatz genauer zu betrachten. Grundlegend ist dabei die Annahme, dass Sprachkombinationen in literarischen Texten oft nicht dem entsprechen, was man aus linguistischer Sicht zum Beispiel als Code-Switching oder Sprachtransfer betrachtet. Eine aufschlussreiche Darstellung der literarischen Phänomene erfordert ein Verständnis der Arten von mehrsprachigen Sprech- und Schreibpraktiken, an denen sich die Texte orientieren oder von denen sie sich auch distanzieren. Denn fest steht, dass „kein literarisches Werk seinen Umgang mit Sprachdifferenzen im luftleeren Raum pflegt. Im Gegenteil: Ihre kulturelle und soziale Wertigkeit ist unmittelbar Teil jeder ästhetischen Konstruktion von Sprachdifferenzen" (Dembeck/Uhrmacher 2016: 11). Auch wenn die grammatischen wie funktionalen Parameter in der Literatur nur bedingt Anwendung finden, so bieten sie dennoch die Möglichkeit, das Verhältnis zwischen Realitätsnähe literarischer Imitation und Realitätsferne literarischer Verzerrung abzuschätzen und ein tiefergehendes Verständnis von den Mehrsprachigkeitsverfahren und ihren Funktionen zu erhalten. Und manchmal gibt es auch keine klare Dichotomie zwischen *erfahren* und *erzeugt*.

---

14 Weiterführende Betrachtungen vgl. Gunkel (2020), insbes. Kapitel IV, 2.1 und 3.

Zum Schluss lohnt sich noch ein Blick auf die Mehrsprachigkeitsforschung und ihre mögliche Zukunft: die *Mehrsprachigkeitsphilologie*. Mehrsprachigkeit aus philologischer Perspektive zu betrachten, bedeutet, die Kombination aus Linguistik und Literaturwissenschaft. Dieser Ansatz findet sich in den Einsichten und Befunden der Mehrsprachigkeitsphilologie, die in den letzten Jahren zunehmend an Konturen gewann, maßgeblich durch die Impulse von Till Dembeck (2020, Dembeck/Mein 2014). Die Mehrsprachigkeitsphilologie interessiert sich in besonderem Maße für die konkrete Sprachlichkeit literarischer Texte. In den Mittelpunkt rücken Sprachdifferenzen, hauptsächlich die, die Verständigungsprobleme mit sich bringen.[15] Zur Untersuchung dieser ist die Sprachwissenschaft für die Mehrsprachigkeitsphilologie von Bedeutung. Doch die Zielsetzung sei, so Dembeck, die Erfassung von Sprachvielfalt auf allen Ebenen der Textstruktur, und dazu zählt auch die Untersuchung der Arten und Weisen, wie die jeweils zu konstatierende sprachliche Vielfalt auf der Sprachoberfläche auf diejenige der anderen Ebenen – z. B. ästhetischen, stilistischen oder rhetorischen Strategien – bezogen sei.

Die Verzahnung von unterschiedlichen mehrsprachigen Verfahren und Modalitäten ist ein zentraler Aspekt bei der Analyse eines mehrsprachigen Textes. Zur Betrachtung dieser bieten linguistische Blickwinkel eine fruchtbare Bereicherung, denn sie ermöglichen die Untersuchung der konkreten Sprachlichkeit eines Textes und ihrer Korrelation mit anderen (mehrsprachigen) Verfahren. Die Mehrsprachigkeitsphilologie ist ein Plädoyer für eine (neue) Philologie, in der die Erkenntnisse beider Disziplinen des Fachs Germanistik – Sprach- und Literaturwissenschaft – wechselseitig zur Kenntnis genommen und füreinander fruchtbar gemacht werden können.

Literaturverzeichnis

Appel, René/Muysken, Pieter (1987). Language Contact and Bilingualism. London: Arnold. Nachdruck: Amsterdam 2006.

Bär, Jochen A./Mende, Jana-Katharina/Steen, Pamela (2015). Literaturlinguistik – eine Einführung. In: Dies. (Hrsg.) Literaturlinguistik – philologische Brückenschläge. Frankfurt am Main: Peter Lang, 7–18.

15 Daneben interessiert sich die Mehrsprachigkeitsphilologie auch für diejenigen Formen von Sprachvielfalt, die auf anderen Ebenen situiert sind und daher unauffälliger erscheinen. Ein Beispiel hierfür ist versbauliche Mehrsprachigkeit, zu der die Übernahme von Formen des Versbaus, die aus unterschiedlichen Sprachräumen stammen, zählt (für genauere Betrachtungen vgl. Dembeck 2017: 259–276). Relevant sei die Untersuchung unterschiedlicher Arten und Grade von Mehrsprachigkeit und die Abschätzung ihrer Bedeutsamkeit (vgl. Dembeck 2020).

Benteler, Anne (2019). Sprache im Exil. Mehrsprachigkeit und Übersetzung als literarische Verfahren bei Hilde Domin, Mascha Kaléko und Werner Lansburgh. Stuttgart: J. B. Metzler.

Busch, Brigitta (2017). Mehrsprachigkeit. 2. Auflage. Wien: Facultas.

Busse, Dietrich/Teubert, Wolfgang (1994). Ist Diskurs ein sprachwissenschaftliches Objekt? Zur Methodenfrage der historischen Semantik. In: Dies./Hermanns, Fritz (Hrsg.) Begriffsgeschichte als Diskursgeschichte. Methodenfragen und Forschungsergebnisse der historischen Semantik. Opladen: Westdeutscher Verlag, 10–28.

Callahan, Laura (2001). Spanish/English codeswitching in fiction. A grammatical and discourse function analysis. Unpublished PhD dissertation. Berkeley: University of California.

Callahan, Laura (2004). Spanish/English codeswitching in a written corpus. Amsterdam: John Benjamins Publishing Company.

Coseriu, Eugenio (1980). Textlinguistik. Eine Einführung. Hrsg. und bearbeitet von Jörn Albrecht. Tübingen: Gunter Narr Verlag.

Cotten, Ann (2017). Fast dumm. Essays von on the road. Fürth: Starfruit Publications.

Dembeck, Till (2017). Basisverfahren literarischer Mehrsprachigkeit. Sprachwechsel/ Sprachmischung. In: Ders./Parr, Rolf (Hrsg.) Literatur und Mehrsprachigkeit. Ein Handbuch. Tübingen: Gunter Narr Verlag, 123–166.

Dembeck, Till (2020). Es gibt keine einsprachigen Texte! Ein Vorschlag für die Literaturwissenschaft. Zeitschrift für Interkulturelle Germanistik 11:1, 163–176.

Dembeck, Till/Mein, Georg (Hrsg.) (2014). Philologie und Mehrsprachigkeit. Heidelberg: Universitätsverlag Winter.

Dembeck, Till/Parr, Rolf (Hrsg.) (2017). Literatur und Mehrsprachigkeit. Ein Handbuch. Tübingen: Gunter Narr Verlag.

Dembeck, Till/Uhrmacher, Anne (2016). Vorwort: Erfahren oder erzeugt? Zum literarischen Leben der Sprachdifferenz. In: Dembeck, Till (Hrsg.) Das literarische Leben der Mehrsprachigkeit. Methodische Erkundungen. Heidelberg: Universitätsverlag Winter, 9–18.

Digitales Wörterbuch der deutschen Sprache (https://www.dwds.de/wb).

Dumitrescu, Domnita (2014). English-Spanish code-switching in literary texts. Hispania 97:3, 357–359.

Elwert, Theodor W. (1973). Fremdsprachige Einsprengsel in der Dichtung. In: Ders. (Hrsg) Das zweisprachige Individuum. Und andere Aufsätze zur Romanischen und Allgemeinen Sprachwissenschaft. Wiesbaden: Franz Steiner Verlag, 257–276.

Ernst, Ulrich (2004). Bilingualität als Modell einer Ästhetik der Transgression. Zur manieristischen Polyglossie in visuellen Texten. In: Monika Schmitz-Emans (Hrsg.) Literatur und Vielsprachigkeit. Heidelberg: Synchron Wissenschaftsverlag der Autoren, 49–81.

Forster, Leonard (1974). Dichten in fremden Sprachen. Vielsprachigkeit in der Literatur. München: Francke Verlag.

Genette, Gérard (1972). Strukturalismus und Literaturwissenschaft. In: Blumensath, Heinz (Hrsg.) Strukturalismus in der Literaturwissenschaft. Köln: Kiepenheuer & Witsch, 71–88.

Genette, Gérard: Die Erzählung. München: Beck 1994.

Gunkel, Katrin (2020). Poesie und Poetik translingualer Vielfalt. Zum Englischen in der deutschen Gegenwartslyrik. Wien: Praesens Verlag.

Hein-Khatib, Simone (1998). Sprachmigration und literarische Kreativität. Erfahrungen mehrsprachiger Schriftstellerinnen und Schriftsteller bei ihren sprachlichen Grenzüberschreitungen. Frankfurt a. Main: Peter Lang.

Herrmann, Leonhard/Siebenhaar, Beat (2015). Fiktive Sprachen. Wie der Dialekt in die Literatur kommt – in dialektologisch-literaturwissenschaftliches Lehr- und Forschungsprojekt. In: Bär, Jochen A./Mende, Jana-Katharina/Steen, Pamela (Hrsg.) Literaturlinguistik – philologische Brückenschläge. Frankfurt am Main: Peter Lang, 47–74.

Hess-Lüttich, Ernest W. B. (1985). Soziale Interaktion und literarischer Dialog. Zeichen und Schichten in Drama und Theater. Bd. 2. Berlin: Erich-Schmidt-Verlag.

Jakobson, Roman: Die neueste russische Poesie (1972). In: Stempel, Wolf-Dieter/ Striedter, Jurij/Paulmann, Inge (Hrsg.): Texte der russischen Formalisten. Bd. 2. München: Fink, 18–135.

Jakobson, Roman: Linguistik und Poetik (1979). In: Holenstein, Elma/Schelbert, Tarcisius (Hrsg.): Roman Jakobson: Poetik. Ausgewählte Aufsätze 1921–1971. Frankfurt am Main: Suhrkamp, 83–120.

Jandl, Ernst (1985). Gesammelte Werke. Band 1. Gedichte. Hrsg. von Klaus Siblewski. Darmstadt/Neuwied 1985: Luchterhand Verlag.

Jandl, Ernst (1996). peter und die kuh. München: Luchterhand Literaturverlag.

Kremnitz, Georg (2015). Mehrsprachigkeit in der Literatur. Ein kommunikationssoziologischer Überblick. 2. erweiterte Auflage. Wien: Praesens Verlag.

Kristeva, Julia (1967). Bakhtine, le mot, le dialogue et le roman. Critique 33:239, 438–465.

Leopold, Werner F. (1939–1949). Speech Development of a Bilingual Child. A Linguist's Record. Bd. I–IV. Evanston: Northwestern University Press.

Liede, Alfred (1963). Dichtung als Spiel. Studien zur Unsinnspoesie an den Grenzen der Sprache. 2. Auflage. 1992. Berlin: De Gruyter.

Myers-Scotton, Carol (2002). Contact Linguistics. Bilingual Encounters and Grammatical Outcomes. New York: Oxford University Press.

Pfaff, Carol/L. Chávez, Laura (1986). Spanish/English codeswitching: Literary reflections of natural discourse. In: von Bardeleben, Renate/Briesemeister, Dietrich/ Bruce-Novoa, Juan (Hrsg.) Missions in conflict. Essays on US-Mexican relations and Chicano culture. Tübingen: Gunter Narr Verlag, 229–254.

Previšić, Boris (2014). Polyphonien in der slowenisch-österreichischen Grenzzone Kärnten. Peter Handke, Maja Haderlap, Peter Waterhouse. In: Dembeck, Till/ Mein, Georg (Hrsg.) Philologie und Mehrsprachigkeit. Heidelberg: Winter Verlag, 341–358.

Radaelli, Giulia (2011). Literarische Mehrsprachigkeit. Sprachwechsel bei Elias Canetti und Ingeborg Bachmann. Dissertationsschrift. Berlin: Akademie-Verlag.

Rakusa, Ilma (2001). Love after love. Frankfurt a. Main: Suhrkamp Verlag.

Riehl, Claudia Maria (2001). Schreiben, Text und Mehrsprachigkeit. Zur Textproduktion in mehrsprachigen Gesellschaften am Beispiel der deutschsprachigen Minderheiten in Südtirol und Ostbelgien. Tübingen: Stauffenburg Verlag.

Riehl, Claudia Maria (2013). Mehrsprachigkeit und Sprachkontakt. In: Peter Auer (Hrsg.) Sprachwissenschaft. Grammatik – Interaktion – Kognition. Stuttgart: J. B. Metzler Verlag, 377–404.

Riehl, Claudia Maria (2014). Mehrsprachigkeit. Eine Einführung. Darmstadt: WGB.

Riehl, Claudia Maria (2014). Sprachkontaktforschung. Eine Einführung. 3. überarbeitete Auflage. Tübingen: Gunter Narr Verlag.

Riehl, Claudia Maria (2018). Analyse mündlicher Lernvarietäten. In: Roche, Jörg/ Terrasi-Haufe, Elisabetta (Hrsg.) Mehrsprachigkeit und Sprachenerwerb Tübingen: Gunter Narr Verlag, 285–299.

Riehl, Claudia Maria (2021). The Interplay of Language Awareness and Bilingual Writing Abilities in Heritage Language Speakers. Languages 6:94, 1–23. (https://doi.org/10.3390/languages6020094, https://www.mdpi.com/2226-471X/6/2/94/htm Stand: 10/10/2021).

Roche, Jörg/Schiewer, Leonore (2017). Pragmatik der Mehrsprachigkeit. In: Dembeck, Till/Parr, Rolf (Hrsg.) Literatur und Mehrsprachigkeit. Ein Handbuch. Tübingen: Gunter Narr Verlag, 113–122.

Ronjat, Jules (1913): Le développement du langage observé chez un enfant bilingue. Paris: Éditions Honoré Champion.

Schmeling, Manfred/Schmitz-Emans, Monika (2002). Einleitung. Multilinguale Literatur im 20. Jahrhundert. In: Dies. (Hrsg.) Multilinguale Literatur im 20. Jahrhundert. Würzburg: Königshausen & Neumann, S. 7–35.

Schmitz-Emans, Monika (1997). Die Sprache der modernen Dichtung. München: Wilhelm Fink Verlag.

Schmitz-Emans, Monika (2004). Literatur und Vielsprachigkeit: Aspekte, Themen, Voraussetzungen. In: Dies. (Hrsg.) Literatur und Vielsprachigkeit. Heidelberg: Synchron Wissenschaftsverlag der Autoren, 11–27.

Schumacher, Eckhard (2014). „... Plan wie eine Sense". Über Oberflächenübersetzungen. In: Degner, Uta/Mengaldo, Elisabetta (Hrsg.) Der Dichter und sein Schatten. München: Fink Verlag, 151–165.

Tawada, Yoko (2010). Abendteuer der deutschen Grammatik. Gedichte. Tübingen: Konkursbuch Verlag.

Uhrmacher, Anne (2007). Spielarten des Komischen. Ernst Jandl und die Sprache. Tübingen: Max Niemeyer Verlag.

Ungeheuer, Gerold (1980). Gesprächsanalyse an literarischen Texten. In: Hess-Lüttich, Ernest W.B. (Hrsg.) Literatur und Konversation: Sprachsoziologie und Pragmatik in der Literaturwissenschaft. Wiesbaden: Athenaion, 43–71.

Von Humboldt, Wilhelm (1836). Über die Verschiedenheit des menschlichen Sprachbauchs und ihren Einfluss auf die Entwicklung des Menschengeschlechts. Berlin: Gedruckt in der Druckerei der Königlichen der Akademie der Wissenschaft.

Weissmann, Dirk (2014). „Stop making sense?" Ernst Jandl et la traduction homophonique. Études Germaniques 69:2, 289–306.

Winkler, Dagmar (2010). „Code-Switching" und Mehrsprachigkeit. Erkennbarkeit und Analyse im Text. In: Bürger-Koftis, Michaela/Schweiger, Hannes/Vlasta, Sandra

(Hrsg.) Polyphonie – Mehrsprachigkeit und literarische Kreativität. Wien: Praesens Verlag, 181–195.
Wolf, Uljana (2009). falsche freunde. Gedichte. Idstein: Kookbooks.
https://www.starfruit-publications.de/buecher/ann-cotten/ (Stand: 21/09/2021).

„habe / seit ich / laufen / kann [...] das rennete": Gestalt(ung) und Verfahren mehrsprachiger Lyrik in der Literatur Alto Adige-Südtirols

Erika Unterpertinger (Wien)

Abstract: Der vorliegende Beitrag untersucht anhand einer Korpusanalyse aus 149 lyrischen Texten, die zwischen 1990 und 2017 in der Autonomen Provinz Bozen-Südtirol publiziert wurden, wie Gestalt(ung) und Verfahren mehrsprachiger Lyrik analysiert werden können. Hierbei wird erstmals seit 1992 ein umfassender Blick auf zeitgenössische Südtiroler Literatur frei; zugleich wird das vornehmlich für mehrsprachige narrative Texte entwickelte Instrumentarium der Literaturanalyse auf die Gattung Lyrik hin geprüft und entsprechend angepasst.

Keywords: Mehrsprachige Literatur, mehrsprachige Lyrik, Literatur der Autonomen Provinz Bozen-Südtirol, literaturwissenschaftliche Korpusanalyse

1. Einleitung

Die italienische Provinz Alto Adlige-Südtirol als Literaturraum ist geprägt von einer mehrsprachigen Situation, deren historische Entwicklung auf politischer wie soziokultureller Ebene eine Kontinuität der Kontaktsituation bedingt. Dies findet seit Ende der 1960er Jahre, ausgelöst durch die polemische „Brixner Rede" des Schriftstellers n.c. kaser zur Lage der Literatur in der Provinz, Niederschlag in der lokalen deutsch-, italienisch- und ladinischsprachigen Literatur. Nicht nur Prosatexte wie Joseph Zoderers „Die Walsche" (1982) oder Francesca Melandris „Eva dorme" (2010) sind literarische Orte von Mehrsprachigkeit, auch in der Lyrik finden sich Sprachwechsel und Sprachmischungen, wie der diesem Beitrag seinen Titel gebende Text zeigt:

„HABE

SEIT ICH

LAUFEN

KANN

AB

1949

DAS

RENNETE"

(Schönweger 2004: 18, Herv. i. O.)

Die letzte Zeile des kurzen lyrischen Textes greift das *laufen* der ersten Strophe auf und stellt es einem Wortspiel mit dem Dialektausdruck *das Rennete haben* gegenüber, was sowohl für *es eilig haben* stehen kann, aber auch *ruhelos sein* bedeuten kann. Der Sprachwechsel im abschließenden Couplet betont die Ruhelosigkeit des lyrischen Ichs, das durch die Drucktypen (Großbuchstaben, Fettdruck in den abschließenden zwei Zeilen) betont wird.

Prosatexte haben einen anderen Anspruch, für Leser*innen verständlich zu sein, als Lyrik; bei beiden, aber noch stärker bei Lyrik, kann das Spiel mit dem Nicht-Verstehen neue Ebenen des (Un-)Verständnisses der Texte öffnen (Kilchmann 2012: 110 f.). Dies ergibt gemeinsam mit der Vielfalt an Formen, die Lyrik als Gattung prägen, ein breites Spektrum an Möglichkeiten – wohl nicht zuletzt deshalb betrachtet Werner Helmich Lyrik als eine „geheime und erklärte Zentralgattung" (Helmich 2016: 539). Welche mehrsprachigen Verfahren dabei im Vordergrund stehen, ist vom kulturellen Kontext der jeweiligen Kulturräume sowie vom sprachlichen Repertoire der Autor*innen, die darin agieren, geprägt, zumal sie „sichtbare Zeichen eines inter-lingualen, inter-literarischen und inter-kulturellen Dailogs" (Lamping 1995: 538) sind. Die Funktion mehrsprachiger Elemente in lyrischen Texten der Autonomen Provinz Bozen-Südtirol hat sich seit den Sechzigerjahren von einer stark politischen hin zu einer zwar weiterhin grenzüberschreitenden, aber stärker spielerisch orientierten Motivation hin gewandelt.

Der vorliegende Beitrag geht der Frage nach, welche Verfahren mehrsprachiger Literatur in zeitgenössischer Lyrik aus der Autonomen Provinz Bozen-Südtirol zum Einsatz kommen. Hierfür wird ein Korpus aus 149 lyrischen Texten, die zwischen 1990 und 2017 erschienen sind, unter Zuhilfenahme der Software ATLAS.ti annotiert und analysiert. Im Fokus stehen dabei lyrische Texte, die manifest mehrsprachig sind, also textintern Wörter in mehr als einer Sprache enthalten, die an der Textoberfläche fassbar (Blum-Barth 2019: 13 f.) sind und unmittelbar wahrgenommen werden (Radaelli 2011: 54). Die Sprachkompetenzen der Autor*innen spielen dabei eine nachgereihte Rolle – vielmehr liegt ein Schwerpunkt auf dem Umstand, „gleichzeitig mehrere Sprachen [zu] haben, die für kommunikative Zwecke aktiviert und eingesetzt werden können" (Feld-Knapp 2014: 382). Diese Sprachen bilden ein sprachliches Repertoire (Busch 2013: 21) ungeachtet der Sprachbiografien von Autor*innen. Dies ermöglicht es, Dialekte und Varietäten, die in der Literaturwissenschaft selten als Literatursprachen wahrgenommen werden, im literatursprachlichen Kontext zu betrachten.

Das Ziel dieser Studie ist ein erster Versuch Verfahren mehrsprachiger Lyrik abseits von narrativer Prosa auf Basis des jüngsten Forschungsstandes zu erfassen und zur Diskussion zu stellen. Hierfür wird zunächst Einblick in den Forschungsstand rund um mehrsprachige Literatur in der Autonomen Provinz Bozen-Südtirol gegeben. Daran schließt die Beschreibung der Methode sowie eine Korpusbeschreibung an, ehe Verfahren mehrsprachiger Lyrik konkreter diskutiert werden.

2. Forschungsstand: Mehrsprachige Literatur in der Autonomen Provinz Bozen-Südtirol

Sowohl die Mehrsprachigkeit von Autor*innen als auch mehrsprachige Verfahren in narrativer Prosa wird im Kontext von Einzelliteraturen (vgl. u. a. Heinemann 1995; Amodeo 1996; Rudin 1996; Sturm-Trigonakis 2007) und im Rahmen von breiter ausgelegten Überlegungen (vgl. u. a. Schmeling/Schmitz-Emans 2002; Schmitz-Emans 2004; Bürger-Koftis et al. 2010; Knauth 2011; Binder et al. 2016) diskutiert. Im Gegensatz dazu wirkt die Beschäftigung mit mehrsprachiger Lyrik – „Zentralgattung" hin oder her – vergleichsweise als Nischeninteresse. Größere Studien, die sich auf mehrsprachige Lyrik konzentrieren, stammen etwa von Schmitz-Emans (1997), Yeşilada (2012), dem Sammelband von Binder/Klettenhammer/Mertz-Baumgartner (2016), oder Helmich (2016) – dazwischen wurde Lyrik zwar immer wieder diskutiert, jedoch vorrangig in Form von Einzelfallstudien (vgl. u. a. Schmitz-Emans 2004, Cornejo 2010; Kilchmann 2016, Dembeck/Parr 2017) oder als Teil gattungsübergreifender Korpusstudien, in denen eventuelle Unterschiede von Lyrik zu anderen Gattungen jedoch nicht thematisiert wurden (vgl. Sturm-Trigonakis 2007).

Mehrsprachige Literatur der Autonomen Provinz Bozen-Südtirol ist immer wieder Gegenstand von Studien, die sich mit der Literatur der Provinz und auch ihrer Mehrsprachigkeit aus unterschiedlichen Blickwinkeln beschäftigen (vgl. u. a. Grüning 1991; Heinemann 1995; Amann 1997; Holzner 2002; Klettenhammer 2006; Grüning 2012; Kleinert 2012; Brugnolo 2014). Seit den 1990er Jahren wird die Literatur der drei Sprachgruppen zunehmend beforscht. Zudem finden sich sprachenübergreifende Studien, etwa von Grüning (1992), Siller (2015) oder Diplom- und Masterarbeiten (vgl. Suriano 1998; Hilpold 2002), die sich mit deutsch- und italienischsprachiger Literatur aus dem Literaturraum Südtirol auseinandersetzen. Dabei fällt auf, dass ladinischsprachige Literatur außer bei Grüning (1992) nicht behandelt wird – und Grüning (1992: 32) spricht ihr mit dem Urteil, sie habe „eine zu geringe Konsistenz" und es fehle „eine wichtige Referenzliteratur", die Existenz ab. Dies hängt mit der Position des Ladinischen innerhalb der Provinz zusammen. So wurden Ladiner*innen etwa erst 1951 als Sprachminderheit anerkannt.

Das Verhältnis der drei ‚offiziellen' Sprachgruppen der Provinz stabilisierte sich durch eine Reihe verschiedener Autonomiestatute bis 1992, was mit einer politischen wie gesellschaftlichen Konsolidierung einherging (Holzner, 2002: 252; Kleinert 2012: 63). Die Sprachgruppen hatten 1919 unterschiedliche Ausgangslagen, die sich in ihren jeweiligen Literaturgeschichten spiegeln und die auch bei Analysen von mehrsprachiger Literatur im Literaturraum Südtirol beachtet werden müssen.

Wenngleich bereits vor 1919 eine deutsch-ladinisch-italienischsprachige Kontaktsituation in der heutigen Autonomen Provinz Bozen gegeben war, schlug sich dies bis in die späten Sechzigerjahre nicht in Form von Mehrsprachigkeit in der Literatur nieder. Vielmehr ist die Periode vom Anschluss an Italien im Jahr 1919 bis in die späten 1960er Jahre von einer deutschsprachigen „völkisch-nationale[n] Literaturtradition" (Amann 1997: 32) geprägt. Diese wurde vonseiten der Abteilung für Kultur der Provinz mit dem Ziel, die deutsche Sprache, die vor 1948 verboten war, zu erhalten, sichtbar zu machen und zu verbreiten, gefördert (Kleinert 2012: 70). Dies änderte sich Ende der Sechzigerjahre, einerseits durch eine Polemik rund um die sogenannte „Brixner Rede" (1969, veröffentlicht in Kaser 1989) des Brunecker Schriftstellers Norbert C. Kaser, in der er die Südtiroler Literatur bis dato scharf kritisiert. Die „Brixner Rede" wird von vielen als „Gründungsurkunde der modernen Literatur in Südtirol" (Amann 1997: 40) betrachtet. Die damit eingeläutete Literaturbewegung ist eine „[u]nkonventionelle, nicht-angepaßte" und bleibt bis in die neunziger Jahre hinein „das Medium der Gegen-Öffentlichkeit schlechthin" (Holzner 2002: 252). Übersetzungstätigkeiten und Annäherungsversuche der Sprachgruppen über die Literatur (Klettenhammer 2006: 226) sowie mehrsprachige Texte – häufig Lyrik – folgen einer starken politischen Motivation, die sich gegen die sprachgruppentrennende Mehrsprachigkeitspolitik der Provinz wendet (vgl. Grüning 1991: 167). In den Neunzigerjahren führt die politische wie gesellschaftliche Konsolidierung (Holzner 2002: 252; Kleinert 2012: 63) zum Ende dieser „Phase der literarischen und auch zivilen Erneuerung Südtirols" (Grüning 2012: 141), die mit einem fließenden Generationenwechsel unter den deutschsprachigen Autor*innen einhergeht. Das explizit politische Programm in der mehrsprachigen Literatur bleibt zwar präsent, rückt jedoch in den Hintergrund; Mehrsprachigkeit bleibt sowohl als Thema als auch in der Textgestalt präsent. Dies zeigen etwa Anthologien wie jene des Kollektivs junger Autor*innen, „In die klare Luft springen" (Ferdigg et al. 2020).

Eine italienischsprachige *letteratura altoatesina* bestand im Gegensatz zur deutschsprachigen Literatur Südtirols bis Mitte des 20. Jahrhundert kaum: „nel *coté* italiano l'operositá letteraria è in ogni caso recente, in via di sviluppo e non ancora, per obiettiva impossibilità, organizzata e sistemata in autentica tradizione"[1] (Maggi 2003: 27).

Eine systematische Sammeltätigkeit und Publikation italienischsprachiger Autor*innen wurde nur wenig und vor allem durch italienische Verlagshäuser in der Provinz vorangetrieben. Die Diskussion italienischsprachiger Literatur in Südtirol steht noch an ihren Anfängen (vgl. Maggi 1995; Maggi 1998; Romeo 1998; Maggi/Latino 1999; Maggi/Latino 2003), zumal sich nur wenige italienischsprachige Autor*innen als *altoatesini* oder *sudtirolesi* betrachten. Ihre Sichtbarkeit nimmt jedoch – unter anderem durch die Tätigkeit von Verlagshäusern, allen voran Franco Maria Maggi und Franco Latino mit der Edizione Latmag in den Neunzigerjahren und Aldo Mazza mit den mehrsprachigen Edizioni alphabeta Verlag – zu.

Ähnlich nimmt seit Anfang der Zweitausenderjahre die Sichtbarkeit ladinischsprachiger Autor*innen zu, die häufig zur Publikation ihrer Texte die Sprache wechseln – im Deutschen oder Italienischen gibt es eine größere Leser*innenschaft, die erreicht werden kann. Nichtsdestotrotz gibt es literarisches Schaffen in ladinischer Sprache, die Bernardi und Videsott (2014) in ihrer „Geschichte der ladinischen Literatur" von ihren Anfängen bis ins 21. Jahrhundert verfolgen. Entgegen Grünings Urteil Anfang der Neunzigerjahre, es gebe keine Referenzwerke für eine ladinische Literatur (1992: 32), zeigt diese Publikation, dass ladinische Literatur „einem Vergleich mit den benachbarten Regional- und Dialektliteraturen durchaus standhält" (Videsott/ Bernardi 2014: 21) und zum „Niveau von Hochsprachenliteratur aufschließen" kann (Videsott/Bernardi 2014: 22).

Der kurze Abriss über die Literaturgeschichten der drei Sprachgruppen hinweg zeigt eine steigende Tendenz mehrsprachiger Texte und damit auch mehrsprachiger Lyrik. Gerade mehrsprachige Lyrik ist häufig Teil von bewusst mehrsprachig angelegten, sprachgruppenübergreifenden Projekten. Beispiele hierfür sind Anthologien wie Aliprandini/Bernardi/Waldner (2000a) oder Aliprandini/Mall (2004) sowie Übersetzungsprojekte wie das von Dejaco/Vieider (2018). Es gibt jedoch auch mehrsprachige lyrische Texte in Anthologien einzelner Autor*innen. Dies spiegelt sich im Korpus dieser Studie: Die lyrischen Texte, die im Rahmen der vorliegenden Korpusstudie annotiert und analysiert wurden, stammen aus Publikationen von Autor*innen der drei Sprachgruppen, die von Verlagen publiziert wurden. Sie wurden teilweise im Rahmen von Einzelpublikationen veröffentlicht, teilweise im Rahmen von Anthologien. Wie sich das Korpus konkret zusammensetzt wird im folgenden Kapitel beschrieben.

---

1   „Auf italienischer Seite ist die literarische Tätigkeit jedenfalls neu, in Entwicklung begriffen und aus offensichtlicher Unmöglichkeit noch nicht organisiert und in Form einer authentischen Tradition systematisiert." – Übers. E.U.

3. Methode: Digital gestützte Korpusanalyse

Für die vorliegende Korpusanalyse wurde anhand eines Korpus aus 149 lyrischen Texten unterschiedlicher Länge die Software ATLAS.ti herangezogen, um „Oberflächenphänomene in Texten zu *identifizieren* und zu *zählen*" (Limpinsel 2016, Herv. i. Orig.) und damit das Korpus zu erschließen. Das Korpus wurde hierbei aufgrund von folgenden Kriterien zusammengestellt:

1. es müssen lyrische Texte sein;
2. sie müssen manifest mehrsprachig sein, das heißt, die Mehrsprachigkeit muss an der Textoberfläche erkennbar sein (Blum-Barth 2019: 13 f.; Radaelli 2011: 54);
3. die Autor*innen fühlen sich der Autonomen Provinz Bozen-Südtirol zugehörig (Grüning 1991: 6);[2]
4. die Texte sind nicht im Eigenverlag erschienen, was für ein gewisses kulturelles Kapital steht;
5. die Texte sind nach 1990 erschienen, da die Neunziger von einer politischen Konsolidierung sowie einem Generationenwechsel unter den lokalen Autor*innen der Autonomen Provinz Bozen-Südtirol geprägt sind (Holzner 2002: 252; Kleinert 2012: 63; Grüning 2012: 141)

Die Annotation des Korpus erfolgte anhand des Prinzips des „noticing things, collecting things, thinking about things" nach Friese (2012: 92). Es handelt sich hierbei um eine explorative Aufarbeitung der vorhandenen Datensätze in drei sich wiederholenden Schritten des Beobachtens, Sammelns und Reflektierens, wobei die Notationsgrößen jeweils individuell definiert und markiert werden können. Dies ermöglichte es, in der Annotation die beiden Schwerpunkte „Gestalt(ung)" und „Verfahren" zu setzen: Die Kategorie „Gestalt(ung)" erfasst deskriptiv, wie manifeste Mehrsprachigkeit an der Textoberfläche aussieht. Die Kategorie „Verfahren" hingegen bezieht sich auf die Ausführung bzw. „Methode" von Mehrsprachigkeit. Eine dritte Ebene, die im Rahmen der Korpusanalyse nicht erfasst wurde, ist die Funktion, die Mehrsprachigkeit im Text erfüllt.

Mehrsprachige Elemente wurden zunächst deskriptiv klassifiziert, um in einem zweiten Schritt in die lyrischen Texte vorzudringen. Dabei wurde auf Basis bestehender Korpusstudien, allen voran Sturm-Trigonakis (2007: 144–160) und Helmich (2016: 30–32) eine Reihe von Annotationskategorien erstellt, die im Rahmen mehrerer reflektiver Zwischenschritte weiter differenziert und

---

2   Dieses Kriterium wird entweder durch eigene Aussagen der Autor*innen oder indem dies in den Texten thematisiert wird sichtbar und ist wichtig, da einige Südtiroler Autor*innen in den deutschsprachigen Raum ausgewandert sind. Ein Beispiel hierfür ist etwa Sabine Gruber, die in Wien lebt und arbeitet.

konkretisiert wurden. Dies war insbesondere notwendig, da Sturm-Trigonakis Lyrik nicht explizit betrachtet. Helmich konzentriert sich in seinen umfassenden Einzelfallstudien nicht allein auf lyrische Texte, weshalb in Hinblick auf die Analyse von mehrsprachigen lyrischen Texten eine Anpassung seiner Kategorien vorgenommen werden muss.[3] Tabelle 1 zeigt Helmichs und Sturm-Trigonakis' Analyseparameter und die Annotationskategorien, die im Rahmen der vorliegenden Analyse ausgearbeitet und verwendet wurden.

Tabelle 1 Annotationskategorien nach Helmich bzw. Sturm-Trigonakis und wie diese Kategorien in die vorliegende Korpusanalyse einfließen

Annotationskategorien nach Helmich (2016: 30– 32) und Sturm- Trigonakis (2007: 144– 160	Annotationskategorien der vorliegenden Korpusanalyse
	Überkategorie „Gestalt(ung)": beschreibt die Textoberfläche
• Markierung: grafische Hervorhebung (Helmich 2016: 30) • Lokalisierung im Werk (Helmich 2016: 30; Sturm-Trigonakis 2007: 124–130): Position im literarischen Text (Text oder Paratexte) • Einzelgröße und Gesamtumfang: „Größe der Einheiten (Einzellexeme, Syntagmen, Sätze, Transphrastisches unbegrenzten Umfangs)" (Helmich 2016: 30); „Gesamtanteil am Text" (Helmich 2016: 30) • Durchdringungs- und Vermischungsgrad: „verschiedene Grade der Heterogenität der einzelnen Sprachelemente wie auch des Gesamttextes" (Helmich 2016: 31) • Figuren- und Erzählerrede: Figuren oder Erzähler verwenden fremdsprachige Äußerungen • Konnotationen einzelner Fremdsprachen • Korrektheitsgrad	• Markierung: grafische Hervorhebung mehrsprachiger Elemente • Lokalisierung: Position der mehrsprachigen Elemente im lyrischen Text sowie in den Paratexten • Einzelgröße: Größe des mehrsprachigen Elements (einzelnes Wort – mehrere Wörter – Verszeile – Passage – Strophe) • Durchdringungsgrad: Häufigkeit und Verteilung der mehrsprachigen Elemente im Text • Mehrschriftlichkeit: Einsatz von mehr als einem Schriftcode (Schmitz-Emans 2017)

(wird auf nächster Seite fortgeführt)

(wird auf nächster Seite fortgeführt)

---

3   Weitere Details zur konkreten Durchführung der Korpusanalyse vgl. ein Beitrag von mir im von Jan Horstman und Frank Fischer herausgegebenen Sonderband der Open Access Zeitschrift *Textpraxis. Digitales Journal für Philologie* (Unterpertinger 2022).

Tabelle 1 Fortsetzung

	Überkategorie „Verfahren": beschreibt die „Methode" von Mehrsprachigkeit
• Grammatische Interferenz, Analogiebildungen und Neologismen (Sturm-Trigonakis 2007: 131–133) • Verständnishilfen: „Techniken, um dem Leser den Sinn fremdsprachiger Elemente zu vermitteln" (Helmich 2016: 31) • Transtextualität: „Beziehungen zwischen Texten" (Sturm-Trigonakis 2007: 139) • Metamultilingualismus: „Sprechen über Sprachen" (Sturm-Trigonakis 2007: 133)	• Basisverfahren: Sprachwechsel und Sprachmischung • Verständnishilfen: Möglichkeiten anderssprachige Elemente für Leser*innen zugänglich zu machen • Mehrschriftlichkeit: Einsatz von mehr als einem Schriftcode (Schmitz-Emans 2017) • Intertextualität: Bezugnahme eines Textes auf andere (Aczel 2013: 349) • Verbindungen zu Metalyrik: Auseinandersetzung mit den „eigenen sprachlichen oder allgemein-ästhetischen Bedingtheiten" (Müller-Zettelmann 2000: 172)

Tabelle 1 zeigt, wie die Kategorien der Korpusstudien von Sturm-Trigonakis (2007) und Helmich (2016) in die vorliegende Korpusstudie eingeflossen sind. Eine Kategorie, Mehrschriftlichkeit, kommt doppelt vor, da sie sowohl Gestalt(ung) als auch Verfahren beschreiben kann. Hinzu kommt, dass nicht alle Kategorien eins zu eins übernommen wurden; lyrische Texte haben eher *lyrische Sprecher*innen* und weniger explizit *Erzähler- und Figurenrede*. Die Kategorie von Helmich wurde deshalb von vornherein von der Analyse ausgeschlossen. Auch wurde aufgrund der gewählten Definition von Mehrsprachigkeit als kommunikative Fähigkeit ungeachtet des Niveaus der Sprachkenntnisse die Frage nach dem *Korrektheitsgrad* nicht gestellt. Weiter liegt der Schwerpunkt auf manifester Mehrsprachigkeit, wodurch *Konnotationen einzelner Fremdsprachen* – etwa die Verwendung von Fremdwörtern aufgrund des Stellenwertes dieser Sprache als Bildungssprache (Helmich 2016: 32) – nicht ins Gewicht fallen.

Die Analysekategorien der Gruppe ‚Gestalt(ung)' dienen vorrangig der Formbeschreibung, während die Gruppe ‚Verfahren' sich mit der ‚Methode' von Mehrsprachigkeit, also der Art, wie Mehrsprachigkeit im Text eingesetzt ist, auseinandersetzen. Das Korpus aus Lyrik aus der Autonomen Provinz Bozen-Südtirol gibt einen exemplarischen Einblick in die Vielfalt der Formen und Verfahren mehrsprachiger Lyrik. Im Folgenden wird im Rahmen der Korpusbeschreibung ein Einblick in die Formen mehrsprachiger Lyrik im Korpus gegeben. Die daran anschließende Korpusanalyse konzentriert sich auf die Verfahren mehrsprachiger Lyrik.

4. Formen mehrsprachiger Lyrik

Zur Beschreibung der Form gehört zunächst die Erfassung, welche Sprachen im Korpus vorkommen und wie diese zueinander stehen. Wenn eine der Sprachen überwiegt, kann man von einer Grundsprache sprechen – was eine Sprache bezeichnet, in der der jeweilige lyrische Text vorrangig geschrieben ist (Kremnitz 2004: 14). Im Korpus kommen vorrangig die lokal gesprochenen Sprachen als Grundsprachen vor: Deutsch, Italienisch und Ladinisch. Dabei wurde das Korpus so zusammengesetzt, dass das Verhältnis der Grundsprachen zueinander in etwa mit dem Verhältnis der Sprachgruppen in der Autonomen Provinz Bozen-Südtirol korreliert. Die prozentuellen Verhältnisse der Texte zueinander, wie sie aus Tabelle 2 ersichtlich werden, entsprechen in etwa dem Verhältnis der erklärten Sprachgruppenzugehörigkeit in der Provinz aus dem Jahr 2011 (69,41 % Deutsch, 26,6 % Italienisch, 4,53 % Ladinisch – Plank 2017: 59), was eine gewisse Vergleichbarkeit der Sprachen im Korpus begründet.

Tabelle 2 Anteil der Texte nach Grundsprachen

Sprache	Texte	% (Texte)
Deutsch (inkl. Dialekt)	86	62,32 %
Italienisch	46	33,33 %
Ladinisch	5	3,62 %
nicht feststellbar	12	0,72 %
Gesamt	**149**	

Mehr als die Hälfte der Texte nutzen Deutsch oder den deutschsprachigen Südtiroler Dialekt als Grundsprache, ein Drittel ist auf Italienisch, und 3,52 % sind auf Ladinisch. 12 Texte sind nicht klar einer Sprache zuzuordnen. Der hohe Anteil an deutschsprachigen Texten (Standard oder Dialekt) erklärt sich u. a. daraus, dass deutschsprachige literarische Produktion in der Provinz nach wie vor stark gefördert wird und es für deutschsprachige Texte bessere Publikationsmöglichkeiten gibt. Daneben ist mit Sicherheit auch ein Grund für die hohe Zahl deutschsprachiger Texte, dass italienischsprachige Autor*innen sich nur selten als *altoatesini* oder *sudtirolesi* identifizieren.

Ein Teil der deutschsprachigen Texte im Korpus ist Lyrik im lokalen Dialekt. Der Gesamtbestand Dialektdichtung ist weitaus größer, allerdings nicht sehr stark von manifester Mehrsprachigkeit geprägt, weshalb die ausgewählten Beispiele der Mundartdichtung als eine Stichprobe zu verstehen sind, die exemplarisch einen Einblick in den Kontext Mehrsprachigkeit – Dialektlyrik gibt. Der geringe Anteil an mehrsprachiger Lyrik in den Texten, die Ladinisch als Grundsprache nutzen, ist aus dem Umstand heraus zu erklären, dass ladinischsprachige Autor*innen häufig den Sprachwechsel ins Deutsche oder Italienische vollziehen, um eine größere Reichweite zu haben.

Als „nicht feststellbar" wurden zwei Arten von Texten klassifiziert: Texte, denen keine Grundsprache zugeordnet werden kann, weil keine Sprache anteilig überwiegt, und Texte, in denen zwei Sprachen nebeneinander auftreten. Für erstere findet sich nur ein Beispiel von Mario Rusca (2008). Die zweite Gruppe von Texten ist einer Sonderform mehrsprachiger Lyrik zuzuschreiben, welche im Rahmen der Korpusanalyse nicht vertieft betrachtet werden kann. Sie wird unter anderem als „Sprachcollage" (Goetsch 1987: 60) bezeichnet und beschreibt, wenn ein lyrischer Text „parallel in verschiedenen Sprachen wiedergegeben" wird (Eder 2009: 15). Dabei ist nicht klar, „welche der beiden Formen das ‚Original' und welches die ‚Übertragung' ist" (Grüning 1991: 167). Einer der prominentesten Vertreter dieser Art mehrsprachiger Lyrik ist Gerhard Kofler. Seine Texte zeigen, dass es weniger um die genaue Widerspiegelung ein und desselben Textes in unterschiedlichen Sprachen geht; vielmehr werden durch die Parallelität der verschiedensprachigen Versionen „die semantischen und grammatischen Möglichkeiten beider Sprachen" (Brugnolo 2014: 59) und der jeweilige Interpretationsrahmen erweitert. Da eine Analyse dieser Form mehrsprachiger Lyrik allerdings ein anderes Instrumentarium erfordert als die vorliegende Korpusanalyse ermöglicht, stehen die vorhandenen 11 Beispiele im Korpus exemplarisch für eine größere Menge von Sprachcollagen, die nur punktuell berücksichtigt wird.

Neben der Grundsprache sind auch die mehrsprachigen Elemente, mit denen sie in Verbindung gesetzt wird, von Bedeutung: So finden sich im Korpus insgesamt 358 mehrsprachige Elemente unterschiedlicher Länge, die 13 Sprachen abdecken: Deutsch (Standard und Südtiroler Dialekt), Englisch, Französisch, Griechisch, Italienisch, Japanisch, Ladinisch, Latein, Niederländisch, Rumänisch, Schwedisch, Spanisch. Im Korpus werden zwischen zwei und zehn Sprachen in den lyrischen Texten miteinander in Berührung gebracht.

Manifester mehrsprachiger Literatur liegt die bewusste Entscheidung für den Einsatz mehrerer Sprachen zugrunde, mit der sich die Frage stellt, ob und welche Strategien zum Einsatz kommen, um die Verständlichkeit der Texte zu sichern. Es gibt hierfür eine Reihe von Möglichkeiten, die von Übersetzungen in Paratexten (z. B. Glossare, Fußnoten) zum bewussten Einsatz von Synonymen oder Paraphrasen (Helmich 2016: 31) im Text reichen können. Lyrik hat im Vergleich zu narrativen Texten mehr Freiheit, Leser*innen vor Unverständlichkeit zu stellen und damit zu spielen (vgl. Kilchmann 2012; 2016;

Unterpertinger 2019): Dies zeigt sich auch im Korpus, in dem sich Strategien zur Verständnissicherung lediglich in 14 lyrischen Texten finden. Dabei wird das beschriebene Spektrum vom Einsatz von Fußnoten hin zur direkten Übersetzung bzw. paraphrasierenden Wiederholung durchaus abgedeckt. Christian Ferdiggs „Nia de Nö / Nichts Neues" (2007) zeigt den Unterschied von paraphrasierenden Übersetzungen im Unterschied zu den anhand von Latino beschriebenen direkten Übersetzungen:

> „Tan sot
>
> Mёssi pa ćiaé, tan sot pa?
>
>> Wohin gehe ich eigentlich
>>
>> mit dieser meiner Sprache
>>
>> ich liebe sie
>
> i ti ô bun
>
> saste?
>
>> Weißt du das?"
>>
>> (Ferdigg 2007)

Wenngleich die ladinischen Passagen, die der Talschaftsmundart *Ghardёina* zuzuordnen sind, für Rezipient*innen außerhalb dieses Sprachraums nicht verständlich sind, ergibt sich aus der deutschsprachigen Strophe ein Wechselspiel, welches den Kontext verständlich macht. Hierbei ist die deutschsprachige Strophe keine direkte Übersetzung, sondern eine Paraphrase. Die ersten beiden eingerückten Zeilen der zweiten Strophe beziehen sich auf die darüberliegenden Verszeilen, die dritte auf das darauffolgende „i ti ô bun". Dabei findet eine Modulation statt, eine Hinwendung von einem „sie", welches sich auf die Sprache bezieht, auf ein „ti", ein Du.

Der rare Einsatz der beschriebenen Verständnishilfen lässt darauf schließen, dass Autor*innen „mit bilingualen Lesern rechnen" (Goetsch 1987: 60), aber auch, dass sie Leser*innen die Sprache näher bringen möchten, indem sie sie sicht- und spürbar machen.

Neben Sprachkompetenzen sind zum Verstehen mehrsprachiger Lyrik auch (trans-)kulturelle Kompetenzen notwendig, um Referenzen auf bestimmte kulturelle Kontexte zu verstehen. Diese können durch Verständnishilfen erläutert werden. In einem Großteil der lyrischen Texte im Textkorpus ist dies jedoch nicht der Fall. Dies verdeutlicht das Problemfeld der „höchst unterschiedlichen Anforderungen an den Leser" durch die Autor*innen (Helmich 2016: 32), wobei Verständnishilfen davon zeugen, dass mehrsprachige Lyrik um das Aufrechterhalten des Aktes der multilingualen und transkulturellen

Kommunikation bemüht bleibt. Ob dieser Kommunikationsakt aufrechterhalten bleibt, hängt von der Größe einzelner mehrsprachiger Elemente und ihrer Positionierung im Text bzw. Paratexten ab.

In der vorliegenden Analyse wurde das mehrsprachige Element als Sinneinheit aufgefasst, welche in verschiedenen Größenordnungen auftreten kann, wie Abbildung 1 zeigt: als einzelne oder mehrere aufeinanderfolgende Wörter innerhalb einer Zeile, als vollständige Verszeilen, über mehrere Zeilen innerhalb einer Strophe hinweg oder als Strophe.

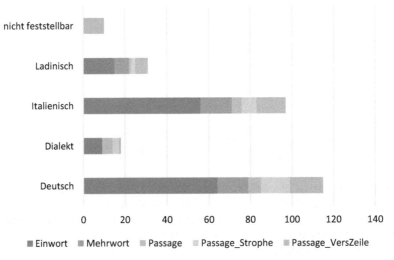

Abb. 1 Vorkommen von Einzelgrößen nach Grundsprache (n =271).

Abbildung 1 zeigt, dass in den Texten mit feststellbaren Grundsprachen einzelne mehrsprachige Wörter die am häufigsten vorkommenden mehrsprachigen Elemente sind. Sie machen im gesamten Korpus etwa die Hälfte aus. Mehrsprachige Lyrik, in der nur wenige mehrsprachige Elemente vorkommen und die zumeist die Länge eines Wortes nicht überschreiten, sind häufig mit kulturellen Referenzen verbunden (Sturm-Trigonakis 2007: 124). Diese kulturspezifischen Dinge oder Relationen teilen sich in drei Bereiche: kulturelle Praktiken, affektive Begriffe und Begriffe des religiös-spirituellen Bereiches. Unter den Bereich der kulturellen Praktiken fallen Begriffe aus dem Alltag, also Kleidung, Essen sowie Toponomastik. Sie fungieren im Migrationskontext „als mitgebrachte Identitätsmarker für das Herkunftsland" (Sturm-Trigonakis 2007: 125) und in mehrsprachigen Regionen als Identitätsmarker für die Zugehörigkeit zu bestimmten Sprach- oder Personengruppen. Dies veranschaulicht etwa Roberto Cavosis „Quesito" (2004), in dem ein lyrisches Ich selbst in Rimini von Symbolen für das deutschsprachige Südtirol überrascht wird:

> „"Possibile?'
> Ero a Rimini e ho visto un granchio
> In Lederhosen.
> "Possibile?' Mi sono chiesto.
> "Perché no...'
> Il granchio in fondo
> Teneva tra le chele
> Un Kaminwurz."

(Cavosi 2004)

Die mehrsprachigen Elemente sind durch einzelne Verszeilen in den lyrischen Text eingebunden. Sie führen ein ironisches Spiel mit der Hybridisierung kultureller Zugehörigkeit vor, denen man auch nicht – mit ironischem Augenzwinkern – außerhalb der Region „entfliehen" kann. *Lederhosen* und *Kaminwurz* als „Basisvokabular" der „unmittelbaren Lebensumgebung" (Sturm-Trigonakis 2007: 126) haben den Weg über Provinzgrenzen hinaus gefunden, was mit einem lapidaren „*Perché no...?*", einem „*Warum nicht?*" abgetan wird.

Josef Kostners „L'oma ladina" (1993) schafft die Illusion einer authentischen Sprech- und Sprachsituation der ladinischen Mutter zwischen Deutsch, Ladinisch und Italienisch (Goetsch 1987: 49):

> „che i dë l scri ite:
> sce ladin-italiano o ladin-deutsch
> o italiano-ladin chësc pitl bambin
> o deutsch-ladin o Deutschtirol
> o Welschtirol o Südtirol
> o Süddeutschland o Baiern
> [...]
> o Alto Adige o Italia del Nord
> o Ladin blot o Deutsch o Italiano!"

(Kostner 1993)

Auch in diesem Beispiel zeigt sich die affektive Besetzung der mehrsprachigen Elemente, wobei die Verdichtung mehrsprachiger Elemente die Existenz der ladinischen Mutter („oma" bedeutet im Ladinischen „Mutter") zwischen verschiedenen Sprachen verdeutlicht und „nationale und regionale Traditionen, Wertungen und Konflikte" (Strutz 2003: 162) mit sich trägt. Kostners Text zeigt, dass die strukturelle Verteilung mehrsprachiger Elemente in den lyrischen Texten – inklusive der Paratexte – bedeutenden Einfluss auf das Verstehen der Texte durch Rezipient*innen hat. Der Text kann damit eine mögliche Sprachverwirrung für Rezipient*innen erfahrbar machen.

Diese strukturelle Dimension mehrsprachiger Lyrik ist eng mit ihrer stilistisch-ästhetischen Funktion verbunden (Schmeling 2004: 225): Deshalb gelingt ein mehrsprachiger lyrischer Text auch ohne weitere Verständnishilfen, auch wenn er dann das Risiko der Unverständlichkeit eingeht.

Mit einer stärkeren strukturellen Verteilung von mehrsprachigen Elementen in einem lyrischen Text nimmt auch der Grad der Durchdringung (Helmich 2016: 482) zu, was im Korpus anhand unterschiedlicher Strategien erreicht wird: Dies kann von „Einsprengseln", also einzelnen mehrsprachigen Wörtern wie in Cavosis Text, bis zu „systematischer Mehrsprachigkeit" gehen wie in Kostners Text (Schmeling 2004: 225). Die lyrische Qualität der Texte ist nicht von ihrem Grad an Mehrsprachigkeit abhängig; trotzdem erklärt Helmich, es sei ein „Qualitätssprung" bei Texten zu beobachten, „wo keine dominante Grundsprache mehr festzustellen ist" (Helmich 2016: 31). Vermutlich bezieht sich Helmich auf das, was Knauth „globoglotte Totalliteratur" (2004: 284) nennt: Texte, die rein sprachlich keiner Nationalliteratur mehr zuweisbar sind, in der es zu einer „völlige[n] Durchmischung des Textes mit verschiedenen Sprachen, die über bloße fremdsprachige Einsprengsel oder Zitate hinausgeht" (Knauth 2004: 280) kommt. Ob diese Texte aus einem stärkeren „ästhetischen Willen" (Dembeck/Uhrmacher 2016: 10) heraus entstehen, lässt sich nicht pauschal feststellen. Fest steht allerdings, dass manifeste Mehrsprachigkeit in der Literatur ein Spektrum eröffnet, das Mehrsprachigkeit sicht- und erfahrbar macht. Ob sie vollkommen von lebensweltlichen Kontexten gelöst betrachtet werden können, ist nicht klar. Die diskutierten Beispiele zeigen in jedem Fall die Bedeutung des lebensweltlichen Kontexts regionalspezifischer Literatur, die stets innerhalb des Gefüges der für eine Region charakteristische Bezugsrahmen zu verstehen ist (Strutz 2003: 162–163) und zugleich darüber hinausweist. Es geht daraus nicht nur „eine Literatur realistischer Prägung hervor, die die Mischsprachigkeit entweder als bloßes Lokalkolorit verwendet oder als Zeichen einer kollektiven wie individuellen Identitätsproblematik einsetzt" (Knauth 2004: 284), sondern verweist auf das Potential von Mehrsprachigkeit im ästhetischen Sinne wie auf das Potential hybrider Identitäten, die damit positiv besetzt werden.

Mehrsprachige lyrische Texte wie im vorliegenden Korpus entstehen aus einer Kontaktsituation der Schreibenden mit der Welt, aus ihrem Erleben innerhalb eines soziokulturellen, historisch-politischen Gefüges der lokalen wie globalen Gemeinschaften und deren sprachlichen Repertoires. Sie erfüllen damit einerseits eine „realistische" Funktion von Literatur, mit welcher Redehaltungen oder Sprecher*innenpositionen charakterisiert werden. Andererseits schlägt sich erlebte Mehrsprachigkeit niemals direkt in literarischen Texten nieder, sondern durchläuft eine Reihe von Verfahren der Ästhetisierung, über welche der literarische Text erzeugt wird. Auf diese Verfahren wird im Folgenden genauer eingegangen.

5. Verfahren mehrsprachiger Lyrik

In mehrsprachigen lyrischen Texten kommen unterschiedliche Verfahren zum Einsatz, über welche verschiedene Sprachen kombiniert und miteinander in Kontakt gesetzt werden, womit sie das mehrsprachige „Grundrauschen" dieser Texte ausmachen (Helmich 2016: 479). Die Verfahren öffnen dabei drei Reflexionsebenen zur weiteren Interpretation und Analyse des Korpus, in die im Folgenden ein Einblick gegeben wird.

Sprachwechsel und Sprachmischung als Basisverfahren sind in manifest mehrsprachiger Lyrik unabdingbar; das Spiel mit dem sprachlichen Material, das auch nicht vor dem Einsatz verschiedener Schriftcodes zurückschreckt, entkoppelt das sprachliche Material von den ihm vermeintlich zugewiesenen Bedeutungen und ermöglicht – wenn Rezipient*innen sich darauf einlassen – einen Blick in die freie „Zirkulation von Zeichen" (Kilchmann 2016: 47). Intertextualität eröffnet die Reflexion der verschiedenen Ebenen kulturellen Austauschs, welcher durch das Neben- und Miteinander verschiedener Sprachen ermöglicht wird. Metalyrik löst mehrsprachige Lyrik durch die Thematisierung von Produktions- und Gelingensbedingungen ein Stück weit aus der Überzeugung, jeder Text müsse verstanden werden, und unterstreicht damit das Gelingen mehrsprachiger Lyrik trotz potentieller Unverständlichkeit.

5.1. Sprachwechsel und Sprachmischung

Sprachwechsel und Sprachmischung treten immer dann auf, wenn mehrere Sprachen in Form manifester Mehrsprachigkeit miteinander in Kontakt treten. Dabei bezeichnet Sprachwechsel im Rahmen der vorliegenden Studie den Fall, wenn unterschiedliche Sprachen auf syntaktischer Ebene nebeneinander auf- und in Dialog treten, ohne sich lexikalisch oder morphologisch zu verbinden (vgl. Dembeck 2017: 125; Ganslmayer 2016: 79).[4] Sprachmischung tritt

---

4 „Sprachwechsel" wird im Forschungsfeld auch verwendet, um zu beschreiben, wenn Autor*innen beim Schreiben und Publizieren von einer Sprache in die andere wechseln oder in zwei Sprachen schreiben. (Lamping 1995: 528)

hingegen dann ein, wenn unterschiedliche Sprachen sich auch auf lexikalischer und morphosyntaktischer Ebene verschränken. Dies kann die Neubildung von Wörtern sein, allerdings auch dann zutreffen, wenn Wörter einer Sprache morphosyntaktisch, etwa durch „eine Anpassung der Flexionsendung" (Dembeck 2017: 126), in einen anderssprachigen Text eingefügt werden.

Sprachwechsel und Sprachmischung spielen mit sprachlichen Grenzbereichen. Das Spiel mit verschiedenen Sprachen ist dabei eine „Möglichkeit, Hybridität und Alterität anhand von Sprachreflexion zu vermitteln" (Schumann 2009: 500). Dabei werden die als „eigene" sowie die als „fremd" wahrgenommenen Sprachen verfremdet (Lamping 1995: 538; Cornejo 2010: 350; Kilchmann 2012: 110–111), damit die vermeintliche Selbstverständlichkeit von Sprache(n) in Frage gestellt und bewusst gemacht.

Sprachwechsel und Sprachmischung geben den Blick auf den (an-)spielenden Aspekt[5] von Sprache(n) frei: Das Spiel mit Klang, Zeichensetzung, Wörtern und ihren verschiedenen Bedeutungsebenen zeigen die „Phantasie, die Brisanz und Dynamik solcher sprachlicher Experimente" (Cornejo 2010: 351), welche die Grenzen zwischen den Sprachen aufheben und sie miteinander verzahnen. Sprachspiele können sich dabei unterschiedlich gestalten. Im Korpus ist das Spiel mit Klang – sowohl Homophonen als auch Gleichklängen über verschiedene Sprachen hinweg – häufiger vertreten. Dies findet sich im Korpus etwa in Josef Oberhollenzers „mai" (1994), wo die Bedeutung der beiden Sprachen Deutsch und Italienisch des Titels gebenden Wortes „mai" – der Monat Mai und „nie" – einander gegenübergestellt werden. Ein Beispiel für das Spiel mit Gleichklängen findet sich in Laura Mautones Text ohne Titel, der mit einem Klangspiel der Wörter „Wende" und „Wände" beginnt: „Zeitenwende . . . Zeit . . . Wände" (Mautone 1999).

Das Spiel mit dem Zeichen- und Buchstabenmaterial zeigt sich etwa im anagrammatischen Spiel von Rut Bernardis „ANITA – A TI NA" (Bernardi 1998). Typisch für die Kombinatorik wird das begrenzte Buchstabenmaterial des Namens „Anita" genutzt und transformiert (Hansen-Löve 2014: 252). Dabei vollzieht sich zugleich ein Sprachwechsel vom deutsch- zum ladinischsprachigen Kontext: Das Gedicht erschien in einer Anthologie im Gedenken an die deutschsprachige Schriftstellerin Anita Pichler.

Der Bereich Wortbildung eignet sich in ganz besonderem Maß für Sprach- und Wortspiele. Wortbildungen spiegeln weniger die sprachlichen Kompetenzen von Autor*innen wider, es geht vielmehr „um bewusste metaphorische Wortverbindungen" (Cornejo 2010: 362), die zumeist nur in einem Text oder einzig in den Texten des jeweiligen Autors oder der jeweiligen Autorin vorkommen

---

5   Vgl. Helmich 2016: 539 – „Nur ist Spiel auch in der Lyrik nicht generell als Synonym zu Unernst zu verstehen, sondern im Sinn von Anspielung".

(Dembeck 2017: 125). Neologismen können auf unterschiedliche Art gebildet, etwa den Regeln einer anderen Sprache folgend „abgeleitet, konjugiert und dekliniert" werden (Horn 1986: 235), womit ein Wort „grammatikalisch und syntaktisch total in den Kontext eingefügt" werden kann (Grüning 1991: 166). Im Korpus wird dies u.a. durch „Verdialektisierung" erreicht, wenn etwa das ladinische Wort „enrosadüra" zu „enrosadira" (Maurer 1990a) wird. Es finden sich im Korpus allerdings nur eine geringe Zahl an Wortbildungen. Dies könnte damit erklärt werden, dass ideologisch-politisch der Schutz der Sprachminderheiten durch eine sprachentrennende Mehrsprachigkeit umgesetzt wird und diese auch sprachlich gewisse Hemmschwellen aufstellt – wogegen sich die Südtiroler Literatur seit der Generation 1968 bewusst positioniert (Kleinert 2012: 70).

Sprachwechsel und -mischung können sich auch auf der typografischen Ebene äußern. Ein ungewohntes Schriftbild – auch eine ungewohnte Schreibweise – erregt Aufmerksamkeit und führt zur einer Entautomatisierung der Rezeption der lyrischen Texte (Sturm-Trigonakis 2007: 112). Im Extremfall können die verwendeten Sprachen vor dem Textkörper in den Hintergrund rücken, wie es etwa bei Dada-Texten der Fall ist, wo die Form der Texte im Vordergrund steht (Sturm-Trigonakis 2007: 141). Das ist in diesem Korpus allerdings nicht der Fall. Mehrschriftlichkeit ist verhältnismäßig selten; sechs Texte kombinieren Schriftcodes. So werden „Elemente *differenter Schriftcodes* innerhalb desselben Typus von Schrift" (Schmitz-Emans 2017: 224), etwa die Kombination verschiedener Schriften innerhalb einer Laut- oder Silbenschrift – ein Beispiel hierfür ist Pidolls „. . . ανίκατε μάχαν" (1998) – oder Kombinationen „*innerhalb der einzelnen Schriftcodes*" (Schmitz-Emans 2017: 225). Bei letzteren können Wörter aus einem anderen Schriftsystem umgeschrieben werden, etwa im Text „alfabeto meranese" von Aliprandini, Bernardi und Waldner (2000b). Darin beginnt jede Zeile des italienischen Gedichts mit einem nach Aussprache geschriebenen Buchstaben des deutschen Alphabets.

> „**ef** il numero – a b c – come se fossero cose, barattoli, listelli
>
> **ghe** liste: quattro panini e un litro di latte"
> (Aliprandini/Bernardi/Waldner 2000b: 86)

Das deutsche Alphabet wurde ins Italienische, die Grundsprache des Gedichts, übertragen. Dies wird etwa an der Darstellung des „g" deutlich, welches der italienischen Schreibweise folgt (ohne h zwischen g und e würde es als [dʒ] ausgesprochen).

Die Hervorhebung mehrsprachiger Elemente durch Mehrschriftlichkeit lenkt die Aufmerksamkeit der Rezipient*innen auf das jeweilige mehrsprachige Element, wobei Markierungen sowohl eine verbindende Funktion einnehmen können als auch eine trennende. In Valazzas „Parze" (1990) trifft erstere Funktion zu: Die kursiven französischsprachigen Elemente bilden strophenübergreifende Verbindungen durch die Repetition und Modulation von *„tu sais"* und *„tu es"*.

> „Urälter als Mythos und Mann, *parce anonyme,*
> rätselhafte Erde, *tu sais.*
> Weißt um Leere und Fülle, Hülle und Halt,
> weißt um den Schmerz, die Glücke
> und um Gepflücktes, das dir erbrach.
>
> Der Erde entwachsen, verwachsen, Apfel
> im Astwerk des Alls: Mutter, *tu es.*"

(Valazza 1990)

Die Kursivierung hebt weiter die mehrsprachigen Elemente von der Grundsprache des lyrischen Textes, Deutsch, ab und betont die Mehrsprachigkeit des Textes zusätzlich.

Mehrschriftlichkeit zeigt besonders in Verbindung mit mehrsprachigen Elementen, dass es „jenseits der Sprachen in ihrer stets auch physisch-konkreten Besonderheit keine abstrakte Universalgrammatik des Verstandes gibt" (Sturm-Trigonakis 2007: 116) und sie entsprechend nicht aufeinander reduzierbar sind. Auch deshalb sind Verständnishilfen von großer Bedeutung, da es sonst zu einer „radikalen Kommunikationsverweigerung" kommen kann (Sturm-Trigonakis 2007: 159). Die lyrischen Texte werden zwar als grafische Objekte wahrgenomen, jedoch nicht verstanden, der Akt des ästhetischen Lesens kann nicht stattfinden und der Sinn des Textes verschließt sich Rezipient*innen auf allen Ebenen. Was den Text dennoch gelingen lässt ist, dass er Mehrsprachigkeit sicht- und erfahrbar macht. Der Text wirkt trotzdem stilistisch-ästhetisch, wie Ruscas „Cosmopolitan Melting Pot (word egemony)" zeigt:

> „Dono gurai kakarimasuka   (Giapponese)
> ai cigolanti tempi dell'oblio   (Italiano)
> qui vite se cachent dans les doublurss de l'âme (Francese)
> d'amargo apagan un corazon travieso   (Spagnolo)"

(Rusca 2008)

Rusca setzt zwar Verständnishilfen ein, diese sind jedoch keine Verständnishilfen im klassischen Sinne. Sie bauen die Sprachbarriere nicht ab, sondern unterstreichen das Spiel mit dem Nicht-Verstehen, das einen titelgebenden Cosmopolitan Melting Pot prägen kann. Die Verständnishilfen erleichtern dennoch die Einordnung der Sprachen und machen es möglich, dass Rezipient*innen sich mit den genannten Sprachen zu beschäftigen beginnen, wenn sie es wollen.

5.2 Intertextualität

Intertextualität beschreibt die Bezugnahme eines Textes auf andere (Aczel 2013: 349), welche unterschiedlich weit gefasst werden kann. Julia Kristeva etwa postuliert, jeder Text werde als „mosaic of quotations" konstruiert (Kristeva 1980: 66). Intertextualität schafft in mehrsprachiger Lyrik eine zusätzliche Ebene, auf der verschiedene Sprachen- und Kulturräume miteinander in Verbindung gesetzt werden. Mehrsprachigen intertextuellen Verweisen liegt eine bewusste Entscheidung für diese zugrunde. Deshalb wurden im Rahmen der Korpusanalyse neben direkten und indirekten Bezugnahmen auf literarische und Songtexte, Filme sowie Werke aus der bildenden Kunst auch die Namen von Autor*innen und Kunstschaffenden beachtet, da ein solcher „oft genug sowohl eine Sprache oder ein Land als auch seine Texte repräsentiert, so dass man in diesem Fall von einer Anspielung zweiten Grades sprechen könnte" (Sturm-Trigonakis 2007: 140).

Das Korpus enthält 44 intertextuelle Verweise, von denen acht in Titeln, sechs in anderen Paratexten und 30 im Text zu verorten sind. Abbildung 2 zeigt den thematischen Bezugsrahmen der intertextuellen Verweise nach Grundsprache.

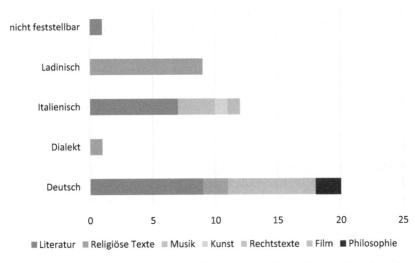

Abb. 2 Thematischer Bezugsrahmen der intertextuellen Verweise nach Grundsprache
(n =44)

Die intertextuellen Verweise beschränken sich thematisch nicht auf literarische Werke und Personen; vielmehr zeugen sie durch Verweise auf Literatur, religiöse Texte, Musik, Film, Kunst und Rechtstexte von einem stark intermedialen Bezugsrahmen über Sprachen und Kulturräume hinweg.

Intertextuelle Verweise auf religiöse Texte bilden im Korpus sogenannte „architextuelle Relation[en]" (Sturm-Trigonakis 2007: 141) ab. Ein Beispiel hierfür ist Videsotts „Mea culpa" (2015):

> „Mea culpa,
> zënza colpa,
> mea culpa, al me desplej."
>
> (Videsott 2015)

Der Text überträgt die Struktur des katholischen Schuldbekenntnisses „Confitetor" in Form einer nicht gekennzeichneten Übertragung von Gattungen.

Intertextuelle Verweise können nicht nur kulturelle Überlappungsbereiche ausweisen, sondern auch persönliche Kanones sichtbar machen (Helmich 2016: 479–480) wie in Galassos „I remember" (1998):

> „Mi facevo crateri in testa
> Sempre in trance per Rimbaud
> Potersi eclissare perdere more schizoide

Involare come Kurosawa atroce incubo in un dipinto Van Gogh
Magari finire come Arthur "negriero armigerante'?"

(Galasso 1998)

Ungeachtet ihrer Länge evozieren intertextuelle Verweise literarische und kulturelle Traditionen und machen sie präsent – wenn sie in Originalsprache gehalten sind, sind sie zugleich „Zeugnisse sprachlicher Weltoffenheit" (Helmich 2016: 480).

5.3 Metalyrik

Mehrsprachige Lyrik setzt sich durch die Präsenz manifest mehrsprachiger Elemente nicht nur auf einer allgemeinen metalyrischen Ebene mit „Lyrik und ihrem Leistungsvermögen" (Gymnich/Müller-Zettelmann 2007: 66) auseinander.[6] Auch das Gelingen mehrsprachiger Lyrik als „Tollheit mit Methode" (Fricke 1981: 87), die die Gratwanderung zur Unverständlichkeit wagt, wird in den Fokus gerückt.

Metalyrische Elemente sind, wie das Korpus zeigt, nicht an mehrsprachige Elemente gebunden. Von 68 metalyrischen Elementen sind nur 18 mit mehrsprachigen Elementen verbunden, in vielen Fällen länger als eine Verszeile, wobei sie nicht an die Dichte mehrsprachiger Elemente gebunden sind. Durch die tendenzielle Kürze der Gattung Lyrik bewirkt schon eine kurze Passage „eine metalyrische Lesart für das gesamte Gedicht" (Gymnich/Müller-Zettelmann 2007: 68). Im Korpus werden vorrangig Sprache als Medium der Vermittlung (das auch versagen kann), das Schreiben und die Verbindung von Sprache(n) zu „Identitäten, Orte[n], Zeiten, aber auch Emotionen und Beziehungen" (Sturm-Trigonakis 2007: 139) thematisiert.

Die meisten der metalyrischen Passagen sind auf die „Artifizialität des literarischen Textes" gerichtet, also „*fictio*-bezogen" (Gymnich/Müller-Zettelmann 2007: 75), und *thematisieren* Metalyrik. Metalyrische Überlegungen zum Akt des Schreibens finden sich etwa in Sepp Malls „Disperato Erotico Stomp" (2014):

„Und irgendwann war doch / der erste

Buchstabe gesetzt

Dieses A / das etwas schief aus der Wäsche lugt

---

6 Vgl. auch Schmeling 2004: 225; Sturm-Trigonakis 2007: 133 ff.; Cornejo 2010: 351.

aber es stand: auf zwei Beinen

Wacklig zwar / aber am richtign Ort"

(Mall 2014: 12)

Die*der lyrische Sprecher*in erlebt einen Schreibversuch – es wird nicht erzählt, dass geschrieben bzw. nach Worten gesucht wird, vielmehr erleben Rezipient*innen, wie das A „schief" (Mall 2014: 12) auf Papier gesetzt wird. Dieses direkte Erleben der Erfahrung von Sprache und der Erfahrung von Schreibversuchen macht diese metalyrische Passage auf der Ebene des Inhalts erlebbar (Gymnich/Müller-Zettelmann 2007: 71).

Fictio-bezogene Metalyrik legt weiter „die Erfundenheit des Dargestellten" offen (Gymnich/Müller-Zettelmann 2007: 76) und inszeniert Selbstreflexion. Dies zeigt etwa Maurers „Dös Groasse I" (1990b), in dem Identitäten ironisch durchgespielt werden:

„I bin I

I pin a Sidtiroler

und i pin an Italiener.

I pin a Gånzer

odr ah a Hålber

odr a "Mesch pr sort'.

Und i muaß decht,

ob i will odr net,

an I-talliener sein

I hon di gern,

des hoaßt auf walsch:

‚Italia, ti voglio bene'."

(Maurer 1990b)

Das „große I" im Titel wird im Rahmen des lyrischen Textes von einem großen „I" im Sinne des „Ich" zu einem kleinen „i" in der Reflexion der verschiedenen Identitäten, die sich in diesem „Ich" treffen: Deutsch in Form des Südtiroler Dialektes, der die Grundsprache des lyrischen Textes ausmacht, Ladinisch im Sinne des *mesch pr srt* (Mischung besonderer Art) und Italienisch durch die Transformation des großen „I" zum Anfangsbuchstaben des Wortes *I-talliener*. Die unsichere, aber positiv konnotierte Wahrnehmung der eigenen Identität zwischen den Sprachgruppen in der Autonomen Provinz wird mit den letzten drei Zeilen des lyrischen Textes zusätzlich unterstrichen. Maurers Text reflektiert Identitätszuschreibungen und Selbstidentifikationen und macht die „Erfundenheit" (Gymnich/Müller-Zettelmann 2007: 76) von Identitäten sowie die Schwierigkeit ihrer Abgrenzung durch die ironische Inszenierung deutlich, um darauf hinzuweisen, dass Identitäten nicht festgeschrieben und gerade in mehrsprachigen Kontexten häufig hybrid sind.

Die Kopräsenz mehrerer Sprachen eröffnet die Reflexion von Sprachverwendung und hinterfragt die Zuweisung von Bedeutung innerhalb eines festen Bedeutungssystems. Die Inszenierung von Mehrsprachigkeit an der Textoberfläche zeigt, dass Bedeutungszuweisungen *gemacht* sind und der lyrische Text gelingt, auch wenn man nicht jedes Wort darin versteht.

6. Fazit

Anstelle von eindeutigen Bedeutungszuordnungen werden Rezipient*innen von mehrsprachiger Lyrik dazu angeregt, sich mit Transgressionen auseinanderzusetzen: mit der Transgression von Sprache(n), Identität(en), Nation(en) und Bedeutungen. Lyrische Texte machen Mehrsprachigkeit sicht- und erfahrbar und vermitteln ein Spektrum an Eindrücken davon, was Mehrsprachigkeit heißen kann. Gerade im Literaturraum Südtirol erfüllt mehrsprachige Lyrik auch die Funktion des Bewusstmachens – gelebte Mehrsprachigkeit ist zwar „normal", wird aber nur selten reflektiert. In der Auseinandersetzung mit mehrsprachiger Lyrik werden Rezipient*innen dazu angeregt, sich mit den eigenen Vorstellungen von Mehrsprachigkeit, aber auch mit dem Nicht-Verstehen zu konfrontieren und nicht zuletzt Verständnislücken zuzulassen, da sich die Texte nicht immer vollständig entschlüsseln lassen.

Die vorliegende Korpusanalyse eines Korpus aus 149 lyrischen Texten unterschiedlicher Länge, die zwischen 1990 und 2017 erschienen sind, zeigt, dass mehrsprachige Lyrik eigene Analysekategorien benötigt, da etwa nur selten explizit Figurenrede vorkommt. Im Zuge der Korpusanalyse wurde eine Reihe von in Metakategorien zusammengefassten Annotationskategorien erarbeitet. Sie können zur Beschreibung und Analyse mehrsprachiger Lyrik verwendet werden: Im Rahmen der Metakategorie Gestalt(ung) wird deskriptiv die Form der mehrsprachigen Elemente erfasst, die Metakategorie Verfahren versucht, die verschiedenen Ebenen der „Methode" der Mehrsprachigkeit zu erfassen – die Ebene des sprachlichen Materials (Sprachwechsel und -mischung, Mehrschriftlichkeit), die Ebene der durch Intertextualität vermittelten kulturellen Referenzen, die über Sprache(n) hinausgehen, sowie die Ebene von Metalyrik, wo die Produktions- und Gelingensbedingungen von mehrsprachiger Lyrik explizit thematisiert werden.

Die Studie ergibt einen Vorschlag für ein Instrumentarium, das in weiterer Folge etwa durch den Vergleich mit anderen regionalen Korpora manifest mehrsprachiger Lyrik geprüft und erweitert werden kann. Auch wäre der

Vergleich unterschiedlicher mehrsprachiger Regionen spannend, um ein Bild mehrsprachiger Lyrik auf einer stärker in Richtung der Weltliteratur ausgerichteten Ebene zu gewinnen. Daneben ist noch zu prüfen, ob dieses Instrumentarium an Analysekategorien auch für Mehrsprachigkeit jenseits des Manifesten verwendbar ist. So könnte eine Folgestudie sich etwa mit impliziter Mehrsprachigkeit und ihrer Kodierbarkeit auseinandersetzen.

Literatur

Aczel, Richard (2013): Intertextualität und Intertextualitätstheorie. In: Ansgar Nünning (Hg.): Metzler Lexikon Literatur- und Kulturtheorie. Ansätze – Personen – Grundbegriffe. 5. Aufl. Stuttgart: Metzler, 349–351.

Aliprandini, Marco/ Bernardi, Rut/ Waldner, Stefan (2000b): alfabeto meranese. In: dies. (Hg.): di(e)verse. Trento: Edizioni Universum.

Aliprandini, Marco/ Bernardi, Rut/ Waldner, Stefan (Hg.) (2000a): di(e)verse. Trento: Edizioni Universum.

Amann, Klaus (1997): Option oder Über das Verschwinden und langsame Wiederauftauchen der Gegenwartsliteratur in Südtirol nach 1945. In: Johann Holzner (Hg.): Literatur in Südtirol. Innsbruck, Wien: Studienverlag, 23–46.

Amodeo, Immacolata (1996): „Die Heimat heißt Babylon". Zur Literatur ausländischer Autoren in der Bundesrepublik Deutschland. Opladen: Westdeutscher Verlag.

Bernardi, Rut (1998): ANITA – A TI NA. In: dies. (Hg.): Es wird nie mehr Vogelbeersommer sein . . . In memoriam Anita Pichler. Bozen/Wien: Folio, 90.

Binder, Eva/ Klettenhammer, Sieglinde/ Mertz-Baumgartner, Birgit (Hg.) (2016): Lyrik transkulturell. Würzburg: Königshausen & Neumann (Saarbrücker Beiträge zur vergleichenden Literatur- und Kulturwissenschaft, 78).

Blum-Barth, Natalia (2019): »Literarische Mehrsprachigkeit. Versuch einer Typologie«. In: Spiegelungen. Zeitschrift für deutsche Kultur und Geschichte Südosteuropas, 14(68), 11–24.

Brugnolo, Furio (2014): Italienisch–Deutsch–Italienisch. Gerhard Kofler und die poetische Selbstübersetzung. Schwerpunkt: Übersetzungsraum Italien. In: *Zibaldone. Zeitschrift für italienische Kultur der Gegenwart* (58), 57–69.

Bürger-Koftis, Michaela/ Schweiger, Hannes/ Vlasta, Sandra (Hg.) (2010): Polyphonie - Mehrsprachigkeit und literarische Kreativität. Wien: praesens.

Busch, Brigitta (2013): Mehrsprachigkeit. Wien: UTB.

Cavosi, Roberto (2004): Quesito. In: Marco Aliprandini und Sepp Mall (Hg.): Frei Haus. Piccolo album della Poesia di queste parti. Brixen: Weber, 29.

Cornejo, Renata (2010): Dialogizität und kreativer Umgang mit der (Fremd)Sprache im lyrischen Schaffen von Jiří Gruša. In: Michaela Bürger-Koftis, Hannes Schweiger und Sandra Vlasta (Hg.): Polyphonie – Mehrsprachigkeit und literarische Kreativität. Wien: praesens, 349–366.

Dejaco, Arno / Vieider, Matthias (Hg.) (2018): Lyrischer Wille. Poesie einer mehrsprachigen Gesellschaft. Bozen / Bolzano, Wien: Folio.

Dembeck, Till (2017a): Sprachwechsel/Sprachmischung. In: Till Dembeck und Rolf Parr (Hg.): Literatur und Mehrsprachigkeit. Ein Handbuch. Tübingen: Narr Francke Attempto Verlag, 125–167.

Dembeck, Till/ Parr, Rolf (Hg.) (2017): Literatur und Mehrsprachigkeit. Ein Handbuch. Tübingen: Narr Francke Attempto Verlag.

Dembeck, Till/ Uhrmacher, Anne (Hg.) (2016): Das literarische Leben der Mehrsprachigkeit. Methodische Erkundungen. Heidelberg: Universitätsverlag Winter (Beiträge zur neueren Literaturgeschichte, 350).

Eder, Ulrike (2009): Mehrsprachige Kinder- und Jugendliteratur für mehrsprachige Lernkontexte. Wien: praesens.

Feld-Knapp, Ilona: »Mehrsprachigkeit und Fremdsprachenunterricht«. In: dies. (Hg.): Mehrsprachigkeit. (Cathedra Magistrorum – Beiträge zur Lehrerforschung, 2) Budapest 2014, 379–394.

Ferdigg, Christian (2007): Na de nö / Nichts neues. In: Rut Bernardi (Hg.): Dolomit ein Gipfelbuch. Gedichte von den Dolomiten. Poejies dala Dolomitees. Landeck: Emirgan Yayinari Ed., 11.

Ferdigg, Magdalena / Partell, Anna Maria / Ramoser, Carmen / Rungger, Nadia / Unterfrauner, Nadia (2020): In die klare Luft springen. Bozen: Raetia.

Fricke, Harald (1981): Norm und Abweichung. Eine Philosophie der Literatur. München: Beck.

Friese, Susanne (2018 [2012]): Qualitative Data Analysis with ATLAS.ti. 3rd edition. London, Thousand Oaks, CA, New Delhi, Singapore: SAGE.

Galasso, Eugen (1998): I remember . . . in: Franco Maria Maggi und Franco Latino (Hg.): Il giardino delle Rose / Rosengarten. Bozen: Latmag, 32.

Ganslmayer, Christine (2016): Sprachkombination und Sprachmischung in deutschlateinischen Mischtexten. Überlegungen zu Analyse, Formen und Funktionen. *Zeitschrift für Germanistische Sprachgeschichte* 6, 76–115.

Goetsch, Paul (1987): Fremdsprachen in der Literatur. Ein typologischer Überblick. In: Paul Goetsch (Hg.): Dialekte und Fremdsprachen in der Literatur. Tübingen: Günter Narr (Script Oralia, Bd. 2), 43–68.

Grüning, Hans-Georg (1991): Zweisprachigkeit und Sprachmischung in der zeitgenössischen Literatur Südtirols. In: Johann Strutz und Peter von Zima (Hg.): Komparatistik als Dialog. Frankfurt am Main: Peter Lang, 163–182.

Grüning, Hans-Georg (1992): Die zeitgenössische Literatur Südtirols. Probleme, Profile, Texte. Ancona: Edizioni Nuove Ricerche.

Grüning, Hans-Georg (2012): Multikulturelle Identität als Bedrohung, Provokation oder Herausforderung. Mehrsprachige Literatur in Südtirol. In: Aleya Khattab, Laura Auteri, Hans-Christoph von Nayhauss und Franciszek Grucza (Hg.): Nationale und transnationale Identitäten in der Literatur. Frankfurt am Main: Lang (Publikationen der Internationalen Vereinigung für Germanistik (IVG), 6), 137–142.

Gymnich, Marion/ Müller-Zettelmann, Eva (2007): Metalyrik. Gattungsspezifische Besonderheiten, Formenspektrum und zentrale Funktionen. In: Janine Hauthal, Juliana Nadj, Ansgar Nünning und Henning Peters (Hg.): Metaisierung in

Literatur und anderen Medien. Theoretische Grundlagen, Historische Perspektiven, Metagattungen, Funktionen. Berlin: Walter de Gruyter (Spectrum Literaturwissenschaft, 12), 65–91.

Hansen-Löve, Aage (2014): Kunst/Spiele. Einiges zum literarischen Ludismus. In: Dirk Kretzschmar, Christine Lubkoll, Dirk Niefanger und Stefan Schukowski (Hg.): Spiel und Ernst: Formen – Poetiken – Zuschreibungen. Zum Gedenken an Erika Greber. Würzburg: Ergon-Verlag, 243–270.

Heinemann, Ute (1995): Literarische Sprachwahl als Parteinahme im Kulturkonflikt? Zur Situation zweisprachiger Autoren in Katalonien. In: Georg Kremnitz und Robert Tanzmeister (Hg.): Literarische Mehrsprachigkeit. Multilinguisme Littéraire. Zur Sprachwahl bei mehrsprachigen Autoren. Soziale, psychische und sprachliche Aspekte. Wien: IFK, 127–141.

Helmich, Werner (2016): Ästhetik der Mehrsprachigkeit. Zum Sprachwechsel in der neueren romanischen und deutschen Literatur. 1. Aufl. Heidelberg: Universitätsverlag Winter (Studia Romanica, v.196).

Hilpold, Doris (2002): Südtiroler Literatur aus post-kolonialer Perspektive. Diplomarbeit. Universität Innsbruck.

Holzner, Johann (2002): Auf neuem Terrain. Literatur in Südtirol um 2000. In: Eugen Thurnher (Hg.): Tirol zwischen Zeiten und Völkern. Festschrift für Helmut Gritsch zum 60. Geburtstag am 20. Juni 2002. Innsbruck: Universitätsverlag Wagner (Schlern-Schriften, 318), 251–259.

Horn, András (1986): Ästhetische Funktionen der Sprachmischung in der Literatur. *arcadia* 16(1–3), 225–241.

Kaser, Norbert C. (1989): Südtirols Literatur der Zukunft und der letzten zwanzig Jahre. („Brixner Rede"). In: Norbert C. Kaser (Hg.): Gesammelte Werke. Bd. 2: Prosa. Herausgegeben von Benedikt Sauer und Erika Wimmer-Webhofer. Innsbruck: Haymon (norbert c. kaser. Gesammelte Werke, 2: Prosa), 111–123.

Kilchmann, Esther (2012): Poetik des fremden Wortes. Techniken und Topoi heterolingualer Gegenwartsliteratur. In: *Zeitschrift für interkulturelle Germanistik* 3 (2), 109–129.

Kilchmann, Esther (2016): Alles Dada. oder: Mehrsprachigkeit ist Zirkulation der Zeichen! In: Till Dembeck und Anne Uhrmacher (Hg.): Das literarische Leben der Mehrsprachigkeit. Methodische Erkundungen. Heidelberg: Universitätsverlag Winter (Beiträge zur neueren Literaturgeschichte, 350), 43–62.

Kleinert, Susanne (2012): Il problema identitario nell'Alto Adige. discorso politico e letteratura a confronto (Joseph Zoderer, Francesca Melandri). In: Claude Cazalé (Hg.): Noires ambivalences. à la mémoire d'Alain Sarrabayrouse. Nanterre : Presses universitaires de Paris Ouest (Écritures, 5), 63–85.

Klettenhammer, Sieglinde (2006): Fremde in der ‚Bergheimat'. Zur Ethnizitäts- und Identitätsproblematik in der erzählenden Prosa aus Südtirol. In: Luigi Reitani, Karlheinz Rossbacher und Ulrike Tanzer (Hg.): Italia~Österreich. Sprache, Literatur, Kultur. Atti del Convegno internazionale die studi, Udine, 28–31 maggio 2003. Udine: Forum Ed. Univ. Udinese, 223–227.

Knauth, K. Alfons (2004): Multilinguale Literatur. In: Monika Schmitz-Emans (Hg.): Literatur und Vielsprachigkeit. Heidelberg: Synchron (Hermeia, Bd. 7), 265–290.

Knauth, K. Alfons (Hg.) (2011): Translation & Multilingual Literature. Traduction & littérature multilingue. Berlin: LIT Verlag (Literatur, Forschung und Wissenschaft, 23).

Kostner, Josef (1993): L'oma ladina. In: Josef und Maria Luise Maurer (Hg.): Ladinische Dichter. Ins Deutsche übertragen von j. und M. L. Maurer. Calliano: Manfrini, 38.

Kremnitz, Georg (2004): Mehrsprachigkeit in der Literatur. Wie Autoren ihre Sprachen wählen. Wien: praesens.

Kristeva, Julia (1980): Desire in Language. A semiotic Approach to Literature and Art. Edited by Leon S. Roudiez. New York: Columbia University Press.

Lamping, Dieter (1995): „Linguistische Metamorphosen". Aspekte des Sprachwechsels in der Exilliteratur. In: Hendrik Birus (Hg.): Germanistik und Komparatistik. DFG-Symposion 1993. Stuttgart, Weimar: Metzler, 528–540.

Limpinsel, Mirco (2016): Was bedeutet die Digitalisierung für den Gegenstand der Literaturwissenschaft? In: *Zeitschrift für digitale Geisteswissenschaften* (1). DOI: 10.17175/2016_009.

Maggi, Franco Maria (2003): „Altoatesinità" e „bolzanità" della cultura in Alto Adige. aus: Latmag, Dezember 1986. In: Franco Maria Maggi und Franco Latino (Hg.): Dizionario. Poeti Altoatesini. Bolzano: Latmag, 27–28.

Maggi, Franco Maria (Hg.) (1995): La poesia delle dolomiti. Antologia. Bolzano: Latmag.

Maggi, Franco Maria (Hg.) (1998): Il Giardino delle Rose. poeti altoatesini. Bolzano: Latmag.

Maggi, Franco Maria/ Latino, Franco (Hg.) (1999): Storia della letteratura italiana in Alto Adige. Da dopoguerra a oggi. Bolzano: Latmag.

Maggi, Franco Maria/ Latino, Franco (Hg.) (2003): Dizionario. Poeti Altoatesini. Bolzano: Latmag.

Mall, Sepp (2014): Schläft ein Lied. Innsbruck: Haymon.

Maurer, Maria Luise (1990a): Sidtirol. In: dies.: Spatzn und Nachtigalln. Gedichte und Sprüche in Südtiroler Mundart. Calliano: Manfrini, 91.

Maurer, Maria Luise (1990b): Dör groasse I. In: dies.: Spatzn und Nachtigalln. Gedichte und Sprüche in Südtiroler Mundart. Calliano: Manfrini, 44.

Mautone, Laura (1999): Zeitenwende ... in: Südtiroler AutorInnen (Hg.): Zeitenwende. Südtiroler Autoren/-innen schreiben zur Zeitenwende 1999/2000. Bruneck, 58.

Melandri, Francesca (2010): Eva dorme. Mailand: Mondadori.

Müller-Zettelmann, Eva (2000): Lyrik und Metalyrik. Theorie einer Gattung und ihrer Selbstbespiegelung anhand von Beispielen aus der englisch- und deutschsprachigen Dichtkunst. Heidelberg: Winter.

Oberhollenzer, Josef: in der tasse. Bozen: edition sturzflüge.

Pidoll, Gabriele: Und der Tag hat sich geneigt. Bruneck: Athesia.

Plank, Maria (Hg.) (2017): Demografische Daten für Südtirol. Dati demografici della provincia di Bolzano. 2017. *ASTAT-Tab* 09 (07). Bozen / Bolzano: Landesinstitut für Statistik / Istituto provinciale di statistica.

Radaelli, Giulia (2011): Literarische Mehrsprachigkeit. Sprachwechsel bei Elias Canetti und Ingeborg Bachmann (Deutsche Literatur). Online verfügbar unter http://dx.doi.org/10.1524/9783050053592.

Romeo, Carlo (1998): Un limbo di frontiera: la produzione letteraria in lingua italiana in Alto Adige. Bruneck: Assessorato alla Cultura della Provincia di Bolzano.

Rudin, E. (1996): Tender accents of sound. *Spanish in the Chicano Novel in English.* Tempe, AZ: Bilingual P.

Rusca, Mario (2008): Al davanzale del tempo. Milano: Otma.

Schmeling, Manfred (2004): Multilingualität und Interkulturalität im Gegenwartsroman. In: Monika Schmitz-Emans (Hg.): Literatur und Vielsprachigkeit. Heidelberg: Synchron (Hermeia, Bd. 7), 221–236.

Schmeling, Manfred/ Schmitz-Emans, Monika (Hg.) (2002): Multilinguale Literatur im 20. Jahrhundert. Würzburg: Königshausen & Neumann (Saarbrücker Beiträge zur vergleichenden Literatur- und Kulturwissenschaft).

Schmitz-Emans, Monika (1997): Die Sprache der modernen Dichtung. München: Fink.

Schmitz-Emans, Monika (2017): Mehrschriftlichkeit. In: Till Dembeck und Rolf Parr (Hg.): Literatur und Mehrsprachigkeit. Ein Handbuch. Tübingen: Narr Francke Attempto Verlag, 221–233.

Schmitz-Emans, Monika (Hg.) (2004): Literatur und Vielsprachigkeit. Heidelberg: Synchron (Hermeia, Bd. 7).

Schumann, Andreas (2009): Sprachspiel und Individualität. Neue Tendenzen einer Literatur der Migration. In: Thomas Anz und Heinrich Kaulen (Hg.): Literatur als Spiel. Evolutionsbiologische, ästhetische und pädagogische Konzepte. Berlin: De Gruyter (Spectrum Literaturwissenschaft, 22), 499–508.

Schönweger, Mathias (2004): Curriculum Vitae. In: Aliprandini, Marco / Mall, Sepp (Hg.): Frei Haus. Piccolo album della Poesia di queste parti. Brixen: Weger, 18.

Siller, Barbara (2015): Identitäten – Imaginationen – Erzählungen. Literaturraum Südtirol seit 1965. Innsbruck: Innsbruck University Press.

Strutz, Johann (2003): Touching Tongues. Regionalität und literarische Mehrsprachigkeit. In: Alan James (Hg.): Vielerlei Zungen. Mehrsprachigkeit + Spracherwerb + Pädagogik + Psychologie + Literatur + Medien. Klagenfurt: Drava, 157–195.

Sturm-Trigonakis, Elke (2007): Global Playing in der Literatur. Ein Versuch über die Neue Weltliteratur. Würzburg: Königshausen & Neumann.

Suriano, Katia (1998): Der Südtiroler ethnische Konflikt in der Literatur. Diplomarbeit. Universität Innsbruck.

Unterpertinger, Erika (2019): Ansätze für eine Theorie mehrsprachiger Lyrik. In: *Polyphonie – Mehrsprachigkeit_Kreativität_Schreiben*, Vol. 6(1). Online verfügbar unter http://www.polyphonie.at/download.php?file=244 Letzter Zugriff: 01.04.2022 .

Unterpertinger, Erika (2022): Kodieren mit Analysesoftware als Methode der (digitalen) literaturwissenschaftlichen Korpusanalyse. In: Jan Horstmann und Frank Fischer (Hg.): Digitale Verfahren in der Literaturwissenschaft. Sonderausgabe # 6 von Textpraxis (1.2022). URL: https://www.textpraxis.net/erika-unterpertinger-mehrsprachige-lyrik-kodieren, DOI: https://doi.org/10.17879/64059431123 Letzter Zugriff: 01.08.2022.

Vallazza, Markus (1990): Schattenhinab. Innsbruck: Haymon.

Videsott, Paul/ Bernardi, Rut (2014): Geschichte der ladinischen Literatur. s.l.: bupress. Online verfügbar unter http://www.doabooks.org/doab?func=fulltext&rid= 19850 Letzter Zugriff: 01.04.2022.

Videsott, Ruth (2015): Lines y spidic. St. Ulrich: Institut Ladin Micúra de Rú.

Yeşilada, Karin E. (2012): Poesie der dritten Sprache. Türkisch-deutsche Lyrik der zweiten Generation. Tübingen: Stauffenburg.

Zoderer, Joseph (1982): Die Walsche. Innsbruck: Haymon.

„Eine Frauennase in einem Männergesicht"
Zum Verhältnis von Körper- und Raummetaphern der Mehrsprachigkeit

Rainer Guldin (Lugano)

Abstract: In diesem Essay geht es um das Zusammenspiel von Körper- und Raummetaphern der Mehrsprachigkeit in der Herausbildung von Diskursen über Mono- und Multilingualismus und zugleich um einen spezifischen Umgang mit Metaphern, der nicht von einzelnen isolierten Beispielen ausgeht, sondern sich auf Cluster konzentriert. Metaphern tauchen selten allein auf, sondern bilden zusammenhängende Netzwerke, deren Zweck es ist, einen gesteigerten argumentativen Zusammenhang hervorzubringen. Diese beiden Momente sollen anhand von Beispielen aus der monolingualen und multilingualen Tradition verdeutlicht werden. Die Körpermetaphern des Gesichts, der Zunge und der Augen und die damit verbundenen Raummetaphern der osmotischen Offenheit und Durchlässigkeit, der Überschichtung und Doppelbödigkeit, der Heterogenität, Hybridität und des Dazwischen spielen im Werk der translingualen Schriftstellerinnen Herta Müller und Yoko Tawada eine wichtige Rolle. Um aber in ihrer radikalen Neuheit und Originalität erfasst zu werden, müssen diese Metaphern vor dem Hintergrund des immer noch wirksamen monolingualen Diskurses gesehen werden, von dem sie sich implizit absetzen. Dieser operiert mit Körpermetaphern, die den organischen Zusammenhalt und die Einmaligkeit von Sprachen hervorheben, wie z. B. das Gesicht und die Zunge, und deutet diese im Zusammenhang mit Raummetaphern, z. B. dem Kreis, die für Abgeschlossenheit und innere Homogenität stehen.

Keywords: Körper, Raum, Mehrsprachigkeit, Metapher

„[. . .] dessen Gesicht und Stimme [wies] eine Menge Narben auf [. . .] das Gesicht von zahllosen früheren Pickeln, die Stimme von den Spuren der vielen wechselnden Idiome, die Folge eines entlegenen Ursprungs und einer kosmopolitisch verbrachten Kindheit [. . .]."

Marcel Proust, *Auf der Suche nach der verlorenen Zeit*

Mit Metaphern arbeiten: Methodische Vorüberlegungen

Hans Blumenberg hat über Jahre hinweg auf Tausenden von Karteikarten einen umfassenden Materialspeicher angelegt. Diese Arbeit umfasste in der Regel vier Schritte: Die Lektüre der Texte diente zur Auswahl wichtiger Passagen, die auf Karteikarten übertragen, in verschiedene Rubriken des

Zettelkastens einsortiert und zum Schluss mit Querverweisen, Schlagworten und Kommentaren versehen wurden (Zill 2020: 380–383). Blumenberg hat bestimmte Metaphern systematisch gesammelt und deren multiple Umdeutungen und Funktionsveränderungen über die Jahrhunderte hinweg verfolgt, so zum Beispiel die Lichtmetapher und die Metapher des Weltbuches. Diese Arbeitsmethode kommt im posthum publizierten Band *Quellen, Ströme, Eisberge* besonders deutlich zum Ausdruck (Blumenberg 2012). Auf den einzelnen Karteikarten findet man neben dem handschriftlich eingetragenen Thema, aufgeklebte Zeitungsausschnitte mit Unterstreichungen, Fotografien und Graphiken neben hingekritzelten Notizen, mit der Schreibmaschine geschriebene Zitate und kommentierende Kurztexte. Diese langwierige, collagierende und annotierende Sammelarbeit, welche die vielfachen Vernetzungen der ausgewählten Metaphern in den Vordergrund stellt, ist Voraussetzung einer erfolgreichen Arbeit mit Metaphern. Die Korpus-Bildung kommt stetig, aber langsam zustande. Oft sind es glückliche Funde, die einer rein quantitativ vorgehenden umfassenden Untersuchung entgehen würden. Diese spezifische Vorgehensweise habe ich auch meiner Monographie *Metaphors of Multilingualism. Changing Attitudes towards Language Diversity in Literature, Linguistics and Philosophy* (Guldin 2020) zugrunde gelegt, auf die der vorliegende Text zurückgeht. Die Wahl der einzelnen Autorinnen und Texte ist, in Anlehnung an Blumenbergs Methode, über Jahre hinweg entstanden und geht auf eine Reihe von Lehrveranstaltungen zu translingualen Autorinnen in der europäischen Literatur zurück, die ich an den Universitäten von Sankt Gallen (HSG) und Lugano (USI) von 2013 bis 2019 gehalten habe.

Ein weiteres wesentliches methodologisches Moment ist die Suche nach Clustern von assoziierten Metaphern (Lakoff und Johnson 1980), innerhalb eines Textes, im Werk einer Autorin oder epochenumfassend. Es geht nicht so sehr darum, ausführliche Listen von Metaphern anzulegen, sondern um die Suche nach besonders vielschichtigen Metaphern, die sich durch die Dichte ihrer Beziehungen zu anderen Metaphern auszeichnen. Lakoff und Johnson (ebd.: 18–9) sprechen in diesem Zusammenhang von einer *internal systematicity* der einzelnen Metaphern und einer *external systematicity* der unterschiedlichen Metapher-Cluster. Die erste Form der Systematizität betrifft die verschiedenen, oft heterogenen Aspekte, die in einer einzelnen Metapher gebündelt werden. Bei der zweiten Form hingegen geht es um die komplexen Verbindungen der verschiedenen Metaphern zu einem kohärenten Ganzen. Um eine Raummetapher zu verwenden, könnte man die erste Form als vertikale Überschichtung und die zweite als horizontale Vernetzung beschreiben. Wie ich im Folgenden zeigen möchte, verbinden sich unterschiedliche Metaphern in kollektiven Diskursen oder im Werk einzelner Autorinnen und unterstützen einander in der Hervorbringung einer gemeinsamen Vorstellung, wobei es dabei auch zu internen Spannungen und Widersprüchen kommen kann. Dies kommt im Zusammenspiel von Körper- und Raummetaphern besonders deutlich zum Ausdruck.

Im Zusammenhang mit seiner Metaphorologie hat Blumberg eine sich auf metaphorische Subtexte konzentrierende Interpretationstechnik vorgeschlagen. Manfred Sommer hat diese Methode mit Hilfe einer räumlichen Metapher anschaulich umschrieben.

> [...] below the surface of the text manifest to the reader there is an imaginary sub-stratum. And the metaphors are the places where this sub-stratum projects out into the text and becomes visible. Thus, metaphors scattered through the text are not to be understood as occurrences. Instead, one has to conceive of them as indications and parts of a whole pictorial structure. The metaphors are interconnected underground [...] (1998: 137).

Zwei Punkte sind hier besonders hervorzuheben: obwohl die einzelnen Metaphern in der Regel im Text getrennt auftauchen, muss man sie als Teil eines untergründigen zusammenhängenden Netzwerks sehen. Ich möchte diese spezifische Lesestrategie im zweiten Teil des Essays anhand von zwei Texten vorführen: Herta Müllers „Wenn sich der Wind legt, bleibt er stehen oder Wie fremd wird die eigene Sprache beim Lernen der Fremdsprache" (2001) und Yoko Tawadas „Akzent" (2017). Die beiden Texte weisen eine hohe Dichte an miteinander verwobenen Metaphern der Mehrsprachigkeit auf, die ein zusammenhängendes Netzwerk aus Körper- und Raummetaphern bilden, welche sich zugleich implizit auf die Tradition monolingualer Diskurse bezieht und diese in Frage stellt. Die Körpermetaphern des Gesichts, der Zunge und der Augen werden auf vielfache Art und Weise mit den Raummetaphern der osmotischen Offenheit, und Durchlässigkeit, der Überschichtung und Doppelbödigkeit, der Hybridität und des Dazwischen sowie des Austausches und der steten Bewegung verbunden. Um aber ihren innovativen Charakter zu verstehen, müssen sie vor dem Hintergrund des immer noch bedeutenden monolingualen Diskurses, von dem sie sich implizit absetzen, untersucht werden. Dieser operiert mit Körpermetaphern, die den organischen Zusammenhalt und die Einmaligkeit von Sprachen hervorheben, wie z. B. das Gesicht und die Zunge, und deutet diese im Zusammenhang mit Raummetaphern, wie z. B. dem Kreis, die für Abgeschlossenheit und innere Homogenität stehen. Wie die nachfolgenden Überlegungen verdeutlichen werden, steht im monolingualen Diskurs vor allem die Statik und Funktionalität interagierender Teile im Mittelpunkt. Die Texte Müllers und Tawadas hingegen betonen das Dynamische und Unstete und die kontinuierliche Veränderung unabhängiger Körperteile.

Hier schließt sich ein diachronischer Aspekt an. Anhand von Veränderungen in den zentralen Metaphern eines Diskurses – in diesem Fall des Verhältnisses von Mono- und Multilingualismus – kann man Verschiebungen in der jeweils vorherrschenden Metasprache feststellen. Auf diesen spezifischen

Aspekt verweist auch der Untertitel meiner Arbeit, der von einem partiellen Übergang von einem vorherrschend monolingualen zu einem neuen multilingualen Verständnis von Sprache(n) im Sinne von Yasemin Yildiz *postmonolingual condition* (2012) und der *new linguistic dispensation* von Larissa Aronin und Vasilis Politis (2015) ausgeht. Dieser Übergang zu einem neuen Paradigma, zu dem auch die beiden hier untersuchten Texte von Müller und Tawada gehören, lässt sich an der Umdeutung und/oder Auswechslung der jeweilig vorherrschenden Metapher-Cluster ablesen. Es ist hier noch wichtig festzuhalten, dass diese Verschiebung vor dem Hintergrund früherer Metaphorisierungen stattfindet, auf die sich die neuen Metaphern meist implizit beziehen.

Damit ist zugleich die Frage beantwortet, warum man sich überhaupt mit Metaphern im Zusammenhang mit kollektiven Diskursen zum Verhältnis von Mono- und Multilingualismus und deren Veränderung und mit der Präsenz von Metaphern im Werk einzelner literarischer Autorinnen beschäftigen soll. Metaphern eröffnen in beiden Fällen neue theoretische Einsichten, die sowohl synchronisch als auch diachronisch bedeutungsvoll sind. Sie zeigen einerseits, wie sich Diskurse über die Zeit hinweg verändern können, besonders in Hinblick auf einen möglichen Paradigmenwechsel. Andererseits ermöglicht ein metaphorisches *close reading* neue Einblicke in die Ästhetik und Argumentationsstruktur eines bestimmten Textes, die auf das Gesamtwerk einer Autorin bezogen werden können.

Anfangen möchte ich mit einigen allgemeinen Betrachtungen zum Verhältnis von Körper- und Raummetaphern.

Körper- und Raummetaphern

Das Zusammenspiel von Körper- und Raummetaphern spielt eine zentrale Rolle in der metaphorischen Erfassung von Mehrsprachigkeit wegen den vielfältigen Schnittstellen zwischen den beiden Bereichen, was Form, Ausdehnung, Grenzverlauf und innere Zusammensetzung angeht. In diesem Sinne können Körper zum Beispiel als geschlossene Räume oder Behälter betrachtet werden, die eine äußere Grenze aufweisen und deren innere Zusammensetzung homogen oder heterogen ist.

Die Wahl bestimmter Metaphern impliziert in der Regel eine epistemologische Vorstrukturierung. Dies wird besonders deutlich, wenn man die dominanten Sprachmetaphern der monolingualen Tradition in Europa ab dem späten 18. Jahrhundert mit den neu aufkommenden Metaphern des 20. und 21. Jahrhunderts vergleicht. Der monolinguale Diskurs geht im Wesentlichen vom Körper als einem homogenen organischen Ganzen aus und definiert zugleich die neuen Nationalsprachen als in sich geschlossene geopolitische Gebiete, die sich klar von den anderen Nationalsprachen abheben. Naoki Sakai beschreibt diesen metaphorischen Zusammenhang, der Körper, Sprache und Territorium als vergleichbare in sich geschlossene Behälter sieht, mit dem Begriff der *cofiguration*: „the means by which a national community represents itself to itself, thereby constituting itself as a subject" (Sakai 1999: 15).

In dieser Vorstellung steht die Sprache als System im Vordergrund. In der Gegenwart dagegen stößt man vermehrt auf Metaphern des Vielfältigen und Heterogenen, welche die osmotische Fluidität von Sprachgrenzen und die heterogene Vielfalt unterschiedlicher Sprachen innerhalb desselben (Text)Raumes hervorheben. Einzelne autonom agierende Körperteile, die sich aus dem organischen Zusammenhang emanzipieren – z. B. die Zunge –, verbinden sich hier mit Metaphern des Fließens. Im Werk von Yoko Tawada z. B. nehmen die Metaphern des Wassers und des Meeres (Bay 2012 und Ortrud 2012) im Zusammenhang mit der Metapher der flexiblen feuchten Zunge eine prominente Stellung ein. In dieser Vorstellung stehen der jeweilige Sprecher und die sprachlichen Ressourcen, auf die er zurückgreift, im Vordergrund.

Neben Metaphern, die sich tendenziell ausschließen, findet man auch Metaphern, die für gegensätzliche Vorstellungen verwendet wurden, so zum Beispiel das Gesicht und die Zunge, auf die ich im Folgenden näher eingehen werde.

Die deutschsprachige Philologie, die sich in der zweiten Hälfte des 18. Jahrhunderts herausbildet und im Laufe des 19. verfestigt, geht davon aus, dass die einzelnen Teile eines Sprachkörpers zu einem ausgewogenen organischen wohl funktionierenden Ganzen gehören. Man unterscheidet dabei nicht nur zwischen der Anatomie und der Physiologie eines Sprachkörpers, dieser wird zugleich geschlechtsspezifisch gedeutet. So unterscheidet Jacob Grimm in der *Deutschen Grammatik* (1822) zwischen einem festeren männlichen „Konsonantenleib", der für das äußere Erscheinungsbild der Sprache verantwortlich ist, und einer flüssigeren weiblichen „Vokalenseele", die einer Sprache ihre Färbung verleiht. Die einzelnen Sprachen werden durch das Vorhandensein unterschiedlicher grammatikalischer Geschlechter belebt, die von Anfang an ein natürlicher Bestandteil sind. Grimm betrachtet dabei das Männliche als ursprünglich, aktiv und agil und das Weibliche als diskret, empfänglich und sekundär. Dieser inneren Hierarchisierung entspricht eine äußere. In *Über den deutschen Stil* (1785) bezeichnet der deutsche Grammatiker und Philologe Johann Christoph Adelung Sprachen mit vielen Konsonanten als hart, was er als ein Zeichen der Überlegenheit der deutschen Sprache gegenüber anderen europäischen Nationalsprachen deutet (Adelung 2016).

Neben der organischen Ausgewogenheit, der inneren Homogenität und der Hierarchie der Teile spielen die Grenzen eine wesentliche Rolle. Elemente, die aus fremden Sprachen kommen, werden als Fremdkörper wahrgenommen, die so schnell wie möglich assimiliert werden sollen. Ein bedeutendes Beispiel für diese Metapher findet sich in der Einleitung zum ersten Band des *Deutschen Wörterbuchs* von Jacob und Wilhelm Grimm, das 1854 erstmals veröffentlicht wurde. Alle gesunden Sprachen besitzen einen natürlichen Trieb, der fremde Elemente in Schach hält, diejenigen vertreibt, die seine Grenzen durchdrungen haben, oder versucht, diese umgehend zu absorbieren. Im Laufe der Geschichte hat der Widerstand gegen die Aufnahme von Fremdwörtern nachgelassen, was das allgemeine Gefühl für die eigene Sprache geschwächt hat. Es ist eine Aufgabe der Sprachtheorie, diesem allgemeinen Trend entgegenzuwirken und klare Grenze zu ziehen. Die zu schützenden Grenzen des Sprachkörpers entsprechen dabei den politischen Grenzen der Nation, innerhalb dessen Territorium die jeweilige Nationalsprache gesprochen wird. Der Körpermetapher entspricht auch hier eine Raummetapher.

Im aufkommenden monolingualen Diskurs der zweiten Hälfte des 18. Jahrhunderts werden Nationalsprachen als Personen mit einer eigenen Identität und einem spezifischen Charakter dargestellt. Lakoff und Johnson sprechen in diesem Zusammenhang von ontologischen Metaphern und *container metaphors*. „Understanding our experience in terms of objects and substances allows us to pick out parts of our experience and treat them as *discrete entities* or substances of a *uniform kind*" (meine Hervorhebung) (1980: 25). Der deutsche Romanist Karl Vossler bezeichnet in seinem Aufsatz „Die Nationalsprachen als Stile" Nationen als „leibhafte Einzelmenschen", lebende Individuen, die einen eigenen Willen besitzen (Vossler 1925: 6). Die Konstitution einer in sich geschlossenen Nation und die Erfindung einer Landessprache spiegeln einander und bringen einander hervor. Sprachen und Nationen sind in sich geschlossene weitgehend homogene autonome Körper.

Hier ließe sich eine Verknüpfung zum Titelzitat und zweiten Teil des Essays erstellen. Herta Müllers Metapher einer Frauennase in einem Männergesicht sprengt auf subversive Art und Weise die Vorstellung einer homogenen in sich geschlossenen Sprache. Die Metapher betont nicht nur so etwas wie Zweigeschlechtlichkeit, sondern verleiht dem Weiblichen auch noch eine privilegierte tonangebende Rolle, was in Hinblick auf Grimms dualistisch argumentierende Hierarchisierung von Bedeutung ist. Die Frauennase im Männergesicht oder der Frauenmund im Männergesicht (Müller 2001: 1), wie es in einer anderen Variante heißt, ist zwar prinzipiell eine Körpermetapher, aber sie ist auch eine Raummetapher: Das hybride zusammengesetzte Sprachgesicht ist zugleich ein Kreis, der durch einen Fremdkörper aufgebrochen wird, wodurch ein spannungsvolles Hin und Her entsteht. Ganz anderes wird in den nun folgenden Beispielen argumentiert, die auf Stimmigkeit und Ausgewogenheit setzen.

Um Missverständnisse vorzubeugen, möchte ich an dieser Stelle noch hervorheben, dass das Werk Johann Gottfried Herders und Wilhelm von Humboldts von einer grundlegenden Spannung lebt. Ihre Verteidigung der

Einmaligkeit von Sprachen, die wohl als philosophische Grundlage des heutigen Multilingualismus betrachtet werden kann, geht Hand in Hand mit einer Ablehnung mehrsprachiger Texte, was in den von ihnen privilegierten Metaphern zum Ausdruck kommt.

Kreis und Gesicht

Anhand der Metaphern des Kreises und des Gesichts im Werk Wilhelm von Humboldts lässt sich das Zusammenspiel von Raum und Körpermetaphern noch weiter präzisieren. Jede Landessprache, schreibt Wilhelm von Humboldt in *Über die Verschiedenheit des menschlichen Sprachbaues und ihren Einfluß auf die geistige Entwicklung des Menschengeschlechts*, „zieht um das Volk, welchem sie angehört, einen Kreis, aus dem es nur insofern hinauszugehen möglich ist, als man zugleich in den Kreis einer andren hinübertritt"(1998: 187). Die verschiedenen Nationalsprachen sind eine Reihe von Kreisen, die dicht nebeneinander liegen, ohne sich jedoch zu überschneiden.

Diese Vorstellung kommt auch in Vilém Flussers unveröffentlichtem Essay aus den 1960er Jahren „ Melodie der Sprachen" vor. Flusser wählt die Metapher der einheitlichen Melodie, um die Einmaligkeit und Spezifität von Nationalsprachen zu beschreiben. Jede Melodie definiert eine unverwechselbare Stimmung, die eine ebenso „gestimmte" Wirklichkeit definiert, in welcher der Sprecher einer Sprache eingetaucht ist. Wenn wir von einer Melodie in die andere „hinüberwechseln", zerfällt die uns vertraute Realität von selbst. Die verschiedenen Melodien sind voneinander getrennt. Es sind nicht „einander schneidende Kreise, deren Mittelpunkte nah beieinanderliegen und die darum beinahe dieselbe Fläche bedecken. Denn die Melodie der portugiesischen Sprache ist von der deutschen verschieden, und darum handelt es sich um zwei prinzipiell verschiedene Welten." (Flusser, o. D.: 2)

Die Metapher des Kreises definiert eine klare unverwechselbare linguistische Zugehörigkeit. Man kann nicht gleichzeitig in unterschiedlichen Sprachen zu Hause sein. So wie jede Nationalsprache in einem bestimmten Territorium verankert ist, sind auch die Sprecher einer bestimmten Landessprache in dieser und dem ihr zugewiesenen Territorium pflanzenartig verwurzelt.

Wie die Metapher des Kreises, der die einzelnen Sprecher einer Gemeinschaft versammelt und schützend umgibt, so definiert auch die Metapher des Gesichts einen begrenzten, in sich abgeschlossenen Raum mit einem einmaligen spezifischen Charakter und einer unverkennbaren Melodie. Im sechzehnten Kapitel seiner *Abhandlung über den Ursprung der Sprache* (1772) vergleicht Herder die Einmaligkeit der einzelnen Landessprachen mit der körperlichen Besonderheit von Gesichtern. Zwei Sprachen unterscheiden sich voneinander wie die Gesichtszüge zweier verschiedener Personen (2015: 104). Im achten Kapitel von Humboldts *Über die Verschiedenheit des menschlichen Sprach-baues* kommt die Metapher des Gesichts im Zusammenhang mit dem Begriff der inneren Form einer Sprache zum Einsatz. Im Unterschied zu Herder, ist die Einheit der Sprache jedoch nicht einfach gegeben, sondern das Ergebnis einer synthetischen Leistung des Geistes. „Die Sprache bietet uns eine Unendlich-keit von Einzelheiten dar." Dies kann auf ersten Anhieb wie ein „verwirrendes Chaos" aussehen, lässt sich aber in „einfache Umrisse zusammenziehen", so wie die „zerstreuten Züge in das Bild eines organischen Ganzen" (1998: 173). Dieser Vorgang ist vergleichbar mit dem „Gesamteindruck", der entsteht, wenn die einzelnen Züge eines Gesichts in ihrer entschiedenen Individuali-tät wahrgenommen werden. Die „menschlichen Gesichtsbildungen" beruhen auf „dem Ganzen" und der „individuellen Auffassung", wodurch „jede Phy-siognomie jedem anders erscheint. Da die Sprache [...] immer ein *geistiger Aushauch* eines nationell individuellen Lebens ist, so muß beides auch bei ihr eintreffen" (meine Hervorhebung) (ebd.: 176). Das individuelle und kollektive Leben einer Nation sind aufeinander abgestimmt und fließen ineinander als Teile einer einzigen umfassenden Melodie. Das folgende Beispiel zeigt wie vor dem Hintergrund dieser Vorstellung Mehrsprachigkeit und Code-Mixing als Abweichung wahrgenommen werden müssen.

Das zusammengeflickte Gesicht der Mehrsprachigkeit

In Jean-Jacques Annauds Verfilmung von Umberto Ecos Erfolgsroman *Der Name der Rose*, die 1986 in die Kinos kam, findet sich eine kurze Szene, die der Begegnung des jungen Adson von Melk mit dem buckligen Mönch Sal-vatore gewidmet ist. Von Melk besucht Ende November 1327 als Novize in der Obhut des Franziskaners William von Baskerville eine Benediktinerabtei im ligurischen Apennin. Die ersten Einstellungen zeigen Nahaufnahmen von teuflischen Fratzen und verzerrten Gesichtern an den Wänden eines dunklen Vorraumes der Klosterkirche, untermalt von langen schrillen Tönen. Aus der Dunkelheit taucht der missgestaltete Salvatore auf und hält wild gestikulie-rend einen ausufernden mehrsprachigen Monolog. Er verwendet mehrfach das Wort „Penitenziagite" – vom Lateinischen *Poenitatentiam agite*, bereut – den Schlachtruf der Anhänger Fra Dolcinos. Dieser hatte um 1300 in Ober-italien die Laienbewegung der Apostelbrüder gegründet, die zur Vernichtung der römischen Einheitskirche aufrief, und von Papst Clemens V. zum Ketzer erklärt, gefangengenommen und nach öffentlicher Folterung hingerichtet und verbrannt wurde. Als Baskerville und Adson wieder ins Offene und Helle treten, entspinnt sich ein kurzer Dialog. Welche Sprachen hat dieser Mensch verwendet? fragt er Baskerville, worauf dieser antwortet: Alle Sprachen und keine.

Der Filmausschnitt webt ein dichtes assoziatives Netz um Salvatores Mehrsprachigkeit: das Dunkle, Verborgene und Abgelegene des kleinen engen Raumes, die körperlichen Metaphern des Entstellten, Verwachsenen und Animalischen sowie das Ketzerische. Der Monolog Salvatores wirkt auf den ersten Blick wild und anarchisch, vor allem wegen den insgesamt fünf Sprachen und dem häufigen Code-Switching, liest man ihn aber aufmerksamer, so entpuppt er sich als wohlgeordnete Argumentation, die zwar von Sprache zu Sprache hüpft, aber eine klar erkennbare argumentative Linie erkennen lässt. Wichtig sind dabei auch die Mimik und die Gestik. Der Mönch humpelt hin und her, schubst den jungen Adson und zerrt an dessen Kutte, er gestikuliert, deutet mit der Hand, klatscht erfreut in die Hände und streckt geräuschvoll seine überlange wolfartige Zunge heraus, um seine Ähnlichkeit mit dem Teufel zu unterstreichen.

Im Roman, der 1980 auf Italienisch und zwei Jahre später in einer deutschen Übersetzung erschien, finden sich in derselben Szene einige weitere, äußerst aufschlussreiche Details in Hinblick auf Salvatores Mehrsprachigkeit. Sein braungebranntes Gesicht gleicht den Monstern, die an den Kapitellen der Kirchenvorhalle prangen. Den runden Kopf trägt er kahlgeschoren, aber nicht aus Bußfertigkeit, sondern wegen eines Hautausschlages. Das Gesicht ist grundsätzlich disharmonisch, die Stirn tief und eng, die Nase formlos, die Unterlippe wulstig, die Oberlippe nur ein knapper Strich. Die Augenbrauen sind struppig und die Nasenlöcher überwuchert von schwarzen Haaren. Der Mund ist breit und schief und die Zähne sind spitz wie die eines Hundes.

Die Figur des Mönchs kumuliert verschiedene Formen der Devianz, die sein Aussehen, seinen Lebensstil und seine Sprache ineinander spiegeln. Er trägt eine zerlumpte schmutzige Kutte und gleicht daher eher einem Vagabunden. Seine Wurzellosigkeit und die Tatsache, dass er verschiedenen Sprachen durcheinander spricht, machen ihn grundlegend suspekt, da man ihn keiner Kultur oder Sprache eindeutig zuordnen kann. Salvatore hat sich in der Bewegung, im steten Unterwegssein eingerichtet und dieses kontinuierliche Hin und Her kommt auch in seinem Idiolekt deutlich zum Ausdruck, springt er doch ruhelos von einer Sprache zur anderen. Die metaphorische Verbindung zwischen nomadischer Existenz und Mehrsprachigkeit wird auch im Text Yoko Tawadas, auf den ich am Ende dieses Essays näher eingehen möchte, direkt angesprochen.

Das zusammengesetzte asymmetrische Gesicht Salvatores wird im Roman explizit auf seinen mehrsprachigen Monolog bezogen, wobei die einzelnen unzusammenhängenden Teile den fragmentarischen Sprachfetzen entsprechen. „Es war, wie wenn seine Zunge gleich seinen Zügen zusammengeflickt worden wäre aus Teilen und Stücken anderer Zungen [...]." (Eco 1982: 65) Das

Gesicht der mehrsprachigen Rede widerspricht dem klassischen ästhetischen Kanon der inneren Harmonie und des ausgewogenen Zusammenhalts. Salvatore fügt seine Sätze nach Belieben aus verstreuten Bruchstücken des Katalanischen, Provenzalischen oder Lateinischen zusammen, die er irgendwann irgendwo aufgeschnappt hat.

Zungen und Augen

Salvatores tierhafte Zunge ist ungezähmt, vielseitig und flexibel, was darauf hindeutet, dass dieser Körperteil sich jeder Sprache anpassen und dadurch ganz unterschiedliche individuelle und kollektive Identitäten artikulieren kann. Die Singularität der Zunge ist auch in ihrer doppelten Verwendung als Körperteil und Sprache angelegt. So bedeutet in vielen europäischen Sprachen „Zunge" zugleich „Sprache": im Russischen (язык, yazyk), Griechischen (γλῶσσα, glóssa), Italienischen (lingua), Portugiesischen (língua) Spanischen (lengua), Französischen (langue) und Türkischen (dil).

Obwohl die Zunge dadurch, dass sie sich leicht in jede Richtung drehen und wenden kann, eine ideale Metapher der Transformation und Metamorphose darstellt, ist sie auch in einem monolingualen Sinn gedeutet worden. In *Die gerettete Zunge* beschreibt Canetti eindrücklich, wie er zu seiner Schreibsprache gekommen ist. Der Titel deutet darauf hin, dass die Erlangung dieser einen Sprache bedroht war. Ein Bild der Kastration und möglichen Amputation der Zunge kommt ganz am Anfang vor. Der junge Elias wird Zeuge, wie die Angestellte der Eltern eine Beziehung zu einem Mann pflegt, den sie in ihr Zimmer einlädt. Der Liebhaber droht Elias, die Zunge mit einem Messer abzuschneiden, sollte er ihr Geheimnis seinen Eltern preisgeben. Eine weitere Bedrohung stellt die schwierige Lernsituation mit der Mutter dar, die einen Gesprächspartner für den gestorbenen Mann in ihrem Sohn sucht, ein Ohr, welches das verlorene ersetzen soll. Unter wahren Qualen lernt Elias die deutsche Sprache. Im Laufe dieses langwierigen Prozesses wird das frühere Bulgarisch und das Ladino, das er von den Eltern gelernt hatte, durch das neue hinzu gekommene Deutsch ersetzt.

> Alle Ereignisse jener ersten Jahre spielten sich auf spanisch oder bulgarisch ab. Sie haben sich mir später zum größten Teil ins Deutsche übersetzt. Nur besonders dramatische Vorgänge, Mord und Totschlag sozusagen und die ärgsten Schrecken, sind mir in ihrem spanischen Wortlaut geblieben, aber diese sehr genau und unzerstörbar. Alles übrige, also das meiste, und ganz besonders alles Bulgarische, wie die Märchen, trage ich *deutsch im Kopf* (meine Hervorhebung) (Canetti 1994: 63).

Anstatt sich auf die alte bulgarische Zunge zu legen, nimmt die deutsche Sprache dessen Platz ein. Eine Zungentransplantation, die nicht ohne Verlust zustande kommt. Der achtjährige Elias eignet sich damit eine vollkommen neue Sprache an, die fortab im Alleingang sein Denken und Schreiben bestimmt. Die Mutter zwingt ihn mit drastischen pädagogischen Maßnahmen, die deutsche Sprache zu erlernen, die dadurch zu einer nachträglichen Muttersprache wird. Es ist eine unlösbare pflanzenartige Bindung, eine Mischung aus Schmerz und Glück.

> So zwang sie mich in kürzester Zeit zu einer Leistung, die über die Kräfte jedes Kindes ging. [...] es war eine spät und *unter wahrhaftigen Schmerzen eingepflanzte Muttersprache.* Bei diesen Schmerzen war es nicht geblieben, gleich danach erfolgte eine Periode des Glücks, und das hat mich *unlösbar* an diese Sprache gebunden (meine Hervorhebung) (Canetti 1994: 69).

Im Gegensatz zu Elias Canetti, deuten Yoko Tawada und Emine Sevgi Özdamar die Zunge als einen vielfältigen Ort der Sprachvermischung und eine vielschichtige Metapher der Mehrsprachigkeit. Tawadas Zunge ist beweglich und feucht. Sie ist grundsätzlich rebellisch und nicht zu zähmen. In „Zungentanz" (Tawada 2006) verwendet Tawada die Metapher der leidenden Zunge, um den drohenden Sprachverlust in einem fremden Land zu beschreiben. Die Ich-Erzählerin wacht auf und stellt fest, dass ihre Zunge so angeschwollen ist, dass sie sich in der Mundhöhle nicht mehr bewegen kann und sie erstickt. Doch dann schrumpft die Zunge wieder zusammen und zieht sich wie ein ausgetrockneter Schwamm in die Speiseröhre zurück und nimmt ihren ganzen Kopf mit. Sie träumt, dass sich ihr Körper in eine riesige, unerträglich feuchte rosa Zunge ohne Augen verwandelt hat, die nackt durch die Straßen wandert. Im metaphorischen Universum der Zunge signalisieren Feuchtigkeit und Trockenheit Kreativität bzw. deren Einschränkung. Die Erzählerin hat das Gefühl, dass sich ihre Krankheit in ihrer Zunge eingenistet hat. Sie sucht einen Spracharzt auf, der ihr beim Erlernen der neuen Sprache durch Umerziehung der Zunge hilft. Sie hat Schwierigkeiten, das neue Alphabet zu lesen, also schlägt er vor, dass sie ein bestimmtes Wort wählt, um die restlichen Wörter eines Satzes zu dominieren, um Anarchie im Mund zu vermeiden. Doch während dieses Trainings beginnt ihre Zunge plötzlich Japanisch zu sprechen. Im Gegensatz zu Canettis Vorstellung konservieren in diesem metaphorischen Universum die Zungen die verschiedenen Sprachen eines Sprechers. Wie auch der kurze Texte „Akzente" verdeutlicht, auf den ich noch näher eingehen werde, ist Tawadas Zunge flexibel und vielfach von Sprachen und Akzenten überschichtet, wie zahlreiche Falten, die sich sukzessive um die Augen legen.

In Özdamars Erzählsammlung „Mutterzunge" begegnen wir einer gedrehten, gewendeten, einer überschichteten Zunge, die auch in Tawadas Text „Akzent" eine Rolle spielt. Der Titel *Mutterzunge* ist eine wörtliche

Übersetzung aus dem Türkischen: *ana* (Mutter) und *dil* (Zunge) (vgl. dazu auch Vlasta 2016). Özdamar nutzt die Asymmetrie zwischen Deutsch (Muttersprache) und Türkisch (Mutterzunge) als Ausgangspunkt für eine interlinguale Schreibstrategie, die darin besteht, zwei Sprachen distanzierend zu verbinden, dadurch dass man sie palimpsestartig aufeinanderlegt. So basieren auch die ersten Sätze der gleichnamigen Kurzgeschichte auf einer wörtlichen Übersetzung türkischer Sprichwörter. „In meiner Sprache heißt Zunge: Sprache. Zunge hat keine Knochen, wohin man sie dreht, dreht sie sich dorthin. Ich saß mit meiner gedrehten Zunge in dieser Stadt Berlin" (Özdamar 2010: 7). Die knochenlose, umgedrehte Zunge betont die grundsätzliche Körperlichkeit von Zungen als Sprachen. Ihre Agilität und Elastizität stellen die Starrheit und Steifheit einer einzigen Muttersprache in Frage. Eine Zunge ohne Knochen kann sich in jeder Sprache zurechtfinden. Diese Zunge, die sich beliebig (ver)drehen kann, lässt sich wiederum auf ein türkisches Sprichwort zurückführen. Dies fügt dem hybriden Charakter des zweisprachigen Satzes eine weitere Ambivalenz hinzu. Die verdrehte Zunge (*çevrilmiş dil*) ist eine übersetzte Zunge, eine umgedrehte Zunge (Yildiz 2012: 143–144). Übersetzen bedeutet im Türkischen wie im Ungarischen nicht, etwas hinüberzusetzen, sondern etwas auf den Kopf zu stellen. Özdamar konstruiert einen mehrsprachigen Text, der türkische Elemente verfremdend in das deutsche Textgewebe einfügt. Die sichtbaren Wörter stechen durch ihre Fremdheit hervor, sie tauchen aus dem Textfluss auf und verweisen auf einen unsichtbaren Subtext, ein zweites unterirdischen Gewebe.

Ist die Zunge eine Metapher für Ausdruck und Fluidität, so stehen die Augen für Wahrnehmung und Differenz. Im Gegensatz zur Zunge, die man, wie gesehen, sowohl als Metapher des Einheitlichen wie des Vielfältigen verwenden kann, definiert die Metapher der Augen von Anfang an einen zweifachen Zugang zur Wirklichkeit, eine doppelte Perspektive, die nach Belieben durch weitere Standpunkte erweitert werden kann. Im Werk Herta Müllers findet in diesem Sinne eine wahre Proliferation der Augen und der damit verbundenen Standpunkte statt. So wie jede Sprache unterschiedliche Augen hat, besitzt auch jedes einzelne Wort Augen. Dank der Augen der Mehrsprachigkeit kann man sich von einer Weltanschauung zur anderen bewegen, zwischen verschiedenen Blickwinkeln hin und her pendeln und dabei verschiedene Perspektiven austesten.

Die beiden Augen erfassen zwei voneinander leicht abweichende Perspektiven auf die Wirklichkeit, die erst in einem zweiten Moment durch die synthetische Leistung des Gehirns verbunden werden. Der Mehrsprachige ist stets dazwischen und von Perspektive zu Perspektive unterwegs. Müller spricht in diesem Zusammenhang von einem befreienden, aber auch schmerzhaften existentiellen Riss, einer Ruptur, die das homogene (sprachliche) Gefüge der Welt aufbricht (vgl. Marven 2005).

Augen können lügen. Das Schauen hat eine aggressive Seite. Eine genaue Beobachtung kann das Beobachtete zerstören, dadurch, dass dieses fragmentiert wird. Ein eigenwilliger Blick kann zum Verlust durch Distanzierung führen, aber auch zu einem Gewinn durch das Öffnen und Auflösen einer vorgegebenen Situation. Dies geschieht auch, wenn im Sprachvergleich ein Perspektivwechsel vorgenommen wird. Müllers Verwendung der Metapher des Auges in der Beschreibung von Sprachen und ihrer Beziehung zueinander hat somit sowohl eine dekonstruktivistische, als auch eine schöpferische Seite. Aus ihrer Sicht geben uns verschiedene Sprachen unterschiedliche Augen, um die Welt zu betrachten, aber diese schauen auch auf uns zurück. „Jede Sprache betrachtet die Welt anders und hat durch diese eigene Sichtweise ihren gesamten Wortschatz gefunden. [. . .]. In jeder Sprache gibt es andere Augen in den Wörtern" (Müller 2001). Indem man den Worten Augen gibt, indem man die Sprache personifiziert, greifen die rein instrumentellen und darstellenden Funktionen nicht mehr. Sprachen sind immer da, bevor wir sie lernen. Die einzelnen Sprachen betrachten die Welt nicht nur anders, sondern sie betrachten auch einander.

Ich möchte nun die beiden ausgewählten Texte von Herta Müller und Yoko Tawada auf ihren metaphorischen Subtext hin untersuchen.

Herta Müller: Hybridität und Doppelbödigkeit

„Wenn sich der Wind legt, bleibt er stehen oder Wie fremd wird die eigene Sprache beim Lernen der Fremdsprache" beginnt mit einer dreisprachigen Vision des Windes. Im Hochdeutschen weht der Wind, während er im Dialekt des banatschwäbischen Dorfes, in dem Herta Müller aufgewachsen ist, geht und im Rumänischen schlägt, vintul bate. „Und genau so unterschiedlich wie das Wehen ist das Aufhören des Windes. Auf Deutsch heißt es: Der Wind hat sich gelegt. Auf Rumänisch aber: Der Wind ist stehen geblieben, vintul stat." Zwischen den Sprachen „tun sich Bilder auf. Jeder Satz ist ein von seinen Sprechern so und nicht anders geformter Blick auf die Dinge. Jede Sprache sieht die Welt anders an [. . .]. In jeder Sprache sitzen andere Augen in den Wörtern" (Müller 2001: 1).

Die unterschiedlichen Augen der Sprache und die Blickwinkel, die sie eröffnen, zerbrechen die Einheitlichkeit des einsprachigen Universums und konstituieren dadurch einen hybriden, vielfältigen Raum dazwischen, in dem sich neue Bilder manifestieren, doppeldeutige zusammengesetzte Bilder. Im Gegensatz zur hierarchisierenden Vision der monolingualen Diskurse liegt dieser Vorstellung von Mehrsprachigkeit ein zutiefst demokratisches Verständnis zugrunde. Müller stellt nicht nur das Deutsche und das Rumänische, sondern auch den banatschwäbischen Dialekt auf dieselbe Stufe: Jede Sprache hat Recht. Um diese innere mehrsprachige Spannung zu veranschaulichen, benutzt sie die Metapher des Gesichts, die sie provokativ umdeutet. Im Gegensatz zum Deutschen ist "die Rose' im Rumänischen (trandafir) maskulin. Die Einheit und Homogenität des Gesichts wird aufgebrochen.

> Wenn man beide Sichtweisen kennt, *tun sie sich im Kopf zusammen*. Die feminine und die maskuline Sicht sind aufgebrochen, es *schaukeln sich* in der Rose eine Frau und ein Mann *ineinander*. Es entsteht eine überraschende, verblüffend *doppelbödige* Poesie [...]. Was ist die Rose in zwei *gleichzeitig laufenden* Sprachen? Sie ist ein *Frauenmund in einem Männergesich*t (meine Hervorhebung) (Müller 2001: 1).

Eine andere Variante dieser Metapher findet sich in „In jeder Sprache sitzen andere Augen". Dort ist es „die Lilie", „crin", die im Rumänischen ebenfalls maskulin ist. „Was wird die Lilie in zwei gleichlaufenden Sprachen? *Eine Frauennase in einem Männergesicht* [...]" (meine Hervorhebung) (Müller 2009: 25). Diese zweisprachige Vision der Welt, die mit dem Geschlechtsunterschied spielt, erinnert an Grimms männliche Konsonanten und weibliche Vokalen. Es ist ein hybrides dissonantes Gesicht, das nicht mehr ganz in sich stimmig ist. Diese doppelbödige Sicht ist nicht dualistisch und statisch. Die beiden Momente sind *gleichlaufend* und *schaukeln* sich ineinander. „Eine doppelbödige Lilie ist immer *unruhig im Kopf* und sagt deshalb ständig etwas Unerwartetes von sich und der Welt" (meine Hervorhebung) (Müller 2009: 25). Die Körper- und die Raummetapher betonen dabei dieselben Momente: die Aufspaltung, den Riss, die Gleichzeitigkeit und die daraus resultierende Spannung sowie das stete Hin und Her, das Müller als „ein kleines Theater", eine „niemals endende Handlung", von „einer Sprache zur anderen" (Müller 2001: 1) und als „Spagat der Verwandlungen" (ebd. 2) beschreibt.

Neben der Gesichtsmetapher kommen noch weitere Geschlechtsmetaphern zum Einsatz. So wie in den beiden Gesichtsmetaphern dem weiblichen Teil die tonangebende primäre Rolle zukommt, kehrt Müller in diesen Metaphern die traditionelle Vorstellung einer privaten zurückgezogenen Weiblichkeit und einer dazu gehörenden schützenden öffentlichen Männlichkeit um. Die weiblich-männliche Rose ist ein „zehenlanges Frauenkleid, in dem eingerollt ein Männerherz sitzt", „Frauenhandschuh und Männerfaust in einem." (ebd.: 1) Diese doppelte zweisprachige Sicht ist der einfachen einsprachigen stets überlegen: „Eine doppelbödige Rose sagt immer mehr von sich und der Welt als die einsprachige Rose." (ebd.)

Im Text findet man auch Körpermetaphern, welche die äußere und innere Körperseite verbinden. So ist die Muttersprache „wie die eigene Haut. Und genauso verletzbar wie diese" (ebd.: 2). Zugleich fungiert sie „im Schädel als tragbare Heimat" (ebd.), was an die verwandte Formulierung „immer unruhig

im Kopf" aus „In jeder Sprache sitzen andere Augen" (Müller 2009: 25) erinnert. Das Rumänische ist keine Schreibsprache, schreibt aber stets mit, weil
sie ihr „in den Blick *hineingewachsen* ist" (meine Hervorhebung) (Müller
2001: 2). Damit wird die später hinzugekommene rumänische Sprache mit
einem organischen Attribut versehen, das man in den monolingualen Diskursen in der Regel der Muttersprache zuschreibt, da allen anderen später erlernten Sprachen etwas Artifizielles, Unechtes anhaftet. Im Gegensatz zu Canetti
schwingt hier aber etwas Störendes, Unstimmiges mit, auch weil dieser Blick
grundsätzlich zweisprachig ist.

Das Rumänische wird auch als Taschengeld beschrieben, das nie ganz
ausreicht, um die neu entdeckten Gegenstände zu bezahlen. „Was ich sagen
wollte, musste bezahlt werden mit entsprechenden Worten, und viele kannte
ich nicht, und die wenigen, die ich kannte, fielen mir nicht rechtzeitig ein."
(ebd.) Dies führt eine ganz andere Dimension ein, die eine eigene Untersuchung verdienen würde. Man könnte sie aber auch den vielen anderen Bildern
des Austausches und der Bewegung zuordnen.

In Müllers Text (vgl. Abb. 1) unterstützen die Körper- und Raummetaphern
der Mehrsprachigkeit sich gegenseitig. Dabei stehen das Doppelte, Hybride,
Zweifache, Doppelbödige und der damit verbundene Raum des Dazwischen
im Vordergrund. Im Gegensatz zu den Metaphern, die in der Mehrsprachigkeit
das Problem der Zusammenhangslosigkeit der einzelnen Teile betonen, bestehen hier die einzelnen Teile nicht bloß nebeneinander, sondern interagieren auf
vielfache und kontinuierliche Art und Weise. Diese gespaltene aufgebrochene
Weltsicht, die man im Spagat überbrückt, generiert vielfache Verwandlungen
und dialogische Austauschbewegungen, die für innere Spannung, aber auch
für kreative Einsichten sorgen. Einmal angestoßen kommen diese Bewegungen
nicht mehr zum Stillstand, sondern schaukeln sich gegenseitig hoch. Damit
wird die räumliche Offenheit durch eine zeitliche ergänzt. Dieses mehrsprachige Universum besteht aus widersprüchlichen, ja unversöhnbaren Sichtweisen, was aber nicht zu Unordnung und einem Verlust der Stabilität und
Harmonie führt, sondern zu einer Ordnung höherer Komplexität.

Körpermetaphern

Blick: Der Blick auf die Dinge
Die Sicht der Muttersprache
Rumänisch in den Blick hineingewachsen   **Raummetaphern**
Augen: in jeder Sprache sind andere
Augen in den Wörtern
Drei Blickweisen auf den Wind → **Pluralität**
Muttersprache im Schädel, tragbare Heimat
immer unruhig im Kopf
Beide Sichtweisen → **Zweiheit**   Zwischen   zwei   Sprachen/zwischen   allen
Sprachen

Frauenmund in einem Männergesicht
Zehenlanges Frauenkleid/eingerolltes
Männerherz
Männerfaust in Frauenhandschuh
→ **Geschlecht, Hybridität**

Doppelbödige Poesie → **der Raum dazwischen**
von einer Sprache zur anderen/sich ineinander
schaukeln → **Hin und Her, Austausch**
gleichzeitig laufend → **Parallelismus**

den Spagat der Verwandlungen
ein kleines Theater vollführen
Zusammentreffen, niemals
endende Handlung   **(Bewegung)**

Abb. 1

Yoko Tawada: Durchlässigkeit und Überschichtung

In „Akzente" deutet Yoko Tawada die Gesichtsmetapher im Sinne der Pluralität um. Es gibt

> keinen Menschen ohne Akzent, so wie es keinen Menschen ohne *Falten* im Gesicht gibt. Der Akzent ist das Gesicht der gesprochen Sprache, und ihre Falten *um die Augen und in der Stirn* zeichnen jede Sekunde eine neue Landschaft. Der Sprecher hat all diese fernen Landschaften durchlebt [...] und das zeigt sich in seiner Aussprache. Sein Akzent ist seine Autobiografie, die rückwirkend in die neue Sprache hineingeschrieben wird (meine Hervorhebung) (Tawada 2017: 24).

Sprachen prägen sich nacheinander ein und hinterlassen bleibende Spuren, die sich mit der Zeit ansammeln und zusammenwirken. „Wer mit Akzent spricht, kann mehr als eine Sprache gleichzeitig *auf die Zunge legen*" (meine Hervorhebung) (ebd.: 26). Die anderen Sprachen sind hier indirekt gegenwärtig, nicht als fremde Einsprengsel, sondern als signifikante Differenz, wie das Türkische in Özdamars „Mutterzunge". Die Zunge und das Gesicht erfahren dadurch eine Erweiterung auf das Mehrfache hin, die auch das Moment der Entwicklung der je anderen Biographie der einzelnen Sprecher umfasst. Die verschiedenen Akzente legen sich nacheinander auf eine zunehmend überschichtete Zunge. Falten sammeln sich zu immer komplexeren Gesichtslandschaften. Andere

Sprachen hinzuzulernen, bedeutet nicht nur, den eigenen Horizont zu erweitern, sondern auch vorhandene Ansichten neu zu denken und umzugestalten. Tawada fasst dies in Körpermetaphern, die Wachstum und Erweiterung betonen.

> Auch im hohen Alter können wir unseren Gaumen erweitern, uns fiktive Zähne wachsen lassen, mehr Speichel produzieren und unsere Gehirnzellen durchkneten und durchlüften. Das Ziel der Sprachlernenden ist nicht, sich dem Zielort anzupassen. Man kann immer wieder eine neue Sprache lernen und die alten Sprachen als Akzent beibehalten (ebd.: 25).

Tawada verweist auf unterschiedliche Formen von Akzent: „eine regionale Färbung, einen ausländischen Akzent, einen Soziolekt und einen Sprachfehler medizinischer Art [. . .]." (ebd.: 23) Der oft verpönte Akzent, den man als eifriger Sprachlerner so gut wie möglich auszumerzen hat, erweist sich hier als eine unumgängliche Tatsache. Mehr noch: „Gäbe es keinen Akzent mehr, bestünde die Gefahr, dass man schnell vergisst, wie unterschiedlich die Menschen sind" (ebd. S. 25).

Der Text verbindet die äußere und innere Körperseite mit entsprechenden äußeren und inneren Räumen. Wie in Müllers Text unterstützen die Körper- und Raummetaphern der Mehrsprachigkeit sich gegenseitig.

> Wer mit Akzent spricht, fühlt sich zu Hause. Der Akzent ist seine Eigentumswohnung [. . .]. Er *trägt* ihn immer *mit sich im Mund* und kann somit immer in *den vier eigenen Wänden* gemütlich seine Fremdsprache sprechen (meine Hervorhebung) (ebd.: 25).

Die zunehmende Mehrsprachigkeit führt zu einer Vervielfältigung der inneren und äußeren (Körper)Räume und diese wiederum generiert – wie im Text Herta Müllers – zahlreiche Bewegungen, die sowohl im Inneren wie im Äußeren stattfinden. Im folgenden Zitat finden Raum und Körper im Wort „Atemzug" zusammen.

> Der Akzent ist eine großzügige Einladung zu einer Reise in die geografische und kulturelle Ferne. [. . .] Eine Kellnerin öffnet den Mund, schon bin ich unterwegs nach Moskau, nach Paris oder nach Istanbul. Die *Mundhöhle* der Kellnerin ist der *Nachthimmel*, darunter liegt ihre *Zunge*, die den *eurasischen Kontinent* verkörpert. Ihr *Atemzug* ist der *Orientexpress*. Ich steige ein (meine Hervorhebung) (ebd.: 24).

Neben vielfachen Überschichtungen und Bewegungsformen spielt auch die osmotische Durchlässigkeit von Grenzen und deren Durchdringung eine wichtige Rolle. Das Wort „dicht" wird zuerst im Sinne von „nicht ganz dicht", d.h. „nicht recht bei Verstand", „leicht verrückt" benutzt. In einem zweiten Moment aber wird es für räumliche und körperliche Grenzen eingesetzt, die wiederum als doppelte Metapher für die Grenzen zwischen den Sprachen dienen.

> Es kann für mehrsprachige Dichterinnen und Dichter ein Vorteil sein, wenn die *Wände in ihrem Gehirn* „nicht ganz dicht" sind. Durch die *undichte Wand sickert* der *Klang* einer Sprache in eine andere *hinein* und erzeugt eine *atonale Musik* (meine Hervorhebung) (ebd. 26).

Im Gegensatz zur traditionellen Auffassung von Melodie gründet die atonale Musik auf einer chromatischen Tonleiter. Ihre Harmonik und Melodik ist nicht auf ein tonales Zentrum, d.h. auf einen Grundton fixiert. Erwähnenswert ist noch eine weitere Metapher, die allerdings den Raum nicht direkt einbezieht.

> Wollen wir heute Fondue essen oder lieber Couscous? [. . .] *Ein Schweizerdeutsch mit arabischem Akzent* kann [. . .] ein kulinarischer *Ohrenschmaus* sein. Es ist nicht mehr notwendig, sich für das Fondue oder für den Couscous zu entscheiden (meine Hervorhebung) (ebd.).

Indem sie die normalerweise getrennten Prozesse des Hörens und Essens vermischt, leistet die Metapher des Ohrenschmauses genau das, was Mehrsprachigkeit anbietet: eine komplexere Sicht der Wirklichkeit.

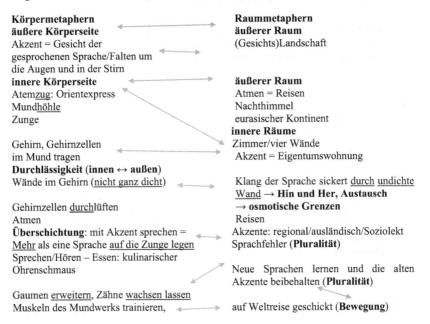

Abb. 2

Es gibt eine Reihe von Entsprechungen zwischen den beiden Texten. Müllers Vorstellung, dass eine neue Sprache in den Blick *hineinwachsen* kann, entspricht Tawadas Metapher des *erweiterten Gaumens* und der *wachsenden Zähne*, die das Organische ebenfalls in einem dynamischen Sinn deuten. Beide Schriftstellerinnen verwenden Metaphern der physischen Bewegung. Tawada verbindet *Atmen* und *Reisen*, was auch in der Doppeldeutigkeit von *Atem/Zug* zum Ausdruck kommt. Bei Müller sind es Metaphern, die Denk- und Schreibprozesse als Bewegungen veranschaulichen: *der Spagat der Verwandlungen, ein kleines Theater vollführen* und *die nie endende Handlung.*

Wie in Müllers Text bilden die Körper- und Raummetaphern in „Akzent" einen doppelten Cluster, der dazu dient, eine verwandte Gesamtsicht der Mehrsprachigkeit hervorzubringen (vgl. Abb. 2). Die einzelnen Metaphern tauchen aus dem Textfluss auf, sind aber durch vielfache Beziehungen miteinander verbunden. Durch das stete interpretative Hin und Her zwischen den unterschiedlichen Metaphern webt der Leser ein dichtes Bedeutungsnetz und reproduziert damit die grundlegende Erfahrung von Mehrsprachigkeit, die darin besteht, aus dem scheinbar Disparaten eine neue vielschichtige Wirklichkeit zu konstruieren.

Literaturverzeichnis

Adelung, Johann Christoph (2016). Über den deutschen Stil, Norderstedt: Hansebooks.

Aronin, Larissa und Politis, Vasilis (2015). Multilingualism as an Edge. In: Theory and Practice of Second Language Acquisition, 1:1, 27–49.

Bay, Hansjörg (2012). 'Eine Katze im Meer suchen'. In: O. Gutjahr (Hrsg.) Yoko Tawada. Fremde Wasser. Vorlesungen und wissenschaftliche Beiträge. Tübingen: konkursbuchverlag, 237–295.

Blumenberg, Hans (2012). Quellen, Ströme, Eisberge. Berlin: Suhrkamp.

Canetti, Elias (1994). Die gerettete Zunge. München: Hanser.

Eco, Umberto (1982). Der Name der Rose. München: Hanser.

Flusser, Vilém (o.D.). Melodie der Sprachen (unveröffentlichtes Typoskript), 1–5.

Grimm, Jacob (1822). Deutsche Grammatik, Bd. 1, Göttingen: Dieterich https://www.deutschestextarchiv.de/book/show/grimm_grammatik01_1822.

Guldin, Rainer (2020). Metaphors of Multilingualism. Changing Attitudes towards Language Diversity in Literature, Linguistics and Philosophy. New York: Routledge.

Gutjahr, Ortrud (2012). Vom Hafen aus. Meere und Schiffe, die Flut und das Fluide. In: G. Ortrud (Hrsg.) Yoko Tawada. Fremde Wasser. Vorlesungen und wissenschaftliche Beiträge, Tübingen: konkursbuchverlag, 451–476.

Herder, Johann Gottfried (2015). Abhandlung über den Ursprung der Sprache. Stuttgart: Reclam.

Humboldt, Wilhelm von (1998). Über die Verschiedenheit des menschlichen Sprachbaues und ihren Einfluß auf die geistige Entwicklung des Menschengeschlechts. Paderborn, München, Wien und Zürich: Schöningh.

Lakoff, George und Johnson, Mark (1980). Metaphors we Live By. Chicago and London: The University of Chicago Press.

Marven, Lyn (2005). „In allem ist der Riss": Trauma, Fragmentation, and the Body in Herta Müller's Prose and Collages. In: The Modern Language Review, vol. 100, n. 2, 396–411.

Müller, Herta (2009). In jeder Sprache sitzen andere Augen. In: Herta Müller Der König verneigt sich und tötet. Frankfurt am Main: Fischer, 7–39.

Müller, Herta (2001). Wenn sich der Wind legt, bleibt er stehen oder Wie fremd wird die eigene Sprache beim Lernen der Fremdsprache (ohne Seitenangabe) http://www.dhm.de/archiv/ausstellungen/goethe/katalog/mueller.htm (Stand: 26/10/2021).

Özdamar, Emine Sevgi (2010). Mutterzunge. In Mutterzunge. Berlin: Rotbuch, 7–12.

Sommer, Manfred (1998). 'Husserl on Ground and Underground'. In: E.W. Orth and Chan-Fai Cheung (Hrsg.) Phenomenology of Interculturality and Life-World, Freiburg und München: Verlag Karl Alber 131–149.

Sakai, Naoki (1999). Translation and Subjectivity. On 'Japan' and Cultural Nationalism, Minneapolis: University of Minnesota Press.

Tawada, Yoko (2017). Akzent. In: akzentfrei. Tübingen: konkursbuchverlag, 22–28.

Tawada, Yoko (2006). Zungentanz. In: Überseezungen. Tübingen: konkursbuchverlag, 9–14.

Yildiz, Yasemin (2012). Beyond the Mother Tongue. The Postmonolingual Condition. New York: Fordham University Press.

Vlasta, Sandra (2016) Contemporary Migration Literature in German and English. Leiden and Boston: Brill Rodopi.

Vossler, Karl (1925) Die Nationalsprachen als Stile. In: Jahrbuch für Philologie, Bd. I, 1–23.

Zill, Rüdiger (2020). Der absolute Leser. Hans Blumenberg. Eine intellektuelle Biographie. Berlin: Suhrkamp.

Applikationen englischsprachiger Popmusik in Texten mit deutscher Basissprache

Rolf Parr (Duisburg-Essen)

Abstract: Eine bisher erstaunlich wenig beachtete, aber sehr verbreitete Form der Polyglossie bilden Applikationen aus englischsprachigen Poptexten, die in Texte mit Deutsch als Basissprache eingebunden sind. Man findet solche Texte bei Klaus Modick in Erzählungen wie „Am Park-tor" (1989) und auch in den nachfolgenden Romanen; bei Rainald Goetz in „Rave" (1998), in „Festung" (2004) und in den späten 1990er Jahren in Texten der „neuen deutschen Popliteratur" wie etwa in Benjamin von Stuckrad-Barres „Soloalbum" (1998). Der Beitrag fragt zum einen nach der Art der Einbettung solcher Applikationen (von syntaktisch nahtloser Integration über die ‚freischwebende Erwähnung' bis hin zur ‚harten Fügung'), zum anderen aber auch nach den Funktionen, die solche Applikationen übernehmen können.

Keywords: Polyglossie, Poplyrics, Applikationen, Popliteratur, Mehrstimmigkeit

1. Ausgangsbeobachtung und Fragestellung

Im Handbuch „Literatur und Mehrsprachigkeit" hat Till Dembeck darauf hin-gewiesen, dass anderssprachige Zitate „in der literarischen Auseinandersetzung mit" Poplyrics „seit den 1970er Jahren" eine große Rolle spielen. Das verwun-dert insofern nicht, als diese Literatur auch generell „durch ein hohes Maß an Zitathaftigkeit" und die Verwendung verschiedenster Techniken der Montage gekennzeichnet ist (Dembeck 2017: 205). Diesem Befund möchte ich im Fol-genden etwas genauer nachgehen, wobei ich in Anlehnung an Überlegungen von Jürgen Link und Ursula Link-Heer die in anderen als den ursprünglichen Kontexten verwendeten Zitate als *Applikationen* bezeichne (Link/Link-Heer 1980, 165–175), hier solche aus englischsprachigen Poplyrics. Derartige Zitat-Ready-Mades – Eckhard Schumacher spricht von „zitathafte[m] Aufpfropfen" (2011) und Markus Tillmann davon, dass tonale Spuren der populären Musik „als Medien der Textkonstitution selbst fungieren" (2013: 8) – werden in umfangreichere kunstliterarische Texte mit Deutsch als Basissprache auf zwar ganz verschiedene Weise eingebunden, aber doch stets so, dass diese Appli-kationen dem literarischen „Erzählen einen dichten [. . .] Konnotationsteppich unterlegen" (Dembeck 2017: 205), an den Leserinnen und Leser anknüpfen können und mit denen – von der Textproduktion her gedacht – auf ein Zielpu-blikum zugegangen werden kann. Dass es vor allem englischsprachige Zitate

und Zitatbruchstücke sind, die Eingang in die hier untersuchte deutschsprachige „Popliteratur" seit den frühen 1980er Jahren gefunden haben, überrascht
kaum, ist das Englische doch *die* Primärsprache der international erfolgreichen
Mainstream-Popmusik schlechthin.

Man findet solche mit Applikationen aus englischsprachigen Poplyrics
arbeitenden Texte schon recht früh bei Klaus Modick in Erzählungen wie „Am
Parktor" (1989) und dann auch in den nachfolgenden Romanen wie beispielsweise „Weg war weg" (1991) mit dem auf den Applikationsmechanismus ver-
weisenden Untertitel „Romanverschnitt" (1991), bei Rainald Goetz in „1989.
Material 1–3" (2004) sowie in seinen Theaterstücken aus den 1990er Jahren
mit Techno-Bezügen und schließlich ab Mitte der 1990er Jahre in der sogenannten ‚neuen deutschen Popliteratur', etwa in Benjamin von Stuckrad-
Barres Roman „Soloalbum" (1998) mit Applikationen aus Oasis-Songs und
in Rainald Goetz' Erzählung „Rave" (1998) mit einzelnen englischsprachi-
gen Applikationen in den Zwischenüberschriften, aber auch im eigentlichen
Text, sowie schließlich in der neuesten Techno-Literatur, die ihr literarisches
Erzählen analog zur Tätigkeit von DJs und daher im Rückgriff auf die englische
Techno-Terminologie organisiert, so etwa im Falle von Marcel Maas' „Play.
Repeat. Ein Prosa-Set" (2010), in dem zudem die meist englischen Namen von
Bands und Markenartikeln appliziert werden. Die Reihe ließe sich fortsetzen
mit Thomas Meineckes Roman „Hellblau" (2001), in dem englischsprachige
Versatzstücke aus Büchern, Zeitschriftenartikeln, Interviews, Fernsehsendun-
gen und auch Songs verwendet werden, mit Hans Nieswandts „plus minus acht.
DJ Tage DJ Nächte" (2002), der in der Regel englischsprachige Bandnamen
aufruft und die ebenfalls englischsprachigen Termini der DJ-Sprache, sowie in
etlichen anderen Texten.

Bei der Applikation von Poplyrics in literarischen Texten haben wir es
also mit einer verbreiteten, bisher aber erstaunlich wenig beachteten Form von
Polyglossie zu tun. Dieses Phänomen soll im Folgenden in zwei Schritten etwas
genauer in den Blick genommen werden, indem erstens der Mechanismus
der Applikation näher erläutert wird und zweitens danach gefragt wird, welche Relevanz denn gerade die Auswahl *anderssprachiger* Applikationen, also
der Sprachwechsel in der deutschsprachigen Popliteratur hat (vgl. Dembeck
2017: 205) und welche (ästhetischen) Effekte damit zugleich erzielt werden.

2. Der Fokus: Applikationen

Doch beginnen wir mit einem ersten Beispiel, nämlich der schon angeführten
kleinen Erzählung „Am Parktor" von Klaus Modick, einer Geschichte über die
erste Liebe, über den Wunsch nach Unabhängigkeit von den Eltern, über den

Traum von der Zweisamkeit, der jedoch mit einem harten Aufprall in der Realität endet. Auf gerade einmal zwölf Druckseiten werden darin über 80 Applikationen (respektive Zitatbruchstücke) mit einer Länge von drei Worten bis hin zu etwa zwei Zeilen aus englischsprachigen Popsongs der Beatles, Rolling Stones und vieler anderer Gruppen der späten 1950er bis frühen 1970er Jahre eingebaut. Durchaus repräsentativ ist die folgende Passage:

> Er streift das grüne T-Shirt über, von dem sie einmal gesagt hat, er sähe darin aus wie Paul McCartney auf dem White-Album-Foto, obwohl er doch John Lennon viel besser findet. Egal jetzt, will I wait a lonely lifetime, if you want me too I will. Dies T-Shirt hab ich angehabt, als ich dich zum ersten Mal gesehen habe, von hinten habe ich dich da stehen gesehen, I saw her standing there. Drei oder vier Reihen vor mir, und du hast deine schmalen Hüften im Rhythmus der Musik bewegt, dein Hintern in den sehr engen Jeans. Über deine Schultern tanzten deine Haare, blond und lang, und die Gruppe spielte Runaway, my little runaway, run run run run runaway. Auf einmal hast du dich umgedreht. [. . .] Und du hast mich angelächelt, daß ich geschmolzen bin, like ice in the sun I melt away und zugleich erstarrt. Would you believe in a love at first sight? Yes I'm certain that it happens all the time. (Modick 1989: 19)

Von Bedeutung sind diese Applikationen bei Modick – aber nicht nur bei ihm – in zweierlei Hinsicht. Erstens dienen sie der Rezeptionssteuerung, anders gesagt, dem ‚auf eine bestimmte Zielgruppe von Rezipient:innen hin Zuschreiben'. In dieser Perspektive kann man die einmontierten Songtexte als abrufbare und dabei zugleich aktualisierbare Elemente des kulturellen Gedächtnisses verstehen. Zweitens erweitern sie den Umfang und damit die Semantik des eigentlichen deutschsprachigen Textes um ein Mehrfaches seiner Länge. Denn wer (zumindest von den heute zwischen 65 und 75 Jahre alten Leser:innen Modicks) kennt nicht „She Loves You" oder „Sweet Little Sixteen" (vgl. Modick 1995)? Jedes noch so kleine Zitat aus so bekannten Popsongs wie diesen lässt nicht nur den ganzen Songtext und die dazugehörige Melodie, sondern darüber hinaus auch eine komplexe und nicht nur musikalische Jugendkultur plus der damit verknüpften eigenen Erinnerungen und Erfahrungen als Bedeutungshorizont mitschwingen. Es reicht also in der Regel aus, kleinere Bruchstücke aufzurufen, um ein komplexes Szenario mit allen seinen Strukturelementen und Inhalten zu konnotieren, so dass selbst kleinste Bruchstücke ein Maximum an Semantik, ästhetischen und ideologischen Elementen transportieren können. Aber – das wird allzu schnell vergessen – der Prozess der Applikation blendet Elemente und Strukturen auch immer aktiv aus, nämlich alles, was im neuen Kontext nicht aufgeht und irritieren müsste.

Der Applikationsprozess demontiert also in pragmatischer Hinsicht die Ganzheit einer Textur in ihre sozial rezipierbaren Bestandteile, eröffnet aber denjenigen, die diese kennen, auch deren komplette und vielfach komplexe

Semantik mit den dazugehörigen Konnotationen, und zwar bis hin zum Lebensgefühl ganzer Generationen. Man kann das als den ‚Brühwürfel-Effekt' von Applikationen bezeichnen: Wenn eine rund zwanzig Seiten lange Erzählung mehr als 80 Popsongs aufruft, dann hat man es bei ca. zwei Seiten Text pro Song mit einem Konnotationspotenzial von mehr als 150 Seiten Umfang zu tun. Das funktioniert aber nur, wenn man diese Konnotationsangebote auch versteht. Wer die Songs nicht oder nicht mehr kennt, wird an der Erzählung weniger ästhetischen und intellektuellen Spaß haben und über das Spiel mit den Applikationen hinweglesen. Wie sehr sich das ästhetische Vergnügen minderte, wenn die Applikationen völlig fehlten, lässt sich ganz einfach testen, indem man die anderssprachigen Songschnipsel einmal probeweise weglässt, was bei Modick recht leicht zu machen ist, da sie – obwohl grafisch abgesetzt – in die Syntax des Deutschen bestens integriert sind. Heraus kommt dabei dann eine eher langweilige und höchst konventionelle Erzählung. Hier noch einmal die Eingangspassage, diesmal jedoch ohne die Applikationen:

> Er streift das grüne T-Shirt über [...]. Dies T-Shirt hab ich angehabt, als ich dich zum ersten Mal gesehen habe, von hinten habe ich dich da stehen gesehen. [...] Drei oder vier Reihen vor mir, und du hast deine schmalen Hüften im Rhythmus der Musik bewegt, dein Hintern in den sehr engen Jeans. Über deine Schultern tanzten deine Haare, blond und lang, und die Gruppe spielte [...]. Auf einmal hast du dich umgedreht. [...] Und du hast mich angelächelt, daß ich geschmolzen bin [...]. (Modick 1989: 19)

Die Weglassprobe macht deutlich, wie konstitutiv die englischsprachigen Applikationen für Modicks Text sind.[1] Zugleich spielt bei all dem auch eine spielerisch-experimentelle ästhetische Freude an den anderssprachigen Applikationen als einer Form von Sprachwitz bzw. Sprachspiel eine Rolle (vgl. Kilchmann 2017: 44). Deutlich wird aber auch, dass mit den Applikationen aus den Popsongs ein je bestimmtes Publikum angesteuert werden kann, bei Modick eines der in den 1940er bis 1960er Jahren Geborenen.

Ersetzte man die Applikationen aus den im Jahr 2021 doch schon recht betagten Songs durch solche aus den aktuellen Charts, dann würde auf ein ganz anderes Publikum abgezielt. Aussehen würde das dann vielleicht so wie bei Marcel Maas in „Play. Repeat. Ein Prosa-Set" (2010), Dort sind an die Stelle der Applikationen aus den Songs nämlich die meist in eckigen Klammern in den Text eingefügten Fachbegriffe der Techno-Szene und DJ-Sprache getreten. In den literarischen Text implementiert fungieren sie gleichsam als Handlungsanweisungen an die Rezipientinnen und Rezipienten, sich den Akt

---

1 Vgl. zu Funktionen des Englischen in der deutschen Gegenwartslyrik auch die Überlegungen von Gunkel (2020).

des Lesens zugleich in den medialen Settings einer durchrasten Nacht vorzu-stellen. Hintereinander aufgelistet, liest sich das dann so: „[Play. Repeat.]",
„[Play. Tuner.]", „[Play. Skip]", „[Play. Repeat. Loud]", „[Play. Stop.]", „[Play. Repeat. Speed up.]", „[Play. Repeat. Skip through. Split Screens.]", „[Play. Repeat. Forward 1:1]", „[Play. Repeat. Can't Skip.]", „[Play. Repeat. Loop the following.]", „[Follow the looping]", „[Play. Repeat. Skip through channels.]", „[Play. Repeat. Pause. Almost]", „[Play. Repeat. Slow down.]."

Zudem wird der Text durch diese Anweisungen in geradezu musikali-schem Sinne punktiert, gegliedert und es werden – was den Rhythmus angeht – synkopenartige Akzente gesetzt. Gleich die ersten Worte des Textes sind:

[Play. Repeat]
Fade in.

Wir tanzen als Blut
Plasma
Bildschirm.
[...]
Fade out.
Fade in.

Es klingen
Herz
Muskel
Schwund.

Fade out.
Fade in.
Sinuskurven beschreiben unseren Schritt.
[...]
Unsere Augen und Ohren bilden das riesige Google, in dem wir uns fortbewegen.
Fade.
Fade.
Fade out. (Maas 2010: 9f.)

Auf diese spezielle Weise erzählt wird von Carlos, Marlene, Lilly und dem nur gelegentlich als solcher aufscheinenden Ich-Erzähler, die allesamt auf dem Sprung sind, ihre ‚Jugend' in einer von Rave und Alkohol bestimmten Partynacht hinter sich zu lassen, und deren Wohn- und Jugend-Gemeinschaft am Ende auseinanderfällt bzw. -läuft. Letztlich aber nehmen bei Maas

„Ratlosigkeit, Verlorenheit und Absturz überhand" (Mazenauer 2010 [o.S.]),
wobei es diesmal die applizierten Anglizismen aus den sozialen Medien sind,
mit denen auf die spezifische Leser:innengruppe der Millennials, also der
Generation Y, abgezielt wird:

> Wir sind nur Fluktuationen auf Mondbasen und Bestellformularen und Internet-
> auktionen und bei Youtube und Youporn und Yousuck und in unseren Abituren auf
> Sperrmüllbergen und Raves New Raves Newest Raves, in Nostalgien von gerade
> Passiertem Pariertem, und Vintageklamotten überall, obwohl keiner weiß, was
> überhaupt, an Raststätten, Flughäfen und Bahnhöfen, wir sind Simulationen, in
> Sommerschlüssen und in jedem Forum, und cherrygirl89 postet und sadboy91
> postet und killfreak95 postet prostet uns zu, und wir sind nach dem Millennium
> eine ferne Erinnerung [. . .]. (Maas 2010: 84f.)

Deutlich wird auch hier noch einmal, dass Applikationen von Pop-, Techno-
und Medienmaterial eng an die sie jeweils tragenden Publika gebunden sind
und ihre Halbwertszeiten mit derjenigen der sie jeweils tragenden Generation
zusammenfällt (von Revivals und Remakes einmal abgesehen). Jörg Albrecht
hat genau dies in „Universal Sounds of Ruhrgebiet" reflektiert:

> [post recorded:] Immer wieder Geschichten hören und hören wollen von den
> Jahrzehnten, die auch im Rough Cut meiner Jugend nicht vorkommen können: 1.
> Januar 1970, 1. Januar 1980, selbst 1. Januar 1990 wird schwierig, wenn es darum
> geht, das Ruhrgebiet unter dem Ruhrgebiet zu sehen, zu hören, zum Beispiel die
> Stimmen beim Konzert in den Pausen, die dann wieder unterbrochen werden,
> wenn gerade ein Song zuende ist, solche Stimmen, die dann wieder unterbrochen
> werden durch einen neuen Song [. . .].

> [. . .] die ganze Jugend nur noch im Rückblick auf die vergangenen Jahrzehnte zu
> verbringen und erst im Rückblick auf genau diese Jugend zu verstehen, daß all
> das [die erste eigene Platte aus Vinyl, das erste eigene Second-Hand-T-Shirt, die
> erst eigene Hornbrille] doch mehr als ein Rückblick, die eigene Stadt doch mehr
> als nur diese kleine Stadt ist, and now? (Albrecht 2008: 78)

Die bisher vorgestellten Beispiele bieten nun genug Anschauungsmaterial
dazu, herauszuarbeiten, welche Funktionen gerade die Selektion anderssprachiger Zitate in den Texten der neueren deutschen Popliteratur hat bzw. welche
Effekte damit erzielt werden.

3. Warum anderssprachiges Zitatmaterial?

Eine *erste* Funktion bzw. ein erster Effekt besteht im Falle Modicks darin, die Generation Pop-Musik qua Sprachwechsel, der zugleich sozialer Kode-Wechsel ist, in Opposition zur Generation ihrer Eltern zu stellen, die im Englischen wahrscheinlich nicht so gewandt sind, es vielleicht überhaupt nicht verstehen, so dass für das die Erzählung und mit ihr die Applikationen konkultural rezipierende Lesepublikum der Jugendlichen, aus deren Perspektive ja erzählt wird, eine doppelte kulturelle Fremdheit erzielt wird: kein Englisch und keine Kenntnis des mit der Popmusik verknüpften Lebensgefühls. Unterstrichen wird dies dadurch, dass es auch einen Vorrat an Applikationen der elterlichen Ermahnungsfloskeln gibt, der – diesmal in deutscher Sprache realisiert – dem ‚Konnotationsteppich‘ aus Popsongs inhaltlich und sprachlich diametral entgegensteht. Anders als die syntaktische Integration der englischsprachigen Popmusik-Applikationen sind diese für die Protagonist:innen diskulturalen elterlichen Merksprüche im Text nahezu durchgängig in Klammern gesetzt und stellen – als Montageform betrachtet – eher harte Fügungen dar. Dazu gehören Floskeln und sprachliche Automatismen wie (Modick 1989, 19–24):

Tabelle 1: Elterliche Floskeln und Kommentare dazu in Form von Applikationen

(zu unserer Zeit hätte man sich für Flicken geschämt)	wie [bei] Paul McCartney auf dem White-Album-Foto
(Wäsche wechseln, nichts ist wichtiger als frische Unterwäsche, Junge)	love is all you need, it's easy
(im Haushalt hat jeder seine Aufgabe); (und zum Friseur musst du auch ganz dringend)	do what you like, do what you like, do what you like
(um Punkt halb sieben wird gegessen)	time is on my side
(komm mir bloß nicht mit 'nem Kind nach Haus / laß dir bloß kein Kind anhängen)	and though she's not really ill, there's a little yellow pill

Auch im Falle von Marcel Maas dient die englischsprachige Terminologie der Abgrenzung der In-Group der Techno-Community nach außen. Somit ist es auch hier der Sprachwechsel, der Distinktionen bzw. Oppositionen herzustellen erlaubt. Das sind nur zwei von vielen weiteren denkbaren und in anderen literarischen Texten auch bereits realisierten und bis hin zu subversiven Diskursen reichenden ‚Gegenpositionen‘, denen gemeinsam ist, dass sie mit Sprachwechseln arbeiten.

Eine *zweite* Funktion der englischsprachigen Elemente sowohl bei Modick und Maas als auch bei Stuckrad-Barre[2] besteht im Erzielen synästhetischer Effekte. Die gleichsam ‚angespielten' Songs möchte man beim Lesen förmlich mitsingen, zumindest mitsummen, so dass der Sprachwechsel auch der multimodalen Akkumulation von Kodes verschiedener Medien dient. Kurz: Intermedialität geht hier Hand in Hand mit Mehrsprachigkeit. Besonders deutlich wird das bei Modick an Stellen wie derjenigen zum berühmten ‚ersten Mal'. Die Textstelle selbst – eigentlich ziemlich trivial und jugendfrei – lautet:

> Unsere Sachen lagen auf dem Fußboden, alles durcheinander, dein türkisfarbener Pullover über meinen Jeans, mein T-Shirt unter deinem Slip, meine Hände auf deiner Brust, deine Zunge in meinem Mund, deine Beine um meinen Rücken [...]. Unser Schweiß fließt ineinander, und ich zerfließe in dir, wild thing, you make everything movin' [...]. (Modick 1989: 25)

Dass die Applikation aus „Wild Thing", bekannt geworden durch die Coverversion der „Troggs" (1966), ein synästhetisches Rezeptions-Angebot macht, zeigt insbesondere der zum ‚Ineinanderfließen' geradezu kongeniale, langgezogene E-Gitarrenton zu Beginn des Songs. An anderen Stellen ist es „ein Paukenschlag von Ginger Baker", der der elterlichen Aufforderung zum Rasenmähen entgegengestellt wird, gefolgt von der Applikation „do what you like, do what you like, do what you like" (Modick 1989: 21); und als sich die beiden Liebenden nach einem Rockkonzert das erste Mal treffen, heißt es: „Was für ein herrlicher Schlussakkord" (Modick 1989: 22). Als dann der Plan gefasst wird, nach London abzuhauen und eine Nacht zusammen im Hotel zu verbringen, wird das kommentiert mit „wie in Filmen, wie auf Platten", wiederum unmittelbar gefolgt von einer Applikation: „Let's spend the night together, now I need you more than ever" (Modick 1989: 24). Und nicht zuletzt wird der energischen Aufforderung der Mutter, sich doch jetzt auf das Abitur zu konzentrieren und die Beziehung zur Freundin aufzugeben, ein knappes „immer die gleiche Platte" entgegengestellt, wiederum verknüpft mit einer Applikation: „Hey, you've got to hide your love away" (Modick 1989, 26 f.).

4. Fazit

Appliziert werden kann jede (Sub-)Struktur eines Textes (Text hier verstanden im weitesten Sinne), insbesondere aber kommen dafür in Frage: (a) *stofflich-inhaltliche Aspekte*, wie bei den meisten Song-Applikationen in Modicks

---

2   Vgl. zu dessen Roman „Soloalbum" Ächtler 2018: 239–247.

Erzählung; (b) *ästhetische Strukturen*, z. B. eine bestimmte Strophen- oder Reimform, eine lautliche Struktur oder ein charakteristischer Rhythmus (das ist bei Marcel Maas der Fall); (c) *ideologische Aspekte* (inhaltlicher und ästhetischer Art) mit deren Applikation die Perspektive, Anschauung oder ideologische Position eines Textes übernommen wird (auch das ist vielfach der Fall bei Modick); (d) *Mischformen* aus diesen dreien, die den eigentlichen Normalfall darstellen.

Weiter lässt sich aus den vorgestellten Überlegungen bereits ein erstes Auswahlkriterium für Applikationen ableiten: Je besser sich ein ,ganzer Text' in separat rezipierbare Bruchstücke zerlegen lässt, umso eher eignet er sich zur Applikation und umso eher wird tatsächlich auf diesen Text zurückgegriffen. Das wiederum ist für Popsongs in besonders deutlicher Weise gegeben, insbesondere für englischsprachige, da die vergleichsweise einfache Syntax des Englischen ein Herausschneiden und Wieder-Einfügen an anderem Ort und in eine andere Sprache besonders einfach macht.

Funktional betrachtet dienen Applikation von Pop-Lyrics schließlich dazu, auf dem Weg über sprachliche Mehrstimmigkeit auch eine Mehrstimmigkeit diskursiver und sozialer Positionen herzustellen.

Literarische Texte und Pop-Songs

Albrecht, Jörg (2008): Nach dem Rough Cut kommt der Soft Cut! Universal Sounds of Ruhrgebiet. In: Springer, Johannes/Steinbrink, Christel/Werthschulte, Christian (Hrsg.) Echt! Pop-Protokolle aus dem Ruhrgebiet. Duisburg: Salon Alter Hammer, 69–91.

Goetz, Rainald (1998): Rave. Erzählung. Frankfurt a.M.: Suhrkamp.

Goetz, Rainald (2004): 1989. Material 1–3. Frankfurt a.M.: Suhrkamp.

Maas, Marcel (2010): Play. Repeat. Ein Prosa-Set. Frankfurt a.M.: Frankfurter Verlagsanstalt.

Meinecke, Thomas (2001): Hellblau. Roman. Frankfurt a.M.: Suhrkamp.

Modick, Klaus (1995): Ein Weißes Album. In: Butkus, Günther (Hrsg.) Die Beatles und ich. 33 Autoren, Künstler und Musiker über ihr persönliches Verhältnis zu John, Paul, George & Ringo. Mit einem Vorwort von Thomas Mense sowie Abbildungen skurriler Beatles-Memorabilia. Bielefeld: Pendragon, 115–122.

Modick, Klaus (1989): Am Parktor. In: Modick, Klaus: Privatvorstellung. Sieben Liebesgeschichten nebst einem Essay *Über das Glück*. Reinbek b. Hamburg: Rowohlt, 19–31.

Modick, Klaus (1991): Weg war weg. Romanverschnitt. Reinbek b. Hamburg: Rowohlt.

Nieswandt, Hans (2002): plus minus acht. DJ Tage DJ Nächte. Köln: Kiepenheuer & Witsch.

Stuckrad-Barre, Benjamin von (1998): Soloalbum. Roman. Köln: Kiepenheuer & Witsch.

The Troggs (1966): Wild Thing. Fontana.

Forschungsliteratur

Ächtler, Norman (2018): Soundscape *Soloalbum* – Akustische Aspekte einer intermedialen Narratologie am Beispiel von Stuckrad-Barres Roman und seiner Verfilmung. In: Gansel, Carsten/Meyer-Sickendiek, Burkhard (Hrsg.) Stile der Popliteratur. München: edition text + kritik, 219–251.

Dembeck, Till (2017): 3. Zitat und Anderssprachigkeit. In: Dembeck Till/Parr, Rolf (Hrsg.) Literatur und Mehrsprachigkeit. Ein Handbuch. Tübingen: Narr Franke Attempto, 193–219.

Gunkel, Karin (2020): Poesie und Poetik translingualer Vielfalt. Zum Englischen in der deutschen Gegenwartslyrik. Wien: Praesens.

Kilchmann, Esther (2017): Alles Dada oder: Mehrsprachigkeit ist Zirkulation der Zeichen! In: Dembeck, Till/Uhrmacher, Anne (Hrsg.) Das literarische Leben der Mehrsprachigkeit. Methodische Erkundungen. Heidelberg: Winter, 43–63.

Link, Jürgen/Link-Heer, Ursula (1980): Literatursoziologisches Propädeutikum. München: Fink.

Mazenauer, Beat (2010): Lauerndes Vergessen. In „Play. Repeat." generiert Marcel Maas ein literarisches Generationenporträt. In: literaturktik.de 13.12.2010. Abrufbar unter: http://www.literaturkritik.de/public/rezension.php?rez_id= 15097 (Stand: 20.06.2018).

Parr, Rolf (2004): Literatur als literarisches (Medien-)Leben. Biografisches Erzählen in der neuen deutschen ‚Pop'-Literatur. In: Kammler, Clemens/Pflugmacher, Torsten (Hrsg.) Deutschsprachige Gegenwartsliteratur seit 1989. Zwischenbilanzen – Analysen – Vermittlungsperspektiven. Heidelberg: Synchron, 183–200.

Parr, Rolf (2015): Faust-Applikationen. Journalistische „Bruchstücke" aus dem Faust entdecken. In: Praxis Deutsch 250, 25–27.

Parr, Rolf (2018): Vom Lesen und Schreiben und Leben. Klaus Modick ist Jubiläums-Poet in Residence. In: andererseits. Yearbook of Transatlantic German Studies 5/6 (2016/17), 243–250.

Parr, Rolf (2019): Von ‚Gruppenbildern mit Damen', dem ‚Ende von Dienstfahrten' und ‚wahnsinnigen Methoden'. Applikationen von Literatur im Journalismus. In: andererseits. Yearbook of Transatlantic German Studies 7/8 (2018/19), 107–119.

Schumacher, Eckhard (2011): „Be Here Now". – Zitathaftes Aufpropfen im Pop-Diskurs. In: Wirth, Uwe (Hrsg.) Impfen, Pfropfen, Transplantieren. Berlin: Kadmos, 213–234.

Tillmann, Markus (2013): Populäre Musik und Pop-Literatur. Zur Intermedialität literarischer und musikalischer Produktionsästhetik in der deutschen Gegenwartsliteratur. Bielefeld: Transcript.

Tagebücher deutschstämmiger Migrant*innen in Brasilien als Beispiel mehrsprachiger autobiographischer Texte

Izabela Drozdowska-Broering (Santa Catarina, Brasilien)

Abstract: Das lange 19. sowie die erste Hälfte des 20. Jahrhunderts stehen unter dem Zeichen von Massenmigrationen, die, insbesondere vor den beiden Weltkriegen, aus ökonomischen, religiösen sowie sozialen Gründen erfolgten und im Falle der deutschsprachigen Bevölkerung in das sagenumwobene Brasilien führten. Brasilien hingegen brauchte billige Arbeitskraft nach der längst fälligen und 1888 schrittweise eingeführten Abolition der Sklaverei. In dem folgenden Beitrag beschäftige ich mich mit zwei- und mehrsprachigen Memoiren deutschsprachiger Migrant*innen in Brasilien mit dem Schwerpunkt auf ihrer kulturellen Identität (Erll 2005) und Akkulturation in dem Gastland (Bhabha 1994, Santiago 2000). Dabei wird auch die Frage der Autorschaft und des potenziellen Adressaten der Egodokumente erhoben (Arfuch 2010, Lejeune 1994) und das Code Switching unter sich verändernden kulturpolitischen Bedingungen untersucht.

Keywords: deutschsprachige Migration nach Brasilien, Egodokumente, autobiographisches Schreiben, Akkulturation, Mehrsprachigkeit

Einführung

Schon seit ihren neuzeitlichen Anfängen unter der Herrschaft Portugals bis zur Mitte des 20. Jahrhunderts ist die Geschichte Brasiliens von Kolonisation, Sklaverei und Massenmigrationen geprägt. Im Laufe der Zeit zogen große Menschenströme aus Afrika, Europa und Asien in das sagenumwobene Land, das für die ersteren rücksichtslose Ausbeutung, knochenharte Zwangsarbeit in menschenverachtenden Verhältnissen und verfrühten Tod bedeutete, für die anderen Aussichten auf ein besseres Leben mit sich brachte und sich oft dennoch als schmerzhafte Enttäuschung erwies.

Mit der sich nähernden Abschaffung der Sklaverei waren seit der Mitte des 19. Jahrhunderts neue, billige Arbeitskräfte auf dem brasilianischen Arbeitsmarkt gebraucht. Im Rahmen des Gesetzes *Lei do ventre livre* (Gesetz des freien Schoßes) galten die nach 1871 Geborenen sowie die, die das 60. Lebensjahr überschritten hatten, als frei. Am 13. Mai 1888 erließ die Regentin Prinzessin Isabella von Brasilien schließlich das Dekret über die Befreiung aller Sklaven, womit Brasilien als letztes Land in der westlichen Hemisphäre den afrikanischstämmigen Sklaven theoretische Unabhängigkeit garantierte. Somit begann erneut die Suche nach billiger und effektiver Arbeitskraft. Aus mehreren Gründen wurde Europa die Region, in der zuerst die Migrations-gesellschaften[1] der Krone und später der Republik Brasilien Ausschau hielten. Sich nach eugenischen und rassistischen Vorgaben des Ziellandes richtend, wirkten die Agenten überwiegend in Ost- und Mitteleuropa.

Die brasilianische Krone und ab 1889 die Republik Brasilien verfolg-ten das Ziel, die Population „aufzuhellen" (port. „branqueamento"; Rocha da Costa 2010 Carvalho 2004). An diese Bemühungen und zugleich an den mit der Zeit einverleibten Traum der ehemaligen Sklaven erinnert das berühmte Bild *A redenção de Cam* (Erlösung von Hamm) von Modesto Brocos, einen Befürworter der brasilianischen Eugenik, aus dem Jahre 1895.[2] Den versklav-ten Afrikanern wurde paradoxerweise die Schuld an der angeblichen Degene-rierung der brasilianischen Population zugeschrieben:

A raça que se forma no Brasil, devido ao elemento negro, é uma raça inferior, que geralmente degenera. Essa raça vinda da África tem causado um imenso prejuízo ao teu país. Há de ser difícil de ele se poder livrar dessa influência má, que lhe tolhe os passos a todo momento.

(Die Rasse, die in Brasilien entsteht, ist wegen des schwarzen Elementes eine niedrigere und meist degenerierende Rasse. Die Rasse, die aus Afrika kam, hat deinem Land enormen Schaden zugefügt. Es wird nicht leicht sein, sich von die-sem schlechten Einfluss zu befreien, der dem Land ja jederzeit in den Rücken fällt) (Ribeiro, 27.09.1920: 1).

Zur gleichen Zeit befanden sich große Teile der (überwiegend ländlichen) Bevölkerung Mittel- und Osteuropas wegen militärischer Auseinandersetzun-gen und Besatzungen sowie Unterdrückung aus ethnischen, religiösen und poli-tischen Gründen in äußerst schwieriger Lage. Ermutigt von Agenten der immer schneller wachsenden Migrationsgesellschaften, wie die ursprünglich aus den USA stammende Lumber and Colonization Company, verkauften viele ihr Hab und Gut, um in die beiden amerikanischen Kontinente überzusiedeln: unter

---

1 Migrationsgesellschaften bzw. Kolonisationskompanien waren zum Teil staatlich geför-derte, meist private Unternehmen, die für die Vermittlung bzw. Beförderung der Migranten nach Übersee verantwortlich waren und nach der Zeit der eigentlichen Kolonisation (die bis zur Unabhängigkeitserklärung 1822 verlief) wirkten. Vgl. dazu u. a. Trombini u. a. 2018.

2 Die Bestrebungen, die brasilianische „Rasse" zu „reinigen" zogen sich offiziell bis in die 1940er Jahre hinein, repräsentiert durch die Brasilianische und Paulistaner Gesellschaft für Eugenik. Vgl. dazu u. a. 2017.

anderem in das sagenumwobene Brasilien. Sie erhofften sich ausreichend Anbauflächen und wollten vor der Gefahr der „überflüssigen Hände"[3] fliehen. In vielen Tagebüchern und Briefen, die die Erwartungen der Siedler zur Sprache bringen, wiederholt sich deshalb das idealisierte Bild von Brasilien, das einem Paradies ähnelt: „Hungern brauchte man in Brasilien nicht: es gäbe so viel Wild: Hühner, Wildschweine [...] und es gäbe viele Sorten Früchte, ein (sic!) Frucht sieht gleich einer Wurst aus (Banana)"[4] (Baumer 1941).

In Brasilien angekommen, wurden die Siedler meist in den wenig bewohnten Süden geschickt, um durch entsprechende Siedlungsdichte die unsicheren Grenzgebiete nicht nur vor den Nachbarn, sondern vielmehr vor der indigenen Bevölkerung zu „schützen". Schon die ersten Ankömmlinge haben ihre Erfahrung niedergeschrieben, oft auch die zweite und manchmal dritte Generation der Immigranten. Ihre Schriftstücke können aus unterschiedlichen Perspektiven gelesen und analysiert werden und sind Zeugnisse nicht nur unterschiedlicher Lebenswege, sondern auch wechselnder Motivation der Schreibenden.

Zur Auswahl und Forschungsperspektive

Im Mittelpunkt meiner Datenerhebungen stehen autobiographische Texte, die zwischen 1840 und 1950 entstanden sind. Die erste zeitliche Zäsur bezieht sich auf die ersten großen Migrantenwellen, die zweite ist mit der Wiederwahl, bzw. der zweiten Amtsperiode des populistischen Präsidenten Getúlio Vargas, der zwischen 1937 und 1945 als Oberhaupt des Estado Novo diktatorische Macht ausübte, verbunden.

Auch wenn sich die somit ausgewählten Texte nicht nur stilistisch, sondern auch formal und inhaltlich unterscheiden, sind sie auf einen gemeinsamen Nenner zu bringen, wenn mithilfe von theoretischen Werkzeugen wie Stereotypenforschung, Erinnerungstheorien, Theorien der Autorschaft den Fragen nach Selbst- und Fremdzuschreibungen, nach dem Bild der Brasilianer und anderer Migrantengruppen, nach der Darstellung der alten und der neuen Heimat nachgegangen wird, ohne dabei die Vielfältigkeit der analysierten Texte aus den Augen zu verlieren. Das besondere Augenmerk in diesem Beitrag gilt jedoch der Mehrsprachigkeit, die sich in Form eines bestimmten Code-Switching (Siemens Dück 2005) in den autobiographischen Texten zeigt und außerdem hilft, die Lebens- und Erfahrungswege der Schreibenden zu schildern.

---

3   Das Argument der vermeintlich überflüssigen Arbeitskraft in relativ dicht besiedelten Regionen wurde oft von den Migrationsagenten selbst benutzt. Vor allem geschah das in Agrargebieten, in welchen Realteilung zur Entstehung von immer kleineren Parzellen führte.

4   Bei allen Zitaten wurde der genaue Wortlaut beibehalten.

Ein wichtiger, bei der Analyse zu beachtender Faktor, sind die potenziellen Leser*innen und die erwünschte Rolle und Rezeption der Egodokumente: von gelegentlichen Aufzeichnungen über detaillierte Tagesabläufe, aufbauende, entwicklungsromanartige Memoiren (wie im Fall von einigen von Mennoniten-Deutschen verfassten Tagebüchern) bis hin zu zeitkritischen und rückblickenden Analysen.

Von der Vielfältigkeit des (auto-)biographischen Schreibens berichtet u. a. die argentinische Forscherin Leonor Arfuch, die betont, dass sich dieses Genre schwer definieren lässt, da es sich zwischen solch unterschiedlichen Textsorten wie Zeugnis, Roman und historischer Bericht bewegt (Arfuch 2010: 58). Auch der französische Literaturwissenschaftler Philippe Lejeune beschäftigt sich mit der Mehrdimensionalität des Autobiographischen und weist darauf hin, dass die Schreibenden eine kommunikative Absicht haben und ein „autobiographischer Pakt" mit den Leser*innen den Kern des autobiographischen Schreibens bildet (Lejeune 1994). Darüber hinaus scheinen die autobiographischen Berichte auch eine sinnstiftende Rolle zu haben und erscheinen als Suche nach einer Geschlossenheit, Linearität und Intentionalität einer Lebensgeschichte (vgl. dazu Bourdieu 1990).

Eine andere Perspektive, die ich bei der Analyse des literarischen und biographischen Erbes der Migrant*innen berücksichtige, sind die Colonial Studies; koloniale und postkoloniale sowie dekoloniale Theorien (Edward Said, Homi Bhabha, Gayatri Chakravorty Spivak, Zulma Palermo, Silvano Santiago). Die Lektüre des gewählten Textkorpus durch diese Optik ist umso wichtiger, da viele der Migrant*innen, auch wenn sie oft aus ärmlichen Verhältnissen kamen, eine gewisse zivilisatorische und kulturelle Überlegenheit verspürten, bzw. den jeweils Anderen (andere Migrant*innengruppen, Lusobrasilianer*innen, indigene Bevölkerung, Afrobrasilianer*innen) kaum beachteten. Das zeigt sich heute vor allem in den zum Teil veröffentlichten, meistens aber nur handschriftlich vorhandenen autobiographischen Texten.

Im Prozess des Schreibens wird dabei das Ich entworfen oder (neu-) erfunden, da das Genre der Biographie den Schreibenden und (sich) Erzählenden das Konstruieren der erzählten Zeit erlaubt (Arfuch 2010: 183–191). Die Neuerfindung des Ichs ist in diesem Kontext auch in den von mir untersuchten Egodokumenten zu beobachten und oszilliert oft zwischen Abweisung und Begeisterung, zwischen Akkulturation und kultureller Überlegenheit dem Gastland gegenüber.

Das zusammengestellte Textkorpus bestehend aus Memoiren deutschsprachiger Migrant*innen nach Brasilien kann auf vielen Ebenen und aus mehreren Blickwinkeln gelesen und analysiert werden. Als nichtfiktionale (und meistens nicht publizierte) Literatur bieten die Tagebücher und Briefe jedenfalls eine einmalige Möglichkeit, die Geschichte der deutschsprachigen Migration in Brasilien aus der individuellen Perspektive der Protagonist*innen der

Auswanderung, aufbauend auf privaten Erinnerungen und in ihren zahlreichen Facetten kennenzulernen.

Was die gewählten Memoiren im Vorfeld unterscheidet, ist der Grund der Ausreise aus Deutschland (bzw. oft im Falle deutschsprachiger Mennoniten aus Russland), wobei dieser nicht immer in den Manuskripten thematisiert wird. Während im 19. und am Anfang des 20. Jahrhunderts ökonomische oder persönliche Gründe überwiegen, geben die mennonitischen und jüdischen Migrant*innen religiöse und ethnische Verfolgung unter Hitler und Stalin in den 1930er und 1940er Jahren an.

Mehrsprachig erinnern: Sprachliche und kulturelle
Aspekte mennonitischer Tagebücher

Das Verhältnis zwischen Plattdeutsch, Hochdeutsch, Portugiesisch, aber auch Spanisch und Russisch als die Hauptsprachen der brasilianischen Mennonit*innen im Süden Brasiliens (Siemens Dück 2005 und 2011; Reger/Plett 2001) kann besonders effektiv am Beispiel von Tagebüchern und Briefen gezeigt werden. Zwei Tagebücher, die von den Bewohnern der Kolonie Witmarsum (Siemens Dück 2005) in Brasilien verfasst worden sind, erweisen sich als eine reiche Informationsquelle. Das ältere der beiden hier besprochenen Tagebücher wurde von dem 1868 in Südrussland geborenen Johann Riediger begonnen und (nach einer Unterbrechung) von seiner Tochter Susanne (geb. 1898 ebenda, verh. Hamm) weitergeführt. Die darin enthaltene Familiengeschichte reicht in das Jahr 1808 zurück, als der Urgroßvater des ersten Autors, Abraham Riediger, aus Preußen nach Südrussland auswanderte und sich im Dorf Lichtfelde (Molotschna) niederließ (vgl. Reger/Plett 2001). Somit wird die Familiengeschichte kontextualisiert und die Migration als Teil des mennonitischen Schicksals hervorgehoben. Das später begonnene Tagebuch von Melita L. Kliewer Nikkel (geboren 1924 ebenfalls in Südrussland) erstreckt sich über sieben Jahrzehnte und diente als Grundlage für die 2014 herausgegebenen Memoiren *Erinnerungen werden wach. Familiengeschichte.* (Kliewer Nikkel 2014). Auch hier wird schon im Titel die Bedeutung der Familie und des Kollektivs unterstrichen. Als Ausgangspunkt der Erzählung wird die Flucht aus Russland beschrieben, die die Autorin als kleines Mädchen miterlebt hat.

Beide Erinnerungsbände wurden hauptsächlich auf Hochdeutsch geschrieben, auch wenn in beiden Texten zahlreiche Entlehnungen aus dem Portugiesischen vorzufinden sind. Oft haben die Leser*innen es auch mit einzelnen Wörtern oder ganzen Textpassagen auf Platt zu tun, die in dem veröffentlichten Band von Kliewer Nikkel in Klammern stehen und ins Hochdeutsche übersetzt sind. Im älteren Text von Riediger/Hamm, in dem auch der Alltag in der

Ukraine, vor der Flucht nach Übersee, beschrieben wird, gibt es phonetisch niedergeschriebene russische Wörter oder gar ganze Liedtexte. In dem Erinnerungsband von Kliewer Nikkel kommen dafür spanische Bezeichnungen vor, die an den Migrationsweg der Autorin aus Russland über Deutschland nach Paraguay (zu mennonitischen Siedlungen in Paraguay vgl. Kossok 1960; Klassen 1991; Kleinpenning 2005) und erst dann nach Brasilien erinnern.

Auch wenn die sprachliche Ebene der Egodokumente zweifelsohne von sprachwissenschaftlichem Interesse ist, könnte man vom kultur- und literaturwissenschaftlichen Standpunkt her (Dembeck/Parr 2017) die Frage stellen, warum innerhalb eines Textes vier verschiedene Sprachen bzw. Dialekte benutzt werden. Warum werden sie manchmal ins Hochdeutsche übersetzt und manchmal unerklärt gelassen? Auf diese Frage möchte ich in drei Punkten zu antworten versuchen:

1) Der Lebensweg der mennonitischen Autor*innen der genannten Egodokumente führte sie aus der Ukraine bzw. Russland nach Brasilien; im Falle von Melita Kliewer Nikkel mit einem langen Zwischenaufenthalt in Paraguay. Die einzelnen Landessprachen sind in der lexikalischen Vielfalt wiederzuerkennen und zeugen von einer komplexen kulturellen Identität der Schreibenden, manchmal von einer teilweise erfolgten Akkulturation. Die Flucht/Umsiedlung scheint dabei fest in die Lebenswege und in die mennonitische Identität eingeschrieben zu sein, sodass sie sich meistens weder als Deutsche noch als Russen noch als Brasilianer sehen.

2) Anhand des benutzten Wortschatzes und der Sprachstruktur wird der langsame Kulturtransfer sichtbar: bei dem ersten Erinnerungstext von Riediger/Hamm sind es zuerst Teile der russischen/ukrainischen Kultur und Tradition, die als eigene betrachtet werden (typische Speisen, Lieder, Ausrufe); wenn es um das Leben in Brasilien geht, beschränkt sich der übernommene Wortschatz hauptsächlich auf schwer übersetzbare oder eingedeutschte geografische und agrarische Eigennamen. Diese Tatsache ist vielleicht auch darauf zurückzuführen, dass die beiden Schreibenden in der Ukraine geboren und hauptsächlich dort sozialisiert wurden. Im Falle des später begonnenen Tagebuches (Kliewer Nikkel 2014) hat die Autorin nur ihre frühen Kinderjahre in Russland verbracht, ihren Geburtsort scheint sie nicht als ihre eigentliche Heimat zu betrachten. In den früheren Einträgen überwiegen bei Kliewer Entlehnungen aus dem Spanischen, die an ihre Kindheit und Jugend in Paraguay erinnern. Zu den spanischen Vokabeln zählen meistens Bezeichnungen aus dem Alltagsleben auf dem Land, die teilweise schwer übersetzbar sind oder in dieser Form in Russland nicht bekannt waren (z. B. „campesinos" [arme Landarbeiter], „carreta" [Ochsengespann], „brasero" [Grill oder kleiner Herd]). Interessanterweise verschwinden die spanischen Wörter in der zweiten Hälfte

des Erinnerungsbandes ganz und werden durch portugiesische Bezeichnungen aus dem brasilianischen Alltag der Autorin ersetzt, wobei sie oft leicht ins Deutsche zu übertragen wären, jedoch Teil der mennonitisch-brasilianischen Identität zu sein scheinen (z. B. „Sala do Criador" [Raum des Schöpfers – hier: Gemeinderaum], „salário mínimo" [Mindestlohn]). Auch wenn die in Südbrasilien gegründete Siedlung Witmarsum als Heimat beschrieben wird und eine allmähliche Akkulturation durch die Annahme eines bestimmten Wortschatzes zu sehen ist, kommt es zu keinem direkten Transfer von brasilianischen Kulturinhalten.[5]

3) Zuletzt stellt sich die Frage nach der Adressatengruppe der Memoiren, die eng mit den vorkommenden oder fehlenden Erklärungen des fremdsprachigen Vokabulars zusammenhängt. Bestimmt sind die in Buchform erschienenen Erinnerungen von Melita Kliewer Nikkel an ein breiteres, deutschsprachiges Publikum gerichtet, nicht unbedingt des Plattdeutschen mächtig, da alle Stellen auf Plattdeutsch ins Hochdeutsche übersetzt wurden. Die hochdeutsche Entsprechung ist dabei nach einem Gedankenstrich oder in Klammern direkt nach der plattdeutschen Passage zu finden. Die fehlenden Erklärungen von manchen portugiesischen Eigennamen und administrativ-rechtlichen Termini würden die Lektüre einer Person, die des Portugiesischen nicht mächtig ist, nur in geringem Grad erschweren. Man kann eventuell auch annehmen, dass die Lektüre gerade dadurch den jüngeren in Brasilien lebenden Mennonit*innen zugänglicher gemacht wird, da die genannten Vokabeln im Alltag der Gemeinde kaum auf Deutsch benutzt werden. Anders ist es im Falle des maschinengeschriebenen und wahrscheinlich in wenigen Exemplaren vorhandenen Textes *Wie Gott fuehrt...* von Johann Riediger und seiner Tochter Susanne Hamm. Die ersten von Riediger verfassten Seiten enthalten kaum Entlehnungen aus dem Russischen oder aus dem Plattdeutschen. Etwa 90 % des Erinnerungsbandes stammt jedoch von seiner Tochter, die des Öfteren zu plattdeutschen Begriffen greift. Die Benutzung des plattdeutschen und auch russischen Wortschatzes ohne Erklärung/ Übersetzung sowie Transkription von Familienkorrespondenz im Anhang könnte dabei davon zeugen, dass die Autorin bei der Niederschrift möglicherweise eher an ihre Verwandten bzw. Mitglieder einer engeren Gemeinschaft/Kolonie gedacht hat, die einen ähnlichen Lebensweg hinter sich haben und vor allem des Plattdeutschen mächtig sind.

5   Davon zeugen z.B. die Stellen, an welchen Kontakte zur brasilianischen „Außenwelt" gezeigt werden bzw. wenn Lusobrasilianer*innen in der Kolonie erscheinen. Ein Gefühl der Fremdheit kommt direkt in den Memoiren von Kliewer Nikkel zum Vorschein, z.B. wenn sie schreibt: „Doch ich hatte immer mehr das Empfinden, ‚Fremd auf fremder Erde' zu sein." (Kliewer Nikkel 2014).

Die Benutzung von Hochdeutsch und Platt in beiden Tagebüchern scheint dabei der These von Siemens Dück (2005) zu entsprechen. Die Forscherin behauptet, dass es im Falle von Mennonit*innen zu einer Diglossie[6] kommt und Hochdeutsch als eine Sprache mit höherem Status angesehen wird, während Platt eher informell, im Familien- oder Freundeskreis benutzt und als eine „niedrigere" Sprache betrachtet wird (vgl. Siemens Dück 2005: 60). Andererseits kommen bei Riediger/Hamm längere plattdeutsche Passagen, immer anderen Personen zugeschrieben, in wichtigen Lebensmomenten vor bzw. werden sie für emotional aufgeladene Aussagen verwendet, z. B. bei der Geburt eines Kindes, während der Flucht nach Südamerika, bei Rührung. Die plattdeutschen Äußerungen stammen dabei von Personen, die an anderen Stellen auf Hochdeutsch zitiert werden. Anders als bei Kliewer wird bei Hamm das Plattdeutsche nicht unbedingt einfachen Menschen zugeschrieben, sondern ist vielmehr affektiv aufgeladen.

Mehrsprachigkeit in Zeiten der Nationalisierung Brasiliens

Einen anderen Stellenwert hat das Deutsche als Sprache des Widerstandes in den (meist) deutschsprachigen Memoiren unter der Regierung von Getúlio Vargas. Von dem Prozess der Nationalisierung berichtet der Sohn von Conrad Baumer aus Joinville, Hermann, dass „auf Anordnung der Regierung vom 31. Juli 1941, vom 1. August an in Brasilien keine Zeitungen und Zeitschriften in deutscher Sprache mehr veröffentlicht werden durften" (Baumer: 57). Weiter schreibt er von den vermutlichen Auswirkungen dieser Maßnahmen:

> Durch diese Maßnahmen von der Bundesregierung wurden die vielen älteren Kolonisten und dessen [sic] Söhne mit einem schweren Hieb der Verachtung getroffen. Denn diese vielen Kolonisten, welche sich mit Recht „Brasilianer" nennen dürfen, hatten seinerzeit keine Gelegenheit die Landessprache in Wort und Schrift zu lernen [...] Erst nachdem [sic] unser werter? Getulio Vargas am Ruder ist, wurde getan, dass auch in den ausserhalb der Stadt errichteten Schulen die Landessprache eingeführt wurde. (Baumer: 57)

Diese erbitterten Worte schreibt Hermann Baumer 1942 nieder, wobei er betont, dass künftig von „jedem Brasilianer, ganz gleich von welcher Nation" die Beherrschung der Landessprache verlangt werden kann. Hier macht wiederum das Verständnis der nationalen Zugehörigkeit und Identität auf sich

---

6   Zu Mehrsprachigkeit, insb. Zweisprachigkeit vs. Diglossie der deutschsprachigen Minderheit in Brasilien vgl. auch Altenhofen 1996; Heye 2003; Drozdowska-Broering 2016.

aufmerksam. Einerseits wird auf die starke Verbindung zu Deutschland durch Sprache und Kultur hingewiesen, andererseits werden Elemente der Gastkultur, die eigentlich an sich ein reiches Mosaik aus Sprachen und Kulturen ist, als eigen empfunden und akzeptiert. Das kann man, genau wie im Falle der zitierten mennonitischen Tagebücher, im verwendeten Wortschatz erkennen. Somit erscheint das Brasilien des Hermann (Germano) Baumers als ein dritter Raum im Sinne von Homi Bhabha (Bhabha 1994), der gleichzeitig als ein Übergangsraum verstanden werden kann, ein Zwischenraum (*entrelugar*; Santiago 2000: 9–11). Zugleich entsteht aber ein Mehr an kultureller Identität und Erinnerungskultur (Erll 2005: 34–37) und das Nationale kommt erst dann bewusst zur Sprache, wenn es angegriffen wird.

Gleichzeitig klingen jedoch in dem Tagebuch von Baumer Überlegenheitsgefühle an, wenn er Lusobrasilianer*innen als „böse Sperlinge" anprangert und deutsche Siedler*innen als „unschuldige Schwalben" bezeichnet sowie von der Vorrangstellung der deutschen Siedler*innen und ihrer Rolle spricht. Diese Einstellung mag nicht nur durch die bei manchen präsente vermeintliche kulturelle Überlegenheit sichtbar sein, sondern hat auch mit Brasiliens Migrationspolitik zu tun. Deutschen und schweizerischen Migrant*innen wurde im 19. Jahrhundert Vorzug gegeben, was einerseits aus dem Profil des gewünschten Siedlers[7] (Moratti Franzão 2017) herauszulesen ist, sich andererseits sogar in brasilianischen Werbeanzeigen der Migrationskompanien (*Aurora Paulistana*, 26.08.1852), adressiert an Großgrundbesitzer, widerspiegelt.

Ein anderes Beispiel zweisprachiger Memoiren bietet in diesem historischen Kontext das Tagebuch der Krankenschwester Sibylle von Moers, Tochter der Lehrerin und Schriftstellerin Alice von Moers, niedergeschrieben zwischen 1944 und 1948, überwiegend in der Stadt Ibirama, im brasilianischen Bundesstaat Santa Catarina. Aus Blumenau, ebenfalls in Santa Catarina gelegen, kommt Sibylle als angehende Krankenpflegerin in das neu gebaute Krankenhaus Hansahoehe, welches das frühere, halb verfallene Hammonia ersetzt hatte. Das neue Krankenhaus entstand aus der Initiative des 1933 eingereisten deutschen Arztes Friedrich Körner und wurde mit finanzieller Unterstützung der Lokalbevölkerung in Rekordtempo erbaut (Zemke 2021).

Das Tagebuch, das sich in dem Archiv des Colégio Visconde de Porto Seguro in São Paulo befindet, führt Sibylle von Moers in den Jahren 1944–1946 auf Portugiesisch und später, bis 1948 auf Deutsch.

Die Wahl der Schriftsprache hat dabei wenig mit der Affinität der Schreibenden zu tun, sondern ist vielmehr mit den schon erwähnten Nationalisierungsprozessen in Brasilien in Verbindung zu bringen. Diese, gepaart mit dem

---

7 Damit ist eine Liste von Eigenschaften der künftigen Siedler gemeint, wie z.B. Familienstand, finanzielle Lage (bevorzugt wurden Ehepaare und Familien aus ärmlichen Verhältnissen um das „Risiko" der Rückkehr zu minimieren) aber auch Hautfarbe.

Verbot aller Minderheitensprachen in der Öffentlichkeit, treffen nicht nur das Krankenhaus, das 1942 samt dem Inventar durch die brasilianische Regierung beschlagnahmt wird, sondern auch den damaligen Direktor des Krankenhauses, Dr. Körner, persönlich. Körner war als Liebhaber deutscher und deutschsprachiger Literatur bekannt – dem Personal und den Patienten des Krankenhauses standen zahlreiche Werke zur Verfügung, die der Besitzer nach der Machtübernahme aus Angst vor Repressalien vergraben haben soll. Angezeigt von einer der Krankenschwestern (Zemke 2021), wird er wegen vermeintlicher Mitgliedschaft bei der NSDAP verhaftet und zieht anschließend nach Rio de Janeiro.

Was bei den Memoiren von Schwester Sibylle von Moers auffällt, sind deutschsprachige Einschübe in dem auf Portugiesisch verfassten Teil der Memoiren sowie zweisprachige Komposita. Bei den ersteren handelt es sich meistens um emotional geladene Ausrufe sowie Alltagsbegriffe und üblicherweise mündlich auf Deutsch benutzte Ausdrücke, bei der zweiten Gruppe hat man es mit einer interessanten linguistischen Kategorie zu tun, die oft von Akkulturation zu zeugen scheint und insbesondere bei Personen und Gruppen mit Migrationshintergrund zu beobachten ist. Im Folgenden werden beide Gruppen näher beschrieben.

Insgesamt kann man feststellen, dass es in dem portugiesischsprachigen Teil mehr deutsche Einschübe gibt als umgekehrt. Darunter sind u. a. folgende Gruppen auszumachen: a) idiomatische Wendungen und Ausdrücke („donnern und krachen", „hoffnungsloser Fall", „mit einem Bein im Grab", „kurzer Prozeß", „ein Klotz am Bein", „splitternackend"[8]); b) medizinische und berufsbezogene Begriffe („Kaiserschnitt", „Assistenzarzt", „Oberschwester", „Instrumente"); c) Lebensmittel und Gerichte („Süßbrötchen", „Brathuhn", „Kartoffelsalat"), d) teilweise schwer ersetzbare Begriffe („Aufregung", „Schlagseite"); e) Zitate, die vor allem den Patienten und den Ärzten zugeschrieben werden („Nun lieg dann mal endlich still, du Rindsvieh!"), f) abgeschriebene Briefe fremder oder eigener Autorschaft.

Die Abschriften der Briefe von Sibylles Bruder, ihrem Verlobten sowie von ihr selbst bilden gleichzeitig den Übergang in den deutschsprachigen Teil der Memoiren, datiert auf den 30. Mai 1946. Im September desselben Jahres wird in Brasilien nach mehreren Entwürfen das neue Grundgesetz verabschiedet, das u. a. die Zensur aufhebt und den in Brasilien lebenden Ausländern Gleichheit vor dem Gesetz garantiert (Art. 141, Constituição dos Estados Unidos do Brasil, decretada pela Assembléia Constituinte, 1946). Nichtsdestoweniger kommen auch im deutschsprachigen Teil portugiesische Ausdrücke vor, die sich zum Teil anders einteilen lassen. Es überwiegen a) emotional aufgeladene Alltagsausrufe, z. B. „Meu Deus!" (mein Gott!), „Nossa Senhora!" (Mutter

---

8   Bei allen Zitaten wurde die Originalschreibweise beibehalten.

Gottes!), „Que farra!" (Das macht Spaß!) „coitado" (der Arme), „cada uma!"
(was fällt [ihm] da ein!); b) typische brasilianische Speisenamen, z. B. „chur-
rasco" (Grillfleisch), „feijoada" (Bohnenspeise mit Schweinefleisch) sowie
c) andere, zwar einfach übersetzbare, aber üblicherweise auf Portugiesisch
benutze Begriffe, z. B. „subida" (Steigung, Anstieg) „negócio" (Geschäft),
„conversa" (Gespräch), „mato" (Gebüsch), die zum Teil den lokalen Charakter
der Memoiren unterstreichen. Auch im deutschsprachigen Teil kommen ab und
zu hybride Komposita (vgl. Kürschner/Prediger 2020) vor, wobei meistens das
Grundwort deutsch ist, z. B. „Caminhãoverunglückter" (LKW-Verunglückter),
„Feijãotopf" (Bohnentopf), „Mosquitonetz" (Mückennetz oder auch Moskito-
netz – in diesem Fall ist nur die Schreibweise des mit der Zeit eingedeutschten
Begriffs anders).

Abgesehen von Entlehnungen und Einschüben sowie zweisprachigen
Komposita – ein besonderes Kennzeichen des Sprachalltags vieler deutschsprachiger Migrant*innen in Brasilien – hat man es hier mit einer situations-
bedingten und zum Teil erzwungenen Zweisprachigkeit zu tun: Während das
Tagebuch in der ersten Amtsperiode von Getúlio Vargas auf Portugiesisch
geführt wird, steigt Sybille von Moers einige Monate nach dessen Fall auf ihre
Muttersprache um. Diese Bewegung – von der nun obligatorischen Landessprache zu der zeitweise verbotenen Muttersprache – ist in autobiographischen
Schriften dieser Zeit eher unüblich: Die Nationalisierungsprozesse und später
das Zusammenleben mit der portugiesischsprachigen Bevölkerung haben auf
lange Dauer dazu geführt, dass sogar im entlegenen Witmarsum das Portugiesische als erste Kommunikationssprache mit der Zeit die Oberhand gewann.
Auch die auf Deutsch geführten Schriftstücke werden immer seltener und diejenigen, die aufbewahrt wurden, sind heute Forschungsgegenstand der Kultur-,
Sprach- und Literaturwissenschaft.

Andererseits mögen gerade die emotionsgeladenen portugiesischen Ausdrücke von steigender Identifizierung mit der Sprache des Gastlandes zeugen
(vgl. Nübling et al. 2017), zumal es sich bei der Autorin des letzten Tagebuches um eine Vertreterin der zweiten Generation von Migrant*innen handelt.
Dabei kommt es selten zu Bedeutungsverschiebungen (vgl. Kürschner/Predi-
ger 2020: 1012) – die Entlehnungen werden im analogen Kontext benutzt.

An dieser Stelle wäre auch nochmals die Frage nach möglichen Adressaten der Aufzeichnungen von Moers zu stellen. Anders als bei den Memoiren
von Melitta Kliewer Nikkel oder Riedriger/Hamm gibt es keine Übersetzungen
oder Erklärungen der fremdsprachigen Einschübe. Nur selten kommen Anfüh-
rungsstriche vor, was die jeweils deutschen oder portugiesischen Einschübe
heimisch und vertraut wirken lässt, gleichzeitig aber den Kreis der potentiellen
Leser*innen auf diejenigen reduziert, die sowohl des Deutschen (und seiner
Varianten) als auch des Portugiesischen mächtig sind. Zudem gibt es keine
einführenden Worte, die erwähnten Personen werden mehrheitlich nicht näher

vorgestellt und es ist auch kein Schlusswort vorhanden. Der moralisierende und aufbauende Ton fehlt und der Wille, Zeugnis für spätere Generationen zu leisten, sichtbar z. B. bei Baumer, ist auch nicht zu verzeichnen. Es wird wenig über die eigene Situation als Schreibende reflektiert, historische und politische Ereignisse sowie das eigene Deutschtum bzw. Brasilianertum werden kaum kommentiert.

Der Zweite Weltkrieg wird lediglich mit zwei Sätzen nach dessen Ende erwähnt. Auch die Anwesenheit der indigenen Bevölkerung wird zu einem lakonischen Satz reduziert, in dem von einem Fund in der Nähe des Krankenhauses berichtet wird, zu dem Knochen und Gebrauchsgegenstände der lokalen Indios gehörten. Tatsächlich war die Region um Ibirama Sitz der Indios Xoqleng und Guarani (vgl. Zemke 2018). Nach blutigen Auseinandersetzungen mit europäischen Immigranten wurde ihre Population dezimiert und hat schließlich dank der Vermittlung von Eduardo de Lima e Silva Hoerhann Zuflucht in einem Reservat (Schmitz 2012, Hoerhann 2005) gefunden. Die Geschichte schreibt manchmal eigentümliche Prologe: Heute ist das ehemalige Krankenhaus Hansahoehe, Arbeitsplatz der Sibylle von Moers, Sitz des Stadtmuseums (vgl. Zemke 2021) und sein größter Saal trägt den Namen von Eduardo Hoerhann.

Schlussbemerkung

Die vier hier präsentierten Tagebücher zeigen, neben unterschiedlichen Lebenswegen ihrer Autor*innen, verschiedene Formen der Zwei- und Mehrsprachigkeit deutschsprachiger Migrant*innen in Brasilien. Auch wenn das Deutsche sowohl bei der ersten als auch bei der zweiten Generation der Migrant*innen überwiegt, zeichnen sich Akkulturationsprozesse ab, die von einer komplexen kulturellen Identität zeugen. Die Schwerpunkte und Themen der Schreibenden sowie ihr potenzieller Leser*innenkreis variiert, was unter anderem daran zu erkennen ist, wie die Schreibenden zur eigenen Mehrsprachigkeit sowie zur Sprache und Kultur des Gastlandes stehen. Das Code Switching leitet sich dabei nicht nur aus der Mehrsprachigkeit des Alltags ab, sondern erweist sich manchmal als eine Strategie und Zeichen des Widerstandes in Zeiten der Nationalisierung und Abwertung der Sprachen der Migration.

Literaturverzeichnis

Altenhofen, Cléo Vilson (1996). Hunsrückisch in Rio Grande do Sul. Ein Beitrag zur Beschreibung einer deutschbrasilianischen Dialektivität im Kontakt mit dem Portugiesischen, Stuttgart: Steiner.

Arfuch, Leonor (2010). O Espaço biográfico: dilemas da subjetividade contemporânea. Übers. Paloma Vidal. Rio de Janeiro: Editora da UERJ.

Aurora Paulistana. 26.08.1852.

Baumer, Conrad Tagebuch (Handschrift). Joinville, 1941 (?).

Bhabha, Homi K. (1994). The location of culture, London/New York: Routledge.

Bonfim, Paulo Ricardo. (2017). Educar, Higienisar e Regenerar: Eugenia no Brasil. Paco Editorial: Jundaí.

Bourdieu, Pierre (1990). Die bibliographische Illusion. BIOS. Zeitschrift für Biographieforschung und Oral History. Trad. Eckhart Liebau, Vol. 1: 75–81.

Carvalho de Abreu Sodré, Gilberto (2004). "Branqueamento' como política brasileira de exclusão social dos negros (séculos 19 e 20). Revista da ASBRAP, São Paulo, Nr. 21: 9–16.

Constituição dos Estados Unidos do Brasil, decretada pela Assembléia Constituinte. Abrufbar unter: https://www2.camara.leg.br/legin/fed/consti/1940-1949/constituicao-1946-18-julho-1946-365199-publicacaooriginal-1-pl.html (Stand 1.11.2021).

Dembeck, Till/Parr, Rolf (Hrgs.) (2017). Literatur und Mehrsprachigkeit. Ein Handbuch. Tübingen: Narr Francke Attempto Verlag.

Deutsche Zeitung (Porto Alegre). 1866, v. 80, n. 6.

Drozdowska-Broering, Izabela (2016). De Sproak det is miene kleine Heijmat. Mennonitengemeinden in Südbrasilien. Studia Germanica Gedanensia, Vol. 35: 78–88.

Erll, Astrid (2005). Kollektives Gedächtnis und Erinnerungskulturen. Eine Einführung. Stuttgart: J. B. Melzer Verlag.

Heye, Jürgen (2003). „Bilingualism and language maintenance in two communities in Santa Catarina, Brasil". In: McCormac, William/Wurm, Stephen (Hrgs.). Language and Society, Mounton: De Gruyter.

Hoerhann, Rafael Casanova de Lima e Silva (2005). O serviço de proteção aos índios e os Botocudos: A Política Indigenista através dos Relatórios (1912–1926). Florianópolis: Universidade Federal de Santa Catarina: Univ. Diss.

Klassen, Peter P. (1991). Die Mennoniten in Paraguay: Begegnung mit Indianern und Paraguayern, Vol. 2, Bolanden-Weierhof: Mennonitischer Geschichtsverein.

Kleinpenning, Jan M. (2005). The Mennonite Colonies in Paraguay. Origin and Development, Ibero-Bibliographien Nr. 5, Berlin.

Kliewer Nikkel, Melita (2014). Erinnerungen werden wach. Familiengeschichte, Curitiba: Artes&Textos.

Kossok, Manfred (1960). Die Mennoniten-Siedlungen Paraguays in den Jahren 1935–1939. Zeitschrift für Geschichtswissenschaft. Vol. 8: 370–71.

Kürschner, Sebastian/Prediger, Angélica (2020). Lexikalische Entwicklungen bei Nachfahren nordböhmischer Einwanderer in Rio Grande do Sul – innersprachliche Entwicklungen und deutsch-portugiesischer Sprachkontakt. Revista Linguagem & Ensino, N° 23/4: 1005–1028.

Lejeune, Philippe (1994). Der autobiographische Pakt. Übers. Dieter Hornig/Wolfram Bayer. Frankfurt am Main: Suhrkamp.

Moratti Frazão, Samira (2017). Política (i)migratória brasileira e a construção de um perfil de imigrante desejado: lugar de memória e impasses. Antiteses, Vol. 10, Nr. 20: 1103–1128.

Nübling, Damaris/ Dammel, Antje/ Duke, Janet/ Szczepaniak, Renata (2017). Historische Sprachwissenschaft des Deutschen. Eine Einführung in die Prinzipien des Sprachwandels. Narr: Tübingen.

Reger, Adina/Plett, Delbert (2001). Diese Steine, die Russlandmennoniten, Manitoba: Crossway Publications. Manitoba.

Riediger, Johann/Susanne Hamm. Wie Gott führt oder Aus dem Steppenvolk ein Bergvölklein. Witmarsum, ohne Jahr.

Rocha da Costa, Ricardo Cesar (2010). O pensamento social brasileiro e a questão racial: a ideologia do "branqueamento' às divisões perigosas. Revista África e Africanidades. Vol. 3, Nr. 10, 2010. Abrufbar unter: http://www.africaeafricanida des.com.br/documentos/10082010_16.pdf. (Stand am 10.11.2019).

Santiago, Silvano (2000): O entre-lugar do discurso latino-americano. In: Ders. [Hrsg.]: Uma literatura nos trópicos. Ensaios sobre dependência cultural. Rio de Janeiro: Rocco, S. 9–26.

Schmitz, Paulo Clóvis (2012). Eduardo de Lima e Silva Hoerhann protagonizou um feito que entrou para a história do pais. Abrufbar unter: https://ndonline.com.br/ noticias/eduardo-de-lima-e-silva-hoerhann-protagonizou-um-feito-que-entrou-para-a-historia-do-pais/. (Stand am 26.10.2019).

Siemens Dück, Elvine (2005). Witmarsum, umacomunidadetrilíngüe: Plautdietsch, Hochdeutsch e Português [Witmarsum, eine dreisprachige Gemeinde: Plattdeutsch, Hochdeutsch und Portugiesisch], Curitiba: UFPR.

Siemens Dück, Elvine (2011). Vitalidade linguística do Plautdietsch em contato com variedades Standard faladas em comunidades menonitas no Brasil [Sprachvitalität von Plattdeutsch im Kontakt mit Standardsprachen der mennonitischen Gemeinden in Brasilien], Porto Alegre: Univ. Diss.

Trombini, Janaine/ da Silva Laroque, Luis Fernando/ Castoldi Ana Paula (2018). As companhias colonizadoras no processo da imigração italiana em territorialidades do Vale do Taquari/Rio Grande do Sul. Clio. Revista de Pesquisa Histórica, Vol. 35, Nr. 2: 178–200.

Zemke, Marcelo (2021). Hansahoehe: após 85 anos, prédio histórico de Ibirama ainda impressiona. Abrufbar unter: https://www.educadora.am.br/entretenimento/han sahoehe-apos-85-anos-predio-historico-de-ibirama-ainda-impressiona/ (Stand am 25.10.2021).

Zemke, Marcelo (2018). Pacificação em Ibirama. Abrufbar unter: https://www.diari oav.com.br/pacificacao-em-ibirama-e-historia/ (Stand am 27.10.2019).

Vom Jenseits und Diesseits der Sprache: Sprachliche Positionierungen und Sprachlandschaften in Zafer Şenocak

Nishant K. Narayanan (Hyderabad, Indien)

Abstract: Im folgenden Beitrag wird auf die diversen Sprachauffassungen des deutsch-türkischen Autors Zafer Şenocak eingegangen. Die „Doppelzüngigkeit" Şenocaks, die seine diversen Stellungnahmen zum Türkischen und Deutschen stark beeinflusst und seine Vorstellungen von Sprache, Gott, Land, Literatur, Übersetzung und Identität stets mitbestimmt, wird in diesem Beitrag in den Blick genommen. Anhand einiger ausgewählter Texte *Lebenslauf, Jenseits der Landessprache* und *Wir aschmüden Wortklauber* wird der zugrundeliegende Sprachbegriff im Rahmen von Sprachlatenz (Carmine Chiellino) und Sprachimaginär (Édouard Glissant) analysiert. Ein weiteres Anliegen des Beitrags ist es, den Fremd/Eigen-Diskurs im Kontext der mehrsprachigen Sprachmerkmale zu analysieren und damit die Frage zu beantworten, inwiefern dieser Diskurs die Wahrnehmungsmodi von Ein- und Mehrsprachigkeit der Literatur beeinflusst, die ferner auch das Schreiben und Lesen von mehrsprachigen literarischen Texten prägt.

Keywords: Sprachpositionierung, Sprachimaginär, Sprachlatenz, Religion

1. Ausgangpunkte

In diesem Beitrag bespreche ich anhand einiger ausgewählter Texte des deutsch-türkischen Autors Zafer Şenocak den Aspekt der Mehrsprachigkeit und wie durch die Mehrsprachigkeit die Aufmerksamkeit in diesen Texten auf Migration, Integration sowie Identitätszuschreibungen durch Religion und Sprachen gelenkt wird. Gabriella Pelloni zufolge erfüllen diese Texte von Şenocak diverse Funktionen:

Sein dichterisches Werk, das neben Lyrik auch Romane und Erzählungen umfasst, greift aktuelle gesellschaftliche Konflikte und Kontroversen auf und nimmt Identitätszuschreibungen, Festlegungen des sogenannten Fremden und blinde Flecke des eigenen Selbstverständnisses so in den Blick, dass Funktionen kulturellen Zuschreibungs- und Abgrenzungsmechanismen demaskiert werden. Bekanntlich hinterfragt Şenocak die Assimilationsinstanz kritisch und pflegt in diesem Sinne auch eine literarische Mehrsprachigkeit. Zugleich wehrt er sich vehement gegen orientalisierende Rezeptionserwartungen und entwickelt eigene Schreibweisen als Gegenstrategie.[1]

---

1 Pelloni 2020: 144.

Dass den Texten von Şenocak grundsätzlich ein gewisser Konflikt zugrundeliegt, zeigt der vorliegende Beitrag. Dabei befasst sich Şenocak mit dem Medium Sprache vor allem aus der Migrantenperspektive und sieht seine eigene Stellungnahme zu dem Sprachbegriff auch als Mittel, „in Bezug auf die Vergewisserung der eigenen Identität, insbesondere der literarischen Identität im heterolingualen Schreiben. Solche literarischen oder essayistischen Texte können in einem weiteren Sinn zu den Sprachbiographien gezählt werden, in denen sich Autorinnen und Autoren nicht nur punktuell, sondern umfassend mit dem Thema Sprache auseinandersetzen und ihre Erinnerungen und Einstellungen sowie die Veränderungen des sprachlichen Verhaltens darstellen."[2] Dabei rücken Aspekte, so stellt Eva Maria Thüne dar, wie Zugehörigkeit und Nicht-Zugehörigkeit, sprachliche Macht und Ohnmacht, insbesondere die leibliche und emotionale Dimension des Spracherlebens und nicht zuletzt die historisch-politische Dimension der Mehrsprachigkeit bzw. des literarischen Schreibens vor den Hintergrund der individuellen Mehrsprachigkeit. Dies kommt beispielsweise in seinem Gedicht *Flammentropfen* zum Ausdruck:

„Ich trage zwei Welten in mir

aber keine ist ganz

sie bluten ständig

die Grenze verläuft

mitten durch meine Zunge."[3]

Diese vage und zugleich ambivalente Sprachpositionierung spiegelt auch der Text *Jenseits der Landessprache* wider. In diesem Text spricht die Ich-Figur in insgesamt 22 Sätzen über ihre Position im Hinblick auf Sprache als einen festen Raum in dem Zielland. In dieser Sammlung von Äußerungen wird das Land stark mit einem Sprachraum als Metapher verglichen und zeigt keine Ortlosigkeit „im landestopographischen Sinne, sondern im übertragenen Sinne, ein Schwellenzustand, der die Imagination in neue Sprachräume jenseits der Vorstellungskraft führt"[4]. In seinem Text versucht Şenocak, aufgrund der Marginalisierung durch die deutsche Landessprache, diese Sprachauffassung als ein Medium für Innovationen im kreativen Prozess einzusetzen. Allerdings wird der zugrundeliegende Konflikt von Sprachraum und dem Wunsch, der Landessprache anzugehören, auch hier deutlich, vor allem wenn unter Punkt 16 der „Andere" auftaucht und diese Annäherung an den Sprachraum dadurch behindert wird. Ausgehend von der Entfremdung, die aufgrund dieses durch

---

2   Vgl. Thune 2017: 544 f.
3   Vgl. Beil 1996: 141.
4   Yesilada 2010: 72 f.

den Anderen verursachten Prozesses entsteht, stellt sich die Frage nach dem Eigentum der Sprache bzw. danach, wer die Sprache besitzen darf, bzw. wie viel Sprache jemand besitzen darf? In dieser Hinsicht hat der deutschsprachige Autor aus Marokko Abdellatif Belfellah in einem Essay „*Wem gehört die deutsche Sprache?*" sein Verhältnis zur deutschen Sprache in den Blick genommen und dieses als zentral für seinen sprachlichen Werdegang betrachtet.

Nun gut, in die deutsche Sprache bin ich nicht hineingeboren, setze nicht eine Sprech- oder Schreibtraditionen wie selbstverständlich fort und bin weder von einem Stil der deutschen Sprache aufgefangen noch von Sachzwängen bedrängt. Ich bin frei, höre das Deutsche mit ganz frischem Ohr und sehe es mit unvoreingenommenen Augen wie im Rausch und richte mich in ihm allein mit meiner „Fremdheit" ein, als Gepäck, welches ich nicht zum Schweigen bringen will, obschon ich von Zeit zu Zeit wünsche, ich würde in einen Amnesiezustand, eine völlig gedächtnislose Lage versetzt, um meine Wörter absolut neu zu erfinden.[5]

Auch Şenocaks Ich-Figur befindet sich in einem Transitraum und reflektiert Şenocaks eigene Position, sowohl sprachlich als auch religiös: die Figur hat keinen festen Wohnsitz, steht somit für ein fluides Lebenskonzept und lebt im Transitbereich, einem *Third Space* nach Homi Bhaba, einem Raum, in dem sich die kulturelle Identität nirgendwo verorten lässt. Der sprachliche Außenblick des Autors sensibilisiert in besonderer Weise für sprachliche Nuancen und Differenzen und eröffnet kreative Möglichkeiten. Bei Şenocak bildet die Sprache die Hauptfigur, mit der erprobt wird, eine neue Wirklichkeitswahrnehmung zu schaffen.

2. Kontrapunktische Sprachkonfigurationen

Şenocaks Auseinandersetzung mit dem Sprachbegriff wird daher zu einem Ort des Widerspruchs sowie einem Ort der unauflösbaren Spannungen der unterschiedlichen Stimmen. Ulrich J. Beil meint dazu folgendes:

Nach Art einer radikalen Auslegung des Aristoteles versteht Şenocaks verwandlungsfreudige Sprache die Metapher als „fremdes", die Szenen und Verhältnisse verfremdendes, ihre Entfremdung bloßstellendes Wort.[6]

In den Texten, *Lebenslauf, Jenseits der Landessprache* und *Wir aschmüden Wortklauber* treten die Figuren nacheinander auf und drücken sich unmittelbar aus, was, wie Eva Maria Thüne feststellt, ein sehr verbreitetes Mittel zur

---

5   Vgl. Ackermann 1996: 174.
6   Beil 1996: 143.

Darstellung von Vielstimmigkeit im Sinne von Bachtin[7] ist. In beiden Texten von Şenocak kommt es zu dieser Unmittelbarkeit, die die mehrsprachige Situation gekennzeichnet. Darüber hinaus bilden in seinen Texten gesellschaftliche Konflikte, Religion und Marginalisierung durch Sprache zentrale Themen. Die sprachliche Ortlosigkeit, trotz der Verfügbarkeit von zwei Sprachen, thematisiert Şenocak in dem Text *Zungenentfernung. Bericht aus der Qurantänestation*, in dem er die Zwischenposition folgendermaßen darstellt: „Wir springen von einem Punkt zum anderen und wissen kaum noch, wo die Grenze verläuft."[8]

Dieser Aspekt ist auch bei den Figuren zu sehen. Sie sind nicht mehr feste exemplarische Charaktere oder Typen. Die Nationalität der Figuren lässt sich manchmal nicht mehr klar festlegen, denn sie mögen unterschiedlicher Sprachherkunft sein und sich in einer monolingualen Gesellschaft befinden. Somit lassen sie sich weder sprachlich noch geografisch eindeutig festlegen. In diesem Sinne kann man sich fragen: Wo lässt sich die Außenperspektive dieser Figuren thematisch feststellen? Wo tun sich dabei Ansichten auf, die aus der Binnenperspektive nicht in dieser Form wahrnehmbar wären? Bei Şenocak wird diese Fremdperspektive ausdrücklich thematisiert, so zum Beispiel im Text *Lebenslauf*, in dem unterschiedliche Ichs sich aus der Fremdperspektive begegnen und mit einem verfremdeten Blick auf die Lebensjahre gleich nach der Geburt schauen. Die Fremdperspektive bezieht sich an dieser Stelle auf die sprachliche Wahrnehmung von Gott im Islam und im Christentum und der Vergleich zwischen den beiden Glaubensrichtungen. Die Begegnung mit dem Islam, die nachfolgend erläutert wird, wird von Şenocak als ein Versuch verstanden, den Begriff Gott aus sprachlicher und religiöser Perspektive sprach-religiös unter die Lupe zu nehmen. Diese Glaubensprobe, die zugleich als eine Reflexion über die eigene Positionierung zur religiösen Vielfalt und deren Wahrnehmung zu verstehen ist, beginnt mit einem islamischen Gebet und findet seinen Höhepunkt in einer Kirche. Diese Auseinandersetzung schildert Şenocak folgendermaßen:

> Mit acht traf ich auf Menschen, die niemals beteten. Mit neun auf Menschen, die ganz anders beteten als wir. Sie saßen auf harten Bänken oder knieten nur, anstatt sich niederzuwerfen. „Das sind hochmütige Menschen", sagte Vater, „und Gott wird sie dafür bestrafen. Außerdem schreiben sie Gott einen Sohn zu, Gott, der niemals gezeugt hat.[9]

Der Versuch des Vaters, die religiöse Auffassung des Sohnes entscheidend mitzubestimmen, um ihn vor dem Einfluss fremder Religionen, hier dem

---

7 Vgl. Thüne 2017: 541.
8 Vgl. Thüne 2017: 543.
9 Şenocak 1996: 144. Im weiteren Textabschnitt wird ein Gespräch mit einer Lehrerin in der Kirche dargestellt, das den Stellenwert Gottes zum Inhalt hat.

Christentum, zu schützen, erfolgt durch eine Warnung. Şenocaks Beschluss, die Genealogie und den Stellenwert Gottes herauszufinden, führt ihn dazu, den Koran in arabischer Sprache und in deutscher Übersetzung zu lesen, um sich dadurch sein eigenes Gottesbild anzufertigen. Der Rückgriff auf Arabisch und Deutsch als Sprachmaterial, um mystische Themen zu erforschen, zeigt Şenocaks Sprachproben, d.h. seinen Ansatz, die Sprache an allen Ecken und Kanten zu erforschen. Dieses Verfahren beschreibt Kilchmann im Zusammenhang mit Gamper und Bies folgendermaßen:

> Sprache wird als „Material" diesseits ihres semantischen Gehalts bearbeitet. In der Mischung verschiedener Einzelsprachen wird zunächst „explorative und innovative auf die syntaktischen, grammatischen, orthographischen und phonologischen Strukturen der Sprache" zugegriffen. In der Überschreitung der einsprachigen Norm innerhalb eines Texts werden „alternative Kombinationskriterien" erprobt und auf diese Weise „unrealisierte Möglichkeiten der langue, der Sprache als System„ aktualisiert.[10]

3. Das Bewusstsein der Ortlosigkeit

In einem Gespräch mit Elke Segelcke situiert sich Şenocak in einem sprachlichen Niemandsland, als jemand, „der in beiden Sprachen und Kulturen Zuhause ist."[11]. Die implizierte Sprachpluralität, der sich Şenocak bewusst ist, bezieht sich auf seine Positionierung in der deutschsprachigen Gegenwartsliteratur, in der die Diversität der Sprachen, Kulturen und Herkünfte eine zentrale Rolle spielt. Die Flexibilität, die Şenocaks Texte zum Ausdruck bringen, erläutert er folgendermaßen:

> Also in meinen Texten bin ich ja eben, wenn ich Deutsch schreibe, kein türkischer Autor. Es ist immer schwer, sich selbst zu bewerten, aber ich würde sagen, ich bin ein sehr deutscher Autor in meinen Texten, also sehr fußend auf der deutschen Philosophie, auf der Geistesgeschichte, wie sich die Literatur entwickelt hat. [. . .] In meinen türkischen Texten – das ist ja relativ neu – bin ich schon etwas anders als das, was in der Türkei geschrieben wird. Das heißt, ich bin eigentlich in meinen türkischen Texten wahrscheinlich ein fremderer Autor als in meinen deutschen Texten. Das ist meine Bewertung, aber ich kann mich auch irren.[12]

Die implizite Mehrsprachigkeit ist in den Texten zu erkennen, indem sich der Autor auf literarische Werke jüdischer Literatur bezieht und dabei

---

10 Kilchmann 2016: 49.
11 Segelcke 2010: 71.
12 Segelcke 2010: 90 f.

auf „Sprachräume"[13] verweist, die trotz der Entfernung die deutsche Kultur beinhalten und sich in einer anderen Sprache als der deutschen entfalten. Die verborgene Sprachvielfalt, auf die Şenocak in dem Gespräch hier eingeht, bedeutet für ihn zugleich „eine Erweiterung des Raumes sozusagen in die andere Sprache hinein"[14]. Dabei deutet er auf Goethes Verfassen des west-östlichen Diwans hin, die ihm als eine Art Inspiration dient. Die latente Mehrsprachigkeit in den Texten und dieses Schreibverfahren, das bei Goethe auch festzustellen ist, haben mit der Sprachverinnerlichung zu tun. Şenocak verfolgt eine ähnliche Schreibpraktik, die er anhand von Goethe folgendermaßen erklärt: „Er [Goethe] verinnerlicht einen Text, den er sozusagen als fremden Text erst mal wahrnimmt, um daraus einen deutschsprachigen Text zu schaffen. Das machen wir alle ja permanent."[15]

„Mit fünf lernte ich mein erstes Gebet auswendig: Ein kurzes Gebet: *Kul-huvallahhuahadallahussamedlamyalidvalamyuledvallamyakunlahukufuve-naha* Sprich: Er ist der eine Gott, der ewige Gott, er zeugt nicht und wird nicht gezeugt, und keiner ist ihm gleich. Ich wußte nicht, wie man zeugt. Ein Gebet sprach man, wenn man sich verneigte, wenn man am Boden saß in einer unbequemen Stellung, bei der man sein Gewicht auf Zehen spürte, und wenn man mit der Stirn den Boden berührte."[16]

Das Gebet, das Şenocak in seiner Kindheit lernte, stellt sich zwischen rezeptive und produktive Pole von Ziel- und Ausgangssprache, wobei die rezeptive Sprache mit der Gebetsperformanz zu tun hatte. Das Auswendiglernen von Gebeten im Arabischen, dessen mündliche Artikulation in der Kindheit und die Lektüre des Korans im Arabischen als Erwachsene bilden hierbei die sprachlichen Handlungsfelder für Şenocak, welche seine Sprachauffassung hinsichtlich des Gottesbildes entscheidend mitbestimmten. Dabei wurde die Sprache der Religion zu einem materiellen Aspekt, wie sie von Raluca Hergheligiu im Kontext von Herta Müller bezeichnet wurde. Hergheligiu spricht von der „Materialisierung der Sprache"[17], wobei sie „die Beziehung des Geschriebenen zum innerlich Geschauten"[18] anspricht.

13 Segelcke 2010: 91 f.
14 Segelcke 2010: 92.
15 Segelcke 2010: 92.
16 Şenocak 1996: 144.
17 Hergheligiu 2016: 118.
18 Hergheligiu 2016: 118.

4. Sprachliches (Un)behaustsein: Zwischen Sprachimagination und Sprachlatenz

„XVIII. Manchmal erscheint die Sprache wie ein verlassenes Haus. Das ist ein seltener, glücklicher Moment. Der Eingang steht offen. Man kann sich einrichten."[19]

In den thesenartigen Überlegungen *Jenseits der Landessprache* äußert sich Şenocak über die Semantisierung von Sprachräumen, in denen er seine Doppelzüngigkeit verbalisiert. Die Verbindung von Sprachen mit linguistischen Identitäten in diesen Ich-Aussagen zeugen von Sprachwanderungen und -neuerungen, die zu einer laufenden Aktualisierung einer Sprachgestalt an den Grenzen beitragen.

„VII. Ich habe eine Sprache gesucht und viele Sprachen gefunden. Manchmal habe ich sie überhört, andere vergessen, wiederum andere nicht verstanden. Ich werde die Sprache nicht so lassen, wie sie sind. Ich werde sie umschreiben."[20]

Im Jahr 2005 sagte Herta Müller in einem rumänischsprachigen Interview mit Elisabeta Lasconi über ihre Beziehung zum Rumänischen folgendes: „Wenn ich schreibe, schreibt die rumänische Sprache mit"[21]. Die Allgegenwärtigkeit der „Herkunfts-" bzw. „Haussprache", mit der Şenocak sich verbunden fühlt, setzt ebenfalls an diesem Punkt an. In seinem Gedichtband *Flammentropfen* heißt es:

„ich habe meine Füße auf zwei Planeten

wenn sie sich in Bewegung setzen

zerren sie mich mit

ich falle"[22]

Müllers Romantisierung dieser sprachlichen Situation ist allerdings bei Şenocak, wie das Gedicht zeigt, eine schmerzhafte Erfahrung, die seine latenten Sprachformulierungen entscheidend beeinflusst. Das Verhältnis zur fremden Schrift bei der Koranlektüre und zur Leseerfahrung in der Jugend löste bei Şenocak ein Sprachenbewusstsein aus, welches ihm die Möglichkeit bot, zwischen den Sprachen Dialoge zu führen, wobei die Schrift als das Dialogmedium fungierte.

---

19 Şenocak 2001: 87 f.
20 Şenocak 2001: 87 f.
21 Hergheligiu 2016: 119.
22 Vgl. Hofmann 2006: 49.

„Mit zwölf lernte ich den Koran lesen. Eine fremde Schrift, fremde Worte. Lesen ohne zu verstehen ist ein seltsames Erlebnis, es ist, als berührte man eine Gestalt, die nicht da ist."[23]

Şenocaks Leseerfahrungen mit einer fremden Schriftsprache, welche ihm im Laufe der Zeit bei der Übersetzung half[24], entspricht dem Begriff der „Sprachlatenz"[25] bei Carmine Chiellino. Nach Chiellino ist Sprachlatenz „das Auftreten der Herkunftssprache der Protagonisten oder des Schriftstellers in einem Werk, das in der Landessprache geschrieben wird."[26]. Die Leseerfahrung einer fremden Schrift und deren Aneignung bestimmte Şenocaks Entscheidung, sich mit dem Deutschen zu befassen und Deutsch als seine Artikulationssprache auszuwählen.

„Mit fünfundzwanzig übersetzte ich Gedichte eines anatolischen Mystikers aus dem 14. Jahrhundert. Mein Vater begleitete mich durch seine Sprache. Er hatte jetzt einen grauen Bart. [. . .] Ich las zum ersten Mal den Koran in einer deutschen Übersetzung".[27]

Die Wahl des Deutschen als die Zielsprache seiner Übersetzung verstand Şenocak als eine Art sprachliche Reifeprüfung, zu der er von seinem Vater ausgebildet wurde. Die Unterstützung durch den Vater mag an dieser Stelle als eine Sprachausbildung gesehen werden. Die gleichzeitige Wechselbeziehung zwischen der Herkunftssprache als Vater- bzw. Fremdsprache und Deutsch als die Sozialisations-, Literatur- und Bildungssprache unterstreicht hier die unmittelbare Gegenwart von zwei Sprachen, die sich mündlich bzw. schriftlich ergänzen. Zu dieser auftretenden Sprachlatenz sagt Chiellino:

[. . .] meistens übt die angewandte Sprache eine analytische Funktion, indem sie, ausgehend von Farben und Gegenständen, die Erinnerung aus der latenten Sprache auf ihren Wahrheitsgehalt überprüft. Die Überprüfung vollzieht sich durch eine breitangelegte Kontextualisierung der physischen Dimension des

---

23 Şenocak 1996: 145.
24 Vgl. Segelcke (2010: 92): Bezugnehmend auf die Übersetzung spricht Şenocak über *grounding*, das Sprachfundament in der deutschen Tradition und ihr Beitrag zu Şenocaks Übersetzungen. Dazu sagt er: „Und ich habe ja auch nicht Yunus Emre zufällig übersetzt, einen Mystiker. Ich würde also gar nicht mal sagen, das ist so die Moderne. Es ist also wahrscheinlich eine Mischung eher zwischen dem deutschen kulturellen Umfeld und diesem altosmanischen, muslimischen, wie auch immer, kulturellen Hintergrund." An einer anderen Stelle bemerkt Ulrich J. Beil (1996: 143) über Şenocaks Übersetzungen, dass „Şenocaks West-östlicher Diwan, mit seinen oft wie roh aufs Papier gefallenen Bildern fasziniere, weil es scheint, als hätte da einer die Worte, die wir kennen, von neuem erfunden, als sei da etwas aus dem Deutschen in das Deutsche übersetzt."
25 Hergheligiu 2016: 119.
26 Vgl. Hergheligiu 2016: 119.
27 Şenocak 1996: 146.

Gedächtnisses des Protagonisten in das kulturhistorische, politische und literarische Gedächtnis. Das Läutern der latenten durch die angewandte Sprache lässt
nach Biondi ‚Augenblicke und Räume' entstehen, in denen das ausstehende Ich
sich in Einklang mit Vergangenheit und Gegenwart entwickeln kann.[28]

In *Wir aschmüden Wortklauber (Miniaturen)* bespricht Şenocak die diversen
Wahrnehmungsweisen bzw. die Ratlosigkeit einer mehrsprachigen Person. Bei
Şenocak, der sich immer wieder in der „Sprachmitte" befindet, wobei es um Aus-
bzw. Eingrenzungen in Sprachräumen geht, manifestieren sich unterschiedliche
Sprachgestalten, die implizit über ihre Beziehung zur Sprache reflektieren. Wie
Hergheligiu sich auf „*das ausstehende Ich*" bezieht, um die Sprachlatenz eines
mehrsprachigen Autors zu beleuchten, wird dieser Aspekt zu einem Grenzphä-
nomen zwischen Sprachen, denen sich Şenocaks Sprachgestalten, welche sich
mit Pronomen ausweisen, ausgesetzt fühlen. Diese diversen Sprachfiguren führen hier ihre einzelnen „Sprachkämpfe", bei denen die Sprache als eine zentrale
Kraft, schriftlich bzw. mündlich die Alltagsrelevanz und den Fortbestand der
Sprachfiguren aussagt, indem sie mitentscheidet, inwiefern sie den einzelnen
Figuren den Zugang zur Sprache gewährt bzw. versperrt. Diese Bestimmungs-
kraft von Sprache als eine übergeordnete Macht, sei es Türkisch oder Deutsch,
löst nicht nur eine Konstellation von Spracherfahrungen aus, sondern veranlasst
die Sprachgestalten auch dazu, sich über die Sprache in Schrift, Sprechen und
Bild Gedanken zu machen, zum Beispiel indem sie sagen:

> „Ich horche in die Laute. Nach dem Echo eines Wortes. Es fällt kein Wort. Nicht
> jede Unruhe ist Sprache."[29]

> „Jeden Tag verlieren wir Wörter, ohne unsere Sprache zu verlieren. Vor der ver-
> schlossenen Tür fehlt uns das Paßwort."[30]

Die Begegnungsmomente und die Auseinandersetzung mit der Sprache durch
die einzelnen Sprachgestalten bedeuten gleichzeitig auch Einsichten in die
Sprache, ihre Gestalt und dienen wie die Gemeinsamkeiten und Unterschiede,
die sich zwischen Sprachen erkennen lassen, nicht nur dazu, über sein eigenes Sprachbewusstsein zu reflektieren, sondern aufgrund dieser Differenzerfahrung auch die eigene Sprachästhetik zu entwickeln. Die Wechselbeziehung
zwischen Wörtlichkeit, Sprachlichkeit und Sprecherpositionierung erzeugt
diverse Konstellationen von Mono- und Mehrsprachigkeit, die die Sprachbilder als durchkreuzende latente und dominante Schichten darstellen. Dieses
Verhältnis kann als ein stilistischer Kunstgriff gesehen werden, das Verfehlen

28 Vgl. Hergheligiu 2016: 120.
29 Şenocak 1996: 147.
30 Şenocak 1996: 147.

von Kommunikation zu veranschaulichen, indem sprachkritisch darauf hingewiesen wird, dass die Worte die Dinge nie zu fassen bekommen und die kommunikative Funktion von Sprache durch deren poetischen Eigenwert immer
wieder durchkreuzt wird. In Szene gesetzt wird somit gleichsam die postbabel-
sche Kondition aller Sprachen, die nach dem Verlust der Transparenz im Abfall
von der Ursprache lediglich ihre Opazität gemeinsam haben. Gleichzeitig wird
eben diese Opazität und Selbstreferentialität als schöpferisches poetisches
Potential genutzt, um in der Montage einzelsprachlicher Versatzstücke die
Wörter ihrer konventionalisierten Bedeutungszusammenhänge zu entfremden
und so eine neue vieldeutige Textur zu schaffen.[31]

Die oben angedeutete Konstellation von Sprachen, indem Deutsch und
Türkisch als zwei benachbarte Sprachen fungieren, lässt sich mithilfe des
Begriffs *Sprachimaginär* erklären, der vom französischsprachigen Philosophen
Édouard Glissant stammt: „In unserem Imaginären haben wir immer wach in
unserem Denken unsere eigene Landschaft"[32]. Das Sprachimaginär bei Glissant bezieht sich auf eine Konfluenz von Sprachorten, in denen die sprachliche
Wechselbeziehung zutagetritt und die Sprachräumlichkeit einzelner Sprachen die Ausdruck- und Wahrnehmungsweisen der in der Sprache eingebet-
teten Schrift, Laut, und Satz stark prägt. Hergheligiu erläutert dazu: „Glissant
spricht von Landschaften des Wortes, aber auch von dem inneren Nutzen der
Landschaften in unserem Bewusstsein, von inneren Treffen der Landschaften
in uns"[33]. Glissants Ansatz beruht auf literarischen Werken der karibischen
Literatur, die eine mehrsprachige Literatur darstellt, die aus dem Kreolischen
und der Muttersprache, aus frankophonen, anglophonen, hispanophonen sowie
holländischen Einflüssen[34] besteht. Die Fluidität von Sprachen und Literaturen,
die Glissant unter Einbezug seiner eigenen Positionierung sowie jener seiner
Autorenkollegen als mehrsprachige Autoren darstellt, wie z. B. Alejo Carpen-
tier im Spanischen bzw. Derek Walcott und George Lamming im Englischen[35],
lässt sich als der zentrale Bestandteil von Glissants Sprachimaginär betrachten,
denn die grenzenlosen Landschaften bieten den Autoren unbegrenzten Raum,
den Geist der Sprache zu erforschen, oder laut Glissant, diesen Sprachgeist,

---

31 Kilchmann 2016: 60.
32 Vgl. Hergheligiu 2016: 121; im Original: „Dans notre imaginaire nous avons toujours pré-
    sent à l'esprit notre paysage."
33 Hergheligiu 2016: 121.
34 Vgl. Bitter und Glissant 1984: 4.
35 Dazu sagt Glissant (Bitter und Glissant 1984: 4): „[...] wir Schriftsteller der Karibik sind
    soweit, dass wir die Sprachgrenzen überwunden haben und eine gleiche Sprache gefunden
    haben, die eine bestimmte Manier ist, mit den Worten umzugehen, sie zu rhythmisieren, sie
    zu entstellen oder zu liebkosen."

„füreinander zu öffnen"[36]. Diese Vielfalt von unbegrenzten Sprachräumen, die auch zugleich die literarische Einheit und Freiheit darstellt, äußert Glissant durch das Bild vom Turmbau Babels; der Turm wird, so Glissant, „nicht zusammenstürzen, weil wir mehrere Sprachen verstehen."[37]

> „XVI. Die Anderen stemmen mir ihre Sprache entgegen. Sie ist ein vollkommenes, verschlossenes Haus: Jedes vollkommene Haus ist verschlossen. Hätte man Zugang, käme man sich überflüssig vor oder unpassend. Aber es gibt keinen Eingang. (gegen Systeme, die sich als vollkommen, absolut ansehen!!!)"[38]

Die Vorstellung vom Haus als eine sprachlich dynamische Landschaft, die wie im obigen Zitat als eine Metapher mit der Fremdheit der Sprache in Verbindung gebracht wird, deutet in gewisser Hinsicht auch auf ein gespaltenes Sprachbewusstsein. Das Fremde an einer Sprache, die den Zugang zu den internen Sprachsystemen bildet, gewährt einem den Zutritt in eine weitere Sprachenvielfalt und gleichzeitig die Möglichkeit, über die Frage nachzudenken, inwiefern die eigene Identität von einem mehrsprachigen Sprachsystem abhängt. Şenocaks Suche nach einem sicheren und zugleich mehrsprachigen Sprachraum unterstreicht somit die Überlegungen von Glissant zum Sprachimaginär, wobei das Fremde an einer Sprache ebenfalls eine Hierarchie und Machtstruktur darstellt, die die Annäherung an eine Sprache stark beeinflussen. Dazu sagt Hergheligiu im Zusammenhang mit Glissant:

> Oft verfügen interkulturelle Autoren über ein Sprachbewusstsein, das aus Bewegungen der [sic] Aufeinandergehen, Ineinandergehen und Rutschen von einer Landschaft zur anderen entsteht. Glissants Poetik beruht auf konkrete Analysen der Verhältnisse zwischen den Sprachen von jeweiligen Gemeinden oder Autoren. Ausgehend von den Beziehungen, die manche Gemeinden zueinander pflegen, mögen die jeweiligen Sprachen in bestimmten Verhältnissen der Dominierung, Faszination, Multiplizierung oder Ansteckung, Höflichkeit oder Verwirrung zueinander stehen. Darunter zieht das Verhältnis der Dominierung den sogenannten Fall der Diglossie heran: »Wir werden von unseren Worten gesprochen mehr als wir unsere Worte aussprechen.«[39]

Şenocaks stets wiederkehrender Bezug auf das Haus als der Sitz von Sprache, wie es im obigen Zitat zum Ausdruck kommt, wiederholt sich an einer anderen Stelle, in dem das Sprachhaus im Gegenteil zum obigen Haus als ein zugänglicher, sicherer Raum wahrgenommen wird.

---

36 Bitter und Glissant 1984: 4.
37 Bitter und Glissant 1984: 4.
38 Şenocak 2001: 88.
39 Vgl. Hergheligiu 2016: 122.

„XVIII. Manchmal erscheint die Sprache wie ein verlassenes Haus. Das ist ein seltener, glücklicher Moment. Der Eingang steht offen. Man kann sich einrichten."[40]

Die Gelegenheit, sich in dem zuletzt genannten Sprachraum sprachlich
frei zu artikulieren, lässt sich auf Chiellinos Konzeptualisierung von Sprachlatenz zurückführen, wobei die Sprachpluralität als eine visuelle Raummetapher
inszeniert wird. Dazu sagt Hergheligiu:

„Bei Carmine Chiellino rückt die Sprachlatenz sehr stark in die Nähe einer Art
Eingang in das weite Areal innerer Visualisierungen, die an die Erfahrung des
Protagonisten oder des Ich-Erzählers im längst verlassenen Heimatland knüpfen.
Daher kann man anführen, dass die Sprachen eines interkulturellen Textes (die
angewandte Sprache und die latente Sprache) innere Räume der Erfahrung kodi-
fizieren."[41]

Diese häusliche Sprachanbindung ist bei Şenocak auf der Grenze zwischen
Sprachinnen und Sprachaußen zu sehen, indem sich das Haus wie in den obigen
Beschreibungen unterschiedlich manifestiert. Das Haus als ein Grenzgebiet,
das Leslie Adelson als einen „Schwellenraum"[42] bezeichnet, ist bei Şenocak
eine Metastruktur, deren Ein- bzw. Ausgang das Haus zu einem fluiden Ver-
sammlungsort macht. Şenocak stellt das folgendermaßen dar: „Das Denken
wird zum Haus, in dem man sich versammelt, sich verbündet und von dem
aus man gemeinsam singt und schießt"[43]. Das Haus, das bei Şenocak einerseits
verlassen, andererseits vollkommen und verschlossen erscheint, wird von ihm
auch nicht besessen, denn die Haussprache kommt ihm fremd vor und diese
erschwert die Kommunikation; somit stellt sich dieses Haus als eine Herausforderung dar, wie er im Folgenden ausdrückt.

„I. Ich habe keinen Anspruch auf Zuhause. Denn ich kenne Worte, die ich nicht
spreche. Und ich spreche Worte, die ich nicht kenne."[44]

Die Nichtzugehörigkeit zu einer festen Sprache und das Fehlen eines permanenten Ortes fungieren bei Şenocak als Momente der Desorientierung und
Existenzkrise:

„das Haus bietet einen Ort für endlose Darstellungen von Geisterhaften, Verdoppelung, Zerstückelung und anderen Schrecken in Literatur und Kunst. Auf einer
weiteren Ebene werden die labyrinthischen Order Orte der modernen Stadt als

40 Şenocak 2001: 88.
41 Hergheligiu 2016: 121.
42 Adelson 2006: 40.
43 Adelson 2006: 41.
44 Şenocak 2001: 89.

die Quelle moderner Angstzustände gedeutet, von Revolutionen und Epidemie zu Phobie und Entfremdung"[45].

In Şenocaks Gedicht *Übergang* (2005) heißt es dazu:

du beschreibst in deinen Worten das untergegangene Land

werden dich die Kartographen verstehen

die Grenzen in deiner Sprache

jemals wieder den Grenzen

deines Grundstücks entsprechen[46]

Şenocaks ambivalente Stellungnahmen zu Sprachzugehörigkeiten, die einerseits sein Schreiben auf Deutsch prägen, ihn andererseits zu einer distanzierten Betrachtersperspektive veranlassen, lässt sich in sprachliche und somit identitätsbezogene Nichtzugehörigkeit einordnen, als Sprache und als vorübergehende Ortlosigkeit. Die vielen sprachlichen Hausgestalten von Şenocak sind daher voneinander abhängig und grenzübergreifend, wie Adelson darstellt:

[D]ie phantasmatische Räumlichkeit dieser deutschen Kultur deutet auf analytische Alternativen zur Annahme einer allzu strikten Trennung zwischen türkischen und deutschen Stoffen. Şenocaks Konfiguration von Transnationalismus handelt weniger von nationalen und ethnischen „Identitäten" als vielmehr von Texturen und Architekturen historischer Erfahrung im Wandel, die nicht weniger imaginiert wird als gelebt.[47]

Die deutsche Sprache, die bei Şenocak latent und dominant wirkt und als eine gegenseitige Verkehrssprache dient, beruht nicht nur auf seiner Beziehung zum Deutschen als einer Kultur- und Übersetzungssprache, sondern auch auf seinen Türkischkenntnissen, die ihm den Zugang zu dieser Sprache gewähren:
Ich war froh. Dichter wie Yunus Emre und Behcet Necagitil in der Originalsprache lesen zu können. Und später auch Gedichte von ihnen ins Deutsche zu übersetzen. Durch diese Übersetzungen hatte ich das Gefühl, ihnen sehr nahe zu kommen. Dennoch war die Arbeit an diesen Übersetzungen keine Heimkehr für mich. Das Türkische in Deutschland empfand ich nie als Insel, auf die ich mich freiwillig zurückzog. Das Türkische in mir war nur ein Fenster mehr in dem Haus, das ich in Deutschland in der deutschen Sprache aufgebaut

---

45 Vgl. Adelson 2006: 44 f.
46 Vgl. Hofmann 2006: 50.
47 Adelson 2006: 45.

hatte, ein Fenster mit Ausblick auf einen Teil meiner Kindheit, in der Wurzeln unterschiedlichen Geschmacks liegen.[48]

Die Sprachlatenz, die sich bei Şenocak im Deutschen und im Türksichen unterschwellig manifestiert, dient als ein Repertoire und zugleich als ein Schreibmittel, mit dem er sich im Schwellenraum verorten kann. Diese „Erfahrung der ‚Doppelzüngigkeit' auf die Schreibweise"[49] als der Akt des Groundings, wie zuvor angedeutet, wird von ihm teilweise durch Übersetzung vollzogen. Laut Ulrich J. Beil gelingt es Şenocak, die oft übersehene volkssprachliche Dichtung ins Blickfeld zu rücken und ihre erstaunliche Gegenwartsnähe zu verdeutlichen. Bei diesen und ähnlichen Erkundungen geht es keineswegs darum, sich die dionysischen Kopfgeburten des Orientalismus anzueignen, sondern den inneren Orient des Abendlandes, den Freud im Unbewußten sah, auf die Vielgestaltigkeit einer Literatur hin transparent zu machen, die weitgehend aus dem europäischen Bewußtsein verdrängt worden ist. Dies heißt zugleich, sich dem Dualismus von Eigenem und „Anderem", Okzident und Orient zu entziehen und die Aufmerksamkeit auf jene Mélange-Elemente zu lenken, die das über Jahrhunderte fruchtbare Wechselspiel westlicher und östlicher Traditionen geprägt haben.[50]

Şenocaks Pendeln zwischen Sprachen und Kulturen durch die Übersetzung und die Werke in den einzelnen Sprachen erzeugen somit Sprachschichten, die mit Schriften, Kulturen, Wahrnehmungen beschichtet und verbunden sind. Sie sind zwar getrennt, die einzelnen Fäden gehen jedoch ineinander über. Somit bedingen und beeinflussen diese Sprachschichten die Sprachvorstellung Şenocaks, welche auch zur Identitätsbestimmung dient. In dieser Hinsicht stellt Hofmann fest, dass Şenocaks Werke „als ein Modell für ein Selbstverständnis von literarischer Subjektivität, das als hybrid und polykontextuell" einzustufen ist, gelten, denn „[j]edes einzelne Subjekt lebt in einem Kreuzungspunkt kultureller Zugehörigkeiten: Identität ist nicht als starre Selbst-Definition zu erreichen, sondern als ein Pendeln zwischen verschiedenen Polen, als eine Bastelei (bricolage) aus den verschiedenen Bausteinen, die eine plurale Welt zur Verfügung stellt. Das Subjekt ist Knoten- und Kreuzungspunkt der Sprachen, Ordnungen, Diskurse, Systeme wie auch der Wahrnehmungen, Begehren, Emotionen, Bewusstseinprozesse, die durchziehen".[51]

Die Positionierung am Schwellenraum der Sprachen ist mit Verknüpfungsversuchen zwischen dem Deutschen und dem Türkischen verbunden, es ist ein ununterbrochenes Bewegen in Sprachschichten. Gleichzeitig ist aber dieses Verstehen- und Verständigungsverfahren auch mit Konfrontationsphasen in

---

48 Vgl. Hofmann 2006: 48.
49 Vgl. Beil 1996: 142.
50 Beil 1996: 142.
51 Vgl. Hofmann 2006: 48.

der eigenen Identität als mehrsprachiger Mensch und Autor verbunden, die
Şenocak folgendermaßen zum Ausdruck bringt:

> „XIX. Von der Sprache wird man die Reste abkratzen müssen, um die Wunden
> der Verständigung zu heilen."[52]

Das hybride und fluide Sprachsubjekt bei Şenocak befindet sich an Kreuzun-
gen, und begibt sich auch nach der Suche einer Heimatsprache in dieser hybriden Konstellation. Dabei begibt sich das Subjekt auf diverse Suchwege, einmal
durch die Erfahrung der konkreten Migration (noch) geprägt, andererseits
verweisend auf die existenzielle Situation der Wanderung, des Übergangs, der
Hybridität, die geradezu als Universalie der globalisierten Welt gelten kann[53].

Die Sprachwunden, die wie das abgesperrte Sprachhaus, schmerzhaft in
Erinnerung geblieben sind, bilden somit bei Şenocak den Einstieg in jedes unmittelbare politisch-gesellschaftliche Engagement und reflektiert die eigene Sprachlichkeit ebenso wie die Situation des schreibenden und sprechenden Subjekts[54].

Die Suche nach einer stabilen und wahrscheinlich einer endgültigen Sprachidentität lässt sich mit den diversen Sprachauffassungen begründen, denen das
Sprachbild Şenocaks zugrundeliegt. Einerseits ist Sprache für ihn etwas Materi-
elles, andererseits kommt es zu einer Fusion von Sprachlatenz und Sprachsuche,
durch die er versucht, die Grenzen von Sprachgeist und seiner Positionierung
innerhalb dieser engmaschigen Konstellation festzulegen. Dabei befindet sich
Şenocak zwischen Sprachaffinitäten, wie Hofmann im folgenden Zitat darlegt:

> Sprache ist keine Substanz mehr, kein Ausdruck einer homogenen Identität, son-
> dern der Ausdruck einer Verlusterfahrung, einer Spaltung zwischen dem Jetzt
> und dem Damals, zwischen der Existenz und der Essenz. Auch gibt es nicht
> mehr eine Sprache, sondern viele Sprachen, viele verlorene Orte ohne eine klare
> Verbindung, sodass „Mehrsprachigkeit" auch hier eine existenzielle Bedeutung
> gewinnt. Die hybriden Subjekte sprechen verschiedene Sprache mit divergieren-
> den Erinnerungen an eine verlorene Einheit, die vielleicht nur in der verklärenden
> Retrospektive existiert.[55]

Die latente Mehrsprachigkeit, die Şenocak beim Auswendiglernen seines ersten Gebets in seiner Elternsprache half, um die Herkunft von Gott herauszufinden, begleitete ihn in verschiedenen Altersstadien, mit dem Ziel, die
deutsche und türkische Sprache immer wieder neu auszuloten, sodass „die

---

52 Şenocak 2001: 90.
53 Hofmann 2006: 50.
54 Hofmann 2006: 50.
55 Hofmann 2006: 51.

Wahrnehmung vom Sinngehalt, von der kommunikativen Funktion von Spra-
che, auf deren graphisch-lautliche Erscheinungsweise verschoben wird"[56] und
die Wörter „mithin in ihrer materiellen Dimension wahrgenommen"[57] werden.
Durch das Kennenlernen von Sprachpluralität und dem damit verbundenen
Potential, sich als Schreibender zwischen den Sprachen zu bewegen, beginnt
Şenocak die Mehrsprachigkeit in ihren diversen Gestalten zu ästhetisieren.
Zwar ist er sich in seinen Texten der ambivalenten Beziehung zwischen seinen
Sprachvorstellungen bewusst, setzt jedoch der Aspekt der latenten bzw. impliziten Mehrsprachigkeit genau an der Stelle an, wo der poetische Effekt nicht
bereits allein aus seiner Abweichung von der monolingualen Norm entsteht,
sondern auch andere Verfahren der Literarisierung und Fiktionalisierung am
Werke sein müssen, um einen im linguistischen Sinne mehrsprachigen Text als
einen literarischen auszuweisen. Auf der anderen Seite bedeutet dies freilich
auch, dass auch ohne unmittelbare Rückkoppelung an die Sprachbiographie
eines Autors etwa im Rahmen avantgardistischer Schreibpraktiken erzeugte
literarische Mehrsprachigkeit Erfahrung von Fremdheit und Unzugehörigkeit
produzieren und festgefügte (Sprach-) Ordnungen in Frage stellen kann.[58]

Die Lektüre des Korans in der fremden Schrift im Alter von zwölf Jahren
stellt einen Begegnungspunkt für Şenocak in seiner Gottessuche in schriftlicher Form dar. Die Auseinandersetzung mit Gott im Alter von fünf Jahren in
mündlicher Form, die auch zugleich eine Fremdsprachenbegegnung bedeutet,
wird in der Schriftform zu einem Versuch, die Gottesgestalt in mündlicher und
schriftlicher Form zu vergleichen. Nach der Koranlektüre kommt Şenocak
zum Schluss: „Gott war eine seltsame Gestalt. Ich liebte ihn, aber ich verstand ihn nicht"[59]. Die Gottessuche im Rahmen fremder Schriftsprachlichkeit
bei Şenocak lässt sich im Sinne von Esther Kilchmann vorwiegend in Schrift
finden, denn [i]n der Existenz verschieden lautender Signifikanten in verschiedenen Sprachen wird vielmehr deutlich, dass Sprache die Dinge immer nur
mittelbar benennen kann. Ausgestellt wird im Spiel mit Signifikanten aus verschiedenen Einzelsprachen und durch sie erzeugte Bilder in besonderer Weise
die Materialität und Opazität der Zeichen sowie die Eigendynamik von Schrift
und Bedeutungsgenerierung.[60]

Diese Erfahrung unbekannter Schriftsprachlichkeit bildet einen tragenden Bestandteil bei Şenocak, die Andersheit an den Sprachen zu erkennen und
diese Andersheit in sprachliche Einzelteile zu zerlegen, um dann aus diesem
Korpus von Sprachstücken das eigene Sprachbild zu konstruieren und sich

56 Kilchmann 2016: 55.
57 Kilchmann 2016: 55.
58 Kilchmann 2016: 44 f.
59 Şenocak 1996: 145.
60 Kilchmann 2016: 47 f.

der Sprachandersheit und zugleich der Andersheit der Identität bewusstzuwerden. Das Bewusstsein der Andersheit, das in Erinnerung festgelegt ist, wird als Quelle miteinbezogen, um sich mehrsprachig auszudrücken. Die Verzahnung von Schrift und Andersheit zum Erzeugen mehrsprachiger Literatur kann als Freisetzung von Schrift aus der logozentrischen Tradition und damit auch aus der als „natürlich" verstandenen Ordnung des Monolingualismus und des Muttersprachenparadigmas gelesen werden. Die die Vorstellung einer originären und in sich geschlossenen Ordnung der Muttersprache durchkreuzenden mehrsprachigen Praktiken lenken das Augenmerk auf Sprache als Spiel der Signifikanten.[61]

„XVII. Ich finde in der Sprache der Anderen Buchstaben, an die ich mich erinnere, aber es sind noch keine Wörter. Es sind Buchstaben, die zusammen an nichts erinnern. Ich stelle sie dennoch zusammen. Eine neue Sprache? Meine Sprache? Die Buchstaben sind bekannt, aber die Wörter sind neu für mich. Ich möchte diese Sprache so bauen, dass sie nach jeder Seite Fenster hat. Sie ermöglicht Zugang. Ich weiß nur nicht wo."[62]

Betrachtet man den letzten Satz von dem obigen Aphorismus, stellt man fest, dass die Sinnsuche in der Fremdsprache Şenocak nicht leicht fällt. Dass die Fremdsprache einen latenten Sinn hat, welchen aus der Konstruktion abzuleiten ist, kommt Şenocak als ein zweidimensionales Verfahren vor, nämlich als ein Sprachspiel einerseits und eine Sprachübung andererseits. Dieser latente Sinnbildungsprozess, so Kilchmann, kann als Ergebnis eines dekonstruktiven Lektüreverfahrens gelten, das der monolingualen Norm Alterität und Heterogenität einschreibt. Mit experimentellen Verfahren hat sie dabei gemein, dass programmatisch mit der Zersetzung von Sinn gearbeitet wird, den die monolinguale Norm scheinbar herzustellen ermöglicht. Stattdessen wird in der Kombination der Sprachen die Aufmerksamkeit auf den Eigen- und Unsinn von Sprache gelenkt und damit gleichzeitig auch auf ihre Materialität[63].

Wie bereits oben erwähnt, spielt die Sprachimagination eine zentrale Rolle bei Şenocak. Die internalisierten Sprachen, die wechselseitig latente und dominante Funktionen erweisen, bilden den sprachlichen Einstiegsrahmen, welcher nach Kilchmann als „eine Vorlage für das markierte Schreiben in einer Zweitsprache und für den Einsatz textinterner Mehrsprachigkeit"[64] fungiert.

---

61 Kilchmann 2016: 48.
62 Şenocak 2001: 19.
63 Kilchmann 2016: 49.
64 Kilchmann 2016: 53.

5. *Schlussbetrachtungen*

„Der Dichter hat keine schöne Stimme. Jeden Morgen verpaßt er seinen Zug. In seiner Aktentasche sind unbeschriebene Blätter und ein Apfel. Er steigt in verkehrter Richtung ein und liest in der Zeitung bis der Zug wieder zurückfährt. Er steigt aus, wo er eingestiegen ist und geht nach Hause."[65]

Mit dem obigen Statement verweist Şenocak auf seine Verbindung zum Türkischen und Deutschen. Diese beinhaltet nicht nur eine andauernde Auswertungsprozedur von Sprachen als Existenz- und Schreibgrundlage, sondern lässt ihn die Sprachen auch im vergleichenden Sinne als Identitätsattribute wahrnehmen, was ihn dazu veranlasst, sein eigenes Sprachrepertoire stets zu wechseln und zu erweitern, um sich sprachlich unterschiedlich zu positionieren. Diese Positionierungsstrategien sind sprachpolitisch und bieten ebenfalls einen Ausgangspunkt dafür, die unterschiedlichen Phasen von sprachlichen Metamorphosen zu erfahren. Der verpasste Zug mag hier als das Transportmittel zwischen den beiden Sprachen betrachtet werden, wobei die beiden sich je nach Reiseziel ergänzen und den Dichter trotz der gescheiterten Reise zurück und sicher nach Haus bringen. Nach Şenocak ist dies ein Zustand des „Aufgehobensein[s]"[66] und dieser „hat einen doppelten Sinn, eine doppelte Botschaft. Er strahlt Wärme aus, ein Gefühl von Zuhause, Heimat, Zugehörigkeit. Aber auch Verschwinden und Verlöschen."[67] Dieser Zustand dient Şenocak dazu in der Konstellation von diversen Sprachpositionierungen einen passenden Sprachbegriff für sich zu finden, der die Sprache „als [eine] die Szenarien und Verhältnisse verfremdendes" beschreibt[68]. Şenocak, dem die Sprachen eben „anders" sind, arbeitet an dieser Grenze und zugleich an der Möglichkeit der Andersheit von Sprache, denn diese Sprachdimension „hält immer noch an, bzw. sie verstärkt sich ganz offensichtlich wieder – vermutlich auch, weil die Fremdheit der Sprachen etwas Erschreckendes bzw. eine tiefdeprimierende Erfahrung ist, die man nur schwer aushält."[69] Die Doppelzüngigkeit, die in Şenocaks Texten zum Ausdruck kommt, verdeutlicht die Grenzfluiditäten der Sprachbegriffe, die die Diversität und zugleich die Einheit von Sprachen, Leben und Literatur organisieren, beschreiben und konstituieren.

---

65 Şenocak 1996: 147.
66 Şenocak 2011: 160.
67 Şenocak 2011: 160.
68 Vgl. Beil 1996: 143.
69 Trabant 1997: 100.

Bibliografie

Ackermann, Irmgard (Hrsg.) (1996). Fremde Augenblicke. Mehrkulturelle Literatur in Deutschland. Bonn: Internationes, 168–179.

Adelson, Leslie A. (2006). Against Between – Ein Manifest gegen das Dazwischen. TEXT+KRITIK, Zeitschrift für Literatur. Sonderband, Literatur und Migration, IX/06, 36–46.

Beil, Ulrich J (1996). Zafer Şenocaks ästhetische Subversion. In: Ackermann, Irmgard (Hrsg.) Fremde Augenblicke. Mehrkulturelle Literatur in Deutschland. Bonn: Internationes, 141–143.

Belfellah, Abdellatif (1996): Konfession. Wem gehört die deutsche Sprache: In: Frankfurter Rundschau, 9. März, S. ZB 3.

Belfellah, Abdellatif (1996). Wem gehört die deutsche Sprache. In: Ackermann, Irmgard (Hrsg.) Fremde Augenblicke. Mehrkulturelle Literatur in Deutschland. Bonn: Internationes, 174–175.

Bitter, Rudolf von/Glissant, Édouard (1984). Heute können wir den Turm von Babel bauen. Interview mit Édouard Glissant. Abruf unter: http://www.von-bitter.de/int erviews/Edouard_Glissant_Interview_1984.pdf (Stand: 03/03/2022)

Hergheligiu, Raluca (2016). Sprache, die zum Raum wird. Zur Latenz des Rumänischen in Herta Müllers *Herztier*. In: Rădulescu, Raluca/ Baltes-Löhr, Christel (Hrsg.) Pluralität als Existenzmuster. Interdisziplinäre Perspektiven auf die deutschsprachige Migrationsliteratur. Bielefeld: transcript Verlag, 117–138.

Hofmann, Michael (2006). Die Vielfalt des Hybriden. Zafer Şenocak als Lyriker, Essayist und Romancier. TEXT+KRITIK, Zeitschrift für Literatur. Sonderband, Literatur und Migration, IX/06, 47–58.

Kilchmann, Esther (2016). Alles Dada oder: Mehrsprachigkeit ist Zirkulation der Zeichen. In: Dembeck, Till/Uhrmacher, Anne (Hrsg.) Das Literarische Leben der Mehrsprachigkeit. Methodische Erkundungen. Heidelberg: Universitätsverlag Winter, 43–62.

Pelloni, Gabriella (2020). Vergangenheitsbewältigung und Migrationswahrnehmung in Zafer Şenocaks Roman Gefährliche Verwandtschaft. Zur Entstehung einer Autorschaft. Annali di Ca' Foscari. Serie occidentale, 54, 143–158.

Segelcke, Elke (2010). Author Interview: Zafer Şenocak im Gespräch. Seminar, A Journal of Germanic Studies, Volume XLVI, Number 1, February 2010, 71–94.

Şenocak, Zafer (1996). Lebenslauf. In: Ackermann, Irmgard (Hrsg.) Fremde Augenblicke. Mehrkulturelle Literatur in Deutschland. Bonn: Internationes, 144–146.

Şenocak, Zafer (1996). Wir aschmüden Wortklauber. In: Ackermann, Irmgard (Hrsg.) Fremde Augenblicke. Mehrkulturelle Literatur in Deutschland. Bonn: Internationes, 147.

Şenocak, Z. (2001). Zungenentfernung: Bericht aus der Quarantänestation, Essays. München: Babel-Verlag, 87–90.

Şenocak, Zafer (2011). Deutschsein. Eine Aufklärungsschrift. Hamburg: edition Körber-Stiftung, 160.

Tawada, Yoko (2000): Der Schriftkörper und der beschriftete Körper. In: Krupp, Ute-Christine/Janssen, Ulrike (Hrsg.): Zuerst bin ich immer Leser. Prosaschreiben heute. Frankfurt am Main: Suhrkamp, 70–79.

Thüne, Eva Maria (2017). Der Umgang mit Sprache in der Migrationsliteratur. In: Betten, Anne/ Fix, Ulla/Wanning Berbeli (Hrsg.) Handbuch Sprache in der Literatur. Berlin/Boston: De Gruyter Mouton, 531–549.

Trabant, Jürgen (1997). Fremdheit der Sprache. In: Naguschewski, Dirk/ Trabant, Jürgen (Hrsg.) Was heißt hier „fremd"? Studien zu Sprache und Fremdheit. Berlin: Akademie Verlag, 93–144.

Yeşilada, Karin E (2010). Einwandern heißt bleiben – oder die Literatur von Autoren nicht-deutscher Provenienz ist deutsch. Ein polemischer Essay. In: Asholt, Wolfgang/Hoock-Demarle, Marie-Claire/Koiran, Linda/Schubert, Katja (Hrsg.) Littérature(s) sans domicile fixe – Literatur(en) ohne festen Wohnsitz. Tübingen: Narr, 63–76.

Deutsch-rumänische Kulturvermittlung in Südosteuropa – der rumäniendeutsche Autor Oscar Walter Cisek

Roxana Nubert (Temeswar), Ana-Maria Dascălu-Romiţan (Temeswar)

Abstract: Oscar Walter Cisek (1897–1966) verfasst seine literarischen Texte – Lyrik, Erzählungen und Romane – auf Deutsch, seine Kunstchroniken erscheinen in angesehenen rumänischen Bukarester Periodika. Seine langjährige zum Teil deutsch, überwiegend rumänisch geführte Korrespondenz mit rumänischen Schriftstellern und Künstlern ist einmalig für diesen südosteuropäischen Kulturraum. Vorliegender Beitrag geht auf den Briefwechsel mit dem bekannten Dichterphilosophen Lucian Blaga (1895–1961) ein. Die Prämissen zur Zweisprachigkeit finden sich bei Oscar Walter Cisek wie bei keinem anderen rumäniendeutschen Autor. Sein Schaffen steht im Zeichen zweier grundlegend verschiedener Kulturräume: Er hat sich als deutschsprachiger Schriftsteller Rumäniens und als rumänischer Kunstkritiker und Übersetzer im Interferenzbereich von zwei Kulturen entwickelt. Bilingualismus dürfte bei Cisek als interkultureller Prozess verstanden werden, der seine Existenz als Mensch und Autor wesentlich geprägt hat.

Keywords: Oscar Walter Cisek, Lucian Blaga, rumäniendeutsche Literatur, Expressionismus, Rumänien der Zwischenkriegszeit.

Der Schriftsteller, Essayist, Kunstkritiker und Übersetzer Oscar Walter Cisek (1897–1966) stellt eine Ausnahme in der rumäniendeutschen Literatur dar, weil er nicht aus den hiesigen traditionellen deutschsprachigen Gebieten, Siebenbürgen, dem Banat und der Bukowina, stammt, sondern in der rumänischen Hauptstadt Bukarest geboren wurde. Sein Vater hatte seine Wurzeln in Böhmen, seine Mutter in dem ostbrandenburgischen Oderstädtchen Crossen. Schon als Kind ist Cisek somit zweisprachig geprägt: In der Familie und in der Evangelischen Schule, die er besucht hat, wurde Deutsch gesprochen, aber er wächst in einem rumänischen Milieu auf und pflegt zahlreiche Beziehungen zu rumänischen Persönlichkeiten und Institutionen. Im Zeitraum 1930–1947 war Cisek im diplomatischen Dienst als Presse- und Kulturattaché an den Königlichen Rumänischen Gesandtschaften in Wien, Prag und Berlin sowie als Generalkonsul in Bern tätig. Seine zweite Frau, Ioana Roşu, Beamtin im Rumänischen Außenministerium, war eine Rumänin.

Nach dem Zweiten Weltkrieg, als sich die historischen Verhältnisse in Rumänien geändert haben, wurde Cisek seines Amtes enthoben. Er wurde von den kommunistischen Behörden verfolgt und sogar für fast zwei Jahre inhaftiert. Kurz vor seinem Tod, im Mai 1966, genoss Oscar Walter Cisek noch das

Ansehen eines bekannten Autors: Er wurde mit dem Ion-Creangă-Preis der Rumänischen Akademie ausgezeichnet.

Cisek verfasste seine literarischen Texte – Lyrik, Erzählungen und Romane – auf Deutsch, seine Kunstchroniken erscheinen in angesehenen rumänischen Bukarester Periodika. Seine langjährige, zum Teil deutsch, überwiegend rumänisch geführte Korrespondenz mit rumänischen Schriftstellern und Künstlern ist einmalig für diesen südosteuropäischen Kulturraum. Die Prämissen zur Zweisprachigkeit finden sich bei Oscar Walter Cisek wie bei keinem anderen rumäniendeutschen Autor. Sein Schaffen steht im Zeichen zweier grundlegend verschiedener Kulturräume: Er hat sich als deutschsprachiger Schriftsteller Rumäniens und als rumänischer Kunstkritiker und Übersetzer im Interferenzbereich von zwei Kulturen entwickelt. Bilingualismus dürfte bei Cisek als interkultureller Prozess verstanden werden, der seine Existenz als Mensch und Autor wesentlich geprägt hat.

Wie wir im Folgenden zeigen, hat sich Cisek Zeit seines Lebens durch seine Tätigkeit als Kulturvermittler ausgezeichnet. Das betrifft seine Arbeit als Autor und als Publizist, der sich für Literatur, bildende Kunst und Kultur generell interessiert, genauso wie seine Tätigkeit als Übersetzer.

Oscar Walter Cisek literarische Tätigkeit

Oscar Walter Cisek ist in erster Linie einer der bedeutendsten rumäniendeutschen Schriftsteller im 20. Jahrhundert. Vielseitig ist sein literarisches Schaffen, das Lyrik und Epik (Romane und Erzählungen) umfasst.

Sein literarisches Debüt fällt auf den Anfang der 1920er Jahre, als erste lyrische Texte in siebenbürgisch-sächsischen Periodika veröffentlicht werden. Im Jahr 1934 erscheint Ciseks einziger zu Lebzeiten veröffentlichter Lyrikband, *Die andere Stimme.* Der Band zeigt die nach Hermetik strebende Haltung des Dichters und situiert ihn in der Nähe von Georg Trakl, Friedrich Hölderlin und Rainer Maria Rilke. Die Art und Weise, wie hier Natur rekonstruiert wird, erinnere an die kaleidoskopische Bildschirmtechnik des österreichischen Expressionisten Georg Trakl, hebt Peter Motzan (1986: 21) hervor. Der wichtigste Unterschied zu Trakl liege darin, dass in Ciseks Versen das Verhältnis zwischen Ich und Umwelt enthistorisiert werde, während Trakl das Verhängnis einer historisch-biographischen Erfahrung enthülle. Gleichzeitig würden bei Cisek die Dissonanzen der Traklschen Dichtung verschwinden.

Alfred Kittner (1972: 107) meint, dass Georg Heyms Gedicht *Deine Wimpern, die langen* eine ausschlaggebende Wirkung auf die „Klang- und Sprachatmosphäre" von Ciseks Gedichten ausgeübt habe. Die Bildlichkeit der Rede zeugt von einem Denken in Analogien, Seelen- und Naturleben stehen im

Einklang. Wir stimmen mit Peter Motzans (1986: 21) Meinung überein, wenn wir dieselbe „suggestiv-sakrale" Sprache von Ciseks Versen feststellen, wie sie in seiner Epik zu finden ist. Übrigens weisen Ciseks Verse eine ähnliche Thematik wie seine Prosatexte auf: Einsamkeitserfahrung, Verknüpfung von Erotik und Natur, Unsicherheit gegenüber einem stark empfundenen Gegensatz zwischen Landschaft und Zivilisation.

Oscar Walter Cisek ist einer der bedeutendsten Vertreter der rumäniendeutschen Epik in der Zwischenkriegszeit. Sein Prosawerk verdiene „in den Kanon großer deutscher Erzählkunst des 20. Jahrhunderts" (Mecklenburg 1984: 74) aufgenommen zu werden.

1929 erscheint im Gebrüder Enoch Verlag in Hamburg Ciseks erster Erzählband *Die Tatarin*. Die Titelnovelle wird von Thomas Mann als „eine schöne gediegene Arbeit" (Mann 24.641/28) betrachtet. Hermann Hesse (1956: 11) schätzt seinerseits „die Klarheit und Aufrichtigkeit, mit der Cisek zu Werk gegangen ist".

In den Mittelpunkt seiner Novelle stellt der Autor eine Frau, Muhibe, und lässt sie innerhalb eines balkanisch-orientalischen Raumes, Balcik an der Schwarzmeerküste, agieren.

Die Protagonistin kämpft mühevoll um die Unabhängigkeit von ihrem Gatten, einem Müßiggänger, der sie in Not zurückgelassen hat. Unter den menschenunwürdigsten Bedingungen gelingt es ihr, sich und ihr Kind, Nairne, zu ernähren. Es geht ihr um einen Überlebenskampf, der des Öfteren dramatische Dimensionen annimmt. Ihr Ehrgeiz lehnt es ab, weiterhin Sklavin eines Tagediebes zu bleiben, der sie als Mensch und Frau ausnutzen möchte. Zuletzt wird sie die Magd eines bulgarischen Bauern.

Die Protagonistin steht in ihrer beispiellosen Vitalität trotz härtester Arbeit der Zukunft lebensbejahend gegenüber. Sie wird zum Symbol eines absoluten ethischen Anspruchs auf Glück und vor allem auf Freiheit, um den sie in leidenschaftlichem Aufbegehren ringt.

Die Landschaft repräsentiert den einzigen Lebensraum, in dem Muhibes Recht auf Freiheit am ehesten Erfüllung findet. Aus dieser orientalisch geprägten Balkanerfahrung mit ihren noch funktionierenden Traditionen zwischenmenschlichen Umgangs sowie einem daraus resultierenden Fatalismus ergeben sich die Möglichkeiten für Muhibes Selbstverwirklichung. Balcic wird als Bewegungs- und Demonstrationsraum der individuellen Freiheit erfahren. Der Weg der Protagonistin symbolisiert die verzweifelte Suche nach einem bewohnbaren Lebensraum. Innerhalb von Muhibes Existenz kommt der Natur – als vitalem Rahmen – eine besondere Rolle zu. Die sie umgebende Landschaft wird zum Zufluchtsort für diejenigen, die sich nicht den Gesetzen der neuen Zeit unterwerfen möchten, und sie erhebt sich zum einzigen tauglichen gesellschaftlichen Raum für die Integration des Individuums.

Das Werk, das Oscar Walter Cisek im deutschsprachigen Kulturraum berühmt gemacht hat, ist der Roman *Der Strom ohne Ende* (1937). Rudolf Peschel (1977: 94), der Herausgeber der Berliner *Deutschen Rundschau*, betrachtet Ciseks Buch als einen der „bedeutendsten Romane der ganzen letzten Zeit", weil es dem Verfasser gelungen sei, ein realistisches Bild der Primitivität des Lebens der im entfernten Fischerdorf Valcov wohnenden Gestalten und ihres Lebens festzuhalten.

Oskar Loerke, der Cisek persönlich kannte,[1] rezensiert den Roman *Der Strom ohne Ende* in der Berliner Zeitschrift *Neue Rundschau* (1937: 437–447). Der Rezensent hebt Ciseks Kunst hervor, „die Menschen mit Landschaft sein zu lassen" (1937: 438–439). Die vom Fischfang lebende Dorfgemeinschaft in Valcov pendele monoton zwischen Lust und Schmerz, Erneuerung und Verfall, Leben und Tod. Ihr Schicksal erinnere an die regelmäßige Wiederkehr der Jahreszeiten.

Das Geschehen wächst aus der Abhängigkeit des Individuums von seiner unmittelbaren Umgebung heraus: Akim und Firs lieben dieselbe Frau, Dunja. Im Kampf um die Geliebte stürzt Akim ins Wasser und findet seinen Tod. Der Konflikt zwischen Akim und Firs spiegelt die Auswirkungen einer erotischen Krise in einem einfachen Fischer wider. Die LeserInnen werden, wie so oft bei Cisek, mit den vielschichtigen Ebenen der menschlichen Psyche konfrontiert.

Was das Meisterwerk von Oscar Walter Cisek auch prägt, ist der Exotismus, wie in der Novelle *Die Tatarin*. Joachim Wittstock geht auf das exotische Gepräge des Textes ein:

> Er [Cisek] verzichtet in seinem Roman auf die staubaufwirbelnde Darstellung des Fremdartigen, läßt es sich freilich nicht entgehen, intensivere Farbwerte der orientalischen Welt – durch Ssawels Aufenthalt in Ismail – dem Roman einzuflechten und verschiedene Absonderlichkeiten einer von der Zivilisation abgekehrten Welt zu gestalten. (Wittstock, Joachim: 1977, 100)

Thomas Mann schätzt übrigens das Bemühen des Autors, eine orientalische Welt zu rekonstruieren (Mann 24.641/28).

Die Texte, auf die wir im Folgenden eingehen, um die auf Deutsch verfassten Bücher von Oscar Walter Cisek zu interpretieren, die Novelle *Die Tatarin* und der Roman *Der Strom ohne Ende*, beweisen die Absicht ihres Verfassers, eine eigenartige Landschaft mit ihren Bewohnern darzustellen. Das Schicksal der Protagonisten erinnert an die regelmäßige Wiederkehr der Jahreszeiten.

Desgleichen ist Cisek von der unbekannten Seite des Menschen, von dem, was sich in seinem Unterbewusstsein abspielt, fasziniert. Etwas von der

---

1   Oskar Loerke hat den rumäniendeutschen Schriftsteller 1925 in Deutschland und in Italien kennengelernt.

Primitivität der Welt, zu der sie gehören, zwingt die Gestalten zum triebhaften Vorgehen. Diese Fischergemeinschaft lebt an den Grenzen der Menschheit, ähnlich wie Panait Istratis Romanfiguren.

Die nachhaltige Wirkung der Epik des Bukarester Autors setzt sofort nach dem Erscheinen der Novelle *Die Tatarin* 1929 ein und ist auch für die folgenden Werke gültig. Thomas Mann erwähnt in einem Brief an Cisek dessen „gebildetes Talent" (Mann 24.641/28), Arnold Zweig meint, dass der rumäniendeutsche Schriftsteller „außerordentlich intensiv, plastisch und stark" (1971: 276) erzähle und Gerhart Hauptmann (1969: 3) schätzt ihn als einen „sehr großen Erzähler, auf den die rumänische Literatur und die Literatur in deutscher Sprache stolz" sein könnten.

Oscar Walter Ciseks Tätigkeit als Publizist und Übersetzer

Obwohl Oscar Walter Cisek seine literarischen Texte – Lyrik, Erzählungen und Romane – auf Deutsch verfasste, hat er zahlreiche Aufsätze zur deutschen Kunst und Literatur, wie auch zum rumäniendeutschen Kulturgut und den überwiegenden Teil seiner Kunstchroniken in angesehenen rumänischen Periodika veröffentlicht.

Die rumänischen Periodika der Zwischenkriegszeit, in denen Cisek mehr oder weniger regelmäßig über das deutsche und rumäniendeutsche kulturelle Leben berichtet hat, sind: *Cugetul Românesc* (19 Beiträge), *Gândirea* (7 Beiträge), *Kulturnachrichten aus Rumänien* (2 Beiträge und sämtliche Informationen bezüglich des untersuchten Bereichs im damaligen Rumänien), *Universul Literar și Artistic*, *Ideea Europeană* und *Revista Fundațiilor Regale* (je einen Beitrag). Parallel dazu publiziert der Autor in der deutschsprachigen Presse Rumäniens: In der Hermannstädter *Deutschen Tagespost* sind acht Aufsätze von Cisek erschienen; die *Kronstädter Zeitung* bringt zwei Beiträge heraus und der Kronstädter *Klingsor* publiziert einen Essay von ihm, wobei wir uns nur auf Ciseks Beiträge zur Verbreitung rumänischer Kulturwerte beziehen.

Einer der wichtigsten in rumänischer Sprache verfassten Beiträge ist der Aufsatz „Germania de azi. Considerații preliminare. Aspecte. Omul german. Arta. Drumul spre Răsărit" [Das heutige Deutschland. Aspekte. Der deutsche Mensch. Die Kunst. Der Weg nach Osten], der in der Bukarester Monatsschrift *Cugetul Românesc*, Jg. 1, (5) Juni 1922, S. 491–500 erschienen ist.

Der Verfasser analysiert eingehend die Krise, welche nach dem Ersten Weltkrieg in Deutschland ausgebrochen ist. Er setzt sich nicht nur mit der Situation in der Weimarer Republik auseinander, sondern umreißt auch die Psychologie des deutschen Volkes, das das Ansehen vor dem Ausbruch des Ersten Weltkriegs wiedererwerben möchte.

Oscar Walter Cisek drückt einen interessanten Gedanken aus. Er ist der Meinung, dass das deutsche Volk eine zwiespältige Struktur aufweise, wobei die Gestalt Fausts ein Symbol dafür wäre. Bei keiner anderen Nation – außer den Juden – nehme die Dualität zwischen Körper und Seele solche ungeheuren Ausmaße an. Weil Mephistopheles nicht nur das Böse, sondern auch den Antrieb zum Fortschritt symbolisiert, habe der Zwiespalt der hervorragenden deutschen Individualitäten wichtige, neue Wege gebahnt. Cisek denkt vor allem an das von Friedrich Nietzsche aufgebaute Prinzip der Antike des Apollinisch-Dionysischen und an die Weltauffassung des Expressionismus.

Der Verfasser des Aufsatzes hebt desgleichen die Neigung der Deutschen zum Religiösen hervor, die einerseits eine Konsequenz der erlebten Niederlage im Ersten Weltkrieg und andererseits auf die deutsche idealistische Philosophie von Immanuel Kant bis zur Weimarer Republik zurückzuführen sei. Zugleich wäre diese Einstellung durch den Jenaer Philosophen Rudolf Christoph Eucken (1846–1926) vertreten worden, der sich für Christus' vorrangige Stellung in der geistigen Entwicklungsgeschichte der Menschheit eingesetzt und eine neue Zukunft des Christentums vorausgesehen habe.

In den Mittelpunkt seines Beitrags rückt der Autor auch das in den 1920er Jahren diskutierte Phänomen des „Dranges nach Osten". Immer wieder wären die Deutschen von der morgenländischen Kultur angezogen gewesen. Cisek erwähnt in diesem Zusammenhang Johann Wolfgang Goethe, Friedrich Rückert und die Romantiker, die den Weg in die 1920er Jahre öffneten. Seit mehr als hundert Jahren wurden chinesische, japanische, arabische und indische Werke ins Deutsche übersetzt. In Deutschland hat man sogar Buddhistische Gesellschaften gegründet und im Jahr 1921 dominiert der indische Dichter Rabindranath Tagore den deutschen Buchhandel.

In den damaligen deutschen Buchhandlungen habe man sehr viele Bücher über die morgenländische Kultur gefunden und die deutsche Presse setzte sich mit Aspekten des russischen Lebens wie dem Elend, Lenins Schlaganfällen sowie den neuen Museen in Moskau und Petersburg auseinander.

Die Einschätzungen des Verfassers beruhen auf den Erfahrungen, die er selbst in Deutschland im Zeitraum 1921–1923 gemacht hat, als er Hörer der Germanistik und Kunstgeschichte an der Universität München war. Einen entscheidenden Einfluss auf Ciseks Entwicklung als Kunsthistoriker übte Heinrich Wölfflins Formalismus aus. Wölfflin betrachtete Kunstwerke nach ihrer äußeren Form, also ihrem Stil.

Die scharfsinnig aufgezeichneten Aspekte im Zusammenhang mit der ökonomischen und sozialen Krise sind Wegmarken der Weimarer Republik. Es stimmt desgleichen, dass die Deutschen seit der Romantik eine ausgesprochene Sehnsucht nach Exotik empfunden haben, deren Höhepunkt im Expressionismus erreicht wurde.

Dagegen sind Ciseks Beurteilungen bezüglich der Religiosität der Deutschen und deren zwiespältige Natur wesentlich subjektiv geprägt. Es mag wohl sein, dass Cisek den Gedanken der Dualität der deutschen Seele von seinem Vorbild Goethe[2] übernommen hat.

Was das Phänomen des Dranges nach Osten betrifft, bezieht sich der Verfasser ausschließlich auf seine kulturellen, keineswegs auf seine politischen Auswirkungen. Cisek war bis zum Ende seines Lebens nie politisch impliziert und hat sich dementsprechend auch nie über politische Aspekte seiner Zeit geäußert.

Oscar Walter Cisek hat beträchtlich zur Rezeption des deutschen Expressionismus in Rumänien beigetragen. So veröffentlicht er in rumänischer Sprache einen Aufsatz in der Bukarester Zeitschrift *Cugetul Românesc*. Er umreißt darin die Persönlichkeit des österreichischen expressionistischen Dichters Georg Trakl, den er mit dem französischen Lyriker Francis Jammes und mit Friedrich Hölderlin vergleicht.

Das traurige Soldatendasein, der Nebel, die fallenden Blätter, der Herbst, die Atmosphäre der kleinen Provinzstädte, wie auch die Bevorzugung mancher Farben würden Georg Trakl in die Nähe des rumänischen Dichters George Bacovia (1881–1957) rücken. Selbstverständlich unterscheide sich der österreichische Expressionist von George Bacovia durch seine Neigung zur Transzendenz.

In Zusammenarbeit mit dem rumänischen Dichter Ion Pillat (1891–1945) übersetzt Oscar Walter Cisek in der Monatsschrift *Cugetul Românesc* folgende Gedichte von Georg Trakl: *Mein Herz am Abend* (*Inima mea în seară*), *An den jungen Elis* (*Către tânărul Elis*), *Rondel* (*Rondel*), *Sonnenuntergang* (*Apus*), *Die Nähe des Todes* (*Apropierea morţii*), *Ruhe und Schweigen* (*Linişte şi tăcere*), *Hellian* (*Helian*), *Psalm* (*Psalm*), *Im Park* (*În parc*), *An die Schwester* (*Către sоră*), *Amen* (*Amin*), *In einem alten Album* (*Într-un vechi album*), *Abendlied* (*Cântec de seară*), *Elis* (*Elis*) und *An den Frühverstorbenen* (*Către cel mort în tinereţe*). In der Zeitschrift *Contimporanul* erscheint Ciseks Übersetzung des Gedichtes *Abenddämmerung in Lans* (*Amurg în Lans*).

Ebenfalls in der Zeitschrift *Cugetul Românesc* (Jg. 2, H. 3 / März 1923, S. 250 251) macht Cisek dem rumänischen Publikum die Lyrikerin Else Lasker-Schüler bekannt. Ihre Originalität beruhe auf den orientalischen Zügen, die ihrer jüdischen Abstammung zu verdanken seien, sowie auf der Verschmelzung der romanischen mit der germanischen Welt, weil die Dichterin im Rheinland geboren wurde. Deshalb habe sich in der Auffassung des Verfassers Else

---

2   Übrigens wurde in Ciseks Haus jedes Jahr auch Goethes Geburtstag gefeiert. Vgl. Ioana
     Cisek: „Sonne, du große Musik ... – Oscar Walter Ciseks Anfänge". In: *Karpatenrund-*
     schau, Jg. 18, (50), 13. Dezember 1985, 4.

Lasker-Schülers expressionistische Lyrik aus Geheimnis und Religion entwickelt.

In Fortsetzung seines Aufsatzes, der zu den wenigen Beiträgen über Else Lasker-Schüler in Rumänien gehört, überträgt Cisek 12 Gedichte der deutschen Dichterin ins Rumänische: *Nachtgeheimnisse* (*Tainic de noapte*), *Die Versöhnung* (*Împăciuirea*), *Nachher* (*Apoi*), *In deinen Augen* (*În ochii tăi*), *Nur dich* (*Numai pe tine*), *Liebe* (*Dragoste*), *Langsam träume ich von dir* (*Încet pe tine te visez*), *Meine Mutter* (*Mama mea*), *Weltende* (*Sfârşitul lumii*), *Oh meine schmerzende Wollust* (*O, plăcerea mea dureroasă*) und *Mein Lied* (*Cântecul meu*).

Im Aufsatz „Cronica literară germană" (Die deutsche Literaturchronik) (*Universul Literar*, Jg. 62, H. 1, 3. Januar 1926, 14.) unternimmt der Autor den wichtigen Versuch, ein Panorama der deutschen postexpressionistischen Literatur zu bieten. Übrigens gliedern sich seine Bemühungen vortrefflich in den Aufgabenbereich der Bukarester Zeitschrift *Universul Literar* ein, die eine Zeit lang unter der Leitung des bekannten Historikers und Politikers Nicolae Iorga (1871–1940) erschienen ist, und die, im Vergleich mit anderen rumänischen zeitgenössischen Periodika viel mehr deutschsprachiges Schrifttum und Aufsätze über Deutschland publiziert hat. Nicolae Iorga selbst, schreibt Cisek, hat das Buch *Deutsche Dichtung Siebenbürgens* von Karl Kurt Klein rezensiert und aus dem literarischen Werk des siebenbürgisch-deutschen Schriftstellers Michael Albert (1836–1893) ins Rumänische übersetzt.

Der Verfasser des Aufsatzes geht davon aus, dass sich die deutsche Literatur der 1920er Jahre zu einer neuen Form des Expressionismus entwickelt hätte. Zu den anerkannten Werken, die damals in Deutschland veröffentlicht wurden, zählt Cisek den surrealistisch geprägten Roman *Die Räuberbande* von Leonhard Frank. Er ist der Meinung, der Dramatiker Fritz von Unruh baue seine Stücke immer besser auf und Georg Kaiser stelle einen Höhepunkt der modernen Dramatik dar.

Eine besondere Aufmerksamkeit schenkt Cisek dem Schriftsteller Alfred Döblin, den er in die Nähe von Marcel Proust rückt. Sein Buch *Reise nach Polen* (1926) verbinde Abgründiges, Entsetzliches mit Groteskem und stünde somit zwischen Heinrich von Kleist und Charlie Chaplin.

Im erwähnten Aufsatz „Germania de azi" (Das heutige Deutschland) schätzt Cisek den Verfasser des Romans *Berlin Alexanderplatz* mehr als Leonhard Frank oder Robert Musil. Dieser „große epische Autor" (1922: 497) wäre der einzige deutsche Schriftsteller, der dem norwegischen Nobelpreisträger Knut Hamsun gleichgestellt werden könnte.

Im selben Beitrag geht Cisek auf den Roman *Die drei Sprünge des Wang Lun* ein, der den Eindruck hinterlassen würde, dass sein Verfasser ein echter Chinese sei.

Ciseks Übersetzung von Döblins Erzählung *Mariä Verkündigung* erscheint in der Bukarester Zeitschrift *Adevărul Literar și Artistic* unter dem Titel *Bună Vestirea Mariei* (17. Juli 1932, 8).

Eine Persönlichkeit, mit der sich Cisek intensiv auseinandergesetzt hat, ist Rainer Maria Rilke. Ihm widmet er zwei Aufsätze in der rumänischen Presse[3]. Rilkes Lyrik bilde nach Cisek einen Kreis in sich, ohne Beziehung zur Zukunft. Der Schöpfer des modernen Dinggedichtes spiele die Rolle des Einsiedlers, der die Chronik jenes Lebens schreibt, das von anderen geführt wird. Er male eine Freske verflossener Zeiten, die in einem fremden und abstrakten Bereich gipfelt. Der Inhalt sei so merkwürdig, hebt Cisek hervor, manchmal ein Spinngewebe auf den Wänden eines Schlosses, ein anderes Mal eine russische Atmosphäre aus der Epoche Karls XII., gelegentlich die Gefühle eines Panthers im Jardin des Plantes in Paris.

Rainer Maria Rilke erweise sich als der einzige deutschsprachige Dichter seiner Zeit, der dem mystischen Novalis gegenübergestellt werden könnte. Sein *Stundenbuch* schwebe im Geiste der Mystik Eckarts, meint Cisek. Rilkes Lyrik vereine den pantheistischen Mystizismus, dem man bei Eckart begegnet, mit dem Glauben an Gott, der sich in jedem Ding verberge und der ständig sein Aussehen ändere, wobei er entweder als Bettler, als die geliebte Frau oder als Bauer auftrete. Cisek erklärt, dass Rilkes Leidenschaft für Friedrich Hölderlin und Novalis wie auch seine Neigung zu Jens Peter Jacobsen einem tiefen inneren Verlangen entsprungen seien. Was Rilke mit Novalis verbunden habe, sei auch das starke Bewusstsein der Wahrnehmung des Todes im alltäglichen Leben. Rilke beschreibe den Tod als einen ewigen Begleiter der menschlichen Existenz. Für Cisek ist Rainer Maria Rilke der geborene Dichter, der im Zyklus der *Duineser Elegien* unter Hölderlins Einfluss die Vollkommenheit erreicht hätte.

Ein anderer Schriftsteller, mit dem Cisek das rumänische Publikum vertraut gemacht hat, ist Thomas Mann („Thomas Mann". In: *Gândirea*, Jg. 10, H. 1–2, Januar 1930, 49–51), der ihm selbst als Vorbild gegolten hat. Thomas Mann stelle zweifelsohne einen kraftvollen Prosaautor, den repräsentativsten der modernen deutschen Welt, und einen hervorragenden Europäer überhaupt dar. Sein Werk, das dem Geist eines neuen abendländischen Humanismus entspreche, überschreite die Grenzen der Dichtung. Thomas Mann versinnbildliche einen seltenen Humanisten seiner Zeit, einen feinsinnigen Künstler, dem die klassische Haltung eigen sei. Er habe sich in der Novelle *Der Tod in Venedig* und im Roman *Der Zauberberg* als ein Weltbürger erwiesen, der ähnlich wie Heinrich Mann eine enge kulturelle Beziehung zwischen den Ländern,

---

3   Vgl. folgende Aufsätze: „Cuvinte despre Rainer Maria Rilke" (Worte über Rainer Maria Rilke). In: *Cugetul Românesc*, Jg. 3, H. 2–4, April–Juni 1924, 200 und „Rainer Maria Rilke". In: *Gândirea*, Jg. 6, H. 1, Januar 1927, 30.

hauptsächlich zwischen Deutschland und Frankreich, angestrebt hat. Er wäre immer darauf vorbereitet gewesen, die geistige Kohäsion unseres Kontinents zu sichern. Ihm sei es gelungen, meint Cisek, ein höchstes Programm kultureller Politik zu verwirklichen. Seine schriftstellerische Laufbahn habe von einer individuellen Richtung zu einer Verschmelzung mit dem europäischen Geist geführt.

Thomas Mann würde eine wichtigere Rolle als Gerhart Hauptmann spielen, der vor ihm den Nobelpreis für Literatur erhalten hat, denn der Verfasser der *Buddenbrooks* symbolisiere als Mensch und Dichter das geistige Gleichgewicht des Abendlandes. Die Kunst des aus Lübeck stammenden Schriftstellers nähere sich der Vollkommenheit: keine überflüssige Geste, keine Anspielung, die fehlen dürfte. Ein sehr subtiler Humor dominiere seine Prosa, den Cisek mit jenem von William Makepeace Thakeray und anderen englischen Schriftstellern des 19. Jahrhunderts vergleicht.

Oscar Walter Cisek als Kunstkritiker

Oscar Walter Cisek symbolisiert den geborenen Kunstkritiker. Seine sowohl auf Rumänisch als auch auf Deutsch verfassten Kunstchroniken und Studien weisen hiesiges Publikum in die moderne europäische, überwiegend, expressionistische Kunst ein.

Von äußerst wichtigem Interesse sind Ciseks Beiträge zur Verbreitung rumäniendeutschen Kulturgutes für das Bukarester Leserpublikum. Den Leserinnen und Lesern wird eine bis dahin unbekannte Seite der Kultur der Siebenbürger Sachsen vorgestellt. Sein Aufsatz „Din Plastica Saşilor noştri" (Die bildende Kunst unserer Sachsen) (1923) wird sogar von Mircea Eliade (1991: 127) geschätzt. Der Essay ist mit Nachbildungen der siebenbürgisch-sächsischen Künstler Hans Eder (1883–1956), Fritz Kimm (1890–1979), Grete Csaki-Copony (1893–1990) und Ernst Honigberger (1885–1974) versehen und fußt auf der Auffassung des Kunsthistorikers Max Jakob Friedländer. Im einführenden Teil seines Beitrags geht der Verfasser auf die Ursprünge der Siebenbürger Sachsen im 12. Jahrhundert zurück, als sie aus dem Moselgebiet gekommen sind und sich auf dem Gebiet zwischen den Karpaten und der Theiß niedergelassen haben. Das Südosteuropäische präge durch seine Farbenlust und Wärme auch die siebenbürgisch-sächsische Tracht, die dadurch viel lebendiger sei als die binnendeutsche.

Die Siebenbürger Sachsen mussten sich wie die Rumänen jahrhundertelang vor den Türken verteidigen, deshalb habe sich ihr Kunstbewusstsein nicht richtig herausbilden können, meint Cisek. Ihr künstlerischer Sinn komme deswegen vorwiegend im alltäglichen Leben, in ihrem Handwerk, in der Architektur ihrer Häuser und Burgen vor. Der romanische Stil der schon im 12. und 13. Jahrhundert erbauten Kirchen sei nicht typisch, aber die kirchliche Innenmalerei, die vor der Reformation entstanden ist, sei von Bedeutung. Diese Kunst erinnere an die primitiven Maler des Rheinlandes, wäre aber in ihrer Haltung und Harmonie nachdrücklicher als diese.

Das 14. Jahrhundert wurde von der Gotik dominiert. Die Kirchen in Mediasch, Schässburg, Bistritz, Sächsisch-Regen und die Schwarze Kirche in Kronstadt seien wahre Denkmäler dieses Stils in Siebenbürgen, sie würden aber die Pracht der mitteleuropäischen Sakralbauten nicht erreichen.

Von besonderer Bedeutung sei die Gold- und Emailschmiedekunst des Meisters Sebastian Hann (1644–1713) aus Hermannstadt gewesen. Nach 1500 habe sich die Schnitzerei verbreitet, die dem Einfluss von Veit Stoß und seiner beiden Söhne zu verdanken sei, die sich damals in Mediasch aufgehalten haben. Auf vielen Altarbildern sei die Einwirkung des spätgotischen Malers Martin Schongauer und Albrecht Dürers bemerkbar, stellt der Verfasser fest.

Der einzige namhaft siebenbürgisch-sächsische Maler des 18. Jahrhunderts sei Johann Martin Stock (1742–1800) gewesen, der dadurch bekannt wurde, dass er den Baron Samuel von Bruckenthal (1721–1803) in der Auswahl seiner Gemäldesammlung beraten hat.

Das 19. Jahrhundert habe die künstlerischen Beziehungen Siebenbürgens zu Mitteleuropa verstärkt. Der erste wertvolle Künstler sei der Kronstädter Friedrich (Fritz) Mieß (1854–1935) gewesen, der zwischen Realismus und Impressionismus schwankte.

Bahnbrechend für die siebenbürgisch-sächsische Kunst sei die Jahrhundertwende 1900 gewesen. Der Kronstädter Maler und Zeichner Hans Eder, mit dem Cisek eine langjährige Freundschaft verbunden hat, entwickelte sich zu einem ausgesprochenen Vertreter des Expressionismus. Die Dynamik charakterisiere seine Kunst. Im tiefsten Dunkel entdecke der Künstler einen Lichtschein, sogar in seinen Kriegsszenen. In der Bukarester Monatsschrift *Gândirea* widmet Oscar Walter Cisek dem Maler Hans Eder (1883–1955) einen eingehenden Aufsatz, wobei er die lebendigen Farben seiner Kunst und dessen Annäherung an die romanische Welt hervorhebt. In Ciseks Auffassung sei Hans Eder ein Expressionist, der sich impressionistischer Mittel bedienen würde: Der Kronstädter Künstler bevorzuge die ganze Skala des Grauen, das dunkle Grün und ein diskretes, sehr schwer realisierbares Rosa. Der Verfasser des Aufsatzes schätzt ganz besonders das Bild *Die Kreuzigung* für die ausdrucksvolle Wiedergabe der einzelnen Bewegungen auf dem Gesicht eines Sterbenden. Die religiösen Züge in Hans Eders Werken werden auch im Aufsatz „Expoziția Hans Eder" (Die Ausstellung Hans Eder) (In: *Gândirea*, Jg. 8, (12) Dezember, 512–513) hervorgehoben. Im Mittelpunkt seiner Kunst sei „das Licht, das zu Gott führt" (Ebd. 512), stellt der Autor fest. Seine expressionistische Malerei weise einen tiefen religiösen Kern auf. Nicht zu übersehen seien

Eders Porträtkunst und seine Landschaftsbilder, deren Hintergrund Kronstadt und Balcic bilden. Durch seine Leidenschaft für Balcic an der Schwarzmeerküste nähert sich der siebenbürgisch-sächsische Maler seinen rumänischen zeitgenössischen Kollegen, die einen wahren Kult für die Landschaft Balcics gepflegt haben.

Oscar Walter Cisek stellt dem rumänischen Leserpublikum auch den Kronstädter Künstler Fritz Kimm (1890–1979) (Vgl. *Gândirea*, Jg. 3 (1–2) 5.–20. Mai 1923, 30–31) vor. Dieser außergewöhnliche Zeichner wäre von Edgar Degas, aber auch von der japanischen Kunst beeinflusst worden.

Auch andere siebenbürgische Maler werden vom Kunstkritiker in seinen Aufsätzen aus den rumänischen Periodika besonders durch ihre Neigung zum Expressionismus beschrieben: Ernst Honigberger (1885–1976), Grete Csaki-Copony (1893–1990) und Mattis Teutsch (1884–1960).

Anbahnung von Beziehungen zur Welt: Kulturnachrichten aus Rumänien

Oscar Walter Cisek hat auch Aufsätze in deutscher Sprache veröffentlicht, mit dem Ziel, dem deutschen Publikum die rumänische Kultur bekannt zu machen. Ein treffendes Beispiel dafür ist die Herausgabe der deutschen Beilage der renommierten rumänischen Kulturzeitschrift *Revista Fundațiilor Regale* mit dem Titel *Kulturnachrichten aus Rumänien.* Diese Publikation, die der Autor im Zeitraum 1925–1928 herausgibt, weist in erster Linie auf die Verbreitung deutscher kultureller Werte im damaligen Rumänien hin, wo nach Cisek damals „eine Million deutscher Menschen" (*Kulturnachrichten aus Rumänien*, Jg. 1, H. 8, Oktober 1925, 3) lebten, für die „Deutschland die Wiege und seelische Heimat ihrer Kultur bleibt" (Ebd.: 3).

Wichtig aus Ciseks Sicht ist vor allem die Tatsache, dass im damaligen Rumänien kein Hass gegen die Deutschen verbreitet war. Im Gegenteil, so zeigt Cisek, haben die überragendsten Werte des deutschen Geisteslebens besondere Beachtung gefunden: Man habe in den 1920er Jahren mehr deutsche Bücher übersetzt als vor dem Ersten Weltkrieg (Heinrich und Thomas Mann, Franz Werfel, Else Lasker-Schüler, Frank Wedekind); der Einfluss des literarischen Expressionismus, vor allem Georg Trakls und Theodor Däublers sei entscheidend, man habe die Stücke *Die versunkene Glocke* und *Einsame Menschen* aber auch klassische Dramen aufgeführt. Der Verfasser der Berichte erwähnt die Tradition des Bukarester Nationaltheaters, klassische deutsche Dramen aufzuführen, wobei Schillers *Don Carlos* und Goethes *Faust* bevorzugt wurden. Die Inszenierung von Goethes Meisterwerk ist dem Regisseur Soare Z. Soare zu verdanken, einem Schüler Max Reinhardts. Es wird darauf hingewiesen, dass in der Spielzeit 1924–1925 die *Faust*-Aufführung fünfzig Vorstellungen erlebt habe. Im Jahr 1925 sei auch eine rumänische Übertragung von Goethes *Faust* durch den Journalisten Iosif Nădejde (1880–1929) erschienen. Eine sehr wichtige Information liefert die Juli–August Ausgabe des Jahres 1925 (S. 9–11) im Zusammenhang mit der deutschsprachigen Presse in Altrumänien, wo 1845 von Friedrich Walbaum die erste deutsche Zeitung dieses Gebietes, die *Bukarester Deutsche Zeitung*, herausgegeben wurde. Übrigens erschienen im Jahr 1925 fünfzig deutsche Zeitungen in ganz Rumänien, unterstreicht Cisek.

Ein wichtiger Beweis von Ciseks Mehrsprachigkeit stellt die eigene Übersetzung der Novelle *Die Tatarin* in der angesehenen Bukarester Zeitschrift *Revista Fundațiilor Regale* (Jg. 3 [2], 1. Februar 1936, 259–301) dar. Cisek weckt die Aufmerksamkeit der Rumänen für seinen Text gerade in einer Zeit, in der Balcic ein beliebter Anziehungspunkt für rumänische Schriftsteller und Künstler war.

Der Briefwechsel mit rumänischen Persönlichkeiten

Ciseks langjährige, überwiegend in rumänischer Sprache geführte Korrespondenz mit rumänischen Schriftstellern und Künstlern ist einmalig für diesen südosteuropäischen Kulturraum. Exemplarisch ist der sowohl auf Rumänisch als auch auf Deutsch verfasste Briefwechsel mit dem bekannten Dichterphilosophen Lucian Blaga (1895–1961), der vor allem im Zeitraum von 1923–1939 bestanden hat. Der Brieftext weist, was Sprache und Inhalt betrifft, dieselbe Natürlichkeit wie das Gespräch auf. Für Cisek ist der rumänische Dichter ein wahrer Bruder, auf den man sich in schwierigen Lebenssituationen stützen kann. Es handelt sich um zwei Persönlichkeiten, die sich auf derselben geistigen Ebene getroffen haben. Sowohl Blaga als auch Cisek waren nicht nur begabte Lyriker und große Naturliebhaber, sondern gleichzeitig auch Essayisten: Blaga hat philosophische Abhandlungen verfasst, Cisek dagegen Kunstkritiken. Der Briefwechsel erfolgte überwiegend in rumänischer Sprache, obwohl Lucian Blaga der deutschen Sprache mächtig war. Stilistisch sind diese Briefe durch kurze bis mittellange Sätze mit häufiger Verwendung von Personalpronomina der ersten und zweiten Person gekennzeichnet, ferner durch ein gemeinsprachliches Vokabular, die Vermeidung unhöflich wirkender Ausdrucksweisen, eine möglichst klare Kennzeichnung des Gemeinten und die Darbietung des Korrespondenzvorgangs im Präsens. In den langjährigen gegenseitigen schriftlichen Mitteilungen gewinnt die innerliche Natur eines jeden Briefpartners allmählich Kontur. Cisek klagt öfter über seine Müdigkeit, die eine Folge des anstrengenden Alltags, der vielseitigen Aktivitäten im Außenministerium und im öffentlichen Leben ist. Manchmal weist er eine leichte Überheblichkeit auf, wenn es vorwiegend um sein literarisches Werk geht, allerdings mit der Absicht, seinen etwas bescheideneren Freund vom Wert seiner eigenen Dichtung zu überzeugen. Ciseks Hauptrolle besteht genau in diesen Ratschlägen, die er seinem Freund gibt, und die diesem Mut machen, nach neuen dichterischen Quellen zu suchen. Hier hat Cisek dieselbe Rolle gespielt wie Goethe für Schiller:

> Ich schrieb Dir gestern einen ausführlichen Brief, schreibe Dir heute nur diese Zeilen, weil ich das Bedürfnis fühle, Dir für die „Fapta", die ich gestern abend las, wärmstens zu danken, das Stück hat mir sehr gefallen. Es ist irgendwie auch überrealistisch und erinnert mich zuweilen auch an Georg Kaiser, womit ich durchaus nicht sagen will, dass es beeinflusst sei, sondern dass eine innere Verwandtschaft zwischen Dir und ihm bestehe. (Brief vom 19. Dezember 1925 an Lucian Blaga, MLR 18825)

Auch im Falle des Buches *Eonul dogmatic* (Der dogmatische Äon) scheint Cisek ein aufmerksamer Leser zu sein. Hier schreibt Cisek auf Rumänisch:

> Dacă autorul „Eonului" ar purta un nume francez, german sau englez, cartea ar apărea multora dintre prietenii noştri ca o operă seculară. Apariţia acestei cărţi e, în orice caz, un eveniment european. [Würde der Verfasser des Äon einen französischen, deutschen oder englischen Namen tragen, würde das Buch vielen unserer Freunde als epochemachendes Werk vorkommen. Das Erscheinen dieses Buches ist auf jeden Fall ein Ereignis von europäischer Bedeutung. R.N.] (Brief vom 27. Dezember 1931 an Lucian Blaga, MLR 18.817)

Überhaupt ist es Ciseks großes Verdienst, frühzeitig den Wert von Lucian Blagas Schaffen erkannt zu haben. Er schreibt ihm: „Du bist ja schließlich zweifelsohne unser Zukunftsreichster, von dem man noch viel erwarten kann." (Brief vom 30. Oktober 1925 an Lucian Blaga, MLR 18.832)

In etlichen Briefen hält der rumänische Dichterphilosoph seinen Freund auf dem Laufenden mit der Arbeit an den letzten Werken. Spärlicher sind in dieser Hinsicht die Angaben über Ciseks Bücher. Sie sind bedeutungsvoll für die Rekonstruierung ihrer Entstehungsgeschichte. So erfahren wir aus einem auf Rumänisch verfassten Brief vom 20. April 1925 (MLR 18.833), dass der Verfasser der *Tatarin* an einer Novellensammlung arbeitet, die durch die Vermittlung von Arnold Zweig und Thomas Mann im Gebrüder Enoch Verlag in Hamburg erscheinen wird. In einem Brief vom 3. Juli 1928 (MLR 18.818) schreibt Cisek auf Deutsch, dass er an dem Roman *Unbequeme Liebe* arbeite. Im November 1936 teilt Cisek seinem Freund mit, dass er sein Meisterwerk *Der Strom ohne Ende* beendet habe:

> Am terminat acel „Roman al Deltei" de care ţi-am vorbit şi ţie. Cartea va apărea îndată după Crăciun, la S. Fischer, care a preluat în editură toată producţia mea de până acum [. . .] Judecânddupăiluziileediturii, cred căromanul mi-a reuşit. [Ich

habe jenen „Roman des Deltas"beendet, von dem ich auch Dir erzählt habe. Das Buch wird sofort nach Weihnachten bei S. Fischer, der mein bisheriges Werk in seinem Verlag übernommen hat, in Berlin erscheinen... Zieht man die Illusionen des Verlags in Betracht, glaube ich, dass mir der Roman gelungen ist. R.N.] (MLR 18.828)

Dem Inhalt nach beziehen sich die meist rumänisch, aber auch deutsch verfassten Briefe zwischen Oscar Walter Cisek und dem rumänischen Dichterphilosophen Lucian Blaga auf die gegenseitige Übersetzung der literarischen und essayistischen Werke. Cisek überträgt die Stücke *Tulburarea apelor* (Die Unruhe der Gewässer), *Meşterul Manole* (Der Meister Manole) und *Daria*, sowie etliche Gedichte. Der Übersetzer setzt sich mit sprachlichen und inhaltlichen Details der Originaltexte auseinander. Dem Meistergedicht *În marea trecere* (Der große Übergang) verleiht Cisek eine außergewöhnliche Musikalität, die den rumänischen Dichter in die Nähe Hölderlins und Georg Trakls rückt (Brief vom 28. November 1929, MLR 18.840).

Blagas Übertragungen aus dem rumäniendeutschen Autor beschränken sich ausschließlich auf dessen Lyrik.

In den deutsch verfassten Briefen der beiden Freunde verschmelzen des Öfteren die typischen Elemente der Alltagssprache mit Ausdrücken des Hochdeutschen, was auf die dichterische Begabung der Schreibenden zurückzuführen sei.

Schlussfolgerungen

Der in Bukarest geborene deutschsprachige Autor Oscar Walter Cisek ist in erster Linie als Dichter und Schriftsteller bekannt. Ciseks Lyrik erreicht im Expressionismus einen Höhepunkt, um nachher in einem klassischen Traditionalismus zu wurzeln.

Erst durch seine Epik setzt sich der Autor durch. Sein 1929 veröffentlichter Novellenband *Die Tatarin* wird von Thomas Mann, Hermann Hesse und Arnold Zweig geschätzt. In der Titelnovelle ist die Darstellung der orientalischen Welt des Balcics an der Schwarzmeerküste wiedergegeben. Der Meisterroman *Der Strom ohne Ende* (1937) hält die eigentümliche Welt einer Fischergemeinschaft im Donaudelta fest. Etwas von der Primitivität der Welt, zu der sie gehören, zwingt die Gestalten zum triebhaften Handeln. Die Existenz der Menschen steht in enger Beziehung zur umgebenden Natur.

Oscar Walter Ciseks Prosa situiert sich zwischen Tradition (Goethe und Thomas Mann waren seine Vorbilder) und Innovationsbestreben (Alfred Döblin). Dazu kommt der spezifische Einfluss durch den geistigen Raum Rumäniens, in dem er sich zum Schriftsteller entwickelt hat: Mit Mihail Sadoveanu

(1880–1961) verbinden ihn die Identität zwischen Mensch und Natur, wie das Schreiben von Romanen, die sich dem Epos nähern. Cisek hat sich zu einem der bedeutendsten südostdeutschen Erzähler entwickelt, den die Faszination durch balkanisch-orientalisch geprägte Gebiete, wie eine ungewöhnliche Empfänglichkeit für eine bildliche Sprache prägt.

Bekannt ist Oscar Walter Cisek auch als Kunstkritiker. Seine auf Rumänisch verfassten Kunstchroniken in bekannten Bukarester Periodika der 1920er Jahre zeugen von der Gründlichkeit ihres Verfassers im Umgehen mit den betrachteten Künstlern.

Das Verdienst des Bukarester Autors besteht darin, das Gepräge der 1920er Jahre in Deutschland dem rumänischen Leserpublikum bekannt gemacht zu haben.

Einzigartig ist Ciseks Briefwechsel mit dem rumänischen Dichterphilosophen Lucian Blaga, der sowohl in rumänischer als auch in deutscher Sprache verfasst wurde. Die gegenseitigen Übersetzungen stehen im Mittelpunkt zahlreicher Briefe.

Oscar Walter Ciseks Schaffen steht im Zeichen zweier grundlegend verschiedener Kulturräume: Er hat sich als deutschsprachiger Schriftsteller Rumäniens und als rumänischer Kunstkritiker und Übersetzer im Interferenzbereich von zwei Kulturen entwickelt. Bilingualismus dürfte bei Cisek als interkultureller Prozess verstanden werden, der seine Existenz als Mensch und Autor wesentlich geprägt hat.

Bibliographie

Manuskripte

Allerlei und Kleinigkeiten, MLR[4]-24.641/28.
Brief von Oscar Walter Cisek vom 20. April 1925 an Luciana Blaga, MLR 18.833.
Brief von Oscar Walter Cisek vom 30. Oktober 1925 an Lucian Blaga, MLR 18.832.
Brief von Oscar Walter Cisek vom 19. Dezember 1925 an Lucian Blaga, MLR 18825.
Brief von Oscar Walter Cisek vom 3. Juli 1928 an Lucian Blaga, MLR 18.818.
Brief von Oscar Walter Cisek vom 28. November 1929 an Lucian Blaga, MLR 18.840.
Brief von Oscar Walter Cisek vom 27. Dezember 1931 an Lucian Blaga, MLR 18.817.
Brief von Oscar Walter Cisek vom November 1936 an Lucian Blaga, MLR 18.828.

---

4 MLR ist die Abkürzung für Muzeul Literaturii Române (Das Museum der rumänischen Literatur) in Bukarest.

Beiträge in Periodika

Cisek, Oscar Walter (1922). „Germania de azi". In: *Cugetul Românesc*, Jg. 1, H. 5 Juni, 497.

Cisek, Oscar Walter (1923): „Din Plastica Sașilor noștri". In: *Ideea Europeană*, Jg. 4, (116), 8.–15. April, 1–2.

Cisek, Oscar Walter (1923a): „Fritz Kimm". In: *Gândirea*, Jg. 3, (1–2) 5.–20. Mai, 30–31.

Cisek, Oscar Walter (1925): „Zur Faust-Aufführung in Bukarest". In: *Kulturnachrichten aus Rumänien*, Jg. 1, H. 8 Oktober, 3–6.

Cisek, Oscar Walter (1925a): *Kulturnachrichten aus Rumänien*, Jg. 1, H. 8, Oktober 1925, 3.

Cisek, Oscar Walter (1926): „Cronica literară germană". In: *Universul Literar*, Jg. 62, H. 1, 3 Januar 1926, 14.

Cisek, Oscar Walter (1928): „ Expoziția Hans Eder". In: *Gândirea*, Jg. 8, (12) Dezember, 512–513.

Cisek, Oscar Walter (1930): „Thomas Mann". In: *Gândirea*, Jg. 10, H. 1–2 Januar 1930, 49–51.

Cisek, Oscar Walter (1932): *Bună Vestirea Mariei*. In: *Adevărul Literarși Artistic*, Jg. 11, (60) 17. Juli, 8.

Primärliteratur

Cisek, Walter Oscar (1936): *Tătăroaica* [Die Tatarin]. In: *Revista Fundațiilor Regale*, Jg. 3 (2), Februar, 259–301.

Cisek, Walter Oscar (1956): *Am neuen Ufer*, Bukarest: Staatsverlag für Kunst und Literatur.

Cisek, Walter Oscar (1966): *Die Tatarin*, Bukarest: Literatur Verlag.

Cisek, Walter Oscar (1971): *Die Tatarin*, Bukarest: Literatur Verlag.

Cisek, Walter Oscar (1972): *Gedichte. Eine Auswahl*, Bukarest: Kriterion.

Cisek, Walter Oscar (1981): *Der Strom ohne Ende*, Frankfurt am Main: Suhrkamp.

Sekundärliteratur

Cisek, Ioana (1985): „Sonne, du große Musik ... – Oscar Walter Ciseks Anfänge". In: *Karpatenrundschau*, Jg. 18, (50), 13. Dezember, 4–5.

Eliade, Mircea (1991): *Memorii (1907–1960)*, Bd. 1, București: Humanitas.

Hauptmann, Gerhart (1969), zit. nach: George Zbârcea, „Gentleman der Feder". In: *Karpatenrunsdschau*, Jg. 2, 4. April, 3–4.

Hesse, Hermann (1956). In: Kittner, Alfred. *Begleitwort*. In: Oscar Walter Cisek: *Am neuen Ufer*, Bukarest: Staatsverlag für Kunst und Literatur, 4–28.

Kittner, Alfred (1972): *Nachwort*. In: Oscar Walter Cisek: *Gedichte. Eine Auswahl*, Bukarest: Kriterion, 106–107.

Loerke, Oskar (1937): „,Strom ohne Ende' von Oscar Walter Cisek". In: *Die Neue Rundschau*, Jg. 28, Bd. 1, H. 4 April, 437–447.

Mann, Thomas. In: Oscar Walter Cisek, *Begegnungen mit Thomas Mann* (Handschr.), Museum der rumänischen Literatur/Bukarest 24.641/28.

Mecklenburg, Norbert (1984): „Rettung des Besonderen (II) – Konzepte für die Analyse und Bewertung regionaler Literatur – in Hinblick auf deutschsprachige Texte des Auslands". In: *Neue Literatur*, Jg. 35, H. 11 November, 74–84.

Motzan, Peter (1986). *Ein Einzelgänger: Der Lyriker Oscar Walter Cisek*. In: Ders., *Lesezeichen*, Cluj-Napoca: Dacia, 7–30.

Nubert, Roxana (1994): *Oscar Walter Cisek als Mittler zwischen deutscher und rumänischer Kultur*, Regensburg: S. Roderer.

Peschel, Rudolf (1977). In: Fassel, Horst, „Einige Belege. Zur Wirkungsgeschichte des Romans ‚Strom ohne Ende'‚. In: *Neue Literatur*, Jg. 18, H. 5, Mai, 94.

Stiehler, Heinrich (1979): *Paul Celan, Oscar Walter Cisek und die deutschsprachige Gegenwartsliteratur Rumäniens*, Frankfurt am Main/Bern [u. a.]: Peter Lang.

Stiehler, Heinrich (1990). *Panait Istrati. Von der Schwierigkeit, Leben zu erzählen*, Frankfurt am Main [u. a.]: Peter Lang, 185–196.

Wittstock, Joachim (1977): *Vielschichtige Gestaltung einer Lebenszone*. In: Enmerich Reichrath (Hrsg.): *Reflexe Kritische Beiträge zur rumäniendeutschen* Literatur, Bukarest: Kriterion, 99–109.

Zweig, Arnold (1971). In: Alfred Kittner, *Oscar Walter Cisek – Eine Dokumentation*. In: Cisek, Oscar Walter: *Die Tatarin*, București, 271–287.

Sprache der Migration – Migration der Sprache.
Sprachidentitäten und transkulturelle Literatur im
Zeitalter der Globalisierungsprozesse

Herausgegeben von Sandro M. Moraldo, Max Graff, William Franke

Einleitung: Sprache der Migration – Migration der Sprache. Sprachidentitäten und transkulturelle Literatur im Zeitalter der Globalisierungsprozesse

Der Umgang mit migrationsbedingter Heterogenität, d. h. sprachlicher, ethnischer, ökonomischer, kultureller und religiöser Vielfalt, ist angesichts zunehmender Internationalisierung, Globalisierung und Migrationsbewegungen längst zu einem relevanten Diskurs in weltliterarischer Perspektive avanciert. Viele Autor*innen, die ihre „literarische" und also auch ihre „sprachliche" Heimat verlassen haben und in die Fremde migriert sind, sind sowohl für die allgemeine und vergleichende Literatur- als auch für die kontrastive Sprachwissenschaft relevant geworden. Zum einen sind sie selbst Musterbeispiele dafür, wie einst historisch fundierte Identitäten im Zuge der Zuwanderungswellen und Globalisierungsmobilität ihres Anachronismus überführt werden. In einer Zeit, in der – wie es Feridun Zaimoğlu (2001: 9 f.) formulierte – „kein Mensch" mehr „mit einer strengen linearen Biographie aufwarten kann", sind ihre Lebensgeschichten der Inbegriff eines „[i]rreguläre[n] Lebensl[a]ufe[s]". In den deutschsprachigen Raum zugewanderte Autoren verstehen sich als literarische Vertreter einer postkolonialen, hybriden Mischkultur, als exemplarische Figuren des Dritten, die die Grenzen und die Widersprüche binärer und essentialistischer Strukturen offenlegen. Zum anderen ist bei den meisten von ihnen das Schreiben von Phänomenen der Mehrsprachigkeit geprägt.

Die Internationalisierung der Gesellschaft hat den Kontakt unter den Sprachgemeinschaften in bis dahin kaum gekanntem Ausmaß gefördert und die vermeintlich klaren Grenzen in Frage gestellt, innerhalb derer man sich einer Sprachgemeinschaft zugehörig fühlte oder nicht. Autor*innen verschiedenster nationaler Herkunft verfassen ihre Texte in einer Literatursprache, die der aus Polen stammende Autor Artur Becker als „Dienstsprache" bezeichnet hat (vgl. Balzer 2009: 7). Diese wird auf die unterschiedlichste Art und Weise erfahren und literarisch fruchtbar gemacht. Für die einen hat sie etwas herausfordernd Faszinierendes – etwa für Marica Bodrožić (2010), für die die Fremdsprache „eine ganz neue und andere Welt in sich bereit [hält] [...], wie jede Sprache es tut, weil sie mit Erfahrungsräumen, Traditionen, Denkweisen verbunden ist und jeder, der in sie stößt, muss sie erobern, muss sie spüren, fühlen, berühren – anders wird man nicht Teil davon" –, für die anderen dagegen werden dadurch Machtverhältnisse etabliert, legitimiert und zementiert. Olga Grjasnowa (2012: 37 f.) etwa lässt die Erzählerin in ihrem Roman *Der Russe ist einer, der Birken liebt* erkennen, dass „Sprachen Macht bedeuteten. Wer kein

Deutsch sprach, hatte keine Stimme, und wer bruchstückhaft sprach, wurde überhört".

Diese Stellungnahmen stehen für ein weitgespanntes Wahrnehmungsspektrum, das weder nationale noch kulturelle Grenzen kennt. Fakt ist, dass im Zuge dieser von Wolfgang Welsch (2010) so genannten „Vieldimensionalität des Wandels" der literarische Text nicht mehr „als Repräsentant eines in sich geschlossenen, sprach- oder nationalkulturellen Bedingungsgefüges konzipiert [wird], sondern als Ausdruck komplexer kultureller Grenzüberschreitungen und transkultureller Verflechtungen" (Neumann 2013: 166). Im Spannungsfeld zwischen den Literatur-Sprachen entsteht so ein sprachästhetischer, -politischer und -theoretischer Raum, der von den Betroffenen auf unterschiedliche Weise besetzt, thematisiert, verwendet, ausgelotet und schließlich neu verortet wird. Viele schreiben abwechselnd in ihrer Herkunfts- und in der „Dienstsprache", andere wiederum loten den kreativen und höchst systematischen Umgang mit Sprache in Form von Mischäußerungen aus. Vor dem Hintergrund der ethnischen Differenz zur Mehrheitsgesellschaft werden aber auch biographische Zerrissenheit heimatlos sich fühlender Autor*innen, Fremdheitserfahrungen und Identitätskonflikte, Auseinandersetzungen mit den „Problemfeldern" Heimat, Erinnerung, Zugehörigkeit, Ausschluss und Anderssein sowie Erfahrungen physischer, psychischer und struktureller Gewalt thematisiert und dabei Formen und Strategien experimenteller Wortkunst und poetischer Widerständigkeit sowie die Auflösung homogener Sprachordnungen und tradierter Erzählformen erprobt.

Anfang des Jahres 2020 bremste die Coronapandemie die Dynamik der Globalisierung – und damit auch den für den Sommer geplanten XIV. Kongress der Internationalen Vereinigung für Germanistik (IVG) – zumindest vorübergehend aus. Nachgeholt wurde der Kongress Ende Juli 2021 in hybrider Form. Die Sektion B1 – eine der größten der gesamten Tagung –, aus der der vorliegende Band hervorgegangen ist, widmete sich mit der von Peter Strohschneider im Eröffnungsvortrag des Kongresses beschworenen „Irritationsbereitschaft" und „Neugierde" jenen Fragen, die sich aus der soeben umrissenen Konstellation ergeben, etwa wie die deutschsprachige Literatur Migrationsprozesse und migrationsbedingte (gesellschaftliche, ethnische, sprachliche, religiöse) Heterogenität spiegelt, wie literarische Texte darauf in ihrer ästhetischen Faktur und ihrer erzählerischen Gestaltung reagieren, auf welche Weise hybride Identitäten und Phänomene von Zwei- oder Mehrsprachigkeit die Programmatik von Autor*innen prägen und wie sie literarisch inszeniert werden, welches Vermittlungs- und Sensibilisierungspotential schließlich einer inter- oder transkulturell ausgerichteten Literatur zukommen kann.

Dabei zeigten die im Rahmen der Sektion gehaltenen Vorträge, von denen ein Großteil im vorliegenden Band zum Abdruck kommt, dass es sich zum einen lohnt, sich um terminologische Sensibilität und Präzision zu bemühen und etwa zwischen einer „interkulturellen" und einer „transkulturellen" Literatur als zwei durchaus eigen beschaffenen Phänomenen zu differenzieren. Zum anderen wurde wiederholt deutlich, dass der – bei der Auseinandersetzung mit trans- und interkultureller Literatur natürlich sehr naheliegende – Rekurs auf Person und Biographie des*der Autor*in eine umsichtige methodische Absicherung benötigt; hier besteht womöglich noch Bedarf an weiterführender theoretisch-methodischer Reflexion.

Zu den einzelnen, im Folgenden abgedruckten Beiträgen seien zunächst jeweils einige knappe, zusammenfassende Bemerkungen vorausgeschickt. Den Band eröffnet der Beitrag von **Beatrice Occhini** (Salerno) (*Einsprachigkeit oder Mehrsprachigkeit würdigen? Der Diskurs um* Sprachlichkeit *in der Geschichte des Adelbert-von-Chamisso-Preises*), der Mehrsprachigkeit als eine brisante Schreibpraxis der zeitgenössischen deutschsprachigen Literatur betrachtet, deren Signifikanz sich in den letzten dreißig Jahren parallel zur Entfaltung eines transkulturellen ästhetischen Raums profilierte. Occhini versteht literarische Mehrsprachigkeit als ein kulturelles Prinzip, dessen Untersuchung Aufschluss über den Charakter heutiger Gesellschaften geben kann. Konkret untersucht der Beitrag den Diskurs über die sprachliche Identität zwischen Ein- und Mehrsprachigkeit jener Autor*innen, die mit dem 1985 gegründeten und 2017 eingestellten Adelbert-von-Chamisso-Preis ausgezeichnet wurden, ausgehend von der These, dass diese ambivalente Auszeichnung die Dynamiken und konfliktträchtigen Elemente des *postmonolingualen Zustandes* (Yildiz 2012) ans Licht gebracht hat.

Irene Faipò (Heidelberg) (*Geschichten aus der Fremde. Sehnsucht, Isolation und Anpassung in den frühen Erzählungen Rafik Schamis*) widmet sich frühen Erzählungen des 1946 im syrischen Damaskus geborenen Rafik Schami. Im Zentrum des Beitrags stehen Texte aus Schamis 1980 erstmals publiziertem Erzählband *Die Sehnsucht fährt Schwarz. Geschichten aus der Fremde.* Da, so die Einschätzung Schamis selbst, die Migrationserfahrung auch in der Gegenwart nichts von ihrer Relevanz eingebüßt hat und „nicht nur in Deutschland, sondern auf unserer Erde an der Beziehung zwischen Einheimischen und Fremden nichts besser" geworden sei (Schami 2011: 219), lohnt sich laut Faipò der Blick auf die Art und Weise, wie der Autor anhand seiner Figuren das Schwanken zwischen Sehnsucht und Isolation sowie den Prozess der Anpassung, die die verschiedenen Phasen der Migrationserfahrung prägen, beschreibt.

Silvia Palermo (Neapel) setzt sich mit *Sprache und Autobiographie bei Emine Sevgi Özdamar* auseinander. Die 1946 in Malatya (Türkei) geborene deutsch-türkische Autorin gehört zu den bedeutendsten Vertreterinnen der deutschsprachigen Gegenwartsliteratur; ihre Texte, in denen sie sich der deutschen als künstlerische Ausdruckssprache bedient, verbinden das Thema Migration mit autobiographischen Diskursen und haben einen dezidiert transkulturellen Charakter. Das Autobiographische beschränkt sich bei Özdamar, so Palermo, jedoch nicht auf die literarisierte Migrationserfahrung. Ihr Beitrag spürt dem Zusammenhang von autobiographischer Grundierung und sprachlicher Gestaltung in Özdamars Texten nach.

Vor dem Hintergrund der gegenwärtigen Debatten um die Bedeutung des „German-Hebrew dialogue" und der Verortung der deutschsprachigen Gegenwartsliteratur in Israel/Palästina richtet **Monica Tempian** (Wellington) (*Heimkommen ins „Altneuland". Transkulturelle Aspekte in der Lyrik Manfred Winklers*) das Augenmerk auf den Lyriker Manfred Winkler, dessen Werk an vielfältigen transkulturellen Schnittstellen angesiedelt ist: zwischen mittelosteuropäischen und orientalischen mehrkulturellen Räumen; zwischen europäischen und hebräischen literarischen Traditionen; zwischen dem mehrsprachig geprägten deutschen Idiom der Bukowina und dem Hebräischen mit seinen aramäischen und arabischen Entlehnungen. Tempian zeigt, dass in Winklers Schreibpraxis der „in-between-space" stets bedeutsam ist und durch unterschiedliche Verfahren realisiert wird: durch eine Bildlichkeit, die mit räumlichen und zeitlichen Verschiebungen und Überlappungen spielt und damit dichotomisierende Zuschreibungen von „eigen" und „fremd" aufbricht; durch eine Metaphorik der Bewegung und des Unterwegs-Seins, die jegliche Form endgültiger Selbstverortung infragestellt; durch eine transkulturelle Intertextualität; durch eine Mehrsprachigkeit und Sprachsimultaneität, die zu einer Neuverortung des Subjekts als „sich in Übersetzung befindend" führen. Winklers Poetik ist laut Tempian ganz im Sinne Wolfgang Welschs und Homi Bhabhas auf Durchlässigkeit der Kulturen und Sprachen hin angelegt. Das Herstellen hybrider Raum- und Sprach-Vernetzungen, in denen mittelosteuropäische, israelische und arabische Welten aufeinandertreffen und ineinandergreifen, dekonstruiert nationale Paradigmen und die Fixierung auf Einsprachigkeit.

Der Beitrag von **Natalie Eppelsheimer** (Middlebury/VT) (*Heimaten, Heimatsprachen und Sprachheimaten bei Stefanie Zweig*) beschäftigt sich mit Heimatkonzeptionen in den Texten der deutsch-jüdischen Schriftstellerin Stefanie Zweig (1932–2014), die 1938 mit ihren Eltern aus dem nationalsozialistischen Deutschland in die britische Kolonie Kenia flüchtete und dort bis 1947 lebte. Dabei stehen der das literarische Schaffen reflektierende Essay *Vivian* (2001) sowie Zweigs letztes Werk *Nirgendwo war Heimat. Mein Leben auf zwei Kontinenten* (2012) im Zentrum, in dem sich die Autorin rückblickend mit ihrem Leben in Deutschland und Kenia sowie mit Themen wie Zugehörigkeit und Heimat(en), Sprachheimaten und Heimatsprachen auseinandersetzt.

Karina Becker (Magdeburg) blickt in ihrem Beitrag *Ästhetische Hybridität und heimatlose Individuen bei Zaimoğlu und Belinga Belinga* auf Feridun Zaimoğlus Briefroman *Liebesmale, scharlachrot* (2000) und Jean-Félix Belinga Belingas Gedichtband *Gesang der Trommel* (1998), die beide die Suche sich heimatlos fühlender Individuen nach ihrer Identität thematisieren. Becker liest die Texte als „Selbst-Erzählungen", die der Selbstreflexion, Selbstformation, Selbstbehauptung und/oder der kommunikativen und kollektiven Erinnerung dienen. Zugleich zeige sich in diesen Werken der Versuch, Transkulturalität auf der ästhetischen Ebene zu verwirklichen. Während Belinga Belinga in der Oraliteralität die Ausdrucksweise für seine innere Zerrissenheit und Heimatlosigkeit findet, es ihm aber nicht gelingt, ein Leben zwischen den Kulturen zu modellieren, fungiert das Code-Mixing in Zaimoğlus Roman als Ausdruck für das hybride, literarische Ich Serdar, dem es allerdings an einem Ort fehlt, an dem Hybridität gelebt werden könnte. Die beiden Autoren werfen, so Becker, einen kontrastiven und ergänzenden Blick auf die Frage, wie und ob Transkulturalität gelebt werden kann.

Es folgen zwei Artikel, die das Werk der im rumänischen Banat aufgewachsenen und später in die Bundesrepublik Deutschland emigrierten Nobelpreisträgerin Herta Müller in den Blick nehmen. Zunächst analysiert **Raluca Dimian-Hergheligiu** (Suceava) die literarische Inszenierung des Schreibaktes in Herta Müllers Essay *Wie Erfundenes sich im Rückblick wahrnimmt* und bezieht dabei andere Essays der 1990er-Jahre, aber auch essayistische Texte der Nullerjahre sowie die Romane aus der Zeit von Müllers Ankunft in der BRD mit ein *(„Vielleicht hat jeder Autor einen eigenen, einzigen Satz". Selbstreflexives Schreiben in Herta Müllers Essays der 1990er Jahre:* Wie Erfundenes sich im Rückblick wahrnimmt). Müllers Essay zeichnet sich durch eine surrealistische Intertextualität aus und kann im Kontext der postmodern problematisierten Autor-Text-Beziehung interpretiert werden.

Sodann unternimmt **Gerald Bär** (Lissabon) (*Literarische Doppelgängerphantasien und Sprachidentitäten im transkulturellen Kontext: Herta Müller*) den Versuch, Sprachidentitäten und transkulturelle Literatur im Zeitalter der Globalisierungsprozesse zu untersuchen, indem er vor einem literaturgeschichtlichen Hintergrund die von Herta Müller entworfenen Ich-Konzepte bespricht, die die Grenzen der Alterität ausloten. In Texten, die literarische Figuren (häufig Ich-Erzähler) in einem sozialen Kontext präsentieren, der als fremd oder sogar als bedrohlich empfunden wird, entwickeln diese, so Bär, oft Spaltungsphantasien, deren spezifische Ausprägungen bei Herta Müller er analysiert. Am Schluss steht der kurze Versuch einer literatur- und kulturtheoretischen Einordnung von Doppelgängerphantasien im Rahmen transkultureller Identitätsfindung.

Nora Molls (Rom) Beitrag *Zwischen Erinnerungsbildern und Identitätsdiskursen. Zur zweisprachigen literarischen Produktion italienisch-deutscher Autorinnen* bespricht inhaltliche und ästhetische Konstanten der lyrischen Texte von Eva-Maria Thüne (Eva Taylor) und Barbara Pumhösel. Im Rahmen der zeitgenössischen transkulturellen Literatur in Italien nimmt die literarische Produktion einiger weniger Schriftstellerinnen, die aus deutschsprachigen Ländern stammen – und zu denen Taylor und Pumhösel gehören –, eine

Sonderrolle ein, zumal diese kaum mit dem Thema Exil und Migration in Verbindung gebracht wird. Abgesehen von der mittlerweile auch in Deutschland wohlbekannten Helena Janeczek, Gewinnerin des Strega-Literaturpreises von 2018, handelt es sich dabei um Autorinnen, die sowohl auf Italienisch als auch auf Deutsch veröffentlichen, und deren literarische Arbeiten im Bereich der Lyrik wie auch der Prosa mit Blick auf Phänomene der Mehrsprachlichkeit und Identitätsdiskurse viele aufschlussreiche Merkmale aufweisen.

Auch das Werk des aus dem Irak stammenden Autors Abbas Khider, der seine literarischen Texte in deutscher Sprache schreibt, rückt in zwei Beiträgen in den Fokus. **Max Graff** (Heidelberg) (*Flucht, Sprache und Sprachreflexion bei Abbas Khider*) beleuchtet zwei Facetten von Khiders Werk: zunächst das Bild, das Khider von der eigenen Autorschaft zeichnet, die Implikationen seiner Entscheidung, in deutscher Sprache zu schreiben, sowie die dezidiert interkulturellen Potentiale, die der Literatur in Khiders Darstellung eignen; sodann die Art und Weise, wie in Khiders Texten sprachliche Differenzen und Fremdheitserfahrungen formal und erzählerisch inszeniert und reflektiert werden.

Ausgehend von den aktuellen Perspektiven der Mehrsprachigkeitsforschung diskutiert **Beate Baumann** (Catania) in ihrem Beitrag *„Die Katastrophe des Nie-irgendwo-ankommen-Dürfens". Macht, Gewalt und Sprache in den Texten Abbas Khiders* den Zusammenhang von Macht, Gewalt und Sprache. Diese Themen nehmen in den literarischen Texten Abbas Khiders eine zentrale Rolle ein. Vor dem Hintergrund von Giorgio Agambens Konzepten des biopolitischen Subjekts und des *nackten Lebens* untersucht die Autorin anhand ausgewählter Passagen aus dem Roman *Ohrfeige* (2016), auf welche Weise Khider das Thema der Souveränität der Macht bzw. der Macht der Sprache auf sprachlich-stilistischer Ebene inszeniert und welche Wirkung dabei durch die kontrastreiche, ironische und zugleich nüchterne sprachliche Performance erzeugt wird.

Anna-Katharina Gisbertz (Mannheim/Dortmund) untersucht *Geschlecht, Kunst und Migration in Nino Haratischwilis Roman* Das achte Leben (für Brilka) *(2014)*. Sie blickt dabei auf die in Haratischwilis Roman geschilderte geschlechtliche Benachteiligung der Frauen und ihre berufliche Zurückweisung als Künstlerinnen sowie das verhängnisvolle Dreieck zwischen Geschlecht, Beruf (Kunst) und Nation, das so entsteht. Während die Georgierinnen einer Reihe von Unterdrückungsweisen ausgesetzt sind, bildet die Migration eine Möglichkeit, Künstlerin zu werden, die jedoch einen entscheidenden Bruch im Leben bedeutet. Die weitere künstlerische Entwicklung wird davon maßgeblich mitgeprägt.

Der Beitrag von **Julia Bohnengel** (Heidelberg) (*Dialogische Bildbetrachtungen. Navid Kermanis* Ungläubiges Staunen) widmet sich Kermanis Bestseller aus dem Jahr 2015 und der Frage, wie trans- und interkulturelle Blicke auf christliche Zeugnisse der Kunst erzähltechnisch inszeniert werden. Sie arbeitet durch eine genaue kommunikationstheoretisch orientierte Analyse heraus, dass Kermani die Möglichkeiten der dialogischen Differenz sowie des gleichsam potenzierten Vergleichens nutzt, um den Leser unvermerkt in einen religiösen und kulturellen Dialog einzubinden. Die Transkulturalität von Navid Kermanis Bildbetrachtungen bezieht sich insofern weniger auf das Inhaltliche als auf die Kommunikationsform und die Erkenntnismethode.

Ulrike Reeg (Bari) (*Spracherfahrungen und Identitätsentwürfe am Beispiel von Zsuzsa Bánks Roman* Schlafen werden wir später *[2017]*) beschreibt Zsuzsa Bánks E-Mail-Roman *Schlafen werden wir später* als einen autobiographisch grundierten Text, der nicht nur die Geschichten zweier Frauen an krisenhaften Punkten ihrer jeweiligen Lebenswege schildert, sondern auch die Sprachbiographie und die Konstruktion einer mehrsprachigen und -kulturellen Identität der Figur Márta ins Zentrum der Aufmerksamkeit rückt und reflektiert.

In seiner Auseinandersetzung mit Ilija Trojanows Textsammlung *Nach der Flucht* interpretiert **Markus Hallensleben** (Vancouver, BC, Xwməθkwəy̓əm (Musqueam) Territory) *Migration und Flucht als utopische Räume der pluralen Gesellschaft* (*Diaspora als Bewegung der Postmigration in Ilija Trojanows* Nach der Flucht *[2017]*). Für Trojanow ist „U-topos" wörtlich das Niemandsland, welches das Heimatland, ob Herkunfts- oder Zielland, ersetzt. Als „transitorischer Raum" (Borsò) oder superdiverses „Transtopia" (Yildiz) konzipiert, wird die Erfahrung des Exils (Said) bzw. der Diaspora (Gilroy) für den*die Flüchtende*n zur Kernerzählung gesellschaftlicher Zugehörigkeit und Ausgangspunkt gesellschaftlicher Veränderungen. Das Prinzip der Bewegung kann auf diese Weise, so Hallensleben, im Sinne einer offenen, postmigratorischen Dialektik als physikalische Mobilität sowie als gesellschaftspolitischer „Aufbruch" verstanden werden, der gegen territoriale, nationale und ethnische Ein- und Ausgrenzungen gerichtet ist.

Jule Thiemann (Hamburg) (*Postmigration und autosoziobiografisches Erzählen in Dilek Güngörs* Vater und ich *[2021]*) schlägt eine Lektüre von Dilek Güngörs Roman *Vater und ich* (2021) vor, in der autosoziobiografische Erzählverfahren an postmigrantische Perspektiven gekoppelt werden. Mit dieser Lesart zeigt sie auf, dass Güngörs Erzählung über den Bildungsaufstieg der Tochter eines türkeistämmigen Arbeitsmigranten nicht nur als Einzelbiografie, sondern als Kollektivbiografie verstanden werden kann. Denn Güngör ergründet in ihrem Roman nicht nur eine Vater-Tochter-Beziehung, sondern unternimmt den Versuch, mit der Narrativierung historischer Ereignisse aus der Perspektive einer marginalisierten Gruppe eine Neuerzählung deutscher Geschichte anzuregen.

Tiziana Corda (Berlin) gibt in ihrem Beitrag *Wladimir Kaminer: Von Moskau nach Berlin, oder: Der Weg zu einer nationalkulturellen Identität im multikulturellen Berlin. Ein Gespräch mit dem Schriftsteller* Einblicke in ein Interview, das sie Anfang Juni 2021 mit Kaminer, der 1990 die sowjetrussische

Hauptstadt verließ und als jüdischer „Kontingentflüchtling" nach Deutschland kam, führte. Im Zentrum steht dabei Kaminers „Integrationsprozess" in der Hauptstadt des wiedervereinigten Deutschlands. Nach der Wende erscheint Berlin als eine Stadt *in progress*, als „ein Zusammentreffen" vieler Kulturen, die somit auch dem Autor freien Spielraum für seine neue kulturelle Orientierung gewährt. Das Alltagsleben in der multikulturellen Hauptstadt ist in fast allen Erzählungen Kaminers ein Hauptthema. Als scharfer Beobachter führt er uns, so Corda, die Hybridisierung von verschiedenen Gewohnheiten sowie die Komplexität einer Identitätsbildung vor Augen.

Den Abschluss des Bandes bildet der Artikel von **William Franke** (Nashville/TN) (*Die Aufgabe der Literatur in der sich globalisierenden Welt, oder: Begegnung mit dem Unvergleichbaren. Walter Benjamin und die Weltliteratur*). Franke zeigt, wie die Idee der Weltliteratur die radikale Differenz zwischen Kulturen hervorzuheben vermag, anstatt sie durch ein Amalgam, wie es durch die Globalisierung entsteht, zu verdrängen. Dabei geht Franke grundsätzlich von der Inkommensurabilität und damit der Unübersetzbarkeit von Literatur aus. Dies ist auch die Grenze, an der Kultur in eine Dimension von Transzendenz oder Religiösem übergeht, eine Dimension, die von der modernen Gesellschaft durch Säkularisierung und Globalisierung nur auf eigene Gefahr geleugnet oder vergessen werden kann. Die Rede von der Inkommensurabilität soll jedoch nicht unüberwindbare Grenzen aufzeigen, die menschlichen Vorhaben wie Übersetzung und gegenseitiger Verständigung im Wege stehen. Ganz im Gegenteil: Paradoxerweise können wir, so Franke, nur im Angesicht und im Anerkennen von Inkommensurabilitäten ermöglichen, dass wir ein gemeinsames Maß finden.

Bibliographie

Balzer, Vladimir (2009): Die deutsche Sprache als Geliebte. Der aus Polen stammende Autor Artur Becker schreibt auf Deutsch die fantastischsten Geschichten über seine alte Heimat Masuren. In: Chamisso. Viele Kulturen – eine Sprache (März– Mai 2009), S. 4–9.

Bodrožić, Marica (2010): Ankunft in Wörtern. Interview mit Marica Bodrožić [geführt von Michael Braun am 16. Dezember 2010 in der Berliner Akademie der Konrad-Adenauer-Stiftung] (http://www.kas.de/upload/themen/deutschesprache/intervi ew_bodrozic.pdf; letzter Zugriff: 28.3.2022).

Grjasnowa, Olga (2012): Der Russe ist einer, der Birken liebt. Roman. München: Hanser.

Neumann, Birgit (2013): Hybridität und Komparatistik. In: Handbuch Komparatistik. Theorien, Arbeitsfelder, Wissenspraxis. Hg. v. Rüdiger Zymner, Achim Hölter. Stuttgart: Metzler, S. 165–168.

Schami, Rafik (2011): Die Sehnsucht fährt schwarz. Geschichten aus der Fremde. München: dtv [ursprünglich 1980].

Welsch, Wolfgang (2010): Was ist eigentlich Transkulturalität? In: Hochschule als transkultureller Raum? Kultur, Bildung und Differenz in der Universität. Hg. v. Lucyna Darowska, Thomas Lüttenberg u. Claudia Machold. Bielefeld: transcript, S. 39–66.

Yildiz, Yasemin (2012): Beyond the Mother Tongue: The Postmonolingual Condition. New York: Fordham University Press.

Zaimoğlu, Feridun (2001): Kopf und Kragen. Kanak-Kultur-Kompendium. Frankfurt/ M.: Fischer.

Sandro M. Moraldo, Max Graff, William Franke

Einsprachigkeit oder Mehrsprachigkeit würdigen? Der Diskurs um *Sprachlichkeit* in der Geschichte des Adelbert-von-Chamisso-Preises

Beatrice Occhini (Salerno)

1. Die politische Dimension der Sprache zwischen Ein- und Mehrsprachigkeit[1]

Die zunehmende Bedeutung, die dem Thema der literarischen Mehrsprachigkeit in den letzten 30 Jahren in der Germanistik zugekommen ist, lässt sich als eine Facette der Entwicklung in Richtung Transkulturalität der deutschsprachigen Literatur betrachten. In ihrer Studie zu den Dynamiken von Weltliteratur im deutschsprachigen literarischen Szenario beschreibt beispielsweise Sandra Richter (2017: 431–466) den Literaturbetrieb Deutschlands anhand der Adjektivdreiheit „deterritorial, transnational, multilingual". Aufgrund der durch Migrationsphänomene und Globalisierungsprozesse ausgelösten soziokulturellen Transformationen haben sich diese Tendenzen – so die These Richters – auf den Ebenen der Produktion, Zirkulation und Rezeption der literarischen Werke in der deutschsprachigen Literaturlandschaft allmählich durchgesetzt. Das spiegelt sich in der Tatsache wider, dass viele unter den wichtigsten und im Ausland bekanntesten Schriftstellern einen interkulturellen und mehrsprachigen Hintergrund haben und ihre literarischen Stoffe sowie ihre Ausdrucksformen an der Schnittstelle zwischen mehreren Kulturen und Sprachen verankern.

Aus dieser Perspektive betrachtet, erscheint literarische Mehrsprachigkeit als eine komplexe kulturelle Dimension, deren ausschlaggebende Signifikanz weit über die Textgrenzen hinausreicht: Sie lässt sich weder auf die Koexistenz bzw. Begegnung verschiedener Sprachen in einem Text noch auf eine realistische Darstellung der gesellschaftlichen Kommunikationsbedingungen beschränken, und auch nicht auf die direkte Spiegelung der Mehrsprachigkeit der Autor:innen. Wie von vielen Seiten in jüngster Zeit behauptet wird, verbirgt sich viel mehr hinter diesem scheinbar textualitätsbedingten Konzept: „[D]ie

1   Dieser Artikel ist Teil meiner Promotionsarbeit zum Chamisso-Preis, die u. a. auf dem Material der Adelbert-von-Chamisso-Sammlung im Deutschen Literaturarchiv Marbach (DLA) basiert und die dank der Unterstützung des Verlags C. H. Beck ermöglicht wurde. Die in diesem Beitrag zitierten Unterlagen werden mit freundlicher Genehmigung des DLAs, der Robert-Bosch-Stiftung und der jeweiligen Urheberrechtsinhaber:innen veröffentlicht.

Funktion mehrsprachiger Literatur" ist, wie Arvi Sepp (2017: 53) pointiert feststellt, tatsächlich „nicht primär pragmatischer Natur, sondern vielmehr ästhetisch und ethisch bedingt. Ihr Ziel ist eher symbolisch als realistisch: Sie *symbolisiert* die Varietät, den Kontakt und die Vermischung von Kulturen und Sprachen".

Um die symbolische Aussagestärke der literarischen Mehrsprachigkeit zu verorten und ihre soziokulturelle Brisanz zu begreifen, erweist sich Yasemin Yildiz' (2012) Vorstellung des *postmonolingualen Zustandes* („postmonolingual condition") als besonders aufschlussreich. Ähnlich wie in anderen Studien zu diesem Thema bildet den Ausgangspunkt ihrer Untersuchung einiger Autor:innen der deutschsprachigen Literatur die Feststellung, dass die deutsche Gesellschaft – wie die meisten westeuropäischen Gesellschaften – auf einer einsprachigen Vorstellung ihrer Kultur beruht, die seit dem 18. Jahrhundert zu der symbolischen Konstruktion der Nationalstaaten beigetragen hat. Dieses kulturelle Prinzip wird von Yildiz (2012: 2) mit der Formulierung „monolingual paradigm" (*einsprachiges Paradigma*) bezeichnet: „For monolingualism is much more than a simple quantitative term designating the presence of just one language. Instead, it constitutes a key structuring principle that organizes the entire range of modern social life [. . .]. According to this paradigm, individuals and social formations are imagined to possess one ,true' language only, their ,mother tongue', and through this possession to be organically linked to an exclusive, clearly demarcated ethnicity, culture and nation".

Es liegt auf der Hand, dass somit den sprachlichen Identitäten von Individuen, Gemeinschaften und Staaten aus dieser Perspektive ein politisches Gewicht zukommt. Die Originalität und Relevanz der von Yildiz' durchgeführten Studie liegt eben darin, dass sie die unterschwellige, kritische Aktion von künstlerischen, sprachlichen und sozialen Praktiken anerkennt, welche die sprachliche bzw. kulturelle Homogenität der Gesellschaft je nach historischem Kontext mehr oder minder offensichtlich hinterfragen. Das Spannungsfeld, das aus dem Aufeinanderprallen dieser subversiven Praktiken und der der Gesellschaft zugrundeliegenden einsprachigen Grundlage generiert wird, lässt sich mit Yildiz (2012: 4 f.) als „postmonolingual condition" (*postmonolingualer Zustand*) bezeichnen: „,[P]ostmonolingual' in this study refers to a field of tension in which the monolingual paradigm continues to assert itself and multilingual practices persist or reemerge. This term therefore can bring into sharper focus the back-and-forth movement between these two tendencies that characterizes contemporary linguistic constellations".

In diesem Beitrag wird das Spannungsfeld zwischen Mehr- und Einsprachigkeit, verstanden als gegensätzliche Kulturgrundlagen – also der postmonolinguale Zustand –, im deutschsprachigen Literaturbetrieb der Gegenwart paradigmatisch anhand der Entwicklungsgeschichte des kontroversen Literaturpreises Adelbert-von-Chamisso untersucht.

2. Der Adelbert-von-Chamisso-Preis als Paradigma des postmonolingualen Zustandes

Wie üblicherweise bekannt, wurde der Chamisso-Preis 1985 durch das Münchener Institut für Deutsch als Fremdsprache der Ludwigs-Maximilian-Universität in Zusammenarbeit mit der Bayerischen Akademie der Schönen Künste und der Robert-Bosch-Stiftung veranstaltet.[2] Jährlich wurden ein Hauptpreis und ein Förderpreis an „ausländische [...] Autoren" vergeben, „deren Werke [...] der deutschen Literatur zuzurechnen sind" (HCP 1985). Nach dem Vorbild von Adelbert von Chamisso, der trotz seiner französischen Herkunft als deutscher Autor des romantischen Kanons wahrgenommen wurde, wurden diese Autoren durch diese Auszeichnung als Teil der deutschen Literatur und der deutschen Sprache anerkannt: „Und wenn wir auch manchmal im Zweifel sind, wie wir diese halb ausländischen, halb inländischen Autoren nennen sollen, die manchmal keinen deutschen Pass, aber eine deutsche Feder haben, so sind wir augenblicklich aller Wortverlegenheit enthoben, wenn wir sie Chamissos Enkel nennen" (Weinrich 1986: 11).

Trotz der dem Projekt zugrundliegenden aufgeklärten Vorsätze offenbart die Preisprogrammatik eine ambivalente Natur, die im Laufe der Jahre immer wieder deutlich wird und die erst ab der Jahrtausendwende von einigen Seiten öffentlich zur Sprache gebracht wird.[3] Meines Erachtens stellte der Chamisso-Preis konzeptuell einen wesentlichen Unterschied zwischen zwei Typologien von Autoren heraus, und zwar zwischen denjenigen, die mit dem Chamisso-Preis ausgezeichnet werden konnten und die als „ausländische Autoren" bezeichnet wurden, und den deutschen Autoren, also denjenigen, die den Preis nicht hätten bekommen können.

Diese markante Diskrepanz ist deshalb wichtig, weil sie ein Charakteristikum der Preisgeschichte aufzeigt: Die Bestimmungskriterien der auszuzeichnenden Schriftsteller:innen und die Vergabekriterien des Preises wurden während seiner 33-jährigen Laufzeit ständig neu definiert. Aus diesem Grund unterscheidet sich das Anfangsprofil der Chamisso-Autoren grundsätzlich von seinen letzten Darstellungen. Bei diesem Verhandlungsprozess greifen mehrere grundlegende Prinzipien der Autorfremdinszenierung ineinander, die die Verortung der Autor:innen im Spannungsfeld zwischen Fremdheit und

---

2   Zur Geschichte und kanonisierenden Funktion des Adelbert-von-Chamisso-Preises siehe Kegelmann 2010, Occhini 2020a; zu seiner kulturpolitischen Relevanz siehe Occhini 2020b und Röhrborn 2020.

3   Neben den Kritiken von manchen ausgezeichneten Autoren (darunter Terézia Mora) ist Michael Hofmanns Meinung zu nennen, der die Gefahr anspricht, der Chamisso-Preis etabliere ein „Reservat[]", „eine[n] separaten Raum[] für Schreibende mit einem besonderen Hintergrund" (2006: 199).

Zugehörigkeit beeinflussen. Als das auschlaggebende Element dieser diskursiven Konstruktion erweist sich meiner Ansicht nach die Darstellung der literatursprachlichen Identität der Schriftsteller:innen und entsprechend des literarischen Raums. Für diese vielfältige Dimension wird hier die Bezeichnung *Sprachlichkeit* verwendet: Im Folgenden wird die Entwicklung ihrer diskursiven Inszenierung im Spannungsfeld zwischen Ein- und Mehrsprachigkeit anhand der Preisdokumentation erläutert, die im Deutschen Literaturarchiv Marbach aufbewahrt wird. An den Pressemitteilungen, Urkunden, Danksagungen der Autor:innen und ihren Laudationes lassen sich – so meine These – die Dynamiken des *postmonolingualen* Zustands im Kontext der gegenwärtigen deutschsprachigen Literatur ablesen.

3. Inszenierte Sprachlichkeit *zwischen Einheit und Pluralismus*

Grundsätzlich bleiben die Bausteine der Autorinszenierung im Laufe der ersten Jahre des Preises bis Mitte der 90er-Jahre mehr oder minder unverändert. Dabei gelten Autoren wie Aras Ören und Rafik Schami (1985), Franco Biondi und Gino Carmine Chiellino (1987), Ota Filip (1986), Yüksel Pazarkaya (1989), Libuše Moníková und SAID (1991), um nur einige zu erwähnen, als repräsentativ für Migrationsphänomene.

In der Pressemitteilung, welche 1985 die Preisverleihung von Ören ankündigt, ist die folgende Beschreibung des Aktionsradius des Chamisso-Preises zu lesen: „Der Adelbert-von-Chamisso-Preis für Beiträge *ausländischer Autoren* zur deutschen Literatur geht 1985 an den Türken Aras Ören. Der Preis [. . .] soll Schriftsteller auszeichnen, für die *Deutsch eine Fremdsprache ist,* deren Werke aber von ihren Themen, Zielgruppen und Publikationsformen her der deutschen Literatur zuzurechnen sind" (HCP 1985). Die Position der Autoren hinsichtlich ihrer gewählten literarischen Sprache, was hier mit dem Begriff *Sprachlichkeit* bezeichnet wird, wird im Ausdruck „Deutsch als Fremdsprache" kodifiziert, der wiederum der Formulierung „ausländischer Autoren" entspricht. Bei Betrachtung der anderen Unterlagen der ersten Preisverleihungen zeigt sich darüber hinaus, dass die außergewöhnliche Beherrschung der Sprache seitens der Autoren oft als Ergebnis eines mühsamen Erwerbsprozesses hervorgehoben wird.

Aus diesen und anderen Elementen lässt sich herausarbeiten, dass als grundsätzlicher Aspekt der Autorinszenierung bei den ersten Preisverleihungen der *Sprachwechsel* der Schriftsteller:innen beobachtet werden kann. Diese Darstellung mag auf dem ersten Blick als selbstverständlich erscheinen, vor allem, wenn der Ursprungsbereich des Preises, nämlich das Fach Deutsch als Fremdsprache, berücksichtigt wird. Allerdings warnt Elke Sturm-Trigonakis

(2007: 48) vor der ethnozentrischen kulturellen Auffassung, die dieser Bild-
konstruktion zugrunde liegt. Es fehle tatsächlich etwas bei der Darstellung der
sprachlichen Identität der Autoren: ihre Muttersprache. Laut Sturm-Trigonakis
fungiert in dieser ersten Phase der Sprachwechsel als Symbol erfolgreicher
kultureller Assimilation, die eine vollständige Aufgabe der Muttersprache und
der eigenen Kultur – die *de facto* nie erwähnt werden – implizit voraussetze.

Dieser Aspekt wird noch deutlicher, wenn man bedenkt, dass manche
Schriftsteller, die in dieser Anfangsphase mit dem Chamisso-Preis ausgezeichnet wurden, mehrsprachige Texte veröffentlicht hatten. Dieser Aspekt ihrer
Poetik wurde aber anlässlich der Auszeichnung mit dem Chamisso-Preis nicht
erwähnt. Das ist der Fall bei Franco Biondi, der bereits 1979 seine Gedichte
in *gastarbeiterdeutsch* verfasst hatte, indem er den Gastarbeitern stereoty-
pisch zugeordneten gebrochenen Jargon aufnimmt und in eine poetische Sprache abwandelt. Auch Gino Carmine Chiellino (1984) hatte in seinem ersten
Gedichtband dreisprachige lyrische Experimente versucht, die ebenfalls bei
seiner Preisverleihung keine Rolle spielten.

Die Anfangsphase des Preises lässt sich folglich als *einsprachig* beschreiben. An dieser Akzentsetzung auf die sprachliche – und kulturelle – Fremdheit
der Autoren wurde zum ersten Mal öffentlich durch Libuše Moníková anlässlich
ihrer Preisverleihung im Jahr 1991 Kritik geübt. Die Autorin äußerte sich wie
folgt: „Der Preis ist für Schriftsteller nichtdeutscher Muttersprache bestimmt
und erinnert mich daran, daß ich Ausländerin bin. Daran erinnern mich auch
Kritiker, wenn sie Ausdrücke aus meinen Büchern, die ihnen nicht geläufig
sind, als meine Eigenwilligkeit interpretieren, die einem nichtdeutschen Autor
nicht zusteht [...]. Wenn Arno Schmidt schreibt: ‚der schneeweiße Spitz ....
boll sehr‘ [...], wird er als innovativ, witzig, originell ästimiert. Wenn ich so
etwas versuchte, würde es heißen: Die Ausländerin kann nicht einmal deutsch"
(Moníková 1992: 122). Moníková erkennt im konzeptuellen Fundament des
Preises dieselbe kulturelle Auffassung, die eine effektive Marginalisierung der
„ausländischen" Autoren im damaligen Literaturbetrieb verursachte. Moníko-
vás Worte führten den Aspekt der, wenn man so will, sprachlichen Selbstbestimmung der Schriftsteller:innen in den Diskurs des Chamisso-Preises ein und
trugen zur Überarbeitung seiner Programmatik bei.

Bei der Untersuchung der weiteren Preisdokumentation lässt sich tatsächlich feststellen, dass in den darauffolgenden Jahren, also in den frühen
90er-Jahren, versucht wird, das Risiko der Ausgrenzung der Autor:innen zu
vermeiden. Das passiert vor allem dann, wenn Autor:innen der sogenannten
zweiten bzw. dritten Generation als Preisträger ausgewählt werden.[4] Als exemplarisch hierfür kann die Beschreibung der Preiszielsetzung gelten, die in der

---

4 Zafer Şenocak und Zehra Çırak bekamen 1988 bzw. 1989 jeweils den Förderpreis.

Pressemitteilung zu finden ist, welche die Auszeichnung von Dante Andrea Franzetti 1994 ankündigt: „Der [...] Preis wird für bedeutende Beiträge zur deutschen Literatur an Autoren verliehen, *für die das Deutsche Fremd- oder Zweitsprache ist*, deren Werke aber von ihren Themen, Zielgruppen und Publikationsformen her der deutschsprachigen Literatur zugehören" (HCP 1994). Der Begriff „Ausländer" und seine Derivative werden hier vermieden und dementsprechend wird die Beziehung zwischen Autor und deutscher Sprache komplexer als zuvor dargestellt: Die vielfältige kulturelle Zugehörigkeit von Franzetti – und auch von anderen Autor:innen – kann nicht in der impliziten Dichotomie zwischen Mutter- und Fremdsprache evoziert werden.

Die Beschränktheit des Konzepts „Deutsch als Fremdsprache" wird im folgenden Jahr anlässlich der Preisverleihung an Gyorgy Dalos im Grußwort von Heinz Friedrich – dem damaligen Präsidenten der Bayerischen Akademie der Schönen Künste – verkündet, und dabei wird ebenfalls für die Überwindung dieser Voraussetzung plädiert: „Jetzt [...] erfolgt eine Zäsur. [...] [I]n Zukunft [sollte] der Chamisso-Preis nicht mehr so eindeutig wie bisher an die Voraussetzung ‚Deutsch als Fremdsprache' gebunden sein [...]. Sein Auszeichnungsradius sollte vielmehr verschiedene Tätigkeiten im Dienste internationales Sprachaustausches und internationaler Sprachbegegnung erfassen" (HCP 1995). *Sprachbegegnung* und *Sprachaustausch* ersetzen die Voraussetzung des innerhalb des Fenches Deutsch als Fremdsprache ins Leben gerufenen Projekts. Bei der Pressemitteilung aus dem Jahr 1996, welche die Preisverleihung an Yoko Tawada ankündigt, ist die Weglassung der Bezeichnung „Zweitsprache" ebenfalls zu registrieren: „Für bedeutende Beiträge zur deutschen Literatur werden seit 1985 Autoren geehrt, die selbst nicht deutscher Sprachherkunft sind oder aus einer anderen kulturellen Umgebung kommen" (HCP 1996).

Aus diesen – und anderen – Faktoren ist zu schlussfolgern, dass die Sprachlichkeit – und nicht mehr der Sprachwechsel – der Autoren zu diesem Zeitpunkt als Hauptkriterium ihrer Inszenierung als Chamisso-Autoren fungiert und als solche das wichtigste Instrument ihrer Legitimation als Teil der deutschen Literatur darstellt. Dabei wird sie nicht mehr auf den Erwerb des Deutschen als einzelne Zielsprache reduziert. Von daher lässt sich eine erste Herausforderung der Einsprachigkeit als Grundlage der Sprachlichkeit in diesen Veränderungen erkennen. Außerdem erlaubt dies, literarischer Mehrsprachigkeit, verstanden als Schreibpraxis, Aufmerksamkeit zu schenken – obwohl diese Bezeichnung nie verwendet wird. Drei Jahre später, bei der Auszeichnung der Autorin Emine Sevgi Özdamar im Jahre 1999, wird sie als das neue ästhetische bzw. kulturpolitische Ziel des Chamisso-Preises programmatisch deklariert, wie Hans Meier, damaliger Vorsitzender der Bosch-Stiftung, ankündigt: „[D]er Preis zielt auf das Eigentümliche eines Sprachgebrauchs, welcher die Spuren vorheriger Aneignung nicht verwischt, sondern betont. [...] So sehe ich auch die Zukunft des Chamisso-Preises [...] nicht in der Annäherung an eine wie immer verstandene Sprach-Einheit, sondern in einem entschiedenen literarischen Pluralismus" (HCP 1999). Diese bewusste Sprachhybridisierung wird der normativen Beherrschung der Grammatik entgegengesetzt, welche die Anfangszeiten des Preises gekennzeichnet hatte. Dabei wird eine Wandlung des Sprachkonzepts deutlich, das nun als ein vielfältiges, verflochtenes System unterschiedlicher Sprachen konzipiert wird. Dem entspricht eine parallele Veränderung im gesamten Profil der Preisträger:innen, die nicht mehr hauptsächlich als Vertreter bestimmter Migrationsphänomene aufgrund ihrer Biographie inszeniert werden. Ihr Werk wird dagegen nun als Ausdruck eines kosmopolitischen Bewusstseins wahrgenommen, das die Grenzen der Nationalkultur bzw. -sprache überschreitet. Zu den Chamisso-Autor:innen, die anhand dieses Profils inszeniert wurden, zählen z. B. Ilija Trojanow und Terézia Mora (2000) sowie Ilma Rakusa (2003). Darüber hinaus wird gerade die Auffassung vom literarischen Raum als sprachlich und kulturell plural konzipiert und nicht mehr mit der herrschenden Rolle des Deutschen verbunden.

Das letzte Jahrzehnt des Chamisso-Preises ist durch die steigende Relevanz von mehrsprachigen Schreibverfahren und die progressive Auslassung der nationalen und sprachlichen Herkunft bei der Bestimmung der Chamisso-Autor:innen gekennzeichnet. Beispiele dafür sind Autorinnen und Übersetzerinnen wie Ann Cotten (2014), Uljana Wolf und Esther Kinsky (2017), deren Poetik durch translinguistische Sprachhybridisierungen geprägt ist. Außerdem ist Wolf eine einsprachig aufgewachsene Schriftstellerin deutscher Herkunft, die logischerweise nie nach Deutschland eingewandert ist, sondern lange zwischen New York und Berlin hin- und hergependelt ist. Das stellt den letzten, ausschlaggebenden Wendepunkt der Preisgeschichte dar: Die Trennung zwischen der Biografie der Autoren und ihrer literarischen Produktion resultiert in einer programmatischen Überwindung der Herkunft als Auswahlkriterium und als kulturelle Grundlage der Preisprogrammatik. Entsprechend zeichne nach der allerletzten Pressemitteilung der Chamisso-Preis „herausragende auf Deutsch schreibende Autoren" aus, „deren Werk von einem Kulturwechsel geprägt ist" (Robert-Bosch-Stiftung 2017). Dies ist eine Formulierung, die kaum ein klar umrissenes Autorprofil wiedergibt: Man könnte sich tatsächlich fragen, wie sich ein Kulturwechsel definieren lässt. Jedenfalls ist diese letzte Entwicklungstendenz aufgrund der Abschaffung der Auszeichnung seitens der Robert-Bosch-Stiftung nicht weiter zu untersuchen. Es liegt auf der Hand, dass diese Entscheidung auch als Effekt der Veränderung in der Preisprogrammatik interpretiert werden kann, da der Rahmen, in dem sich der Preis in seiner letzten Phase bewegte, nicht abzustecken war.

Bei der Bekanntmachung des Projektendes spricht die Bosch-Stiftung jedoch andere Gründe an, und zwar vor allem das Risiko der Etikettierung und Marginalisierung der Chamisso-Autor:innen: „Die Chamisso-Autoren werden schon lange für ihre literarischen Werke anerkannt. Sie benötigen keine besondere Auszeichnung mit dem Stempel ‚Eingewanderte' oder ‚Autoren mit besonderen Fremdheitserfahrungen'. Wir befürchten im Gegenteil, dass der Preis kontraproduktiv wird" (Robert-Bosch-Stiftung 2016).

Diese Äußerung gibt Anlass zur Annahme, dass selbst die ständige konzeptuelle Umformulierung des Handlungsfelds und des Autorprofils die grundlegende Ambivalenz des Preises nicht überwinden konnte.

Nichtsdestoweniger stieß die Entscheidung der Stiftung auf Kritik, die zur Weiterförderung des Preises aufrief. Zwei Chamisso-Autoren, Trojanow und José F. A. Oliver, erkannten beispielweise in der Mehrsprachigkeit den größten Gewinn der letzten Phase der Auszeichnung, die dadurch ihr ursprüngliches Ziel der Unterstützung kultureller Begegnung doch verfolgte: „[I]n letzter Zeit [hat sich der Preis] auch dem literarischen Phänomen der Mehrsprachigkeit, unabhängig von der Herkunft der Autoren, geöffnet und insofern zum Ausdruck gebracht, dass zwischen Migration und dynamischer kultureller Identität fließende Übergänge bestehen" (Trojanow & Oliver 2017).

Ganz im Gegenteil dazu hält ein anderer Preisträger, Chiellino, den späten Verlauf des Preises für eine Bestätigung der beherrschenden Rolle der deutschen Sprache in der deutschen Gesellschaft. Der Fokus auf Mehrsprachigkeit stelle dabei nur den Schein eines Projekts dar, das sich allmählich von seinen Anfangsansprüchen entfernt hat, indem er die eigentliche sprachliche und kulturelle Vielfalt deutscher Gesellschaft verberge: Der Preis wurde tatsächlich „auf den Weg zu einer selbstschädigenden, widersprüchlichen Germanophonie gebracht. Die Chamisso-Preis Jury [hatte] [. . .] kaum sprachlichen Zugang zu den vielen Sprachen [. . .], die in der Republik heute noch geschrieben werden. Daher war es einfacher, deutschsprachige Preisträger zu bestimmen, anstelle sich an die Vielfalt der interkulturellen Literatur in Deutschland heranzuarbeiten [. . .]" (Chiellino o. J.).

4. Fazit

Zusammenfassend lässt sich mit Trojanow und Oliver behaupten, dass beim Chamisso-Preis die anfängliche Inszenierung der Chamisso-Autoren, die auf einer einsprachigen Vorstellung nicht nur der individuellen Sprachlichkeit, sondern auch des literarischen Raums basierte, allmählich durch eine Vorstellung ersetzt wurde, die in Richtung einer konzeptuellen Mehrsprachigkeit ging, welche die Vielstimmigkeit der Gesellschaft widerspiegelt. Mit Chiellino fragt man sich aber, ob dadurch nicht ein einsprachiges Prinzip verstärkt wurde, da, selbst wenn die ausgezeichneten Werke durch mehrsprachige Verfahren gekennzeichnet waren, ihre grundlegende sprachliche Beschaffenheit trotzdem durch das Deutsche geprägt war, wobei in anderen Sprachen verfasste Werke in diesem Zusammenhang nicht berücksichtigt wurden. So betrachtet, lässt sich der Chamisso-Preis als ein Beispiel einer *neuen kosmopolitischen Mehrsprachigkeit* („new cosmopolitan multilingualism") auffassen, wie David Gramling (2009: 338) bereits 2009 behauptete: „Though such strategies of recognition as the Adalbert von Chamisso Prize had spearheaded a magnanimous campaign on behalf of multicultural writers as early as the mid-1980s (Ackermann and Weinrich), it also institutionalized a monolingual line of cultural demarcation that passes today in some civic and academic spheres as common sense. Consequently, the other-language literary works of such latter-day canonical German writers as Aras Ören, Güney Dal, and Zafer Şenocak remain philological orphans, as they occupy an oblique position [...] to the ius linguarum logic of civic life".

Es sprengt den Rahmen des vorliegenden Beitrags, auf die gegensätzlichen Interpretationen der Rolle und der Funktion des Chamisso-Preises gründlich einzugehen. Eines lässt sich aber noch festhalten: Das Gewicht dieser literarischen Auszeichnung lag gerade darin, dass sich ihre ambivalente kulturelle Auswirkung an keine einheitliche Interpretation fesseln ließ. Ihr Aktionsradius eröffnete tatsächlich einen literarischen Raum, dessen Verortung im Spannungsfeld zwischen einer ein- und mehrsprachigen Vorstellung der Kultur, der Literatur und der Sprache immer wieder neu verhandelt wurde. Entlang dieses „back-and-forth movement", das Yildiz' (2012) „postmonolignual condition" bildet, zeigten scheinbar unverbrüchliche Konzepte in der Grenzziehung der Nationalliteratur ihre Unzulänglichkeit in den gegenwärtigen Gesellschaften. Und vielleicht ist gerade das Konzept von Nationalliteratur nicht mehr haltbar. Das ist aber noch eine andere Forschungsgeschichte.

Bibliographie

Biondi, Franco (1979): Nicht nur gastarbeiterdeutsch. Klein-Winternheim: Selbstverl.

Chiellino, Carmine (1984): Mein fremder Alltag. Kiel: Neuer Malik.

Chiellino, Carmine (o. J.): Was wird wohl bleiben? Eine vorläufige Bilanz. Unveröffentlicht.

Gramling, David (2009): The New Cosmopolitan Monolingualism. On Linguistic Citizenship in Twenty-First Century Germany. In: Die Unterrichtspraxis / Teaching German 42.2, S. 130–140.

Hofmann, Michael (2006): Interkulturelle Literaturwissenschaft. Eine Einführung. Paderborn: Fink.

Kegelmann, René (2010): Türöffner oder Etikettierung? Der Adelbert-von-Chamisso-Preis und dessen Wirkung in der Öffentlichkeit. In: Die Kunst geht auch nach Brot! Wahrnehmung und Wertschätzung von Literatur. Hg. v. Sylvie Grimm-Hamen u. Françoise Willmann. Berlin: Frank & Timme, S. 13–28.

Moníková, Libuše (1992): Ortsbestimmung. In: Tendenz Freisprache. Texte zu einer Poetik der achtziger Jahre. Hg. v. Ulrich Janetzki u. Wolfgang Rath. Frankfurt/ M.: Suhrkamp, S. 117–123.

Occhini, Beatrice (2020a): „Es [ist] offenbar leichter, einen neuen Staat als eine neue Literatur zu gründen". Der Adelbert-von-Chamisso-Preis als Konsekrationsinstanz. In: Literaturpreise. Geschichte und Geschichten. Hg. v. Christoph Jürgensen u. Antonius Weixler. Stuttgart: Metzler, S. 281–301.

Occhini, Beatrice (2020b): Der Adelbert-von-Chamisso-Preis im Spannungsfeld zwischen Inklusion und Exklusion. Von der Gründung bis zur Auflösung. In: literaturkritik.de (https://literaturkritik.de/public/rezension.php?rez_id=27137; letzter Zugriff: 28.3.2022).

Richter, Sandra (2017): Eine Weltgeschichte der deutschsprachigen Literatur. München: C. Bertelsmann.

Robert-Bosch-Stiftung (2016): Ziel erreicht – Robert Bosch Stiftung beendet Chamisso-Preis (https://www.bosch-stiftung.de/en/node/1424; letzter Zugriff: 28.3.2022).

Robert-Bosch-Stiftung (2017): Chamisso-Preis der Robert Bosch Stiftung 2017 an Abbas Khider verliehen, Förderpreise an Barbi Marković und Senthuran Varatharajah (https://www.bosch-stiftung.de/de/presse/2017/03/chamisso-preis-der-robert-bosch-stiftung-2017-abbas-khider-verliehen-foerderpreise; letzter Zugriff: 28.3.2022).

Röhrborn, Anne (2020): Der Adelbert-von-Chamisso-Preis: Die Programmatik und das kontroverse Ende im Spiegel kultureller Wandel. In: Literaturpreise. Geschichte und Geschichten. Hg. v. Christoph Jürgensen u. Antonius Weixler. Stuttgart: Metzler, S. 303–320.

Sepp, Arvi (2017): Ethik der Mehrsprachigkeit. In: Literatur und Mehrsprachigkeit. Ein Handbuch. Hg. v. Till Dembeck u. Rolf Parr. Tübingen: Francke, S. 53–66.

Sturm-Trigonakis, Elke (2007): Global playing in der Literatur. Ein Versuch über die Neue Weltliteratur. Würzburg: Königshausen & Neumann.

Trojanow, Ilija / Oliver, José F. A (2016): Ade, Chamisso-Preis? In: FAZ, 21. September 2016 (https://www.faz.net/aktuell/feuilleton/debatten/kritik-an-bosch-stiftung-ade-chamisso-preis-14443175.html; letzter Zugriff: 28.3.2022).

Weinrich, Harald (1986): Der Adelbert-von-Chamisso-Preis. In: Chamissos Enkel. Zur Literatur von Ausländern in Deutschland. Hg. v. Heinz Friedrich. München: dtv, S. 11–14.

Weinrich, Harald (2002): Chamisso, die Chamisso-Autoren und die Globalisierung. Stuttgart: Robert-Bosch-Stiftung.

Yildiz, Yasemin (2012): Beyond the Mother Tongue: The Postmonolingual Condition. New York, Fordham University Press.

Aus der Chamisso-Preis-Sammlung, Bestand „H. Chamisso Preis" (HCP) des Deutschen Literatur Archivs Marbach:

HCP 1985: Pressemitteilung, in *Preisverleihung (PV) 1985,* Kasten 2.

HCP 1994: Pressemitteilung, in *PV 1994,* Kasten 1.

HCP 1995: Heinz Friedrich, Vorrede, in *PV 1995,* Kasten 1.

HCP 1996: Pressemitteilung, in *PV 1996,* Kasten 1.

HCP 1999: Hans Meier, Begrüßung, in *PV 1999,* Kasten 1.

Geschichten aus der Fremde.
Sehnsucht, Isolation und Anpassung in den frühen Erzählungen Rafik Schamis

Irene Faipò (Heidelberg)

1. Einleitung

Vielleicht muss man einmal erfahren haben, was das heißt, Teil einer Minderheit zu sein, um ganz zu begreifen, wie das Zusammenleben unterschiedlicher Religionen und Kulturen funktionieren kann oder wann und warum es nicht funktioniert (Landolt 1997).

Rafik Schami, geboren am 23. Juni 1946 in Damaskus (Syrien), wurde bereits als Kind durch die Erfahrung geprägt, Teil einer Minderheit zu sein: Er wuchs in dem Bergdorf Malula als Mitglied der christlich-aramäischen Minderheit in Syrien auf. Doch es war die multikulturelle und seine Kindheit stark prägende Stadt Damaskus, die ihn zur Entscheidung bewegte, Erzähler zu werden. Damaskus' Reichtum an „Farben und Bildern" (Schami 2011a: 17) wirkte sich nicht nur auf Schamis Auffassung der Mündlichkeit aus, sondern auch auf seine Idee der Multikulturalität.

Zur arabischen Kultur gehört eine alte mündliche Erzähltradition, die Schami in der Geschichte *Sprich, damit ich dich sehe* detailliert beschreibt. Sein Großvater und seine Mutter waren zwar gute Erzähler, „[d]er wahren Erzählkunst" (ebd.: 103) begegnete er aber außerhalb des familiären Milieus. So berichtet der Autor von „[a]lten Männer[n] und Frauen, die weder schreiben noch lesen konnten", aber sie „erzählten so beeindruckend von den Helden ihrer Geschichten, dass [Erwachsene] weinten, lachten und staunend wie Kinder zuhörten" (ebd.). In dieser Hinsicht lässt sich festhalten, dass Schami die Mündlichkeit mit der orientalischen Erzähltradition identifiziert. Darüber hinaus übte die mündliche Erzählkunst einen starken Einfluss auf Schamis Schreibstil aus, weil seine Geschichten und Märchen sich mit Schachteln vergleichen lassen. Die Leserinnen und Leser können jede Schachtel öffnen, „um andere Schachteln darin zu entdecken" (ebd.: 123). Nachdem die Leserinnen und Leser die neuen Schachteln geöffnet haben, können sie diese schließen, um sich erneut mit den am Anfang geöffneten Schachteln zu beschäftigen. Die Technik der Verschachtelung lässt sich auch durch das Bild des Geschichten-Webens erklären. Beim Weben seines Erzählteppichs folgt der Erzähler zunächst „einem roten Ornament, wechselt [danach] zu einem grünen, kehrt für eine Weile zum ersten zurück", um anschließend „zu einem gelben Ornament" zu wechseln (ebd.: 124). Aus dieser Art des Erzählens entstehen „kleine und große Teppiche", die Schamis verschachtelten und miteinander verbundenen Geschichten gleichen. In diesem willkürlichen Gebrauch der Fantasie liegt wahrscheinlich der Grund, weshalb Kritiker und Rezensenten „keinen Begriff finden, der präzise definiert, was [Schami] macht": Das bestätigt, so der Autor, „wie schwer es im Zeitalter der Schrift ist, Begriffe für das Mündliche zu finden" (ebd.: 132).

Die Erinnerung an Damaskus steht bei Schami außerdem mit der Idee einer multikulturellen Gesellschaft in Verbindung: Wie er in einem Interview mit Franco Foraci (1995: 192) erklärt, ist sein „Leitbild [...] die Gleichheit aller Geschlechter und Ethnien und [er] fühl[t] [s]ich an der Seite der [...] Minderheiten am wohlsten". Nach Schami bedeutet Multikulturalität „ein Angebot der Menschlichkeit, des friedlichen Zusammenlebens, der Alternative" (ebd.) und findet eine visuelle Repräsentation in dem Bild des Flamencotanzes: „Frucht der Verschmelzung zwischen alten Sinti- und Roma-Völkern, Arabern, Juden und Andalusiern" (ebd.: 195).

In Schamis Texten sind auch die Begriffe Heimat, Identität und Minderheit von großer Bedeutung für eine multikulturelle Gesellschaft (vgl. Khalil 1994). Wie der Autor hervorhebt, ist der Begriff der Heimat nicht nur in „unserem Kopf" zu finden, sondern vielmehr „von der Erinnerung abhängig" (Foraci 1995: 193), denn Heimat stimmt häufig mit Freundschaft und Menschenliebe überein. Deshalb fühlt sich Schami immer dort zu Hause, wo „Anerkennung und [gegenseitige] Achtung" (Khalil 1994: 202) vorhanden sind. Genauso wie der Begriff der Heimat nicht territorial zu definieren ist, lässt sich auch die menschliche Identität nach Schami durch kulturelle Elemente kennzeichnen. Insofern plädiert der syrisch-deutsche Schriftsteller für das „Recht auf Anderssein" (ebd.: 203) jeder Kultur und weist zugleich darauf hin, dass Migranten in dem Anpassungsprozess ihre Wurzeln bewahren sollten. Die Assimilation der Migranten ist bei Schami negativ konnotiert, weil sie häufig mit einem Identitätsverlust in Verbindung steht.

Des Weiteren dient das „Aufeinander-Zugehen der Beteiligten" (Biondi et al., zit. nach Khalil 1994: 209) nach Schami als Basis für eine erfolgreiche Beziehung zwischen Minderheit und Mehrheit. Die Minderheit soll der Mehrheit Stücke ihrer kulturellen Identität anbieten, um dank der Künste und besonders der Literatur die internationale Kommunikation und den Kulturdialog zu fördern. Da Schami selbst die Erfahrung der Minderheit machte, war er Jahre später in der Bundesrepublik Deutschland in der Lage, sich als Teil „einer Minderheit in der Fremde" (Landolt 1997) schneller und besser anzupassen. Es ist genau dieses Erlebnis, das ihn von vielen seiner Schriftstellerkollegen unterscheidet, „die zum ersten Mal in ihrem Leben den Schock erleben, [...] nicht mehr dazuzugehören" (ebd.).

Mit seiner Übersiedlung nach Deutschland 1971 erlebte Rafik Schami eine Phase des literarischen Verstummens. Wie er in einem mit Franco Biondi verfassten Artikel erklärt (1981: 126), versucht „der Gastarbeiter zuerst mit seiner Identität klarzukommen", um danach seine Erfahrung zu vermitteln. Auf eine ähnliche Art und Weise äußert sich Schami (1998: 132) in einem späteren Gespräch mit Lerke von Saalfeld: „[Das Verstummen in der Fremde] ist eine Realität, hervorgerufen durch die Überraschung von allem Neuen und andererseits durch die Sprache". Deswegen nahm sich der Autor Zeit, um sich mit der deutschen Sprache vertraut zu machen: Er brauchte „Deutschkenntnisse als Ausrüstung im Kopf und auf der Zunge" (Schami 2011a: 130). Ab 1977 begann Schami, ausschließlich auf Deutsch zu schreiben. Seine Texte sind inzwischen in 29 Sprachen erschienen und er gilt als einer der bedeutendsten deutschsprachigen Autoren der Gegenwart. In der deutschen Sprache ist er „zum Schriftsteller geworden. Sie ist für [ihn] das Tor zur Welt" (Landolt 1997).

In dieser Hinsicht ist es von großer Relevanz für die gegenwärtige Migrationsliteraturforschung, einen von Schamis frühen Texten erneut zu untersuchen, um zu zeigen, dass er „heute wie 1980 [. . .] noch nichts an Aktualität verloren" (Schami 2011b: 219) hat. Nach Schami sei „nicht nur in Deutschland, sondern auf unserer Erde an der Beziehung zwischen Einheimischen und Fremden nichts besser" (ebd.) geworden. So beschäftigt sich diese Studie mit Schamis zum ersten Mal 1980 publizierter Geschichtensammlung *Die Sehnsucht fährt schwarz. Geschichten aus der Fremde*, um jene thematischen Kerne festzuhalten, welche die verschiedenen Phasen der Migrationserfahrung ausmachen.

2. Schwanken zwischen Sehnsucht und Isolation

In Deutschland arbeitete Schami von 1971 bis 1979 in Fabriken und war als Aushilfskraft in Kaufhäusern, Restaurants sowie auf Baustellen beschäftigt, um seinen Lebensunterhalt und das Studium der Chemie zu finanzieren (vgl. Esselborn & Henckmann 2017). In Anbetracht von Schamis Biografie lässt sich deshalb feststellen, dass er von dem Schicksal des Gastarbeiters aus eigener Erfahrung erzählt. Der Gastarbeiter verzehrt sich paradoxerweise vor Sehnsucht nach der Heimat, die ihn verjagte, und „die in der Isolation der Fremde widerspruchlose, idyllische Züge bekommt, da der Gastarbeiter im neuen Land keine Heimat findet" (Biondi & Schami 1981: 125).

Genau diese verzehrende Sehnsucht steht im Mittelpunkt der beiden Geschichten *Andalusien liegt vor der Tür* und *Die Sehnsucht fährt schwarz*. Der aus Andalusien stammende Juan arbeitete ununterbrochen seit seinem 15. Lebensjahr und wanderte Anfang der sechziger Jahre in die Bundesrepublik

Deutschland aus. Hier lernte er nicht nur fleißig Deutsch, sondern wurde auch zum Facharbeiter, indem er „sein technisches Wissen durch fieberhaftes Lesen" (Schami 2011b: 101) verbesserte. Außerdem erlangte er großes Ansehen unter Vorgesetzten und KollegInnen, die besonders „stolz" auf „‚ihre[n]' Ausländer" (ebd.) waren. Trotzdem ist er auch gegen die Qual der Sehnsucht nicht immun, weil Andalusien für ihn genauso wie für viele seiner Landsleute „immer weiter weg" (ebd.: 103) rückt.

Zu Juans Landsleuten zählt Ramon, der hoffnungslos von einer Pille gegen die Sehnsucht träumt: „Wie wäre es? Ein Schluck, und deine Leiden sind weg, Andalusien liegt bei dir im Bett!" (ebd.). Am Beispiel dieser melancholischen Figur, die ihre Sehnsucht mit einer Pille stillen möchte, zugleich aber weiß, dass solch ein Medikament nicht existiert, kann weiterhin der seelische Zustand der Ernüchterung festgehalten werden. So ist sich Ramon bewusst, dass es „was Neues [. . .] nicht geben [wird]. Nein, Andalusien wird nicht durch eine Pille herbeigeholt" (ebd.). Da sich die Rückkehr in die Heimat höchstwahrscheinlich nicht verwirklichen wird, werden die Gastarbeiter von Heimweh und Schwermut verzehrt, wie die Beschreibung eines Samstagabends in der Bahnhofskneipe deutlich zeigt: „Je mehr Bier in sie hineinfloss, desto mehr kam die Heimat heraus über ihre schweren Zungen [. . .]. Ein Hauch von Schwermut schwebte über dem Bierdunst" (ebd.: 107).

Auch Yunus, Hauptfigur der Geschichte *Die Sehnsucht fährt schwarz*, muss täglich gegen die Sehnsucht kämpfen. Während er mit Freunden am Bahnhof einen abfahrenden Zug nach Istanbul beobachtet, fantasiert er von seiner Rückkehr in die Heimat und dem Wiedersehen mit seiner Familie. In diesem Traum mit offenen Augen wird er auch samt seiner Sehnsucht metaphorisch gesehen schwarzfahren, denn „[d]ie Sehnsucht", wie Yunus bemerkt, „fährt immer schwarz, sie ist stärker als alle Grenzen und Kontrollen" (ebd.: 204). Schwarzfahren ist hier nicht nur als unrealisierbare Wunschvorstellung, sondern vielmehr als Heilmittel zu verstehen, das die Sehnsucht der Seele ein wenig zu stillen versucht. Die Farbe Schwarz fungiert darüber hinaus als Symbol des dunklen und einsamen Lebens der Gastarbeiter, dessen Endstation eine totale Entfremdung widerspiegelt, die von den Gesten von Yunus' Sohn verkörpert wird: Kemal „steht die ganze Zeit etwas abseits" und weint bitter, wenn Yunus ihn küsst, „weil der Bart des fremden Mannes ihn kratzt" (ebd.: 205 f.). Ähnlich wie in *Andalusien liegt vor der Tür* ist auch in *Die Sehnsucht fährt schwarz* eine Darstellung des Zustands der Ernüchterung zu finden. Insofern ist sich Yunus bewusst, dass eine Rückkehr in die Heimat für ihn finanziell nicht möglich ist: „Wenn ich in Izmir schlafen und hier arbeiten könnte – das wäre ein Leben" (ebd.: 203).

Obwohl die Sehnsucht im Zentrum der beiden Geschichten steht, unterscheidet sich *Andalusien liegt vor der Tür* von *Die Sehnsucht fährt schwarz* darin, dass hier der Kampf der Hauptfiguren um ein besseres und glücklicheres

Leben geschildert wird. Juans Entschlossenheit, eine Maschine zu erfinden, die „den Emigranten das Leben erleichter[t]" (ebd.: 114), repräsentiert den Wunsch der Gastarbeiter, die mit allen ihren Stärken gegen die Sehnsucht zu kämpfen versuchen, nach Veränderung und Verbesserung. Diese Erfindung übt zwar einen positiven Einfluss auf Juan aus, weil er „fröhlich und wie neugeboren" (ebd.: 118) aussieht und sich von der Arbeit emanzipiert – „keine Überstunden mehr [...], ich will ja auch leben" (ebd.: 104) –, es ist aber die Sehnsucht, die am Ende überwiegt. Sie ist so tief in Ramon gewurzelt, dass er die Maschine ohne Erlaubnis verwendet, die Kontrolle verliert und Juan umbringt. So lässt der Autor Juans Kampf scheitern, um die Tiefe der Sehnsucht in der menschlichen Seele abzumessen.

3. Der Prozess der Anpassung

Der von den Gastarbeitern erlebte Zustand der Ernüchterung führt im Laufe der Zeit zu einer sich in verschiedenen Formen präsentierenden „Beschäftigung mit dem Aufnahmeland" (Biondi & Schami 1981: 126). So fangen auch Migranten an, sich mit der Gastarbeiter- und Migrantenliteratur zu befassen, um ihre gegenseitigen Erfahrungen in der Fremde zu untersuchen. Im Hinblick auf Rafik Schamis frühes Werk war zwischen 1980 und 1981 die Gründung der Literaturgruppe *Südwind* und des *Polynationalen Literatur- und Kunstvereins* mit den Schriftstellerkollegen und Migranten Franco Biondi, Jusum Naoum und Suleman Taufiq von großer Relevanz.

Die skizzierte allmähliche Beschäftigung mit dem Aufnahmeland entspricht für die Migranten dem Beginn des Prozesses der Anpassung. Mit Prozess der Anpassung ist eine langsame Entwicklung gemeint, im Laufe deren sich die Migranten nicht nur darum bemühen, Sehnsucht und Isolation zu überwinden, sondern sich auch mit Diskriminierung, kulturellen Missverständnissen und Sprachschwierigkeiten eingehend beschäftigen.

In der Geschichte *Mehmet* wird der Prozess der Anpassung am Beispiel der beiden Themen des Andersseins und des schwierigen Zusammenlebens in der Fremde dargestellt. *Mehmet* beginnt mit einem ruhigen „Diaabend" bei einer deutschen Familie, die ihren Urlaub in der Türkei verbracht hat. Herr Heinz hat alles vorbereitet und kann die Spannung kaum aushalten, sodass er um neun Uhr pünktlich anfängt, seinen Gästen die Dias zu zeigen. Mit einem nur scheinbar unwichtigen Zwischensatz erklärt der Erzähler, dass Herrn Heinz' Tochter, Ramona, nicht anwesend sei, weil sie „bei einem Architekten eingeladen sei" (Schami 2011b: 76). So ist der Abend zwar ein gelungener, denn Herr Heinz erzählt von den „,einfachen gastfreundlichen Menschen' in der Türkei" (ebd.) und die Gäste sind amüsiert, aber plötzlich geschieht etwas

Unerwartetes: Ramona erscheint mit ihrem türkischen Freund Mehmet und zerstört das Gleichgewicht des gemütlichen Diaabends. Während die Eltern „die Gesichtsfarbe wechsel[n] und die Luft [anhalten] „ (ebd.), erinnern sich die Gäste plötzlich daran, „dass sie einen armen Hund und eine kranke Großmutter" (ebd.: 77) zu Hause haben.

Die Situation wird nicht nur für die Gäste, sondern vielmehr auch für Herrn und Frau Heinz unangenehm, weil sie mit der Beziehung ihrer Tochter nicht einverstanden sind. So fragt die Mutter irritiert: „Aber du wolltest doch zu Herrn Schneider gehen, Ramona???" (ebd.). Anstatt ihren Freund zu unterstützen, bittet Ramona „den verdutzten" (ebd.) Mehmet, sofort wegzugehen. So suggeriert der Autor, dass es ihr in diesem Moment schwerfällt, gegen ihre gesellschaftlich nicht konforme Entscheidung Widerstand zu leisten. In dieser Hinsicht sind für die Familie Heinz sowohl die Türkei als auch ihre Einwohner von der Ferne aus betrachtet zwar exotisch und interessant, sobald sich aber ein Türke ihrer Tochter annähert, wird er als *persona non grata* beinahe als Bedrohung empfunden. Mehmet wird einfach „übersehen" (ebd.), weil weder die Familie Heinz noch ihre Gäste seiner höflichen Entschuldigung für die Verspätung die geringste Aufmerksamkeit schenken. Sein Akzent signalisiert zudem, dass er Ausländer ist.

Es ist darüber hinaus hervorzuheben, dass Schami zwei Versionen für das Ende dieser Geschichte schreibt. In der ersten Version starrt Mehmet „wie betäubt die geschlossene Tür an" und „eine eisige Kälte" (ebd.) durchläuft seinen ganzen Körper. Aufgrund der erlebten Demütigung fühlt sich Anatolien plötzlich sehr nah an, denn Mehmet erinnert sich daran, dass die Leute in seinem Dorf „noch nie einen Gast vor die Tür gesetzt" hatten (ebd.: 78). In dieser Version des Endes wird eine prototypische und für die LeserInnen „erwartbare" Migrationserfahrung dargestellt. Der traditionelle Erwartungshorizont der Migrantenliteratur setzt voraus, dass der Migrant „sich zwischen den Stühlen zweier Kulturen sitzend fühlt" (Dörr 2006: 152) und dass er unter der Qual der Diskriminierung leiden muss. Es ist paradox: Erleidet der Migrant kein Trauma, so wirkt ein sich mit der Migration befassender literarischer Text nicht „autobiografisch" genug, weil weder „dieselbe Erfahrung" noch „eine Referenz auf interkulturelle Probleme" in den Vordergrund treten (ebd.). Insofern erweist sich die zweite Version des Endes, „meine Version" (Schami 2011b: 78), wie der Erzähler betont, aufgrund ihrer positiven Konnotation als untypisch. In dieser Version „pinkelt [Mehmet] durch den Briefkasten von Heinz' Haustür, atmet erleichtert auf" und trifft die Entscheidung, nie wieder eine Beziehung mit einer sich seiner schämenden Frau zu haben, die „mit ihm am ersten Abend Dias anschauen will" (ebd.). In Mehmets Gesten sind weder Verzweiflung noch Leiden zu sehen, denn er hat anders als Ramonas Eltern sein Anderssein bereits verinnerlicht und Frieden mit sich selbst gemacht: Er ist Türke, lebt in Deutschland und daran kann und will er nichts ändern. Der ironische Hinweis auf den langweiligen Diaabend ist schließlich ein Schamis Erzählstil kennzeichnendes Sprachmittel, mit dem es dem Autor gelingt, Mehmets unangenehme Erfahrung zu entdramatisieren.

In der Geschichte *Die gepanzerte Haut* berichtet Schami vom Scheitern des Anpassungsprozesses am Beispiel der beiden Hauptfiguren Hikmet und Ali, die sich aus unterschiedlichen Gründen in der neuen Heimat nicht wohlfühlen. Hikmet hat zwar die Türkei mit der Hoffnung verlassen, nur eine begrenzte Zeit in Deutschland zu bleiben, ist aber genauso wie viele andere Gastarbeiter nicht mehr in die Heimat zurückgekehrt: „Erst habe ich die Monate, dann die Tage gezählt, aber seit Jahren zähle ich nicht mehr" (ebd.: 133). Er ist scheinbar gut integriert, denn er hat eine Griechin geheiratet, mit der er „Kummer und Freude" geteilt hat (ebd.: 138), und „ein paar [deutsche] Freunde, echte Kumpel" (ebd.: 137) kennengelernt. Seine sehr offene Einstellung wird von der Aussage bestätigt, die Deutschen seien „so gut und so schlecht wie die Türken" (ebd.). Trotzdem stellt er häufig fest, dass die Deutschen ihn nicht wirklich verstehen: „Nicht meine Sprache, sondern meine Sache" (ebd.: 143) verstehen die Deutschen nicht, erklärt Hikmet. Insofern lässt sich festhalten, dass der Grund seiner gescheiterten Anpassung in der Stärke der Erinnerung liegt: „Sie schlägt mich aus dem Hinterhalt immer, wenn ich mich für kurze Zeit in diesem kalten Land zu Hause fühle" (ebd.: 133). Obwohl Hikmet ständig versucht, „die Erinnerung mit den neuen Eindrücken [zu] ersticken" (ebd.: 134) bleibt ihm Deutschland nach vielen Jahren immer noch fremd. Sein Fehler liegt nach Schami darin, dass er Anpassung mit Verdrängen verwechselt. Hikmet soll nicht seine Heimat vergessen, sondern Deutschland die Chance geben, seine neue Heimat zu sein. Nur auf die Art und Weise wird er sich allmählich integrieren können.

Ali Söray ist die zweite Hauptfigur der Geschichte. Er war Hikmets bester Kindheitsfreund in der Türkei, wurde aber von einem deutschen Paar adoptiert und änderte seinen Namen in Alibert Müller. So wurde er zum deutschen Staatsbürger und wuchs in einer reichen Familie auf, die ihm eine bessere Zukunft als seine armen Eltern geben konnte. Trotzdem ist er mit seinem Leben in Deutschland sehr unzufrieden. Als sich Ali und Hikmet zufällig auf der Hauptstraße einer deutschen Stadt treffen, teilt Ali seinem alten Freund mit, er „habe keine Freunde unter diesen Arschlöchern, [er] habe nur gelitten unter ihnen" (ebd.: 137). Im Laufe der Jahre entwickelte er Hass gegen seine Adoptiveltern, weil sie ihn „quält[en]" und „unbedingt aus [ihm] einen Deutschen machen [wollten]: „Kannst du dir vorstellen, wie es schmeckt, ewig nur belehrt zu werden?" (ebd.), fragt er Hikmet voller Wut. Aus dieser Perspektive befindet sich Ali in einer noch tragischeren Lage als sein Kindheitsfreund. Indem er auf seine türkische Identität verzichtet hat, war er außerstande, Wurzeln in der neuen Heimat zu schlagen. Deshalb fühlt er sich jetzt heimatlos und entwurzelt.

Dass Ali aufgrund der Adoption seine türkische Identität verdrängen musste, genügt nicht, um die drastische Entscheidung zu erklären, auf Ali Söray zu verzichten und nur Alibert Müller zu sein. Diese Entscheidung hat er allein getroffen und sie kann nur bedingt seinen deutschen Eltern zugeschrieben werden, was anhand der folgenden Schilderung von Alis Benehmen gegenüber Hikmet deutlich wird. Ali stellt seinen deutschen Freunden Hikmet als „ein Türke" (ebd.) vor, weil er verlegen ist und sich seiner schämt. In diesem Augenblick versteht Hikmet, „wie elend sich [Alis] Mutter gefühlt haben muss, als Ali sich ihrer schämte" (ebd.: 143). In dieser Passage bezieht sich Hikmet auf Alis Beschreibung des ersten Treffens mit seiner biologischen Mutter, zu dem er sich folgendermaßen äußerte: „Es war mir peinlich. Ich hatte Mitleid mit dieser armen Frau [. . .], aber was soll's, ich habe mein Leben und sie das ihre" (ebd.: 136).

Hikmet hat seine „Haut nach außen hin gepanzert" (ebd.: 137), um in der gehassten neuen Heimat zu überleben. Durch diese Panzerhaut kann keiner dringen, „nicht einmal die, die [ihm] diese Haut verpasst haben" (ebd.). Trotzdem hat ihm seine Schutzstrategie nicht geholfen, sich mit seinem Ich zu versöhnen, weil er keine Zugehörigkeit zu Deutschland spürt und sich wie „der unglücklichste Mensch" (ebd.: 138) der Welt fühlt. Die extreme Folge seiner Panzerhaut lässt sich am Beispiel der Schlussszene festhalten, in der sich Ali sogar bei einer Gruppe Neonazis anbiedert und in ihre laute Parole einstimmt. Das ist seine Art und Weise, mit einer fremden Welt umzugehen, die den Anderen schnell verletzt, wenn er nicht gut gepanzert ist.

Hikmet reagiert entsetzt auf Alis Verhalten und lässt ihn wütend im Stich. Hat er bisher versucht, verständnisvoll zu sein und sich an die Seite seines alten Freunds zu stellen, so muss er an diesem Punkt die Unmöglichkeit feststellen, die Vergangenheit zurückzuholen. Die idyllischen und idealisierten Erinnerungen an seine Kindheit hinderten ihn daran, sowohl Alis innere Tragödie wahrzunehmen als auch eine neue Heimat in Deutschland zu finden. Deswegen entsteht in ihm „eine brennende Wut" gegen seine „Feigheit, eine Illusion zu zerstören" (ebd.: 148). Gemeint ist hier die Illusion, sich in der Erinnerung zu verstecken, während das Leben weitergeht.

4. Schluss

In der 1996 als Teil des Nachworts zur Neuauflage von *Die Sehnsucht fährt schwarz* veröffentlichten Kurzgeschichte *Baladi* äußert sich Rafik Schami (2011b: 220) folgendermaßen über das Exil: „Exil ist eine gemeingefährliche Bestie. Sie tarnt ihre Mordlust mit Sanftheit und Melancholie [. . .]. Doch wer ihre Gefahren erkennt und sie vorsichtig dressiert, dem schenkt diese Bestie ein paar wundersame Augenblicke." Da Schami die Kunst erlernte, mit der bedrohlichen Bestie Exil umzugehen, war er in der Lage, weltweit mit seinen Geschichten ein Angebot der Multikulturalität zu verbreiten. So schenkte ihm das Exil eine „eine literarische Heimat" (ebd.: 220) und eine Zukunft als berühmter Erzähler. Wie der Autor erklärt, atme man in der Isolation frei: Man „erkundet seinen Weg, Schritt für Schritt, tastet sich vorsichtig wie ein Barfüßiger über den Boden in einer dunklen Nacht" (Schami 2011a: 130).

Dieser Beitrag verfolgte das Ziel, die beiden Themen „Schwanken zwischen Sehnsucht und Insolation" und „Prozesses der Anpassung" zu untersuchen, welche die Phasen der Migrationserfahrung widerspiegeln. So erzählt Schami in *Die Sehnsucht fährt schwarz* nicht nur von Heimweh, Einsamkeit und Diskriminierung, sondern vielmehr stellt er „ein Angebot der Menschlichkeit, des friedlichen Zusammenlebens, der Alternative" (Foraci 1995: 192) dar. Migranten sollten nach Schami ihre Hoffnung auf ein friedliches Zusammenleben nicht beiseitelegen und die innere Kraft finden, um die Isolation der Sehnsucht zu überwinden. Nur auf diese Art und Weise werden sie in der Lage sein, sich auf die Reise zur Integration zu begeben. Es sind nicht Assimilation und Verdrängung, sondern Offenheit und Respekt, die als Grundlage einer multikulturellen Gesellschaft dienen sollten. In dieser Hinsicht stellt Schamis *Die Sehnsucht fährt schwarz* eine Botschaft des Andersseins in allen Zeiten, Ländern und Kulturen dar und kann mit gutem Recht als Teil der Weltliteratur gelten.

Bibliographie

Biondi, Franco / Schami, Rafik (1981): Literatur der Betroffenheit. Bemerkungen zur Gastarbeiterliteratur. In: Zu Hause in der Fremde. Ein bundesdeutsches Ausländer-Lesebuch. Hg. v. Christian Schaffernicht. Fischerhude: Atelier im Bauernhaus.

Dörr, Volker C. (2006): „Gastarbeiter" vs. „Kanakstas": Migranten-Biographien zwischen Alterität, Hybridität und Transkulturalität. In: AutoBioFiktion. Konstruierte Identitäten in Kunst, Literatur und Philosophie. Hg. v. Christian Moser u. Jürgen Nelles.

Esselborn, Karl / Henckmann, Gisela (2017): Rafik Schami. Munzinger Online / KLG – Kritisches Lexikon zur deutschsprachigen Gegenwartsliteratur (http://www.munzinger.de/document/16000000485; letzter Zugriff: 28.3.2022).

Foraci, Franco (1995): Das Wort ist die letzte Freiheit, über die wir verfügen. En Gespräch mit dem syrischen Erzähler und Literaten Rafik Schami. In: Diskussion Deutsch 26, S. 190–195.

Khalil, Iman Osman (1994): Zum Konzept der Multikulturalität im Werk Rafik Schamis. In: Monatshefte 86.2, S. 201–217.

Landolt, Patrick (1997): Die Bestie Exil. Oder: Wie ich ein deutscher Dichter wurde – ein ZEIT-Gespräch mit Rafik Schami, der aus seiner Heimat Syrien geflohen ist. In: Die Zeit 34/1997.

Schami, Rafik (1998): Ein ehrlicher Lügner [Interview mit Lerke von Saalfeld]. In: Ich habe eine fremde Sprache gewählt. Ausländische Schriftsteller schreiben deutsch. Hg. v. Lerke von Saalfeld. Gerlingen: Bleicher, S. 29–56.

Schami, Rafik (2011a): Die Frau, die ihren Mann auf dem Flohmarkt verkaufte. Oder wie ich zum Erzähler wurde. München: Hanser.

Schami, Rafik (2011b): Die Sehnsucht fährt schwarz. Geschichten aus der Fremde. München: dtv [ursprünglich 1980].

Sprache und Autobiographie bei Emine Sevgi Özdamar

Silvia Palermo (Neapel)

1. Das Autobiographische in Özdamars Werken

In einem Interview, das Emine Sevgi Özdamar 2017 anlässlich ihres Besuchs in Neapel im Rahmen der Theaterreihe *Il Teatro cerca casa* gab (vgl. Bonadies 2017), bot die im Jahr 2022 mit dem Georg-Büchner-Preis ausgezeichnete türkisch-deutsche Schriftstellerin einen möglichen Schlüssel zu ihren Werken an und beantwortete die traditionelle Frage, die allen Schriftsteller*innen mit Migrationshintergrund gestellt wird: Wie viel Autobiographie steckt in ihren Werken?

Im Fall ihres ersten Romans *Das Leben ist eine Karawanserei, hat zwei Türen, aus einer kam ich rein, aus der anderen ging ich raus* (1992) räumte die Autorin ein, dass sie drei Seiten Notizen mit Kindheitserinnerungen hatte, die ihrerseits mit ihrer Mutter verbunden waren („im Bauch meiner Mutter"; „Soldaten im Zug" usw.), „aber", so die Schriftstellerin, „als der Schreibprozess begann, war die chronologische Reihenfolge dieser Erinnerungen umgekehrt, und die Soldaten erschienen zum Beispiel zuerst" (vgl. Bonadies 2017).

Bereits auf den ersten Seiten ihres zweiten Romans, *Die Brücke vom Goldenen Horn* (1998), lassen sich autobiographische Elemente erkennen, wie z. B. der Name der Straße, in der Özdamar gewohnt hat, aber auch Elemente, die das Ergebnis einer Erfindung sind, wie z. B. die hier beschriebene Bäckerei, d. h. sie entstehen in Bezug auf die skizzierte Figur unabhängig:

> Am Anfang ist immer das leere Blatt Papier, das sein eigenes Gedächtnis und seine eigenen Erinnerungen hat, so dass man in jedem Fall, ob auf der einen oder der anderen Seite, die Figuren hat, die erzählt werden und die ihre Geschichten erzählen wollen, ohne dass es von diesem Standpunkt aus einen Widerstand gibt. (vgl. Bonadies 2017)

In den ersten zwei genannten Romanen, die zusammen mit dem dritten Band *Seltsame Sterne starren zur Erde* (2003) die Trilogie *Sonne auf halbem Weg* (2006) bilden, bleibt die Protagonistin in der Tat durchgängig namenlos.[1] Nur

---

1 Wie Katharina Wagner (2019: 146) in ihrem Buch *Geboren im Fluss des Erzählens: Pikareske Schreibweisen in Romanen von Irmgard Keun, Irmtraud Morgner und Emine Sevgi Özdamar* ausführlich darlegt, fand der Germanist Norbert Mecklenburg (2007: 90) die Namenlosigkeit der Protagonistin in den ersten beiden Werken der Trilogie so unerträglich,

in *Seltsame Sterne starren zur Erde* wird die Ich-Erzählerin als „Türken-Emi" (Özdamar 2003: 183) und einmal als „Emine" (ebd.: 240) angesprochen. In anderen Werken Özdamars scheinen hingegen die autobiographischen Elemente weniger stark vertreten zu sein: Ein Beispiel hierfür ist das Theaterstück *Karagöz in Alamania. Schwarzauge in Deutschland* von 1980.

Man könnte sogar so weit gehen zu versuchen, das literarische Werk Özdamars als autobiographisches Kontinuum zu begreifen, das sich von einem Minimum bis hin zu einem Maximum autobiographischer Elemente erstreckt. Das Minimum könnte vom bereits erwähnten *Karagöz in Alamania* sowie von dessen idealer Fortsetzung, *Keloğlan in Alamania, die Versöhnung von Schwein und Lamm* von 1991, besetzt werden. Das autobiographische Maximum würde von ihrem letzten Theaterstück, *Sterben in der Fremde* von 2011, dargestellt. Zwischen diesen beiden Polen würden die Trilogie-Romane, die Erzählungen und wohl auch ihr neuer Roman, *Ein von Schatten begrenzter Raum,* der im Oktober 2021 erschienen ist,[2] einen Platz im autobiographischen Kontinuum einnehmen.

Wer sich – als Übersetzer*in und/oder Linguist*in – mit Özdamars Sprache auseinandersetzt, wird sich also früher oder später fragen, ob es einen Zusammenhang zwischen dem jeweiligen autobiographischen Anteil in Özdamars Werken und der Sprache gibt, die sie in diesen verwendet. In diesem Beitrag wird die These aufgestellt, dass die sprachlichen Instrumente, die Özdamar einsetzt, dort am stärksten aufzufinden sind, wo das Autobiographische selten ist: Wenn hingegen die autobiographische Erzählung explizit und unverblümt daherkommt, setzt Özdamar die wenigsten sprachlichen Instrumente ein. Diese These soll an einigen Beispielen aus Özdamars Werk belegt werden.

2. Die Sprache der Frühwerke

Es gibt eine sehr reichhaltige Forschung, die sich insbesondere mit Özdamars Sprache beschäftigt. In Bezug auf Özdamars Werk war sogar die Rede von einer „inhaltlichen Omnipräsenz des Sprachthemas" (Güde 2011: 22). Unter den sprachlichen Instrumenten, die sie in ihren Schriften verwendet und die die

---

dass er sich selbst zum Autor machte und ihn selbst hinzufügte: „Dieser autobiographische Roman [*Karawanserei*] handelt von Kindheit und Jugend eines türkischen Mädchens – nennen wir es einfach Sevgi – in den fünfziger und sechziger Jahren". Ein Jahr später war Mecklenburg (2008: 515) der Meinung, dass Özdamars anderer Vorname (Emine) besser geeignet sei.

2   Dieses von der Kritik allgemein gepriesene Werk wurde bereits im November 2021 mit dem Bayerischen Buchpreis ausgezeichnet.

Forschung nach und nach identifiziert hat, findet man (in bewusst ungeordneter Reihenfolge): Rätsel, Umschreibungen, Sprachspiele, *Code-Switching* und *Code-Mixing*, Onomatopöien, Assonanzen, Sprachvarietäten, Sprichwörter, Redewendungen und Sentenzen, Homophonien und Homographien, Tropen, Mehrsprachigkeit, Polysemie, Lieder, Märchen, Mimikry, Übersetzungen aus dem Türkischen, Gastarbeiterdeutsch (GAD), Interkulturalität und Transkulturalität, die arabische Sprache, Theatertexte, Einflechtungen von Koransprüchen, Metaphern, Werbeslogans, Schlagzeilen, okkasionelle Komposita und Anthropomorphisierungen.[3]

In *Karagöz in Alamania. Schwarzauge in Deutschland* erzählt Özdamar die Geschichte eines Bauern, dessen Name Karagöz (türkisch für „schwarze Augen") an eine typische Figur der türkischen „Schattentheater"-Tradition erinnert. Karagöz, begleitet von dem treuen und weisen Esel Semsettin, verlässt ein Dorf in der Türkei, um nach „Alamania"/Deutschland zu gehen und dort Arbeit zu suchen. Nach vielen Abenteuern, verschiedenen Begegnungen auf dem Weg und unzähligen Versuchen, die Grenze zu überqueren, um nach Deutschland zu gelangen, gelingt ihm dies.

Obwohl Özdamar mit Karagöz die Migrationserfahrung teilt, sind die autobiographischen Elemente in diesem Werk ansonsten sehr spärlich vertreten. Dafür werden die sprachlichen Instrumente in diesem Theaterstück mit am stärksten eingesetzt. Nur ein Beispiel dafür:

> [. . .] Der Esel hätte ihn runtergeworfen,
>
> da fragte der Bauer ihn ein Rätsel:
>
> „Ich habe es auf der Straße gekauft.
>
> Es war eins.
>
> Ich habe es nach Hause gebracht.
>
> Er wurde Tausend.
>
> Was ist das?"
>
> Der Esel unter ihm antwortete: „Läuse."
>
> „Du Narr", sagte der Bauer, „wie können es Läuse sein? (Özdamar 2006 [1990]: 52 f.)

In der etwas altertümlichen Bezeichnung des Esels als „Narr" – homophon mit türkisch *nar* (Granatapfel) – ist bereits die Antwort auf das Rätsel gegeben, das der Bauer dem Esel stellt, nämlich der Granatapfel. Hier handelt es sich

---

3   Einige davon wurden in Palermo (2014) unter dem Gesichtspunkt der Übersetzung in eine dritte Sprache, die italienische, näher analysiert.

um eine künstliche und versteckte Homophonie zwischen dem Türkischen und dem Deutschen.

Keloğlan in Alamania, die Versöhnung von Schwein und Lamm von 1991 handelt von einem türkischen Jungen, dessen Name Keloğlan (türkisch für „Glatzkopf") an die Figur des törichten, aber oft auch listigen und witzigen jungen Mannes aus türkischen Märchen und der Kinderliteratur erinnert. Keloğlan ist in Deutschland aufgewachsen, und das Theaterstück beginnt, als der junge Mann kurz vor der Volljährigkeit steht. Die Handlung spielt sich innerhalb eines Zeitraums von zwölf Stunden ab, in denen Keloğlan mit Hilfe seiner Mutter Kelkari und seiner treuen Katze Tekir verzweifelt nach einem Job oder einer Frau oder nach beidem sucht, damit er nach den deutschen Ausreisegesetzen nicht abgeschoben wird, sobald er achtzehn wird.

Selbstverständlich teilt Özdamar auch mit der Hauptfigur in *Keloğlan* die Migrationserfahrung (vgl. hierzu auch Meyer 2021: 123–170). Anders als Karagöz und anders als Özdamar ist Keloğlan aber in Deutschland aufgewachsen: Die autobiographischen Elemente sind hier dementsprechend gering.

Sprachlich sind besonders *Code-Switching* und *Code-Mixing*, beide typisch für die mündliche Sprache von Migranten, im folgenden Beispiel zu finden:

Kᴇʟᴋᴀʀɪ Keloğlan, bak sana dört defadir fragen yapiyorum.

Wo ist senin Pantolonun?

Tᴇᴋɪʀ *übersetzt* Keloğlan, Ich frage dich zum vierten Mal:

Wo ist deine Hose?

Kᴇʟᴏ̆ɢʟᴀɴ Sie hat mich verlassen

Kᴇʟᴋᴀʀɪ Schnell, Zeit gidiyor, geh git Brautsuchen yap!

Kᴇᴋɪʀ Du hast wohl verstanden, du musst auf Brautsuche gehen. (Özdamar 2005 [1991]: 31 f.)

Im ersten türkischen Satz der Mutter taucht das deutsche Verb *fragen* auf. Im zweiten Satz („Schnell, Zeit gidiyor, geh git Brautsuchen yap!") finden sich die deutschen Wörter *schnell, Zeit, geh* und *Brautsuchen*. Für einige dieser Beispiele könnte man allerdings eher von *Ad-hoc-Entlehnungen* als von *Code-Mixing* sprechen.[4]

---

4 Zur umstrittenen Unterscheidung zwischen Code-Mixing und Ad-hoc-Entlehnungen siehe insbesondere Muysken 2000: 244 und Gümüşoğlu 2010.

3. Die Sprache der Romantrilogie

Anders als die zwei bisher angesprochenen Theaterstücke sind die drei Romane Özdamars, die in der Trilogie *Sonne auf halbem Weg* zusammenkommen, stark autobiographisch gefärbt. Der erste Roman, *Das Leben ist eine Karawanserei* von 1992, handelt von Kindheit und Jugend der Protagonistin in der Türkei. An dessen Ende steht ihr Aufbruch nach Berlin. Der zweite Roman, *Die Brücke vom Goldenen Horn* von 1998, bildet die Fortsetzung und beschreibt den ersten Aufenthalt der Protagonistin als „junge" Gastarbeiterin Anfang der 60er-Jahre in Berlin und ihre Rückkehr nach Istanbul in den Jahren 1967 bis 1975. Am Ende des Romans begibt sich die Hauptfigur erneut nach Deutschland. *Die Brücke vom Goldenen Horn* stellt ihre Entwicklung und ihre politische Bewusstseinswerdung dar. Im dritten, 2003 erschienenen Roman *Seltsame Sterne starren zur Erde* wird die Geschichte der Protagonistin in den Jahren 1976/1977 zwischen West- und Ost-Berlin erzählt.

Auch in diesen Trilogie-Romanen verwendet Özdamar viele der obengenannten sprachlichen Instrumente: Diese prägen aber die Sprache der deutlich längeren Texte der Romane viel weniger, als dies in den zwei ersten Theaterstücken der Fall war. Eine Stelle aus dem Roman *Die Brücke vom Goldenen Horn* kann dafür beispielhaft sein:

> In der Stresemannstraße gab es damals, es war das Jahr 1966, einen Brotladen, eine alte Frau verkaufte dort Brot. Ihr Kopf sah aus wie ein Brotlaib, den ein verschlafener Bäckerlehrling gebacken hatte, groß und schief. Sie trug ihn auf den hochgezogenen Schultern wie auf einem Kaffeetablett. Es war schön, in diesen Brotladen hineinzugehen, weil man das Wort Brot nicht sagen musste, man konnte auf das Brot zeigen. Wenn das Brot noch warm war, war es leichter, die Schlagzeilen aus der Zeitung, die draußen auf der Straße in einem Glaskasten hing, auswendig zu lernen. Ich drückte das warme Brot an meine Brust und meinen Bauch und trat mit den Füßen wie ein Storch auf die kalte Straße. Ich konnte kein Wort Deutsch und lernte die Sätze, so wie man, ohne Englisch zu sprechen, „I can't get no satisfaction" singt. Wie ein Hähnchen, das Gak gak gak macht. (Özdamar 1998: 11)

In diesem Text lassen sich zunächst einige Metaphern und eine Onomatopöie identifizieren. Wenn wir aber die Überschrift des Kapitels „Der beleidigte Bahnhof" und „Die langen Korridore des Frauenwonayms" genau analysieren, können auch eine Polysemie und eine Homophonie identifiziert werden. Die Polysemie des türkischen Begriffs „zerbrochen" auf der lexikalischen Ebene wurde schon von Brunner hervorgehoben (2003: 123).[5] Dazu gesellt sich die von Özdamar erschaffene künstliche Homophonie des Wortes *Wonaym*.

---

5 Brunner (2018: 61–68) analysierte auch sorgfältig den Zweitspracherwerb der Protagonistin in *Die Brücke vom Goldenen Horn*.

4. Mutterzunge

Wenn man über das Verhältnis von Sprache und Autobiographie in Özdamars Texten reflektiert, werden viele zunächst an die Erzählung *Mutterzunge* von 1990 denken. Zu Recht, denn diese Erzählung ist der am meisten gelesene, übersetzte, studierte und im Detail analysierte Text Özdamars. Ich werde nur auf den ersten Satz der Erzählung eingehen: „In meiner Sprache heißt Zunge: Sprache" (Özdamar 2006 [1990]: 7). Hier wird die Zunge, ein intimer Körperteil, in „Sprache" übersetzt. Özdamar nimmt die Zweideutigkeit des türkischen Wortes „dil" (Zunge als Körperteil und Zunge als Sprache) zum Anlass, auf den Körper der Sprache hinzuweisen. Die Wahl dieser Aussage, die eine Verbindung zwischen Zunge und Sprache aufzeigt, geschieht sicherlich nicht zufällig. Sie weist auf den existentiellen Charakter der Sprache der Autorin und ihrer Ich-Erzählerin hin.

5. Sterben in der Fremde

Das zuletzt veröffentlichte Theaterstück *Sterben in der Fremde* von 2011 beginnt und endet auf einer einsamen türkischen Insel nicht weit von der griechischen Insel Lesbos, wo die Hauptfiguren Sevgi und ihr Mann Karl den Sommerurlaub verbringen. Gedanken über den Tod von Flüchtlingen im Mittelmeer, die versuchen, die EU in ihren „Totenbooten" zu erreichen, das Verenden von Tieren wie Delfinen und Fliegen auf der Insel, die dreimal aufgetretene Krebskrankheit von Karl sowie der Tod vieler türkischer Freund*innen, die sich in die ganze Welt zerstreut hatten, werden in diesem Theaterstück miteinander verbunden.

In *Sterben in der Fremde* ist die Identifikation zwischen Figuren und autobiografischen Elementen extrem ausgeprägt. Neben den zwei Hauptfiguren *Sevgi* und *Karl* kommen auch *Maria* (Sevgis Freundin, „eine tolle Professorin für Germanistik"), *Rainer* (Karls Bruder), *Helene* (Rainers Frau) und weitere Figuren vor. Die Sprachspiele verschwinden in *Sterben in der Fremde* und überlassen das Feld dem autobiografischen Element in seiner Härte und Rauheit, wie in den nächsten zwei ausgewählten Passagen deutlich zu sehen ist (5a und 5b):

5a)

KARL Guck mal, ich habe keine Brustwarzen mehr.

GLANZ MUSTAFA Was braucht denn ein Mann Brustwarzen? Du bist ja kein Weib!

ZELIHA Hast du Krebs gehabt, Karl Bey?

SEVGI Ja, an beiden Brüsten. Aber er hat Glück gehabt.

KARL Sevgi hat das rechtzeitig entdeckt.

ZELIHA Ach, deshalb wart ihr vorigen Sommer nicht hier.

GLANZ MUSTAFA *tastet seine Brüste* Das habe ich noch nie gehört, dass ein Mann Brustkrebs hat.

KARL Das gibt es, Glanz Mustafa. Nicht so häufig wie bei Frauen, aber es gibt es. (Özdamar 2011: 10 f.)

5b)

3. Szene

MARIA Suchst du den Flaschenöffner? Sag mal, was ist mit Karl?

SEVGI Karl hat seinen dritten Krebs. Seit zwei Jahren gehen wir von einem Krebs in den nächsten.

MARIA Sag mal. (ebd.: 24)

Wenn Özdamar eines ihrer sprachlichen Instrumente wie die Nutzung türkischer Ausdrücke in diesem Werk einsetzt, bekommen diese eine konkrete Bedeutung. Im nächsten Beispiel greift Özdamar wieder auf das Wortpaar „Tamam mı? – Tamam" (Ok? – Ok) zurück, das bereits unter anderem in *Die Brücke vom Goldenen Horn* als langes Sprachspiel benutzt wurde (Özdamar 1998: 18). Hier hingegen verliert dieses Wortpaar jede spielerische Funktion:

5c)

SEVGI Zeliha, ich hab dir die Entzündungssalbe mitgebracht. Schau, erst musst du mit dem hier deine Daumen desinfizieren, dann mit der Salbe dünn bestreichen. Tamam mi?

ZELIHA Tamam. Danke, Sevgi hanim.

SEVGI Wie viele Hühner habt ihr?

ZELIHA Vierzig, fünfzig.

SEVGI Warum hinkt das da? (Özdamar 2011: 9)

Ein seltenes Wortspiel finden wir in *Sterben in der Fremde* erst in der zweiten Hälfte, wenn die Hauptfiguren Sevgi und Karl die Bühne verlassen, um dem verstorbenen Schauspieler Backenegger, Aladin mit der Wunderlampe und dem Tod höchstpersönlich Platz zu machen.

5d)

ALADIN Herr Backenegger, Sie sind ein feiner Mensch. Sehen Sie diese Lampe hier? Das ist eine Wunderlampe. Haben Sie einen Wunsch?

BACKENEGGER Ach, Wunsch, was für ein schönes Wort! Wissen Sie, Herr Aladin, ich war immer ein ängstlicher Mensch. Jetzt, wo ich tot bin, jetzt will ich einmal mutig sein.

ALADIN Herr Backenegger, reiben Sie an der Lampe, sagen Sie Ihren Wunsch.

BACKENEGGER Wunderlampe, Wunderlampe, ich wünsche mir, den Tod zu sehen.

Paff puff.

DER TOD Herr Backenegger, haben Sie mich gerufen, ich bin der Tod, bin aber nicht tot, ich bin aber der Tod. (ebd.: 38 f.)

In diesem phantastischen Zusammenhang kann wieder ein Sprachspiel (Homophonie: *Tod*, *tot*) stattfinden, das aus den realistischen Szenen in der ersten Hälfte verbannt war.

6. Zwischenbilanz

In diesem Beitrag wurde die Frage gestellt, ob es einen Zusammenhang zwischen dem jeweiligen autobiographischen Anteil in Özdamars Werken und der Sprache gibt, die sie in diesen verwendet. Dabei wurde versucht, ihre wichtigsten Werke als Teil eines autobiographischen Kontinuums zu betrachten. Je stärker die autobiographischen Elemente vertreten sind, desto seltener scheinen Özdamars Spiele mit der Sprache vorhanden zu sein. Eine erste, noch nicht abgeschlossene Untersuchung des neuen Romans scheint dies zu bestätigen.

Bibliographie

Bonadies, Ileana (2017): E se Ulisse fosse donna? Intervista a Emine Sevgi Özdamar. In: News and Coffee, 11. Mai 2017 (www.newsandcoffee.it/3761-2; letzter Zugriff: 28.3.2022).

Brunner, Maria E. (2003): Literarische Mehrsprachigkeit und Transkulturalität. Der Dialog zwischen den Kulturen und das Echo von Mimikry und sprachlicher Hybridität im Werk deutsch-türkischer Autorinnen. In: Linguistica Antverpiensia, New Series – Themes in Translation Studies 2, S. 115–128.

Brunner, Maria E. (2018): „„Bis diese Wörter aus deinem Land aufgestanden und zu meinem Land gelaufen sind, haben sie sich unterwegs etwas geändert."„

Überlegungen zur transnationalen und postmodernen Gegenwartsliteratur. Würzburg: Königshausen & Neumann.

Güde, Elisabeth (2011): Zur Poetik der Sprachmischung bei Emine Sevgi Özdamar – Eine Spurenlese. In: Alman Dili ve Edebiyatı Dergisi / Studien zur deutschen Sprache und Literatur 2/26, S. 21–39.

Gümüşoğlu, Turgut (2010): *Sprachkontakt und deutsch-türkisches Code-Switching.* Eine soziolinguistische Untersuchung mündlicher Kommunikation türkischer MigrantInnen. Frankfurt/M. u. a.: Peter Lang.

Kabić, Slavija (2017), Frausein und Fremdsein. „Autobiographisches" Erzählen bei Dubravka Ugrešić und Emine Sevgi Özdamar. In: Frauen unterwegs. Migrationsgeschichte in der Gegenwartsliteratur. Hg. v. Andrea Horváth u. Karl Katschthaler. Wien: new academic press, S. 175–196.

Mecklenburg, Norbert (2007): Karnevalistische Ästhetik des Widerstands. Formen des Gesellschaftlich-Komischen bei Emine Sevgi Özdamar. In: Peter Weiss Jahrbuch 16, S. 85-102.

Mecklenburg, Norbert (2008): Das Mädchen aus der Fremde. Germanistik als interkulturelle Literaturwissenschaft. München: Iudicium.

Meyer, Christine (2021): Özdamar's *Keloglan in Alamania*: The National Tradition Tested by Diversity. In: Questioning the Canon. Counter-Discourse and the Minority Perspective in Contemporary German Literature. Berlin / Boston: de Gruyter, S. 123–170.

Muysken, Pieter (2000): Bilingual Speech. A Typology of Code-Mixing. Cambridge: Cambridge University Press.

Özdamar, Emine Sevgi (2006 [1990]): Mutterzunge. Berlin: Rotbuch.

Özdamar, Emine Sevgi (2005 [1991]): Keloğlan in Alamania, die Versöhnung von Schwein und Lamm. Frankfurt/M.: Verlag der Autoren.

Özdamar, Emine Sevgi (1992): Das Leben ist eine Karawanserei hat zwei Türen aus einer kam ich rein aus der anderen ging ich raus. Köln: Kiepenheuer & Witsch.

Özdamar, Emine Sevgi (1998): Die Brücke vom Goldenen Horn. Köln: Kiepenheuer & Witsch.

Özdamar, Emine Sevgi (1999): Der Hof im Spiegel. Erzählungen. Köln: Kiepenheuer & Witsch.

Özdamar, Emine Sevgi (2003): Seltsame Sterne starren zur Erde. Wedding – Pankow 1976/77. Köln: Kiepenheuer & Witsch.

Özdamar, Emine Sevgi (2006): Sonne auf halben Weg: die Istanbul Berlin Trilogie. Köln: Kiepenheuer & Witsch.

Özdamar, Emine Sevgi (2010): Perikızı. Ein Traumspiel. In: Theater Theater. Aktuelle Stücke 20/10. Odyssee Europa. Hg. v. RUHR.2010, Uwe B. Carstensen u. Stefanie von Lieven. Frankfurt/M.: Fischer, S. 271–336.

Özdamar, Emine Sevgi (2011): Sterben in der Fremde. Frankfurt/M.: Verlag der Autoren.

Özdamar, Emine Sevgi (2021): Ein von Schatten begrenzter Raum. Berlin: Suhrkamp.

Palermo, Silvia (2014): Werkstattbericht einer deutsch-italienischen Übersetzerin. In: Deutsch-Italienische Kulturbeziehungen als Seismograph der Globalisierung in Literatur, Übersetzung, Film, Kulturarbeit und Unterricht. Hg. v. Maria E.

Brunner, Nicoletta Gagliardi u. Lucia Perrone Capano. Würzburg: Königshausen & Neumann, S. 225–236.

Palermo, Silvia (2020): Il Sogno del teatro in Emine Sevgi Özdamar. In: Ritratti di scrittrici tedesche. Hg. v. Ulrike Böhmel Fichera / Paola Paumgardhen. Acireale-Roma: Bonanno Editore, S. 177–185.

Palermo, Silvia (2021): Il ricordo della Prima Guerra Mondiale e del genocidio degli armeni nell'opera di Emine Sevgi Özdamar. In: TRANS 24: 1918. Zusammenbrüche, Revolutionen, Transformationen in Zentraleuropa zwischen Geschichte und Literatur. Hg. v. Alessandra u. Giovanni Schininà (https://www.inst.at/trans/24/; letzter Zugriff: 28.3.2022).

Wagner, Katharina (2019): Geboren im Fluss des Erzählens. Pikareske Schreibweisen in Romanen von Irmgard Keun, Irmtraud Morgner und Emine Sevgi Özdamar. Würzburg: Königshausen & Neumann.

Heimkommen ins „Altneuland".
Transkulturelle Aspekte in der Lyrik Manfred Winklers

Monica Tempian (Wellington)

„Was bleibt von den Jeckes?", fragt Anja Siegemund (2016: 483) im Nachwort des Bandes *Deutsche und zentraleuropäische Juden in Palästina – Kulturtransfers, Lebenswelten, Identitäten*. Mit ihrer Frage erfasst Siegemund ein zentrales Merkmal der „Jeckes", da sie ihnen eine Zukunft nur dann einräumt, wenn „das Sinnbild der Bindestrichidentität" als „Kernmerkmal des früheren deutschen Judentums" auch als ihr Erbe gelte (ebd.: 490). Aus dieser Perspektive kann die Literatur der Jeckes-Generationen, die mit der fünften Alijah (1932–1939) beginnt und mit der Auflösung des Verbandes Deutschsprachiger Schriftsteller in Israel im Jahr 2005 in die gegenwärtige residuale Phase mündet, als palästinensisch-israelische Variante deutsch-jüdischer Literatur verstanden werden, mithin als „Zwischenliteratur" jenes Bindestrich-Schrifttums, in dessen Kontinuität sie steht (Kilcher 2002: 138; Kühne 2015: 205 ff.).

Gegenwärtig steht die nähere Verortung der deutschsprachigen Gegenwartsliteratur in Israel/Palästina sowie die Erschließung der Verflechtungs- und Trennungsgeschichten dieser Literatur im Zentrum des sich neu profilierenden Bereichs der German-Hebrew Studies. Literaturwissenschaftler*innen versuchen, diesem komplexen Phänomen unter dem Stichwort „German-Hebrew dialogue" oder „German-Hebrew contact zone" einen mehrschichtigen analytischen Rahmen zu bieten und fordern beispielsweise, die Literatur der Jeckes „gleich in zwei Literaturgeschichten sichtbar" zu machen (Poppe 2014: 273).[1]

Dieser neuen, auf literarische Beziehungsphänomene fokussierten Forschungsrichtung schließt sich auch der vorliegende Beitrag an, dessen Augenmerk dem Lyriker und Übersetzer Manfred Winkler gilt – in Europa bekannt als führender Autor des Jerusalemer Dichterkreises LYRIS und als „Nachfolger

---

1 Mit den jüngst publizierten Ergebnissen des Forschungsprojekts „Verzeichnis der in Palästina/Israel veröffentlichten Schriften deutsch-jüdischer Immigranten in deutscher Sprache" (Kilcher & Edelmann-Ohler 2017) liegen nun eminent wichtige Vorarbeiten für eine Kartierung der deutschsprachigen Literatur Mandats-Palästinas und Israels vor. Das verdienstvolle Projekt verzeichnet allerdings lediglich die in Palästina/Israel erschienenen deutschsprachigen Publikationen, nicht auch jene außerhalb Palästinas/Israels. Eine Gesamtdarstellung der deutschsprachigen Literatur Palästinas/Israels bleibt daher weiterhin ein wesentliches Desiderat für die Forschung.

Paul Celans" (Martin 2007), in Israel wiederum als Empfänger des Preises des Israelischen Ministerpräsidenten für Lyrik im Jahre 1999. Ziel des Beitrags ist es, ein möglichst breites Spektrum des grenzüberschreitenden, lyrisch vernetzten Schreibens Winklers zu erfassen und dabei die dialogische Grundstruktur und die transkulturelle Dimension seiner Schreibweisen ins Licht zu rücken. Die Perspektivierung dieses Beitrags entlang des Transkulturalitätsparadigmas ist keineswegs zufällig, sondern gründet auf der Beobachtung, dass Leitbegriffe wie „Vernetzung", „Grenzüberschreitung", „Dialogizität", „Permeativität" und „Hybridität" Winklers Schreibpraktiken am unmissverständlichsten zu fassen vermögen. Seine Lyrik, so meine These, gestaltet hybride Selbstentwürfe jenseits verabsolutierender Gewissheiten und trägt der Positionierung des Ich im „in-between" kulturell etablierter Ordnungsmuster Rechnung, ganz im Sinne jener Transkulturalitäts- und Hybriditätstheorien, die den Zustand eines „dritten Raumes" postulieren, in dem Identitäten jenseits oppositioneller, homogen und monolithisch aufgefasster Kulturen denkbar werden (Welsch 1992; Bhabha 2000; Ortiz 2015). Dieser „in-between-space" ist stets bedeutsam in Winklers Schreibpraxis und wird durch unterschiedliche transkulturelle Verfahren realisiert: durch eine suggestive Bildlichkeit, die mit räumlichen und zeitlichen Verschiebungen und Überlappungen spielt, und damit dichotomisierende Zuschreibungen von „eigen" und „fremd" aufbricht; durch eine Metaphorik der „Bewegung", des „Unterwegs-Seins", die jegliche Form endgültiger Selbstverortung *ad infinitum* hinausschiebt; durch eine transkulturelle Intertextualität, die das Aufrufen unterschiedlicher literarischer Traditionen ermöglicht; durch eine Mehrsprachigkeit und Sprachsimultaneität, die zu einer Neuverortung des Subjekts als „sich in Übersetzung befindend" führen.

Die Lebensgeschichte des 1922 in Putila in der habsburgisch geprägten Bukowina geborenen Autors Manfred Winkler, der während der russischen, deutschen und rumänischen Judenverfolgungen ins Arbeitslager und anschließend ins kommunistische Rumänien deportiert wurde, von wo er 1959 nach Israel übersiedelte, war geprägt von Flucht, Vertreibung und Emigration, von Übergängen und Grenzüberschreitungen im unruhigen Suchen nach Geborgenheit, Nähe und Gemeinsamkeit, und von fortdauerndem Dichten in mehreren Sprachen. Als er am 12. Juli 2014 im Alter von 92 Jahren in Jerusalem starb, lagen acht Lyrikbände in deutscher Sprache vor, weitere vier in hebräischer Sprache und zwei Bände in englischer Übersetzung, zahlreiche Selbst-Übersetzungen sowie Übersetzungen aus dem Deutschen (u. a. Paul Celan), Hebräischen (u. a. Yehuda Amichai, Dan Pagis), Jiddischen, Rumänischen und Ukrainischen – ein umfangreiches Werk, dessen unverwechselbare Eigenart in seiner für die deutsche Literaturgeschichte einmaligen Zusammenschau der mittelosteuropäischen und orientalischen Kulturräume liegt. Die Thematik des Werkes Winklers entspringt seiner reichen, verinnerlichten Lebenserfahrung. Wanderschaft, Selbstsuche und das geistige Unterwegs-Sein in der Sprache, die

Bewältigung disparater Wirklichkeiten und die Gleichzeitigkeit unterschiedlicher Lebensvorgaben sind dominante Themen des von der plurikulturellen
Bukowiner Landschaft stark geprägten, infolge wiederholter Ortswechsel aber
sprachlich noch vielfältiger sozialisierten Autors. Dabei zeigt seine Lyrikproduktion deutliche Parallelen zu den Auffassungen von Transkulturation als
eines „transitiven Prozesses", der den schmerzhaften Verlust, die Entfremdung
ebenso umfasst wie die Oszillation zwischen zwei gleichermaßen aktiven Kulturen, und die Hervorbringung einer neuen, zusammengesetzten, komplexen
Realität (Ortiz 2015: 56).

Über seine Ankunft in „Altneuland", wie der 1959 frisch eingewanderte
Autor Israel mit dem Titel von Theodor Herzls utopisch-programmatischem
Roman nannte, und den intensiv erlebten Kulturkontakt, der im Hinblick auf
eine Poetik der Relation in seiner Lyrik besonders produktiv war, berichtet
Winkler (zit. in Sienerth 1997: 118 f.) Folgendes:

> Es war einerseits das große Erlebnis der Freiheit, andererseits das nie gekannte
> Gefühl, im eigenen Land zu sein, mit eigenem Boden unter den Füßen. Ein sehr
> intensiver und schöpferischer Zeitabschnitt von mehreren Jahren setzte ein, trotz
> der ungeheuren Schwierigkeiten, die mit der materiellen und gesellschaftlichen
> Eingliederung ins neue Leben verbunden waren. [. . .] Ich könnte diese Zeit mit
> einem Improvisieren in starken Akkorden auf einem Klavier vergleichen.

Das Erlernen des Hebräischen innerhalb von weniger als zwei Jahren – und
das bis zur Fähigkeit, in dieser Sprache Gedichte zu schreiben – beschreibt
der säkular erzogene Lyriker in ähnlichen Begriffen als „ein sprachlich-
musikalisches Erlebnis" von ganz besonderer Art und Intensität (ebd.: 114).
Die Lyrikproduktion der hebräischen Anfänge Winklers lässt zweifellos
jene starken Akkorde auf einem Klavier erkennen. Poesie trifft sich hier mit
Musik, wenn der Autor über lautmalerische Effekte seine Stimme mit der der
Huzulenflöte und des Schofars gleichsetzt, in den Worten Winklers: „Ich über-
lasse mich bei jedem Gedicht dem Bild, zu dem es mich drängt, und der Musik
in der Sprachbewegung" (Winkler & Bergel 2012: 269). Erinnerungen an die
Kindheitswelt der Bukowina mit ihren Berg- und Tälerlandschaften, den endlos scheinenden Wäldern, den frommen Bräuchen und Liedern der ruthenisch-
huzulischen Hirten ergänzen die Eindrücke der orientalischen Welt – die
biblische Stadt Jerusalem mit ihren Tempelruinen und mythischen Mauern,
die spröden grau-gelb-braunen Wüstenlandschaften mit ihrer Monotonie der
Unendlichkeit und die Oasenparadiese mit ihren frisch-grünen Palmenkolo-
nien. Appelle an die rabbinische Tradition und an archetypische Modelle der
Bibel sind genauso häufig wie die Bezüge zu Jehuda ben Halevy, Cervantes
und Paul Celan. Mehrsprachige Texte illustrieren, wie im Reflexionsraum der
Sprache, im hybriden Selbstgespräch ungewohnte Wahrnehmungs- und Ausdrucksweisen erprobt werden.

Das „Wanderphänomen" transkulturellen Erinnerns, das sich im konstanten Prozess zwischen Entwurzelung und Neuentwurf zwischen verschiedenen Kulturen, quer durch und über zeitliche und räumliche Kontexte hinaus bewegt, soll im Weiteren an exemplarisch ausgewählten Gedichten veranschaulicht werden.

Momenthaft wird in dem Gedicht *Sehnsucht* (Winkler 2017: 162) die Kindheitswelt der Bukowina vergegenwärtigt, wenn der Erinnerungsfluss in die Vergangenheit durch einen Augenblick vergleichbarer Stimmung im Jerusalemer Wohnhaus aufgerufen wird:

> Ruhe ist in meinem Zimmer,
>
> von ferne dringt der Gassen Laut herein,
>
> hier ist mir alles so traut und lieb
>
> und ich bin so allein.
>
> Dann kann es wie vor Zeiten sein,
>
> die ich im Suchen längst vergaß,
>
> ich seh den Berg im Mondenschein
>
> und Blütensterne ohne Zahl.
>
> Mir ist, als wäre ich dann wieder
>
> ein Kind und alles bloß ein Traum,
>
> ich höre die Huzulenlieder
>
> und Wälder rauschen, Baum an Baum

Winklers poetische Sprache, mit ihren alliterierenden Klängen und langsam getragenen Rhythmen erzeugt in diesem Gedicht einen verbindenden Raum, in dem raumzeitlich ferne Sphären ineinander verschmelzen. Dabei legt die Versfolge nahe, dass das Übersetzen aus der Herkunftswelt in neue Erfahrungsräume mit vertrauten Dingen beginnt, nämlich mit Berg und Mond, Stern und Wald.

Ähnlich zeigt das Gedicht *Wo der Tag die Nacht liebt* (ebd.: 125), dass „Beheimatung" sich nur jenseits einer „einfach" gedachten kulturellen Zugehörigkeit konstituieren kann, also gerade im „transkulturellen Durcheinander" (Welsch 1994: 163) sich kreuzender und sich gegenseitig durchdringender Kulturen und ihrer Geschichten, die im Raum der Lyrik zum Klingen gebracht werden.

> In der Spiegelung
>
> blüht der giftige Oleander
>
> Bruder Abschalom
>
> umgeht sein eigenes Grab,
>
> der vielen Gräber wegzerstörte Steine blinken

Eine Ziegenherde bahnt sich den Weg
eine Frau in Schwarz steht unbewegt

Es ist die späte Nachmittagsstunde
durch die man gehen muss
bis zum Löwentor [...]

Der große Unbekannte rötet schon leicht den Horizont
Westwärts winkt ihrem Herrn die Windmühle zu
als wäre das Menschliche noch immer
Oh diese Erlebnisse alter und mittelalterlicher Begebenheit
Als wärest du, als käme ich aus einer Karpatenmulde
Karpatensteg, Kapelle – schindelüberdacht
ein langgezogener Blashornton verzitterte dort in Serpetinen

Die Luft ist wie Blei und Wachs
ein Sandschiff segelt
über die Hügel im Wüstenwind
Ich gehe schon
doch weiß ich nicht wohin
vielleicht einfach gehen
es ist nicht mehr weit
wo der Tag die Nacht liebt

Über das Kompositionsprinzip der Raumverdopplung, das unterschiedlichen Räumen gleiche Erfahrungen zuordnet, weiterhin über die Verfahren der verdichteten Metaphorik und der transkulturellen Intertextualität wird hier das bei Grenzüberschreitungen entdeckte Bindende evoziert. Der Blick des Sprechers schweift unbeeinträchtigt, aber auch haltlos über die Landschaft der Jerusalemer Altstadt, wobei die gleitende Bewegung der Augen vorrangig alltägliche Szenen und kleine Details erfasst. Dabei haftet der Bilderflut das tastend unbestimmte Moment des Dazwischen, des Flüchtigen an, und die Dinge haben die Qualität des Durchlässigsten überhaupt – sie können träumen, d. h. sie besitzen die Fähigkeit, Ambivalenzen und Mehrdeutigkeiten zu erzeugen. So schiebt sich das Bild von der bukowinischen „Karpatenmulde" hinter das Bild des Grabmals des „Bruder Abschalom" vor der Mauer Jerusalems, und es bleibt dabei ungewiss, in welche der Welten die „Ziegenherde" und die „Frau in Schwarz" gehören, ob „ein langgezogener Blashornton" von einem Huzuleninstrument oder einem Schofar herrührt. Des Weiteren wird durch die Amalgamierung der unterschiedlichen Zeitlichkeiten des Einst und Jetzt im Bilde der sich wiederholenden Geschichte „alter und mittelalterlicher Begebenheit" nochmals das

Menschliche, Allzumenschliche hervorgekehrt – betont auch über die biblische Figuration des „Abschalom, des David aufsässiger Sohn" und der drauf antwortenden Figur des Windmühlen bekämpfenden Don Quijote. In diesem hybriden poetischen Raum beeindruckt der sich im Selbstgespräch befindende Sprecher als exemplarischer Grenzgänger, für den das Unterwegs-Sein als endlose Suche ohne Bedürfnis nach definitiver Verankerung den eigentlichen Reiz des Seins darstellt. Die Metapher der „Bewegung" verdichtet sich somit zum Bild für eine poetische Haltung und Poetologie, die das fortwährende Unterwegs-Sein zur Bedingung des Schreibens überhaupt erhebt (Tempian 2016: 100).

Beide Sphären der mittelosteuropäischen Herkunftsregion und der orientalischen Neuheimat weiß Winkler auch sprachlich meisterhaft zu verbinden durch das symbiotische Zusammenspiel des mehrsprachig geprägten deutschen Idioms der Bukowina mit seinen Entlehnungen aus dem Jiddischen, Rumänischen und Ukrainischen, dem leicht archaischen Zug von grammatischer Vollkommenheit und der kostbar gehobenen Lexik sowie des neu erlernten Hebräischen mit seinen rhythmischen Stakkati, Ambiguitäten und Ambivalenzen. Wie das Gedicht *Wüsten-Kaddisch* (Winkler 2017: 134) zeigt, wird das oft über eine Sprachsimultaneität erreicht, bei der das Hinübergleiten aus dem Deutschen in einen aus dem Aramäischen oder Arabischen ins Hebräische übernommenen Wortschatz leicht und geschwind geschieht:

Die Palmen die Psalmen,

wie von ungefähr steigt die Sonne auf,

blüht und verblüht auf des Wassers

blaugrauer Ebene,

die kupferbunte Welt der Felsenberge

säumt alles von West bis Ost ein,

nur von Süd nach Nord steigt das

breitflache graugelbe Land

bis zum Hermon empor,

dann und wann von andern Gebirgen beengt

Die Palmen die Psalmen,

wir liegen in den Schlafsäcken der Nacht,

halten uns an den Händen [. . .]

und von den Wadis gemahnt

der Ton eines stummen Schofars

an die uralten Klänge

Schlafende Kamele steifen ihren Hals –

itgadal wa-itkadasch Schmej Raba . . .

Von der Landschaft und ihren Lauten erfasst, wird das deutschsprechende Ich eingetaucht in den anderen kulturellen Ort, wobei hier über den wiederholten Bezug des Anfangsverses auf Psalm 92:13–15 und einzelne Wörter, die bewusst im hebräischen Wortlaut zitiert werden – „Kaddisch", „Wadis", „Schofar" –, das Andere positiv konnotiert wird. Es ist ein Moment der sprachlichen Grenzaufhebung, das in diesen aus tiefster Anschauung und Empfindung andrängenden Versen evoziert wird, zuletzt erfasst im Anfangsvers des Gebetes zum Gedenken an Verstorbene, das wiederum dadurch ganz neue Inhalte eröffnet, dass es ausschließlich Bitten um Frieden enthält. Performativ führt somit der Text in seinem mehrsprachigen Verfahren vor, wie der Wanderer durch die Sprache ein „Anderer" wird. Obwohl keine Gefühle benannt werden, geht es hier um die Betonung des Erlebens eines neuartigen, in viele Richtungen hin offenen Raumes und der Intensität der Wahrnehmung, bei der sich Beobachtender und Beobachtetes gleichermaßen verändern.

Die Amalgamierung mehrerer kultureller Räume probieren auch die späteren Dichtungen Winklers, in denen allerdings auch ein näheres Eingehen auf die großen Themen der Zeit, die unaussprechlich schrecklichen Ereignisse der Shoah und das Grauen des israelisch-arabischen Krieges zu erkennen ist. So weiten sich in Gedichten wie *Mosque, Kaleidoskop* und *Askara für die Gefallenen* die poetischen Reflexionsprozesse zu existentiellen Standortbestimmungen aus, in denen die selbstbekennenden Markierungen der biographischen Sphäre zahlreiche zeitgeschichtliche Mit- und Nebenbedeutungen aufrufen.

Mehrsprachige semantische Zuordnungen im Titel *Mosque* (ebd.: 610) wecken Neugier, werben um Verständnis, und die nachfolgende lyrische Evokation einer menschenzugewandten, bereichernden Version von Religion bringt eine Erweiterung mit sich, in der kulturelle und historische Inhalte in ungekannter Überlappung erscheinen.

Schuhe, alte, zerlumpte,

Neben neuen und eleganten –

Nahe dem Eingang.

Innen beugt sich die

Barfuße Menge – beugt

Ihre Stirnen zur Erde,

Die weich und im Blauen

Ein Teppich bedeckt.

Im Hohen wölbt sich der Raum

Andacht, Stille und Raunen umschließend,

Bis die Stunden ihr Ende

Und jeder Fuß seinen

Schuh wiederfand.

Über das verdichtete Motiv der Schuhe wird hier eine Verbindung hergestellt zwischen dem jüdischen Erinnerungsgebot und dem Gebetsritual in der von Winkler hochgeschätzten Al-Aqsa-Moschee. Die Moschee hat aus dieser Perspektive das Potenzial zu einem Raum der Diversität und des Dialogs zu werden, zum „dritten Raum" in der Terminologie Bhabhas (2000: 53), in dem „das konkurrierende Zirkulieren linearer, fließender und kommemorierter Zeit im selben kulturellen Raum" (ebd.: 228 f.) geschaffen wird.

Das Thema wird weiter entwickelt in dem Gedicht *Kaleidoskop* (Winkler 2017: 666), in dem nochmals der Dialog zwischen den Kulturen, zwischen den Religionen im blauen Kuppelraum, diesmal der Synagoge, evoziert wird:

Und sie reifen aus dir
ins große Verdunklungsgeschehen
und sie reifen wie Mohn
und sie welken – kastanienbraun.
Ja die gelben Reben
die du pflücktest,
der dunkelrote Wein,
den du trankst.

Dort wo die Wüste beginnt
und der Sand sich wellt
zelten sie, die weder ich bin noch du,
zwei die auf einen dritten warten
der nicht kommen will. . .

Die große Frage der Identität
zerweht das Blättergewirr
ihrer Gedanken.

Wer sind wir wenn wir uns verabschieden
unter dem Fenster oder
im blauen Kuppelraum der Synagoge
vor dem plötzlichen Aufsäulen eines Gebets?

Auch dieses Gedicht fokussiert das Allgemeine, Über-Individuelle, die Vielfalt und Durchlässigkeit einer Landschaft, weiterhin auch, ganz im Sinne Welschs (2012: 26), die „ermeativität" sogenannter kultureller Identitäten. Von den Celanschen Formeln des Shoah-Gedenkens („Mohn und Gedächtnis", „Erst jenseits der Kastanien ist die Welt") führt die Assoziation zu der 2010 wiederhergestellten Hurva-Synagoge in der Jerusalemer Altstadt, die, 1856 als erste Kuppelsynagoge fertiggestellt, im Arabisch-Israelischen Krieg 1948 durch jordanische Truppen gesprengt wurde. Aufgerufen wird hiermit die von Winkler oft gestellte Frage: Sind wir dieselben unter den Kastanien von Czernowitz oder im großen „Verdunklungsgeschehen" der Shoah oder jetzt, unter den nomadischen Wüstenbewohnern des Negev oder den Betern in der Synagoge, die auf den Maschiach warten? Oder haben wir uns verändert, gleichsam transsubstanzialisiert wie die Reben zum Wein?

Ähnlich lassen auch die sprachlichen Engführungen des Titels *Askara für die Gefallenen*[2] (Winkler 2017: 676) sowie die Ambivalenzen der nachfolgenden Verse Momente sichtbar werden, in denen eine Vergleichzeitigung von Entferntem stattfindet:

Es ist eine Wolke

am Rand des Horizonts

gelb vom Sand

des Sonnenuntergangs

rotumsäumt

auf schwarzem Hintergrund [. . .]

Bald wird die Stunde

die Grenzen der Erinnerung einrunden

man wird Kerzen zünden –

eine für die vielen Unbekannten

eine für den Einzigen

auf den du noch immer wartest [. . .]

eine für mich

der die roten Stimmen sieht,

die toten der Gefallenen,

die man vergessen wird – eingenachtet

In aussagekräftigen Bildern werden hier die leidvollen Substrate der komplexen Geschichte Israels erfasst. Die Spuren jahrtausendealter Feindseligkeiten sind in der Landschaft omnipräsent, sie werden demjenigen, der über historisches Wissen verfügt und es nicht verdrängt, zu sichtbaren Schriftzeichen, wahrnehmbar in den Konturen, den Farben und Klängen des Raumes. Dabei

---

2 „Askara" ist in der jüdischen Tradition der Name für jenen Teil der Liturgie, der dem Gedenken an die Gefallenen gewidmet ist; zugleich bedeutet das fast gleichlautende عسكري [ʾaskareyʰ] im Arabischen „Soldat".

haftet solchen Versen, die die unaussprechlich schrecklichen Ereignisse des Krieges ins verdichtete Bild setzen, auch nie ein Wirkungskalkül im Sinne einer engagierten Literatur an. Wie bereits Schrader (2008: 100) notiert, sind „die Anklänge an Politisches sowohl der Düsternisse von Krieg und Shoah als auch der jüdisch-arabischen Feindseligkeiten im eigenen Land" eher bildhaft „im Ton der Trauer als aus appellativer Richterpose" instrumentiert.

In der rund sieben Jahrzehnte umspannenden Schreibpraxis Winklers nimmt somit bereits seit den 1960er-Jahren Gestalt an, was in der transkulturellen Literatur der unmittelbaren Gegenwart allgemein feststellbar ist: die Herausbildung hybrider Raum- und Sprach-Vernetzungen, die nationale Paradigmen und die Fixierung auf Einsprachigkeit dekonstruieren. In den Worten Winklers (in Wahl 2004: 109): „Ich führe eine doppelte Existenz, in Deutsch und in Hebräisch. Deutsch und Hebräisch treffen und ergänzen sich in mir". Die sprachlich wie von den Sujets her unterschiedliche Kulturbezüge umfassende und integrierende Lyrik Winklers eröffnet somit einen polyphonen Sprachraum, in dem mittelosteuropäische, israelische und arabische Welten aufeinandertreffen und ineinandergreifen. Seine deutsch-hebräischen Gedichte sind daher als dialogisch zu bezeichnen, eine Dialogizität, die den Dichter mit sich selbst wie auch mit zahlreichen anderen Dichtern und Kulturen ins Gespräch treten lässt, und Dichotomien zugunsten eines Austausches und einer in Situationen des Kulturkontaktes hinzugewonnenen Öffnung auf Neues, wechselseitig Befruchtendes, zurückweist.

Wie die Teilnehmer*innen am XIV. Kongress der IVG und der Sektion „Sprache der Migration. Migration der Sprache. Sprachidentitäten und transkulturelle Literatur im Zeitalter der Globalisierungsprozesse" festgestellt haben, besitzen die primär mit Blick auf die aktuelle Situation entwickelten Konzepte der Transkulturationstheorie eine „historische Tiefe".[3] Die Frage der Transkulturalität muss, wenn es um Autoren wie Manfred Winkler geht, diesen Aspekt der „historischen Transkulturalität" berücksichtigen. Bereits 1970 betont Winkler (1970: 82) in seinem Essay über die Dichtung in Israel deren universale Aspiration, gefasst in den Worten: „Viele zu Vielen in Erez Israel und der Welt sprechen zu lassen". Die transkulturelle, zwischen verschiedenen kulturellen Perspektiven oszillierende (im Gegensatz zu einer an der europäischen Norm orientierten) Sichtweise wird deutlich, wenn er schreibt (ebd.):

---

3   Welsch selber (2010: 32) spricht zwar davon, dass das „Ausmaß der Transkulturalität in den letzten Jahren stark angestiegen" sei, plädiert aber zugleich für eine zeitliche Ausweitung der Untersuchungsperspektive, denn der Blick auf die Geschichte zeige deutlich, „dass historisch seit langem Transkulturalität und nicht Reinheit die Regel war" (ebd.: 35).

Die heutige Dichtung in Israel ist eine ihrem Wesen nach moderne, der Zeit angepasste, doch auch eine schon in diesem Boden tiefwurzelnde. [. . .] Alt und Neu [. . .] verwirken sich miteinander. [. . .] Die letzten Experimente der Weltdichtung werden von einer ganzen Reihe talentierter Dichter mitversucht [. . .]. Bei nicht wenigen Dichtern ist das Verhältnis zur Heimat ein zweiwertiges – irgendwo gibt es noch ein anderes Land der Kindheit oder Jugend, das man nicht vergessen kann. So geschieht es, dass nicht selten Elemente einer anderen Landschaft [. . .] sich in die Gedichte einschleichen. [. . .] Die Bildhaftigkeit der hebräischen Sprache, ihr östlicher Geist, hat das Europäisch-Westliche mit Vorbehalt aufgenommen und befindet sich vielleicht deshalb – im Kontrasthaften – auf einem neuen Weg der sprachlichen und dichterischen Eigen-Aussage, in der sich allweltliche Elemente mit Volks- und Landeseigenart treffen, aneinanderstoßen und verbinden.

Bibliographie

Bhabha, Homi (2000): Die Verortung der Kultur. Kontexte und Spuren einer postkolonialen Identitätstheorie. Tübingen: Stauffenburg.

Eshel, Amir / Seelig, Rachel (Hgg.) (2018): The German-Hebrew dialogue. Studies of encounter and exchange. Berlin / Boston: de Gruyter.

Kilcher, Andreas / Edelmann-Ohler, Eva (2017): Verzeichnis der in Palästina/Israel veröffentlichter Schriften deutsch-jüdischer Immigranten in deutscher Sprache. Forschungsprojekt. ETH Zürich (https://lit.ethz.ch/forschung/Projekte/verzeichnis-der-in-palaestina-israel-veroeffentlichter-schriften.html; letzter Zugriff: 28.3.2022).

Kilcher, Andreas (2002): Exterritorialitäten – Zur kulturellen Selbstreflexion der aktuellen deutsch-jüdischen Literatur. In: Deutsch-Jüdische Literatur der Neunziger Jahre – Die Generation nach der Shoah. Hg. v. Sander L. Gilman u. Hartmut Steinecke. Berlin: Erich Schmidt, S. 131–146.

Kühne, Jan (2015): Deutschsprachige jüdische Literatur in Mandats-Palästina/Israel. In: Handbuch der deutsch-jüdischen Literatur. Hg. v. Hans Otto Horch. Berlin / Boston: de Gruyter 2015, S. 201–220.

Martin, Marko (2007): Das Zweigesagte sage nicht. In Jerusalem: Zu Besuch bei Manfred Winkler. In: Die Welt, 21. April 2007 (https://www.welt.de/welt_print/articl e824990/Das-Zweigesagte-sage-nicht.html; letzter Zugriff: 28.3.2022).

Ortiz, Fernando (2015): Vom Phänomen der ‚Transkulturation' und von seiner Bedeutung in Kuba. In: Lateinamerikanische Kulturtheorien. Grundlagentexte. Hg. v. Isabel Exner u. Gudrun Rath. Konstanz: KUP, S. 51–57.

Poppe, Judith (2014): „Ich dichte in die wüste Zeit": Ich-Konstruktionen in der Lyrik der deutschsprachigen Schriftstellerinnen Israels Jenny Aloni und Netti Boleslav. Diss. Göttingen.

Schrader, Hans Jürgen (2008): „Gottes starres Lid" – Reflexionen geographischer und metaphorischer Grenzen in der Lyrik Manfred Winklers. In: Deutschsprachige

Öffentlichkeit und Presse in Mittelost- und Südosteuropa (1848–1948). Hg. v. Andrei Corbea-Hoişie u. Ion Lihaciu. Konstanz: Hartung-Gorre, S. 91–116.

Siegemund, Anja (Hg.) (2016): Deutsche und zentraleuropäische Juden in Palästina – Kulturtransfers, Lebenswelten, Identitäten. Beispiele aus Haifa. Berlin: Neofelis.

Sienerth, Stefan (1997): „Daß ich in diesen Raum hineingeboren wurde..." Gespräche mit deutschen Schriftstellern aus Südosteuropa. München: Verlag Südostdeutsches Kulturwerk.

Tempian, Monica (2016): Zwischenwelten: Manfred Winklers Gedichte der Übergangszeit nach 1959. In: Spiegelungen 10/64, S. 97–106.

Wahl, Dorothee (2004): Lyris. Deutschsprachige Dichterinnen und Dichter in Israel. Frankfurt: beerenverlag.

Welsch, Wolfgang (1992): Transkulturalität: Lebensformen nach der Auflösung der Kulturen. In: Information Philosophie 2, S. 5–20.

Welsch, Wolfgang (1994): Transkulturalität: Lebensformen nach der Auflösung der Kulturen. In: Dialog der Kulturen. Die multikulturelle Gesellschaft und die Medien. Hg. v. Kurt Luger u. Rudi Renger. Wien: Österreichischer Kunst- und Kulturverlag, S. 147–169 [Neubearbeitung].

Welsch, Wolfgang (2010): Was ist eigentlich Transkulturalität? In: Hochschule als transkultureller Raum? Kultur, Bildung und Differenz in der Universität. Hg. v. Lucyna Darowska, Thomas Lüttenberg u. Claudia Machold. Bielefeld: transcript, S. 39–66.

Welsch, Wolfgang (2012): Was ist eigentlich Transkulturalität? In: Kulturen in Bewegung. Beiträge zur Theorie und Praxis der Transkulturalität. Hg. v. Dorothee Kimmich u. Schamma Schahadat. Bielefeld: transcript, S. 25–40.

Winkler, Manfred (1970): Dein Herz spielt ‚Blut-Haschen'. Über die neue Dichtung in Israel. In: Neue Literatur. Zeitschrift des Schriftstellerverbandes der Sozialistischen Republik Rumänien 6, S. 82.

Winkler, Manfred / Bergel, Hans (2012): Wir setzen das Gespräch fort . . . Briefwechsel eines Juden aus der Bukowina mit einem Deutschen aus Siebenbürgen. Berlin: Frank & Timme.

Winkler, Manfred (2017): Haschen nach Wind. Die Gedichte. Hg. v. Monica Tempian u. Hans-Jürgen Schrader. Wien: Arco Verlag.

Heimaten, Heimatsprachen und Sprachheimaten bei Stefanie Zweig

Natalie Eppelsheimer (Middlebury/VT)

1. Einleitung: Heimat[1]

Der vorliegende Beitrag beschäftigt sich mit Heimatkonzeptionen in den Texten der deutsch-jüdischen Schriftstellerin Stefanie Zweig (1932–2014), die 1938 mit ihren Eltern aus dem nationalsozialistischen Deutschland in die britische Kolonie Kenia flüchtete und dort bis 1947 lebte. Das Hauptaugenmerk wird auf dem von Zweig im Jahr 2001 geschriebenen, ihr Schreiben reflektierenden Essay mit dem Titel *Vivian* sowie auf ihrem letzten, im Jahr 2012 veröffentlichten Werk *Nirgendwo war Heimat: Mein Leben auf zwei Kontinenten* liegen. In dieser dokumentarischen Autobiographie in Form von Briefen, Fotos, Tagebuchnotizen und anderen Dokumenten setzt sich die Autorin rückblickend mit ihrem Leben in Deutschland und Kenia sowie mit Themen wie Zugehörigkeit und Heimaten (in der Tat gibt es den Begriff laut *Duden* auch im Plural) auseinander.

Im Jahr der Veröffentlichung von *Nirgendwo war Heimat* fanden in Deutschland viele Diskussionen zum Heimatbegriff statt. Auch das Nachrichtenmagazin *Der Spiegel* widmete dem Thema im April 2012 eine Titelgeschichte – „Was ist Heimat? Eine Spurensuche in Deutschland" –, in der Autor Dirk Kurbjuweit (2012: 62) darauf hinweist, dass „Heimat ein Thema für die Deutschen, ein schwieriges Thema [bleibe]" und dass der klassische, ortsbezogene Heimatbegriff überholt sei. In den folgenden Jahren gab es weitere Veröffentlichungen zum Thema Heimat, wie zum Beispiel das 2015 von Renate Zöller verfasste *Was ist eigentlich Heimat? Annäherung an ein Gefühl*, in dem sich die Autorin mit Konzepten von Heimat auseinandersetzte und dabei insbesondere emotionale Aspekte untersuchte. Im Jahr darauf widmete auch die *Akademie für Politik und Zeitgeschichte* dem Thema einen Band – *Heimat zwischen Tradition und Fortschritt* (Franke & Magel: 2016). Natürlich muss auch Nora Krugs 2018 erschienenes und kontrovers diskutiertes Werk *Heimat*.

---

1 „Heimat" war und ist ein kontroverser, ambivalenter, polarisierender, politisch und emotional aufgeladener und soziologisch schwer definierbarer Begriff. Das zeigen u. a. die zahlreichen Veröffentlichungen, Talkshows und Debatten zum Thema in den letzten Jahren. Sie sind wichtig, können jedoch in dem vorliegenden Beitrag nur marginal erwähnt werden.

Ein deutsches Familienalbum hier Erwähnung finden. Und sogar in den Kölner Karneval hat es der Heimatbegriff geschafft, nämlich als Motto der Session 2019 „Uns Sproch es Heimat" („Unsere Sprache ist Heimat").

Bereits 2012 beobachtete Kurbjuweit (2012: 65) eine Abkehr von der normativen, auf einen Ort oder eine Gemeinschaft begrenzten Definition und sprach von einem „Aufbegehren gegen die deutsche Heimat-Norm". In den letzten Jahren entstanden zahlreiche Schriften, die nationalistische und ausgrenzende Verwendungen des Heimatbegriffs anprangern. Zu diesen Veröffentlichungen zählen der 2019 von Fatma Aydemir und Hengameh Yaghoobifarah herausgegebene Band *Eure Heimat ist unser Albtraum*, der sich als „Manifest gegen Heimat" (Einband) versteht und der unter anderem auch als Antwort auf das 2018 unter Bundesinnenminister Seehofer gegründete „Heimatministerium" gesehen werden muss. Auch die Dokumentation *Heimatland – Oder die Frage, wer dazugehört* bot in den letzten Jahren Diskussionsstoff. Sie wurde u. a. im Februar 2019 in der Talkshow *hart aber fair* unter dem (heftig kritisierten) Titel „Heimat Deutschland – nur für Deutsche oder offen für alle?" diskutiert.

Heimat hat weiterhin Konjunktur. Aber: Was bedeutet „Heimat"? Tatsache ist, dass die Bedeutung des Begriffs umstritten bleibt. Peter Blickle (2002: 9) schreibt treffend in seiner 2002 erschienenen Studie *Heimat: A Critical Theory of the German Idea of Homeland*: „To have a Heimat and not know what Heimat is has been a dilemma of German thinkers for at least two centuries".[2] Wie unterschiedlich das Verständnis von Heimat unter in Deutschland lebenden Menschen ist, zeigt Kurbjuweit (2012), der sich in seinem *Spiegel*-Artikel zum Heimatbegriff auf in den Jahren 1999 und 2012 durchgeführte Umfragen beruft. Für manche sei es der Geburtsort, für andere der Wohnort, das eigene Zimmer, die Familie, Freunde, die Kindheit, Speisen, Gerüche, die Sprache – die Liste ist lang. Bei einer Internet-Suche nach dem Begriff „Heimat" erweist sich Christian Morgenstern auch heute noch als gern zitierte Quelle: „Nicht da ist man daheim, wo man seinen Wohnsitz hat, sondern wo man verstanden wird". Die Professorin für Pflegeforschung Beate Mitzscherlich definiert „Heimat" als „Orte und Menschen, die für uns biografisch bedeutsam sind, mit denen wir persönliche Geschichten verbinden, die Teil unserer Identität geworden sind" (vgl. Zöller 2015: 164). Diese Definition ist, wie in der Tat die meisten, rückwärtsgewandt und hat einen nostalgischen Beiklang. Ähnlich sieht es der Autor und Jurist Bernhard Schlink (2000: 32), der argumentiert: „Am intensivsten wird sie [die Heimat] erlebt, wenn sie einem fehlt; das eigentliche Heimatgefühl ist das Heimweh. Die Erinnerungen und Sehnsüchte machen die Orte zur Heimat." Für Schlink ist Heimat „Utopie". Er konstatiert: „So sehr Heimat auf

---

2   Vgl. dazu auch Boa & Palfreymans 2000.

Orte bezogen ist, Geburts- und Kindheitsorte, Orte des Glücks, Orte, an denen man lebt, wohnt, arbeitet, Familie und Freunde hat – letztlich hat sie weder einen Ort, noch ist sie einer. Heimat ist Nichtort, ου τοπος, Heimat ist Utopie" (ebd.). Der Schriftsteller Ilija Trojanow (2008: 16) dagegen beschreibt in *Der entfesseltes Globus*, dass man seiner Erfahrung nach „mehrere Heimate [...] besitzen kann", und auch die Regisseurin Simone Dede (2019: 194) verwendet in ihrem Essay *Zusammen* den Plural: „Ich glaube nicht an Heimat. Ich glaube an Heimaten. Das können besondere Orte sein, denen wir uns ewig verbunden fühlen, egal, wie weit wir weg sind, und egal, wie lange wir schon nicht mehr da waren. Doch meistens sind es Menschen, die uns vertraut sind und denen wir vertrauen".

All diese Definitionen und Konzepte sind – in Variationen – in Stefanie Zweigs Texten wiederzufinden. Häufig schrieb und sprach die Autorin darüber, dass sie mehrere Heimaten hatte und dass für sie Heimaten eine Kombination von Menschen und Orten sind, mit denen und an denen sie biographische Erinnerungen gesammelt hat und die Teil ihrer Identität geworden sind. Wie später aufgezeigt wird, nahm Sprache dabei eine zentrale Rolle ein.

2. Zweigs Heimaten

Stefanie Zweig ist 1932 in Oberschlesien geboren und 1938, als Fünfjährige, mit ihren Eltern nach Ost-Afrika geflüchtet. Die Jahre in der britischen Kolonie Kenia waren von Armut und Existenzangst, Sorge um die in Deutschland verbliebene Familie und – bei den Eltern – von Heimweh geprägt. Im Jahre 1947 remigrierte die Familie nach Deutschland, nachdem Zweigs Vater eine Stelle im hessischen Justizministerium in Frankfurt angenommen hatte. Zweig, die die neun Jahre in Kenia auf entlegenen Farmen, in britischen Internatsschulen und zuletzt in einem Apartmentkomplex in Nairobi, in dem sich viele deutschsprachige Emigrant*innen niedergelassen hatten, verbracht hatte, fand sich im Nachkriegsdeutschland nur schwer zurecht. Zwar verstand sie Deutsch, doch hatte sie es nicht lesen oder schreiben gelernt. Sie sprach fließend Englisch, war mit britischer Geschichte, Kultur und Nationalliteratur vertraut und kannte Deutschland hauptsächlich aus den nostalgischen Erzählungen ihrer Eltern. Zudem sprach sie Swahili, Kikuyu und Jaluo, welches sie von ihren Kindheitsfreunden und Arbeiter*innen auf den Farmen gelernt hatte, auf denen ihr Vater angestellt war. Erst als junge Erwachsene – und nach traumatischen Erfahrungen an verschiedenen Frankfurter Schulen – freundete Zweig sich mit der deutschen Sprache an. Ab 1959 arbeitete sie als Kulturredakteurin bei der *Abendpost* in Frankfurt und leitete dann mehr als 25 Jahre lang deren Feuilleton. Im Verlag Langen Müller erschienen 17 ihrer Romane. Viele standen lange auf Bestsellerlisten und wurden in zahlreiche Sprachen übersetzt. Zweig starb 2014 in Frankfurt.

Zweigs erster Afrikaroman war das Jugendbuch *Ein Mundvoll Erde* (1980). Etwas mehr als 20 Jahre später erschien eine Neubearbeitung des Texts mit dem vorangestellten autobiographischen, reflektierenden Essay *Vivian*. In diesem äußert sich die Autorin zu ihrem Verständnis von Heimat: „Wer das Land verlassen muss, das er liebt und von dem er sich geliebt wähnt, kann auf die Frage nach seiner ‚Heimat' nie mehr unbefangen Antwort geben" (Zweig 2001: 18). Auf die Ambivalenz des Begriffs verwies die Autorin auch häufig, wenn sie in Interviews danach gefragt wurde, wo für sie Heimat sei, wo sie sich zu Hause fühle. So auch in dem Gespräch, das ich persönlich im Sommer 2006 mit ihr führte: „Ach, wissen Sie, unglücklich sein kann ich überall ein bisschen", antwortete sie mir mit den Worten eines ihrer Lieblingsautoren, Alfred Polgar, auf meine – retrospektiv – doch recht naive Frage. Sie erklärte mir dann, dass es für sie sehr schwierig – wenn nicht sogar unmöglich – sei, einen einzigen Ort als ihre Heimat zu nennen. „Heimat", so erklärte sie mir, sei doch „ein sehr emotional aufgeladenes, ambiges Wort" und außerdem müsse man ihr zuerst erklären, was man unter „Heimat" versteht, bevor sie überhaupt den Versuch einer Antwort unternehmen könne. Ähnliches antwortete Zweig (2007) in einem Interview mit dem *Hessischen Rundfunk* anlässlich ihres 75. Geburtstags: „Ich bin sehr vorsichtig mit dem Wort ‚Heimat'‚‚' sagte sie und erklärte weiter: „Und wenn ich gefragt werde: ‚Wo ist Ihre Heimat', gucke ich immer ein bisschen vage. Ich kann nicht sagen, ob Deutschland meine Heimat ist. Was ich sagen kann ist, dass ich in den besten Momenten Frankfurt als meine Heimatstadt empfinde."

In *Vivian* zeigt Zweig eine ähnliche Haltung gegenüber Frankfurt. Rückblickend stellt die Autorin fest: „Die Stadt wurde mir vertraut und irgendwann gar ein kleines Stück Heimat" (Zweig 2001: 19). Allerdings relativiert sie diese Aussage rasch und beschreibt Frankfurt als eine Heimat auf eher rationaler Ebene, der sie Kenia als emotionale Heimat gegenüberstellt: „[D]och stets hat es mich, sobald ich dem Herzen und nicht dem Hirn folgte, zurück in die Vergangenheit gezogen" (ebd.). Im Vorwort der 2004 veröffentlichten englischen Ausgabe von *Nirgendwo in Afrika* formuliert sie es noch präziser: „Up to this very day, Ol' Joro Orok, on the equator, never forgotten and ever loved, is the home of my heart. There my novel *Nowhere in Africa* is mainly located" (Zweig 2004: viii). Wichtig ist hier, dass Zweig die Farm in Ol' Joro Orok zwar wiederholt als „Herzensheimat" bezeichnete, dass sie sich jedoch des illusorischen Charakters dieser „Heimat" durchaus bewusst war. Dies zeigt sich beispielsweise in *Vivian*, wo Zweig (2001: 19) davon spricht, dass Kenia ihr „nur zehn Jahre lang Heimat [war], die übrige Zeit Traum, Illusion, und eine nie gestillte Sehnsucht nach Vertrautheit und Geborgenheit". Ihre literarischen Texte spiegeln diese Sehnsucht, dieses Heimweh wider und können durchaus als Versuch betrachtet werden, durch das Schreiben die Heimat der Kindheit nachzubilden oder eine Heimat im Schreiben zu schaffen. Dies erinnert an die von Salman Rushdie in seinem Text *Imaginary Homelands* (1992) beschriebene Praxis von Exilanten, Migranten und Geflüchteten, sich die zurückgelassenen Heimaten in Erinnerungen und Texten wiederzuerschaffen. Rushdie (1992: 10) warnt, dass mit solchen literarischen Heimatkreationen auch immer Transformationen einhergehen: „But if we do look back, we must also do so in the knowledge [...] that we will [...] create fictions, not actual cities or villages, but invisible ones, imaginary homelands".

Zweig teilt einige Heimat- und Fremdheitserfahrungen mit dem Schriftsteller Ilija Trojanow. So wie Zweig hat auch er als Kind in Kenia gelebt, allerdings erst ab 1972, also in einer Zeit, in der das Land bereits seine Unabhängigkeit von der englischen Kolonialherrschaft erkämpft hatte. Im Vorwort seines Werks *Der entfesselte Globus* schreibt Trojanow (2008: 8), dass es „keine Heimat [gebe], die nicht zur Fremde werden könnte, und umgekehrt. Es [habe ihn] immer wieder erstaunt, wie selbstverständlich etwas werden kann, das anfänglich irritierend oder gar inakzeptabel wirkte". Die Erfahrung, dass eine Heimat zeitlich begrenzt sein oder fremd werden kann, machte auch Zweig. In einem Nachtrag zu *Nirgendwo war Heimat* beschreibt sie die zahlreichen Briefe, die sie nach dem Erfolg von Caroline Links Verfilmung von *Nirgendwo in Afrika* erhalten hatte. Sie stammten von Menschen, die einen Teil ihres Lebens in Afrika verbracht hatten und die ihr nun schrieben, dass sie, so wie die Autorin, „noch immer in Afrika zu Hause seien". Dem entgegnet Zweig (2012: 367): „Auf mich trifft das nicht zu. Für mich ist Afrika nur Erinnerung, das Paradies mit den verwehten Spuren und der zerrissenen Nabelschnur".

3. Heimatsprachen und Sprachheimaten

Als die Zweigs 1947 nach Deutschland zurückkehrten, war es die Tochter, die eine Heimat verlor und sprachliche Isolation erfuhr. Sie verspürte Heimweh nach einem Ort, der ihrer Familie zwar Zuflucht gewährt hatte, an dem sich ihre Eltern aber immer fremd gefühlt hatten. In einem für *The Guardian* geschriebenen Artikel erinnert sie sich, dass es diesmal sie war, die „die Heimat und Sprache, Tradition, Loyalität und Liebe aufgeben musste. Nachdem [sie] Deutsch nur während der Ferien mit [ihren] Eltern gesprochen hatte, musste [sie] zum dritten Mal in [ihrem] Leben mit einer neuen Sprache beginnen – im Alter von 15 Jahren war [sie] weit weniger erpicht darauf als als Fünfjährige" (Zweig 2003).[3] In *Vivian* macht sie deutlich, dass sie sich in der Suaheli-Sprache

---

3   Meine Übersetzung. Im Original: „Having only talked German to my parents during the holidays, I had to start with a new language for the third time in my life – at the age of 15 far less keen to do so than at the age of five."

beheimatet fühlte: „Weil für mich Deutsch eine fremde Sprache war, verlangte es mich noch jahrelang in sehr unpassenden Augenblicken nach Heimatklang, nach den vollen Vokalen und den weichen Konsonanten des Suaheli" (Zweig 2001: 17).[4] Das Zitat zeigt die enge Verbindung von Sprache und Heimat für Zweig. Diesen Aspekt hebt die Autorin auch in *Nirgendwo war Heimat* hervor, wie zum Beispiel in dem Brief, den die Fünfzehnjährige Stefanie ihrer Freundin Inge Sadler[5] im Jahr 1947 auf der Reise nach Deutschland vom Schiff Almanzora schreibt. Darin berichtet sie von der Angst, ihre Heimatsprachen Englisch und Suaheli zu vergessen: „Ich muss mir jetzt schon Mühe geben, meine beiden Heimatsprachen im Kopf zu behalten. Für Englisch habe ich ja meine Gedichte und vielleicht auch mal wieder Bücher [...] Suaheli spreche ich täglich mit mir selbst" (Zweig 2012: 277).

Zweigs schwierige Anpassung an das Leben in Deutschland, ihr täglicher Kampf mit der Muttersprache ihrer Eltern und ihre schulischen Probleme werden in *Irgendwo in Deutschland* (1996) und *Nirgendwo war Heimat* (2012) thematisiert. Sie hatte nie auf Deutsch Lesen und Schreiben gelernt, war nicht vertraut mit den deutschen Autor*innen des Frankfurter Schulkurrikulums, die ihre Mitschüler*innen bereits gelesen hatten. Da sie in dem amerikanisch besetzten Frankfurt lebte, war es ihr allerdings möglich, weiterhin Englisch zu benutzen und in der Bibliothek des Amerikahauses englischsprachige Bücher auszuleihen. In *Nirgendwo war Heimat* erinnert sie sich: „Weil ich immer noch Englisch als meine Muttersprache empfand, stillte ich meinen nie nachgelassenen Lesehunger vorwiegend im Amerikahaus" (Zweig 2012: 349). Erst nach ein paar Jahren fand sie durch Zugang zu finanziell erschwinglicherer Literatur einen neuen Bezug zur deutschen Sprache: „Frieden mit meiner Muttersprache, die mir so früh abhandengekommen war, schloss ich, als 1950 die ersten ro-ro-ro Taschenbücher herauskamen."[6] Die Schulzeit im stark zerstörten Frankfurt war dennoch schwierig, insbesondere, so Zweig, aufgrund indifferenter

---

4 Hier sei noch einmal auf den Schriftsteller Ilija Trojanow verwiesen, der sich in *Nach der Flucht* (2017) mit der Sprache von Geflüchteten auseinandersetzt. So beschreibt er beispielsweise das Gefühl eines Geflüchteten, „seine Kindheit sei in der Muttersprache eingeschlossen und er müsse aus der Kindheit in eine Fremdsprache übersetzen" (Trojanow 2017: 25). An anderer Stelle schreibt er darüber, dass es sich manchmal anfühle, „als bekämpften sich die Sprachen in seinem Kopf, weil sie nicht zugleich und gleichberechtigt nebeneinander spalieren können" (ebd.).

5 Die etwa gleichaltrige Inge Sadler war genau wie Stefanie Zweig mit ihrer Familie nach Kenia geflüchtet.

6 Der erste Tag im Handel war der 17. Juni 1950. Die Bücher wurden für 1.50 DM das Stück verkauft. Die ersten vier, die Zweig kaufte, waren Hans Falladas *Kleiner Mann – was nun?*, Graham Greenes *Am Abgrund des Lebens*, Rudyard Kiplings *Das Dschungelbuch* und Kurt Tucholskys *Schloss Gripsholm*.

Lehrender, die keinerlei Interesse an ihrem bisherigen schulischen Werdegang in Kenia und ihren besonderen Umständen zeigten. Sie erhielt schlechte Noten und schaffte die Versetzung nicht. Erst mit dem Umzug in die Rothschildallee (in das Haus, in dem sie bis zu ihrem Tod lebte und dem sie vier Romane gewidmet hat) und dem Wechsel an eine andere Schule mit engagierten, sich kümmernden Lehrenden schaffte sie den Anschluss und schließlich das Abitur.

Ihren ersten Kontakt mit dem Journalismus hatte Zweig, als sie ein Praktikum bei der *Jüdischen Allgemeinen Wochenzeitung* absolvierte. Durch diese Arbeit überwand sie endgültig ihre Sprachprobleme. In *Nirgendwo war Heimat* erinnert sie sich an „ein Mirakel, das [sie sich] nie habe erklären können. Die Schwierigkeiten, die [sie] mit der deutschen Sprache gehabt hatte, verschwanden, als hätte es sie nie gegeben. Die Korrekturfahnen, die [sie] zu lesen hatte, waren ein besserer Lehrmeister als alle Deutschlehrer" (ebd.: 355).

Trotz ihres sprachlichen Erfolgs wurde Zweig von einer andauernden Unentschiedenheit geplagt, welche Sprache sie als ihre Muttersprache bezeichnen sollte. Im Jahr 2003 hielt sie in dem bereits erwähnten Beitrag für *The Guardian* fest: „The assessment as to which is my mother-language is still ongoing. [...] I count in English, adore Alice in Wonderland, am best friends with Winnie-the-Poo and I am still hunting for the humour in German jokes" (Zweig 2003). Die sentimentale Verbundenheit zu der Sprache des Landes, das der Familie während der Hitler-Jahre Zuflucht gewährt hatte, teilte die Autorin mit ihrem Vater. Suaheli war für die beiden insbesondere in emotionalen Momenten von großem Nutzen.

Zweig begann erst 1994 mit ihrer Arbeit an *Nirgendwo in Afrika* – ihrem ersten Roman für Erwachsene. Das autobiographische Schreiben stellte sich als therapeutisch heraus, oder, wie Zweig (2001: 29) es formulierte, es half ihr dabei, „das fehlende Stück vom Mosaik [ihrer] Vergangenheit" zu finden. In ihren in insgesamt siebzehn Werken multiperspektivisch erzählten Geschichten und Erinnerungen konnte sie zudem all die Sprachen, die ihr wichtig waren und die ihre Identität prägten, all ihre „Sprachheimaten", einbringen. Auch erlaubte es der Autorin, ihre eigene komplexe, hybride Identität zu erkunden und zu reflektieren – ein Prozess, den man in Anlehnung an die Arbeit der Psychologinnen Sidonie Smith und Julia Watson (2001: 10) als „scriptotherapy" bezeichnen kann.

Ihre exzellenten mnemonischen Fähigkeiten führt Zweig auf ihre Sozialisierung in Kenia und insbesondere auf das Leben auf verschiedenen Farmen zurück. Der Suaheli und Jaluo sprechende Angestellte und Freund Owuor, der die ganzen Jahre bei der Zweig-Familie war, und Freunde wie der Kikuyu sprechende Junge Jogona hatten Stefanie Zweig früh beigebracht, ihre Umgebung aufmerksam zu beobachten, Bilder in sich aufzunehmen und diese Bilder anderen zu beschreiben. Es würde den Rahmen dieses Beitrags sprengen, näher auf den Einfluss der Umgebung bei der Entwicklung des autobiographischen

Gedächtnisses einzugehen, doch sei hier auf Studien wie die von Smith & Watson (2001) oder auch von Fivush & Nelson (2004) verwiesen, die zeigen, dass wir in der frühen Kindheit lernen, *wie* wir *was* erinnern. Diese Studien zeigen auch, wie sehr die linguistischen Strukturen von Kindern durch ihre sprachliche Umgebung geprägt werden.

Das Aufwachsen mit Suaheli, Kikuyu und Jaluo – also mit sehr bild- und metaphernreichen Sprachen, die über ganz eigene (und dem Deutschen oft sehr gegensätzlichen) Kommunikationsregeln verfügen – hatte bleibenden Einfluss auf den Schreibstil und die Wortwahl der Autorin.[7] Manche Kritiker*innen werfen Zweig Exotismus vor, doch sehe ich – ähnlich wie Christine Arendt (2020: 71) – diesen Schreibstil als Merkmal der „hybriden, afrikanisch geprägten Identität" Zweigs und ihrer Protagonist*innen.[8] Arendt spricht in diesem Kontext treffend von transkulturellem Schreiben, das kenianische „Denkweisen und Wertvorstellungen" mit einbindet und Leser*innen auf kulturelle Differenzen aufmerksam macht.

4. Schlussbemerkungen

Abschließend stellt sich die Frage, wie der Titel von Zweigs letztem Werk, *Nirgendwo war Heimat*, zu verstehen ist. Stellte die Autorin, rückblickend auf ihr Leben, fest, dass weder Deutschland noch Kenia ihr das Gefühl von Zugehörigkeit geben konnten, das so oft mit „Heimat" assoziiert wird? Oder kam sie ähnlich wie Bernhard Schlink zu dem Schluss, dass Heimat „Nicht-Ort, outopos [und] Utopie" ist? Oder hielt sie sich an Adorno (1951: 152) und dessen vielzitierte Worte: „Wer keine Heimat hat, dem wird wohl gar das Schreiben zum Wohnen"? Sicher kann festgehalten werden, dass Zweig in ihren Werken nicht nur das Konzept einer singulären Heimat, die einen Menschen an nur einen Ort bindet, ablehnt, sondern auch das Konzept einer statischen, monokulturellen Identität sowie das einer singulären Heimatsprache. Zweig sah ihre Heimaten auf der Farm im kenianischen Ol' Joro Orok und in der Frankfurter Rothschildallee, in britischer wie deutscher Literatur, in verschiedenen Sprachen und insbesondere in ihren literarischen Werken, in denen und mit denen sie sich Heimaten schuf. Trotz der vielen Hürden, die Zweig mit der Flucht von Deutschland nach Kenia und der Remigration nach Deutschland neun Jahre

---

7   Zum Thema Interkulturalität und Übersetzung in Zweigs Werken siehe Djoufack 2004. Er zitiert im Titel seines Aufsatzes Zweig: „Ich habe aus meiner alten Heimatsprache übersetzt. Suaheli."

8   Vgl. auch Englunds & Olssens (2013) Arbeit zu den „dynamics of multilingualism" in Erzählungen von Exilanten.

später, mit dem Wechseln vom Deutschen ins Englische, Suaheli, Kikuyu und Jaluo und dann wieder ins Deutsche zu bewältigen hatte, hätte sie wahrscheinlich Jean Améry (1976) zugestimmt: „Das Leben zwischen den Sprachen [...] ist schwierig und ermüdend. Aber wer es einmal gelebt hat, würde dennoch nicht wieder heimkehren wollen in eine Muttersprache, hinter deren Grenzen kein Land mehr liegt."

Bibliographie

Adorno, Theodor W. (1951): Minima Moralia. Reflexionen aus dem beschädigten Leben. Frankfurt/M.: Suhrkamp.

Améry, Jean (1976): Das Leben zwischen den Sprachen. In: Die Zeit 37, 3. September 1976.

Ayivi, Simone Dede (2019): Zusammen. In: Eure Heimat ist unser Albtraum. Hg. v. Fatma Aydemir u. Hengameh Yaghoobifarah. Berlin: Ullstein, S. 182–194.

Arendt, Christine (2020): Varianten autobiographischen Schreibens bei Stefanie Zweig. In: Zeitschrift für interkulturelle Germanistik 11, S. 65–81.

Aydemir, Fatma / Yaghoobifarah, Hengameh (Hg.) (2019): Eure Heimat ist unser Albtraum. Berlin: Ullstein.

Blickle, Peter (2002): Heimat: A Critical Theory of the German Idea of Homeland. Rochester: Camden House.

Boa, Elizabeth / Palfreyman, Rachel (2000): Heimat: A German Dream. Regional Loyalties and National Identity in German Culture 1890–1990. Oxford: Oxford University Press.

Djoufack, Patrice (2004): „Ich habe aus meiner alten Heimatsprache übersetzt. Suaheli." Interkulturalität und Übersetzung bei Stefanie Zweig. In: Weltengarten. Deutsch-Afrikanisches Jahrbuch für Interkulturelles Denken. Hg. v. Leo Kreutzer u. David Dimo. Hannover: Revonnah, S. 45–64.

Englund, Axel / Olssen, Anders (2013): Languages of Exile: Migration and Multilingualism in Twentieth-Century Literature (= Exile Studies 13). New York: Peter Lang.

Fivush, Robyn / Nelson, Katherine (2004): Culture and Language in the Emergence of Autobiographical Memory. In: Psychological Science 15.9, S. 573–577.

Franke, Silke / Magel, Holger (Hg.) (2016): Heimat zwischen Tradition und Fortschritt (= Akademie für Politik und Zeitgeschichte / Argumente und Materialien zum Zeitgeschehen 105). München: Hanns-Seidel-Stiftung.

Krug, Nora (2018): Heimat. Ein deutsches Familienalbum. Kassel: Randomhouse.

Kurbjuweit, Dirk (2012): Was ist Heimat? Eine Spurensuche in Deutschland. In: Der Spiegel, Nr. 15, 7. April 2012, S. 60–71.

Morgenstern, Christian (2005 / 1891): Stufen. Eine Entwicklung in Aphorismen und Tagebuch-Notizen. In: Project Gutenberg EBook (https://www.gutenberg.org/files/15898/15898-h/15898-h.htm; letzter Zugriff: 28.3.2022).

Rushdie, Salman (1992): Imaginary Homelands: Essays and Criticism 1981–1991. London: Granta.

Trojanow, Ilija (2008): Der entfesselte Globus. München: dtv.

Trojanow, Ilija (2017): Nach der Flucht. Frankfurt/M.: Fischer.

Schlink, Bernhard (2000): Heimat als Utopie. Frankfurt/M.: Suhrkamp.

Smith, Sidonie / Watson, Julia (2001): Reading Autobiography: A Guide for Interpreting Life-Writing Narratives. Minneapolis: University of Minnesota Press.

Stefanie Zweig zum 75. Geburtstag. In: Hessischer Rundfunk, 19. September 2007.

Zöller, Renate (2015): Was ist eigentlich Heimat? Annäherung an ein Gefühl. Berlin: Christoph Links.

Zweig, Stefanie (1980). Ein Mundvoll Erde. Frankfurt/M.: Fischer.

Zweig, Stefanie (1995): Nirgendwo in Afrika. München: Langen Müller.

Zweig, Stefanie (2001): Vivian und ein Mund voll Erde. Frankfurt/M.: Langen Müller.

Zweig, Stefanie (2003): Strangers in a Strange Land. In: The Guardian, 21. März 2003.

Zweig, Stefanie (2004): Nowhere in Africa. An Autobiographical Novel. Übers. v. Marlies Comjean. Madison: University of Wisconsin Press.

Zweig, Stefanie (2012): Nirgendwo war Heimat. Mein Leben auf zwei Kontinenten. München: Langen Müller.

Ästhetische Hybridität und heimatlose Individuen bei Zaimoğlu und Belinga Belinga

Karina Becker (Magdeburg)

Feridun Zaimoğlus Briefroman *Liebesmale, scharlachrot* (2000) und Jean-Félix Belinga Belingas Gedichte im Band *Gesang der Trommel* (1998) thematisieren die Suche der sich als heimatlos fühlenden Individuen nach ihrer Identität. Zugleich zeigt sich in ihren Werken der Versuch, Transkulturalität auch auf der ästhetischen Ebene zu verwirklichen. Transkulturalität nach Wolfgang Welsch meint die „Aufhebung von bestehenden Differenzen in etwas Neuem jenseits des Gegensatzpaares von Eigenkultur und Fremdkultur" (Schröer 2009: 48) im Sinne eines „Modell[s] von Durchdringungen und Verflechtungen" (Welsch 2012: 26).

1. Formen des Selbst-Erzählens

Zaimoğlus Briefroman und Belinga Belingas Gedichte werden im Folgenden als „Egodokumente" (Becker 2021: 11-18) betrachtet, in denen ein Selbst-Erzählen stattfindet. Unter „Selbst-Erzählen" wird der Versuch verstanden, im Akt des Erzählens Identität herzustellen, das heißt – in Anlehnung an Abel (2006) und Tugendhat (1979) – in Auseinandersetzung mit Diskursen und Praktiken im gesellschaftlich-sozialen Umfeld Verständnis von sich selbst zu entwickeln und Formierung seines Selbst zu betreiben. Dies freilich ist ein dynamischer Prozess, der nie abgeschlossen ist. In den Texten von Zaimoğlu und Belinga Belinga lassen sich verschiedene Formen des Selbst-Erzählens unterscheiden:

1. Es dient der Selbstreflexion und Selbstformation.
2. Es ist ein „Akt der Selbstbehauptung, des Zur-Sprache-Kommens" (Hopkins 1996: 198) von negativen Erfahrungen des erzählenden Ichs.
3. Es ist medialer Rahmen des Erinnerns und dient – in der Terminologie Jan und Aleida Assmanns (1988/2006/2013) – der Wahrung des kommunikativen und kollektiven Gedächtnisses.

Für das Selbst-Erzählen haben die Autoren eine entsprechende ästhetische Form gewählt oder gefunden, wie im Folgenden zu zeigen ist. Im Akt des

Selbst-Erzählens werden kulturelle Eigenheiten in hybrider Erzählweise vermittelt, beispielsweise durch die Kombination von Oralität und Schriftlichkeit
oder in der Vermischung von Themen und Motiven aus unterschiedlichen Kulturkreisen.

2. Die unentschiedene Suche des „Deutschländers" in Zaimoğlus Briefroman

In Zaimoğlus Briefroman *Liebesmale, scharlachrot* leidet die Hauptfigur Serdar darunter, als Türke in Deutschland (Kiel) nicht heimisch zu sein, aber auch
auf „Heimaturlaub" in der Türkei nicht als Türke anerkannt zu werden, sondern
immer als „Deutschländer" (Almancı) betrachtet und beschimpft zu werden.
Zaimoğlu lässt seinen Protagonisten den Weg der Ich-Findung über die Grenzüberschreitung wählen. Serdar nimmt durch seine Transgression von Deutschland in die Türkei einen anderen „Sehe-Punkt" (Chladenius 1985: 188 f.) ein
und erreicht dadurch Selbstaufklärung.

Gerade aus Kiel in der Türkei gelandet, meint Serdar seine „Appearance"
(Zaimoğlu 2000: 245) anpassen zu müssen, weil die Leute sich dort „den Arsch
[aufreißen], um Uniformität zu wahren" (ebd.: 61): Er trägt dort nun einen
„Pferdeschwanz, die Locken von den Schläfen fest weggezogen und am Hin-
terkopf mit dem Rest mittels eines Haarbandes schmuck gebündelt". Er ringt
sich zu einem „normbekennerische[n] Outfit" (ebd.: 245) durch: taubengraue
Tunnelzughose, kurzärmeliges samtschwarzes Polyesterhemd, darüber ein
um den Hals gehängter weißer Pullover, dunkelbraune Turnschuhe, schwarze
Baumwollstrümpfe. In vollem Bewusstsein dessen, was er tut, assimiliert sich
Serdar äußerlich, steht diesem Akt jedoch innerlich separiert gegenüber. Und
die äußerliche Assimilation bringt ihm auch keine Akzeptanz ein. Von den Einheimischen wird er als „Deutschländer" identifiziert und angefeindet. Als Serdar Baba die Freundin ausspannt, reagiert dieser verständlicherweise empört,
doch im Ärger zeigt sich auch die Einstellung zum „Deutschländer" Serdar:

> Du kommst her und denkst, du kannst dir die erstbeste Frau, die dir über den
> Weg läuft, einfach mal so schnappen. Das lasse ich nicht zu, du bist ein Deutsch-
> landschmutz, du glaubst, du kannst alles haben. Entweder zückst du deine Börse
> oder deinen schlappen Schwanz, und wir, die richtigen Männer, dürfen die Arme
> verschränken und zukucken. Ich schick dich jetzt zum Teufel . . . (ebd.: 289f.)

Serdar reflektiert die Anfeindungen wie folgt:

> Mittlerweile stinkt es mir kolossal, dass die Leute hier auf dem Festland den-
> ken, wir Deutschländer seien nur dazu da, belehrt und verarscht zu werden, und

ansonsten nichts weiter als ein bäuerlicher Abschaum sind, der das Ansehen des an und für sich aufrechten Türken in den Schmutz zieht. (ebd.: 214)

Die äußerliche Anpassung, indem Serdar Praktiken und Habitus seiner vermeintlichen Heimat übernimmt, scheitert aufgrund der innerlichen Separation. Gefangen zwischen Selbstauflösung und Ichsetzung repräsentiert Serdar ein unentschiedenes Ich, was sich in seinen Briefen niederschlägt. Die Briefe, die Serdar am Strand der türkischen Ägäis verfasst, gerichtet an seinen Freund Hakan, seine ehemalige Freundin Anke und seine Geliebte Dina, lassen die unentschiedene Suche des Türken in Deutschland und des Almancı in der Türkei nach der eigenen Identität und seiner ureigenen Heimat deutlich werden.

Ich frage mich also, was ich Bauernlümmel mit der Gnade der späten Bildung eigentlich hier [in der Türkei, K. B.] zu suchen habe, ob ich, wenn nicht meine Klasse, die auf der Strecke zwischen Ackerland und Fabrikhalle krepierte, so doch irgendeine marginale Zugehörigkeit verrate. Ich fühle mich wie ein Luxuskümmel in einer Hartschalenwelt, oben Sonne, unten Sand, und mein Arsch schwebt und schwebt, ein Ballon in den Gefilden aus Furzluft. (ebd.: 13)

Während auf der narrativen Ebene Serdar auf der Suche nach seinem Ich und seiner Rolle ist, lässt sich auf der formalen Ebene eine ästhetische Hybridität in Form eines Code-Mixings feststellen, die als un(ter)bewusster Ausdruck des hybriden Ichs beim Selbst-Erzählen gelesen werden kann. Auffällig sind die bildreichen Anreden und Schlussformeln sowohl in Hakans als auch in Serdars Briefen, die von vulgären und anzüglichen Floskeln („mein lieber Hakan, Sammler der heiligen Vorhäute Christi", ebd.: 9; „Geschätzter Latrinenkumpel", ebd.: 28; „Hochverehrter Kratzsack und Lümmel der niederen Schlamm-und-Schlick-Grade", ebd.: 49) bis zu bildreichen Neologismen („Mein Lahmadschun-und-Sesamkringel-Nostalgiker", ebd.: 62; „Du Büschelohrsumpfeuliges", ebd.: 99; „Lieber Motzsaurier", ebd.: 170) und wortreichen Wendungen reichen („O Herrscher über platt gedrückte Seesternchen und vertrocknete Algen, du in der Heimat Gestrandeter!", ebd.: 37; „Mein lieber Zorro ohne Augenbinde, mein lieber Musketier ohne Degen, du Held ohne Heldentum", ebd.: 88). Die komplexen Anreden der beiden Briefschreiber kann man als Übertragung der in der türkischen Sprache häufig benutzen Wortfolgebildungen und Nominalsätze begreifen, die in der deutschen Sprache eher ungewöhnlich sind. Dennoch verfassen beide (nach einer eher für die türkische Sprache typischen Anrede) ihre Briefe in meist hypotaktischen, langen Sätzen, die an die flektierende deutsche Sprache anknüpfen und für die türkische, agglutinierende Sprache eher ungewöhnlich sind. Ein Code-Mixing in Form von Insertionen findet nicht zwischen der türkischen und deutschen Sprache statt, sondern zwischen der englischen und deutschen. Es sind Insertionen, die für die Sprache der deutschen Mehrheitsgesellschaft inzwischen üblich sind, etwa „Family-Business. Wir machen einen Ausflug." (S. 33) oder „Hier setz ich mal n korrektes Break." (ebd.: 48)

Anders als viele Untersuchungen zu Formen der literarischen Mehrsprachigkeit nahelegen (vgl. Riehl 2014 und Skiba 2010), weisen Serdars Briefe prinzipiell keine Merkmale des Ethnolekts (fehlende Präpositionen oder Artikel, grammatikalische Abweichungen etc.) oder Formen einer textinternen Mehrsprachigkeit (Verdopplungen, metasprachliche Einschübe, Lehnübersetzungen etc.) auf. Sogar türkische Sprichwörter werden eins zu eins ins Deutsche übersetzt, wie etwa „Ich bin der Schmetterling auf dem Eselsgemächt" (Zaimoğlu 2000: 51).

Hakan verkürzt allerdings durchgehend die unbestimmten Artikel zu „n", „m", „inne", „nem" usw., wählt einen eher kolloquialen Stil, benutzt lexikalische und phraseologische Merkmale wie „Alter" (ebd.: 20) und schreibt einige Fremdwörter falsch („Akzion", ebd.: 19; „Niwo", ebd.: 89). Mit ihm präsentiert Zaimoğlu den formal ungebildeten und ökonomisch eher am Rande der Gesellschaft lebenden Deutsch-Türken, während Serdar – mit gymnasialer Schulbildung und Universitätsbesuch – den intellektuellen Deutsch-Türken vertritt, der sich in seiner Wortwahl sowohl von einem „gefälligen Kanaksta" (ebd.: 37) als auch von dem Ton der deutschen Mehrheitsgesellschaft absetzt.

Zaimoğlu wählt in seinem Roman schließlich einen ironischen Stil, wenn er mit Serdar den Deutschen den Bildungsbürger *par excellence* vor Augen führt, der nicht nur ein formal perfektes Deutsch schreibt, sondern auch literarisch versiert ist. Denn Serdar, selbsternannter „Dichter" (ebd.: 290), fügt in seine Briefe Haikus ein und inszeniert sich als neuer Werther und Bruder des Hyperion (vgl. Hofmann 2013). Und sein Freund Hakan reiht sich selbst in die Liste berühmter Liebespaare der Weltliteratur ein, wenn er schwärmt:

> Jaqueline! Jaqueline Jaqueline Jaqueline! So fangen Lieben an, die hernach inne Volksquellen eingehen, es wird vielleicht später heißen: Romeo und Julia, Madschnun und Leyla, Hakan und Jaqueline! (Zaimoğlu 2000: 66)[1]

Zaimoğlu kombiniert nicht nur transkulturell das Figurenrepertoire, sondern auch die im 18. Jahrhundert in Europa virulent gewordene Gattung des Briefromans und die japanische Dichtform Haiku mit einem seit dem 17. Jahrhundert in der Türkei ausdifferenzierten Schreibstil. Er lässt in seinem Roman den sprachlich und kulturell informierten Deutsch-Türken Serdar die Besonderheiten „seiner" Kultur mit der „fremden" vermischen und daraus „seine" eigene Sprache kreieren. In der Kombination aus türkischsprachiger Bildlichkeit,

---

1 Romeo und Julia können als ureuropäisches Liebespaar gelten, Madschnun und Leyla als altpersisches (die persische Sprache und Literatur hatte auf die benachbarten Turksprachen großen Einfluss), Hakan und Jaqueline als neues, deutsch-türkisch-(ost)deutsches Paar.

anglizistischen Ausrufen, hypotaktischer deutscher Satzstruktur und einem breiten angewandten kulturellen Wissen kreiert Zaimoğlu einen eigenen „sozialen Stil", der zur hybriden Identität der Hauptfigur passt. Unter „sozialem Stil" versteht Keim (2005: 167) einen „anthropologischen und ethnografischen Stilbegriff", wonach die „Ausdrucksvariation zwischen bestimmten Gruppen im Sinne kultureller Unterschiede betrachtet wird". Die getroffene Auswahl von Mitgliedern einer sozialen Einheit und die „Weiterentwicklung von Ausdrucksformen aus den ihnen zur Verfügung stehenden Ressourcen für die Durchführung kommunikativer Aufgaben" markiert die „soziale und kulturelle Zugehörigkeit" (ebd.). Liest man das Code-Mixing im Roman als Ausdruck eines sozialen Stils, so ist die soziale und kulturelle Zugehörigkeit nicht eindeutig markiert, sondern hybrid. In Serdars bildhafter Sprache, die Differenzen und Ambivalenzen aushält und sich vor Eindeutigem und Entschiedenem zurückhält, spiegelt sich die unentschiedene Suche nach seiner Identität wider.

Ort des Unentschiedenen ist der Zwischenraum bzw. das Nicht-Ankommen, das am Ende des Romans ins Bild gesetzt wird. Der Roman endet mit Serdars Rückflug nach Deutschland, bei dem sich alle seine psychosomatischen Probleme im transitorischen Raum auflösen. Transitorische Räume sind Orte des Übergangs, des Neuanfangs oder, wie Foucault (1994) es nennen würde, „Heterotopien", die als Gegenräume einen Gegenentwurf zur Realität schaffen. Serdars Ort ist der Ort dazwischen, perspektivisch aber der in Deutschland: Seiner vermeintlichen Heimat hat er – bildlich gesprochen – beim Rückflug den Rücken zugekehrt.

Zaimoğlus Roman thematisiert Probleme der Ichfindung und Ichsetzung eines hybriden Subjekts in einer als hybrid erlebten Welt. Angesprochen werden nicht nur existentielle Schwierigkeiten des Menschen generell, sondern insbesondere eines jungen Deutsch-Türken, der zwischen den Kulturen, den eigenen und fremden Erwartungen und Wünschen hin- und hergerissen ist. Das Selbst-Erzählen in Zaimoğlus Briefroman dient der Selbstreflexion und Selbstformation und ist auch als ein Akt der Selbstbehauptung zu verstehen, worin er Werther und Hyperion gleicht. Denn Serdar erlebt „Heimat" hier wie dort nicht, vielmehr eckt er an. Gesellschaftliche Anerkennung für seinen hybriden Habitus erhält er nicht. Insofern scheitert er nicht an dem Versuch, eine hybride Verknotung herzustellen, sondern daran, sie in der Sozialität zu leben. Das Verfassen von Briefen und Gedichten hilft ihm, auch sprachlich, Differenzen zu überbrücken und abseits des kulturellen Anpassungsdrucks sein Inneres, sein Ich, auszudrücken. Dass die Ausdrucksform aber eine künstlerische und visionäre ist („Romanmaler", Zaimoğlu 2000: 27) und er sich nur im transitorischen Raum findet, lässt die Hoffnung auf eine Lösung der Identitätsprobleme am Ende des Romans schwinden. Hier beginnt die Aufgabe für das hybride Subjekt im 21. Jahrhundert, die aber keine einfach zu lösende scheint.

3. Hybrides Erzählen in den Gedichten Belinga Belingas

Belinga Belingas Gedichte in dem Band *Gesang der Trommel* (1998) sind zwei Jahre vor Zaimoğlus Briefroman erschienen, in einer Zeit, als auch afrikanische Autor*innen, insbesondere Frauen wie Miriam Kwalanda oder May Ayim, das Leben zwischen den Kulturen jenseits von Eigenem und Fremdem als alternative Identitätsvorstellung modellierten.

Die Gedichte zeugen von Zerrissenheit, die einfließt in eine hybride Erzählweise, ohne aber eine alternative Identitätsvorstellung zu entwickeln. Belinga Belingas Gedichte zeigen ein Sowohl-als-auch und zeugen auf subversive Weise von Erinnerungen an seine Heimat: Sie sind zwar auf Deutsch verfasst (was insofern zu betonen ist, als nur wenige afrikanische Autor*innen die deutsche Sprache, als zweite oder dritte Fremdsprache erlernt, in ihren Werken als Ausdrucksform für ihre Hoffnungen und Träume, aber auch Resignationen über die Ablehnung in Deutschland gewählt haben), bedienen sich aber afrikanischer Rhythmen, Motive, Metaphern.

Als literarische Form für seine individuellen Erfahrungen und Erinnerungen an seine Heimat Afrika dient ihm, wie auch schon Serdar in Zaimoğlus Roman, diejenige, die eine Selbstdarstellung und ein „Selbst-Erzählen" leicht ermöglicht: die Lyrik.[2] Die Gedichte sind Medium der Selbstreflexion und der Selbstbehauptung. Seine Gedichte sind aber auch medialer Rahmen des Erinnerns und der Wahrung eines kulturellen und kommunikativen Gedächtnisses. In hybrider Erzählweise vermitteln die Gedichte kulturelle Eigenheiten, worauf im Folgenden der Fokus gelegt werden soll.

Genauer Bezug genommen werden soll auf die Gedichte, mit denen Belinga Belinga bestimmte in Kamerun kultisch und kulturell bedeutsame Musikinstrumente und Erzählweisen in Erinnerung ruft. Geprägt sind diese Gedichte von einer Oraliteralität, weil sie den improvisierenden Charakter beim Musizieren übernehmen und zugleich für den Leser notiert sind zur Wahrung und Ausformung eines kulturellen Gedächtnisses.

Die Gedichte sind nicht rhythmisch regelmäßig verfasst, wie wir es von den deutschen Gedichten der Klassik und Romantik kennen. Vielmehr weisen sie einen Slam- oder Gospel- bzw. Trommel-Rhythmus auf. Oloukpona-Yinnon (2014: 171) urteilt hierzu: „Belinga Belinga schreibt eigentlich nicht, sondern trommelt in deutscher Sprache."

Bezeichnenderweise ist ein Gedicht in dem Band *Tamtam* (Belinga Belinga 1998: 34 f.) überschrieben, womit einerseits die europäischen Kolonialherren onomatopoetisch herabsetzend das Trommeln der Afrikaner, das sie nicht verstanden, und die Afrikaner andererseits selbst eine bestimmte Hauttrommel

---

2   Andere bevorzugte „Formen der Selbstdarstellung" sind Film, Essay und historische Abhandlungen (vgl. Kamta 2013: 10).

und *pars pro toto* ihre Trommelkultur bezeichneten. Das „Tamtam" begleitete den Kameruner in jeder Phase des täglichen Lebens, war/ist fester Bestandteil von Festen, Zeremonien und Ritualen und diente der – auch mehrsprachigen – Kommunikation und der Vermittlung von Informationen (vgl. ebd.: 92).

Das Gedicht *Tamtam* beginnt in einem Trommelrhythmus: „Tamtam, / brich! / Brich die peitschende Stille" und geht über in einen freien Erzählrhythmus: „Du rufst die Fragenden, / doch sie halten deine / Antworten / für schmerzendes Chaos." (ebd.: 34) In der Kombination aus afrikanischem Rhythmus und deutscher Sprache wird in dem Gedicht *Tamtam* zugleich Kritik an dem Auftreten der ehemaligen Kolonialherren laut, wenn es heißt: „sie halten deine / Antworten / für schmerzendes Chaos" und – am Ende der ersten Strophe – „Sie horchen und vernehmen / betäubendes Dröhnen, / das alles Leben zerfetzt" (ebd.). In dem Gedicht wird die Trommel vom erzählenden bzw. singenden Ich angesprochen. Ähnlich wie in dem Gedicht *Der Ton-Spiegel* (ebd.: 28), das „dem alten Trommler" gewidmet ist, drückt Belinga Belinga hier die Verbundenheit mit den afrikanischen traditionellen Erzählern aus, die, wie die Griots in Westafrika oder die Stegharfe spielenden Sänger in Kamerun (die sog. Mbomovet), durch mündliche Überlieferung traditionelles Wissen weitergaben.

Auch das *Balafon* (ebd.: 48) überschriebene Gedicht ist nur umfassend zu verstehen, wenn die Funktion und der Einsatz dieses dem Xylophon ähnlichen Musikinstruments berücksichtigt werden. Mit dem Klang des Balafons verabschiedete das Volk der Beti (im Regenwald von Kamerun) den Geist eines Verstorbenen. Das Balafon wurde an einem Bach im Wald aufgebaut und gespielt, wenn jemand gestorben war (vgl. ebd.: 91). Erst mit diesem kulturellen Wissen wird die Situation des Gedichts verständlich, wenn es heißt: „Unsichtbar waren die, / die du tanzen ließt." (ebd.)

Belinga Belinga nutzt eine hybride Erzählweise, indem er afrikanische Rhythmen in die deutsche Sprache zu übersetzen versucht und auch afrikanische Sprichwörter in deutscher Sprache in seine Gedichte einwebt, wodurch es ihm gelingt, das kommunikative und kulturelle Gedächtnis seiner Heimat zu wahren. Es zeigen sich aber auch die Grenzen: zum einen, wenn die natürlichen Betonungen der deutschen Wörter in den Trommelrhythmus hineingequetscht werden und die semantisch-syntaktisch wichtigen Wörter dadurch unbetont bleiben. Indifferent bleibt beispielsweise die vierte Strophe im *Tamtam*-Gedicht:

In meiner Trauer

vernehme ich

dein magisches Echo.

Ich lächle nicht.

Ich weine nicht.

Ich singe,

und meine Arme zittern,

wartend auf dein Beben. (ebd.: 35)

Die Gedichte zeugen zum anderen von einem romantischen Blick auf Kamerun, das es in der geschilderten Form nicht mehr gibt. Dies führt zu einer Orts- oder Heimatlosigkeit des Ichs: Das, wonach es sich sehnt, existiert nicht mehr, das, was es derzeit erlebt, befremdet es. In dem Gedicht *Balafon* heißt es beispielsweise:

Ich will,

daß du mich lehrst,

was ich verlernt habe:

das Reden,

auch mit mir selbst. (ebd.: 48)

Das Selbst-Erzählen in Belinga Belingas Gedichte dient eher der Selbstaussprache und der Wahrung des kommunikativen und kollektiven Gedächtnisses als der Herstellung einer hybriden Identität. Durch die Sprachwahl signalisiert er eine Zugehörigkeit zu den Deutschen und eine Identifizierung mit der Sprache der Deutschen, ohne damit eine kulturelle Assimilation auszudrücken. Vielmehr erreicht er durch die Wortergreifung in der fremden Sprache, einem dominanten, einseitigen Diskurs über die eigene Kultur eine eigene Perspektive entgegenzusetzen.

Belinga Belinga versucht in seinem Gedichtband *Gesang der Trommel* die oral geprägte Sprache der Kameruner in die deutsche Literalität zu überführen und die Erinnerungen an die Kultur Kameruns aufrecht zu halten und findet in Form dieser Oraliteralität die Ausdrucksmöglichkeit für seine innere Zerrissenheit und Heimatlosigkeit, die aber – anders als bei Zaimoğlu – keine hybride Identität ist.

4. Hybrides Selbst-Erzählen und Transkulturalität

Das „Selbst-Erzählen" bei Zaimoğlu und Belinga Belinga untergräbt die Vorstellung von Nationalliteratur und öffnet die Perspektive auf eine Weltliteratur. Die Texte zeichnen sich durch eine hybride Erzählweise aus, die sich in einem Konglomerat verschiedener Sprachstile, einem Code-Mixing und intertextuellen und transkulturellen Verflechtungen zeigt.

Belinga Belinga hat sich die deutsche Sprache als Schriftsprache angeeignet und sie gewählt, um darin auch seine Erinnerungen und sein Dasein im Exil zu beschreiben. Mit der Sprachwahl gelingt es ihm, in einen (alten) Diskurs einzutreten und ihm einen neuen entgegenzusetzen, in dem er die Probleme seines Selbst, die Erfahrungen von Subalternität, Deterritorialisierung und Zerrissenheit, die Dialektik von Heimat und Fremde stellvertretend artikuliert. Es gelingt dem Ich-Erzähler in den Gedichten allerdings nicht, aus dieser Zerrissenheit etwas Neues zu formieren.

Serdar in Zaimoğlus Briefroman ist eine exemplarische Figur des Dritten, bei dem weder an seinem Wohnort Kiel „Heimatgefühle" entstehen noch im „Heimaturlaub" in der Türkei, wo er als „Deutschländer" verfolgt wird. Aus den beiden Polen kann Serdar für sich selbst, als heimatloses, hin und her gerissenes Individuum kein Drittes herstellen, aber in der Produktion seiner Briefe, die an Freunde aus verschiedensten Kulturkreisen gerichtet sind, entsteht ein Zeugnis kultureller Hybridität. Der Briefroman ist direkte Anspielung auf Goethes Briefroman *Die Leiden des jungen Werthers* wie auch auf Hölderlins *Hyperion* und rekurriert zudem auf persische Märchen und andere Beispiele aus der europäischen Literaturgeschichte. Außerdem produziert Serdar frei japanische Haikus und benutzt eine Schreibweise, die der türkischen lyrischen Gattungstradition und den Eigenheiten der türkischen Sprache entliehen ist. Daraus ergibt sich ein Konglomerat verschiedenster Mischäußerungen und ästhetischer Formen. Was auf der Textebene der Figur nicht gelingt – ein kulturelles Drittes zu entwickeln –, erreicht Zaimoğlu auf ästhetischer Ebene in Form einer hybriden Erzählweise.

Feridun Zaimoğlus Briefroman *Liebesmale, scharlachrot* und Jean-Félix Belinga Belingas Gedichte im Band *Gesang der Trommel* schärfen ein transkulturelles Bewusstsein und versuchen im Akt des „Selbst-Erzählens", Transkulturalität auf der ästhetischen Ebene zu verwirklichen. Die heimatlosen Individuen aber suchen weiterhin den Ort, um Hybridität zu leben (Serdar) bzw. zeigen sich skeptisch, das Leben zwischen den Kulturen jenseits von Eigenem und Fremdem als alternative Identitätsvorstellung zu modellieren (Belinga Belinga).

Bibliographie

Abel, Heinz (2006): Identität. Über die Entstehung des Gedankens, dass der Mensch ein Individuum ist, den nicht leicht zu verwirklichenden Anspruch auf Individualität und die Tatsache, dass Identität in den Zeiten der Individualisierung von der Hand in den Mund lebt. Wiesbaden: Springer.

Assmann, Aleida (2006): Erinnerungsräume. Formen und Wandlungen des kulturellen Gedächtnisses. 3. Auflage. München: C. H. Beck [urspr. 1999].

Assmann, Jan (1988): Kollektives Gedächtnis und kulturelle Identität. In: Kultur und Gedächtnis. Hg. v. Jan Assmann u. Tonio Hölscher. Frankfurt/M.: Suhrkamp, S. 9–19.

Assmann, Jan (2013): Das kulturelle Gedächtnis. Schrift, Erinnerung und politische Identität in frühen Hochkulturen. 7. Auflage. München: C. H. Beck [urspr. 1992].

Becker, Karina (2021): Briefroman und Subjektivation. Transformationen der Gattung und des Subjekts und deren Bedeutung für einen subjektivationsorientierten Literaturunterricht. Würzburg: Königshausen & Neumann.

Belinga Belinga, Jean-Félix (1998): Gesang der Trommel. Bad Honnef: Horlemann.

Chladenius, Johann Martin (1985): Allgemeine Geschichtswissenschaft. Mit einer Einleitung v. Christoph Friederich u. einem Vorwort v. Reinhart Koselleck. Wien u. a.: Böhlau (Neudruck der Ausgabe Leipzig: Lanck, 1752).

Foucault, Michel (1994): Des espaces autres. In: Dits et Écrits 4. Hg. v. Daniel Defert u. François Ewald. Paris: Gallimard, S. 752–762.

Hofmann, Michael (2013): Romantische Rebellion. Anti-bourgeoiser Gestus und deutsch-türkische Traditionsaneignung bei Feridun Zaimoğlu. In: Deutsch-türkische Literaturwissenschaft. Hg. v. dems. Würzburg: Königshausen & Neumann, S. 65–77.

Hopkins, Leroy T. (1996): Sprich, damit ich dich sehe. Eine afrodeutsche Literatur. In: Schreiben zwischen den Kulturen. Beiträge zur deutschsprachigen Gegenwartsliteratur. Hg. v. Paul Michael Lützeler. Frankfurt/M.: Fischer, S. 196–210.

Kamta, Florentin Saha (2013): „Poesie des Überlebens". Vom Umgang mit der Krise der Identität in der afrodeutschen Literatur. Würzburg: Königshausen & Neumann.

Keim, Inken (2005): Die interaktive Konstitution der Kategorie „Migrant/Migrantin" in einer Jugendgruppe ausländischer Herkunft: Sozial-kulturelle Selbst- und Fremdbestimmung als Merkmal kommunikativen Stils. In: Sprachgrenzen überspringen. Sprachliche Hybridität und polykulturelles Selbstverständnis. Hg. v. Volker Hinnenkamp u. Katharina Meng. Tübingen: Narr, S. 165–194.

Oloukpona-Yinnon, Adjaï Paulin (2014): Exil und Erinnerung: Afrikaner schreiben Belletristik in deutscher Sprache. In: Zeitschrift des Verbandes polnischer Germanisten 3.2, S. 165–172.

Riehl, Claudia Maria (2014): Mehrsprachigkeit. Eine Einführung. Darmstadt: wbg.

Schröer, Norbert (2009): Interkulturelle Kommunikation. Einführung. Essen: Oldib.

Skiba, Dirk (2010): Formen literarischer Mehrsprachigkeit in der Migrationsliteratur. In: Polyphonie – Mehrsprachigkeit und literarische Kreativität. Hg. v. Michaela Bürger-Koftis, Hannes Schweiger u. Sandra Vlasta. Wien: Praesens, S. 323–336.

Tugendhat, Ernst (1979): Selbstbewusstsein und Selbstbestimmung. Sprachanalytische Interpretationen. Frankfurt/M.: Suhrkamp, S. 282–292.

Welsch, Wolfgang (2012): Was ist eigentlich Transkulturalität? In: Kulturen in Bewegung. Beiträge zur Theorie und Praxis der Transkulturalität. Hg. v. Kimmich, Dorothee u. a. Bielefeld: transcript, S. 25–40.

Zaimoğlu, Feridun (2000): Liebesmale, scharlachrot. Roman. Hamburg: Rotbuch.

„Vielleicht hat jeder Autor einen eigenen, einzigen Satz". Selbstreflexives Schreiben in Herta Müllers Essays der 1990er-Jahre: *Wie Erfundenes sich im Rückblick wahrnimmt*

Raluca Dimian-Hergheligiu (Suceava)

„Denn wer aus dem Denken zu schreiben beginnt, muß unweigerlich den Menschen gleichen, die vor allzu starkem Zugwind in den Windschatten flüchten." (Heidegger 1971: 52)
„Im Zustand des Schreibens ist die Person, weil sie schreibt, eine für sich selbst nicht erreichbare Person. Man könnte sagen: Die Person, die schreibt, ist eine erfundene Person. Auch für sich selbst." (Müller 1991a: 44)

1. Einleitung

Herta Müllers Einleben in das deutsche Kulturmilieu nach ihrer Auswanderung im Jahr 1987 bedeutete auch im Bereich der Schreibpraxis eine Grenzüberschreitung. Eine Änderung der allgemeinen Schreibthematik, der Strategien fiktionaler Inszenierung und Selbstinszenierung und teilweise auch eine Änderung des Stils (vgl. dazu Müller 2014) charakterisieren ihre Ankunftsliteratur: Die Kritik an der traditionellen rumäniendeutschen Dorfgemeinschaft ist nicht mehr das Hauptinteresse der Autorin, obwohl die in Deutschland publizierten Romane und auch die Essays der 1990er-Jahre Reminiszenzen dieser Thematik enthalten: Herta Müllers Essays der 1990-Jahre (*Wie Wahrnehmung sich erfindet* (1990), *Wie Erfundenes sich im Rückblick wahrnimmt* (1991), *Der Teufel sitzt im Spiegel* (1991), *Der ganz andere Diskurs des Alleinseins* (1991), *Das Auge täuscht im Lidschlag* (1991), *Gegenstände, wo die Haut zu Ende ist* (1991), *Eine warme Kartoffel ist ein warmes Bett* (1992), *Der Wächter nimmt seinen Kamm* (1993), *Angekommen wie nicht da* (1994), *Hunger und Seide* (1995), *In der Falle* (1996), *Der fremde Blick* (1999), *Der König verneigt sich und tötet* (2003)) enthalten reflexive Erinnerungspassagen, die viele Sequenzen der Kindheitserfahrung im banatschwäbischen Dorf fiktional inszenieren oder zum Ausgangspunkt weiterer Reflexionen machen. Die Romane der 1990er-Jahre (*Der Fuchs war damals schon der Jäger* (1992), *Herztier* (1994), *Heute wär ich mir lieber nicht begegnet* (1997)) enthalten ebenfalls Passagen, in denen die Dorfthematik der 1980er-Jahre im fiktionalen Rahmen wiederkehrt: Der erste Roman der Auswanderungszeit, *Reisende auf einem Bein* (1989), lässt fiktionale Gestalten aus dem Debüt *Niederungen* im neuen Kontext der Auswanderung nach Deutschland in der Hypostase von ausgewanderten Banatschwaben wieder auftauchen; ebenfalls inszeniert der Roman fiktional viele Erinnerungen der nach Deutschland ausgewanderten Hauptfigur Irene an das zurückgelassene banatschwäbische Dorf. Der 1998 mit dem Internationalen Literaturpreis IMPAC Dublin Literary Award ausgezeichnete Roman *Herztier* (1994) präsentiert die Entwicklung einer Gruppe banatschwäbischer Studenten im kommunistischen Temeswar der 1980er-Jahre in ihrem Wunsch, das Geheimnis zu lösen, das hinter dem politisch inszenierten Selbstmord Lolas, einer Mitbewohnerin der Ich-Erzählerin aus dem Studentenwohnheim, steckt. Das Universum des banatschwäbischen Dorfs lässt sich in diesem Roman oft an den Briefen der schwäbischen Eltern an die nun in Temeswar studierenden Söhne und Töchter ablesen.

Den thematischen Kern ihrer neuen Fiktion bildet nun das kommunistische Rumänien der 1980er-Jahre: Die Romane *Der Fuchs war damals schon der Jäger* (1992), *Herztier* (1994) und *Heute wär ich mir lieber nicht begegnet* (1997) fiktionalisieren die Kommunismuserfahrung, inszenieren das soziale Panorama des kommunistischen Rumäniens der 1980er-Jahre. Parallel zu dieser dadurch präservierten konsistenten Romanliteratur der 1990er-Jahre pflegt Herta Müller eine ebenfalls gewichtige Essayliteratur reflexiven Charakters, die in einem Verhältnis der Komplementarität zu ihren Romanen steht: Die Reihe essayistischer Texte ihrer Ankunftszeit in Deutschland öffnet sich mit der vier Jahre nach der Auswanderung publizierten Essaysammlung *Der Teufel sitzt im Spiegel. Wie Wahrnehmung sich erfindet* (1991) und fährt fort mit dem 2003 im Hanser Verlag veröffentlichten Essayband *Der König verneigt sich und tötet*. Das zwischen 1990 und 2003 entstandene essayistische Werk Herta Müllers hat einen programmatischen Charakter in Bezug auf ihre Romanliteratur und auf die darin praktizierte Metaphorik (vgl. Dimian-Hergheligiu 2017). Herta Müllers in den 1990er-Jahren publizierte Essayistik wird zudem vom Auftauchen einer selbstreflexiven Schrift charakterisiert, die ihre poetische Vertiefung in einer pionierhaft postmodernen Einrahmung durchsetzt. Der Essayband *Der Teufel sitzt im Spiegel. Wie Wahrnehmung sich erfindet* (1991) zieht eine Grenze zwischen der ersten und der zweiten Etappe der literarischen Entwicklung Herta Müllers, er zeugt von der möglich gewordenen Konkretisierung von Interessen kreativer Selbstdefinition, die in der rumänischen Phase ihres literarischen Schaffens (1984–1987) latent oder unterdrückt waren.

2. Gedanken zum Schreiben

Die erste Auflage des Essaybandes *Der Teufel sitzt im Spiegel. Wie Wahrnehmung sich erfindet* (1991) gruppiert Herta Müllers Essays der frühen 1990er-Jahre in zwei thematische Kreise: *Gedanken zum Schreiben* (*Wie Wahrnehmung sich erfindet, Wie Erfundenes sich im Rückblick wahrnimmt, Der ganz andere Diskurs des Alleinseins, Das Auge täuscht im Lidschlag, Gegenstände, wo die Haut zu Ende ist*) und *Texte über Augen und Sinne* (*Der Überfall des Petersilienlaubs auf die Gedanken, Verdächtigtrot, Von der Wachsamkeit gebissen zu werden, Das Land am Nebentisch, Vom Fußnagel zum Augapfel, die Entfernung in einer Person, Wir teilen uns das Reh*). Eine aufmerksame Analyse dieser Essays, aber auch anderer essayistischer Texte der 1990er- und 2000er-Jahre (*Heimat ist das, was gesprochen wird* (2001), *Der König verneigt sich und tötet* (2003)) lässt die Grenze zur neuen Etappe von Herta Müllers literarischem Schaffen der Ankunftszeit sichtbar werden.

Die Essays des ersten Teils *Gedanken zum Schreiben* sind literarische Inszenierungen der schriftstellerischen Selbstanalyse und Selbstbeobachtung. Ihr Hauptanliegen ist die Objektivierung des Schreibprozesses, die analytische Rekonstruktion der Entstehungsetappen des literarischen Textes; ihre Reihenfolge reflektiert die Etappen der Konkretisierung literarischer Textproduktion. Sie erfüllen im gegenseitigen Bezug zueinander eine Ergänzungsfunktion.

3. Wie Erfundenes sich im Rückblick wahrnimmt *(1991)*

Der Essay *Wie Erfundenes sich im Rückblick wahrnimmt* (1991) lässt sich – wie die Formulierung des Titels bereits suggeriert – als eine Weiterführung des ersten, bereits ein Jahr früher publizierten Textes *Wie Wahrnehmung sich erfindet* auffassen. Die beiden Texte thematisieren den fiktionalen Prozess und stehen in einem Verhältnis der Komplementarität zueinander: Wenn der frühere Essay den fiktionalen Vorgang als Prozess der Metaphorisierung thematisiert (der Text beschreibt die inneren Mechanismen des Denkens, die zur Entstehung der Metaphorik führen; vgl. dazu ausführlich Dimian-Hergheligiu 2017), bezieht sich der Essay *Wie Erfundenes sich im Rückblick wahrnimmt* auf die Beziehung zwischen dem Autor und dem geschriebenen Text. Er rekonstruiert das emotionale Trauma, das den Autor an seinen eigenen Text bindet.

Die beiden Texte erlangen durch die exemplifizierende Wiederaufnahme literarischer Passagen aus vorher publizierten Werken (*Niederungen, Reisende auf einem Bein*) einen metaliterarischen Charakter (das eigene literarische Werk Herta Müllers wird zum Thema und zum Kernpunkt ihrer neuen Poetik).

Die Eröffnungspassage des Essays *Wie Erfundenes sich im Rückblick wahrnimmt* beschreibt die erste Etappe der literarischen Textkonstruktion und den emotionalen Hintergrund der Entscheidung, den Text zu schreiben. Das Angstgefühl, das den Einstieg in den Text begleitet, und der Widerwille gegenüber dem Schreiben stehen in einem oppositiven Verhältnis zum aufgespürten inneren Schreibbedürfnis: „Die Angst vor dem Satz, der Unwille zum Schreiben – es ist fast ein Widerwille –, ist der einzige Grund, weshalb ich es tu." (Müller 1991a: 33) Der Impuls zu schreiben entsteht aus dem Bedürfnis nach innerem Gleichgewicht, das aus der Konfrontation der realen und der fiktionalen Welt resultiert. Die Schreibpraxis erscheint in diesem Rahmen als Strategie der emotionalen Selbstbeherrschung, als Überlebensstrategie:

> Das Schreiben ist jedesmal das Letzte, das, was ich (immer noch) tun kann, ja muss, wenn ich nichts mehr anderes tun kann. Es ist immer, wenn ich schreibe, der Punkt erreicht, wo ich mit mir selber (und das heißt auch mit dem, was mich umgibt) nicht mehr umgehen kann. Ich ertrage meine Sinne nicht mehr. Ich ertrage mein Nachdenken nicht mehr. Es ist alles so verstrickt geworden, dass ich nicht mehr weiß, wo die äußeren Dinge anfangen und aufhören. Ob sie in mir sind oder ich in ihnen. Es brechen Stücke Welt heraus, als hätte ich alles *geschluckt*, was ich nicht tragen kann. (ebd.: 34; meine Herv.)

Die Metapher der Lebenserfahrung als Nährstoff, der sich mit der Materie des Textes mischt, um aufgezehrt zu werden, erscheint ebenfalls am Ende des Essays *Immer derselbe Schnee und immer derselbe Onkel* (Zürcher Poetikdozentur 2007) in fiktionaler Einkleidung:

> spielen und Essen
>
> Jeden Winter kam zu uns nach Hause die Weissnäherin. Sie blieb dann zwei Wochen, ass und schlief bei uns. Sie hiess so, weil sie nur weisse Sachen nähte: Hemden und Unterhemden und Unterhosen und Nachthemden und Brusthalter und Strumpfhalter und Bettzeug. Ich hielt mich viel in der Nähe der Nähmaschine auf, ich schaute, wie die Stiche fliessen und eine Naht wird. Als sie den letzten Abend bei uns war, sagte ich nach dem Nachtessen: Näh mir was zum Spielen.
>
> Sie sagte: Was soll ich dir nähen?
>
> Ich sagte: Näh mir ein Stück Brot.
>
> Sie sagte: Dann musst du später alles, was du gespielt hast, essen.
>
> Alles, was man gespielt hat, essen. So könnte man auch das Schreiben definieren. Wer weiss: Was ich schreib, muss ich essen, was ich nicht schreib – frisst mich.

Davon, dass ich es esse, verschwindet es nicht. So ist das, wenn sich Gegenstände selbständig machen und Sprachbilder sich diebisch nehmen, was ihnen nicht gehört. Gerade beim Schreiben, wenn Worte etwas anderes werden, um genau zu sein, stelle ich kopfschüttelnd fest:

Es ist immer derselbe Schnee und immer derselbe Onkel. (Müller 2007)

3.1. Surrealistische Intertextualität in der literarischen Inszenierung des Schreibaktes

Die Gegenüberstellung von Realem und Fiktionalem erfolgt im Einleitungsparagraph des Essays anhand einer Begrifflichkeit, die an den rumänischen Surrealismus und besonders an Max Blechers Roman *Aus der unmittelbaren Unwirklichkeit* erinnert. Die Beschreibung der inneren Unsicherheit, aber auch die später auftauchende Bevorzugung des Begriffs *Unwirklichkeit* statt *Fiktion* und der identifizierende Hinweis auf den Prozess der Fiktionsbildung als Prozess des Übergangs von einem Ich des Realen zu einem Ich des Imaginären lassen an die Eröffnungspassage von Blechers (1909–1938) bereits erwähntem surrealistischem Roman denken, dessen deutsche Übersetzung Herta Müller zwölf Jahre später (vgl. Blecher 2003) mit einem Einleitungstext begrüßen sollte: Der erste Abschnitt von Blechers Roman beschreibt einen Einbruch des Fiktionalen ins Reale, während dessen sich die Grenzen der bestehenden Gegenstände aus der unmittelbaren Umgebung des Ich-Erzählers verwischen. Eine Wahrnehmungsproblematik tritt im Falle der beiden Autoren in fast demselben Kontext der Entstehung eines „inneren Vorraums" der Fiktionalisierung hervor. Dieser innere Vorraum der Fiktion wird bei Herta Müller im Schreibprozess aufgewertet. Bei Blecher hat er die Funktion der luziden, inspirierten Weltbetrachtung. In beiden Fällen tritt er als kreativer Auslöser einer Fiktion auf, die entweder weltbedingt (Blecher) oder metaphorisch konnotiert (Müller) ist:

> Betrachte ich über längere Zeit denselben Punkt an der Wand, so kommt es mitunter vor, dass ich nicht mehr weiß, wer ich bin und wo ich mich befinde. Dann fühle ich meine Identitätslosigkeit so, als wäre ich für einen Augenblick eine völlig fremde Person geworden. Diese abstrakte Gestalt und meine reale Person legen mir meine Überzeugungen mit gleichen, ausbalancierten Kräften dar. (Blecher 2003: 7)

In mindestens drei Passagen in Herta Müllers Essay *Wie Erfundenes sich im Rückblick wahrnimmt* erscheint der Begriff *Unwirklichkeit* in der Blecherschen Verwendung anstelle des tradierten Begriffs *Fiktion*. Im ersten Fall handelt es sich um den Rückzug des Autors in einen inneren Raum der Fantasie (*der lückenlosen Unwirklichkeit*), aus dem sich der Schreibprozess speisen kann: „So kommt es, dass ich das Schreiben als das Gegenteil von Leben, und als das Gegenteil von Denken empfinde. Ein großer Rückzug, ich weiß nicht wohin, und ich weiß nicht worauf. An keinen Ort und nicht auf mich selbst. Es ist *die lückenlose Unwirklichkeit*, die mich, so scheint es, dennoch auffängt." (Müller 1991a: 34; m. Herv.) Derselbe Terminus (*Unwirklichkeit* statt *Fiktion*) erscheint noch einmal, eine Seite später, in Bezug auf den Bereich der Fiktion, in den der Autor mit dem ersten Satz seines Textes einsteigt: „Jeder Text braucht seinen ersten Satz. Man nennt diesen ersten Satz: Einstieg. Ich finde diese Bezeichnung dem Zustand des Schreibens entsprechend, da der erste Satz das Einsteigen in die *Unwirklichkeit* ist." (ebd.: 35; m. Herv.) Das dritte Mal erscheint der Begriff *Unwirklichkeit* in einem Absatz, der die Materialität des Textes thematisiert. Das Unwirkliche wird vollkommen nach Blecherscher Art ins Wirkliche verkehrt:

Texte, Bücher, ganz gleich, ob es die eigenen oder die anderer Autoren sind, sind sie mal geschrieben, gibt es. Ich meine damit nicht, dass es Bücher, Seiten zwischen Umschlägen gibt. Diese Realitäten, Inhalte nennt man sie, sind so real, wie das Papier real ist, auf dem sie gedruckt stehen. Wie eine Uhr, ein Zimmer, eine Straße, ein Wald oder eine Stadt, so real ist ein Text, wenn er mal geschrieben ist. Da er aus der lückenlosen *Unwirklichkeit* hervorgegangen ist, ist der Text, wenn er mal geschrieben ist, lückenlos wirklich. Er ist Wahrnehmung, erfundene Wahrnehmung, die sich im Rückblick wahrnimmt. (ebd.: 38; m. Herv.)

Die Ähnlichkeit zwischen Herta Müllers Einleitung zum schreibthematischen Essay von 1991 und Blechers Einleitung in den Roman *Aus der unmittelbaren Unwirklichkeit* ist nicht der einzige Fall surrealistischer Prägung ihrer Literatur und besonders ihrer schreibthematischen Schriften: Eine aufmerksame Analyse der surrealistischen Intertextualität von Herta Müllers Literatur zeigt, dass sie viel vom rumänischen Surrealismus schon in ihre deutschsprachigen Romane der 1980er-Jahre (*Niederungen* (1982), *Drückender Tango* (1984), *Der Mensch ist ein großer Fasan auf der Welt* (1986), *Barfüßiger Februar* (1986)) aufgenommen hat (vgl. dazu Dimian-Hergheligiu 2017). Der 1994 veröffentlichte Roman *Herztier* enthält Zitate von rumänischen surrealistischen Dichtern, die Herta Müller bekanntlich bewundert hat (Gellu Naum, Alexandru Vona).

Herta Müllers Umgang mit dem Surrealismus ist übrigens vielfältig: Die Erkundung der Celanschen Intertextualität von Müllers Literatur[1] vermag,

---

1 Es ist nur eine Frage der Zeit, bis eine ernsthafte Untersuchung der Celanschen Intertextualität von Herta Müllers Literatur zustande kommt. Für einen ersten Ausgangspunkt vgl. Dimian-Hergheligiu 2022 (im Druck). Eine kurze Objektivierung von Celans Fall des Umgangs mit der deutschen Sprache als Muttersprache und zugleich auch als Sprache

die Diskussion um die surrealistischen Wurzeln ihrer Schreibweise noch zu verstärken. Julia Müller (2014: 207 f.) konstatiert in ihrer Studie *Sprachtakt.* *Herta Müllers literarischer Darstellungsstil*, dass Herta Müllers literarischen Bezügen auf Schreibstrategien und vor allem ihren Schreibstrategien der Collagenbände surrealistische Schreibpraktiken zugrunde liegen:

> Nach dem Ende der frühen Lyrik, nach dem Ende der kurzen Prosa und der Hinwendung zum Roman erweist sich Herta Müller mit der Erfindung der Postkartenbücher nicht nur in eigener Sache wiederum als Autorin des steten Neubeginns. Gelang es ihr, noch in Rumänien die Literaturlandschaft entscheidend zu beeinflußen und in Deutschland die hiesige Literatur um Erzählräume und eine neue Sprache zu bereichern, so hat sie mit den – bislang – vier Collagen-Sammlungen der Literatur überhaupt ein neues Medium erschlossen. Wohl gibt es bereits die Collagen der Dadaisten und Surrealisten, die Technik des automatischen Schreibens, Texte an und für Ansichtskarten, doch Herta Müller ist die erste Autorin, die mit einer Kombination dieser Formen solch ein vielfältiges und opulentes Konvolut von Text-Bild-Collagen geschaffen hat. Im Vergleich mit den genannten Traditionen sind die Querverbindungen zu den anderen Texten Müllers und die stilistisch-thematischen Eigenheiten deutlich stärker ausgeprägt; sie sind unverkennbar in ihrem Darstellungsstil gestaltet und darum gleichzeitig Erprobung wie Indienstnahme freier Schreibtechniken.

Der im Essay *Wie Erfundenes sich im Rückblick wahrnimmt* inszenierte Schreibakt weist Ähnlichkeiten mit den surrealistischen Praktiken der „écriture automatique" auf: Der inszenierte Schreibakt stellt sich in diesem Essay wie eine Suche nach dem bereits existierenden Text vor, der über ein eigenes Bewusstsein zu verfügen scheint und sich dem schriftstellerischen Ich Satz für Satz offenbart:

> Jedes Wort und jeder Satz hat seinen Anspruch. Und jedes Wort hat, auf sich selbst und auf den Satz bezogen, seinen Anspruch. So wie jeder Satz, auf sich selbst bezogen und auf die vorhergehenden und nachfolgenden Sätze bezogen, seinen Anspruch hat. Man kann damit nicht schwindeln. Auch im kleinen Schwindel bricht alles, da es über einen selbst hinweggeht, das Genick. Ich glaube, nur im Wirklichen gibt es Schwindel. Im Unwirklichen gibt es den Schwindel nicht. [...] [B]evor ich den Satz schreibe, beobachtet mich der Satz. Ich fange an, ihn zu schreiben, wenn ich zu wissen glaube, wie er aussieht. Doch jedesmal stellt sich heraus, dass ich noch lange nicht weiß, wie er aussieht, wenn ich es zu wissen glaub. (Müller 1991a: 34f.)

---

der Mörder seiner Eltern erscheint in Herta Müllers *Rede an die Abiturienten des Jahrgangs 2001.*

Mit ihrer These, dass der Text sich als ein lebendiges Wesen entwickelt, dessen Bewusstsein vom Autor nicht kontrolliert werden kann, mit der diskursiven Inszenierung der Idee einer Trennung zwischen Text und Autor schreibt sich Herta Müller ein in die Linie der großen Vertreter der Moderne, wie Thomas Mann und Marcel Proust, für die der Text ebenfalls als eigenständige Entität vorlag, die sich der Kontrolle des Autors entzieht (vgl. Hergheligiu 2018: 181–183). Die Erzählstimme des Essays *Wie Erfundenes sich im Rückblick wahrnimmt* behauptet, von ihren Sätzen „benutzt zu werden" (Müller 1991a: 46): „Denn ich bin aus ihnen ausgeschlossen, wenn der Text geschrieben ist." (ebd.)

3.2. Kontextualisierung der literarischen Inszenierungen des Schreibaktes durch philosophische Theorien der Postmoderne

Eine andere mögliche Kontextualisierung des spannungsreichen Verhältnisses zwischen Autor und Text lässt sich durch die postmoderne Philosophie der 1960er-Jahre vollführen. In seinem Text *L'écriture et la différence* (1967) bekundete Jacques Derrida eine schriftstellerische Bewusstseinskrise, die von der Auseinandersetzung des Autors mit seinem eigenen Text veranlasst wird. Das schreibende Subjekt kann die von ihm produzierte Schrift nicht kontrollieren und kommt mit ihr niemals zur Deckungsgleichheit: „Le constituant et le disloquant à la fois, l'écriture est autre que le sujet, en quelque sens qu'on l'entende." (Derrida 1967: 34) Die Schrift konstituiert das Subjekt und bringt dieses zugleich zum Verschwinden:

> Or l'espacement comme écriture est le devenir-absent ou le devenir-inconscient du sujet. Par le mouvement de sa dérive, l'émancipation du signe constitue en retour le désir de la présence. Ce devenir – ou cette dérive ne survient pas au sujet qui le choisirait ou s'y laisserait passivement entraîner. Comme rapport du sujet à sa mort, ce devenir est la constitution-même de la subjectivité. A tous les niveaux de l'organisation de la vie, c'est à dire à l'économie de la mort. Tout graphème est d'essence testamentaire. Et l'absence originale du sujet de l'écriture est aussi celle de la chose ou du référent. (ebd.)

Die Unmöglichkeit der Deckungsgleichheit zwischen schreibendem und autobiographischem Subjekt wird auch in Herta Müllers (1991a: 44) Essay *Wie Erfundenes sich im Rückblick wahrnimmt* thematisiert: „Im Zustand des Schreibens ist die Person, weil sie schreibt, eine für sich selbst nicht erreichbare Person. Man könnte sagen: Die Person, die schreibt, ist eine erfundene Person. Auch für sich selbst."

Der Essay objektiviert die Beziehung – oder die Nicht-Beziehung – zwischen Denken und Schreiben in der schon zitierten Passage mit der „lückenlosen Unwirklichkeit":

> So kommt es, dass ich das Schreiben als das Gegenteil von Leben, als das Gegenteil von Denken empfinde. Ein großer Rückzug, ich weiß nicht wohin, und ich weiß nicht worauf. An keinen Ort und nicht auf mich selbst. Es ist die lückenlose Unwirklichkeit, die mich, so scheint es, dennoch auffängt. Es geschieht nichts, von außen gesehen, gar nichts. Auch von innen geschieht nichts, da man, auch wenn man sich sucht, nie auf sich selber stößt. (ebd.)

4. Schlussbetrachtungen

Als zweiter Text des Bandes *Der Teufel sitzt im Spiegel. Wie Wahrnehmung sich erfindet* (1991) trägt der Essay *Wie Erfundenes sich im Rückblick wahrnimmt* die Merkmale der Mitteletappe von Herta Müllers literarischer Entwicklung. Sowohl im Intertext als auch inhaltlich (durch die literarische Inszenierung des Schreibaktes) reflektiert er den rumänischen Surrealismus der 1980er-Jahre. Viele reflexiv eingeführte Überlegungen zum Thema Schreiben sind in anderen, späteren Essays oder in der späteren Romanliteratur Herta Müllers in fiktionaler Kleidung wiederzufinden. Sie enthalten wesentliche Elemente rumänischer Kultur, die sich mit Elementen der deutschen oder westeuropäischen Kultur der 1990er-Jahre kombinieren lassen.

Bibliographie

Blecher, Max (2003): Aus der unmittelbaren Unwirklichkeit. Übers. v. Ernest Wichner. Mit einem Nachwort v. Herta Müller. Frankfurt/M.: Suhrkamp.
Celan, Paul (2003): Die Gedichte. Kommentierte Gesamtausgabe in einem Band. Hg. u. komm. v. Barbara Wiedemann. Frankfurt/M.: Suhrkamp.
Derrida, Jacques (1967): L'écriture et la différence. Paris: Seuil.
Dimian-Hergheligiu, Raluca (2017): Poetisierung der Alterität und des Selbst in Herta Müllers Ankunftsliteratur. Metaliterarische Inszenierungen des Metaphorischen in den Essays der 1990er Jahre. In: Spielarten der Ankunft im Westen. Die deutsche Literatur aus Rumänien nach 1945. Hg. v. Olivia Spiridon. Berlin / Boston: De Gruyter Oldenbourg (= Danubiana Carpathica 9 (56)), S. 83–99.
Dimian-Hergheligiu, Raluca (2022): „Und was wären dann die Bilder?" Kurzer Einblick in Herta Müllers Paul Celan-Rezeption. In: Was geht? Was bleibt? Was kommt? Lehren und Forschen in postpandemischen Zeiten. Beiträge der

Konferenz im Rahmen der GIP Heidelberg und fünf rumänische Universitäten (01./02. Oktober 2021). München: Iudicium (im Druck).

Heidegger, Martin (1971): Was heißt Denken? 3., unveränd. Aufl. Tübingen: Niemeyer.

Hergheligiu, Raluca (2018): Tempus Multiformum. Literarische Inszenierungen der Zeit bei Thomas Mann und Marcel Proust. Konstanz: Hartung-Gorre.

Müller, Herta (1991a): Wie Erfundenes sich im Rückblick wahrnimmt. In: Der Teufel sitzt im Spiegel. Wie Wahrnehmung sich erfindet. Berlin: Rotbuch, S. 33–57.

Müller, Herta (1991b): Wie Wahrnehmung sich erfindet. In: Der Teufel sitzt im Spiegel. Wie Wahrnehmung sich erfindet. Berlin: Rotbuch, S. 9–33.

Müller, Herta (1992): Der Fuchs war damals schon der Jäger. Reinbek bei Hamburg: Rowohlt.

Müller, Herta (1994): Herztier. Reinbek bei Hamburg: Rowohlt.

Müller, Herta (1997): Heute wär ich mir lieber nicht begegnet. Reinbek bei Hamburg: Rowohlt.

Müller, Herta (2003): Der König verneigt sich und tötet. München u. a.: Hanser.

Müller, Herta (2007): Immer derselbe Schnee und immer derselbe Onkel. In: Neue Zürcher Zeitung, 17. November 2007 (https://www.nzz.ch/immer_derselbe_schnee_und_immer_derselbe_onkel-1.585536?reduced=true; letzter Zugriff: 28.3.2022).

Müller, Julia (2014): Sprachtakt. Herta Müllers literarischer Darstellungsstil. Köln u. a.: Böhlau.

Literarische Doppelgängerphantasien und Sprachidentitäten im transkulturellen Kontext: Herta Müller

Gerald Bär (Lissabon)

No two faces, no two minds, are just alike;
but all bear Nature's evident mark of Separation on them.
Born *Originals*, how comes it to pass that we die *Copies*?

(E. Young, *Conjectures on Original Composition*)

I forgot the word that I wanted to say,
And thought, unembodied, returns to the hall of shadows.

(O. E. Mandelshtam, *The Swallow)*

Um Sprachidentitäten und transkulturelle Literatur im Zeitalter der Globalisierungsprozesse zu untersuchen, möchte ich in meinem Beitrag zunächst einige Aspekte des literaturgeschichtlichen Hintergrunds aufarbeiten, welche mit diesem Themenkomplex in Zusammenhang stehen. Ausgehend von meinen Forschungsarbeiten über Doppelgängerphantasien bei Autoren, die zwei- oder mehrsprachig aufgewachsen sind oder in linguistisch und kulturell hybriden Regionen leben (Bär 2011, 2015 und 2021), soll als Fallbeispiel Herta Müller in den Mittelpunkt rücken. Auch sie steht in der Tradition dieser Autoren, die neue Ich-Konzepte entwerfen, indem sie die Grenzen der Alterität ausloten. In Texten, die literarische Figuren (häufig Ich-Erzähler bzw. -Erzählerinnen) in einem sozialen Kontext präsentieren, der häufig als fremd oder sogar als bedrohlich empfunden wird, entwickeln diese oft Spaltungsphantasien, deren spezifische Ausprägungen bei Herta Müller analysiert werden. Dabei stehen ihre folgenden Publikationen im Vordergrund: Niederungen (1988), *Reisende auf einem* Bein (1989) und *Der Teufel sitzt im* Spiegel (1991). Abschließend soll unter Berücksichtigung von Konzepten von McLuhan, Kittler, Hall und Bhabha ein Beitrag zur kulturtheoretischen Einordnung von literarischen Doppelgängerphantasien im Rahmen transkultureller Identitätsfindung geleistet werden.

Ich werde mich nicht mit der bekannten Doppelgänger-Definition Jean Pauls aus dem Jahre 1796 auseinandersetzen, die da lautet: „So heißen Leute, die sich selber sehen",[1] sondern gleich mit deren geschlechterspezifischen Einschränkung. In *Levana oder Erziehlehre* (1807) schreibt Jean Paul (1974b: 684):

> Ein Mann hat zwei Ich, eine Frau nur eines und bedarf des fremden, um ihres zu sehen. Aus diesem weiblichen Mangel an Selbstgesprächen und an Selbstverdopplung erklären sich die meisten Nach- und Vorteile der weiblichen Natur. Daher können sie, da ihr nahes Echo leicht Resonanz wird und mit dem Urschall verschmilzt, weder poetisch noch philosophisch sich zersetzen und sich selber setzen; sie sind mehr Poesie und Philosophie als Poeten und Philosophen.

Obwohl Jean Paul dem weiblichen Geschlecht die Veranlagung zum Sich-selber-Sehen abspricht, gibt es besonders ab dem 20. Jahrhundert viele Beispiele in Literatur und Kunst, die seine These, welche auch als Schreibstrategie aufgefasst werden sollte, widerlegen.[2] Eines davon ist Herta Müller, die 1953 als Banater Schwäbin in Nițchidorf geboren wurde. Als Kind sprach sie die Dorfsprache Schwäbisch; erst in der Schule lernte sie Rumänisch und Hochdeutsch. 1977 trat sie dem Temeswarer Adam-Müller-Guttenbrunn-Literaturkreis bei, in dem sie auf junge Schriftsteller und Schriftstellerinnen stieß, die der zuvor zerschlagenen, weil als staatsfeindlich eingestuften „Aktionsgruppe Banat" (1972–1975) angehört hatten.

Bereits in Müllers Frühwerk entstand das von Brechtscher Dialektik inspirierte Gedicht *Brief von/an Doppelgänger*,[3] welches „knapp die gegensätzlichen Impulse des Einzelgängertums und der Zugehörigkeit zu einer Gemeinschaft reflektiert. An den äußerst kurzen Prosa-Versuchen (*NBZ*, „Universitas", 25.11.1973; 20.1.1974) der Studentin Herta Müller ist bemerkenswert allein die Erprobung des rhetorischen Stilmittels der dominanten Wiederholung, das hier im Dienste gedanklicher Spekulationen und nicht der Entfaltung einer Narration steht". So schreibt Julia Müller (2017: 69) im *Herta Müller-Handbuch*. Dieses Gedicht sollte allerdings im editorischen Kontext gesehen werden, der eine Reflexion über Sinn und Zweck des Schreibens vorgibt:

---

1 Vgl. die Definition im ersten Band von *Blumen- Frucht- und Dornenstükke oder Ehestand, Tod und Hochzeit des Armenadvokaten F. St. Siebenkäs im Reichsmarktflecken Kuhschnappel*. Berlin: Carl Matzdorff, 1796, S. 70.

2 Literarische Spaltungsphantasien finden sich bereits im 19. Jahrhundert bei Autorinnen wie Karoline von Günderrode, Mary Shelley oder Annette von Droste-Hülshoff (vgl. dazu Bär 2005).

3 Veröffentlicht am 20. Januar 1974 auf der Sonderseite „Universitas" der *NBZ* (S. 4). Diese *Neue Banater Zeitung. Organ des Kreiskomitees der RKP* war eine deutschsprachige Publikation, die im rumänischen Timișoara (Temeswar) erschien.

Abb. 1: Herta Müllers Gedicht *Brief von/an Doppelgänger* in der NBZ vom
20. Januar 1974.

I. Du bist ein Einzelgänger
es ärgert mich,
dass ich mit dir vertauscht werde.

II. Du bist kein Einzelgänger,
es freut mich
dass ich mit dir vertauscht werde.

Abgedruckt auf Seite 4 der *NBZ*, „Universitas" (**Abb. 1**), steht es im Zusammenhang mit der Illustration über dem Gedicht und dem „programm" des

„arbeitskreises 74" rechts daneben. Müller erklärt den Schreibakt programmatisch: vom Einzelgänger zum Doppelgänger.

Inspiriert von Rilke, Brecht und Hesse, die ebenfalls mit dem Doppelgän-
germotiv arbeiteten, sehen sich die jungen Schriftsteller sprachlich, kulturell
und politisch zwischen dem repressiven rumänischen Ceaușescu-Regime und
demokratischen Idealen westlicher Prägung angesiedelt. In der letzten Phase
von Herta Müllers frühen Gedichten fällt Julia Müller (2017: 69) bereits eine
„deutlich stärkere formale Strukturierung durch Anaphern und syntaktische
Parallelbildungen auf", die sprachliche Verdopplungsmuster offenbaren.

In ihrem Erstlingswerk *Niederungen* (1982), das stark autobiographisch
kodiert ist, bemerkt Müllers erzählendes Ich: „Ich gehe hinter mir her, ich
falle aus mir heraus, über den Rand meiner Vorstellungen" (1988: 138). Diese
introspektive Haltung und der Hang zur Selbstbespiegelung, welche bereits
die literarischen Spaltungsphantasien von Schriftstellern der Romantik (Chamisso, Hoffmann) und ihren zumeist männlichen Protagonisten vorbereiteten
und begleiteten, ist durchaus charakteristisch für Herta Müllers Schreibstrategie. Diese erzählerische Perspektive der Selbstbeobachtung offenbart sich
in *Niederungen* in den unterschiedlichsten Kontexten: von Straßenkehrern
bis zum Geschlechtsakt (ebd.: 110 f.). Dass sich das Bild, welches die Erzäh-
lerfigur vom verstorbenen Vater bewahrt hat, bei näherer Betrachtung in verschiedene Bilder auflöst und den Vater als zwiespältige Persönlichkeit entlarvt
(ebd.: 7–9), gehört ebenfalls in diesen autobiographisch geprägten narrativen
Zusammenhang. Herta Müllers Vater war Mitglied der Waffen-SS. In diesem
Zusammenhang spielt die Wahrnehmungsperspektive der jeweiligen Person eine bedeutende Rolle. In Müllers Erzählerfiguren setzen sowohl erlebte
Außenwelt als auch ihre Innenwelt die Erinnerung in Gang. In einem dynami-
schen Prozess entsteht so unter den Gedanken das Konzept der „erfundenen
Wahrnehmung": „ein doppelter, dreifacher, vielfacher Boden, der keiner ist"
(Müller 1991: 40).

> „Sie kritisiert und kritisiert wieder, sie kritisiert auf eine so destruktive Weise,
> dass man sich fragt, was für einen Sinn diese Texte überhaupt haben!?" Mit
> diesen Sätzen endete 1982 das geheime Gutachten über Herta Müllers erstes
> Buch, den Prosaband „Niederungen". Verfasser des Gutachtens war der inoffi-
> zielle Securitate-Mitarbeiter „Voicu". Obwohl es sich bei „Niederungen" um ein
> bereits von der Zensur zurechtfrisiertes Buch handelte, stand die Beurteilung der
> Geheimpolizei fest: „Herta Müller gehört zu einem Kreis junger deutschspra-
> chiger Schriftsteller, die wegen ihrer staatsfeindlichen Haltung bekannt sind."
> ([ohne Autor] 2009)

Nachdem sie ab 1984 dreimal die Bundesrepublik Deutschland besucht
hatte, beschloss Herta Müller mit ihrem damaligen Ehemann Richard Wagner,
im Februar 1987 dorthin auszuwandern. In der BRD sieht sie sich, entfernt von

einer linguistisch und kulturell hybriden Region, in der sie als Teil einer Minderheit lebte, weiterhin als Einzelgängerin, die verstärkt literarische Doppelgängerphantasien entwickelt. Sie empfindet ihre neue Umwelt als feindselig, denn in der Aufnahmestelle für Aussiedler wurde sie von Verfassungsschutz und Bundesnachrichtendienst verhört, weil sie im Verdacht stand, eine Securitate-Agentin zu sein. Eine überarbeitete und erweiterte Version von *Niederungen* war bereits 1984 im Rotbuch-Verlag erschienen.

„Das allererste, was man diesem Text bescheinigt hat", so Herta Müller, „war der Fremde Blick. Und die Begründung lautet: weil ich aus einem anderen Land nach Deutschland gekommen bin. Ein fremdes Auge kommt in ein fremdes Land – mit dieser Feststellung geben sich viele zufrieden, außer mir. Denn diese Tatsache ist nicht der Grund für den Fremden Blick. Ich habe ihn mitgebracht" (Schmitter 2009).[4]

Im ersten Prosaband, der nach ihrer Übersiedlung nach Westberlin entstanden ist, verstärken sich Herta Müllers Spaltungsphantasien. *Reisende auf einem Bein* (1989) stellt die rumäniendeutsche Protagonistin Irene in einer Zwischenwelt dar, in welcher ebendieser „Fremde Blick" sowie eine Art von Schwellenangst die sprachliche Auseinandersetzung mit der neuen im Vergleich zur alten Innen- und Außenwelt beherrschen. Konstruktion von Identität entsteht hier im Spannungsfeld zwischen Heimat und Fremde, zwischen Vertrautheit, Bindung und Trennung. Das Sich-selber-Sehen beinhaltet die assoziative Annäherung an sich selbst in dieser fremden und feindseligen Umgebung. Die Spaltungsphantasien verdichten sich über optische Eindrücke (Spiegel, Fotos, Bilder), über haptische Wahrnehmungen bis zur körperlichen Ausformung einer Doppelgängerin, die Irene gegenübersitzt. Etappen in diesem Prozess der Selbstvergewisserung sind z. B. der Blick auf das eigene Passfoto: „Eine bekannte Person, doch nicht wie sie selbst. Und da, worauf es ankam, worauf es Irene ankam, an den Augen, am Mund, und da, an der Rinne zwischen Nase und Mund, war eine fremde Person gewesen. Eine fremde Person hatte sich eingeschlichen in Irenes Gesicht. Das Fremde an Irenes Gesicht war die andere Irene gewesen" (Müller 1989: 18).

Wiederholung, auch als sprachliches Phänomen („fremd", „Foto(s)"), ist untrennbar mit der Spaltungsphantasie verknüpft: „Irene wartete vor dem Automaten auf die Photos. Die U-Bahn war weggefahren. Im Schacht knisterte die Luft. Irene wußte, daß im Gehäuse des Automaten ein Mann stand. Denn das Photo war warm. Es war Körperwärme. Und wie in dem anderen Land, wie auf den Paßphotos, war auch auf diesen Photos eine fremde Person. Auch auf den Photos des Automaten war die andere Irene" (ebd.: 50).

---

4 Vgl. Müller 2003: 135: „Der Fremde Blick ist alt, fertig mitgebracht aus dem Bekannten. Er hat mit dem Einwandern nach Deutschland nichts zu tun".

Bald werden die visuellen Eindrücke der eigenen Andersartigkeit auch spürbar: „Und es war eine fremde Hand auf der Haut, als Irene sich ins Gesicht griff. Und das Gedärm, Irene sah fast ihr Gedärm. Trug es wie im Einweckglas im Bauch. Und das Herz und die Zunge wie tiefgefrornes Obst" (ebd.: 122). Schließlich nimmt die optisch und haptisch konstatierte Fremdheit Gestalt an: „Als Irene sich an den Tisch setzte, merkte sie, daß eine Frau dasaß, die so aussah wie sie selbst. Sie hatte die gleichen Gesichtszüge. Doch das Gesicht als Ganzes hatte einen sonderbaren Ausdruck. Es war die andere Irene. Sie hatte eine tiefe Stimme" (ebd.: 154). An dieser Stelle entsteht auch eine hörbare Differenz („tiefe Stimme"), die aber nicht, wie z. B. in Poes Erzählung *William Wilson* (1839), als innere Stimme empfunden wird. Bis zu diesem Punkt mussten die Leserinnen und Leser annehmen, dass es sich um die Projektion einer Doppelgängerfigur handle, welche nur von Irene selbst wahrgenommen wird, doch beide Irenen werden ebenfalls von anderen Figuren im Text gesehen und kommentiert: „Der Arbeiter sah Irene an. Dann die andere Irene: Wer von euch beiden ist denn die Attrappe" (ebd.: 156). Die Doppelgängerin entwickelt keine Eigendynamik, wie man sie aus vielen Narrativen mit diesem Motiv kennt. Es findet keine Usurpation der Persönlichkeit statt wie im *Amphitryon*. Motiv und narrative Struktur sind keiner *self-fulfilling prophecy* unterworfen, denn die andere Irene bringt zwar etwas Unheimliches im Freudschen Sinne zum Ausdruck, aber keine lebensbedrohlichen Aspekte. Sie verkörpert Bekanntes, Verdrängtes, ist jedoch nicht mit den Konnotationen befrachtet, welche den Doppelgängerbegriff durch E. T. A. Hoffmanns Erzählungen während der Romantik bis heute (besonders im englischen Sprachraum) geprägt haben.

Auch die Identitäten der Figuren Thomas und Franz verwischen sich in Irenes Perspektive: „Irene schaute Thomas an. Dann Franz. Einer hatte das Gesicht des anderen angenommen. Ich geh mir jetzt ein Erdbeereis bestellen, sagte Franz mit Thomas Mund. Die andere Irene erhob sich vom Stuhl [...]. Die Stimme der anderen Irene wurde noch tiefer [...]" (ebd.: 155).

> Thomas oder Franz begleitete Irene nach Hause. Irene sah in den Mond, der hinter einem Baum stand. Dann auf den Schatten des Baumes, der über der Haustür hing. Zwischen Mond und Schatten hatte das Gesicht, das Irene küßte, eine bläuliche Farbe. Auch nach dem langen Zungenkuß wußte Irene nicht, ob Thomas oder Franz sie küßte. Einer von beiden sagte: Beim Küssen darf man den Mond nicht ansehn, die Bäume nicht ansehn und die Schatten nicht ansehn. Du sollst Augen haben nur für mich. Das macht müde, sagte Irene. Ihr sollt mich beide nicht verlassen. Und einer von den beiden sagte: Dich nicht. Wenn es sein muß, dann die andere Irene. (ebd.: 156)

Bereits zuvor kann sich Thomas nicht mehr im Spiegel sehen und verwechselt sich „mit Leuten, die in eine andere Richtung gehen" (ebd.: 133). Die wachsende Unfähigkeit des Sich-selber-Sehens deutet sich auch bei Irene an.

Der Versuch einer Selbstrekonstruktion in Form einer Collage scheitert, weil sie die Fragmente, aus der Perspektive des objektiven Betrachters, nicht sinnvoll zusammenfügen kann: „Dein Bild ist leer, Irene. Nicht nur leer. Auch tot" (ebd.: 147). Wie bei Bram Stokers Vampir Dracula kann der Blick in den Spiegel also keine Selbstvergewisserung mehr erzeugen.

In ihrem kurzen Text *Reisende auf einem Bein* spielt Herta Müller virtuos mit der Phänomenologie des Sich-selber-Sehens, die in ihrer massiven Präsenz ihresgleichen sucht. Zwar möchte sie den „Fremden Blick" sowie die daraus resultierenden Sprachschöpfungen und Erzählstrategien als Reaktion auf Unterdrückung und gegen das totalitäre Regime verstanden wissen. Wenn sich dieser „Fremde Blick" jedoch auf sich selbst richtet, entstehen eine Doppelperspektive und Spaltungsphantasien, welche Ruth Fühner (1989) in ihrer Besprechung erwähnt und Terras (1990: 455) in ihrer Rezension als „schizophrenic strain" pathologisiert:

> Irene is lonely and develops a schizophrenic strain. She uses her native German exclusively yet cannot stop comparing it to the language of „the other country." There exists the old Irene of „the other country," whom she occasionally observes as a Doppelgänger; and there is the new and strange Irene, who does not seem to belong anywhere.

Harnisch (1997: 512) differenziert den literarischen Topos und bezieht sich auf Müllers Ansatz in *Der Teufel sitzt im Spiegel* (1991), wobei sie Intertextualität und politische Bezüge in den Vordergrund stellt:

> Die Spaltung des Ich, sicherlich „ein literarischer Topos, wie er schon in manchem Buche steht," [Fühner 1989; G. B.] [...] ist hier anders besetzt, da diese Spaltung in der konkreten sozio-kulturellen Situation begründet ist. An anderer Stelle deutet die Autorin diese zwar als existentielle Grundbefindlichkeit des Menschen: „Es ist seltsam, wie zweifach wir gebaut sind [...] Zwischen den Augen ist ein Riß." [Müller 1991: 75; G. B.] Doch diese unhistorische Deutung wird durch die enge Nachbarschaft zu einem Ingeborg-Bachmann-Zitat in einen historischen Kontext gestellt, der die existentielle Lesart perspektiviert: „Die Lidspalte zwischen Ost und West zeigt das Augenweiß. Die Pupille ist nicht zu sehen." [Müller 1991: 84; G. B.] Das Bachmann-Zitat situiert die Entfremdung innerhalb der Entzweiung von Ost und West.

Glajar (1997: 536) verallgemeinert diese Tendenz der Autorin, sich in ihren fiktionalen Charakteren widerzuspiegeln, im Fazit ihrer Analyse von *Herztier*: „[...] most of her characters followed in her footsteps: Irene, the protagonist of *Reisende auf einem Bein*, and the first-person narrator, her mother, and her friends Georg and Edgar, of *Herztier*".

In *Der Teufel sitzt im Spiegel* geht es implizit darum, wie (un)zuverlässig das Sensorium und damit das Sich-selber-Sehen sein kann, angesichts der

menschlichen Zweigeteiltheit (Gehirnhälften, Gesichtshälften), in der besonders das Augenpaar Müllers Aufmerksamkeit erregt. Herta Müllers Metapher
der „erfundenen Wahrnehmung", welche die Aufhebung einer eindeutigen
Innen-Außen-Differenz beinhaltet und die subjektive Perzeption als subversive
Waffe gegen staatlich verordnete Sichtweisen einsetzt,[5] beruht auf einer ana-
tomisch begründeten Täuschung:

> Wir bestehen aus zwei Hälften. Aus zwei gleichen Hälften. Gleich von außen.
> Wir sind ein Gebilde der Symmetrie. Wir haben zwei Gehirnhälften. Wir haben
> zwei Gesichtshälften. Zwischen den Augen ist ein Riß, einer, der durch uns hin-
> durchgeht. Nichts von dem, was wir doppelt und gleich tragen, im Gesicht, kann
> sich berühren. Weder die Augen noch die Schläfen, noch die Ohrmuscheln, noch
> die Wangen. Manchmal scheint mir der menschliche Körper so endgültig hilflos,
> weil die gleichen Teile, die doppelten, sich suchen, in allen Gesten, die wir tun.
> (Müller 1991: 75)

Für Jean Paul bot der Riss, der durch die „Koppelzwillinge"[6] geht, Anschauungsmaterial für die Prägung seines Doppelgängerbegriffs, aber auch der Augapfel war Gegenstand seiner Betrachtungen über die „Empfindbilder" des
Menschen (vgl. Jean Paul 1827: 180 ff.). Im *Siebenkäs* zeigt er das Motiv in
seiner visuellen Manipulierbarkeit ebenso von einer spielerischen Seite, wenn
der Protagonist Leibgeber meint, er könne „in der größten Einsamkeit immer
zu dritt sein" und sich vor den Spiegel stellt, um „mit dem Zeigefinger den
Augapfel seitwärts" zu drücken. Dadurch sieht er sich und andere doppelt („. . .
aber du kannst freilich die dritte Person nicht sehen").[7]

Bei Herta Müller (1991: 76) rücken zunächst komplementäre anatomi-
sche Aspekte in den Vordergrund:

5   Vgl. Müller 1991: 53: „Da erfundene Wahrnehmung sich im Rückblick wahr, wirklich
    nimmt, haben auch die Mächtigen zu allen Zeiten, in allen Gesellschaftsformen Angst
    davor. Sie haben Angst vor der Wirkung dessen, was sich aus der erfundenen Wahrnehmung
    im Rückblick wahr, wirklich nimmt. Angst vor Büchern, vor Filmen, vor Gemälden und vor
    der Musik."

6   In Jean Pauls Erzählung *Die Doppeltgänger* (1800) wird allegorisch dargestellt, wie ein-
    ander widersprechende Lebenseinstellungen, gegensätzliche philosophische und politische
    Positionen in dem Körper der „Koppelzwillinge" namens „Gebrüder Mensch" zusammen-
    gewachsen sind (vgl. Bär 2011).

7   „. . . sofort liefer' ich von jedem, wer er auch sei, den Zwilling [. . .] Da geht kein Präsident
    in die Sitzung, der seinesgleichen sucht, dem ich nicht seinen Urang-Utang gäbe, und beide
    gehen vor mir tête à tête. – Will ein Genie einen Nachahmer, ich nehme meinen Schreib-
    und Zeigefinger, und ein lebendiges Fac-simile ist auf der Stelle erzeugt . . .". Leibgeber
    fertigt so „einzige Söhne in Duplikaten" an und verdoppelt „ganze Leichen- und andere
    Prozessionen zu Doppelgängern" (Jean Paul 1974a: 522).

Unser Auge liegt so, daß es eine größere Fläche, als der eine Augapfel groß ist, sieht. Daher steht immer ein Bild vor dem Auge, das zusammengesetzt ist. Das aus vielem, nicht Zusammengehörendem besteht. Und jedes unserer beiden Augen sieht ein für den einen Augapfel zu großes Bild. Mit beiden Augen sehen wir jedoch nicht zwei Bilder, sondern nur ein einziges übergroßes Bild. Unsere Augen liegen so, daß beim Schauen der Riß im Bild drin ist. Und sich zudeckt, damit die Hälften unseres Körpers nicht noch einmal hilflos in den Hälften des Sehens stehen.

Müllers Misstrauen dem menschlichen optischen Sensorium gegenüber steht in der Tradition E. T. A. Hoffmanns, dessen Doppelgängergeschichten häufig optische Apparate als Ausgangspunkt haben. Optische Täuschungen werden z. B. in *Der Sandmann* (1817), in *Prinzessin Brambilla* (1820 mit der Jahreszahl 1821 veröffentlicht) und in *Meister Floh* (1822) thematisiert.

„Um den Preis der Täuschung zeigen uns unsere beiden voneinander getrennten Augen ein einziges Bild. Um den Preis des Schwindels: Unsere beiden Augen verbergen den Riß" (Müller 1991: 76 f.). Für Müller ist diese Einsicht Ausgangspunkt für ihre Definition der „erfundenen Wahrnehmung": „Das Auge täuscht uns im Lidschlag. Der Zeigefinger im Kopf steht nicht still. Unmerklich rutscht uns der Blick aus dem Sehen in die Wahrnehmung. Aus der Wahrnehmung in die erfundene Wahrnehmung" (ebd.: 78). Doch „die erfundene Wahrnehmung verläßt sich in ihrer Ganzheit auf Bilder" (ebd.: 84). Den Zusammenhang von Tod, Teufel, Spiegel, Foto und literarischen Spaltungsphantasien analysiert Müller sehr eindrücklich. Fotos werden zu Spiegeln, in denen sich bisweilen der Doppelgänger regt:

Auch Photos sind Spiegel. Sind es Photos mit dem eigenen Gesicht, sehen wir darauf selten so aus, wie wir sein wollen. [. . .] Ein Photo mit dem eigenen Gesicht ist wie eine fremde Hand im eigenen Gesicht. Ein Photo vom eigenen Gesicht sagt mir immer, was mir der Vater sagte, wenn ich ihm aus Versehen ins Gesicht griff: „Das ist mein Tod." Der Teufel sitzt auch im Spiegel, wenn wir die Gesichter anderer auf Photos sehen. Wir gleiten, je länger wir das Gesicht zerlegen, in unser eigenes Gesicht, bis es hinter den Wangen zuckt, bis wir uns, ohne es zu wissen, auch gegen uns selber wehren. (ebd.: 26)

Diese Verbindungen wurden bereits an anderer Stelle ausführlich bei anderen Autoren untersucht (vgl. Bär 2005). In *Reisende auf einem Bein* offenbart sich ihre kreative Funktion bei der Bildung von Sprachidentitäten in transkultureller Literatur in Situationen von „Schwellenangst" (Kafka) und beim Sondieren vor dem Eintritt in neue Bereiche. Es ist der performative Charakter der Spaltungsphantasie,[8] welchem in der Literatur im Zeitalter der *postcolonial theory*

---

8   Autoren wie Chamisso, Hoffmann und Heine beschrieben den performativen Charakter des
    Doppelgängers bereits im 19. Jahrhundert als Tat des Gedankens, d. h. als personifizierte
    Erfüllungsphantasie geheimer oder verbotener Wünsche (vgl. dazu Bär 2005, 2015).

und der Globalisierungsprozesse eine besonders wichtige Rolle zukommt, was bereits Stuart Hall[9] und Homi K. Bhabha in *The Location of Culture* (1994) anhand von Gedichten demonstrierten:

> The performance of the doubleness or splitting of the subject is enacted in the *writing* of the poems I have quoted; it is evident in the play on the metonymic figures of „missing" and „invisibleness" around which their questioning of identity turns. It is articulated in those iterative instances that simultaneously mark the possibility and impossibility of identity, presence through absence. (Bhabha 2003: 52)

Bhabhas Definition des „Third Space"[10] könnte durchaus dem Habitat des Doppelgängers entsprechen, einer Denkfigur, die Konzepte wie „mimesis", „mimicry", „double vision" und „representation of difference" (ebd.: 87–89) in sich vereint und als visuelles Phänomen seit Jahrhunderten durch die Weltliteratur geistert:

> [...] we are faced with a dimension of doubling a spatialization of the subject, that is occluded in the illusory perspective of what I have called the „third dimension" of the mimetic frame or visual image of identity. (ebd.: 50)

Bhabhas Ansatz entstand parallel zu Kittlers (1993: 84) These,[11] dass „Doppelgänger am Schreibpult" aufgetaucht seien, welche allerdings nicht solche Doppelgängervorstellungen erklärt, die schon vor 1800 in verschiedenen Kulturen verbreitet waren, wie z. B. die mythisch-religiöse vom altägyptischen „Ka", der ein Mittler zwischen den Welten der Lebenden und der Toten darstellt, oder der Amphitryon-Stoff. Wenn sich Götter menschlicher Doppelgänger bedienen,

---

9   Bereits in *Cultural Identity and Diaspora* (1989) erwähnt Hall den „shock of the ,doubleness' of similarity and difference" im Zusammenhang mit dem neuen Kino der Karibik; in *Who needs identity?* (1996) erläutert er Aspekte der „practices of self-production" und „*performativity*" in Anlehnung an Foucault.

10   Vgl. Bhabha 2003: 36: „[...] a Third Space, which represents both the general conditions of language and the specific implication of the utterance in a performative and institutional strategy of which it cannot ‚in itself' be conscious. What this unconscious relation introduces is an ambivalence in the act of interpretation".

11   Ausgangspunkt von Kittlers These ist, daß „das Individuum von 1800 bloß ein individuelles Allgemeines und d. h. keins" gewesen sei. Goethes Bildungsroman enthalte „nicht eine physische Beschreibung seines Helden. Wilhelm Meister bleibt leer wie eine Umrißzeichnung. [...] Meister und sein Graf, Goethe und seine Leser – alle konnten sie an Doppelgänger glauben, einfach weil Wörter keine Singularitäten bezeichnen. Nicht einmal das Wort *Doppelgänger* selber" (Kittler 1993: 86). Kittler argumentiert, „daß klassisch-romantische Doppelgänger den Büchern als solchen entspringen" (ebd.: 87). Er führt dies auf eine neue Rezeptionshaltung zurück, die „Lesen und Rezitieren grundsätzlich als Identifikationsmöglichkeiten benutzt".

um, wie in *Amphitryon*, eine Körperlichkeit zu erlangen, die es ihnen erlaubt, in der Menschenwelt zu agieren, so ist der Vergleich mit einem virtuellen Avatar[12] naheliegend. Bereits Marshall McLuhan (1964: 3) hatte in *Understanding Media: The Extensions of Man* (1964) auf die performativen Möglichkeiten des Mediums als „extension of ourselves" hingewiesen:

> Today, after more than a century of electric technology, we have extended our central nervous system itself in a global embrace, abolishing both space and time as far as our planet is concerned. Rapidly, we approach the final phase of the extensions of man – the technological simulation of consciousness [. . .].

Müllers Doppelgängerinnen Irene und „die andere Irene" in diesem Sinne als eine Art Avatar, als Mittlerin zwischen den Welten zu begreifen, entspricht vielleicht nicht der Auffassung der Autorin. Die fiktionalisierten Erfahrungen Herta Müllers beim Eintritt in die neue Welt der Bundesrepublik Deutschland verdichten sich in der Figur der „anderen Irene", welche das Resultat des versprachlichten Sich-selber-Sehens, des introvertierten „Fremden Blicks" ist. Ohne diese literarische Kunstfigur bliebe die Vorstellung unverkörperlicht, unversprachlicht und müsste ins Reich der Schatten zurückkehren („And thought, unembodied, returns to the hall of shadows"). Es stellt sich in diesem Zusammenhang allerdings die Frage, inwieweit Alterität aus der introvertierten Perspektive des Sich-selber-Sehens wahrgenommen werden kann, also erfahrbar und sprachlich vermittelbar ist. Die bewusste schriftstellerische Arbeit mit der Spaltungsphantasie ist jedenfalls als literarische „extension of man" zu betrachten: als eine von Herta Müllers erfolgreich angewandten Schreibstrategien.

---

12 Falloon (2010: 109) verweist auf zwei einander ergänzende Definitionen: „Avatars have been defined by Peterson (2005) as ‚online manifestations of self in a virtual world, and are designed to enhance interaction in a virtual space' (p. 30). Deuchar & Nodder (2003) extend this by adding that avatars allow ‚the user to take on a visible persona' (p. 1) within a virtual world, giving them ‚the opportunity to engage in surreal and imaginary experiences that transcend the actual world in which they live' (p. 1)".

Bibliographie

Bär, Gerald (2005): Das Motiv des Doppelgängers als Spaltungsphantasie in der Literatur und im deutschen Stummfilm. Amsterdam / New York, NY: Rodopi (= Internationale Forschungen zur Allgemeinen und Vergleichenden Literaturwissenschaft 84).

Bär, Gerald (2010): Ausprägungen des „chronischen Dualismus": Von Ginkgoblättern und Doppelzwillingen zum Clone und Avatar. In: Kulturbau. Aufräumen, Ausräumen, Einräumen. Hg. v. Peter Hanenberg u. a. Frankfurt/M. u. a.: Peter Lang (= Passagem 4), S. 257–274.

Bär, Gerald (2011): Fantasies of Fragmentation in Conrad, Kafka and Pessoa: literary strategies to express strangeness in a hetero-social context. In: Amaltea. Revista de mitocrítica 3, S. 1–21.

Bär, Gerald (2015): Case Studies of Literary Multilingualism. Expressing Alterity in a Self-Referential Recourse to the Motif of the Double. In: Paradoxes du plurilinguisme littéraire 1900. Réflexions théoriques et études de cas. Hg. v. Britta Benert. Bruxelles: Peter Lang, S. 171–193.

Bär, Gerald (2021) Mehrsprachigkeit und die Kunst des Sich-Selber-Sehens. In: Übersetzen. Theorien, Praktiken und Strategien der europäischen Germanistik. Akte der Jahrestagung des italienischen Germanistenverbandes – 13. bis 15. Juni 2019. Hg. v. Elena Agazzi u. a. Bern u. a.: Peter Lang, S. 187–202.

Bhabha, Homi K. (2003): The Location of Culture. Abingdon: Routledge.

Deuchar, Sue/Nodder, Carolyn (2003): The impact of avatars and 3D virtual world creation on learning. In: Proceedings of the16th Annual NACCQ Conference.

Falloon, Garry (2010): Using avatars and virtual environments in learning: What do they have to offer?. In: British Journal of Educational Technology 41.1, S. 108–122.

Glajar, Valentina (1997): Banat-Swabian, Romanian, and German: Conflicting Identities in Herta Müller's „Herztier". In: Monatshefte 89.4, S. 521–540.

Hall, Stuart (1989): Cultural Identity and Diaspora. In: Framework 36, S. 68–81.

Hall, Stuart (1996): Who needs „identity?". In: Questions of Identity. Hg. v. Stuart Hall u. Paul du Gay. London: Sage, S. 1–17.

Harnisch, Antje (1997): „Ausländerin im Ausland": Herta Müllers „Reisende auf einem Bein". In: Monatshefte 89.4, S. 507–520.

Kittler, Friedrich (1993): Draculas Vermächtnis. Technische Schriften. Leipzig: Reclam.

Leipelt-Tsai, Monika (2015): Spalten – Herta Müllers Textologie zwischen Psychoanalyse und Kulturtheorie. Bern u. a.: Peter Lang.

McLuhan, Marshall (1964): Understanding Media: The Extensions of Man. New York: McGraw-Hill.

Müller, Herta (1988): Niederungen. Berlin: Rotbuch.

Müller, Herta (1989): Reisende auf einem Bein. Berlin: Rotbuch.

Müller, Herta (1991): Der Teufel sitzt im Spiegel. Berlin: Rotbuch.

Müller, Herta (2003): Der Fremde Blick oder Das Leben ist ein Furz in der Laterne. In: Der König verneigt sich und tötet. München: Hanser, S. 130–150.

Müller, Julia (2017): Frühe Prosa. In: Herta Müller-Handbuch. Hg. v. Norbert Otto Eke. Stuttgart: Metzler, S. 14–24.

[Richter], Jean Paul (1827): Jean Paul's sämmtliche Werke. Bd. 49, Zehnte Lieferung. Berlin: G. Reimer.

[Richter], Jean Paul (1974 ff.): Sämtliche Werke in 10 Bänden. Hg. v. Norbert Miller. Darmstadt: Wissenschaftliche Buchgesellschaft (1974a = Bd. 2; 1974b = Bd. 5).

Terras, Rita (1990): Herta Müller, *Reisende auf einem Bein* [Rezension]. In: World Literature Today 64.3, S. 455.

[ohne Autor] (2009): Im Visier der Securitate. Nobelpreisträgerin Herta Müller. Spiegel online, 9. Oktober 2009 (https://www.spiegel.de/kultur/literatur/nobelpreistraege rin-mueller-im-visier-der-securitate-a-654169.html; letzter Zugriff: 28.3.2022).

Schmitter, Elke (2009): Der fremde Blick. In: Spiegel Jahreschronik 54/2009 (https:// www.spiegel.de/politik/der-fremde-blick-a-7cbe74c9-0002-0001-0000-00006 8105090; letzter Zugriff: 28.3.2022).

Fühner, Ruth (1989): In der Fremde. In: Frankfurter Rundschau, 10. Oktober 1989.

Zwischen Erinnerungsbildern und Identitätsdiskursen. Zur zweisprachigen literarischen Produktion italienisch-deutscher Autorinnen

Nora Moll (Rom)

1. Deutschsprachige Autorinnen in Italien

In dem vorliegenden Beitrag möchte ich den Wegen der Sprache und der Kreativität nachgehen, die zwei in Italien lebende Lyrikerinnen eingeschlagen haben, deren Muttersprache Deutsch ist: Eva Taylor, die aus Heiligenstadt in Deutschland (also aus der ehemaligen DDR) stammt, und Barbara Pumhösel aus Neustift bei Scheibbs in Niederösterreich. Zusammen mit Stefanie Golisch und der in München gebürtigen Romanautorin Helena Janeczek gehören Pumhösel und Taylor zur verschwindend kleinen Gruppe von Schriftstellerinnen deutscher bzw. österreichischer Herkunft inmitten des weitgefächerten Panoramas der translinguistischen und transkulturellen Literatur Italiens. Dabei ist die literarische Produktion dieser Lyrikerinnen vor dem Hintergrund des Themas Sprachidentitäten besonders interessant: Beide veröffentlichen schon seit mehreren Jahren gleichermaßen auf Deutsch wie auf Italienisch, während Janeczek, die vielleicht bekanntere Autorin des preisgekrönten Romans *La ragazza con la Leica* (dessen deutsche Übersetzung 2020 unter dem Titel *Das Mädchen mit der Leica* erschienen ist), einen auf kreativer Ebene vollständigen Sprachwechsel vollzogen hat, und auch, im Gegensatz zu Eva Taylor und Barbara Pumhösel, keine Eigenübersetzung praktiziert. Beim zweisprachigen Schreiben beider Lyrikerinnen ist allerdings die Eigenübersetzung nicht die einzige zwischensprachliche Vorgehensweise: Mehrere Lyriksammlungen entstanden sozusagen unvermittelt auf Italienisch, und nur wenige Gedichte liegen in eigenübersetzten zweisprachigen Fassungen vor.[1]

---

1   Gleichzeitig ist die Eigenübersetzung auch ein Neuschreiben, das einen tieferen Einblick in die Mechanismen der Sprache ermöglicht, wie Eva Taylor (2010: 69) in den abschließenden Anmerkungen zu ihrem Lyrikband *Volti di parole* betont: „L'autotraduzione è stata nella maggior parte die casi una riscrittura, che mi ha dato vere lezioni di lingua (si potrebbe anche dire forse di poetica), in cui lo spostamento delle parole e la loro ritessitura ha portato alla luce spazi espressivi prima non definiti. Allo stesso modo sono emersi dei vuoti, che in una traduzione sono difficilmente colmabili e che anche una riscrittura non può del tutto appianare."

Bei Pumhösel[2] und Taylor[3], die erst als Erwachsene nach Italien überge-
siedelt sind, ist also mal das Deutsche, mal das Italienische vordergründig und
stimmangebend; manchmal entsteht ein Text zunächst auf Deutsch, manchmal auf Italienisch, manchmal wird er dann übersetzt oder neugeschrieben,
oft auch nicht. Mal ist das Deutsche Ausgangs-, mal Zielsprache. Parallel zu
ihrer Lyrikproduktion laufen außerdem bei Pumhösel das Verfassen von Kin-
derbüchern (die bisher ausschließlich in Italien veröffentlicht wurden) und die
wissenschaftlichen Arbeiten bei der Linguistin und Germanistin Taylor (unter
dem Namen Eva-Maria Thüne); davon abgesehen können einzelne Abstecher
in den Bereich der Prosa sowie literarische Übersetzungen aus dem Deutschen
bei beiden Autorinnen verzeichnet werden.

Beim Verfolgen der Sprach-, Bilder- und Sinnwellen, die das zweispra-
chige poetische Schaffen bei Taylor und Pumhösel schlagen, soll es an dieser
Stelle allerdings nicht um die philologische und (eigen)übersetzungstheo-
retische Rekonstruktion der Entstehungsgeschichte einzelner Texte gehen.
Vielmehr möchte ich im Folgenden manche thematischen und ästhetischen
Konstanten herausarbeiten, Konstanten, die das literarische Schaffen dieser
Autorinnen, trotz all ihrer Verschiedenheiten, so interessant und eben vergleichbar machen. Auf zwei Elemente habe ich mich dabei besonders fokussiert: auf das zwischensprachliche Erinnern, das in ihren Gedichten und
Prosastücken stattfindet, also auf das autobiographische Element ihrer italienischen Prosa- und Lyriktexte; und auf die Identitätsdiskurse, die sicherlich
mit jenen Erinnerungsbildern und -räumen verknüpft sind, aber auch gleichzeitig Brücken schlagen zu dezidiert metapoetischen und metalinguistischen
Kompositionen.

---

2   Abgesehen von zahlreichen Veröffentlichungen in Anthologien und Zeitschriften verweise
ich bzgl. der Lyrikproduktion dieser Autorin auf: *Un confine in comune* (Ensemble 2021);
Ungras im Paradies (mit Offsetfarblithografien von Rainer Wolf, Thurnhof 2019); *Ausgewählte Gedichte* (Podium Portrait 102; Wien 2013); *In transitu* (Arcipelago Itaca 2016);
Dammar (mit Illustrationen von Walpurga Ortag-Glanzer, Literaturedition Niederösterreich
2013); *Parklücken* (Verlag Berger 2013); *Gedankenflussabwärts. Erlaufgedichte* (Edition
Thurnhof 2009, mit Farblithografien von Walpurga Ortag-Glanzer); *Prugni* (Cosmo Ian-
none, Isernia 2008). Aus dem Bereich der Prosa: *Die Position des Birnbaums*, in: Mein
Mostviertel. Eine Anthologie, hrsg. Michael Kühn (Literaturedition Niederösterreich 2015).

3   Zu der Lyrikproduktion dieser Autorin, deren Arbeiten seit 2005 wiederholt in Zeitschriften und Anthologien erscheinen, zählen folgende Bände: *Lezioni di casa* (Arcipelago Itaka
2019); *Volti di parole* (Edizioni l'Obliquo 2010); *Gartenarbeit* (San Marco Handpresse
Bordenau/Venezia 2010); *Aus dem Schneebuch* (Eric van der Wal 2008); *L'igiene della
bocca* (Edizioni l'Obliquo 2006). Veröffentlichte Prosa: *Carta da zucchero* (Fernandel
2015, Auszug einer bisher unveröffentlichten deutschen Fassung: https://www.passirio.it/
premio-merano-europa-undicesima-edizione-2015/narrativa-in-tedesco-deutsche-erzahlpr
osa/ [letzter Zugriff: 6.2.2022]).

Tatsächlich wird das Phänomen der Mehrsprachigkeit sowohl bei Taylor als auch bei Pumhösel ständig hinterfragt und nach deren kreativem Potential abgehorcht. Die innere Notwendigkeit des Schreibens ist dabei bei beiden zweifelsohne einer Sprachgewandtheit zu verdanken, einem Sich-hierhin-und-dorthin-Wenden, das aber auch von sprach- und übersetzungstheoretischen Kompetenzen getragen wird, die bei beiden Autorinnen stark ausgeprägt sind. Ein wenig überraschend ist es in diesem Zusammenhang, dass die metalinguistische Komponente beim lyrischen Schaffen der Kinderbuchautorin Pumhösel noch stärker ausgeprägt ist als bei der Sprachwissenschaftlerin Taylor, die ironisch-melancholischen Wortspiele und -kreationen der Kinderbuchautorin aus Niederösterreich – bei der es tatsächlich unmöglich erscheint, die „poetische Ebene von der der metapoetischen klar zu trennen" (Moll 2017: 82) – virtuoser erscheinen als die zum Teil sehr trockene Gebrauchs- und Alltagslyrik der in Bologna lehrenden Professorin. Beiden ist aber eins gemein: eine „präzise Einfachheit mit hoher thematischer Komplexität" (Vasik 2019: 8), eine Komplexität, der man beim Lesen und Interpretieren mit vielschichtigen Instrumenten und Emotionen begegnen kann und soll, ohne eben die Einfachheit zu vergessen.

2. Erinnern in einer anderen Sprache

Das Erinnern in oder mittels einer anderen Sprache, das Verarbeiten der eigenen Kindheit aus dem Blickwinkel (und der Alterität) einer erst später erworbenen Sprache, ist ein Thema, bei dem im deutschsprachigen Raum Namen wie Elias Canetti (1979), Marica Bodrožić (2007) und Francesco Micieli (2015) evoziert werden können, deren Auto- oder auch „Sprach-Biographien", also autobiographische Schriften, die den Sprachwechsel und das Leben in einer anderen Sprache und Kultur thematisieren (Thüne 2010), besonders im Fall von Canetti weitgehend behandelt worden sind (Ishaghpour 2005; Mariani 2012). Bei allen geht es dabei um Spracherwerb, aber auch -verlust, um Zwischensprachlichkeit, die heilen, aber auch befremden kann. Jede Sprachbiographie geht dabei ihre eigenen Wege, führt zu unterschiedlichen Erkenntnissen, je nachdem, wie die Zweit- oder Zielsprache, in diesem Fall Deutsch, emotional und autobiographisch belegt ist: ob sie nun für das Zurückfinden zu einer Mutter und das Stellvertreten eines verstorbenen Vaters steht (wie bei Canetti), zu einem Medium wird, in dem es sich „präzise träumen lässt" und das „mich zu einem Menschen mit Gedächtnis macht" (Bodrožić 2007: 19, 40), oder „aus den Räumen all unserer Sprachen" als „Vielstimmigkeit [. . .] [e]ine Art allstar Orchestra" entsteht (Micieli 2015: 22), die Zweitsprache ist kein neutrales Mittel zur

Erforschung des kindlichen Selbst, sie ist Teil des Diskurses: ein Farbfilter, der das Bild unübersehbar verschleiert und auf besondere Weise konturiert.

Barbara Pumhösel erforscht in einer ihrer ersten Gedichtgruppen, die in Italien in einer der neuen Poesie Zentraleuropas gewidmeten Nummer der Lyrikzeitschrift *Semicerchio* 2005 veröffentlicht wurde, ihre Kindheit und Jugend in Niederösterreich. Dabei kreisen ihre Verse um das Bild des Pflaumenbaums, eine Art symbolisches Zentrum ihrer bäuerlichen Heimat. Die Pflaumenbaum-Gedichte sind in der kleinen Auswahl für *Semicerchio* noch zweisprachig, und benötigen in der italienischen Fassung noch vereinzelter Fußnoten (z. B.: „Krampus: dolcetto prenatalizio austriaco a forma di piccolo diavolo"). In ihrer durchgehend einsprachigen italienischen Fassung erschien diese Auswahl dann 2008 im Rahmen eines längeren und von mehreren neuen Kompositionen ergänzten dreiteiligen Gedichtzyklus unter dem Titel *Prugni* und gab dem gesamten Band auch seinen Namen. Der *prugno* und dessen wohlklingenden Früchte, *prugne*, werden hier fast zu Fetischen, die als Wortobjekte mehrere Kompositionen durchziehen und in ihrer ständigen Metamorphose einer Personifizierung unterzogen werden: eine Methode, die Alice Loda bei dieser Lyrikerin als Zeichen der Tendenz zur Dezentrierung des Menschlichen und als Gegendiskurs zum Anthropozentrismus interpretiert.[4] Als Beispiel folgt das Gedicht *die Zeit / il tempo* (Pumhösel 2019: 50), in seiner zweisprachigen Fassung von 2005, das auch in Pumhösels neuere Podium-Anthologie in dieser Form aufgenommen wurde:

This is just to say / I have eaten the plums
William Carlos Williams
Beitrag zur Biographie einer Frucht
Karl Krolow

Pflaumenbäume

die Zeit	*il tempo*
zurückdrehen	riavvolgerlo
zuerst schnell	prima veloce
dann immer	poi sempre più
langsamer	lentamente fino al
bis zum schokoladenkrampus	krampus di cioccolata

---

4   Vgl. Loda 2021: 142: „Simili strategie trasformative sono utilizzate da Pumhösel per portare paesaggi, piante, e animali non-umani al centro della scena, operando una funzione di erosione profonda e di decentramento dell'umano e conferendo dunque al verso un carattere fortemente anti-antropocentrico."

im rotschwarzen	nella carta stagnola
staniolpapier	rossonera
links unten im bild	in basso a sinistra
zoom in richtung	zoom in direzione centro
bildmitte eine Hand	dell'immagine
voll Schnee in deinem	quel pugno di neve
nachen vom nachten	sul tuo collo dal ramo
ast des Plaumen-	nudo del prugno
baumes über dir	sopra di te
meine gänsehaut und	la mia pelle d'oca
deine lippen und	le mie labbra e
stop	stop

Das Erinnern erfolgt in diesem Gedichtzyklus in verschiedenen Sprachgeschwindigkeiten und -klängen, mal zeitraffend und wie in einem rückwärts laufenden Film wie in diesem Gedicht, in dem einzelne Fotogramme (Staniolpapier – Krampus – Pflaumenbaum – Schneeball – Lippen) die Kindheit fragmentarisch umreißen; mal zeitsuspendierend und atemanhaltend, in einer traumhaften Metamorphose mit dem Hauptobjekt des Erinnerns, dem *prugno* / Pflaumenbaum:

	Unabsichtlich
Ho ingoiato un nocciolo e subito	habe ich einen Kern verschluckt und
l'ho dimenticato. Ma ora di notte	ihn sofort vergessen. Aber nachts
le mie braccia diventano rami,	verwandeln sich meine Arme nun
i piedi radici. Ho capito	in Äste, die Füße werden Wurzeln.
l'importanza di fare ombra	Ich spende Schatten, berühre
e finalmente la mia bocca	mit den Zweigspitzen seine
pronuncia prugne.[5]	Bedeutung und mündlich äußere
	ich manchmal eine Pflaume.

Die Erinnerung an den Baum des heimatlichen Gartens und an den konkreten Ort der Kindheit wird in diesem Zyklus also zum suchenden Kreisen um die Bilder dieses Baums und dessen Früchte an den verschiedensten Orten – nicht zuletzt in den Versen anderer Gedichte – und die Verwandlung in einen Baum, der keine Früchte trägt, sie aber *ausspricht* (oder besser gesagt

---

5   Pumhösel 2008: 67. Die deutsche Fassung dieses Gedichts ist bisher unveröffentlicht und wurde mir im Juli 2021 von der Lyrikerin persönlich übermittelt.

„mündlich äußert", wie die Lyrikerin selbst auf Nachfrage meinerseits übersetzt). Vom Symbol der heimatlichen Wurzeln und vom Ort der Begegnung mit
dem Vater (im dritten, stark emotionalen Teil des Gedichtzyklus, auf den wir
hier nicht eingehen können) mündet das Bild des Pflaumenbaums und dessen
Frucht in das Narrativ der eigenen Fähigkeit, neue Identitäten (und eben auch
Sprachen) anzunehmen. Schließlich aber schlägt es um in das Betrachten des
Vergangenen als etwas Vergängliches und nie wieder Wachsendes; des Nicht-
mehr-Sichtbaren, das aber ein anderes Leben führt, ein „wahres Leben", das
sich endgültig unserer Beobachtung entzieht:

Non volevo, ma poi li ho seguiti.	Ich wollte nicht, bin ihnen aber doch gefolgt.
Il cancello mi dice *benvenuto* e le pietre *ecco dove si arriva dopo tutto quel correre.* Nonostante la primavera inoltrata c'è una pozza ghiacciata nell'angolo dove non cade il sole	Das Tor sagt *Willkommen* und die Steine *Hier siehst du wo all das Hasten endet.* Trotz des fortgeschrittenen Frühlings ist die Wasserlache gefroren, da wo die Sonne nicht hinfällt, zwischen Mauer
tra muro, salice e lapide. A tre chilometri da qui l'anno scorso fioriva un prugno. Ora c'è soltanto un ceppo umido	Trauerweide und Grab. Drei Kilometer weiter blühte im Vorjahr noch ein Pflaumenbaum.
e la chioma delle radici che ancora affonda nella terra. Ormai la vita vera è sotto.[6]	Von ihm ist nur ein feuchter Stumpf geblieben und die Wurzelkrone in der Erde. Das wahre Leben ist jetzt unterirdisch.

Bei Eva Taylor nimmt das Erinnern an die eigene Kindheit und Jugend
auch politisch relevante Züge an, was man bereits an folgendem Gedicht erkennen kann, das erstmals 2008 in der einsprachigen deutschen Sammlung *Aus
dem Schneebuch* veröffentlicht wurde (Taylor 2008: 23) und dessen italienische Neufassung 2019 in der Sammlung *Lezioni di casa* erschienen ist (Taylor
2019: 59):

---

6 Pumhösel 2008: 77. Die deutsche Fassung dieses Gedichts ist bisher unveröffentlicht und
   wurde mir im Juli 2021 von der Lyrikerin persönlich übermittelt.

Großvaters Haus	*La casa del nonno*
In den Mauern die Risse weit offene Fenster auf der Wiese das Weiß der Gänse. Eine Linde hat er gepflanzt	Nei muri le crepe le finestre spalancate sul prato il bianco delle oche il tiglio piantato quel giorno.
Die letzten Jahre, sagst du, schlaflose Nächte und Briefe die Fahrten, das Warte, die Wut.	Sento i racconti degli ultimi anni: le notti senza sonno e le lettere, i viaggi, le attese e la rabbia.
Ich schau mich um, hoffe, zu finden. Du stehst drüben, siehst das Vergessen, kommst nicht mehr ins Haus eines fernen Vaters.	Io guardo ma tu sull'altro lato della strada in questo luogo dove sei nato non torni più per una virgola di legge messa a Mosca firmata a Berlino.
Der Schatten einer Linde umarmt uns Ruhe für dich. Ich habe den Fahrplan in der Hand.	L'ombra del tiglio abbraccia noi due. Ma tu non dimentichi e io da qui fuggo.

Ganz offensichtlich spielt die Lyrikerin hier auf die Teilung Deutschlands an, die das Schicksal ihrer eigenen Familie besonders geprägt hat: Als Kind floh sie kurz vor dem Mauerbau mit ihren Eltern aus Heiligenstadt über Berlin in den Westen. Tatsächlich wird dieser historische und politische Kontext in der neueren italienischen Fassung durch die Zeilen „per una virgola di legge / messa a Mosca / firmata a Berlino" („durch ein Gesetzeskomma / das in Moskau entworfen / und in Berlin unterzeichnet wurde") noch stärker betont als in dem Gedicht aus der Sammlung von 2008. Das „du", an das sich das lyrische Ich hier richtet, entspricht wohl auf biographischer Ebene Taylors Vater, der den Verlust seines Hauses und seines Eigentums nach der rituellen staatlichen Enteignung nur schwer verkraften konnte. Diese Zusatzinformationen gehen u. a. aus dem autobiographischen Prosatext *Carta da zucchero* hervor, mit dem der italienische Gedichtzyklus *Lezioni di casa* mehrere intertextuelle Verknüpfungen aufweist. Als Beispiel ein Auszug aus dem Kapitel *Case*:

Che le case invecchiano, si sa. Alcune diventano più piccole, sembrano piegate da troppe cose al loro interno, come una schiena, i muri mostrano le crepe, rughe, come l'agro della vita. Altre invece mantengono un segreto, come un profumo di zafferano quasi impercettibile. Altre ancora covano una malìa, non ci si può più mettere piede. Quella casa *drüben* per me era così: familiare, vecchia, estranea e miracolosa. Ora che è possibile andare a vederla senza problemi, potrebbe venirmi spontaneo suonare ed entrarci. Non l'ho mai fatto. Fino al marciapiede posso avvicinarmi, ma davanti agli scalini mi fermo [. . .]. (Taylor 2015: 104)[7]

Erst als Taylor selbst erwachsen ist, wird das Aufsuchen von Orten und das Betrachten von Häusern, die einem nicht mehr gehören, sozusagen vom gegenüberliegenden Gehsteig aus („sull'altro lato della strada", wie es im Gedicht *La casa del nonno* heißt), wieder möglich, bringt aber gleichzeitig auch den unwiderruflichen Verlust vor Augen, provoziert einen Schmerz, vor dem das lyrische Ich flieht („io da qui fuggo"). Die Flucht, das große Thema und das schmerzende Wort aus Eva Taylors Kindheit, wird hier aus dem Blickwinkel des Italienischen heraus beleuchtet und neuerzählt. Das eingeengte und beklemmende, auf unerklärliche Weise provisorische Leben ihrer Familie nach dem Verlassen der DDR wird zum Anlass, eine weitere ganz persönliche Flucht zu wagen, ein Weggehen, das mehr oder weniger bewusst ins Ausland und in eine andere Sprache führt. Dieses zweite Fliehen wird allerdings in *Carta da zucchero* nur andeutungsweise erwähnt; hauptsächlich geht es in diesem Memoire um die Grenzüberschreitungen ihrer Kindheit, und zwar nicht nur um die eine, tragische und irreversible, sondern um die Reisen nach *drüben* zu ihren Verwandten, die Taylor als Kind in den Sommerferien unternimmt:

> Ho trascorso le mie estati nella DDR, mentre gli altri della mia classe scoprivano Maiorca, Creta e Rimini. Tornavano con vestiti colorati, svolazzanti, mentre io portavo al collo un fazzoletto blu per ricordare i pionieri. Quando compii quattordici anni, con mia grande sorpresa non mi diedero più il visto. Avevo dato per scontato di tornare. Non ne parlavo mai, ma per me quelle settimane avevano il potere di un viaggio che mi portava in un paese lontano, che poi spariva dal mio orizzonte. Venivano meno i pacchi da spedire, arrivavano meno lettere. La cugina Marianne crebbe in fretta, da giovane adulta divenne lontanissima. (ebd.: 50f.)[8]

---

7 „Häuser werden alt. Auf einmal sind sie zu klein, zu voll, ihr Rücken biegt sich unter der Last, an den Wänden entstehen Risse, wie Falten im Gesicht, die Säure des Lebens frisst sich ein. In einigen Häusern lebt ein Geheimnis weiter, ein alter Duft nach Hölzern oder Blumen, der geht und kommt. Andere brüten einen Zauber aus, man kann sie nicht mehr betreten. Dies Haus drüben war eine Mischung aus all dem: vertraut, alt, fremd und wunderlich. Bis kurz vor die Tür kann ich mich ihm nähern, aber an den Treppenstufen zum Eingang bleibe ich stehen." (Bisher unveröffentlichte deutsche Version von Eva Taylor, die mir freundlicherweise persönlich übermittelt wurde.)

8 „Kam das Mädchen, ich, zurück aus den Sommerferien damals, wusste ich in der Schule nicht, was ich erzählen sollte. Die anderen aus der Klasse hatten Lanzarote, Kreta oder Rimini entdeckt. Sie waren braun und trugen bunte Ketten und Hemden. Sie sagten jetzt ‚Ciao' oder ‚Yassas' oder ‚hola', wenn sie sich begrüßten. Sie erzählten vom Baden am Strand, von gebratenem Fisch, sogar vom Tanzen. Sie waren begeistert und die Begeisterung sprang auf mich über. Das alles musste ich kennenlernen. Und dennoch wollte ich nicht auf meine Sommerwochen drüben verzichten. Es war eine Reise, die auch mich in

Das stetige Sich-Entfremden der beiden Teile Deutschlands wird, wie Taylor hier berichtet, noch einige Jahre lang von Kindern wie ihr abgebremst, von sommerlichen Reiseritualen, die denen ihrer Schulkameraden im Westen so unähnlich sind: Reisen in ein Land, in das *andere* Deutschland, die das Potential einer Reise in die weite Ferne haben. Das Unerklärliche und Unheimliche an diesen Aufenthalten im Sozialismus, an dieser Rolle als Vermittlerin und Verbindungsglied zwischen Familien und Staaten, führt bei der Lyrikerin als Kind zu der Absage an den Versuch, von diesen in der neuen Heimat im Westen zu berichten. Dazu fehlte sozusagen eine einheitliche Sprache, das gegenseitige Anerkennen der Existenz des Anderen; ein Dilemma, aus dem bei Taylor erst die Erfahrung einer neuen Sprachexistenz führt, also die Möglichkeit, ihre Erlebnisse auf Italienisch neu zu erzählen und zu verdichten.

3. Identitätsdiskurse (Sprachdiskurse)

Ein weiteres Kennzeichen des kreativen Schreibens beider hier besprochener Lyrikerinnen ist der schon erwähnte Diskurs über Identität und Sprache, der ganz eindeutig mit der Erinnerungsarbeit verknüpft ist. Es handelt sich dabei um einen Diskurs, der nur schwer auf eindeutige und vereinfachte Aussagen festzulegen ist, und in dem sich Themen wie Spracheroberung und -verlust, das Sich-von-sich-selbst-Entfremden und -Wiedergewinnen, die Suche nach den eigenen Ursprüngen und die Hybridisierung des Selbst semantisch verflechten.

Bei der Neudefinition ihrer Existenz in der italienischen Sprache und durch diese neue wie auch durch die alte, aber neuverfremdete deutsche Sprache, geht es immer wieder um Versuche, um etwas Provisorisches, endlos Werdendes. Sehr gut wird dieser Gedanke in den folgenden Gedichten von Pumhösel ausgedrückt, die ich ihrer deutschsprachigen Sammlung *Parklücken* (2013: 16) entnehme:

Das Schicksal schlägt Silben
schlägt mich durch Worte

---

eine andere Welt brachte, eine, die zwischen nah und fern schwankte. Doch dann kam das Jahr, in dem ich keinen Schein mehr bekam. Und Marianne war jetzt zu alt für die Pioniere, sie war in der FDJ. Die Großeltern hatten einen Ausreiseantrag gestellt und fühlten sich kontrolliert. Besser nicht weiter auffallen. Langsam verschwanden die staubblauen Sommerwochen aus meinem Leben, schrumpften zu den Augenblicken der Fotos, die in einem Schuhkarton lagen. Das war mein Drüben, eine Welt, die nur mir allein gehörte." (Bisher unveröffentlichte deutsche Version, an dieser Stelle um Einiges detaillierter als die italienische, von Eva Taylor.)

schlägt mich

durch mich selbst

ich schweige und schlage

mich durch Silbenschicksale

Die starke Assonanz der wenigen Wortobjekte, die hier in einem Zug anei-
nandergereiht werden, geht mit den semantischen Schwankungen des Verbs
„schlagen" einher, das aber in den verschiedenen Bedeutungsnuancen seine
Heftigkeit nicht verliert. Das eigene Schicksal scheint sich hier in den Silben
von Worten zu verselbständigen, die dem lyrischen Ich nicht einfach zufallen,
sondern durch die es sich „durchschlagen" oder -kämpfen muss. Die Spracharbeit ist eben auch eine Arbeit an der eigenen Existenz, an dem, was noch
kommen mag, denn dies zu erfassen hängt von der Konfrontation mit „Sil-
benschicksalen" ab, die eine eigene Dynamik entwickelt zu haben scheinen.
Das Fragmentäre und Unfertige an dieser Spracharbeit wird auch im nächsten
Kurzgedicht (ebd.: 17) beschrieben:

Illusionen

in Segmente zerlegen

diese weiter in Worte

die Worte wieder

Wörter werden lassen und

ins Wörterbuch zurückschicken

Obwohl die Vermutung besteht, dass die Wörter und die Worte, die Silbenschicksale und die ins Wörterbuch zurückgeschickten lexikalischen Fragmente
der italienischen Sprache entstammen, bleibt es unklar, ob sich Pumhösel in
diesen wie auch anderen Kurzgedichten tatsächlich auf die Erfahrungen mit
ihrer Zweitsprache bezieht oder ob es ihr um die Konfrontation mit der nun
wiedergewonnenen Muttersprache geht. Eine Muttersprache, die (wie an dieser Stelle berichtigt werden muss) eigentlich gar keine ist, denn Pumhösel ist
dialektophon und bedient sich ihres familiären niederösterreichischen Jargons
in vereinzelten lyrischen Texten sowie in einer autobiographischen Erzählung
(Pumhösel 2015).

Dass die Konfrontation mit der Muttersprache sowie mit der im Literarischen eingesetzten neuerlernten Sprache bei Pumhösel auch von einem mehr
oder weniger expliziten intertextuellen Dialog mit anderen AutorInnen begleitet wird, zeigen zahlreiche Epigraphe, die Gedichten und Gedichtsammlungen
vorangestellt sind. Darunter finden wir Namen wie Brecht, Rilke, Jandl, aber
auch Ingeborg Bachmann, Wislawa Szymborska, Amelia Rosselli, und Rose
Ausländer. Ein bekanntes Gedicht Letzterer, das den Titel *Muttersprache* trägt,

wird in einer Komposition des zuletzt veröffentlichten italienischen Bands *Un confine in comune* evoziert. Es folgt zunächst das Kurzgedicht von Pumhösel (2021: 72), dem die unveröffentlichte deutsche Fassung gegenübergestellt wird:

In Stücke zersplittert auf dem Wortweg
Rose Ausländer

annuisco	Du sagst es. Ich nicke
tu lo dici e io mi rendo conto	und versuche zu begreifen.
che il viaggio è stato tutto	Die Reise war Imagination
soltanto nella mente	hat nur in meinem Kopf
ti credo e mi chiedo perché	stattgefunden. Ich glaube
il prezzo sia stato così alto	dir und frage mich, warum
	der Preis so hoch war.

Das Risiko des Sich-Verlierens auf der „Reise" in eine andere Kultur (die immer auch dazu zwingt, einen neuen „Wortweg" einzuschlagen), das von diesem Gedicht samt seinem Motto ausgedrückt wird, wird auch in der Komposition von Rose Ausländer deutlich. Allerdings geht es in diesem um noch mehr: um Identität als ständige Metamorphose und um die Muttersprache als Möglichkeit des Sich-Wiederfindens und -Zusammensetzens:

Mutter Sprache

Ich habe mich
in mich verwandelt
von Augenblick zu Augenblick

in Stücke zersplittert
auf dem Wortweg

Mutter Sprache
setzt mich zusammen

Menschmosaik (Ausländer 1994: 23)

Im Dialog mit Ausländer und anderen lyrischen Bezugspunkten zeichnet sich bei Pumhösel hier ganz deutlich eine Poetik der Alterität ab, also die Erforschung der Verschiebung („displacement", so Wanner 2017) des Selbst vor dem Hintergrund von örtlichen und zeitlichen Veränderungen, die durch die Migration in eine andere Sprache und Kultur noch verstärkt wurden. Andrea Horváth (2016: 9) zufolge suchen „die sich so dem Fremden Öffnenden und vom Fremden Durchdrungenen [...] nicht nach Vertrautem, sondern machen die Ungereimtheiten und Bruchstellen der neu erlebten Kultur zum

Mittelpunkt ihres Interesses, um schließlich alte und neue Erfahrungen miteinander zu verbinden". Auch bei Taylor kann man von einer solchen Poetik der Alterität sprechen, sowie von einer Poetik der „Verschiebung", die sich aus ihren Kindheitserfahrungen der Flucht speist und durch mehrere metaphorische Konstanten ihres literarischen Werks deutlich wird. Ein Beispiel dafür sind die Buch- sowie die Schneemetapher, die in einer ihrer deutschsprachigen Lyriksammlungen miteinander verbunden werden, sozusagen fusionieren. Hier ein Text daraus:

Schneebuch

In absentia
taste ich Wortlinien nach,
zeichne sie ab, wo Sand sich ausbreitet.
Atlanten aus frührem Leben
haben mich vom Weg abgebracht.
Schnee liegt nun auf den Dächern
Stille und Licht
in deiner Abwesenheit
finde ich ein Schneebuch.
Dünne Seiten
wie Wellen aus der Tiefe der Haut
treffen auch dich
in absentia. (Taylor 2008: 22)

Das Bild des Schnees, das auch in Pumhösels Lyrik- und Kinderbuchproduktion sehr häufig erscheint (Moll 2017), könnte auf das Unstetige und sich ständig Verwandelnde hinweisen; die Buchmetapher wiederum steht bekanntlich für das menschliche Leben, in dem, wie schon Dante in seiner *Vita nuova* schrieb, nachgelesen werden kann, auf der Suche nach dem eigenen werdenden Ich, „Wortlinien" nachtastend. Die Sehnsucht nach dem Anderen, dem Abwesenden, wird schließlich in einem weiteren Gedicht von Taylor zur Sehnsucht, sich in etwas ewig Plurales zu verwandeln: in einen Granatapfel, dessen 613 Kerne (die in der hebräischen Tradition ebenso viele Gebote der Torah symbolisieren) zu „trinkbaren" Gedanken werden:

Metamorfosi	Hexeln
Potessi solo	Könnt ich mich doch
trasformarmi in melagrana.	in einen Granatapfel verwandeln.
La buccia rosa pallido	Die Schale blassrosa
e nelle mie camera	und in meinen Kammern
seicentotredici piccoli pensieri	sechshundertdreizehn kleine Gedanken
rosso sangue, buoni da bere.	blutrot und gut zu trinken.
Uno arriverebbe	Einer würde kommen
e mi chiamerebbe mela paradiso.	und mich Paradiesapfel nennen.
Così bello e sbagliato. (Taylor 2010: 64)	Wie schön und falsch.[9]

„Wie schön und falsch": Jegliche Bemühungen, den Sprachmetamorphosen dieser Lyrikerinnen nachzuspüren und auf einen bestimmten Terminus festzulegen, scheint von vornherein zum Scheitern verurteilt, mag uns dieses Gedicht ermahnen. Was wohl zählt, ist, dass man beim Nachgehen dieser Wortwege selbst des Öfteren stolpert und das Begreifen der eigenen Muttersprache, deren Wörter und Bilder, neuvollzogen und somit entautomatisiert wird. Wenn uns diese gewollt schlichten Texte beider Lyrikerinnen einen Augenblick lang zum Staunen gebracht haben, haben sie wohl ihr „Ziel" erreicht, und die Reise hat sich doch gelohnt.

Bibliographie

Ausländer, Rose (1994): Der Mohn ist noch nicht rot. Gedichte. Hg. v. Harald Vogel, illustriert v. Georg Koschinski. Esslingen: Stadt Esslingen Volkshochschule.

Bodrožić, Marika (2007): Sterne erben, Sterne färben. Meine Ankunft in Wörtern. Frankfurt/M.: Suhrkamp.

Canetti, Elias (1979): Die gerettete Zunge. Geschichte einer Jugend. Frankfurt/M.: Fischer.

Horváth, Andrea (2016): Poetik der Alterität. Fragile Identitätskonstruktionen in der Literatur zeitgenössischer Autorinnen. Bielefeld: transcript.

Ishaghpour, Youssef (2005): Elias Canetti. Metamorfosi e Identità. Hg. v. Andrea Borsari. Torino: Bollati Boringhieri 2005.

Janeczek, Helena (2018): La ragazza con la Leica. Milano: Guanda.

Janeczek, Helena (2020): Das Mädchen mit der Leica. Übers. v. Verena von Koskull. München: Piper.

---

9   Diese deutsche Fassung ist 2011 in einer von Marco Simonelli betreuten Auswahl Taylors Gedichte im e-zine *Absolute Poetry 2.0* erschienen (http://www.absolutepoetry.org/Eva-Taylor-Volti-di-parole-t-esti; letzter Zugriff: 6.2.2022).

Loda, Alice (2021): Incontri, scambi, trasformazioni: il confine in comune nella poesia di Barbara Pumhösel. In: Barbara Pumhösel: Un confine in comune. Roma: Ensemble, S. 135–149.

Mariani, Anna Maria (2012): Sull'autobiografia contemporanea. Nathalie Serraute, Elias Canetti, Alice Munro, Primo Levi. Roma: Carocci.

Micieli, Francesco (2015): Der lachende Zahn meiner Großmutter. Dresden: Thelem.

Moll, Nora (2017): . . . *dahinter schon / das Staunen neuer Wörter*: zweisprachige Kreativität und metapoetische Reflexion im lyrischen Werk von Barbara Pumhösel. In: Semicerchio. Rivista di poesia comparata 56, S. 72–82.

Pumhösel, Barbara (2005): prugni / Pflaumenbäume. In: Semicerchio. Rivista di poesia comparata 32/33, S. 74–76.

Pumhösel, Barbara (2008): Prugni. Isernia: Cosmo Iannone.

Pumhösel, Barbara (2013): Parklücken. Horn: Berger (= Neue Lyrik aus Österreich 3).

Pumhösel, Barbara (2015): Die Position des Birnbaums. In: Mein Mostviertel. Eine Anthologie. Hg. v. Michael Kühn. Sankt Pölten: Literaturedition Niederösterreich.

Pumhösel, Barbara (2019): Ausgewählte Gedichte. Wien: Podium (= Podium Portrait 102).

Pumhösel, Barbara (2021): Un confine in comune. Roma: Ensemble.

Taylor, Eva (2008): Aus dem Schneebuch. Bergen: Eric van der Wal.

Taylor, Eva (2010): Volti di parole. Brescia: Edizioni l'Obliquo.

Taylor, Eva (2011) Volti di parole [Auswahl einiger Gedichte von Marco Simonelli]. In: Absolute Poetry 2.0, 5. Juli 2011 (http://www.absolutepoetry.org/Eva-Taylor-Volti-di-parole-t-esti; letzter Zugriff: 28.3.2022).

Taylor, Eva (2015): Carta da zucchero. Ravenna: Fernandel.

Taylor, Eva (2019): Lezioni di casa. Osimo (An): Arcipelago Itaka.

Thüne, Eva-Maria (2010): Sprachbiographien: empirisch und literarisch. In: Polyphonie – Mehrsprachigkeit und literarische Kreativität. Hg. v. Michaela Bürger-Koftis, Hannes Schweiger, u. Sandra Vlasta. Wien: Praesens, S. 59–80.

Vasik, Monika (2019): Vorwort. In: Barbara Pumhösel: Ausgewählte Gedichte. Wien: Podium (= Podium Portrait 102), S. 6–16.

Wanner, Adrian (2017): The Poetics of Displacement. Self-Translation among contemporary Russian-American Poets. In: Translation Studies 11.3, S. 1–17.

Flucht, Sprache und Sprachreflexion bei Abbas Khider

Max Graff (Heidelberg)

1. Einleitung

Jeder Autor hat ein bestimmtes literarisches Programm, mein Thema ist
Flucht, Exil, die Zerstörung der Person. (Hammelehle 2016: 130)

Der 1973 in Bagdad geborene und mittlerweile vielfach ausgezeichnete
Abbas Khider versteht sich explizit als Exilautor,[1] der über jene Themen, die
seine eigene Biographie geprägt haben, für ein deutschsprachiges Publikum
schreibt. Diese sind das Leben im über Jahrzehnte diktatorisch regierten Irak,
die Golfkriege, die Repression politischer Opposition, das Wagnis der Flucht
nach Europa und die damit verbundene Not sowie das Leben im Exil. Khider wurde aus politischen Gründen in einem irakischen Gefängnis gefoltert,
floh nach Deutschland, wo ihm im Jahr 2000 Asyl gewährt wurde, er in der
Folge Deutsch lernte, studierte und 2007 die deutsche Staatsbürgerschaft
erhielt. Obwohl die bislang publizierten sechs Romane in deutscher Sprache,
zu denen sich noch eine Art Sachbuch gesellt, sich thematisch (auch) aus autobiographischen Quellen speisen, lehnt Khider biographistische Kurzschlüsse
ab: „[Ich] schreibe [...] Literatur, versuche aber die Stimmung meiner Zeit,
meiner Generation wiederzugeben. Es ist also alles autobiografisch, selbst das
Erfundene" (Kretzschmar 2013; vgl. Hilmes 2017).

Die folgenden Ausführungen konzentrieren sich auf zwei Punkte: Sie skizzieren zum einen anhand programmatischer und poetologischer Aussagen in
Interviews, wie Khider die Wahl der deutschen als Sprache seiner literarischen
Produktion reflektiert und welche Potentiale er der Literatur zuschreibt, zum
anderen beleuchten sie beispielhaft literarische und sprachliche Inszenierungen

---

[1] Zu Khiders Bewunderung für die Gedichte Rose Ausländers, Else Lasker-Schülers und
besonders Hilde Domins vgl. Knapp 2013: 8 f. Im Roman *Brief in die Auberginenrepublik*
(2013) fungiert ein Zitat Ausländers als Motto, in *Die Orangen des Präsidenten* (2011) ist
ein Zitat Domins prominent platziert. – Zu Khiders Biographie vgl. Dautel 2019.

von Fremdheitserfahrungen, die konkret an Sprachdifferenzen im Fluchtkontext gebunden sind.[2]

2. Programmatische Positionierungen

Autoren-Interviews als programmatische Positionierungen zu lesen, nötigt zu einer gewissen Vorsicht, gerade weil mögliche marktstrategische und autorinszenatorische Praktiken zu bedenken sind. Khider scheint jedoch nicht bloße Rezeptionslenkung zu betreiben, sondern entwirft ein recht konsistentes Bild der eigenen Autorschaft.

In der Zeit seiner Flucht nach Europa verfasste Khider zwei Gedichtbände in arabischer Sprache (vgl. Fessmann 2014; Al-Maaly 2006: 654–659). Die Entscheidung, nach der Ankunft in Deutschland und dem Erlernen der deutschen die arabische Muttersprache als Sprache der literarischen Produktion aufzugeben, erläutert Khider zunächst pragmatisch. Es ist das Angewiesensein des Exilautors auf ein Publikum, das die Wahl der deutschen Sprache geradezu erfordert: „Ein Schriftsteller braucht Publikum." (Knapp 2013: 7) Daneben kommen aber auch sprachkritische und produktionsästhetische Überlegungen ins Spiel. Die Omnipräsenz staatlich orchestrierter Propaganda im Irak führte zum einem zu einer speziell auf das Arabische fokussierten Sprachskepsis: Sprache war keineswegs ein neutrales, unverfängliches Mittel der Kommunikation oder der Benennung und Beschreibung der Alltagsrealität, sondern durch und durch ideologisiert – sie verlor jede stabile, objektive Semantik: „Wir durften in der Schule nicht das Gleiche sagen, nicht die gleichen Worte benutzen wie zu Hause, also existierten zwei Sprachsysteme im Kopf. Das hat mich sehr geprägt, man nimmt die Dinge anders wahr, man versucht, die Ideologie hinter den Worten zu finden." (Khider 2012: 79) Die arabische Sprache, die gleichsam ihre Unschuld verloren hatte, wollte Khider zunächst von innen heraus erneuern, d. h. im literarischen Schreiben auf Arabisch „eine schöne Sprache [. . .] gegen all die Hässlichkeit" stellen (ebd.: 80). „[E]twas wirklich Neues" (ebd.) habe er aber erst mit der Entscheidung für das Deutsche kreieren können. Die neue Sprache verändert nicht nur Ton und Klang des Erzählten, sondern sie erlaubt eine veränderte Wahrnehmung der Wirklichkeit durch den veränderten sprachlichen Filter. Khider betont also die Gebundenheit jeder Wirklichkeitswahrnehmung an ein bestimmtes sprachliches System.

---

2   Die literaturwissenschaftliche Forschung zu Khiders Werk ist mittlerweile beachtlich. Vgl. besonders Coury & Machtans 2021 sowie die Bibliographie ebd.: 202–205.

Da der Autor so zudem die „Selbstzensur der Kultur" umgehen könne, habe sich gar „die arabische Kultur in [ihm] verändert" (ebd.). Diese „große Freiheit", die die „fremde Sprache" dem Schreibenden eröffne (ebd.), hat aber auch eine psychologische oder emotionale Dimension. Tatsächlich bietet Khider auch biographische Gründe für die Wahl des Deutschen: Nachdem 2007 seine Schwester und ihre drei Kinder bei einem Bombenangriff in Bagdad getötet wurden, konnte er nicht mehr auf Arabisch schreiben – die deutsche Sprache wurde zum „Zufluchtsort" (Barthels 2013).

Die „innere Distanz", die durch die Fremdsprache möglich wird (Knapp 2013: 10), erlaubt auch die Literarisierung eigener traumatischer Erlebnisse wie der Folter im Gefängnis, ohne in den Modus der von Khider vehement abgelehnten „Betroffenheitsliteratur" (ebd.) abzudriften. Durch diese durch die sprachliche Differenz und ihre externalisierende Wirkung begünstigte Distanz kann das eigene Schreiben einen fast therapeutischen Effekt haben, ja zu einer „Dämonenaustreibung", einer literarischen „Rache", einem Triumph „mit den Mitteln der Literatur" werden (Düker 2013).[3] Khider formuliert das so:

> Die Geschichten verfremden sich. Sie entwickeln eine Magie, die sie im Arabischen vielleicht gar nicht hätten. Und auch eine andere Leichtigkeit. Meine ganz persönliche Wut spielt im Deutschen nicht so eine große Rolle. Durch die Erfahrung der Fremdheit, die ich im Umgang mit der deutschen Sprache mache, spielt die literarische Form eine größere Rolle. (ebd.)

Und weiter:

> Ich verstehe die Literatur als eine Kritik an der Realität. Wenn ich der Folter eine ganz eigene sprachliche Form entgegenstelle, dann entsteht ein Raum, den die Folterer nicht antasten können. Der Vorgang selbst wird dann banal und lächerlich. Ich entferne mich davon. Ich löse mich aber auch von der Geschichte, die ich erzähle. Die gehört plötzlich nicht mehr nur mir selbst. Dadurch wird alles viel leichter. (ebd.)

Der literarische Sprachenwechsel – von Khider selbst bemerkenswerterweise als Fremdheitserfahrung konzeptualisiert – wird so zur Voraussetzung für die formbewusste Fiktionalisierung eigener Erlebnisse. Diese distanzierende, die literarische Form ernst nehmende fremdsprachliche Darstellung läuft jedoch keineswegs auf eine Verharmlosung oder gar Verklärung hinaus. In *Die Orangen des Präsidenten* (2011) oder in *Der Palast der Miserablen* (2020) schildert Khider nicht nur Szenen brutaler Folter und körperlicher Gewalt, wie das entwürdigende Quälen oder die Vergewaltigung von Häftlingen, sondern auch

---

3   An anderer Stelle beschreibt Khider das Schreiben zwar als „Erleichterung", lehnt die Bezeichnung „Therapie" aber ab (vgl. Knapp 2013: 11).

deren katastrophale Haftbedingungen: Hunger, desaströse hygienische Bedingungen, permanenter Gestank nach Fäkalien und Blut usw. Da er das mit der für ihn typischen klaren, präzisen, einfachen und schonungslosen Sprache tut, scheint – aus rezeptionsästhetischer Perspektive – die Distanz wiederum zu schrumpfen und der Leser zu einer geradezu sinnlich grundierten Empathie aufgefordert zu sein. Neben dieser eigentümlichen Dialektik von Produktion und Rezeption, von Distanz und Nähe kennzeichnet Khiders Werk noch ein weiterer Aspekt: der mal heitere, mal abgründige Humor. Seine Erzähler und Figuren stellen der Not von Krieg, Unterdrückung, Flucht und Exil tatsächlich immer wieder Momente des *comic relief* entgegen, die die Lektüreerfahrung maßgeblich prägen und bisweilen als humanistischer Kern seines Werks angesehen werden.

Die Literatur besitzt für Khider ein aufklärerisches, dokumentarisches, entlarvendes Potential. Explizit formuliert er als „meine Aufgabe als Schriftsteller" den Kampf gegen „die Kultur der Diktatur" und gegen eine „Art des Denkens", die Diktaturen begünstigte und dies immer noch tut (Adorján 2011). Dieser politische Impetus erhält nun zusätzlich eine dezidiert inter- oder transkulturelle Akzentuierung. So klagte Khider etwa 2016, als *Ohrfeige* auf dem Höhepunkt der sog. Flüchtlingskrise zu einem Buch der Stunde avancierte, dass das Thema Flucht in der Gegenwartsliteratur noch immer nicht angemessen vertreten sei (vgl. Khider 2016b). Er warb – auch jenseits seiner literarischen Texte – für ein schärferes Bewusstsein für Integrationshindernisse[4] und die immense Bedeutung, die der Sprache als Schlüssel zur Integration zukommt. Auch mit Blick auf die Ausbildung inter- und transkultureller Kompetenzen auf Seiten der Leser schreibt Khider der Literatur eine besondere Funktion zu. Zum einen befriedigten seine Romane zweifellos das Leserbedürfnis nach einem gewissen Exotismus, die „Sehnsucht nach sehr fremden Geschichten, Geschichten, die kein Leser so erlebt hat" (Düker 2013); ganz ähnlich hieß es anlässlich der Verleihung des Hilde-Domin-Preises 2013, Khiders Texte erlaubten „ungeahnte Einblicke in die arabische Welt" (Kulturamt der Stadt Heidelberg 2013: 1). Zum anderen aber konkretisiert Khider die Vermittlerrolle des Literaten: Autoren seien „alternative Historiker", die das, was die mediale Berichterstattung und die Geschichtsschreibung nicht oder nicht adäquat erfassen (können) – „Krieg, gesellschaftliche Probleme, persönliche Schicksale" – in der literarischen Bearbeitung und Vermittlung „bewahren", um es zugänglich und erfahrbar zu machen (Knapp 2013: 8). Dadurch habe die Literatur, die Khider durchaus als „welthaltig" in einem emphatischen Sinne versteht, die „Möglichkeit, Menschen, die keine Stimme haben, eine Stimme

---

4 So klagte Khider (2016a) etwa, dass Integration „Glückssache" sei und betonte, es sei entscheidend, dass Geflüchtete eine „Vorstellung von der Zukunft" entwickeln könnten.

zu geben, Flüchtlingen, Exilanten, einfachen Leuten auf der Straße" (ebd.). So kämpft sie nicht nur gegen „Verbrechen gegen die Menschheit" an, sondern entfaltet eine didaktische Wirkung (vgl. ebd.). Insofern der alternative Historiker eine literarische – aber repräsentative – Geschichte aus einer nicht westlich zentrierten Perspektive schreibt, sind „Lerneffekte" auf Seiten des Publikums möglich.

Ist der Autor also ein „Chronist seiner Zeit" (Spiegel 2017: 4), dann hat dies eine Reihe von Konsequenzen. Tendenziell stünden, so vermutet Khider, in den „Romanen der undemokratischen Länder" weniger die inneren Befindlichkeiten des Individuums im Zentrum, sondern jene äußeren – d. h. politischen und gesellschaftlichen – Faktoren, die die Existenz des Einzelnen in einem diktatorischen Regime (oder beim Versuch, daraus zu entkommen) determinieren und beeinträchtigen (vgl. Kretzschmar 2013). Daneben thematisiert Khider in seinen Texten aber noch zwei weitere Aspekte: die Prekarität des Aufgeschriebenen und die Gefahr, die mit der Literatur verbunden ist. Tatsächlich referieren Khiders Texte nicht nur wiederholt auf das Schreiben, sondern auch auf den Verlust von Geschriebenem (vgl. hierzu u. a. Hilmes 2017; Fortmann-Hijazi 2019: 214–241). So erscheint die Literatur als gefährdetes, womöglich aber genau deswegen wertvolles Medium. Doch unter den Bedingungen von Diktatur und Flucht ist die Literatur nicht nur gefährdet – sie wird auch selbst zur Gefahr: Totalitäre Regime verbieten missliebige Bücher und verfolgen kritische Schriftsteller und Publizisten. In Khiders Roman *Palast der Miserablen* (2020) wird der literaturbegeisterte Protagonist, der einem geheimen literarischen Zirkel angehört, wegen des heimlichen Verkaufs verbotener Bücher festgenommen und gefoltert. Der Status der Literatur ist somit ein ambivalenter: Gerade weil sie Diktatur und Flucht hochgradig prekär erscheinen lassen, kann, ja soll sie im demokratischen Kontext die Rolle der interkulturellen Aufklärerin einnehmen.

3. Interkulturelle Dimensionen, Fremdheit und Sprachdifferenz

Khiders Romane erzählen – durchaus „informativ" – vom Leben in der irakischen Provinz und in verschiedenen Vierteln Bagdads, von der irakischen Kultur, vom Alltag. Sie schildern Familienstrukturen und Kulinarisches, liefern Hintergrundwissen zu den Golfkriegen und zur Saddam-Diktatur. Sie klammern dabei auch nicht die brutalen Auswüchse der patriarchalischen irakischen Gesellschaft aus, erzählen von sexueller Gewalt und fragwürdigen Ehrvorstellungen (vgl. Khider 2016c: 84–87; Khider 2020: 149–151). Auch die Strapazen der Flucht nach Europa thematisiert Khider in all ihren Facetten (vgl. Schneider 2017; Müller 2019). Bisweilen enthalten die Romane Passagen, die zum

Plot kaum unmittelbar beitragen und einen scheinbar „informativen" Charakter haben, etwa wenn in *Ohrfeige* von Wegen der Vermittlung irakischer Frauen nach Europa oder des Geldverkehrs zwischen Europa und dem Irak die Rede ist (vgl. Khider 2016c: 25–27).

Die folgenden Ausführungen konzentrieren sich aber auf den Aspekt der Sprachdifferenz und dessen Auswirkungen auf die literarische Gestaltung der Texte: Khiders Erzähler sind überwiegend arabische Muttersprachler, ein Großteil der Diegese bezieht sich auf Personen, Situationen und Handlungsverläufe, in denen die deutsche Sprache – die Sprache, in der die Erzählung vor die Augen des Lesers tritt – nicht die dominante ist (vgl. auch Anderson 2017). Die Sprachen von *discours* und *récit* fallen also auseinander; daraus ergibt sich die Frage, auf welche Weise die Sprache des *récit* (das Arabische) in jene des *discours* (das Deutsche) eindringt – und wie diese Differenz oder dieses Hineinragen formal inszeniert wird. Die Inszenierung sprachlicher Hybridität – so ein erster Befund – spielt in den meisten Texten Khiders an der Textoberfläche *keine* besonders exponierte Rolle. Die – aus der anzunehmenden Sicht des deutschsprachigen Rezipienten – in den Texten geschilderte alltägliche sprachliche Fremdheit spiegelt sich nicht wirklich in einer besonders ausgeprägten strukturellen, ästhetischen oder formalen Fremdheit wider. Gleichwohl lohnt es sich, drei Fälle genauer zu betrachten:

a) *Arabische Wörter und Formulierungen mit deutscher Übersetzung*: Immer wieder integriert Khider Wörter, Namen und Formulierungen in arabischer Sprache, die sogleich auf der Ebene des *discours* ins Deutsche übersetzt werden, was durchaus lakonisch und pragmatisch wirkt. So erfährt der Leser zu Beginn des Romans *Der falsche Inder*, dass Kalif Al-Mansur im Jahr 762 der von ihm gegründeten Stadt „den Namen Madinat-A'Salam – Stadt des Friedens" gab (Khider 2013a: 13). Ähnlich heißt es in *Brief in die Auberginenrepublik* über einen Gang durch Bengasi: „An den Wänden hängen einige Schilder und Plakate: ‚Falafel Al-Hub – Falafel der Liebe', ‚Maqha Al-Hayat – Café des Lebens'," (Khider 2015: 28). Durch diese punktuelle Integration transliterierter arabischer Formulierungen entsteht im Rezeptionsprozess eine kurze Irritation, die aber – durch die Übersetzung sofort beseitigt – nicht zu einem Rezeptionshindernis wird. Der Text ermöglicht so, durchaus auf Kosten der erzählerischen Eleganz und Ökonomie, das unmittelbare Verständnis arabischer Wörter und Wendungen; trotzdem fungieren diese als markante Erinnerung daran, dass sich das Erzählte in einem fremdsprachigen Kontext entfaltet. Manchmal scheint Khider auch eine Vermittlung fremdsprachlichen Wissens anzustreben, etwa wenn ein Erzähler arabische Formulierungen ausführlicher erklärt. In *Ohrfeige* stellt der Erzähler z. B. Überlegungen darüber an, was es mit dem arabischen Fluch „Charab/Chara be Allmanya!" auf sich hat (Khider

2016c: 112–114).[5] Die interkulturelle Sensibilisierung des Rezipienten erfolgt hier also durch die punktuelle Konfrontation mit fremdsprachigen Vokabeln inklusive Verständnishilfe.

b) *Metaphorik, Phraseologie, Idiomatik*: Für sprachliche Momente der Irritation sorgen auch Wendungen, die in den Ohren deutscher Muttersprachler phraseologisch ungewöhnlich oder unidiomatisch klingen, denen gleichsam auf der Ebene der Kollokationen ein Hauch des „Exotischen" eignet. Dies kann durch die häufige Verwendung performativer Äußerungen (wie Segenswünschen und Schwören) oder durch die verwendete Metaphorik sowie bestimmte Vergleiche geschehen, wenn es etwa heißt, der irakische Tee sei „so schwarz und bitter wie das Herz der Politiker unseres Landes" oder die Mächtigen als „Elefanten und Dickhäuter", die Gefängniswärter hingegen als „Ameisen" bezeichnet werden (Khider 2015: 15 bzw. 2013b: 106).

Auch das im Titel von Khiders drittem Roman verwendete Kompositum „Auberginenrepublik" ist in diesem Zusammenhang zu deuten: Es ruft zunächst die xenophob konnotierte „Bananenrepublik" auf, deren Semantik gewissermaßen erweitert wird. Khider brandmarkt nicht nur die irakische Diktatur, sondern verbindet damit eine einprägsame Information zum Alltag der Iraker in Zeiten des UN-Embargos: Auberginen waren quasi das einzige Lebensmittel, das im Überfluss und bis zum Überdruss vorhanden war (Khider 2015: 76 f.). Auf lakonische, humoristische Weise transportiert Khider so das Wissen um das Leben im Zustand existenziellen Mangels. Auffällig, da in ihrer Kreativität, Bildlichkeit und Obszönität für deutschsprachige Rezipienten ungewohnt sind schließlich die von Khiders Erzählern oder Figuren geäußerten Flüche, Beleidigungen, Verwünschungen und Drohungen, so etwa, wenn der Diktator Saddam Hussein als „Mistschwein" und „Sohn einer trächtigen Flussratte" bezeichnet wird (Khider 2013b: 71).[6] In solchen Fällen ist es sekundär, ob es sich um direkte Übersetzungen aus dem Arabischen handelt oder um Umschreibungen, die das Arabische nachzuahmen versuchen. Der entautomatisierende, enthabitualisierende Effekt nämlich lässt die deutsche Sprache als lebendiges, für die Integration und Artikulation vermeintlich fremder Erfahrungswelten offenes System erscheinen.

c) *Direkte Rede und Dialoge*: Beachtung verdient auch die Frage, wie Khider die Kommunikation seiner Figuren sprachlich inszeniert. Hier eignet sich

5   Vgl. für ähnliche interkulturelle Erklärungen Khider 2016c: 21, 80, 115 und 199, 2015: 87 oder 2020: 39.
6   Für weitere eindrückliche Beispiele vgl. Khider 2016c: 53 und 83, 2020: 39, 146 und 198 oder 2013b: 22.

ein Blick auf den Roman *Ohrfeige* über den in Deutschland abgelehnten irakischen Asylbewerber Karim. Die Analyse der sprachlichen Gestaltung der kommunikativen Interaktionen des Erzählers Karim zeigt, dass Khider eine Art sprachliche Hybridität zwar andeutet, vor einer radikalen Inszenierung derselben aber erneut absieht. Dabei konstruiert er gerade den Erzähler Karim als Figur mit einer hybriden Identität, markant (und vielleicht etwas plakativ) symbolisiert durch eine äußere, körperliche „Deformation": Er ist ein junger Mann mit Brüsten (vgl. hierzu Schmidt 2021). Den fluchtbedingten Zusammenprall des Arabischen und des Deutschen thematisiert Khider zwar, aber mit moderaten Folgen für den *discours* des Erzählers.[7]

Die in *Ohrfeige* erzählte Konstellation ist in sprachlicher Hinsicht komplex: Im haschischinduzierten Traumzustand ohrfeigt Karim die Sachbearbeiterin Frau Schulz und fesselt sie an ihren Stuhl, damit sie sich seine Lebensgeschichte anhöre. Karim hat, wie die Leser im Laufe des Romans erfahren, einen Deutschkurs besucht, wenn auch nach etlichen bürokratischen Hürden und mit nur leidlichem Erfolg. Seine ersten an Frau Schulz gerichteten Sätze sind entsprechend fehlerhaft: „Sie ruhig sind und bleiben still! [...] Nix ich will hören!" (Khider 2016c: 9). Sie suggerieren gleich zu Beginn des Romans, dass die deutsche Sprache für den Erzähler ein signifikantes (Integrations-)Hindernis darstellt. Im Gegensatz dazu ist die gesamte in der imaginierten Konfrontation mit Frau Schulz artikulierte „Lebensbeichte" Karims auf der Ebene des *discours* in fehlerfreiem Deutsch vorgetragen; das betrifft Erzähler- und Gedankenberichte sowie innere Monologe des Ich-Erzählers Karim, zudem die inneren Monologe und die Dialoge der Rahmenhandlung, in der sich Karim bekifft auf dem Sofa eines Freundes trollt. Bereits nach wenigen Absätzen wird diese sprachliche Konstellation aufgeklärt:

> „Frau Schulz, wir reden zusammen. [...] Aber Deutsch ist schwer für mich und will ich viele Sachen erzählen. Ich muss Arabisch mit ihnen reden, so ich kann frei reden. Leider!"
>
> [...]
>
> Es ist natürlich Quatsch, jetzt mit ihr Arabisch zu sprechen, aber was soll's. Auch wenn Arabisch ihre Muttersprache wäre, würde sie mich nicht verstehen. Sie stammt aus einer ganz anderen Welt als ich. Ein Erdling spricht gerade mit einem Marsianer. Oder umgekehrt. (ebd.: 10)

---

7   Gelegentlich rücken auch in anderen Romanen Khiders Kommunikationsschwierigkeiten von Flüchtenden in den Blick, sei es untereinander oder in Transit- und Aufnahmeländern, etwa wenn sie auf die *lingua franca* Englisch zurückgreifen oder sich durch Gestik zu verständigen suchen.

Der Rezipient ist also angehalten, sich als die *innerfiktional dominierende Sprache* das Arabische vorzustellen, auch wenn die *Sprache der Erzählung* das Deutsche ist. Wird innerfiktional von den Geflüchteten tatsächlich Deutsch gesprochen, so ist dies durch (manchmal geringfügige) Abweichungen von der Standardsprache markiert (ebd.: 147–148, 161).

An manchen Stellen benennt der Text explizit die gerade gesprochene Sprache, bisweilen wird sie aus dem Kontext ersichtlich (ebd.: 31–33, 50, 53, 57, 104). Als Karim bei seiner Ankunft in Deutschland aufgegriffen wird, findet die Kommunikation mit der Polizei in englischer Sprache statt, die auch als solche im Text erscheint (ebd.: 43–48). Bisweilen ist unklar (oder unerheblich), ob Karim an ihn gerichtete deutsche Aussagen versteht; an anderen Stellen reflektiert er explizit, dass er dem bayrischen Dialekt seiner Arbeitskollegen nicht folgen kann (ebd.: 68, 102 bzw. 121, 153, 176). Der erste Kontakt des Erzählers mit seiner späteren Geliebten Lada ist als Unterhaltung zweier Deutschlernender markiert: „Du im Deutschkurs, oder?" (ebd.: 180) In der Folge aber erscheinen die Dialoge in Standarddeutsch, ohne dass klar oder erläutert würde, wie genau sich der Rezipient dies vorzustellen hat. Die initiale Markierung setzt einen sprachlichen Rahmen, der in der Folge nicht mehr aktualisiert wird, sondern implizit bleibt.

Insgesamt handelt es sich dabei aber um punktuelle Phänomene im Rahmen der erzählten Welt; auf den Sprachdifferenzen und ihren Folgen für das geflüchtete Individuum scheint der Fokus des Textes eher nicht zu liegen, was durchaus überraschen mag. Die Verstehens- oder Verständnisbarriere, von der der Erzähler zu Beginn spricht – „Ein Erdling spricht gerade mit einem Marsianer. Oder umgekehrt" – ist zwar auch eine sprachliche, wichtiger aber: sie ist eine geradezu existenzielle, die sich auf das Erlebte, die Erfahrung und die soziale Anerkennung des Geflüchteten bezieht. Fremdheitserfahrungen werden also eher erzählt als sprachlich inszeniert; Khider lässt seinen Erzähler sprachliche Barrieren zwar ansprechen, markiert sie auch auf der Ebene des *discours* gelegentlich auf behutsame Weise, bietet seinem (deutschsprachigen!) Publikum aber einen zugänglichen Text ohne sprachliche Rezeptionshindernisse, die jenen der Geflüchteten entsprächen.

4. Deutsch für alle *(2019)*

Vor diesem Hintergrund ist Khiders „ernsthafter sprachwissenschaftlicher Unsinn" (2019a: [9]) *Deutsch für alle. Das endgültige Lehrbuch* (2019) als komplementär zu *Ohrfeige* zu betrachten – zumindest im Hinblick auf die mit der deutschen Sprache verbundenen Erfahrungen der Fremdheit, und auch das unter verschobenen Vorzeichen und mit ironischem Anstrich.

Inhaltlicher Kern dieses explizit an deutsche Muttersprachler gerichteten Texts sind die Schwierigkeiten, mit denen sich erwachsene Deutschlerner, allen voran solche mit Fluchthintergrund, konfrontiert sehen. Zum einen sind dies strukturelle und bürokratische Hürden; zum anderen lässt Khider jene Fallstricke der deutschen Sprache Revue passieren, die den von Regeln und Ausnahmen erschlagenen Fremdsprachenlerner verzweifeln lassen. Zum dritten macht Khider deutlich, dass Sprache in einer Gesellschaft als Mechanismus der Ausgrenzung und Stigmatisierung funktioniert: Wer die Landessprache nicht beherrscht oder in seinem persönlichen Sprachgebrauch minimale Abweichungen erkennen lässt, ist ohne Weiteres als vermeintlich fremd und nicht-zugehörig identifizierbar.[8] Es geht letztlich also um den Zusammenhang von Sprache und Integration.

Khider entwickelt seine Reflexionen über die deutsche Sprache vor der Folie der eigenen (Flucht-)Biographie und der eigenen, meist humoristisch und anekdotisch erzählten Erfahrungen kultureller Differenzen – und seiner, wie es heißt, „chronischen linguistischen deutschen Traumata" (ebd.: 18). Dabei dekuvriert er nebenbei auch latente oder offene Formen von Rassismus und Fremdenfeindlichkeit.

Deutsch für alle nimmt sich nun unterschiedlicher „Probleme" an: „Ich möchte nun kleinere Bereiche dieser Sprache, ihres Vokabulars und ihrer Grammatik teils erneuern, teils reformieren, sogar einiges neu erfinden." (ebd.: 24) Ziel dieses ketzerisch-reformatorischen Unternehmens ist es, ein vereinfachtes, „Wohltemperiertes Deutsch" zu erfinden, um das „Gejammer" von deutschlernenden Geflüchteten in Zukunft obsolet zu machen (ebd.: 27 bzw. 24). Zu diesem Zweck schlägt Khider einen ganzen Katalog an sprachlichen Veränderungen vor: die Einführung eines Universal-Artikels, den Umbau des Deutschen zu einer tendenziell flexionsarmen Sprache, die Neustrukturierung und Vereinfachung von Pronomina, die Reduktion der Anzahl der Präpositionen, phonetische, graphematische, syntaktische, grammatikalische und morphologische Vereinfachungen.

So könte das Khidersche Neudeutsch dann aussehen:

> An de Sonntag gegen 6 Uhr de Kind aufwacht. Es aufweckt seinen Vater. [...] De Vater aufsteht und zubereitet de Frühstück. Ab 9 Uhr es losgeht mit de Spielen. De Kind spielt de Rolle min Robin Hood und sein Vater ist Little John: Sie stehlen Geld min die Reiche und geben es die Arme. (ebd.: 109)

---

8   Vgl. Khider 2019a: 20: „[D]ie Umlaute führen dazu, dass ich wirklich sofort als Fremder identifiziert werden kann. Sie isolieren mich von den Muttersprachlern und wirken so, als hätte man mir eine leuchtend rote Clownsnase aufgesetzt."

Dem Rezipienten wird schnell klar, dass Khiders wahlweise absurd, satirisch oder provokativ anmutende Vorschläge, die zudem diffuse Ängste vor einer Überfremdung oder Arabisierung der deutschen Kultur ironisieren, nicht wirklich ernst gemeint sind. Khider zufolge geht es in *Deutsch für alle* um eine Darstellung von Lernschwierigkeiten, die für *deutsche* Muttersprachler nachvollziehbar ist; Geflüchtete kämpften nämlich nicht so sehr mit politischen Problemen in der sie aufnehmenden Gesellschaft, sondern vor allem mit der Sprache. Insofern sei das Buch ein – humoristischer – Beitrag zur Integrationsdebatte (vgl. Khider 2019b).

Die demonstrative Verfremdung der deutschen Standardsprache hat also eine sensibilisierende Intention: Sie soll das deutschsprachige Publikum mit einer irritierenden, die eigenen Wahrnehmungs- und Lesegewohnheiten destabilisierenden Erfahrung der Fremdheit konfrontieren, und das auf einem ihnen wohlbekannten Terrain, nämlich der eigenen Sprache. Khiders Plan eines „wohltemperierten Deutsch" ist somit eine ironische Reflexion oder Umkehrung der existenziellen sprachlichen Fremdheitserfahrung von Geflüchteten, die umso eindrücklicher auf andauernde und schwer zu überwindende migrantische Erfahrungen der Ausgrenzung und der Nicht-Zugehörigkeit verweist. Auf diese Weise evoziert Khider eine Vorstellung von Integration – man bedenke auch den Titel *Deutsch für alle* –, die gekoppelt ist an Mitgefühl, Verständnis und Empathiefähigkeit auf Seiten der Aufnahmegesellschaft. Gleichzeitig fordert er den Rezipienten auf, die entscheidende Rolle der Sprache in Integrationsprozessen zu reflektieren – und zu bedenken, dass sie eben auch *des*integrierend wirken kann.[9]

Bibliographie

Adorján, Johanna (2011): Wie eine neue Geburt. [Interview mit Abbas Khider]. In: Frankfurter Allgemeine Sonntagszeitung, 12. März 2011.

Al-Maaly, Khalid (Hg.) (2006): Rückkehr aus dem Krieg. Eine Anthologie zeitgenössischer Lyrik aus dem Irak. Aus dem Arabischen von Khalid Al-Maaly u. Heribert Becker. Köln/Frankfurt: Gutke.

Anderson, Katherine (2017): Von der Wanderung zum Wandel: Die Migration des Abbas Khider in die deutsche Sprache als Traumabewältigung durch Erzählen.

---

9 Deutlich wird dies auch am Ende des Texts, wenn Khider (2019a: 119) unter Verweis auf Émile Michel Cioran Sprache als „Zuhause" bezeichnet und ganz direkt auf die aktuelle gesellschaftspolitische Relevanz seines Anliegens verweist: die Fluchtkrise 2015, die zahlreichen Geflüchteten v. a. aus Syrien, die anfängliche Solidarität und die sog. „Willkommenskultur", die dann in Populismus, Fremdenfeindlichkeit und Hass umschlug, die auch politisch salonfähig wurden.

In: Turns und kein Ende? Aktuelle Tendenzen in Germanistik und Komparatistik. Hg. v. Elke Sturm-Trigonakis u. a. Frankfurt/M. u. a.: Peter Lang Edition, S. 95–104.

Barthels, Inga (2013): Freiheit und Rache in der Sprache. Auszeichnung für Abbas Khider. In: taz, 30. April 2013 (https://taz.de/Auszeichnung-fuer-Abbas-Khider/!5068320/; letzter Zugriff: 28.3.2022).

Coury, David N. / Machtans, Karolin (Hgg.) (2021): Abbas Khider. Oxford u. a.: Peter Lang (German Writers and Filmmakers 5).

Dautel, Katrin (2019): Khider, Abbas. In: Munzinger Online / KLG – Kritisches Lexikon zur deutschsprachigen Gegenwartsliteratur (http://www.munzinger.de/document/16000000819; letzter Zugriff: 28.3.2022).

Düker, Ronald (2013): „Ich stelle der Folter eine sprachliche Form entgegen." [Interview mit Abbas Khider]. In: Cicero. Magazin für politische Kultur, 15. März 2013 (https://www.cicero.de/kultur/abbas-khider-auberginenrepublik-ich-stelle-der-folter-eine-sprachliche-form-entgegen/53874; letzter Zugriff: 28.3.2022).

Fessmann, Meike (2014): Die Freiheit, sein Leben noch einmal zu erzählen. Laudatio auf Abbas Khider. In: Sinn und Form 66.5, S. 705–711.

Fortmann-Hijazi, Sarah (2019): Gehen, um zu erinnern. Identitätssuche vor irakischem Hintergrund: Sherko Fatah, Semier Insayif und Abbas Khider. Bielefeld: Aisthesis.

Hammelehle, Sebastian (2016): Opfer und Täter. In: Der Spiegel 5/2016, S. 130–131.

Hilmes, Carola (2017): „Jedes Kapitel ein Anfang und zugleich ein Ende." – Abbas Khiders fiktionalisierte Lebensbeschreibung. In: Identitätskonstruktionen in der deutschen Gegenwartsliteratur. Hg. v. Monika Wolting. Göttingen: V&R unipress, S. 135–146.

Khider, Abbas (2012): „Die fremde Sprache bedeutet Freiheit". Ein Dialog mit Wolfert von Rahden über Grenzgänge zwischen Sprachen, Staaten und Kulturen. In: Gegenworte 27, S. 79–81.

Khider, Abbas (2013a): Der falsche Inder. Roman. München: btb [urspr. 2008].

Khider, Abbas (2013b): Die Orangen des Präsidenten. Roman. München: btb [urspr. 2011].

Khider, Abbas (2015): Brief in die Auberginenrepublik. Roman. München: btb [urspr. 2011].

Khider, Abbas (2016a): Warum Integration in Deutschland Glückssache ist [Interview mit Abbas Khider]. In: Deutschlandfunk Kultur, 4. Februar 2016 (https://www.deutschlandfunkkultur.de/schriftsteller-abbas-khider-warum-integration-in.1008.de.html?dram:article_id=344551; letzter Zugriff: 28.3.2022).

Khider, Abbas (2016b): Menschen wie wir. Abbas Khider: „Ohrfeige". In: Deutschlandfunk Kultur, 17. März 2016 (https://www.deutschlandfunkkultur.de/abbas-khider-ohrfeige-menschen-wie-wir.970.de.html?dram:article_id=348573; letzter Zugriff: 28.3.2022).

Khider, Abbas (2016c): Ohrfeige. Roman. München: Hanser.

Khider, Abbas (2019a): Deutsch für alle. Das endgültige Lehrbuch. München: Hanser.

Khider, Abbas (2019b): „Deklinationen sind ein Albtraum für Araber". Abbas Khider im Gespräch mit Dina Netz. In: Deutschlandfunk, 27. Februar 2019 (https://www.deutschlandfunk.de/abbas-khider-deutsch-fuer-alle-deklinationen-sind-ein.700.de.html?dram:article_id=442110; letzter Zugriff: 28.3.2022).

Khider, Abbas (2020): Palast der Miserablen. Roman. München: Hanser.

Knapp, Alexa (2013): Aber die Literatur gehört uns nicht. Sie ist wild! Und geht gern fremd. Und das ist in Ordnung. Der Preisträger 2013 im Gespräch. In: Hilde-Domin-Preis für Literatur im Exil für Abbas Khider. Hg. v. Kulturamt der Stadt Heidelberg. Heidelberg: [ohne Verlag], S. 6–12.

Kulturamt der Stadt Heidelberg (Hg.) (2013): Hilde-Domin-Preis für Literatur im Exil für Abbas Khider. Heidelberg: [ohne Verlag].

Kretzschmar, Katharina (2013): „Die Literatur kann den Menschen eine Stimme geben, die keine haben". Autor Abbas Khider aus dem Irak im Interview. In: zenith, 9. September 2013 (https://magazin.zenith.me/de/archiv/autor-abbas-khider-aus-dem-irak-im-interview; letzter Zugriff: 28.3.2022).

Müller, Carolin (2019): Discussing Mobility in Liminal Spaces and Border Zones. An Analysis of Abbas Khider's Der falsche Inder (2008) und Brief in die Auberginenrepublik (2013). In: Textpraxis. Digitales Journal für Philologie 17.2, S. 1–21.

Schmidt, Jara (2021): „[W]enn die anderen rausbekämen, dass ich eine Mannfrau bin": Grotesque Physicality and Carnivalesque Subversions in Abbas Khider's Ohrfeige. In: Abbas Khider. Hg. v. David N. Coury u. Karolin Machtans. Oxford u. a.: Peter Lang, S. 133–155.

Schneider, Ulrike (2017): Darstellungsweisen von Fluchtprozessen in der Gegenwartsliteratur am Beispiel von Merle Kröger und Abbas Khider sowie den Reportagen von Wolfgang Bauer und Navid Kermani. In: Argonautenschiff 25, S. 82–92.

Spiegel, Hubert (2017): Ein Schutzwall aus Worten gegen Gewalt, Not und Elend. Abbas Khiders „Rache des Poeten". In: Chamisso. Viele Kulturen – eine Sprache 16 (März 2017), S. 4–9.

„Die Katastrophe des Nie-irgendwo-ankommen-Dürfens". Macht, Gewalt und Sprache in den Texten Abbas Khiders

Beate Baumann (Catania)

1. Einleitung

Sizilien und Palermo, der Veranstaltungsort der IVG-Tagung, befinden sich in einer Region Europas, die für viele Menschen ein erster sicherer Hafen nach einer oft langen und von traumatischen Ereignissen gezeichneten Migration darstellt, durch die sie ihre leibliche Existenz, ihr *nacktes Leben* nach Giorgio Agamben (2002), zu retten versuchen.

Die Ankunft in Lampedusa und Sizilien als ersten Anlaufstellen in Europa ist dabei unweigerlich mit der Hoffnung auf ein neues Leben in Sicherheit, Freiheit und Selbstbestimmung verbunden. Doch bleibt die Zukunft dieser Menschen für lange Zeit sehr ungewiss, oft verwandelt sie sich in eine „Katastrophe des Nie-irgendwo-ankommen-Dürfens" (Granzin 2016). Dies betrifft auch die anschließende Phase der Asylbewerbung, in der sie der *Macht der Souveränität* – um es noch einmal mit den Worten Agambens (2002) auszudrücken – ausgesetzt sind, auf deren Grundlage der Staat Rechte vergibt und entzieht und wodurch sie ihrer Individualität und persönlichen Identität entkleidet und auf ihr *nacktes Leben* zurückgeworfen werden.

Mit diesem Schicksal sieht sich auch Karim konfrontiert, der junge, aus dem Irak geflüchtete Protagonist aus Abbas Khiders 2016 erschienenem Roman *Ohrfeige*, der in diesem Beitrag vorgestellt werden soll. Dabei soll insbesondere die Rolle der Sprache und des damit verbundenen Machtpotenzials im Aufnahmeland Deutschland in den Mittelpunkt gerückt werden. Ausgehend von Agambens Konzept des *nackten Lebens* soll dies vor dem Hintergrund einiger in der aktuellen Mehrsprachigkeitsforschung diskutierten Konzepte erläutert werden, die meines Erachtens auch im Rahmen dieses Romans eine relevante Rolle einnehmen.

2. Zum Konzept des nackten Lebens

Giorgio Agamben geht in seinem Werk *Homo sacer. Die souveräne Macht und das nackte Leben* (2002) von einer prinzipiellen Trennung zwischen *zoé* und *bios*, zwischen natürlichem Leben und politischer Existenz bzw. zwischen dem Menschen als einfachem Lebewesen und dem Menschen als politischem Subjekt aus, eine Trennung, die die politische Geschichte des Abendlandes seit der Antike bestimmt. Im antiken römischen Recht war der *homo sacer* ein Mensch, den jeder töten konnte, ohne dabei als Mörder zu gelten. Doch durfte er nicht geopfert werden, da das Opferritual den verfemten Menschen wieder in die gemeinschaftliche Ordnung miteingeschlossen hätte. Agamben zufolge produziert die Moderne fortwährend *homines sacri* und *nacktes Leben*, die ausgeschlossen oder vernichtet werden können. Daraus ergebe sich eine „fundamentale[...] biopolitische[...] Spaltung des Abendlandes" (Agamben 2002: 189), in der sich auf der einen Seite das „Volk als Repräsentant schlechthin des integralen politischen Körpers" (ebd.) und auf der anderen Seite die ausgeschlossenen Anderen mit ihrem nackten Leben gegenüberstehen. Dem Faden des konstitutiven Verhältnisses zwischen nacktem Leben und souveräner Macht folgend, versucht Agamben aufzuzeigen, wie die Biopolitik mittels der Normalisierung von Ausnahmen funktioniert, sodass jeder Mensch jederzeit in die Klasse jener fallen kann, die straflos getötet werden können. Der Souverän entscheidet über seinen Ausschluss bzw. Einschluss, die zugleich die Grundlage der Konstitution der souveränen Macht selbst bzw. ihrer gewalttätigen Komponente bilden, denn „einer der wesentlichen Züge der modernen Biopolitik [besteht] in der Notwendigkeit [...], im Leben laufend die Schwelle neu zu ziehen, die das, was drinnen, und das, was draußen ist, verbindet und trennt" (ebd.: 140). Die souveräne Macht verkörpert somit eine grundlegende Gewalt, die das nackte Leben von der politischen Existenz des Menschen abspaltet.

Ein Beispiel für diese biopolitische Souveränität ist das Konzentrationslager, „dieser reine, absolute und unübertroffene biopolitische Raum", der als „verborgenes Paradigma des politischen Raumes der Moderne" (ebd.: 131) zu betrachten ist. Doch existieren auch in der heutigen Zeit ähnliche Formen der „Ausweitung eines [...] Ausnahmezustandes" (ebd.: 175):

> Ein Lager ist sowohl das Stadion von Bari, in dem 1991 die italienische Polizei vorübergehend die illegalen Einwohner aus Albanien zusammentrieb [...], als auch die *zones d'attente* in den internationalen Flughäfen Frankreichs, wo die Ausländer, welche die Anerkennung des Flüchtlingsstatus verlangen, zurückgehalten werden. (ebd.: 183)

Gerade auch in Verbindung mit den Phänomenen der Migration und der Flüchtlingskrise[1] zeigt sich, dass die Dauer des Ausnahmezustandes der Normalfall „der Politik unserer Zeit" (ebd.: 185) geworden ist und dazu geführt hat, dass

---

1 Vgl. zum Zusammenhang von diesem Konzept mit dem Phänomen der Migration auch Cimino (2017), Svirać (2017), Taraborrelli (2020) und Zechner (2005).

„alle Bevölkerungen der Dritten Welt in nacktes Leben" (ebd.: 189) verwandelt werden, d. h. in außerhalb des Recht befindliche und somit recht- und schutzlose Individuen. So verwundert es nicht, dass Migrant*innen und Flüchtlinge in den jeweiligen gesellschaftspolitischen Systemen der Souveränität der Macht hilflos ausgeliefert sind. Gleichzeitig betrachtet man sie aber als ein derart beunruhigendes Element [. . .], dann vor allem deshalb, weil sie die Kontinuität zwischen Mensch und Bürger, zwischen *Nativität und Nationalität*, Geburt und Volk, aufbrechen und damit die Ursprungsfiktion der modernen Souveränität in eine Krise stürzen. Der Flüchtling, der den Abstand zwischen Geburt und Nation zur Schau stellt, bringt auf der politischen Bühne für einen Augenblick das nackte Leben zum Vorschein, das deren geheime Voraussetzung ist (ebd.: 140 f.; Herv. i. O.).

Dies zeigt sich auch deutlich in der Migrationspolitik der meisten Staaten, die darum bestrebt sind, ihre Souveränität durch die Kontrolle ihrer Grenzen zu bekräftigen. Zudem macht der Staat

die Geburt – das heißt, das natürliche nackte Leben als solches – zum ersten Mal [. . .] zum unmittelbaren Träger [seiner, B. B.] Souveränität [. . .]. Das Prinzip der Nativität und das Prinzip der Souveränität [. . .] vereinigen sich nun unwiderruflich im Körper des „souveränen Subjekts", um das Fundament des neuen Nationalstaats zu bilden. (ebd.: 137)

Aus dieser Perspektive kann die Diskussion um die Integration durch die Verleihung der Staatsbürgerschaft an Menschen mit Migrationshintergrund durchaus als ein in der Wirklichkeit kaum realisierbarer Versuch verstanden werden, einen homogenen Raum zu schaffen, in dem keine Differenzen existieren, um auf diese Weise das Vorrecht der souveränen Macht zu bekräftigen, die Identität ihrer Bürger*innen zu formen und assimilieren.

3. Überlegungen zu Sprache und Macht im Kontext von Migration

Deutschland ist ein Einwanderungsland. Diese Tatsache wird nicht zuletzt durch die Statistik bestätigt, der zufolge im Jahr 2019 21,2 Millionen Menschen und damit 26 Prozent der Bevölkerung einen sogenannten Migrationshintergrund besaßen (vgl. Statistisches Bundesamt 2020), für die die Fachkommission Integrationsfähigkeit (o. J.) neuerdings die Bezeichnung „Eingewanderte und ihre (direkten) Nachkommen" vorgeschlagen hat. Deshalb liegt auf der Hand, dass man in den letzten Jahren verstärkt über die Rolle der Sprache und der Mehrsprachigkeit in einer sprachlich und kulturell zunehmend heterogenen Gesellschaft diskutiert, vor allem auch im Bildungsbereich.

Zugleich ist die Frage der Mehrsprachigkeit eng mit dem Thema Integration verknüpft. Die sprachliche Integration von Menschen, die zugewandert sind, gilt als unabdingbare Voraussetzung für die Möglichkeit, an den Ressourcen der Aufnahmegesellschaft teilzuhaben, wie eine Studie im Auftrag des Bundesministeriums für Migration und Flüchtlinge bekräftigt, der zufolge die „Sprache [...] einen zentralen Aspekt der Integration von Migranten [bildet], womöglich sogar den wichtigsten" (Haug 2008: 10) darstellt.

Damit wird der Erwerb der offiziellen Landessprache für diese Menschen zu einer Art „Bringschuld" im Rahmen eines „Integration-durch-Sprache-Diskurs[es]" (Busch 2013: 115), um eine (vermeintliche) sprachliche und kulturelle Homogenität zu garantieren, durch die die Stabilität der nationalen Identität und des herrschenden Wertesystems gesichert werden soll.

Vor diesem Hintergrund zeigt sich die Bedeutung der von Brigitta Busch (2013: 126) als besonders relevant erachteten Raumdimension,

> um der Prozesshaftigkeit, dem In-Bewegung-Sein und der Komplexität sprachlicher Konfigurationen besser gerecht zu werden. Tendenziell hat sich das Interesse verlagert, weg von der Vorstellung gesellschaftlicher Stratifikation als zentrale und stabile Muster innerhalb eines gegebenen Raums, hin zu Fragen zu Einschluss und Ausschluss, nach Zugang oder Nichtzugang zu Ressourcen, Informationen und Rechten.

Solche Räume sind in der Regel durch eine dominante (National-)Sprache geprägt und unterliegen damit einem bestimmten Sprachregime, das wiederum Einfluss darauf hat, wie sich das sprachliche Repertoire von Menschen mit Migrationshintergrund verändert. In diesem Sinne hat das Individuum, das über ein mehrsprachiges Repertoire verfügt, nicht wirklich die Möglichkeit, frei zu entscheiden, welche Sprache es für seine sprachlichen Handlungen verwendet, sondern ist gezwungen, sich mit einer Reihe von Zwängen und Beschränkungen für die individuelle Sprachwahl auseinanderzusetzen, die sich aus Routinen und Gewohnheiten, gesetzlichen Regelungen und Ideologien zusammensetzen, die die Koordinaten für diese Sprachwahl bestimmen (Coulmas 2005: 7).

Auf diese Weise manifestiert sich sehr deutlich der grundsätzliche Zusammenhang zwischen Sprache und Macht, denn „Sprache war und ist das Instrument der Teilhabe an Macht und Gemeinschaft, ebenso wie sie daraus ausschließen kann" (Peterlini 2019: 20). Dies kann auch Dialekte und Slangs betreffen, vor allem aber eben Minderheitensprachen und Migrantensprachen, deren Abwertung eine Art Linguizismus hervorruft, d. h. eine spezifische Form des Rassismus, bei dem Sprachen, Sprechweisen, Akzente, d. h. sprachliche Unterschiede dazu benutzt werden, Menschen als Mitglieder von (konstruierten) Sprachgemeinschaften abzuwerten (Dirim 2010). Hiermit eng verbunden ist auch der gesellschaftliche Stellenwert, der einer Sprache zugeschrieben wird, was letztendlich auch entscheidend dafür ist, „ob sie ermächtigen kann oder nicht" (Peterlini 2019: 17).

In dieser Hinsicht ist der „Einschluss und Ausschluss, [. . .] Zugang oder Nichtzugang zu Ressourcen, Informationen und Rechten" (Busch 2013: 126) in erster Linie von der Kenntnis der dominanten Landessprache abhängig, die auf diese Weise zu einem grundlegenden politischen Mittel der Machtausübung wird, um den Grad der Integration und damit die Eignung für den Status als Migrant bzw. Migrantin oder die Staatsbürgerschaft zu messen (Linke 2019: 49).

4. Abbas Khider: Leben – Texte – Sprache(n)

Der aus dem Irak stammende Autor Abbas Khider, der im Folgenden im Mittelpunkt stehen wird, kennt die Situation des Migrieren-Müssens sehr gut, aus seiner persönlichen Erfahrung. Khider wurde 1973 in Bagdad geboren und im Alter von 19 Jahren wegen angeblicher politischer Aktivitäten gegen das Regime Saddam Husseins verhaftet, woraufhin er zwei Jahre in Folterhaft verbrachte. Nach seiner Entlassung war er mehrere Jahre auf der Flucht, die ihn über Jordanien, Libyen, Tunesien, die Türkei, Griechenland und Italien nach Deutschland führte, wo er im Jahr 2000 politisches Asyl und 2007 die deutsche Staatsbürgerschaft erhielt.

Die Themen Macht und Gewalt nehmen eine zentrale Rolle in Khiders sechs bisher erschienenen Romanen ein. Erzählt wird auf lakonische und gleichzeitig ironische Weise aus einer autofiktionalen Perspektive von Gefängnisaufenthalten, Folter, Krieg, Flucht, Heimatlosigkeit, Außenseitertum und vom Kampf um Individualität und Identität, die auch Khiders junges Erwachsenendasein zutiefst prägten.

Das 2019 veröffentlichte satirische Werk *Deutsch für alle. Das endgültige Lehrbuch* ist der deutschen Sprache gewidmet, oder besser: dem Erlernen der deutschen Sprache. Dabei legt der Autor auf sehr humorvolle und zugleich tiefsinnige Weise die Hürden und Stolpersteine der deutschen Sprache aus der Sicht von erwachsenen Fremdsprachenlernenden offen, wobei die Leser und Leserinnen nicht nur zur Reflexion über Sprache, sondern auch zum Nachdenken über kulturelle sowie aktuelle politische Themen wie Flüchtlinge, Integration und Ausländerfeindlichkeit angeregt werden (Baumann 2021).

Die deutsche Sprache stellt für Abbas Khider einen existentiellen Zufluchtsort dar, sie wird zu einer „neue[n] Zunge" (Ammar 2014), um auf die schwierigen, oftmals traumatischen Ereignisse seiner Vergangenheit zurückzublicken. Khider musste somit selbst einen Sprachwandel durchmachen, um erzählen zu können, welche Folgen Gewalt, Flucht und Migration, aber

auch Sprach- und Kulturwandel auf die Identität eines Menschen haben können (vgl. hierzu auch Baumann & Puglisi 2021). So thematisiert er in seinem
vierten Roman *Ohrfeige* (2016) die Situation von Asylbewerbern in Deutschland Anfang der 2000er-Jahre und ihren Kampf mit den deutschen Behörden.
Erzählt wird die Geschichte von Karim Mensy, dessen Flucht aus dem Irak
nicht durch politische Gründe bedingt ist, sondern er hat ein Problem mit seiner Sexualität: Seine Brüste sind so groß wie die einer Frau. Deshalb fürchtet
er sich vor der bevorstehenden Wehrpflicht im Irak, als einzigen Ausweg sieht
er die Flucht nach Frankreich zu Freunden seiner Familie. Doch landet er in
der bayrischen Provinz, wo er sich durch die Formulare der Ausländerbehörde
und Asylunterkünfte kämpfen muss, bis er plötzlich seinen Widerruf erhält und
abgeschoben werden soll. So sucht er ein letztes Mal seine zuständige Sachbearbeiterin, Frau Schulz, auf, die ihn bis zu diesem Zeitpunkt kalt und wie
eine Nummer behandelt hat, fesselt sie auf ihrem Beamtenstuhl und verpasst
ihr eine Ohrfeige, um sie zum Anhören seiner Lebensgeschichte zu zwingen,
bevor er seine weitere Flucht nach Finnland antritt. Welche Rolle in diesem
Zusammenhang die Sprache in Verbindung mit Macht spielt, soll nun im Folgenden an einigen Beispielen erläutert werden.

5. *Sprache und Macht in Khiders* Ohrfeige

Dass die dürftige Kenntnis der deutschen Sprache für den jungen Asylbewerber
Karim den entscheidenden Hinderungsgrund darstellt, um sich für die erfolgreiche Durchführung seines Asylbewerbungsverfahrens Gehör zu verschaffen
und somit „Zugang [. . .] zu Ressourcen, Informationen und Rechten" (Busch
2013: 126) zu erhalten, wird gleich zu Beginn des Romans deutlich:

> „Frau Schulz, wir reden zusammen. Ich wollte immer, und Sie haben keine Zeit
> oder Wille für mich, wenn ich vor Ihrem Zimmer warte. Jetzt endlich ist es so
> weit! Ob Sie wollen oder nicht, wir reden. Aber Deutsch ist schwer für mich und
> will ich viele Sachen erzählen. Ich muss Arabisch mit Ihnen reden, so ich kann
> frei reden. Leider!"
>
> Ich will mich nicht länger durch die deutsche Sprache quälen, durch diesen
> Dschungel aus Fällen und Artikeln, die man sich nie merken kann. (Khider
> 2016: 9 f.)

Karim ist dabei sehr wohl bewusst, dass „[e]s natürlich Quatsch [ist], jetzt mit
ihr Arabisch zu sprechen". Doch die Unmöglichkeit einer Verständigung mit
Frau Schulz ist nicht nur durch die unterschiedlichen Sprachsysteme bedingt,
sondern auch durch die offensichtlich unterschiedlichen Machtpositionen.

Diese gründen sich auf der einen Seite auf der deutschen Sprache, die zu einem Machtinstrument wird, das Hierarchien schafft, in diesem Fall eine deutsche Muttersprachlerin, die ihre privilegierte sprachliche Stellung gegenüber einem der deutschen Sprache nicht mächtigen Migranten mit einer zudem gesellschaftlich gering geschätzten Herkunftssprache ausnutzt. Zugleich befindet sich Karims Gesprächspartnerin nicht nur in einer sprachlich, sondern auch sozial überlegenen Position, die eine gleichberechtigte Kommunikation von „Mensch zu Mensch" (ebd.: 12), wie sie sich Karim wünschen würde, unmöglich macht:

> Auch wenn Arabisch ihre Muttersprache wäre, würde sie mich nicht verstehen. Sie stammt aus einer ganz anderen Welt als ich. Ein Erdling spricht gerade mit einem Marsianer. Oder umgekehrt.
>
> [...]
>
> Sie, Frau Schulz, gehören zu jenen, die darüber entscheiden, auf welche Weise ich existieren darf oder soll. [...] Immer wieder fuchteln Sie mit Ihrem spitzen Füller in der Luft herum, als würden Sie Fliegen erstechen. Und mit dem Gewicht Ihres übertrieben großen Stempels erdrückten Sie Hoffnungen. Wie der Hammer eines Richters kracht er auf den Tisch. [...] Sie waren eine Göttin. Eine Naturgewalt, die Macht über andere Menschen hat. Ich war Ihnen ausgeliefert. (ebd.: 10 f.)

Die ersten sprachlichen Kontakte Karims in Deutschland erfolgten jedoch in englischer Sprache, und zwar bei einer Polizeikontrolle, bei der er wie ein Schwerverbrecher behandelt wird, weil er keine gültigen Papiere besitzt, was auf ironische Weise mit einem Paradoxon (angesichts der Verbrechen der Deutschen an der Menschheit) kommentiert wird:

> „Excuse me, where am I? France, Paris? Where?"
>
> Der Polizist schaute mich an, als sei ich völlig verrückt.
>
> „Are you kidding me? You are in Germany, Dachau! Understand?"
>
> Heute bin ich heilfroh, dass ich bis zu meiner Ankunft in Deutschland noch nie etwas von Dachau gehört hatte. Wenn ich von dem dortigen Konzentrationslager aus der Nazizeit gewusst hätte, dann wäre an jenem Tag bestimmt mein Herz stehen geblieben. (ebd.: 46)

Doch Karim begreift sehr schnell die zentrale Bedeutung der Fremdsprache Deutsch für die „Teilhabe an Macht und Gemeinschaft" (Peterlini 2019: 20) und bemüht sich mit allen Kräften darum, die deutsche Sprache zunächst in Alltagssituationen zu lernen:

Anfangs wollte ich gern die Einheimischen kennenlernen und freute mich darüber, wenn sich jemand zu mir gesellte. Oft setzte ich mich selbst in Bussen
oder Zügen neben einen Blondschopf und versuchte mit ihm ins Gespräch zu
kommen. Ich betrachtete es als kulturellen Austausch und lernte so die Sprache
anzuwenden. (Khider 2016: 18)

Doch Karims Ziel ist der Besuch eines Deutschkurses, um durch die sprachliche Integration Zugang zum deutschen Bildungssystem zu erhalten und sich
damit seinen Wunsch nach einer persönlichen und beruflichen Realisierung
zu erfüllen: „Meine einzige Hoffnung war der Deutschkurs, den ich endlich
beginnen durfte, um anschließend mein Abitur noch einmal machen zu dürfen,
damit ich endlich studieren konnte" (ebd.: 93).

Obgleich die „Sprache [. . .] einen zentralen Aspekt der Integration von
Migranten, womöglich sogar den wichtigsten" (Haug 2008: 10) bildet, sahen
sich auch motivierte Asylbewerberinnen und -bewerber Anfang der 2000er-
Jahre mit erheblichen bürokratischen Schwierigkeiten konfrontiert (die so
genannten Integrationskurse wurden erst am 1. Januar 2005 im Rahmen des
Aufenthaltsgesetzes eingeführt), wie auch aus dem folgenden Vorstellungsge-
spräch Karims auf dem Arbeitsamt hervorgeht:

„Ich will gerne vorher die Sprache lernen und brauche dafür Unterstützung."

„Das ist kein Problem. Das freut uns, dass Sie die Sprache lernen wollen", sagt
Herr Sepp. „Sie müssen aber erst ein Jahr lang arbeiten und Steuern zahlen.
Danach können wir Ihnen einen Sprachkurs finanzieren."

„Aber wie soll ich ein Jahr lang ohne Deutschkenntnisse arbeiten oder überhaupt
einen Job finden?"

„Wie alle Ihre fleißigen Landsmänner auch. Ich könnte Ihnen eine Stelle bei Burger King vermitteln. Es ist nur eine Teilzeitarbeit, aber für den Anfang ist das
genau das Richtige für Sie. Sie sind krankenversichert, verdienen etwas Geld und
können langsam ein guter Bürger werden."

„Entschuldigen Sie", sagte Rafid. „Wie meinen Sie das, ein Burger werden?"

„Nein", sagte Herr Sepp. „Nicht Burger, Bürger! Bürger. Bewohner eines Landes. Bürger. Mit Umlaut. Also Staatsbürger. Deutscher. Bei Burger King. Arbeit.
Dann. Bürger."

[. . .]

„Ein guter Bürger im Burger King!" (Khider 2016: 158)

Nach über zwei Jahren in Deutschland darf Karim dann endlich einen Deutschkurs besuchen (ebd.: 179):

Mit weiteren sechzehn Schülern, hauptsächlich Senioren, die wie Lada aus der Sowjetunion stammten, widmete ich mich fortan täglich sechs Stunden den deutschen Personalpronomen, den trennbaren und untrennbaren Verben, den Adjektiven und Präpositionen. In den ersten zwanzig Tagen war ich der beste Schüler. Ich war ein wahrhaftiger Streber und wollte alles lernen. Schließlich hatte ich zwei Jahre lang auf diesen Kurs gewartet. (ebd.: 193)

Gleichzeitig jedoch läuft sein Asylverfahren, das plötzlich unter den neuen und sehr ungünstigen Zeichen der Ereignisse des 11. September 2001 steht. Zugleich muss Karim in dieser über seine Zukunft und Existenz entscheidenden Situation erneut die Erfahrung mit der Macht der Sprache machen, aber diesmal nicht nur mit der Macht der deutschen Sprache, in der die Verhandlung abgehalten wird, sondern auch mit der Macht seiner eigenen Muttersprache Arabisch, der er durch die Figur des Dolmetschers ausgeliefert ist:

Ein paar Minuten blieben mir noch, bevor die Sintflut von Duldung und Abschiebung über mich hereinbrechen würde oder ich hoffentlich von der Arche Noah der Aufenthaltserlaubnis gerettet würde. Die Entscheidung über meine gesamte Zukunft lag gleich in den Händen eines einzigen Menschen, dem Richter [...].

[...] Dann begann er leise mit meinem Dolmetscher zu sprechen. Worüber, konnte ich nicht verstehen, weil Omer es nicht ins Arabische übersetzte. Es schien mir, als würden die beiden Männer ein Geheimnis teilen, so verschworen wirkte ihre Unterredung. (ebd.: 104 f.)

Aus dieser Unterredung, in der über ihn und sein zukünftiges Leben entschieden wird, wird Karim jedoch ausgeschlossen; der kurdische Dolmetscher, der „ziemlich miserabel Arabisch gesprochen hat" (ebd.: 111), entzieht ihm die Macht, mittels des Arabischen, d. h. der Sprache, der er mächtig ist, seinen Standpunkt direkt und unmittelbar darzulegen. In dieser Hinsicht fühlt er sich nicht nur der Macht, die durch die deutsche Sprache gegen ihn ausgeübt wird, ausgeliefert, sondern auch der seiner eigenen Muttersprache.

Mit dem Eintreffen des „grün[en] Brief[es]. Die Farbe des Propheten Mohammed und der mächtigen deutschen Behörden" (ebd.: 123) fällt die Entscheidung der souveränen Macht, Karims Asylantrag abzulehnen. Zurückgeworfen auf sein „nacktes Leben" wird nun die existentielle Frage um seine Zukunft virulent, die da lautet: „Was bedeutet es für mich, wenn ich weder in der Heimat noch in der Fremde leben darf?" (ebd.: 19). Die Antwort auf diese Frage bleibt offen und kündigt die Katastrophe des Nie-irgendwo-ankommen-Dürfens an, die Karim ebenso wie zahlreiche andere Menschen mit einem ähnlichen Schicksal auf sich zukommen sieht.

Zusammenfassend lässt sich somit festhalten, dass Khider mit *Ohrfeige* dringende Fragen in Bezug auf Humanität, humanitäres Handeln und Menschenrechte aufwirft, die alle von der Politik der Zugehörigkeit bzw. des

Ein- und Ausschlusses bestimmt werden, die nicht zuletzt insbesondere auch auf hegemoniale Diskurse von Souveränität und (sprachlicher) Macht zurückzuführen ist.

Bibliographie

Agamben, Giorgio (2002): Homo Sacer. Die souveräne Macht und das nackte Leben. Übers. v. Hubert Thüring. Frankfurt/M.: Suhrkamp [Homo sacer. Il potere sovrano e la nuda vita. Torino: Einaudi 2005].

Ammar, Abderrahmane (2014): „Deutsch ist meine neue Zunge." Ein Interview mit Abbas Khider. In: Goethe-Institut online (https://www.goethe.de/de/kul/lit/20437 059.html; letzter Zugriff: 28.3.2022).

Baumann, Beate (2021): *Deutsch für alle*. Zum Mehrwert interkultureller Literatur im DaF-Unterricht. In: Germanistik und DaF in mehrsprachigen Kontexten. Sprachdidaktische, interkulturelle und systemorientierte Perspektiven. Hg. v. Naima Tahiri, Mohammed Laasri, Said El Mtouni u. Rachid Jai-Mansouri. Berlin: Frank & Timme, S. 95–116.

Baumann, Beate / Puglisi, Corinne (2021): *German is my new tongue*. The role of language in the construction of identity. In: Abbas Khider. Hg. v. Karolin Machtans u. David Coury. Oxford u. a.: Peter Lang, S. 157–182.

Busch, Brigitta (2013): Mehrsprachigkeit. Wien: Facultas.

Cimino, Cristiana (2017): La nuda vita dei migranti. In: Doppiozero, 28. Oktober 2017 (https://www.doppiozero.com/materiali/la-nuda-vita-dei-migranti; letzter Zugriff: 28.3.2022).

Coulmas, Florian (2005): Changing language regimes in globalizing environments. In: International Journal of the Sociology of Language 175/176, S. 3–15.

Dirim, İnci (2010): Wenn man mit Akzent spricht, denken die Leute, dass man auch mit Akzent denkt oder so. Zur Frage des (Neo-)Linguizismus in den Diskursen über die Sprache(n) der Migrationsgesellschaft. In: Spannungsverhältnisse. Assimilationsdiskurse und interkulturell-pädagogische Forschung. Hg. v. Paul Mecheril, İnci Dirim, Mechthild Gomolla, Sabine Hornberg u. Krassimir Stojanov. Münster: Waxmann, S. 91–114.

Fachkommission Integrationsfähigkeit (o. J.): Migrationshintergrund (https://www. fachkommission-integrationsfaehigkeit.de/fk-int/themen/migrationshintergrund; letzter Zugriff: 28.3.2022).

Granzin, Katharina (2016): Der Mensch im Durchgangsland. In: Frankfurter Rundschau, 5. Februar 2016 (https://www.fr.de/kultur/literatur/mensch-durchgangsl and-11130928.html; letzter Zugriff: 28.3.2022).

Haug, Sonja (2008): Sprachliche Integration von Migranten in Deutschland. Working Paper 14 der Forschungsgruppe des Bundesamtes für Migration und Flüchtlinge (https://www.bamf.de/SharedDocs/Anlagen/DE/Forschung/WorkingPap ers/wp14-sprachliche-integration.pdf?__blob=publicationFile&v=11; letzter Zugriff: 28.3.2022).

Khider, Abbas (2016): Die Ohrfeige. München: Hanser.

Khider, Abbas (2019): Deutsch für alle. Das endgültige Lehrbuch. München: Hanser.

Linke, Uli (2019): Language as Battleground: „Speaking" the Nation, Citizenship and Diversity Management in Post-unification Germany. In: Refugees Welcome? Difference and Diversity in a Changing Germany. Hg. v. Jan-Jonathan Bock u. Sharon Macdonald. New York/Oxford: Berghahn, S. 41–66.

Peterlini, Hans Karl (2019): Sprache und Macht. In: Lernraum Mehrsprachigkeit. Zum Umgang mit Minderheiten- und Migrationssprachen. Hg. v. Jasmin Donlic, Georg Gombos u. Hans Karl Peterlini. Klagenfurt: Drava, S. 11–26.

Statistisches Bundesamt (2020): Pressemitteilung Nr. 279 vom 28. Juli 2020 (https://www.destatis.de/DE/Presse/Pressemitteilungen/2020/07/PD20_279_12511. html;jsessionid=E99FD8CE8EE1D033A90E53EF3280528B.internet731; letzter Zugriff: 29.3.2022).

Svirać, Ante (2017): Die Figur des Flüchtlings als ein Paradigma des Politischen nach Giorgio Agamben. In: Disputatio philosophica 19.1, S. 17–27.

Taraborrelli, Angela (2020): Pensiero critico e migrazioni: discutendo Giorgio Agamben e Toni Negri a partire da „A sinistra" di Giorgio Cesarale. In: Etica & Politica / Ethics & Politics 22.2, S. 623–637.

Zechner, Ingo (2005): Das nackte Leben der Migranten. Paper zum Vortrag im Rahmen der BTWH-Jahrestagung in Wien, 23.–26. Juni 2005 (http://www.ingozechner. net/download/pdf/Zechner_Vortrag_Nacktes-Leben-der-Migranten.pdf; letzter Zugriff: 28.3.2022).

Geschlecht, Kunst und Migration in Nino Haratischwilis Roman *Das achte Leben (für Brilka)* (2014)

Anna-Katharina Gisbertz (Mannheim/Dortmund)

1. Der Generationen- und Frauenroman

Mit *Das achte Leben (für Brilka)* (2014) hat Nino Haratischwili ihrer Leserschaft eine neue Welt eröffnet. Sie erzählt die Geschichte der georgischen Familie Jaschi, deren Schicksal sie über ein Jahrhundert lang verfolgt. Es sind fast ausschließlich Frauen, deren Leid und Unterdrückung sich von Generation zu Generation fortsetzt. Obgleich auch die Männer in der Familie Zwängen und Gewalt ausgesetzt sind, lassen sie sich bei den Jaschis auf die Herrschaftsstrukturen ein. Die Frauen verweigern sich der Unterordnung unter die Männergesellschaft. Die vierte Generation, der die Erzählerin Niza Jaschi angehört, hat in den 1990er-Jahren ein neues Leben in Deutschland begonnen und sich von der Familie distanziert. Sie sucht einen Neuanfang, bis ihre zwölfjährige Nichte Brilka in ihr Leben drängt. Durch Brilka fühlt sich ihre Tante beauftragt, die Gewaltgeschichte ihrer Familie zu erzählen, wobei sie hofft, dass das Wissen um die Vergangenheit dazu führen kann, mit den Gewaltstrukturen zu brechen. Niza will der Nichte einen neuen Anfang ermöglichen. Sie recherchiert über sechs Frauen und einen Mann, dehnt ihr Werk über vier Generationen und sieben Leben aus, worauf ein selbstbestimmtes achtes ihrer Nichte folgen soll.

Wie andere neuere Generationserzählungen auch erzählt Haratischwili an der „Nahtstelle von individueller und kollektiver Geschichte" (Eigler 2005: 10), sodass das individuelle Erleben an wichtige Ereignisse der Geschichte Georgiens geknüpft wird. Das Leben in der ehemaligen Sowjetunion und die Bedingungen der sozialen Anpassung werden aus der Perspektive der Oberschicht entwickelt. Die narrative Anbindung der Familie an den größeren Kosmos der Gesellschaft bildet ein zentrales Spannungsfeld des Erzählens.

Haratischwili greift die Gattung des Generationenromans zudem in einer subversiven Umkehrung der Verhältnisse auf, indem sie anstelle der männlichen Erbfolge eine Genealogie der Frauen entwirft. Sie widmet sich dem Familiengedächtnis auch nicht in einer erwünschten oder manipulierten Weise, sondern in Bezug auf das bis dahin Unerzählte der Geschichte (Gisbertz 2018: 113–126). Es soll „auch an das Vergessene" erinnert werden und an eine „Vergangenheit, zu der man ihr stets den Zugang verweigert hatte" (Haratischwili 2014: 522, 1236). Das Erzählen selbst kommt erst langsam in

Gang, weil Widerstände überwunden werden müssen, die sich angesichts der traumatischen Erlebnisse auch physisch äußern. Oft bleibt der Erzählerin die Luft weg, und zwar nicht „wegen der richtigen Worte, die man nicht findet, nicht wegen der strafenden Götter, Richter und allgegenwärtigen Chöre. Auch nicht wegen der Geschichten, die alle erzählt werden wollen; es ist vielmehr wegen der Leerstellen" (ebd.: 521). Das Erzählte muss erst recherchiert und die absurden Wirklichkeiten müssen sagbar werden. Nach Jahren der Stummheit, aus Angst, dass sie die Geschichten nicht ertragen kann, findet Niza eine Sprache für die Schrecken und eine Möglichkeit der Auseinandersetzung mit ihnen. Der Roman wurde entsprechend als „eine weibliche Gegengeschichte" (Zink 2018) rezipiert, da er das Leid der Frauen bewusstmache, über das so lange geschwiegen wurde. Die Leerstellen häufen sich, denn die erlittene Gewalt und ihre Verdrängungen beziehen sich auf patriarchalische Muster bis in die Gegenwart. Die Figuren des Romans spiegeln neben der „hohen ästhetischen und sprachlichen Qualität" auch „die gefährdete Subjektivität in unserer krisenhaften globalisierten Welt, thematisieren Migration und die psychologischen Beschädigungen aus weiblicher Perspektive" (Börsenblatt 2019). Dafür wurde der Roman mit dem Schiller-Gedächtnispreis ausgezeichnet. 2020 gelangte er in der englischsprachigen Übersetzung auf die Longlist des Booker Prize.

Das achte Leben (für Brilka) ist aber nicht nur eine Generationserzählung und ein Frauenroman, sondern auch ein Künstlerinnen- und ein Migrationsroman. Er ist mehrschichtig angelegt und erzählt als Künstlerrinnenroman mitunter von seiner eigenen Entstehung. Die Erzählerin forscht zwei Jahre lang in Archiven, geht auf Reisen zu ihrer Familie und den Angehörigen und will ihre Ergebnisse unbedingt an die Nichte weiterreichen. Damit kämpft sie gegen eine weitere Form der Unterdrückung an, die die Künstlerschaft der Frauen betrifft. Das Selbstverständnis der Frauen als Künstlerinnen verändert sich im Laufe des 20. Jahrhunderts, womit ihnen auch eine konstruktivistische Rahmung zukommt: „Subjektformen werden in sozialen Praktiken routinemäßig produziert; in Diskursen werden sie explizit zum Thema und in Form von Subjektpräsentationen hergestellt und gesellschaftlich verfügbar gemacht." (Reckwitz 2008: 137) Aus einer intersektionalen Perspektive zeigt *Das achte Leben (für Brilka)* eine dynamische Entwicklung des künstlerischen Subjekts im Übergang von der kommunistischen zur postkommunistischen Ära auf, die mit der Migration einhergeht. Denn in Bezug auf die Ausgrenzung der Frau aus dem Berufsleben stellt die Migration nach England und Deutschland jeweils einen Befreiungsschlag dar. Dem verhängnisvollen Dreieck von Beruf, Gender und Nation geht der folgende Aufsatz durch den Fokus auf die Künstlerschaft nach, wobei die Möglichkeiten einer emanzipierten Künstlerschaft von Frauen im 21. Jahrhundert erkundet werden.[1]

---

1 Mit dem Begriff des verhängnisvollen Dreiecks beziehe ich mich auf Stuart Hall, der die Verbindung von Rasse, Ethnie und Nation untersucht hat. Hall zeigte die Verflechtungen

2. Der Künstlerinnenroman

Als Gattung konzentriert sich der Künstlerroman in der Regel auf die „künstler. Entfaltung im Lebenslauf" sowie die Frage der Künstler „nach dem Wesen ihres Schaffens" (Wilpert 1989: 489). Es ist eine Männerdomäne, die jedoch nicht immer in künstlerische Erfolgsromane münden muss. Das zeigt die Gattungsgeschichte, in der das Versagen vor sich, aber auch gesellschaftlicher Ausschluss und Deklassierung als zentrale Themen aufscheinen. In der Bildung können äußere Zuschreibungen zu dem, was Bildung bedeutet, auch zu inneren Selbstzuschreibungen werden (vgl. Bremer 2016: 74). Die Reflexion und Bewusstwerdung von Ungleichheits- und Machtpraktiken ist daher ein wesentlicher Erkenntnisgewinn der einschlägigen Romane. Künstler wie Anton Reiser, Werther oder Lenz reagieren üblicherweise auf ihren erlebten Ausschluss mit riskanten Sichtweisen, die ihre jeweiligen Subjektformungen mehr oder minder erfolgreich prägen. Sie zeigen auch, dass der Habitus von Gruppen über Erfolg und Scheitern im Beruf entscheiden. Der Kunst und der Bildung sind feste Strukturen eingeschrieben, denn sie würden nur für den bedeutsam, der den angemessenen Code besitze (vgl. Bourdieu 1998: 19).

Mit einem ausgeprägten Sensorium für diese Ungleichheitspraktiken stellt Haratischwili den Wunsch, Künstlerin zu werden, in einen Zusammenhang von Unterdrückungsweisen, der mit dem Begriff der Intersektionalität erfassbar wird. „Soziale Herkunft" steht darin „in Wechselwirkung mit *gender* und *race/ethnicity*" (King 2009: 32). Dabei geht es allerdings um die Oberschicht der Gesellschaft, bei der der geschlechtliche Unterschied im Kontext des patriarchalischen Systems eine tragende Rolle spielt. Bildung und Berufschancen sind den Frauen im Roman nur eingeschränkt zugänglich, aber dennoch entscheidend für ihr Fortkommen. Die Machtverhältnisse werden im Wechsel von vier Generationen nachgezeichnet. Die fiktiv ausgestaltete Erzählung individualisiert gesellschaftliche Schemata und entwirft zugleich eine historische Perspektive.

So stellt sich die Kunst der Frauen um 1900 zunächst als männliche Projektion dar. Die Frauen der Familie Jaschi können als Tänzerinnen oder Schauspielerinnen brillieren. Zentral ist ihr Attribut des Schönseins. Die ersten beiden Bücher handeln von den Halbschwestern Stasia und Christine, die als Töchter eines Schokoladenfabrikanten auf ein gehobenes Leben als Ehefrauen vorbereitet werden. Stasia ist jedoch eine begabte Ballerina und träumt von einer Karriere am Bolschoi-Theater. Sie gibt ihrer Enkelin noch im hohen Alter Ballettstunden, die sie mit Geschichten belohnt. Mit dem Entschluss zur Heirat

---

detailliert auf, sodass daran anschließend auch andere Verhängnisse sichtbar werden können, wie hier die geschlechtlichen, beruflichen und nationalen Unterdrückungsweisen im Verbund (vgl. Hall 2018: 55–61).

wird ihre Karriere beendet. Christine, die als besonders schön gilt, ist zeitweise Schauspielerin ihres eigenen Ichs, indem sie den schönen Schein eines guten Lebens wahren will. Das gelingt jedoch nur für kurze Zeit. Sie verfolgt keine erwerbsmäßigen künstlerischen Ambitionen, führt aber das falsche Spiel um ein scheinbares Glück im Leben perfektionistisch ein, das auch weitere Frauen der Familie zu spielen lernen. Christine wird selbst Opfer des politischen Führers in der Region, der ihr junges Leben zerstört.

In der zweiten Generation wird der Weg zur Künstlerin expliziter formuliert – und härter sanktioniert. Stasias Tochter Kitty besucht eine Schauspielschule und entspricht damit männlichen Projektionen. Als Studentin entdeckt sie zusätzlich ihr Talent zur Musik und beginnt, Songs zu komponieren. Damit erreicht sie beachtliche Erfolge in Georgien. 1924 geboren, erlebt Kitty als junge Frau jedoch auch den Stalinismus und die erzwungene Trennung von ihrem Freund, der in den Gulag verschleppt wird. Sie selbst wird zwangsoperiert und kann anschließend keine Kinder mehr bekommen. Schließlich flieht sie ins Exil nach England, wo sie an ihren Erfolg als Sängerin anknüpfen und ihn steigern kann, sodass sie als Künstlerin ihren eigenen Weg geht. Allerdings fühlt sie sich zeitlebens ausgestoßen und begeht aus Verzweiflung Jahrzehnte später Selbstmord.

Ein Sprung führt zu der Erzählerin Niza, die vor der männlichen Dominanz Freiheiten gewinnt, weil sie nicht so schön wie ihre große Schwester Daria ist. Niza tanzt, begeistert sich aber von Kindheit an mehr für das Erzählen. Ihren Anfang als Autorin setzt sie mit der Geburt der Großmutter im Jahr 1900 gleich, der sie die Familiengeschichten sowie ihren Wunsch verdankt, die Geschichten „in meine eigenen Worte zu verwandeln" und „zu meiner eigenen Geschichte zu machen" (Haratischwili 2014: 872). Niza findet darin ihre eigene, glückliche Kindheit wieder: „Dort, wo [die Geschichten] beginnen, beginne auch ich. All diese Orte, Städte, Häuser, Menschen – sie sind alle ein Teil meiner Kindheit" (ebd.). Die Großmutter wirkt auf sie wie eine Zauberin, die als einzige den Schlüssel zu einer anderen Welt besitzt. Die Auseinandersetzung mit der Familie bringt jedoch in den anschließenden Jahren so viel Wut und Trauer hervor, dass das „schöne Puzzle" (ebd.), das ihr erzählt wurde, „auseinanderbrach" (ebd.). Es zeigt sich eine Welt des Schreckens, die Niza Angst einjagt. Sie fürchtet rückblickend die Konfrontation mit dem Vergangenen (ebd.: 31). Ihr Weg zur Schriftstellerin wird daher von zahlreichen Widerständen begleitet. Die Stimme ihrer Großmutter ist eine weibliche Stimme innerhalb eines männlichen Traditionszusammenhangs, an die Niza anknüpfen kann. Ihre Erfahrung entspricht dem Dilemma, das dem Erzählen von Frauen eigen ist: „[E]inem großen und breiten Panoptikum imaginierter Frauenfiguren stehen nur wenige imaginierende Frauen gegenüber" (Bovenschen 1979: 12). Niza macht sich folglich zur Aufgabe, eine „Geschichte des Verschweigens, einer Aussparung, einer Absenz" zu studieren (ebd.: 10). Den Auslöser für diesen Auftrag bildet Nizas Nichte Brilka, die plötzlich in ihr Leben dringt.

Durch Brilka stürzen die emotionalen Mauern ein, die die Tante um ihre Vergangenheit gelegt hat, und Niza beginnt mehr über ihre Familie und die Geschichte ihres Landes herauszufinden. Sie fragt rückblickend, was ihre weiblichen Verwandten werden wollten und verfolgt ihre Bedürfnisse nach Unabhängigkeit im Wandel der Zeit. Indem sie an die mündlichen Geschichten ihrer Großmutter anschließt, tradiert sie eine weibliche Form des Erzählens, das an die Geschichten aus *Tausendundeine Nacht* erinnert. Zugleich verschönt sie nichts und kommt damit einer Realität nahe, mit der sie sich auch verletzlich macht. Zu einem Außenseiter, von dessen Klugheit sie viel lernt, wird ihr schließlich der Kontakt verboten. Und in den Bürgerkriegstagen wird sie Opfer einer Vergewaltigung. Es gibt keinen Ort für ihren Wunsch zu erzählen, bis sie nach Deutschland ins Exil geht und durch ihre Hochbegabung auch schnelle Förderung erfährt. Nizas Aufgabe wird die Arbeit an sich, die Lesbarkeit ihres Lebens: „Ich bin ein Buch und kann mich selbst nicht lesen" (Haratischwili 2014: 1262). Dieser Gedanke wird zum Leitmotiv des Romans, das dem Anliegen des Künstlerromans entspricht.

Nizas Nichte Brilka ist die letzte Künstlerin des Generationenromans. Obgleich sie kein unbeschriebenes Blatt ist, bildet das achte Buch mit dem Titel „Brilka" eine leere Seite. Dabei hat Brilka bereits unsagbare Gewalt in der Schule erlebt, ist vom Schweigen ihrer Familie und dem frühen Tod ihrer Mutter belastet und leidet unter Angst und Zwang. Mit ihrem Erscheinen in Deutschland als widerspenstige Nichte ist noch offen, wie die Zwölfjährige ihr Leben gestalten wird. Bereits bei den ersten Begegnungen durchkreuzt Brilka sämtliche Rollenerwartungen und stellt neue Regeln für Gebräuche und Gewohnheiten her. Sie ist eine Ausreißerin, die sich einen eigenen Namen gegeben hat und sich selbst erfindet. Sie nimmt das Essen etwa nur nach Farben zu sich und steigt in keinen Flieger, weil sie abergläubisch ist. Sie hat sich die Haare ganz kurz geschnitten und provoziert durch ihr Anderssein. Sie stellt die gegebenen Ordnungen in Frage, durchbricht Gewohnheiten, deutet feste Strukturen um und sucht neue Verbindungen in der Kunst, die sie durch die Allianz aus Tanz, Lied und Erzählen anvisiert. Brilka sucht nicht zuletzt nach den Noten ihrer Tante Kitty, um sie in Choreographien zu verwandeln.

Vier Künste und Künstlerinnen werden zusammengefasst in dem Epos geschildert, die ihr Können auch unter Beweis stellen: Tanz, Schauspiel, Gesang und Erzählen kommen durch Stasia, Kitty, Niza und Brilka wechselseitig zum Ausdruck. Der institutionelle Gang durch die Bildungseinrichtungen der Kunst bleibt bis zuletzt auf die Schauspielschulen begrenzt. Weder finden Niza noch Brilka zunächst Zugänge zu dem Wissen, für das sie sich interessieren, sodass sie sich in Bezug auf die Bildung „den Zwängen gemäß" fügen, denen sie unterworfen sind. Selbst wenn es für sie den Anschein hat, als seien ihre Entscheidungen nur von den nicht weiter ableitbaren Eingebungen der Berufung oder des Geschmacks bestimmt, verraten diese gleichwohl den – transfigurierten – Einfluss der objektiven Bedingungen. (Bourdieu 2018: 17)

Um dennoch ihren eigenen Weg zu verfolgen, lassen sich einige Merkmale festhalten, die sie verbinden. Dazu gehört die Mehrfachbegabung in der Kunst, die ihnen ermöglicht, sich zuerst den vorgegebenen Bedingungen anzupassen, um im richtigen Moment etwas Neues zu beginnen. So ist die Schauspielschule ein Sprungbrett für Veränderung. Die Frauen transformieren ihre Kunst vom Tanz zum Erzählen, vom Schauspiel zum Gesang oder vom Tanz zu einem neuen Gesamtkunstwerk. Sie durchbrechen übliche Gattungszuschreibungen und verbinden die Künste. Damit arbeiten sie sich durch die ihnen zugemuteten Traumata. Der eigene Weg als Künstlerin lockt sie als Ausbruch aus Rollenzwängen und Weg in eine Selbstbestimmung, der ihnen in der Männergesellschaft verwehrt wird.

Damit arbeitet Brilka aktiv an einem Gedächtnis der Künstlerinnen, das sie fortschreibt und in andere Kunstformen transformiert. Nur im Tanz sei Brilka bei sich: „Sie war sie selbst, ohne ihre Ängste und Zwänge. Beim Tanz war sie die alleinige Herrscherin in einem Reich voller Freiräume und voller Möglichkeiten" (Haratischwili 2014: 1242). Während Niza noch aktiv Traumaarbeit leistet, weist Brilka Ansätze eines neuen Kunstschaffens durch die Verbindung der Künste auf. Sie tradiert eine weibliche Genealogie des Liedes, indem sie die Rechte an den Manuskripten ihrer Tante Kitty erwerben will.

Wie stark das Künstlertum im Roman als genealogische Konstante angelegt ist, zeigt auch der Nebenstammbaum der Familie Eristawi. Die Dichterin Sopio ist eine Jugendfreundin Stasias, die auch politisch aktiv gegen den Kommunismus und seine Massenhinrichtungen kämpft. Sie wird von der Miliz gefasst und Anfang 1935 bei der „Großen Säuberung" in ein Arbeitslager deportiert. Dort wird sie ermordet, und ihre Erinnerung versucht man auszulöschen. Ihr Sohn Andro schließt sich oppositionellen Kräften im Land an, wird als junger Mann in den Gulag verschleppt und kommt gebrochen heraus. Sein Kind, das er mit Kitty erwartet, wird im Mutterleib ermordet. Sein zweiter Sohn Miqa studiert am Staatlichen Film- und Theaterinstitut und wird Filmemacher. Er wächst bei der Familie Jaschi auf und dreht eines Tages mit großer Überzeugung einen Film über seine Großmutter Sopio. Dafür wird er jedoch verhört und vom Staat nicht mehr aus den Augen gelassen. Nach dem Filmmaterial sucht man lange vergeblich, verhört ihn wieder und sperrt ihn schließlich ein, bis er einen langsamen Tod durch Folter im Gefängnis erleiden muss. Als er bereits im Gefängnis sitzt, kommt sein Sohn Miro zur Welt, der den Film später beenden will und ebenfalls Filmemacher wird. Miro freundet sich mit Niza an, jedoch trennen sich ihre Wege, als Niza nach Deutschland geht, und Miro gibt seine Filmkunst auf.

Vor dem Hintergrund der wechselvollen Geschichte des 20. Jahrhunderts fällt auf, wie aktiv die Opposition zum Schweigen und in die Vernichtung getrieben und ihre Kunst zerstört wird, sodass sich das Ausmaß der Oppositionellen im Land als große Leerstelle bemerkbar macht. Die Familie Eristawi wirkt auf den Patriarchen Kostja Jaschi mitunter wie ein Fluch, weil ihre Mitglieder im Gegensatz zu den Jaschis für ihre Ideen einstehen und damit den steinigeren Weg wählen. Die Familien verbinden sich immer wieder, wobei die Eristawis aber stets mundtot gemacht oder getötet werden. Ihre Werke werden vernichtet. Ihr Protest entzieht sich somit den Archiven und kennzeichnet dadurch den gigantischen Ausschluss der Oppositionellen im Sozialismus des 20. Jahrhunderts.

Niza nähert sich der Geschichte über Umwege an. Sie bringt das Ungesagte zur Sprache, zeigt das Ungezeigte und erzählt das Unerzählte. Die Erinnerungen an die Eristawis greift sie über mündliche Erzählungen und Erinnerungen auf, sodass das Gewesene durch die Imaginationskraft der Überlebenden und ihre Literatur bewahrt wird, während die Quellen und Dokumente systematisch vernichtet und die Spuren bewusst getilgt wurden.

3. Der Migrationsroman

Während der Großteil der Familie in *Das achte Leben (für Brilka)* in Georgien bleibt, rückt das Thema der Migration durch die Erzählerin und ihre Tante Kitty in den Mittelpunkt, die sich für den Gang ins Exil entscheiden. Kitty entgeht der Todesstrafe, als sie nach England flieht. Sie kann dort ihre Karriere verfolgen, vermag es andererseits aber auch nicht, ihre Erfahrungen der Folter und Gewalt gegen sich zu vergessen. Ein Leben im eigenen Land war Kitty nicht möglich, ihr Mann und ihr Kind wurden ermordet. Ausgerechnet in einer Schule wird für sie eine Folterkammer eingerichtet, deren Erfahrungen sie für immer prägen. Sie „würde sich jeden Tag daran erinnern, was geschehen war. Aber alles, was vor diesem Tag lag, vor dem Klassenzimmer, vor den Gurten – all das musste verschwinden. All das würde sie verabschieden müssen" (ebd.: 375). Kitty verabschiedet sich von ihrer Kindheit, ohne sich lösen zu können. Die Traumata des Ausgestoßen- und Alleinseins im Exil verdüstern ihr Leben sukzessiv, bis sie ihrem Leben schließlich ein Ende setzt.

Niza studiert in Deutschland, wird wissenschaftliche Mitarbeiterin, erhält Stipendien und geht ihren Weg. Das Erlernen des Deutschen ermöglicht ihr, soziale Unterdrückung aus größerer Distanz zur Sprache zu bringen, woran Niza schließlich auch ihre Existenz als Erzählerin knüpft. Durch die Migration gelingt es ihr, Abstand zu finden, zu reflektieren, sich auszudrücken und zu publizieren. Die erlebte Unterdrückung wird sagbar und medial zugänglich.

Die oft traumatische Realität rückt in den Bereich der Erfahrung und Reflexion. Niza erkennt, dass die Geschichten „keine Märchen waren, die mich in eine andere Zeit entführten, sondern den unmittelbaren Boden bildeten, auf dem ich lebte" (ebd.: 964).

Kittys und Nizas Kunst bringt erlebte Unterdrückung zur Sprache, sodass Tabus gebrochen werden und Nicht-Gesagtes endlich einen Ausdruck findet. Indem sie Gewalt und Unterdrückung aufdecken und sich aktiv für eine Änderung ihrer Lebensumstände einsetzen, wird ebenso deutlich, dass das bereits Erlebte nicht einfach getilgt werden kann. Ihre Kunst leistet Traumaarbeit, die aus einer Opferperspektive entsteht. Es entsteht das Wissen, „dass man KZ-Baracken und Zimmer mit Leichen niemals verließ" (ebd.: 846).

Die von Migrant*innen im realen Leben erfahrenen Transformationsanforderungen (vgl. King 2009: 27), denen sie erfahrungsgemäß besser gewachsen sind als Männer (weil weniger von ihnen erwartet wird), erweisen sich im Fall des Romans als Glücksfall. Sie bilden eine Möglichkeit zur Selbstfindung und -verortung im Berufswunsch der Künstlerin. Damit stellt sich die Migration als positives und verbindendes Erlebnis heraus, das trotz mühsamen Strebens auch künstlerische Freiheit ermöglicht. Aus der Perspektive der Heterogenität bleibt die soziale Unterdrückung folglich auf das weibliche Geschlecht und die Unterdrückung des Berufswunsches begrenzt, während die Migrationserfahrung nach Deutschland und England neue Freiräume zur Selbstentfaltung schafft. Sie zeigen sich durch hohe Anpassungsfähigkeit, die Beweglichkeit zwischen den Künsten, die Tradierung neuer geschichtlicher Linien und die Verbindung der Künste: Musik, Text und Tanz finden im Versuch der Aufarbeitung vergessener Schmerzen und Leiden zusammen. Die Selbstverwirklichung wird dabei nicht ohne Selbstverleugnung ermöglicht – den Verzicht auf Familie und Heimat. Die Artikulation des Leidens dominiert entsprechend die Kunst.

4. Ausblick

Gegenüber der brutalen Wirklichkeit erhofft sich Niza von ihrer Nichte eine passende „Gegenformel" (Haratischwili 2014: 1273) zur geschichtlichen Gewalt. Sie hofft auch einen Neuanfang: „Durchbrich diese Geschichte und lass sie hinter dir. Durchbrich mich und dich" (ebd.: 1274). Die durch Brilka beabsichtigte „Transformation der Generationserzählung in das ephemere und performative Medium des Tanzes" (Lempp 2020: 102) führt zurück zur Großmutter, der Tänzerin Stasia. Nachdem sich Nizas Erzählung nicht mehr wie ein Erzählteppich entfalten kann, sondern Brüche und Abrisse in Kauf nehmen muss, hofft sie auf Brilka und das neue Medium des Tanzes. Was sich für die künstlerische Weiterentwicklung anbahnt, die sich für die Zukunft einer Kunst im verhängnisvollen Dreieck von Frausein – Migration – Kunst abzeichnet, geht aber noch darüber hinaus und soll abschließend in vier Thesen formuliert werden:

Erstens ermöglicht die Migration durch die fremde Sprache und das neue Land Abstand und Reflexion, um einer stärkeren Wahrnehmung von sozialer Ungleichheit und ihren Auswirkungen Ausdruck geben zu können. Zu ihrer eigenen Kunst finden die Frauen paradoxerweise um den Preis des Verzichts, der durch die Migration bedingt ist.

Zweitens entsteht ein eigenes Gedächtnis der weiblichen Migration und des Ausschlusses, indem sich neuere Werke auf ältere beziehen, die sie erinnern, imaginieren oder die Leerstellen ins Zentrum der Aufmerksamkeit rücken. So wird mit Nachdruck auf unliebsame Kontinuitäten aufmerksam gemacht.

Drittens entsteht durch die Verbindung von Gesang und Tanz, Erzählen und Schauspiel die Idee eines Gesamtkunstwerks, das alte Grenzen auflöst und neue Verbindungen sucht. Vergleichbare Choreographien oder Regieanweisungen zeigen in eine Richtung, die die Wirklichkeit und die Phantasie, Trauma und Träume miteinander auf einer gleichberechtigten Ebene konfrontiert.

Viertens versteht sich die Kunst subversiv und notorisch unzuverlässig, spontan und aktionistisch, was in der letzten Begegnung noch einmal zusammengefasst wird. Niza hat ihr großes Werk vollendet und will es überreichen. Sie hofft, dass die Mechanismen der sozialen Unterdrückung und die soziale Rolle der Frauen durchbrochen werden. Doch als sie sich mit Brilka treffen will, ist die Nichte einfach verschwunden.

Bibliographie

Bremer, Helmut (2016): Milieu, ,Passungen' und die biographische Selbstzuschreibung von Erfolg und Scheitern im Bildungswesen. In: Bildungswege. Biographien zwischen Teilhabe und Ausgrenzung. Hg. v. Bettina Dausien, Daniela Rothe u. Dorothee Schwendowius. Frankfurt/M. / New York: Campus, S. 69–98.

Bourdieu, Pierre (1998): Die feinen Unterschiede. Kritik der gesellschaftlichen Urteilskraft. Übers. v. Bernd Schwibs u. Achim Russer. Frankfurt/M.: Suhrkamp.

Bourdieu, Pierre (2018): Die konservative Schule. Die soziale Chancenungleichheit gegenüber Schule und Kultur. In: Bildung. Schriften zur Kultursoziologie 2. Hg. v. Franz Schultheis u. Stephan Egger. Übers. v. Barbara u. Robert Picht u. a. Berlin: Suhrkamp, S. 7–38.

Bovenschen, Silvia (1979): Die imaginierte Weiblichkeit. Exemplarische Untersuchungen zu kulturgeschichtlichen und literarischen Präsentationsformen des Weiblichen. Frankfurt/M.: Suhrkamp.

Eigler, Friederike (2005): Gedächtnis und Geschichte in Generationenromanen seit der Wende. Berlin: Erich Schmidt.

Gisbertz, Anna-Katharina (2018): Die andere Gegenwart. Zeitliche Interventionen in neueren Generationserzählungen. Heidelberg: Winter.

Hall, Stuart (2018): Das verhängnisvolle Dreieck. Hg. v. Kobena Marcer. Übers. v. Frank Lachmann. Berlin: Suhrkamp.

Haratischwili, Nino (2014): Das achte Leben (für Brilka). Roman. Frankfurt/M.: Frankfurter Verlagsanstalt.

King, Vera (2009): Ungleiche Karrieren. In: Adoleszenz – Migration – Bildung. Bildungsprozesse Jugendlicher und junger Erwachsener mit Migrationshintergrund. Hg. v. Vera King u. Hans-Christoph Koller. Wiesbaden: VS Verlag, S. 24–45.

Lempp, Felix (2020): „Teppiche sind aus Geschichten gewoben". Problematisierungen generationellen Erzählens in Nino Haratischwilis *Das achte Leben (für Brilka)* und Jette Steckls Inszenierung am Thalia Theater Hamburg. In: Convivium 4, S. 91–108.

[ohne Autor] (2019): Nino Haratischwili ausgezeichnet. Schiller-Gedächtnis-Preis 2019. In: Börsenblatt. Das Fachmagazin der Buchbranche, 16. August 2019 (https://www.boersenblatt.net/archiv/1707921.html; letzter Zugriff: 28.3.2022).

Reckwitz, Andreas (2008): Subjekt. Bielefeld: transcript.

Wilpert, Gero von (1989): Sachwörterbuch der Literatur. 7. Aufl. Stuttgart: Alfred Kröner.

Zink, Dominik (2018): „...was wohl wäre, wenn das kollektive Gedächtnis der Welt andere Dinge erhalten und wiederum andere verloren hätte." Ein Essay zu Nino Haratischwilis „Das achte Leben (für Brilka)". In: literaturkritik.de (https://literaturkritik.de/public/rezension.php?rez_id=25011; letzter Zugriff: 28.3.2022).

Dialogische Bildbetrachtungen.
Navid Kermanis *Ungläubiges Staunen* (2015)

Julia Bohnengel (Heidelberg)

Als Navid Kermani am 8. Juni 2021 den Ehrenpreis des Österreichischen Buchhandels für Toleranz in Denken und Handeln erhielt, begründete die Jury diese Entscheidung u. a. mit den Worten, dass seine Literatur „im besten Sinn transreligiös und transkulturell" sei (Börsenblatt 2021). Gut nachvollziehbar dürfte diese Begründung den Leserinnen und Lesern seines 2015 erschienenen Bestsellers *Ungläubiges Staunen. Über das Christentum* sein.[1] Darin macht der 1967 in Siegen geborene Schriftsteller und Orientalist mit iranischen Wurzeln das Genre der Bildbeschreibung für einen Dialog über die kulturellen und religiösen Grenzen hinweg fruchtbar. Immer wieder wird in kurzen Essays das erstaunlich Verbindende zwischen Christentum und vor allem dem Sufismus als einer Spielart des Islam hervorgehoben, vermeintlich Unvereinbares in verblüffende Nähe gerückt.[2] Doch die Sammlung auf grenzüberschreitende und in diesem Sinne „transkulturelle" Aspekte zu reduzieren, wäre zu kurz gegriffen.[3] Im Folgenden soll vielmehr gezeigt werden, dass in *Ungläubiges Staunen* die Voraussetzung für eine transkulturelle Perspektive in einer dialogischen Struktur besteht, die die Notwendigkeit der Differenz zur Grundlage hat.[4] Dabei

---

1 Der Band firmierte 2015 auf der Spiegel-Bestsellerliste „Sachbuch" und belegte auch auf der Jahresbestsellerliste „Hardcover Sachbuch" den 11. Platz (https://www.lehmanns.de/list ing/4521-spiegel-jahres-bestseller-sachbuch-hardcover-2015).

2 Vgl. etwa Kermani 2015a: 48: „Jesus ist der Liebende – nicht nur im Christentum, noch zugespitzter, schillernder im Sufismus [. . .]."

3 Zwar schreibt Hofmann (2019: 14), als „transkulturell können dann solche Momente in Kermanis Denken und Schreiben bezeichnet werden, mit denen verdeutlicht wird, dass europäische und nahöstliche Konzepte im Blick auf existentielle menschliche Erfahrungen fundamentale Übereinstimmungen aufweisen." Und auch in der Einleitung zu einem englischsprachigen Sammelband heißt es mit Blick auf *Ungläubiges Staunen*: „The unexpected connections Kermani establishes between religious faith seemingly world away allow us to realize our common humanity." (Druxes & Machtans 2016: 13) Doch auf das „Universale", das „allgemein Menschliche" in seinen Bildbetrachtungen – zunächst noch aus *Dein Name* – angesprochen, äußerte Kermani: „Nein, ich glaube, es geht über das Universale hinaus. Das Universale an sich ist ja nichtssagend." (Kermani 2013: 248)

4 Eine solche Perspektive ist in Kermanis Werk häufig anzutreffen, so etwa in der Sammlung *Wer ist Wir?*, in der ein autobiographischer Text mit dem ebenfalls in diese Richtung weisenden Titel *Lob der Differenz* enthalten ist (Kermani 2015b: 131–145).

werden vor allem diejenigen Strategien erläutert, die Kermani auf erzähl-
technischer Ebene verwendet, um dem Leser einen neuen Blick auf scheinbar
Vertrautes zu ermöglichen, ihn zum – gleichwohl reflektierten – Staunen zu
bringen oder sein eigenes Staunen nachempfinden zu lassen[5] und unvermerkt
in einen religiösen und kulturellen Dialog einzubinden, in dem die Kunstwerke
an ihre ursprünglichen sakralen Kontexte und Wirkungsabsichten zurückge-
bunden werden.

1. Text als Komposition I: Strukturen

Die in *Ungläubiges Staunen* versammelten Bildbeschreibungen wurden
ursprünglich nicht als eigenständige Publikation entworfen. Vielmehr handelt es
sich bei einzelnen Teilen um Essays, die Kermani auf Anfrage für die Kolumne
„Bildansichten" der *Neuen Zürcher Zeitung* verfasst hat und die zunächst aus
Arbeiten an seinem Roman *Dein Name* hervorgegangen waren.[6] Das Format
der Schweizer Zeitungsartikel hat daher zwar die Einzelkapitel von *Ungläubiges Staunen* mitgeprägt, insofern sie sich etwa problemlos einzeln und in belie-
biger Reihenfolge lesen lassen. Dennoch hat Kermani die vorhandenen Texte
nicht willkürlich ergänzt und zusammengestellt; die Sammlung ist ganz im
Gegenteil auf vielen Ebenen als Ensemble planvoll durchkomponiert. Addiert
man etwa die Einzelkapitel, die auf drei jeweils mit Überschriften versehenen
Teile verteilt sind, und gelangt so zu der Zahl Vierzig, lassen sich schon in der
Gesamtanlage der Kompositionswille und die damit verbundenen, wenngleich
subtil angelegten Wirkungsabsichten erkennen. Denn ebenso wie paratextuell
die Abbildung des Schutzumschlags auf Analogien und Gemeinsamkeiten oder
gar Verwechslungsmöglichkeiten zwischen Islam und Christentum verweist,
verhält es sich auch mit der Anordnung in Teile und Kapitel. Das Umschlagbild
weckt zwar mit seiner ornamentalen Form Assoziationen an islamische Bild-
traditionen, stammt aber, wie auf der hinteren Rückenklappe des Schutzumschlags zu lesen ist, vom Marmorfußboden der Kirche San Miniato al Monte
in Florenz. Christliche und islamische Kunst kann sich also zum Verwechseln
so sehr ähneln, dass der Betrachter im Sinne des lat. *stupor* erstaunt. Und diese
Überlagerung führt der Aufbau des Bandes fort:

---

5   Kermani zielt darauf, „unterschiedliche Modi des Staunens so in Beziehung zu setzen, dass
     sie sich gegenseitig erhellen" (Reichlin 2019: 104).
6   Diese Zusammenhänge legt Kermani (2015a: 291) u. a. in der Danksagung von *Ungläubi-
     ges Staunen* offen. Die Zahl seiner Bildansichten für die NZZ gibt er mit acht an.

Der Aufbau von *Ungläubiges Staunen*: Teile und Kapitel			
I. Mutter und Sohn	**II. Zeugnis**	**III. Anrufung**	**= 3 Teile**
Mutter	Kain	Berufung	
Sohn	Hiob	Gebet	
Sendung	Judith	Opfer	
Liebe I	Elisabeth	Kirche	
Liebe II	Petrus	Spiel	
Erniedrigung	Hieronymus	Wissen	
Schönheit	Ursula I	Tradition	
Kreuz	Ursula II	Licht	
Klage	Bernhard	Lust I	
Auferstehung	Franziskus	Lust II	
Verwandlung	Petrus Nolascus	Auszug	
Tod	Simonida	Kunst	
Gott I	PaoloDall'Oglio	Freundschaft	
Gott II			
14	13	13	= 40 Kapitel[7]

Sicherlich ist die Zahl Vierzig nicht willkürlich gewählt, erscheint sie doch im *Alten Testament* als gemeinsamer Grundlage der beiden monotheistischen Religionen auffallend häufig; man denke an die vierzig Tage Sintflut, die vierzig Jahre Wüstenwanderung des Volkes Israel, die vierzig Tage und Nächte, die Moses auf dem Berg Sinai verbringt, oder auch die vierzig Jahre, die viele der israelitischen Könige regiert haben (vgl. Endres & Schimmel 1993: 260 f.). Islam und Christentum führen jeweils die Bedeutung der Vierzig als „Zahl des Schicksals", aber auch als Zahl „des Wartens und der Vorbereitung", der Reinigung und Einkehr weiter, wobei sie „weit verbreitet vor allem in der islamischen und dort wiederum in der persisch-türkischen Welt" ist. Nicht nur erhält Mohammed mit vierzig Jahren seine erste Offenbarung, sie wird besonders gern für Zeit- und Gruppenangaben (vierzig Tage und Nächte; vierzig Räuber) benutzt, hat aber auch insofern eine wichtige Funktion, als sie der „Zahlenwert des Buchstabens *m* [ist], mit dem der Name des Propheten Muhamad beginnt" (ebd.: 260–262); aus diesem Grund wird sie auch in der islamischen Mystik aufgegriffen, der Kermani nahesteht.[8] Häufig wurden in dieser Tradition „vierzig Worte des Propheten" gesammelt; man hat aber auch in der profanen Literatur oftmals Geschichten von je vierzig zusammengestellt (ebd.: 265 f.).[9]

---

7   Dazu kommen paratextuell noch „Dank", „Literatur" und „Verzeichnis der Abbildungen".

8   Vgl. von Stosch 2019: 9: „Durch alle Schriften Kermanis zieht sich geradezu als roter Faden ein großer Respekt für die Tradition der Mystik im Islam."

9   Kermanis Erzählband *Vierzig Leben* aus dem Jahr 2004 mit der entsprechenden Anzahl an Kurzgeschichten hebt diese Zahl bereits durch den Titel hervor. Der Band versammelt – wie

Im Christentum wiederum währt die Fastenzeit vor Ostern vierzig Tage, auch Jesus hat sich vierzig Tage in die Wüste zurückgezogen. Dennoch spielt die Zahl hier eine weniger zentrale Rolle. Umgekehrt kommt anders als im Islam der Drei im Christentum eine weitaus größere Bedeutung zu (ebd.: 72–100). Sie repräsentiert als Dreieinigkeit Gottes zugleich einen der zentralen Aspekte, die Kermani (2015a: 10) am Christentum als so verstörend und „grundverkehrt", ja geradezu „abstoßend" und „heidnisch" empfindet: Es ist die mit der Trinität verbundene Idee der Inkarnation Gottes im Menschen, die Kermani als Muslim konsequent ablehnt.

Mit der Überblendung der Zahlen Drei und Vierzig wird daher einer der Grundzüge des Textes sichtbar.[10] Wie es gemeinsame Wurzeln, Analogien und Ähnlichkeiten, vielleicht sogar Verwechslungsmöglichkeiten zwischen Christentum und Islam gibt, existiert auch tiefgreifend Trennendes und Unüberbrückbares. Ein Erkunden dieser Ähnlichkeiten und Verschiedenheiten, der Analogien und zutiefst fremden Aspekte ist, so die im Folgenden zu belegende These, bei Kermani nur in der Form des Dialogischen als adäquater Form möglich und vermittelbar.

---

der Klappentext erläutert – Geschichten zu den von dem Sufi-Dichter Khadje Abdollah Ansari um das Jahr 1000 notierten „Königswörtern". Auch dieser Band geht auf Texte zurück, die in einer Tageszeitung, der *Frankfurter Rundschau*, erschienen waren, bilden aber ebenfalls „ein ästhetisches Ganzes" (Hoffmann 2014).

10 Angemerkt sei an dieser Stelle noch, dass auch die drei Einzelteile des Bandes einer je eigenen Dramaturgie folgen, die in eine ähnliche Richtung weist: So benennt Teil I mit seiner Überschrift „Mutter und Sohn" einen der zentralen Aspekte des Christentums, die auch im Islam existieren (die Jungfrauengeburt ist sogar „ein zentrales Dogma des Islam", wie es in Annemarie Schimmels *Jesus und Maria in der islamischen Mystik* [1996: 9] heißt, das im Literaturverzeichnis von *Ungläubiges Staunen* aufgeführt ist). Zugleich schlagen die Einzeltexte einen Bogen, der grob chronologisch das Leben Jesu nachbildet und damit einem großen christlichen Narrativ entspricht: Mit dem Bild der Muttergottes wird die Empfängnis thematisiert, daraufhin lassen sich Kapitel von der Kindheit über das Wirken Jesu bis zu seinem Leidensweg, dem Tod und bis zu dem Moment lesen, den der Islam dann nicht mehr kennt, der Auferstehung. Teil II „Zeugnis" führt demgegenüber Einzelfiguren vor, d. h. in religiöser Hinsicht Vorbilder, große biblische Persönlichkeiten oder Heilige, die Zeugnis vom Glauben, von der Liebe Gottes oder seinem Wirken abgelegt haben. Und auch hier lässt sich eine grobe chronologische Reihung erkennen: Es beginnt mit Kain bei einer alttestamentlichen Figur, ergänzt sie etwa durch Hiob und Judith, dringt dann zu den Märtyrern und Heiligen des Christentums vor, bis sie mit dem italienischen Jesuiten und Islamwissenschaftler Paolo Dall'Oglio in der Gegenwart endet, der als Neubegründer des syrisch-katholischen Klosters Dair Mar Musa al-Habaschials zum Mittler zwischen Christentum und Islam geworden ist und der 2013 von der Terror-Miliz des IS verschleppt wurde. Der dritte Teil widmet sich unter dem Begriff „Anrufung" hingegen religiösen Praktiken oder – noch allgemeiner gesprochen – der Kommunikation zwischen Gott und den Menschen.

2. Text als Komposition II: Kommunikation und dialogisches Grundprinzip

Ein weiteres Kompositionsmoment der Sammlung gestaltet sich als Spannungsbogen über die Kapitel und Teile hinweg durch den Dialog des autobiographischen Ich mit dem sog. „katholischen Freund". Wie wichtig seine Rolle ist, wird darin ersichtlich, dass bereits der erste Text mit ihm, mit seiner Perspektive, anhebt. Er beginnt mit den Worten: „Der katholische Freund schließt nicht aus, daß der Evangelist Lukas persönlich das Bild gemalt habe." (ebd.: 9) Diese Beschreibung der in Rede stehenden *Maria Advocata*, einer im Kloster Santa Maria del Rosario in Rom aufbewahrten spätantiken Holztafel, zu der der Icherzähler mit dem katholischen Freund reist, ist in fast identischer Formulierung bereits in *Dein Name* enthalten.[11] Allerdings handelt es sich dort nicht um die erste Bildbeschreibung im Roman. Indem Kermani sie in *Ungläubiges Staunen* an den Anfang setzt, lässt sich die Hervorhebung des katholischen Freundes als eine bewusst getroffene Entscheidung lesen.

Auch in der Folge von *Ungläubiges Staunen* erscheint der katholische Freund. Zwar ist er nicht in jedem Kapitel präsent, aber er tritt zuverlässig immer wieder auf. Er wird als ein tief Gläubiger und in Fragen des katholischen Glaubens gut unterrichteter, theologisch geschulter Gesprächspartner geschildert, der bisweilen beinahe unsympathisch gezeichnet wird, weil er ungern die hässlichen Seiten in der christlichen Kunst akzeptiert, ausweicht (ebd.: 15 f.) oder sich im Zweifelsfall auf Autoritäten wie Joseph Ratzinger beruft (ebd.: 18). Gegenüber apokryphen Schriften wie dem Thomasevangelium (ebd.: 221), das der Sprecher selbst bevorzugt, verhält er sich distanziert. Bisweilen „spielt" er auch eine Entdeckung Kermanis „herunter" (ebd.: 56), ist stirnrunzelnd „skeptisch" (ebd.: 264), hört subtile Töne eines Vorwurfs etwa in Bezug auf die Kreuzritter heraus (ebd.: 148), und lässt sich – wenn überhaupt – nur „halb" überzeugen (ebd.: 144). Manchmal verharrt er im Hintergrund (ebd.: 142), dann wieder tritt er voller Empathie auf (ebd.: 266), ist mit gewichtigen Einwänden zugegen und lässt sich mit aller Ernsthaftigkeit auf Diskussionen ein. Daneben ist er vor allem Reisebegleiter (ebd.: 142, 261).

Besonders exponiert ist seine Rolle am Ende der Sammlung, im letzten Kapitel, das nicht zufällig den Titel *Freundschaft* trägt. Dieses korrespondiert mit dem Eingangskapitel und bildet mit ihm gewissermaßen einen Rahmen: Wie das erste Kapitel von dem Besuch der beiden Freunde in einem römischen Kloster erzählt, so berichtet das letzte von der gemeinsamen Reise nach Assisi. Dabei hat sich allerdings Entscheidendes verändert: Während der

---

11 Der Satz ist in dieser früheren Version etwas länger: „Der katholische Freund schließt nicht aus, daß der Evangelist Lukas persönlich das Bild gemalt habe, ein Augenzeuge also" (Kermani 2011: 884). Auch im Folgenden lässt sich beobachten, dass Kermani den Text für *Ungläubiges Staunen* bearbeitet hat.

Freund lange Zeit höflich mit „Sie" angesprochen wird, ist er in den letzten drei Kapiteln zu einem vertrauten Partner geworden, dem das „Du" zuteilwird (ebd.: 265). Auf den letzten beiden Seiten wird zudem der erzählende Modus verabschiedet; der Text endet in der direkten Wiedergabe des Gesprächs des Ich mit dem Freund über die *Chartula* des Franziskus. Spiegelstriche markieren die Repliken, wobei dem Freund, bei den ins Spielerische übergleitenden Spekulationen, was Franziskus auf der *Chartula* gemalt haben könnte, sogar das letzte Wort überlassen wird.[12]

Neben dieser prozesshaften Annäherung der katholisch-christlichen und der muslimischen Sichtweise wird aber auch erkennbar, dass keine schlichte Harmonisierung angestrebt wird. Von einem solchermaßen verbreiteten aktuellen interreligiösen Dialog distanziert sich Kermani explizit, wenn er in demselben, letzten Kapitel schreibt, dass dieser Dialog allzu oft nur „floskelhaft" sei, da „niemand niemanden bekehren möchte und die Provokation maximal im Bekenntnis zum eigenen Glauben besteht, wenn der nicht bereits in einem allgemeinen Gutgemeinten aufgelöst ist, das alle Menschen verbindet." (ebd.: 276)[13]

Die Textsammlung spricht daher nicht nur von einer Alternative, sondern führt sie durch ihre Form selbst vor. Es geht nicht darum, zu einer einheitlichen Sicht zu gelangen, sondern zu einer Vertrautheit im Dialog. Indem Kermani am Ende die Dialogform nutzt, wo also der das Gespräch vermittelnde autobiographische Erzähler weitgehend zurückgetreten ist, unterstreicht er die Notwendigkeit unterschiedlicher Standpunkte. Verändert hat sich nur die An-Rede,

---

12 Der Passus lautet:
   „―― Letztlich ist es nur ein Fleck, ein Tintenfleck, richtete ich mich auf.
   ―― Ich hab's, ich hab's, zog mich der Freund an die Scheibe zurück.
   ―― Ja?
   ―― Unter dem Tau...
   ―― Ja?
   ―― Das ist eindeutig ein Erdbeerblatt mit einer Frucht.
   ―― Ein was?
   ―― Ein Erdbeerblatt. Oder Brombeere.
   ―― Du bist echt unmöglich.
   ―― Aber unsere Reise hat sich dennoch gelohnt." (Kermani 2015a: 290)

13 Vgl. auch seine Rede auf dem Evangelischen Kirchentag: „Das ist Dialog: nicht Händchen-halten, nicht Apologien und allgemeine Erklärungen über das Selbstverständliche, sondern konkrete Arbeit an Texten anderer Religionen, Gespräche über spezifische theologische Motive, die Entdeckungsreise in den Glaubenskosmos einer anderen Religion, ihrer Riten, ihrer Klänge, ihrer Poesie, ja ihrer Formen und Düfte. [...] Statt die Harmonie zum Programm zu erklären, sollte der interreligiöse Dialog Mut zur Dissonanz haben, zum intellektuellen Streit, zur belebenden Provokation" (Kermani 2003: 4).

nicht aber ihre Form selbst; ganz im Gegenteil ist sie nie klarer hervorgetreten als hier im Schluss.[14]

Obwohl wiederholt die Vermutung geäußert wurde, bei dem katholischen Freund handele es sich um den langjährigen älteren Vertrauten Kermanis, den Schriftsteller Martin Mosebach, und obwohl Kermani selbst in einem Interview zu erkennen gibt, er habe unter anderem Züge von Mosebach verarbeitet – Mosebach etwa sei wirklich mit ihm in Assisi gewesen –,[15] vermeidet er es bewusst,[16] Namen im Text direkt zu nennen. Auch in den Paratexten löst Kermani dahingehend nichts auf. Er unterstreicht vielmehr den verallgemeinernden Zug, wenn er am Ende seines Nachworts die mögliche Frage nach ihm aufgreift und erklärt: „Und der katholische Freund? Gott hat mich mit mehr als einem beschenkt" (ebd.: [293]).

Diese Offenheit ist nicht nur als Hommage an mehrere außertextlich existierende Personen zu verstehen,[17] sondern verweist auch auf die erzähltechnische Funktion dieser Figur im Text, die im Folgenden auf der Grundlage eines an Siegfried J. Schmidt orientierten Erzähltextmodells von Cordula Kahrmann, Gunter Reiß und Manfred Schluchter zu erläutern sein wird. Wesentlich ist dabei die Überlegung, Texte in ihrer Funktion im Kommunikationsprozess zu beschreiben.[18] Ein nach Kahrmann/Reiß/Schluchter erstelltes und etwas vereinfachtes Modell zeigt die für die vorliegende Überlegung zu unterscheidenden Kommunikationsebenen.

---

14 Dialogpartien in Replikenform unterbrechen auch zuvor immer wieder den Erzähltext, sind aber an keiner Stelle so umfangreich und so exponiert wie hier.

15 So Navid Kermani (2019: 252) in einem Interview, in dem er präzisiert: „Die Figur orientiert sich an Mosebach. Ich stellte mir gelegentlich die Frage, was er zu einem Thema sagen würde beziehungsweise jemand wie er."

16 Vgl. ebd.: „Wenn es nur er wäre, hätte ich das auch geschrieben. Aber das konnte ich nicht, weil er es auch wirklich nicht war."

17 In diesem Interview nennt er auch den mit Mosebach befreundeten Klaus Berger, dessen Schriften er häufig konsultiert habe, „der war sozusagen meine theologische Stimme". Kermani fügt hinzu, dass es „auch andere katholische Freunde" gegeben habe (ebd.). Zu denken wäre z. B. an den Historiker und Auslandskorrespondenten Paul Badde, der lange Zeit aus Rom berichtete und sowohl im Literatur- als auch im Abbildungsverzeichnis von *Ungläubiges Staunen* erscheint.

18 Vgl. Kahrmann et al. 1993: 21. Obwohl sich dieses Modell auf die schriftliche fiktionale Erzählrede bezieht (ebd.: 43–53), lässt es sich auch für diese autobiographisch grundierte Essaysammlung fruchtbar machen, weil in ihr immer wieder Fiktionalitätssignale gesetzt werden, und zwar, wie Torsten Hoffmann (2018: 16) unterstrichen hat, just in Bezug auf die Figur des katholischen Freundes: Er, „der vom ersten Satz des Buches an als durchgehender Dialogpartner des eng an Kermani angelehnten Erzählers fungiert, wird im letzten Satz der

Kommunikationsebenen des schriftlichen fiktionalen Textes

realer Autor (S4)			Redeinhalt: Text ⟶			realer Leser (E4)
	abstrakter Autor, manifestiert sich durch Komposition, Struktur etc. (S3)		⟶			abstrakter Leser o. intendierter Leser (E3)
		fiktiver Erzähler (S2): stellt erzählte Welt her	⟶	fiktiver Adressat (E2): der im Text angesprochene Leser		
			sprechende Figur (S1)	sprechende Figur (E1)		

(S = Sender, E = Empfänger)

Die hier angelegte kommunikationsorientierte Perspektive scheint für die Analyse von *Ungläubiges Staunen* aus zwei Gründen gewinnbringend: Zum einen handelt es sich bei Kermani generell um einen Autor, der im intensiven Austausch mit seinem Publikum steht, der etwa in Köln einen *Literarischen Salon* betreibt,[19] viele Reden hält oder mit Formaten wie dem *Herzzentrum* am Hamburger Thalia Theater[20] direkte Wege in die Öffentlichkeit sucht. Zum anderen sind auch die Situation des Autors und seine Publikation *Ungläubiges Staunen* für den deutschsprachigen Buchmarkt in kommunikativer Hinsicht außergewöhnlich (Ebene S4–E4): Hier schreibt ein muslimischer, gläubiger Autor (S4), der sich autobiographisch als Navid Kermani im Text manifestiert,[21] für ein teils säkulares, teils christlich geprägtes Publikum (E4). Das reale bundesrepublikanische Publikum ist natürlich durchaus heterogen. Doch für das

---

abschließenden Danksagung als teil-fingiertes Gegenüber enttarnt: ‚Gott hat mich mit mehr als einem beschenkt.' „

19 http://www.literarischersalon.com/der-salon (letzter Zugriff: 28.3.2022).

20 https://www.thalia-theater.de/programm/thaliaplus/herzzentrum (letzter Zugriff: 28.3.2022).

21 Bereits die Paratexte auf dem Schutzumschlag identifizieren den Sprecher mit dem Autor „Offenen Herzens […] versenkt sich Navid Kermani in die christliche Bildwelt. […]

Jahr 2018 zeigt die Eurobarometer-Befragung, dass sich immerhin rund 64 Prozent einer christlichen Religionsgemeinschaft zuordnen; 27 % sind Agnostiker, Nicht-Gläubige oder Atheisten, während sich als muslimisch nur 3,5 % bezeichnen.[22] Diese Zahlen verweisen darauf, dass die potentielle Leserschaft um 2015 herum größtenteils säkular-christlich geprägt ist. Dass Kermani auch in erster Linie ein solches Publikum (E3) intendiert, darauf deutet der katholische Freund als Gesprächspartner als eine mögliche Manifestation der Leserrolle im Text (E1). Er vertritt gegenüber dem Sprecher/Sender den christlichen Standpunkt, es sind also weniger die Vertreter kleinerer Religionen angesprochen.

Um eine erstaunliche Kommunikationssituation handelt es sich also, weil der tief religiöse, aber auch wissenschaftlich unterrichtete Nicht-Christ mit einem fremden Blick über Zeugnisse der christlichen Religion spricht, die der Leserschaft zwar irgendwie noch vertraut sind, die ihr aber zum großen Teil fremdartiger geworden sind als dem Sprecher selbst, weil es seine religiösen Wurzeln oftmals nicht mehr gut kennt (vgl. etwa Jakubów 2021: 131). Denn im Gegensatz zu dem Gros seines Publikums, das in den bildlichen Zeugnissen etwa Werke von kunstgeschichtlichen Epochen und Entwicklungen oder individueller Könnerschaft sieht, nimmt Kermani den religiösen Gehalt der Bilder ernst und führt sie damit zurück in ihren ursprünglichen Entstehungs- und intentionalen Kontext.

Diese Asymmetrie könnte im Horizont eines interkulturellen und interreligiösen Dialogs Gefahren bergen und als belehrend oder anmaßend verstanden werden. Aber auch ganz grundsätzlich handelt es sich bei der Kommunikationsform eines Autors mit seinem Publikum durch einen Text (eine schriftliche Erzählrede) um eine „unterbrochene" Redesituation (vgl. Kahrmann et al. 1993: 37), also einseitige Kommunikation, da der Empfänger nicht unmittelbar reagieren und etwa Rückfragen stellen oder Einwände formulieren kann.

Mit der Integration des katholischen Freundes (E1) in den Text wird nun auf vielfältige Weise diesen Gefahren entgegengewirkt und die Bedeutung des Dialogs unterstrichen. Denn nur auf dieser Ebene des Textes ist eine echte Unterhaltung möglich. Nur hier kann der Sender zum Empfänger und der Empfänger zum Sender werden (vgl. den Doppelpfeil im Modell). Aber die Einführung dieser Figur hat auch für das Rezeptionsangebot an den realen Leser weitreichende Folgen: Auf der Senderseite liegt durch die Form des

---

Kermani hadert mit dem Kreuz, verliebt sich in den Blick der Maria, erlebt die orthodoxe Messe und ermißt die Größe des Heiligen Franziskus" (vordere Innenklappe).

22 https://www.bpb.de/nachschlagen/zahlen-und-fakten/soziale-situation-in-deutschland/145 148/religion (letzter Zugriff: 21.11.2021). Unter den Christen zählen sich 29 % zu Katholiken und 26 % zu Protestanten, etwa 8 % einer anderen christlichen Konfession zugehörig; 5 % verstehen sich als Angehörige anderer Religionen. Ich lasse dabei die zum Teil gravierenden Unterschiede in Ost- und Westdeutschland unberücksichtigt.

autobiographischen Sprechens und Erzählens eine recht große Deckung zwischen Autor (S4), der im Autorbewusstsein sich niederschlagenden impliziten Intention (S3), dem Erzähler (S2) und dem sprechenden Ich (S1) als einer erzählten Figur des Textes vor. Immer ist davon ausgehen, dass es sich um Navid Kermani handelt. Auf der Empfängerseite ist dies hingegen breiter aufgefächert: Auf der Ebene des erzählten Dialogs ist der katholische Freund der Dialogpartner (E1). Dieser muss sich aber nicht mit dem außertextlichen realen Leser (E4) decken. Nicht alle Leserinnen und Leser von *Ungläubiges Staunen* werden praktizierende, gläubige, am Christentum interessierte, theologisch geschulte männliche Katholiken sein, und der Text möchte das auch gar nicht.

Denn der fiktive Adressat (E2) ist viel weiter gefasst. Er manifestiert sich im Text vor allem als einer, der mit dem Sprecher gemeinsam die Bilder betrachten soll, was durch die ganz- oder doppelseitigen Abbildungen auch problemlos möglich ist.[23] Auf sprachlicher Ebene wird dies manifest durch die häufige Verwendung des „Du", das vor allem dann erscheint, wenn es konkret um die genaue Betrachtung eines Gemäldes geht. Als eines von zahlreichen Beispielen sei der Beginn des Kapitels *Liebe II* zitiert, das El Grecos *Abschied Christi von seiner Mutter* zum Gegenstand hat:

> Gesetzt, du kenntest den Titel des Bildes nicht, erkenntest nicht einmal das Paar, hieltest deshalb auch den Heiligenschein für eine verdeckte Sonne [...], sähst nur einen Mann und eine Frau, beide sehr jung und die Frau noch etwas jünger [...] – was glaubtest du zu sehen? Obwohl ich in einer Ausstellung El Grecos stand, der so oft Jesus und Maria gemalt und bereits gelesen hatte, daß das Bild den *Abschied Christi von seiner Mutter* zeigt, glaubte ich, zwei Liebende zu sehen [...]. (Kermani 2015a: 32)

Hier wird explizit deutlich, dass sich das erzählende Ich (S2) dialogisch an den fiktiven Adressaten (E2) als einen ebenfalls auf das Bild blickenden, nicht unbedingt mit den christlichen Texten vertrauten Leser wendet. Er schlägt ihm im Konjunktiv eine mögliche Haltung vor und bietet ihm anschließend seine Sichtweise an. Bei anderen Gelegenheiten heißt es, die Blickrichtung umkehrend: „Die großen braunen Augen [der *Maria Advocata*] blicken *dich* an" (ebd.: 12, Hervorhebung J. B.) oder „Jesus hingegen blickt nach außen, aus seiner Gegenwart hinaus. Er blickt niemanden anderen an als *dich*" (ebd.: 25, Hervorhebung J. B.). Da dieses Du bisweilen auch den Sprecher im Sinne einer Selbstansprache meinen kann, ist auf dieser Textebene eine sehr große Nähe im

---

23 Vgl. dazu auch Jakubów (2021: 133): Da die Bilder dem Betrachter vorliegen, muss Kermani „die Funktion der rhetorischen Ekphrasis [das Voraugenstellen des beschriebenen Bildes] nicht erfüllen."

Dialog zwischen Erzähler und fiktivem Adressaten auszumachen; gelegentlich wird explizit auch ein „uns" verwendet (ebd.: 24).[24]

Der fiktive Adressat, an den sich der autobiographisch schreibende Erzähler wendet, ist also deutlich unterschieden von dem katholischen Freund, mit dem das erzählte Ich in Kontakt tritt, indem es ihn anruft, ihm schreibt oder gemeinsam eine Fahrt unternimmt. Der fiktive Adressat kann wie der katholische Freund gläubiger Christ sein, muss es aber nicht. So hat der reale Leser mehrere Möglichkeiten: Er kann sich – ggf. auch nur probehalber – mit der Position des katholischen Freundes identifizieren, und dies umso besser, als dieser namenlos bleibt. Er kann und muss aber zugleich in Distanz zu dieser Figur des Textes gehen, da er als fiktiver Adressat von außen auf den Dialog des Katholiken mit dem Muslim blickt. Es handelt sich also um einen doppelten Vorgang: Der Leser wird in den Dialog zwischen autobiographischem Ich und katholischen Freund spielerisch eingebunden und zugleich wieder aus ihm entlassen.

3. Dialog und Vergleich

Indem dem Leser die Möglichkeit eröffnet wird, auf den Dialog der beiden Freunde von außen zu schauen, wird er unvermerkt zu einem vergleichenden Blick angehalten: Ganz subtil wird er in eine Haltung gedrängt, die beide Positionen gegenüberstellt. Damit ist ein weiteres Strukturmerkmal des Textes benannt: Das Vergleichen, das bekanntlich eine ebenso alltägliche wie hocheffiziente wissenschaftliche Methode darstellt (vgl. z. B. Eggers 2016).

In *Ungläubiges Staunen* blickt der Leser aber nicht nur vergleichend auf die beiden Gesprächspartner. Auch das, worüber die beiden oder Kermani allein sprechen, erschöpft sich nicht in einzelnen Bildern. Stets werden Bilder, Skulpturen oder Objekte in Beziehung zu anderen Zeugnissen, meist textlichen gesetzt: Oftmals handelt es sich um biblische Texte, auf die diese Bilder Bezug nehmen und die in sich selbst widersprüchlich sind, vor allem wenn die apokryphen Schriften neben die Evangelien gehalten werden; bisweilen werden auch Texte aus der islamischen Tradition, dem Koran oder Texte anderer Provenienz, z. B. Hölderlin-Gedichte, herangezogen. Diese Pluralität des Anschauungsmaterials wird dann vergleichend nebeneinandergehalten.

---

24 Etwa bei der Beschreibung von Veroneses *Die Hochzeit zu Kana*, wo es heißt: „Eher wollte [Jesus] die Gemeinschaft mit allen Angehörigen seines Volkes demonstrieren [...], selbst mit den Kleingeistern und den Verbrechern, mit den Spießern und Charakterlosen: mit uns." (Kermani 2015a: 24)

Diese von Kermani verfolgte vergleichende Methode soll abschließend an einem recht einfachen Beispiel veranschaulicht werden, an der Beschreibung von Albrecht Dürers *Hiob*.

Auf der Seite der Abbildungen besteht die Darstellung aus zwei Altarflügeln mit den Titeln *Hiob auf dem Misthaufen* und *Pfeifer und Trommler*, die heute getrennt im Frankfurter Städel und im Wallraff-Richartz-Museum in Köln aufbewahrt werden, die Kermani aber bei der Dürer-Ausstellung im Frankfurt Städel (Winter 2013/14) gemeinsam betrachten konnte (Kermani 2015a: 106) und die auch dem Leser im Buch durch eine doppelseitige Abbildung zusammen vor Augen gestellt werden. Indem Kermani nun die Bilder und den biblischen Text miteinander abgleicht, unterstreicht er die Differenzen, die zwischen Dürers Version der Hiob-Figur und dem Alten Testament existieren.

Dies betrifft zum einen die Person Hiobs selbst, bei dem auf Dürers Bild weder seine äußere Verwundung noch seine Haltung dem alttestamentlichen Text entspricht: Seine „Haut [ist] nicht blutig vom Kratzen [...], nicht von offenen Geschwüren überzogen [...] wie es [im 2. Kapitel des Hiob-Buchs] in der Bibel heißt. Vor allem klagt Hiob nicht, beklagt sich weder über die Unbarmherzigkeit seiner Mitmenschen noch klagt er Gott ob seiner Ungerechtigkeit an" (ebd.: 107). Die besondere Aufmerksamkeit gilt sodann der Beziehung Hiobs zu seiner Frau und der Frage, wie das Gespräch zwischen den beiden gestaltet ist:

> Die Frau fordert Hiob [im AT] auf, sich von Gott loszusagen und zu sterben; Hiob, der hier noch, am Anfang des Buches, ein Duldender ist, Hiob schilt sie eine Närrin und hält ihr vor, daß von Gott das Böse genauso wie das Gute anzunehmen ist. Später beschwert er sich, daß sein Atem sie anwidere. Dürer verwandelt den todernsten Streit der Eheleute in ein stilles Einvernehmen, in Gleichmut oder mindestens Gleichgültigkeit Hiobs und Fürsorge oder mindestens Dienstbarkeit seiner Frau. (ebd.)

Dies werde insbesondere daran sichtbar, dass anders als in der abendländischen Bildtradition sonst üblich Hiob nicht mit Jauche, sondern mit klarem Wasser überschüttet wird. Hiob wird – so die grundlegende These – bei Dürer nicht verhöhnt. Bei der Betrachtung des zweiten Altarflügels setzt Kermani diese Beobachtungen fort: So wie die Frau Hiobs ihrem Mann Zuwendung und Linderung durch klares, reinigendes Wasser schenkt, so mag sie um seine seelische Heilung besorgt sein und hat vielleicht aus diesem Grund sogar Musiker engagiert. Anders als in der Bibel ist Hiob jedenfalls nicht von allen Mitmenschen verlassen. Der Trost, den das Bild bei aller Referenz auf sein übergroßes Leid verbreitet, ist denn auch der Fluchtpunkt, auf den Kermanis vergleichende Betrachtung zielt, wobei er auch den ursprünglichen Bestimmungsort des Gemäldes, die Kapelle eines Thermalbads, beachtet: Ausgerechnet das Bildnis des von Gott Geprüften gibt Hoffnung, allerdings nicht in der von der Bibel intendierten Weise: „Mag Gott uns verlassen haben – verloren ist der Mensch nicht, wo er einen anderen Menschen noch hat." (ebd.: 111) Kermani impliziert damit, dass Dürer den biblischen Text gegen den Strich gelesen und die dort ausgestellte Einsamkeit des Geprüften in ein Zeugnis menschlicher Zuwendung umgedeutet hat.

Eine Form des vielfältigen Staunens, das Kermani beim Rezipienten erzeugt, entsteht durch sein genaues Betrachten des Bildes und seine eigenwillige Lesart, die sich nicht zuletzt aus dem Abgleich von Bild und Text ergibt. Insofern durchzieht Kermanis Textsammlung als Grundprinzip eine Struktur des dialogischen Vergleichs. Indem Objekte, Texte, aber auch Riten und religiöse Praktiken miteinander in Beziehung gesetzt werden, hat er eine Methode fruchtbar gemacht, die großen Erkenntnisgewinn mit sich bringt. Vergleichen, so Leibniz, heißt „betrachten, worin zwei Dinge übereinstimmen und sich unterscheiden. So kann aus der Erkenntnis des einen das andere erkannt werden".[25] Ebenso wie Texte und Bilder miteinander in ein teils sich widersprechendes Verhältnis zueinander treten, so ähnlich ist auch die Rolle der erzählten Dialogpartner, des autobiographischen Ich in seiner Auseinandersetzung mit dem katholischen Freund. Dem Leser wird auf diese Weise gleichsam ein Vergleichen in gesteigerter Weise ermöglicht: Er kann einen vergleichenden Blick auf vergleichende Blicke auf miteinander verglichene Objekte werfen. Und in dieser Hinsicht – in der Betonung des Vergleichs und Dialogs als Kommunikations- und Erkenntnismethode – könnte sein Text als transkulturell gelten.

Bibliographie

[ohne Autor] (2021): Navid Kermani ausgezeichnet. In: Börsenblatt. Das Fachmagazin der Buchbranche, 8. Juni 2021 (https://www.boersenblatt.net/news/preise-und-aus zeichnungen/navid-kermani-ausgezeichnet-181445; letzter Zugriff: 28.3.2022).

Druxes, Helga / Machtans, Karolin (2016): Introduction. In: Navid Kermani. Hg. v. Helga Druxes, Karolin Machtans u. Alexandar Mihailovic. Oxford u. a.: Peter Lang, S. 1–14.

Eggers, Michael (2016): Vergleichendes Erkennen. Zur Wissenschaftsgeschichte und Epistemologie des Vergleichs und zur Genealogie der Komparatistik. Heidelberg: Winter.

Endres, Franz Carl / Schimmel, Annemarie (1993): Das Mysterium der Zahl. Zahlensymbolik im Kulturvergleich. 7. Aufl. München: Diederichs.

25 Im Original: „Comparare est considerare, in quo duo conveniant et differant. Ita ut ex uno cognito alterum cognosci deinde possit." Zit. n. Schenk & Krause 2001. Siehe auch René Descartes : „ce n'est que par une comparaison que nous connaissons précisément la vérité"; zit. n. Zelle 2013: 130.

Hoffmann, Torsten (2018): Trennungsprobleme. Navid Kermanis Autofiktionen. In: Text + Kritik 217, S. 14–22.

Hoffmann, Torsten (2014): Navid Kermani. Essay (Stand: 15.05.2014). In: Munzinger Online / KLG – Kritisches Lexikon zur deutschsprachigen Gegenwartsliteratur (http://www.munzinger.de/document/16000000779; letzter Zugriff: 28.3.2022).

Hofmann, Michael (2019): Navid Kermani aus literaturwissenschaftlicher Perspektive. In: Michael Hofmann, Klaus von Stosch, Swen Schulte Eickholt: Navid Kermani. Würzburg: Königshausen & Neumann, S. 13–15.

Jakubów, Marek (2021): „Gesetzt, du kenntest den Titel des Bildes nicht": Zu Navid Kermanis Umgang mit sakralen Bildern. In: Roczniki Humanistyczne 69, S. 129–141.

Kahrmann, Cordula / Reiß, Gunter / Schluchter, Manfred (1993): Erzähltextanalyse. Eine Einführung. Mit Studien- und Übungstexten. 3. Aufl. Bodenheim: Athenäum.

Kermani, Navid (2003): Brauchen wir den interreligiösen Dialog? Rede auf dem Evangelischen Kirchentag, Juni 2003, Frankfurt (http://relaunch.navidkermani.de/wp-content/uploads/2019/08/EvKirchentag2003.pdf; letzter Zugriff: 28.3.2022).

Kermani, Navid (2011): Dein Name. Roman. München: Hanser.

Kermani, Navid (2013): Dritte, vierte, fünfte, sechste, siebte Räume. Navid Kermani und Martin Schulz im Gespräch über Bildbeschreibungen im Roman „Dein Name" [Nürnberg, 22. April 2012]. Moderiert von Ansgar Schnurr. In: Bildwelten remixed. Transkultur, Globalität, Diversity in kunstpädagogischen Feldern. Hg. v. Barbara Lutz-Sterzenbach, Ansgar Schnurr, u. Ernst Wagner. Bielefeld: transcript, S. 247–266.

Kermani, Navid (2015a): Ungläubiges Staunen. Über das Christentum. München: Beck.

Kermani, Navid (2015b): Wer ist Wir? Deutschland und seine Muslime. Mit der Kölner Rede zum Anschlag auf Charlie Hebdo. 3. erw. Aufl. München: Beck.

Kermani, Navid (2019): Interview [mit Michael Hofmann und Swen Schulte Eickholt am 21.06.2016 in Köln]. In: Michael Hofmann, Klaus von Stosch, Swen Schulte Eickholt: Navid Kermani. Würzburg: Königshausen & Neumann, S. 231–255.

Reichlin, Susanne (2019): Gläubiges Staunen. Das *verwundern* Marias in mittelhochdeutschen Verkündigungsdarstellungen. In: Poetiken des Staunens. Narratologische und dichtungstheoretische Perspektiven. Hg. v. Nicola Gess, Mireille Schnyder, Hugues Marchal u. Johannes Bartuschat. München: Fink, S. 103–128.

Schenk, Günter / Krause, Andrej (2001): Vergleich (2001). In: Historisches Wörterbuch der Philosophie online. Hg. v. Joachim Ritter, Karlfried Gründer u. Gottfried Gabriel. Basel: Schwabe 2017 (DOI: 10.24894/HWPh.4562; letzter Zugriff: 28.3.2022).

Schimmel, Annemarie (1996): Jesus und Maria in der islamischen Mystik. München: Hanser.

von Stosch, Klaus (2019): Navid Kermani im Profil. Kermani aus theologischer Perspektive. In: Michael Hofmann, Klaus von Stosch, Swen Schulte Eickholt: Navid Kermani. Würzburg: Königshausen & Neumann, S. 9–15.

Zelle, Carsten (2013): Vergleich. In: Handbuch Komparatistik. Theorienfelder, Arbeitsfelder, Wissenspraxis. Hg. v. Rüdiger Zymner u. Achim Hölter. Stuttgart: Metzler, S. 129–134.

Spracherfahrungen und Identitätsentwürfe am Beispiel von Zsuzsa Bánks Roman *Schlafen werden wir später* (2017)

Ulrike Reeg (Bari)

1. Zur Einführung

Viele mehrsprachige Autor*innen, die in den letzten Jahrzehnten im deutsch-sprachigen Raum ihre Literatur publizieren, widmen sich in auffälliger Weise der Darstellung ihrer Spracherfahrungen. Im autobiographischen Rückbe-zug entstehen vielgestaltige Texte, die von sprachdokumentarisch angeleg-ten Berichten, sprachanalytischen Auseinandersetzungen, wie im Rahmen von Poetikvorlesungen, bis hin zu literarisch verdichteten Essays ein brei-tes Spektrum aufweisen. Dabei entsteht eine Metaebene autobiographischer Inszenierung, die bei narrativen Texten oft das Handlungsgefüge durchdringt und dieses in auffälliger Weise strukturiert. Die Autor*innen binden auf diese Weise ihre Lebensgeschichte, genauer gesagt, Aspekte ihrer Sprachbiographie in die Literatur ein und vermitteln damit wertvolle Einsichten in ihre Erfahrung von Mehrsprachigkeit (vgl. Reeg 2022).

Neben der narrativen Vermittlung geschieht dies auch auf der Ebene sprachlicher Formung und Kreation. Hier manifestiert es sich u. a. im Gebrauch kontaktkultureller Sprachelemente wie etwa dem *Codeswitching*, Übersetzun-gen aus der Herkunftssprache, fremdsprachlichen Einschüben und syntakti-schen Abweichungen vom Standarddeutschen (vgl. Dembeck & Parr 2017). Im Hinblick auf den Rezeptionsprozess ergibt sich dadurch oft das Problem der Nachvollziehbarkeit fremdsprachlicher Einschreibungen in das Deutsche, da nicht alle Leser*innen über eine ausreichende fremdsprachliche Kompe-tenz verfügen, um diese oft sehr verdeckte Mehrsprachigkeit entschlüsseln zu können.

Im vorliegenden Beitrag steht vor diesem skizzierten Hintergrund der literarischen Gestaltungsmöglichkeiten individueller Mehrsprachigkeitserfah-rungen in literarischen Texten der Roman *Schlafen werden wir später* (2017) von Zsuzsa Bánk im Zentrum. Richtungsweisend ist dabei die Annahme, dass dieser als E-Mail-Roman konzipierte Text evidente autobiographische Rückbezüge aufweist (vgl. Bánk 2017a). Er kann als Resultat einer Form des lebensgeschichtlichen Schreibens aufgefasst werden, mit dessen Hilfe Lebens-erfahrungen geordnet und interpretiert werden. Insbesondere Aspekte von Sprachidentität werden in diesem besonderen Interaktionsformat nicht nur

entworfen, sondern zwischen den E-Mailpartnerinnen regelrecht ausgehan-
delt. Ziel dieses Beitrags ist es, den Prozess von Identitätskonstruktion und der
damit einhergehenden kulturellen Verortung exemplarisch zu skizzieren.
Dies geschieht auf der Grundlage von zwei Prämissen, die seit geraumer
Zeit an Bedeutung gewonnen, wenn nicht gar zu einem Paradigmenwechsel
geführt haben: Identität und Mehrsprachigkeit werden erstens als Struktur und
Prozess zugleich begriffen; zweitens wird verstärkt Gewicht auf die subjektive
Perspektive und die daraus hervorgehenden Deutungsmuster mehrsprachiger
Individuen gelegt (vgl. De Florio/Hu 2007: XI f.; Busch 2021: 14–85). Qualitative Untersuchungsmethoden, die beispielsweise (auch literarisch gestaltete)
sprachbiographische Texte miteinbeziehen, wozu die in vorliegender Untersuchung zitierten Ausschnitte des Romans zu zählen sind, können abgesehen
von ihrem erkenntnistheoretischen Eigenwert und trotz gewisser Vorbehalte[1]
als wertvolle Ergänzung empirisch ausgerichteter Forschungsdesigns gelten.

2. Biographische Daten

Zsuzsa Bánk wird 1965 als Tochter ungarischer Eltern geboren, die nach dem
Ungarnaufstand 1956 in den Westen fliehen. Sie wächst zweisprachig auf, studiert Publizistik, Politik und Literatur in Mainz und Washington, D.C. Für ihr
literarisches Werk erhält sie zahlreiche Auszeichnungen, unter anderem 2004
den Adelbert-von-Chamisso-Preis. Sie lebt heute in Frankfurt am Main.

Obwohl in erster Linie ihre Eltern Migrationserfahrungen im engeren
Sinn machen, stellt sie immer wieder Erfahrungen von Fremdheit und Fremdsprachigkeit in ihren Texten dar, wobei sie jedoch ihren mehrsprachigen Hintergrund nur vereinzelt explizit thematisiert. Zsuzsa Bánk wächst mehrsprachig
auf und das Deutsche ist aufgrund ihrer Sozialisation in Deutschland als eine
ihrer Herkunftssprachen anzusehen. Sie zählt zum Kreis jener Autor*innen,
„deren literarische Arbeit von einer Migrationsgeschichte geprägt ist" (Schmitz
2019: 10).

---

1 Nach Tippner & Laferl (2016: 22) ist dennoch der Status lebensgeschichtlicher Dokumente
generell als prekär einzustufen. Dies sei nicht nur „der erzählerischen Modellierung sowie
Gattungs- und Genrekonventionen, sondern auch den involvierten Erinnerungsprozessen
[geschuldet]".

3. Über den Roman

Schlafen werden wir später ist ein 683 Seiten umfassender E-Mail-Roman, in dem zwar die einzelnen Textteile formal als stilisierte E-Mails durch Angabe von Datum und Uhrzeit erkennbar sind, in Bezug auf ihre Länge und „narrative Intensität" jedoch eher an einen traditionellen Briefroman erinnern. Der E-Mailwechsel findet zwischen der Schriftstellerin Márta und ihrer Freundin Johanna statt. Márta lebt mit ihrem Mann und drei Kindern in Frankfurt, ihre kinderlose Freundin Johanna lebt und arbeitet als Lehrerin im Schwarzwald. Beide verbindet seit frühester Kindheit eine enge Freundschaft, die u. a. den Wunsch nach diesem intensiven und knapp über drei Jahre andauernden E-Mailwechsel ausgelöst hat. In ihrer gegenwärtigen Situation, aus der heraus Márta an ihre Freundin schreibt, kämpft sie darum, die alltäglichen Strapazen zu bewältigen und sich den nötigen Freiraum für ihr Schreiben immer wieder neu zu erobern. Johanna hingegen ist bestrebt, ihre Doktorarbeit zu beenden. Sie hat zudem gerade eine schwere Krankheit überwunden und ist damit beschäftigt, die Trennung von ihrem Mann und den Tod des Vaters zu überwinden.

Beide Frauen führen ein zwar sehr unterschiedliches, aber gleichermaßen schwieriges Leben. Die Autorin betont, dass es sich durchaus um zwei exemplarische Frauenbiographien handele: Beide Frauen befänden sich mit ihrem Alter von 42 Jahren an einer typischen „Scharnierposition", einem Wendepunkt also, wo neue Lebensentwürfe, eine vollkommen neue Lebensplanung durchaus noch denkbar seien. Zudem habe sie ihre Lebensräume als Natur-Stadt Gegensatz gestaltet (Schwarzwäller 2017).

Zsuzsa Bánk erklärt auch, dass es im Grunde *nicht* um Krisenbewältigung ginge, dazu sei das Verhalten der Freundinnen zu kommunikativ. Sie hätten vielmehr die Absicht, alles beschreiben, festhalten und analysieren zu wollen. Es komme auch nur sehr zaghaft und äußerst selten zu wirklichen Auseinandersetzungen zwischen den beiden Freundinnen. Vielmehr handele es sich eher um einen Versuch der gegenseitigen Besänftigung, die eine Freundin nehme den Äußerungen der anderen jeweils „die Spitze". Beide Figuren könne man gut unterscheiden: Johanna schreibe in kurzen, präzisen Sätzen und Mártas Stil sei eher verspielt. Autobiografische Elemente seien zwar vorhanden und aus den Texten gut herauszulesen, sie sei aber nicht Márta und/oder Johanna. Die Autorin führt weiter aus, dass der Roman für sie ein Aufbruch, eine Befreiung hin zu einem gewagteren Schreiben bedeutet habe, bei dem alles erlaubt war:

> Ich musste es Johanna und Márta nur sagen lassen. Sie dürfen fluchen, sie dürfen Lautmalerei benutzen, Peng! und Zisch!, auch Wörter wie „bekloppt" und „Kotze" und „Pisse", das war in meinen anderen Romanen undenkbar. Das geht nur mit wörtlicher Rede, hier gegossen in Briefform. Es hat mir Freude gemacht

einmal so zu schreiben, einmal das Korsett der Sprache ablegen zu dürfen, mich in der Sprache auszutoben, Wörter zu erfinden, Wort-Aneinanderreihungen, Mischungen und Wiederholungen, Verszeilen aus Mártas Gedichten, Lyrik-Einsprengsel. Einen Code zu entwickeln, der die Freundinnen wie ein Gesang, ein gemeinsamer Kanon verbindet, auf unauflösliche Weise. (Bánk 2017a)

4. Wer ist Márta und wer möchte sie sein?

In meinem Beitrag untersuche ich im Hinblick auf die narrative Figur Márta die Darstellung ihrer Erfahrung von Mehrsprachigkeit sowie ihre Identitätsentwürfe und die damit verbundene Orientierungssuche. Für einen solchen Zugang sprechen zwei Gründe: einmal die Tatsache, dass Momente von Identitätskonstruktion und Spracherfahrung für die narrative Figur Márta besonders relevant sind. Und zum Zweiten ist bei ihr der autobiographische Rückbezug auf Elemente der Lebensgeschichte von Zsuzsa Bánk als mehrsprachigem Subjekt deutlicher erkennbar, die damit auch als (gestaltete) Lebenszeugnisse der Autorin gedeutet werden können.

Ausgangspunkt für die Interpretation der (fiktionalisierten) Identitätsentwürfe ist die Annahme, dass Identität vor dem Hintergrund sozialkonstruktivistischer und interaktionistischer Theorien niemals als abgeschlossenes Resultat einer zeitlich begrenzten Entwicklung anzusehen ist. Sie ist zudem als fraktal, plural und „fließend" einzustufen, „eine prinzipiell unvollständige und unvollendete Aspiration" (Hu 2019: 19) und bedarf der Anerkennung durch Andere. Alle diese Überlegungen verweisen auf den zentralen Aspekt von Sprache in diesem kontinuierlichen „Aushandlungsprozess". Besonders eindrücklich ist in diesem Kontext die Metapher der „Patchworkidentität" (Keupp et al. 2008: 294 ff.), mit der verdeutlicht werden soll, dass Subjekte im Lauf ihres Lebens verschiedene Teilidentitäten[2] entwerfen und erproben können.

Mit Bezug auf die narrative Figur Márta kann aufgrund der Darstellung ihrer Lebensereignisse folgendes Identitätsgeflecht angenommen werden **(Abb. 1)**:

---

2 Keupp et al. (2008: 218) definieren Teilidentitäten als das „Ergebnis der Integration selbstbezogener situationaler Erfahrungen, [das] ein Bild des Subjekts von sich selbst [ist], in dem die Facetten seines Tuns übersituative Konturen erhalten".

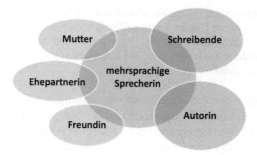

Abb. 1: Teilidentitäten der narrativen Figur Márta

Ich werde mich auf die drei Teilidentitäten „mehrsprachige Sprecherin", „Schreibende"" und „‚Autorin' konzentrieren und anhand ausgewählter Textstellen aufzeigen, in welcher Art und Weise Márta Lebensereignisse und Spracherfahrungen darstellt und miteinander verknüpft, welche Handlungsmöglichkeiten sie für sich in Betracht ziehen kann und wie sie letztlich ihre psychische Verfasstheit vermittelt.

Aus vielen Äußerungen geht nachdrücklich hervor, dass *das Schreiben* für Márta von existenzieller Bedeutung ist: „[N]ie [war] etwas wichtiger, als Wörter auf mein Nervenband zu fädeln und geordnet in mein Heft zu schreiben" (Bánk 2017b: 25). In ihrer einengenden Lebenssituation, die von der krisenhaften Beziehung zu ihrem Mann und der anstrengenden Erziehung ihrer Kinder geprägt ist, hat sie jedoch zu wenig Zeit für ihre schriftstellerische Entfaltung. Der Verzicht auf das Schreiben hätte jedoch Haltlosigkeit und Desorientierung zur Folge: „Aber wenn das Schreiben mir nichts mehr bedeutet, was soll ich mit mir, wer soll ich dann sein?" (ebd.). Diese ständige Anspannung und das fortwährende Erkämpfen von Freiräumen führen zu einer depressiven Grundstimmung, die sich bei ihren Auftritten als *Autorin* fortsetzt. In diesen Momenten, in denen sie ihre Arbeit nicht nur präsentieren, sondern auch mit der zum Aufbau eines positiven Selbstwertgefühls notwendigen Anerkennung rechnen könnte, fühlt sie sich verunsichert: „[J]eder musste merken, wie verloren ich herumstehe, wie falsch ich mich in meiner Haut fühle". Mit dem Ergebnis ihres Schreibens ist sie äußerst unzufrieden (vgl. ebd.: 2017: 200).

In einer späteren Textpassage nimmt Márta wieder einen öffentlichen Auftritt zum Anlass, um ihre Mehrsprachigkeit bzw. deren Wahrnehmung durch Andere zu thematisieren. Genauer gesagt, ist die klischeehafte und oberflächliche Reaktion von Zuhörer*innen ein Grund, über das Zusammenspiel ihrer Sprachen und ihre *Teilidentität als Mehrsprachige* nachzudenken und dabei das Deutsche als ihre dominante (Schreib-)Sprache herauszustellen:

Es geht immer gleich – nein, ich habe keine Gedichte auf Ungarisch geschrieben, nein, ich bin nie in Ungarn zur Schule gegangen, nein, ich bin in Deutschland geboren und aufgewachsen, nein, Deutsch ist meine Sprache, Deutsch ist die Sprache, in der ich schreibe, nein, auf Ungarisch könnte ich so nicht schreiben, so nicht, nein. (ebd.: 298)

In dieser Situation der Vielsprachigkeit, die sie umgibt („Wild durcheinander wurde englisch, französisch, ungarisch und deutsch geredet, für meinen Kopf zu wild" [ebd.]), hört sie erstmals dem Klang ihrer Sprachen nach.[3] Besonderheiten ihrer Aussprache bringt sie dabei mit dem Ungarischen in Zusammenhang und entwickelt eine Reihe von Assoziationen. Ebenso reflektiert sie morphologische und lexikalische Spezifika. Beides führt sie zu ironischen Beurteilungen der ungarischen „Lebensart", von der sie sich distanziert:

Zum ersten Mal fiel mir auf, wenn ich auf Englisch „Ungarn" gesagt habe, klang es nach Hunger, Hungary klingt genau wie hungry, da ist kein Unterschied zu hören, als seien die Ungarn immerzu hungrig, als sei das ihr Attribut, ihr zugeteiltes Adjektiv, hungrig, hungrig, hungrig, dreimal hintereinander und darüber hinaus noch hungrig. Ein István saß neben mir, natürlich diminutiv nur Isti, Istike genannt, Mártika, Ilike, Lacika immer ke, ka, ke, ka, jeder wird verniedlicht und in Zaum gehalten, als ließe sich der Mensch nur so aushalten. (ebd.)

5. Sprachliche und kulturelle Verortung

Im Anschluss an die hier exemplarisch zitierten Textpassagen, aus denen hervorgeht, dass das Deutsche für Márta ihre prioritäre (Literatur-)Sprache ist und dass sie sich mit bestimmten Sprachgewohnheiten des Ungarischen nicht völlig identifizieren kann, stellt sich die Frage, in welcher Weise und in welchem Umfang dennoch Elemente der ungarischen Kultur und Sprache in den Text einfließen.

Nicht verdeckte, narrativ entfaltete Einschreibungen dieser Art sind in Relation zum Gesamtvolumen des Romans eher selten. Gerade aus diesem Grund geht von ihnen eine gewisse „Wirkmächtigkeit" aus. Dazu trägt auch bei, dass es sich um äußerst affektbesetzte Textpassagen und Formulierungen handelt, die ein Hin- und Herpendeln zwischen einer extrem negativen

---

3   Vgl. dazu u. a. die Untersuchung von Martina Liedke (2007: 85), die zu dem Ergebnis kommt, dass mehrsprachige Individuen „nicht nur die eigene Ausdrucksfähigkeit und das Selbstbewusstsein, sondern auch die eigene Stimme in den einzelnen Sprachen als unterschiedlich empfinden".

Erlebnissphäre und euphorischen Rückblicken auf Momente der Kindheit in Ungarn sowie einer als überraschend freud- und lustvoll empfundenen Auseinandersetzung mit der ungarischen Sprache, wie beispielsweise anlässlich eines Lyrikprojekts, vermitteln:

> Gedichte aus dem Ungarischen ins Deutsche übertragen und umgekehrt war unsere göttlich weltvergessene, beglückend weltferne Aufgabe, ein völlig sinnloses, aber umso schöneres Unterfangen, für das ich so wenig Geld bekommen, aber so viel Hingabe aufgebracht habe wie seit langem für nichts mehr. Ich tat, als sei mein Ungarisch ausreichend, indem ich hier und da etwas eingestreut habe, niemand hat nachgehakt oder Beweise gefordert, niemanden hat das beschäftigt, niemanden außer mir. Was sehen wir in einem Wort, und welche Welt legen wir hinein? Was an Welt bringen wir mit und werfen wir ab? (ebd.: 167)

Bei dieser Gelegenheit ist auch von der oben erwähnten Distanzierung zu bestimmten Ausdrucksgewohnheiten des Ungarischen nichts mehr zu spüren. Eine geradezu enthusiastische Hinwendung zu ihrer „Familiensprache" führt nicht nur zu Betrachtungen bezüglich ihrer Wahrnehmung der Klangfarbe des Ungarischen. Diese verbindet sich gleichzeitig mit Erinnerungen an den Lebensraum ihrer ungarischen Familie:

> Im Ambra Hotel in der Kis Diófa utca habe ich gewohnt, was kleine Walnußbaumstraße heißt und im Ungarischen unendlich hübsch klingt, noch so eine Überlegung, Johanna, überleg sie einmal: Woran könnte das liegen, wie richtet die Sprache das ein, wie macht das ungarische Ton, warum klingt es im Ungarischen für mich unendlich hübsch nach surrenden Pferdekutschen, strömendem Spätsommer und den halbversunkenen Dörfern, in denen meine Großmütter aufgewachsen sind – im Deutschen aber nicht? (ebd.)

Sie vermittelt jedoch ein noch intensiveres, positives Lebensgefühl, wenn sie nicht nur aus ihrem autobiographischen Gedächtnis schöpft, sondern wenn sie selbst in Ungarn ist. Nur in diesen Momenten des direkten physischen Kontakts mit der Natur und den Menschen kann die Angestrengtheit und depressive Grundstimmung, die aus den Mitteilungen Mártas immer wieder hervorgeht, vollkommen überwunden werden:

> Da kaum jemand den See zum Schwimmen nutzt, nur zum Hineinspringen und Füße abkühlen, hatte ich ihn für mich allein, sobald ich die Stimmen hinter mir ließ und hinausschwamm. Und da, Johanna, hat sich etwas von früher eingestellt, aus meinem Gestern kam es geflogen und hat sich vor mir auf die Wellen gesetzt, wippte zwischen Luftblasen auf dem Wasser, obwohl ich das nicht für möglich gehalten hätte, dass nach fünfundzwanzig Sommern ohne Balaton sich etwas in meinem Kopf drehen und glücklich sein könnte, aber dort draußen in meinem Badeanzug, schwimmend, tauchend, wassergurgelnd, war ich es – glücklich. [. . .]

Bin balatonfeucht und sonnengeküsst, leicht, sehr leicht, vielleicht zehn, zwanzig Kilo und fünfzehn, zwanzig Jahre leichter zurückgekehrt, wenn Du mich sehen könntest! (ebd.: 302)

Abgesehen von diesen narrativen Textpassagen, in denen die Auseinandersetzung mit Sprachidentität sowie kulturelle Verortungen anklingen, erhält ein ungarischer Ausdruck, ursprünglich der Titel eines bekannten ungarischen Liedes, leitmotivischen Charakter. Die Ursprünge dieses „Vége a világnak" (ebd.: 116) werden erklärt und im Anschluss wird es zu einer mehrfach eingesetzten Textfacette funktionalisiert (vgl. u. a. ebd.: 201, 388, 329, 397, 485), die extrem negative Empfindungen anzeigt:

> Das Lied vom traurigen Sonntag läuft, *Szomorú vasárnap*, im Ungarischen nicht auszuhalten, nein, ist es nicht, *virág és koporsó*, Blumen und Sarg, Herbstlaub und Leiche, zu sterben wegen heimatlos gewordener Liebe – inhaltlich also eher etwas für Dich Johanna. Ein ungarischer Musiker, sagen wir, so Ungar wie ich, dem *Nacht und Tag* gefallen hat, *Észak és nap*, hat mir diese Aufnahme geschickt, er spielt das Saxophon, und er schreibt mir, zuerst hieß das Lied *Vége a világnak*, was wörtlich bedeutet, Ende der Welt, Weltende, aber das trifft es nicht, weil das Ungarische nicht einfach so zu übersetzen ist, weil etwas unterhalb mitschwimmt, mitgurgelt, mitsummt, mitbeschleunigt, mitzündet, für das unsere deutschen Wörter nicht ausreichen, das die Übersetzung nicht erfassen kann, im Ungarischen ist es mehr, viel mehr, unerträglich viel mehr, blutsaugend, venenzerhackend, kopfzerstörerisch viel mehr, es ist der Untergang, Johanna, das Nichts, es ist die schwarze Weite ohne Licht und Sonne, das Ende von allem, von allem! (ebd.)

6. Aushandlung von Identität

Die in diesem E-Mail-Roman inszenierte Darstellung von Spracherfahrungen sowie der Auseinandersetzung mit sprachlicher Identität fiktionalisiert eine Form der Identitätsarbeit, für die Prozesse der Spiegelung, der Aushandlung, als „Prozess der konstruktiven Selbstverortung", in dessen Verlauf die einzelnen Personen „Erfahrungsfragmente in einen für sie sinnhaften Zusammenhang bringen müssen" (Keupp et al. 2008: 7–15) und der Anerkennung durch Andere bedürfen (vgl. Nothdurft 2007), konstitutiv sind. So gesehen ist der Austausch mit der langjährigen Freundin Johanna ein solcher Aushandlungsprozess, der die Möglichkeit der Herstellung eines stimmigen, immer wieder neu zu konstruierenden Kohärenzgefühls (vgl. Keupp et. al. 2008: 93 ff.) bietet. Dieses ist für die Konstruktion von Identität vor dem Hintergrund von Mehrsprachigkeit von herausragender Bedeutung.

Dabei zeigt die narrative Figur Johanna ihre besondere Verbundenheit und freundschaftliche Hinwendung bezeichnenderweise auch durch das Aufgreifen jenes ungarischen Versatzstückes *vége a világnak*, mit dem Márta ihre negativsten Gefühle zum Ausdruck bringt (vgl. Bánk 2017b: 302). Damit bestätigt sie dessen symbolischen Wert und zudem seine große Aussagekraft auch in Kontexten, die nicht nur die persönliche Sphäre betreffen. Sie schreibt beispielsweise an Márta folgende E-Mail:

> Wie immer vor Kokoschkas Freiburg gestrandet. Das gar nicht wie eine Stadt aus Stein aussieht. Sondern wie ein Meer. Ein Meer aus dröhnend hochjagenden, krachend zerspringenden Wellen. Je weiter ich zurückging, je größer mein Abstand war, desto wilder und bewegter wurde es. Desto lauter und drängender wurde der Lärm. Der tosend schrille Lärm, der aufs Parkett schwappte. *Sturmgesänge.* *Farbschreie.* Auch so ein Weltende, Márti. Auch so ein *vége a világnak.* So heißt es doch, oder? (ebd.: 217)

Auch wenn es, wie Bánk in dem eingangs zitieren Interview betont, nicht um Krisenbewältigung im engeren Sinne geht, schwingt dieser Aspekt dennoch in dieser fiktionalisierten Interaktion mit. Márta berichtet von schwierigen Lebenssituationen, von ihrer Suche nach Halt und Orientierung und letztlich vor allem von ihrem Wunsch, ihre Teilidentität als Schreibende und Autorin besser aufbauen und ausleben zu können. Bei diesem Versuch der Harmonisierung ihrer unterschiedlichen Lebensdomänen ist Johanna diejenige, die sie immer wieder berät, unterstützt und wertvolle Sinnstiftungsangebote macht. Als solche ist sie für Márta eine unerlässliche Partnerin, deren Aufforderungen sie gerne Folge leisten möchte:

> Ich verspreche, ich werde schreiben, ich verspreche Dir, ich fange damit an, ich lasse mich nicht ablenken, werde nicht fahrig sein, nein, ich schließe Türen und Fenster und höre, wie mein Satz weiterschwingt, wie etwas in mir Wörter webt. Ja, ich arbeite, Johanna, und ja, ich versuche es, und ja, ich verspreche es Dir noch einmal, erst hoch und dann auch heilig, wenn Du magst, schwöre ich sogar, ich arbeite, ich werde arbeiten. (ebd.: 681)

In diesem narrativen Kontext ist es so gesehen konsequent, dass Johanna zu einer Instanz stilisiert wird, die in ihrer letzten E-Mail an Márta das „bekräftigende" Schlusswort vermittelt, welches zudem bezeichnenderweise den Titel des Romans enthält:

> Aber das Schlafen haben wir auf später verschoben. Auf die Zeit nach dem Leben. Ja, Márti, später sollten wir schlafen. Nicht jetzt. Erst wenn genug Zeit dafür ist. Wenn sie uns nicht mehr so knapp sein wird. Wenn so viel Zeit sein wird, dass wir sie getrost fürs Schlafen vergeuden können. Jetzt aber sollten wir wach bleiben. Leben. Arbeiten. Wach sein. [...]
>
> Schlaf gut, meine Schönste. Aber erst später, nicht jetzt. (ebd.: 682)

7. Zum Schluss

In dem vorliegenden Roman werden in erster Linie Themen entwickelt und diskursiv zwischen den beiden E-Mailpartnerinnen verhandelt, die ihre sehr persönliche Lebenssphäre betreffen. Im Hinblick auf die narrative Figur Márta kann jedoch anhand der zitierten kurzen Textpassagen verdeutlicht werden, dass das Thema der Identitätskonstruktion und der Wunsch, die Freundin Johanna daran zu beteiligen, von existentieller Bedeutung ist. Im Verlauf der inszenierten Interaktion zwischen den beiden Frauen wird deutlich, dass Márta wiederholt ihre Mehrsprachigkeit bzw. ihre Mehrkulturalität reflektiert und diese Schilderungen eine starke evaluative und affektive Komponente enthalten (vgl. Lucius-Hoene & Deppermann 2004: 23). Die zwar seltenen, aber dafür umso aussagekräftigeren Hinweise auf die ungarische Kultur und Sprache erhalten im Text ein besonderes Gewicht: Sie markieren ein an diesen Kulturraum gebundenes extremes Gefühlserleben, sowohl in positiver als auch in negativer Hinsicht, was beispielsweise durch die wiederholte Einbindung des besagten ungarischen Ausdrucks *vége a világnak* dokumentiert wird.

Liest man den Text unter dem Aspekt des autobiographischen Rückbezugs auf die Autorin, lassen sich diese Einschreibungen als das Weiterleben einer mittlerweile nicht mehr dominanten (Herkunfts-)Sprache im literarischen Text deuten (vgl. dazu Hassoun 2003 und Brizić 2007). Damit einher gehen Versuche kultureller Verortung qua Erinnerung, die in wenigen, aber emotional besonders markierten Schilderungen auf Kindheitserlebnisse im anderskulturellen Kontext zurückgreifen. Sie sind als narrative Textpassagen der an Johanna gerichteten E-Mails Bestandteil der Suchbewegungen im Aushandlungsprozess um eine sprachliche und kulturelle Identität. Der E-Mail-Roman versinnbildlicht schließlich in dem breit angelegten Erzählraum der beiden Schreibenden eindrucksvoll die Möglichkeit der permanenten Neuinterpretation der Vergangenheit, die auch ein Überdenken der besonderen Erfahrung von Mehrsprachigkeit impliziert. Diese betreffen sowohl ein konfliktäres Spracherleben als auch die Möglichkeit, neue, auch sprachkreative Handlungsperspektiven in Bezug auf das Ungarische zu entwerfen.

Unter einem formalästhetischen Aspekt muss hervorgehoben werden, dass das Prinzip der *perspektivischen Engführung*, durch die sich das Genre des Brief- bzw. hier des E-Mail-Romans auszeichnet, den Prozess der ungebrochenen Selbstdarstellung narrativer Figuren in besonderer Weise ermöglicht und damit die besagte Aushandlung von (Sprach-)Identität für Leser*innen deutlich nachvollziehbar macht.

Bibliographie

Bánk, Zsuzsa (2017a): Interview [von Jürgen Hosemann] mit Zsuzsa Bánk zu „Schlafen werden wir später" (https://bsj-sb.de/veranstaltungen/lesung-mit-zsuzsa-bank-schlafen-werden-wir-sp%C3%A4ter#; letzter Zugriff: 28.3.2022).

Bánk, Zsuzsa (2017b): Schlafen werden wir später. Frankfurt: Fischer.

Brizić, Katharina (2007): Das geheime Leben der Sprachen. Gesprochene und verschwiegene Sprachen und ihr Einfluss auf den Spracherwerb in der Migration. Münster u. a.: Waxmann.

Busch, Brigitta (2021): Mehrsprachigkeit. 3. vollst. akt. u. erw. Aufl. Wien: facultas.

De Florio-Hansen, Inez / Hu, Adelheid (2007): Einführung: Identität und Mehrsprachigkeit in Zeiten der Internationalisierung und Globalisierung. In: Plurilingualität und Identität. Zur Selbst- und Fremdwahrnehmung mehrsprachiger Menschen. Hg. v. dens. Tübingen: Stauffenburg, S. VII–XVI.

Dembeck, Till / Parr, Rolf (Hgg.) (2017): Literatur und Mehrsprachigkeit. Ein Handbuch. Tübingen: Narr.

Hassoun, Jacques (2003): Schmuggelpfade der Erinnerung. Muttersprache, Vaterwort und die Frage der kulturellen Überlieferung. Übers. v. Anna Katharina Ulrich. Frankfurt/M. / Basel: Stroemfeld.

Hu, Adelheid (2019): Sprachlichkeit und Kulturalität. In: Handbuch Mehrsprachigkeits- und Mehrkulturalitätsdidaktik. Hg. v. Christiane Fäcke u. Franz-Josef Meißner. Tübingen: Narr, S. 17–24.

Keupp, Heiner / Ahbe, Thomas / Gmür, Wolfgang / Höfer, Renate / Mitzscherlich, Beate / Kraus, Wolfgang / Straus, Florian (2008): Identitätskonstruktionen. Das Patchwork der Identitäten in der Spätmoderne. Reinbek bei Hamburg: Rowohlt.

Liedke, Martina (2007): Eindruck und Diskurs. Zur auditiven Wahrnehmung von Sprecheridentität bei Fremdsprachigkeit. In: Plurilingualität und Identität. Zur Selbst- und Fremdwahrnehmung mehrsprachiger Menschen. Hg. v. Inez De Florio-Hansen u. Adelheid Hu. Tübingen: Stauffenburg, S. 85–105.

Lucius-Hoene, Gabriele / Deppermann, Arnulf (2004): Rekonstruktion narrativer Identität. Ein Arbeitsbuch zur Analyse narrativer Interviews. 2. Aufl. Wiesbaden: VS Verlag für Sozialwissenschaften.

Nothdurft, Werner (2007): Anerkennung. In: Handbuch interkulturelle Kommunikation und Kompetenz. Grundbegriffe – Theorien – Anwendungsfelder. Hg. v. Jürgen Straub, Arne Weidemann u. Doris Weidemann. Stuttgart / Weimar: Metzler, S. 110–122.

Reeg, Ulrike (2022): Zwischen Nähe und Distanz. Einsichten in die Auseinandersetzung mehrsprachiger Autorinnen und Autoren mit ihrem literarischen Schreibprozess. Tübingen: Narr Francke Attempto.

Schmitz, Walter (2019): Über den Chamisso-Preis/Hellerau. In: Chamisso-Preis/Hellerau. Literatur und Migration (2018). Hg. v. dems. Dresden: Thelem, S. 10–11.

Schwarzwäller, Nadja (2017): „Das große Nichts", das gefüllt wird. In: Oberhessische Presse, 26. April 2017 (https://www.op-marburg.de/Marburg/Zsuzsa-Bank-stellte-Schlafen-werden-wir-spaeter-vor; letzter Zugriff: 28.3.2022).

Tippner, Anja / Laferl, Christopher F. (2016): Einleitung. In: Texte zur Theorie der Biographie und Autobiographie. Hg. von dens. Stuttgart: Reclam, S. 9–41.

Migration und Flucht als utopische Räume der pluralen Gesellschaft: Diaspora als Bewegung der Postmigration in Ilija Trojanows *Nach der Flucht* (2017)

Markus Hallensleben (Vancouver), BC, Xwməθkwəy̓əm (Musqueam) Territory

In meinem Beitrag[1] werde ich über die bisherigen, transkulturell ausgerichteten Interpretationen von Ilija Trojanows Werken (z.b. von Herrmann et al. 2015; Hofmann 2010; Preece 2013; Smith-Prei 2017; Taberner 2017; Wagner 2015) hinauszugehen versuchen, indem ich mich auf seine Erzählung einer utopischen Zugehörigkeit zu einer postmigrantischen Gesellschaft[2] konzentriere, so wie er sie in seiner Textsammlung mit dem diesem Ansatz durchaus entsprechenden Titel *Nach der Flucht* (2017) entwickelt hat. Flucht, als Bewegung verstanden, wird dort nämlich im Sinne einer offenen Dialektik und postmigratorischen Ästhetik[3] als physikalische Mobilität sowie als gesellschaftspolitischer „Auf-bruch" (Trojanow 2017: 84) verstanden, der gegen territoriale, nationale und ethnische Ein- und Ausgrenzungen gerichtet ist. Trojanow bricht wortwörtlich den Gegensatz zwischen „sedentarist" und „nomadic metaphysics" (Cresswell 2006) auf, der Teil aller kolonialen und postkolonialen Erzählmodelle gesellschaftlicher Zugehörigkeiten ist (Malkki 1992). Indem ich also Trojanows *Nach der Flucht* hier als Beispiel für die gesellschaftliche Utopie eines konvivialen Zusammenlebens nehme (Römhild 2018), geht es mir darum, die narrative Rolle von Migration als gesellschaftlicher Bewegung im Sinne einer Diasporaerfahrung zu untersuchen, und zwar insofern, als sie die Zugehörigkeit zu superdiversen Gesellschaftsräumen bestimmt, wie sie Erol Yildiz als „Transtopia" (2016: 135) beschrieben hat. Die zentrale Fragestellung ist dabei: „How do contemporary artistic narratives contribute to the ‚storying'

---

1   Diese Studie ist Teil eines umfangreicheren Forschungsprojekts, das vom Social Sciences and Humanities Research Council Kanadas gefördert wird.

2   Während seit der Gründung des postmigrantischen Theaters im Ballhaus Naunynstraße in Berlin im Jahr 2008 die Vorstellung einer postmigrantischen Gesellschaft weit diskutiert und in den Sozialwissenschaften etabliert worden ist (so z. B. durch Foroutan et al. 2018; Moslund et al. 2015; Münkler & Münkler 2016; Yildiz & Hill 2015), ist der Diskurs über literarische Erzählmodelle der Postmigration (vgl. z. B. Arslan et al. 2017; Geiser 2015; Twist 2020) bei weitem noch nicht abgeschlossen, obwohl diese, laut Shermin Langhoff, das postmigrantische Theater beeinflusst haben (vgl. Stewart 2017: 57).

3   Siehe hierzu auch meinen kürzlich erschienen Beitrag zur Ästhetik eines postmigrantischen Erzählens bei Trojanow (Hallensleben 2021).

of postmigrant and transcultural belongings, and can they provide us with vantage points from which to consider the mechanisms of othering and racism that can help us overcome the ongoing racialisation of those members of societies who are perceived as ‚other'?" (Petersen & Schramm 2017: 2)

In seiner essayistisch-poetischen Textsammlung *Nach der* Flucht spielt Ilija Trojanow (2017: 95) mit der wörtlichen, aus Homers *Odyssee* stammenden Bedeutung des Begriffs „U-topos" („*no-where*") als einem Zuhausesein im „Niemandsland". Für Trojanow ist „U-topos" wörtlich das Niemandsland, welches das Heimatland, ob Herkunfts- oder Zielland, ersetzt. Versteht man dieses durchaus ironische Paradox, „Eingewurzelt ins Utopische" (ebd.: 96), als Konstruktion eines „transitorische[n] Raum[s]", bei dem „[d]ie ontologische Priorität des fluiden Raums [...] erst durch das Korrelat des ‚Aufenthaltes', [...] nämlich der Konsistenz der uns umgebenden Situation (der Praktiken, Kontexte, Mediationen) produktiv" wird, dann hebt dieser „den Gegensatz zwischen Mobilität und locus auf – ein Gegensatz, der in Analogie zum temporalen Anachronismus als räumlicher ‚Anachorismus' bezeichnet werden kann (Cresswell 2006: 55). Der Ort wird dabei zum Ereignis einer Beziehung, Öffnung und Veränderung". (Borsò 2015: 970) Als „transitorischer Raum" oder superdiverses „Transtopia" (Yildiz 2016: 135) konzipiert, wird die Erfahrung des Exils[4] bzw. der Diaspora[5] so zur Kernerzählung gesellschaftlicher Zugehörigkeit und zum Ausgangspunkt gesellschaftlicher Veränderungen.

In seiner Konzeption des Exils als eines solchen transitorischen Raums der Diaspora geht es Trojanow aber weder nur um einen ästhetischen Dauerzustand der Moderne, so wie bei Edward Said (vgl. Trojanow 2017: 88 u. 122), noch ausschließlich um ein nomadisches Prinzip (Kaplan 1996), auch wenn der Flüchtende[6] im „Niemandsland [...] seine Zelte" aufstellt (Trojanow 2017: 61), sondern vielmehr um eine nicht territorial bestimmbare Zugehörigkeit, wie sie auch als Grundlage einer postmigrantischen Gesellschaft gesehen werden kann, in der jede*r einzelne mehrere kulturelle Zugehörigkeiten hat. Die von Mark Terkessidis (2017: 17, 19, 38 ff.) geforderte gesellschaftliche „Vielheit" kann so nur durch Aufgabe des Heimatlands erreicht werden, welches durch das „Niemandsland" ersetzt wird. Trojanow dreht damit die negative Kernaussage konservativer Politik national-territorialer Zugehörigkeit,

---

4   Siehe die Anspielung auf Edward Saids (1994 [1984]: 137) Exil als „motif of modern culture" in Trojanows Vortrag *Exil als Heimat* (2014: 156), gehalten anlässlich einer von Isolde Charim organisierten Vorlesungsreihe zum Thema *Lebensmodell Diaspora* (2009).

5   Vgl. Gilroy 1999: 293: „Diaspora identifies as relational network characteristically produced by forced dispersal and reluctant scattering. It is not just a word of movement, though purposive, urgent movement is integral to it."

6   Während Trojanow den Flüchtenden nur in der verallgemeinernden männlichen Form beschreibt, werde ich nachfolgend der*die Flüchtende verwenden.

wie er sie auch aus dem Munde Theresa Mays zitiert – „*But if you believe you are a citizen of the world, you are a citizen of nowhere*" ([2016]; Trojanow 2017: 95 u. 122) –, in eine positive und sogar wünschenswerte Diasporaerfahrung um: „Heimatlosigkeit muss nicht falsch sein." (ebd.: 71) Denn erst wenn niemand mehr zu Hause ist, können sich alle zuhause fühlen: „Wer nirgendwo dazugehört, kann überall heimisch werden." (ebd.: 95)

Die Konstruktion eines solchen utopischen „*nowhere*[s]", eines neutralen Raums der Heimatlosigkeit,[7] der auch Verbundenheit schafft, ist im Grunde auch Kernelement einer pluralen Einwanderungsgesellschaft, wie sie die Kulturphilosophin Isolde Charim (2018: 55) beschrieben hat. Eine solche Gesellschaft kann nur funktionieren, solange es neutrale „Begegnungszone[n]" gibt, öffentliche Räume, in denen „man auch als Verschiedener, als Pluralisierter gleich sein kann". Mit anderen Worten könnte man sagen, dass die Erfahrung einer kulturellen Mehrfachzugehörigkeit im modernen liberalen Nationalstaat als Einwanderungsland nur dann gegeben ist, wenn man den Grundzustand der Diaspora als gesellschaftlichen Gesamtzustand annimmt. Davon jedoch ist jede gegenwärtige Politik fester Ortszugehörigkeit und Identitätszuschreibungen noch weit entfernt: „Zwischen Herkunft und Ankunft erfolgt aus Sicht des Sesshaften eine bedrohliche Verrückung der Ordnungen, entsteht ein schwer überwindbarer Mangel. Ergo ist der Flüchtling ein Opfer, das unweigerlich Forderungen stellt, ein gefräßiges Kind, dessen Appetit wachsen wird." (Trojanow 2017: 73) Wie Trojanow treffend feststellt: „Er ist eine Provokation für die feinsäuberliche Ordnung des Staates. Eigentlich darf es ihn nicht geben." (ebd.: 44)

Zum einen kann man diese Aussage als kritischen Kommentar zur sogenannten „Flüchtlingskrise" von 2015 lesen, die Zygmunt Bauman (2017) als Krise einer zunehmenden Sicherheitspolitik beschrieben hat, zum anderen spiegelt sie die Geschichte des Flüchtlingsbegriffs seit seiner Festschreibung durch die UN in der Genfer Flüchtlingskonvention im Jahr 1951 wider, so wie sie Alexander Betts und Paul Collier (2017) als Ausgrenzungsnarrativ kritisch dargestellt haben. Darüber hinaus stimmt Trojanow hier mit der jüngeren anthropologischen Kritik territorialer Rhetorik und kolonialer Erzählmodelle überein: „Our sedentarist assumptions about attachment to place lead us to define displacement not as a fact about sociopolitical context but rather as an inner,

---

7   Es ist in diesem Zusammenhang wichtig klarzustellen, dass Trojanow (2017: 89) durchaus zwischen privilegierten Migrant*innen und hilfsbedürftigen Flüchtenden unterscheidet: „Vermessen hingegen ist es zu behaupten, alle Menschen wären inzwischen Exilanten, die Heimatlosigkeit Grundzustand in einer sich rasant verändernden, globalisierten Welt. [...] Nein, wir wollen die Kirche im Dorf lassen, wo die sonntägliche Kollekte für die Flüchtlinge im nahe gelegenen Auffanglager gesammelt wird. So gleich sind wir noch nicht, dass die einen nicht spenden und die anderen nicht empfangen müssten."

pathological condition of the displaced. [. . .] To plot only ‚places of birth' and degrees of nativeness is to blind oneself to the multiplicity of attachments that people form to places through living in, remembering, and imagining them." (Malkki 1992: 33 u.

38) Entsprechend versteht Trojanow „Flucht" als einen mehrdeutigen „Auf-Bruch", bei dem das Aufbrechen von einem Ort zu einer gesellschaftlichen Bewegung wird, bei der die immer wieder neu zu verhandelnde Position des*r Flüchtenden von zentraler Bedeutung ist: „Flucht kann ein Akt des Widerstands sein. [. . .] Ein Aufbruch. Der Flüchtling kann ein Handelnder sein, ein Aktivist" (Trojanow 2017: 73). Dadurch aber wird der*die Flüchtende bzw. der*die Migrant*in zum perspektivenverändernden aktiven Kernteil einer liberalen Gesellschaft.[8] Anstatt nur von außen dazugekommen und als Bedrohung gesehen zu werden (Bauman 2017), sei es als „Objekt" oder als „Problem, das gelöst werden muss" (Trojanow 2017: 9), verwandelt der utopische und andauernde[9] Zustand der Diaspora die*den Flüchtende*n wieder in ein agierendes Subjekt, überführt den Verlust der Heimat im durchaus politischen Sinne in einen Zugewinn an Freiheit und kulturellen Erfahrungen, wovon nicht nur die*der Flüchtende profitiert, sondern die ganze Gesellschaft: „In der doppelten Buchführung des Geflüchteten verwandelt sich Verlust durch Befreiung in Gewinn. So wie sich der Reisende nicht nur erleichtert, sondern auch bereichert, wenn er sein schweres Gepäck abwirft." (ebd.: 90)[10] Trojanow konzipiert Flucht also im doppelten Sinne als Bewegung, einerseits als Mobilität und physikalische Bewegung von einem Ort zu einem anderen, andererseits als politisches und gesellschaftsveränderndes Element der Befreiung. Dieses Moment revolutionärer Bewegung ist dabei auch das trennende Element zwischen Sesshaftigkeit (im negativen Sinne als Festschreibung von Ort und Zeit) und Heimatlosigkeit (im positiven Sinne als Diaspora verstanden): „Die Erzählung der Flucht wird meist aus dem Blickwinkel des Stillstands geschrieben. So wie die Sesshaften die Nomaden nie verstehen werden, können die vermeintlich Standfesten die Fliehenden nur missverstehen. Flucht kann allein aus der Bewegung verstanden werden." (ebd.: 71)

Im paradoxen Bewegungszustand des Nirgendwo-Zuhause-Seins verbirgt sich so nicht nur die politische Utopie einer allumfassenden Diaspora, sondern auch eine dialektisch offene Denkfigur, wobei Trojanow die binären Denkfiguren gesellschaftspolitischer Identitätszuschreibungen (Yuval-Davis 2010) tatsächlich aufzuheben bzw. geradezu auszuhebeln versucht. Entsprechend ist die Sammlung *Nach der Flucht* im Sinne einer doppelten Buchführung in

8   Zur Vorstellung von Flüchtenden als Agierenden siehe die soziologische Studie von Pries (2016).
9   Vgl. Trojanow 2017: 9: „Doch die Flucht wirkt fort, ein Leben lang."
10   Diese Passage findet sich ebenfalls zuerst in Trojanows Vortrag *Exil als Heimat* (2014: 157).

zwei Teilen angelegt, wobei der erste Teil „Von den Verstörungen" (Trojanow 2017: 11) handelt, der zweite „Von der Errettungen" (ebd.: 71). Beide Teile enthalten durchnummeriert neunundneunzig Abschnitte, wobei der erste Teil in römischen Ziffern vorwärts zählend und der zweite Teil in arabischen Ziffern rückwärtszählend eine Spiegelung suggerieren, die es ermöglicht, den Band auch von hinten nach vorne zu lesen. Dass es so keinen eindeutigen Anfang und kein Ende der Lektürebewegung, keinen eindeutigen Ausgangs- und Endpunkt der Flucht gibt, ist durchaus programmatisch als diasporische Bewegung zu verstehen; ebenso die Hereinnahme eines Bildes des afroamerikanischen Künstlers Jacob Lawrence in der Mitte des Buchs (ebd.: 68 f.),[11] das im Original den Titel „The migrants arrived in great numbers" trägt und welches das vierzigste Panel aus dessen Bilderserie *The Great Migration* (1940–1941) zeigt.

Lawrences Kasein-Tempera-Serie, die das Schicksal von über sechs Millionen African Americans thematisiert, die von 1916 bis 1970 aus dem Süden in die urbanen Zentren des Nordostens, Midwestens und Westens der Vereinigten Staaten gezogen sind, um der Sklaverei zu entgehen und nach besseren Lebensbedingungen zu suchen, hat nicht nur Trojanow zu *Nach der Flucht* inspiriert (ebd.: 5), sondern auch selbst soziopolitische und gesellschaftskritische Motive europäischer Künstlerinnen (wie Käthe Kollwitz' *Witwe I*, 1923; Panel 16) und Künstler (wie Picassos *Guernica*, 1937; Panel 52) aufgenommen. Liest man *Nach der Flucht*, das auch autobiografische Passagen enthält und „*Meinen Eltern, die mich mit der Flucht beschenkten*" gewidmet ist (ebd.: 3), in diesem intervisuellen und paratextuellen Kontext, dann handelt es von der offenen und nie abgeschlossenen Dialektik der Diaspora, bei der auf der einen Seite die Marginalisierung des*r „Anderen" (ebd.: 55) durch territoriale, ethnische und rassistische Ausgrenzungen steht, und auf der anderen das Moment einer individuellen wie gesellschaftlichen „Bewegungsfreiheit" (ebd.: 113). Wenn es, so Trojanow, eine Synthese geben kann, um den Widerspruch zwischen Sesshaftigkeit und Heimatlosigkeit, oder, um mit Cresswell zu sprechen, zwischen „sedentarist" und „nomadic metaphysics" (Cresswell 2006: 26 ff. u. 42 ff.) aufzuheben, dann ist es die narrative Denkfigur des Exils als Bewegung, die Erfahrung von Diaspora als „Kenntnis der Welt bei gleichzeitiger Entfremdung von ihr, [als] eine Möglichkeit, unversöhnliche Gegensätze wie Heimat und Aufbruch zu einer vorübergehenden Synthese zu vereinen" (Trojanow 2017: 88).

In dieser Hinsicht ist es nicht überraschend, dass Trojanow gegenwärtige Exilautoren wie die beiden Palästinenser Mahmud Darwisch (ebd.: 84 u. 120) und Edward Said (ebd.: 88 u. 122) zitiert, sowie sich gleichzeitig auf

---

11 Die Wiedergabe des Bildes geschah laut Trojanow (2020) aus drucktechnischen Gründen in Schwarzweiß, während das Titelbild, das ebenfalls aus Lawrences Serie stammt, in Farbe wiedergegeben ist: „In the North the African American had more educational opportunities." (Panel 58)

die Geschichte des jüdischen Exils bezieht, wenn er sich indirekt auf Joseph Roth[12] und explizit auf Nelly Sachs beruft: „An Stelle von Heimat / halte ich die Verwandlungen der Welt." (ebd.: 102 u.123) Die Erfahrungen der Verwandlung und der Entfremdung sind dabei nicht nur ästhetischer Natur. Vielmehr geht es darum, den Zustand der Ausgrenzung in einen positiven, durchaus phänomenologischen Verfremdungseffekt umzuwandeln, wie es Trojanow auch anlässlich einer Gastvorlesung an der New York University mit seinen eigenen Student*innen konkret durchgespielt hat: „Entfremdung ist ein Daseinszustand, aber auch eine Technik, Distanz eine wohlbedachte Positionierung. [...] Nicht zu wissen, wo man sich befindet. Hinauszugehen ohne Ziel und Karte. [...] Entfremdung kann man trainieren, lernen. An einem kalten Tag zwingt er Studenten, auf eigenen Beinen die Großstadt zu durchstreifen. Ohne GPS, ohne Smartphone, ohne Kamera, ohne irgendein Sicherheitsseil." (ebd.: 96 f.)[13] Diese Schulung der Sinne zur „fruchtbare[n] Befremdung" und „Wandlungsfähigkeit" ist gegen die Erfahrung der „Ausgrenzung als Entrechtung" (ebd.: 108) gerichtet. Wie Trojanow kritisch feststellt: „Den Anderen nur als ‚Anderen' wahrzunehmen ist der Beginn von Gewalt" (ebd.: 55). Ebenso ist für ihn „[d]er Versuch, eine allgemeingültige Heimat zu bestimmen, [...] die Fortsetzung von Gewalt" (ebd.: 94). Trojanow scheint nahezulegen, dass die vor allem auch geschichtlich gesehen gewaltbestimmten Mechanismen territorialer und damit verbunden ethnischer Ausgrenzungen auf einem Wahrnehmungsfehler beruhen, der korrigiert werden kann: „Wer Bewegung zu teilen versucht, in reglose Bilder, in lebende Tableaus, in eine Abfolge von Wartesälen, der stellt die Bewegung an sich in Frage. Alle sitzen in einem Waggon. Die einen behaupten, der Zug rausche dahin, die anderen schwören, er sei abgestellt." (ebd.: 77) Indem er so, mittels der kognitiven Metapher des Lebens als Reise, die Wahrnehmung der Flüchtenden als Fremde und Andere dekonstruiert und aufbricht, rekonstruiert Trojanow sie mit den Worten Mahmud Darwischs als „*Vielschichtige*" (ebd.: 84) sowie als (sich selbst und auch andere) Bewegende, die „besser mit Paradoxien umgehen" (ebd.: 108) können.

Migration und Flucht sind so gesehen utopische Räume, die territoriale und ethnische Zugehörigkeiten dynamisch beschreiben, einerseits im phänomenologischen Sinne als ein körperliches Erleben, das den*die Einzelne*n in Beziehung zu seinem*ihrem konkreten, ortsbezogenen und von Moment zu Moment sich verändernden Umfeld setzt, andererseits als Entfremdungs- und

---

12 Vgl. Trojanow 2017: 88 f.: „Im schlimmsten Fall ist das Exil eine Sammlung von Anekdoten heiliger Alkoholiker."
13 Siehe auch dieselbe Szene in Trojanow 2018: 149.

Differenzerfahrung,[14] die über den*die Einzelne*n hinausgeht und sogar über Generationen gehen kann, als Diaspora. Was Bibi Bakare-Yussuf (2008: 152) mit Hilfe von Fanon und Merleau-Ponty für die Diasporaerfahrung sichtbarer Minderheiten festgestellt hat: „Diasporic subjects are immediately forced to realise that their place in the world is a ‚house of difference rather than the security of any particular difference' „ kann hiermit auch auf Trojanows gesellschaftsutopisches Prinzip der Flucht als diasporischer Bewegung übertragen werden. Zum einen wird das eurozentrische Konzept territorialer Identität, nationaler Zugehörigkeit und kolonialer Sesshaftigkeit durch das Paradigma der Bewegungsfreiheit erweitert, womit, im Sinne einer postmigrantischen Gesellschaft, Migration als zentrales Element permanenter gesellschaftlicher Veränderungen gedacht wird (Petersen & Schramm 2017: 5; Römhild 2017: 70). Zum anderen werden Flüchtende als gleichberechtigte Agierende eines Kulturaustausches und einer gesellschaftlichen Entwicklung gesehen, die als „trans-civic"[15] zu beschreiben wäre und bei der jegliche assimilierende Leitkulturkonzepte der Integration durch Mehrsprachigkeit und plurale Identitätsmodelle ersetzt werden, mittels denen ethnische und kulturelle Zugehörigkeiten immer wieder neu zu verhandeln wären (Foroutan 2016).

Auf der Grundlage von Flucht und Migration als Dauerzuständen und mit der Grundannahme von Exil als einem „Motiv der modernen Kultur" („motif of modern culture", Said 1994 [1984]: 137) wird so dem im deutschsprachigen Raum immer noch monokulturell verwendetem Raumkonzept „Heimat" ein plurales „Überall" und ein neutrales „Nirgendwo" als wörtlich genommener „U-topos" und transitorischer Ort einer postmigrantischen Gesellschaft gegenübergestellt, wie ihn auch Erol Yildiz (2016: 135) aus soziologischer Perspektive als „[urban] transtopia" beschrieben hat: „Transtopia refers to spaces in which differing, contradictory, plurivalent, ambiguous, local and transborder elements are fused with one another and coalesce into urban structures and forms of communication." Es gibt diese Räume nicht nur in der Erzählung, und sie sind im humangeographischen Kontext auch bereits als superdiverse Orte untersucht worden, ob am Beispiel so globaler, multiethnischer Großstädte wie Berlin, Sydney oder Vancouver (Vertovec 2014: Part VII; Vertovec et al. 2018). Trojanows Utopie einer diasporischen Zugehörigkeit ist insofern schon längst Realität geworden. Was aber aus der Lektüre von seinem Band *Nach der Flucht* klar wird ist, dass wir, so wie es der Soziologe Ulrich Beck ausgedrückt

---

14 In diesem Sinne träfe auch auf Trojanow zu, was Moritz Schramm (2016: 76) für die Texte Abbas Khiders als „Ästhetik der Differenz" festgestellt hat.

15 Siehe unter Bezug auf David Gramling Brooke Kreitingers Ausführungen in Arslan et al. (2017: 216).

hat,[16] immer noch nach einem gemeinsamen Narrativ suchen, das uns hilft, unsere Zugehörigkeit zu solchen superdiversen Orten fern der gewohnten binären Zuschreibungsmuster territorialer und ethnischer Identitäten (Yuval-Davis 2010) zu bestimmen. Insofern ist Trojanows „U-topia" tatsächlich ein sprachlicher Raum, in dem die Begriffe „Heimat", „Flucht" und „Migration" ortsungebunden im Plural als Ereignisse zu denken und daher in ständiger Bewegung sind. Nur mit der Erfahrung der Diaspora kann es zu den notwendigen gesellschaftlichen Veränderungen hin zur Konvivialität kommen.

Bibliographie

Arslan, Gizem / Kreitinger, Brooke / Göktürk, Deniz / Gramling, David / Mani, B. Venkat / Landry, Olivia / Mennel, Barbara / Denham, Scott / Ellis, Robin / Utkin, Roman (2017): Forum: Migration Studies. In: The German Quarterly 90.2, S. 212–234.

Bakare-Yusuf, Bibi (2008): Rethinking Diasporicity. Embodiment, Emotion, and the Displaced Origin. In: African and Black Diaspora. An International Journal 1.2, S. 147–158 (https://doi.org/10.1080/17528630802224056: letzter Zugriff: 28.3.2022).

Bauman, Zygmunt (2017): Die Angst vor den anderen. Ein Essay über Migration und Panikmache. Berlin: Suhrkamp.

Beck, Ulrich (2011): Multiculturalism or Cosmopolitanism. How Can We Describe and Understand the Diversity of the World? In: Social Sciences in China 32.4, S. 52–58.

Betts, Alexander/Collier, Paul (2017): Refuge. Rethinking Refugee Policy in a Changing World. New York: Oxford University Press.

Borsò, Vittoria (2015): Transitorische Räume. In: Handbuch Literatur & Raum. Hg. v. Jörg Dünne u. Andreas Mahler. Berlin / Boston: de Gruyter, S. 947–996.

Charim, Isolde (2018): Ich und die Anderen. Wie die neue Pluralisierung uns alle verändert. Wien: Zsolnay.

Cresswell, Tim (2006): On the Move. Mobility in the Modern Western World. New York: Routledge.

Foroutan, Naika (2016): Postmigrantische Gesellschaften. In: Einwanderungsgesellschaft Deutschland. Entwicklung und Stand der Integration. Hg. v. Heinz Ulrich Brinkmann u. Martina Sauer. Wiesbaden: Springer Fachmedien, S. 227–254 (https://doi.org/10.1007/978-3-658-05746-6_9; letzter Zugriff: 28.3.2022).

---

16 Vgl. Beck 2011: 53: „Over the last decades the cultural, social and political landscapes of diversity are changing radically, but we do not even have the language through which contemporary superdiversity in the world can be described, conceptualized, understood, explained and researched."

Foroutan, Naika / Karakayali, Juliane / Spielhaus, Riem (Hgg.) (2018): Postmigranti-sche Perspektiven. Ordnungssysteme, Repräsentationen, Kritik. Frankfurt am Main: Campus.

Geiser, Myriam (2015): Der Ort transkultureller Literatur in Deutschland und in Frank-reich. Deutsch-türkische und franko-maghrebinische Literatur der Postmigration. Würzburg: Königshausen & Neumann.

Gilroy, Paul (1999): Diaspora. In: Migration, Diasporas, and Transnationalism. Hg. v. Steven Vertovec u. Robin Cohen. Cheltenham, UK / Northampton, MA: Edward Elgar, S. 293–298.

Hallensleben, Markus (2021): Towards an Aesthetics of Postmigrant Narratives. Moving beyond the Politics of Territorial Belonging in Ilija Trojanow's *Nach der Flucht* (2017). In: Postmigration. Art, Culture and Politics in Contemporary Europe. Hg. v. Anna Meera Gaonker, Astrid Sophie Ost Hansen, Hans Christian Post u. Moritz Schramm. Bielefeld: transcript, S. 197–219. (https://www.transcr ipt-publishing.com/978-3-8376-4840-9/postmigration/?c=411000238; letzter Zugriff: 28.3.2022).

Herrmann, Elisabeth / Smith-Prei, Carrie / Taberner, Stuart (Hgg.) (2015): Transnatio-nalism in Contemporary German-Language Literature. Rochester, NY: Boydell & Brewer.

Hofmann, Michael (2010): Postkoloniale Begegnungen in der globalisierten Welt. Indien und Afrika in der deutschsprachigen Gegenwartsliteratur: Ilija Troja-now: *Der Weltensammler* und Christof Hamann: *Usambara*. Literatur und Glo-balisierung. In: germanistik.ch, Februar 2010 (https://www.germanistik.ch/publ ikation.php?id=Postkoloniale_Begegnungen_in_der_globalisierten_Welt; letzter Zugriff: 28.3.2022).

Kaplan, Caren (1996): Becoming Nomad. Poststructuralist Deterritorializations. In: Questions of Travel. Postmodern Discourses of Displacement. Durham: Duke University Press, S. 65–100.

Kollwitz, Käthe (1923): Die Witwe I. Teil der Serie Krieg (1921-22). Holzschnitt. New York, NY: MOMA (https://www.moma.org/collection/works/69685; letzter Zugriff: 3.8.2022).

Lawrence, Jacob (1940–1941): The Migration Series. Edith Halpert's Downtown Gallery [1941]: The Phillips Collection (http://lawrencemigration.phillipscollect ion.org; letzter Zugriff: 28.3.2022).

Malkki, Liisa (1992): National Geographic. The Rooting of Peoples and the Territoria-lization of National Identity Among Scholars and Refugees. In: Cultural Anthro-pology 7.1, S. 24–44.

Moslund, Sten Pultz / Petersen, Anne Ring / Schramm, Moritz (Hgg.) (2015): The Cul-ture of Migration. Politics, Aesthetics and Histories. London: I. B. Tauris.

Münkler, Herfried / Münkler, Marina (2016): Die neuen Deutschen. Ein Land vor sei-ner Zukunft, Berlin: Rowohlt.

Petersen, Anne Ring / Schramm, Moritz (2017): (Post-)Migration in the Age of Glo-balisation. New Challenges to Imagination and Representation. In: Journal of Aesthetics & Culture 9.2, S. 1–12 (https://doi.org/10.1080/20004214.2017.1356 178; letzter Zugriff: 28.3.2022).

Picasso, Pablo (1937): Guernica. Ölgemälde. Museo Reina Sofia (https://www.museo-reinasofia.es/coleccion/obra/guernica; letzter Zugriff: 3.8.2022).

Preece, Julian (Hg.) (2013): Ilija Trojanow. Bern: Peter Lang.

Pries, Ludger (2016): Migration und Ankommen. Die Chancen der Flüchtlingsbewegung. Frankfurt/M. / New York: Campus Verlag.

Römhild, Regina (2017): Beyond the Bounds of the Ethnic: for Postmigrant Cultural and Social Research. In: Journal of Aesthetics & Culture 9.2, S. 69–75 (https://doi.org/10.1080/20004214.2017.1379850; letzter Zugriff: 28.3.2022).

Römhild, Regina (2018): Konvivialität – Momente von Post-Otherness. In: Postmigrantische Visionen: Erfahrungen – Ideen – Reflexionen. Hg. v. Marc Hill u. Erol Yıldız. Bielefeld: transcript, S. 63–72.

Said, Edward W. (1994 [1984]): Reflections on Exile. In: Altogether Elsewhere: Writers on Exile. Hg. v. Marc Robinson. Boston: Faber and Faber, S. 137–149.

Schramm, Moritz (2016): Ironischer Realismus. Selbstdifferenz und Wirklichkeitsnähe bei Abbas Khider. In: Neue Realismen in der Gegenwartsliteratur. Hg. v. Søren R. Fauth u. Rolf Parr. München: Fink, S. 71–84.

Smith-Prei, Carrie (2017): Ilija Trojanow and the Cosmopolitical Public Intellectual. In: Crossing Central Europe. Continuities and Transformations, 1900 and 2000. Hg. v. Carrie Smith-Prei u. Helga Mitterbauer. Toronto u. a.: University of Toronto Press, S. 251–274.

Stewart, Lizzie (2017): Postmigrant Theatre: The Ballhaus Naunynstraße Takes on Sexual Nationalism. In: Journal of Aesthetics & Culture 9.2, S. 56–68. (https://doi.org/10.1080/20004214.2017.1370358; letzter Zugriff: 28.3.2022).

Taberner, Stuart (2017): Transnationalism and German-Language Literature in the Twenty-First Century. Cham: Palgrave Macmillan.

Terkessidis, Mark (2017): Nach der Flucht. Neue Ideen für die Einwanderungsgesellschaft. Ditzingen: Reclam.

Trojanow, Ilija (2014): Exil als Heimat. In: Lebensmodell Diaspora. Über moderne Nomaden. Hg. v. Isolde Charim u. Gertraud Auer Borea. Bielefeld: transcript, S. 155–164.

Trojanow, Ilija (2017): Nach der Flucht. Frankfurt am Main: Fischer.

Trojanow, Ilija (2018): Gebrauchsanweisung fürs Reisen. München: Piper.

Trojanow, Ilija (2020): Reading and Lecture on Confluences post Migration. In: Ziegler Lecture Series. Moderiert v. Markus Hallensleben. Vancouver, BC: UBC, Dept. of CENES, 22. Oktober 2020 (https://doi.org/10.14288/1.0394921; letzter Zugriff: 28.3.2022).

Twist, Joseph (2020): From Roots to Rhizomes. Similarity and Difference in Contemporary German Postmigrant Literature. Humanities 9.3 (https://doi.org/10.3390/h9030064; letzter Zugriff: 28.3.2022).

Vertovec, Steven (Hg.) (2014): Migration and Diversity. Cheltenham, UK / Northampton, MA: Edward Elgar Publishing.

Vertovec, Steven / Hiebert, Daniel / Gamlen, Alan / Spoonley, Paul (2018): Superdiversity (https://superdiv.mmg.mpg.de/; letzter Zugriff: 28.3.2022).

Wagner, Sabrina (2015): Aufklärer der Gegenwart. Politische Autorschaft zu Beginn des 21. Jahrhunderts – Juli Zeh, Ilija Trojanow, Uwe Tellkamp. Göttingen: Wallstein.

Yildiz, Erol (2016): Urban Recycling – the City in Migrant Economy. In: Oncurating. org 30, S. 132–135 (http://www.on-curating.org/issue-30-reader/urban-recycl ing-the-city-in-migrant-economy.html; letzer Zugriff: 28.3.2022).

Yildiz, Erol/Hill, Marc (Hgg.) (2015): Nach der Migration. Postmigrantische Perspektiven jenseits der Parallelgesellschaft. Bielefeld: transcript (http://dx.doi.org/ 10.14361/transcript.9783839425046; letzter Zugriff: 28.3.2022).

Yuval-Davis, Nira (2010): Theorizing Identity: beyond the ‚Us' and ‚Them' Dichotomy. In: Patterns of Prejudice 44.3, S. 261–280.

Postmigration und autosoziobiografisches Erzählen in Dilek Güngörs *Vater und ich* (2021)

Jule Thiemann (Hamburg)

1. Einführung

Mit dem überwiegend positiv bis euphorisch besprochenen Prosastück *Vater und ich* (2021) sicherte sich die Autorin Dilek Güngör im Herbst 2021 einen Platz auf der begehrten Longlist des Deutschen Buchpreises.[1] Ulrich Rüdenauer (2021) stellt in seiner Rezension zu Güngörs *Vater und ich* fest, dass die Prosa in ihrer Form „weder dem konventionellen Roman entspricht noch einer Autobiografie, weder literarische Flucht ist noch bekenntnishafte Selbstoffenbarung". In dem die Nominierungsankündigung begleitenden Kurztext auf der Website des Deutschen Buchpreises wird Güngörs Text als „berührender und humorvoller Roman über eine Vater-Tochter-Beziehung"[2] gelobt. Doch die nur 112 Seiten umfassende Erzählung ist viel mehr als nur ein Generationenroman. Denn Güngör schreibt sich mit ihrem Prosastück *Vater und ich* in eine literarische Traditionslinie ein, die derzeit besonders eifrig auf dem deutschen Buchmarkt, im Feuilleton und im akademischen Kontext diskutiert wird. Diese Traditionslinie ist das autosoziobiografische Schreiben bzw. die Textsorte der Autosoziobiografie.[3] Autosoziobiografische Texte erzählen den Bildungsaufstieg einer Figur und einen damit verbundenen Klassenwechsel und werden zumeist als genrehybride Form zwischen Autofiktion und Autobiografie rezipiert (Rüdenauer 2021). Berühmte Vorlagen für diese Erzähltradition finden sich in der französischen Literatur (vgl. Ernaux 2008; Eribon 2009), wobei Didier Eribons *Rückkehr nach Reims* (2009) als Fixstern des Genres gilt.[4]

---

1 Vgl. z. B. folgende Rezensionen: Rüdenauer 2021; Geißler 2021; Hubernagel 2021.

2 Vgl. das Kurzporträt zu Autorin und Werk auf der Website des Deutschen Buchpreises (Deutscher Buchpreis 2021).

3 Die französische Autorin Annie Ernaux prägte die Bezeichnung *autosoziobiografisch* oder *auto-sociobiographique* (vgl. Blome 2020: 546).

4 Die französischen Autor*innen Didier Eribon und Annie Ernaux gelten als bekannteste Vertreter*innen des Genres. Eribon legte mit *Retour à Reims*, Paris 2009 (*Rückkehr nach Reims*, Berlin 2016) ein vieldiskutiertes Prosawerk vor, in dem er die Rückkehr zum Wohnort der Eltern beschreibt und über das Aufwachsen in einem Arbeiterhaushalt, über den Besuch der Oberschule sowie der Universität in Paris reflektiert. Die Autorin Annie Ernaux

Dabei ist das Narrativ des Bildungsaufstiegs und einer damit verbundenen sozialen Analyse auch mit Blick auf die anglo-amerikanischen Bestsellerlisten wiederzuentdecken[5] und wird derzeit im deutschsprachigen Kontext vor allem unter Verweis auf Texte wie Daniela Dröschers *Zeige deine Herkunft* (2018), Saša Stanišićs *Herkunft* (2019) und Deniz Ohdes *Streulicht* (2020) besprochen. Auch Güngörs Roman wurde vom Feuilleton bereits in dieser Traditionslinie verortet, ließe sich der Roman doch „gut in eine Reihe stellen mit jenen in den letzten Jahren vermehrt erscheinenden Memoires, die Fragen von Herkunft und Klasse umkreisen" (Rüdenauer 2021).

In Güngörs *Vater und ich* besucht die Protagonistin und Ich-Erzählerin Ipek, eine erfolgreiche Journalistin, ihren Vater für ein Wochenende, da ihre Mutter verreist ist und sie dem „Strohwitwer" (Güngör 2021: 43) Gesellschaft leisten will. Ipek ist die Tochter türkeistämmiger Arbeitsmigrant*innen, lebt in einer unbenannten Großstadt und ist belesen und weltgewandt. Sie erhofft sich von der Zeit mit ihrem Vater, einem wortkargen alten Mann und Möbelpolsterer, Einsicht in dessen Denkweisen, will über dessen Erinnerungen an seine Kindheit in der Türkei und die Migration nach Deutschland sprechen. Doch Vater und Tochter finden keine gemeinsame Sprache, der Dialog stockt, die Lebenswelten sind zu unterschiedlich: Ipek ist eine unabhängige Frau, die sich von ihrem Lebenspartner getrennt hat, kinderlos ist und sich selbst finanziert; ihr Vater ist ein Arbeiter, hat keinen Schulabschluss und die Türkei als junger Mann im Zuge des Arbeitsabkommens zwischen Deutschland und der Türkei verlassen. Beide Figuren werden als wohlwollend und liebevoll im Umgang miteinander gezeichnet, dabei sind sie jedoch weitestgehend unfähig, dieser gegenseitigen Neigung Ausdruck zu verleihen oder diese gar zu verbalisieren. Nach drei gemeinsamen Tagen und unzähligen gescheiterten Versuchen, ein Gespräch mit dem Vater zu beginnen, nimmt Ipek den Zug zurück in die Großstadt. In der Abschiedsszene am Bahnhof gibt es keine väterliche Umarmung und nur wenige Worte, doch überreicht der Vater seiner Tochter überraschend Weintrauben als Proviant für die Fahrt – Trauben, die Ipek schon als Kind geliebt hat. So schließt der Text mit einer Szene der väterlichen Fürsorge, die repräsentativ für die der Figur des Vaters eingeschriebene nonverbale Liebe für seine Tochter steht.

---

zählt in Frankreich zu den bekanntesten Intellektuellen und hat ihre Bildungsbiografie und den Aufstieg als Arbeiterkind zur Lehrerin und erfolgreichen Autorin in autobiografischen bzw. autofiktiven Prosawerken inszeniert.

5   Der amerikanische Jurist und Autor J. D. Vance legt mit seinem autobiografischem Debüt-roman *Hillbilly Elegy* (2016) eine Erzählung seines Aufstiegs von der prekären Situation der amerikanischen Unterschicht des ruralen Ostens bis um Studium an der renommierten Yale Law School vor, und auch die amerikanische Autorin Tara Westover zeichnet in *Education* (2018) ihren Bildungsweg – vom *Homeschooling* im ruralen Amerika bis hin zur Elite-Universität – nach.

2. *Autosoziobiografie und Postmigration*

Die Autosoziobiografie tarnt sich häufig als Selbstversuch, um die sozialen Voraussetzungen für das eigene Denken und Schreiben sowie einen Klassenwechsel (im Sinne der Sozialtheorie Pierre Bourdieus) zu illustrieren. Vor der Folie individueller Lebensphasen werden soziokulturelle Tendenzen und gesellschaftliche Realität dokumentiert, sodass auf der Grundlage der individuellen Geschichte eine gesellschaftliche, gleichsam kollektive Geschichtsschreibung stattfindet. Zu diesem Ergebnis ist die Forschung der letzten Jahre gekommen, denn autosoziobiografische Erzählverfahren haben längst Eingang in die Fachdebatten einer (kulturwissenschaftlich ausgerichteten, aber auch an soziologischer Theoriebildung interessierten) germanistischen Forschung gefunden: Carlos Spoerhase (2017: 31) legte mit seinem Aufsatz *Politik der Form. Autosoziobiografie als Gesellschaftsanalyse* dar, wie die in den Autosoziobiografien angelegten Aufstiegsgeschichten immer auch gleichzeitig Bildungsgeschichten sind, und Eva Blome (2000: 541) analysierte in ihren Ausführungen *Rückkehr zur Herkunft. Autosoziobiografien erzählen von der Klassengesellschaft* Beispiele aus Literatur und Film, die sich autosoziobiografischer Erzählverfahren bedienen. Sie führt aus, dass die autosoziobiografische Literatur individuelle Narrative des Milieu- bzw. Klassenwechsels stets mit gesamtgesellschaftlichen Analysen und Beobachtungen kombiniert.

Die dem Genre der Autosoziobiografie eingeschriebene Kulturtechnik einer *kollektiven* Geschichtsschreibung anhand der Erzählung einer Individualbiografie soll Ausgangspunkt für meine Überlegungen zu Güngörs Roman über eine junge Frau und ihren Vater sein, in der familiäre Migrationserfahrungen, intersektionale Diskriminierungspraxen und Alltagsrassismus inszeniert werden. Dabei steht die Biografie der Protagonistin stellvertretend für eine gesamtgesellschaftliche Erfahrung, die seit den ersten Anwerbeabkommen Deutschlands in den 1950er-Jahren Realität geworden ist. So stellt Güngör dem Narrativ des Klassenwechsels einen anderen Diskurs zur Seite: den der Postmigration.[6] In Güngörs *Vater und ich* wird das Verfahren autosoziobiografischen Schreibens an eine postmigrantische Perspektive gekoppelt, um in einem gesellschaftsanalytischen Gestus nicht nur eine Einzelbiografie erzählbar zu machen, sondern den Bildungsaufstieg der Tochter eines türkischen Arbeitsmigranten als Teil einer deutschen Geschichtsschreibung zu inszenieren: Denn bisher fanden postmigrantische Perspektiven kaum Berücksichtigung im kollektiven Gedächtnis einer Nation, die nur zögerlich beginnt,

---

6   Vgl. hierzu die Definition der Berliner Theaterschaffenden Shermin Langhoff: Postmigration stehe „in unserem globalisierten, vor allem urbanen Leben für den gesamten gemeinsamen Raum der Diversität jenseits von Herkunft" (Langhoff & Donath 2011).

historische Ereignisse vom Standpunkt von Minderheiten oder diskriminierten Gruppen zu betrachten.[7]

Weicht Güngörs *Vater und ich* zwar insofern von der Traditionslinie des Genres der Autosoziobiografie ab, als dass sich der genrehybride Text einer eindeutigen formalen Zuordnung entzieht und nur in Teilen als autobiografische Selbstanalyse verstanden werden kann, so bietet sich jedoch an, den Roman als Autofiktion zu lesen.[8] Die folgende Lektüreskizze soll den Roman keinesfalls auf ein autobiografisches Narrativ reduzieren, sondern als einen genrehybriden Text untersuchen, in dem autosoziobiografische Erzählverfahren Anwendung finden.

3. Von der Individual- zur Kollektivbiografie

Im Folgenden schlage ich eine Lektüre von Güngörs *Vater und ich* vor, welche sich diesen Fragestellungen widmet: Welche realhistorischen Ereignisse werden in dem Roman verhandelt? Können die subjektiven Erinnerungen und Reflexionen der Protagonistin im autofiktiven Roman einer kollektiven (literarischen) Geschichtsschreibung aus einer postmigrantischen Perspektive zuarbeiten? Anhand von repräsentativen Textstellen soll mit der folgenden Lesart aufgezeigt werden, dass in Güngörs Text ein Übergang von einer Individualbiografie zu einer Kollektivbiografie angelegt ist.[9] Als Beispiel dient eine Szene, in der die Protagonistin alte Tonbänder findet, woraufhin sie ihre Arbeit als Journalistin reflektiert und sich an ein Interview-Projekt erinnert, im Rahmen dessen sie türkische Arbeitsmigranten mit der Frage konfrontiert, in welchem Land – in der Türkei oder in Deutschland – diese begraben werden wollen:

> Auf den Bändern sind Gespräche zwischen mir und Männern aus einem Ladenlokal der Kreuzberger Arbeiterwohlfahrt zu hören. Woche für Woche fuhr ich mit einem Aufnahmegerät zu ihrem Montagstreffen. Es gab Kaffee und Nussschnecken

---

7   Beispiele für eine postmigrantische Perspektive auf ein Ereignis der jüngeren deutschen Geschichte wären Bau und Fall der Berliner Mauer, beschrieben aus der Sicht türkeistämmiger Arbeitsmigrant*innen (vgl. Lierke & Perinelli 2020).

8   Hubernagel (2021) verweist darauf, dass sich Passagen des Romans in einem längeren Essay der Autorin über den Verlust der Sprache zwischen Vater und Tochter in der *Zeit* wiederfinden, zitiert aber auch Güngör mit folgender Aussage zum Roman: „Ich finde die Frage nach dem Autobiografischen eigentlich gar nicht so wichtig. Der Roman ist nicht besser oder schlechter, weil die Geschichte mir passiert ist oder nicht."

9   Diese These soll im begrenzten Rahmen des Aufsatzes lediglich als eine mögliche Lesart skizziert werden, die als Grundlage für weitere autosoziobiografische Interpretationsansätze dienen kann.

vom Bäcker gegenüber und ich fragte sie, in welchem Land sie einmal beerdigt werden wollten, in Deutschland oder in der Türkei. [. . .] Die Männer erinnerten sich, wie sie am Münchener oder am Frankfurter Hauptbahnhof ankamen, an ihr Wohnheim, ihre Arbeit in der Fabrik oder auf der Baustelle, ihre Frauen, die Kinder, auch an ihren Rücken, ihre Lungen, ihr Haus in der Türkei, an die Enkel und erzählten von deutschen Friedhöfen, auf denen die wenigsten von ihnen einmal liegen wollten, weil die Erde hier so kalt sei. (Güngör 2021: 35)

Die Geschichte der ‚Gastarbeiter*innen‘ interessiert die junge Journalistin, da der eigene Vater über seine Erinnerungen kaum spricht, sodass die Gespräche mit den fremden Männern gleichsam als Platzhalter einer nie stattgefundenen Konversation zwischen Tochter und Vater fungieren. So dienen die Interviews auch der Rekonstruktion der eigenen Familiengeschichte und können als Suche der Protagonistin nach dem ersehnten Dialogpartner, ihrem Vater, verstanden werden. Denn die Aussagen der fremden Männer von der Kreuzberger Arbeiterwohlfahrt erscheinen ihr wie Versatzstücke von Szenen und Erinnerungen ihrer eigenen Familiengeschichte, die intergenerational über die Figur der redseligen Mutter erzählt wird. In der Form eines inneren Monologs, der sich jedoch eigentlich an den Vater richtet, konstatiert Ipek:

Die Geschichte kenne ich und habe sie doch nie in Gänze von dir erzählt bekommen. Von Mama weiß ich ein bisschen was, ein wenig von deiner Mutter, von Mamas Schwestern. Von dir weiß ich: „Ich wollte nicht im Dorf bleiben." Den Rest aus Filmen, Büchern, von anderen Gastarbeitereltern. Wenn ich all das zusammentrage, was ich gehört, gelesen, gesehen habe, kommt diese Geschichte dabei heraus: Du bist von zuhause weggelaufen, mit vierzehn, weil du nicht weiter zur Schule gehen durftest, auf den Feldern arbeiten solltest, Pistazienbauer werden und Pistazienbauer bleiben, wie alle anderen auch. (ebd.: 52)

Da der Vater der Protagonistin auf das Interesse der Tochter an seinen Migrationserfahrungen, seinen Beweggründen und familiären Umständen nur wortkarg und unwillig reagiert, behilft sich Ipek mit den Erinnerungen ihrer Interviewpartner und Berichten aus Büchern und Filmen, um so die Geschichte des Vaters zu rekonstruieren. Ipek spürt der kollektiven Erfahrung der ersten Generation von Arbeitsmigrant*innen aus der Türkei – der Ankunft an fremden Bahnhöfen großer Städte und der schweren Arbeit in Fabriken und auf Baustellen – nach, um die Geschichte des eigenen Vaters erzählbar zu machen. Dabei scheinen die Rollen von Vater und Tochter nun vertauscht, denn nicht der Vater berichtet der Tochter von seiner Vergangenheit, sondern die Tochter ergänzt die lückenhafte Schilderung des Vaters um Details aus ihren Gesprächen mit Familienmitgliedern und den fremden Arbeitern.

Über diese in der Protagonistin angelegte postmigrantische Perspektive auf die türkisch-deutsche Arbeitsmigration wird somit ein Teil jüngerer deutscher Geschichte inszeniert, und zwar nicht aus der Position einer *weißen* Geschichtsschreibung, sondern über den Blick der Tochter, die eine familiäre Migrationserfahrung in der Form transgenerationaler Gespräche verarbeitet. Aus der Kombination von den individuellen, subjektiven Erinnerungen des Vaters und Versatzstücken aus Rückblicken und Geschichten unbekannter Figuren entsteht ein Narrativ, in dem auf der Grundlage der Einzelbiografien eine kollektive literarische Geschichtsschreibung angedeutet wird. Mag dieses Verfahren auf den ersten Blick die Gefahr bergen, die Relevanz der jeweiligen Einzelstimmen zugunsten der kollektiven Erzählung zu schmälern, so scheint jedoch zumindest angedeutet, dass in Güngörs Roman die protokollierten Stimmen als Kollektiv inszeniert sind, das eine Neuperspektivierung der (literarischen) Erzählung historischer Ereignisse einfordert.

4. Fazit und Ausblick

Güngörs *Vater und ich* wurde vor der Folie neuerer Überlegungen und theoretischer Ausführungen zu autosoziobiografischen Erzählverfahren betrachtet. Vorgeschlagen wurde das Zusammendenken von Autosoziobiografie und Postmigration: Der Argumentation folgend, dass Autosoziobiografien stets Bezug nehmen auf realhistorische Ereignisse, soziale Selektionsmechanismen und Klassenverhältnisse (vgl. Blome 2020), wurde eine Lesart von Güngörs *Vater und ich* angeboten, die den Übergang von einer Individualbiografie zu einer Kollektivbiografie skizziert. Dabei findet vor allem die Geschichte der sogenannten Gastarbeiter*innen Inszenierung, aber auch Erfahrungen mit Diskriminierung, Rassismus und Ausgrenzung werden dargestellt. Umfängliche Forschung zum Zusammendenken von Autosoziobiografie und neuerer Literatur der Postmigration steht derzeit noch weitestgehend aus,[10] sodass es zukünftig weitere Lektüren erfordert, um u. a. kulturwissenschaftliche und soziologische Forschungsansätze an diese Textsorte heranzutragen.

Relevant für eine Untersuchung weiterer Texte mit postmigrantischen Perspektiven – unter Bezugnahme auf die Analysekategorie der Autosoziobiografie – wäre z. B. die Beobachtung, dass in diesen Erzählungen soziale Ungleichheit oftmals auch *räumlich* verhandelt wird und auffallend häufig in der Dichotomie „Urbanität–Ruralität" zum Ausdruck kommt. Denn die Prosawerke zeichnet aus, dass in ihnen – neben der sozialen Aufstiegsentwicklung und Emanzipation der Figuren von ihrem Herkunftsmilieu – auch ein räumlicher Bewegungsvektor Inszenierung findet: Die Protagonist*innen verlassen

---

10 Vgl. hierzu das Unterkapitel „Herkunftsnarrative. Autosoziobiografie und Postmigration" in Cramer et al. 2022.

die ruralen Räume der Kindheit und Adoleszenz und leben fortan in urbanen Räumen. Erst mit dem Ortswechsel, erst in der Großstadt scheinen nun Reflexion und ein Rückblick aus (zeitlicher und räumlicher) Distanz möglich. Zudem müsste bezüglich der Publikationsprozesse dieser Texte die ökonomische Motivation des *weiß*-dominierten Buchmarktes und seiner Leser*innenschaft hinterfragt werden, die solche Romane möglicherweise auch deshalb prämieren, weil sie mit dem Aufstiegsnarrativ eine stereotype Imagination bedienen, die sich besonders gut verkaufen lässt: das Klischee des hart erarbeiteten, gesellschaftlichen Aufstiegs à la „vom Tellerwäscher zum Millionär". Weiterhin sei darauf verwiesen, dass die Theoriesettings des autosoziobiografischen Erzählens und der postmigrantischen Perspektive nur dann zusammengedacht werden können, wenn die Texte als genrehybrid verstanden werden: Autobiografische, autofiktive und soziologische Schreibverfahren stehen nebeneinander und bedingen sich wechselseitig.

Bibliographie

Cramer, Rahel / Schmidt, Jara / Thiemann, Jule (2022): Argumente für einen Postmigrant Turn. Postmigration als kulturwissenschaftliche Analysekategorie. Berlin: Neofelis.

Deutscher Buchpreis (2021): Dilek Güngör auf der Longlist des Deutschen Buchpreises (https://www.deutscher-buchpreis.de/nominiert; letzter Zugriff: 21.11.2021).

Blome, Eva (2020): Rückkehr zur Herkunft. Autosoziobiografien erzählen von der Klassengesellschaft. In: Deutsche Vierteljahrsschrift Literaturwissenschaft Geistesgeschichte 94, S. 541–571.

Geißler, Cornelia (2021): Dilek Güngör: „Vater und ich" – Die Worte aus dem Mund ziehen. In: Frankfurter Rundschau, 16. September 2021 (https://www.fr.de/kultur/literatur/dilek-guengoer-vater-und-ich-die-worte-aus-dem-mund-ziehen-90985476.html; letzter Zugriff: 28.3.2022).

Hubernagel, Julia (2021): Das Schweigen. Dilek Güngörs Buch „Vater und ich". In: die tageszeitung, 12. September 2021 (https://taz.de/Dilek-Guengors-Buch-Vater-und-ich/!5797087/; letzter Zugriff: 28.3.2022).

Güngör, Dilek (2021): Vater und ich. Berlin: Verbrecher Verlag.

Langhoff, Shermin / Donath, Katharina: Die Herkunft spielt keine Rolle – „Postmigrantisches" Theater im Ballhaus Naunynstraße. Interview mit Shermin Langhoff [10. März 2011]. In: Bundeszentrale für politische Bildung – Dossier für kulturelle Bildung (https://www.bpb.de/lernen/kulturelle-bildung/60135/die-herkunft-spielt-keine-rolle-postmigrantisches-theater-im-ballhaus-naunynstrasse/; letzter Zugriff: 28.3.2022).

Eribon, Didier (2009): Retour à Reims. Paris: Fayard (Rückkehr nach Reims Berlin: Suhrkamp, 2016).

Jaquet, Chantal (2014): Les transclasses ou la non-reproduction. Paris: PUF (Zwischen den Klassen. Über die Nicht-Reproduktion sozialer Macht. Konstanz: KUP, 2018).

Lierke, Lydia / Perinelli, Massimo (Hgg.) (2020): Erinnern stören. Der Mauerfall aus migrantischer und jüdischer Perspektive. Berlin: Verbrecher Verlag.

Louis, Edouard (2014): En finir avec Eddy Bellegueule. Paris : Seuil (Das Ende von Eddy. Frankfurt/M.: Fischer, 2015).

Ohde, Deniz (2020): Streulicht. Berlin: Suhrkamp.

Rüdenauer, Ulrich (2021): Dilek Güngör: „Vater und ich". In der Sprachlosigkeits-Spirale. In: Deutschlandfunk, 12. August 2021 (https://www.deutschlandfunk.de/dilek-guengoer-vater-und-ich-in-der-sprachlosigkeits-spirale-100.html; letzter Zugriff: 28.3.2022).

Spoerhase, Carlos (2017): Politik der Form. Autosoziobiografie als Gesellschaftsanalyse. In: Merkur 71, S. 27–37.

Spoerhase, Carlos (2018): Aufstiegsangst: Zur Autosoziobiographie des Klassenübergängers. In: Chantal Jaquet: Zwischen den Klassen. Über die Nicht-Reproduktion sozialer Macht. Konstanz: KUP, S. 231–253.

Stanišić, Saša (2019): Herkunft. München: Luchterhand.

Vance, J. D. (2016): Hillbilly Elegy. A Memoir of a Family and Culture in Crisis. New York: Harper & Row, 2016 (Hillbilly-Elegie. Die Geschichte meiner Familie und einer Gesellschaft in der Krise. Berlin: Ullstein, 2017).

Westover, Tara (2018): Educated. A Memoir. New York: Random House.

Wladimir Kaminer: Von Moskau nach Berlin, oder: Der Weg zu einer nationalkulturellen Identität im multikulturellen Berlin. Ein Gespräch mit dem Schriftsteller

Tiziana Corda (Berlin)

Wladimir Kaminer wurde 1967 in Moskau geboren und kam 1990 als sogenannter jüdischer Kontingentflüchtling nach Berlin. Mit seinem ersten Erzählband *Russendisko* (2000) avancierte er zu einem international bekannten und beliebten Schriftsteller. Seine Bücher sind nach Angaben des Goldmann Verlags bis dato in 23 Sprachen übersetzt worden.

Kaum ein anderer Schriftsteller mit Migrationshintergrund hat den gewundenen Weg zu einer nationalkulturellen Identität so geistreich und humorvoll wie Wladimir Kaminer beschrieben. Von seinen Anfängen – *Russendisko* (2000), *Schönhauser Allee* (2001), *Ich bin kein Berliner* (2007) – bis zu seinen jüngsten Texten wie *Ausgerechnet Deutschland. Geschichten unserer neuen Nachbarn* (2018) und *Der verlorene Sommer. Deutschland raucht auf dem Balkon* (2021) – führt Kaminer seiner Leserschaft durch unterhaltsame Szenen aus seinem Alltag die verschiedenen Phasen seiner Konfrontation mit dem neuen Kulturraum vor. In einem Interview mit dem Schriftsteller Anfang Juni 2021 konnten unterschiedliche Aspekte dieser Erfahrungen wie die Entfremdung von seinem Herkunftsland, die gewonnene Doppelperspektive, Identitätsfragen, die Hybridisierung der Kulturen und nicht zuletzt die von ihm in seiner Prosa eingesetzten Stereotypen besprochen werden. Kaminers Antworten bilden die Grundlage für die folgenden Ausführungen.

1. Ausreise aus der Sowjetunion und Deutschlandbild

Das rege Kulturleben Berlins hat dem versierten jungen Mann aus Moskau viele Ausdrucksmöglichkeiten dargeboten: Seit über zwanzig Jahren schreibt er regelmäßig Kolumnen für die Frankfurter Allgemeine Zeitung (FAZ) und für die Berliner Tageszeitung (TAZ). Als Star der jungen deutschen Literaturszene hält er Lesungen und Vorlesungen bundesweit. Als Multitalent – Schriftsteller, Journalist, Schauspieler – hat Kaminer die Kulturszene Berlins stark geprägt. In Berlin-Mitte veranstaltete er von 2000 bis 2020 im Kultlokal Kaffee Burger die bald legendär gewordene Russendisko, bei der er selber als DJ auftrat.

Vor allem bot ihm Berlin die Chance, seine neue Existenz zu gründen. Darum spielt die Stadt auch die Hauptrolle in fast allen Erzählungen, denn „Berlin bindet und einmal gelandet kommt man kaum weg" (Kaminer 2007: 9). In vielerlei Hinsicht nimmt Kaminer eine Sonderstellung in der deutschsprachigen Literaturlandschaft ein. Als russisch-jüdischer Schriftsteller der Gegenwart hat er von Anfang an seine Erzählungen auf Deutsch geschrieben, was in den neunziger Jahren ein Novum war, sodass er nicht als Migrationsautor wahrgenommen wird.[1] Kaminers Biografie und sein Schreiben sind ein Beleg für den fließenden Übergang zwischen Emigration und Migrationsliteratur. Sind in der Migrationsliteratur politische Themen oft nicht von Priorität, so bildet doch bei Kaminer die Auseinandersetzung mit der ehemaligen Sowjetunion den Unterton vor allem seiner ersten Erzählbände. Begründet mit Reiselust und sogar mit reinem Spaß, ist das Thema Ausreise aus der Sowjetunion in vielen Erzählungen präsent. In *Russendisko* wird jedoch bereits am Anfang ein politisches und historisches Motiv angesprochen: 1990 verbreitete sich in der ehemaligen Sowjetunion das Gerücht, Honecker würde Juden von dort aufnehmen als eine Art Wiedergutmachung dafür, dass die DDR sich nie an den deutschen Zahlungen für Israel beteiligt hatte (Kaminer [2000] 2002: 9). Das Gerücht über Honecker war nicht fundiert, da die DDR seit 1989 nicht mehr existierte. Faktisch war es genau der Zusammenbruch der DDR, der Kaminer die Freikarte für die Reise in die große Welt bot. Wird in Kaminers Büchern dieses Motiv kaum erwähnt oder sogar heruntergespielt, so verrät der Schriftsteller im Rahmen des Interviews doch die unterschwellige Motivation: „Die Einladung Honeckers war nur der Anlass. Meine Freundin und ich wollten die große Welt kennenlernen, die Weltreise erleben. Wir fühlten uns dort in gewisser Art ‚angeschmiert'." Das Gefühl, „angeschmiert" zu sein, bezieht sich auf die Reiseeinschränkungen für die Bürger aus den ehemaligen Ostländern. Reisen und das Erkunden anderer Länder sind dann auch das Hauptthema in *Die Reise nach Trulala* (2002). In diesem Erzählband geht es um nicht reale, sondern imaginierte Reisen, die nur durch Berichte von anderen erlebt werden dürfen. Vor allem Paris spielt „in den Köpfen der Russen als fast unerreichbares Paradies schon immer eine besondere Rolle" (Kaminer [2002] 2004: 14). Die extravaganten Erzählungen darüber schaffen ein düsteres Bild. Nach der mit dem Perestroika-Prozess errungenen Reisefreiheit schieben die Protagonisten des Bandes die langersehnte Weltreise dann doch auf, denn sie erweist sich zunächst als falsche Bewegung: „Das ging uns aber alles viel zu schnell. Um das Gefühl der absoluten Reisefreiheit noch etwas länger zu genießen, blieben wir erst einmal in unserem Heim in Marzahn" (ebd.: 15). Das Hemmnis

---

1   Vgl. Weigel 1992: 227: „So werden Autoren aus osteuropäischen Ländern [...] selten im Zusammenhang der ‚Migrationsliteratur' genannt, oft sogar quasi als ‚deutsche' Autoren gehandelt."

ist an dieser Stelle die Angst vor dem Zusammenstoß zwischen dem nicht zuletzt durch die Propaganda idealisierten Bild einer solchen Reise und der Wirklichkeit. Die Ausreise aus der Sowjetunion hatte Kaminer – so legt es der literarische, dabei jedoch wie alle seine Bücher stets sehr autobiografisch inspirierte Text nahe – anfangs über die damals noch existierende DDR versucht (ebd.: 10 f.). Aus der Sicht eines Sowjetbürgers war die DDR ein zugängliches Bruderland mit allerhand Vorteilen, sagt Kaminer im Interview:

> Die DDR bedeutete für uns Ausland und zwar: sauber, ordentlich, Geschäfte mit einer viel größeren Auswahl als in der SU. An der Schönhauser Allee konnte man in Cafés sitzen und auch draußen trinken, was in der SU in dieser Art nicht möglich war.

In *Die Reise nach Trulala* drückt sich Kaminer diesbezüglich explizit aus: Der Protagonist will ausgerechnet in die DDR, weil es „keine ideologischen Differenzen mit uns" gibt, dort wo „die von uns befreiten Völker sich dann freiwillig für den Sozialismus entschieden haben" (Kaminer [2002] 2004: 8, 9 f.). Diese retrospektive Einschätzung deutet durch das Pronomen „uns" an, dass 2002 die Wahrnehmung des Heimatlandes aus der geografisch-politischen wie auch der subjektiven Distanz noch ambivalent war. Das Selbst und das Andere werden vor allem in Kaminers ersten Bänden als Vergleich zwischen dem sozialistischen Alltag im Herkunftsland und dem Alltag im Ankunftsland verortet. Kaminers Aufmerksamkeit gilt zuerst der Verfügbarkeit und Auswahl der Waren; dieser positive Eindruck tritt aber gleich hinter das Entsetzen über die betrügerischen Strategien eines kapitalistisch-kommerziellen Systems zurück, in dem redundante Werbung mit trügerischen Versprechen beispielsweise von einem Millionengewinn, an den aber ohnehin keiner glaube, als überflüssiger Müll entsorgt werden müsse (Kaminer 2001: 85).

Wladimir Kaminer ist kein Dissident und kein Schriftsteller der Exilliteratur. Dennoch fehlt in seinem Werk keineswegs die kritische Analyse der Widersprüche des sozialistischen Systems, in dem sehr wohl auch Egoismus und Neid herrschten, die nun mal in der menschlichen Natur eingewurzelt seien. „Man wollte gleiche Bedingungen für alle schaffen und dadurch dem Neid ein für alle Mal ein Ende setzen. Alle Häuser waren gleich geschnitten" (ebd.: 170). In Wirklichkeit wurden aber für Privilegierte wie Parteibeamte, Mitarbeiter des Innenministeriums oder Armeeoffiziere Neubauten mit einer „verbesserten Architektur" errichtet (ebd.).

1.1. Nationale Identität

Wladimir Kaminer kam 1990 nach Berlin mit der von ihm so genannten fünften Welle von Russen, die seit der Bürgerrevolution von 1922 nach Deutschland kamen: „Aus diesen Juden und aus den Russlanddeutschen bestand die fünfte Welle, obwohl die Russlanddeutschen eine Geschichte für sich sind" (Kaminer [2000] 2002: 17). Über die unterschiedlichen Migrationswellen schreibt Kaminer ausführlich in *Russendisko* (ebd.: 12f.):

> Die erste Welle, das war die Weiße Garde während der Revolution und im Bürgerkrieg; die zweite Welle emigrierte zwischen 1941 und 1945; die dritte bestand aus ausgebürgerten Dissidenten ab den Sechzigerjahren; und die vierte Welle begann mit den über Wien ausreisenden Juden in den Siebzigerjahren. Die russischen Juden der fünften Welle zu Beginn der Neunzigerjahre konnte man weder durch ihren Glauben noch durch ihr Aussehen von der restlichen Bevölkerung unterscheiden.[2]

Kaminers Biografie als russischer Bürger jüdischer Religionszugehörigkeit in der ehemaligen Sowjetunion wirft die Komplexität der Identitätsfrage auf, wobei kulturelle und sprachliche Hybridität in dem Herkunftsland durchaus als Normalität gelten dürften.

Die Frage nach der Bedeutung jüdischer Identität in der ehemaligen Sowjetunion wird von Kaminer im Interview ausführlich erläutert:

> In Wirklichkeit war meine Heimat ein atheistisches Land; die Menschen in der Sowjetunion waren alles andere als religiös gleichgültig, ob es um christlichen oder jüdischen Glauben ging. Bei uns war Jude-Sein eine Frage der Nationalität und nicht des Glaubens. Es stand im Pass, in der fünften Zeile nach dem Namen, Nachnamen, Geburtsort und -datum die Nationalität und zwar „Jude". Deswegen waren die Menschen, die nach Berlin kamen und sogar in die Gemeinde gingen, meistens keine gläubigen Juden.

Kaminer spricht an dieser Stelle die problematische Feststellung jüdischer Identität an, da die staatsbürgerliche Einordnung nicht unbedingt einer Identifizierung mit der jüdischen Tradition entspricht. Der entsprechende Eintrag im Pass ermöglichte jedoch vielen Bürgern die Ausreise, die nicht zuletzt aufgrund des Antisemitismus in der ehemaligen Sowjetunion beantragt wurde. Darauf spielt Kaminer nur indirekt, sogar mit einem ironischen Ton an, als er von seinem Vater und dessen bescheidener Karriere erzählt: Er hatte in seiner Organisation keine Aufstiegschancen, weil er nicht Parteimitglied war; in die Partei wiederum wurde er nicht aufgenommen, eben weil er Jude war:

---

2   Lubrich (2005: 231) hat schon auf die bedingte Selbstidentifikation Kaminers als Jude hingewiesen. Kaminer begründet dies mit der Hybridität und der Erziehung zur Areligiosität in der ehemaligen Sowjetunion.

Die Ursache dafür war nicht der Antisemitismus, sondern einfach die Tatsache, dass jeder mehr oder weniger verantwortungsvolle Posten mit einer Mitgliedschaft in der kommunistischen Partei verbunden war. Und Juden hatte man ungern in der Partei. (ebd.: 9)

Die Gruppe der Migranten aus der Sowjetunion war sehr heterogen, es waren jüdische, nichtjüdische, russische, nichtrussische bzw. weißrussische, ukrainische oder litauische Einwanderer. Hatte die Sowjetunion die verschiedenen Nationalitäten mit der Ideologie der Völkergemeinschaft zusammengehalten, so zerbrach der Zusammenhalt auf einem neuen Boden, von kultureller Identität und Gemeinschaft konnte keine Rede mehr sein. In der Erzählung *Frauenfrühlingsfest* werden darum jüdische Russen und Russlanddeutsche aufgefordert, zusammenzuhalten, gerade aufgrund ihrer gemeinsamen Geschichte (Kaminer [2000] 2002: 153). Im Interview sagt der Autor – weniger ironisch als in den meisten seiner literarischen Texte: „Das ist nicht verkehrt; Menschen mit einer gemeinsamen Vergangenheit sollten in einem neuen Land, wo sie ihre neue Existenz aufbauen, zusammenhalten".

In dieser Aussage spiegelt sich nicht nur die Ideologie einer vom sowjetischen Internationalismus entworfenen „Völkergemeinschaft" wider, sondern schlicht Erfahrung: „In meiner Schule waren Georgier, Koreaner, Usbeken, sogar Kambodschaner; ich habe deswegen die Welt nie in eigene und fremde aufgeteilt" (Kaminer 2005a).

Kaminer hebt also sehr deutlich die positiven Aspekte dieses Miteinanders hervor, auch wenn er sicherlich weiß, dass die Ideologie der Völkerfamilie in Wirklichkeit eine imperial-koloniale Strategie zur Verschleierung des russischen Führungsanspruchs war.[3]

In der Migrationsliteratur stellt Wladimir Kaminer ein weitgehendes Novum dar, weil er seine humorvollen und unterhaltsamen Geschichten von Anfang an auf Deutsch schrieb und somit seinen Kulturwechsel durch einen Sprachwechsel signalisierte. In *Schönhauser Allee* (2001), also einem seiner ersten Erzählungsbände, zieht der Schriftsteller Bilanz über seine bisherigen Deutschkenntnisse und erklärt dabei, wie wichtig ihm ein fehlerfreier und

---

3 Mit der Frage, ob Kaminer und mit ihm russische Juden mit „postkolonialer Theorie" zu beschreiben seien, hat sich Oliver Lubrich in seinem Beitrag *Sind russische Juden postkolonial?* ausführlich beschäftigt. Lubrich zählt sechs Gründe auf, weshalb diese Verbindung gerechtfertigt sei. Hier seien nur die wichtigsten genannt: In allererster Linie könne man die Situation der russischen Juden mit postkolonialen Termini fassen, weil dieser Ansatz Phänomene der „Migration" und die Erfahrung von „Migranten", von „Minoritäten", von Menschen, die zwischen den Kulturen leben, thematisiert; dementsprechend trifft er zweifellos auch auf die Einwanderer aus der Sowjetunion in Deutschland zu. Überdies ist die sowjetische Kultur Produkt eines russischen Imperialismus, der sich unter anderem die Kaukasier, die Kasachen und eben die Ostjuden unterworfen hatte (Lubrich 2005: 220).

stilistisch gehobener Gebrauch seiner „zweiten" Sprache ist, sowohl für seine Texte als auch für die Integration in seinem neuen Zuhause: „Ich habe Deutsch auch nicht an der Uni, sondern mehr auf der Straße und vor dem Fernseher gelernt und muss deswegen tierisch aufpassen. [...] Ich muss meine Sprache vom Müll befreien, von Ausdrücken wie ‚von der Sache her', ‚sozusagen', ‚ich bin der Meinung'. Ich muss nicht extra betonen, dass Integration für uns [meine Familie] kein Wortmüll ist" (Kaminer 2001: 71). Mit der Zeit verzichtete er auf umgangssprachliche und sehr gefärbte Ausdrücke und seine Wortwahl wird tatsächlich spürbar präziser und gewählter. Worauf Kaminer jedoch niemals verzichtet, sind exotische Redewendungen, ungewöhnliche Vergleiche (so schreibt er etwa über die Mentalität der Urberliner, sie verbänden die „Grazie eines Bären mit der Schläue eines Affen" [2007: 18]), und sein schlichter, parataktischer Satzbau, was seine Texte so amüsant wie unterhaltsam macht.

Berlin ist nicht nur die Stadt, in der Kaminer „erstaunlich schnell alle Lebensgrundlagen schaffen" konnte (Roggenkamp 2005: 263), es ist auch Ort und häufigster Schauplatz seiner literarischen Produktion. Als Schriftsteller wurde er jedoch nicht überall gleich aufgenommen. Gerade im Osten der Stadt, also der einstigen Hauptstadt des ehemaligen Bruderlandes der Sowjetunion, war er mit recht festgefügten Bildern von „den Russen" konfrontiert. Kaminer ist sich bewusst, dass er selber zu einem positiveren Russenbild beigetragen hat, wie er im Interview ausführt:

> Ja, es war ein Novum für das wiedervereinigte Deutschland, dass ein Russe plötzlich unterhaltsame Geschichten schrieb. Inzwischen sind das jede Menge Menschen, die auf Deutsch schreiben: Türken, Amerikaner und auch Japaner. Aber Anfang der neunziger Jahre war es ein Novum, eine Neuigkeit. Dazu kam auch, dass die Menschen sich einen freundlichen Russen gewünscht haben. Freundliche Russen waren selten unterwegs zu sehen, man konnte sie an einer Hand abzählen. Ich kam mir wie eine Friedenstaube vor, ich war wie ein Vorreiter der Neuen Zeit und das fand ich sehr schön.

Kaminer nennt an dieser Stelle nur indirekt zeitgenössische Migrationsschriftsteller und -schriftstellerinnen; zu denken wäre hier beispielsweise an Feridun Zaimoğlu, der mit mehreren literarischen Preisen ausgezeichnet wurde, oder an die Wahlberlinerin Yoko Tawada, die sowohl in japanischer als auch in deutscher Sprache schreibt. Kaminer spricht hier aber vor allem das negative Russenbild seit dem Zweiten Weltkrieg an. Im Unterschied zu dem positiven Bild der Russen, die in den zwanziger Jahren entscheidend das kulturelle Gesicht Berlins mitgeprägt hatten, führten die Erinnerungen an das Kriegsende in Berlin mit Vergewaltigungen und Plünderungen durch Soldaten der Roten Armee, an die Berlin-Blockade 1948/1949 sowie an die Niederschlagung des Aufstandes vom 17. Juni 1953 bei vielen Deutschen zu einem negativen Bild von Russen. Kaminers russische Protagonisten kommen aus allen Milieus: Soldaten sind sie nie, stattdessen aber Geschäftsleute, Studierende, Wissenschaftler, Künstler, Lebenskünstler und auch Prostituierte. Gelegentlich identifiziert sich der Ich-Erzähler mit ihnen und spricht von „uns Russen". Immer häufiger wird über Russen aus einer Außenperspektive berichtet.

1.2. Stereotype und Hybridisierung der Kulturen

Die gleichmäßig ironische Distanz zwischen Selbst- und Fremddarstellung erlaubt es dem Autor, unbeschwert von etlichen Stereotypen zu sprechen, die er mit seinem scharfen Humor zeitgleich auch dekonstruiert. Bei genauerem Hinsehen handelt es sich in Wirklichkeit um eine durchdachte und systematische Relativierung jeder ethnografischen oder stereotypischen Beschreibung, wie seinen Worten im Interview zu entnehmen ist:

> Als junger Mann dachte ich – als ich noch naiv war – man müsse gegen diese Klischees kämpfen; zum Beispiel: Es stimmt nicht, dass Russen Wodka trinken, denn viele trinken auch Whisky oder Rotwein. Später habe ich jedoch festgestellt, man braucht diese Klischees, man braucht diese Bausteine, um andere zu verstehen. Das Schlimme an diesen Klischees ist, dass die doch immer stimmen, aber das trifft nur ein kleines Prozent der Menschen. Anstatt sie zu bekämpfen, muss man mehr davon, neue Klischees schaffen; je unterschiedlicher, vielfältiger die Vorstellung von einem Land, von einer Nation, umso besser. Wir brauchen also mehr Farben, damit das Bild bunter wird.

Wie durch ein Kaleidoskop gesehen, erscheint das Bild vom Anderen in Spektralfarben zerlegt und fügt sich dann aus mehreren changierenden Facetten zusammen. Das homogene Bild, die vermeintliche kulturelle Identität innerhalb einer Gruppe erweist sich als individuelle Wahrnehmung und daher als fragiles Konstrukt. Als scharfer Beobachter des Alltagslebens stellt Kaminer in seinen Anekdoten und Kurzgeschichten zu jedem beschriebenen Aspekt immer sein Gegenstück dar: So gibt es nicht nur russische Frauen, die bis zur italienischen Gräfin avancieren (Kaminer [2000] 2002: 171f.), sondern auch russische Frauen, die eine filmreife Liebesgeschichte erleben (Kaminer 2001: 20 f.). Unbefangen und zugleich voller Anspielungen berichtet er von einem „süßfleischige[n] Geruch" aus der Wohnung seiner vietnamesischen Nachbarn (Kaminer 2001: 23), aber dann auch von einem vietnamesischen Gemüsehändler, der sich auf dem Weg der Integration sogar eine Dauerwelle hat verpassen lassen (Kaminer [2000] 2002: 85).

Kaminer führt dem Leser die Komplexität einer Identitätsbildung vor Augen, die ein individuelles Erlebnis bleibt. Er selber changiert zwischen der russischen, deutschen und jüdischen Kultur und bewegt sich stets im Zwischenraum zweier Kulturwelten. Er äußert sich im Gespräch offen über seine transnationale Identität und darüber, dass diese nicht auf eine einzelne Beschreibung festgelegt werden muss:

> Russlanddeutsche, die meine Bücher gelesen oder mich im Fernsehen gesehen haben, halten mich auch für einen Russlanddeutschen. Ich kann aber alles sein: ein Jude aus Russland, ein Russlanddeutscher, ein deutscher Schriftsteller mit russischen Wurzeln; ich kann all diese „Positionen" glaubwürdig vertreten.

Für Kaminer ist Berlin die Stadt – nach seiner Definition die „Ausländerkiste" –, in der die Identitäten verwischen und ineinander übergehen. Bulgaren, die sich als Türken ausgeben; die „Italiener" vom Restaurant sind in Wirklichkeit Griechen oder Araber und seit einigen Jahren Albaner; Sushi-Bars sind meistens in jüdischen Händen und die Besitzer kommen in der Regel aus den USA. Sei es auch nur aus Geschäftstarnung, nichts sei in Berlin echt: „[J]eder ist er selbst und gleichzeitig ein anderer" (ebd.: 98).

Die Vielfalt gleichzeitiger Identitäten wird auch sprachlich durch die Perspektivierung betont. In *Ich bin kein Berliner* ist sowohl „wie jeder Berliner" als auch „wie bei uns in der Sowjetunion" zu lesen.

Gerade durch seine kritische Distanz zu allen „Positionen" – wie er sie nennt – kann Kaminer unbefangen über jedes Stereotyp sprechen, ohne dabei den Leser zu irritieren. Sein kühner und relativierender Humor animiert stattdessen zum Nachdenken über Kultur und Identität, die beide als ein sich fortwährend veränderndes Konstrukt zu betrachten sind.

Dass auch das Selbstbild geradezu widersprüchlich ist, zeigt er am Beispiel seines Protagonisten Alex, einem russischen Fähnrich, der die Diktatur bekämpfte, aber selber ein sehr autoritärer Mensch ist (ebd.: 54 f.). Kaminers aufmerksamer Blick bleibt stets auf den Menschen und die menschliche Natur fokussiert, die weder vom Glauben – man denke an die Episode der Papstkinder[4] – noch von der Ideologie – man denke an die Beschreibung des Fähnrichs Alex – gänzlich geformt wird. Der Wunsch, den Menschen zu verbessern, soll nach Kaminers Sicht ein unerfüllbarer Traum bleiben. Diese Überlegung erläutert er am Beispiel des Arbeiterdichters Majakowski, den Kaminer sehr geschätzt hat, unter anderem „wegen seiner Rücksichtslosigkeit, seiner ehrlichen Art, die Leser anzusprechen" (2007: 152). Majakowski habe es sich zur Aufgabe gemacht, einen neuen Menschen durch Kunst und Kultur zu schaffen, und sei dabei gescheitert. Im Interview sagt er: „Das war im letzten Jahrhundert das große Ideal des Sozialismus nach den Thesen von Karl Marx, der

---

4 Es war Anfang der '90er-Jahre eine eigenständige Welle. Sie bestand aus Katholiken, die den Papst in Polen sehen wollten. „Die Pilger [. . .] fuhren ebenfalls wieder nach Hause [. . .]. Die Russen fuhren einfach mit ihnen mit" (Kaminer [2002] 2004: 54).

die Menschen ändern wollte. Man kann aber die Menschen nicht ändern. Man kann nicht mal die Welt regieren."

2. Der Schauplatz Berlin

Die Suche nach dem „Zuhause" oder einer „Heimat" und dem Bekannten wird in Kaminers Texten nie explizit, man darf aber für den realen Autor annehmen, dass sie mit der Wahl seines Lebensortes, der auch Schauplatz seiner Erzählungen ist, eine Antwort gefunden hat. Der Schriftsteller hat mit seiner Familie zuerst in der Schönhauser Allee gelebt und wohnt heute noch mehr innerhalb des begehrten Viertels Prenzlauer Berg in Ostberlin. Wie viele Bürger aus dem ehemaligen Ostblock ist auch Kaminer bewusst im gleichen Bezirk im „Osten" geblieben. Obwohl die DDR politisch nicht mehr existierte, lebten noch in den neunziger Jahren Sozialformen und Sozialeinrichtungen aus der kommunistischen Zeit fort: „Da konnten die Menschen ihre totalitaristischen Errungenschaften genießen, ohne dabei in ihrer Freiheit eingeschränkt zu sein", spitzt er im Interview 2021 ironisch zu. Die Anspielung dürfte sich auf die Vorteile eines sozialen Systems beziehen: die niedrigeren Mieten und Lebenshaltungskosten und die staatlich gesicherte Kinderbetreuung. Dies waren für junge Menschen und Familien gute Gründe, um in den Ostteil Berlins zu ziehen. Westberlin erschien ihm hingegen, vor allem mit dem Ku'damm als dem sogenannten „Schaufenster des Westens", als die Hauptstadt des Kapitalismus:

> Zu westlich, zu kapitalistisch, zu viel von Lichtwerbung, ein bisschen wie in Hollywood im Kleinen – zu bunt auf jeden Fall. Weit im Osten war es mir zu langweilig, zu schläfrig. In Mitte fühle ich mich zu Hause. Berlin-Mitte war eigentlich von Anfang an mein Fall!

sagt er im Gespräch. Zu Zeiten der Mauer lag das Zentrum, so heißt es in *Ich bin kein Berliner*, in Charlottenburg-Zoologischer Garten (Kaminer 2007: 28). Mit dem Mauerfall hat sich die Mitte Berlins in Richtung Nord-Osten bis hin zum Stadtteil Prenzlauer Berg erweitert. Schon vor der Wende zogen nach Prenzlauer Berg alle Arten von Dissidenten der DDR, Punks und auch bekennende Mitglieder der evangelischen Kirche. In den neunziger Jahren zählte Prenzlauer Berg, wo „schräge Typen und Lebenskünstler aller Art" Wohnungen und Häuser besetzt hatten (Kaminer [2000] 2002: 28), noch zu den ärmsten Gegenden Berlins. Heutzutage ist Prenzlauer Berg gentrifiziert und dementsprechend auch sehr teuer. Die Schönhauser Allee und der Prenzlauer Berg insgesamt bieten den Schauplatz für Kaminers humorvolle Berichte über seine alltäglichen Erfahrungen mit dem Anders-Leben. Kaminers Berliner Geschichten sind sehr spannend nicht zuletzt deswegen, weil die Grenze zwischen Realität und Fiktion fließend ist. Diese literarische Strategie gelingt dem Schriftsteller durch rätselhafte Figuren. In *Schönhauser Allee* und überhaupt in vielen Erzählungen bewegen sich bekannte Personen der realen Geschichte, darunter so unterschiedliche Figuren wie Bill Clinton, Karl Marx oder Elvis Presley, die Kaminer durch sein dichterisches Fantasieren dem Leser verlebendigt. Bei einem seiner Berlin-Besuche hatte Bill Clinton tatsächlich einmal die Pfade der offiziellen Staatsbesuche verlassen. Damals wurden, so Kaminer im Interview, alle Lücken in der Kanalisation verschweißt, „damit keine Terroristen aus der Erde rauskommen könnten". Clinton war damals zum Essen im „Gugelhupf", einem schwäbischen Restaurant am berühmten Kollwitzplatz in Prenzlauer Berg (die ausführliche Schilderung findet sich in Kaminer 2001: 118 f.). Bei anderen Protagonisten wie Karl Marx spielte hingegen die Einbildung des Schriftstellers mit, der im Gespräch erklärt, wie er bewusst zwischen Dichtung und Wahrheit changiert: „Mein Karl Marx ist hingegen ein Obdachloser, der Marx sehr ähnlich ist. Als Schriftsteller spielt sehr viel die Fantasie mit. Als Schriftsteller [...] erzähle ich immer nur einen Teil der Wahrheit."

Autobiografische Erzählungen, fiktionale Geschichten und fiktionalisierte Ethnografie machen Kaminers Beschreibungen sehr unterhaltsam; sie seien jedoch, fügt er hinzu, nicht nur auf das Lesepublikum hin orientiert, sondern stellten auch ein Versuch des Autors dar, die Menschen besser zu verstehen: „Ein Versuch, die Welt zu beschreiben, um die Menschen besser zu verstehen. Das ist der Sinn meiner Literatur."

Hat Kaminer die Vorstellung von Identität als festes Konstrukt sicherlich überwunden, so bleibt er doch skeptisch gegenüber der Überwindbarkeit der sprachlichen Grenzen. Sein Nachdenken über die Bedeutung und Semantik bestimmter Berliner Wörter gibt immer wieder Gelegenheit zu lustigen Missverständnissen, so wie etwa bei den Berliner „Sonntagsbrötchen" (Kaminer 2007: 39 f.). Die Poesie bleibt jedoch durch die Unfassbarkeit der Gefühle und ihrer Nuancen eine unübersetzbare Welt. Kaminer ([2000] 2002: 153 f.) beweist dies am Beispiel eines Protagonisten, eines Übersetzers, der Puschkins Gedicht *An den Dichter* immer wieder neu übersetzt. Im Gespräch erläutert der Autor den Grund genauer: „Übersetzen ist eine beinahe unmögliche Aufgabe. Puschkin ist ein gutes Beispiel dafür. Man kann ihn nicht übersetzen und er ist einfach nicht schön in einer anderen Sprache."

Kaminer hat in Berlin das Zentrum seines Lebens gefunden. Hier begann der ausgebildete Toningenieur aus Moskau als Tontechniker in einem ABM-Theaterprojekt mit Fabrice Godard als Kameramann zu arbeiten. Bekannt ist er inzwischen auch für seine interessanten Dokumentarfilme, unter anderem über Schloss Allgäu für 3sat (**Abb. 1**).

Die Erzählstrategie des erfahrenen Filmregisseurs ist nicht zu übersehen. So liest sich die Episode von der vermeintlichen französischen Antiterrorgruppe als Filmsequenz:

Da hielt plötzlich eine schicke Limousine direkt vor ihrer Nase. Eine Scheibe rollte langsam herunter. Auf dem Rücksitz saßen vier Männer mit schwarzen Kapuzen auf dem Kopf und Maschinengewehren auf den Knien. (Kaminer [2002] 2004: 46f.)

Berlin ist inzwischen wohl auch für Wladimir Kaminer, was Ibah Hassan als „home" bezeichnet.[5] Nie hat Kaminer sich hier deplatziert gefühlt oder beschrieben. Seine Lokalisierung in Berlin – nach seiner Definition „Mekka der Künste" – hat er sehr produktiv umgesetzt. Im vergangenen April ist sein letzter Erzählungsband erschienen: *Der verlorene Sommer. Deutschland raucht auf dem Balkon*. Die Erzählperspektive ist nun die eines Deutschen und eines „Berliners", der Zuflucht im Umland sucht und dem Leser typische Brandenburger Begrüßungsformeln erklärt (Kaminer 2021: 55). Mit Witz und Humor beobachtet er die Veränderungen der Lebensweisen in Deutschland durch einen unsichtbaren, heimtückischen Feind, das Corona-Virus, das keine Grenzen kennt.

Bibliographie

Balzer, Vladimir (2011): Die sanfte Ironie des Alltags. Der Autor Wladimir Kaminer hat ein neues Buch geschrieben. In: Deutschlandfunk Kultur, 13. September 2011 (https://www.deutschlandfunkkultur.de/die-sanfte-ironie-des-alltags-100.html; letzter Zugriff: 28.3.2022).

Corda, Tiziana (2021): Interview mit Wladimir Kaminer. Ein Gespräch über Identität, Nationalkultur, Selbst- und Fremdbild (geführt am 2. Juni 2021).

Fischer-Kania, Sabine (2006): Berlin, von Moskau und anderswo aus betrachtet. Stadtwahrnehmungen in Wladimir Kaminers „Russendisko" und „Schönhauser Allee". In: Weltfabrik Berlin. Eine Metropole als Sujet der Literatur. Hg. v. Matthias Harder u. A. Hille. Würzburg: Königshausen & Neumann, S. 257–272.

Harder, Matthias / Hille, Almut (Hgg.) (2006): Weltfabrik Berlin. Eine Metropole als Sujet der Literatur. Würzburg: Königshausen & Neumann.

Hassan, Ihab (1995): Rumors of chance: Essays of five decades. Tuscaloosa: Univ. of Alabama Press

Hausbacher, Eva (2009): Poetik der Migration. Transnationale Schreibweisen in der zeitgenössischen russischen Literatur. Tübingen: Stauffenburg.

Hermann, Carsten (2004): Wladimir Kaminer im Gespräch. Berühmt zu sein ist sehr anstrengend. In: CulturMag, 26. Februar 2004 (http://culturmag.de/litmag/wladimir-kaminer-im-gesprach/14852; letzter Zugriff: 28.3.2022).

---

5   Vgl. Hassan 1995: 249: „Homes are not places, and they are not where hearts are, since we all carry our hearts wherever we go. Home is an attitude [. . .]."

Howard, Mary (1997): Interkulturelle Konfigurationen. Zur deutschsprachigen Erzähl-literatur von Autoren nichtdeutscher Herkunft. München: Iudicium.

Kaminer, Wladimir ([2000] 2002): Russendisko. München: Goldmann.

Kaminer, Wladimir (2001) Schönhauser Allee. München: Goldmann.

Kaminer, Wladimir (2003): Mein deutsches Dschungelbuch. München: Goldmann.

Kaminer, Wladimir ([2002] 2004): Die Reise nach Trulala. München: Goldmann.

Kaminer, Wladimir (2005a): „Ich bin ein Teil der deutschen Literatur, so deutsch wie Kafka". [„Literaturen"-Gespräch mit Terézia Mora, Imran Ayata, Wladi-mir Kaminer und Navid Kermani]. In: Literaturen 4/2005 (https://www.cicero. de/ich-bin-ein-teil-der-deutschen-literatur-so-deutsch-wie-kafka/45292; letzter Zugriff: 28.3.2022).

Kaminer, Wladimir (2005b): Meine Mutter ist wie ich. In: Meine Mamme. Mit einem Essay über nachgeborene Juden in Deutschland und ihr Erbe. Hg. v. Viola Rog-genkamp. Frankfurt/M.: Fischer.

Kaminer, Wladimir (2006): Karaoke. München: Goldmann.

Kaminer, Wladimir (2007): Ich bin kein Berliner. Ein Reiseführer für faule Touristen. München: Goldmann.

Kaminer, Wladimir (2011): Meine russischen Nachbarn. München: Goldmann.

Kaminer, Wladimir (2017a): Einige Dinge, die ich über meine Frau weiß. Mün-chen: Goldmann.

Kaminer, Wladimir (2017b): Goodbye, Moskau. Betrachtungen über Russland. Mün-chen: Goldmann.

Kaminer, Wladimir (2018a): Ausgerechnet Deutschland. Geschichten unserer neuen Nachbarn. München: Goldmann.

Kaminer, Wladimir (2018b): Die Kreuzfahrer. München: Goldmann.

Kaminer, Wladimir (2019): Liebeserklärungen. München: Goldmann.

Kaminer, Wladimir (2021): Der verlorene Sommer. Deutschland raucht auf dem Bal-kon. München: Goldmann.

Lubrich, Oliver (2005): Sind russische Juden postkolonial? Wladimir Kaminer und das Ende der Identitäten in Berlin. In: Estudios Filológicos Alemanes 7, S. 211–232.

Nünning, Ansgar /Sommer, Roy (Hgg.) (2004): Kulturwissenschaftliche Literatur-wissenschaft. Disziplinäre Ansätze –Theoretische Positionen – Transdisziplinäre Perspektiven. Tübingen: Narr.

Roggenkamp, Viola (2005): Meine Mamme. Mit einem Essay über nachgeborene Juden in Deutschland und ihr Erbe. Frankfurt/M.: Fischer.

Süß, Werner /Rytlewski, Ralf (Hgg.) (1999): Berlin. Die Hauptstadt. Vergangenheit und Zukunft einer europäischen Metropole. Berlin: Nicolai.

Twark, Jill E. (Hg.) (2011): Strategies of humor in post-unification german literature, film and other media. Newcastle upon Tyne: Cambridge Scholars.

Weigel, Sigrid (1992): Literatur der Fremde – Literatur in der Fremde. In: Gegenwarts-literatur seit 1968. Hg. v. Klaus Briegleb u. Sigrid Weigel. München: Hanser (= Hansers Sozialgeschichte der deutschen Literatur vom 16. Jh. bis zur Gegen-wart 12), S. 182–229.

Weiss-Sussex, Godela / Zitzlsperger, Ulrike (Hgg.) (2007): Berlin. Kultur und Metro-pole in den zwanziger und seit den neunziger Jahren. München: Iudicium.

Abb. 1: Wladimir Kaminer bei Dreharbeiten im Mai 2021 im Schloss Allgäu für 3sat zum Thema: Große Sehenswürdigkeiten in Deutschland, die renoviert werden sollen. „Ich habe zehn Tage lange am Schloss Allgäu gedreht." (Interview mit Tiziana Corda am 2.6.2021)

Die Aufgabe der Literatur in der sich globalisierenden Welt, oder: Begegnung mit dem Unvergleichbaren. Walter Benjamin und die Weltliteratur

William Franke (Nashville/TN)

1. Einführung

Walter Benjamins 1923 (1972) erschienener Essay *Die Aufgabe des Überset-zers* ist mehr als eine Theorie der Kunst des Übersetzens. Er schließt ein metaphysisches Weltbild und sogar eine Theologie des Erlösens ein. Mein Beitrag folgt dem Denkweg Benjamins, um eine Idee der Weltliteratur als Trägerin des Universalitätsanspruchs der Literatur zu vermitteln. Literatur, zur Weltliteratur verklärt, stellt die Herausforderung dar, Kultur und Sprache überhaupt in ihrer Unbegrenztheit freizusetzen – Migration ohne Grenzen also. Diese Betrachtung entwirft auch eine negative Theologie, eine apophatische Philosophie und eine komparative Kulturkritik, um Literatur in ihrer größten Tragweite zu begreifen.

Die sehr universelle Reichweite des Benjaminschen Ansatzes ist bereits aus ganz anderen Gründen von Homi Bhabha in Bezug auf die Migration der Sprache und die Sprache als Migration entwickelt worden, und zwar im Vorwort zu einem neuerschienenen Buch mit dem Titel *The Relocation of Culture: Translations, Migrations, Borders*. Ich zitiere seinen Beitrag, um meine Reflexionen in der aktuellen Forschung über das Thema Migration der Sprache durch und über die Übersetzung zu situieren.

Laut Bhabhas Vorwort mit dem Titel „Translation's Foreign Relations" begreift Benjamins Essay die Übersetzung als nicht-mimetisch und nicht-hierarchisch. Bhabha (2021: xii) hebt Benjamins Figur der Tangente hervor, die den Kreis an nur einem Punkt berührt: „a translation touches the original lightly and only at the infinitely small point of the sense".

Bhabha beschreibt nuanciert Benjamins Auffassung einer sprachlichen Horizontalität der Übersetzung. Aber Benjamin selbst betont auch eine Vertikalität der Sprache in Bezug auf eine Einheitlichkeit und Erhabenheit, die Bhabha nicht ausdrücklich rezipiert. Dies zu konkretisieren, ist das Ziel dieses Beitrags, der aus meiner apophatischen Philosophie stammt, die ich vor kurzem in *On the Universality of What is Not: The Apophatic Turn in Critical Thinking* dargelegt habe. Das 8. Kapitel: „World Literature: A Means or a Menace to the

Encounter with the Other" entwickelt „Einen Benjaminschen Horizont für die Frage nach der Weltliteratur."[1]

2. Eine andere Art des Übersetzens

Was Übersetzung im Wesentlichen leistet, ist, laut Benjamin, nicht die Vermittlung des jeweiligen Inhaltes, sondern die „Art des Meinens", die jeder Sprache eigen ist und nur durch den Vergleich verschiedener Sprachen abgeleitet werden kann. Nur so zeigt sich die Unfähigkeit jeder einzelnen Sprache, selbst den Zweck der vollständigen Entsprechung zu erreichen. Übersetzung offenbart diese Art des Meinens dadurch, dass sie aufmerksam macht auf das, was eine beliebige Sprache nicht zu sagen vermag, was in dieser Sprache an Mitteilung über den Inhalt hinausgeht, „dasjenige, was an einer Übersetzung mehr ist als Mitteilung", „das unfassbare Mehr" der rein sprachlichen Art, Wirklichkeit zu vermitteln und mit ihr umzugehen.

Benjamin (1972: 14) veranschaulicht diesen Unterschied anhand des Beispiels, was „Brot" für Deutsche und „pain" für Franzosen bedeutet. Die Worte benennen jeweils dasselbe, bezeichnen aber etwas Unterschiedliches. Sie evozieren verschiedene Werte und Konnotationen, durch Annäherung an ein gemeinsames Objekt. Brot bedeutet für Menschen vielerlei. In verschiedenen Kulturen mit ihren jeweiligen Sprachen wird es aus wiederum verschiedenen Blickwinkeln erfasst und verschiedenen Bedeutungen zugeführt.

In einer anderen faszinierenden Analogie behauptet Benjamin, Sprache kleide ihren „Gehalt" ebenso wie ein „Königsmantel" mit seinem breiten Faltenwurf den königlichen Körper. Es ist eine lockere Passform – „unangemessen, gewaltig und fremd". In den verschiedenen Sprachen arbeiten die Schneider mit unterschiedlichen Schnittmustern, um ihrer eigenen fantasievollen Erfindung ein passendes Gewand für den jeweils selben Inhalt zu gestalten. Jede Sprache, die durch Unbeholfenheit eine „Gebrochenheit" in der Passform der Beziehung zum Inhalt aufweist, zeigt andeutungsweise ein anderes Gefüge und spielt so auf „eine höhere Sprache" an als sie selbst ist. Obwohl die Nomenklatur einer jeden Sprache aus einer organischen Beziehung zwischen Sprache und Inhalt wächst wie eine Frucht und ihre Schale, erhebt sich die Einzigartigkeit – und Willkürlichkeit – einer Sprache im Wachsen ihrer Beziehung zur Wirklichkeit nur, wenn eine Sprache durch Übersetzung in eine andere Sprache dem notwendigen Vergleich unterzogen wird. Genau dieses sprachliche

---

1 Der vorliegende Beitrag übersetzt Teile dieser vorigen Arbeit, arbeitet und denkt sie um – mit Erlaubnis des Verlags.

Element interessiert den „wahren Übersetzer": das, was nach dem Übersetzen aller äquivalenten Inhalte noch unausgedrückt als „unberührbar" bleibt.

Zur reinen Sprache gehört nicht der gemeinsame Inhalt verschiedener Sprachen, sondern die einer jeden Sprache ureigene Art, allgemeingültige Inhalte der Wirklichkeit auszudrücken. Reine Sprache kommt durch ihre Loslösung vom gemeinsamen Inhalt, wie er von verschiedenen Sprachen auf unterschiedliche Art und Weise vermittelt wird, zum Vorschein. In der Praxis fügen Übersetzer die verschiedenen Arten, wie man dasselbe sagen kann, zu einem Abgleich zusammen; dies ist jedoch nicht die eigentliche Aufgabe von Übersetzung im Sinne Benjamins. Für Benjamin ist das Ziel von Übersetzung nicht die Übertragung von lexikalischen Entsprechungen in der Bedeutung, sondern das Offenlegen der Kluft zwischen den Sprachen und dadurch das Verschieben des literarischen Werkes auf einen „höheren und reineren Luftkreis der Sprache" (Benjamin 1972: 14). Dieser „Luftkreis" im Äther zwischen Sprachen ist dieselbe Sphäre, die vom Licht der Idee von Weltliteratur beleuchtet ist.

Wird der Status von Weltliteratur erreicht, erhebt ein literarischer Text die Literatur über jede funktionale Verwendung, die diesen Text anderen Werten unterordnen würde: Das Werk steigt auf in den Äther des autopoetischen, rein literarischen Wertes, der alle besonderen Kulturen und deren Instrumentalisierung von Sprache überwindet. Um als Literatur zu wirken, darf das weltliterarische Werk natürlich niemals seine Verbindungen mit diesen konkreten Fundamenten von Bedeutung in einzelnen Sprachen und Kulturen trennen, doch bewegt es diese Sinnelemente über ihren ursprünglichen Kontext hinaus und projiziert sie in einen Bereich allgemeinerer und uneingeschränkter Bedeutsamkeit. Durch die Umgestaltung des Werkes in ein Leben jenseits seiner ursprünglichen kulturellen und sprachlichen Matrix befreit oder rettet der Übersetzer idealerweise vor allem die reine Sprache, die in dem Werk gefangen ist.

Ähnlich existiert die Idee der reinen Literatur in einer undefinierbaren Dimension, die auch nicht mit Hilfe zahlreicher Vergleiche erschöpfend beschrieben werden kann. Alle Beschreibungen spezifischer Literaturen oder eines besonderen literarischen Gegenstandes erreichen das Literarische als solches nicht. Übersetzung führt dazu, dass Literatur an sich eine höhere Sphäre mit einem umfassenderen Leben erreicht, in der sie als Weltliteratur von bestimmten historischen Zusammenhängen losgelöst oder befreit wird. Literatur übernimmt einen unendlichen Wert und eine Relevanz, die weder durch spezifische kulturelle Parameter begrenzt sind noch irgendeinem anderen von außen einwirkenden Typus von Wert oder Programm (sei er politisch, sozial oder konfessionell) unterworfen werden. Literatur wird selbst zu einer ursprünglichen Quelle des Wertes. Als eine derart fließende Quelle kann Literatur niemals aus dem sozialen, kulturellen und persönlichen Kontext gelöst und abstrahiert werden, und doch funktioniert sie in genau diesem Kontext mit einem gewissen Maß an schöpferischer Freiheit oder sogar Autonomie.

Deshalb legt Benjamin zu Beginn seines Essays dar, dass es immer ein schwerwiegender Irrtum ist, mit einem Kunstwerk Rücksicht auf das Publikum zu nehmen. Es ist ein Irrtum, die menschliche Existenz oder ein Publikum als Bedingung für ein Kunstwerk vorauszusetzen. Das Gegenteil trifft schon eher zu: Der menschliche Adressat beginnt konkret und vollständig erst in dem und durch das Kunstwerk zu existieren. Übersetzung ist nicht dazu gedacht, dem Künstler oder seinem Rezipienten in ihrer Zielvorstellung und ihrem Verwendungszweck zu dienen. Vielmehr offenbart sie Sprache als das, was nur für den eigenen Zweck sowohl von dem Werk als auch von den Rezipienten Gebrauch macht. Durch die Übersetzung zeigt sich das Werk als emporstrebend zum ewigen Leben.

Als Weltliteratur erlangt ein literarisches Werk einen weltweiten Geltungsbereich und eine Gültigkeit, die das Lokale übersteigt und sich in eine Dimension öffnet, die man „reine Literatur" nennen könnte, in Analogie zu Benjamins „reiner Sprache". Ein solches Werk entwickelt sich zu klassischer Literatur mit einem immerwährenden Leben, indem es in eine neue Dimension des Seins tritt und seinen Ursprung in einem spezifischen Zeitraum, einer spezifischen Sprache und einer spezifischen Kultur überwindet. Jede literarische Übersetzung gehört zu einem spezifischen sprachgeschichtlichen Kontext und verkörpert dennoch die (Möglichkeit der) Übersetzung in alle übrigen Sprachen. Sie „verpflanzt" das Original in einen „endgültigeren Sprachbereich". Letztendlich ist es die Aufgabe von Übersetzung, den „Samen reiner Sprache" zur „Reife" zu bringen (Benjamin 1972: 17).

Dieser Aufstieg in ein höheres Leben und in eine allgemeingültigere Sphäre als Weltliteratur kann nicht direkt festgestellt werden, sondern dies geschieht auf indirektem Weg. Es gibt ihn nicht als solchen, außer im unbegrenzten Potenzial weiterer Übersetzungen. Das transzendente Leben des Werkes als Weltliteratur kann nicht als zum Werk gehörende Eigenschaft festgelegt werden: Es liegt eher im reinen kommunikativen Potenzial dessen, was es als notwendigerweise undefiniert vorenthält und was genau genommen nicht mitteilbar ist, nämlich der Ausdrucksweise.

Das Gefühl für das Unsagbare oder Apophatische, wie ich es nenne – in diesem Fall der nicht ausdrückbare einzigartige Geist einer jeden Sprache, Kultur und Person –, ist für diesen Vorgang von höchster Bedeutung und imperativ für unser (Wiederer-)Lernen. Diese Einzigartigkeit des Gesamten ist auch der Raum, wo wir uns alle treffen und in der Entdeckung gemeinsamer Ziele und Ansichten übereinstimmen. Apophatisches Bewusstsein ist notwendig, um aus Weltliteratur eine wahre Quelle gegenseitiger Selbstentdeckung sowie Respekt vor den eigenen und den kulturellen und persönlichen Unterschieden der Anderen zu schaffen. Ohne ein solches Bewusstsein läuft die Weltliteratur

Gefahr, dass ihre Übersetzung in ein globalisiertes Englisch ihre Expressivität verflacht.

3. Die Entstehung von Weltliteratur durch den Prozess der Selbstenteignung

Wie gerade festgestellt, befürchten wir Komparatisten, dass Weltliteratur einer Dampfwalze gleich alle Literatur uniform einebnet, und dass sie eine konsumierbare Gestalt annimmt, sobald sie ins Englische übersetzt wird. Aber Weltliteratur kann uns ebenso gut mit der radikalen Differenz dessen, was nicht gesagt werden kann, konfrontieren – oder mit dem, was ich „apophatisch" nenne, in dem wir sogar von dem enteignet werden, was mutmaßlich unser Eigen ist. Das geschieht vor allem, wenn unsere „eigenen" verehrten klassischen Werke als Weltliteratur zu uns zurückkommen. Im Vergleich zu dem, wofür wir sie zuvor hielten, müssen sie nun in ihrer Bedeutung vollständig anders wiederentdeckt werden. Wir müssen uns mit dem Rest der Welt konfrontieren, mit dem Anderen, das sich in der Mitte unserer inneren Konstitution und unserer eigenen Identitätsschaffung ereignet.

So verstanden wird das Programm von Weltliteratur von einem anregenden Gedanken geleitet, nämlich, dass alles von dem Anderen auf uns zukommt, oder zumindest von anderen Menschen. Was uns zutiefst eigen ist oder dafür gehalten wird, unser Eigen zu sein, ist nicht wirklich unser Eigen, ausgenommen im Augenblick unserer eigenen radikalen Enteignung. Unser Eigen erfahren wir ausschließlich in der Begegnung mit dem Anderen. Solch eine relationale Vision von Wirklichkeit ist eine Vision, die die Begrifflichkeit der Welt in objektivierte Essenzen oder Eigenschaften transzendiert. Nur durch das Eintreten in einen Kreislauf kann man Eigenschaften besitzen und als etwas zugehörig wahrnehmen – und auch dann genau und paradoxerweise nur im Augenblick der Enteignung. Yin und Yang – das eine bringt unumgänglich immer das andere als bereits im eigenen Kern enthaltenes Element hervor. Dieser Kern besteht ausschließlich in der Beziehung zu dem Anderen – und kann nur in dieser Beziehung ausgelebt werden.

Deshalb kann Weltliteratur nicht als ein summarisches, kumulatives Konzept gelten. Jedoch bringt sie Literatur an einen neuen Ort, einen universalen Ort – den Raum von Literatur. Als Weltliteratur entdeckt und bejaht Literatur sich selbst in ihrer Berufung, jenseits aller einengenden politischen Grenzen und selbsteinschließenden kulturellen Sphären zu sprechen. Bei der Idee von Weltliteratur steht sehr viel mehr auf dem Spiel als nur die Varianten klassifizierbarer Differenzen, die katalogisiert werden können.

Jedenfalls betrifft Übersetzung nicht allein Sprachen, die aus einer Sprache übersetzt werden und gleichermaßen zur Übersetzung in eine andere

Sprache benutzt werden – jeweils „Quellensprache" und „Zielsprache". Das, worum es in der Übersetzung geht – das, woraus wir schöpfen und das, was wir beabsichtigen –, ist etwas ganz anderes. Durch Übersetzung wird Literatur von spezifischen Grenzen und Bestimmungen befreit und wird zu einem Medium, das der Verbreitung über alle Grenzen besonderer Sprachen und Kulturen hinweg dient. Literatur zeigt sich als etwas wunderbar Veränderliches, als Matrix unbegrenzter Metamorphosen. Dieser Prozess projiziert Sprache und Kultur auf eine höhere ontologische Ebene. Literatur wird nicht als ein Objekt oder Instrument verstanden, das durch Menschen manipuliert wird, sondern eher als Anwalt in eigener Sache, etwas, das die Welt kreiert oder wenigstens transformiert.

4. Die Idee der negativen Theologie der reinen Sprache/Literatur

Ursprünglich war Benjamins Essay tatsächlich die Einleitung zu einer Übersetzung von Baudelaires *Tableaux Parisiens* und ist als solche eigentlich mit Weltliteratur eben durch die Tatsache der Übersetzung im Kern verbunden. In diesem Beispiel öffnet die Weltliteratur durch die Übersetzung die Dimension der „reinen Sprache", und wir könnten ebenso in Erweiterung des Begriffs analog sagen, die Dimension der „reinen Literatur". Reine Sprache ist eine negativ-theologische Auffassung, die Sprache keine positiven Qualitäten beimisst, sondern lediglich die Negation allen finiten und determinierten Inhalts als „unrein" verstehen lässt. In der Anwendung und „negativ gewendet" funktioniert die Idee der reinen Sprache eher als integratives Ideal, das Sprachen untereinander durch ihre gemeinsame „Intention", die Wirklichkeit auszudrücken, in Harmonie treten lässt.

Jede individuelle Sprache für sich gewährt nur einen instabilen Zugang zu den Objekten, die sie ins Auge fasst. Die verschiedenen Annäherungsarten verschiedener Sprachen an dieselbe Wirklichkeit passen nicht, sie schließen sich sogar aus, weil ihre jeweiligen Metaphern inkompatible Begriffe abbilden. In dem veränderlichen Spiel, wie unterschiedliche Sprachen ihren Blickwinkel oder ihre „Art von Bedeutung" ausdrücken, bleibt die reine Sprache verborgen. Jedoch setzt Übersetzung diese Unterschiede in einen entwicklungshistorischen Rahmen, der zum Ausdruck dessen hinführt, was alle gemeinsam sagen wollten. Das „messianische Ende" dieser Geschichte ist die Versöhnung aller Sprachen, die „Harmonie all jener Arten des Meinens", die jeder individuellen Sprache eigen sind.

Übersetzung befähigt dieses Ideal, eben dann ganz kurz zum Vorschein zu kommen, wenn sie gerade darstellt, wie weit Sprachen davon entfernt sind, dieses Ideal überhaupt zu erreichen. Reine Sprache leuchtet durch Übersetzung

strahlend auf, wann und wo auch immer die Übersetzung durch das „Fortleben" des Werkes und seine Herrlichkeit entzündet wird, und man könnte folgern, wie durch ein nicht endendes „Aufleben" oder eine Wiederauferstehung
der Sprache. Letztendlich wird reine Sprache in Benjamins messianischer und
eschatologischer Vision einer Erlösung der Sprache nur apophatisch als Negation der Kommunikation objektiver referentieller Inhalte verstanden. Wodurch
die Erlösung und das Fortleben eines Werkes der Weltliteratur möglich wird,
ist genau das, was weder übersetzt noch adäquat gesagt noch mitgeteilt werden
kann, „ein Nicht-Mitteilbares", und dieses ist eben paradoxerweise gleichzeitig
universal und einzigartig. Es handelt sich hierbei um das negativ-theologische
oder apophatische Dilemma, das uns einzugestehen zwingt, dass Übersetzung
nicht das Wesentliche in der poetischen Äußerung übersetzen kann, nämlich „das Unfassbare, Geheimnisvolle, ‚Dichterische'„. Das bleibt *per se* als
reine Sprache unzugänglich. Gleichwohl erregt diese Grenze Aufmerksamkeit
bezüglich dessen, was die Übersetzung von einer Sprache in eine andere und
in eine höhere Sphäre der Weltliteratur motiviert, nämlich die „Intention", die
alle Sprachen gemeinsam haben, um das Reale so vollständig wie möglich zu
kommunizieren.

Reine Sprache, so wie sie Benjamin aufgefasst hat, drückt sich besonders
in der „schweigenden" Intention aus, die alle Sprachen teilen, um das Reale
und Wahre mitzuteilen, und dies vollständig, ohne dass etwas übrigbleibt. Die
Intention ist, wie im Garten Eden in perfekter Entsprechung Zeichen und Objekt
zu setzen, Bezeichner und Bezeichnetes, so dass das Gesagte dem Gemeinten
adäquat ist. In diesem Fall muss reine Sprache das aufgeschmolzene Potenzial
aller Möglichkeiten des Sagens und Verstehens einschließen.

Diese reine Sprache findet sich in aktuellen Sprachen nur als das in ihnen
Fremde und in bloße Information und bloßen Inhalt Verbannte, also unter den
Bann einer anderen Sprache, einer einen Sachverhalt darstellenden oder Information gebenden Sprache. Die Aufgabe des Übersetzers ist, diese reine Sprache
in seiner eigenen Sprache freizusetzen.[2] Der Übersetzer erfüllt seine Aufgabe
im Besonderen, wenn er seine Sprache so verfremdet, dass sie dem fremdsprachlichen Werk gerecht wird. Die gegenseitige Entfremdung der Sprachen
nach dem Turmbau zu Babel spitzt sich zu in ihrer Distanz zu einer wahren und
adäquaten Sprache, die sie als einzige wieder in Einklang bringen kann.

Diese Vorstellung einer Ganzheit von Sprache als solcher, die aus der per-
fekten Adäquanz besteht, die Welt der Gegenstände in allen emotionalen Ton-
arten und differenzierten sowie nuancierten Möglichkeiten von Wahrnehmung
auszudrücken, kann durch jede aktuelle menschliche Sprache evoziert werden.

---

2   Daher Benjamins (1972: 19) Definition der Aufgabe des Übersetzers: „Jene reine Sprache,
     die in fremde gebannt ist, in der eigenen zu erlösen, die im Werk gefangene in der Umdich-
     tung zu befreien, ist die Aufgabe des Übersetzers."

Übersetzung provoziert eine Vorstellung von der Totalität, wie sie von allen Sprachen zusammen intendiert ist: Sie erscheinen wie Scherben einer zerbrochenen Vase. Übersetzung legt die unübersetzbare Essenz einer jeden Sprache frei, indem sie die Fremdheit des Werkes in der übersetzten oder übersetzenden Sprache wiedergibt. „Wahre Übersetzung" darf nicht als perfektes und vollständiges sowie eigenständiges Original gelesen und ausgelegt werden, sonst stünde das Original im Schatten der Übersetzung. Vielmehr erlaubt wahre Übersetzung dem Licht reiner Sprache, erleuchtend auf das Original zu fallen, da sie die Kluft zwischen sich und dem Original öffnet und erhellt.[3]

Wenn alle Einschränkungen eines wortwörtlichen kommunikativen Sinns getilgt sind, „stürzt der Sinn von Abgrund zu Abgrund", die „bodenlosen Sprachtiefen" drohen selbst, Sprache auf Schweigen zu reduzieren (Benjamin 1972: 21). Der Archetyp einer derartigen Übersetzung ist für Benjamin Hölderlins Sophokles-Übersetzung. Statt Äquivalenzen von Ausdrucksformen bereitzustellen, die einer jeden Sprache eigen sind, öffnet wahre Übersetzung Einblicke in die unermesslichen Tiefen von Non-Äquivalenz, und dies setzt Sprache mit ihrer unendlichen, abgrundtiefen Bodenlosigkeit in Beziehung. Reine Sprache ist wie eine Tangente, die den kommunikativen Inhalt in nur einem Punkt berührt und auf der anderen Seite ihrer eigenen Bahn in die Unendlichkeit folgt (Benjamin 1972: 19 f.). Ebenso ist Weltliteratur als Literatur mit einem „Fortleben" ihrer ursprünglichen Kultur entwurzelt und folgt ihrem eigenen Weg in die Unendlichkeit, indem sie strahlend leuchtet, als „reine" Literatur, die von keinem spezifischen Kontext eingegrenzt wird.

5. Der apophatische Ruf aus dem Reich der Weltliteratur

Darüber hinaus ist Weltliteratur ein Mittel, das Traditionen nationaler Literatur und ihre eigennützigen Regeln unterminiert und auflöst.[4] Literatur wird befreit vom engstirnigen Rahmen einer Interpretation, der ihre Bedeutung in Begriffen gewisser Länder und Kulturen mit ihren eigenen Charakteristika fixiert. Auf der anderen Seite gibt es jedenfalls ein Risiko, Literatur werde von weltweiten Webs, Systemen und ihren einheitlichen Kodes vereinnahmt, die zu Maschinen werden, die individuelle Unterschiede verdrängen. Hier steht nicht nur eine qualitative kulturelle Differenz auf dem Spiel, die lokalen Differenzen

---

3 Vgl. ebd.: 18: „Die wahre Übersetzung ist durchscheinend, sie verdeckt nicht das Original, steht ihm nicht im Licht, sondern lässt die reine Sprache, wie verstärkt durch ihr eigenes Medium, nur um so voller aufs Original fallen."

4 Vgl. die Beiträge von David Damrosch, Longxi Zhang und Martin Kern in *Tensions in World Literature: Between the Local and the Universal*, hg. v. Weigui Fang (2018).

zwischen der einen oder der anderen Tradition, sondern tiefgreifender die radikale Differenz eben mit und von uns selbst. In der Philosophie von Theodor Adorno wäre das „nicht Identische" die Differenz, durch die sich ethische und religiöse Dimensionen menschlicher Erfahrung erschließen.

Es ist denkbar, dass jede Art und Weise objektiver Differenzen in einem und mithilfe eines pauschalen System(s) oder allumfassenden Schema(s) ausgedrückt und eingegliedert werden könnte. Jedoch würde dabei etwas Anderes in einem noch so umfangreichen Inventar von Differenzen verloren gehen. Es bleibt noch eine Differenz einer eher undefinierbaren Art. Sie wird in den Theorien von Niklas Luhmann als „unmarkiert" und in denen Giorgio Agambens (Jakob Böhme folgend) als „segnatura" bezeichnet, eine Art Signatur des Schöpfers, die nicht ein Zeichen unter anderen ist, sondern sich vielmehr auf die Wertigkeit aller übrigen auswirkt. Eine Zeitlang hielt Jacques Derrida die akademische Aufmerksamkeit in Bann durch das freie Spiel mit dieser undefinierbaren Differenz als „différance". Aber in all diesen Fällen beweist eine solche Differenz, dass es unmöglich ist, sie objektiv zu fokussieren; auf Dauer weist sie alle Bestrebungen zurück, sie in jedweder Form oder durch solide Kristallisierung konkret zu fassen. Sie wurde verschiedentlich behandelt als „religiöse Differenz" oder als „ontologische Differenz" (Heidegger), oder sogar als „die christliche Differenz" zwischen Gott und der Welt, zwischen Schöpfer und Schöpfung. Sie erstrebt Göttlichkeit als absolute Differenz oder Transzendenz z. B. in Kierkegaards existentialistischer Gegenreaktion auf Hegels allumfassendes logisches System der Immanenz.

In all diesen extrem verschiedenartigen Formen hat die ununterscheidbare Differenz mit der Erfahrung der Gegenüberstellung mit dem absolut Anderen zu tun, gewiss mit der anderen Person, und vielleicht sogar mit dem, was erfahren und theoretisiert wird als Transzendenz der Göttlichkeit. Diese Erfahrung belebt die theologische Reflektion bei ihrem Versuch, Metaphern und Allegorien für eine analoge Annäherung an diese Erfahrung des Unsagbaren und Undarstellbaren zu finden.

Indem wir eine zunehmend weltweite Literaturindustrie betreiben, geraten wir immer mehr in Gefahr, sie als umfassend zu betrachten und dabei alles andere zu vergessen – alles, was jedes System unvermeidlich auslässt, alle Formen der Differenz, die kein System von Differenzen erfassen kann. Es könnte so aussehen, als ob Weltliteratur alle Literaturen zu einer einzigen zusammenführen kann. In der anfangs erwähnten Zusammenkunft unter der Leitung anerkannter Spezialisten in diesem Bereich haben wir Weltliteratur als in notwendig dialektischer Beziehung zu nationalen Literaturen und womöglich mit anderen Unterbereichen von Literatur verstanden, die nicht durch politische Grenzen eingefasst sind. Volksliteratur, mündliche Literatur, religiöse Literatur, Fachliteratur, eine Vielzahl an Multimedia-"Literaturen", sie alle mögen eine Art Anspruch auf universales Interesse haben. Trotzdem würden spezifische Werke in jedem Fall zur Weltliteratur gehören in dem Sinn, in dem Literatur unklassifizierbar und eher ein Kanal zu dem ist, was sich dem vollständigen Verständnis entzieht. Die Werke sind Quelle einer Universalität, die Erfahrung erst möglich macht, ohne selbst vorstellbar zu werden.

Für Kant richtet sich Literatur auf die Dimension des Unvorstellbaren – oder wenigstens dessen, was nicht in Konzeptbegriffen analysiert werden kann. Für ihn betrifft dieser Status des Überschreitens eines streng objektiven Verständnisses die ästhetische Erfahrung allgemein, dass man sich auf Beurteilungen von Erfahrungen stützt, die nicht adäquat Konzepten zugeordnet werden können. Das ist dann eine philosophisch präzise Wahrnehmung, in der Literatur mit dem Unbegreiflichen beschäftigt ist und wo ihr Horizont konzeptuell unbegrenzter Erfahrung gegenüber geöffnet wird. Dies gilt besonders für Ästhetik, und im allgemeineren Sinn auch für andere Wertebereiche, Ethik und Religion eingeschlossen. Was immer sich als für uns äußerst wichtig herausstellt, stellt sich gleichermaßen und unvermeidlich als jenseits aller festgelegten und definierbaren Kategorien bestehend heraus. In Wittgensteins Theorie, im *Tractatus Logico-Philosophicus* (1921), wird diese These wieder aufgestellt, in Bezug auf Diskurse wie Ethik und Religion als faktischer und konzeptioneller Unsinn. Wir leben nicht unbedingt *in*, sondern zumindest *von* der Dimension des Unendlichen und Undefinierbaren.

Vergessen wir diese unfassbare Dimension, geraten wir in Gefahr, universale Literatur sowie Weltliteratur mit einer besonderen und positiven Form von Kultur zu identifizieren, die ihre Universalität beschränken wird. Sie muss zugegebenermaßen wenigstens als „Literatur" definiert werden, jedoch wird auch diese am besten nur als Einstieg zur Unendlichkeit verstanden. Weltliteratur bietet eine Gelegenheit, diesen Zugang zu öffnen in ihrer universalen Tragweite und Relevanz für die Gesellschaft und Kultur im Allgemeinen mit Hilfe einer besonderen Institution, nämlich dem Studium der Literatur in unseren Universitäten.

Mein Hauptanliegen ist die Betonung der Beziehung zum Offenen und Unendlichen als wirklich zur Natur der Literatur gehörig und als Aufzeigen ihrer besonderen Fähigkeit, menschliche Werte wie Liebe oder Freiheit zu benennen und zu vermitteln, die keine intrinsischen Grenzen kennen. In diesem Sinne könnte eine gewisse Berufung oder wenigstens die Möglichkeit, Weltliteratur zu werden, als dem Literarischen an sich inhärent gesehen werden. Die literarische Geste, Erfahrung mit einem Leser zu teilen, der sonst nicht mit dieser Erfahrung direkt verbunden ist, drückt einen Impuls aus, ins Bedingungslose zu gelangen. Literatur als solche zieht eine Loslösung menschlicher Bedeutung und die Befreiung des Wertes von den besonderen Umständen, in denen sie geschaffen wurden, nach sich. Der literarische Text ist nicht nur eine gelegentliche Mitteilung, sondern von bleibender Gültigkeit. Mehr als nur das Effektuieren des Transfers von einer Kategorie in die andere, vom Lokalen zum Globalen, ist Weltliteratur ein kraftvolles Zeichen einer der Literatur innewohnenden Berufung, höher aufzusteigen und den Grenzen kategorischer Argumentation zu trotzen. Literatur ist ein freier Ausdruck des menschlichen Geistes, der Grenzen nur zu dem Zeitpunkt setzen kann, an dem er seine Freiheit zur Überschreitung ebendieser Grenzen ausübt.

Bibliographie

Adorno, Theodor (1966): Negative Dialektik. Frankfurt/M.: Suhrkamp.

Agamben, Giorgio (2008): Segnatura rerum: Sul metodo. Turin: Bollati Boringhieri.

Benjamin, Walter (1972): Die Aufgabe des Übersetzers. In: Gesammelte Schriften IV/ 1. Hg. v. Rolf Tiedemann. Frankfurt/M.: Suhrkamp, S. 9–21.

Bhabha, Homi K. (2021): Foreword. Translation's Foreign Relations. In: The Relocation of Culture: Translations, Migrations, Borders. Hg. v. Simona Bertacco u. Nicoletta Vallorani. London: Bloomsbury, S. x–xvii.

Fang, Weigui (Hg.) (2018): Tensions in World Literature: Between the Local and the Universal. London: Palgrave MacMillan.

Franke, William (2020): On the Universality of What is Not: The Apophatic Turn in Critical Thinking. Notre Dame: University of Notre Dame Press.

Luhmann, Niklas (2000): Die Religion der Gesellschaft. Frankfurt/M.: Suhrkamp.

Jiddische Sprache und Literatur in Geschichte, Gegenwart und Zukunft

Herausgegeben von Steffen Krogh, Shoou-Huey Chang, Simon Neuberg

Erinnerungskultur im Jiddischen kontrastiv zum Deutschen, am Beispiel des jüdischen Theaters im Shanghaier Exil

Shoou-Huey Chang (Kaohsiung)

1. Einleitung

Das jüdische Exil in China wird heute sowohl in der literarischen Darstellung als auch in der wissenschaftlichen Forschung verstärkt als Stoff und Thema bearbeitet. Die Stadt Shanghai wird beispielsweise in den Erinnerungen vieler jüdischer Exilanten als Zufluchtsort während des Zweiten Weltkriegs beschrieben. In dem vorliegenden Beitrag soll die jüdische Erinnerungskultur in Shanghai thematisiert werden, eine Erinnerungskultur, die sowohl in jiddischer Sprache als auch auf Deutsch festgehalten wurde.[1] Der Fokus soll auf dem jüdischen Theater im Exil liegen, das eine der wichtigen kulturellen Tätigkeiten war, die im Shanghaier Exil erlebt werden konnten, und immer wieder „Erinnerungen" an die alte Heimat hervorgerufen hat.

2. Jüdische Kultur in Shanghai

Seit einem Jahrhundert waren bereits etwa 1.000 Bagdader Juden in Shanghai ansässig; die meisten von ihnen waren über Indien aus dem Irak eingewandert. Sie gehörten zur ersten jüdischen Gruppe, die sich in Shanghai niedergelassen

---

1 In den letzten Jahren spielt die Thematik „Exil in Shanghai" zunehmend eine wichtige Rolle, jedoch eher auf das deutsch-jüdische bzw. österreich-jüdische Exil in Shanghai beschränkt, wie z. B. Zhuang Wei (2015), der sich in seiner Dissertation mit der Erinnerungskultur der jüdischen Literatur, die durch Plurimedialität und Transkulturalität gestaltet wird, beschäftigt, und Judith Weißbach (2017), die in ihrer Studie die alltagsgeschichtlichen Erinnerungen deutschsprachiger Juden in Shanghai 1938–1949 bearbeitet, feststellen. Der Nationalfonds der Republik Österreich gab für die Opfer des Nationalsozialismus eine Dokumentensammlung heraus (2015). Das Buch dokumentiert Schicksale von Überlebenden aus Österreich, die ihr Weg nach Asien geführt hat. Darunter gehört Shanghai zu den Exil-Orten, an denen die meisten Flüchtlinge Zuflucht gefunden haben. Weniger gut aufbereitet sind bislang die entsprechenden jiddischsprachigen Zeugnisse. An dieser Stelle sei die Dokumentensammlung von Irene Eber „Jewish Refugees in Shanghai 1933–1947. A Selection of Documents" (2018) erwähnt.

hatte. Sie lebten in Häusern europäischen Baustils und identifizierten sich mit der britischen Kultur. Einige dieser Familien hatten es im Laufe der Zeit zu Wohlstand gebracht. Die zweite jüdische Gruppe kam aus Russland. Diese 5.000 jüdischen Emigranten waren größtenteils nach der Bolschewistischen Revolution im Jahr 1917 gekommen und hatten sich in der Französischen Zone angesiedelt. Diese beiden Gruppen zählten zu den ansässigen jüdischen Mitbürgern der Stadt Shanghai. Nach der Reichskristallnacht kam im November 1938 eine dritte Gruppe hinzu, es waren 18.000 bis 20.000 deutschsprachige jüdische Flüchtlinge aus Deutschland und Österreich. Zwischen November 1938 und August 1949 fanden sie Zuflucht in den ärmeren Bezirken der Internationalen Niederlassung, die unter japanischer Besatzung stand (Chang 2010: XXXII). Eine Gruppe jiddischer Schriftsteller und Dichter traf mit anderen polnischen und litauischen Juden in den Jahren 1940 und 1941 in Shanghai ein und waren damit die letzten jüdischen Flüchtlinge in Shanghai. Ihre Zahl betrug etwa 2.000 (Hochstadt 2007: 114).

In Anbetracht der Not und der Schwierigkeiten ist es zutiefst bemerkenswert, dass einige Formen des kulturellen Lebens in dieser Zeit in Shanghai fortbestanden. Kulturelle Aktivitäten hatten bereits früher begonnen, und zwar bald nach der Ankunft der Flüchtlinge. An dieser Stelle ist es von Bedeutung, sich daran zu erinnern, dass nicht nur Schriftsteller, Journalisten und Schauspieler wichtig waren, sondern auch die Leser der Zeitungen, in denen die Autoren schrieben, und das Publikum, das ins Theater ging.

Die deutschsprachige Exilpresse nahm beinahe direkt, nachdem die ersten Flüchtlinge in Shanghai an Land gegangen waren, ihre Tätigkeit auf. Die Zeitungen existierten nur eine kurze Zeit und nahezu alle wurden nach dem Ausbruch des Pazifikkriegs im Dezember 1942 eingestellt. Aber während ihres Bestehens waren sie ein wichtiger Teil des Flüchtlingslebens. Dank der Bemühungen einiger jüdischer Journalisten wurden neben Zeitungen auch Bücher jüdischer Autoren neu gedruckt, viele davon auf Russisch und Deutsch (Eber 2018: 17 f.). Außerdem waren jiddische Zeitungen erhältlich. Durch die engagierte Tätigkeit der Künstler entwickelte sich in Shanghai neben dem englischen, deutschen, polnischen und russischen auch ein jiddisches kulturelles Leben.

Zwischen 1938 und 1947 erschienen 12 jüdische Zeitschriften auf Englisch, Deutsch und Russisch. Neben den englischen, deutschen, polnischen und russischen waren auch jiddische Druckzeugnisse vorhanden (Pan 2003: 51).

Bis zum Ausbruch des Pazifikkrieges im Dezember 1941 gab es in der vielfältigen ausländischen Presse von Shanghai auch einige kurzlebige jiddische Zeitschriften, die wöchentlich oder vierzehntäglich erschienen.[2] Die

---

2 Ein sowohl visuelles als auch akustisches Bild davon gibt der im Jahre 1990 vom belgischen Fernsehen gedrehte und im März 1993 im ZDF gezeigte Dokumentarfilm „Flucht zur

jiddische Beilage „Unser leben", die in der russischen Wochenzeitung „Nasha Zhizn" veröffentlicht wurde, war von großer Bedeutung. Darüber hinaus gab es noch weitere Zeitschriften wie „Doß wort". Dieses Blatt richtete sich vornehmlich an die polnischen Flüchtlinge als Leserschaft. Ab 1942 gab es in Shanghai sogar einen jiddischen Verlag: Doß jidische buch. Fragmente der Publikationen aus dieser Zeit wie z. B. „Unser leben", „Doß wort" und „Unser welt", die heutzutage nur schwer zugänglich sind, bieten uns ein aufschlussreiches Bild (Pan 2003: 104–108).[3]

3. Jüdisches Theater im Shanghaier Exil

Im Shanghaier Exil entstand auch eine Vielzahl von Theaterstücken. Theateraufführungen bestanden manchmal nur aus Sketchen, aber es gab sowohl klassische als auch moderne Stücke. Diese mussten in Shanghai häufig aus der Erinnerung niedergeschrieben werden. Überstürzte Abreisen und Gepäckbeschränkungen verhinderten die Mitnahme von Textbüchern. Da es keine Theater gab, wurden die Stücke an jedem erdenklichen Ort in den Flüchtlingslagern aufgeführt, in Schulen oder Kinos. Jiddische Stücke wurden im Shanghai Jewish Club inszeniert. Kulturelle Tätigkeiten konnten auch anderswo stattfinden (Eber 2018: 550).

Deutsch- und jiddischsprachige Kulturaktivitäten, Kabarett- und Theateraufführungen, Musikabende, Orchester und Opern wie auch Gemäldeausstellungen eingeschlossen waren sehr wichtig für das Leben im Exil. Sie gaben nicht nur einer großen Zahl an Künstlern die Möglichkeit, aktiv zu bleiben, sondern ermöglichte ihnen auch ein kleines Einkommen. Für diejenigen unter

---

aufgehenden Sonne – Von Warschau nach Shanghai", in dem der jiddische Schriftsteller Yosl Mlotek (1918–2000) auf Jiddisch von den kulturellen Aktivitäten in Shanghai erzählt und dabei ein jiddisches Gedicht über Shanghai rezitiert: „Schanchaj, Nankin-Roud, eß winkt di schtot mit tojsnt tajwe-ojgn". Dieses Gedicht mit dem Titel „Schanchaj" zeichnet ein starkes Bild des Lebens in Shanghai und lässt die Abscheu des Dichters gegenüber der Gleichgültigkeit angesichts menschlichen Leids erkennen. In einem weiteren Gedicht drückt er die Einsamkeit und Sehnsucht eines Flüchtlings aus: „Ein Brief". Mloteks „Schanchaj" vom Januar 1942 und „Ein Brief" von 1943 werden in Eber (2000: 164–169) in Auszügen wiedergegeben und ausführlich interpretiert. Vgl. dazu auch Eber 2008: 78–81, 89–90, s. v. „Yosl Mlotek".

3   Für jiddische Namen und Textzitate wird das Transkriptionssystem von Ronald Lötzsch verwendet, das er für sein jiddisches Wörterbuch (1990) speziell für deutschsprachige Leser erarbeitet hat und das mit der 2. Aufl. 1992 vom Duden-Verlag übernommen wurde (Lötzsch 1992).

den Flüchtlingen hingegen, die sich ein Ticket leisten konnten, waren ein paar Stunden, in denen sie ihre Alltagssorgen vergessen konnten, mehr als wichtig. Wie viele Künstler verschiedener Gattungen, Musiker, Sänger, Schauspieler und dergleichen sich zu der Zeit in Shanghai aufhielten, ist schwer zu sagen. Vermutlich waren es über 200, aber diese Zahl schließt nicht die jiddischen Schauspieler ein, die sich in den Kriegsjahren in Shanghai aufhielten (Philipp 2001: 590). Die meisten Kulturschaffenden hatten vor ihrer Flucht in die chinesische Metropole in Deutschland oder Österreich glänzende Karrieren gehabt. Berücksichtigt man die Schwierigkeiten, die Theaterinszenierungen mit sich brachten, ist die Zahl an Operetten und gelegentlichen Opern im Zeitraum zwischen 1939 und 1946 beeindruckend.

Neben Theateraufführungen von deutschen und österreichischen Flüchtlingen gab es auch jiddisches Theater, das vor allem von der Gruppe der Polen kreiert wurde, die 1941 aus Japan eintraf. Außer vielen Mitgliedern der Rabbinerseminare fanden sich hier Dichter, Schriftsteller und Schauspieler zusammen wie etwa die talentierte Schauspielerin Rose Shoshana Kahan.

Die polnischen Flüchtlinge, die vor den Deutschen zunächst nach Litauen, dann nach Japan geflohen waren, bevor sie mit dem Schiff nach Shanghai gebracht wurden, hatten vermutlich noch weniger Theatertextbücher als die deutschen und österreichischen im Gepäck. Auch sie begannen deshalb, Texte zu schreiben. Einige entstanden aus dem Gedächtnis, andere wiederum waren für gewöhnlich keine vollständigen Stücke, sondern kurze Sketche. Es ist bedauernswert, dass anscheinend keiner dieser Texte die durch Vertreibung und Zeit verursachten Zerstörungen überdauert hat. Mit ähnlichen Problemen wie das deutschsprachige Theater konfrontiert fand trotzdem eine relativ große Zahl an jiddischsprachigen Aufführungen statt. Unter den etwa 15, die in Rose Shoshanas Tagebuch erwähnt werden, waren auch klassische Stücke der Autoren Jacob Gordin und Sholem Aleichem. Die meisten jiddischen Aufführungen wurden 1942 inszeniert (Chang 2010: CXVII–CXXI).

Nachdem die meisten Flüchtlinge gezwungen wurden, ins Ghetto Hongkou umzusiedeln, wurden die kulturellen Aktivitäten zwar eingeschränkt, aber nicht vollkommen eingestellt. Über diesen Zeitraum finden sich nur spärliche Informationen und viele deutschsprachige Aufführungen wurden von der japanischen Zensur verboten. Trotzdem gab es noch leichte Opern und Kunstausstellungen.

Das jiddische Theater wurde für ein Jahr eingestellt, und es scheint zwischen Juni 1943 und Oktober 1944 keine Aufführungen gegeben zu haben. Allerdings wurde der Theaterbetrieb kurz vor Kriegsende und in der Nachkriegszeit wiederaufgenommen, und ein Abend für amerikanisch-jüdische Soldaten war besonders erfolgreich (Chang 2015: 274).

4. Erinnerung an das jiddische Theater in Shanghai

Für die jiddische Erinnerungskultur in Shanghai während des Zweiten Weltkriegs ist das Tagebuch „In fajer un flamen" (1949) der jiddischen Schauspielerin Rose Shoshana Kahan (1895–1968) aufschlussreich. Rose Shoshana
stammte aus Lodz und war eine engagierte Schauspielerin und Schriftstellerin
in Warschau. Sie und ihr Mann fanden einen Weg, jiddisches Theater in Kobe
und dann in Shanghai zu inszenieren. In ihrem Tagebuch (1939–1946) erzählt
sie ausführlich von ihrem Leben in Shanghai. Ende 1941 war Shanghai für
Rose Shoshana eine Transitstation. Durch die chronologische Eintragung ins
Tagebuch nehmen viele Themen des Lebens auf ihre Erinnerungen in Shanghai
Bezug: Verlusterfahrung, Bewältigung des Alltags unter schwierigen Bedingungen und Behauptung der eigenen Identität in der Fremde. Diese tragen zu den
spezifischen Erfahrungen mit der Exilkultur und der Erinnerung an Interkulturalität in Shanghai bei. Beispielsweise traten sie und ihr Ensemble zwei Wochen
(am 6. November 1941) nach ihrer Ankunft in Shanghai im jüdischen Klub auf
und gestalteten Literatur- und Konzertabende (Kahan 1949: 287). Dieser Quelle
kann man direkt Informationen zu den Bemühungen um ein Kulturleben entnehmen, aber auch soziokulturelle Aspekte des Exils herausarbeiten.

Zwei Wochen danach berichtete der Warschauer Journalist M. Flakser in
der jiddischen Zeitung „Unser leben" über eine andere jiddische Theateraufführung mit der Überschrift „Die ‚Dybuk'-Aufführung im Lyceum-Theater
(28. November 1941) (Nr. 30, 1)". Hier berichtet er über die Zusammenarbeit
der deutschsprachigen und der jiddischen Exilkünstler, die an einer Theateraufführung beteiligt waren:

> „*Dybuk*" wurde weltweit von den brillantesten jüdischen und nichtjüdischen
> Schauspielern aufgeführt. Natürlich kann man nicht erwarten, dass ein Gele-
> genheitsensemble aus mehreren ehemaligen deutschen und jüdisch-polnischen
> Schauspielern hier in dieser verlassenen Ecke der Welt, Shanghai, eine perfekte
> Leistung oder etwas Überraschendes liefert (Eber 2018: 562)[4].

Dazu hat Flakser den Erfolg hervorgehoben und meinte jedoch dazu,
dass „nicht jeder Shanghaier Jude diese Aufführung gesehen hat, denn es war
eine großartige Leistung des Regisseurs und Schauspielers *Boris Sapiro*, der
uns an die alte und großartige Legende von *Sh. Anski* erinnert und diese treffend präsentiert hat" (Eber 2018: 562). Trotzdem zeigte er bei der Ausführung
auch seinen hohen Anspruch an die Sprache: „Besonders herausragend war
die Schauspielerin *Raya Zomina* in der Rolle der Leah. Ihre klare Diktion
und umfangreiche Erfahrung waren erfrischend im Gegensatz zu einigen der

---

4 Die zitierten Textstellen, die ursprünglich auf Jiddisch verfasst sind, werden ins Deutsche
   übersetzt, damit sie für deutschsprachige Leser allgemein verständlich sind.

deutschen Schauspieler, deren Quasi-Jiddisch wie Blei auf das Publikum fiel"
(Eber 2018: 562). Er betonte jedoch:

> Die Aufführung war in jeder Hinsicht ein positives Ereignis in unserem kultu-
> rell verarmten Leben in dieser Stadt und verdiente eine bessere Aufnahme durch
> unsere „Elite" (Eber 2018: 562).

Rose Shoshana gab uns aber im Tagebuch authentisch die Einzelheiten
über die Aufführungen des jiddischen Theaters und deren Mitwirkende. Sie
verschwieg nicht die Entbehrungen, unter denen die Künstler ständig litten.
Zum Beispiel schrieb sie am 20. November [1941]:

> Der ownt is forgekumen mit 3 teg zurik un ich bin noch untern ajndruk fun dem
> grojßn derfolg, ßaj dem materjeln un ßaj moralischn. Mir is geblibn 700 Schancha-
> jer dolar, a farmegn is doß hajnt far mir. Bald hob ich geborgt Rosenen 200 dolar,
> er sol sich kojfn a winter-mantl, eß gejt doch zu winter (Kahan 1949: 288).

Ergänzend berichtete Flakser Anfang des Jahres 1942 (30. Januar) in der
jiddischen Zeitung „Unser leben" (Nr. 39, 1) über einen jiddischen Theater-
abend in Shanghai, den Rose Shoshana ins Tagebuch eingetragen hat, obwohl
sie selbst aktiv mitgewirkt hatte:

> Der „Abend des jiddischen Humors", arrangiert von der Künstlerin *Shoshana* im
> *Jewish Club*, war ein voller Erfolg. Das neue Auditorium mit der neu gebauten
> Bühne fasst 300 Personen und war überfüllt. Shanghaier Juden sprechen wahr-
> scheinlich nicht Jiddisch im Alltag, aber sie haben eine starke Verbindung zum
> Jiddischen Theater und zu seiner Tradition, dem grauen jüdischen Leben Freude
> zu bereiten. Die jiddischen Künstler, die heute in Shanghai sind, müssen daher
> ein unstillbares Interesse am Jiddischen Theater haben (Eber 2018: 566).

Darüber hinaus gab Flakser einen Hinweis auf die nächste Theateraufführung von Rose Shoshana: Das Publikum nahm mit großer Zufriedenheit die
von Shoshana zuvor auf der Bühne verkündete Nachricht auf, dass die nächste
Aufführung „Mirele Efros" von Jacob Gordin in Vorbereitung sei (vgl. Eber
2018: 567). Das Plakat dieser Theateraufführung ist in Rose Shoshanas Tagebuch abgebildet (Kahan 1949: 296).
In diesem Bericht gab Flakser nicht nur sein Lob über die Theaterdarbie-
tung, sondern übt auch scharfe Kritik, wie z. B.:

> Frau *Shoshana* hätte als Regisseurin und Theaterexpertin wissen müssen, welche ihrer
> Nummern man hätte kürzen können, um ihr Publikum nicht zu ermüden. Insgesamt
> ein Abend des echten Lachens, der die kleine Gruppe des Jiddischen Theaters hier
> in unserer Stadt, die auf echte jiddische Theaterkunst hinarbeitet, motivieren sollte.
> Tiefere Quellen des jiddischen Humors müssen ausgeschöpft werden, um große und
> vollständige jiddische Theateraufführungen zu geben (Eber 2018: 567).

Mit dieser Problematik setzte sich Rose Shoshana im Tagebuch auseinander und meinte dazu, die geringe Auswahl der zur Verfügung stehenden Stücke, die die Freiheit des Spielplans sehr einschränkte, habe die Schauspieler dazu gebracht, Texte aus dem Gedächtnis zu schöpfen.[5] So schrieb sie z. B. am 10. Mai 1942:

> Heute war die Premiere von *Tewje, der milchiker*. Ich habe die *Golde* gespielt [...] Man hat also mit der Kleinkunst aufgehört und kam zum Drama zurück – zu jiddischen Theaterstücken, aber wo sollen wir die hernehmen? Ich habe mich hingesetzt und mit Hilfe meines Mannes *Lasar Kahan* aus dem Gedächtnis *Scholem-Alejchem*s „*Tewje der milchiker*" aufgeschrieben, den ich mit *Moriß Lampe* hunderte Male in Europa gespielt habe (Kahan 1949: 292–293).

Weiter schrieb sie, wie die Künstler aus der Krise zur Kreativität gelangten. Nicht nur jiddische Klassiker wurden im Theater aus dem Gedächtnis aufgeführt, sondern auch kreative, interkulturelle Stücke der Emigranten. Man behalf sich mit einfachsten Mitteln und versuchte, eigene Stücke zu entwerfen und Textvorlagen zu verfassen. Zusammen mit weiteren Schriftstellern, Adasch Swizlozki, Mojsche Elbojm und Dovid Markuß, schrieb ihr Mann Theaterstücke für die Shanghaier Bühne, z. B. „Frejleche bombe", „Homen-taschn mit rajs" und „12 knejdlech" (Chang 2010: XLIV).

Nach einer Theateraufführung von „Mirele Efroß" (1946) erkrankten Rose Shoshana und ihr Mann an Flecktyphus. Er starb am 26. Mai 1946. Bei der Errichtung seines Grabsteins versammelten sich alle jiddischsprachigen Künstler und Schriftsteller auf dem Shanghaier Friedhof (Chang 2010: XLIV). Die Aktivitäten des jiddischen Theaters, das Rose Shoshana leitete, kann man anhand ihrer Tagebucheintragungen von Ende 1941, mit einer Unterbrechung im Jahre 1944, bis Mitte 1946 fortlaufend genau datieren.

Rose Shoshana ist mit der Dramatik ihres eigenen Schicksals, ihren kaum zu überwindenden praktischen Schwierigkeiten und ihren gelungenen oder gescheiterten Bemühungen um das Schreiben und das Theaterspielen in Shanghai repräsentativ für das Kulturschaffen des Exils. Die Aufzeichnung ihres Lebenswegs wird von fünf Aspekten stark geprägt: 1) jüdische Religion, Tradition und Kultur, 2) innere Struktur der jüdischen Gemeinschaft, 3) Verhältnis der Juden zur nichtjüdischen Umwelt, 4) Stigmatisierung und Verfolgung, Selbstbehauptung und Überleben, und 5) Sehnsucht nach Weiterwanderung. Eine beachtliche Leistung liegt darin, in einer fremden, weitgehend sogar bedrohlichen Umgebung den Künstlern und Schriftstellern die Möglichkeit individueller Selbstbehauptung

---

5   Sie spielte z. B. in „Krajzer ßonato",„ „Der umbakanter", „Mirele Efroß" und „Di schchite" von J. Gordin, „Doß grojße gewinß" und „Tewje der milchiker" von Scholem Alejchem und „Doß tajwlß-wajb". Zu ihrem Repertoire gehörten u. a. noch „Doß glik fun morgn", „Di froj woß hot derharget", „Fun jener welt", „Alz zulib kinder" und „Di mame" (Chang 2010: XLIV).

gegeben zu haben. Zugleich wurde dabei ein nicht zu unterschätzender Beitrag zur sozialen und kulturellen Identität aller Emigranten geleistet.

5. Erinnerungskultur im Jiddischen und im Deutschen

Die deutsch- und jiddischsprachigen Erinnerungen an die Theateraufführungen im Shanghaier Exil bieten reiche inhaltliche Grundlagen für komparatistische Arbeiten. Zum Vergleich sollen drei Dokumente in Betracht gezogen werden, die das Spektrum des Theaters im Shanghaier Exil veranschaulichen. Der bekannte Theaterwissenschaftler Alfred Dreifuss gab im Jahr 1940 (16. August) in der deutschsprachigen Exilzeitung „Aufbau" (Bd. 33, 7) einen Überblick über das Theater in Shanghai seit dem Jahr 1939. Er schrieb:

> Ich will Ihnen in kurzen Zügen berichten, wie wir hier im fernsten Asien einen europäischen Theaterbetrieb aufbauten [...] Sie dürfen auch nicht daran denken, wie man in New York Theater spielt. Hier in Shanghai, dieser „kulturlosesten Stadt der Welt", ist das alles ganz anders (Eber 2018: 553).

Die Bedingungen für Theateraufführungen Ende der 1930er Jahre, als die ersten Flüchtlinge eintrafen, waren düster und besserten sich auch danach nicht besonders. Ein großes Problem war das Fehlen einer geeigneten Bühne. Es gab eine Reihe von Kinos, aber die Bühnen waren eng und schränkten die Bewegungsfreiheit der Schauspieler ein, ganz zu schweigen von der Miete, die den Großteil der Ticketeinnahmen verschlang. Die Bühnen in Schulen und in den Flüchtlingsunterkünften waren ebenfalls erbärmlich klein. Ein weiteres Problem stellten die fehlenden Kulissen und Bühnenrequisiten dar. Auch wenn diese ausgeliehen werden konnten, erforderten sie Leihgebühren und die Flüchtlinge hatten wenig Geld. Kostüme waren ein weiteres Problem.

All diesen Schwierigkeiten zum Trotz wurden verschiedenartige kulturelle Aktivitäten bereits 1939 aufgenommen, sobald Flüchtlinge in Shanghai ankamen. Zweifellos lag es daran, dass sich unter den Ankömmlingen auch einige Künstler fanden. Es hing auch mit dem relativ schnellen Wachstum der Kaffeehauskultur zusammen, die sich in den Vierteln, in denen Flüchtlinge wohnten, entwickelte. Es überrascht nicht, dass einige der frühen Auftritte als „bunte Abende" in Flüchtlingsunterkünften stattfanden.

Das Publikum war nie groß und zusätzliche Aufführungen wären finanziell nicht tragbar gewesen. Aufgrund des Mangels an Textbüchern wurde eine Reihe von ihnen in Shanghai geschrieben. Darunter waren z. B. zwei von Hans Schubert und Mark Siegelberg: „Die Masken fallen" und „Fremde Erde" (Philipp 1996: 9–33). Die Schauspieler-, Autoren- und Publikumspräsenz war natürlich wichtig, allerdings wäre die Entwicklung einer blühenden Kultur ohne irgendeinen organisatorischen Rahmen schwierig, wenn nicht gar unmöglich gewesen. Die erste Organisation war der Artist Club, in dem sich Musiker, darstellende Künstler und andere fanden, und der sich bereits Anfang 1940 in der European Jewish Artist Society (EJAS) reorganisierte (Eber 2018: 555). Einen positiven Einfluss des jiddischen Theaters in Shanghai betonte der aus Polen stammende jiddische Schriftsteller Jojßef Rotenberg am 30. Oktober 1942 in der Zeitschrift „Unser leben" (Nr. 78. 1); er schrieb:

> Es ist eine Tatsache, dass im letzten Jahr im jüdischen Leben Shanghais einiges an Aufregung herrschte [. . .] Eine der Ursachen war nicht zuletzt die Vertreibung der Juden aus Osteuropa, insbesondere der Juden aus Polen und Litauen. Die polnischen Juden, die ein reiches und buntes kulturelles Leben entwickelt und geführt hatten, brachten ihre jiddische Lebensweise, ihre jiddischen kulturellen Bräuche und vor allem ihren Antrieb und ihre Sehnsucht nach jiddischer kultureller Kreativität mit [...] Das ist die einzigartige Dialektik des Lebens; die Diaspora der polnischen Juden wurde in gewisser Weise zum Segen für die Shanghaier Juden (Eber 2018: 581).

Die Schwierigkeiten der Theateraufführungen im Shanghaier Exil hat Rotenberg auch nicht verschwiegen, z. B. die Zufälligkeit, Nichtplanung, und fehlende Professionalität. Außerdem setzte er große Hoffnung auf die Zukunft der kulturellen Tätigkeiten in Shanghai und meinte dazu: „Die Theaterarbeit muss etwas umorganisiert und zunächst in die Gesellschaft integriert werden" (Eber 2018: 581).

Auf das jiddische Theater in Shanghai blickte Rose Shoshana nach dem Krieg (1947) während ihres Aufenthalts in den USA zurück, in der Wochenschrift „Der amerikaner" unter dem Titel „Wi asoj ch'hob geschpilt jidisch teater in Chine":

Bajm publikum is gewen a jontewdike schtimung. Baj mir noch a greßere. Der fuler sal, di komplimentn, woß m'hot mir gemacht noch der erschter pojse, doß alz hot asoj gehojbn majn schtimung as ich hob gegebn fun sich doß makßimum, woß ch'hob gekont. ch'hob gewolt ojßnemen un di „muse", got fun kunßt, hot mir zugedint (R. Shoshana 1947: 9, 12).

Es ist deutlich zu erkennen, dass dem Theater im Exil eine Bedeutung zukommt, die weit über die Präsentation von Schauspielen auf einer Bühne hinausgeht. Für die Künstler war es nicht nur Arbeitsbeschaffung und damit ein Beitrag zum Lebensunterhalt, sondern auch eine Möglichkeit zur individuellen künstlerischen Selbstbehauptung und eine Repräsentation der Erinnerungskultur.

Wir können nicht umhin, die beeindruckenden Leistungen des deutsch- und jiddischsprachigen Flüchtlingstheaters in Shanghai zu bewundern. Not und Vertreibung zum Trotz spielten Schauspieler weiter, Bühnenautoren schrieben weiter, Maler malten weiter. Die mentale Stärke, die es gekostet haben muss, weiterzumachen, ist kaum vorstellbar. Heute müssen wir uns vor allem daran erinnern, dass in dieser von Schmerz erfüllten Zeit im jüdischen Leben verschiedene

Formen der Erinnerungen im Alltag der Flüchtlinge weiterbestanden. Dies macht die Erinnerungskultur des Shanghaier Exils zu etwas Besonderem.

Bibliografie

Chang, Shoou-Huey (2010): *Jüdische Kultur im Chinesischen Exil. Eine Studie zu Rose Shoshana Kahans jiddischem Tagebuch „In fajer un flamen".* Mit einer Teiledition. Taipeh: Kaun Tang International Publications Ltd.

Chang, Shoou-Huey (2015): Ein Aspekt der jüdischen Begegnungen im Transitraum Shanghai. In: Jianhua Zhu, Jin Zhao & Michael Szurawitzki (Hg.): *Akten des XIII. Internationalen Germanistenkongresses Shanghai 2015.* Bd. 12. Berlin: Peter Lang GmbH, Internationaler Verlag der Wissenschaften, 272–277.

Dreifuss, Alfred (1985): *Ensemblespiel des Lebens. Erinnerungen eines Theatermannes.* Berlin: Buchverlag der Morgen.

Eber, Irene (2000): Auf einer einsamen Insel. Jiddische Dichter in Schanghai. In: Anne Birkenhauer (Hg.): *Jüdischer Almanach 2001/5761.* Frankfurt am Main: Jüdischer Verlag im Suhrkamp Verlag, 160–169.

Eber, Irene (2008): *Voices from Shanghai: Jewish Exiles in Wartime China. Edited, translated, and with an introduction by Irene Eber.* Chicago: University of Chicago Press..

Eber, Irene (2018) (Hg.): *Jewish Refugees in Shanghai 1933–1947: A Selection of Documents.* Göttingen: Vandenhoeck & Ruprecht.

Hochstadt, Steve (2007): *Shanghai Geschichten. Die jüdische Flucht nach China.* Berlin Hentrich und Hentrich Verlag.

Kahan, Rose Shoshana (1949): *In fajer un flamen.* Buenos-Aires: zentral-verband fun pojlische jidn in argentine.

Lötzsch, Ronald (1990): *Jiddisches Wörterbuch. Mit Hinweisen zur Schreibung, Grammatik und Aussprache.* 1. Aufl. Leipzig: Bibliogr. Inst.; 2. Aufl. (1992) Mannheim: Dudenverl.

Nationalfonds der Republik Österreich für Opfer des Nationalsozialismus (Hg.) (2015): *Erinnerungen: Lebensgeschichten von Opfern des Nationalsozialismus.* Wien: Nationalfonds der Republik Österreich für Opfer des Nationalsozialismus.

Pan, Guang (Hg.) (2003): *Die Juden in China.* Beijing: China Intercontinental Press.

Philipp, Michael & Seywald Wilfried (1996): „Die Masken fallen" – „Fremde Erde". *Zwei Dramen aus der Emigration nach Shanghai 1939–1947.* Hamburg: Hamburger Arbeitsstelle für Deutsche Exilliteratur.

Philipp, Michael (2001): Selbstbehauptung im Exil. Theater in Shanghai. In: Zwischenwelt. Literatur. Widerstand. Exil. Zeitschrift für Kultur des Exils und des Widerstandes. 18. Jg. (Februar 2001), Nr. 1 Doppelheft. 46-51.

Shoshana, R[ose] (1947): *Wi asoj ch'hob geschpilt jidisch teater in chine.* In: Der amerikaner. *The Jewish American.* Jg. 45 (21. März 1947), Heft 22, 9, 12.

Weißbach, Judith (2017): *Exilerinnerungen deutschsprachiger Juden an Shanghai 1938–1949.* Heidelberg: Universitätsverlag Winter.

Zhuang, Wei (2015): *Erinnerungskulturen des jüdischen Exils in Shanghai (1930–1950). Plurimedialität und Transkulturalität.* Münster: Lit Verlag.

Gauguin und Anti-Gauguin: Völker und Länder mit den jiddischen Augen des Peretz Hirschbein gesehen

Ber Kotlerman (Ramat Gan)

Peretz Hirschbein (1880–1948), Prosaschriftsteller, Dramatiker, Essayist, eine der markantesten Stimmen der neuen jiddischen Literatur, wurde in einer Mühle in der Nähe der Stadt Kleszczele in der Provinz Grodno, Russisches Kaiserreich (heute Polen), geboren. Er studierte an Jeschiwas in Brest und Grodno, gab Hebräischunterricht in Wilna, gründete ein jiddisches Repertoiretheater in Odessa und bereiste alle wichtigen Zentren des jüdischen Ansiedlungsrayons, bevor er über Wien, Paris, London, Liverpool und New York nach Südamerika, Ozeanien, Afrika und Asien reiste. Diese Reisen, die nicht weniger als 20 Jahre dauerten und in zahlreichen Reiseberichten im Stil der „großen" Schriftsteller detailliert beschrieben wurden, machten ihn als den geheimnisvollen „fliegenden Holländer" der jiddischen Literatur berühmt (Arnshteyn 1932).

Im Frühjahr 1928 veröffentlichte die Moskauer illustrierte Literaturzeitschrift „Krasnaja Niva" (eine Wochenbeilage der Zeitung „Iswestija") drei russische Übersetzungen von Peretz Hirschbeins Essays: der erste war „Mit heruntergelassenen Wimpern" (Hirshbeyn 1928a), ein Essay aus dem japanischen Leben, gefolgt von „Tahiti" (Hirshbeyn 1928b), einem Stück aus dem Südpazifik, und schließlich „Kinder Afrikas" (Hirshbeyn 1928c), ein anschauliches Pamphlet über die Rassenprobleme Südafrikas.

Diese Veröffentlichungen sollten als Visitenkarte für den Schriftsteller dienen, der zum ersten Mal in die Sowjetunion reisen wollte (zu Hirschbeins Besuch in der Sowjetunion siehe Estraikh 2006). Fast zwei Jahre zuvor hatte er Boris Pilnjak, dem damaligen Vorsitzenden des Allrussischen Schriftstellerverbandes, den er im Frühling 1926 in Japan kennengelernt hatte, seine Pläne mitgeteilt. Pilnjak, der von Hirschbeins Lebensstil zutiefst beeindruckt war („er hat kein Zuhause [...] sein Haus ist in Koffern gefaltet" [Pilnjak 1990: 63]), war eng in die Vorbereitungen für Hirschbeins Ankunft eingebunden, einschließlich der Werbung für die russischsprachigen Veröffentlichungen des jiddischen Schriftstellers in sowjetischen Literaturzeitschriften.

Zu Beginn seiner schriftstellerischen Laufbahn veröffentlichte Hirschbein in russischer Sprache (Hirshbeyn 1908a; Hirshbeyn 1908b) und arbeitete u. a. eng mit Leonid Andrejew zusammen (Hirshbeyn 1909, in der von Andrejew herausgegebenen Literatursammlung „Schipownik"), doch in den Jahrzehnten seit seinem Weggang aus Russland hat er den Kontakt zu russischen Literaten

praktisch verloren. Offenbar kam ihm die Idee, diese Verbindung wiederherzu-
stellen und so für einen angemessenen Empfang in der Sowjetunion zu sorgen,
als er Pilnjak kennenlernte, dem er an Ort und Stelle einen seiner frischen
japanischen Essays anbot. Dieser Essay „Mit heruntergelassenen Wimpern",
Hirschbeins erste sowjetische Veröffentlichung, erschien in der Übersetzung
von Eliazar Maharam, einem bekannten Shanghaier Publizisten und ehemaligen politischen Emigranten aus dem zaristischen Russland. Bis zum Sommer 1926, als er in die UdSSR zurückkehrte, war Maharam Redakteur der
russischsprachigen Tageszeitung „Novaja Schanchajskaja Schisnj" (englischer Titel: „The New Schanghai Life: The Foremost Russian Daily in the
Far East") in Shanghai. Wahrscheinlich wurde Hirschbeins jiddischer Essay
Maharam noch in China zur Übersetzung übergeben, wohin sowohl Pilnjak als
auch Hirschbein und seine Frau Esther Shumiatcher im August 1926 aus Japan
angereist waren.

Da Hirschbeins Pläne, die Sowjetunion zu besuchen, gerade absolviert
wurden, reichte ein Aufsatz nicht aus. Zwei weitere Aufsätze wurden zur Übersetzung geschickt, dieses Mal an einen anderen Übersetzer (der es vorzog, mit
den Initialen I.A. zu unterschreiben). Außerdem wandte sich Hirschbein an
den Literaten Aharon Hurwitz, der die Reiseberichte aus Indien und Birma ins
Russische übersetzte, und an den Übersetzer aus dem Ukrainischen, Efraim
Reitzin, der seinen Pazifik-Südafrika-Reisebericht (der kurz zuvor in New York
im jiddischen Original unter dem Titel „Iber der velt" – „Rund um die Welt"
und etwas später in Wilna unter dem Titel „Felker un lender" – „Völker und
Länder" veröffentlicht worden war) übersetzte (Hirshbeyn 1927; Hirshbeyn
1929a). Beide Projekte wurden relativ schnell verwirklicht: 1929 veröffentlichte der ukrainische Staatsverlag „Navkolo svitu" („Rund um die Welt") in
Charkow (Hirshbeyn 1929b), und ein Jahr später gab das Staatliche Verlags-
haus Moskau-Leningrad (Gosudarstvennoje izdatelstvo – GIZ) „Die Garben
des Schweigens (Indien)" heraus (Hirshbeyn 1930). Hirschbein unterzeichnete
auch einen Vertrag mit einem anderen Moskauer Verlag, Molodaja Gwardija,
um die Reisenotizen zu veröffentlichen (Smolyar 1928), höchstwahrscheinlich
eine russischsprachige Version von „Rund um die Welt" (die letzten beiden
Essays in „Krasnaja Niva" sind als solche aufgeführt: aus „Rund um die Welt").

Mit anderen Worten: Hirschbein, der eher als begnadeter Dramatiker bekannt war und in dieser Eigenschaft die russische Theaterbühne erreicht hatte, war nun bestrebt, sein Ansehen in den Augen der russischsprachigen Öffentlichkeit gerade als reisender Publizist vom Weltformat zu erhalten. Vor diesem Hintergrund ist die Auswahl seiner Veröffentlichungen für „Krasnaja Niva" interessant: Während der erste, japanische Essay gerade wegen ihrer Bekanntschaft in Japan und ihres gemeinsamen Interesses an der japanischen Kultur an Pilnjak ging, hatten die beiden folgenden Essays, „Tahiti" und „Kinder Afrikas", mit beiden nichts zu tun. Im Großen haben alle diese Veröffentlichungen, einschließlich der zukünftigen Bücher, Hirschbeins beeindruckende „Internationalität" in vollem Umfang dargestellt: vom halbmythologischen pazifischen Südosten und den berauschenden südafrikanischen Landschaften bis hin zum klassischen Orientalismus der japanischen Inseln und zum indisch-birmanischen Exotismus.

Hirschbeins Orientalismus und Exotismus, die auch für Dutzende seiner anderen Reiseberichte – südamerikanische, australische, mexikanische, chinesische – stehen könnten, waren jedoch von sehr konventioneller Natur. Ein genauerer Blick auf die drei Essays Hirschbeins zeigt ihren gemeinsamen Nenner. Vor allem ihre scharfe antikoloniale Tendenz im Geiste der postimperialistischen Konzeption der Komintern der 1920er Jahre (Clark 2018),[1] die Pilnjak selbst vertrat und deren Zeitschrift „Krasnaja Niva" dem kulturellen Leben des Ostens (im weitesten Sinne des Wortes) sowie den verschiedenen Kolonien

---

1   „During the 1920s, Soviet cultural authorities sought to develop a new, post-imperialist literature that would acknowledge a „new East" and supersede the enchanted exoticism of writers like Pierre Loti" (Clark 2018: 423).

in der ganzen Welt stets unverhältnismäßig viel Aufmerksamkeit widmete. Hirschbeins „revolutionärer Kosmopolitismus" passte eindeutig in die frühe sowjetische Erzählweise vom „Erwachen der Arbeitermassen". In „Mit heruntergelassenen Wimpern" prophezeit er eine kommende „Veränderung in der Lebensweise der japanischen Gesellschaft wie ein Taifun", in „Tahiti" – „die Erde [...] wird wieder beben, und das Feuer, das in der Tiefe ruht, wird sich wieder seinen Weg durch die Kälte bahnen. Und vielleicht werden dann das erloschene Blut und die Gefühle der Kinder des polynesischen Stammes wieder erwachen[...]", und in „Kinder Afrikas" sehnt er sich aufrichtig nach den Zeiten zurück, als „ein großer Häuptling an der Spitze des Stammes stand und mit einem Schlachtruf das Blut der Zulu erwärmte[...]".

Darüber hinaus befassen sich alle drei Aufsätze mit der degradierten Stellung der Frau, sowohl als Ausdruck überkommener Traditionen (Japan) als auch als Folge des französischen (Tahiti) und britisch-burischen Kolonialismus (Südafrika). In gewisser Weise fiel dieser Trend auch mit Katerina Clarks detailliertem Kampf gegen die „kolonialistische Fiktion" im Stil des populären französischen Schriftstellers Pierre Loti zusammen (Clark 2021: 71), der den Inbegriff des romantischen Exotismus der Europäer gegenüber den Frauen im Osten verkörperte (O'Connor 2002). In der Tat stellt Hirschbein einen anderen französischen Romantiker in den Vordergrund, Paul Gauguin, der ebenfalls in Lotis Roman „Tahiti: Le Mariage de Loti" („Tahiti: Die Hochzeit von Loti") vernarrt war. Gauguins Gemälde bildeten die Grundlage für die Ekphrasis (für eine Diskussion über die Ekphrasis siehe Webb 2009), d. h. für die anschauliche visuelle Beschreibung des Essays „Tahiti" im Besonderen und praktisch aller späteren Reisenotizen Hirschbeins im Allgemeinen.

Im Dezember 1920 gingen die Frischvermählten Peretz Hirschbein und Esther Shumiatcher im Hafen von San Francisco an Bord des Dampfers Marama, womit ihre fast zweijährige Hochzeitsreise begann und die Weichen für ihren Lebensstil in den nächsten zehn Jahren gestellt wurden. Die erste Station der Marama auf dem Weg nach Neuseeland war zweieinhalb Wochen später, im Januar 1921, Papeete auf Tahiti. Dort schrieb die junge Dichterin Shumiatcher ihr Gedicht „Albatros" (Shumyatsher 1930: 39), während Hirschbein seinen ersten „geografischen" Essay mit dem Titel „Tahiti" schrieb (Hirshbeyn 1929a: 10–17). Das Gedicht beeindruckte den zukünftigen Nationaldichter Israels, Uri Tzvi Greenberg, so sehr, dass er es als Titel für seine neue modernistische Zeitschrift „Albatros" übernahm (in deren erster Ausgabe das Gedicht erschien).

Eine ungewöhnlich nuancierte Farbpalette („violett-oranges Grün an den Rändern", „Bäume, die mit dickem rotem Blut und blutroten Blumen bedeckt sind", „Blumen, die ihre roten, gelben und blutigen Herzen enthüllen" usw.) und die Bildsprache dieses Essays („Mädchen und Jungen mit Kränzen auf dem Kopf", „Gauguin – rotbärtig, knochig, mit wildem Blut in den Adern") verweisen den Leser auf Gauguins Tahiti-Gemälde. Die Redakteure von „Krasnaja Niva" haben diesen Essay sogar mit einer Schwarz-Weiß-Version von Gauguins berühmtem tahitianischen Gemälde „Arearea" illustriert. Man hat den Eindruck, dass Hirschbein Gauguins tahitianisches Tagebuch „Noa Noa", das sowohl in deutscher und englischer als auch in russischer Sprache mehrfach veröffentlicht wurde (Gauguin 1912; Gauguin 1919; Gauguin 1918),[2] vor Augen hatte. Die offensichtlichen Überschneidungen zwischen den beiden Texten („Nach[…] dreiundsechzig Tagen fieberhafter Erwartung" in Gauguins Version [Gauguin 1912: 1] und „Siebzehn Tage lang trieb das Schiff in Richtung Süden[…] Halb ohnmächtig von der Äquatorialhitze, flüstern die Lippen: Tahiti, Tahiti" in Hirschbeins [Hirshbeyn 1929a: 10]) verstärken diesen Eindruck noch. Hirschbein lehnt Gauguins Interpretation von Tahiti als „Insel der Liebe" im Stil von Loti konsequent ab und zeichnet ein düsteres Bild der physischen und geistigen Degradierung der einheimischen Bevölkerung als Folge der Kolonialherrschaft. Dieses reale Tahiti hat Hirschbein in einer Reihe von Amateurfotos festgehalten,[3] die seine Reiseroute in und um Papeete im Januar 1921 dokumentieren und in gewisser Weise eine Alternative zu den Gauguin-Bildern darstellen.

---

2 Die Abbildungen in den verschiedenen Ausgaben stimmen nicht überein.

3 Das Hirschbein-Fotoarchiv, das noch nicht katalogisiert ist, befindet sich im YIVO in New York. Ich danke dem Archivar Leo Greenbaum für die Möglichkeit, dieses Archiv zu konsultieren. Siehe auch: Papers of Peretz Hirschbein, RG 833, YIVO, New York.

Das Epigraph von Gauguins tahitianischem Tagebuch war ein Zitat aus Baudelaires Gedicht „Le Voyage" („Die Reise") aus dem Zyklus „Les Fleurs du Mal" („Blumen des Bösen"): : „Dites, qu'avez-vous vu?" („Sprecht, was saht ihr?") (Gauguin 1912: 1). In einem Gespräch mit Pilnjak antwortete Hirschbein auf die Frage, warum er durch die Welt wandere: „Ich wandere durch die Welt, nicht weil ich das Unsichtbare sehen will, sondern weil ich das Bekannte nicht sehen kann" (Pilnjak 1990: 63). Ob es sich dabei um ein Echo auf Baudelaire oder nur um einen poetischen Gleichklang handelt, nach dem Titel von Shumiatchers Gedicht „Albatros" zu urteilen, tauchte das Baudelaire-Thema irgendwie im Zusammenhang mit Tahiti auf. Allerdings ist Baudelaires Bild des von der Menge verfolgten Dichters in seinem berühmten „L'Albatros" aus denselben „Blumen des Bösen" ziemlich weit entfernt von Shumiatchers „Albatros" – einer innigen Ode an Willen und Freiheit: „Albatros, / Tseflosene khvalyes – / Dayn shpil. / Tseshlogene shoymen – / Dayn tog. / Na-venad iz dayn goyrl, / Kreytsndik vintn / Nokh shifn fun shtol" (Shumyatsher 1930: 39). Dieses Gedicht steht Baudelaires bereits erwähntem „Le Voyage" sehr nahe, in dem die Freiheit der Wahl als unverzichtbare Eigenschaft wahrer Reisender gefeiert wird: „Doch wahre Wandrer sind, die den Ballons gleich reisen, / Nur um zu reisen, die leichtherzig nie den Bann, / Den ihnen das Geschick auf-legte, von sich weisen, / Sie wissen nicht den Grund und sagen doch: Voran!" (Baudelaire 1907: 149).

Der abenteuerliche Geist des Gedichts steht stellvertretend für Hirsch-beins und Shumiatchers eigene Reise, eine Reise ohne ein bestimmtes Ziel oder einen Plan (bei der Ankunft in Wellington nahm Hirschbein „ein Telefon-buch und durchsuchte das Alphabet nach jüdischen Namen" [„Nay-zeland", Hirshbeyn 1929a: 38]). Shumiatchers Gedichte können als Epigraph zu Hirschbeins Reisenotizen dienen, wie eine Zeile von Baudelaire zu Gauguins Notizen. „Albatros" vermittelt die Atmosphäre der ersten Begegnung mit dem Unbekannten und Exotischen, die in „Tahiti" beschrieben wird, „Maori Princess" („Mauri-printsesin", Shumyatsher 1930: 41) geht dem Bericht über einen Besuch auf den Cook-Inseln in „Rarotonga" („Raratonga", Hirshbeyn 1929a: 26–32) voraus, „Wanganui" („Vanganui", Shumyatsher 1930: 43) gibt den Ton für die Beschreibungen der neuseeländischen Maori („Rotorua", „Di maoris", Hirshbeyn 1929a: 56–67) an, „Auf den Straßen von Afrika" („Oyf afrikes vegn", Shumyatsher 1930: 47) für den bereits erwähnten Essay „Kinder Afrikas" („Afrikes kinder", Hirshbeyn 1929a: 127–132) und das Diptychon „Ich komme mit Geishas[…]" („Gey ikh mir mit geyshes[…]", Shumyatsher 1930: 99–100) für den japanischen Essay „Mit heruntergelassenen Wimpern". Der Geist des Feminismus und der Einheit mit den einheimischen Frauen in den Gedichten der sinnlichen und feinsinnigen Dichterin Shumiatcher spie-gelte sich deutlich in Hirschbeins Essays wider und fand bei der Gruppe russi-scher Literaten, die ihn in Moskau empfing, großen Anklang.

In seinen Aufzeichnungen über seine Tage in Moskau, wo er am 28. April 1928 eintraf (Hirshbeyn 1936: 15), nennt Hirschbein mehrere Namen dieser Schriftsteller. Hirschbein erwähnt, dass diese Schriftsteller einer „älteren Generation" angehören, die bereits vor der Revolution zu schreiben begann und, wie er sagt, noch „die Tradition atmet, auch wenn die Tradition jetzt zu einer *Kramola* [Revolte; B.K.] geworden ist" (Hirshbeyn 1936: 21). Neben Boris Pilnjak waren dies der Literaturkritiker und Prosaschriftsteller, Herausgeber der soliden literarischen Monatszeitschrift „Krasnaja Novj" (nicht zu verwechseln mit der Wochenzeitschrift „Krasnaja Niva") Alexander Woronskij (1884–1937), der Kinderbuchautor und Gründer des ersten Moskauer Kindertheaters Nikolai Ognev (Michail Rosanow, 1888–1938) und andere. Die Rede ist von den Aktivisten der von Woronskij geleiteten Literaturgruppe Perewal (Bergpass), einer der bedeutendsten sowjetischen Literaturvereinigungen der 1920er Jahre, die sich offen gegen proletarische Schriftsteller wandte (zu Perewal siehe Kasack 1988: 301–302). Hirshbeins Bezug auf die Tradition als „Kramola" im Zusammenhang mit seinen Gesprächen mit diesen Schriftstellern war ein Echo dieser Opposition.

Kurz vor Hirschbeins Ankunft war Woronskij aus der Partei ausgeschlossen worden, aber die Zeiten waren noch recht „vegetarisch", und der herzliche Empfang, den die „Perewaltschiki" Hirschbein bereiteten, beeinflusste eindeutig die Haltung ihm gegenüber in der „jüdischen Straße" von Moskau. Einem Augenzeugen zufolge wurde er anfangs „zurückhaltend und gastfreundlich, aber nicht zu freundlich behandelt, aber von Tag zu Tag wurde diese Haltung freundlicher und weniger formell, und die besondere Behandlung jüdischer Schriftsteller aus bürgerlichen Ländern verschwand ganz" (Smolyar 1928). Offenbar hielt dieser Zustand bis zur Veröffentlichung von Hirschbeins Reisenotizen Indien-Birma Anfang 1930 an. Eine unerwartet harsche Reaktion auf dieses Buch von Maxim Gorki führte offenbar zu einem Rückgang von Hirschbeins „Aktien" in der UdSSR. Gorki, der damals in Sorrento in Italien lebte, erhielt dieses Buch als Geschenk vom Übersetzer Aharon Hurwitz (Gorki 2017: 841)[4] und verurteilte sofort sowohl die Übersetzung als auch den Inhalt selbst. In einem Antwortschreiben an Hurwitz vermerkte er: das Buch ist „sehr oberflächlich und trägt nichts Neues zu unserem Verständnis von Indien und den Hindus bei" (Gorki 2017: 371). In einem Brief an Artemij Chalatow, den Vorsitzenden von Gosizdat-Ferlag, wagte Gorki eine unverblümte Unhöflichkeit: „Der Übersetzer hat das ganze Buch mit abscheulichem Analphabetismus überzogen, der im Übrigen völlig uninteressant und sogar dumm ist. Es ist sehr traurig, dass ein solches Buch vom staatlichen Verlag in einer so idiotischen Übersetzung veröffentlicht werden konnte". Einen Monat später kam er

---

4 Siehe hier Hurwitzes Widmung in deutscher Sprache: „Dem Echt'n, Echt'n Menschn und Kinstler Alexej Maximowitsch Gorki mit Liebe A.W. Hurwitz. Moskwa Früling 1930".

auf dieses Thema zurück: „Ich war sehr betrübt über die Veröffentlichung von Hirschbeins dummem Buch „Die Garben des Schweigens". Wer ist es, der sich so „bemüht"?" (Gorki 2017: 282, 296).

Gorkis maßgebliche Meinung mag den Eifer des Verlags Molodaja Gwardija abgekühlt haben, der, wie bereits erwähnt, einen Vertrag über die Veröffentlichung einer weiteren Sammlung von Hirshbeins Reisenotizen unterzeichnet hatte, die nie das Licht der Welt erblickte. Zwei Jahre später bezeichnete der Moskauer Literaturprofessor Isaak Nusinov in seinem Übersichtsartikel „Jüdische Literatur" in der „Großen Sowjetischen Enzyklopädie" Hirshbein bereits als „Wortführer der nationalistischen Bourgeoisie und des Kleinbürgertums", „Apologeten der chassidischen Vergangenheit" und „Sänger der einsamen, verzweifelten jüdischen Intelligenz" (Nusinow 1932). Diese pikanten Etiketten hatten sowohl die freundliche Haltung offizieller jüdischer Literaturkreise in der UdSSR gegenüber Hirschbein als auch sein sorgfältig aufgebautes Image als fortschrittlicher Schriftsteller-Reisender vom Weltformat zunichtegemacht.

Bibliografie

Arnshteyn, Mark (1932): A retenish. *Literarishe bleter*, 08.04.1932, 234.

Baudelaire, Charles (1907): *Blumen des Bösen*. Übers.: Wolf v. Kalckreuth. Leipzig: Insel-Verlag.

Clark, Katerina (2018): Boris Pilniak and Sergei Tretiakov as Soviet Envoys to China and Japan and Forgers of New, Post-Imperial Narratives (1924–1926). *Cross-Currents: East Asian History and Culture Review* 7, 2, 423–448.

Clark, Katerina (2021): *Eurasia Without Borders: The Dream of a Leftist Literary Commons, 1919–1943*. Cambridge: Harvard University Press.

Estraikh, Gennady (2006): From „Green Fields" to „Red Fields": Peretz Hirschbein's Soviet Sojourn, 1928–1929. *Jews in Russia and Eastern Europe* 56, 60–81.

Gauguin, Paul (1912): *Noa Noa*. Deutsch: Luise Wolf. Berlin: Bruno Cassirer.

Gauguin, Paul (1918): Гоген, Поль: *„Ноа-Ноа": Путешествие на Таити*. Пер. Я. А. Тугенхольда. Москва: Маковский и Сын.

Gauguin, Paul (1919): *Noa Noa*. English: O.F. Theis. New York: Nicholas L. Brown.

Gorki, Maxim (2017): Горький, Максим: *Полное собрание сочинений*, Bd. 19. Москва: Наука.

Hirshbeyn, Peretz (1908a): Гиршбейн, Перец: *Одинокие миры*. Пер. Анны Брумберг и Любови Тривуш. СПб: Издательское бюро.

Hirshbeyn, Peretz (1908b): Гиршбейн, Перец: *Земля: пьеса в трех актах*. Пер. Лионеля. Одесса: Всемирная библиотека.

Hirshbeyn, Peretz (1909): Гиршбейн, Перец: Обручение. *Шиповник* XI, 65–109.

Hirshbeyn, Peretz (1927): *Iber der velt (rayze-ayndrukn), 1920–1922*. Nyu-york: Literatur.

Hirshbeyn, Peretz (1928a): Гиршбейн, Перец: *С опущенными ресницами*. Пер. Э. Магарам. *Красная нива* 10, 10–11.

Hirshbeyn, Peretz (1928b): Гиршбейн, Перец: Таити. Пер. И. А. *Красная нива* 25, 10–11.

Hirshbeyn, Peretz (1928c): Гиршбейн, Перец: Дети Африки. Пер. И. А. *Красная нива* 26, 12–13.

Hirshbeyn, Peretz (1929a): *Felker un lender*. Vilne: Kletskin.

Hirshbeyn, Peretz (1929b): Гиршбейн, Перец: *Навколо світу*. Пер. Е. Райцина. Харків: Державне видавництво України.

Hirshbeyn, Peretz (1930): Гиршбейн, Перец: *Снопы молчания (Индия)*. Пер. А. В. Гурвича. Москва-Ленинград: Гос. изд-во.

Hirshbeyn, Peretz (1936): *F.S.S.R.* Vilne: Kletskin.

Kasack, Wolfgang (1988): *Dictionary of Russian literature since 1917*. New York: Columbia University Press.

Nusinov, Isaak (1932): Нусинов, Исаак: Еврейская литература. *Большая советская энциклопедия*, Bd. 24. Москва: ОГИЗ, 132.

O'Connor, Kaori (2002): Introduction. In: Pierre Loti: *Tahiti: The Marriage of Loti*. Trans. Clara Bell. New York: Kegan Paul.

Pilnjak, Boris (1990): Пильняк, Борис: Олений город Нара. In: Борис Пильняк: *Расплеснутое время*. Москва: Советский писатель, 59–64.

Shumyatsher, Ester (1930): *In shoen fun libshaft*. Vilne: Kletskin.

Smolyar, Ber (1928): Perets Hirshbeyn in Moskve. *Literarishe bleter*, N 24 15.06.1928, 458-459.

Webb, Ruth (2009): *Ekphrasis, Imagination and Persuasion in Ancient Rhetorical Theory and Practice*. Farnham: Ashgate.

Mond oder *levone*, *mund* oder *moyl*? Stimmen in der Kontroverse um Germanismen und *Daytshmerizm*en im Ostjiddischen 1860–2000

Steffen Krogh (Århus)

Im Zeitraum zwischen etwa 1800 und 1920 veränderte sich das sprachliche Profil des Ostjiddischen beträchtlich durch eine massive Entlehnung aus dem zeitgenössischen Schriftdeutsch. Es handelte sich dabei besonders um orthografische Merkmale und Wörter, aber auch grammatische Züge des damaligen Schriftdeutsch fanden im Ostjiddischen Eingang. Diese Entwicklung wurde durch die *Haskala*, die ostjüdische Aufklärung, initiiert und in der Trivialliteratur, im Sozialismus und im Zionismus fortgesetzt. Die deutsche Einwirkung war in erster Linie in der geschriebenen Sprache, aber auch in der gesprochenen Sprache sichtbar.

Die Überformung des Ostjiddischen durch das Deutsche bedeutete hauptsächlich die Aufnahme zahlreicher Einzelwörter wie z. B. *bafortsugn, bite, (d)erfarung, (d)erzetsn, droung, fargiftn, farheyrat, farratn, farvendn, fast, filaykht, flikht, forgestern, frekh, gefar, hokhtsayt, kamf, lezn, merere, mond, mosgebnd, mund, onveznd, rakhe, shriftshteler, shtufnvayz, trots, tsegern (zikh), umbagrayflekh, umdershiterlekh* und *zorgfeltik*. Es wurden aber auch Wörter mit Bezug zur westlichen Zivilisation und Moderne wie *bildung, fortshrit, shprakh, tsaytung* und *zitsung* sowie Internationalismen wie etwa *interesant, kultur, literatur* und *natur* entlehnt.

Die vorliegende Studie handelt von der z. T. sehr heftigen Debatte, die im Zeitraum zwischen etwa 1860 und 2000 über den deutschen Spracheinfluss in der ostjiddischen Öffentlichkeit geführt wurde.

In den jiddischsprachigen Beiträgen zum Thema wird die neue deutschnahe Stilrichtung als *daytshmerish* bezeichnet, und die deutschen Entlehnungen werden entsprechend *Daytshmerizm*en genannt. Diese Bezeichnungen sind nie wertfrei. So schreibt z. B. Mark (1963: 75) über *daytshmerish* wie folgt: „Yeder eyner vos nitst dem oysdruk daytshmerish kedey tsu kharakterizirn a vort hot shoyn biz in a bashtimter mos a negative batsiung tsu im" („Wer den Ausdruck *daytshmerish* benutzt, um ein Wort zu charakterisieren, hat bereits in einem bestimmten Umfang eine negative Einstellung dazu"). Ein *Daytshmerizm* ist normalerweise nicht ein beliebiges deutsches Lehnwort, sondern ein überflüssiger, bisweilen sogar schädlicher Fremdkörper, dessen Aufnahme in die im Entstehen begriffene Kultursprache es zu verhindern gilt. Um terminologischer Verwirrung vorzubeugen, ist es ratsam, zwischen „Germanismen" und „*Daytshmerizm*en" zu unterscheiden. Mit der ersteren Bezeichnung sollen alle deutschen Entlehnungen, mit der letzteren nur noch die stigmatisierten Elemente bezeichnet werden.

Die *daytshmerishe* Frage ist zweifellos die heftigste Kontroverse, die je im Rahmen von ostjiddischer Sprachplanung geführt wurde. In der Diskussion, die außerhalb der UdSSR stattfand, sind vier Positionen zu unterscheiden. Aufgrund der besonderen gesellschaftlichen Verhältnisse in der UdSSR ist die Position der sowjetischen Jiddistik besonders zu bewerten.

Betrachten wir nun die erste Position, die der Anhänger der Überformung des Ostjiddischen durch das Deutsche. Sie umfasst vor allem die Hunderttausende oder vielleicht sogar Millionen von stummen Nutzern des deutschnahen Stils während des ganzen Zeitraums. Auf den ersten Blick sind die Motive für ihre positive Einstellung nicht ganz klar. Es wäre wahrscheinlich ein Fehler, wie Zhitlovski (1920) und Birnbaum (1953) anzunehmen, dass die Befürworter der Überformung des Ostjiddischen durch das Deutsche danach strebten, einen kompletten und dauerhaften Sprachwechsel zum Deutschen herbeizuführen. Dieser Annahme widerspricht schon die Tatsache, dass ein Ersatz des hebräischen durch das lateinische Alphabet von den Anhängern der deutschen Überformung des Ostjiddischen nie ernsthaft in Erwägung gezogen wurde. Diese betrachteten das Jiddische als einen „Jargon", den es zu verbessern und zu verschönern galt, indem er in gewisser Hinsicht an das zeitgenössische Deutsch angepasst wurde. Hier drängt sich ein Vergleich mit postkolonialen Dekreolisierungsvorgängen auf, bei denen Kreolsprachen mit geringem gesellschaftlichem Status an ihre europäischen Superstrate angepasst wurden oder werden, ohne notwendigerweise in diesen aufzugehen.

Es ist eher die Ausnahme als die Regel, dass sich die Befürworter des Gebrauchs von deutschnahen Zügen explizit zu Wort melden. Ein frühes Beispiel dafür ist die Aufforderung des Herausgebers der in Odessa erschienenen jiddischsprachigen Wochenzeitung „Kol Mevasser" Aleksander Tsederboym, in grammatischen Zweifelsfällen das Deutsche als Richtlinie zu benutzen: „Azoy vi bay unts iz keyn grammatik nit do, zogt men oyf theyl erter ,dos gloz' un oyf andere ,di gloz', ,dos ferd', ,der ferd' ukhdoyme. In azelkhe fell halt mir zikh vi meglikh on der emes daytsher shprakhe. Vos shadet es ven men vet venigstens in di bikher eyn loshn hoben? Venigstens velin zikh alle fershtehn [. . .] Efsher iz beemes di tsayt gekummen es zoll fin unzer zhargon epis a loshn verin" (Tsederboym 1863: 393; „Da wir keine Grammatik haben, sagt man in einigen Gegenden „dos gloz", in anderen ,di gloz', ,dos ferd', ,der ferd' usw. In solchen Fällen sollten wir uns möglichst an die faktische deutsche Sprache halten. Was könnte es denn schaden, wenn man wenigstens in den Büchern eine Sprache hat? Wenigstens werden sich alle verstehen [. . .] Vielleicht ist in der Tat die Zeit gekommen, um aus unserem Jargon eine Sprache irgendeiner Art zu machen").

Tsederboyms Wortmeldung zugunsten des deutschnahen Stils geht dem Widerstand voraus, der sich in den beiden letzten Jahrzehnten des 19. Jahrhunderts zu formieren begann. Ein spätes Beispiel für ein Plädoyer für die deutsche Überformung des Ostjiddischen findet sich in einem 1923 veröffentlichten Artikel von Nakhmen Sirkin, einem Zionisten, den es in die USA verschlagen hatte. Sirkins Beitrag entstand als Teil einer Fehde mit dem Jiddischisten Khaim Zhitlovski. Als Zionist glaubte Sirkin an den Primat des Neuhebräischen über das Jiddische, allerdings unter der Voraussetzung, dass die Wiederbelebung des Ersteren von Palästina ausgehen würde. Als Hauptsprache der Diasporajuden bevorzugte er das Jiddische in einer geläuterten, deutschnahen Form. Bei Sirkin (1923: 26) heißt es: „Oyb di shprakh vet zikh antviklen un vet vern genoy, veln muzn a sakh nit-rikhtig gebroykhte alt-idishe oder hebreyishe verter, oder verter durkh misfarshtendnish genutste, farbitn vern oyf daytshe" („Wenn die Sprache sich entwickelt und exakt wird, müssen viele nicht richtig verwendete altjiddische, hebräische oder falsch verstandene Wörter durch deutsche Wörter ersetzt werden").

Die Gegner der deutschen Überformung des Ostjiddischen gliedern sich in drei Gruppen:

1) Gemäßigte Gegner;
2) Entschiedene Gegner;
3) Entschiedene Gegner im Sinne von Heinz Kloss' Lehre von Ausbau- und Abstandsprachen.

Die gemäßigten Gegner bilden die älteste und größte Faktion in der umfangreichen Gruppe derer, die sich der deutschen Überformung des Ostjiddischen widersetzen. Sie vertreten pragmatischen Widerstand gegen die Entlehnung deutscher Lexeme, und zwar so, dass deutsche Entlehnungen schon zugelassen werden können, wenn sie sich als nützlich erwiesen haben, indem sie lexikalische Lücken füllen oder griffige und verbreitete Synonyme von jiddischen Lexemen bieten – womöglich in einer phonetisch angepassten Form. Doch wenn sie lediglich Synonyme von schon vorhandenen jiddischen Wörtern sind und erwiesenermaßen dazu neigen, diese zu verdrängen, erhalten sie das Stigma *daytshmerish* und müssen ausgesondert werden. Es ist für die Angehörigen dieser Faktion charakteristisch, dass ihr eigenes geschriebenes Jiddisch als mehr oder weniger deutschnah erscheint. Unter ihnen befinden sich insbesondere die folgenden Persönlichkeiten: Noyekh Prilutski, Ludwik Zamenhof, Ber Borokhov, Shmuel Niger, M. Olgin, Zalmen Reyzen, Khaim Zhitlovski, Ber Shlosberg, Yudl Mark, Abraham Aaron Roback, Yitskhok Niborski und

Dovid Katz. Zu diesem Kreis gehört außerdem der weltberühmte Schriftsteller Sholem Aleykhem.

Die entschiedenen Gegner der Überformung des Ostjiddischen durch das Deutsche machen klar, dass sie unter keinen Umständen gewillt sind (jedenfalls nicht offiziell), entlehntes deutsches Wortgut anzunehmen, selbst wenn solche Entlehnungen lexikalische Lücken füllen oder auf irgendeine andere Weise nützlich zu sein scheinen. In ihrem Sprachgebrauch gegen das, was sie als *daytshmerish* bezeichnen, sind sie auffällig feindselig. Sie schlagen vor, deutsche Lehnwörter und Lehnübersetzungen konsequent durch Hebraismen, Mundartwörter, Archaismen, Neologismen und Internationalismen zu ersetzen. Die bekanntesten Vertreter dieser Gruppe sind Yitskhok-Meyer Shpilreyn, Zelig Kalmanovitsh, Salomo A. Birnbaum, Max Weinreich und Khaim Gininger.

Die dritte und letzte Gruppe umfasst nur zwei Namen: Mordkhe Schaechter und Uriel Weinreich. Sie vertreten den gleichen kompromisslosen Widerstand gegen deutsche Entlehnung wie die vorige Gruppe, aber anders als diese argumentieren sie zusätzlich mit der von Heinz Kloss formulierten Lehre von Abstand- und Ausbausprachen. Es ist ihnen sehr daran gelegen, den jiddischen Wortschatz nicht nur von deutschnahen Elementen zu befreien, sondern auch um neue Wörter zu bereichern, damit das Jiddische als moderne Kultursprache voll funktionsfähig wird. Besonders der letztere Aspekt lässt diese Gruppe in den Augen einiger Kritiker als extrem erscheinen. Der Kritik ist auf jeden Fall dahingehend zuzustimmen, dass viele der neuen Wörter streng genommen nicht die Bezeichnung „Neologismus" verdienen, weil sie von den Verfechtern dieser Richtung selbst ausgedacht wurden und sich somit naturgemäß nur geringer Verbreitung erfreuen können.

An dieser Stelle ist eine Bemerkung über die Position der sowjetischen Jiddistik vonnöten. Im Großen und Ganzen verhielt sich die sowjetische Jiddistik pragmatisch in Bezug auf deutsche Entlehnungen und hielt diese Position während der ganzen Zeit aufrecht, in der es in der UdSSR eine aktive jiddische Sprachgemeinschaft gab. Deutsche Lehnwörter und Ableitungsmorpheme bestanden in einem großen Umfang nicht nur in den Schriften der sowjetischen Jiddisten, sondern auch in den zahllosen jiddischen Druckerzeugnissen fort, die bis zum Untergang der Sowjetunion dort erschienen. Der Grund für diesen Pragmatismus ist vermutlich, dass sich die sowjetischen Jiddisten anders als ihre Kollegen im Westen, zu dem vor 1939 ja auch Polen gehörte, stärker darauf konzentrierten, die Zahl der Hebraismen im Ostjiddischen zu verringern. Diese Grundeinstellung wurde auch nicht durch den Zweiten Weltkrieg erschüttert.

Ich gehe nun zu einem Vergleich der Positionen gegen die deutsche Überformung des Ostjiddischen über.

Die Gegner unterscheiden sich hauptsächlich in der Breite ihrer Definition der Erscheinung *daytshmerish* voneinander und infolgedessen darin, wie viel deutschnahes Wortgut sie in dasjenige Jiddisch aufzunehmen bereit sind, das ihrer Ansicht nach das ideale Jiddisch darstellt. Doch bei genauerem Hinsehen stellt sich heraus, dass keiner von ihnen ganz ohne deutsche Lehnwörter auskommen kann. Schon Birnbaum (1938: 245) spöttelt über den Gebrauch des deutschstämmigen *shprakh* durch weltliche Jiddischisten anstelle des authentisch jiddischen *loshn*.

Die Beiträge zur Debatte über die Germanismen im Ostjiddischen unterscheiden sich in Bezug auf Umfang, Gelehrsamkeit, Detailgenauigkeit und Sachlichkeit erheblich voneinander. Unter diesen Beiträgen finden sich zwar umfangreiche und gründliche Analysen des Phänomens, hier sind besonders diejenigen von Yudl Mark und Dovid Katz zu nennen, aber die meisten Versuche, es zu beschreiben, insbesondere solche von Jiddischkennern der Vorkriegszeit, reichen nicht über das Niveau von puristischen Pamphleten hinaus. Ber Borokhov, einer der bekanntesten jiddischen Sprachplaner des beginnenden 20. Jahrhunderts, ist sich des polemischen Charakters seiner Arbeit voll bewusst: „Fun ale visnshaftn shpilt di filologye di greste rol in der natsyonaler oyflebung fun di untergedrikte felker. Filologye iz mer vi lingvistik, zi iz nit keyn hoyle teorye far lamdonim, far ‚yoshve-oyel‘, nor take a praktisher vegfirer far'n folk" (Borokhov 1913: 1; „Von allen Wissenschaften spielt die Philologie in der nationalen Erweckung der unterdrückten Völker die größte Rolle. Philologie ist mehr als Sprachwissenschaft, sie ist keine leere Theorie für Gelehrte, für Stubenhocker, sondern in der Tat ein praktischer Wegweiser fürs Volk"). In der Jiddistik der Vorkriegs-, zum großen Teil aber auch der Nachkriegszeit war die Vorstellung vom Sprachwissenschaftler als einem objektiven Forscher und vom Ausgangspunkt der Jiddistik als unvoreingenommen und in erster Linie deskriptiv bei weitem keine Selbstverständlichkeit.

Max Weinreichs Definition von *daytshmerish* als *shatnez* „Missverhältnis", ursprünglich „aus Wolle und Leinen gewebter Stoff", hat unter Jiddisten Berühmtheit erlangt: „Dos zaynen azoyne shprakhike elementn vos kumen fun daytsh un viln makhn dem onshtel fun yidish; elementn, vos in der emesn zaynen zey nit keyn yidish un nit keyn daytsh" (Weinreich 1938: 98; „Das sind solche sprachlichen Elemente, die aus dem Deutschen stammen, aber vorgeben, jiddisch zu sein; Elemente, die in Wirklichkeit weder Jiddisch noch Deutsch sind"). Wie angemessen diese Metapher in einem polemischen Zusammenhang auch sein mag, für eine objektive Beschreibung des faktischen Gebrauchs und Status deutschnaher Elemente im vorkriegszeitlichen Jiddisch ist sie praktisch wertlos. Sie könnte im Prinzip immer als vorgefertigtes Argument dienen, um jedes beliebige entlehnte Element nicht nur im Jiddischen, sondern auch in anderen Sprachen zu diskreditieren.

Zwei Hauptkritikpunkte richten sich gegen alle Beiträge zur Debatte um den *daytshmerish*en Stil: Der erste besteht darin, dass sie kaum zwischen Germanismen im vorher erwähnten Sinne einerseits und *Daytshmerizm*en andererseits unterscheiden. Der zweite ist, dass es den Verfassern der fraglichen Beiträge nicht gelingt, sprachwissenschaftliche Kriterien zu erarbeiten, anhand derer sich die deutschen Lehnwörter einigermaßen sicher identifizieren lassen. Ohne eine solche Definition bleibt es dem Gutdünken jedes einzelnen Anti-*daytshmerist*en überlassen, zu entscheiden, ob ein Wort, das im Verdacht steht, deutscher Herkunft zu sein, tatsächlich eine Entlehnung ist. Nur Ber Shlosberg, der aufgehende Stern der vorkriegszeitlichen Wilnaer Jiddistik, der 1943 in Ponar ermordet wurde, findet sich zu folgendem Eingeständnis bereit: „Vi azoy zhe hob ikh gekent oyszukhn daytshmerizmen, eyder ikh hob gehat dem kriteryum, vi zey tsu derkenen? Der emes iz take, az keyn obyektivn kriteryum vi azoy zey tsu derkenen hob ikh nit gehat, ikh hob zey gemuzt opklaybn vedlig mayn eygenem aynzen, vedlig mayn subyektivn shprakhgefil" (Shlosberg 1936: 65; „Wie konnte ich denn *Daytshmerizm*en aufspüren, bevor ich das Kriterium hatte, mit dem ich sie hätte erkennen können? Die Wahrheit ist tatsächlich, dass ich kein Kriterium hatte, mit dem ich sie hätte erkennen können. Ich musste sie nach meinem eigenen Ermessen, nach meinem subjektiven Sprachgefühl auswählen"). Yudl Marks Forderung: „ale morfemen muzn zayn yidishe" (Mark 1963: 69; „alle Morpheme müssen jiddische Morpheme sein"), damit ein beliebiges Wort davon freigesprochen werden kann, *daytshmerish* zu sein, ist ein Zirkelschluss, da Mark nie die linguistischen Kriterien vorlegt, die es ihm und anderen ermöglichen könnten, jiddische und deutsche Morpheme auseinanderzuhalten.

Als letztes gemeinsames Merkmal aller Beiträge zur Diskussion über das Phänomen *daytshmerish* möchte ich die Tatsache anführen, dass die Ablehnung deutscher Entlehnungen unterschiedlicher Art im Allgemeinen nicht mit einer entsprechenden Abneigung gegen die deutsche Sprache, Deutschland und das deutsche Volk einhergeht. Das Deutsche wird vielmehr respektvoll „der muterkval fun unzer yudish", wie es bei Prilutski (1909: 61; „die Stammmutter von unserem Jiddisch") heißt, oder als „opshtamshprakh" (Schaechter 1986: 282; „Herkunftssprache") bezeichnet, und seine sprachliche Anmut – „kheyn" (Kalmanovitsh 1925: 21) – wird hervorgehoben. Angegriffen werden ausschließlich diejenigen Jiddischsprecher, die die Einschleusung der *Daytshmerizm*en ins Ostjiddische zu verantworten haben.

Psychologisch lässt sich der Kampf gegen die deutschnahen Elemente am besten als ein Akt der Abnabelung beschreiben. Die Gegner der deutschen Überformung des Ostjiddischen befürchteten, dass das Ostjiddische andernfalls von seiner natürlichen sprachlichen Entwicklung abgeschnitten und letztendlich von seiner Ursprungssprache verschlungen werden würde. Sie wünschten aber nicht die Existenz der historischen Bande zwischen dem Deutschen und dem Ostjiddischen in Abrede zu stellen oder gar diese Bande zu zerreißen. Durch die erfolgreiche Arbeit des 1925 gegründeten YIVO (*Yidisher visnshaftlekher institut*) in Zwischen- und Nachkriegszeit wurde das Standard-jiddische von den auffälligsten deutschnahen Elementen befreit, die während der vorausgegangenen 150 Jahre in die Sprache eingedrungen waren. Unter Anti*daytshmeristen* blieb die Frage kontrovers, in welchem Umfang deutsch-nahes Wortgut ins Standardjiddische aufgenommen werden sollte. Doch als sich die zusammenhängende weltliche jiddische Sprachgemeinschaft in den letzten Jahrzehnten des 20. Jahrhunderts aufzulösen begann und die Zahl kompetenter jiddischer Muttersprachler immer kleiner wurde, verlor die *daytshmerishe* Frage allmählich an Aktualität. Der letzte bedeutende Disput auf diesem Gebiet fand in den 1990er Jahren zwischen Mordkhe Schaechter und Dovid Katz statt. Mit Mordkhe Schaechters Tod im Jahre 2007 fand er seinen Abschluss.

Bibliografie

Birnbaum, Solomon A. (1938): Shutfesdik shrayb-loshn un shutfesdike havore. *Yidish far ale* 9, 245–246.

Birnbaum, Solomon A. (1953): Fun daytshmerizm biz der heyl in der Midber Yehude. *Yidishe shprakh* 13, 109–120.

Borokhov, B[er] (1913): Di oyfgabn fun der yidisher filologye. *Der Pinkes* 1, 1–22.

Kalmanovitsh, Z[elig] (1925): „Nay yidish"? III. Daytshmerish. *Literarishe bleter* 67, 21–22.

Mark, Yudl (1963): Vegn shedlekhe un nitslekhe daytshmerizmen. *Yidishe shprakh* 23, 65–87.

Prilutski, Noyekh (1909): Materyalen far yudisher gramatik un ortografye. (Notitsen). *Leben un visnshaft* 1,5, 61–68.

Schaechter, Mordkhe (1986): *Laytish mame-loshn. Observatsyes un rekomendatsyes*. Bd. 1. Nyu-York.

Shlosberg, Ber (1936): Etyudn vegn der yidisher shraybshprakh in der ershter helft 19tn y"h. An oyssnit funem araynfir tsu der aspirantur-arbet oyf der zelber teme. *Yivo-bleter* 10, 63–68.

Sirkin, N[akhmen] (1923): Natsyonale kultur un natsyonale shprakh. *Dos naye lebn* I, 6, 22–28.

Tsederboym, Aleksander (1863): Di 4 klassen. Fun Y.M. Lifshits. Onmerkung (ende). *Kol Mevaser* 25, 16. Juli 1863, 392–393.

Weinreich, M[ax] (1938): Daytshmerish toyg nit. *Yidish far ale* 4, 97–106.

Zhitlovski, Khaim (1920): Idish un daytsh. *Di tsukunft*, 477–483.

Demonstrativa im älteren Jiddisch

Henrike Kühnert (Trier)

Im älteren Jiddisch gibt es hauptsächlich die Demonstrativpronomina *der*/*di* '/ *dáś*, *dáś selbig* und Varianten, *dáś dòsig* „dieses", *jenèś* und *disèś*. Seltener erscheinen *òssò* „jenes", *dáśjenig*, *dáś un`* *dáś* oder die Proattribute *sölchès* oder *welchès* in rein demonstrativer Funktion.[1]

Im Artikel geht es zunächst um den synchronen Vergleich zwischen dem frühen Mitteljiddisch[2] und Frühneuhochdeutsch, dann um den Gebrauch der Demonstrativa im Mitteljiddischen.

1. Vergleich Mitteljiddisch – Frühneuhochdeutsch

Tabelle 1 vergleicht die Häufigkeit der Demonstrativa im Bonner Frühneuhochdeutschkorpus und einem Korpus des späten Alt- und frühen Mitteljiddisch.[3]

---

1 Für das moderne Jiddisch zählt Falkovitsh (1940: 266) als *onvayzike pronomen* auf: *der, yener, aza, azelkher,* an anderer Stelle erwähnt er *der doziker, der selb(ik)er, der yeniker* (1940: 156). Aus Mark sind *azoyner, der eygener* „derselbe" (1978: 244) und implizit *ot der* (1978: 85.3) zu ergänzen. Keiner der beiden Grammatiker erwähnt den Distanzkontrast.

2 Mitteljiddisch ist die vor allem westjiddisch geprägte Sprachperiode des Jiddischen zwischen 1500 und 1750.

3 Das Korpus umfasst 24 Texte und Textausschnitte unterschiedlicher Gattungen und Länge von ca. 1450 an, vgl. die Arbeit der Autorin zum attributiven Relativsatz im älteren Jiddisch (in Bearbeitung).

Tabelle 1 Vergleich der Demonstrativa zwischen Frühneuhochdeutsch und Mitteljiddisch bis 1650[a]

	Bonner Frühneuhochdeutschkorpus	Westjiddisch bis 1650 (ohne ZuR)	ZuR um 1600 (östliches Westjiddisch, bibelnah)
Umfang	600 000 Token (ca. 1700–2200 Seiten)[b]	ca. 960 Seiten	1340 Seiten
dàś selbig	227	342	1388
dàś selb(e)	579	82	2
dasig/dàś dòsig	0	98	24
dieses/disèś	2585	255	6
jenes/jenèś	89	153	134
òssò „jenes"	0	20	0
das-/dàśjenig(e)	101	4	0

a Form und Zahl der gefundenen Token ist dokumentiert, kann aber aus Platzgründen nicht dargestellt werden.

b Die Seitenzahlen ergeben sich bei der Annahme von 6–8 Zeichen (inkl. Leerzeichen) pro Token geteilt durch 2200 Zeichen pro Seite.

Vom Umfang her entsprechen sich beide Korpora, jedoch macht den größten Teil des Jiddisch-Korpus ein einziger Text aus, nämlich die Bibelparaphrase Zenerene ZuR, die ungefähr 1602 entstanden ist.[4] In der Tabelle ist links das Frühneuhochdeutsche dargestellt, in der Mitte das heterogene Westjiddisch-Korpus und rechts die Daten allein aus ZuR. ZuR stammt aus polnischsprachiger Umgebung und zeigt schon einige ostjiddische Züge.

Es sind klare Unterschiede erkennbar: Zwar ist *das selbig* auch im Frühneuhochdeutschen nicht selten, im Jiddischen jedoch bildet *dàś selbig* vom 16. Jahrhundert an das am meisten gebrauchte Demonstrativum abgesehen von *der/di'/dàś*. Im Frühneuhochdeutschen ist dagegen *dàś selb(e)* häufiger als *dàś selbig*. *Dàś dòsig* gibt es nur im jiddischen Korpus, die frühneuhochdeutschen Texte zeigen kein *dasig* oder ähnliches.[5] Erstaunlich ist die Seltenheit von *disèś* im Westjiddischen: Je nach Quelle kommt *disèś* drei- bis siebenmal weniger

4 Bislang gibt es für das ältere Jiddisch kein kanonisiertes ausgeglichen zusammengestelltes digitalisiertes Korpus, auf das man für die Untersuchung grammatischer Detailfragen zugreifen könnte.

5 *Dasig* ist zwar im Deutschen seit dem 15. Jh. selten belegt, wird jedoch zunächst als „jüdisches Spezifikum" wahrgenommen, bevor es nach einer „bescheidenen Blüte" im 18. Jh. wieder verschwindet (Timm 2005: 117).

vor als im Frühneuhochdeutschen. Am auffälligsten ist das praktische Fehlen von *disès* in ZuR mit nur sechs Belegen auf 1300 Seiten. *Jenès* ist dagegen im Jiddischen häufiger als im Frühneuhochdeutschen, was zum großen Teil an Wendungen für *jene Welt* liegt: *in jenèr welt, in jenèm 'ólam*.

Auch die Paarbeziehungen sind im Mitteljiddischen anders als im Frühneuhochdeutschen. Erstens sind *dàs dòsig* und *dàs selbig* aufgrund ihres parallelen Wortbaus klar einander zuzuordnen. Zweitens scheint das Äquivalent zu *jenès* eher *der/di'/dàs* zu sein als *disès*, vgl. Punkt 6, ähnlich wie noch im modernen Jiddisch. Gemäß Timm (2005: 119) verhalten sich nämlich „in der jiddischen Sprachgeschichte *selb* und *selbig* tendenziell zueinander wie *dis* und *dosig*", jedoch bilden *disès* und *dàs selb(e)* wahrscheinlich kein Paar und haben ihren Platz innerhalb des Systems verloren. Beide schwinden im östlichen Jiddisch stark, bevor sie durch neuen deutschen Spracheinfluss rückeingeführt werden.

Was lässt sich über diese Unterschiede herausfinden? Dazu geht es im Folgenden um den Gebrauch der jiddischen Demonstrativpronomina.

2. *Dàs dòsig und* dàs selbig: *Syntagmatische Wörtlichkeit in der Bibelübersetzung*

Wie Erika Timm entdeckt hat, verdankt *dàs dòsig* seinen „kometenhaften Aufstieg" (2005: 117) der Übersetzung eines hebräischen Demonstrativums. Anders als *disès* erlaubt *dàs dòsig* nämlich die morphologisch getreue Nachahmung der hebräischen Demonstrativphrase, z. B. von הַזֶּה הַיּוֹם als *der tag der dòsig* „dieser Tag" mit ה als bestimmtem Artikel, der sowohl am Substantiv יוֹם als auch am Demonstrativum זֶה erscheint. Bis heute ist dos dozike ein etabliertes Demonstrativum im Jiddischen.

Auch *dàs selbig* gab in der Übersetzungstradition ein hebräisches Demonstrativum wieder, nämlich הַהִיא .f, הַהוּא „jener, jene". Dessen adjektivische Struktur drückt *dàs selbig* besser aus als das kürzere *dàs selb* oder gar *jenès*. Denn die Bibelübersetzung folgt dem Prinzip der Syntagmatischen Wörtlichkeit, das bedeutet, „dass sich im laufenden Text die Einheiten (Wörter und sogar Moneme) des Originals und die der Übersetzung in Zahl und Reihenfolge möglichst genau entsprechen" (Timm 2005: 59, 119–120).

Die weite Verbreitung von *der selbig* erfolgt sicher auf Kosten von anderen Demonstrativa, z. B. von *dàs jenig*. Denn wie Tabelle 1 zeigt, ist *dàs jenig* sehr selten, es gibt insgesamt nur vier Belege, alle pronominal vor Relativsatz.[6]

---

6 Die weitgehende Festlegung auf den Relativsatz besteht bis ins Neuhochdeutsche (Gunkel 2007: 218).

3. Diskursdeixis

Timm (2005: 119) weist darauf hin, dass das hebräische „ההוא" überwiegend nicht ein Räumlich-Fernerliegendes, sondern anaphorisch ein Schon-Erwähntes bezeichnet". Auch *dåś dòsig* und *dåś selbig* sind eher diskurs- als objektdeiktisch, verweisen also meist innerhalb des laufenden Textes. *Dåś selbig* deutet anaphorisch auf den Vortext, *dåś dòsig* kataphorisch auf den Folgetext:

(1) a abèr <u>welchèr</u> der mer ʿavèress hot al<u>s</u> mizvess, **der selbig** haist gèštorbèn; SHNI 28r, Ende oberes Drittel
aber ein solcher, der mehr Sünden als gute Taten (getan) hat, der muss sterben

   b abèr **dåś dòsig** wüś dàr-nebèn, / <u>dåś</u> ich nit wil, dåś si' es wert inèn. PuW 50.2–3
aber dieses wisse dazu: dass ich nicht will, dass sie es erfährt.

Dåś dòsig konkurriert in der kataphorischen Funktion mit den Demonstrativa *disèś* und *der/di'/daś*, wie sich das an den Kapitelüberschriften von Paris un Wiene zeigen lässt, d e m jiddischen Versroman von 1550:

(2) a Ich bit dich, gòt, daś du mein herz dèr-wekśt, / dåś ich ach mach **dåś dòsig** tail, dåś <u>sekśt</u>! PuW vor 303
Ich bitte dich, Gott, dass du mein Herz ermunterst, dass ich auch diesen Teil schreibe, den sechsten!

   b Nun bit ich gòt, der dò is gèrec*h*t, / dåś er mir hilf zu **disèm** tail, dåś <u>echt</u> PuW vor 444
Nun bitte ich Gott, der da gerecht ist, dass er mir bei diesem Teil helfe, dem achten.

   c Gòt gib mir weiśhait un vèr-nuft, / dåś ich ach mach **dåś** tail, das <u>füft</u>! PuW vor 249
Gott gebe mir Weisheit und Vernunft, dass ich auch diesen Teil schreibe, den fünften!

Acht der zehn Kapitelüberschriften von PuW enthalten ein Demonstrativum: viermal *dåś*, einmal *dåś dòsig* und dreimal *disèś*. Es handelt sich keinesfalls um eine zufällige Struktur, sondern sie ist immer nach dem gleichen Muster verfasst: Denn das Demonstrativum weist jeweils auf die folgende Ordnungszahl, die immer das Reimwort ist.

4. Distanzkontrast und Rededeixis

Wenn man die Demonstrativa nach ihrer Funktion einteilt, dann gehört *dås dosig* also in eine Gruppe mit *disès* und *der/di*ʼ*/das*; *dås selbig* und *dås selb(e)* gehören in eine Gruppe mit *jenès*.[7]

(3) PROXIMAL *dås dosig, disès, der/di*ʼ*/das* vs. DISTAL *dås selbig, dås selb(e), jenès*

Die einen verweisen in die Nähe, die anderen in die Ferne. Dabei gehören die proximalen Demonstrativa zum deiktischen Zentrum, dessen Origo ja „ich, hier, jetzt" ist. Wahrscheinlich liegt es daran, dass *disès* und *dås dosig* häufig in direkter oder indirekter Rede oder in einem Satz mit einem Personalpronomen in der 1. oder 2. Person verwendet werden. In MAB treten 14 der 15 *dås-dosig*-Belege in einem der genannten Redekontexte auf, in PuW immerhin 35/64. Noch häufiger wird in PuW *disès* im Redekontext gebraucht, nämlich 52 von 73 Mal. Dagegen finden sich distales *jenès* (10/42) und *dås selbig/dås selb* (4/25) viel seltener in einem solchen Kontext. Ähnlich sind die Verhältnisse bei den in EstO gebrauchten Demonstrativa: 27/36 *disès* im Redekontext stehen nur 4/31 entsprechenden *dås selb/dås selbig* gegenüber. Wahrscheinlich haben die Ausdrucksmittel der Deixis die Tendenz, zusammen aufzutreten, je nach dem ob sie in die Nähe oder in die Ferne verweisen, unabhängig davon ob es sich um ein Personalpronomen, Adverb oder Demonstrativpronomen handelt.

Tabelle 2 Proximale und distale Demonstrativa mit Redekontext

Demonstrativum		Redekontext		Insgesamt	
proximal	distal	proximal	distal	proximal	distal
dås dòsig MAB 1602		14		15	
dås dòsig PuW 1550		35		64	
disès PuW 1550		52		73	
	jenès PuW 1550		10		42
	dås selbig/dås selb PuW 1550		4		25
disès EstO 15. Jh.		27		36	
	dås selbig/dås selb EstO 15. Jh.		4		31

---

7   Im modernen Jiddisch besteht gemäß den Informanten des XXIV. Symposiums für jiddische Studien in Deutschland (Trier 2021) Distanzkontrast zwischen *dos* und *yens*: *dos iz mayn pen un yener iz ayerer* „Das hier ist mein Stift und der da ist eurer". Damit hat Jiddisch im Gegensatz zum Neuhochdeutschen den demonstrativen Distanzkontrast bewahrt, vgl. Diessel (2013: Related map).

5. Objektdeixis

Der Anwendungsbereich der Demonstrativa überschneidet sich häufig. Tendenziell scheinen jedoch *jenès*, *der/di'/dàs* und *disès* stärker objektdeiktisch und überhaupt stärker deiktisch zu sein als *dàs selbig* und *dàs dòsig*. Z. B. kann *jenès*, aber nicht *dàs selbig* in den Text sehr weit vorausweisen, wie in (4)a, wo *jenès* sich auf ein Ereignis bezieht, das weit zuvor beschrieben wird. Auch Beleg (4)b aus dem MAB greift einen alten Erzählstrang wieder auf:

(4) a „ [...] sòlt ich / di' dòsigèn klaidèr eršt nit kene? / in den gèwan **Jenèr** den štich, / der do as bald hin-wek was rene." PuW 211.1 (mit Bezug auf die Stanzen 93–99)
sollte ich diese Kleider nicht erkennen? In denen gewann jener das Turnier, der da(mals) sogleich flüchtete.

b alsò welèn mir v̄un hossèn unt càle bleibèn lòßèn un' welèn fum **jem** armèn boher schreibèn, der sein av̄onim-tòv̄ess var-lorèn hot. MAB 223,70
Nun wollen wir eine Weile Bäutigam und Braut bleiben lassen und von jenem armen Jüngling berichten, der seine Edelsteine verloren hatte (Diederichs 2003: 682).

Zweitens wird nur *jenès*, aber nicht *dàs selbig*, objektdeiktisch-euphemistisch als Pronomen gebraucht:

(5) si' gèdòcht, **Jenèr** kem si' hòlèn PuW 510.8
sie dachte, jener (= der Todesengel) käme sie holen

Drittens gibt es zwar *di' welt*, *disè welt* und *jenèr 'olem*, aber nicht **di'-selbig welt* oder **der dòsig 'olem*. Und der Verweis auf *welt* ist objektdeiktisch, nicht diskursdeiktisch.

Viertens erscheint *jenès*, anders als *dàs selbig* in (1)a, nicht als Anapher zu einem vorangehenden Nebensatz, ist also weniger diskursdeiktisch als *dàs selbig*.

Was *disès* betrifft, so ist sein Anteil an den appositiven Relativsätzen mit 40 Prozent am höchsten von allen Demonstrativa,

Das ist ein Zeichen dafür, dass *disès* proximal und damit objektdeiktisch verweist, denn nur beim vollständigen, sehr starken Verweis kommt es zur appositiven Lesart des Relativsatzes,

Tabelle 3 Anteil appositiver Relativsätze nach Demonstrativpronomen

	disès	*dàs dòsig*	*jenès*	*dàs selbig*
Appositiv	40%	27%	14%	1%
Attributive Relativsätze insgesamt	10	15	22	>100

(6) in **disè** dóress das di' 'aširim nit zu ersetigèn sein GLH 2.25,20–22
in diesen Generationen, in denen die Reichen (ja) nicht zu sättigen sind

6. Diesseits-Ausdrücke: Disès *in der Konkurrenz zu* dàs; dàs dòsig *vs.* hase

Im modernen Jiddisch gibt es *dizer* zwar noch, es ist aber als veralteter Germanismus markiert, während *der/di/dos* das meistgebrauchte Demonstrativum ist. Diese Entwicklung beginnt bereits im Mitteljiddischen, denn der Gebrauch von *disès* war schon um 1600 auf die adnominale Stellung eingeschränkt, z. B. *in disèr welt.* Der Anteil von pronominalem *disès* beträgt in dieser Zeit unter 3 Prozent an den *disès*-Belegen. Das ist auffällig, weil sowohl die anderen jiddischen Demonstrativa pronominal gebraucht werden als auch frühneuhochdeutsches *dieses.*[8]

In Punkt 1 wurde vermutet, dass *der/di'/dàs* das Paar zum distalen *jenès* bildet. Zwar kann *der/di'/dàs* nicht ausgezählt werden, da *der/di'/dàs* als Demonstrativum homonym zum bestimmten Artikel ist. Anhand der häufigen Jenseits- und Diesseits-Ausdrücke lässt sich die Konkurrenz von *disès* und *dàs* jedoch gut nachzeichnen.

Jenèr welt steht im westlichen literarischen MAB vor allem *disè welt* als proximale Entsprechung gegenüber. In der Hiobparaphrase, einem westlichen bibelnahen Text, wird *disè welt* gleich oft wie *di' welt* gebraucht. Und in ZUR ist *disè welt* fast ganz durch *di' welt/der 'òlam* ersetzt:

In der Gegenüberstellung von *di' welt* mit *jenèr welt* ist *di'* sicher demonstrativ:

(7) zu bèzàlèn im sein bösè werk ouf **der** welt, zu màchèn erbèn in **jenè** welt,
HIP {8,20} 4–6
um ihm seine bösen Werke auf dieser Welt zu vergelten und ihn jene Welt erlangen zu lassen

---

8   Zum Vergleich: Im Text Rauwolf von 1582 aus dem Bonner Frühneuhochdeutschkorpus sind 20% der *dieser*-Belege pronominal (11/51).

Tabelle 4 *Disèś* vs. *der/di'/dàś* vor *welt/'òlam* „Welt" in HIP, MAB, ZUR und SHN

	disè welt/disèr 'òlam	*di' welt/der 'òlam*
MAB 1602 (westlich)	33	5
HIP 1579 (westlich)	19	18
ZUR um 1600 (östlich)	1	>19[b]
SHN 1707/27 (östlich beeinflusst)	5	29

[a] Gesucht wurde nach *dis, diś, diṣ* für „dies" und nach *welt, weld, welèt, 'òlam, ólèm, ólem* für „Welt".

b Es wurde das gute erste Drittel bis zum Buch Levitikus einbezogen.

Und wenn selbst in einem so häufig gebrauchten Ausdruck wie *disè welt* das Demonstrativum *disè* durch *di'* ersetzt wird, dann ist das ein starkes Indiz dafür, dass *der/di'/dàś* auch in anderen Kontexten *disèś* verdrängt.

Wahrscheinlich ist *der/di'/dàś* im älteren Jiddisch (wie in deutschen Dialekten) umgangssprachlicher als *disèś*. Die Bevorzugung von *der/di'/dàś* ist ein weiteres Beispiel für die „unprätentiös-praktizistische Grundhaltung", die Timm (1986: 18) dem älteren Jiddisch in seinen Wandelprozessen bescheinigt.

Zudem ist bei der klaren Vermeidung von *disèś* in ZUR, die ja zeitgleich zu MAB und nur kurz nach HIP entstand, slawischer Spracheinfluss anzunehmen. Die fast vollständige Aufgabe von *disèś* wäre dann damit zu erklären, dass das polnische Demonstrativpronomen *ten/ta/to* einsilbig ist, und dadurch *der/di'/dàś* eine bessere Entsprechung von *ten/ta/to* darstellt als das zweisilbige *disèr/disè/disèś* mit seiner adjektivischen Endung.

In SHN von 1707/27 findet gegenüber ZUR von 1602 ein Lexemwandel statt. Während *der 'olèm/jener 'olèm* in ZUR eine häufige Verbindung ist, kommt *der 'olèm* in SHN nur noch sehr selten vor. Der häufigste Ausdruck für das Diesseits ist nun mit 57 Belegen das rein hebräischstämmige *'olèm hase*. Dabei ist *hase* genau die Form, die jahrehundertelang als *dàś dòsig* übersetzt wurde und überhaupt erst dessen Etablierung als jiddisches Lexem bewirkte. Das zeigt, dass das System der Demonstrativa (wie das der grammatischen Wörter überhaupt) im älteren Jiddisch ständig in Bewegung ist und im fließenden Austausch mit den Lexemen der Komponentensprachen steht.

7. Die distalen Demonstrativa jenèś und óssó

Jenèś bleibt als Pendant zu *der/di'/daś* bis ins moderne Jiddisch erhalten. Jedoch verläuft diese Geschichte nicht geradlinig, denn auch der Gebrauch von *jenèś* ist stark an *Jenseits*-Wendungen gebunden. *Jenè welt/jenèr 'olèm* macht um 1600 über die Hälfte der Gesamtbelege aus.

Tabelle 5 *Jenèś* bis 1800

	jenèś insgesamt	„Jenseits"	Adnominal ohne „Jenseits"	Pronominal
Gebrauchsprosa, Geschichtsschreibung	15	2	8	5
Schöngeistige Literatur	113	35	65	13
Bibelnahe um 1600	170	**145**	15	10
Bibelnahe ab ca. 1700	196	39	10	**147**
Insgesamt	**494**	**221**	**98**	**175**

So ist *jenèś* in der östlichen Gebrauchsprosa um 1600, in Briefen, Zeugenaussagen und in der Krakauer Judengemeindeordnung, fast vollständig durch den Hebraismus *óssò* ersetzt: viermal *jenèś* steht über 20 Belegen mit *óssò* gegenüber.

(8) a das bè'**óssó** hapa'am daś men cèmàr Zv̄i hot solèn dan sein Rᴜʙ ≤ 1640. 151. 1–3
dass jenes Mal, als man Rabbi Zvi richten sollte

b óss' **mo'ess das** màn hot bècan gèlośèn Wᴇɪ 1588. VI.65,7–9
jenes Geld, das man hier gelassen hat

c abèr di' hor bè**óssó** mokem un' untèr di' arm Sʜɴɪ 1707 [82vb] unten
aber die Haare an jener Stelle und unter den Armen

Zwar gehören die Belege teils zum stark stilisierten und hebräisch beeinflussten Ivri-Jidi-Kanzleistil: *óssò* steht immer vor Hebraismus. Aber *óssò* könnte in speziellen Kontexten der mündlichen Umgangssprache weiter verbreitet gewesen sein, als sich das in den schriftsprachlichen Quellen niederschlägt, ähnlich wie das vielleicht bei den hebräischen Zahlen der Fall war (Kühnert 2017: 192 ff., 209). Dafür sprechen zumindest die Daten aus den betrachteten Gebrauchstexten.

Um 1700 ereignet sich eine weitere Episode in der Geschichte von *jenèś*. Wie in Tabelle 5 dargestellt, erscheint *jenèr* in den bibelnahen Texten um 1700 hauptsächlich als Pronomen. Diese bibelnahen Texte sind ja eine Form von

Ratgeberliteratur, und für den Leser, dem die Ratschläge erteilt werden, wird die zweite oder dritte Person gebraucht (*er, man, du*; in (9) unterstrichen). Die entscheidende Bedeutung für die Verwendung von *jenèr* ist der Bezug auf einen anderen, dritten, der nicht der Leser ist:

(9) a   un wen **imànz** im fèr-schemt sol er **jenèm** nit zu-rik fèr-schemèn un
wen dich **ainèr** gènart solśtu **jenèm** nit widèr gènarèn SEKH 1796/43.
16ʳ,3–4
und wenn jemand ihn (= den Beratenen) beschämt, soll er jenen nicht
wieder beschämen; wenn dich einer betrügt, sollst du jenen nicht auch
betrügen

b   mån iş nit mèḥujeṽ, **ainèm** zu sagèn ain bèsè šmu'e; wen **jenèr** fregt,
mag mån sagèn: ich was es nit; wen er was, dàś **jenèr** tòt iş, darf er nit
šeker sagèn, **jenèr** lebt. SHNI 1707. 95rb oben
Man ist nicht verpflichtet, jemandem eine schlechte Nachricht zu sagen;
wenn der andere fragt, darf man sagen, ich weiß es nicht. (Aber) wenn
man weiß, dass jemand tot ist, darf man nicht lügen, jener lebt.

Damit könnte Jiddisch vorübergehend ein personenorientiertes Demonstrativ-System besessen haben, das typischerweise nur pronominal ausgedrückt ist (Diessel 2013).

8. Das Proattribut welch/sölch *an der Peripherie zum demonstrativen Gebrauch*

Das Proattribut, im älteren Jiddischen *sölch* und *welch*, verweist auf eine besondere Eigenschaft des Referenten, wie *welch* in Beleg (1)a. Dabei ist der Gebrauch von *welch* in dieser Funktion ungewöhnlich und kommt im Frühneuhochdeutschen meines Wissens nicht vor. Im Jiddischen ist das Proattribut *welch* auf den Relativsatz beschränkt, ähnlich wie deutsches *derjenig*. Das Korpus enthält 64 Beispiele. Und in einigen wenigen davon erfolgt kein Verweis auf eine Eigenschaft des Referenten, sondern es handelt sich um ein reines Demonstrativum, vgl. (10)a. Wie im Frühneuhochdeutschen (Demske 2005: 65, 68) wird auch *sölch* gelegentlich als definites Demonstrativum (und nicht mehr als Proattribut) gebraucht, vgl. (10)b,c:

(10) a   nemt itlichèr ain schwert un' lauft untèr Jiśroel un' der-schlogt **welchè**,
di' do habèn gèdint dem egèl ZUR [71ᵛb = 141b] 50–55
Nehmt jeder ein Schwert und lauft unter die Juden und erschlagt jene,
die dem Kalb gedient haben.

b   kont etś wòl **selchèś** wiśèn dàś ich ništ schuldig bin PB 41, 10–11
ihr könnt dieses wohl wissen, dass ich nicht schuldig bin

c   so miśt es ja r' 'Iśèrèl selchèś gelt ich im zu-gèštelt hab es Lêbèlès weib
widèr zu-štelèn PB 1619. 19, 11–12
So müsste ja Reb Iserle dieses Geld, das ich ihm zugestellt habe,
Löbles Frau zurückgeben

9. Resümee

Die Demonstrativa sind ein Beispiel für die vielfältigen Einflüsse, denen das Jiddische im Laufe seiner Geschichte unterliegt: Erstens dem mächtigen Wörtlichkeitspostulat der Bibelübersetzung, das sich im Gebrauch von *dàś dòsig* und *dàś selbig* niederschlägt, zweitens der unprätentiösen Bevorzugung von umgangssprachlichem *der/di'/dàś* gegenüber *disèś*, die drittens schließlich unter slawischem Spracheinfluss zementiert wird, viertens dem vorübergehenden Gebrauch von hebräischem *òssò* und *hase*, die wohl im Zuge der Aufklärung wieder vermieden oder stigmatisiert werden. Dazu kommt fünftens das grammatische Phänomen, dass sich *welch* parallel zu *sölch* zum Proattribut und schließlich sogar zum Demonstrativum entwickelt – unabhängig von anderen Spracheinflüssen, wenn auch nur vorübergehend.

Primärliteratur

Das Bonner Frühneuhochdeutschkorpus: Korpora.org, <http://www.korpora.org/FnhdC/>.

EstO   Leo Landau (1919): A Hebrew-German (Judeo-German) Paraphrase of the Book of Esther of the Fifteenth Century. *Journal of English and Germanic Philology* 18, 497–555.

GLH   David Kaufmann (1896): *Die Memoiren der Glückel von Hameln. 1645–1719.* Frankfurt am Main: Kauffmann.

HiP   Gabriele Brünnel, Maria Fuchs & Walter Röll (1996): *Die „Hiob"-Paraphrase des Avroham ben Shemuel Pikartei in Handschriftenabdruck und Transkription.* Hamburg: Buske.

MAB   Astrid Starck (2004): *Un beau livre d'histoires. Eyn shön Mayse bukhFac-similé de l'editio princeps de Bâle (1602).* Basel: Schwabe. <https://www.e-rara.ch/bau_1/content/titleinfo/10299059>.

PB Alfred Landau & Bernhard Wachstein (1911): *Jüdische Privatbriefe aus dem Jahre 1619.* Wien/Leipzig: Braumüller. <https://archive.org/details/jdischeprivatb00landuoft>.

PUW Erika Timm (1996): *Paris un Wiene. Ein jiddischer Stanzenroman des 16. Jahrhunderts von (oder aus dem Umkreis von) Elia Levita. Eingeleitet, in Transkription herausgegeben und kommentiert.* Tübingen: Niemeyer.

RUB Zalmen Rubaschow (1929): Yidishe gvies-eydes in di shayles-utshuves fun onheyb XV bizn sof XVII y``h. *Historishe shriftn fun YIVO* 1, 115–196.

SEKH *Seyfer Ets Khayim* 1796 gedruckt in der Koenigl. und der Republique privil. Druckerey Jüdischer (Bücher) von Johann Anthon Krüger in Neuhof bei Warschau [= Novy Dvór], JAK Nro. 88. (HS (?) 15223).

SHNI *Śimḥass ha-nefeš*, Frankfurt/Main 1707, von Elḥanan Henele Sohn des Benjamin Wolf aus Kirchhan (Marburg). (CB 4929,3, Cowley 169.) Zitiert nach YBM.

WEI Bernard Weinryb (1937): A pekl briv in yidish fun yor 1588 (mit reproduktsyes). *Historishe shriftn fun YIVO* 2, 43–67.

YBM *Yiddish Books on Microfiche*, selected by Chone Shmeruk 1976. Inter Documentation Company, Zug [jetzt Leiden], dazu zwei Supplemente o.J.

ZUR *Zenerene (Ze'ena ure'ena*, Ct 3.11), Amsterdam 1648. (CB 5545.8, Cowley 297.) Bibelparaphrase von Jakob b. Isaak Aschkenasi aus Janów in Polen. Zu Autor und Werk vgl. Neuberg (1999: 2–11). Zitiert nach YBM.

Sekundärliteratur

Demske, Ulrike (2005): Weshalb Demonstrativpronomina nicht immer Determinantien sind. In: Franz Josef d'Avis (Hg.): *Deutsche Syntax: Empirie und Theorie.* Göteborg: Acta Universitatis Gothoburgensis, 53–80.

Diederichs, Ulf (2004²): *Das Ma'ssebuch. Altjiddische Erzählkunst.* München: Dtv.

Diessel, Holger (2013): Distance Contrasts in Demonstratives. In: Matthew S. Dryer & Martin Haspelmath (Hgg.): *The World Atlas of Language Structures Online.* Leipzig: Max Planck Institute for Evolutionary Anthropology. <http://wals.info/chapter/41>. Letzter Zugriff: 15.10.2021.

Falkovitsh, E. (1940): *Yidish. Fonetik, grafik, leksik un gramatik.* Moskve: Der emes.

Gunkel, Lutz (2007): Demonstrativa als Antezedentien von Relativsätzen. *Deutsche Sprache* 3/35, 213–238.

Kühnert, Henrike (2017): From the synagogue to the market square: cardinal numbers in Older Yiddish. In: Esther-Miriam Wagner, Bettina Beinhoff & Ben Outhwaite (Hgg.): *Merchants of Innovation.* Boston/Berlin: Walter de Gruyter, 179–214.

Mark, Yudl (1978): *Gramatik fun der yidisher klal-shprakh.* Nyu-york: Alveltlekher yidisher kultur-kongres.

Neuberg, Simon (1999): *Pragmatische Aspekte der jiddischen Sprachgeschichte am Beispiel der „Zenerene "*. Hamburg: Buske.

Timm, Erika (1986): Das Jiddische als Kontrastsprache bei der Erforschung des Frühneuhochdeutschen. *Zeitschrift für germanistische Linguistik* 14, 1–22.

Timm, Erika (2005): *Historische jiddische Semantik*. Tübingen: Niemeyer.

Ein jiddischer Artusroman. Werkstattbericht zur Edition des „Widuwilt"

Astrid Lembke (Mannheim), Tatjana Meisler (Berlin), Ina Spetzke (Berlin)

1. Einleitung

Bei dem altjiddischen Ritterroman „Widuwilt" handelt es sich um die vielleicht komplexeste, kreativste und originellste Bearbeitung eines mittelalterlichen deutschsprachigen Erzähltextes durch einen jüdischen Autor, die uns überliefert ist. Dieser spätmittelalterliche jiddische Text ist ein ideales Objekt für eine außerordentliche Bandbreite literatur-, kultur- und geschichtswissenschaftlicher Betrachtungen zu kulturellen Kontakten zwischen Juden und Christen im Spätmittelalter und in der Frühen Neuzeit sowie zur Herausbildung literarischer Interessen in einem städtischen Milieu zu dieser Zeit. Fragen kann man auch danach, wie sich der neue Rezipientenkreis vom höfischen Publikum der hochmittelalterlichen Vorlage unterschied und welche Transformationen der Text mit seiner Überführung von der Handschriftenkultur in das Zeitalter des Buchdrucks erfuhr.

Der altjiddische „Widuwilt" kann dabei helfen, besser zu verstehen, wie eine jiddische Schriftsprache entwickelt wurde, um die Bedürfnisse eines sich neu herausbildenden Leserkreises zu befriedigen. Von besonderem Interesse ist der Roman damit nicht nur für die Jiddistik und Judaistik, sondern auch für die Geschichts- und Übersetzungswissenschaft sowie – aufgrund des intrikaten Verhältnisses zwischen Vorlage und Bearbeitung – für die Germanistik. Unser von der Deutschen Forschungsgemeinschaft gefördertes Editionsprojekt wird daher den „Widuwilt" erstmals einem interdisziplinär interessierten Publikum in einer modernen Standards entsprechenden Ausgabe zugänglich machen.

2. Die mittelalterliche deutsche Vorlage

Bei der Vorlage des altjiddischen „Widuwilt" handelt es sich um Wirnts von Grafenberg mittelhochdeutschen höfischen Roman „Wigalois" aus dem ersten Viertel des 13. Jahrhunderts. Dieser in 13 Handschriften vollständig und in 25 Handschriften fragmentarisch überlieferte Roman erzählt zunächst davon, wie der Artusritter Gawein entführt und von der Heirat mit einer schönen Frau überzeugt wird, bevor er an den Artushof zurückkehrt. Jahre später sucht ihn dort sein Sohn Wigalois auf und erregt aufgrund seiner ritterlichen Tugenden trotz seiner Jugend großes Aufsehen. Wigalois macht sich auf, einer von einem grausamen Usurpator bedrängten Dame zu Hilfe zu kommen und besteht dabei eine Reihe von Aventiuren. Nachdem er in das besetzte Reich der Dame eingedrungen ist, muss er weitere gefährliche Situationen hinter sich bringen, bevor es auf dem Höhepunkt der Handlung zum Kampf gegen und zum Sieg über seinen Hauptgegner kommt. Danach unternimmt Wigalois gemeinsam mit seinen vielen Verbündeten einen Feldzug gegen einen aufständischen Adligen, bevor er sich seiner neu gewonnenen Landesherrschaft und der Ehe mit der von ihm befreiten Frau widmen kann.

Anders als vielen anderen hochmittelalterlichen (zu ihrer Zeit hochgeschätzten) Romanen gelang Wirnts „Wigalois" der Übertritt in die Frühe Neuzeit: In Versen wurde er im 15. Jahrhundert von Dietrich von Hopfgarten und von Ulrich Füetrer bearbeitet, in Prosa wurde der „Wigoleis" bereits im Jahr 1493 erstmals in Augsburg gedruckt. Im 17. Jahrhundert entstand eine dänische Bearbeitung („Her Viegoleis med guld hiulet" von 1656) sowie vermutlich zwischen dem 14. und 16. Jahrhundert (Fasbender 2010: 211) der altjiddische „Widuwilt", der mit großer Wahrscheinlichkeit direkt auf Wirnts „Wigalois" und nicht etwa auf den „Wigoleis" in Prosa zurückgeht (zum Verhältnis zwischen „Wigalois", „Wigoleis" und „Widuwilt" vgl. Landau 1912; Linn 1942; Dreeßen 1975).

3. Die jiddische Bearbeitung des „Wigalois"

Die jiddische Bearbeitung folgt dem Plot der Vorlage mal mehr, mal weniger frei bis zum Beginn der zweiten Aventiurenkette. Ab Widuwilts Eintritt in das usurpierte Reich seiner späteren Ehefrau Lorel entfernt sich die Handlung des jiddischen Romans zunehmend von der des „Wigalois" – kulminierend in der Niederlage des Protagonisten gegen die Mutter seines riesenhaften Hauptgegners, einer knapp vermiedenen, ungewollten Heirat mit einer ungewollten Braut und einer Art Erlösung durch Lorel (Lembke 2015: 64).

Trotz ihrer großen kulturgeschichtlichen Bedeutung wurde diese faszinierende Bearbeitung von Wirnts durch und durch christlichem Ritterroman für ein jüdisches Publikum bis heute nicht ausreichend philologisch erschlossen. Eine einheitliche und moderne Edition liegt bislang nicht vor. Wissenschaftliche Arbeiten, vor allem im Bereich der Germanistik, müssen sich derzeit noch immer auf veraltete Transliterationen eines oder zweier Textzeugen stützen, ohne die Überlieferung insgesamt in den Blick nehmen zu können und meist ohne Zugriff auf den jiddischen Text in hebräischen Buchstaben zu erhalten.

Diese Lücke will das vorliegende Editionsprojekt schließen. Erstmals soll der „Widuwilt" unter Einbeziehung aller überlieferten Handschriften sowie des Erstdrucks ediert werden. Ergänzt durch eine Transliteration und einen Kommentar, soll dieses zentrale Werk der vormodernen, säkularen jiddischen Literatur einem breiten, interdisziplinär interessierten Publikum zugänglich gemacht werden.

4. Die Überlieferung des „Widuwilt"

Überliefert ist der „Widuwilt" in drei Handschriften des 16. Jahrhunderts, die wahrscheinlich aus Norditalien stammen (Warnock 1991: 512 l. Sp.), sowie ab der zweiten Hälfte des 17. Jahrhunderts in einer Vielzahl von Drucken aus verschiedenen europäischen Druckereien. Eine der Handschriften befindet sich im Trinity College in Cambridge (F. 12.44), zwei befinden sich in der Staats- und Universitätsbibliothek Hamburg (Cod. hebr. 289 und Cod. hebr. 255). In allen drei Handschriften ist der Roman unvollständig überliefert. Die Cambridger Handschrift enthält zwar das Ende des Romans, beginnt aber nicht mit einem Prolog, sondern inmitten einer Schilderung der Gepflogenheiten am Artushof. Die beiden Hamburger Handschriften beginnen noch später, nämlich mit dem Gespräch zwischen Gawein und seinem Entführer, in dem Gawein die Tochter des Fremden als Ehefrau angepriesen wird. Cod. hebr. 255 endet damit, dass Widuwilt den Ritter, den er im Kampf um den Schönheitspreis besiegt hat, an den Artushof schickt. In Cod. hebr. 289 endet die Handlung an der Stelle, an der die Botin ihren Herrinnen davon berichtet, wie sie gemeinsam mit Widuwilt vom Artushof zu ihnen gekommen ist.

Zusätzlich zu diesen drei Handschriften existieren ab dem 17. Jahrhundert dreizehn Druckausgaben (Landau 1912: XXXII–XXXVI; Jaeger 2000: 33–35), von denen keine direkt auf eine der Handschriften zurückzuführen ist. Unter diesen Drucken sind vor allem zwei von Bedeutung: Die Fassung in Reimpaarversen, die erstmals 1671 in Amsterdam von Josel Witzenhausen in der Druckerei von David de Castro Tartas gedruckt und in der Folge bis 1781 mindestens sechs Mal nachgedruckt wird; und eine Fassung in Ottava Rima-Strophen, die 1671–1679 in Prag gedruckt wird (Warnock 1986: 13–15). Witzenhausens Druck von 1671 ist der älteste Text, der die Handlung des „Widuwilt" lückenlos vom Anfang bis zum Ende enthält.

5. Bisherige Ausgaben des „Widuwilt"

Einer breiteren, auch nichtjüdischen Öffentlichkeit zugänglich gemacht wurde der Roman in der Fassung Josel Witzenhausens bereits im Jahr 1699 von dem christlichen Orientalisten Johann Christoph Wagenseil. In seiner „Belehrung Der Jüdisch-Teutschen Red- und Schreibart [...]" (Königsberg: In Verlegung Paul Friedrich Rhode 1699; tatsächlich wurde das Buch in Sulzbach gedruckt; Aptroot/Gruschka 2010: 79–80) präsentiert Wagenseil den jiddischen Text in hebräischen Buchstaben nebst einer Übertragung ins Deutsche, die nah am Jiddischen bleibt. Die Ausgabe des der jüdischen Religion, Literatur und Kultur äußerst ambivalent gegenüberstehenden Hebraisten ist aus heutiger Perspektive vor allem als eigenständiges historisches Dokument frühneuzeitlicher christlicher Beschäftigung mit Judentum und jiddischer Literatur von Interesse.

Eine erste wissenschaftliche Edition des „Widuwilt" legte Leo Landau im Jahr 1912 vor. Da ihm die Cambridger Handschrift unbekannt war, erstellte er seinen Text aus den beiden Hamburger Handschriften. Parallel dazu und als Ergänzung für die Teile des Textes, die in den beiden Handschriften nicht enthalten sind, druckte Landau den jiddischen Text der Wagenseil-Ausgabe von 1699 ab. Im Anhang präsentiert er zusätzlich die 23 Ottava Rima-Strophen, die 1683 in Amsterdam in Witzenhausens Text integriert wurden, sowie eine Prosafassung von 1789. Landau stellt seiner Ausgabe eine umfassende Einführung voran, in der er sich ausführlich zu jüdisch-nichtjüdischen Kulturkontakten im Allgemeinen, zu seinen Textgrundlagen, zum Autor, zum Drucker, zur Reimtechnik, zum Sprachstand und zu den Quellen des Textes äußert. Landau überführt zudem den Text des „Widuwilt" vom hebräischen in das lateinische Alphabet, ohne jedoch seine Transliterationsprinzipien offenzulegen. Der Text, wie er in den frühneuzeitlichen handschriftlichen und gedruckten Quellen steht, ist damit nicht zugänglich, was eine tiefergehende wissenschaftliche Auseinandersetzung unmöglich macht.

Einen Schritt weiter als Landau ging in den Jahren 1941/1942 Irving Linn, als er den Text der Cambridger Handschrift sowohl in hebräischen Buchstaben als auch in Transliteration wiedergab. Da es für den Autor während des Zweiten Weltkriegs nicht möglich war, die beiden Hamburger Handschriften vor Ort einzusehen, rekonstruierte er die unleserlichen Stellen der Cambridger Handschrift aus Leo Landaus Transliterationen, ohne allerdings seine Interpolationen von Fall zu Fall kenntlich zu machen. Darüber hinaus erklärt Linn nicht, woher er den fehlenden Text zu Beginn der Handlung ergänzt, der in der Cambridger Handschrift fehlt. Sehr wahrscheinlich handelt es sich um Witzenhausens Text, doch ob dieser der Amsterdamer Erstausgabe oder Wagenseils „Belehrung" entnommen wurde, stellt Linn nicht klar. Der Herausgeber legt weder seine Editionsprinzipien dar noch markiert er Eingriffe.

Einen Text, der zumindest im deutschen Sprachraum und vor allem in der Germanistik das Interesse der Forschung bis heute weckt (z. B. Cormeau 1978; Knaeble 2014, Däumer 2014; Koch 2020), legte im Jahr 1974 Siegmund A. Wolf vor. Es handelt sich dabei um eine Transliteration von Wagenseils Text von 1699. Obwohl sich diese Ausgabe in den vergangenen Jahren als äußerst einflussreich erwies, fällt sie insofern hinter Linns Modell zurück, als sie keinen Text in hebräischen Buchstaben bietet. Die Transliterationsprinzipien werden auch in diesem Fall nicht geklärt. Auch diese Ausgabe bietet mithin nur einen sehr vermittelten Blick auf den jiddischen „Widuwilt".

Das lange Zeit angekündigte Projekt Robert G. Warnocks, die mittelalterlichen Handschriften des „Widuwilt" sowie die frühneuzeitliche Ottava Rima-Fassung zu edieren, wurde leider nie realisiert (Jaeger 2000: 59). Jerold C. Frakes veröffentlichte zuletzt in einer Anthologie altjiddischer Texte einen Ausschnitt aus dem „Widuwilt" auf der Grundlage der Cambridger Handschrift (Frakes 2008) sowie eine Übersetzung des gesamten Romans ins Englische auf der Grundlage der drei Handschriften, jedoch ohne jiddischen Text (Frakes 2014). Ansonsten hat es keine Versuche mehr gegeben, den „Widuwilt" für die Forschung zugänglich zu machen.

Zusammenfassend ist festzuhalten, dass die Editionslage überholt ist. Die vorliegenden Ausgaben vermitteln weder ein Bild der Überlieferungssituation noch stellen sie ihren Leser:innen – ganz gleich, ob diese das hebräische Alphabet beherrschen oder ob sie sich dem Text über den Umweg einer in sich konsistenten, an allen Stellen nachvollziehbaren Transliteration nähern – gleichzeitig einen lesbaren Text, einen zuverlässigen Apparat und eine weiterführende Kommentierung zur Verfügung. Diese Lücke zu schließen, schickt das vorliegende Projekt sich an.

6. Editionsarbeiten: Sichtung des Materials

Mit der Klärung der Überlieferung des „Widuwilt" anhand der Forschungsliteratur begannen die Vorarbeiten an der Edition. Anschließend wurden die notwendigen Materialien beschafft: Aus der Staats- und Universitätsbibliothek Hamburg wurden Digitalisate der Handschriften Cod. hebr. 289 und Cod. hebr. 255 bestellt, aus der Bibliothek des Trinity College in Cambridge ein Digitalisat der Handschrift F. 12.44. Der Amsterdamer Erstdruck von 1671, der sich in der Universitätsbibliothek Erlangen-Nürnberg befindet, wird vom Bibliotheksverbund Bayern online zur Verfügung gestellt (Ain shin ma'aśe fun kinig Artis Hof 1671), Wagenseils „Belehrung" von der Bayerischen Staatsbibliothek (Wagenseil 1699).

Die Sichtung der Digitalisate ergab, dass die beiden Hamburger Handschriften gut lesbar sind. Im Gegensatz dazu erwies sich zwar die Cambridger Handschrift am Anfang und Ende als lesbar; in der Mitte allerdings verschlechtert sich der Zustand zunehmend, sodass der Text, wie von Linn (1942: III–IV) beschrieben, teilweise nur mit Mühe oder gar nicht zu entziffern ist. Experimente mit verschiedenen Bildbearbeitungsprogrammen ergaben, dass sich die Lesbarkeit durch die Applikation von Filtern in manchen Fällen verbessern lässt. Auf vielen Seiten ist allerdings der Tintenfraß so weit fortgeschritten, dass ganze Zeilen in den Digitalisaten vollständig unleserlich sind. An anderen Stellen wurden die Löcher im Papier durch die im Digitalisat mitabgebildeten Buchstaben des darunter liegenden Blattes gefüllt, sodass im ersten Durchlauf Fehltranskriptionen entstanden, die erst beim Überprüfen anhand des Originals ersichtlich wurden. Es war daher für uns äußerst hilfreich, noch kurz vor Beginn des ersten Lockdowns aufgrund der Covid-19-Pandemie nach Cambridge reisen und das Manuskript einsehen zu können, um alle lesbaren Seiten am Original komplett mithilfe einer Lupe Korrektur zu lesen und alle Fehltranskriptionen zu berichtigen. Dabei konnten nahezu alle verderbten oder aus anderen Gründen schwer leserlichen Wörter und Passagen identifiziert sowie einander ähnelnde Buchstaben voneinander unterschieden werden.

Vor große Probleme stellte uns allerdings die Tatsache, dass 20 *recto*-Seiten aus konservatorischen Gründen mit Seidenpapier überklebt worden waren. Dankenswerterweise erhielten wir Hilfe von Prof. Dr. Andrew Beeby und seinem Team von der Durham University sowie von Dr. Nicolas Bell (College Librarian des Trinity College), die für uns Multispektralaufnahmen der betreffenden Seiten anfertigten bzw. das Anfertigen der Aufnahmen organisierten. Auf diesen Aufnahmen wird erstmals der Text auf den überklebten Seiten sichtbar. Es war uns daher möglich, den gesamten Text der Cambridger Handschrift – mit Ausnahme einiger weniger verderbter Stellen – zuverlässig zu transkribieren und mit dem jeweiligen Text in den beiden Hamburger Handschriften abzugleichen.

7. Definition der Editionsprinzipien

Im nächsten Schritt definierten wir die Editionsprinzipien. Dazu musste zunächst geklärt werden, wie sich die überlieferten Texte zueinander verhalten. Wir unterscheiden drei Textfassungen des jiddischen „Widuwilt": (I) die in den drei Handschriften sowie im Amsterdamer Erstdruck von 1671 enthaltene Fassung, (II) die Fassung des Prager Drucks in Strophenform sowie (III) spätere Mischformen aus (I) (in Gestalt des Amsterdamer Erstdrucks) und (II). Auf dieser Basis wurden folgende Möglichkeiten zur Erstellung einer Edition in Erwägung gezogen:

(a) Eine reine Handschriften-Edition: Aus den drei Handschriften, die keine unterschiedlichen Fassungen, sondern nur geringe Variationen des gleichen Textes enthalten, lässt sich durchaus eine Edition erstellen. Eine Edition allerdings, die ausschließlich auf den fragmentarisch überlieferten Handschriften beruht, würde einen stark lückenhaften Text bieten. Die Gesamtheit der Handlung des Romans ließe sich anhand einer solchen Edition der Handschriften nicht erfassen.

(b) Eine Wiedergabe ausschließlich eines der vollständigen Drucke wiederum, wie Siegmund Wolf (1974) sie mit Wagenseils Druck von 1699 – wenn auch nur in Transliteration – vornahm, würde dem Publikum zwar Zugang zur vollständigen Handlung des Romans verschaffen. Allerdings hätte es dann lediglich eine ganz bestimmte frühneuzeitliche Fassung des Textes vor sich, die ältere Bearbeitungs- und Formulierungsmöglichkeiten, wie sie in den Handschriftenfragmenten sichtbar werden, ganz ausblenden würde.

(c) Die Handschriften des 16. Jahrhunderts und die Drucke in der Nachfolge des Amsterdamer Erstdrucks unterscheiden sich sowohl sprachlich als auch inhaltlich zum Teil erheblich voneinander. Da die Texte in den Handschriften bzw. in den Drucken nicht als stemmatisch voneinander unabhängig angesehen werden können, haben wir es in unserer Edition zwar nicht mit zwei Fassungen des „Widuwilt" im Sinne Joachim Bumkes zu tun (Bumke 1996). Dennoch handelt es sich um zwei durchaus unterschiedliche Ausprägungen des Textes. Daher wurde auch die von Landau und Linn gewählte Möglichkeit, die in den Handschriften konstatierten Lücken bei Bedarf einfach aus einem der Drucke zu ergänzen, verworfen. Ein Text, der bei einer solchen Vermischung entsteht, ist notwendigerweise in sich nicht konsistent. Einen Vergleich zwischen älteren und jüngeren Bearbeitungsstufen lässt er nicht zu und erweist sich daher als ungenügend für weiterführende wissenschaftliche Arbeiten auf Basis der Edition.

Der Erforschung wert sind sowohl der Text des „Widuwilt" in den Handschriften als auch der im Druck. Gewählt wurde daher für das vorliegende Projekt eine Kombination der ersten beiden Optionen, die aber über eine bloße Vermischung der verschiedenen Textzeugen – wie es bei der dritten Option geschieht – hinausgeht und somit Transparenz bietet sowie die Benutzbarkeit fördert. Unsere Edition enthält sowohl den Text der Handschriften als auch den des Amsterdamer Erstdrucks. Beide Fassungen werden synoptisch – in Form einer textgeschichtlichen Ausgabe (vgl. z. B. Lienert/Beck 2003) – nebeneinander in zwei

Spalten auf der rechten Seite einer Doppelseite der Edition dargestellt. Diese Synopse besteht in der linken Spalte aus einem Abdruck des Amsterdamer Erstdrucks von 1671. Die rechte Spalte enthält eine überlieferungskritische Edition (vgl. z. B. Williams-Krapp 2000; Steer 2005) der drei Handschriften. Aus mehreren Gründen wurde dabei die Cambridger Handschrift F.12.44 als Leithandschrift gewählt: Sie bietet den vollständigsten Text sowie die älteste Sprachform. Das unmittelbare Nebeneinander von handschriftlicher Überlieferung und Editio Princeps macht inhaltliche und sprachliche Unterschiede zwischen den beiden Bearbeitungsstufen auf den ersten Blick deutlich erkennbar.

Bei dieser überlieferungskritischen Edition wird der Text der Leithandschrift präzise wiedergegeben und nur in der Transliteration moderat mit Interpunktion versehen. Lediglich bei offensichtlichen Fehlern oder bei Unsicherheiten in der Lesung der an manchen Stellen verderbten Handschrift wird transparent markiert eingegriffen und der Eingriff im Variantenapparat (nach Möglichkeit mit Verweis auf die Hamburger Handschriften) kenntlich gemacht. Zudem werden die Lesarten der Hamburger Handschriften, die keine iterierenden Varianten sind, in den Apparat aufgenommen. Auf diese Weise werden alle überlieferten Textformen abgebildet. Auf der linken Seite der Doppelseite befinden sich die Transliterationen der Cambridger Handschrift F.12.44 und des Amsterdamer Erstdrucks, wobei der transliterierte Druck in der linken Spalte und die Handschrift in der rechten Spalte abgebildet werden. Der Variantenapparat wird ebenfalls transliteriert.

Für die Passagen, die nicht handschriftlich überliefert sind, so etwa für den Beginn der Dichtung, wird in der Synopse nur der Text des Drucks wiedergegeben. Dieses Editionsprinzip markiert deutlich, wo der handschriftliche Text überlieferungsbedingt unvollständig ist oder an welchen Stellen der Druck zusätzliche Verse enthält. Dadurch wird den Leser:innen ermöglicht, den Fortgang der Handlung, wenn nicht in der Fassung der Handschriften, so doch in der späteren Amsterdamer Druckfassung nachzuvollziehen. Zur Erstellung der Edition verwenden wir den Classical Text Editor (CTE), ein Editionsprogramm, das für die Abbildung verschiedener Schriftsprachen, ihrer Sonderzeichen sowie Leserichtungen konzipiert wurde.

Anders als etwa Claudia Rosenzweigs Ausgabe des jiddischen „Bovo d'Antona" (Rosenzweig 2016) wird die Widuwilt-Edition Transliterationen der beiden jiddischen Lesetexte in lateinischen Buchstaben enthalten. Die Problematik einer solchen Vorgehensweise, die als Aneignung und Verfremdung des jiddischen Originaltextes interpretiert werden kann (vgl. z. B. Frakes 1989: 108–111), ist in der Jiddistik und Germanistik bekannt. Die beiden Transliterationstexte sollen einem Publikum zur Verfügung gestellt werden, das sich für den Wortlaut des jiddischen Textes interessiert, jedoch das hebräische Alphabet (noch) nicht beherrscht. Sie sollen damit dieselbe Funktion erfüllen wie die transliterierte Ausgabe von „Paris un Wiene" durch Erika

Timm (Timm 1996), die zum Beispiel von dem germanistischen Mediävisten Armin Schulz für eine Studie zu diesem Roman benutzt wurde (Schulz 2000). Allerdings konnte Timm sich darauf verlassen, dass ihre Leserschaft bei Bedarf auf ihre und Chone Shmeruks Edition in hebräischen Buchstaben zurückgreifen kann (Shmeruk 1996). Vom „Widuwilt" gibt es jedoch bislang keine verlässliche Textausgabe in hebräischen Buchstaben. Das vorliegende Projekt wird daher, ähnlich wie Jutta Schumachers Ausgabe von Jakob Koppelmanns „Fuchsfabeln" (2006), beide Möglichkeiten miteinander verbinden. Durch die Transliteration wird die Edition einen größeren Leserkreis erreichen. Benutzt wird für die Transliteration das von Wulf-Otto Dreeßen, Walter Röll und Erika Timm entwickelte System, durch dessen Anwendung einerseits ein im lateinischen Alphabet lesbarer Text hergestellt wird, andererseits aber die spezifischen Eigenheiten der altjiddischen gegenüber der mittel- und frühneuhochdeutschen Sprache nicht verdeckt, sondern gerade sichtbar gemacht werden. Mit Erika Timm gesprochen, dient dieses System dazu, „einerseits die buchstabengetreue Rekonstruktion des Originals (also die Grundanforderung an jede wissenschaftliche Edition) zu gewährleisten, andererseits aber den Text durch die Aufnahme lautlich-interpretatorischer Elemente aussprechbar (und für den Nichtfachmann flüssiger lesbar) zu machen" (Timm 1987: 596).

Die Offenlegung der Regeln dieses Systems erlaubt es den Benutzer:innen, vom transliterierten Text in lateinischen Buchstaben bis ins kleinste Detail hinein auf den Text in hebräischen Buchstaben zu schließen. Den des hebräischen Alphabets kundigen Nutzer:innen wiederum mögen die Spalten auf der linken Seite als Lesehilfe dienen. Durch diese Kombination wird der jiddische „Widuwilt" in hebräischen Buchstaben nicht aus den Augen geraten. Für Personen, die das hebräische Alphabet beherrschen, steht er mitsamt einem kritischen Apparat zur Verfügung. Im besten Fall baut die Transliteration insofern eine Brücke zum Originaltext, als sie interessierte Leser:innen dazu anregt, das hebräische Alphabet zu erlernen und sich dem jiddischen Text auch ohne die Unterstützung durch die Transliteration zu nähern. Ergänzt werden die beiden jiddischen Lesetexte (d. h. die Handschriftenedition und die Transkription des Amsterdamer Erstdrucks) sowie ihre Transliterationen durch einen Apparat mit Lesehilfen, einen Kommentar, ein Namens- und Ortsregister und ein Glossar aller in der Cambridger Handschrift verwendeten Wörter.

8. Ziele

Dieses Konzept soll folgende Perspektiven eröffnen: Die Neuedition sowohl des handschriftlichen als auch des frühesten gedruckten Textbestandes des „Widuwilt" verfolgt in editionsphilologischer Hinsicht das Ziel, eine verlässliche

Textgrundlage auf dem aktuellen Stand der Forschung zu produzieren, die den Benutzer:innen erstmals einen fundierten Zugriff auf den Roman gestattet. Die Neuedition berücksichtigt dabei die früheren Editionen, Transliterationen und Transkriptionen von Landau, Linn und Wolf, ergänzt und verbessert sie aber durch eine komplette Neuerarbeitung, zieht die notwendigen textkritischen Folgerungen daraus und setzt diese in einem einheitlichen Konzept editorisch konsequent um. Die synoptische Kombination von handschriftlicher und gedruckter Überlieferung ermöglicht ein Nachvollziehen der gesamten Handlung des Romans, wodurch eine Edition nach modernen Standards entsteht, die bewusst auf die Herstellung eines heterogenen und artifiziellen Lesetextes verzichtet. Zusätzlich lässt sie es zu, verschiedene Fassungen des Romans miteinander zu vergleichen und auf diese Weise die historischen Transformationen eines besonders vielschichtigen jiddischen Textes auf sprachlicher wie auch auf inhaltlicher Ebene zu beobachten, zu beschreiben und zu deuten.

Abschließend soll betont werden, dass die Übertragung des jiddischen Textes in das lateinische Alphabet der Vergrößerung eines interdisziplinären Adressatenkreises dient – oder vielmehr der Verbindung zweier unterschiedlicher Adressatenkreise: Wissenschaftler:innen, Studierende, interessierte Laien, Personen mit oder ohne Kenntnisse des hebräischen Alphabets. Erstmals können Jiddist:innen und Judaist:innen auf der einen Seite sowie Germanist:innen, Romanist:innen, Historiker:innen und Übersetzungswissenschaftler:innen auf der anderen Seite auf derselben Textgrundlage arbeiten und miteinander diskutieren. Zudem bietet eine solche Edition für Anfänger:innen verschiedener philologischer Studienrichtungen einen niedrigschwelligen ersten Einstieg und verständlichen Zugang für die Auseinandersetzung mit altjiddischer Literatur. Es ist erklärtes Ziel unserer Edition, den Austausch zwischen den Disziplinen zu fördern und auf diese Weise eine Ausgangsbasis für die Entwicklung neuer Forschungsdesigns zu schaffen.

Bibliografie

Quellen

Ain shin ma'aśe fun kinig Artis Hof yi er zikh in zeynem kinigreykh hat tun firen [...] Amsterdam 1671 (URL: urn:nbn:de:bvb:29-bv013819606-6; letzter Zugriff am 05.12.2021).

Frakes, Jerold C. (Hg.) (2008): *Early Yiddish Texts 1100–1750. With introduction and commentary*. Oxford.

Frakes, Jerold C. (Hg.) (2014): *Early Yiddish Epic. Edited and translated*. Syracuse/ New York.

Landau, Leo (Hg.) (1912): *Arthurian Legends or the Hebrew-German Rhymed version of the Legend of King Arthur. Published for the first time from Manuscripts and the Parallel Text of Editio Wagenseil together with an Introduction, Notes, Two Appendices, and Four Fac-Similes.* Leipzig.

Lienert, Elisabeth & Beck, Gertrud (Hgg.) (2003): *Dietrichs Flucht. Textgeschichtliche Ausgabe.* Tübingen.

Linn, Irving (Hg.) (1941): *Widwilt Son of Gawain.* (Submitted in partial fulfilment of the requirements for the degree of doctor of Philosophy at New York University 1941). Thesis (Ph.D.). New York University, Graduate School.

Rosenzweig, Claudia (Hg.) (2016): *Bovo d'Antona by Elye Bokher. A Yiddish Romance. A Critical Edition with Commentary.* Leiden/Boston.

Schumacher, Jutta (Hg.) (2006): *Sefer Mišlĕ Šu'olim („Buch der Fuchsfabeln") von Jakob Koppelmann. In Originalschrift hrsg. und kommentiert.* Hamburg.

Shmeruk, Chone (Hg.) (1996): *Paris un' Viena. Edited with Introduction, Notes and Appendices in collaboration with Erika Timm.* Jerusalem.

Timm, Erika (1973): Beria und Simra. Eine jiddische Erzählung des 16. Jahrhunderts. Herausgegeben und kommentiert. *Literaturwissenschaftliches Jahrbuch* NF 14, 1–94.

Timm, Erika (Hg.) (1996): *Paris un Wiene. Ein jiddischer Stanzenroman des 16. Jahrhunderts von (oder aus dem Umkreis von) Elia Levita. Eingeleitet, in Transkription herausgegeben und kommentiert unter Mitarbeit von Gustav Adolf Beckmann.* Tübingen.

Wagenseil, Johann Christoph (1699): *Belehrung Der Jüdisch-Teutschen Red- und Schreibart* [...]. Königsberg. Darin: *Jüdischer / Geschicht-Roman / von dem grossen König ARTURO in Engelland / und dem tapffern Helden / Wieduwilt* (S. 149–292). (URL: https://www.digitale-sammlungen.de/de/view/bsb10522 214?page=4,5; letzter Zugriff am 05.12.2021).

Forschung

Aptroot, Marion & Gruschka, Roland (2010): *Jiddisch. Geschichte und Kultur einer Weltsprache.* München.

Bumke, Joachim (1996): *Die vier Fassungen der „Nibelungenklage". Untersuchungen zur Überlieferungsgeschichte und Textkritik der höfischen Epik im 13. Jahrhundert.* Berlin/New York.

Cormeau, Christoph (1978): Die jiddische Tradition von Wirnts „Wigalois". Bemerkungen zum Fortleben einer Fabel unter veränderten Bedingungen. *LiLi. Zeitschrift für Literaturwissenschaft und Linguistik* 8, 28–44.

Däumer, Matthias (2014): Das Lachen des verbitterten Idealisten. Parodie und Satire im „Widuwilt". In: Cora Dietl, Christoph Schanze & Friedrich Wolfzettel (Hgg.): *Ironie, Polemik und Provokation.* Berlin, 259–285.

Dreeßen, Wulf-Otto (1975): Zur Rezeption deutscher epischer Literatur im Altjiddischen. Das Beispiel „Wigalois" – „Artushof". In: Wolfgang Harms & L. Peter Johnson (Hgg.): *Deutsche Literatur des späten Mittelalters. Hamburger Colloquium 1973.* Berlin, 116–128.

Fasbender, Christoph (2010): *Der „Wigalois" Wirnts von Grafenberg. Eine Einführung.* Berlin/New York.

Frakes, Jerold C. (1989): *The Politics of Interpretation. Alterity and Ideology in Old Yiddish Studies.* Albany.

Jaeger, Achim (2000): *Ein jüdischer Artusritter. Studien zum jüdisch-deutschen „Widuwilt" („Artushof") und zum „Wigalois" des Wirnt von Gravenberc.* Tübingen.

Knaeble, Susanne (2014): Ironische Distanzierung im Fokus intertextuellen Erzählens: Der westjiddische „Widuwilt" als Rezeptionsgegenstand. In: Cora Dietl, Christoph Schanze & Friedrich Wolfzettel (Hgg.): *Ironie, Polemik und Provokation.* Berlin, 85–108.

Koch, Jennifer (2020): *Interkulturelle Intertextualität im „Widuwilt". Diskussion – Konzeption – Analyse.* Berlin u. a.

Landau, Leo (Hg.) (1912): *Arthurian Legends or the Hebrew-German Rhymed version of the Legend of King Arthur. Published for the first time from Manuscripts and the Parallel Text of Editio Wagenseil together with an Introduction, Notes, Two Appendices, and Four Fac-Similes.* Leipzig.

Lembke, Astrid (2015): Ritter außer Gefecht. Konzepte passiver Bewährung im *Wigalois* und im *Widuwilt.* In: *Aventiuren in Aschkenas. Jüdische Aneignungen nichtjüdischer Texte und Erzählstoffe im vormodernen Europa. Aschkenas* 25 (Sonderheft), 63–82.

Schulz, Armin (2000): *Die Zeichen des Körpers und der Liebe: „Paris und Vienna" in der jiddischen Fassung des Elia Levita.* Hamburg.

Shmeruk, Chone (1996): *Paris un' Viena. Edited with Introduction, Notes and Appendices in collaboration with Erika Timm.* Jerusalem.

Steer, Georg (2005): Überlieferungsgerechte Edition. In: Martin J. Schubert (Hg.): *Deutsche Texte des Mittelalters zwischen Handschriftennähe und Rekonstruktion.* Tübingen, 51–66.

Timm, Erika (1973): Beria und Simra. Eine jiddische Erzählung des 16. Jahrhunderts. Herausgegeben und kommentiert. *Literaturwissenschaftliches Jahrbuch* NF 14, 1–94.

Timm, Erika (1987): *Graphische und phonische Struktur des Westjiddischen unter besonderer Berücksichtigung der Zeit um 1600.* Tübingen.

Warnock, Robert G. (1986): Frühneuzeitliche Fassungen des altjiddischen „Artushofs". In: Walter Röll & Hans Peter Bayerdörfer (Hgg.): *Auseinandersetzungen um jiddische Sprache und Literatur. Jüdische Komponenten in der deutschen Literatur – die Assimilationskontroverse.* Tübingen, 13–19.

Warnock, Robert G. (1990): The Arthurian Tradition in Hebrew and Yiddish. In: Valerie M. Lagorio & Mildred Leake (Hgg.): *King Arthur Through the Ages.* Bd. I. New York/London, 189–208.

Warnock, Robert G. (1991): Widwilt. In: Norris J. Lacy (Hg.): *The New Arthurian Encyclopedia.* New York/London 1991, 512–513.

Williams-Krapp, Werner (2000): Die überlieferungsgeschichtliche Methode. Rückblick und Ausblick. *Internationales Archiv für Sozialgeschichte der deutschen Literatur* 25,2, 1–21.

Wolf, Siegmund (Hg.) (1974): *Ritter Widuwilt. Die westjiddische Fassung des Wigalois des Wirnt von Gravenberc. Nach dem jiddischen Druck von 1699.* Bochum.

Polemische Blicke auf die christliche Mehrheitskultur: Zwei jiddische „Toledot Yeshu"-Handschriften aus Amsterdam aus dem 18. Jahrhundert

Evi Michels (Tübingen)

Jüdische Versionen des Lebens Jesu sind als Kontrast- oder Gegen-Erzählungen[1] zur christlichen Überlieferung in zahlreichen Handschriften seit dem Mittelalter belegt.[2] Das Erzählen barg die Möglichkeit in sich, die altbekannte Geschichte stets neu dem zeitgenössischen Geschmack anzupassen, aber auch konkrete Erfahrungen mit christlichen Nachbarn und Nachbarinnen im Erzählten zu spiegeln. Wenn wir die Texte heute studieren, erstaunt die gute Kenntnis christlicher Lehre, sei es im Bereich der Bibelwissenschaft, der Dogmatik oder der Liturgik. Wie sich im archäologischen Blick Schicht auf Schicht legt, so auch in diesen Texten die polemisch-humoristische Rezeption christlicher Lehre. Die Geschichte selbst bleibt eine ureigene, jüdische, die Themen, die aktuell in den christlichen Reihen diskutiert werden, fallen unweigerlich ins Gewicht, ohne die Gesamterzählung zu verändern: z. B. Positionen zur unbefleckten Geburt, zu Jesu Gottsohnschaft, zu seiner Wundertätigkeit oder zum Auferstehungszeugnis seiner Jünger und Jüngerinnen.

Neben den 107 hebräischen Handschriften,[3] den überwiegend fragmentarisch erhaltenen aramäischen, befinden sich auch judäo-arabische,[4] judäo-persische, judäo-spanische und jiddische.[5] Von den nicht-hebräischen Handschriften stellt die Gruppe der jiddischen mit 26 die größte dar. Viele dieser jiddischen Handschriften sind undatiert, die älteste mit einem Datum versehene Handschrift stammt aus Prag 1652, die jüngste aus Polen aus dem Jahr 1892. Nur wenige stammen noch aus dem 17., die meisten gehören dem 18. Jahrhundert an und damit in die Zeit der jüdischen und christlichen

---

1 Cf. Biale (1999).

2 Cf. Meerson & Schäfer (2014, I u. II); Schäfer: „Introduction" und „Agobard's and Amulo's *Toledot Yeshu*" (2011).

3 Meerson & Schäfer (2014, I: V–VII).

4 Cf. Goldstein (2021). Eine Edition der judäo-arabischen Texte, hg. v. M. Goldstein, wird in Kürze erscheinen.

5 Cf. die Liste in Meerson & Schäfer (2014, II: 42–44), Stanislawski (2011: 80, Anm. 6) und die ausführlichen Listen in Michels (2017: 15–26) u. (2020: 252–262).

Aufklärungsbewegungen. Eine Verdichtung der Überlieferung mit zehn Handschriften zeigt sich in den nördlichen Niederlanden, insbesondere in Amsterdam.[6] Dort begegnet uns zunächst der Synagogendiener und Gemeindeverwalter Leib ben Oser, der sich in seiner „Bashraybung Shabse Tsvi" mit dem PseudoMessias Schabbtai Zwi und dessen Bewegung auseinandersetzte.[7] Oser war selbst ein Anhänger der Bewegung, distanzierte sich aber zunehmend. Er macht dies in seiner „Bashraybung" deutlich und möchte mit diesem so beschrittenen Weg auch andere ermutigen, die messianische Hoffnung fahren zu lassen. Zum Zeitpunkt seiner Niederschrift 1711 bis 1718 empfand er den Wirbel um den gefeierten Messias Schabbtai Zwi als große Bedrohung der Judenheit und als ein „Werk des Teufels".[8] Bereits 1711, vermutlich parallel zur Abfassung seiner „Bashraybung Shabse Tsvi" entstand ein „Gzeyres Yeshu" aus seiner Hand, das er aus drei hebräischen Quellen kompilierte und das er vor seine „Bashraybung", die selbst unvollendet blieb, platzierte.[9]

Die beiden längsten jiddischen Handschriften der „Toledot Yeshu", die ich im Rahmen dieses kurzen Beitrages vorstellen möchte, sind ca. 40 Jahre nach Leib ben Osers Handschrift entstanden und spiegeln (aus heutiger Sicht) die „Blütezeit" dieses Textgenres, nicht allein aufgrund ihrer auffallenden Länge.[10] Auch wenn jeder Schreiber für sich selbst die Geschichte formulierte, sind beide Handschriften inhaltlich sehr ähnlich (s. Tabelle im Anhang). Leider sind sie weder datiert, noch wissen wir etwas über ihre Schreiber. Dennoch lassen sich aufgrund ihrer Sprache und durch ihre äußeren Eigenschaften eine Zeit Mitte des 18. Jahrhunderts und die nördlichen Niederlande ausmachen.[11]

6 Cf. Michels (2013: 403–429).
7 Cf. die Edition der Handschrift durch Zucker & Plesser (1978), sowie Michels (2020) und Rosenzweig (2020).
8 סטרא אחרא; Hs. Jerusalem NLI Heb. 8° 5622, f. 68v, cf. Zucker & Plesser (1978: 211–212).
9 Cf. die Edition Rosenzweigs (2020).
10 Vgl. Stanislawski (Anm. 5), sowie die Kurzbeschreibungen in Michels (2017, Nr. 3 u. Nr. 8) und in Michels (2020, Nr. 1 u. Nr. 2).
11 In der Folge von Alexander Marx: Catalogue of the Hebrew Manuscripts in the Library of the Jewish Theological Seminary of America, Polemical Mss. (unpublished Typescript), Nr. 60 haben spätere Forscher die Handschrift auf das 17. Jahrhundert datiert, so auch noch Stanislawski (2011: 80): „[...] which clearly stems from the seventeenth century – probably the 1670's or 1680's". Meerson & Schäfer (2014, II: 43) datieren ebenfalls auf das 17. Jh., nennen jedoch Abraham Braatbard, geb. 1699, als Kopisten. Adina M. Yoffie versucht zu erklären, wie JTS eine Huldreich-Version vor dem eigentlichen Druck Huldreichs aufnehmen konnte. Gleichzeitig geht sie aber davon aus, dass vor dem Druck etliche Varianten existierten, die Huldreich kompilierte, cf. Yoffie (2011: 69–71). Die große Nähe zu EH und die wenig polemische und eher unterhaltsame Ausrichtung der Erzählung spricht für Mitte des 18. Jahrhunderts.

Fig. 1 u. 2.: links: Hs. New York, JTS Ms. 2211, Library of the Jewish Theological Seminary, New York, Titelblatt; rechts: Hs. Amsterdam, EH Ms. 47 A 21, Bibliotheek Ets Haim, Amsterdam, Titelblatt.

Beide Titelblätter sind vom zeitgenössischen Druck beeinflusst und finden sich auf ähnliche Weise als Titelblätter zahlreicher Handschriften des 18. Jahrhunderts. Die Handschrift im Jewish Theological Seminary of America (im Folgenden mit *JTS* abgekürzt) nennt nur den einfachen Titel „Geschichte[12] Jesu", während die Handschrift der Bibliothek Ets Haim aus Amsterdam (im Folgenden mit *EH* abgekürzt) außerdem das Jahr der Geburt Jesu erwähnt, das nach dem jüdischen Kalender dem Jahr 3760 entspricht. In einer kurzen Vorrede, in der die Schreiber den zeitlichen Rahmen des Lebens Jesu benennen (3760–3791), legen sie ihre Kenntnisse über unterschiedliche Textfassungen ihren Lesern und Leserinnen gegenüber offen:

Einen Streit gibt es in der Gemara [im Traktat] Sanhedrin über Jesche und dessen Tod, wer zu jener Zeit regierte, als der Sanhedrin Yeshe nach dem Gesetz unserer Tora verurteilte, wie es der Bösewicht, der Weltverführer verdient hatte (JTS, 1r).

---

12 Das hebräische Wort תולדות bedeutet wörtlich „Zeugungen, Geschlechter" auch „Geschlechterfolge" und in diesem Sinne „Geschichte".

Ein Streit gibt es unter vielen Menschen über Yeshes Urteil, das über ihn durch den Sanhedrin ergangen ist. So sagen viele, dass in jener Zeit Herodes regiert habe, ein Teil aber sagt Königin Helena, es bleibt aber dabei, dass Königin Helena regierte, wie ich auch weiter ausführlich schreiben werde (EH, 1r).

In dem mit פְּלְפּוּל bezeichneten Streit wird auf genau jenes Kennzeichen angespielt, das die heutige Forschung zur groben Unterscheidung der Texte anführt: Während die ältesten Texte auf Aramäisch und Hebräisch Pilatus als Verantwortlichen der nicht-jüdischen Gerichtsbarkeit zur Zeit Jesu nennen, sind es in den späteren, aber viel breiter überlieferten und verzweigten Handschriften Herodes und Helena.[13]

Beide Handschriften gliedern den langen Erzähltext in Kapitel, für die das Niederländische בּיטרייף (für ndl. *bedrijf*, dt. „Akt") gewählt wird. Sie unterscheiden in Maria-Kapitel und Jesus-Kapitel und zählen diese jeweils für sich. Dabei entstehen Fehler, die der Schreiber von *JTS* korrigiert, der Schreiber von *EH* nicht. Ihm scheint an einer korrekten Nummerierung nichts gelegen, denn er schreibt ganz offen „nun beginnt das eigentliche 6. Kapitel [von Jeshe, *EH*, Fol. 17v]", ohne diese geänderte Zählweise zu begründen. Beide beenden an ähnlicher Stelle der Erzählung ihre Kapitelangaben und gliedern die zweite Hälfte der Handschrift mit Überschriften (s. Tabelle im Anhang). Sprachlich kann man in beiden Handschriften denselben niederländischen Einfluss feststellen. Neben dem Wort *bedrijf* sind es vereinzelte Wörter, die der Schreiber dem Niederländischen entlehnt, so am häufigsten das Füllwort *maar* („aber, bloß, nur, mal"), *tegen* („gegen, gegenüber"), das Verb *vergaderen* („versammeln") und das dazugehörige Substantiv *vergadering* (auf Jiddisch mit der Endung -*ung* für „Versammlung").[14] Eine niederländische, also nordwestjiddische Aussprache jiddischer Wörter ist an vielen Stellen auch in der Schreibweise der Wörter deutlich, wie z. B. im langen *a* für standardjiddisch *oy* oder *ey* (z. B. *fra* „Frau", *lafn* „laufen", *glabn* „glauben").[15]

Die Länge beider Handschriften kommt insbesondere durch ausformulierte Dialoge der Protagonisten zustande. Auch wird gerne wiederholt und Personen stets mit vollständigem Namen genannt (z. B. „Josef, Sohn des Pandera, des Zimmermanns Sohn"). Der Schreiber blendet sich selbst in seinem Erzählen immer wieder ein: So finden wir in regelmäßigen Abständen

---

13 Cf. Meerson & Schäfer (2014), aber auch die vorangehenden wertvollen Untersuchungen di Segnis (1984) und (1989). Ein erster Versuch, die in seiner Zeit vorhandenen Handschriften zu ordnen unternahm Krauss (1902).

14 Ich gebe hier nur die häufigsten Wörter wieder, es gibt noch weitere, die nur an ein oder zwei Stellen vorkommen, wie z. B. JTS Fol. 13v: וֹעֶר מַר זֵיינֶה פִינְגֶר קְנֶעלְט („wer nur einmal seine Finger ein[ge]klemmt [hat, weiß dass . . .]"), von ndl. *knellen*; vgl. Aptroot (2016).

15 Beem (1954: 126).

die Formulierungen „wie ich noch ausführlich schreiben werde" (z. B. *EH*, Fol. 1rv), „wie oben geschrieben steht" (z. B. *JTS*, Fol. 12r) oder „das ist kaum zu glauben" (z. B. *JTS*, 6r). Das Attribut *lehavdl* wird häufig eingesetzt, um zwischen dem verbannten Bastard *Yeshe* und den rechtgläubigen Juden zu unterscheiden.

Wie schon in der Einleitung deutlich, legen beide Schreiber die Kenntnis mindestens zweier Quellen offen und diskutieren diese („die einen sagen" [. . .] „die anderen sagen"), um nicht immer im Anschluss eine eigene Position zu beziehen. Beide Überlieferungen, die sie darstellen, bleiben häufig gleichwertig nebeneinanderstehen, auch wenn sie widersprüchlich sind.[16]

Durch den Textvergleich mit hebräischen Fassungen von „Toledot Yeshu"-Texten, die im Amsterdamer Umfeld des 18. Jahrhunderts kursierten, können wir, die Einteilung von Michael Meerson und Peter Schäfer voraussetzend, nachvollziehen, welche Textvarianten beide Schreiber kannten:

1. „Aschkenazi B" (Helena; Gruppe II)[17], bei Meerson-Schäfer vertreten in der Handschrift des Sefarden Zaddik Belinfante aus Amsterdam, der, 24-jährig, 1699 eine Helena-Variante kompilierte und niederschrieb, die in Amsterdam vermutlich mehrfach abgeschrieben wurde, sicher aber als eine von drei Vorlagen Leib ben Oser 1711 zur Verfügung stand. Auch unseren beiden Jiddisch-Schreibern lag diese oder eine weitere, nicht mehr vorhandene Version des Textes vor. Die spätere hebräische Handschrift, Hs. Amsterdam, UBA, Hs. Ros. 414, lehnt sich, wie Meerson-Schäfer zeigen, direkt an Belinfante an und verbessert diese in einem nachvollziehbaren Sinne.[18]

2. „Huldricus" (Herodes; Gruppe III), benannt nach einer Textfassung, die Johann Jakob Hudreich für seine hebräisch-lateinische Edition nutzte[19], enthält den reichhaltigen Schatz mittelalterlicher Erzählungen, die sich teilweise auf Worms zurückführen lassen.[20] Wie Claudia Rosenzweig analysiert, finden wir in der vor Huldreich verfassten jiddischen Handschrift

---

16 Abgesehen von der in Jeschiwot üblichen Pilpul-Diskussionsmethode kann man in diesem Umgang mit den überlieferten Texten Spuren der christlichen Aufklärung entdecken. Immer offener wurden Widersprüche biblischer Texte und biblischen Erzählens diskutiert und so allmählich der Blick auf die historische Genese der Texte geweitet, vgl. Reiser (2007: 219–275). Jüdische Textauslegung hat eine andere Entwicklung genommen, cf. z. B. Liss (2020: 243–283).

17 Cf. Meerson-Schäfer (2014, I: 185–205; II: 96–111).

18 Meerson-Schäfer (2014 II: 97–98).

19 *Sefer Toledot Yeshua ha-Notsri / Historia Jeschuae Nazareni: à Judaeis blasphemè corrupta / ex manuscripto hactenus inedito nunc demum edita, ac versione et notis [. . .]*, Leiden 1705, cf. Meerson-Schäfer (2014 I: 305–322; II: 238–251).

20 Cf. Yoffie (2011: 66–67).

aus Moskau, Ms. Günzburg 1730 eine Textvariante dieses Typs, die sich als unabhängig von Huldreich erweist, so dass wir von einer früheren und von Huldreich unabhängigen schriftlichen Tradition dieser (nach ihm benannten) Textvariante ausgehen sollten.[21]

3. Scheinbar achtlos bezieht der Schreiber der *EH*-Handschrift auch die „Wagenseil"-Textvariante (Gruppe III) ein, indem er am Ende der Erzählung Eli / Eliyahu (= Paulus) mit Jehuda Gnay zu einer Person verschmelzen lässt.[22]

Wir sehen, dass den beiden Schreibern eine breite Überlieferung der jüdischen Jesus-Erzählungen zur Verfügung stand, die sie aus dem Hebräischen ins Jiddische übersetzten. Die erzählten christlichen Inhalte zeugen von früheren Textschichten, die auf eine römisch-katholische Umgebung antworten – insbesondere repräsentiert von den „Maria-Kapiteln". Sefardim[23] und Aschkenasim tauschten sich in Amsterdam aus und fanden möglicherweise in der Rezeption dieser Texte gemeinsam Unterhaltung und Entspannung. Die Theologie der Reformierten, Lutheraner, Remonstranten, Quäker, Mennoniten oder anderer protestantischer Konfessionen und Bewegungen der konkreten Umgebung ist in beiden Handschriften weniger offensichtlich und nur am Rande spürbar.[24]

---

21 Rosenzweig (2015: 206) und die Überlegungen in den „Final Remarks" (2015: 211–214).

22 Tela ignea Satanae, hoc est: Arcani et horribiles Judaeorum adversus Christum Deum et Christianem religionem libri anektdoti: Sunt vero: [. . .] Libellus Toldos Jeschu / Johann Christophorus Wagenseilius ex Europae Africae que latebris erutos, in lucem protrusit [. . .], Altdorf 1681, cf. Meerson-Schäfer (2014 I: 286–304 und II: 211–237). Eine genauere Studie wird möglicherweise noch an anderer Stelle einen Einfluss nachweisen können.

23 Die sefardische Gemeinde in Amsterdam setzte sich zu einem großen Teil aus sog. „Conversos" zusammen, die im Zuge der spanischen und portugiesischen Vertreibungen die Zwangstaufe empfangen hatten und äußerlich gezwungen waren, die römisch-katholisch geprägte, christliche Religion zu praktizieren.

24 So in dem etwas ausführlicheren Schlussteil von *EH*, der deutlicher die Vermischung von Juden und Christen ablehnt. Dies kann auf eine mögliche akute Situation der Vereinnahmung jüdischer Bräuche durch chiliastisch gestimmte Christen hinweisen, vgl. Michels (2020: 247–251). Die Breite der Maria-Erzählungen könnte hingegen über eine mit protestantischen Christen geteilte anti-katholische Polemik nachdenken lassen.

Bibliografie

Handschriften

Toldes Yeshe. Handschrift aus der Bibliothek des Jewish Theological Seminary of America, New York, Hs. 2211.
Tolde' Yeshe. Shanat 3760. Handschrift aus der Bibliothek Ets Haim, Amsterdam, Hs. 47 A 21, vgl. http://www.etshaimmanuscripts.nl (letzter Zugriff: 31.10.2021).

Editionen

Toledot Yeshu: The Life-Story of Jesus. Two Volumes and Database. Edited and Translated by Michael Meerson and Peter Schäfer with the Collaboration of Yaakov Deutsch, David Grossberg, Avigail Manekin, and Adina Yoffie. Bd. I: *Introduction and Translation.* Bd. II: *Critical Edition.* Tübingen: Mohr Siebeck 2014.
Rosenzweig, Claudia (2020): ‚The History of the Life of Jesus' in a Yiddish Manuscript from the 18ᵗʰ Century (Ms. Jerusalem, NLI, Heb. 8° 5622). In: Daniel Barbu & Jaakov Deutsch (Hg.): *Toledot Yeshu in Context. The Jewish "Life of Jesus' in Ancient, Medieval, and Modern History.* Tübingen: Mohr Siebeck, 263–315.
Zucker, Shlomo & Plesser, Rivka (Hgg.) (1978): *The Story of Sabbatai Zwi by R. Leib ben R. Oser, Amsterdam 1711–1718.* From the Original Yiddish Manuscript with Hebrew Translation, Introduction and Notes Provided by Zalman Shazar. Jerusalem: Merkaz Zalman Shazar [Hebr.].

Sekundärliteratur

Aptroot, Marion (2016): Dutch and Dutch Influences in the Yiddish of Amsterdam Jewry. In: M. Aptroot (Hg.): *Dutch in Yiddish. Yiddish in Dutch. Amsterdam Yiddish Symposium 10.* Amsterdam, 23–36.
Beem, Hartog (1954): Yiddish in Holland: Linguistic and Socio-Linguistic Notes. In: U. Weinreich (Hg.): *The Field of Yiddish. Studies in Yiddish Language, Folklore and Literature.* New York: Linguistic Circle of New York, Columbia University, 122–133.
Biale, David (1999): Counter-History and Jewish Polemics Against Christianity: The *Sefer toldot yeshu* and the *Sefer zerubavel. Jewish Social Studies*, N.S. 6.1, 130–145.
Goldstein, Miriam (2021): Jesus in Arabic, Jesus in Judeo-Arabic: The Origins of the Helene Versionof the Jewish "Life of Jesus' (Toledot Yeshu). *The Jewish Quarterly Review* 111.1, 83–104.
Krauss, Samuel (1902): *Das Leben Jesu nach jüdischen Quellen.* Berlin: S. Calvary & Co. (Nachdruck Hildesheim 1994: Olms).
Liss, Hanna (2020): *Jüdische Bibelauslegung.* Tübingen: Mohr Siebeck.
Michels, Evi (2013): *Jiddische Handschriften der Niederlande.* Leiden/Boston: Brill.

Michels, Evi (2017): Jiddische Jesus-Polemiken (Toledot Yeshu). *Jiddistik-Mitteilungen* 57/58, 1–26.

Michels, Evi (2020): Yiddish Toledot Yeshu Manuscripts from the Netherlands. In: Daniel Barbu & Yaakov Deutsch (Hgg.): *Toledot Yeshu in Context*. Tübingen: Mohr Siebeck, 231–262.

Reiser, Marius (2007): *Bibelkritik und Auslegung der Heiligen Schrift. Beiträge zur Geschichte der biblischen Exegese und Hermeneutik.* Tübingen: Mohr Siebeck.

Rosenzweig, Claudia (2015): When Jesus Spoke Yiddish. Some Remarks on a Yiddish Manuscript of the "Toledot Yeshu' (Ms. Günzburg 1730). *Pardes* 21, 199–214.

Schäfer, Peter (2020): Introduction; Agobard's and Amulo's *Toledot Yeshu*. In: Peter Schäfer, Michael Meerson & Yaakov Deutsch (Hgg.): *Toledot Yeshu ("The Life Story of Jesus') Revisited. A Princeton Conference*, 1–12; 27–48.

Segnis, Riccardo di (1984): La tradizione testuale delle Toledôth Jeshu: Manoscritti, editioni a stampa, classificazione. *Rassegna mensile di Israel* 50, 84–100.

Segnis, Riccardo di (1989): Due nuove fonti sulle Toledoth Jeshu. *Rassegna mensile di Israel* 55.1, 127–132.

Stanislawski, Michael (2011): A Preliminary Study of a Yiddish "Life of Jesus'. In: Peter Schäfer, Michael Meerson & Yaacov Deutsch (Hgg.): *Toledot Yeshu ("The Life Story of Jesus') Revisited. A Princeton Conference*. Tübingen: Mohr Siebeck, 79–87.

Yoffie, Adina M. (2011): Observations on the Huldreich Manuscripts of the *Toledot Yeshu*. In: Peter Schäfer, Michael Meerson & Yaacov Deutsch (Hgg.): *Toledot Yeshu ("The Life Story of Jesus') Revisited. A Princeton Conference*. Tübingen: Mohr Siebeck, 61–77.

Tabelle: Vergleich der Überschriften beider Handschriften unter Angabe der Folioseiten[a]

JTS, Hs. 2211	EH, Hs. 47A21	Inhalt
[Vorrede u. zeitl. Einordnung der Geschichte]; 1r	[Vorrede u. zeitl. Einordnung der Geschichte]; 1r	3760–3791; Zeit der Helena und des Richters Philipus
1. Kapitel Maryem; 1v	1. Kapitel Maryem; 1v	Meinungen über Maria
2. Kapitel Maryem; 5r	2. Kapitel Maryem; 5r 3. Kapitel Maryem; 6v	Marias Schande; Jesu Geburt
1. Kapitel Yeshe; 7v	1. Kapitel Yeshe; 7v 2. Kapitel Yeshe; 8v	Jesu Gelehrsamkeit, aber auch Frechheit u. Kühnheit
2. Kapitel Maryem; 10r		Marias Befragung vor dem Sanhedrin
2. Kapitel Yeshe; 12v	3. Kapitel Yeshe; 12v	Jesus foltert seine Mutter, um die Wahrheit über seine Zeugung zu erfahren
3. Kapitel Yeshe; 14r	4. Kapitel Yeshe; 14r	Jesus lernt den Gottesnamen
4. Kapitel Yeshe; 16v	6. Kapitel Yeshe; 16v	Öffentliches Auftreten Jesu; 330 Schüler
5. Kapitel Yeshe; 18r	Eigentliches 6. Kapitel Yeshe; 17v	Jesus heilt, hat 12 Jünger, verführt ganz Israel
6. Kapitel Yeshe; 21r		Sanhedrin spricht mit Helena; 1. Verhör
7. Kapitel Yeshe; 23r	8. Kapitel Yeshe; 20r	Jesus erweckt vor Helena einen Toten, sie glaubt an ihn (JTS); Helena schickt Gesandte, Jesus zu sich zu holen (EH)
8. Kapitel Yeshe; 24v	9. Kapitel Yeshe; 22v	Jesus geht nach Galiläa und lässt sich als Gottes Sohn feiern (JTS); erstes Verhör vor Helena (EH)
9. Kapitel Yeshe; 26r	10. Kapitel Yeshe; 24v	(1000, EH) Gesandte Helenas bei Jesus; Lehmwunder
10. Kapitel Yeshe; 27r		Mühlstein-Wunder
11. Kapitel Yeshe; 29r	11. Kapitel Yeshe; 25v	Jesus fährt auf dem Mantel über das Wasser (JTS) / Mühlstein-Wunder (EH); Jesus geht nach Jerusalem zu Helena
12. Kapitel Yeshe. Hier beginnt der Fall Yeshes; 30r	12. Kapitel Yeshe; 27v 13. Kapitel Yeshe; 28r	Jehuda Askamil Ramo lernt den Gottesnamen
Nun fällt Yeshe; 31r		

(*wird auf nächster Seite fortgeführt*)

Tabelle: Fortsetzung

JTS, Hs. 2211	EH, Hs. 47A21	Inhalt
3. Kapitel Maryem; 31v	4. Kapitel Maryem; 29v 14. Kapitel Yeshe; 30r 15. Kapitel Yeshe; 30v	2. Verhör: Maria bestätigt die Göttlichkeit Jesu vor dem Sanhedrin; Wettflug im Himmel, Jesus fällt
12. (korr. 13.) Kapitel Yeshe; 35v	16. Kapitel Yeshe; 33r	Jesus kann keine Wunder mehr tun; Helena erlaubt, ihn nach der Tora zu richten; Jesus im Gefängnis
Die *gzeyre* steigert sich; 38r Maryem hilft Yeshe; 39v	Jetzt beginnt eine neue *tsore*	Sanhedrin setzt Jesus in Tiberias fest, doch Jünger und Frauen befreien ihn (JTS); Jesus wird gefoltert (EH)
13. (korr. 14.) Kapitel Yeshe	5. Kapitel Maryem; 35v 16. Kapitel Yeshe; 36r	Maria kommt nach Tiberias und sorgt für die Befreiung Jesu (EH); Jesus geht nach Antiochia, er kann keine Wunder mehr tun
14. (korr. 15.) Kapitel Yeshe; 42v	17. Kapitel Yeshe; 37v	Jesus zieht wieder nach Jerusalem, um den Gottesnamen zu lernen, sein Jünger Jehuda Gaisa distanziert sich von ihm
Viele Narrheiten von Yeshe; 43r		Einschub dreier Geschichten über Schäfer, Wirtshaus und Gericht über die Hure (JTS)
Auf welche Weise Yehude Gaysa Yeshe dem Sanhedrin auslieferte; 45r	Wie Yeshe zum zweiten Mal vom Sanhedrin gefangen genommen wurde; 40r	Jesus wird verraten und vom Sanhedrin festgenommen
16. (korr. 17.) Kapitel Yeshe; 47v	Wie Yeshe wieder vor Helenes-Hamalke vor Gericht gestellt wurde; 40v	3. Verhör vor Helena und dem Richter Philippus; Philippus übergibt an den Sanhedrin
Hier kommt das Ende des Yeshe, wie es ihm recht geschieht; 48v		Auslieferung an den Sanhedrin, Steinigung, Hängung, Begräbnis
Wie der Yeshe bei seinem Leben all das Holz beschwor; 50r		
Jetzt beginnt wieder eine neue große *gzeyre* nach dem Verrecken von Yeshe; 50v		Friedhof beim Teich Siloah / Garten Libanon; der Gärtner bewältigt die Flut mithilfe von Jesu Leichnam
Da beginnt die neue *gzeyre*; 51v		Jesu Leichnam ist nicht im Grab

Tabelle: Fortsetzung

JTS, Hs. 2211	EH, Hs. 47A21	Inhalt
Da beginnt wieder eine neue *tsore*; 55r	Jetzt beginnt wieder eine sehr große *gzeyre* von Yeshe; 46r	Helena fordert vom Sanhedrin den Leichnam
Wie eine große *tsore* um Yeshe nach dessen Verrecken entstand; 57r	Jetzt beginnt die eigentliche *gzeyre*; 47v	Jünger Jesu feiern, Helena setzt eine Frist von 12 Tagen
Jetzt kommt die Lösung; 58v	Nun wird die *tsore* immer größer; 49r	Rabbi Tanchuma findet den Gärtner und damit den Leichnam
Wie man Yeshe wieder aus dem Loch herauszog; 60r	[Gärtner → Yehuda Gnai]	
Wie der Sanhedrin den Leichnam Yeshes an Stricken durch die Straßen schleppen ließ; 61r		
Nun findet ihr die Figur von Maryem; 62r	Eine weitere *gzeyre* von Yeshe und seiner Mutter Maryem; 54r	Marias Tod und Begräbnis, ihr Testament und Grab in Bethlehem[b]
Wie die 12 Apostel ein Ende fanden; 63r	Jetzt findet ihr den Fall der 12 Apostel; 55r	Apostel verlassen Jerusalem; Mission in alle vier Himmelsrichtungen
Die Rache der 12 Apostel; 63v		Predigten unter Heiden, Juden seien schuld an Jesu Tod
Wie eine weitere *gzeyre* begann; 64r	Neuer Streit unter Israel wegen der *gzeyres Yeshu*; 56r	Christen lassen Juden nicht in Ruhe
Wie der Sanhedrin die Streitereien beendete; 65v	[Eli →Jehuda Gnai; ab 58v]	Elia = Paulus lernt den Gottesnamen
Gesetze, die Eliyohu übergibt; 72v	Dies sind die Feiertage, wie sie Yehude Gnay eingerichtet hat und sie bis heute gehalten werden; 62v	Elia (JTS) / Jehuda Gnai (EH) sorgt für klare Trennung zw. Juden und Christen: andere Schrift, andere Feiertage, kein Kontakt

a Die Überschriften werden so übersetzt, wie sie sich in den Handschriften finden. „Kapitel" ist stets das dem Niederländischen entlehnte *bedrijf*. Namen werden in YIVO-Transkription wiedergegeben. Die Spalte „Inhalt" kann genutzt werden, um die Texte mit anderen Handschriften dieses Text-Genres zu vergleichen.

b Die Episode über Marias Ende findet sich nur hier. Eine andere Erzählung über ihr Ende enthält „Huldricus". Alle anderen Handschriften (hebräische, jiddische und judäo-arabische) erzählen nichts von Marias Ende. Ich danke an dieser Stelle Miriam Goldstein für ihre Informationen und Überlegungen zu den judäo-arabischen Texten.

Jiddisch kommentierte Sprichwortsammlungen

Simon Neuberg (Trier)

Der Titel der nun folgenden Darstellung versucht eine kleine Gruppe von Werken zu charakterisieren, in denen hebräische und aramäische Sprichwörter oder geflügelte Worte zusammengetragen und geordnet werden, denen jeweils eine jiddische gereimte Paraphrase folgt.[1]

Zu diesen Büchern zählt vor allem der mehrmals gedruckte „Zucht-špiġėl" bzw. „Mar'e-mușar", der ab dem Erstdruck aus dem Jahre 1614 nach den zahlreichen Nachdrucken zu urteilen recht erfolgreich gewesen ist. Andere Werke ähnlichen Typs hatten keinen vergleichbaren Erfolg. Zu dem Hauptvertreter dieser kleinen Gattung habe ich aber ebenfalls auf einem früheren Symposium (dem XV. im Jahre 2012) auf Jiddisch referiert.[2] Im Folgenden widme ich mich einem weniger prominenten Buch und erwähne lediglich *en passant* andere Vertreter dieses Genres wie die Handschrift Guenzburg 722 aus dem Jahre 1501, die im Katalog „Italia" (Italia 2003: 93–95) beschrieben wurde. Dort wird auch die Möglichkeit einer Verwandtschaft dieser Handschrift mit dem erwähnten gedruckten „Zucht-špiġėl" erwogen. Eine solche Verwandtschaft ist mit den späteren Texten dieser Art sicher nicht gegeben, man kann aber bis ins moderne Jiddisch ähnliche Bemühungen feststellen.

So ist Ähnliches von Zvi-Nissan Golomb als eine Art Anhang zu seinem 1910 in Wilna gedruckten Wörterbuch der Hebraismen in Jiddisch bekannt, wie es auf dem Titelblatt heißt:

„ מלים בלשוני [milim bilshoyni], hebreish-idishes verter-bukh fun hebreishe verter, oysdrike un toyre-verter, velkhe veren benutst in idishen geshprekh un in ihr literatur. tsum sof kumt gantse talmudishe zatsen, velkhe verin benutst als shprikhverter, unter dem nomen פתגמי אורייתא [pisgome-orayso]".

---

1 Einen Großteil des Folgenden habe ich wegen der pandemiebedingten Verschiebung der IVG-Tagung in Palermo bereits auf dem Symposium für jiddische Studien in Deutschland 2020 auf Jiddisch vorgetragen (unter dem Titel זאמלונגען פֿון שפּריכװערטער מיט א (געגראַמטן) ייִדישן פּירוש / *Zamlungen fun shprikhverter mit a (gegramtn) yidishn peyresh*).

2 מראה־מוסר: דער צוכט־שפּיגל — געדרוקט און איבערגעדרוקט / *Mare- muser: der tsukht- shpigl gedrukt un ibergedrukt*, XV. Symposium für Jiddische Studien in Deutschland (3. bis 5. September 2012).

In dieser deutschnahen oder deutschangenäherten Sprache wird also für das Ende des Bandes ein knapp 50seitiger Anhang angekündigt, in dem die hebräischen und aramäischen Sprichwörter tatsächlich in (sehr wenig inspirierten) Reimen wiedergegeben werden. Diese Art hebräisch-aramäische Sprichwörter zu popularisieren hat gewissermaßen eine deutschsprachige Fortsetzung in Lesebüchern für die jüdische Jugend (in hebräischen Schriftzeichen) erfahren.[3] Das Buch, das hier ausführlicher zu besprechen ist, ist deutlich umfangreicher und älter, wenn auch im Rahmen" der „älteren" jiddischen Literatur ein spätes Werk, da es unter dem Titel „ʿIjun-Jizḥok" in Berlin 1733/34 zum Druck gebracht wurde. Es teilt leider mit Golombs Bemühungen die Schwäche der jiddischen Umdichtungen, ist aber aus anderen Gründen, wie ich meine, von Interesse: Einerseits gibt es aus dem 18. Jh. nur noch sehr wenig originelle Werke aus dem westjiddischen Bereich und noch so gut wie keine auf Ostjiddisch, so dass jedes Buch Aufmerksamkeit verdient — und z. T. wegen dieser interessanten chronologischen Position ist dieses Buch bereits von anderen hervorgehoben worden. Andererseits ist es mit über 770 Sprichwörtern, die reimend paraphrasiert werden, besonders umfangreich. Die einzelnen Sprichwort-Nachdichtungen sind hier im Durchschnitt zwischen 3 und 4 Versen lang (zum Vergleich: Die erwähnte Handschrift behandelt 132 Sprichwörter jeweils durchschnittlich unter drei Versen, der „Zucht-špigel" listet über 500 Sprichwörter und seine jiddischen Bearbeitungen sind im Durchschnitt fast acht Zeilen lang). Da diesem Buch bereits einige Forschungsarbeiten angediehen sind, soll diese Sekundärliteratur zunächst zusammengefasst werden:

Judah A. Joffe stellte das Buch im ersten Band von „Field of Yiddish" vor (Joffe 1954: 117 ff.). Das Buch dient ihm als Kronzeuge für die Geschichte der jiddischen Sprache und insbesondere der dialektalen Entwicklung der Vokale. Offenbar besaß er ein Exemplar dieses Buchs, das heute in den Besitz des JTS [Jewish Theological Seminary, NY] übergegangen ist, in dessen Katalog der Vermerk zu finden ist: „Joffe marginal notes". Es handelt sich dabei aber nicht um ein Unikat, da das Buch ebenfalls von Zedner (für London) und dem Katalog der Jerusalemer Nationalbibliothek beschrieben wird. Ich benutze das Frankfurter Exemplar, das im Internet digital verfügbar ist.[4] Die Randbemerkungen von Joffe konnte ich bisher nicht einsehen, es handelt sich aber sicher um Notizen, die er bei der Suche nach Zitaten für den „Groyser verterbukh fun

---

3   Siehe z. B. Fraenk (1837: 55 ff.) bzw. Fraenk (1822: 88 ff.). Damit vergleichbar ist auch Stern (1840), obwohl gerade die hebräischen Sprichwörter aus den „Sprüchen der Väter" wie diejenigen, die aus den biblischen „Proverbia" stammen, wohl als allzu bekannt nicht in die westjiddischen Drucke aufgenommen werden!

4   Cf. <http://sammlungen.ub.uni-frankfurt.de/jd/content/pageview/1757870>. In Zedner (1867: 378) wird vom Namen „Isaac ben Shoel" auf „Talmud appendix" (S. 747) verwiesen.

der yidisher shprakh" anfertigte, in dem das Buch in der Tat nicht selten zitiert wird.[5] Hier seien einige Zitate aus Joffes Darstellung wiedergegeben (Joffe 1954: 117 f.):

> I have reached the critical point of my study : to determine the exact date (1) when all Yiddish [o]'s — which originated from MHG *â* and the „open" (= interconsonantal) *a* — cleaved away from the [o] sound (in which the Lithuanian has persisted unchanged to this day) and turned into [u]: [štrufn, šlufn, bluzn, bluter, šlugn, zugn, hubn] (MHG strâfen, slâfen, blâsen, blâtere, slagen, sagen, haben); (2) when every [*u*] sound turned into [i], [i], in all non-Lithuanian Eastern dialects.

> The answer to these problems has been provided by the book *Iyun Yitskhok* (*'Iyyun Yiṣḥaḳ*) (Berlin 1734?) with close to 2,000 rimes in the 772 adages, maxims and proverbs gleaned from Hebrew or Aramaic sources and translated into Yiddish, a poor artisanlike imitation of *Tsukhtshpigl*, its prototype.

Er fährt fort mit Belegen für Reime von historischem [u] mit historischem [i], wie z. B. *kinder* auf *bazunder* oder auf *vunder*. Er erschließt daraus die Aussprache des Autors als *vinder* und *bazinder* und fügt hinzu:

> The author, a roaming native of Lisa (in Great Poland) where he proudly boasts to have had three generations of ancestors, rimes every *u* (Hebrew or Germanic) with any *i* (Hebrew or Germanic): Hebrew: ḳqhjlh: gdulh [. . .] (Joffe 1954: 118).[6]

Auf etwas gewagte Weise schließt er daraus, dass die Entwicklung von [o] zu [u] ebenfalls Teil seines Dialekts sein müsse. Am Ende seines Artikels, nach einigen weiteren Indizien, kommt er zu folgendem Ergebnis:

> The proof of the pronunciation in the Russian letter *y* (= [u]) is irrefutable, and the co-temporary rimes in *Iyun Yitskhok* settle *the date of the formation of the Polish-Ukrainian dialect at the fourth decade of the eighteenth century* (Joffe 1954: 121).

In seinem Buch über „The Origins of Modern Literary Yiddish" belächelt D.B. Kerler diese Methode:

---

5 In den bibliographischen Angaben wird dort abweichend als Datum 1732 angegeben (Bd. I [1961], S. כב ; II [1966], S. כה ; III [1971], S. כא ; IV [1980], S. כד). Da in diesem Wörterbuch nach Möglichkeit aus jedem Jahrhundert mindestens ein Zitat angeführt wird, stellte das Buch eine besonders willkommene Quelle dar (cf. Anhang).

6 Es folgen weitere Beispiele mit Stellenangaben. Hier liest der Autor offenbar *kèhile̠: gèdule̠*. Im Kontext ist allerdings *kèhile̠: [ḥarpe̠-]gèdóle̠* zu erwarten.

On the other hand, Joffe (1954: 116–21), on the basis of some interesting but wholly insufficient observations, suggested a much later (and unrealistically „precise") dating of Eastern Yiddish dialects *circa* 1730 (Kerler 1999: 16).

Wie aber aus den obigen Zitaten ersichtlich, versucht J.A. Joffe gewisse Lautentwicklungen zu datieren, die für den modernen Dialekt als charakteristisch gelten, berücksichtigt andere dialektale Entwicklungen dabei nicht, der Widerspruch ist also etwas konstruiert. Aber die wichtigste Arbeit am „ʿIjen-Jizḥok" bleibt die wohl hauptsächlich J.A. Joffe zuzuschreibende Auswahl von Zitaten, die der „Groyser verterbukh" vereint. Da ich sein Exemplar, seine Marginalien nicht konsultieren konnte, habe ich diese Arbeit lediglich für den Buchstaben א durch Zusammensuchen aller Zitate in den vier gedruckten Bänden des Wörterbuchs rekonstruiert. Die daraus erwachsene Liste zeigt neben einigen archaischen Wörtern und Bedeutungen eine Fülle von Wörtern, die in früheren Texten wohl sehr schwer nachzuweisen wären. Ohne auf diese genauer einzugehen zu wollen, erwähne ich lediglich ein Kuriosum, das möglicherweise darauf hinweist, dass zwei Sammler an dieser Quelle gearbeitet haben könnten: Ein Zitat wird doppelt verwendet, und zwar aus fol. 4ʳ (Bild 16 im Frankfurter Digitalisat, Sprichwort Nr. 34 nach meiner Zählung [von 771; der Autor kündigt 772 an, ich finde aber eines weniger]):

> du' solst imer dein parnoŝe zu suchen far dir sehen, den was dein ḥaver **ouf-gelegt** [**ouf-gligt** ?!] is as selstes im kenen awek-nemen, das ken *um-miglech* geschehen.

Für *um-miglech*, das 603b im entsprechenden Eintrag vorkommt, wird diese Stelle benutzt, vor allem aber wird dasselbe (im Zitat fett erscheinende) Wort sowohl für *oyfglikn* (406a) als auch für *oyfgeleygt zayn* (413a) als Beispiel verwendet!

Für eine möglichst vollständige Liste der benutzten Zitate aus dem „ʿIjen-Jizḥok" vgl. die Tabelle im Anhang. Früher als alle bisher erwähnten Forscher hatte sich aber bereits M. Steinschneider dieses Buches angenommen, und zwar nicht im berühmten Bodleiana-Katalog (das Buch ist in Oxford nicht vorhanden), sondern in einem viel seltener zitierten Aufsatz über „hebräische Drucke in Deutschland". Dort finden sich außer den einschlägigen bibliografischen Details einige mehr, die sich aus den hebräisch geschriebenen Teilen der Einleitung ergeben:

> In der gereimten Vorrede erzählt der Verf., daß er am Tebet 493 (Ende 1732) nach Berlin gekommen sei [. . .]. Am Schluß der Vorr. bedankt er sich bei den Einwohnern Berlins, deren mehr als siebzig auf sein Buch zum Preise von 8 Groschen (Gedolim) brandenburger Geldes subscribirt haben, besonders bei der Wittwe Heilchen (sic) Margolius, welche ihm die Druckkosten geliehen hat (Steinschneider 1887–1892; hier 1889: 264).

Das Buch besteht aus 72 Blatt in 18 Lagen zu je vier Blatt, voll mit hebräischen oder aramäischen Sprichwörtern und deren jiddischen gereimten Nachdichtungen, — mit Ausnahme der letzten Seite 72ᵛ (153), die eine Errata-Liste ist, — übrigens eine recht seltene Erscheinung in westjiddischen Drucken. Außerdem findet sich vor Blatt eins eine unnummerierte Lage, à vier Blatt, also das Titelblatt und zwischen zwei leeren Seiten weitere fünf Seiten einleitende Texte (diese vier Bll. fehlen im Jerusalemer Exemplar). Titelblatt und Anfang der Einleitung sind auf Hebräisch: ein Gedicht mit kunstvollem Akrostichon sowie einige Zeilen am Ende dieser Einleitung, es bleiben dazwischen rund vier Seiten auf Jiddisch. Auf diesen wird erwartungsgemäß der große Nutzen des Buchs gepriesen, es gibt aber deutlich mehr! Aus Sprichwörtern kann Frau, Rabbiner, Melamed etc. richtiges Benehmen lernen, ein Schriftsteller kann seinen Stil schulen und ein Unwissender kann die gelernten Sprichwörter einsetzen, um so zu reden wie ein großer Gelehrter[7] (der „Ma'éṡe-buch"-Herausgeber warb 1602 für seine Sammlung talmudischer Erzählungen mit einem ähnlichen Argument).

> [...] ich ken alhir nit alės meldėn,
> was ir får hipschę sachėn wert ihnėn findėn;.[8]
> es ken sein, aṣ håš˙'j hot mir fil untėrschi[d]lichę sachėn tohn zu-schikėn,
> der-mit aṣ sol micoaḥ dòḥek das hipschę ṡefer drukėn,
> den wen ich bin gleich ba'av˙'h um mein erst weib un' kindėr gėkumėn,
> hob ich mir doch solchės nit for-gėnumėn,
> den nit làng der-noch hot mir håš˙'j widėr išthi hamėhulelę Fėgėlę bass ḥami
> hårå˙'r Jòṡef
> mėSchempin bėn Liṣę lėPòsėn[9] bėschert, was mir der-noch far ògėn iṣ gėgångėn,
> mė'ėn ich, wert ròv̄-ha'òlem fun mein zoress hobėn gėhert,
> wi' ich bin um mein biṡėl gelt un' houṣ-rot gėkumėn, wißėn bėkėhilassėnu kå˙'k
> Liṣę fun alt biṣ jungėn,
> biṣ hob ba'av˙'h dorch ba'alė-ḥ[ò]v̄ėss jėhudim-gelt un' prizim-gelt in zoress fėr-
> håndėlt un' fėr-zehrt,
> aṣ mir der poriz-hasėman thėšlumėn ouf camę parṡo'ess hot noch-gėjogt mit den
> blòṡėn schwert;
> håš˙'j hot mich mazil gėwesėn un' mir gėholfėn, aṣ bin im antlofėn un' antrunėn;
> wu er mich gėsücht hot, hot er mich nit gėfunėn;

Hier wird also die traurige Lage des Autors dargestellt, der vor seinen Gläubigern nach Berlin fliehen musste und vermutlich seine finanzielle Lage mithilfe

---

7 Hier bᵛ [zweites Blatt der unnummerierten Eingangslage], 5.

8 Nebenbei bemerkt wirft der Reim *meldėn: findėn* ein dubioses Licht auf J. A. Joffes Ausführungen zu den Reimen vom Typ *kindėr: wundėr* — wenn für den Autor die Nachtonsilbe zum Reim ausreicht, ist jede lautliche Interpretation riskant.

9 „[...] meine Frau, die hervorragende *Fėgėlę*, Tochter meines Schwiegervaters, des Rabbiners Reb *Jòṡef* aus Czempiń zwischen Lissa (Leszno) und Posen (Poznań)".

dieses Buches wieder in Ordnung zu bringen hoffte. Er erklärt uns auch den Titel seiner Sammlung (c^v, 7):

> ich haiŝ drum das lošen-kòdeš „ˈIjen-Jizḥok",
> weil hobès zu-asamèn gèklibèn ous den „ˈEjn-Jaˈèkov̄" in mein dòḥek,
> den „ˈijun" iṣ teitsch „noch-suchèn" auch ain lošen fun ˈènẹ iṣ fei'n,
> asò kon màn in „ˈijen" štelèn baidẹ pèrušim arein;
> un' mein teitschèn pèrèš hais ich „Halichess-Jizḥok", kon manès auch ouf
> zwai'èrlai' lai'ènèn „halichess" iṣ teitsch „sein tohn fort-gè'n",
> weil hob musèn fàr baˈalè-ḥòv̄èss awek-lòfèn un' gèmust alès losèn ligèn un' štè'n,
> auch kon manès lai'ènèn „hèlochess" wen màn di' Jud awek-nemt.

Der doppelte Titel ist an sich bemerkenswert, denn auch der „Mar'ẹ-mušar" bzw. „Zucht-špigèl" präsentiert sich unter doppeltem Namen: einem hebräischen Titel für die hebräische Sammlung und einem jiddischen für die Nachdichtungen. Das ist insofern paradox bzw. ironisch, als gerade das Nebeneinander beider Fassungen großenteils den Charme und Witz dieser Bücher ausmacht. Wir erfahren aber vor allem, dass das Buch anhand nur einer Quelle entstand, des „Ejn-Jankev", bevor die Einleitung mit dem traditionellen Aufruf zum Kauf des Buches endet (c^v–d^r, 7–8):

> ich hof zu hàš''j, wen leit werèn mein pèrèš noch-folgèn, werèn si' asò fil šèchar
> bè'olem-habẹ hobèn, aṣ hetèn hèlochess gèlernt; / drum tu' ich aḥènu-bènè-
> Jiśro'el betèn, / aṣ solèn mit ain erlèch gelt zu kòfèn das schènẹ šefer kumèn
> gètretèn; / es sol eich nit rei'hèn obèr bàng tohn das gelt, / den wen ir mein šefer
> wert noch-kumèn, kent ir der-dorch bèkumèn jenẹ welt; / ich hobès zu fleišèn
> losèn drukèn in ain klainèn crach, / der-mit aṣ itlèchèr solès kenèn trogèn bei'
> sich; / es dàrf sich gleich menchèr lamden zu kòfèn nit schei'èn, / sein gelt wert
> im gèwis nit rei'èn, sundèrn sein hàrz wert im frai'èn;

> wen der ben-odem wert folgèn, was drinèn štèt, / wert er sich gèdenkèn: „worum
> hob ich mit den kòfèn gèwàrt biṣ di' zeit?" / dàs tut eich betèn Jizḥok hamèchunẹ
> Izèk | ben la''a cèhàrà''r Šo'ul šàlit bèhàrà''r Hirsch bà''r Jòsef Pòṣnèr mèLiŝa
> nin uneched lèhorav̄ hamuv̄hek cèmèhurà''r Jizḥok Izèk Ralèŝ ab''d dèkà''k
> Nei'-štat bèPòlèn-koten ubèkà''k Liŝa bèPòlèn-godel vènin vèneched lèhorav̄
> muḥàrà''r Šlomẹ Càz sàzà''l mèKrokẹ šehurgèl bèfi col mèhurà''r Šlomẹ r'
> Menkèŝ mimišpoḥass Rapòrt,

Das ist die Stelle, an der der *yikhes*, die Abstammung des Autors, beschrieben wird, über die wir bereits von J.A. Joffe informiert wurden. Das darauf folgende Ende drückt dann die traditionelle Hoffnung auf die Ankunft des Messias aus.

Ein literarisch bemerkenswerter Umstand ist die Tatsache, dass der letzte Spruch im Buch eine Art Rahmen schafft (72^r, 152); es geht um das Talmudische תלמוד ערוך הוא (in der Übersetzung von Lazar Goldschmidt „[es war] eine bekannte Lehre"), die er sinngemäß kommentiert mit: „Man wird mir vielleicht vorwerfen, ich hätte nichts Neues hier geboten", darauf antwortet er dann, indem er den Nutzen seines Buches noch einmal unterstreicht. Mein Interesse gilt aber nun der Sprache des Buches bzw. seines Autors Jizḥok haméchune Izék. Bei aller Achtung vor Reimanalysen, die ich hier nicht für besonders ergiebig halte, weil offenbar, wie bereits angemerkt, auch unbetonte Silben unserem Autor zum Reim ausreichen, will ich nicht so sehr die Qualität der Vokale ermitteln (wenn auch interessante Diphthonge, die im Westjiddischen nicht möglich wären, gelegentlich festzustellen sind – wir wissen aber bereits, dass unser Autor aus dem Osten stammt);[10] – vielmehr möchte ich die Sprache unseres Autors nach Merkmalen des Ostjiddischen überhaupt abfragen, denn wir haben auch noch im zweiten Viertel des 18. Jahrhunderts nicht viele Texte, die von Ostjuden verfasst wurden.

Es ist also bereits von großem Wert, weil selten, Merkmale des Ostjiddischen ausfindig zu machen und sie vorläufig zu datieren, wenn auch, wie üblich, nur mit einem Terminus ante quem. Wenn in diesem Buch nach slawischen Einflüssen gesucht wird, muss zunächst gefragt werden, ob polnische (bzw. slawische) Wörter vorkommen. Die Antwort lautet: nein!

Zwar kommt das Wort *nebekh* achtmal vor, aber dieses Wort ist bereits praktisch von Anfang an im Westjiddischen verbreitet, kann also nicht als ostjiddisch gewertet werden.[11] Da wir aber wissen, dass der Autor aus einer Familie stammt, die seit Generationen im Osten ansässig ist, kann man zweierlei vermuten: 1) Slawismen waren wohl weniger zahlreich als in späterer Zeit, da durch anhaltenden Sprachkontakt Lehnwörter und andere Einflüsse sich vermehrt haben müssen, 2) Slawismen, die der Autor spontan hätte benutzen können, konnte der Autor aufgrund seines „Komponentenbewusstseins" bzw.

---

10   o > ou (/ oy) [וּ in: *houch, oub, štrou', nout, schoun, lou'hn, brout, grous, loub* ist eine allgemeine Erscheinung im damaligen Jiddisch]. Aus diesem Grund neigt aber vielleicht unser Autor dazu, die alten Diphthonge nicht mehr als יי (Doppel-Jud) oder וי (Waw-Jud) zu verschriftlichen, sondern mit Jud-Alef und Waw-Alef – bes. vor Nun, manchmal mit einem zusätzlichen He. Das soll wohl keine zweisilbige Aussprache andeuten, sondern einen Diphthong – etwa [ey] und [oy], obwohl eine genaue Bestimmung schwerfällt. Dass es sich um einen Diphthong handelt, sieht man an solchen Wörtern wie *klė'ėn, mė'ėn* (ich), *gė'ėn* (Inf.), *gė'ėst*: in denen [e:] oder [ey] möglich sind, nicht aber Zweisilbigkeit (so auch *lö'ėn, mó'ėl, fó'ėst, nó'ėt*)[...] Dass dieser Diphthong wohl dem heutigen [oy] sehr nahe kommt, erkennt man an der folgenden Stelle, an der das [oy] beinahe zu hören ist (20ʳ, 48): [bPeš ג׳ אין מתקנאין בהם גוי [!] קטן נחש קטן ותלמיד קטן דמלכותייהו בתר אודנייהו קיימא (פסחים ט׳) 113a: „(Die Rabbanan lehrten:) Drei darf man nicht reizen und zwar: ein nichtjüdisches Kind, eine kleine Schlange und einen jungen Schüler, weil sie ihre Macht hinter ihren Ohren haben".] Zu diesem Ausspruch lautet nun die gereimte Paraphrase im Buch (20ʳ, 48): /mit drei' solstu dich nit zenkėn obėr raizėn, /si' mechtėn sich amol mit di' zolung ouf dir fleisėn; des ainė dich nit zu raizėn mit ain klainėn cussi, /er mecht dir amol bėzolėn gánz genó';. /[...].Das Wort *cussi* ersetzt hier offenbar *gój*, das im Originalzitat steht und den ostjiddischen Reim auf *genoy* darstellt!

11   Zu diesem Wort vgl. z. B. Wexler (1987: 159 f.) mit weiteren Literaturangaben.

seiner mindestens kommunikativen Kenntnis des Polnischen als im Westen wohl unverständlich vermeiden.

Die Rolle dieser beiden Ursachen kann man an einem solchen Text sicher nicht gegeneinander abwägen. Was aber auch unter solchen Umständen möglich ist, ist die Suche nach versteckten Slawismen, nach Calque-Erscheinungen, die der Autor nicht auf Anhieb als bloß ostjiddisch erkennen konnte und deswegen gelegentlich in den Text einfließen ließ. Dies ist insofern ein riskanteres Unterfangen, als zahlreiche scheinbar slawische Ausdrücke aus einer doppelten Quelle fließen können: Ohne dem Deutschen ganz, überall und schon immer fremd zu sein, können sie von einer slawischen Parallele kräftig gestützt worden sein; die Darstellung der Verhältnisse wird deswegen zwangsläufig recht schwerfällig. Aus diesem Grund muss ich mich mit ein paar exemplarischen Beispielen begnügen, die wohl sicher slawischen Ursprungs sind.

Ich möchte aber vorerst betonen, dass die Sprache des Textes, so archaisch sie stellenweise auch klingen mag, an unzähligen Stellen wie modernes Jiddisch klingt und Wörter enthält, die z. T. — slawischer Einfluss hin oder her — vor 1734 schwer nachzuweisen sein dürften (die Liste der Belege aus dem „Groyser verterbukh" im Anhang erweckt bereits auch ohne die Kontexte diesen Eindruck):

Einige dieser modern anmutenden Lexeme, Ausdrücke und Formen seien hier unabhängig von ihrer Etymologie aufgelistet. Es sind u. a.:

- Substantive: *orem-boher, gėrudėr, gėnahr, gėschleg, porfolk, 'amė-horazischkait* samt Plural *rabė'im, aidėms,* die Kollokation *bėse bėgegėnės* und die allgemeine *s*-Endung des Possessivs, z. B. in: *dein kindėrs helek, di lòmdims weibėr; di weibėrs trerėn, der mutėrs ma 'ėśim, ir tochtėrs ma 'ėśim* mit den dazugehörigen Pronomina: *un ain andėrėns wegėn, fun dem un` dems wegėn,*
- Verben: *pletėn, lėdig gėn, preplėn, arėn* samt den Verbindungen *op-hėbėn (a mess), ein-nemėn za 'ar,*
- Adjektive: *bėrut, alt-frenkėschė, fer-scheit* samt Possessivpronomen *sėhėr* und umlautendem Komparativ *welfėlėr* und *šefelėr,*
- Adverbien und andere invariante Wortarten: *mameš, umėntum, fàr-ful, almone̲weis̲, sei-den, sint.*

Um das Porträt der Sprache dieses Werkes zu vervollständigen, wäre es nützlich zu belegen, wie üblich und häufig diese Wörter im modernen Ostjiddischen erscheinen — und wie selten im Westen, sei es auf Jiddisch oder auf Deutsch!

Ich schreite nun zu einem ersten konkreteren Beispiel, das aus dem Bereich der jiddischen „Konverbn" (trennbare Verbpräfixe) stammt, von denen A. Landau 1928 in einem bahnbrechenden Aufsatz gezeigt hat, dass sie oft einem polnischen Muster folgen.

Solche Verben kommen in meiner Liste der Belege im „Groyser verterbukh" zuhauf vor. Um den Befund aber diachron auszuwerten, müsste jeweils überprüft werden, ob der Befund zum Polnischen passt, und falls ja, ob er im älteren Deutsch bzw. dialektal belegt ist. Zum Beispiel vergleicht Landau *farshlaft vern* „krank werden" mit poln. *zasłabnąć* — das Adjektiv *farshlaft* kommt in unserem Text vor, ist aber in deutschen Dialekten nicht gänzlich unbekannt[...]

Ich glaube aber nicht, dass dies der Fall ist bei dem Wort *onre(y)dn* im Sinne von „antreiben, anregen, anstiften" (z. B. zu einer Sünde, Bed. 3 und 4 im „Groyser verterbukh", vergleichbar mit poln. *namówić*). Im Text findet sich dieses Wort ein halbes Dutzend Male, ich zitiere eines (32ʳ, 72):

wen dich ainėr wil on-rėdėn, fun gelts wegėn etwas nit recht zu tohn,

Ohne diesen Fall ausführlich zu kommentieren, sei hier festgehalten, dass wir es nicht mit dem einzigen und auch nicht mit dem frühesten Beleg zu tun haben, und dass die anderen Texte, in denen es vorkommt, nicht immer eine klare Verbindung nach Polen aufweisen. Es ist aber zumindest im 18. Jh. stark zu vermuten, dass wer ein Buch auf Jiddisch zum Druck brachte, enge Verbindungen zu frommen Juden aus Osteuropa hatte, wenn er nicht selbst aus Osteuropa stammte.

Ich komme aber nun zu einem zweiten Beispiel, das kein Verb ist, sondern der Ausdruck *veynik vos* in der Bedeutung „(nur) ein wenig" (cf. poln. *malo co*). Dies findet sich zweimal im Buch. Ich zitiere den ersten Fall, aus der Einleitung (bᵛ, 5):

ich hob mich zu kain menschėn gėhat zu wendėn obėr zu kehrėn.
un` **wėnėk-was** mit mir gėhat zu zehrėn;

veynik-vos passt auch als Beschreibung dessen, was ich hier an ostjiddischen Spezifika hervorgehoben habe. Diese zwei Fälle zeigen aber bereits, wie lohnend es sein kann, dieses (und wie angedeutet etliche vergleichbare Drucke) auszuwerten, indem nach solchen Erscheinungen Ausschau gehalten wird.

Bibliografie

Fraenk, Baer (1822, 1837): *Maḥne-Jiśśocher*. Rödelheim: J. Lehrberger & Comp. 1837 <http://sammlungen.ub.uni-frankfurt.de/jd/content/pageview/1743 720> / Wien: Holzinger 1822 <https://sammlungen.ub.uni-frankfurt.de/jd/cont ent/rpage/1743645> [Dt. in hebr. Lettern]

Golomb, Zvi-Nissan (1910): מלים בלשוני [*milim bilshoyni*], *hebreish-idishes verterbukh fun hebreishe verter, oysdrike un toyre-verter, velkhe veren benutst in idishen geshprekh un in ihr literatur. tsum sof kumt gantse talmudishe zatsen, velkhe*

verin benutst als shprikhverter, unter dem nomen אוריתא פתגמי [*pisgome-orayso*].
Vilne: *Druk un ferlag.*

Groyser verterbukh fun der yidisher shprakh (1961, 1966, 1971, 1980). Herausgegeben v. Judah A. Joffe & Yudel Mark; ab Bd. III: Yudel Mark. New York/Jerusalem: Komitet farn groysn verterbukh fun der yidisher shprakh.

Ijun-Jizchok (1733/1734) = *Jizḥok hamᵉchunę Izėk b. Šo'ul: Ijun-jizḥok & Hilchess/Halichess-Jizḥok.* Berlin.

Italia (2003) = Turniansky, Chava & Erika Timm: *Yiddish in Italia, Yiddish Manuscripts and Printed Books from the 15th to the 17th Century.* Milano: Associazione Italiana Amici dell'Università di Gerusalemme.

Joffe, Judah A. (1954): Dating the Origin of Yiddish Dialects. In: Uriel Weinreich (Hg.): *The Field of Yiddish. Studies in Yiddish Language, Folklore, and Literature.* [Bd. 1], 102–121.

Kerler, Dov-Ber (1999): *The Origins of Modern Literary Yiddish.* Oxford: Oxford University Press.

Landau, Alfred (1928): Di slavishe elementn un hashpoes in yidish; di tsunoyfgezetste tsaytverter. *Filologishe shriftn (Shriftn fun yidishn visnshaftlekhn institut)* 2, 199–214 [Miluim un oysbeserungen in Bd. 3 (1929), 615 f.]. <https://archive.org/details/nybc213656>

Ma 'ėśe-buch (1602). Basel. [Hrsg.: *Jankėv bàr-Aᵛrohom aus Mesèritsch*]

Steinschneider, Moritz (1887–1892): Hebräische Drucke in Deutschland. *Zeitschrift für Geschichte der Juden in Deutschland* 1 (1887), 103–105, 281–287, 377–382; 2 (1888), 200–203; 3 (1889), 84–86, 262–274 (Anhang „Der Berliner Kalender"); 5 (1892), 154–186 (Nachtrag), <http://sammlungen.ub.uni-frankfurt.de/cm/periodical/pageview/2264191> oder <https://babel.hathitrust.org/cgi/pt?id=nyp.33433089765022&view=1up&seq=38>

Stern, Max Emanuel (1840): *Perlen des Orientes und Kernsprüche der Väter. Eine metrisch gereimte Uebersetzung des talmudischen Traktates, betitelt: Pirke Aboth.* Wien: Verlag von Franz Edlen von Schmid und J. J. Busch.

Wexler, Paul (1987): *Explorations in Judeo-Slavic Linguistics.* Leiden: Brill.

Zedner, Joseph G.W. (1867): *Catalogue of the Hebrew Books in the Library of the British Museum.* London: British Museum.<https://sammlungen.ub.uni-frankfurt.de/freimann/content/titleinfo/3779695>

Zucht-špigėl & Mar'ę-muṡar (1614) anon., Prag.<https://books.google.de/books?id=GL1hAAAAcAAJ&pg> [zahlreiche Nachdrucke]

Anhang:

Zitate aus „Ijun-Jizḥok" im „Groyser verterbukh fun der yidisher shprakh" (g'"v), 4 Bde. cf. Anm. 7. Hier erscheinen die Wörter in Transkription, ein * kennzeichnet die Wörter, die ganz oder teilweise aus dem Hebr. stammen, in eckigen Klammern erscheint die Spalte, in runden Klammern die Nummer der Bedeutung, die im Worteintrag mit dem gemeinten Zitat illustriert wird; ein (?) deutet Zweifel an der Interpretation des Wörterbuchs an.

g"v Bd. I		oyslozn (9)	[262g]
ober (3)	[14c]	oyslakhn (1)	[264a]
ahingebn	[54b]	oysnarn (2)	[288a]
ahinter (3)	[55a]	oysneygn (2)	[290g]
ahinloyfn (2)	[55b]	oysnemen (8)	[293a]
ahinkumen (2)	[56a]	oysnemen zikh (3)	[293b]
ahernemen (2)	[58b]	oysploydern	[307g]
aherkumen (3)	[58g (2×)]	oysforshtn	[318g]
avekblaybn (1)	[71a]	oysfregn (2)	[326g]
avekgeyn (11)	[72g]	oysfresn (1)	[327b]
avekgebn (13)	[73g]	oysklern (3)	[345b]
avekdenken (2)	[79b]	oysrotn₁ (4)	[351g]
avektrogn (1)	[86g]	oysreydn (4)	[356a]
avekleygn (4)	[93a]	oysrikhtn (11)	[359b]
aveklernen (1)	[94g]	oysdingen (3)	[212b]
avekmakhn₂	[95b]	oyshaltn (11)	[220b]
aveknemer	[100a]	oyshakn (1)	[221b]
avekfresn (2)	[110a]	oyshungern zikh	[223a]
avekkern (2)	[114a]	oysraysn (5)	[357g]
avekrafn	[115a]	oyssharn (3)	[362g]
avekraysn (1)	[115g]	oysshteln (16)	[369g]
avekshtoysn (4)	[118a]	oysshitn (3)	[373a]
avekshlogn (3)	[120b]	oysshlisn zikh (2)	[377a]
avekshmaysn (2)	[121g]	oysshpukn	[382b]
avekshenken (2)	[122b]	oysshpetn	[384g]
oygnzikhtlekh	[136b]	oysshpreytn (5)	[385g]
oygnshayn (2)	[137a]	oyer, opshnaydn di -n	[390a]
oys[prep.] (2)	[143b]	oyfglikn	[406a (?)]
oysbitn (1)	[150g]	oyfgelofn (3)	[412g]
oysgob (3)	[159g]	oyfgeleygt zayn (vern)	[413a (!)]
oysgang (12)	[160b]	oyfdekn (5)	[424b]
oysgeyn (15)	[162b]	oyfhaltn (5)	[428b]
oysgebn (5)	[169b]	oyfheybn (5)	[431a]
oysgebn zikh (4)	[169g]	oyfvekn (2)	[437b]
oysgeleyzt vern	[184a]	oyfzayn (1)	[439b]
oysgenumen (farbindvort)	[187g]	oyfton (6)	[443b]
oysdingen (3)	[212b]	oyflodn (1)	[451bg]
oyshaltn (11)	[220b]	oyffirn zikh (2)	[472g]
oyshakn (1)	[221b]	oyfflamen (-flemen)	[473b]
oyshungern zikh	[223a]	oyftsien (7)	[477b]
oysvayzn (5)	[230g]	oyfshteln (8)	[496a]
oysvendik	[234g]	oyfshaynen (1)	[498b]
oyszogn (2)	[235g]	oyfshraybn (1)	[504g]
oyszetsik	[241b]	g"v Bd. II	
oyszetsikayt	[241g]	umbrengen (3)	[540b]
oystrogn (5)	[250g]	umgartn	[542a]
oystrakhtn (7)	[251b]	umgeyn (14, 18)	[543b/g]
oystrinken (1)	[253a]	umglaykh (4)	[545a]

umgeduldik (2)	[548b]	iberentfern (2)	[977a]
*umgemaysert	[555g]	ibertsvingen	[993b]
umgetsoygn	[558b]	ibershvaygn (trv.) (1)	[1015c]
umdankbar (1)	[564g]	ibershteyn (7)	[1019a]
umvindn	[581a]	eyberhant (1)	[1052b]
umvendn (2)	[583a (2×)]	eyzl[s hayt]	[1073b]
umzoyber (1)	[584b]	aynbildn zikh (1, 2)	[1096b (2×)]
*umkhazern (2)	[587g]	aynbildenish	[1096b]
umtornen	[589b]	g"v Bd. III	
umtikhtik (2)	[590g]	aynbrengen (6)	[1102b]
umtray (ady.) (1)	[592g]	ayngeheytst	[1112g]
ummiglekh (1)	[603b]	ayngeveynen	[1114a]
umernst (3)	[615g]	ayngetretn	[1116g]
umfal (2)	[621b]	aynhaltn zikh (3)	[1137b]
umfraynd (2)	[641g]	aynhandlen (4)	[1138b]
umfrayndlekh	[641g]	aynhoyln (1)	[1140a]
umtsaytik (3)	[646g]	aynzamlen (6)	[1151g]
umkumen (3)	[654b]	aynzeyen (1)	[1154a]
umkern (10)	[658b]	aynzen (6)	[1156b]
umraysn (3)	[664a]	aynteyln (4)	[1162b]
umrekhts	[667a]	ayntaynen (2)	[1163b]
unter (10)	[684a]	aynmonen (3)	[1179b]
unterdringen	[714b]	aynnemen (4)	[1184b]
unterdrikn (4)	[714g]	aynnemer	[1186a]
untertenik (4)	[737g]	aynfresn (zikh)	[1206b]
unterlenen (5)	[748g]	ayntsern (trv.) (1)	[1211b]
untershidlikh (3)	[794b]	aynkoyf (2)	[1214b]
untersheydl (2)	[794g]	aynkrepn	[1221g]
urzakh (3)	[822b]	aynshteyn (5)	[1230a]
azam, azamen	[837g]	aynshlumern (-shlumen)	[1237b]
az nit	[843g]	aynshlingen (1)	[1238a]
i₂	[870g]	aynshenken (1)	[1242g]
ibl (ady. & adv.) (1)	[872b]	ims (1)	[1261a]
ibn (trv.) (2)	[873a]	invendik	[1289b]
iberanandergeyn	[879a]	*iser-veyheter	[1324g]
iberblaybung (tsum b10)	[886b]	akhtn (2)	[1348a]
iberbetn I (2)	[888g]	alding	[1360a]
iberdank	[912g]	alhi'r, alhe'r	[1361b]
iberveyen (2)	[928a]	*almonevayz	[1382g]
ibervindn (4)	[928b]	ale[vayl(e)]	[1385a]
iberzen₁ (5, 11)	[935g, 936a]	onbitn (1, 2)	[1435b (2×)]
*iberkhazern (1)	[938a (?)]	onbaysn₁ (2)	[1436b]
ibertretn	[947a]	onbrumen (4)	[1441b]
iberik (8)	[949b]	ongeyn (6)	[1446a]
iberloyfn (7)	[956a]	angst (2)	[1450a]
iberlernen (2)	[962a]	angstn (trv.)	[1450g]
ibermakhn (4)	[963a]	ongeblozn	[1452a]
ibernakht	[968b]	ongenem (4)	[1467g]

ander	[1488g]	arbn	[2051b]
andervegn	[1490a]	arg	[2060g]
onhaltn (1, 12)	[1497b,1498a]	aroysbrengen (6, 15)	[2073b/74b]
onvern (12)	[1518a]	aroysgeyn (7)	[2076a]
onzen (trv.) (1, 8)	[1528a/g]	aroysdreyen (1)	[2084b]
onzengen	[1529b]	aroyshobn	[2085a]
onton (7)	[1535a]	aroyshelfn (1)	[2086b]
antloyfn (8)	[1555g]	aroysvaksn (1)	[2087a]
antkegngeyn (4)	[1564b]	aroysyogn (1)	[2096a]
antkegnshteln (1)	[1566a]	aroyskumen (13)	[2119g]
antrinen (3)	[1571b]	aroyskrign (2)	[2124a]
onlenung (2)	[1595a]	aroysredn (3)	[2131g]
onnemlekh	[1603a]	arumdrabn	[2173a]
onnemen (13)	[1605a]	arumvandern	[2175b]
onnemen zikh (5)	[1606a]	arumtsien	[2187b]
onfregn (3)	[1627g (?)]	arumshlogn	[2193b]
ontseykhenen (5)	[1630a]	aruntershlogn (5)	[2208g]
onrufn (8)	[1650b]	aruntershlindn	[2209a]
onrirn (9)	[1655g]	art (4)	[2211b]
onshteyn (8)	[1663b]	araynbrengen (3)	[2239b]
onshlogn (7)	[1671g]	arayngeyn (13 un 16	[2241b/g]
opakht	[1700g]	*sof)	
opantvort	[1702b]	arayngeveynen	[2244a]
opbodn (1)	[1707a]	araynhoyen	[2248g]
g"v Bd. IV		araynfaln (17)	[2271g]
opbrokh (3)	[1715b]	araynroymen	[2284g]
opbrekhn (*sof)	[1717g]	araynredn 5	[2286g]
opgeyn (6)	[1720g]	arn (*sof)	[2303a]
opgebrokhn	[1729g]	oreman (2)	[2308b]
ophakn (6)	[1764g]	oremhayt	[2309b]
opvarfn (15)	[1775a]		
opvern (3)	[1783g]		
optrikenen (1)	[1810b]		
optretn (8)	[1812a]		
opmogern (2)	[1840b]		
opnemen (13)	[1854a]		
opnemenish	[1854g]		
optsoln (4)	[1883g]		
opkern (7)	[1908a]		
opreydn (4)	[1918g]		
oprikhtn (4)	[1923a]		
opsheydn (4)	[1946g]		
opshindn	[1948g]		
opshlogn (9, 14)	[1951ab]		
opshemen	[1960a (?)]		
ofnbar (2)	[1980b]		
ofnbarn	[1980g]		
akn	[1997b]		

Die Herausbildung eines jiddischsprachigen kulturellen Feldes in der Bukowina. Eine Untersuchung am Beispiel der Zeitschrift „Tshernovitser bleter" (1929–1937)[*]

Francisca Solomon (Iaşi)

1. Die jiddische Presse in der Bukowina – ein Überblick

Seit den 1880er Jahren trat der Diskurs der „nationalen Identitäten" in der Öffentlichkeit des Vielvölkerstaates auf eine radikale Weise in Erscheinung. Das Pressewesen kristallisierte sich dabei als wichtiges Sprachrohr der Nationalitäten heraus und erzeugte eine kaleidoskopische Bilderwelt, in der sich die Konstellation einer ganzen Gesellschaft widerspiegelte. Die ersten bukowinischen Periodika, die – thematisch und insbesondere sprachlich bedingt – ausschließlich eine jüdische Leserschaft anvisierten, erschienen ebenfalls in dieser Zeit. Ein erstes publizistisches Projekt in jiddischer Sprache kann mit dem Dramaturgen Abraham Goldfaden in Verbindung gebracht werden, der 1876 während seines einjährigen Aufenthaltes in Czernowitz, höchstwahrscheinlich mithilfe des Arztes Isaak Schecht, die jiddische Wochenschrift „Dos Bukoviner israelitishe folksblat" in wenigen Ausgaben herausgab (Kuschnir 2006: 133). Die Publikation scheiterte an den Kosten, da Goldfaden die erforderliche Anmeldegebühr für Zeitungsverlage von 3000 Gulden nicht zahlen konnte (Quint 2013: 593). Für das Jahr 1881 ist ein weiteres jiddischsprachiges Periodikum unter dem Titel „Der Bukowiner Israelit" nachweisbar – allerdings nur für zwei Nummern –, das auf die Initiative von Abusch Eisner, einem nach Czernowitz aus Galizien übergesiedelten Rabbiner, ins Leben gerufen wurde (Winkler 2007: 83).

Zwischen 1881 und 1883 wurden durch Samuel Striks mit „Der Neue Bukowiner Israelit" und „Der neue Isrulek" zwei weitere publizistische Projekte in jiddischer Sprache gestartet, die 1883 in „Allgemeine israelitische Allianz" bzw. „Neue israelitische Allianz" umbenannt wurden. Es lässt sich feststellen, dass die Herausgeber und Redakteure dieser Periodika größtenteils

[*] Der Beitrag entstand im Rahmen des vom Rumänischen Ministerium für Forschung und Innovation, CNCS – UEFISCDI, geförderten Projekts „Yiddish Culture in Greater Romania (1918–1940): in the Aftermath of the Empires and Challenged by the New National State" (Projektkennziffer: PN-III-P4-ID-PCE-2020-0317), das am New Europe College in Bukarest durchgeführt wird.

aus Galizien stammten und sich für kurze oder lange Zeit in der Bukowina aufhielten. Ihre Aufmerksamkeit richteten sie vorwiegend auf allgemeine Aspekte der jüdischen Geschichte, indem sie sich mit den facettenreichen Angelegenheiten jüdischer Gemeinden im weltweiten Kontext auseinandersetzten.

Die Mehrsprachigkeit innerhalb der jüdischen Presselandschaft, insbesondere hinsichtlich von jiddisch- oder hebräischsprachigen journalistischen Projekten, war kein seltenes Phänomen. Als ein Beispiel kann das 1904 in Czernowitz auf Initiative von Löbl Taubes gegründete „Jüdische Wochenblatt" genannt werden. Taubes war aktives Mitglied der zionistischen Bewegung in Galizien, später in der Bukowina, und ein eifriger Verfechter der offiziellen Anerkennung der jiddischen Sprache als Kommunikationssprache für die galizischen und bukowinischen jüdischen Gemeinden. In dem von ihm herausgegebenen „Jüdischen Wochenblatt" nahm er neben den zahlreichen jiddischsprachigen Texten auch Beiträge in hebräischer Sprache auf.

Im Gegensatz zur deutschsprachigen Presse, die seitens der bukowinischen Juden auf breite Resonanz stieß, waren die Presseprojekte in jiddischer Sprache bis 1914 meist von kurzlebiger Dauer. Die Mehrzahl dieser Periodika verfügte über eine geringe finanzielle Unterstützung und konnte daher nur in einigen Nummern gedruckt werden, so dass ein Rezeptionsprozess im Prinzip kaum in Gang kommen konnte. Obwohl Czernowitz durchaus ein fruchtbares Experimentierfeld für einige Formen der jiddischen Kultur darstellte, was sich in der Gründung kultureller Vereine wie Jüdische Kultur und Jüdisches Theater zeigte, wie auch in einem der bedeutendsten Ereignisse in der Geschichte der jiddischen Kultur – der ersten Konferenz für die jüdische Sprache im Jahr 1908 –, erschwerte die Vorherrschaft des Deutschen als Kommunikationssprache die parallelen Bestrebungen im Bereich der jiddischsprachigen Presse massiv. Der Einfluss Nathan Birnbaums (1864–1937) auf die Identität und die ideologische Entwicklung der jüdischen Gemeinden hinterließ nicht nur in Wien oder in Galizien, sondern auch in der Bukowina nachhaltige Spuren. Durch seine Übersiedlung nach Czernowitz im Jahr 1908 beteiligte sich Birnbaum aktiv am gesellschaftlichen, politischen und kulturellen jüdischen Leben der Landeshauptstadt. Die von 1908 anlässlich der Ersten Jiddischen Sprachkonferenz herausgegebene jiddische Wochenzeitung „Dr. Birnboym's vokhnblat" spielte eine zentrale Rolle bei der Verbreitung des Konferenzprogramms.

Nach der Auflösung der Habsburgermonarchie 1918 brachte die Rumänisierungspolitik viele Juden dazu, eigene Ausdrucksmittel zur Bewahrung ihrer Bukowiner Identität zu finden. Auch wenn die deutsche Sprache – die neben Rumänisch nur noch für eine Übergangsphase als offizielle Sprache fungierte – in der privaten Sphäre der Bukowiner Juden sowohl für die städtischen und kultivierten Schichten als auch für die meisten literarischen Kreise weiterhin das privilegierte Ausdrucksmittel darstellte, erlangte die jiddische Sprache eine höhere Popularität und wurde zur konkurrierenden sprachlichen Praxis, was sich durch Literatur- und Presseprojekte belegen lässt, die in der Zwischenkriegszeit in der Bukowina verwirklicht wurden. In dieser Periode entstanden jiddische Zeitungen und Zeitschriften auch über einen längeren Zeitraum und mit breiter Rezeption. Periodika wie „Kultur" (1915–1925), „Di Frayhayt" (1919–1924), „Dos naye leben" (1919–1926), „Arbeter-tsaytung" (1921–1931), „Unzer vort" (1922), „Shoybn" (1924), „Der yunger kemfer" (1925), „Der shtral" (1926–1927), „Tshernovitser bleter" (1929–1937), „Getseylte verter: literatur, teater un kunst" (1929–1930), „Yugnt shtimen: tsaytshrift far literatur, kunst un yugnt fragen" (1929), „Tsukunft" (1930), „Der yudisher veg" (1932–1933) und „Oyfboy" (1935–1938) stellen nur einige publizistische Erscheinungen dar, die in der Bukowina bzw. vornehmlich in Czernowitz ins Leben gerufen wurden. Vor allem an den Publikationen mit kulturellem Profil beteiligten sich bekannte Figuren der jiddischen und jiddischistischen Literatur- und Kulturszene, wie Elieser Steinbarg, Moshe Altman, Jakob Sternberg oder Itzig Manger, die dort eine besondere Plattform für ihr literarisches und künstlerisches Schaffen fanden.

Das Phänomen der Popularität dieser kulturellen, literarischen und publizistischen Projekte hing mit der Dynamik der Migrationsprozesse innerhalb der benachbarten jüdischen Gemeinden zusammen, ausgelöst durch die Flucht von zahlreichen galizischen und bessarabischen Juden in die Bukowina als Folge antisemitischer Ausschreitungen während des Ersten Weltkrieges (Marten-Finnis 2011: 70). Diese größtenteils jiddischsprachigen Juden entstammten überwiegend traditionalistischen und ultraorthodoxen Kreisen oder kamen aus den Reihen der Sozialdemokratie. Da gleichzeitig auch viele „altösterreichische" Bukowiner Juden, die während des Krieges in den Westen geflüchtet waren, nicht mehr in die Bukowina zurückkehrten, veränderte sich das Profil der bukowinischen jüdischen Bevölkerung. Das Kleinbürgertum und das jüdische Proletariat wurden zu einer immer lautstärkeren Kraft, die die Vorherrschaft der deutschen Muttersprachler allmählich zu schwächen begann (Corbea 1998: 49). Es lässt sich feststellen, dass die durch den Untergang der Habsburgermonarchie verursachte Konfusion und die politische Organisierung nach dem neuen Paradigma eine höhere Aufnahmebereitschaft für sprachliche, politische und kulturelle Vorhaben in der jüdischen Bevölkerung auslöste. Dabei signalisiert diese Aufnahmebereitschaft das Verlangen nach identitätsstiftender Verortung in einem sich neu konstituierenden Raum. Demzufolge lässt sich behaupten, dass die Entstehung und die Entwicklung eines aktiven jiddischsprachigen Feldes in der Bukowina, vor allem in Czernowitz, nicht als eine isolierte Einheit zu erfassen ist, sondern vielmehr als die Folge komplexer Verflechtungsprozesse, als ein vielschichtiges und dynamisches soziokulturelles Konglomerat. Die Entscheidung, Akteur des jiddischsprachigen Feldes zu sein oder zu werden, hatte unterschiedliche Beweggründe, die u. a. politischideologisch, kulturell-identitätsstiftend oder sogar pragmatisch geprägt sowie kontextbedingt waren. Darüber hinaus kann diese kulturelle Aufgeschlossenheit von Seiten der jüdischen (Bukowiner) Bevölkerung als Ausdruck eines Modus Vivendi und eines Modus Cogitandi verstanden werden, die sich in einem multikulturellen und -ethnischen Kontext entwickelt haben, welcher das Potential in sich barg, multiple kulturelle Identitäten zu schaffen.

2. Die „Tshernovitser bleter" als wichtige Plattform zur Förderung und Verbreitung jiddischer Kultur

In diesem Zusammenhang erweist sich die Untersuchung des jiddischsprachigen Periodikums „Tshernovitser bleter", das zwischen den Jahren 1929 und 1937 von Schmuel Aba Soifer herausgegebenen wurde und das sich häufig kulturellen Themen widmete, als äußerst erhellend. Diese Wochenschrift mit ihren 300 Nummern, die während neun Jahren erschienen sind, stellt das langlebigste jiddische Periodikum in Rumänien dar. Als Publizist und sozialer Fürsorger zählte Soifer zu den interessanten Figuren des jüdischen gesellschaftlichen Lebens in Czernowitz. Heinrich Deligdisch, ein langjähriger Mitarbeiter der „Tshernovitser bleter", beschrieb Soifer wie folgt: „Soifer war vor allem Humanist. Der wahre humane Typus, in dessen Seele ein heiliges Feuer der Liebe zum Guten brennt, ist der Zwillingsbruder des Künstlers. Beide stammen aus demselben Bereich, beide wollen den Menschen erheben" (Deligdisch 1954: 8).

Geboren um die Jahrhundertwende in einem galizischen Schtetl als Sohn des chassidischen Horodenker Rabbis Pinchas, siedelte er als Jüngling in die Bukowina über, wo er sich der poale-zionistischen Bewegung in Czernowitz anschloss. Aufgrund zahlreicher Uneinigkeiten innerhalb der Bewegung, die zu ihrer Spaltung in Rechte und Linke führte, schied Soifer aus der Bewegung aus. In den 1920er Jahren wirkte er als Mitarbeiter der poale-zionistischen Blätter „Di Frayhayt" und „Arbeter-tsaytung". 1929 gründete er die Wochenschrift „Tshernovitser bleter" und wurde dadurch der Mittelpunkt eines jiddischen Kulturkreises, um den sich eine Gemeinde von Schriftstellern, Dichtern und Künstlern bildete. Das Periodikum erschien bis 1938, als es von der Goga-Cuza Regierung verboten wurde. Viele junge jüdische Autoren wurden von Soifer gefördert. Elieser Steinbarg und Itzik Manger waren Soifers engste Freunde. In kurzer Zeit wurde das Blatt zum bedeutenden jiddischen Kulturfaktor sowohl auf lokaler als auch auf nationaler Ebene. Es war sein Desiderat, „das Niveau und den Geschmack der unteren Schichten zu heben" (Deligdisch 1954: 8). Texte bekannter oder weniger bekannter Autoren wie etwa Itzik Manger, Moshe Altman, Kubi Wohl, Schimschon Först, Josef Burg u. a. wurden in Soifers Blatt veröffentlicht und rezensiert.

Die Zukunft des Jiddischismus stellt im Periodikum „Tshernovitser ble-ter" ein bevorzugtes Thema dar. Dies bezeugt auch die in den Nummern 53 vom 23. Mai und 55 vom 13. Juni 1930 als „Tsurik tsum yidishism" betitelte Artikelreihe, die diese Problematik mit Prägnanz erörtert. Dazu enthalten die Nummern 75 vom 5. Januar, 103 vom 15. November 1931 sowie mehrere Aus-gaben aus dem Jahr 1933 Beiträge, in denen die Entwicklung der jiddischen Sprache und Kultur systematisch dargestellt werden, darunter z. B. auch die Notwendigkeit der Verwendung des lateinischen Alphabets für das Jiddische und die damit verbundenen Konsequenzen.

In der jiddischsprachigen Bukowiner Presselandschaft war die Czerno-witzer Sprachkonferenz 1908 viele Jahre danach der bedeutende Bezugspunkt in den Diskussionen um das Thema jüdische Kultur, Sprache und Nation, da sie wichtige Impulse für die Weiterpflege jiddischer und jüdischer Traditio-nen gab (Solomon 2020: 264 f.). Dem 25-jährigen Jubiläum der Czernowitzer Sprachkonferenz wurden in den Nummern 153 und 156 aus dem Jahr 1933 zwei ausführliche Beiträge gewidmet, was die Bedeutung und die Resonanz bei bestimmten Mitgliedern der jüdischen Gemeinde aufzeigte.

In dem am 14. September 1933 erschienenen Artikel betitelt „Tsum yoyvl fun der Tshernovitser shprakh-konferents. 1908–1933" hob der anonyme Autor die Uneinigkeiten zwischen den unterschiedlich orientierten Fraktionen inner-halb der jüdischen Gemeinden sowie die Feindseligkeiten gegenüber der jid-dischen Sprache hervor. Dabei wurde die Notwendigkeit der Schaffung einer soliden Basis für ein gemeinsames jüdisches Bewusstsein im Kontext der neuen geschichtlichen Konfiguration angedeutet. Der Artikel versteht sich sowohl als Analyse damaliger historischer Gegebenheiten als auch als Aufruf an jüdische Glaubensgenossen, ein Gefühl gemeinsamer Zugehörigkeit und eine identitäts-stiftende Kohäsion ins Leben zu rufen. Obwohl die jiddische Sprache nach der Czernowitzer Sprachkonferenz mehr Aufmerksamkeit auf sich zog, indem sie die Stuben des jüdischen Kleinbürgertums und der Arbeiterklasse verließ und der Öffentlichkeit ihr schöpferisches Potenzial vorführte, wurde sie ständig von ihren „Gegnern" unterminiert:

> Finf un tsvantsik yor zenen fil un tsu vintsik far dem, vos iz geshafn gevorn, tsu vintsik, vayl oykh itst zenen di sonim fun yidish nisht bazigt gevorn [. . .] Zey hobn zikh nor tsaytvaylik mit ir ibergebetn vi mit a noytvendikn shlekhts [. . .] In di tifenishn fun zeyer harts art zey nisht, ven s'fibert di yidishe kultur, ven s'ma-tert zikh in angstn di yidishe prese, teater, literatur (Anonymus 1933: 1).

> [„Fünfundzwanzig Jahre sind viel und zugleich zu wenig für das, was geschaffen wurde. Zu wenig, weil die Feinde des Jiddischen bis jetzt noch nicht besiegt sind [. . .] Sie haben sich mit ihm nur vorübergehend versöhnt, genauso wie mit einem notwendigen Übel [. . .] In der Tiefe ihrer Seele ist ihnen egal, ob die jiddische

Kultur vor Unruhe fiebert, ob die jiddische Presse, das jiddische Theater, die jiddische Literatur Qualen leiden"][1].

Das Periodikum widmete auch anderen kulturellen Ereignissen, wie z. B. Theaterankündigungen und -kritik oder Buchrezensionen, einen breiten Raum. Sidi Thals Auftritte in Czernowitz wurden regelmäßig unter die Lupe genommen. Auch der Auftritt des jungen Rezitators Leibu Levin aus dem Jahre 1935 blieb nicht unbeachtet, indem der anonyme Autor H. S. sein Talent zwar erkannte, aber die schwachen Punkte seiner Performance gleichermaßen unterstrich. Levins Unfähigkeit, seine Stimme während der Rezitation von Elieser Steinbargs Fabeln und Moyshe Nadirs Werken zu verändern, werden vom Verfasser des Zeitungsbeitrags zwar kritisch betrachtet, aber mit konstruktiv gesinnten Nuancen dargestellt.[2]

Di oyfgabe funem retsitator bashteyt derin, vos er regt on, in greserer mos, di imazhinatsye baym tsuherer. Der retsitator darf derzetsn a bine mit aktyorn, er darf onnemen dos kol fun yedn tip un oykh darshteln dem hintergrund, dem dekor. Der retsitator vet demolt hobn derfult zayn oyfgabe, ven der tsuherer, kukndik oyf zayn mimik, herndik zayn kol, vet far zikh zen opshpiln di gantse aktsye, glaykh vi er volt geven in a teater.

Derfult Leybu Levin di badingung?

Levin dergreykht derfolg, ven er farbundt zingen, reden un mimik. Ot derfar iz er a guter interpretator fun Mangers baladn oder fun M. L. Halperns gedikhtn.

[...] Shvakh iz Levin in Nadirs shafungen, vayl zayn kol iz roy un umgeformt, nisht azoy elastish, beygzam baym redn vi baym zingen. Er kon undz nisht forshteln „Frume-Etl" mit an ander kol, azoy az es iz nisht faran keyn groyser untershid tsvishn dem shriftshtelers un Frume-Etls verter.

[...] Shteynbargs mesholim vern shvakh interpretirt, derfar vos zey farlangen a filfakhe farenderung funem kol un veyniker mimik. Vi ikh hob shoyn oybn gezogt, hot Levin a mimik, ober er kon zayn kol nisht gut farendern.

---

1 Übersetzungen aus dem Jiddischen von der Autorin.

2 Man kann davon ausgehen, dass der Autor dieses Beitrages der jiddischbegeisterte Mathematiklehrer Hersch Segal war. Segal zeichnete sich als ein aktiver Förderer sowohl jiddischer als auch deutschsprachiger Literatur im Czernowitzer Milieu aus, indem er u. a. den jungen Literaten Selma Meerbaum-Eisinger und Paul Celan sowie dem Dichter und Rezitator Leibu Levin nahestand. Hersch Segal beteiligte sich an der Herausgabe und Veröffentlichung zahlreicher Beiträge in jiddischen Periodika wie „Tshernovitser bleter" (Czernowitz), „Di vokh" (Bukarest) und „Oyfgang" (Marmaroschsiget). Dazu gab er die Gedichte von Moyshe-Leyb Halpern, H. Leivik, Yakob Haringer, Yoysef Vaynheber, Zelik Barditshever („Lider mit nigunim", musikalisch bearbeitet von Leibu Levin [Czernowitz, 1939]) heraus. Vgl. Joshua Fogel: „Hersh Segal", unter: https://yleksikon.blogspot.com/2018/05/hersh-segal.html?m=0, letzter Zugriff: 31.07.2020.

[. . .] Levin iz nokh nisht keyn „fortrags-kinstler" vi azoy m'hot im ongerufn ot nisht lang, in der lokaler prese, ober zayn ershter aroystrit zogt tsu, az er vet vern, nokh an antshprekhender shulung, a vortkinstler fun rang" (H. S. 1935: 4).

[Die Aufgabe des Rezitators besteht darin, dass er in hohem Maße die Fantasie der Zuhörer anregt. Der Rezitator soll die ganze Besetzung auf der Bühne ersetzen, er soll die Stimme jedes Charakters annehmen, sowie den Hintergrund und die Ausstattung darstellen. Es heißt, der Rezitator habe seine Aufgabe erfüllt, wenn der Zuhörer, auf seine Mimik schauend und seine Stimme hörend, sieht, wie sich die komplette Handlung vor seinen Augen entfaltet, als ob er sich in einem Theater befände.

Erfüllt Leibu Levin diese Bedingung?

Levin gelingt es, erfolgreich zu sein, wenn er Singen, Reden und Mimik verbindet. Eben deshalb ist er ein guter Rezitator von Mangers Balladen oder von M.L. Halperns Gedichten.

[. . .] Levins Aufführungen und Vorträge von Nadirs Werke sind aber schwach, weil seine Stimme rau und ungeformt ist. Sie ist nicht so anpassungsfähig beim Reden wie beim Singen. Er kann uns „Frume-Etl" nicht mit einer eigenen Stimme vorstellen. Deswegen kann er keinen großen Unterschied zwischen den Worten des Schriftstellers und denjenigen Frume-Etls machen.

[. . .] Steinbargs Balladen werden schwach interpretiert, da sie eine vielfache Veränderung der Stimme und weniger Mimik verlangen. Wie ich bereits gezeigt habe, hat Levin eine gute Mimik, aber seine Stimme kann er nicht so gut verändern.

[. . .] Levin ist kein „Vortragskünstler", „so wie man ihn neulich in der lokalen Presse genannt hat, aber sein erster Auftritt verspricht, dass er nach einer entsprechenden Schulung ein Vortragskünstler von Rang sein wird"].

Schmuel Aba Soifer zeichnete sich ebenfalls durch seine Tätigkeit im Bereich der sozialen Fürsorge aus. In diesem Kontext soll den von Soifer im Café Astoria organisierten „Oneg-Schabbath-Tisch", „eine grosse Tafelrunde" (Deligdisch 1954: 8), an der außer dem Redaktionsstab der „Tshernovitser bleter" und den engeren Freunden zahlreiche Intellektuelle und Wirtschaftsleute teilnahmen, wie Max Seidmann, Prokurist an der Czernowitzer Filiale des Wiener Bankvereins und Lippe Horowitz, Mitbegründer des Bankhauses Oehlgiester & Horowitz. Soifers 1925 veröffentlichtes Buch „Das jüdische Wohlfahrtswesen in Czernowitz" stellt ein bedeutendes Quellenmaterial zur Geschichte der jüdischen Fürsorge in der Bukowina dar. Es enthält u. a. zahlreiche wertvolle statistische Daten über den Stand einzelner Vereine und den Anteil des Joint an ihrer Subventionierung.

3. Fazit

Ende der 1930er Jahre, als das Schicksal europäischer jüdischer Gemeinden von äußerst gewaltsamen Ereignissen markiert wurde, erlitt auch die jiddische Presselandschaft in der Bukowina infolge der Verfolgungen und Vernichtung eines großen Teils ihrer Akteure einen harten Schlag. Im Januar 1938 wurde unter der Regierung Octavian Gogas die jüdische Presse in ganz Rumänien verboten. Der neu ins Amt gekommene national-christliche Präfekt des Kreises Czernowitz Nichifor Robu zog das antisemitische Programm von Goga durch und verbot das Erscheinen bukowinischer Periodika, die vermeintlich von „Juden" gesteuert waren. Periodika in deutscher Sprache wie „Czernowitzer Allgemeine Zeitung" und „Czernowitzer Morgenblatt", in hebräischer Sprache wie „Darkenu" und in jiddischer Sprache wie „Tshernovitser bleter", „Oyfboy" und „Dos yidishe vort" mussten eingestellt werden (Blasen 2019: 94 f.). In der Folgezeit gelang es jüdischen Blättern kaum mehr zu erscheinen.

Von den antisemitischen Maßnahmen in der Bukowina wurden viele jüdische individuelle Lebenswege schwer betroffen. Erinnert sei hier nur an das tragische Schicksal von Schmuel Aba Soifer, dem Herausgeber der „Tshernovitser bleter". 1941 flüchtete Soifer zusammen mit seiner Familie vor einziehenden Deutschen über Galizien. Sie kamen bis Borszczow und wurden im dortigen Ghetto interniert. 1943 wurden Soifer, seine Frau und beide Töchter von deutschen Soldaten ermordet (Bickel 1961: 338 f.).

Dass Czernowitz ein aufblühendes europäisches Zentrum jiddischer Kultur insbesondere in den 1920er und 1930er Jahren war, wie im Rahmen dieses Beitrages aufgezeigt wurde, konnte auch im Bereich der jiddischen Presselandschaft nachgewiesen werden. Akteure, die bisher im wissenschaftlichen Diskurs weniger beachtet wurden, spielten eine bedeutende Rolle für die Pflege und Verbreitung der jiddischen Sprache und Kultur. Somit kann eine tiefgründige Annäherung an dieses Thema den aktuellen Forschungsstand mit neuen Elementen ergänzen und die Komplexität dieses geografischen und kulturellen Raumes erneut ans Licht bringen. Dabei ist es besonders wichtig, die Problematik der nationalen, kulturellen, sprachlichen und religiösen Zugehörigkeit beziehungsweise der Abgrenzung zu einer Region wie der Bukowina, die so stark von der Vielfalt geprägt war, in allen ihren Schattierungen zu erfassen.

Bibliografie

Anonymus (1933): Tsum yoyvl fun der Tshernovitser shprakh-konferents. 1908–1933. *Tshernovitser bleter*. 14.09.1933, 1 f.

Bickel, Schlomo (1961): *Rumenye: geshikhte, literaturkritik, zikhroynes*. Buenos Aires.

Blasen, Philippe Henri (2019): Manipulation de la presse sous le gouvernement Goga et la dictature royale (1937–1940) : suspensions de publications non agréées et créations de journaux officieux. *Archiva Moldaviae* 11, 87–112.

Corbea, Andrei (1998): *Paul Celan și „meridianul" său. Repere vechi și noi pe un atlas central-european.* Iași.

Deligdisch, Heinrich (1954): Typen im sozialen Leben der Bukowina. *Die Stimme. Mitteilungsblatt für die Bukowiner.* 1.12.1954, 8.

H. S. (1935): Leybu Levin. Tsu zayn ershtn efentlikhn aroystrit. *Tshernovitser bleter.* 30.06.1935, 4.

Kuschnir, Mykola (2006): Jiddisches und hebräisches Pressewesen in der Bukowina zur Zeit der Habsburgermonarchie. In: Susanne Marten-Finnis & Markus Winkler (Hgg.): *Die jüdische Presse im europäischen Kontext 1686–1990.* Bremen, 131–142.

Marten-Finnis, Susanne (2011): Wer sprach Jiddisch in Czernowitz? Ein Ansatz zur Erforschung von sozialen und situativen Faktoren gemeinsamer Textrezeption. In: Markus Winkler (Hg.): *Presselandschaft in der Bukowina und den Nachbarregionen. Akteure – Inhalte – Ereignisse (1900–1945).* München, 67–76.

Quint, Alyssa (2013): Pomul Verde. In: Dan Diner (Hg.): *Enzyklopädie jüdischer Geschichte und Kultur.* Bd. 4. Stuttgart/Weimar, 593.

Solomon, Francisca (2020): Zur Bedeutung des Jahres 1908 in der Kulturgeschichte der jiddischsprachigen Bukowina. *Germanistische Beiträge* 46, 253–267.

Winkler, Markus (2007): *Jüdische Identitäten im kommunikativen Raum. Presse, Sprache und Theater in Czernowitz bis 1923.* Bremen.

Das Kind als Identitätsfaktor in der Cambridger Handschrift (1382)Astrid Starck-Adler

Astrid Starck-Adler (Mulhouse)

Die Cambridger Handschrift, das älteste umfangreiche Dokument auf Jiddisch, ist immer wieder aufseiten der Germanisten und Jiddisten auf großes Interesse gestoßen, vor allem wegen des Vorhandenseins eines mittelalterlichen Epos, des „Dukus Horant". Das deutsche „Kudrunlied" nämlich ist nur noch in dieser jiddischen Version erhalten. Das Schaffen einer Umgangssprache, Jiddisch, durch die aschkenasischen Juden, hatte wesentliche Folgen. Der jiddischen Sprache wurde nach und nach eine doppelte Rolle zuteil: sie wurde einerseits zum Identitätsfaktor, andererseits zum Alteritätsvektor. Als Identitätsfaktor ist Jiddisch eine *jüdische* Schaffung inmitten des mittelalterlichen Okzidents, eine *jüdische* Antwort auf das Christentum. Als Alteritätsvektor hat Jiddisch, infolge der Kulturporosität und des Kulturtransfers, Anteil an Sprache und Kultur der jeweiligen Umwelt, hier der mittelalterlich-europäischen. Wir werden uns mit zwei weniger erforschten Texten aus der Handschrift befassen, erstens mit dem Gedicht über das Paradies, „Gan Eden" (Fuks 1957: Fol. 3–12, Vv. 1–220), zweitens mit demjenigen über Abraham, „Avrom Owinu", „Abraham unser Vater", (Fuks 1957: Fol. 12–33, Vv. 221–483). Unsere Aufmerksamkeit richtet sich auf das Kind und die Erforschung von dessen Darstellung und Rolle im Mittelalter.

Die Anwesenheit von Kindern in der Literatur des Mittelalters ist neulich untersucht worden (Faaborg 1997: 7). Deswegen fanden wir es angebracht, die Cambridger Handschrift aus diesem Blickwinkel zu betrachten. Bis hierher wurden Kind und Kindheit als literarisches Thema in der altjiddischen Literatur und deren wissenschaftliche Behandlung vernachlässigt (Röll 1975: 54). Beide gereimte, leider lückenhafte Gedichte schildern zwei im Grunde genommen zusammenhängende Begebenheiten, die mit dem Tod in Verbindung stehen: Nachleben auf jener Welt und Errettung auf dieser Welt, oder die Überwindung des Todes. „Gan Eden" beschreibt das „Nachleben" der Seele, auch derjenigen der Kinder, die während der Kreuzzüge geopfert wurden. Im Hintergrund steht Isaaks „Opferung" durch Abraham (Yuval 2018: 177):

„Schalom Spiegel (in seinem Buch *The Last Trial*) wies auf die wichtige Aufgabe dieser rabbinischen Auslegung in der Welt der jüdischen Märtyrer zur Zeit der Pogrome während der Kreuzzüge hin. Im Gegensatz zum biblischen Abraham, töteten sie ihre Söhne und Töchter, um sie davor zu bewahren, in die Hände der Kreuzfahrer zu fallen und zum Übertritt zum Christentum gezwungen zu werden. In einer Zeit, in der die Kreuzfahrer das Ideal der *Imitatio Christi* priesen, konnten sich die Juden nicht mit einer Geschichte der Opferung Isaaks zufriedengeben, in der Gott im letzten Augenblick die Darbringung des Opfers verhindert und Abraham an der Schlachtung seines Sohnes hindert. Sie wollten ein vollwertiges Opfer, so wie es die Christen hatten."

In „Awrom Owinu" geht es um die Errettung als Belohnung für das Bekenntnis zu dem Einen Gott durch den dreijährigen Abraham, der unversehrt aus dem Feuerofen steigt. Märtyrertum für und Errettung durch den Glauben sind biblisch-midraschische Motive, die zur Zeit der Kreuzzüge wieder aktualisiert wurden. In Form von Legenden und Wundergeschichten findet man sie in der jüdischen und christlichen Folklore, einem Gebiet, auf dem die fruchtbarsten Inter- und Reaktionen zu suchen sind.

Die Erforschung der Lebenswelt der Kinder im Mittelalter geht auf den Historiker Philippe Ariès und sein im Jahre 1960 erschienenes Buch zurück. Scharf umstritten, wurden dessen Lücken und Unzulänglichkeiten in den Vordergrund gerückt (Shahar 2003). Neben Bearbeitungen, die das mittelalterliche Kind in einem christlichen Kontext ins Auge fassen, haben sich ihrerseits Wissenschaftler und Wissenschaftlerinnen mit dem jüdischen Kind zur selben Zeit befasst: Yuval (2007), Marcus (1998) und Baumgarten (2004). In ihren Schriften setzen sie sich mit den grauenhaft-blutigen Vorkommnissen zur Zeit der Kreuzzüge auseinander. Dies gilt sowohl den antijüdischen Ausschreitungen vonseiten der Kreuzfahrer als auch dem „Schlachten" der Kinder für die Heiligung des Namens, *Kiddusch haSchem*, durch ihre Eltern, die anschließend Selbstmord verüben. Herangezogen werden einerseits hebräische „Chroniken", diejenige des „Mainzer Anonymus", solche des Salomo bar Simon und jene des Elieser bar Nathan (Keil 2016), in denen geschildert wird, wie die Kinder ihre Eltern selbst zur Opferung auffordern, andererseits Bußgebete (*Selihot*), Klagelieder (*Kinot*) und liturgische Dichtungen (*Piyyutim*), die in ihrer Komplexität untersucht werden (Haverkamp 2005). Zu betonen ist, dass keine der verfassten Texte als bloße historische Dokumente wahrgenommen werden können (Keil 2016: 86):

> „Es ist nicht zu leugnen, dass vor allem die detailreichen Gräuelszenen der Opferung und Selbstopferung jüdischer Männer, Frauen und Kinder toposreiche, aktualisierte Nacherzählungen biblischer Geschichten und nachbiblischer Märtyrerlegenden sind. Als Quellen für Faktengeschichte sind sie nicht zuverlässig, doch legen sie Zeugnis ab von religiösen Gefühlen, Mentalität, Endzeiterwartung und Memoria und sie formulieren ein Idealverhalten für nachfolgende Generationen."

„Gan Eden"

Das erste Gedicht aus der im 14. Jahrhundert in Ägypten verfassten Cambridger Handschrift, „Gan Eden", ist eine Beschreibung des Paradieses, so wie
sie im biblischen „Bereschit" (Gen. 2, 8–16) und vor allem in dessen Kommentar
in der kabbalistisch-mystischen Schrift über das verborgene Reich Gottes, dem
„Sohar", zu finden ist (Mopsik 1981: 487–498, Starck-Adler 2013: 24–52). Der
„Sohar", der aus dem 13. Jahrhundert stammt, wurde am Ende des 14. Jahrhunderts anlässlich der Verfolgungen als jüdische Bekenntnisschrift angesehen. Verbunden mit Märchenmotiven aus dem Orient, verwandt mit der *Merkaba*-Literatur
und dem „Aufstieg" in die Thronwelt, schildert das Gedicht die Aufnahme der mit
Gottes Huld gekrönten Märtyrer in den Garten des Lichts, der Pracht und der
Düfte, in den Palast des Glanzes und des Überflusses, in die Quelle der Musik und
des Jungbrunnens. In fürstlicher Bekleidung, mit Gold- und Silberkronen, Edelsteinen, unter Baldachinen, umgeben von Rosen und Reben, Balsam-, Milch- und
Honigflüssen, orientalische Gewürze riechend, in Heilwasser[1] badend, erleuchtet
von Karfunkelsteinen, über sich den alles bedeckenden Baum des Lebens. werden sie von Engeln, die vor jedes Menschen Tisch [stehen] und zum Essen und
Trinken [bitten], bedient. Zu den zehn Märtyrern, den großen Gelehrten – unter
ihnen Rabbi Akiba, – die Kaiser Hadrian hat umbringen lassen, und anderen vorherrschenden Persönlichkeiten, gesellen sich nun auch die Kinder. Märtyrertum
und grausames Geschehen werden nicht beschrieben, sondern als Ausgangspunkt
und Gegensatz zu dem jetzigen wonniglich-seligen Zustand im Paradies in Erinnerung gerufen. Die Kinder werden in dreierlei „Scharen" eingeteilt, die der Aufnahme ins Paradies würdig sind: zum Einlass gelten Reue, Buße und selbstwillige
Opferung:

„In der fünften Schar sind viel mancher

Mütter Kinder, die in Reuen sind erstorben

und Gottes Huld haben erworben.

So sind in der sechsten Schar [...] die werden [...]

die Guten gar. Die haben gebüßt der Sünden,

die leuchten wie der helle Tag.

Die in der siebenten Schar sind, das

sind die sehr jungen Kinder die das Lernen

haben gelassen, die zum Gott der Gnaden

---

1   Heilwasser und Jugendbrunnen sind uralte Mythen. Obwohl sie nicht in der Bibel erwähnt
    werden, ist dort die Rede von vier Flüssen, die aus dem Garten Eden fließen (Gen. 2,8–16).

wohl gehen, die ihren Leib für Gott haben gegeben,[2]
die haben ein sehr wonnigliches Leben. Die
ließen Leib und Gut. Ach, wie angenehm
ihnen das dort tut." („Gan Eden", S. 23, Vv. 189–201, deutsche Übersetzung von
Leo Fuks).

Den Kindern wird große Achtung geschenkt, denn sie bilden die erste Stufe
des Verjüngungsprozesses,[3] der täglich die verschiedenen Lebensalter durch-
schreitet. Die tägliche Verwandlung der Erwachsenen beginnt mit dem ersten
Lebensalter, dem dreijährigen Kind:

„Sie [. . .]

verjüngen sich [. . .] zu vier

Stunden in den Tagen. Zu dem ersten

Mondlicht müssen sie sich wieder verjüngen. So werden

sie wie die jungen Kinder die nur drei Jahre

alt sind und kommen in der Kinder Schar

und nehmen Kinderspiele wahr. Da schauen

sie der Wonne viel und spielen auch der Kinder

spiel." („Gan Eden", S. 15, Vv. 90–98, deutsche Übersetzung von Leo Fuks).

„Awrom Owinu"
Hier werden die Kinder mit der normalen Kinderbeschäftigung in Verbindung gebracht, dem Spielen. Spielerisch tönt auch das zweite Gedicht über
Awrom Owinu, Abraham „den Weisen", drei Jahre alt (Suchier 1910, Faaborg
1997), und sein Entkommen, unversehrt, aus dem Ofen (Fellous 2013: 20, 22),
ein Motiv, welches auf die Bibel zurückgeht (Daniel 3.1–25). Der Glaube an
die Unversehrtheit aus dem Scheiterhaufen war zur Zeit der Kreuzzüge sehr
verbreitet (Einbinder 2002: 47–58). In der Cambridger Handschrift wird dieses
Thema anhand des Midrasch über den jungen Abraham („Midrash Bereshit
Rabba" 38:19) angeführt. Im Gegensatz zum Titel, der auf den „alten" biblischen Abraham hinweist, tritt hier ein dreijähriger Abraham als Widersacher
auf, der seinem Vater in Sachen Glauben widerspricht. Einerseits wirkt er als

---

2 Die Formulierung tönt sehr christlich und erinnert an die Opferung während des Mahls: „Das
ist mein Leib, der für euch hingegeben".
3 Der Jungbrunnen wird im „Alexanderroman" erwähnt, aber erst später gefunden. Er findet
im Orient, in der syrischen Literatur und im Koran (Sure 18,60–64), wie auch im Okzident Verbreitung. Das Heilwasser und der Jungbrunnen spielen im Mittelalter in Märchen
und Mythen eine hervorragende Rolle. In „Gan Eden" sind sie Korrelate der Ewigkeit. Die
Zeiten haben sich nicht geändert!

keckes und witziges Kind, andererseits als furchtloser Fürsprecher des Judentums, der sich zum Einen Gott bekennt und sich für ihn opfert. Seine Belohnung auf dieser Welt ist es, aus dem Feuer gerettet zu werden.

Wie alle folkloristischen Texte, ist auch dieses Gedicht verrätselt und verdient eine eigene Untersuchung. Es insistiert auf die Unsterblichkeit der Seele und die Allgegenwart Gottes, des Allmächtigen, Allwissenden, Ewigen, zu dem man mit ganzem Herzen zu beten hat, denn Er ist gut und großzügig, barmherzig und tröstend. Die Erkenntnis der Wichtigkeit, die der Innigkeit des Gebets zuzusprechen ist, kommt bei den rheinischen *hassidim* (Frommen) im 12. und 13. Jahrhundert auf. Wenn der Erzähler, der in der 1. Person spricht, auf die vom „Narren" gestellte Frage, wo denn Gott ist, mit der Gegenfrage antwortet, wie jeder Jude dies zu tun hat: „Wo ist Gott *nicht?*", so bezieht er sich auf die Unsichtbarkeit Gottes und auf die Unmöglichkeit, Ihn darzustellen – im Gegensatz zu dem, was im Christentum geschieht. Nach einer langen Präambel, welche die Schöpfung der Welt inklusive unserer Vorfahren Adam und Eva evoziert, nähern wir uns dem Kern der Sache: unserm Vater Abraham (*Awrom Owinu*), der den Bund mit Gott geschlossen hat. Normalerweise tritt Abraham als ein Mann auf, den Gott prüft und dessen Gehorsamkeit vorbildlich ist, da er bereit ist, seinen einzigen Sohn zu opfern. Die „Bindung Isaaks" „Akeda", 1. Buch Mose, 22,1–18) nimmt eine prominente Stelle in der Folklore der drei monotheistischen Religionen ein (Fellous 2013). Auf Jiddisch wird sie literarisch dramatisiert am Anfang des 16. Jahrhunderts. Ausgangspunkt unseres Epos über Abraham ist der midraschisch-legendenhafte Kommentar, der diverse Geschichten überliefert: Abraham zerstört die Idole, die sein Vater gemacht hatte; oder König Nimrod wirft Abraham in den Ofen, woraus Gott ihn mit eigener Hand rettet („Midrasch Rabba" zum 1. Buch Mose 38,19). Zwar schweigt dieser Kommentar über die Kindheit Abrahams, aber es gibt ein ganzes Korpus von Legenden, die sein Leben von der Geburt – ‚dann durchbrach ein leuchtender Stern das Wolkendunkel, um das unwissende Volk zu trösten'– bis hin zu seinem Tod schildern (Ginzberg 1909).[4] Man findet dort Motive der griechischen Mythologie (Ödipus), vor allem aber aus den Evangelien: die Bedrohung, welche die bevorstehende Geburt eines Knaben darstellt, der den gegenwärtigen König entthronen wird; die Ermordung aller Neugeborenen; die Erfüllung von Prophezeiungen. Hinsichtlich des Zeit- und Ortsbegriffs unterscheidet sich unser Gedicht von seinen Vorbildern: Konfrontiert mit „germanischem" Schnee und zitternd vor Kälte, weiß sich der kluge Abraham aus dieser misslichen Lage sofort zu helfen: er zündet die Idole seines Vaters an und erwärmt sich an deren Feuer. Das Gedicht enthält Motive

---

4   Louis Ginzberg sammelte jüdische Legenden von Originalquellen in Hebräisch, Griechisch, Latein, Syrisch, Aramäisch, Äthiopisch, Arabisch, Persisch und Altkirchenslawisch.

und Themen, welche diejenigen der geographisch-gemeinsamen Umgebung überlagern. Abrahams Alter, zum Beispiel. Er ist erst drei Jahre alt – etwas, was nicht aus dem Titel hervorgeht. Zum einen sind drei Jahre das Alter, in dem ein jüdischer Knabe mit dem Torah-Studium beginnt. Zum anderen wird einer/ einem Dreijährigen im Mittelalter eine besondere Bedeutung zugemessen. In diesem Alter betritt die Jungfrau Maria erstmals den Tempel, um den ersten Unterricht zu bekommen; mit drei Jahren weist das Christkind den „Geist der Wissenschaft" auf; die Helden der mittelalterlichen Romane sind im Alter von drei Jahren bereits Gelehrte. Der *puer doctus*, direkt von Gott inspiriert – dessen Vorbild Jesus ist –, wird im 13. Jahrhundert zur Hauptfigur eines Werkes mit dem Titel „Das weise Kind" (Suchier 1910). Es ist ein spontanes Aufeinanderfolgen von diversen Fragen und Antworten unterhaltsamer oder religiöser Natur, in Dialog- bzw. *disputatio*-Form, zwischen Meister – einem dreijährigen Knaben namens Epitus – und Schüler – dem Kaiser Hadrian. Der Text, welcher auf eine lateinische Kompilation zurückgeht, ist zugleich ernsthaft und drollig, und war extrem beliebt. Ursprünglich zweifellos auf Provenzalisch verfasst, erschien diese Geschichte in zahlreichen Versionen; sie wurde in viele Sprachen übersetzt mit zusätzlichen Beispielen. Auch hier gibt es eine Überlagerung von Motiven. Bereits im Talmud sind der *puer doctus* und die *puella docta* anwesend. Im Traktat „Sanhedrin" 39a greift die Tochter des Kaisers in eine Konfrontation zwischen ihrem Vater und Rabbi Gamaliel, dem Großmeister des Babylonischen Talmuds, ein. Abraham wiederum verkörpert den *puer doctus*: er ist weise und – *noblesse oblige* – voller Humor, fröhlich im Dienst des Einen Gottes, des lieben Gottes (*minne*). Dies steht im Gegensatz zum Christkind, das unbeweglich und frontal in der mittelalterlichen Ikonographie immer wieder zu sehen ist, und immer zusammen mit seiner Mutter, der Jungfrau Maria (La Rocca 2007: 33) – beides Idole in jüdischen Augen.

Im Gedicht dient der Alltag als Rahmen. Der Marktplatz ist der ideale Ort für den Austausch von Waren und Ideen. Dort trifft Abraham, der mit dem Verkauf der Idole seines Vaters, um seiner Familie aus der Misere zu verhelfen, beauftragt wird, den wunden Punkt, d.h. die Albernheit derjenigen, die ihre Hoffnung auf solche Götzen setzen. Unterwegs hat er dieselben Idole verflucht, weil sie seinen Rücken geprellt haben – den Rücken des sprichwörtlich *kleinen Kerls*. Der lebhafte Rhythmus des Gedichts liegt im Wechselspiel von Monolog und Dialog. Monologe werden mit den stummen Idolen, Dialoge hingegen zwischen dem Vater, der immer heftiger aufbraust, und dessen schlagfertigem Sohn, geführt. Das Gedicht selbst wird zu einer Art *disputatio*, einem „jubilierenden" Wortgefecht, umso mehr als der schadenfrohe Sohn die innerlichen Widersprüche in der Rede seines Vaters entlarvt. Der Text, der sich auf die inhärente Situationskomik stützt, ist repetitiv und humoristisch. Abraham lässt einer sprudelnden Fantasie freien Lauf beim Erzählen von den Missgeschicken der Idole, vom Zerhacken, Ersäufen und Verbrennen der Götzen. Dabei behauptet er, es seien die Idole selbst, die sich in diese missliche Lage versetzt hätten. Sein Vater glaubt ihm kein Wort: Sind es nicht doch grobe Holzstücke? Ganz genau; das ist ja der springende Punkt! Wie *kann* Terach nur an deren Macht glauben? Abraham fragt ihn: „Hören deine Ohren, was dein Mund spricht?" (Der junge Abraham könnte hier als Freuds Vorfahre fungieren!) Abraham zündet sogar das Haus der Idole an, weshalb Nimrod ihn in den feurigen Ofen steckt – ein im Märtyrertum typisches Motiv. Die Tatsache, dass Abraham mit dem Leben davonkommt, beweist, dass der Gott Abrahams der einzige wahre Gott ist. Abrahams Vater und alle Heiden bekennen sich zum Einen Gott und gewinnen so Einlass in den Himmel: „Und das war das Ende der Idolatrie" – das heißt, des Christentums, das mit Idolatrie synonym war. Diese Geschichte ist eine Spiegelvision realer Ereignisse, eine Art und Weise, die Realität zu verklären, nämlich die von verbrannten Synagogen und „Gottesmord"-Juden, die zu Tausenden auf dem Scheiterhaufen umkamen. Es ist auch die Wiederaufnahme des Ofen-Motivs, das in der christlichen Legende des „Judenbuben" oder *juitel* erstmals zum Vorschein kommt, einer Legende, die Gregor von Tours im 6. Jahrhundert erzählt und die im 13. Jahrhundert zahlreiche Umformulierungen erfährt. Sei es aus Neugier oder weil er konvertiert ist, empfängt ein Judenbube die Kommunion. Zur Vergeltung wirft ihn ein Elternteil in den Ofen – aus dem er unversehrt durch die Jungfrau Maria gerettet wird (Aulisa 2015).

In der Welt der Jiddisch-Studien war die Entdeckung der Cambridger Handschrift ein einmaliges Ereignis; wegen der Nähe der Sprachen und der Themen wurde ihre Entdeckung später auch für die Germanistik ein Ereignis. Von Anfang an forderte die Handschrift eine fachübergreifende Untersuchung sowie eine vergleichende Erforschung der darin enthaltenen religiösen, historischen und kulturellen Phänomene.

Anders als die Moderne, die den aufkeimenden Nationalismus verfocht und abhängig von Grenzen war, bot das Mittelalter einen vielfältigen und offenen Raum, in dem umherziehende literarische Korpora, je nach Wanderungsziel, eroberten und aufgaben, ein- und ausschlossen, formten und verformten, monopolisierten und ablehnten. Das Faszinierendste ist zweifellos dieses „spontane" Gewebe, das quasi sich ganz von selbst auf ein- und demselben Territorium durch Austausch und Entlehnungen herausspinnt und deren Stränge es zu entwirren gilt. Aber unter welchen Schwierigkeiten! Unser Manuskript hat nicht alle Geheimnisse enthüllt, bei weitem nicht. Aber es ermöglichte es, die Entwicklung eines Werkes zwischen zwei Welten Schritt für Schritt zu verfolgen. Die strenge Grenze, die beide trennt, ist identitätsbildend, während die durchlässige Grenze, trotz der Schicksalsschläge, zur Alterität leitet.

Bibliografie

Ariès, Philippe (2014): *L'Enfant et la vie familiale sous l'Ancien Régime*. Paris: Seuil (1. Aufl. 1960).

Aulisa, Immacolata (2015): *Les Juifs dans les récits chrétiens du Haut Moyen Âge*. Paris: CNRS.

Baumgarten, Elisheva (2004): *Mothers and Children: Jewish Family Life in Medieval Europe*. Princeton: Princeton University Press.

Einbinder, Susan L. (2002): *Beautiful Death: Jewish Poetry And Martyrdom In Medieval France*. Princeton/Oxford: Princeton University Press.

Faaborg, Jens N. (1997): *Les Enfants dans la littérature française du Moyen Age*. Copenhague. Museum Tusculanum Press.

Fellous, Sonia (2013): *Abraham dans l'iconographie des trois religions monothéistes*. Preprint. HAL Id: halshs-00828864 https://halshs.archives-ouvertes.fr/halshs-00828864

Fuks, Leo (1957): *The Oldest Known Literary Documents of Yiddish Literature* (c. 1382). Bd. 1: Facsimile and Transcription; Bd. 2: Transliteration, Modern German Version, Notes and Bibliography. Leiden: Brill.

Ginzberg, Louis (1909): *The Legends of the Jews*. Bd. 1. Philadelphia: The Jewish Publication Society in America. https://www.gutenberg.org/files/1493/1493.txt

Haverkamp, Eva (Hg.) (2005): *Hebräische Berichte über die Judenverfolgungen während des Ersten Kreuzzugs*. Hannover: Hahnsche Buchhandlung.

Keil, Martha (2016): Gender und Martyrium in hebräischen Erzählungen zum Ersten Kreuzzug 1096. *Das Mittelalter*, 7. Juni 2016. https://doi.org/10.1515/mial-2016-0006

La Rocca, Sandra (2007): *L'Enfant Jésus: Histoire et anthropologie d'une dévotion dans l'Occident chrétien*. Toulouse: Presses universitaires du Mirail,

Marcus, Ivan C. (1998): *Rituals of Childhood. Jewish Acculturation in Medieval Europe*. New Haven: Yale University Press.

Mopsik, Charles (1981): *Le Zohar. Genèse*. Bd. 1. Paris: Verdier.

Röll, Walter (1975): Zu den ersten drei Texten der Cambridger Handschrift von 1382/1383. *Zeitschrift für deutsches Altertum und deutsche Literatur* 104, 54–68.

Shahar, Shulamit (2003): *Kindheit im Mittelalter*. Düsseldorf: Patmos.

Spiegel, Schalom (1993): *The Last Trial: On the Legends and Lore of the Command to Abraham to Offer Isaac as a Sacrifice. The Akedah*. Woodstock: Jewish Lights Publishers.

Starck-Adler, Astrid (2013): Der Basler jiddische Druck *Sod ha-neshome* (1609). *Theologische Zeitschrift* 69 (4), 580–597.

Suchier, Walter (Hg.) (1910): *L'enfant sage. Das Gespräch des Kaisers Hadrian mit dem klugen Kinde Epitus. Die erhaltenen Versionen*. Halle a.S.: Niemeyer.

Yuval, Israel Jacob (2007): *Zwei Völker wohnen in deinem Leib. Gegenseitige Wahrnehmung von Juden und Christen in Spätantike und Mittelalter*. Göttingen: Vandenhoek & Ruprecht.

Yuval, Israel Jacob (2018): Was das Judentum dem Christentum verdankt. *Münchener Theologische Zeitschrift* 69, 167–179.

Altchinesische und judenchinesische Einflüsse im Jiddischen

Paul Wexler (Tel-Aviv)

Vor etwa dreißig Jahren kam ich zu dem Schluss, dass das Jiddische eine slawische Sprache ist, die echter und erfundener Relexifikation, hauptsächlich ins Deutsche und Hebräische, ausgesetzt wurde (Wexler 2002). Das Jiddische ist eine slawische Sprache, da die Phonologie und die Syntax vorwiegend slawisch sind. Die Lexik dagegen hat eine ganz andere Quelle, denn sie hat einige slawische Ausdrücke und je zirka 30 % echte oder künstlich erschaffene Germanismen; das Übrige sind echte oder künstlich erschaffene Hebräismen, die fast alle auf slawischen und persisch-arabischen Diskursmustern beruhen. Daher sehen wir, dass das Jiddische nicht etwa eine Form des Mittelhochdeutschen darstellt. Die Sprache hat sich nicht, wie im Allgemeinen behauptet wird, von den deutschen zu den slawischen Landen ausgebreitet, sondern muss sich vom Osten zum Westen ausgebreitet haben. Die Entstehung und die frühe Geschichte des Jiddischen können nur im Rahmen der Rolle der Juden im Handel an der Seidenstraße begriffen werden. Fünf Punkte sollen berücksichtigt werden, und dann können wir eigene chinesische Beispiele untersuchen:

(i) Zwischen 900 und 1200 nach Christi Geburt lebte die größte Mehrheit der Juden in der Welt innerhalb des iranischen Reichs. Die Iraner beherrschten die zentralen und östlichen Teile der Seidenstraße. Religiöse Konflikte zwischen Muslimen und Nichtmuslimen begünstigten die jüdischen Händler, die weder eine religiöse noch eine politische Agenda verfolgten.

(ii) Infolgedessen wurden viele Iraner, Berber, Türken, iranisierte Zigeuner, Araber und Slawen zu Juden, damit sie an dem sehr einbringlichen Handel über die Seidenstraße teilnehmen durften, z. B. zwischen Mainz und Xī'ān, Andalusien und Afrika und Zentralasien und Indien. Obwohl die ersten internationalen jüdischen Händler Iraner waren, gesellten sich zu ihnen bald andere Händler, die andere eurasische Sprachen verwendeten.

(iii) Bei etwa 4500 oder 5000 afroasiatischen Elementen im Jiddischen überwiegen iranische Elemente (siehe Wexler 2021).

(iv) Zum Zweck der Berufsgeheimnisse brauchten jüdische Händler sowohl echte als auch künstliche Hebraismen für ihre gesprochenen Sprachen und für eine gemeinsame hebräische Schriftsprache, die dazu dienen könnten, jüdische Händler zu vereinigen, obwohl sie selbst viele verschiedene Sprachen benutzten. Der Gebrauch von Hebraismen im Jiddischen scheint demjenigen von Arabismen im Persischen zu entsprechen.

Der persische Minister für Post und Information im Kalifat von Bagdad, Abū'l-Kāsim ʿObajdallāh ibn ʿAbdallāh ibn Khordādhbeh (Khordadhbeh) (gestorben um 912), beschreibt die Routen und Sprachen der jüdischen Händler auf der Seidenstraße in seinem arabischen Buch *Kitāb al-masālik wa'l-mamālik*. Er erwähnt sechs Sprachen auf Arabisch: *rūmijjah* „Griechisch", *farsijjah* „Persisch", *„arabijjah* „Arabisch", *ṣaqlabijjah* „Slawisch", *andalusijjah* „Iberoromanisch" und *frāndžijjah* „Fränkisch". Aber einige Sprachbezeichnungen sind mehrdeutig und bergen in sich vielleicht geografisch benachbarte Sprachen, z. B. *andalusijjah* kann Berberisch, Iberoromanisch und Iberoarabisch bedeuten. Ibn Khordādhbeh erwähnt weder chinesische noch indische Sprachen, von denen bekannt ist, dass sie von Juden verwendet wurden. Diese Liste ist wie eine Landkarte potenzieller ausländischer Einflüsse im Jiddischen und anderen alten jüdischen Sprachen; sie hilft uns, die Wichtigkeit des Persischen, Arabischen und Chinesischen für die Entwicklung der kryptischen Elemente der jiddischen Sprache zu verstehen.

(v) Jiddisch ist das westlichste Mitglied zahlreicher Isoglossenbündel, die sich vom Deutschen (besonders von Rotwelschvarianten) zum Chinesischen erstrecken. Jiddisch ist auch eine Hauptkomponente von vielen nichtjüdischen, eurasischen und nordafrikanischen geheimen Marktlexiken (z. B. Berberisch, Uighurisch). Diese Sprachen erwarten eine genaue vergleichende Erforschung in naher Zukunft. Chinesische Interferenz sollte in den nichteuropäischen nichtjüdischen Sprachen auch nicht außer Acht gelassen werden.

In diesem Beitrag möchte ich einige jiddische Wörter erläutern, die entweder (a) direkt aus dem Chinesischen kommen, (b) indirekt aus dem Chinesischen über das Persische kommen, (c) chinesische Redensarten nachahmen oder (d) das Ergebnis der Teilnahme des Jiddischen und Chinesischen an gemeinsamen asiatischen Isoglossen sind. Manchmal können auch slawische und germanische Sprachen an den Isoglossen Anteil haben (in Wexler 2018 werden vermutete iranische Quellen für einige jiddische Beispiele besprochen; jetzt möchte ich chinesische Quellen hinzufügen; chinesische Beispiele erscheinen mit Tönen: erster ‾, zweiter ′, dritter ˇ, vierter ˋ).

Fast alle Beispiele, die ich hier bespreche, hätten im Jiddischen von Wörtern in Seidenstraßensprachen außer Chinesisch lizenziert werden können. Das ist ein typischer Zug der jiddischen nichtdeutschen Neologismen. Diese Tatsache erleichterte die Aneignung neuer Ausdrücke von Händlern an verschiedenen Orten, die auch verschiedene Sprachen verwendeten. Demnach impliziert mein Vorschlag über die Vielfalt der Entstehung jiddischer Eigenschaften eher die Heterogenität einer „geheimen Spracherschaffung". Mein Vorschlag spiegelt keineswegs meine Ungewissheit bezüglich der Quellen oder der relativen Chronologien wider.

Die fünf Beispiele, die ich nun behandle, sind ein sehr winziger Bruchteil der potenziell chinesischen Ausdrücke, die ich bisher aufgedeckt habe. Ich habe vor, das Thema völlig auf Buchlänge zu untersuchen.

1. Jiddisch *lejenen* „lesen" (seit der Mitte des 16. Jahrhunderts bezeugt) kommt anscheinend von norditalienisch *lejjere* (verglichen mit standarditalienisch *leggere*) „lesen". Das deutsche Wort *lesen* wird im Jiddischen nicht verwendet. Das Wort wurde im Jiddischen durch die semantische Heterogeneität, die gegen slawische Normen verstieß, sowie den Sinn „Runen lesen", der für Juden irrelevant war, gesperrt. Daher ist es unwahrscheinlich, dass das Infix -en- in jiddisch *lejenen* das altbairische *lesenen* „lesen" nachahmt. Die Entscheidung, dem jiddischen *lejen* -en- hinzuzufügen, wurde im Wortstamm unabhängig von der Endung des Infinitivs -en durchgeführt. Es gibt mehrere plausible chinesische Zusammenhänge mit jiddisch *lejen(en)*: (a) Chinesisch *dú, dòu* „lesen; aufsagen; studieren" werden mit dem Schriftzeichen für „Muschelschale" buchstabiert, um „kaufen" und „verkaufen" zu schreiben. So sind diese Zusammenhänge mit dem semantischen Feld von „Kommerz" verkettet (siehe unten), da Handel auf die schriftlichen Unterlagen der Handelsleute angewiesen ist. (b) Jiddisch und auch Chinesisch haben Dublettenformen des Verbs *lesen*, z. B. *dú, dòu, lejen(en)*. (c) Mehrere Verben, die „lesen" im Chinesischen bezeichnen, enden auf -n: *kàn,, làn* (das hinsichtlich der Form jiddisch *lejen[en]* am nächsten steht), *niàn* usw. Das zusätzliche -en fehlt in italienisch-jiddisch *lejen* „lesen". Das ist nicht erstaunlich, da Jüdisch-Italienisch keiner Seidenstraßensprache entsprach, also rechnen wir nicht damit, da einen chinesischen Einfluss zu finden.

2. Jiddisch *xale* „geflochtenes Hefegebäck (festlicher Zopf)" wird von Juden wie Nichtjuden als ganz und gar jüdisches Brot betrachtet. Das Wort *xale* stammt nach einhelliger Auffassung aller Sprachwissenschaftler von biblisch-hebräisch *ḥllh* /xala/ ab und bedeutet den „Zehnten" vom nicht gebackenen Teig, mit dem die Priester im Jerusalemer Tempel beschenkt wurden, obwohl das wenig überzeugend ist, da der hebräische Begriff „ungenießbar" ist. Jiddisch *xale* ähnelt einer Menge gleichartiger Begriffe in anderen Sprachen, die möglicherweise Quellen sind: arabisch *ġallah* „Getreide; Brot" (auch persisch *gälle* „Körner"); aber die überzeugendste Quelle ist persisch *āl*, eine gefährliche Göttin, die fähig war, die Ernte zu vernichten. In europäischen Kontexten schützte diese Göttin

Mädchen, die in die Pubertät kamen, vorausgesetzt, dass sie eine Opfergabe von geflochtenem Hefegebäck bekam, die die Locken der Mädchen symbolisierte. Das Wissen um diese Göttin und ihre Opfergabe erreichte Deutschland, wo diese Göttin als *Frau Holle* bekannt ist. Diese Kenntnis könnte von jüdischen oder nichtjüdischen Händlern in die deutschen Lande eingeführt worden sein (siehe Timm & Beckmann 2003). Ein plausibler chinesischer Zusammenhang wird von dem formal und semantisch ähnlichen chinesischen *huā juǎn, huā juǎr* „ein mehliges Brötchen" (mit *huā* [xwa] „Blume, Blüte; blumiges Fantasiemuster" + *juǎn* [džuen] „aufrollen; ein Röllchen; Schriftrolle; Menge", Diminutiv *-r*, oft für Ausdrücke für „aus Teig gemachtes Essen" gebraucht) nahegelegt. Die Juden gebrauchen oft „hebraisierte" fremde Begriffe, die mit der jüdischen Religion und Kultur verbunden sind, und chinesisch /x-/ und /-r/ könnten ohne weiteres durch jiddisch /x-/ und /-l/ ersetzt worden sein, die angeblich von biblisch-hebräisch *ḥllh* kommen. Da die chinesische Silbenstruktur recht einfach ist, kann man die Übereinstimmung als wahrscheinlich betrachten. Daher könnte /x/ von chinesisch eher als biblisch-hebräisch /x-/ dem persischen *āl* hinzugefügt worden sein. Perser aller Religionen lebten und handelten seit Jahrhunderten in China (anscheinend mehrere Jahrhunderte länger als im Heiligen Römischen Reich in Deutschland), und ein geflochtenes Gebäck ist, im Zusammenhang mit der Göttin, auch im Iran, in Zentralasien und Afghanistan weit bekannt. Der Begriff ist auch in den balkanisch-slawischen Sprachen gut bekannt (nicht immer mit einer jüdischen Beziehung), oft mit anlautendem /x-/. In China haben die persisch-jüdischen Händler wenigstens Chinesisch und Persisch gesprochen wie auch gelesen. Dies ist vielleicht die Ursache dafür, dass die Händler immer semantische und formale Ähnlichkeiten zwischen Persisch und Chinesisch gesucht haben. Theoretisch sollte der Hebräismus einen chinesischen Ausdruck judaisieren – zunächst von chinesischen Juden geprägt, und/oder von persischen Juden im Iran und in China zur selben Zeit. Ich vermerke auch, dass im zehnten Jahrhundert das südwestliche, polnische Galizien die erste jüdische Siedlung in Polen war. Die Siedler waren wahrscheinlich hauptsächlich Perser. Aber der Ausdruck erscheint (zumindest heutzutage) in der polnischen Sprache nur als *chałka* mit einem Diminutivsuffix *-k-*, was den Einfluss von chinesisch *huā juǎr* „kleine Blumensemmel" andeutet (chinesisch *-r* ist eine diminutive Endsilbe). Hingegen fehlt dem Jiddischen überhaupt eine Diminutivform, vielleicht wegen des Einflusses des biblischen Hebräisch. Das semantisch nahe jiddische *bulke(le)* „Brötchen", von polnisch *bulka* „Semmel", folgt jedoch dem ukrainischen *buločka* insofern, als es zwei diminutive Endsilben hat. Eigentlich könnte jiddisch *-le* aus dem Deutschen, Gotischen, Iranischen oder auch Lateinischen kommen, während *-ke*(-) vom Slawischen, Tocharischen, Türkischen und Iranischen stammen könnte! Sind etwa diese Suffixe Übersetzungen vom chinesischen Diminutiv -*r*?! Zuletzt müssen wir beachten, dass ähnliche Formen mit ähnlichen Bedeutungen in anderen Sprachen erscheinen, die auch in dem jiddischen Wort eine mögliche Rolle gespielt haben: türkisch *galle* „Getreide, Korn", persisch *ğälle* „Körner" (nicht ausdrücklich „Brot"), jeminisch-judenarabisch *ğille* „Sabbatbohnengericht", biblischhebräisch *ḥllh* /xala/ „Portion ungebackenes Brot den Priestern im Jerusalemer Tempel gegeben". Persisch *āl* „Hexe" ist wahrscheinlich letztendlich die Quelle von deutsch *Frau Holle* „Hexe oder Göttin mit verfilztem Haar und hervorstehenden Zähnen, die in der mittelalterlichen deutschen Folklore dafür verantwortlich war, Kinder zu verschlingen" (erste Bescheinigung 1290; für geografische Details siehe Timm & Beckmann 2003).

3. Jiddisch *cimes* „Gemüse-, Obstgericht" stammt wahrscheinlich aus einer Turksprache, chuvash *şimĕş* „Obst, Gemüse" vom Wort „essen", das in vielen Sprachen gefunden wird, z. B. türkisch *yemiş* „Trockenobst", damaszenisch-arabisch *jamiš* „Frucht" (Eren 1999), mongolisch *džimis,* ungarisch *gyümölcs* und vielleicht auch mittelhochdeutsch *zuomüese* „Obstportion/Obstpüree". Den türkischen Wortstamm findet man auch im Chinesischen als *méi zi* „Pflaume" (mit dem Diminutivsuffix *zi*). Der Wortstamm breitete sich auch vom Chinesischen in die koreanische und in die japanische Sprache aus (chinesisch *méi* ist der Überrest des Wortes *cimes* oder *jemisch*). Zu verschiedenen etymologischen Problemen siehe: Ašmarin (1936, 11: 146; 1937, 12: 127–132); Bailey (1979); Eren (1982: 47–48, 284); Shibatani (1990: 120); Miyake (1997: 188); Starostin u. a. (2003, 1: 618); Schuessler (2007: 377). Es ist theoretisch möglich, aber weniger wahrscheinlich, dass das Jiddische das mongolische Wort aus dem Chinesischen entlehnt und anschließend Form und Bedeutung den mongolischen Entsprechungen angepasst hat.

4. Ich nehme jetzt an, dass das alliterierende chinesische *măi mài* „kaufen – verkaufen; Diskussion, die zu einem Kompromiss führt" das Muster für das kryptische alliterierende jiddische *mase(u)matn*, auch mit /m-/. . ./m-/ (wörtlich hebräisch „heben + [und] + geben") mit beiden chinesischen Bedeutungen, abgegeben hat. Die Abwesenheit der Konjunktion -*u*- im hebräischen Wort entspricht den chinesischen grammatikalischen Normen. Die Grundlage des Schriftzeichens für *măi* „kaufen" ist das Zeichen für *bèi*, mit einem zusätzlichen Zeichen [Neutrum] über „Muschel". Das Schriftzeichen *bèi* wird auch verwendet, um viele andere Ausdrücke zu buchstabieren, die zu „Geld" und „handeln" einen Bezug haben. Die Kaurimuschel dient, im antiken China unter anderem, als Geld. Man beachte, dass einige hebräische Bezeichnungen (wie z. B. *matbeje* „Münze", *moes* „Geld", *mexire* „Verkauf", *mecije* „Schnäppchen", *ton a mešixe* „Geld abheben") vielleicht wegen der formalen Ähnlichkeit mit chinesisch *măi,*

mài, die alle mit /m/ anlauten, ins Jiddische aufgenommen wurden. Die Anzahl von Ausdrücken im heutigen Chinesisch, die das Muschelschalenzeichen als Teil ihrer Schreibweise benutzen, ist weit über zweihundert. Dieses Korpus kann in zwei Kategorien aufgeteilt werden:

(i) Die meisten modernen chinesischen Ausdrücke, die mit dem Zeichen für *bèi* „Muschelschale" geschrieben werden, sind ein Teil des semantischen Feldes „kaufen und verkaufen" und können im Jiddischen mit Nichtgermanismen oder mit einer Kombination von Germanismen und Nichtgermanismen ausgedrückt werden.

(ii) Chinesische Ausdrücke mit dem chinesischen Zeichen für *bèi,* die kein Teil des semantischen Feldes „kaufen-verkaufen" darstellen, werden im Jiddischen oft auch mit einem oder mehreren nichtgermanischen Elementen ausgedrückt. Anscheinend haben die Juden Chinesisch gut verstanden und gelesen. Nach dem Ende der jüdischen Aktivitäten an der Seidenstraße Anfang des 13. Jahrhunderts benötigte das Jiddische weniger als früher eine Geheimsprache, so dass das Jiddische sich die deutschen Wörter *kaufen* und *verkaufen* aneignete, als *kojfn-farkojfn* – neben *mase(u)matn.* Es ist bemerkenswert, dass *kaufen* und *verkaufen,* im Gegensatz zu mittelhochdeutsch *koufen/sellen,* sich reimen. Ist das auch als chinesischer Einfluss auf das Deutsche zu werten?

Wie das Jiddische zeigen mehrere andere Sprachen, die zwischen Europa und China gesprochen werden, Reim und z. T. Verdoppelung, so z. B. türkisch *alış veriş* „kaufen-verkaufen". Diese Tatsache bestätigt die Annahme eines chinesischen Musters. Die zwei chinesischen (und iranischen) Merkmale der Alliteration und das fehlende „und" haben zwei verschiedene geografische Ausdehnungen: Vgl. z. B. ukrainisch *kupivlja (i) prodaž* „Kaufen (und) Verkaufen" ohne Stabreim im Vergleich zum gleichbedeutenden und gereimten deutschen *Handel und Wandel* ohne den Verlust der Konjunktion (aber jiddisch *handl vandl* ist ohne Konjunktion, aber mit Reim). Vermutlich waren die Überbringer sowohl jiddische als auch iranisch-slawische Verbände, die (bis zum Jahre 1000) in den slawischen und deutschen Landen existierten, da wir so früh keinen direkten Kontakt zwischen Deutschen und Chinesen voraussetzen können.

5. Das Chinesische lässt eine Umkehrung von Komponenten in Komposita wie chinesisch *chá²* „prüfen, kontrollieren, untersuchen" im synonymen *jiǎn chá, chá jiǎn* „prüfen" zu. Diese Tatsache könnte die wechselnde Wortstellung im Jiddischen legitimiert haben: *x(a)kire-(ve)driše* „sorgfältige Überprüfung" und *driše-ux(a)kire* „Untersuchung, genaue Ermittlung"

(einmal mit wahlfreiem *-ve-* und einmal mit notwendigem *-u-* „und"). Die Umkehrbarkeit im Jiddischen ist auf einige hebräische Elemente beschränkt. Dieses Phänomen findet sich auch im Persischen, aber nicht in diesem Ausdruck.

Zuletzt möchte ich den Leser auf ein neues Thema in der jiddischen Linguistik aufmerksam machen: Der polnische Einfluss auf das Jiddische ist in allen Dialekten gering außer in Małopolska (Südostgalizien), wo Polonismen veraltete Iranismen ähnlicher Form und Bedeutung ersetzt zu haben scheinen. Ein Beispiel ist polnisch *drąg* „Stange" > galizisch-(und benachbartem ukrainisch-) jiddisch *drong*. Der zugrundeliegende Persianismus könnte *diräk* gewesen sein. Jiddisch *drong* nimmt zwei Pluralendungen an: *drongen* und *drenger*, vielleicht lizenziert von persisch *diräk* „Stange, Stab; Mast" und *dèräxt* „Baum, Busch, Balken, Spalte". Aber die Iranismen könnten auch von den chinesischen Gegenstücken *dàn* „Pfahl und seine Last", *dā* „Kleider an eine Stange hängen", *dǐng bù* „Spitze eines Baumes", *dù* „Birnbaum" stammen. Ein zweiter Sinoiranismus im Jiddischen ist *a majontek mit gelt* „großes Vermögen, Besitztümer" (< deutsch *ein*, polnisch *majątek* + deutsch *mit*, *Geld*) was durch persisch, türkisch *mal* „Reichtümer, Geld, Besitztümer" (< arabisch *māl* „Reichtum") hätte ersetzt werden können. Aber im Chinesischen beginnen viele Begriffe für Geld mit einem Labial, vgl. z. B. *bei* „Währung", *máo* „Geld abwerten", *bǐ* „Geld", *pǐ* „viel Geld", *bō* „Geld zuteilen", *mù* „Geld sammeln". Weitere jiddische Beispiele mit /m-/ erscheinen in Punkt 4 oben.

Merkwürdigerweise bewahrt die jiddische Sprache Form und Wortbedeutung von asiatischen Ausdrücken viel besser als andere Sprachen, die parallelen asiatischen Einflüssen zugänglich waren, wie z. B. jiddisch *šabaš* „Trinkgeld für Musikanten auf einer Hochzeit von Gästen, die tanzen" gegenüber ungarisch *sáp* „Zuhälteranteil". Deshalb wird das Jiddische, zusammen mit anderen alten jüdischen Sprachen, eine zentrale Rolle auf dem neuen Gebiet der Seidenstraßenlinguistik spielen. Das Jiddische wird auch das Hauptmittel zur Identifikation von verborgenen asiatischen Gebräuchen und Einflüssen auf slawische, deutsche und andere Sprachgemeinschaften sein.

In meinen Studien der letzten fast fünfzehn Jahre habe ich über 4000 verschiedenartige Einflüsse von afroasiatischen Sprachen in allen Aspekten der jiddischen Sprache entdeckt (siehe Wexler 2021). Die meisten Beispiele waren iranisch. Jetzt bereite ich ein Buch über ungefähr eintausend Fälle von chinesischem Einfluss vor, die ich bisher im Jiddischen gefunden habe. Die meisten zeigen iranische Parallelen. Das nächste Forschungsziel in der Bildung der alten geheimen jüdischen Händlersprachen auf der Seidenstraße ist: Hat es wirklich Mitarbeit unter umherziehenden (nicht)jüdisch-chinesischen und (nicht)jüdisch-iranischen Kaufleuten gegeben? Waren viele Kaufleute zweisprachig? Welche gegenseitigen Beispiele stammen aus China und welche aus dem Iran oder sogar aus der Mongolei oder aus den tocharischen Gebieten? Und sind wir endlich in der Lage, die mannigfaltigen Ursprünge der ungeheuer zahlreichen afroeurasischen Elemente der jiddischen Sprache zu entwirren und die früheste Entwicklung der jiddischen Sprache zu enthüllen? Viel herausfordernde, aber spannende Arbeit erwartet uns! Können wir diese Herausforderungen meistern?

Bibliografie

Ašmarin, N.I. (1928–1950): *Slovar' čuvašskogo jazyka.* Bd. 1–17. Kazan-Tscheboksary.

Bailey, H.W. (1979): *Dictionary of Khotan Saka.* Cambridge u. a.

Eren, H. (1982): Remarks on V. G. Egorov's etymological dictionary of the Čuvaš language. In: A. Róna-Tas (Hg.): *Studies in Chuvash etymology.* Szeged, 20–65.

Eren, H. (1999): *Türk dilinin etimolojik sözlüğü.* Ankara.

Miyake, M. H. (1997): Pre-Sino-Korean and Pre-Sino-Japanese: Reexamining an old problem from a modern perspective. In: H.-M. Sohn & J. Haig (Hgg.): *Japanese/ Korean linguistics.* Bd. 6. Stanford, 179–211.

Schuessler, A. (2007): *ABC etymological dictionary of Old Chinese.* Honolulu.

Shibatani, M. (1990): *The languages of Japan.* Cambridge.

Starostin, S., Dybo, A, Mudrak, O. & Gruntov, I. (Hgg.) (2003): *Etymological dictionary of the Altaic Languages.* Bd. 1–3. Leiden.

Timm, E. & Beckmann, G.A. (2003): *Frau Holle, Frau Percht und verwandte Gestalten. 160 Jahre nach Jacob Grimm aus germanistischer Sicht betrachtet.* Stuttgart.

Wexler, P. (2002): *Two-tiered Relexification in Yiddish. Jews, Sorbs, Khazars, and the Kiev-Polessian Dialect.* Berlin/New York.

Wexler, P. (2018): Dreierlei Jiddisch. In: J. Zhu, J. Zhao & M. Szurawitzki (Hgg.): *Akten des XIII. Internationalen Germanistenkongresses Shanghai 2015.* Bd. 12. Berlin, 319–322.

Wexler, P. (2021): *Silk Road Linguistics. The birth of Yiddish and the multiethnic Jewish peoples on the Silk Roads, 9–13ᵗʰ centuries. The indispensable role of the Arabs, Chinese, Germans, Iranians, Slavs and Turks.* Wiesbaden.

Jahrbuch für Internationale Germanistik – Beihefte

Band 1   Laura Auteri, Natascia Barrale, Arianna Di Bella, Sabine Hoffmann (Hrsg.): Wege der Germanistik in transkultureller Perspektive. Akten des XIV. Kongresses der Internationalen Vereinigung für Germanistik (IVG) (Bd. 1). Jahrbuch für Internationale Germanistik - Beihefte. 2022. ISBN (print): 978-3-0343-3655-0

Band 2   Laura Auteri, Natascia Barrale, Arianna Di Bella, Sabine Hoffmann (Hrsg.): Wege der Germanistik in transkultureller Perspektive. Akten des XIV. Kongresses der Internationalen Vereinigung für Germanistik (IVG) (Bd. 2). Jahrbuch für Internationale Germanistik - Beihefte. 2022. ISBN (print): 978-3-0343-3836-3

Band 3   Laura Auteri, Natascia Barrale, Arianna Di Bella, Sabine Hoffmann (Hrsg.): Wege der Germanistik in transkultureller Perspektive. Akten des XIV. Kongresses der Internationalen Vereinigung für Germanistik (IVG) (Bd. 3). Jahrbuch für Internationale Germanistik - Beihefte. 2022. ISBN (print): 978-3-0343-3657-4

Band 4   Laura Auteri, Natascia Barrale, Arianna Di Bella, Sabine Hoffmann (Hrsg.): Wege der Germanistik in transkultureller Perspektive. Akten des XIV. Kongresses der Internationalen Vereinigung für Germanistik (IVG) (Bd. 4). Jahrbuch für Internationale Germanistik - Beihefte. 2022. ISBN (print): 978-3-0343-3658-1

Band 5   Laura Auteri, Natascia Barrale, Arianna Di Bella, Sabine Hoffmann (Hrsg.): Wege der Germanistik in transkultureller Perspektive. Akten des XIV. Kongresses der Internationalen Vereinigung für Germanistik (IVG) (Bd. 5). Jahrbuch für Internationale Germanistik - Beihefte. 2022. ISBN (print): 978-3-0343-3659-8

Band 6   Laura Auteri, Natascia Barrale, Arianna Di Bella, Sabine Hoffmann (Hrsg.): Wege der Germanistik in transkultureller Perspektive. Akten des XIV. Kongresses der Internationalen Vereinigung für Germanistik (IVG) (Bd. 6). Jahrbuch für Internationale Germanistik - Beihefte. 2022. ISBN (print): 978-3-0343-3660-4

Band 7   Laura Auteri, Natascia Barrale, Arianna Di Bella, Sabine Hoffmann (Hrsg.): Wege der Germanistik in transkultureller Perspektive. Akten des XIV. Kongresses der Internationalen Vereinigung für Germanistik (IVG) (Bd. 7). Jahrbuch für Internationale Germanistik - Beihefte. 2022. ISBN (print): 978-3-0343-3661-1

Band 8   Laura Auteri, Natascia Barrale, Arianna Di Bella, Sabine Hoffmann (Hrsg.): Wege der Germanistik in transkultureller Perspektive. Akten des XIV. Kongresses der Internationalen Vereinigung für Germanistik (IVG) (Bd. 8). Jahrbuch für Internationale Germanistik - Beihefte. 2022. ISBN (print): 978-3-0343-3662-8

Band 9   Laura Auteri, Natascia Barrale, Arianna Di Bella, Sabine Hoffmann (Hrsg.): Wege der Germanistik in transkultureller Perspektive. Akten des XIV. Kongresses der Internationalen Vereinigung für Germanistik (IVG) (Bd. 9). Jahrbuch für Internationale Germanistik - Beihefte. 2022. ISBN (print): 978-3-0343-3663-5

Band 10   Laura Auteri, Natascia Barrale, Arianna Di Bella, Sabine Hoffmann (Hrsg.): Wege der Germanistik in transkultureller Perspektive. Akten des XIV. Kongresses der Internationalen Vereinigung für Germanistik (IVG) (Bd. 10). Jahrbuch für Internationale Germanistik - Beihefte. 2022. ISBN (print): 978-3-0343-3664-2

Band 11   Laura Auteri, Natascia Barrale, Arianna Di Bella, Sabine Hoffmann (Hrsg.): Wege der Germanistik in transkultureller Perspektive. Akten des XIV. Kongresses der Internationalen Vereinigung für Germanistik (IVG) (Bd. 11). Jahrbuch für Internationale Germanistik - Beihefte. 2022. ISBN (print): 978-3-0343-3665-9

Band 12   Laura Auteri, Natascia Barrale, Arianna Di Bella, Sabine Hoffmann (Hrsg.): Wege der Germanistik in transkultureller Perspektive. Akten des XIV. Kongresses der Internationalen Vereinigung für Germanistik (IVG) (Bd. 12). Jahrbuch für Internationale Germanistik - Beihefte. 2022. ISBN (print): 978-3-0343-3666-6

Jeder Band ist auch Open Access auf www.peterlang.com verfügbar.

Printed by
CPI books GmbH, Leck